BECK'SCHE TEXTAUSGABEN

Grundgesetz

Alphabetische Schnellübersicht

(Die fettgedruckten Zahlen kennzeichnen die Ordnungsnummern)

Grundgesetz

für die Bundesrepublik Deutschland

mit Einigungsvertrag (ohne Anl.)
ParlamentsbeteiligungsG
Artikel 10-G
BundeswahlG, ParteienG
BundesverfassungsgerichtsG
Parlamentar. Geschäftsordnungen
EuropawahlG
Menschenrechtskonvention
EUV, AEUV
EU-Grundrechte-Charta

Textausgabe
mit ausführlichen Verweisungen,
umfangreichem Sachregister sowie einer
Einführung von

Prof. Dr. Dr. h. c. Andreas Voßkuhle,
Präsident des Bundesverfassungsgerichts

66., neu bearbeitete Auflage

Stand: 15. Juli 2018

C.H.BECK

Redaktioneller Hinweis:

Paragraphenüberschriften in eckigen Klammern sind nicht amtlich. Sie sind ebenso wie die Fußnoten urheber- und wettbewerbsrechtlich geschützt.
Die Angaben zum Stand der Sammlung auf dem Titelblatt beziehen sich auf das Verkündungsdatum der maßgebenden Gesetz-, Verordnungs- und Amtsblätter.

Verlag C. H. Beck oHG, Wilhelmstr. 9,
80801 München

www.beck.de

ISBN 978 3 406 72914 0

Wilhelmstraße 9, 80801 München
Satz, Druck und Bindung: Druckerei C. H. Beck Nördlingen
(Adresse wie Verlag)

Gedruckt auf säurefreiem, alterungsbeständigem Papier
(hergestellt aus chlorfrei gebleichtem Zellstoff)

Inhaltsverzeichnis

Abkürzungsverzeichnis

AbgG	Abgeordnetengesetz, Gesetz über die Rechtsverhältnisse der Mitglieder des Deutschen Bundestages
AEUV	Vertrag über die Arbeitsweise der Europäischen Union
Anh.	Anhang
Anm.	Anmerkung
Art.	Artikel
aufgeh.	aufgehoben
Aussch.	Ausschuss
Bek.	Bekanntmachung
BGBl. I	Bundesgesetzblatt Teil I (Bundesrecht ohne völkerrechtliche Vereinbarungen und Verträge mit der DDR)
BGBl. II	Bundesgesetzblatt Teil II (Völkerrechtliche Vereinbarungen und Verträge mit der DDR)
BR	Bundesrat
BReg.	Bundesregierung
BT	Bundestag
BVerfG	Bundesverfassungsgericht
BVerfGG	Gesetz über das Bundesverfassungsgericht
BWahlG	Bundeswahlgesetz
BWO	Bundeswahlordnung
Drucks.	Drucksache
ehem. DDR	ehemalige Deutsche Demokratische Republik
eingef.	eingefügt
EMRK	Konvention zum Schutz der Menschenrechte und Grundfreiheiten
EuAbgG	Europaabgeordnetengesetz (Gesetz über die Rechtsverhältnisse der Mitglieder des Europäischen Parlaments aus der Bundesrepublik Deutschland)
EU-GRCharta	Charta der Grundrechte der Europäischen Union
EUV	Vertrag über die Europäische Union idF des Vertrags von Lissabon
EuWG	Europawahlgesetz (Gesetz über die Wahl der Abgeordneten des Europäischen Parlaments aus der Bundesrepublik Deutschland)
EV, EVertr.	Einigungsvertrag, Vertrag zwischen der Bundesrepublik Deutschland und der Deutschen Demokratischen Republik über die Herstellung der Einheit Deutschlands
EUZBBG	EU-Zusammenarbeitsgesetz (Gesetz über die Zusammenarbeit von Bundesregierung und Deutschem Bundestag in Angelegenheiten der Europäischen Union)
FN-A	Fundstellennachweis A (Bundesrecht ohne völkerrechtliche Vereinbarungen und Verträge mit der DDR)
FN-B	Fundstellennachweis B (Völkerrechtliche Vereinbarungen und Verträge mit der DDR)
G	Gesetz
G 10	Gesetz zu Artikel 10 Grundgesetz (Gesetz zur Beschränkung des Brief-, Post- und Fernmeldegeheimnisses)
GA	Gemeinsamer Ausschuß nach Art. 53 a GG
gem.	gemäß

Abkürzungsverzeichnis

GG	Grundgesetz für die Bundesrepublik Deutschland
GMBl.	Gemeinsames Ministerialblatt
GO	Geschäftsordnung
GrundV	Grundvertrag, auch: Grundlagenvertrag
idF	in der Fassung
IntVG	Integrationsverantwortungsgesetz (Gesetz über die Wahrnehmung der Integrationsverantwortung des Bundestages und des Bundesrates in Angelegenheiten der Europäischen Union
MRK	Konvention zum Schutz der Menschenrechte und Grundfreiheiten
mWv	mit Wirkung vom
neugef.	neugefasst
ParlBetG	Parlamentsbeteiligungsgesetz (Gesetz über die parlamentarische Beteiligung bei der Entscheidung über den Einsatz bewaffneter Streitkräfte im Ausland)
PartG	Parteiengesetz
PetAG	Petitionsausschussgesetz (Gesetz über die Befugnisse des Petitionsausschusses des Deutschen Bundestages)
Prot	Protokoll
PUAG	Untersuchungsausschussgesetz
RVO	Rechtsverordnung, auch: Reichsversicherungsordnung
Sartorius	Sartorius, Verfassungs- und Verwaltungsgesetze, Loseblatt-Textsammlung
Urt.	Urteil
V	Verordnung, auch: Vertrag
VerfO	Verfahrensordnung
vgl.	vergleiche
VkBkmG	Verkündungs- und Bekanntmachungsgesetz (Gesetz über die Verkündung von Rechtsverordnungen und Bekanntmachungen)
VO	Verordnung
WO	Wahlordnung
WPG	Wahlprüfungsgesetz
WV (auch: WRV)	Weimarer Verfassung (Reichsverfassung)
Zwei-Plus-Vier-V	Vertrag über die abschließende Regelung in bezug auf Deutschland

Hinweis: Artikel- oder Paragraphenüberschriften, die in eckigen Klammern stehen, sind nicht amtlich.

Einführung

Von *Prof. Dr. Dr. h.c. Andreas Voßkuhle*
Präsident des Bundesverfassungsgerichts

Das Grundgesetz

I. Einführung

Die Erfolgsgeschichte des Grundgesetzes war nicht absehbar. Bereits die Initiative für das Verfassungsprojekt ging nicht vom Verfassungsgeber, dem deutschen Volk, sondern von den Westalliierten aus. Auf deutscher Seite stieß der Plan eher auf Vorbehalte: Parteiübergreifend wollte man die Konstituierung eines westdeutschen Teilstaats unter Ausschluss der Gebiete der Sowjetischen Besatzungszone und damit die rechtliche Vollendung der faktisch schon fortgeschrittenen Teilung verhindern. Da sich die Verfassung an den von den Alliierten vorgegebenen Strukturen und Vorbehalten zu orientieren hatte, fiel es darüber hinaus schwer, den Prozess der Verfassungsgebung als freien und souveränen Akt der Selbstbestimmung des deutschen Volkes als *pouvoir constituant* zu verstehen. Die Aufmerksamkeit der Verfassungsöffentlichkeit war zudem noch stark mit der Bewältigung der unmittelbaren Folgen des Zusammenbruchs beschäftigt. Währungsreform, Berlin-Blockade und Wiederaufbau bestimmten die Schlagzeilen der Jahre 1948/49. Die Vorarbeiten auf Herrenchiemsee und die endgültige Ausarbeitung des Textes im Parlamentarischen Rat fanden dagegen in der Öffentlichkeit nur wenig Beachtung. Hinzu kam, dass das Grundgesetz nicht durch allgemeine Wahl der Vertreter im Parlamentarischen Rat oder durch eine Volksabstimmung unmittelbar legitimiert wurde. Es fehlten damit all die Voraussetzungen, die üblicherweise einen *constitutional moment* ausmachen, eine Zeit, in der die öffentliche Debatte ganz auf Fragen der grundlegenden Neuordnung des Gemeinwesens konzentriert ist, wie sie etwa in den 1787/88 erschienenen *Federalist Papers* für die amerikanische Verfassung dokumentiert ist. Die Verfassungsgebung verlief eher technisch als emotional, gleichsam als Verfassungsgebung unter Vorbehalt. Man wollte im Hinblick auf eine zukünftige gesamtdeutsche Verfassung nur ein „Provisorium" oder „Transitorium" *(Theodor Heuss)* schaffen und konzentrierte sich daher auf das Verfassungshandwerk. Diese Spannung und Selbstbescheidung kommt etwa in der Wahl der Begriffe „Grundgesetz" statt „Verfassung" und „Parlamentarischer Rat" statt „verfassungsgebender Versammlung" zum Ausdruck und klingt heute noch im Text des Grundgesetzes nach. Das Grundgesetz musste sich seine – auch gesamtdeutsche – Legitimität nach den schwierigen Anfängen erst erarbeiten.

Damit eine Verfassung den ihr zukommenden Funktionen dauerhaft gerecht werden kann, muss sie jenseits materieller Einzelaussagen zur Bildung und Erhaltung staatlicher Einheit, zur Ordnung des Gemeinwesens, zur Kontrolle staatlicher Organe und zum Schutz der Bürger mindestens drei Eigenschaften aufweisen: Sie muss stabil sein, sie muss offen sein für zukünftige Entwicklungen und sie muss politischen und gesellschaftlichen Akteuren Freiräume zu ihrer Entfaltung lassen, um dadurch Vielfalt zu sichern. Erst das Zusammenspiel dieser drei teilweise gegenläufigen Parameter schafft jene „relative Konstanz", die eine Usurpierung durch die jeweilige Mehrheit verhindert, ohne sich dem Bedürfnis nach Anpassung an die Erfordernisse der jeweiligen Gegenwart zu verschließen. Vielleicht trugen gerade die schwierigen Entstehungsbedingungen, die Notwendigkeit der Gestaltung im Moment des Übergangs, dazu bei, dem Grundgesetz die genannten Eigenschaften zu sichern, es gleichzeitig widerstandsfähig und flexibel zu machen, um damit aus historischer Sicht den Erfolg des Grundgesetzes zu begründen. So vermieden die Nüchternheit und Technizität des Entstehungsprozesses überschießendes charismatisches Pathos. Auch verhinderten sie eine einseitige Prägung der verfassungspolitischen Diskussion und eine Identifikation des Textes mit bestimmten religiösen, moralischen oder politischen Positionen und ermöglichten umgekehrt einen verfassungsrechtlichen Pluralismus, der das Grundgesetz für die Zukunft öffnete. Auf diese Weise konnte das Grundgesetz zur am längsten geltenden Verfassung der deutschen Geschichte werden. Es wurde Kristallisationspunkt eines bundesrepublikanischen Verfassungsdiskurses und entfaltete eine gesellschaftliche Integrationswirkung, die häufig mit dem von *Dolf Sternberger* geprägten Begriff des „Verfassungspatriotismus" beschrieben wird. Legitimität und Akzeptanz des Grundgesetzes stützen sich heute auch auf seine Bewährung in den letzten – nun schon fast sieben – Jahrzehnten. Schließlich konnte das Grundgesetz nach dem Zerfall des Ostblocks zur Verfassung für Gesamtdeutschland werden und als Modell für die Verfassungsgebung in Transformationsstaaten weltweit dienen.

All das zeigt, dass das Grundgesetz nicht nur ein normativer Rechtstext ist, sondern auch ein historisches Dokument. Es ist eben beides: Geschichte wie geltendes Recht. Seine Lektüre verlangt zwar stets den aktualisierenden Blick des Rechtsanwenders, er darf die historischen Hintergründe und Bedingtheiten des Textes bei der Auslegung aber nicht völlig ignorieren. Erst aus der Distanz werden die normativen Leitlinien unserer Verfassung vollständig sichtbar und verständlich.

II. Der Ursprungstext: Zentrale Weichenstellungen

1. Der Weg zum Grundgesetz: Vorbilder, Konvent und Parlamentarischer Rat

Das Grundgesetz entstand nicht frei von positiven wie negativen Vorbildern. Als Ausdruck der Suche einer sich normativ und politisch neu konstituierenden und orientierenden Nachkriegsgesellschaft sollte das Grundgesetz der Abgrenzung gegen das Unrecht der unmittelbaren Vergangenheit dienen. Über die Vorstellungswelt der Abgeordneten im Konvent und im Parlamentarischen Rat war das Grundgesetz mit der deutschen Verfassungstradition von der Paulskirche bis zur Weimarer Verfassung eng verbunden. In der Verfassungsdiskussion konnten auch die Nachkriegsverfassungen der Länder, deren älteste von 1946 datieren, und Verfassungsentwürfe beinahe aller relevanten gesellschaftlichen Gruppen und Parteien als Vorbild für die Bundesebene dienen. Insbesondere das Weimarer Beispiel hatte großen Einfluss auf das Grundgesetz. Die dortigen Errungenschaften sollten bewahrt und ausgebaut, die Defizite vermieden werden. Ob das Scheitern der ersten deutschen Demokratie tatsächlich auf Schwächen ihres Verfassungsrechts zurückzuführen ist und ob andere rechtliche Regelungen die Selbstaufgabe des demokratischen Gemeinwesens im Jahr 1933 hätten verhindern können, ist aus historischer Sicht eher zweifelhaft, galt doch die Weimarer Verfassung bei ihrem Inkrafttreten als demokratischer Musterentwurf. Die Entstehung des Nationalsozialismus mit Fehlern des Weimarer Verfassungsrahmens zu erklären, diente der Nachkriegsgesellschaft wohl auch als Entlastung von individueller Verantwortung. Dokumentiert ist jedoch das damalige Selbstverständnis des Verfassungsgebers, sich durch das Grundgesetz von der Weimarer Demokratie als Negativfolie absetzen zu müssen – in den kritischen Worten *Ernst-Wolfgang Böckenfördes* „der posthume Sieg geängstigter Demokraten über vergangene Geschichte". So sind zahlreiche Entscheidungen des Verfassungsgebers direkte Reaktionen auf Regelungen der Weimarer Verfassung und vor ihrem Hintergrund zu verstehen.

Unmittelbarer Anlass für die Ausarbeitung des Grundgesetzes war die Autorisierung der westdeutschen Ministerpräsidenten – zu diesem Zeitpunkt einzig legitimierte Repräsentanten der auf die Länder verteilten deutschen Bevölkerung – durch die Westalliierten im sogenannten Frankfurter Dokument Nr. I zur Einberufung einer verfassungsgebenden Versammlung. Diese sollte „eine demokratische Verfassung ausarbeiten, die für die beteiligten Länder eine Regierungsform des föderalistischen Typs schafft, die am besten geeignet ist, die gegenwärtig zerrissene deutsche Einheit schließlich wieder herzustellen, und die Rechte der beteiligten Länder schützt, eine angemessene Zentral-Instanz schafft, und Garantien der individuellen Rechte und Freiheiten enthält." Hier werden bereits die Kernelemente des Grundgesetzes knapp zusammengefasst. Zur Vorbereitung der „Verfassunggebenden Versammlung" – dem späteren Parlamentarischen Rat – tagte vom 10. bis 23. August 1948 in der Idylle auf Herrenchiemsee der später so genannte Verfassungskonvent. Dort wurden die Forderungen der Alliierten von einer kleinen Gruppe von stimmberechtigten Vertretern der westdeutschen Länder und deren Beratern auf beinahe 100 Druckseiten zu einem nahezu vollständigen Verfassungsentwurf ausgeformt. Zu den Teilnehmern gehörten etwa *Carlo Schmid, Hans Nawiasky, Adolf Süsterhenn* und der ehemalige Widerstandskämpfer *Hermann Louis Brill.* Die Teilnehmer verstanden ihren „Entwurf eines Grundgesetzes" als eine „den Aufgaben der Übergangszeit dienende Ordnung", als zeitlich und räumlich vorläufige, nicht aber als fragmentarische Verfassung. Die verfassungsprägende Grundhaltung des Konvents kommt vielleicht am besten in dem von *Carlo Schmid* formulierten, wenngleich letztlich nicht ins Grundgesetz übernommenen Eingangssatz des Herrenchiemseer Entwurfs zum Ausdruck: „Der Staat ist um des Menschen willen da, nicht der Mensch um des Staates willen." Wenn auch ohne jede rechtliche Bindung, dienten die Vorarbeiten dieses Gremiums dem Parlamentarischen Rat als maßgebliche Arbeitsgrundlage.

Der Parlamentarische Rat, dessen 65 stimmberechtigte Abgeordnete von elf Landtagen im August 1948 gewählt wurden, tagte ab dem 1. September 1948 in Bonn. Ein Abgeordneter vertrat dabei etwa 750 000 Einwohner. Anders als der ganz als Ausschuss von Sachverständigen konzipierte Konvent richteten sich Selbstverständnis und Binnenorganisation des Parlamentarischen Rates schon nach der Zugehörigkeit zu den länderübergreifend agierenden Parteien. Auf diese Weise wurde die auf gesellschaftliche Akzeptanz angewiesene Verfassungsgebung im erforderlichen Umfang politisiert. Für die frühe Bundesrepublik eher untypisch war, dass sowohl im Verfassungskonvent wie im Parlamentarischen Rat die überwiegende Zahl der Teilnehmer dem Nationalsozialismus distanziert bis ablehnend gegenübergestanden hatte. Eine der wenigen Ausnahmen stellt der Hochschullehrer und spätere (1957–1964) bayerische Kultusminister

Theodor Maunz dar, der mit seinen Schriften vor 1945 versuchte, dem NS-Regime juristische Legitimität zu verleihen. Prägende Figuren im Rat waren neben seinem Präsidenten *Konrad Adenauer* erneut *Carlo Schmid* als Vorsitzender des Hauptausschusses, der spätere Bundesjustizminister *Thomas Dehler* und der Jurist *Hermann von Mangoldt* als Vorsitzender des Ausschusses für Grundsatzfragen und Grundrechte. Einzelne Abgeordnete setzten mit ihrem Engagement für bestimmte Anliegen nachhaltige Akzente. So stritt etwa *Friedrich Wilhelm Wagner* erfolgreich für die Abschaffung der Todesstrafe. *Elisabeth Selbert,* eine der vier im Parlamentarischen Rat vertretenen Frauen, organisierte nachhaltig öffentliche Unterstützung für ihr in Art. 3 Abs. 2 GG Verfassungsrecht gewordenes Anliegen, die Gleichberechtigung von Männern und Frauen nicht nur als Programmsatz, sondern als imperativen Auftrag an den Gesetzgeber ins Grundgesetz aufzunehmen. *Hermann Höpker-Aschoff,* später erster Präsident des Bundesverfassungsgerichts, gestaltete maßgeblich die Finanzverfassung. Die Ausarbeitung des Grundgesetzes erfolgte dabei in zwar zeitweise konfrontativer, insgesamt aber enger Abstimmung mit den Alliierten.

Die Autoren des Grundgesetzes entschieden sich dafür, das Verhältnis der Bürger zum Staat an den Beginn des Textes zu setzen. So garantiert Abschnitt I des Grundgesetzes die Grundrechte. Abschnitt II enthält unter der Überschrift „Der Bund und die Länder" in Art. 20 Abs. 1 GG die wichtigsten Determinanten bundesrepublikanischer Staatlichkeit und Identität: Demokratie, Sozialstaat, Bundesstaat, Republik und – wie aus dem Zusammenhang deutlich wird – Rechtsstaat. Ferner werden dort grundlegende Regelungen für die föderale Gestaltung des Gemeinwesens getroffen. In den Abschnitten III bis VI schließen sich Regeln für die obersten Bundesorgane Bundestag, Bundesrat, Bundespräsident und Bundesregierung an. Inhaltlich sind diese Normen verschränkt mit den ebenfalls staatsorganisationsrechtlichen Abschnitten VII bis IX, die nach den drei Gewalten – gesetzgebende, vollziehende und rechtsprechende unter Einschluss des Bundesverfassungsgerichts – geordnet sind. In Abschnitt X schließt sich die Finanzverfassung an, Abschnitt XI enthält Übergangsregeln. Spätere Zusätze sind die Abschnitte IVa zum Gemeinsamen Ausschuss, VIIIa zu Gemeinschaftsaufgaben und Xa zum Verteidigungsfall.

Am 8. Mai 1949, dem vierten Jahrestag der bedingungslosen Kapitulation, verabschiedete der Parlamentarische Rat um 23:55 Uhr mit einer Mehrheit von 53 zu 12 Stimmen das Grundgesetz. Die drei Militärgouverneure der westlichen Besatzungszonen genehmigten den Text mit Schreiben vom 12. Mai 1949. Anschließend erfolgte die Ratifikation durch die Landtage. Nur Bayern lehnte das Grundgesetz ab, stellte jedoch zugleich für den dann eingetretenen Fall der Zustimmung durch zwei Drittel der deutschen Landtage dessen Rechtswirksamkeit fest. So konnte das Grundgesetz am 23. Mai 1949 – seither der deutsche „Verfassungstag" – in Bonn verkündet werden und trat mit Ablauf dieses Tages in Kraft.

2. Kernaussagen der Verfassung

Die wesentlichen Strukturentscheidungen des Parlamentarischen Rates haben bis heute ihre Gültigkeit behalten. Der nachhaltige Erfolg, den die Ordnung des Grundgesetzes bei der Stabilisierung der deutschen Nachkriegsgesellschaft erzielt hat, lässt sich zwar nicht allein mit den Inhalten des Rechtstextes erklären; das hieße die faktische Kraft des Normativen zu überschätzen. Dass Bonn nicht Weimar wurde, beruht jedenfalls kaum allein auf der Gestaltung des rechtlichen

Rahmens, sondern mindestens ebenso auf den Rahmenbedingungen einer prosperierenden Wirtschaft, eines ständig ausgebauten Sozialstaats und eines lange Zeit zunehmenden Vertrauens der Bevölkerung in das politische System. Doch stellte die im Parlamentarischen Rat geschaffene Ordnung des Grundgesetzes ein gleichzeitig starkes und flexibles Gerüst bereit, in das sich Politik und Gesellschaft in den folgenden Jahrzehnten zwar nicht spannungslos, aber doch ohne existentielle Brüche einfügen ließen. Vier „Innovationen“ des Verfassungsgebers haben hierzu einen entscheidenden Beitrag geleistet:

a) In institutioneller Hinsicht entschied sich der Parlamentarische Rat für eine konsequent parlamentarisch-repräsentative Ordnung, die das politische Aktionszentrum im Gespann von Parlament und Regierung verortete. In klarer Abgrenzung zu Weimar bindet das Grundgesetz den Bundespräsidenten in die repräsentative Ordnung ein: Alle Anordnungen und Verfügungen des Bundespräsidenten, der formelles Staatsoberhaupt bleibt, sind nach Art. 58 GG gegenzeichnungspflichtig. Die dem Präsidenten vom Grundgesetz vorgegebene Rolle, die vielfach auch als Aufgabe gesamtgesellschaftlicher Integration beschrieben wird (vgl. BVerfGE 136, S. 277, 309 ff. – Bundesversammlung; BVerfGE 136, S. 323, 331 ff. – Äußerungsbefugnis Bundespräsident), füllte denn auch der erste Träger des Amtes, *Theodor Heuss,* in einer eher durch das persönliche Vorbild und die Kraft der Rede als durch die Ausschöpfung seiner rechtlichen Residualkompetenzen gekennzeichneten Weise aus. Letztere umfassen etwa das formelle Prüfungsrecht im Gesetzgebungsverfahren und das Recht zur Auflösung des Bundestages nach Art. 68 GG. Eine anticharismatische Haltung mit Betonung des Repräsentationsgedankens kommt auch in der Skepsis des Grundgesetzes gegenüber der Legitimation durch direktdemokratische Verfahren zum Ausdruck, ohne plebiszitäre Elemente kategorisch auszuschließen. So sind nach Art. 20 Abs. 2 Satz 2 GG nicht nur repräsentative „Wahlen“, sondern auch plebiszitäre „Abstimmungen“ grundsätzlich in der Lage, demokratische Legitimation zu vermitteln. Volksentscheide sind im Grundgesetz derzeit aber nur für den Fall der Neugliederung von Bundesländern vorgesehen (siehe Art. 29, 118, 118a GG). Die Einschätzung, ob eine Ergänzung der parlamentarischen Demokratie auf Bundesebene durch plebiszitäre Elemente – etwa bei Änderungen des Grundgesetzes – notwendigen Verfassungswandel unnötig erschwert oder aber nicht doch gesellschaftliche Integrationskräfte freisetzen kann, obliegt dem verfassungsändernden Gesetzgeber. Eine Neuerung stellt schließlich Art. 21 GG dar, der den politischen Parteien ausdrücklich die Aufgabe anvertraut, bei der politischen Willensbildung des Volkes mitzuwirken. Die Inkorporation der Parteien in das Verfassungsgefüge entspricht den Erfordernissen der modernen Demokratie und stellt einen klaren und notwendigen Bruch mit der letztlich obrigkeitsstaatlichen Überzeugung von der Überparteilichkeit des Staates dar, die noch die Weimarer Diskussion geprägt hatte.

b) An verschiedenen Stellen versucht das Grundgesetz selbst Regeln zu treffen, die eine Gefährdung oder Aushöhlung der verfassungsrechtlichen Ordnung, aber auch Lagen der politischen Instabilität mit potentiell verfas-sungsschädigenden Auswirkungen von vornherein verhindern. Ein wichtiges Instrument hierbei stellte nach Vorstellung der Autoren des Verfassungstextes Art. 67 GG dar, wonach der Bundestag die Tätigkeit des Bundeskanzlers allein im Wege eines konstruktiven Misstrauensvotums, das heißt durch Wahl eines Nachfolgers, beenden kann. Hierdurch sollte die Möglichkeit zu destruktiver Politik begrenzt werden, die nach Einschätzung des Verfassungsgebers in Weimar zu ständiger Sedisvakanz und einer Verfassungskrise in Permanenz geführt hatte. Die konkrete Ausgestaltung des Art. 67 GG wird dabei häufig auf Überlegungen zurückgeführt, die *Ernst Fraenkel* bereits 1932 angestellt hatte. Das Institut kam in der Geschichte der Bundesrepublik bisher zweimal mit unterschiedlichem Erfolg zur Anwendung.

Die Regeln der „streitbaren" oder „wehrhaften Demokratie" gehören in denselben Kontext. Konzeptionell vorgedacht wurden sie in den Beiträgen der Exilanten *Karl Loewenstein* und *Karl Mannheim* in den 1930er Jahren. Danach sollen die freiheitlichen Garantien des Grundgesetzes nicht in ihr Gegenteil verkehrt und zur Aufhebung der freiheitlichen Ordnung missbraucht werden können. Dieser Grundgedanke zeigt sich etwa in den Vorschriften über die Grundrechtsverwirkung nach Art. 18 GG, die Eingriffsmöglichkeiten nach Art. 87a Abs. 4 und Art. 91 GG, die erschwerte Abänderbarkeit des Grundgesetzes gemäß Art. 79 GG und die Möglichkeit des Parteiverbots nach Art. 21 Abs. 2 GG. Für Beschränkungen grundrechtlicher Freiheiten bestehen dabei sehr hohe Hürden: So reicht etwa eine gegen die freiheitliche demokratische Grundordnung gerichtete Zielsetzung einer Partei für die Anordnung eines Parteiverbots nicht aus. Vielmehr muss die Partei auf die Beeinträchtigung oder Beseitigung der freiheitlich demokratischen Grundordnung „ausgehen". Ein solches „Ausgehen" setzt begrifflich ein aktives Handeln voraus. Es muss ein planvolles Vorgehen gegeben sein, das im Sinne eines qualifizierten Vorbereitungshandelns auf die Beeinträchtigung oder Beseitigung der freiheitlich demokratischen Grundordnung oder auf die Gefährdung des Bestandes der Bundesrepublik Deutschland gerichtet ist. Dass dadurch eine konkrete Gefahr für die durch Art. 21 Abs. 2 GG geschützten Rechtsgüter begründet wird, ist zwar nicht erforderlich. Allerdings bedarf es konkreter Anhaltspunkte von Gewicht, die einen Erfolg des Handelns zumindest möglich erscheinen lassen (Potentialität) (BVerfGE 144, S. 20, 219 ff. Rn. 570 ff. – NPD-Verbot). Bisher waren in der Bundesrepublik nur zwei Parteiverbote erfolgreich, das der nationalsozialistischen Sozialistischen Reichspartei im Jahr 1952 (vgl. BVerfGE 2, S. 1) und das innenpolitisch äußerst umstrittene Verbot der Kommunistischen Partei Deutschlands von 1956 (vgl. BVerfGE 5, S. 85). Nachdem ein erster Antrag auf Verbot der NPD an einem Verfahrenshindernis scheiterte, da mehrere aktive Mitglieder des Vorstands der NPD als sog. V-Leute mit dem Verfassungsschutz zusammengearbeitet hatten (vgl. BVerfGE 107, S. 339), blieb auch der zweite Antrag des Bundesrates, die NPD zu verbieten, im Ergebnis ebenfalls ohne Erfolg (vgl. BVerfGE 144, S. 20). Das Bundesverfassungsgericht bejahte zwar die Verfolgung verfassungswidriger Ziele durch die NPD, sah aber keine hinreichende Wahrscheinlichkeit, dass die NPD ihre verfassungsfeindlichen Ziele erreichen könnte. Im unmittelbaren Nachgang zu dem Scheitern des Verbotsantrags wurde Art. 21 GG durch das Gesetz zur Änderung des Grundgesetzes vom 13. Juli 2017 dahingehend erweitert, dass Parteien mit verfassungsfeindlicher Zielsetzung jedenfalls von staatlicher Finanzierung ausgeschlossen werden können (Art. 21 Abs. 3 GG).

Alle rechtlichen Regeln zur Bekämpfung des Extremismus entbinden in der Demokratie jedoch nicht von der vorrangigen politischen Auseinandersetzung und Überzeugungsarbeit gegenüber verfassungsfeindlichen Bestrebungen. Insgesamt lässt sich allerdings konstatieren, dass die „streitbare Demokratie" glücklicherweise bisher nicht mit den Herausforderungen konfrontiert wurde, für die sie konzipiert worden war.

c) Erhebliche Auswirkungen auf die Verfassungsrealität der Bundesrepublik sollte die Einrichtung des Bundesverfassungsgerichts haben. Denn jede Verfassung ist nur so gut wie ihre Interpreten. Dabei kommt dem Verfassungsgericht neben dem verfassungsändernden Gesetzgeber bei der Bewahrung und Fortschreibung des „Quellcodes" der Verfassung eine tragende Rolle zu. Das Gericht steht zwar nicht über der Verfassung, sondern unterliegt denselben verfassungsrechtlichen Bindungen wie alle anderen Organe der öffentlichen Gewalt. Als letztverbindlicher Interpret des Grundgesetzes ist ihm aber in besonderer Weise die Pflege der Verfassung insgesamt anvertraut. Es stellt das Grundgesetz in die Zeit.

Die Anfänge des Gerichts gestalteten sich nicht ohne Schwierigkeiten. So dauerte es nach der Verabschiedung des Grundgesetzes noch zwei Jahre, bis das Gericht 1951 tatsächlich errichtet wurde und in Karlsruhe seine Tätigkeit aufnehmen konnte. Seine herausgehobene Stellung musste sich das Gericht in den Anfangsjahren gegenüber den äußerst selbstbewussten obersten Bundesgerichten wie auch gegenüber den anderen Verfassungsorganen durch die Überzeugungskraft seiner Judikate erarbeiten. Die durch die Qualität seiner Argumente begründete Autorität hatte dabei auch in der personellen Zusammensetzung des Gerichts ihre Wurzeln. So bestanden die Spruchkörper des Bundesverfassungsgerichts – im Unterschied zu nicht unerheblichen Teilen der damaligen westdeutschen Justiz – fast ausschließlich aus Gegnern des Nationalsozialismus und Exilanten. Der damit verbundene Kontinuitätsbruch ermöglichte es dem Gericht, im schwierigen Werte- und Ordnungsdiskurs der frühen Bundesrepublik eine unbelastete und unvoreingenommene Position einzunehmen, die es dem Geist der Verfassung entsprechend zu einer Liberalisierung der Gesellschaft nutzen konnte. Heute ist das Bundesverfassungsgericht eines der anerkanntesten Verfassungsgerichte auf der Welt. Seine Judikate werden international rezipiert. Umgekehrt lässt sich aber auch das Bundesverfassungsgericht als Teil eines internationalen und insbesondere europäischen (Verfassungs)Gerichtsverbunds von den Entscheidungen ausländischer Gerichte befruchten. Es leistet so innerhalb der Europäischen Union seinen Beitrag zur Stabilisierung verfasster Freiheit durch die integrierende Kraft der europäischen Rechtsgemeinschaft.

d) Die Bedeutung gerade des Bundesverfassungsgerichts für das Gelingen des Grundgesetzes zeigt sich insbesondere an der vermutlich bedeutsamsten Entscheidung des Verfassungsgebers – der für einen umfassenden Grundrechtsschutz. Die Notwendigkeit des herausgehobenen Schutzes individueller und in gewissem Umfang unverfügbarer Rechte war in der Nachkriegszeit allgemein anerkannt. Parallel zur Ausarbeitung des Grundgesetzes wurde am 10. Dezember 1948 die Allgemeine Erklärung der Menschenrechte von der Generalversammlung der Vereinten Nationen in Paris verkündet, deren Formulierungen auch in den Beratungen des Parlamentarischen Rates Beachtung fanden. Der Parlamentarische Rat beschränkte sich jedoch nicht auf bloße Absichtserklärungen, sondern gestaltete die Grundrechte als individuelle klagbare Rechte aus. Vorangestellt wurde dem Grundgesetz mit programmatischem Gestus und unmittelbarer rechtlicher Verbindlichkeit die Garantie der Unantastbarkeit der Menschenwürde in Art. 1 Abs. 1 GG. Die gegen jede Art von Totalitarismus gerichtete Norm ist nach *Carlo Schmid* „der eigentliche Schlüssel für das Ganze". Mit dem in ihr zum Ausdruck kommenden Verständnis von personaler Autonomie und Subjektqualität jedes Menschen ist sie bis heute Leitlinie der Grundrechtsinterpretation. Art. 1 Abs. 2 GG enthält das Bekenntnis zu den unverletzlichen und unveräußerlichen Menschenrechten. Art. 1 Abs. 3 GG bindet alle drei Gewalten an die Grundrechte des Grundgesetzes „als unmittelbar geltendes Recht". Art. 19 Abs. 2 GG schützt den Wesensgehalt der Grundrechte auch vor an sich zulässigen Eingriffen des Gesetzgebers. Grundrechtsfreie Räume etwa im Strafvollzug oder in der Schule, sogenannte „besondere Gewaltverhältnisse“, bestehen unter dem Grundgesetz nicht. Die Rechtsweggarantie in Art. 19 Abs. 4 GG, der „Schlussstein im Gewölbe des Rechtsstaats“ (*Richard Thoma*), ermöglichte jedem Bürger eine umfassende Kontrolle von Rechtsverletzungen durch die öffentliche Gewalt.

Das Grundgesetz setzte mit seinen rhetorisch schlichten, aber prägnanten und anerkannten Aussagen über die Würde des Menschen, über Freiheit und Gleichheit übergeordnete Orientierungspunkte für die Bürger und die staatlichen Organe. Die Verfassungsautoren beschränkten sich dabei weitgehend auf klassische individuelle Freiheitsrechte und entschieden sich gegen die Aufnahme von sozialen und kulturellen Grundrechten oder Programmsätzen. Zumindest aus historischer Sicht erwiesen sich diese Zurückhaltung und der karge und damit gleichzeitig offene Duktus des Grundrechtskatalogs als Garant des Erfolges und der hohen Akzeptanz des Grundgesetzes. Sie ermöglichten eine dynamische und adaptive Auslegung durch das Bundesverfassungsgericht, an der sich paradigmatisch das erfolgreiche Wechselspiel zwischen der Verfassung und ihrem Letztinterpreten zeigt. Zwei Entscheidungen aus den frühen Jahren des Gerichts haben dabei für die Rolle des Verfassungsgerichts ebenso wie für den Ausbau eines umfassenden Individualrechtsschutzes zentrale Bedeutung.

Am 16. Januar 1957 entschied der Erste Senat des Bundesverfassungsgerichts über die Verfassungsbeschwerde von *Wilhelm Elfes* (BVerfGE 6, S. 32). *Elfes* war in der Nachkriegszeit als Gegner der von *Adenauer* betriebenen Westintegration und Wehrpolitik aufgetreten. 1953 war ihm die für eine Reise zu einem Kongress ins Ausland erforderliche Verlängerung seines Reisepasses versagt worden, da seine Teilnahme nach Ansicht der Behörde eine Beeinträchtigung der außenpolitischen Belange der Bundesrepublik befürchten ließ. Da ein Schutz der Ausreisefreiheit durch Art. 11 Abs. 1 GG nach ganz herrschender Meinung ausschied, musste das Gericht die damals heftig umstrittene Frage entscheiden, ob das Recht auf freie Entfaltung der Persönlichkeit nach Art. 2 Abs. 1 GG ein Recht auf allgemeine Handlungsfreiheit gewährleiste. Das Gericht bejahte das. Art. 2 Abs. 1 GG sei – so das Bundesverfassungsgericht in einer späteren Entscheidung verdeutlichend – „umfassender Ausdruck der persönlichen Freiheitssphäre und zugleich Ausgangspunkt aller subjektiven Abwehrrechte des Bürgers gegen den Staat“. Grundrechtsdogmatisch kommt Art. 2 Abs. 1 GG seither die Wirkung eines „Auffanggrundrechts“ zu. Alle Freiheitsbetätigungen des Einzelnen sind damit ungeachtet ihrer Bedeutung für die Persönlichkeitsentfaltung von der Verfassung im Grundsatz geschützt. Staatliche Beschränkungen bedürfen einer gesetzlichen Grundlage und müssen insbesondere verhältnismäßig, d. h. im Hinblick auf das mit ihnen verfolgte Ziel geeignet, erforderlich und zumutbar sein.

Ein knappes Jahr später, am 15. Januar 1958, fällte das Gericht sein Urteil im Verfahren über die Verfassungsbeschwerde des Hamburger Senatsdirektors *Erich Lüth* (BVerfGE 7, S. 198). Prozessvertreter *Lüths* war der bedeutende Rechtspolitiker *Adolf Arndt*. Der Rechtsstreit, der der Verfassungsbeschwerde zugrunde lag, stand auch beispielhaft für die gesellschaftliche Bewältigung der nationalsozialistischen Vergangenheit. *Lüth* hatte im Jahr 1950 vor der Presse zum Boykott eines Films von *Veit Harlan* aufgerufen. *Harlan* war im Nationalsozialismus als erfolgreicher Regisseur antisemitischer Filme wie „Jud Süß“ hervorgetreten. Daraufhin wurde *Lüth* unter anderem von der Produktionsfirma *Harlans* vor dem Landgericht Hamburg mit Erfolg auf Unterlassung in Anspruch genommen. Das

Bundesverfassungsgericht und sein Berichterstatter *Theodor Ritterspach* nutzten diesen Fall zum einen zur Betonung und Stärkung der Meinungsfreiheit nach Art. 5 Abs. 1 GG. Ihr komme eine „schlechthin konstituierende Bedeutung" für den pluralistisch-demokratischen Staat zu. Aus verfassungsrechtlicher Sicht vermutlich noch wichtiger sind allerdings die Ausführungen des Gerichts zur „Ausstrahlung" der Grundrechte in die privatrechtlich organisierte Gesellschaft. Die Bedeutung der Grundrechte wird über das klassisch-liberale Verständnis als Abwehrrechte der Bürger gegen den Staat dahin aus-gedehnt, dass das Grundgesetz im Grundrechtsteil „eine objektive Werteordnung aufgerichtet" habe, die die gesamte Rechtsordnung einschließlich des Privatrechts durchdringe. Dem Staat, insbesondere dem Gesetzgeber, wächst damit die Aufgabe zu, übermäßige Freiheitsbeeinträchtigungen des Bürgers durch Dritte zu verhindern. Das Gericht kann staatliches Handeln auf die Verwirklichung dieser Werte in der sozialen Realität hin überprüfen. Auch wenn die vom Gericht verwendete Terminologie später in Kritik geriet, leistete das Urteil doch einen zentralen Beitrag zu dem als „Konstitutionalisierung" beschriebenen Vorgang der verfassungsrechtlichen Prägung des gesamten einfachen Rechts. Gleichzeitig begründete das Verfassungsgericht mit dem Urteil seinen Anspruch auf eine Kontrolle der Gesamtrechtsordnung an den Maßstäben des Grundgesetzes. Die objektive Dimension der Grundrechte sollte in den folgenden Jahrzehnten Ansatzpunkt für eine weitere Ausdehnung der Grundrechtsgeltung sein, etwa für die Ableitung von staatlichen Schutzpflichten aus den Grundrechten (BVerfGE 39, S. 1, 42 – Schutzpflicht gegenüber dem ungeboren Leben bei Schwangerschaftsabbruch; BVerfGE 46, S. 160, 164 – Schutzpflicht bei terroristischer Bedrohung des Lebens; BVerfGE 49, S. 89, 140 ff.; 53, S. 30, 57 ff. – Schutzpflicht gegenüber den Gefahren durch Atomkraftwerke).

In der Folgezeit bewies sich die Flexibilität des Grundrechtsteils darin, dass neuen Herausforderungen und Gefährdungslagen für die Freiheit des Einzelnen im Wege der Verfassungsinterpretation begegnet werden konnte. Erneut spielte das Bundesverfassungsgericht hierbei eine zentrale Rolle. Wichtige Impulse gab das *Volkszählungsurteil* aus dem Jahr 1983 (BVerfGE 65, S. 1; weiterführend BVerfGE 109, S. 279 – Großer Lauschangriff), in dem den Gefahren moderner Datenerhebung und -verarbeitung mit jederzeitiger Verfügbarkeit, beliebiger Transferier- und grenzenloser Kombinierbarkeit persönlicher Daten durch die Anerkennung des „Rechts auf informationelle Selbstbestimmung" wirksam begegnet werden konnte. Aus jüngerer Zeit ist die Ableitung des Grundrechts auf Gewährleistung der Vertraulichkeit und Integrität informationstechnischer Systeme hervorzuheben (vgl. BVerfGE 120, S. 274, 302 ff.). Neue Gefährdungslagen für individuelle Freiheit entstehen zunehmend durch global agierende, privatwirtschaftliche Datengiganten. Die Verfassungsgerichtsbarkeit wird sich den Herausforderungen des digitalen Zeitalters stellen müssen.

Der Ausweitung des Grundrechtschutzes stehen aber auch einzelne „Verluste" gegenüber, die auf Entscheidungen des verfassungsändernden Gesetzgebers zurückgehen. Hierzu zählen die faktische Abschaffung des nunmehr detailliert in Art. 16a GG geregelten Grundrechts auf Asyl durch den „Asylkompromiss" von 1993 sowie die verfassungsrechtliche Verankerung des „Großen Lauschangriffs" in Art. 13 Abs. 3 bis 6 GG im Jahr 1998.

III. Verfassungswandel durch Verfassungsänderung

1. Die Verfassung zwischen Abänderbarkeit und „Ewigkeitsgarantie“

Arbeitsgrundlage des Verfassungsgerichts als letztverbindlicher Verfassungsinterpret ist allein der Text des Grundgesetzes. Dessen ursprüngliche Sprache knüpft in vorbildlicher Weise an die kontinental-europäische Rechtstradition an, die durch einen eher nüchternen, schlichten Ton gekennzeichnet ist. Gleichwohl oder gerade deshalb ist die Verfassung auf Auslegung angewiesen. Konkretisierungsaufwendige Offenheit und unprätentiöse Bürgernähe gehen hier Hand in Hand. Das Verfassungsgericht hat insofern auch die Aufgabe, das Verfassungsrecht fortzuentwickeln, um es den politischen und gesellschaftlichen Gegebenheiten maßvoll anzupassen und gewissermaßen „in die Zeit zu stellen“.

Die Grenzen der Auslegung stellen jedoch nicht – wie bei der faktisch kaum änderbaren US-amerikanischen Verfassung – die Grenzen des Verfassungsrechts dar. Das Grundgesetz eröffnet vielmehr in Art. 79 GG die Möglichkeit der Verfassungsänderung, für die es aber einer Zweidrittelmehrheit in Bundestag und Bundesrat bedarf. Damit trägt das Grundgesetz der Tatsache Rechnung, dass es kein „heiliger Text“, sondern zeitgeprägter Ausdruck eines Kompromisses und Ergebnis politischer Verständigung unterschiedlicher Verfassungsakteure ist. Das Verfassungsrecht spiegelt nicht nur die Gesellschaft, sondern steht mit ihr in einem diskursiven Wechselverhältnis. Dabei ist der Prozess der Verfassungsänderung aufgrund der erforderlichen überparteilichen Mehrheit zwar primär reaktiv und setzt einen breiten Konsens über Notwendigkeit und Richtung verfassungsrechtlicher Fortentwicklungen voraus. Gleichzeitig kann das Verfahren zur Verfassungsänderung aber durch die dort zu leistende Überzeugungsarbeit einen Prozess gesellschaftlichen Nachdenkens anstoßen und in den parlamentarischen Verfahren kanalisieren, um dadurch auf den gesellschaftlichen Diskurs selbst zurückzuwirken und ihn zu gestalten.

Das Verfassungsänderungsverfahren ist durch das „Inkorporationsgebot“ des Art. 79 Abs. 1 GG und durch die „Ewigkeitsklausel“ des Art. 79 Abs. 3 GG geprägt. Ersteres verhindert, dass Verfassungsänderungen am Grundgesetztext vorbei erfolgen. Nach letzterer sind Änderungen der identitätsstiftenden inhaltlichen Kernaussagen der Verfassung auch im Verfahren der Verfassungsänderung ausgeschlossen. Von der Schutzgarantie sind die Staatsstrukturprinzipien des Art. 20 Abs. 1 GG, die Grundsätze des Art. 1 GG, d. h. insbesondere die Menschenwürdegarantie, und nach wohl herrschender Meinung auch ein Kernbestand an Grundrechten umfasst. Der in Art. 79 Abs. 3 GG gesicherte Identitätskern sichert die Ideen, die der Verfassungsgeber zu Recht für unaufgebbar gehalten hat, auch für die Zukunft. Art. 79 Abs. 3 GG ist der stabile Anker der Verfassungspolitik und verhindert eine identitätsumwandelnde Aushöhlung der Verfassung. Dies wurde zuletzt etwa im Kontext des Europäischen Stabilitätsmechanismus (ESM, vgl. BVerfGE 135, S. 317, 405 ff.) oder des Europäischen Haftbefehls (BVerfGE 140, S. 317, 336 ff. Rn. 40 ff.) von Bedeutung.

Jenseits dieser Schranken hat sich das Grundgesetz als lebendiger, änderungsreicher Text erwiesen. Die nunmehr sechzig Änderungsgesetze haben notwendige Anpassungen an die politischen und gesellschaftlichen Entwicklungen vollzogen und fast die Hälfte der ursprünglichen Artikel des Grundgesetzes erfasst; Art. 106 GG erfuhr allein sechs Änderungen. Dabei gilt, dass gute Verfassungspolitik stets ordentliches Verfassungshandwerk braucht. Dass nicht alle Verfassungsänderungsgesetze die sprachlichen Charakteristika des Grundgesetzes –

Nüchternheit und Prägnanz – voll getroffen haben, wird oft kritisiert. So hat sich der Textumfang des Grundgesetzes durch die Änderungen nahezu verdoppelt. Allein die Regelungen zum Grundrecht auf Asyl nehmen seit der Änderung von 1993 den 40-fachen Umfang des Originaltextes ein. Dies sollte Zweifel daran wecken, dass solche komplexen Regelungen auf der Ebene der Verfassung richtig verortet sind. Den wichtigsten Änderungen des Textes des Grundgesetzes soll im Folgenden nachgegangen werden. Während die ersten beiden großen Reformen Sachzusammenhänge betreffen, deren Regelung 1949 aufgrund der fortbestehenden Besatzung noch nicht möglich war, stellen die weiteren Reformen Reaktionen auf sich verändernde gesellschaftliche Rahmenbedingungen und Entwicklungen dar.

2. Der erste Schritt zur Wiedererlangung der Souveränität: Die Wehrverfassung von 1956

Im Besatzungsstatut vom 12. Mai 1949 hatten die Alliierten noch ihre Proklamation Nr. 2 vom 20. September 1945 bekräftigt, wonach die deutschen Streitkräfte vollständig und endgültig aufzulösen seien. Gleichzeitig lehnte die Gesellschaft unmittelbar nach dem Zusammenbruch eine Wiederbewaffnung Deutschlands ab. Das führte dazu, dass das Grundgesetz ursprünglich keine Normen für die Aufstellung und Organisation von Streitkräften enthielt. Vielmehr bekannte sich das Grundgesetz in seiner Präambel ausdrücklich zum Frieden und verbot in Art. 26 GG den Angriffskrieg.

Schon kurz nach dem Inkrafttreten veränderte sich jedoch der politische Kontext. Die Angst vor einer erneuten militärischen Auseinandersetzung in Mitteleuropa, die seit der Berlin-Blockade schwelte, wuchs und wurde durch den Koreakrieg 1950 noch verstärkt. Trotz seiner Friedensorientierung schloss das Grundgesetz die Möglichkeit einer Wiederbewaffnung nicht von vornherein aus. Art. 24 Abs. 2 GG knüpfte diese Möglichkeit jedoch an die Einordnung in ein System kollektiver Sicherheit zur Wahrung des Friedens. Art. 24 Abs. 2 GG wies auf die innen- und außenpolitischen Entwicklungen voraus, die das erste Verfassungsjahrzehnt prägen sollten. Im Gegenzug für die Wiederbewaffnung und damit einhergehend eine Wiedererlangung der Souveränität verlangten die Westalliierten die Westintegration der Bundesrepublik. Umsetzung und Ausgestaltung der doppelten Vorgaben führten in den 1950er Jahren im sogenannten „Kampf um den Wehrbeitrag" zur ersten heftigen verfassungspolitischen Auseinandersetzung der Bundesrepublik. Vorbereitend ergänzte der verfassungsändernde Gesetzgeber mit Gesetz vom 26. März 1954 den Kompetenztitel des Art. 73 Nr. 1 GG um „die Verteidigung einschließlich der Wehrpflicht". Der erste Versuch einer Einbindung in ein System kollektiver Sicherheit, die Europäische Verteidigungsgemeinschaft, scheiterte im August 1954 am Widerstand der französischen Nationalversammlung. Mit dem Pariser Vertragswerk vom 23. Oktober 1954 wurde dann aber eine Lösung gefunden: Durch den am 5. Mai 1955 in Kraft getretenen Deutschland-Vertrag erlangte die Bundesrepublik durch Ablösung alliierter Vorbehalte ihre staatliche Souveränität weitgehend wieder. Gleichzeitig trat die Bundesrepublik am 7. bzw. am 9. Mai 1955 der Westeuropäischen Union (WEU) und der NATO bei und wurde dadurch in das westliche Bündnis integriert. Die völkerrechtlichen Weichenstellungen wurden nun innerstaatlich durch das Siebte Gesetz zur Ergänzung des Grundgesetzes vom 19. März 1956 nachvollzogen, das die in ihren Grundzügen noch heute geltende „Wehrverfassung" in Kraft setzte. Zentrale Vorschriften des über mehrere Abschnitte des Grundgesetzes verstreuten Regelungskomplexes sind die Art. 65a GG und Art. 87a GG (vgl. heute weiter Art. 12a, 17a, 45a, 45b, 87a, 87b, 115a ff. GG). Ihre umfassendste Änderung und Ergänzung erfuhr die Wehrverfassung durch die Notstandsnovelle von 1968.

Leitlinie der Wehrverfassung ist die Einbindung der Bundeswehr in die Demokratie durch eine starke parlamentarische Kontrolle. Das gelingt etwa durch die verfassungsrechtliche Absicherung des Verteidigungsausschusses und des Wehrbeauftragten des Bundestages. Jede Neudefinition der Aufgaben und jede Ausweitung des Einsatzbereichs der Bundeswehr, angestoßen etwa durch die Veränderung der sicherheitspolitischen Lage nach dem Ende des Ost-West-Konflikts, müssen sich in diesen Rahmen einfügen. Wie das Bundesverfassungsgericht in seinem Urteil vom 12. Juli 1994 zur Zulässigkeit von sogenannten „Out-of-area-Einsätzen" klarstellte, will das Grundgesetz die Bundeswehr als Machtpotential nicht allein der Exekutive überlassen, sondern fügt sie als „Parlamentsheer" in die demokratisch rechtsstaatliche Verfassungsordnung ein (vgl. BVerfGE 90, S. 286). Bei Einsätzen der Bundeswehr im Ausland ist eine Mandatierung durch den Bundestag daher unumgänglich (vgl. BVerfGE 121, S. 135 – AWACS und zuletzt BVerfGE 140, S. 160 – Lybien-Einsatz).

3. Das Grundgesetz und Krisen: Die Notstandsverfassung von 1968

Auch die zweite große Verfassungsreform war noch vom Streben der Bundesrepublik nach Wiedererlangung der Souveränität geleitet. So sollte die Wehrverfassung, die der rechtlichen Handlungsfähigkeit bei Angriffen von außen diente, ergänzt und durch ein entsprechendes Instrumentarium bei innerstaatlichen Notstandslagen erweitert werden. Die schon im Ursprungstext enthaltenen Elemente der streitbaren Demokratie sollten ausgebaut werden. Teilweise hoffte man auch, die Alliierten würden bei Gelingen der Reform verbliebene Vorbehaltsrechte ablösen. Eine hitzige gesamtgesellschaftliche Debatte und zahlreiche friedliche Proteste und Demonstrationen begleiteten den Versuch der Großen Koalition, effektive Notstandsregeln unter möglichst weitgehender Wahrung der Grundrechte zu treffen. Die Weimarer Verfassung und die in ihrem Art. 48 enthaltene Möglichkeit präsidialer Notverordnungen galten dabei als Negativfolie.

Mit dem 17. Gesetz zur Ergänzung des Grundgesetzes vom 24. Juni 1968 wurden schließlich 28 Grundgesetzartikel geändert, aufgehoben oder eingefügt. Für den bisher glücklicherweise nie eingetretenen Spannungs- und Verteidigungsfall wurden in den neu geschaffenen Abschnitten IVa und Xa Verfahrens- und Organisationsregeln getroffen. Erheblich grundrechtseinschränkend wirkte die in Art. 10 Abs. 2 GG eingefügte Schrankenregelung, die in bestimmten Fällen den Rechtsweg nach Art. 19 Abs. 4 GG ausschließt und an dessen Stelle eine Nachprüfung durch die sogenannte G 10-Kommission vorschreibt. Ergänzt wurden auch die Regelungen der Art. 35, 87a und 91 GG zum Einsatz von Bundeswehr, Bundespolizei und anderen Polizeikräften bei Naturkatastrophen, länderübergreifenden Unglücksfällen oder sonstigen Gefahren für den Bestand oder die freiheitliche demokratische Grundordnung von Bund oder Ländern. In einem Versuch verfassungsrechtlicher Kompensation wurde im gleichen Zug das Widerstandsrecht nach Art. 20 Abs. 4 GG normiert und – durch das 19. Änderungsgesetz vom 29. Januar 1969 – die zuvor nur einfachrechtlich in den §§ 90 ff. BVerfGG geregelte Verfassungsbeschwerde in Art. 93 Abs. 1 Nr. 4a GG auch verfassungsrechtlich garantiert. Eine Bewertung des Gesamtvorhabens aus heutiger Sicht ist mangels Überprüfung in der Praxis schwierig. Achtenswert erscheint der Versuch, durch die Bereitstellung klarer rechtlicher Regeln politischen Aktionismus in Notsituationen normativ einzufangen und dadurch eine Berufung auf „Lücken in der Verfassung" zu verhindern.

Das Problem der Handlungsfähigkeit des Staates in Bedrohungslagen erlangte im Terrorismus der 1970er Jahre sowie erneut nach den Anschlägen vom 11. September 2001 Aktualität. Die Terrorismusbekämpfung kann und muss im Verfassungsstaat innerhalb der verfassungsrechtlichen Ordnung erfolgen. Die Rechtsprechung des Bundesverfassungsgerichts zu sicherheitsrechtlichen Fragestellungen hat dabei vielfach klargestellt, dass das Grundgesetz für eine effektive Gefahrenabwehr offen ist. Es verlangt aber von allen staatlichen Akteuren, insbesondere dem Gesetzgeber, eine sorgfältige Austarierung von Freiheit und Sicherheit sowie Regeln, die den verfassungsrechtlichen Anforderungen an die Verhältnismäßigkeit genügen. Ein pauschales Primat der Sicherheit wäre mit den grundrechtlichen Garantien unvereinbar (vgl. etwa BVerfGE 115, S. 166 – Kommunikationsverbindungsdaten; BVerfGE 115, 320 – Rasterfahndung; BVerfGE 120, S. 274 – Online-Durchsuchung; BVerfGE 125, S. 260 – Vorratsdatenspeicherung; BVerfGE 129, S. 208 – Telekommunikationsüberwachung; BVerfGE 141, S. 220 – BKA-Gesetz).

4. Einheit in Freiheit: Das Grundgesetz und die Wiedervereinigung

Der Parlamentarische Rat ließ das Grundgesetz mit einer klaren Aussage beginnen: „Das gesamte Deutsche Volk bleibt aufgefordert, in freier Selbstbestimmung die Einheit und Freiheit Deutschlands zu vollenden." Bei allen Wendungen und zeitbedingten Kompromissen der bundesrepublikanischen Ostpolitik betonte das Bundesverfassungsgericht mehrfach, dass dieses politische Ziel für die Bundesrepublik verbindlich sei und nicht aufgegeben werden dürfe. Das Grundgesetz stellte für die verfassungstechnische Umsetzung der Einigung zwei Wege bereit. So sah Art. 23 GG die Möglichkeit des Beitritts weiterer Länder zum Geltungsbereich des Grundgesetzes vor. Art. 146 GG eröffnete die Möglichkeit einer Ablösung des Grundgesetzes durch eine neue, vom deutschen Volk in freier Entscheidung gemeinsam beschlossen Verfassung – gleichsam durch Neugründung eines gemeinsamen Staates.

Nachdem sich im Wendeherbst 1989 der historische Horizont für eine Wiedervereinigung geöffnet hatte, bedurfte es der Entscheidung, ob sie im Wege des Beitritts der ostdeutschen Länder zum Bundesgebiet oder über eine neue gesamtdeutsche Verfassung zu vollziehen sei. Letztlich setzte sich die Beitrittslösung durch – wohl auch deswegen, da nach verbreiteter Auffassung mit dem Grundgesetz bereits eine sehr gelungene Verfassung vorlag, deren Errungenschaften für einen gemeinsamen deutschen Staat ohnehin leitend sein würden. Durch das 36. Änderungsgesetz vom 23. September 1990 wurden die nach dem Einigungsvertrag vom 31. August 1990 erforderlichen beitrittsbedingten Änderungen des Grundgesetzes umgesetzt. Die Präambel wurde im Hinblick auf die Vollendung der Einheit Deutschlands angepasst und Art. 23 GG in seiner alten Fassung aufgehoben. In der Nacht vom 2. auf den 3. Oktober 1990 wurde der Beitritt der Deutschen Demokratischen Republik zur Bundesrepublik vollzogen. Das Grundgesetz galt damit auch auf dem Territorium der nun ehemaligen DDR.

Auch wenn das Verfassungsrecht nur den Rahmen für die Fortentwicklung und Vollendung der inneren Einheit bereitstellt, so bietet es mit dem Verfassungsauftrag der Präambel, dem Sozialstaatsprinzip und dem Föderal- und Finanzverfassungsrecht Regeln, die Gesellschaft und Politik erlauben, die immer noch erforderlichen Schritte für ein weiteres Zusammenwachsen von Ost und West zu gehen. Weitere Vorschläge aus den im Zuge der Wiedervereinigung ausgearbeiteten alternativen Verfassungsentwürfen sowie einer gemäß Art. 5 Einigungsvertrag eingesetzten gemeinsamen Verfassungskommission von Bundestag und Bundesrat wurden im 42. Gesetz zur Änderung des Grundgesetzes vom 27. Oktober 1994 umgesetzt. Hierzu gehören etwa die Förderung der Gleichberechtigung von Frauen und Männern und ein Benachteiligungsverbot für Behinderte in Art. 3 GG, der Schutz der natürlichen Lebensgrundlagen in Art. 20a GG sowie Änderungen im Organisationsrecht.

5. Offene Staatlichkeit: Das Grundgesetz und Europa

Nicht nur das Ziel der Wiedervereinigung war dem Grundgesetz von Beginn an eingeschrieben. Schon die Präambel von 1949 strebte die Integration Deutschlands in Europa an und sah die Bundesrepublik „als gleichberechtigtes Glied in einem vereinten Europa". Damit war die deutsche Verfassungsentwicklung von Anfang an in ein internationales und europäisches Bezugsfeld eingebettet – ein Konzept offener Staatlichkeit. Den Grundstein hierfür haben wir dem – aus heutiger Sicht geradezu prophetischen – Weitblick des Verfassungsgebers zu verdanken, der in Art. 24 Abs. 1 GG die Möglichkeit der Übertragung von Hoheitsrechten auf zwischenstaatliche Einrichtungen vorsah.

Die europäische Integration der Bundesrepublik begann mit der Vollmitgliedschaft im Europarat vom 2. Mai 1951. Der Europarat widmet sich heute insbesondere der Förderung von Demokratie und Rechtsstaatlichkeit sowie dem internationalen Menschenrechtsschutz. Wichtigstes Dokument ist die Europäische Menschenrechtskonvention (EMRK), deren Auslegung vorrangig dem Europäischen Gerichtshof für Menschenrechte (EGMR) in Straßburg obliegt. Die Rechtsprechung des EGMR hat in den vergangenen Jahrzehnten einen gemeineuropäischen Grundrechtsstandard geformt, der sich nicht zuletzt aus der Rechtsprechung der einzelstaatlichen Verfassungsgerichte speist. Seine gewachsene und mittlerweile hochentwickelte Judikatur zeugt von einer die einzelnen Rechtsordnungen überwölbenden inhaltlichen Kohärenz, welche gleichermaßen einheitliche wie angemessene Lösungen ermöglicht. Die Konvention steht in Deutschland im Rang eines Bundesgesetzes. Aufgrund der Völker- und Europarechtsfreundlichkeit des Grundgesetzes beeinflussen die Gewährleistungen der Konvention jedoch die Auslegung der Grundrechte und rechtsstaatlichen Grundsätze des Grundgesetzes. Daher gehört zur Bindung aller staatlicher Organe an Gesetz und Recht nach Art. 20 Abs. 3 GG, die Gewährleistungen der Konvention und der Entscheidungen des EGMR im Rahmen methodisch vertretbarer Gesetzesauslegung zu berücksichtigen. Auch das Bundesverfassungsgericht zieht Konventionstext und Entscheidungen des EGMR auf der Ebene des Verfassungsrechts als Auslegungshilfen für die Bestimmung von Inhalt und Reichweite der Grundrechte und rechtsstaatlichen Garantien des Grundgesetzes heran und trägt dadurch zu einer Harmonisierung des Grundrechtsschutzes auf nationaler und europäischer Ebene bei (vgl. BVerfGE

128, S. 326, 366 ff. – Sicherungsverwahrung II; zuletzt umfassend BVerfG, Urt. v. 12.6.2018 – 2 BvR 1738/12 u.a., Rn. 127 ff. – Beamtenstreik).

Noch umfassender wirkt auf die deutsche Rechtsordnung der europäische Integrationsprozess ein, der zur Europäischen Union geführt hat. Er vollzog sich in zahlreichen Stufen von der Gründung der Europäischen Gemeinschaft für Kohle und Stahl im Jahr 1952 und den Römischen Verträgen vom 25. März 1957 bis zu dem aktuell letzten Integrationsschritt, dem am 1. Dezember 2009 in Kraft getretenen Vertrag von Lissabon. Der europäische Einigungsprozess verwirklichte das vom Grundgesetz geteilte Ideal einer immer engeren europäischen Gemeinschaft. Die Offenheit des Grundgesetzes für den Prozess machte eine Änderung des Verfassungstextes erst nötig, als mit dem Vertrag von Maastricht über die Gründung der Europäischen Union im Jahr 1992 die Wirtschaftsgemeinschaft zu einer politischen Union ausgebaut wurde. Mit dem 38. Gesetz zur Änderung des Grundgesetzes vom 21. Dezember 1992 wurde der durch die Vollendung der deutschen Einigung „frei" gewordene, symbolisch aufgeladene Art. 23 GG dazu genutzt, nunmehr Regeln für die Mitwirkung Deutschlands an der Verwirklichung eines vereinten Europas aufzustellen. Das Bundesverfassungsgericht billigte diesen Integrationsschritt ebenso wie die weitergehende Vertiefung durch den Vertrag von Lissabon (vgl. BVerfGE 123, S. 267).

Die mit dem Einigungsprozess verbundene Übertragung von Aufgaben und Hoheitsgewalt führte auch – so der ehemalige Verfassungsrichter *Konrad Hesse* – zu einem „Wandel der Aufgaben, der Stellung und der Wirkungsmöglichkeiten des Bundesverfassungsgerichts". Zwei Bereiche stellten sich dabei als wesentlich heraus: der Schutz der Grundrechte vor europarechtlich veranlassten Eingriffen sowie die Kompetenzabgrenzung zwischen europäischer und nationalstaatlicher Ebene.

In der Frühphase der Integration behielt sich das Bundesverfassungsgericht noch vor, Gemeinschaftsrecht an den Vorgaben des Grundgesetzes zu messen, solange die damalige Europäische Gemeinschaft nicht über einen dem Grundgesetz adäquaten Grundrechtskatalog verfügt. Der Europäische Gerichtshof (EuGH) in Luxemburg hat die Herausforderung angenommen und den Grundrechtsschutz seit Anfang der 1970er Jahre konsequent ausgebaut. Bei der Konturierung der Grundrechte als allgemeine Rechtsgrundsätze des Gemeinschaftsrechts hat er sich insbesondere an der EMRK sowie den gemeinsamen Verfassungsüberlieferungen der Mitgliedstaaten als Rechtserkenntnisquellen orientiert. Unter dem Eindruck der europäischen Grundrechtsjudikatur sah das Bundesverfassungsgericht im sogenannten Solange II-Beschluss aus dem Jahr 1986 (BVerfGE 73, S. 339) seine frühere Forderung als in der Sache erfüllt an. Zwar hat es nicht den prinzipiellen Anspruch aufgegeben, Gemeinschaftsrechtsakte auf ihre Grundrechtskonformität hin zu überprüfen. Es übt jedoch seine Gerichtsbarkeit nicht mehr aus, weil und *solange* im Hoheitsbereich der Europäischen Gemeinschaften ein dem Standard des Grundgesetzes im Wesentlichen vergleichbarer Grundrechtsschutz gewährleistet ist. Diese Rechtsprechung hat das Bundesverfassungsgericht im Maastricht-Urteil aus dem Jahr 1993 (BVerfGE 89, S. 155) sowie dem Bananenmarkt-Beschluss aus dem Jahr 2000 (BVerfGE 102, S. 147) bruchlos fortgeführt und zuletzt in seinem „Ja-Wort" zum Lissabon-Vertrag (vgl. BVerfGE 123, S. 267) erneut bestätigt.

Auch die Frage der Kompetenzabgrenzung von nationalstaatlicher und europäischer Ebene steht unter dem Leitstern der Europarechtsfreundlichkeit des Grundgesetzes. Dem korrespondiert im Europarecht das Gebot, die nationale

Identität der Mitgliedstaaten einschließlich deren Verfassungsstrukturen zu wahren. Die Schranken der Integration in kompetentieller Hinsicht hat das Bundesverfassungsgericht zunächst durch die Figur des ausbrechenden Rechtsakts konturiert (sog. Ultra vires-Kontrolle), die im Lissabon-Urteil um das Kriterium der integrationsfesten Verfassungsidentität angereichert wurde. Diese „Identitätskontrolle" gründet in der Erkenntnis, dass die grundgesetzliche Ermächtigung zur Übertragung von Hoheitsrechten auf die Europäische Union ihre Grenze in dem von Art. 79 Abs. 3 GG geschützten materiellen Identitätskern der Verfassung findet – was für den verfassungsändernden Gesetzgeber unverfügbar ist, muss auch weiterhin integrationsfest sein. Dabei gilt stets, dass das Bundesverfassungsgericht seine Gerichtsbarkeit über die Anwendbarkeit von abgeleitetem Gemeinschaftsrecht in Deutschland in einem „Kooperationsverhältnis" zum EuGH ausübt; dies ist gelebter Ausdruck des Bildes vom „europäischen Gerichtsverbund". Die dem Bundesverfassungsgericht vorbehaltene „Reservezuständigkeit" kommt dabei nur ausnahmsweise in Betracht, wenn Rechtsschutz auf Unionsebene nicht zu erlangen ist. Das Verfassungsgericht wird in der konkreten Ausübung seiner Prüfungskompetenz stets den Grundsatz der Europarechtsfreundlichkeit des Grundgesetzes beachten und damit der ihm – ebenso wie allen anderen Verfassungsorganen – zukommenden Integrationsverantwortung dauerhaft gerecht werden. Auf dieser Grundlage hatte es dem EuGH im Zuge der europäischen Staatsschuldenkrise zum ersten Mal in seiner Geschichte eine Entscheidung im Vorabentscheidungsverfahren (Art. 267 AEUV) vorgelegt, weil es der Auffassung war, dass der sog. OMT-Beschluss der Europäischen Zentralbank (EZB) mit den Vorgaben des Europarechts unvereinbar ist (vgl. BVerfGE 134, S. 366). Nachdem der EuGH dieser Auffassung im Ergebnis zwar nicht gefolgt ist (vgl. EuGH, Urt. v. 16.6.2015 – C 62/14), dem zentralen Anliegen des Bundesverfassungsgerichts, nämlich der rechtlichen Einbindung des Handelns der EZB aber Rechnung getragen hat, blieben die ausgesetzten Verfahren auch vor dem Bundesverfassungsgericht ohne Erfolg (vgl. BVerfGE 142, S. 123). Aktuell liegt dem EuGH eine Vorlage des Bundesverfassungsgerichts zum sog. PSPP-Beschluss der EZB vor (vgl. BVerfGE 146, S. 216).

Das Grundgesetz trägt der seitens des Bundesverfassungsgerichts in diesen aktuellen Entscheidungen stets herausgehobenen Integrationsverantwortung von Bundestag und Bundesrat durch die Stärkung der Parlamentsbeteiligungsrechte durch das 53. Gesetz zur Änderung des Grundgesetzes vom 8. Oktober 2008 etwa in Art. 23 Abs. 1a GG Rechnung.

6. Grundgesetz und Föderalismus: Bundesstaatlichkeit als Daueraufgabe

Der europäische Integrationsprozess hat sein strukturelles Vorbild im Föderalismus. Föderale Gebilde, die nicht auf einseitiger Entscheidungsgewalt, sondern auf wechselseitigen Aushandlungsprozessen und vertikaler Machtverteilung basieren, stellen für jede Form rechtlicher Organisation und dogmatischer Durchdringung eine Herausforderung dar. Stellung und Eigenständigkeit der Länder gegenüber der Bundesebene sind in Deutschland seit der Auflösung des Alten Reiches ständig Kristallisationspunkt politischer wie wissenschaftlicher Debatten. Dabei wird schon die schematische Gegenüberstellung von Rheinbund und Deutschem Bund als Staatenbünde mit einer Vorrangstellung der Länder einerseits und Deutschem Reich, Weimarer Republik und Bundesrepublik als Bundesstaaten mit einem Primat der Bundesebene andererseits der Komplexität des Phänomens nicht gerecht.

Die genaue Austarierung und Organisation der föderalen Ordnung erwies sich in den Verhandlungen auf Herrenchiemsee und im Parlamentarischen Rat als eine der politisch und rechtlich schwierigsten Herausforderungen. Die Länder nehmen in der vom Grundgesetz errichteten Ordnung eine starke Stellung ein. Das beruht zum einen auf der föderalistischen Tradition Deutschlands. Zum anderen hatten die Alliierten in den Frankfurter Dokumenten in Reaktion auf die zentralistische Organisationsform des Nationalsozialismus eine Stärkung der Länder gefordert. Schließlich vollzog sich die Reorganisation staatlicher Gewalt nach dem Zusammenbruch Deutschlands zunächst auf der Länderebene; damit wurden die Länder Träger des Prozesses der Verfassungsgebung. Die Präambel bringt das darin zum Ausdruck, dass sich „die Deutschen in den Ländern" das Grundgesetz gegeben haben. Dementsprechend setzten sich im Parlamentarischen Rat die Länder damit durch, die zweite Gesetzgebungskammer nicht nach dem Vorbild des US-amerikanischen Senats mit vom Volk gewählten Vertretern, sondern nach dem Vorbild des Deutschen Reiches und der Weimarer Republik als Bundesrat zu konstituieren, der sich aus Vertretern der Landesregierungen zusammensetzt.

Insgesamt durchziehen die Regeln über die Stellung der Länder im Bund das gesamte Grundgesetz und nehmen umfangreichen Raum ein. Das beginnt mit der nach Art. 79 Abs. 3 GG änderungsfesten Konstituierung der Bundesrepublik Deutschland als Bundesstaat in Art. 20 Abs. 1 GG. Art. 23 GG gibt den Ländern umfangreiche Mitwirkungsrechte im Bereich der Europapolitik, Art. 28 GG verpflichtet die Länderverfassungen auf die Grundsätze des republikanischen, demokratischen und sozialen Rechtsstaates. Art. 30 GG vertraut den Ländern die Ausübung der staatlichen Befugnisse und die Erfüllung der staatlichen Aufgaben an, soweit das Grundgesetz keine andere Regelung trifft oder zulässt. Die Art. 50 bis 53 GG gestalten den Bundesrat als Vertretungsorgan der Länder aus. In den Art. 70 bis 75 GG und Art. 83 bis 87 GG werden dem Bund enumerativ umfangreiche Gesetzgebungs- und schmale Verwaltungskompetenzen übertragen. Die Gesetze des Bundes werden regelmäßig durch die Länder ausgeführt.

Mit der Konstituierung der Bundesrepublik und der Aufnahme der Arbeit durch den Bund setzte dann aber ein in vielen föderal organisierten Staaten beobachtbarer Prozess einer allmählichen Verlagerung von Kompetenzen auf die Zentralebene ein. Bis in die 1990er Jahre führten zahlreiche Grundgesetzänderungen zu einem Kompetenzzuwachs des Bundes. Grundlegende Änderungen brachten das 21. und 22. Gesetz zur Änderung des Grundgesetzes vom 12. Mai 1969, die die föderale Finanzverfassung und den Länderfinanzausgleich – eine „Dauerbaustelle" – reformierten und durch die Einführung von Gemeinschaftsaufgaben in Art. 91a und 91b GG neue Formen der Zusammenarbeit von Bund und Ländern etwa im Bereich der Wissenschaftspolitik begründeten. Gleichzeitig veränderte sich ab Mitte der 1970er Jahre mit einem Auseinanderfallen der Mehrheiten in Bundestag und Bundesrat die Rolle des Bundesrats von einem Sachwalter der Länderinteressen zu einem Organ der Opposition im Gesetzgebungsprozess, was überparteiliche Aushandlungsprozesse erforderlich machte.

Erste Ansätze einer stärkeren Entflechtung von Bund und Ländern versuchte das 42. Gesetz zur Änderung des Grundgesetzes vom 27. Oktober 1994 durch Neufassung der Kompetenzregeln und die Möglichkeit einer schärferen, auch justiziablen Kontrolle der Erforderlichkeit einer bundesrechtlichen Regelung nach Art. 72 Abs. 2 GG. Dennoch wurde weithin erheblicher Reformbedarf gesehen, der nach der Beratung durch zahlreiche Reformkommissionen schließlich zur sogenannten „Föderalismusreform I" durch das 52. Gesetz zur Änderung des Grundgesetzes vom 28. August 2006 führte. Kernpunkte der Reform waren eine Kompetenzentflechtung etwa durch Abschaffung der Rahmengesetzgebung nach Art. 75 GG alter Fassung und eine Reduzierung der Zahl im Bundesrat zustimmungspflichtiger Gesetze durch Änderung des Art. 84 GG. Den Ländern wurden zahlreiche zuvor bundesrechtlich überformte Materien überlassen, u.a. im Beamten-, Strafvollzugs-, Versammlungs-, Ladenschluss- und Gaststättenrecht. Dem Bund verblieben zudem etwa in der Bildungspolitik lediglich Restkompetenzen. Durch das 57. Gesetz zur Änderung des Grundgesetzes vom 29. Juli 2009, Ergebnis der sogenannten „Föderalismusreform II", wurden die zuvor noch ausgeklammerten Finanzbeziehungen von Bund und Ländern reformiert. Auch das 58. Änderungsgesetz vom 21. Juli 2010 und das 60. Änderungsgesetz vom 23. Dezember 2014 hatten mit Art. 91e und Art. 91b Gemeinschaftsaufgaben und Fragen der Verwaltungszusammenarbeit zum Gegenstand. Wie sich diese Regeln und die seither ebenfalls im Grundgesetz verankerte „Schuldenbremse" (Art. 109 Abs. 3 GG) in der Praxis bewähren, kann noch nicht abschließend bewertet werden. Das Gleiche gilt für die einschneidende Neuordnung des bundesstaatlichen Finanzausgleichssystems durch das Gesetz zur Änderung des Grundgesetzes vom 13. Juli 2017. Kontrovers diskutiert wurden dabei nicht nur die – durch eine neugeregelte Verteilung der Umsatzsteuer kompensierte – Abschaffung des bisherigen Länderfinanzausgleichs (Art. 107 Abs. 2 GG), die Ermöglichung von Finanzhilfen des Bundes im Bereich der kommunalen Bildungsinfrastruktur (Art. 104c GG) oder die Überführung der Bundesautobahnen in die Bundesverwaltung (Art. 90 Abs. 2 GG). Im Blick zu behalten sind vielmehr auch die Auswirkungen der mit der Reform insgesamt verbundenen Ausweitung der Kontroll- und Mitwirkungsbefugnisse des Bundes auf die föderalistische Struktur der Bundesrepublik.

In der Geschichte der Bundesrepublik sind Veränderungen des Föderalismus bisher stets schrittweise erfolgt. Radikalere Vorschläge, etwa eine nach Art. 29 GG mögliche umfassende Neugliederung des Bundesgebiets, wurden bislang ohne greifbare Ergebnisse diskutiert. Dass Fragen der föderalen Organisation nie von Macht- und Finanzfragen gelöst werden können, macht Reformen in diesem Bereich politisch schwierig. Darin liegt allerdings keine besondere Schwäche des deutschen Föderalismus. Vielmehr bestätigt sich darin die Rolle des Föderalismus als Element gewaltenteiliger und kooperativer Gestaltung des Gemeinwesens.

IV. Ausblick

Das Grundgesetz erwies sich als Glücksfall und ist auch nach beinahe 70 Jahren in guter Verfassung. Zwar dürfte das Gelingen der Bundesrepublik ebenso wenig allein auf das Grundgesetz zurückzuführen sein, wie das Scheitern der Weimarer Republik auf deren Verfassung. Das Grundgesetz war aber auf dem Weg der Bundesrepublik vom Provisorium zum souveränen Staat ein verlässlicher Bezugspunkt und vermochte die ungeheure Dynamik in der gesellschaftlichen und politischen Entwicklung aufzunehmen und angemessen zu verarbeiten. Gleichzeitig ermöglichte und förderte es gesellschaftliche Selbstorganisation und ließ den erforderlichen Raum für politische Gestaltung, die jene Dynamik erst in Gang setzen und damit Vielfalt generieren konnte. So haben die Interpreten des Grundgesetzes, die Verfassungsorgane und insbesondere das Bundesverfassungsgericht, aber auch alle Bürgerinnen und Bürger, die diese Ordnung leben, ihren Teil zu seinem Erfolg beigetragen.

Die politische Entwicklung erreicht nie einen Endpunkt. Die heutigen Herausforderungen unserer politischen und rechtlichen Ordnung unterscheiden sich beträchtlich von denen, die dem Verfassungsgeber 1949 vor Augen standen. Der Überblick über die Geschichte des Grundgesetzes hat Entwicklungslinien aufgezeigt, auf denen stets Anpassungen, Innovationen und Korrekturen erforderlich sind – etwa Föderalismus, Europäisierung und Internationalisierung. Weiter ließen sich in diesem Zusammenhang die öffentliche Rolle von Religionen oder die Gestaltung des Sozialstaats unter Bedingungen knapper Haushaltsmittel nennen. Ein Verfassungsstaat kann seine Legitimation dabei nie allein aus den erreichten Erfolgen beziehen. Eine Verfassung beinhaltet immer den Auftrag an das von ihr geordnete Gemeinwesen, ihre fortdauernde Verwirklichung zu gestalten. Das gilt auch für das Grundgesetz.

1. Grundgesetz für die Bundesrepublik Deutschland

Vom 23. Mai 1949
(BGBl. S. 1)
FNA 100-1

Lfd. Nr.	Änderndes Gesetz	Datum	Fundstelle	Betroffen	Hinweis
1.	Art. 7 StrafrechtsÄndG	30.8.1951	BGBl. I S. 739	Art. 143	aufgeh. mWv 1.9. 1951
2.	Art. 1 G zur Einfügung eines Art. 120a in das GG	14.8.1952	BGBl. I S. 445	Art. 120a	eingef. mWv 18.8. 1952
3.	Art. 1 G zur Änd. des Art. 107 des GG	20.4.1953	BGBl. I S. 130	Art. 107	geänd. mWv 23.4. 1953
4.	Art. 1 ErgänzungsG	26.3.1954	BGBl. I S. 45	Art. 73, 79	geänd. mWv 28.3. 1954
				Art. 142a	eingef. mWv 28.3. 1954
5.	Art. 1 Zweites G zur Änd. des Art. 107 des GG	25.12.1954	BGBl. I S. 517	Art. 107	geänd. mWv 31.12. 1954
6.	§ 1 FinanzverfassungsG	23.12.1955	BGBl. I S. 817	Art. 106, 107	geänd. mWv 1.4. 1955
7.	Art. 1 ErgänzungsG	19.3.1956	BGBl. I S. 111	Art. 1, 12, 36, 49, 60, 96, 137	geänd. mWv 22.3. 1956
				Art. 17a, 45a, 45b, 59a, 65a, 87a, 87b, 96a, 143	eingef. mWv 22.3. 1956
8.	Art. 1 G zur Änd. und Ergänzung des Art. 106 des GG	24.12.1956	BGBl. I S. 1077	Art. 106	geänd. mWv 1.4. 1957
				Art. 106	geänd. mWv 1.4. 1958
9.	§ 1 G zur Einfügung eines Art. 135a in das GG	22.10.1957	BGBl. I S. 1745	Art. 135a	eingef. mWv 27.10. 1957
10.	Art. 1 ErgänzungsG	23.12.1959	BGBl. I S. 813	Art. 74	geänd. mWv 1.1. 1960
				Art. 87c	eingef. mWv 1.1. 1960
11.	§ 1 Elftes ÄndG	6.2.1961	BGBl. I S. 65	Art. 87d	eingef. mWv 16.2. 1961
12.	Art. 1 Zwölftes ÄndG	6.3.1961	BGBl. I S. 141	Art. 96, 96a	geänd. mWv 12.3. 1961
13.	Art. 1 Dreizehntes ÄndG	16.6.1965	BGBl. I S. 513	Art. 74	geänd. mWv 27.6. 1965
14.	Art. 1 Vierzehntes ÄndG	30.7.1965	BGBl. I S. 649	Art. 120	geänd. mWv 6.8. 1965
15.	Art. 1 Fünfzehntes ÄndG	8.6.1967	BGBl. I S. 581	Art. 109	geänd. mWv 14.6. 1967
16.	Art. 1 Sechzehntes ÄndG	18.6.1968	BGBl. I S. 657	Art. 92, 95, 96, 99, 100	geänd. mWv 23.6. 1968
				Art. 96a	aufgeh. mWv 23.6. 1968
17.	Art. 1 Siebzehntes ÄndG	24.6.1968	BGBl. I S. 709	Art. 9, 10, 11, 12, 19, 20, 35, 65a, 73, 87a, 91	geänd. mWv 28.6. 1968
				Art. 12a, 53a, 80a, 115a, 115b, 115c, 115b, 115d, 115e, 115f, 115g, 115h, 115i, 115j, 115k, 115l	eingef. mWv 28.6. 1968
				Art. 59a, 142a, 143	aufgeh. mWv 28.6. 1968
18.	Art. 1 Achtzehntes ÄndG	15.11.1968	BGBl. I S. 1177	Art. 76, 77	geänd. mWv 20.11. 1968

Lfd. Nr.	Änderndes Gesetz	Datum	Fundstelle	Betroffen	Hinweis
19.	Art. 1 Neunzehntes ÄndG	29.1.1969	BGBl. I S. 97	Art. 93, 94	geänd. mWv 2.2. 1969
20.	Art. 1 Zwanzigstes ÄndG	12.5.1969	BGBl. I S. 357	Art. 109, 110, 112, 113, 114, 115	geänd. mWv 15.5. 1969
21.	Art. 1 Einundzwanzigstes ÄndG	12.5.1969	BGBl. I S. 359	Art. 105, 106, 107, 108, 115c, 115k	geänd. mWv 1.1. 1970
				Art. 91a, 91b, 104a	eingef. mWv 1.1. 1970
22.	Art. 1 Zweiundzwanzigstes ÄndG	12.5.1969	BGBl. I S. 363	Art. 74, 75, 96	geänd. mWv 15.5. 1969
23.	Art. 1 Dreiundzwanzigstes ÄndG	17.7.1969	BGBl. I S. 817	Art. 76	geänd. mWv 23.7. 1969
24.	Art. 1 Vierundzwanzigstes ÄndG	28.7.1969	BGBl. I S. 985	Art. 120	geänd. mWv 1.8. 1969
25.	Art. 1 Fünfundzwanzigstes ÄndG	19.8.1969	BGBl. I S. 1241	Art. 29	geänd. mWv 23.8. 1969
26.	Art. 1 Sechsundzwanzigstes ÄndG	26.8.1969	BGBl. I S. 1357	Art. 96	geänd. mWv 30.8. 1969
27.	Art. 1 Siebenundzwanzigstes ÄndG	31.7.1970	BGBl. I S. 1161	Art. 38, 91a	geänd. mWv 6.8. 1970
28.	Art. 1 Achtundzwanzigstes ÄndG	18.3.1971	BGBl. I S. 206	Art. 75, 98	geänd. mWv 21.3. 1971
				Art. 74a	eingef. mWv 21.3. 1971
29.	Art. 1 Neunundzwanzigstes ÄndG	18.3.1971	BGBl. I S. 207	Art. 74	geänd. mWv 21.3. 1971
30.	Art. 1 Dreißigstes ÄndG	12.4.1972	BGBl. I S. 593	Art. 74	geänd. mWv 15.4. 1972
31.	Art. 1 Einunddreißigstes ÄndG	12.4.1972	BGBl. I S. 1305	Art. 35, 73, 74, 87	geänd. mWv 3.8. 1972
32.	Art. 1 Zweiunddreißigstes ÄndG	15.7.1975	BGBl. I S. 1901	Art. 45c	eingef. mWv 19.7. 1975
33.	Art. 1 Dreiunddreißigstes ÄndG	23.8.1976	BGBl. I S. 2381	Art. 29	geänd. mWv 28.8. 1976
				Art. 39, 45a	geänd. mWv 14.12. 1976
				Art. 45, 49	aufgeh. mWv 14.12.1976
34.	Art. 1 Vierunddreißigstes ÄndG	23.8.1976	BGBl. I S. 2383	Art. 74	geänd. mWv 28.8. 1976
35.	Art. 1 Fünfunddreißigstes ÄndG	21.12.1983	BGBl. I S. 1481	Art. 21	geänd. mWv 1.1. 1984
36.	Art. 4 Einigungsvertrag	31.8.1990	BGBl. II S. 889	Präambel, Art. 51, 135a, 146	geänd. mWv 29.9. 1990
				Art. 143	eingef. mWv 29.9. 1990
				Art. 23	aufgeh. mWv 29.9. 1990
37.	Art. 1 ÄndG	14.7.1992	BGBl. I S. 1254	Art. 87d	geänd. mWv 22.7. 1992
38.	Art. 1 ÄndG	21.12.1992	BGBl. I S. 2086	Art. 24, 28, 50, 52, 88, 115e	geänd. mWv 25.12. 1992
				Art. 23, 45	eingef. mWv 25.12. 1992
39.	Art. 1 ÄndG (Art. 16, 18)	28.6.1993	BGBl. I S. 1002	Art. 16, 18	geänd. mWv 30.6. 1993
				Art. 16a	eingef. mWv 30.6. 1993

Lfd. Nr.	Änderndes Gesetz	Datum	Fundstelle	Betroffen	Hinweis
40.	Art. 1 ÄndG	20.12.1993	BGBl. I S. 2089	Art. 73, 74, 80, 87	geänd. mWv 23.12. 1993
				Art. 87e, 106a, 143a	eingef. mWv 23.12. 1993
41.	Art. 1 ÄndG	30.8.1994	BGBl. I S. 2245	Art. 73, 80, 87	geänd. mWv 3.9. 1994
				Art. 87f, 143b	eingef. mWv 3.9. 1994
42.	Art. 1 ÄndG	27.10.1994	BGBl. I S. 3146	Art. 3, 28, 29, 72, 74, 75, 76, 77, 80, 87, 93	geänd. mWv 15.11. 1994
				Art. 20a, 118a, 125a	eingef. mWv 15.11. 1994
43.	Art. 1 ÄndG	3.11.1995	BGBl. I S. 1492	Art. 106	geänd. mWv 11.11. 1995
44.	Art. 1 ÄndG	20.10.1997	BGBl. I S. 2470	Art. 28, 106	geänd. mWv 25.10. 1997
45.	Art. 1 ÄndG	26.3.1998	BGBl. I S. 610	Art. 13	geänd. mWv 1.4. 1998
46.	Art. 1 ÄndG	16.7.1998	BGBl. I S. 1822	Art. 39	geänd. mWv 26.10. 1998
47.	Art. 1 ÄndG	29.11.2000	BGBl. I S. 1633	Art. 16	geänd. mWv 2.12. 2000
48.	Art. 1 ÄndG	19.12.2000	BGBl. I S. 1755	Art. 12a	geänd. mWv 23.12. 2000
49.	Art. 1 ÄndG (Art. 108)	26.11.2001	BGBl. I S. 3219	Art. 108	geänd. mWv 30.11. 2000
50.	Art. 1 ÄndG (Staatsziel Tierschutz)	26.7.2002	BGBl. I S. 2862	Art. 20a	geänd. mWv 1.8. 2002
51.	Art. 1 ÄndG (Art. 96)	26.7.2002	BGBl. I S. 2863	Art. 96	geänd. mWv 1.8. 2002
52.	Art. 1 ÄndG (Art. 22, 23, 33, 52, 72, 73, 74, 74a, 75, 84, 85, 87c, 91a, 91b, 93, 98, 104a, 104b, 105, 107, 109, 125a, 125b, 125c, 143c)	28.8.2006	BGBl. I S. 2034	Art. 22, 23, 33, 52, 72, 73, 74, 84, 85, 87c, 91a, 91b, 93, 98, 104a, 105, 107, 109, 125a	geänd. mWv 1.9. 2006
				Art. 104b, 125b, 125c, 143c	eingef. mWv 1.9. 2006
				Art. 74a, 75	aufgeh. mWv 1.9. 2006
53.	Art. 1 ÄndG (Art. 23, 45, 93)	8.10.2008	BGBl. I S. 1926	Art. 23, 45, 93	geänd. mWv 1.12. 2009
54.	Art. 1 ÄndG (Art. 106, 106b, 107, 108)	19.3.2009	BGBl. I S. 606	Art. 106, 107, 108	geänd. mWv 26.3. 2009
				Art. 106b	eingef. mWv 26.3. 2009
55.	Art. 1 ÄndG (Art. 45d)	17.7.2009	BGBl. I S. 1977	Art. 45d	eingef. mWv 23.7. 2009
56.	Art. 1 ÄndG (Art. 87d)	29.7.2009	BGBl. I S. 2247	Art. 87d	geänd. mWv 1.8. 2009
57.	Art. 1 ÄndG (Art. 91c, 91d, 104b, 109, 109a, 115, 143d)	29.7.2009	BGBl. I S. 2248	Überschrift Abschnitt VIIIa, Art. 104b, 109, 115	geänd. mWv 1.8. 2009
				Art. 91c, 91d, 109a, 143d	eingef. mWv 1.8. 2009
58.	Art. 1 ÄndG (Art. 91e)	21.7.2010	BGBl. I S. 944	Art. 91e	eingef. mWv 27.7. 2010
59.	Art. 1 ÄndG (Art. 93)	11.7.2012	BGBl. I S. 1478	Art. 93	geänd. mWv 17.7. 2012
60.	Art. 1 ÄndG (Art. 91b)	23.12.2014	BGBl. I S. 2438	Art. 91b	geänd. mWv 1.1. 2015

Lfd. Nr.	Änderndes Gesetz	Datum	Fundstelle	Betroffen	Hinweis
61.	Art. 1 ÄndG (Art. 21)	13.7.2017	BGBl. I S. 2346	Art. 21	geänd. mWv 20.7. 2017
62.	Art. 1 ÄndG (Art. 90, 91c, 104b, 104c, 107, 108, 109a, 114, 125c, 143d, 143e, 143f, 143g)	13.7.2017	BGBl. I S. 2347	Art. 90, 91c, 104b, 107, 108, 109a, 114, 125c, 143d	geänd. mWv 20.7. 2017
				Art. 104c, 143e, 143f, 143g	eingef. mWv 20.7. 2017

Gliederung des Grundgesetzes für die Bundesrepublik Deutschland[1)]

Nichtamtliche Inhaltsübersicht

---

1) *Die Gliederung* wurde redaktionell an die nachträglichen Änderungen des Grundgesetzes angepasst.

VI. Die Bundesregierung

VII. Die Gesetzgebung des Bundes

VIII. Die Ausführung der Bundesgesetze und die Bundesverwaltung

VIIIa. Gemeinschaftsaufgaben, Verwaltungszusammenarbeit

IX. Die Rechtsprechung

X. Das Finanzwesen

Xa. Verteidigungsfall

XI. Übergangs- und Schlußbestimmungen

[Verkündungsformel]

Der Parlamentarische Rat hat am 23. Mai 1949 in Bonn am Rhein in öffentlicher Sitzung festgestellt, daß das am 8. Mai des Jahres 1949 vom Parlamentarischen Rat beschlossene Grundgesetz für die Bundesrepublik Deutschland in der Woche vom 16.–22. Mai 1949 durch die Volksvertretungen von mehr als Zweidritteln der beteiligten deutschen Länder angenommen worden ist.

Auf Grund dieser Feststellung hat der Parlamentarische Rat, vertreten durch seine Präsidenten, das Grundgesetz ausgefertigt und verkündet.

Das Grundgesetz wird hiermit gemäß Artikel 145 Absatz 3 im Bundesgesetzblatt veröffentlicht:

Präambel[1)]

[1] Im Bewußtsein seiner Verantwortung vor Gott und den Menschen,

von dem Willen beseelt, als gleichberechtigtes Glied in einem vereinten Europa dem Frieden der Welt zu dienen, hat sich das Deutsche Volk kraft seiner verfassungsgebenden Gewalt dieses Grundgesetz gegeben.

[2] Die Deutschen[2)] in den Ländern Baden-Württemberg, Bayern, Berlin, Brandenburg, Bremen, Hamburg, Hessen, Mecklenburg-Vorpommern, Niedersachsen, Nordrhein-Westfalen, Rheinland-Pfalz, Saarland, Sachsen, Sachsen-Anhalt, Schleswig-Holstein und Thüringen haben in freier Selbstbestimmung die Einheit und Freiheit Deutschlands vollendet. [3] Damit gilt dieses Grundgesetz für das gesamte Deutsche Volk.

I.[3)] Die Grundrechte

Art. 1[4)] [5)] [Schutz der Menschenwürde, Menschenrechte, Grundrechtsbindung] (1) [1] Die Würde des Menschen ist unantastbar. [2] Sie zu achten und zu schützen ist Verpflichtung aller staatlichen Gewalt.

(2) Das Deutsche Volk bekennt sich darum zu unverletzlichen und unveräußerlichen Menschenrechten als Grundlage jeder menschlichen Gemeinschaft, des Friedens und der Gerechtigkeit in der Welt.

(3) Die nachfolgenden Grundrechte binden Gesetzgebung, vollziehende Gewalt und Rechtsprechung als unmittelbar geltendes Recht.

Art. 2 [Freie Entfaltung der Persönlichkeit, Recht auf Leben, körperliche Unversehrtheit, Freiheit der Person] (1) Jeder hat das Recht auf die freie Entfaltung seiner Persönlichkeit, soweit er nicht die Rechte anderer verletzt und nicht gegen die verfassungsmäßige Ordnung oder das Sittengesetz verstößt.

(2) [1] Jeder hat das Recht auf Leben und körperliche Unversehrtheit. [2] Die Freiheit der Person ist unverletzlich.[6)] [3] In diese Rechte darf nur auf Grund eines Gesetzes[7)] eingegriffen werden.

Art. 3[8)] [9)] [Gleichheit vor dem Gesetz] (1) Alle Menschen sind vor dem Gesetz gleich.

[1)] Präambel neu gef. durch EVertr. v. 31.8.1990 (BGBl. II S. 885, 889).

[2)] Zum Begriff des „Deutschen" siehe Art. 116 Abs. 1.

[3)] Siehe hierzu auch die Konvention zum Schutz der Menschenrechte und Grundfreiheiten (Nr. **32**).

[4)] Art. 1 Abs. 3 geänd. durch G v. 19.3.1956 (BGBl. I S. 111).

[5)] Zur Unzulässigkeit der Änderung des Art. 1 siehe Art. 79 Abs. 3.

[6)] Zur Freiheitsentziehung siehe Art. 104.

[7)] Siehe hierzu Buch 7 (§§ 415 ff. – Verfahren in Freiheitsentziehungssachen) des G über das Verfahren in Familiensachen und in den Angelegenheiten der freiwilligen Gerichtsbarkeit v. 17.12. 2008 (BGBl. I S. 2586, 2587), zuletzt geänd. durch G v. 20.7.2017 (BGBl. I S. 2780).

[8)] Art. 3 Abs. 2 Satz 2 und Abs. 3 Satz 2 angef. durch G v. 27.10.1994 (BGBl. I S. 3146).

[9)] Siehe hierzu auch Art. 33 Abs. 2 GG sowie Art. 136 Abs. 1 und 2 WRV, wiedergegeben im Anschluss an Art. 146.

(2) [1] Männer und Frauen sind gleichberechtigt. [2] Der Staat fördert die tatsächliche Durchsetzung der Gleichberechtigung von Frauen und Männern und wirkt auf die Beseitigung bestehender Nachteile hin.

(3)[1)] [1] Niemand darf wegen seines Geschlechtes, seiner Abstammung, seiner Rasse, seiner Sprache, seiner Heimat und Herkunft, seines Glaubens, seiner religiösen oder politischen Anschauungen benachteiligt oder bevorzugt werden. [2] Niemand darf wegen seiner Behinderung benachteiligt werden.

Art. 4 [Glaubens-, Gewissens- und Bekenntnisfreiheit, Kriegsdienstverweigerung] (1) Die Freiheit des Glaubens, des Gewissens und die Freiheit des religiösen und weltanschaulichen Bekenntnisses sind unverletzlich.

(2)[2)] Die ungestörte Religionsausübung wird gewährleistet.

(3) [1] Niemand darf gegen sein Gewissen zum Kriegsdienst mit der Waffe gezwungen werden. [2] Das Nähere regelt ein Bundesgesetz[3)].

Art. 5 [Recht der freien Meinungsäußerung, Medienfreiheit, Kunst- und Wissenschaftsfreiheit] (1) [1] Jeder hat das Recht, seine Meinung in Wort, Schrift und Bild frei zu äußern und zu verbreiten und sich aus allgemein zugänglichen Quellen ungehindert zu unterrichten. [2] Die Pressefreiheit und die Freiheit der Berichterstattung durch Rundfunk und Film werden gewährleistet. [3] Eine Zensur findet nicht statt.

(2) Diese Rechte finden ihre Schranken in den Vorschriften der allgemeinen Gesetze, den gesetzlichen Bestimmungen zum Schutze der Jugend und in dem Recht der persönlichen Ehre.

(3) [1] Kunst und Wissenschaft, Forschung und Lehre sind frei. [2] Die Freiheit der Lehre entbindet nicht von der Treue zur Verfassung.

Art. 6[4)] [Ehe, Familie, nicht eheliche Kinder] (1) Ehe und Familie stehen unter dem besonderen Schutze der staatlichen Ordnung.

(2) [1] Pflege und Erziehung der Kinder sind das natürliche Recht der Eltern und die zuvörderst ihnen obliegende Pflicht. [2] Über ihre Betätigung wacht die staatliche Gemeinschaft.

(3) Gegen den Willen der Erziehungsberechtigten dürfen Kinder nur auf Grund eines Gesetzes von der Familie getrennt werden, wenn die Erziehungsberechtigten versagen oder wenn die Kinder aus anderen Gründen zu verwahrlosen drohen.

(4) Jede Mutter hat Anspruch auf den Schutz und die Fürsorge der Gemeinschaft.

[1)] Siehe hierzu das Allgemeine GleichbehandlungsG v. 14.8.2006 (BGBl. I S. 1897), zuletzt geänd. durch G v. 3.4.2013 (BGBl. I S. 610).

[2)] Siehe hierzu auch Art. 136 Abs. 3 und 4 WRV, wiedergegeben im Anschluss an Art. 146.

[3)] Siehe das WehrpflichtG **(Sartorius Nr. 620)**, das ZivildienstG **(Sartorius Nr. 625)** und das KriegsdienstverweigerungsG **(Sartorius Nr. 626)**.

[4)] Siehe hierzu das G über die rechtliche Stellung der nichtehelichen Kinder v. 19.8.1969 (BGBl. I S. 1243), zuletzt geänd. durch G v. 12.4.2011 (BGBl. I S. 615).

(5) Den *unehelichen*[1] Kindern sind durch die Gesetzgebung die gleichen Bedingungen für ihre leibliche und seelische Entwicklung und ihre Stellung in der Gesellschaft zu schaffen wie den ehelichen Kindern.

Art. 7 [Schulwesen] (1) Das gesamte Schulwesen steht unter der Aufsicht des Staates.

(2) Die Erziehungsberechtigten haben das Recht, über die Teilnahme des Kindes am Religionsunterricht zu bestimmen.

(3) [1] Der Religionsunterricht ist in den öffentlichen Schulen mit Ausnahme der bekenntnisfreien Schulen ordentliches Lehrfach.[2] [2] Unbeschadet des staatlichen Aufsichtsrechtes wird der Religionsunterricht in Übereinstimmung mit den Grundsätzen der Religionsgemeinschaften erteilt. [3] Kein Lehrer darf gegen seinen Willen verpflichtet werden, Religionsunterricht zu erteilen.

(4) [1] Das Recht zur Errichtung von privaten Schulen wird gewährleistet. [2] Private Schulen als Ersatz für öffentliche Schulen bedürfen der Genehmigung des Staates und unterstehen den Landesgesetzen. [3] Die Genehmigung ist zu erteilen, wenn die privaten Schulen in ihren Lehrzielen und Einrichtungen sowie in der wissenschaftlichen Ausbildung ihrer Lehrkräfte nicht hinter den öffentlichen Schulen zurückstehen und eine Sonderung der Schüler nach den Besitzverhältnissen der Eltern nicht gefördert wird. [4] Die Genehmigung ist zu versagen, wenn die wirtschaftliche und rechtliche Stellung der Lehrkräfte nicht genügend gesichert ist.

(5) Eine private Volksschule ist nur zuzulassen, wenn die Unterrichtsverwaltung ein besonderes pädagogisches Interesse anerkennt oder, auf Antrag von Erziehungsberechtigten, wenn sie als Gemeinschaftsschule, als Bekenntnis- oder Weltanschauungsschule errichtet werden soll und eine öffentliche Volksschule dieser Art in der Gemeinde nicht besteht.

(6) Vorschulen bleiben aufgehoben.

Art. 8[3] **[Versammlungsfreiheit]** (1) Alle Deutschen[4] haben das Recht, sich ohne Anmeldung oder Erlaubnis friedlich und ohne Waffen zu versammeln.

(2) Für Versammlungen unter freiem Himmel kann dieses Recht durch Gesetz oder auf Grund eines Gesetzes beschränkt werden.

Art. 9[5][6] **[Vereinigungsfreiheit]** (1) Alle Deutschen[4] haben das Recht, Vereine und Gesellschaften zu bilden.

(2) Vereinigungen, deren Zwecke oder deren Tätigkeit den Strafgesetzen zuwiderlaufen oder die sich gegen die verfassungsmäßige Ordnung oder gegen den Gedanken der Völkerverständigung richten, sind verboten.

(3) [1] Das Recht, zur Wahrung und Förderung der Arbeits- und Wirtschaftsbedingungen Vereinigungen zu bilden, ist für jedermann und für alle Berufe

---

[1] Der Begriff „unehelich" ist durch Art. 9 § 2 G zur Neuregelung des Rechts der elterlichen Sorge v. 18.7.1979 (BGBl. I S. 1061) in allen Bundesgesetzen mit Ausnahme des Grundgesetzes durch den Begriff „nicht ehelich" ersetzt worden.

[2] Siehe hierzu Art. 141.

[3] Siehe hierzu das VersammlungsG **(Sartorius Nr. 435)**.

[4] Zum Begriff des „Deutschen" siehe Art. 116 Abs. 1.

[5] Art. 9 Abs. 3 Satz 3 angef. durch G v. 24.6.1968 (BGBl. I S. 709).

[6] Siehe hierzu auch Art. 21 und das VereinsG **(Sartorius Nr. 425)**.

gewährleistet. [2]Abreden, die dieses Recht einschränken oder zu behindern suchen, sind nichtig, hierauf gerichtete Maßnahmen sind rechtswidrig. [3]Maßnahmen nach den Artikeln 12a, 35 Abs. 2 und 3, Artikel 87a Abs. 4 und Artikel 91 dürfen sich nicht gegen Arbeitskämpfe richten, die zur Wahrung und Förderung der Arbeits- und Wirtschaftsbedingungen von Vereinigungen im Sinne des Satzes 1 geführt werden.

Art. 10[1)] [Brief-, Post- und Fernmeldegeheimnis] (1) Das Briefgeheimnis sowie das Post- und Fernmeldegeheimnis sind unverletzlich.

(2) [1]Beschränkungen dürfen nur auf Grund eines Gesetzes[2)] angeordnet werden. [2]Dient die Beschränkung dem Schutze der freiheitlichen demokratischen Grundordnung oder des Bestandes oder der Sicherung des Bundes oder eines Landes, so kann das Gesetz bestimmen, daß sie dem Betroffenen nicht mitgeteilt wird und daß an die Stelle des Rechtsweges die Nachprüfung durch von der Volksvertretung bestellte Organe und Hilfsorgane tritt.

Art. 11[3)] [Freizügigkeit] (1) Alle Deutschen[4)] genießen Freizügigkeit im ganzen Bundesgebiet.

(2) Dieses Recht darf nur durch Gesetz[5)] oder auf Grund eines Gesetzes und nur für die Fälle eingeschränkt werden, in denen eine ausreichende Lebensgrundlage nicht vorhanden ist und der Allgemeinheit daraus besondere Lasten entstehen würden oder in denen es zur Abwehr einer drohenden Gefahr für den Bestand oder die freiheitliche demokratische Grundordnung des Bundes oder eines Landes, zur Bekämpfung von Seuchengefahr, Naturkatastrophen oder besonders schweren Unglücksfällen, zum Schutze der Jugend vor Verwahrlosung oder um strafbaren Handlungen vorzubeugen, erforderlich ist.

Art. 12[6)] [Berufsfreiheit] (1) [1]Alle Deutschen[4)] haben das Recht, Beruf, Arbeitsplatz und Ausbildungsstätte frei zu wählen. [2]Die Berufsausübung kann durch Gesetz oder auf Grund eines Gesetzes geregelt werden.

(2)[7)] Niemand darf zu einer bestimmten Arbeit gezwungen werden, außer im Rahmen einer herkömmlichen allgemeinen, für alle gleichen öffentlichen Dienstleistungspflicht.

(3) Zwangsarbeit ist nur bei einer gerichtlich angeordneten Freiheitsentziehung zulässig.

[1)] Art. 10 neu gef. durch G v. 24.6.1968 (BGBl. I S. 709).

[2)] Siehe hierzu das G zur Beschränkung des Brief-, Post- und Fernmeldegeheimnisses (Nr. **7**) und das G zur Überwachung strafrechtl. und anderer Verbringungsverbote v. 24.5.1961 (BGBl. I S. 607), zuletzt geänd. durch G v. 8.7.2016 (BGBl. I S. 1594).

[3)] Art. 11 Abs. 2 neu gef. durch G v. 24.6.1968 (BGBl. I S. 709).

[4)] Zum Begriff des „Deutschen" siehe Art. 116 Abs. 1.

[5)] Siehe hierzu ua § 51 WehrpflichtG **(Sartorius Nr. 620)** und § 39 ArbeitssicherstellungsG v. 9.7. 1968 (BGBl. I S. 787), zuletzt geänd. durch G v. 4.4.2017 (BGBl. I S. 772).

[6)] Art. 12 neu gef. durch G v. 24.6.1968 (BGBl. I S. 709).

[7)] Siehe hierzu §§ 25 ff. WehrpflichtG **(Sartorius Nr. 620)** und das ArbeitssicherstellungsG v. 9.7. 1968 (BGBl. I S. 787), zuletzt geänd. durch G v. 4.4.2017 (BGBl. I S. 772).

Art. 12a[1)] **[Dienstverpflichtungen]** (1) Männer können vom vollendeten achtzehnten Lebensjahr an zum Dienst in den Streitkräften, im *Bundesgrenzschutz*[2)] oder in einem Zivilschutzverband verpflichtet werden.

(2) [1] Wer aus Gewissensgründen den Kriegsdienst mit der Waffe verweigert, kann zu einem Ersatzdienst verpflichtet werden. [2] Die Dauer des Ersatzdienstes darf die Dauer des Wehrdienstes nicht übersteigen. [3] Das Nähere regelt ein Gesetz[3)], das die Freiheit der Gewissensentscheidung nicht beeinträchtigen darf und auch eine Möglichkeit des Ersatzdienstes vorsehen muß, die in keinem Zusammenhang mit den Verbänden der Streitkräfte und des *Bundesgrenzschutzes*[2)] steht.

(3) [1] Wehrpflichtige, die nicht zu einem Dienst nach Absatz 1 oder 2 herangezogen sind, können im Verteidigungsfalle durch Gesetz oder auf Grund eines Gesetzes zu zivilen Dienstleistungen für Zwecke der Verteidigung einschließlich des Schutzes der Zivilbevölkerung in Arbeitsverhältnisse verpflichtet werden; Verpflichtungen in öffentlich-rechtliche Dienstverhältnisse sind nur zur Wahrnehmung polizeilicher Aufgaben oder solcher hoheitlichen Aufgaben der öffentlichen Verwaltung, die nur in einem öffentlich-rechtlichen Dienstverhältnis erfüllt werden können, zulässig. [2] Arbeitsverhältnisse nach Satz 1 können bei den Streitkräften, im Bereich ihrer Versorgung sowie bei der öffentlichen Verwaltung begründet werden; Verpflichtungen in Arbeitsverhältnisse im Bereiche der Versorgung der Zivilbevölkerung sind nur zulässig, um ihren lebensnotwendigen Bedarf zu decken oder ihren Schutz sicherzustellen.

(4) [1] Kann im Verteidigungsfalle der Bedarf an zivilen Dienstleistungen im zivilen Sanitäts- und Heilwesen sowie in der ortsfesten militärischen Lazarettorganisation nicht auf freiwilliger Grundlage gedeckt werden, so können Frauen vom vollendeten achtzehnten bis zum vollendeten fünfundfünfzigsten Lebensjahr durch Gesetz oder auf Grund eines Gesetzes zu derartigen Dienstleistungen herangezogen werden. [2] Sie dürfen auf keinen Fall zum Dienst mit der Waffe verpflichtet werden.

(5) [1] Für die Zeit vor dem Verteidigungsfalle können Verpflichtungen nach Absatz 3 nur nach Maßgabe des Artikels 80a Abs. 1 begründet werden. [2] Zur Vorbereitung auf Dienstleistungen nach Absatz 3, für die besondere Kenntnisse oder Fertigkeiten erforderlich sind, kann durch Gesetz oder auf Grund eines Gesetzes die Teilnahme an Ausbildungsveranstaltungen zur Pflicht gemacht werden. [3] Satz 1 findet insoweit keine Anwendung.

(6) [1] Kann im Verteidigungsfalle der Bedarf an Arbeitskräften für die in Absatz 3 Satz 2 genannten Bereiche auf freiwilliger Grundlage nicht gedeckt werden, so kann zur Sicherung dieses Bedarfs die Freiheit der Deutschen[4)], die Ausübung eines Berufs oder den Arbeitsplatz aufzugeben, durch Gesetz oder auf Grund eines Gesetzes eingeschränkt werden. [2] Vor Eintritt des Verteidigungsfalles gilt Absatz 5 Satz 1 entsprechend.

[1)] Art. 12a eingef. durch G v. 24.6.1968 (BGBl. I S. 709); Abs. 4 Satz 2 neu gef. mWv 23.12.2000 durch G v. 19.12.2000 (BGBl. I S. 1755).

[2)] Jetzt: „Bundespolizei".

[3)] Siehe das ZivildienstG **(Sartorius Nr. 625)** und das KriegsdienstverweigerungsG **(Sartorius Nr. 626)**.

[4)] Zum Begriff des „Deutschen" siehe Art. 116 Abs. 1.

Art. 13[1)] **[Unverletzlichkeit der Wohnung]** (1) Die Wohnung ist unverletzlich.

(2) Durchsuchungen dürfen nur durch den Richter, bei Gefahr im Verzuge auch durch die in den Gesetzen vorgesehenen anderen Organe angeordnet und nur in der dort vorgeschriebenen Form durchgeführt werden.

(3) [1] Begründen bestimmte Tatsachen den Verdacht, daß jemand eine durch Gesetz einzeln bestimmte besonders schwere Straftat begangen hat, so dürfen zur Verfolgung der Tat auf Grund richterlicher Anordnung technische Mittel zur akustischen Überwachung von Wohnungen, in denen der Beschuldigte sich vermutlich aufhält, eingesetzt werden, wenn die Erforschung des Sachverhalts auf andere Weise unverhältnismäßig erschwert oder aussichtslos wäre. [2] Die Maßnahme ist zu befristen. [3] Die Anordnung erfolgt durch einen mit drei Richtern besetzten Spruchkörper. [4] Bei Gefahr im Verzuge kann sie auch durch einen einzelnen Richter getroffen werden.

(4) [1] Zur Abwehr dringender Gefahren für die öffentliche Sicherheit, insbesondere einer gemeinen Gefahr oder einer Lebensgefahr, dürfen technische Mittel zur Überwachung von Wohnungen nur auf Grund richterlicher Anordnung eingesetzt werden. [2] Bei Gefahr im Verzuge kann die Maßnahme auch durch eine andere gesetzlich bestimmte Stelle angeordnet werden; eine richterliche Entscheidung ist unverzüglich nachzuholen.

(5) [1] Sind technische Mittel ausschließlich zum Schutze der bei einem Einsatz in Wohnungen tätigen Personen vorgesehen, kann die Maßnahme durch eine gesetzlich bestimmte Stelle angeordnet werden. [2] Eine anderweitige Verwertung der hierbei erlangten Erkenntnisse ist nur zum Zwecke der Strafverfolgung oder der Gefahrenabwehr und nur zulässig, wenn zuvor die Rechtmäßigkeit der Maßnahme richterlich festgestellt ist; bei Gefahr im Verzuge ist die richterliche Entscheidung unverzüglich nachzuholen.

(6) [1] Die Bundesregierung unterrichtet den Bundestag jährlich über den nach Absatz 3 sowie über den im Zuständigkeitsbereich des Bundes nach Absatz 4 und, soweit richterlich überprüfungsbedürftig, nach Absatz 5 erfolgten Einsatz technischer Mittel. [2] Ein vom Bundestag gewähltes Gremium übt auf der Grundlage dieses Berichts die parlamentarische Kontrolle aus. [3] Die Länder gewährleisten eine gleichwertige parlamentarische Kontrolle.

(7) Eingriffe und Beschränkungen dürfen im übrigen nur zur Abwehr einer gemeinen Gefahr oder einer Lebensgefahr für einzelne Personen, auf Grund eines Gesetzes[2)] auch zur Verhütung dringender Gefahren für die öffentliche Sicherheit und Ordnung, insbesondere zur Behebung der Raumnot, zur Bekämpfung von Seuchengefahr oder zum Schutze gefährdeter Jugendlicher vorgenommen werden.

Art. 14 [Eigentum, Erbrecht und Enteignung] (1) [1] Das Eigentum und das Erbrecht werden gewährleistet. [2] Inhalt und Schranken werden durch die Gesetze bestimmt.

---

1) Art. 13 Abs. 3–6 eingef., bish. Abs. 3 wird Abs. 7 durch G v. 26.3.1998 (BGBl. I S. 610).

2) Siehe zB das JugendschutzG **(Sartorius Nr. 400)**, das Lebensmittel- und Futtermittelgesetzbuch idF der Bek. v. 3.6.2013 (BGBl. I S. 1426), zuletzt geänd. durch G v. 30.6.2017 (BGBl. I S. 2147) und das InfektionsschutzG v. 20.7.2000 (BGBl. I S. 1045), zuletzt geänd. durch G v. 17.7.2017 (BGBl. I S. 2615).

(2) [1] Eigentum verpflichtet. [2] Sein Gebrauch soll zugleich dem Wohle der Allgemeinheit dienen.

(3) [1] Eine Enteignung ist nur zum Wohle der Allgemeinheit zulässig. [2] Sie darf nur durch Gesetz oder auf Grund eines Gesetzes erfolgen, das Art und Ausmaß der Entschädigung regelt. [3] Die Entschädigung ist unter gerechter Abwägung der Interessen der Allgemeinheit und der Beteiligten zu bestimmen. [4] Wegen der Höhe der Entschädigung steht im Streitfalle der Rechtsweg vor den ordentlichen Gerichten offen.

Art. 15 [Sozialisierung, Überführung in Gemeineigentum] [1] Grund und Boden, Naturschätze und Produktionsmittel können zum Zwecke der Vergesellschaftung durch ein Gesetz, das Art und Ausmaß der Entschädigung regelt, in Gemeineigentum oder in andere Formen der Gemeinwirtschaft überführt werden. [2] Für die Entschädigung gilt Artikel 14 Abs. 3 Satz 3 und 4 entsprechend.

Art. 16[1)] [Ausbürgerung, Auslieferung] (1) [1] Die deutsche Staatsangehörigkeit darf nicht entzogen werden.[2)] [2] Der Verlust der Staatsangehörigkeit darf nur auf Grund eines Gesetzes und gegen den Willen des Betroffenen nur dann eintreten, wenn der Betroffene dadurch nicht staatenlos wird.[3)]

(2) [1] Kein Deutscher[4)] darf an das Ausland ausgeliefert werden.[5)] [2] Durch Gesetz[6)] kann eine abweichende Regelung für Auslieferungen an einen Mitgliedstaat der Europäischen Union oder an einen internationalen Gerichtshof getroffen werden, soweit rechtsstaatliche Grundsätze gewahrt sind.

Art. 16a[7)] [Asylrecht] (1) Politisch Verfolgte genießen Asylrecht.

(2) [1] Auf Absatz 1 kann sich nicht berufen, wer aus einem Mitgliedstaat der Europäischen Gemeinschaften oder aus einem anderen Drittstaat einreist, in dem die Anwendung des Abkommens über die Rechtsstellung der Flüchtlinge und der Konvention zum Schutze der Menschenrechte und Grundfreiheiten sichergestellt ist. [2] Die Staaten außerhalb der Europäischen Gemeinschaften, auf die die Voraussetzungen des Satzes 1 zutreffen, werden durch Gesetz, das der Zustimmung des Bundesrates bedarf, bestimmt. [3] In den Fällen des Satzes 1 können aufenthaltsbeendende Maßnahmen unabhängig von einem hiergegen eingelegten Rechtsbehelf vollzogen werden.

(3) [1] Durch Gesetz[8)], das der Zustimmung des Bundesrates bedarf, können Staaten bestimmt werden, bei denen auf Grund der Rechtslage, der Rechtsanwendung und der allgemeinen politischen Verhältnisse gewährleistet erscheint, daß dort weder politische Verfolgung noch unmenschliche oder er-

---

[1)] Art. 16 Abs. 2 Satz 2 aufgeh., bish. Satz 1 wird alleiniger Wortlaut durch G v. 28.6.1993 (BGBl. I S. 1002); Abs. 2 Satz 2 angef. mWv 2.12.2000 durch G v. 29.11.2000 (BGBl. I S. 1633).

[2)] Siehe das StaatsangehörigkeitsG **(Sartorius Nr. 15)**.

[3)] Zur Wiedererlangung verlorener deutscher Staatsangehörigkeit siehe Art. 116 Abs. 2.

[4)] Zum Begriff des „Deutschen" siehe Art. 116 Abs. 1.

[5)] Siehe hierzu das G über die internationale Rechtshilfe in Strafsachen idF der Bek. v. 27.6.1994 (BGBl. I S. 1537), zuletzt geänd. durch G v. 27.8.2017 (BGBl. I S. 3295).

[6)] Siehe das G zu dem Übereinkommen vom 27.9.1996 über die Auslieferung zwischen den Mitgliedstaaten der Europäischen Union v. 7.9.1998 (BGBl. II S. 2253).

[7)] Art. 16a eingef. durch G v. 28.6.1993 (BGBl. I S. 1002).

[8)] Siehe das Asylgesetz **(Sartorius Nr. 567)**.

niedrigende Bestrafung oder Behandlung stattfindet. [2] Es wird vermutet, daß ein Ausländer aus einem solchen Staat nicht verfolgt wird, solange er nicht Tatsachen vorträgt, die die Annahme begründen, daß er entgegen dieser Vermutung politisch verfolgt wird.

(4) [1] Die Vollziehung aufenthaltsbeendender Maßnahmen wird in den Fällen des Absatzes 3 und in anderen Fällen, die offensichtlich unbegründet sind oder als offensichtlich unbegründet gelten, durch das Gericht nur ausgesetzt, wenn ernstliche Zweifel an der Rechtmäßigkeit der Maßnahme bestehen; der Prüfungsumfang kann eingeschränkt werden und verspätetes Vorbringen unberücksichtigt bleiben. [2] Das Nähere ist durch Gesetz zu bestimmen.

(5) Die Absätze 1 bis 4 stehen völkerrechtlichen Verträgen von Mitgliedstaaten der Europäischen Gemeinschaften untereinander und mit dritten Staaten nicht entgegen, die unter Beachtung der Verpflichtungen aus dem Abkommen über die Rechtsstellung der Flüchtlinge und der Konvention zum Schutze der Menschenrechte und Grundfreiheiten, deren Anwendung in den Vertragsstaaten sichergestellt sein muß, Zuständigkeitsregelungen für die Prüfung von Asylbegehren einschließlich der gegenseitigen Anerkennung von Asylentscheidungen treffen.

Art. 17 [Petitionsrecht] Jedermann hat das Recht, sich einzeln oder in Gemeinschaft mit anderen schriftlich mit Bitten oder Beschwerden an die zuständigen Stellen und an die Volksvertretung zu wenden.

Art. 17a[1)] [Grundrechtseinschränkungen bei Wehr- und Ersatzdienst]

(1) Gesetze über Wehrdienst[2)] und Ersatzdienst[3)] können bestimmen, daß für die Angehörigen der Streitkräfte und des Ersatzdienstes während der Zeit des Wehr- oder Ersatzdienstes das Grundrecht, seine Meinung in Wort, Schrift und Bild frei zu äußern und zu verbreiten (Artikel 5 Abs. 1 Satz 1 erster Halbsatz), das Grundrecht der Versammlungsfreiheit (Artikel 8) und das Petitionsrecht (Artikel 17), soweit es das Recht gewährt, Bitten oder Beschwerden in Gemeinschaft mit anderen vorzubringen, eingeschränkt werden.

(2) Gesetze, die der Verteidigung einschließlich des Schutzes der Zivilbevölkerung dienen, können bestimmen, daß die Grundrechte der Freizügigkeit (Artikel 11) und der Unverletzlichkeit der Wohnung (Artikel 13) eingeschränkt werden.

Art. 18[4)5)] [Verwirkung von Grundrechten] [1] Wer die Freiheit der Meinungsäußerung, insbesondere die Pressefreiheit (Artikel 5 Abs. 1), die Lehrfreiheit (Artikel 5 Abs. 3), die Versammlungsfreiheit (Artikel 8), die Vereinigungsfreiheit (Artikel 9), das Brief-, Post- und Fernmeldegeheimnis (Artikel 10), das Eigentum (Artikel 14) oder das Asylrecht (Artikel 16a) zum Kampfe gegen die freiheitliche demokratische Grundordnung mißbraucht, verwirkt

---

[1)] Art. 17a eingef. durch G v. 19.3.1956 (BGBl. I S. 111).

[2)] Siehe das WehrpflichtG **(Sartorius Nr. 620)**.

[3)] Siehe das ZivildienstG **(Sartorius Nr. 625)**.

[4)] Art. 18 Satz 1 geänd. durch G v. 28.6.1993 (BGBl. I S. 1002).

[5)] Siehe hierzu § 13 Nr. 1 und §§ 36 ff. BundesverfassungsgerichtsG (Nr. **20**); zum Verwirkungsverfahren gegen Abgeordnete siehe Art. 46 Abs. 3.

diese Grundrechte. [2] Die Verwirkung und ihr Ausmaß werden durch das Bundesverfassungsgericht ausgesprochen.

Art. 19[1)] **[Einschränkung von Grundrechten; Grundrechtsträger; Rechtsschutz]** (1) [1] Soweit nach diesem Grundgesetz ein Grundrecht durch Gesetz oder auf Grund eines Gesetzes eingeschränkt werden kann, muß das Gesetz allgemein und nicht nur für den Einzelfall gelten. [2] Außerdem muß das Gesetz das Grundrecht unter Angabe des Artikels nennen.

(2) In keinem Falle darf ein Grundrecht in seinem Wesensgehalt angetastet werden.

(3) Die Grundrechte gelten auch für inländische juristische Personen, soweit sie ihrem Wesen nach auf diese anwendbar sind.

(4) [1] Wird jemand durch die öffentliche Gewalt in seinen Rechten verletzt, so steht ihm der Rechtsweg offen. [2] Soweit eine andere Zuständigkeit nicht begründet ist, ist der ordentliche Rechtsweg gegeben.[2)] [3] Artikel 10 Abs. 2 Satz 2 bleibt unberührt.

II. Der Bund und die Länder

Art. 20[3)][4)] **[Bundesstaatliche Verfassung; Widerstandsrecht]** (1) Die Bundesrepublik Deutschland ist ein demokratischer und sozialer Bundesstaat.

(2) [1] Alle Staatsgewalt geht vom Volke aus. [2] Sie wird vom Volke in Wahlen und Abstimmungen[5)] und durch besondere Organe der Gesetzgebung, der vollziehenden Gewalt und der Rechtsprechung ausgeübt.

(3) Die Gesetzgebung ist an die verfassungsmäßige Ordnung, die vollziehende Gewalt und die Rechtsprechung sind an Gesetz und Recht gebunden.[6)]

(4) Gegen jeden, der es unternimmt, diese Ordnung zu beseitigen, haben alle Deutschen[7)] das Recht zum Widerstand, wenn andere Abhilfe nicht möglich ist.

Art. 20a[8)] **[Schutz der natürlichen Lebensgrundlagen]** Der Staat schützt auch in Verantwortung für die künftigen Generationen die natürlichen Lebensgrundlagen und die Tiere im Rahmen der verfassungsmäßigen Ordnung durch die Gesetzgebung und nach Maßgabe von Gesetz und Recht durch die vollziehende Gewalt und die Rechtsprechung.

---

1) Art. 19 Abs. 4 Satz 3 eingef. durch G v. 24.6.1968 (BGBl. I S. 709).
2) Zur Schadensersatzpflicht des Staates bei Amtspflichtverletzungen siehe Art. 34.
3) Art. 20 Abs. 4 angef. durch G v. 24.6.1968 (BGBl. I S. 709).
4) Zur Unzulässigkeit der Änderung des Art. 20 siehe Art. 79 Abs. 3.
5) Zu Wahlen siehe Art. 28 und 38, zu Abstimmungen siehe Art. 29 und 118.
6) Siehe hierzu Art. 1 Abs. 3.
7) Zum Begriff des „Deutschen“ siehe Art. 116 Abs. 1.
8) Art. 20a eingef. durch G v. 27.10.1994 (BGBl. I S. 3146); geänd. mWv 1.8.2002 durch G v. 26.7.2002 (BGBl. I S. 2862).

Art. 21[1)] **[Parteien]** (1) [1] Die Parteien wirken bei der politischen Willensbildung des Volkes mit. [2] Ihre Gründung ist frei. [3] Ihre innere Ordnung muß demokratischen Grundsätzen entsprechen. [4] Sie müssen über die Herkunft und Verwendung ihrer Mittel sowie über ihr Vermögen öffentlich Rechenschaft geben.

(2)[2)] Parteien, die nach ihren Zielen oder nach dem Verhalten ihrer Anhänger darauf ausgehen, die freiheitliche demokratische Grundordnung zu beeinträchtigen oder zu beseitigen oder den Bestand der Bundesrepublik Deutschland zu gefährden, sind verfassungswidrig.

(3) [1] Parteien, die nach ihren Zielen oder dem Verhalten ihrer Anhänger darauf ausgerichtet sind, die freiheitliche demokratische Grundordnung zu beeinträchtigen oder zu beseitigen oder den Bestand der Bundesrepublik Deutschland zu gefährden, sind von staatlicher Finanzierung ausgeschlossen. [2] Wird der Ausschluss festgestellt, so entfällt auch eine steuerliche Begünstigung dieser Parteien und von Zuwendungen an diese Parteien.

(4) Über die Frage der Verfassungswidrigkeit nach Absatz 2 sowie über den Ausschluss von staatlicher Finanzierung nach Absatz 3 entscheidet das Bundesverfassungsgericht.

(5) Das Nähere regeln Bundesgesetze.[3)]

Art. 22[4)] **[Bundeshauptstadt, Bundesflagge]** (1) [1] Die Hauptstadt der Bundesrepublik Deutschland ist Berlin. [2] Die Repräsentation des Gesamtstaates in der Hauptstadt ist Aufgabe des Bundes. [3] Das Nähere wird durch Bundesgesetz geregelt.

(2) Die Bundesflagge ist schwarz-rot-gold.[5)]

Art. 23[6)] **[Verwirklichung der Europäischen Union; Beteiligung des Bundesrates, der Bundesregierung]** (1) [1] Zur Verwirklichung eines vereinten Europas wirkt die Bundesrepublik Deutschland bei der Entwicklung der Europäischen Union mit, die demokratischen, rechtsstaatlichen, sozialen und föderativen Grundsätzen und dem Grundsatz der Subsidiarität verpflichtet ist und einen diesem Grundgesetz im wesentlichen vergleichbaren Grundrechtsschutz gewährleistet. [2] Der Bund kann hierzu durch Gesetz mit Zustimmung des Bundesrates Hoheitsrechte übertragen. [3] Für die Begründung der Europäischen Union sowie für Änderungen ihrer vertraglichen Grundlagen und vergleichbare Regelungen, durch die dieses Grundgesetz seinem Inhalt nach

---

[1)] Art. 21 Abs. 1 Satz 4 neu gef. durch G v. 21.12.1983 (BGBl. I S. 1481); Abs. 2 Satz 2 aufgeh., Abs. 3 und 4 eingef., bish. Abs. 3 wird Abs. 5 mWv 20.7.2017 durch G v. 13.7.2017 (BGBl. I S. 2346).

[2)] Siehe hierzu § 13 Nr. 2 und §§ 43 ff. BundesverfassungsgerichtsG (Nr. **20**).

[3)] Siehe das ParteienG (Nr. **24**)

[4)] Art. 22 Abs. 1 eingef., bish. Wortlaut wird Abs. 2 mWv 1.9.2006 durch G v. 28.8.2006 (BGBl. I S. 2034).

[5)] Siehe hierzu die AnO über die deutschen Flaggen **(Sartorius Nr. 52)**, das FlaggenrechtsG idF der Bek. v. 26.10.1994 (BGBl. I S. 3140), zuletzt geänd. durch G v. 18.7.2016 (BGBl. I S. 1666), die Bek. betr. das Bundeswappen und den Bundesadler v. 20.1.1950 (BGBl. I S. 26), den Erl. über die Dienstsiegel v. 20.1.1950 (BGBl. I S. 26) und den Erl. über die Amtsschilder der Bundesbehörden v. 25.9.1951 (BGBl. I S. 927).

[6)] Art. 23 eingef. durch G v. 21.12.1992 (BGBl. I S. 2086); Abs. 6 Satz 1 neu gef. mWv 1.9.2006 durch G v. 28.8.2006 (BGBl. I S. 2034); Abs. 1a eingef. mWv 1.12.2009 durch G v. 8.10.2008 (BGBl. I S. 1926).

geändert oder ergänzt wird oder solche Änderungen oder Ergänzungen ermöglicht werden, gilt Artikel 79 Abs. 2 und 3.

(1a) [1] Der Bundestag und der Bundesrat haben das Recht, wegen Verstoßes eines Gesetzgebungsakts der Europäischen Union gegen das Subsidiaritätsprinzip vor dem Gerichtshof der Europäischen Union Klage zu erheben. [2] Der Bundestag ist hierzu auf Antrag eines Viertels seiner Mitglieder verpflichtet. [3] Durch Gesetz, das der Zustimmung des Bundesrates bedarf, können für die Wahrnehmung der Rechte, die dem Bundestag und dem Bundesrat in den vertraglichen Grundlagen der Europäischen Union eingeräumt sind, Ausnahmen von Artikel 42 Abs. 2 Satz 1 und Artikel 52 Abs. 3 Satz 1 zugelassen werden.

(2) [1] In Angelegenheiten der Europäischen Union wirken der Bundestag und durch den Bundesrat die Länder mit. [2] Die Bundesregierung hat den Bundestag und den Bundesrat umfassend und zum frühestmöglichen Zeitpunkt zu unterrichten.

(3) [1] Die Bundesregierung gibt dem Bundestag Gelegenheit zur Stellungnahme vor ihrer Mitwirkung an Rechtsetzungsakten der Europäischen Union. [2] Die Bundesregierung berücksichtigt die Stellungnahmen des Bundestages bei den Verhandlungen. [3] Das Nähere regelt ein Gesetz[1)].

(4) Der Bundesrat ist an der Willensbildung des Bundes zu beteiligen, soweit er an einer entsprechenden innerstaatlichen Maßnahme mitzuwirken hätte oder soweit die Länder innerstaatlich zuständig wären.

(5) [1] Soweit in einem Bereich ausschließlicher Zuständigkeiten des Bundes Interessen der Länder berührt sind oder soweit im übrigen der Bund das Recht zur Gesetzgebung hat, berücksichtigt die Bundesregierung die Stellungnahme des Bundesrates. [2] Wenn im Schwerpunkt Gesetzgebungsbefugnisse der Länder, die Einrichtung ihrer Behörden oder ihre Verwaltungsverfahren betroffen sind, ist bei der Willensbildung des Bundes insoweit die Auffassung des Bundesrates maßgeblich zu berücksichtigen; dabei ist die gesamtstaatliche Verantwortung des Bundes zu wahren. [3] In Angelegenheiten, die zu Ausgabenerhöhungen oder Einnahmeminderungen für den Bund führen können, ist die Zustimmung der Bundesregierung erforderlich.

(6) [1] Wenn im Schwerpunkt ausschließliche Gesetzgebungsbefugnisse der Länder auf den Gebieten der schulischen Bildung, der Kultur oder des Rundfunks betroffen sind, wird die Wahrnehmung der Rechte, die der Bundesrepublik Deutschland als Mitgliedstaat der Europäischen Union zustehen, vom Bund auf einen vom Bundesrat benannten Vertreter der Länder übertragen. [2] Die Wahrnehmung der Rechte erfolgt unter Beteiligung und in Abstimmung mit der Bundesregierung; dabei ist die gesamtstaatliche Verantwortung des Bundes zu wahren.

(7) Das Nähere zu den Absätzen 4 bis 6 regelt ein Gesetz[2)], das der Zustimmung des Bundesrates bedarf.

[1)] Siehe das G über die Zusammenarbeit von Bundesregierung und Deutschem Bundestag in Angelegenheiten der EU (Nr. **25**).
[2)] Siehe das G über die Zusammenarbeit von Bund und Ländern in Angelegenheiten der Europäischen Union (Nr. **26**).

Art. 24[1] **[Kollektives Sicherheitssystem]** (1) Der Bund kann durch Gesetz Hoheitsrechte auf zwischenstaatliche Einrichtungen übertragen.

(1a) Soweit die Länder für die Ausübung der staatlichen Befugnisse und die Erfüllung der staatlichen Aufgaben zuständig sind, können sie mit Zustimmung der Bundesregierung Hoheitsrechte auf grenznachbarschaftliche Einrichtungen übertragen.

(2) Der Bund kann sich zur Wahrung des Friedens einem System gegenseitiger kollektiver Sicherheit einordnen; er wird hierbei in die Beschränkungen seiner Hoheitsrechte einwilligen, die eine friedliche und dauerhafte Ordnung in Europa und zwischen den Völkern der Welt herbeiführen und sichern.

(3) Zur Regelung zwischenstaatlicher Streitigkeiten wird der Bund Vereinbarungen über eine allgemeine, umfassende, obligatorische, internationale Schiedsgerichtsbarkeit beitreten.

Art. 25 [Allgemeines Völkerrecht als Bestandteil des Bundesrechts] [1] Die allgemeinen Regeln des Völkerrechtes sind Bestandteil des Bundesrechtes.[2)] [2] Sie gehen den Gesetzen vor und erzeugen Rechte und Pflichten unmittelbar für die Bewohner des Bundesgebietes.

Art. 26 [Verbot des Angriffskrieges] (1) [1] Handlungen, die geeignet sind und in der Absicht vorgenommen werden, das friedliche Zusammenleben der Völker zu stören, insbesondere die Führung eines Angriffskrieges vorzubereiten, sind verfassungswidrig. [2] Sie sind unter Strafe zu stellen.

(2) [1] Zur Kriegführung bestimmte Waffen dürfen nur mit Genehmigung der Bundesregierung hergestellt, befördert und in Verkehr gebracht werden. [2] Das Nähere regelt ein Bundesgesetz[3].

Art. 27 [Handelsflotte] Alle deutschen Kauffahrteischiffe bilden eine einheitliche Handelsflotte.

Art. 28[4] **[Verfassung der Länder]** (1) [1] Die verfassungsmäßige Ordnung in den Ländern muß den Grundsätzen des republikanischen, demokratischen und sozialen Rechtsstaates im Sinne dieses Grundgesetzes entsprechen. [2] In den Ländern, Kreisen und Gemeinden muß das Volk eine Vertretung haben, die aus allgemeinen, unmittelbaren, freien, gleichen und geheimen Wahlen hervorgegangen ist. [3] Bei Wahlen in Kreisen und Gemeinden sind auch Personen, die die Staatsangehörigkeit eines Mitgliedstaates der Europäischen Gemeinschaft besitzen, nach Maßgabe von Recht der Europäischen Gemeinschaft wahlberechtigt und wählbar. [4] In Gemeinden kann an die Stelle einer gewählten Körperschaft die Gemeindeversammlung treten.

(2) [1] Den Gemeinden muß das Recht gewährleistet sein, alle Angelegenheiten der örtlichen Gemeinschaft im Rahmen der Gesetze in eigener Verantwortung zu regeln. [2] Auch die Gemeindeverbände haben im Rahmen ihres gesetz-

---

[1] Art. 24 Abs. 1a eingef. durch G v. 21.12.1992 (BGBl. I S. 2086).

[2] Siehe hierzu auch Art. 100 Abs. 2.

[3] Siehe das G über die Kontrolle von Kriegswaffen **(Sartorius Nr. 823)**.

[4] Art. 28 Abs. 1 Satz 3 eingef., bish. Satz 3 wird Satz 4 durch G v. 21.12.1992 (BGBl. I S. 2086); Abs. 2 Satz 3 angef. durch G v. 27.10.1994 (BGBl. I S. 3146); Abs. 2 Satz 3 Halbs. 2 angef. durch Art. 1 G v. 20.10.1997 (BGBl. I S. 2470).

lichen Aufgabenbereiches nach Maßgabe der Gesetze das Recht der Selbstverwaltung. [3] Die Gewährleistung der Selbstverwaltung umfaßt auch die Grundlagen der finanziellen Eigenverantwortung; zu diesen Grundlagen gehört eine den Gemeinden mit Hebesatzrecht zustehende wirtschaftskraftbezogene Steuerquelle.

(3) Der Bund gewährleistet, daß die verfassungsmäßige Ordnung der Länder den Grundrechten und den Bestimmungen der Absätze 1 und 2 entspricht.

Art. 29[1)] [Neugliederung des Bundesgebietes] (1) [1] Das Bundesgebiet kann neu gegliedert werden, um zu gewährleisten, daß die Länder nach Größe und Leistungsfähigkeit die ihnen obliegenden Aufgaben wirksam erfüllen können. [2] Dabei sind die landsmannschaftliche Verbundenheit, die geschichtlichen und kulturellen Zusammenhänge, die wirtschaftliche Zweckmäßigkeit sowie die Erfordernisse der Raumordnung und der Landesplanung zu berücksichtigen.

(2) [1] Maßnahmen zur Neugliederung des Bundesgebietes ergehen durch Bundesgesetz, das der Bestätigung durch Volksentscheid bedarf. [2] Die betroffenen Länder sind zu hören.

(3) [1] Der Volksentscheid findet in den Ländern statt, aus deren Gebieten oder Gebietsteilen ein neues oder neu umgrenztes Land gebildet werden soll (betroffene Länder). [2] Abzustimmen ist über die Frage, ob die betroffenen Länder wie bisher bestehenbleiben sollen oder ob das neue oder neu umgrenzte Land gebildet werden soll. [3] Der Volksentscheid für die Bildung eines neuen oder neu umgrenzten Landes kommt zustande, wenn in dessen künftigem Gebiet und insgesamt in den Gebieten oder Gebietsteilen eines betroffenen Landes, deren Landeszugehörigkeit im gleichen Sinne geändert werden soll, jeweils eine Mehrheit der Änderung zustimmt. [4] Er kommt nicht zustande, wenn im Gebiet eines der betroffenen Länder eine Mehrheit die Änderung ablehnt; die Ablehnung ist jedoch unbeachtlich, wenn in einem Gebietsteil, dessen Zugehörigkeit zu dem betroffenen Land geändert werden soll, eine Mehrheit von zwei Dritteln der Änderung zustimmt, es sei denn, daß im Gesamtgebiet des betroffenen Landes eine Mehrheit von zwei Dritteln die Änderung ablehnt.

(4) Wird in einem zusammenhängenden, abgegrenzten Siedlungs- und Wirtschaftsraum, dessen Teile in mehreren Ländern liegen und der mindestens eine Million Einwohner hat, von einem Zehntel der in ihm zum Bundestag Wahlberechtigten durch Volksbegehren gefordert, daß für diesen Raum eine einheitliche Landeszugehörigkeit herbeigeführt werde, so ist durch Bundesgesetz innerhalb von zwei Jahren entweder zu bestimmen, ob die Landeszugehörigkeit gemäß Absatz 2 geändert wird, oder daß in den betroffenen Ländern eine Volksbefragung stattfindet.

(5) [1] Die Volksbefragung ist darauf gerichtet festzustellen, ob eine in dem Gesetz vorzuschlagende Änderung der Landeszugehörigkeit Zustimmung findet. [2] Das Gesetz kann verschiedene, jedoch nicht mehr als zwei Vorschläge der Volksbefragung vorlegen. [3] Stimmt eine Mehrheit einer vorgeschlagenen Änderung der Landeszugehörigkeit zu, so ist durch Bundesgesetz innerhalb von zwei Jahren zu bestimmen, ob die Landeszugehörigkeit gemäß Absatz 2 geän-

---

1) Art. 29 neu gef. durch G v. 23.8.1976 (BGBl. I S. 2381); Abs. 7 Satz 1 geänd. und Abs. 8 angef. durch G v. 27.10.1994 (BGBl. I S. 3146).

dert wird. [4] Findet ein der Volksbefragung vorgelegter Vorschlag eine den Maßgaben des Absatzes 3 Satz 3 und 4 entsprechende Zustimmung, so ist innerhalb von zwei Jahren nach der Durchführung der Volksbefragung ein Bundesgesetz zur Bildung des vorgeschlagenen Landes zu erlassen, das der Bestätigung durch Volksentscheid nicht mehr bedarf.

(6) [1] Mehrheit im Volksentscheid und in der Volksbefragung ist die Mehrheit der abgegebenen Stimmen, wenn sie mindestens ein Viertel der zum Bundestag Wahlberechtigten umfaßt. [2] Im übrigen wird das Nähere über Volksentscheid, Volksbegehren und Volksbefragung durch ein Bundesgesetz[1)] geregelt; dieses kann auch vorsehen, daß Volksbegehren innerhalb eines Zeitraumes von fünf Jahren nicht wiederholt werden können.

(7) [1] Sonstige Änderungen des Gebietsbestandes der Länder können durch Staatsverträge der beteiligten Länder oder durch Bundesgesetz mit Zustimmung des Bundesrates erfolgen, wenn das Gebiet, dessen Landeszugehörigkeit geändert werden soll, nicht mehr als 50 000 Einwohner hat. [2] Das Nähere regelt ein Bundesgesetz[2)], das der Zustimmung des Bundesrates und der Mehrheit[3)] der Mitglieder des Bundestages bedarf. [3] Es muß die Anhörung der betroffenen Gemeinden und Kreise vorsehen.

(8) [1] Die Länder können eine Neugliederung für das jeweils von ihnen umfaßte Gebiet oder für Teilgebiete abweichend von den Vorschriften der Absätze 2 bis 7 durch Staatsvertrag regeln. [2] Die betroffenen Gemeinden und Kreise sind zu hören. [3] Der Staatsvertrag bedarf der Bestätigung durch Volksentscheid in jedem beteiligten Land. [4] Betrifft der Staatsvertrag Teilgebiete der Länder, kann die Bestätigung auf Volksentscheide in diesen Teilgebieten beschränkt werden; Satz 5 zweiter Halbsatz findet keine Anwendung. [5] Bei einem Volksentscheid entscheidet die Mehrheit der abgegebenen Stimmen, wenn sie mindestens ein Viertel der zum Bundestag Wahlberechtigten umfaßt; das Nähere regelt ein Bundesgesetz. [6] Der Staatsvertrag bedarf der Zustimmung des Bundestages.

Art. 30 [Funktionen der Länder] Die Ausübung der staatlichen Befugnisse und die Erfüllung der staatlichen Aufgaben ist Sache der Länder, soweit dieses Grundgesetz keine andere Regelung trifft oder zuläßt.[4)]

Art. 31 [Vorrang des Bundesrechts] Bundesrecht bricht Landesrecht.[5)]

Art. 32 [Auswärtige Beziehungen] (1) Die Pflege der Beziehungen zu auswärtigen Staaten ist Sache des Bundes.[6)]

(2) Vor dem Abschlusse eines Vertrages, der die besonderen Verhältnisse eines Landes berührt, ist das Land rechtzeitig zu hören.

[1)] Siehe das G über das Verfahren bei Volksentscheid, Volksbegehren und Volksbefragung v. 30.7.1979 (BGBl. I S. 1317) und die NeugliederungsdurchführungsVO v. 12.11.1984 (BGBl. I S. 1342).

[2)] Siehe das G über das Verfahren bei sonstigen Änderungen des Gebietsbestandes der Länder v. 30.7.1979 (BGBl. I S. 1325).

[3)] Zum Begriff der Mehrheit siehe Art. 121.

[4)] Zur Ausführung der Bundesgesetze durch die Länder siehe Art. 83–85.

[5)] Gem. Art. 142 bleiben mit den Art. 1–18 übereinstimmende Grundrechtsbestimmungen in Landesverfassungen in Kraft.

[6)] Zur Fortgeltung der vom Deutschen Reich abgeschlossenen Verträge siehe Art. 123.

(3) Soweit die Länder für die Gesetzgebung zuständig sind, können sie mit Zustimmung der Bundesregierung mit auswärtigen Staaten Verträge abschließen.

Art. 33[1] **[Staatsbürgerliche Rechte]** (1) Jeder Deutsche[2] hat in jedem Lande die gleichen staatsbürgerlichen Rechte und Pflichten.

(2) Jeder Deutsche[2] hat nach seiner Eignung, Befähigung und fachlichen Leistung gleichen Zugang zu jedem öffentlichen Amte.

(3) [1] Der Genuß bürgerlicher und staatsbürgerlicher Rechte, die Zulassung zu öffentlichen Ämtern sowie die im öffentlichen Dienste erworbenen Rechte sind unabhängig von dem religiösen Bekenntnis. [2] Niemandem darf aus seiner Zugehörigkeit oder Nichtzugehörigkeit zu einem Bekenntnisse oder einer Weltanschauung ein Nachteil erwachsen.[3]

(4) Die Ausübung hoheitsrechtlicher Befugnisse ist als ständige Aufgabe in der Regel Angehörigen des öffentlichen Dienstes zu übertragen, die in einem öffentlich-rechtlichen Dienst- und Treueverhältnis stehen.

(5)[4] Das Recht des öffentlichen Dienstes ist unter Berücksichtigung der hergebrachten Grundsätze des Berufsbeamtentums zu regeln und fortzuentwickeln.

Art. 34[5] **[Haftung bei Amtspflichtverletzung]** [1] Verletzt jemand in Ausübung eines ihm anvertrauten öffentlichen Amtes die ihm einem Dritten gegenüber obliegende Amtspflicht, so trifft die Verantwortlichkeit grundsätzlich den Staat oder die Körperschaft, in deren Dienst er steht. [2] Bei Vorsatz oder grober Fahrlässigkeit bleibt der Rückgriff vorbehalten. [3] Für den Anspruch auf Schadensersatz und für den Rückgriff darf der ordentliche Rechtsweg nicht ausgeschlossen werden.

Art. 35[6] **[Rechts- und Amtshilfe]** (1) Alle Behörden des Bundes und der Länder leisten sich gegenseitig Rechts- und Amtshilfe.

(2) [1] Zur Aufrechterhaltung oder Wiederherstellung der öffentlichen Sicherheit oder Ordnung kann ein Land in Fällen von besonderer Bedeutung Kräfte und Einrichtungen des *Bundesgrenzschutzes*[7] zur Unterstützung seiner Polizei anfordern, wenn die Polizei ohne diese Unterstützung eine Aufgabe nicht oder nur unter erheblichen Schwierigkeiten erfüllen könnte. [2] Zur Hilfe bei einer Naturkatastrophe oder bei einem besonders schweren Unglücksfall kann ein

---

[1] Art. 33 Abs. 5 geänd. mWv 1.9.2006 durch G v. 28.8.2006 (BGBl. I S. 2034).

[2] Zum Begriff des „Deutschen" siehe Art. 116 Abs. 1.

[3] Siehe hierzu auch Art. 3 GG und Art. 136 Abs. 3 WRV, wiedergegeben im Anschluss an Art. 146.

[4] Siehe hierzu ua das BeamtenstatusG **(Sartorius Nr. 150)**, das BeamtenrechtsrahmenG **(Sartorius Nr. 150a)**, das BundesbeamtenG **(Sartorius Nr. 160)**, das BundesdisziplinarG **(Sartorius Nr. 220)**, das BeamtenversorgungsG **(Sartorius Nr. 155)** und das SoldatenG idF der Bek. v. 30.5. 2005 (BGBl. I S. 1482), zuletzt geänd. durch G v. 8.6.2017 (BGBl. I S. 1570).

[5] Siehe hierzu § 75 BundesbeamtenG **(Sartorius Nr. 160)**, § 24 SoldatenG idF der Bek. v. 30.5. 2005 (BGBl. I S. 1482), zuletzt geänd. durch G v. 8.6.2017 (BGBl. I S. 1570) und das G über die Haftung des Reichs für seine Beamten **(Sartorius Nr. 210)**.

[6] Art. 35 Abs. 2 und 3 angef., bish. Wortlaut wird Abs. 1 durch G v. 24.6.1968 (BGBl. I S. 709); Abs. 2 neu gef. durch G v. 28.7.1972 (BGBl. I S. 1305).

[7] Jetzt: „Bundespolizei".

Land Polizeikräfte anderer Länder, Kräfte und Einrichtungen anderer Verwaltungen sowie des *Bundesgrenzschutzes*[1] und der Streitkräfte anfordern.

(3) [1] Gefährdet die Naturkatastrophe oder der Unglücksfall das Gebiet mehr als eines Landes, so kann die Bundesregierung, soweit es zur wirksamen Bekämpfung erforderlich ist, den Landesregierungen die Weisung erteilen, Polizeikräfte anderen Ländern zur Verfügung zu stellen, sowie Einheiten des *Bundesgrenzschutzes*[1] und der Streitkräfte zur Unterstützung der Polizeikräfte einsetzen. [2] Maßnahmen der Bundesregierung nach Satz 1 sind jederzeit auf Verlangen des Bundesrates, im übrigen unverzüglich nach Beseitigung der Gefahr aufzuheben.

Art. 36[2] **[Beamte der Bundesbehörden]** (1) [1] Bei den obersten Bundesbehörden sind Beamte aus allen Ländern in angemessenem Verhältnis zu verwenden. [2] Die bei den übrigen Bundesbehörden beschäftigten Personen sollen in der Regel aus dem Lande genommen werden, in dem sie tätig sind.

(2) Die Wehrgesetze haben auch die Gliederung des Bundes in Länder und ihre besonderen landsmannschaftlichen Verhältnisse zu berücksichtigen.

Art. 37 [Bundeszwang] (1) Wenn ein Land die ihm nach dem Grundgesetze oder einem anderen Bundesgesetze obliegenden Bundespflichten nicht erfüllt, kann die Bundesregierung mit Zustimmung des Bundesrates die notwendigen Maßnahmen treffen, um das Land im Wege des Bundeszwanges zur Erfüllung seiner Pflichten anzuhalten.

(2) Zur Durchführung des Bundeszwanges hat die Bundesregierung oder ihr Beauftragter das Weisungsrecht gegenüber allen Ländern und ihren Behörden.

III. Der Bundestag

Art. 38[3] **[Wahl]** (1) [1] Die Abgeordneten des Deutschen Bundestages werden in allgemeiner, unmittelbarer, freier, gleicher und geheimer Wahl gewählt. [2] Sie sind Vertreter des ganzen Volkes, an Aufträge und Weisungen nicht gebunden und nur ihrem Gewissen unterworfen.

(2) Wahlberechtigt ist, wer das achtzehnte Lebensjahr vollendet hat; wählbar ist, wer das Alter erreicht hat, mit dem die Volljährigkeit eintritt.

(3) Das Nähere bestimmt ein Bundesgesetz[4].

Art. 39[5] **[Zusammentritt und Wahlperiode]** (1) [1] Der Bundestag wird vorbehaltlich der nachfolgenden Bestimmungen auf vier Jahre gewählt. [2] Seine Wahlperiode endet mit dem Zusammentritt eines neuen Bundestages. [3] Die Neuwahl findet frühestens sechsundvierzig, spätestens achtundvierzig Monate

---

[1] Jetzt: „Bundespolizei".

[2] Art. 36 Abs. 2 angef., bish. Wortlaut wird Abs. 1 durch G v. 19.3.1956 (BGBl. I S. 111).

[3] Art. 38 Abs. 2 neu gef. durch G v. 31.7.1970 (BGBl. I S. 1161).

[4] Siehe das BundeswahlG (Nr. **10**), die BundeswahlO (Nr. **11**) und die BundeswahlgeräteVO v. 3.9.1975 (BGBl. I S. 2459), zuletzt geänd. durch Entsch. v. 3.3.2009 (BGBl. I S. 525).

[5] Art. 39 Abs. 1 und 2 neu gef. durch G v. 23.8.1976 (BGBl. I S. 2381); Abs. 1 Sätze 1 und 3 geänd. durch G v. 16.7.1998 (BGBl. I S. 1822).

nach Beginn der Wahlperiode statt. [4] Im Falle einer Auflösung des Bundestages findet die Neuwahl innerhalb von sechzig Tagen statt.

(2) Der Bundestag tritt spätestens am dreißigsten Tage nach der Wahl zusammen.

(3) [1] Der Bundestag bestimmt den Schluß und den Wiederbeginn seiner Sitzungen. [2] Der Präsident des Bundestages kann ihn früher einberufen. [3] Er ist hierzu verpflichtet, wenn ein Drittel der Mitglieder, der Bundespräsident oder der Bundeskanzler es verlangen.

Art. 40 [Präsident; Geschäftsordnung] (1) [1] Der Bundestag wählt seinen Präsidenten, dessen Stellvertreter und die Schriftführer. [2] Er gibt sich eine Geschäftsordnung[1)].

(2) [1] Der Präsident übt das Hausrecht und die Polizeigewalt im Gebäude des Bundestages aus. [2] Ohne seine Genehmigung darf in den Räumen des Bundestages keine Durchsuchung oder Beschlagnahme stattfinden.

Art. 41 [Wahlprüfung] (1) [1] Die Wahlprüfung ist Sache des Bundestages. [2] Er entscheidet auch, ob ein Abgeordneter des Bundestages die Mitgliedschaft verloren hat.[2)]

(2)[3)] Gegen die Entscheidung des Bundestages ist die Beschwerde an das Bundesverfassungsgericht zulässig.

(3) Das Nähere regelt ein Bundesgesetz[4)].

Art. 42 [Öffentlichkeit der Sitzungen; Mehrheitsprinzip] (1) [1] Der Bundestag verhandelt öffentlich. [2] Auf Antrag eines Zehntels seiner Mitglieder oder auf Antrag der Bundesregierung kann mit Zweidrittelmehrheit die Öffentlichkeit ausgeschlossen werden. [3] Über den Antrag wird in nichtöffentlicher Sitzung entschieden.

(2) [1] Zu einem Beschlusse des Bundestages ist die Mehrheit der abgegebenen Stimmen erforderlich, soweit dieses Grundgesetz nichts anderes bestimmt. [2] Für die vom Bundestage vorzunehmenden Wahlen kann die Geschäftsordnung Ausnahmen zulassen.

(3) Wahrheitsgetreue Berichte über die öffentlichen Sitzungen des Bundestages und seiner Ausschüsse bleiben von jeder Verantwortlichkeit frei.

Art. 43 [Anwesenheit der Bundesregierung] (1) Der Bundestag und seine Ausschüsse können die Anwesenheit jedes Mitgliedes der Bundesregierung verlangen.

(2) [1] Die Mitglieder des Bundesrates und der Bundesregierung sowie ihre Beauftragten haben zu allen Sitzungen des Bundestages und seiner Ausschüsse Zutritt. [2] Sie müssen jederzeit gehört werden.

Art. 44 [Untersuchungsausschüsse] (1) [1] Der Bundestag hat das Recht und auf Antrag eines Viertels seiner Mitglieder die Pflicht, einen Untersuchungs-

---

1) Siehe die GeschäftsO des Deutschen Bundestages (Nr. **14**).
2) Siehe §§ 46, 47 BundeswahlG (Nr. **10**).
3) Siehe § 13 Nr. 3 und § 48 BundesverfassungsgerichtsG (Nr. **20**).
4) Siehe das WahlprüfungsG (Nr. **12**).

ausschuß einzusetzen, der in öffentlicher Verhandlung die erforderlichen Beweise erhebt. 2 Die Öffentlichkeit kann ausgeschlossen werden.

(2) 1 Auf Beweiserhebungen finden die Vorschriften über den Strafprozeß sinngemäß Anwendung. 2 Das Brief-, Post- und Fernmeldegeheimnis[1] bleibt unberührt.

(3) Gerichte und Verwaltungsbehörden sind zur Rechts- und Amtshilfe verpflichtet.

(4) 1 Die Beschlüsse der Untersuchungsausschüsse sind der richterlichen Erörterung entzogen. 2 In der Würdigung und Beurteilung des der Untersuchung zugrunde liegenden Sachverhaltes sind die Gerichte frei.

Art. 45[2] [Ausschuss für die Angelegenheiten der Europäischen Union] 1 Der Bundestag bestellt einen Ausschuß für die Angelegenheiten der Europäischen Union. 2 Er kann ihn ermächtigen, die Rechte des Bundestages gemäß Artikel 23 gegenüber der Bundesregierung wahrzunehmen. 3 Er kann ihn auch ermächtigen, die Rechte wahrzunehmen, die dem Bundestag in den vertraglichen Grundlagen der Europäischen Union eingeräumt sind.

Art. 45a[3] [Ausschüsse für auswärtige Angelegenheiten und für Verteidigung] (1) Der Bundestag bestellt einen Ausschuß für auswärtige Angelegenheiten und einen Ausschuß für Verteidigung.

(2) 1 Der Ausschuß für Verteidigung hat auch die Rechte eines Untersuchungsausschusses. 2 Auf Antrag eines Viertels seiner Mitglieder hat er die Pflicht, eine Angelegenheit zum Gegenstand seiner Untersuchung zu machen.

(3) Artikel 44 Abs. 1 findet auf dem Gebiet der Verteidigung keine Anwendung.

Art. 45b[4] [Wehrbeauftragter des Bundestages] 1 Zum Schutz der Grundrechte und als Hilfsorgan des Bundestages bei der Ausübung der parlamentarischen Kontrolle wird ein Wehrbeauftragter des Bundestages berufen. 2 Das Nähere regelt ein Bundesgesetz[5].

Art. 45c[6] [Petitionsausschuss des Bundestages] (1) Der Bundestag bestellt einen Petitionsausschuß, dem die Behandlung der nach Artikel 17 an den Bundestag gerichteten Bitten und Beschwerden obliegt.

(2) Die Befugnisse des Ausschusses zur Überprüfung von Beschwerden regelt ein Bundesgesetz[7].

---

[1] Siehe Art. 10.

[2] Art. 45 eingef. durch G v. 21.12.1992 (BGBl. I S. 2086); Satz 3 angef. mWv 1.12.2009 durch G v. 8.10.2008 (BGBl. I S. 1926).

[3] Art. 45a eingef. durch G v. 19.3.1956 (BGBl. I S. 111); Abs. 1 Satz 2 aufgeh. durch G v. 23.8. 1976 (BGBl. I S. 2381).

[4] Art. 45b eingef. durch G v. 19.3.1956 (BGBl. I S. 111).

[5] Siehe das G über den Wehrbeauftragten des Deutschen Bundestages **(Sartorius Nr. 635)**.

[6] Art. 45c eingef. durch G v. 15.7.1975 (BGBl. I S. 1901).

[7] Siehe das G über die Befugnisse des Petitionsausschusses des Deutschen Bundestages (Nr. **5**).

Art. 45d[1] **Parlamentarisches Kontrollgremium.** (1) Der Bundestag bestellt ein Gremium zur Kontrolle der nachrichtendienstlichen Tätigkeit des Bundes.

(2) Das Nähere regelt ein Bundesgesetz.

Art. 46 [Indemnität und Immunität der Abgeordneten] (1) [1] Ein Abgeordneter darf zu keiner Zeit wegen seiner Abstimmung oder wegen einer Äußerung, die er im Bundestage oder in einem seiner Ausschüsse getan hat, gerichtlich oder dienstlich verfolgt oder sonst außerhalb des Bundestages zur Verantwortung gezogen werden. [2] Dies gilt nicht für verleumderische Beleidigungen.

(2) Wegen einer mit Strafe bedrohten Handlung darf ein Abgeordneter nur mit Genehmigung des Bundestages zur Verantwortung gezogen oder verhaftet werden, es sei denn, daß er bei Begehung der Tat oder im Laufe des folgenden Tages festgenommen wird.

(3) Die Genehmigung des Bundestages ist ferner bei jeder anderen Beschränkung der persönlichen Freiheit eines Abgeordneten oder zur Einleitung eines Verfahrens gegen einen Abgeordneten gemäß Artikel 18 erforderlich.

(4) Jedes Strafverfahren und jedes Verfahren gemäß Artikel 18 gegen einen Abgeordneten, jede Haft und jede sonstige Beschränkung seiner persönlichen Freiheit sind auf Verlangen des Bundestages auszusetzen.

Art. 47 [Zeugnisverweigerungsrecht der Abgeordneten] [1] Die Abgeordneten sind berechtigt, über Personen, die ihnen in ihrer Eigenschaft als Abgeordnete oder denen sie in dieser Eigenschaft Tatsachen anvertraut haben, sowie über diese Tatsachen selbst das Zeugnis zu verweigern. [2] Soweit dieses Zeugnisverweigerungsrecht reicht, ist die Beschlagnahme von Schriftstücken unzulässig.

Art. 48 [Ansprüche der Abgeordneten] (1) Wer sich um einen Sitz im Bundestage bewirbt, hat Anspruch auf den zur Vorbereitung seiner Wahl erforderlichen Urlaub.

(2) [1] Niemand darf gehindert werden, das Amt eines Abgeordneten zu übernehmen und auszuüben. [2] Eine Kündigung oder Entlassung aus diesem Grunde ist unzulässig.[2]

(3) [1] Die Abgeordneten haben Anspruch auf eine angemessene, ihre Unabhängigkeit sichernde Entschädigung. [2] Sie haben das Recht der freien Benutzung aller staatlichen Verkehrsmittel. [3] Das Nähere regelt ein Bundesgesetz[3].

Art. 49[4] *(aufgehoben)*

---

[1] Art. 45d eingef. mWv 23.7.2009 durch G v. 17.7.2009 (BGBl. I S. 1977).
[2] Zur Beschränkung der Wählbarkeit von Beamten, Richtern usw. siehe Art. 137 Abs. 1.
[3] Siehe das AbgeordnetenG (Nr. **23**).
[4] Art. 49 aufgeh. durch G v. 23.8.1976 (BGBl. I S. 2381).

IV. Der Bundesrat

Art. 50[1] **[Aufgabe]** Durch den Bundesrat wirken die Länder bei der Gesetzgebung und Verwaltung des Bundes und in Angelegenheiten der Europäischen Union mit.

Art. 51[2] **[Zusammensetzung]** (1) [1] Der Bundesrat besteht aus Mitgliedern der Regierungen der Länder, die sie bestellen und abberufen. [2] Sie können durch andere Mitglieder ihrer Regierungen vertreten werden.

(2) Jedes Land hat mindestens drei Stimmen, Länder mit mehr als zwei Millionen Einwohnern haben vier, Länder mit mehr als sechs Millionen Einwohnern fünf, Länder mit mehr als sieben Millionen Einwohnern sechs Stimmen.

(3) [1] Jedes Land kann so viele Mitglieder entsenden, wie es Stimmen hat. [2] Die Stimmen eines Landes können nur einheitlich und nur durch anwesende Mitglieder oder deren Vertreter abgegeben werden.

Art. 52[3] **[Präsident; Beschlussfassung; Bildung einer Europakammer]**

(1) Der Bundesrat wählt seinen Präsidenten auf ein Jahr.

(2) [1] Der Präsident beruft den Bundesrat ein. [2] Er hat ihn einzuberufen, wenn die Vertreter von mindestens zwei Ländern oder die Bundesregierung es verlangen.

(3) [1] Der Bundesrat faßt seine Beschlüsse mit mindestens der Mehrheit seiner Stimmen. [2] Er gibt sich eine Geschäftsordnung[4]. [3] Er verhandelt öffentlich. [4] Die Öffentlichkeit kann ausgeschlossen werden.

(3a) Für Angelegenheiten der Europäischen Union kann der Bundesrat eine Europakammer bilden, deren Beschlüsse als Beschlüsse des Bundesrates gelten; die Anzahl der einheitlich abzugebenden Stimmen der Länder bestimmt sich nach Artikel 51 Abs. 2.

(4) Den Ausschüssen des Bundesrates können andere Mitglieder oder Beauftragte der Regierungen der Länder angehören.

Art. 53 [Teilnahme der Bundesregierung] [1] Die Mitglieder der Bundesregierung haben das Recht und auf Verlangen die Pflicht, an den Verhandlungen des Bundesrates und seiner Ausschüsse teilzunehmen. [2] Sie müssen jederzeit gehört werden. [3] Der Bundesrat ist von der Bundesregierung über die Führung der Geschäfte auf dem laufenden zu halten.

---

[1] Art. 50 neu gef. durch G v. 21.12.1992 (BGBl. I S. 2086).
[2] Art. 51 Abs. 2 neu gef. durch EVertr. v. 31.8.1990 (BGBl. II S. 885, 889).
[3] Art. 52 Abs. 3a eingef. durch G v. 21.12.1992 (BGBl. I S. 2086); Abs. 3a Halbs. 2 neu gef. mWv 1.9.2006 durch G v. 28.8.2006 (BGBl. I S. 2034).
[4] Siehe die GeschäftsO des Bundesrates (Nr. **15**).

IVa.[1] Gemeinsamer Ausschuß

Art. 53a[1] [Gemeinsamer Ausschuss] (1) [1] Der Gemeinsame Ausschuß besteht zu zwei Dritteln aus Abgeordneten des Bundestages, zu einem Drittel aus Mitgliedern des Bundesrates. [2] Die Abgeordneten werden vom Bundestage entsprechend dem Stärkeverhältnis der Fraktionen bestimmt; sie dürfen nicht der Bundesregierung angehören. [3] Jedes Land wird durch ein von ihm bestelltes Mitglied des Bundesrates vertreten; diese Mitglieder sind nicht an Weisungen gebunden. [4] Die Bildung des Gemeinsamen Ausschusses und sein Verfahren werden durch eine Geschäftsordnung[2] geregelt, die vom Bundestage zu beschließen ist und der Zustimmung des Bundesrates bedarf.

(2) [1] Die Bundesregierung hat den Gemeinsamen Ausschuß über ihre Planungen für den Verteidigungsfall zu unterrichten. [2] Die Rechte des Bundestages und seiner Ausschüsse nach Artikel 43 Abs. 1 bleiben unberührt.

V. Der Bundespräsident[3]

Art. 54 [Wahl durch die Bundesversammlung] (1) [1] Der Bundespräsident wird ohne Aussprache von der Bundesversammlung gewählt. [2] Wählbar ist jeder Deutsche[4], der das Wahlrecht zum Bundestage besitzt und das vierzigste Lebensjahr vollendet hat.

(2) [1] Das Amt des Bundespräsidenten dauert fünf Jahre. [2] Anschließende Wiederwahl ist nur einmal zulässig.

(3) Die Bundesversammlung besteht aus den Mitgliedern des Bundestages und einer gleichen Anzahl von Mitgliedern, die von den Volksvertretungen der Länder nach den Grundsätzen der Verhältniswahl gewählt werden.

(4) [1] Die Bundesversammlung tritt spätestens dreißig Tage vor Ablauf der Amtszeit des Bundespräsidenten, bei vorzeitiger Beendigung spätestens dreißig Tage nach diesem Zeitpunkt zusammen. [2] Sie wird von dem Präsidenten des Bundestages einberufen.

(5) Nach Ablauf der Wahlperiode beginnt die Frist des Absatzes 4 Satz 1 mit dem ersten Zusammentritt des Bundestages.

(6) [1] Gewählt ist, wer die Stimmen der Mehrheit[5] der Mitglieder der Bundesversammlung erhält. [2] Wird diese Mehrheit in zwei Wahlgängen von keinem Bewerber erreicht, so ist gewählt, wer in einem weiteren Wahlgang die meisten Stimmen auf sich vereinigt.

(7) Das Nähere regelt ein Bundesgesetz[6].

---

[1] Abschnitt IVa (Art. 53a) eingef. durch G v. 24.6.1968 (BGBl. I S. 709).

[2] Siehe die GeschäftsO für den Gemeinsamen Ausschuß (Nr. **18**).

[3] Siehe hierzu das G über die Wahl des Bundespräsidenten durch die Bundesversammlung (Nr. **13**) und das G über die Ruhebezüge des Bundespräsidenten v. 17.6.1953 (BGBl. I S. 406), zuletzt geänd. durch G v. 5.2.2009 (BGBl. I S. 160).

[4] Zum Begriff des „Deutschen" siehe Art. 116 Abs. 1.

[5] Zum Begriff der Mehrheit siehe Art. 121.

[6] Siehe das G über die Wahl des Bundespräsidenten durch die Bundesversammlung (Nr. **13**).

Art. 55 [Berufs- und Gewerbeverbot] (1) Der Bundespräsident darf weder der Regierung noch einer gesetzgebenden Körperschaft des Bundes oder eines Landes angehören.

(2) Der Bundespräsident darf kein anderes besoldetes Amt, kein Gewerbe und keinen Beruf ausüben und weder der Leitung noch dem Aufsichtsrate eines auf Erwerb gerichteten Unternehmens angehören.

Art. 56 [Amtseid] [1] Der Bundespräsident leistet bei seinem Amtsantritt vor den versammelten Mitgliedern des Bundestages und des Bundesrates folgenden Eid:
„Ich schwöre, daß ich meine Kraft dem Wohle des deutschen Volkes widmen, seinen Nutzen mehren, Schaden von ihm wenden, das Grundgesetz und die Gesetze des Bundes wahren und verteidigen, meine Pflichten gewissenhaft erfüllen und Gerechtigkeit gegen jedermann üben werde. So wahr mir Gott helfe.“
[2] Der Eid kann auch ohne religiöse Beteuerung geleistet werden.

Art. 57 [Vertretung] Die Befugnisse des Bundespräsidenten werden im Falle seiner Verhinderung oder bei vorzeitiger Erledigung des Amtes durch den Präsidenten des Bundesrates wahrgenommen.

Art. 58 [Gegenzeichnung] [1] Anordnungen und Verfügungen des Bundespräsidenten bedürfen zu ihrer Gültigkeit der Gegenzeichnung durch den Bundeskanzler oder durch den zuständigen Bundesminister. [2] Dies gilt nicht für die Ernennung und Entlassung des Bundeskanzlers, die Auflösung des Bundestages gemäß Artikel 63 und das Ersuchen gemäß Artikel 69 Abs. 3.

Art. 59 [Völkerrechtliche Vertretungsmacht] (1) [1] Der Bundespräsident vertritt den Bund völkerrechtlich. [2] Er schließt im Namen des Bundes die Verträge[1)] mit auswärtigen Staaten. [3] Er beglaubigt und empfängt die Gesandten.

(2) [1] Verträge, welche die politischen Beziehungen des Bundes regeln oder sich auf Gegenstände der Bundesgesetzgebung beziehen, bedürfen der Zustimmung oder der Mitwirkung der jeweils für die Bundesgesetzgebung zuständigen Körperschaften in der Form eines Bundesgesetzes. [2] Für Verwaltungsabkommen gelten die Vorschriften über die Bundesverwaltung entsprechend.

Art. 59a[2)] *(aufgehoben)*

Art. 60[3)] **[Ernennung der Bundesbeamten und Soldaten]** (1)[4)] Der Bundespräsident ernennt und entläßt die Bundesrichter, die Bundesbeamten, die Offiziere und Unteroffiziere, soweit gesetzlich nichts anderes bestimmt ist.

[1)] Zu Verträgen, die die besonderen Verhältnisse eines Landes berühren, siehe Art. 32 Abs. 2; zum Recht der Länder, Verträge mit auswärtigen Staaten abzuschließen, siehe Art. 32 Abs. 3.

[2)] Art. 59a aufgeh. durch G v. 24.6.1968 (BGBl. I S. 709).

[3)] Art. 60 Abs. 1 neu gef. durch G v. 19.3.1956 (BGBl. I S. 111).

[4)] Siehe hierzu die AnO des Bundespräsidenten über die Ernennung und Entlassung der Beamtinnen, Beamten, Richterinnen und Richter des Bundes v. 23.6.2004 (BGBl. I S. 1286) und die AnO des Bundespräsidenten über die Ernennung und Entlassung der Soldaten v. 10.7.1969 (BGBl. I S. 775), zuletzt geänd. durch AnO v. 17.3.1972 (BGBl. I S. 499).

(2)[1] Er übt im Einzelfalle für den Bund das Begnadigungsrecht aus.

(3) Er kann diese Befugnisse auf andere Behörden übertragen.

(4) Die Absätze 2 bis 4 des Artikels 46 finden auf den Bundespräsidenten entsprechende Anwendung.

Art. 61[2] **[Anklage vor dem Bundesverfassungsgericht]** (1) [1] Der Bundestag oder der Bundesrat können den Bundespräsidenten wegen vorsätzlicher Verletzung des Grundgesetzes oder eines anderen Bundesgesetzes vor dem Bundesverfassungsgericht anklagen. [2] Der Antrag auf Erhebung der Anklage muß von mindestens einem Viertel der Mitglieder des Bundestages oder einem Viertel der Stimmen des Bundesrates gestellt werden. [3] Der Beschluß auf Erhebung der Anklage bedarf der Mehrheit von zwei Dritteln der Mitglieder des Bundestages oder von zwei Dritteln der Stimmen des Bundesrates. [4] Die Anklage wird von einem Beauftragten der anklagenden Körperschaft vertreten.

(2) [1] Stellt das Bundesverfassungsgericht fest, daß der Bundespräsident einer vorsätzlichen Verletzung des Grundgesetzes oder eines anderen Bundesgesetzes schuldig ist, so kann es ihn des Amtes für verlustig erklären. [2] Durch einstweilige Anordnung kann es nach der Erhebung der Anklage bestimmen, daß er an der Ausübung seines Amtes verhindert ist.

VI. Die Bundesregierung

Art. 62 [Zusammensetzung] Die Bundesregierung besteht aus dem Bundeskanzler und aus den Bundesministern.[3]

Art. 63 [Wahl des Bundeskanzlers] (1) Der Bundeskanzler wird auf Vorschlag des Bundespräsidenten vom Bundestage ohne Aussprache gewählt.

(2) [1] Gewählt ist, wer die Stimmen der Mehrheit[4] der Mitglieder des Bundestages auf sich vereinigt. [2] Der Gewählte ist vom Bundespräsidenten zu ernennen.

(3) Wird der Vorgeschlagene nicht gewählt, so kann der Bundestag binnen vierzehn Tagen nach dem Wahlgange mit mehr als der Hälfte seiner Mitglieder einen Bundeskanzler wählen.

(4) [1] Kommt eine Wahl innerhalb dieser Frist nicht zustande, so findet unverzüglich ein neuer Wahlgang statt, in dem gewählt ist, wer die meisten Stimmen erhält. [2] Vereinigt der Gewählte die Stimmen der Mehrheit[4] der Mitglieder des Bundestages auf sich, so muß der Bundespräsident ihn binnen sieben Tagen nach der Wahl ernennen. [3] Erreicht der Gewählte diese Mehrheit nicht, so hat der Bundespräsident binnen sieben Tagen entweder ihn zu ernennen oder den Bundestag aufzulösen.

---

[1] Siehe hierzu die AnO des Bundespräsidenten über die Ausübung des Begnadigungsrechts des Bundes **(Sartorius Nr. 615)**.

[2] Siehe hierzu § 13 Nr. 4 und §§ 49 ff. BundesverfassungsgerichtsG (Nr. **20**).

[3] Siehe auch das G über die Rechtsverhältnisse der Parlamentarischen Staatssekretäre **(Sartorius Nr. 47)**.

[4] Zum Begriff der Mehrheit siehe Art. 121.

Art. 64 [Ernennung der Bundesminister] (1) Die Bundesminister[1] werden auf Vorschlag des Bundeskanzlers vom Bundespräsidenten ernannt und entlassen.

(2) Der Bundeskanzler und die Bundesminister leisten bei der Amtsübernahme vor dem Bundestage den in Artikel 56 vorgesehenen Eid.

Art. 65 [Verantwortung] [1] Der Bundeskanzler bestimmt die Richtlinien der Politik und trägt dafür die Verantwortung. [2] Innerhalb dieser Richtlinien leitet jeder Bundesminister seinen Geschäftsbereich selbständig und unter eigener Verantwortung. [3] Über Meinungsverschiedenheiten zwischen den Bundesministern entscheidet die Bundesregierung. [4] Der Bundeskanzler leitet ihre Geschäfte nach einer von der Bundesregierung beschlossenen und vom Bundespräsidenten genehmigten Geschäftsordnung[2].

Art. 65a[3] [Befehls- und Kommandogewalt über die Streitkräfte] Der Bundesminister für Verteidigung hat die Befehls- und Kommandogewalt über die Streitkräfte.

Art. 66[4] [Berufs- und Gewerbeverbot] Der Bundeskanzler und die Bundesminister dürfen kein anderes besoldetes Amt, kein Gewerbe und keinen Beruf ausüben und weder der Leitung noch ohne Zustimmung des Bundestages dem Aufsichtsrate eines auf Erwerb gerichteten Unternehmens angehören.

Art. 67 [Misstrauensvotum] (1) [1] Der Bundestag kann dem Bundeskanzler das Mißtrauen nur dadurch aussprechen, daß er mit der Mehrheit[5] seiner Mitglieder einen Nachfolger wählt und den Bundespräsidenten ersucht, den Bundeskanzler zu entlassen. [2] Der Bundespräsident muß dem Ersuchen entsprechen und den Gewählten ernennen.

(2) Zwischen dem Antrage und der Wahl müssen achtundvierzig Stunden liegen.

Art. 68 [Auflösung des Bundestages] (1) [1] Findet ein Antrag des Bundeskanzlers, ihm das Vertrauen auszusprechen, nicht die Zustimmung der Mehrheit[5] der Mitglieder des Bundestages, so kann der Bundespräsident auf Vorschlag des Bundeskanzlers binnen einundzwanzig Tagen den Bundestag auflösen. [2] Das Recht zur Auflösung erlischt, sobald der Bundestag mit der Mehrheit seiner Mitglieder einen anderen Bundeskanzler wählt.

(2) Zwischen dem Antrage und der Abstimmung müssen achtundvierzig Stunden liegen.

Art. 69 [Stellvertreter des Bundeskanzlers] (1) Der Bundeskanzler ernennt einen Bundesminister zu seinem Stellvertreter.

---

[1] Siehe hierzu das BundesministerG (Nr. **22**).
[2] Siehe die GeschäftsO der Bundesregierung (Nr. **19**).
[3] Art. 65a eingef. durch G v. 19.3.1956 (BGBl. I S. 111); Abs. 2 aufgeh., bish. Abs. 1 wird alleiniger Wortlaut durch G v. 24.6.1968 (BGBl. I S. 709).
[4] Siehe hierzu auch das BundesministerG (Nr. **22**).
[5] Zum Begriff der Mehrheit siehe Art. 121.

(2) Das Amt des Bundeskanzlers oder eines Bundesministers endigt in jedem Falle mit dem Zusammentritt eines neuen Bundestages, das Amt eines Bundesministers auch mit jeder anderen Erledigung des Amtes des Bundeskanzlers.

(3) Auf Ersuchen des Bundespräsidenten ist der Bundeskanzler, auf Ersuchen des Bundeskanzlers oder des Bundespräsidenten ein Bundesminister verpflichtet, die Geschäfte bis zur Ernennung seines Nachfolgers weiterzuführen.

VII. Die Gesetzgebung des Bundes

Art. 70 [Gesetzgebung des Bundes und der Länder] (1) Die Länder haben das Recht der Gesetzgebung, soweit dieses Grundgesetz nicht dem Bunde Gesetzgebungsbefugnisse verleiht.

(2) Die Abgrenzung der Zuständigkeit zwischen Bund und Ländern bemißt sich nach den Vorschriften dieses Grundgesetzes über die ausschließliche und die konkurrierende Gesetzgebung.

Art. 71 [Ausschließliche Gesetzgebung] Im Bereiche der ausschließlichen Gesetzgebung des Bundes haben die Länder die Befugnis zur Gesetzgebung nur, wenn und soweit sie hierzu in einem Bundesgesetze ausdrücklich ermächtigt werden.

Art. 72[1)] [Konkurrierende Gesetzgebung] (1) Im Bereich der konkurrierenden Gesetzgebung haben die Länder die Befugnis zur Gesetzgebung, solange und soweit der Bund von seiner Gesetzgebungszuständigkeit nicht durch Gesetz Gebrauch gemacht hat.

(2) Auf den Gebieten des Artikels 74 Abs. 1 Nr. 4, 7, 11, 13, 15, 19a, 20, 22, 25 und 26 hat der Bund das Gesetzgebungsrecht, wenn und soweit die Herstellung gleichwertiger Lebensverhältnisse im Bundesgebiet oder die Wahrung der Rechts- oder Wirtschaftseinheit im gesamtstaatlichen Interesse eine bundesgesetzliche Regelung erforderlich macht.

(3) [1] Hat der Bund von seiner Gesetzgebungszuständigkeit Gebrauch gemacht, können die Länder durch Gesetz hiervon abweichende Regelungen treffen über:

1. das Jagdwesen (ohne das Recht der Jagdscheine);
2. den Naturschutz und die Landschaftspflege (ohne die allgemeinen Grundsätze des Naturschutzes, das Recht des Artenschutzes oder des Meeresnaturschutzes);
3. die Bodenverteilung;
4. die Raumordnung;
5. den Wasserhaushalt (ohne stoff- oder anlagenbezogene Regelungen);
6. die Hochschulzulassung und die Hochschulabschlüsse.

[2] Bundesgesetze auf diesen Gebieten treten frühestens sechs Monate nach ihrer Verkündung in Kraft, soweit nicht mit Zustimmung des Bundesrates anderes

---

1) Art. 72 neu gef. durch G v. 27.10.1994 (BGBl. I S. 3146); Abs. 2 geänd. und Abs. 3 eingef., bish. Abs. 3 wird Abs. 4 mWv 1.9.2006 durch G v. 28.8.2006 (BGBl. I S. 2034).

bestimmt ist. [3] Auf den Gebieten des Satzes 1 geht im Verhältnis von Bundes- und Landesrecht das jeweils spätere Gesetz vor.

(4) Durch Bundesgesetz kann bestimmt werden, daß eine bundesgesetzliche Regelung, für die eine Erforderlichkeit im Sinne des Absatzes 2 nicht mehr besteht, durch Landesrecht ersetzt werden kann.

Art. 73[1)] [Gegenstände der ausschließlichen Gesetzgebung] (1) Der Bund hat die ausschließliche Gesetzgebung[2)] über:

1. die auswärtigen Angelegenheiten sowie die Verteidigung einschließlich des Schutzes der Zivilbevölkerung;
2. die Staatsangehörigkeit im Bunde;
3. die Freizügigkeit, das Paßwesen, das Melde- und Ausweiswesen, die Ein- und Auswanderung und die Auslieferung;
4. das Währungs-, Geld- und Münzwesen, Maße und Gewichte sowie die Zeitbestimmung;
5. die Einheit des Zoll- und Handelsgebietes, die Handels- und Schiffahrtsverträge, die Freizügigkeit des Warenverkehrs und den Waren- und Zahlungsverkehr mit dem Auslande einschließlich des Zoll- und Grenzschutzes;

5a. den Schutz deutschen Kulturgutes gegen Abwanderung ins Ausland;

6. den Luftverkehr;

6a. den Verkehr von Eisenbahnen, die ganz oder mehrheitlich im Eigentum des Bundes stehen (Eisenbahnen des Bundes), den Bau, die Unterhaltung und das Betreiben von Schienenwegen der Eisenbahnen des Bundes sowie die Erhebung von Entgelten für die Benutzung dieser Schienenwege;

7. das Postwesen und die Telekommunikation;
8. die Rechtsverhältnisse der im Dienste des Bundes und der bundesunmittelbaren Körperschaften des öffentlichen Rechtes stehenden Personen;
9. den gewerblichen Rechtsschutz, das Urheberrecht und das Verlagsrecht;

9a. die Abwehr von Gefahren des internationalen Terrorismus durch das Bundeskriminalpolizeiamt in Fällen, in denen eine länderübergreifende Gefahr vorliegt, die Zuständigkeit einer Landespolizeibehörde nicht erkennbar ist oder die oberste Landesbehörde um eine Übernahme ersucht;

10. die Zusammenarbeit des Bundes und der Länder
    a) in der Kriminalpolizei,
    b) zum Schutze der freiheitlichen demokratischen Grundordnung, des Bestandes und der Sicherheit des Bundes oder eines Landes (Verfassungsschutz) und

---

1) Art. 73 Nr. 1 neu gef. durch G v. 26.3.1954 (BGBl. I S. 45) und geänd. durch G v. 24.6.1968 (BGBl. I S. 709); Nr. 10 neu gef. durch G v. 28.7.1972 (BGBl. I S. 1305); Nr. 6 geänd. und Nr. 6a eingef. durch G v. 20.12.1993 (BGBl. I S. 2089); Nr. 7 neu gef. durch G v. 30.8.1994 (BGBl. I S. 2245); Abs. 2 angef., bish. Wortlaut wird Abs. 1 und Nr. 3 und 11 geänd., Nr. 5a und 9a eingef. sowie Nr. 12–14 angef. mWv 1.9.2006 durch G v. 28.8.2006 (BGBl. I S. 2034).

2) Zur Gesetzgebungskompetenz auf dem Gebiet des Finanzwesens siehe Art. 104a–107.

c) zum Schutze gegen Bestrebungen im Bundesgebiet, die durch Anwendung von Gewalt oder darauf gerichtete Vorbereitungshandlungen auswärtige Belange der Bundesrepublik Deutschland gefährden,

sowie die Einrichtung eines Bundeskriminalpolizeiamtes und die internationale Verbrechensbekämpfung;

11. die Statistik für Bundeszwecke;
12. das Waffen- und das Sprengstoffrecht;
13. die Versorgung der Kriegsbeschädigten und Kriegshinterbliebenen und die Fürsorge für die ehemaligen Kriegsgefangenen;
14. die Erzeugung und Nutzung der Kernenergie zu friedlichen Zwecken, die Errichtung und den Betrieb von Anlagen, die diesen Zwecken dienen, den Schutz gegen Gefahren, die bei Freiwerden von Kernenergie oder durch ionisierende Strahlen entstehen, und die Beseitigung radioaktiver Stoffe.

(2) Gesetze nach Absatz 1 Nr. 9a bedürfen der Zustimmung des Bundesrates.

Art. 74[1)] [Gegenstände der konkurrierenden Gesetzgebung] (1) Die konkurrierende Gesetzgebung[2)] erstreckt sich auf folgende Gebiete:

1. das bürgerliche Recht, das Strafrecht, die Gerichtsverfassung, das gerichtliche Verfahren (ohne das Recht des Untersuchungshaftvollzugs), die Rechtsanwaltschaft, das Notariat und die Rechtsberatung;
2. das Personenstandswesen;
3. das Vereinsrecht;
4. das Aufenthalts- und Niederlassungsrecht der Ausländer;

4a. *(aufgehoben)*

5. *(aufgehoben)*
6. die Angelegenheiten der Flüchtlinge und Vertriebenen;
7. die öffentliche Fürsorge (ohne das Heimrecht);
8. *(aufgehoben)*
9. die Kriegsschäden und die Wiedergutmachung;
10. die Kriegsgräber und Gräber anderer Opfer des Krieges und Opfer von Gewaltherrschaft;
11. das Recht der Wirtschaft (Bergbau, Industrie, Energiewirtschaft, Handwerk, Gewerbe, Handel, Bank- und Börsenwesen, privatrechtliches Versicherungswesen) ohne das Recht des Ladenschlusses, der Gaststätten, der Spielhallen, der Schaustellung von Personen, der Messen, der Ausstellungen und der Märkte;

---

1) Art. 74 Nr. 11a eingef. durch G v. 23.12.1959 (BGBl. I S. 813); Nr. 10 geänd. und Nr. 10a eingef. durch G v. 16.6.1965 (BGBl. I S. 513); Nr. 13 geänd., Nr. 19a eingef. und Nr. 22 neu gef. durch G v. 12.5.1969 (BGBl. I S. 363); Nr. 24 angef. durch G v. 12.4.1972 (BGBl. I S. 593); Nr. 4a eingef. durch G v. 28.7.1972 (BGBl. I S. 1305); Nr. 4a neu gef. durch G v. 23.8.1976 (BGBl. I S. 2383); Nr. 23 neu gef. durch G v. 20.12.1993 (BGBl. I S. 2089); Abs. 2 angef., bish. Wortlaut wird Abs. 1 und Nr. 5 und 8 aufgeh., Nr. 18 und 24 geänd. sowie Nr. 25 und 26 angef. durch G v. 27.10. 1994 (BGBl. I S. 3146); Abs. 1 Nr. 1, 11, 17, 22 und 26 und Abs. 2 geänd. sowie Abs. 1 Nr. 3, 7, 18, 19, 20 und 24 neu gef., Nr. 4a, 10 und 11a aufgeh., bish. Nr. 10a wird Nr. 10 und Nr. 27–33 angef. mWv 1.9.2006 durch G v. 28.8.2006 (BGBl. I S. 2034).

2) Zur Gesetzgebungskompetenz auf dem Gebiet des Finanzwesens siehe Art. 104a–107.

11a. *(aufgehoben)*
12. das Arbeitsrecht einschließlich der Betriebsverfassung, des Arbeitsschutzes und der Arbeitsvermittlung sowie die Sozialversicherung einschließlich der Arbeitslosenversicherung;
13. die Regelung der Ausbildungsbeihilfen und die Förderung der wissenschaftlichen Forschung;
14. das Recht der Enteignung, soweit sie auf den Sachgebieten der Artikel 73 und 74 in Betracht kommt;
15. die Überführung von Grund und Boden, von Naturschätzen und Produktionsmitteln in Gemeineigentum oder in andere Formen der Gemeinwirtschaft;
16. die Verhütung des Mißbrauchs wirtschaftlicher Machtstellung;
17. die Förderung der land- und forstwirtschaftlichen Erzeugung (ohne das Recht der Flurbereinigung), die Sicherung der Ernährung, die Ein- und Ausfuhr land- und forstwirtschaftlicher Erzeugnisse, die Hochsee- und Küstenfischerei und den Küstenschutz;
18. den städtebaulichen Grundstücksverkehr, das Bodenrecht (ohne das Recht der Erschließungsbeiträge) und das Wohngeldrecht, das Altschuldenhilferecht, das Wohnungsbauprämienrecht, das Bergarbeiterwohnungsbaurecht und das Bergmannssiedlungsrecht;
19. Maßnahmen gegen gemeingefährliche oder übertragbare Krankheiten bei Menschen und Tieren, Zulassung zu ärztlichen und anderen Heilberufen und zum Heilgewerbe, sowie das Recht des Apothekenwesens, der Arzneien, der Medizinprodukte, der Heilmittel, der Betäubungsmittel und der Gifte;

19a. die wirtschaftliche Sicherung der Krankenhäuser und die Regelung der Krankenhauspflegesätze;

20. das Recht der Lebensmittel einschließlich der ihrer Gewinnung dienenden Tiere, das Recht der Genussmittel, Bedarfsgegenstände und Futtermittel sowie den Schutz beim Verkehr mit land- und forstwirtschaftlichem Saat- und Pflanzgut, den Schutz der Pflanzen gegen Krankheiten und Schädlinge sowie den Tierschutz;
21. die Hochsee- und Küstenschiffahrt sowie die Seezeichen, die Binnenschiffahrt, den Wetterdienst, die Seewasserstraßen und die dem allgemeinen Verkehr dienenden Binnenwasserstraßen;
22. den Straßenverkehr, das Kraftfahrwesen, den Bau und die Unterhaltung von Landstraßen für den Fernverkehr sowie die Erhebung und Verteilung von Gebühren oder Entgelten für die Benutzung öffentlicher Straßen mit Fahrzeugen;
23. die Schienenbahnen, die nicht Eisenbahnen des Bundes sind, mit Ausnahme der Bergbahnen;
24. die Abfallwirtschaft, die Luftreinhaltung und die Lärmbekämpfung (ohne Schutz vor verhaltensbezogenem Lärm);
25. die Staatshaftung;
26. die medizinisch unterstützte Erzeugung menschlichen Lebens, die Untersuchung und die künstliche Veränderung von Erbinformationen sowie Regelungen zur Transplantation von Organen, Geweben und Zellen;

27. die Statusrechte und -pflichten der Beamten der Länder, Gemeinden und anderen Körperschaften des öffentlichen Rechts sowie der Richter in den Ländern mit Ausnahme der Laufbahnen, Besoldung und Versorgung;
28. das Jagdwesen;
29. den Naturschutz und die Landschaftspflege;
30. die Bodenverteilung;
31. die Raumordnung;
32. den Wasserhaushalt;
33. die Hochschulzulassung und die Hochschulabschlüsse.

(2) Gesetze nach Absatz 1 Nr. 25 und 27 bedürfen der Zustimmung des Bundesrates.

Art. 74a, 75[1] *(aufgehoben)*

Art. 76[2] **[Gesetzesvorlagen]** (1) Gesetzesvorlagen werden beim Bundestage durch die Bundesregierung, aus der Mitte des Bundestages oder durch den Bundesrat eingebracht.

(2) [1] Vorlagen der Bundesregierung sind zunächst dem Bundesrat zuzuleiten. [2] Der Bundesrat ist berechtigt, innerhalb von sechs Wochen zu diesen Vorlagen Stellung zu nehmen. [3] Verlangt er aus wichtigem Grunde, insbesondere mit Rücksicht auf den Umfang einer Vorlage, eine Fristverlängerung, so beträgt die Frist neun Wochen. [4] Die Bundesregierung kann eine Vorlage, die sie bei der Zuleitung an den Bundesrat ausnahmsweise als besonders eilbedürftig bezeichnet hat, nach drei Wochen oder, wenn der Bundesrat ein Verlangen nach Satz 3 geäußert hat, nach sechs Wochen dem Bundestag zuleiten, auch wenn die Stellungnahme des Bundesrates noch nicht bei ihr eingegangen ist; sie hat die Stellungnahme des Bundesrates unverzüglich nach Eingang dem Bundestag nachzureichen. [5] Bei Vorlagen zur Änderung dieses Grundgesetzes und zur Übertragung von Hoheitsrechten nach Artikel 23 oder Artikel 24 beträgt die Frist zur Stellungnahme neun Wochen; Satz 4 findet keine Anwendung.

(3) [1] Vorlagen des Bundesrates sind dem Bundestag durch die Bundesregierung innerhalb von sechs Wochen zuzuleiten. [2] Sie soll hierbei ihre Auffassung darlegen. [3] Verlangt sie aus wichtigem Grunde, insbesondere mit Rücksicht auf den Umfang einer Vorlage, eine Fristverlängerung, so beträgt die Frist neun Wochen. [4] Wenn der Bundesrat eine Vorlage ausnahmsweise als besonders eilbedürftig bezeichnet hat, beträgt die Frist drei Wochen oder, wenn die Bundesregierung ein Verlangen nach Satz 3 geäußert hat, sechs Wochen. [5] Bei Vorlagen zur Änderung dieses Grundgesetzes und zur Übertragung von Hoheitsrechten nach Artikel 23 oder Artikel 24 beträgt die Frist neun Wochen; Satz 4 findet keine Anwendung. [6] Der Bundestag hat über die Vorlagen in angemessener Frist zu beraten und Beschluß zu fassen.

---

[1] Art. 74a und 75 aufgeh. mWv 1.9.2006 durch G v. 28.8.2006 (BGBl. I S. 2034).
[2] Art. 76 Abs. 2 und 3 neu gef. durch G v. 27.10.1994 (BGBl. I S. 3146).

Art. 77[1)] **[Verfahren bei Gesetzesbeschlüssen]** (1) [1] Die Bundesgesetze werden vom Bundestage beschlossen. [2] Sie sind nach ihrer Annahme durch den Präsidenten des Bundestages unverzüglich dem Bundesrate zuzuleiten.

(2) [1] Der Bundesrat kann binnen drei Wochen nach Eingang des Gesetzesbeschlusses verlangen, daß ein aus Mitgliedern des Bundestages und des Bundesrates für die gemeinsame Beratung von Vorlagen gebildeter Ausschuß einberufen wird. [2] Die Zusammensetzung und das Verfahren dieses Ausschusses regelt eine Geschäftsordnung[2)], die vom Bundestag beschlossen wird und der Zustimmung des Bundesrates bedarf. [3] Die in diesen Ausschuß entsandten Mitglieder des Bundesrates sind nicht an Weisungen gebunden. [4] Ist zu einem Gesetze die Zustimmung des Bundesrates erforderlich, so können auch der Bundestag und die Bundesregierung die Einberufung verlangen. [5] Schlägt der Ausschuß eine Änderung des Gesetzesbeschlusses vor, so hat der Bundestag erneut Beschluß zu fassen.

(2a) Soweit zu einem Gesetz die Zustimmung des Bundesrates erforderlich ist, hat der Bundesrat, wenn ein Verlangen nach Absatz 2 Satz 1 nicht gestellt oder das Vermittlungsverfahren ohne einen Vorschlag zur Änderung des Gesetzesbeschlusses beendet ist, in angemessener Frist über die Zustimmung Beschluß zu fassen.

(3) [1] Soweit zu einem Gesetze die Zustimmung des Bundesrates nicht erforderlich ist, kann der Bundesrat, wenn das Verfahren nach Absatz 2 beendigt ist, gegen ein vom Bundestage beschlossenes Gesetz binnen zwei Wochen Einspruch einlegen. [2] Die Einspruchsfrist beginnt im Falle des Absatzes 2 letzter Satz mit dem Eingange des vom Bundestage erneut gefaßten Beschlusses, in allen anderen Fällen mit dem Eingange der Mitteilung des Vorsitzenden des in Absatz 2 vorgesehenen Ausschusses, daß das Verfahren vor dem Ausschusse abgeschlossen ist.

(4) [1] Wird der Einspruch mit der Mehrheit der Stimmen des Bundesrates beschlossen, so kann er durch Beschluß der Mehrheit[3)] der Mitglieder des Bundestages zurückgewiesen werden. [2] Hat der Bundesrat den Einspruch mit einer Mehrheit von mindestens zwei Dritteln seiner Stimmen beschlossen, so bedarf die Zurückweisung durch den Bundestag einer Mehrheit von zwei Dritteln, mindestens der Mehrheit der Mitglieder des Bundestages.

Art. 78 [Zustandekommen von Bundesgesetzen] Ein vom Bundestage beschlossenes Gesetz kommt zustande, wenn der Bundesrat zustimmt, den Antrag gemäß Artikel 77 Absatz 2 nicht stellt, innerhalb der Frist des Artikels 77 Absatz 3 keinen Einspruch einlegt oder ihn zurücknimmt oder wenn der Einspruch vom Bundestage überstimmt wird.

Art. 79[4)] **[Änderungen des Grundgesetzes]** (1) [1] Das Grundgesetz kann nur durch ein Gesetz geändert werden, das den Wortlaut des Grundgesetzes

---

1) Art. 77 Abs. 2 Satz 1 und Abs. 3 Satz 1 geänd., Abs. 3 Satz 2 neu gef. durch G v. 15.11.1968 (BGBl. I S. 1177), Abs. 2a eingef. durch G v. 27.10.1994 (BGBl. I S. 3146).

2) Siehe die Gemeinsame GeschäftsO des Bundestages und des Bundesrates für den Vermittlungsausschuß (Nr. **17**).

3) Zum Begriff der Mehrheit siehe Art. 121.

4) Art. 79 Abs. 1 Satz 2 angef. durch G v. 26.3.1954 (BGBl. I S. 45).

ausdrücklich ändert oder ergänzt.[1)] [2] Bei völkerrechtlichen Verträgen, die eine Friedensregelung, die Vorbereitung einer Friedensregelung oder den Abbau einer besatzungsrechtlichen Ordnung zum Gegenstand haben oder der Verteidigung der Bundesrepublik zu dienen bestimmt sind, genügt zur Klarstellung, daß die Bestimmungen des Grundgesetzes dem Abschluß und dem Inkraftsetzen der Verträge nicht entgegenstehen, eine Ergänzung des Wortlautes des Grundgesetzes, die sich auf diese Klarstellung beschränkt.

(2) Ein solches Gesetz bedarf der Zustimmung von zwei Dritteln der Mitglieder des Bundestages und zwei Dritteln der Stimmen des Bundesrates.

(3) Eine Änderung dieses Grundgesetzes, durch welche die Gliederung des Bundes in Länder, die grundsätzliche Mitwirkung der Länder bei der Gesetzgebung oder die in den Artikeln 1 und 20 niedergelegten Grundsätze berührt werden, ist unzulässig.

Art. 80[2)] [Erlass von Rechtsverordnungen] (1) [1] Durch Gesetz können die Bundesregierung, ein Bundesminister oder die Landesregierungen ermächtigt werden, Rechtsverordnungen zu erlassen.[3)] [2] Dabei müssen Inhalt, Zweck und Ausmaß der erteilten Ermächtigung im Gesetze bestimmt werden. [3] Die Rechtsgrundlage ist in der Verordnung anzugeben. [4] Ist durch Gesetz vorgesehen, daß eine Ermächtigung weiter übertragen werden kann, so bedarf es zur Übertragung der Ermächtigung einer Rechtsverordnung.

(2) Der Zustimmung des Bundesrates bedürfen, vorbehaltlich anderweitiger bundesgesetzlicher Regelung, Rechtsverordnungen der Bundesregierung oder eines Bundesministers über Grundsätze und Gebühren für die Benutzung der Einrichtungen des Postwesens und der Telekommunikation, über die Grundsätze der Erhebung des Entgelts für die Benutzung der Einrichtungen der Eisenbahnen des Bundes, über den Bau und Betrieb der Eisenbahnen, sowie Rechtsverordnungen auf Grund von Bundesgesetzen, die der Zustimmung des Bundesrates bedürfen oder die von den Ländern im Auftrage des Bundes oder als eigene Angelegenheit ausgeführt werden.

(3) Der Bundesrat kann der Bundesregierung Vorlagen für den Erlaß von Rechtsverordnungen zuleiten, die seiner Zustimmung bedürfen.

(4) Soweit durch Bundesgesetz oder auf Grund von Bundesgesetzen Landesregierungen ermächtigt werden, Rechtsverordnungen zu erlassen, sind die Länder zu einer Regelung auch durch Gesetz befugt.

Art. 80a[4)] [Spannungsfall] (1) [1] Ist in diesem Grundgesetz oder in einem Bundesgesetz über die Verteidigung einschließlich des Schutzes der Zivilbevölkerung bestimmt, daß Rechtsvorschriften nur nach Maßgabe dieses Artikels angewandt werden dürfen, so ist die Anwendung außer im Verteidigungsfalle nur zulässig, wenn der Bundestag den Eintritt des Spannungsfalles festgestellt oder wenn er der Anwendung besonders zugestimmt hat. [2] Die Feststellung des Spannungsfalles und die besondere Zustimmung in den Fällen des Artikels 12a

---

[1)] Beachte hierzu auch Art. 81 Abs. 4.

[2)] Art. 80 Abs. 2 geänd. durch G v. 20.12.1993 (BGBl. I S. 2089); Abs. 2 geänd. durch G v. 30.8. 1994 (BGBl. I S. 2245); Abs. 3 und 4 angef. durch G v. 27.10.1994 (BGBl. I S. 3146).

[3)] Zur Fortgeltung bestehender Ermächtigungen siehe Art. 129.

[4)] Art. 80a eingef. durch G v. 24.6.1968 (BGBl. I S. 709).

Abs. 5 Satz 1 und Abs. 6 Satz 2 bedürfen einer Mehrheit von zwei Dritteln der abgegebenen Stimmen.[1)]

(2) Maßnahmen auf Grund von Rechtsvorschriften nach Absatz 1 sind aufzuheben, wenn der Bundestag es verlangt.

(3) [1] Abweichend von Absatz 1 ist die Anwendung solcher Rechtsvorschriften auch auf der Grundlage und nach Maßgabe eines Beschlusses zulässig, der von einem internationalen Organ im Rahmen eines Bündnisvertrages mit Zustimmung der Bundesregierung gefaßt wird.[1)] [2] Maßnahmen nach diesem Absatz sind aufzuheben, wenn der Bundestag es mit der Mehrheit[2)] seiner Mitglieder verlangt.

Art. 81 [Gesetzgebungsnotstand] (1) [1] Wird im Falle des Artikels 68 der Bundestag nicht aufgelöst, so kann der Bundespräsident auf Antrag der Bundesregierung mit Zustimmung des Bundesrates für eine Gesetzesvorlage den Gesetzgebungsnotstand erklären, wenn der Bundestag sie ablehnt, obwohl die Bundesregierung sie als dringlich bezeichnet hat. [2] Das gleiche gilt, wenn eine Gesetzesvorlage abgelehnt worden ist, obwohl der Bundeskanzler mit ihr den Antrag des Artikels 68 verbunden hatte.

(2) [1] Lehnt der Bundestag die Gesetzesvorlage nach Erklärung des Gesetzgebungsnotstandes erneut ab oder nimmt er sie in einer für die Bundesregierung als unannehmbar bezeichneten Fassung an, so gilt das Gesetz als zustande gekommen, soweit der Bundesrat ihm zustimmt. [2] Das gleiche gilt, wenn die Vorlage vom Bundestage nicht innerhalb von vier Wochen nach der erneuten Einbringung verabschiedet wird.

(3) [1] Während der Amtszeit eines Bundeskanzlers kann auch jede andere vom Bundestage abgelehnte Gesetzesvorlage innerhalb einer Frist von sechs Monaten nach der ersten Erklärung des Gesetzgebungsnotstandes gemäß Absatz 1 und 2 verabschiedet werden. [2] Nach Ablauf der Frist ist während der Amtszeit des gleichen Bundeskanzlers eine weitere Erklärung des Gesetzgebungsnotstandes unzulässig.

(4) Das Grundgesetz darf durch ein Gesetz, das nach Absatz 2 zustande kommt, weder geändert, noch ganz oder teilweise außer Kraft oder außer Anwendung gesetzt werden.

Art. 82 [Verkündung und Inkrafttreten der Gesetze] (1) [1] Die nach den Vorschriften dieses Grundgesetzes zustande gekommenen Gesetze werden vom Bundespräsidenten nach Gegenzeichnung ausgefertigt und im Bundesgesetzblatte verkündet. [2] Rechtsverordnungen werden von der Stelle, die sie erläßt, ausgefertigt und vorbehaltlich anderweitiger gesetzlicher Regelung im Bundesgesetzblatte verkündet.[3)]

(2) [1] Jedes Gesetz und jede Rechtsverordnung soll den Tag des Inkrafttretens bestimmen. [2] Fehlt eine solche Bestimmung, so treten sie mit dem vierzehnten Tage nach Ablauf des Tages in Kraft, an dem das Bundesgesetzblatt ausgegeben worden ist.

---

1) Siehe hierzu das G über vereinfachte Verkündungen und Bekanntgaben (Nr. **9**).

2) Zum Begriff der Mehrheit siehe Art. 121.

3) Siehe hierzu das Verkündungs- und BekanntmachungsG (Nr. **8**) und das G über vereinfachte Verkündungen und Bekanntgaben (Nr. **9**).

VIII. Die Ausführung der Bundesgesetze und die Bundesverwaltung

Art. 83 [Grundsatz der Länderexekutive] Die Länder führen die Bundesgesetze als eigene Angelegenheit aus, soweit dieses Grundgesetz nichts anderes bestimmt oder zuläßt.

Art. 84[1] **[Länderverwaltung und Bundesaufsicht]** (1) [1] Führen die Länder die Bundesgesetze als eigene Angelegenheit aus, so regeln sie die Einrichtung der Behörden und das Verwaltungsverfahren. [2] Wenn Bundesgesetze etwas anderes bestimmen, können die Länder davon abweichende Regelungen treffen. [3] Hat ein Land eine abweichende Regelung nach Satz 2 getroffen, treten in diesem Land hierauf bezogene spätere bundesgesetzliche Regelungen der Einrichtung der Behörden und des Verwaltungsverfahrens frühestens sechs Monate nach ihrer Verkündung in Kraft, soweit nicht mit Zustimmung des Bundesrates anderes bestimmt ist. [4] Artikel 72 Abs. 3 Satz 3 gilt entsprechend. [5] In Ausnahmefällen kann der Bund wegen eines besonderen Bedürfnisses nach bundeseinheitlicher Regelung das Verwaltungsverfahren ohne Abweichungsmöglichkeit für die Länder regeln. [6] Diese Gesetze bedürfen der Zustimmung des Bundesrates. [7] Durch Bundesgesetz dürfen Gemeinden und Gemeindeverbänden Aufgaben nicht übertragen werden.

(2) Die Bundesregierung kann mit Zustimmung des Bundesrates allgemeine Verwaltungsvorschriften erlassen.

(3) [1] Die Bundesregierung übt die Aufsicht darüber aus, daß die Länder die Bundesgesetze dem geltenden Rechte gemäß ausführen. [2] Die Bundesregierung kann zu diesem Zwecke Beauftragte zu den obersten Landesbehörden entsenden, mit deren Zustimmung und, falls diese Zustimmung versagt wird, mit Zustimmung des Bundesrates auch zu den nachgeordneten Behörden.

(4) [1] Werden Mängel, die die Bundesregierung bei der Ausführung der Bundesgesetze in den Ländern festgestellt hat, nicht beseitigt, so beschließt auf Antrag der Bundesregierung oder des Landes der Bundesrat, ob das Land das Recht verletzt hat. [2] Gegen den Beschluß des Bundesrates kann das Bundesverfassungsgericht angerufen werden.[2]

(5) [1] Der Bundesregierung kann durch Bundesgesetz, das der Zustimmung des Bundesrates bedarf, zur Ausführung von Bundesgesetzen die Befugnis verliehen werden, für besondere Fälle Einzelweisungen zu erteilen. [2] Sie sind, außer wenn die Bundesregierung den Fall für dringlich erachtet, an die obersten Landesbehörden zu richten.

Art. 85[3] **[Bundesauftragsverwaltung durch die Länder]** (1) [1] Führen die Länder die Bundesgesetze im Auftrage des Bundes aus, so bleibt die Einrichtung der Behörden Angelegenheit der Länder, soweit nicht Bundesgesetze mit Zustimmung des Bundesrates etwas anderes bestimmen. [2] Durch Bundesgesetz dürfen Gemeinden und Gemeindeverbänden Aufgaben nicht übertragen werden.

---

[1] Art. 84 Abs. 1 neu gef. mWv 1.9.2006 durch G v. 28.8.2006 (BGBl. I S. 2034).
[2] Siehe hierzu § 13 Nr. 7 und §§ 68 ff. BundesverfassungsgerichtsG (Nr. **20**).
[3] Art. 85 Abs. 1 Satz 2 angef. mWv 1.9.2006 durch G v. 28.8.2006 (BGBl. I S. 2034).

(2) 1 Die Bundesregierung kann mit Zustimmung des Bundesrates allgemeine Verwaltungsvorschriften erlassen. 2 Sie kann die einheitliche Ausbildung der Beamten und Angestellten regeln. 3 Die Leiter der Mittelbehörden sind mit ihrem Einvernehmen zu bestellen.

(3) 1 Die Landesbehörden unterstehen den Weisungen der zuständigen obersten Bundesbehörden. 2 Die Weisungen sind, außer wenn die Bundesregierung es für dringlich erachtet, an die obersten Landesbehörden zu richten. 3 Der Vollzug der Weisung ist durch die obersten Landesbehörden sicherzustellen.

(4) 1 Die Bundesaufsicht erstreckt sich auf Gesetzmäßigkeit und Zweckmäßigkeit der Ausführung. 2 Die Bundesregierung kann zu diesem Zwecke Bericht und Vorlage der Akten verlangen und Beauftragte zu allen Behörden entsenden.

Art. 86 [Bundeseigene Verwaltung] 1 Führt der Bund die Gesetze durch bundeseigene Verwaltung oder durch bundesunmittelbare Körperschaften oder Anstalten des öffentlichen Rechtes aus, so erläßt die Bundesregierung, soweit nicht das Gesetz Besonderes vorschreibt, die allgemeinen Verwaltungsvorschriften. 2 Sie regelt, soweit das Gesetz nichts anderes bestimmt, die Einrichtung der Behörden.

Art. 87[1)][2)] [Gegenstände der bundeseigenen Verwaltung] (1) 1 In bundeseigener Verwaltung mit eigenem Verwaltungsunterbau werden geführt der Auswärtige Dienst, die Bundesfinanzverwaltung und nach Maßgabe des Artikels 89 die Verwaltung der Bundeswasserstraßen und der Schiffahrt. 2 Durch Bundesgesetz können *Bundesgrenzschutz*behörden[3)], Zentralstellen für das polizeiliche Auskunfts- und Nachrichtenwesen, für die Kriminalpolizei[4)] und zur Sammlung von Unterlagen für Zwecke des Verfassungsschutzes[5)] und des Schutzes gegen Bestrebungen im Bundesgebiet, die durch Anwendung von Gewalt oder darauf gerichtete Vorbereitungshandlungen auswärtige Belange der Bundesrepublik Deutschland gefährden, eingerichtet werden.

(2) 1 Als bundesunmittelbare Körperschaften des öffentlichen Rechtes werden diejenigen sozialen Versicherungsträger geführt, deren Zuständigkeitsbereich sich über das Gebiet eines Landes hinaus erstreckt. 2 Soziale Versicherungsträger, deren Zuständigkeitsbereich sich über das Gebiet eines Landes, aber nicht über mehr als drei Länder hinaus erstreckt, werden abweichend von Satz 1 als landesunmittelbare Körperschaften des öffentlichen Rechtes geführt, wenn das aufsichtsführende Land durch die beteiligten Länder bestimmt ist.

(3) 1 Außerdem können für Angelegenheiten, für die dem Bunde die Gesetzgebung zusteht, selbständige Bundesoberbehörden und neue bundesunmittelbare Körperschaften und Anstalten des öffentlichen Rechtes durch Bundesgesetz errichtet werden. 2 Erwachsen dem Bunde auf Gebieten, für die ihm die

1) Art. 87 Abs. 1 Satz 2 neu gef. durch G v. 28.7.1972 (BGBl. I S. 1305); Abs. 1 Satz 1 geänd. durch G v. 20.12.1993 (BGBl. I S. 2089); Abs. 1 Satz 1 geänd. durch G v. 30.8.1994 (BGBl. I S. 2245); Abs. 2 Satz 2 angef. durch G v. 27.10.1994 (BGBl. I S. 3146).

2) Siehe hierzu auch Art. 130.

3) Siehe das BundespolizeiG **(Sartorius Nr. 90)**.

4) Siehe das BundeskriminalamtG **(Sartorius Nr. 450)**.

5) Siehe das BundesverfassungsschutzG **(Sartorius Nr. 80)**.

Gesetzgebung zusteht, neue Aufgaben, so können bei dringendem Bedarf bundeseigene Mittel- und Unterbehörden mit Zustimmung des Bundesrates und der Mehrheit[1] der Mitglieder des Bundestages errichtet werden.

Art. 87a[2][3] **[Streitkräfte]** (1) [1]Der Bund stellt Streitkräfte zur Verteidigung auf. [2]Ihre zahlenmäßige Stärke und die Grundzüge ihrer Organisation müssen sich aus dem Haushaltsplan ergeben.

(2) Außer zur Verteidigung dürfen die Streitkräfte nur eingesetzt werden, soweit dieses Grundgesetz es ausdrücklich zuläßt.

(3) [1]Die Streitkräfte haben im Verteidigungsfalle und im Spannungsfalle die Befugnis, zivile Objekte zu schützen und Aufgaben der Verkehrsregelung wahrzunehmen, soweit dies zur Erfüllung ihres Verteidigungsauftrages erforderlich ist. [2]Außerdem kann den Streitkräften im Verteidigungsfalle und im Spannungsfalle der Schutz ziviler Objekte auch zur Unterstützung polizeilicher Maßnahmen übertragen werden; die Streitkräfte wirken dabei mit den zuständigen Behörden zusammen.

(4) [1]Zur Abwehr einer drohenden Gefahr für den Bestand oder die freiheitliche demokratische Grundordnung des Bundes oder eines Landes kann die Bundesregierung, wenn die Voraussetzungen des Artikels 91 Abs. 2 vorliegen und die Polizeikräfte sowie der *Bundesgrenzschutz*[4] nicht ausreichen, Streitkräfte zur Unterstützung der Polizei und des *Bundesgrenzschutzes*[4] beim Schutze von zivilen Objekten und bei der Bekämpfung organisierter und militärisch bewaffneter Aufständischer einsetzen. [2]Der Einsatz von Streitkräften ist einzustellen, wenn der Bundestag oder der Bundesrat es verlangen.

Art. 87b[5] **[Bundeswehrverwaltung]** (1) [1]Die Bundeswehrverwaltung wird in bundeseigener Verwaltung mit eigenem Verwaltungsunterbau geführt. [2]Sie dient den Aufgaben des Personalwesens und der unmittelbaren Deckung des Sachbedarfs der Streitkräfte. [3]Aufgaben der Beschädigtenversorgung und des Bauwesens können der Bundeswehrverwaltung nur durch Bundesgesetz, das der Zustimmung des Bundesrates bedarf, übertragen werden. [4]Der Zustimmung des Bundesrates bedürfen ferner Gesetze, soweit sie die Bundeswehrverwaltung zu Eingriffen in Rechte Dritter ermächtigen; das gilt nicht für Gesetze auf dem Gebiete des Personalwesens.

(2) [1]Im übrigen können Bundesgesetze, die der Verteidigung einschließlich des Wehrersatzwesens und des Schutzes der Zivilbevölkerung dienen, mit Zustimmung des Bundesrates bestimmen, daß sie ganz oder teilweise in bundeseigener Verwaltung mit eigenem Verwaltungsunterbau oder von den Ländern im Auftrage des Bundes ausgeführt werden. [2]Werden solche Gesetze von den Ländern im Auftrage des Bundes ausgeführt, so können sie mit Zustimmung des Bundesrates bestimmen, daß die der Bundesregierung und den zuständigen obersten Bundesbehörden auf Grund des Artikels 85 zustehenden Befugnisse ganz oder teilweise Bundesoberbehörden übertragen werden; dabei

---

1) Zum Begriff der Mehrheit siehe Art. 121.

2) Art. 87a eingef. durch G v. 19.3.1956 (BGBl. I S. 111); neu gef. durch G v. 24.6.1968 (BGBl. I S. 709).

3) Siehe hierzu das ParlamentsbeteiligungsG (Nr. **4**).

4) Jetzt: „Bundespolizei".

5) Art. 87b eingef. durch G v. 19.3.1956 (BGBl. I S. 111).

kann bestimmt werden, daß diese Behörden beim Erlaß allgemeiner Verwaltungsvorschriften gemäß Artikel 85 Abs. 2 Satz 1 nicht der Zustimmung des Bundesrates bedürfen.

Art. 87c[1)] **[Bestimmungen über Erzeugung und Nutzung der Kernenergie]** Gesetze, die auf Grund des Artikels 73 Abs. 1 Nr. 14 ergehen, können mit Zustimmung des Bundesrates bestimmen, daß sie von den Ländern im Auftrage des Bundes ausgeführt werden.

Art. 87d[2)] **[Luftverkehrsverwaltung]** (1) [1] Die Luftverkehrsverwaltung wird in Bundesverwaltung geführt. [2] Aufgaben der Flugsicherung können auch durch ausländische Flugsicherungsorganisationen wahrgenommen werden, die nach Recht der Europäischen Gemeinschaft zugelassen sind. [3] Das Nähere regelt ein Bundesgesetz.

(2) Durch Bundesgesetz[3)], das der Zustimmung des Bundesrates bedarf, können Aufgaben der Luftverkehrsverwaltung den Ländern als Auftragsverwaltung übertragen werden.

Art. 87e[4)5)] **[Eisenbahnen des Bundes]** (1) [1] Die Eisenbahnverkehrsverwaltung für Eisenbahnen des Bundes wird in bundeseigener Verwaltung geführt. [2] Durch Bundesgesetz können Aufgaben der Eisenbahnverkehrsverwaltung den Ländern als eigene Angelegenheit übertragen werden.

(2) Der Bund nimmt die über den Bereich der Eisenbahnen des Bundes hinausgehenden Aufgaben der Eisenbahnverkehrsverwaltung wahr, die ihm durch Bundesgesetz übertragen werden.

(3) [1] Eisenbahnen des Bundes werden als Wirtschaftsunternehmen in privatrechtlicher Form geführt. [2] Diese stehen im Eigentum des Bundes, soweit die Tätigkeit des Wirtschaftsunternehmens den Bau, die Unterhaltung und das Betreiben von Schienenwegen umfaßt. [3] Die Veräußerung von Anteilen des Bundes an den Unternehmen nach Satz 2 erfolgt auf Grund eines Gesetzes; die Mehrheit der Anteile an diesen Unternehmen verbleibt beim Bund. [4] Das Nähere wird durch Bundesgesetz geregelt.

(4) [1] Der Bund gewährleistet, daß dem Wohl der Allgemeinheit, insbesondere den Verkehrsbedürfnissen, beim Ausbau und Erhalt des Schienennetzes der Eisenbahnen des Bundes sowie bei deren Verkehrsangeboten auf diesem Schienennetz, soweit diese nicht den Schienenpersonennahverkehr betreffen, Rechnung getragen wird. [2] Das Nähere wird durch Bundesgesetz geregelt.

(5) [1] Gesetze auf Grund der Absätze 1 bis 4 bedürfen der Zustimmung des Bundesrates. [2] Der Zustimmung des Bundesrates bedürfen ferner Gesetze, die die Auflösung, die Verschmelzung und die Aufspaltung von Eisenbahnunternehmen des Bundes, die Übertragung von Schienenwegen der Eisenbahnen

---

[1)] Art. 87c eingef. durch G v. 23.12.1959 (BGBl. I S. 813); geänd. mWv 1.9.2006 durch G v. 28.8. 2006 (BGBl. I S. 2034).

[2)] Art. 87d eingef. durch G v. 6.2.1961 (BGBl. I S. 65); Abs. 1 neu gef. durch G v. 14.7.1992 (BGBl. I S. 1254); Abs. 1 neu gef. mWv 1.8.2009 durch G v. 29.7.2009 (BGBl. I S. 2247).

[3)] Siehe das LuftverkehrsG idF der Bek. v. 10.5.2007 (BGBl. I S. 698), zuletzt geänd. durch G v. 20.7.2017 (BGBl. I S. 2808).

[4)] Art. 87e eingef. durch G v. 20.12.1993 (BGBl. I S. 2089).

[5)] Siehe hierzu das EisenbahnneuordnungsG v. 27.12.1993 (BGBl. I S. 2378), zuletzt geänd. durch G v. 8.7.2016 (BGBl. I S. 1594).

des Bundes an Dritte sowie die Stillegung von Schienenwegen der Eisenbahnen des Bundes regeln oder Auswirkungen auf den Schienenpersonennahverkehr haben.

Art. 87f[1)] [2)] **[Post und Telekommunikation]** (1) Nach Maßgabe eines Bundesgesetzes, das der Zustimmung des Bundesrates bedarf, gewährleistet der Bund im Bereich des Postwesens und der Telekommunikation flächendeckend angemessene und ausreichende Dienstleistungen.

(2) [1] Dienstleistungen im Sinne des Absatzes 1 werden als privatwirtschaftliche Tätigkeiten durch die aus dem Sondervermögen Deutsche Bundespost hervorgegangenen Unternehmen und durch andere private Anbieter erbracht. [2] Hoheitsaufgaben im Bereich des Postwesens und der Telekommunikation werden in bundeseigener Verwaltung ausgeführt.

(3) Unbeschadet des Absatzes 2 Satz 2 führt der Bund in der Rechtsform einer bundesunmittelbaren Anstalt des öffentlichen Rechts einzelne Aufgaben in bezug auf die aus dem Sondervermögen Deutsche Bundespost hervorgegangenen Unternehmen nach Maßgabe eines Bundesgesetzes aus.

Art. 88[3)] [4)] **[Bundesbank]** [1] Der Bund errichtet eine Währungs- und Notenbank als Bundesbank. [2] Ihre Aufgaben und Befugnisse können im Rahmen der Europäischen Union der Europäischen Zentralbank übertragen werden, die unabhängig ist und dem vorrangigen Ziel der Sicherung der Preisstabilität verpflichtet.

Art. 89[5)] **[Bundeswasserstraßen]** (1) Der Bund ist Eigentümer der bisherigen Reichswasserstraßen.

(2) [1] Der Bund verwaltet die Bundeswasserstraßen durch eigene Behörden. [2] Er nimmt die über den Bereich eines Landes hinausgehenden staatlichen Aufgaben der Binnenschiffahrt und die Aufgaben der Seeschiffahrt wahr, die ihm durch Gesetz[6)] übertragen werden. [3] Er kann die Verwaltung von Bundeswasserstraßen, soweit sie im Gebiete eines Landes liegen, diesem Lande auf Antrag als Auftragsverwaltung übertragen. [4] Berührt eine Wasserstraße das Gebiet mehrerer Länder, so kann der Bund das Land beauftragen, für das die beteiligten Länder es beantragen.

[1)] Art. 87f eingef. durch G v. 30.8.1994 (BGBl. I S. 2245).

[2)] Siehe hierzu auch das PostneuordnungsG v. 14.9.1994 (BGBl. I S. 2325, ber. 1996 S. 103), durch das weitere Bestimmungen im Zuge der Privatisierung der Post erlassen wurden, zB in Art. 1 das Bundesanstalt Post-G v. 14.9.1994 (BGBl. I S. 2325), zuletzt geänd. durch G v. 23.12.2016 (BGBl. I S. 3234), in Art. 3 das PostumwandlungsG v. 14.9.1994 (BGBl. I S. 2325), zuletzt geänd. durch G v. 5.2.2009 (BGBl. I S. 160) und (urspr. in Art. 10) das Post- und TelekommunikationssicherstellungsG v. 24.3.2011 (BGBl. I S. 506, ber. S. 941), geänd. durch G v. 4.11.2016 (BGBl. I S. 2473).

[3)] Art. 88 Satz 2 angef. durch G v. 21.12.1992 (BGBl. I S. 2086).

[4)] Siehe hierzu das G über die Deutsche Bundesbank idF der Bek. v. 22.10.1992 (BGBl. I S. 1782), zuletzt geänd. durch G v. 4.7.2013 (BGBl. I S. 1981).

[5)] Siehe hierzu das G über die vermögensrechtlichen Verhältnisse der Bundeswasserstraßen **(Sartorius Nr. 970)** und das BundeswasserstraßenG **(Sartorius Nr. 971)**.

[6)] Siehe das BinnenschiffahrtsaufgabenG idF der Bek. v. 5.7.2001 (BGBl. I S. 2026), zuletzt geänd. durch G v. 25.4.2017 (BGBl. I S. 962) und das SeeaufgabenG idF der Bek. v. 17.6.2016 (BGBl. I S. 1489), zuletzt geänd. durch G v. 30.6.2017 (BGBl. I S. 2190).

(3) Bei der Verwaltung, dem Ausbau und dem Neubau von Wasserstraßen sind die Bedürfnisse der Landeskultur und der Wasserwirtschaft im Einvernehmen mit den Ländern zu wahren.

Art. 90[1) 2)] **[Bundesautobahnen und Bundesstraßen]** (1) [1] Der Bund bleibt Eigentümer der Bundesautobahnen und sonstigen Bundesstraßen des Fernverkehrs. [2] Das Eigentum ist unveräußerlich.

(2) [1] Die Verwaltung der Bundesautobahnen wird in Bundesverwaltung geführt. [2] Der Bund kann sich zur Erledigung seiner Aufgaben einer Gesellschaft privaten Rechts bedienen. [3] Diese Gesellschaft steht im unveräußerlichen Eigentum des Bundes. [4] Eine unmittelbare oder mittelbare Beteiligung Dritter an der Gesellschaft und deren Tochtergesellschaften ist ausgeschlossen. [5] Eine Beteiligung Privater im Rahmen von Öffentlich-Privaten Partnerschaften ist ausgeschlossen für Streckennetze, die das gesamte Bundesautobahnnetz oder das gesamte Netz sonstiger Bundesfernstraßen in einem Land oder wesentliche Teile davon umfassen. [6] Das Nähere regelt ein Bundesgesetz.

(3) Die Länder oder die nach Landesrecht zuständigen Selbstverwaltungskörperschaften verwalten die sonstigen Bundesstraßen des Fernverkehrs im Auftrage des Bundes.

(4) Auf Antrag eines Landes kann der Bund die sonstigen Bundesstraßen des Fernverkehrs, soweit sie im Gebiet dieses Landes liegen, in Bundesverwaltung übernehmen.

Art. 91[3)] **[Abwehr von Gefahren für den Bestand des Bundes]** (1) Zur Abwehr einer drohenden Gefahr für den Bestand oder die freiheitliche demokratische Grundordnung des Bundes oder eines Landes kann ein Land Polizeikräfte anderer Länder sowie Kräfte und Einrichtungen anderer Verwaltungen und des *Bundesgrenzschutzes*[4)] anfordern.

(2) [1] Ist das Land, in dem die Gefahr droht, nicht selbst zur Bekämpfung der Gefahr bereit oder in der Lage, so kann die Bundesregierung die Polizei in diesem Lande und die Polizeikräfte anderer Länder ihren Weisungen unterstellen sowie Einheiten des *Bundesgrenzschutzes*[4)] einsetzen. [2] Die Anordnung ist nach Beseitigung der Gefahr, im übrigen jederzeit auf Verlangen des Bundesrates aufzuheben. [3] Erstreckt sich die Gefahr auf das Gebiet mehr als eines Landes, so kann die Bundesregierung, soweit es zur wirksamen Bekämpfung erforderlich ist, den Landesregierungen Weisungen erteilen; Satz 1 und Satz 2 bleiben unberührt.

---

1) Art. 90 Abs. 1 neu gef., Abs. 2 eingef., bish. Abs. 2 und 3 werden Abs. 3 und 4 und geänd. mWv 20.7.2017 durch G v. 13.7.2017 (BGBl. I S. 2347).

2) Siehe hierzu das G über die vermögensrechtlichen Verhältnisse der Bundesautobahnen und sonstigen Bundesstraßen des Fernverkehrs **(Sartorius Nr. 930)**, das BundesfernstraßenG **(Sartorius Nr. 932)** und die BundesfernstraßenkreuzungsVO **(Sartorius Nr. 935)**.

3) Art. 91 neu gef. durch G v. 24.6.1968 (BGBl. I S. 709).

4) Jetzt: „Bundespolizei".

VIIIa.[1] Gemeinschaftsaufgaben, Verwaltungszusammenarbeit

Art. 91a[2] [Mitwirkungsbereiche des Bundes bei Länderaufgaben]

(1) Der Bund wirkt auf folgenden Gebieten bei der Erfüllung von Aufgaben der Länder mit, wenn diese Aufgaben für die Gesamtheit bedeutsam sind und die Mitwirkung des Bundes zur Verbesserung der Lebensverhältnisse erforderlich ist (Gemeinschaftsaufgaben):

1. Verbesserung der regionalen Wirtschaftsstruktur,
2. Verbesserung der Agrarstruktur und des Küstenschutzes.

(2) Durch Bundesgesetz[3] mit Zustimmung des Bundesrates werden die Gemeinschaftsaufgaben sowie Einzelheiten der Koordinierung näher bestimmt.

(3) [1] Der Bund trägt in den Fällen des Absatzes 1 Nr. 1 die Hälfte der Ausgaben in jedem Land. [2] In den Fällen des Absatzes 1 Nr. 2 trägt der Bund mindestens die Hälfte; die Beteiligung ist für alle Länder einheitlich festzusetzen. [3] Das Nähere regelt das Gesetz. [4] Die Bereitstellung der Mittel bleibt der Feststellung in den Haushaltsplänen des Bundes und der Länder vorbehalten.

Art. 91b[4] [Bildungsplanung und Forschungsförderung][5] (1) [1] Bund und Länder können auf Grund von Vereinbarungen in Fällen überregionaler Bedeutung bei der Förderung von Wissenschaft, Forschung und Lehre zusammenwirken. [2] Vereinbarungen, die im Schwerpunkt Hochschulen betreffen,

---

[1] Abschnitt VIIIa (Art. 91a und 91b) eingef. durch G v. 12.5.1969 (BGBl. I S. 359); Überschrift neu gef. mWv 1.8.2009 durch G v. 29.7.2009 (BGBl. I S. 2248).

[2] Art. 91a eingef. durch G v. 12.5.1969 (BGBl. I S. 359); Abs. 1 Nr. 1 sowie Abs. 3 und 5 aufgeh., Abs. 1 bish. Nr. 2 und 3 werden Nr. 1 und 2, bish. Abs. 4 wird Abs. 3 und Sätze 1 und 2 geänd. sowie Abs. 2 neu gef. mWv 1.9.2006 durch G v. 28.8.2006 (BGBl. I S. 2034).

[3] Siehe die Gesetze über die Gemeinschaftsaufgaben
– „Verbesserung der Agrarstruktur und des Küstenschutzes" idF der Bek. v. 21.7.1988 (BGBl. I S. 1055), zuletzt geänd. durch G v. 11.10.2016 (BGBl. I S. 2231) und
– „Verbesserung der regionalen Wirtschaftsstruktur" v. 6.10.1969 (BGBl. I S. 1861), zuletzt geänd. durch VO v. 31.8.2015 (BGBl. I S. 1474).

[4] Art. 91b eingef. durch G v. 12.5.1969 (BGBl. I S. 359); neu gef. mWv 1.9.2006 durch G v. 28.8. 2006 (BGBl. I S. 2034); Abs. 1 neu gef. mWv 1.1.2015 durch G v. 23.12.2014 (BGBl. I S. 2438).

[5] Siehe hierzu ua die Bund-Länder-Programme
– über den Wettbewerb „Aufstieg durch Bildung: offene Hochschulen" zur Förderung von Wissenschaft und Forschung an deutschen Hochschulen, Bek. v. 8.7.2010 (BAnz. S. 2528),
– über die Fortsetzung des Professorinnenprogramms des Bundes und der Länder zur Förderung der Gleichstellung von Frauen und Männern in Wissenschaft und Forschung an deutschen Hochschulen (Professorinnenprogramm II), Bek. v. 6.12.2012 (BAnz AT 27.12.2012 B7),
– über die gemeinsame Förderung der Nationalen Kohorte, Bek. v. 27.3.2013 (BAnz AT 12.04.2013 B5),
– über ein gemeinsames Programm „Qualitätsoffensive Lehrerbildung", Bek. v. 17.5.2013 (BAnz AT 31.05.2013 B7),
– über die Förderung der angewandten Forschung und Entwicklung an Fachhochschulen, Bek. v. 27.8.2013 (BAnz AT 27.09.2013 B4),
– über ein Programm zur Förderung des wissenschaftlichen Nachwuchses, Bek. v. 19.10.2016 (BAnz. AT 27.10.2016 B8),
– zur Förderung von Spitzenforschung an Universitäten – „Exzellenzstrategie" –, Bek. v. 19.10.2016 (BAnz AT 27.10.2016 B6),
– zur Förderung des forschungsbasierten Ideen-, Wissens- und Technologietransfers an deutschen Hochschulen – „Innovative Hochschule" –, Bek. v. 19.10.2016 (BAnz AT 27.10.2016 B7).

bedürfen der Zustimmung aller Länder. [3] Dies gilt nicht für Vereinbarungen über Forschungsbauten einschließlich Großgeräten.

(2) Bund und Länder können auf Grund von Vereinbarungen zur Feststellung der Leistungsfähigkeit des Bildungswesens im internationalen Vergleich und bei diesbezüglichen Berichten und Empfehlungen zusammenwirken.

(3) Die Kostentragung wird in der Vereinbarung geregelt.

Art. 91c[1)] [Informationstechnische Systeme] (1) Bund und Länder können bei der Planung, der Errichtung und dem Betrieb der für ihre Aufgabenerfüllung benötigten informationstechnischen Systeme zusammenwirken.

(2) [1] Bund und Länder können auf Grund von Vereinbarungen die für die Kommunikation zwischen ihren informationstechnischen Systemen notwendigen Standards und Sicherheitsanforderungen festlegen. [2] Vereinbarungen über die Grundlagen der Zusammenarbeit nach Satz 1 können für einzelne nach Inhalt und Ausmaß bestimmte Aufgaben vorsehen, dass nähere Regelungen bei Zustimmung einer in der Vereinbarung zu bestimmenden qualifizierten Mehrheit für Bund und Länder in Kraft treten. [3] Sie bedürfen der Zustimmung des Bundestages und der Volksvertretungen der beteiligten Länder; das Recht zur Kündigung dieser Vereinbarungen kann nicht ausgeschlossen werden. [4] Die Vereinbarungen regeln auch die Kostentragung.

(3) Die Länder können darüber hinaus den gemeinschaftlichen Betrieb informationstechnischer Systeme sowie die Errichtung von dazu bestimmten Einrichtungen vereinbaren.

(4) [1] Der Bund errichtet zur Verbindung der informationstechnischen Netze des Bundes und der Länder ein Verbindungsnetz. [2] Das Nähere zur Errichtung und zum Betrieb des Verbindungsnetzes regelt ein Bundesgesetz mit Zustimmung des Bundesrates.

(5) Der übergreifende informationstechnische Zugang zu den Verwaltungsleistungen von Bund und Ländern wird durch Bundesgesetz mit Zustimmung des Bundesrates geregelt.

Art. 91d[2)] [Leistungsvergleich] Bund und Länder können zur Feststellung und Förderung der Leistungsfähigkeit ihrer Verwaltungen Vergleichsstudien durchführen und die Ergebnisse veröffentlichen.

Art. 91e[3)] [Zusammenwirken hinsichtlich der Grundsicherung für Arbeitsuchende] (1) Bei der Ausführung von Bundesgesetzen auf dem Gebiet der Grundsicherung für Arbeitsuchende wirken Bund und Länder oder die nach Landesrecht zuständigen Gemeinden und Gemeindeverbände in der Regel in gemeinsamen Einrichtungen zusammen.

(2) [1] Der Bund kann zulassen, dass eine begrenzte Anzahl von Gemeinden und Gemeindeverbänden auf ihren Antrag und mit Zustimmung der obersten Landesbehörde die Aufgaben nach Absatz 1 allein wahrnimmt. [2] Die notwendigen Ausgaben einschließlich der Verwaltungsausgaben trägt der Bund, soweit

---

[1)] Art. 91c eingef. mWv 1.8.2009 durch G v. 29.7.2009 (BGBl. I S. 2248); Abs. 5 angef. mWv 20.7.2017 durch G v. 13.7.2017 (BGBl. I S. 2347).

[2)] Art. 91d eingef. mWv 1.8.2009 durch G v. 29.7.2009 (BGBl. I S. 2248).

[3)] Art. 91e eingef. mWv 27.7.2010 durch G v. 21.7.2010 (BGBl. I S. 944).

die Aufgaben bei einer Ausführung von Gesetzen nach Absatz 1 vom Bund wahrzunehmen sind.

(3) Das Nähere regelt ein Bundesgesetz, das der Zustimmung des Bundesrates bedarf.

IX. Die Rechtsprechung

Art. 92[1] **[Gerichtsorganisation]** Die rechtsprechende Gewalt ist den Richtern anvertraut; sie wird durch das Bundesverfassungsgericht, durch die in diesem Grundgesetze vorgesehenen Bundesgerichte und durch die Gerichte der Länder ausgeübt.

Art. 93[2] [3] **[Bundesverfassungsgericht, Zuständigkeit]** (1) Das Bundesverfassungsgericht entscheidet:

1. über die Auslegung dieses Grundgesetzes aus Anlaß von Streitigkeiten über den Umfang der Rechte und Pflichten eines obersten Bundesorgans oder anderer Beteiligter, die durch dieses Grundgesetz oder in der Geschäftsordnung eines obersten Bundesorgans mit eigenen Rechten ausgestattet sind;
2. bei Meinungsverschiedenheiten oder Zweifeln über die förmliche und sachliche Vereinbarkeit von Bundesrecht oder Landesrecht mit diesem Grundgesetze oder die Vereinbarkeit von Landesrecht mit sonstigem Bundesrechte auf Antrag der Bundesregierung, einer Landesregierung oder eines Viertels der Mitglieder des Bundestages;

2a. bei Meinungsverschiedenheiten, ob ein Gesetz den Voraussetzungen des Artikels 72 Abs. 2 entspricht, auf Antrag des Bundesrates, einer Landesregierung oder der Volksvertretung eines Landes;

3. bei Meinungsverschiedenheiten über Rechte und Pflichten des Bundes und der Länder, insbesondere bei der Ausführung von Bundesrecht durch die Länder und bei der Ausübung der Bundesaufsicht;
4. in anderen öffentlich-rechtlichen Streitigkeiten zwischen dem Bunde und den Ländern, zwischen verschiedenen Ländern oder innerhalb eines Landes, soweit nicht ein anderer Rechtsweg gegeben ist;

4a. über Verfassungsbeschwerden, die von jedermann mit der Behauptung erhoben werden können, durch die öffentliche Gewalt in einem seiner Grundrechte oder in einem seiner in Artikel 20 Abs. 4, 33, 38, 101, 103 und 104 enthaltenen Rechte verletzt zu sein;

4b. über Verfassungsbeschwerden von Gemeinden und Gemeindeverbänden wegen Verletzung des Rechts auf Selbstverwaltung nach Artikel 28 durch ein Gesetz, bei Landesgesetzen jedoch nur, soweit nicht Beschwerde beim Landesverfassungsgericht erhoben werden kann;

---

[1] Art. 92 geänd. durch G v. 18.6.1968 (BGBl. I S. 657).

[2] Art. 93 Abs. 1 Nr. 2a eingef. durch G v. 27.10.1994 (BGBl. I S. 3146); Abs. 1 Nr. 4a und 4b eingef. durch G v. 29.1.1969 (BGBl. I S. 97); Abs. 2 eingef., bish. Abs. 2 wird Abs. 3 mWv 1.9.2006 durch G v. 28.8.2006 (BGBl. I S. 2034); Abs. 1 Nr. 2 geänd. mWv 1.12.2009 durch G v. 8.10.2008 (BGBl. I S. 1926); Abs. 1 Nr. 4c eingef. mWv 17.7.2012 durch G v. 11.7.2012 (BGBl. I S. 1478).

[3] Siehe hierzu auch § 13 Nr. 5 ff. und §§ 63 ff. BundesverfassungsgerichtsG (Nr. **20**).

4c. über Beschwerden von Vereinigungen gegen ihre Nichtanerkennung als Partei für die Wahl zum Bundestag;

5. in den übrigen in diesem Grundgesetze vorgesehenen Fällen.[1)]

(2) [1] Das Bundesverfassungsgericht entscheidet außerdem auf Antrag des Bundesrates, einer Landesregierung oder der Volksvertretung eines Landes, ob im Falle des Artikels 72 Abs. 4 die Erforderlichkeit für eine bundesgesetzliche Regelung nach Artikel 72 Abs. 2 nicht mehr besteht oder Bundesrecht in den Fällen des Artikels 125a Abs. 2 Satz 1 nicht mehr erlassen werden könnte. [2] Die Feststellung, dass die Erforderlichkeit entfallen ist oder Bundesrecht nicht mehr erlassen werden könnte, ersetzt ein Bundesgesetz nach Artikel 72 Abs. 4 oder nach Artikel 125a Abs. 2 Satz 2. [3] Der Antrag nach Satz 1 ist nur zulässig, wenn eine Gesetzesvorlage nach Artikel 72 Abs. 4 oder nach Artikel 125a Abs. 2 Satz 2 im Bundestag abgelehnt oder über sie nicht innerhalb eines Jahres beraten und Beschluss gefasst oder wenn eine entsprechende Gesetzesvorlage im Bundesrat abgelehnt worden ist.

(3) Das Bundesverfassungsgericht wird ferner in den ihm sonst durch Bundesgesetz zugewiesenen Fällen tätig.

Art. 94[2)] **[Bundesverfassungsgericht, Zusammensetzung]** (1) [1] Das Bundesverfassungsgericht besteht aus Bundesrichtern und anderen Mitgliedern. [2] Die Mitglieder des Bundesverfassungsgerichtes werden je zur Hälfte vom Bundestage und vom Bundesrate gewählt. [3] Sie dürfen weder dem Bundestage, dem Bundesrate, der Bundesregierung noch entsprechenden Organen eines Landes angehören.

(2) [1] Ein Bundesgesetz[3)] regelt seine Verfassung und das Verfahren und bestimmt, in welchen Fällen seine Entscheidungen Gesetzeskraft haben. [2] Es kann für Verfassungsbeschwerden die vorherige Erschöpfung des Rechtsweges zur Voraussetzung machen und ein besonderes Annahmeverfahren vorsehen.

Art. 95[4)] **[Oberste Gerichtshöfe des Bundes]** (1) Für die Gebiete der ordentlichen, der Verwaltungs-, der Finanz-, der Arbeits- und der Sozialgerichtsbarkeit errichtet der Bund als oberste Gerichtshöfe den Bundesgerichtshof[5)], das Bundesverwaltungsgericht[6)], den Bundesfinanzhof[7)], das Bundesarbeitsgericht[8)] und das Bundessozialgericht[9)].

(2) Über die Berufung der Richter dieser Gerichte entscheidet der für das jeweilige Sachgebiet zuständige Bundesminister gemeinsam mit einem Richterwahlausschuß, der aus den für das jeweilige Sachgebiet zuständigen Minis-

---

[1)] Vgl. Art. 18, 21, 41, 61, 98, 99, 100 und 126.

[2)] Art. 94 Abs. 2 Satz 2 angef. durch G v. 29.1.1969 (BGBl. I S. 97).

[3)] Siehe das BundesverfassungsgerichtsG (Nr. **20**).

[4)] Art. 95 neu gef. durch G v. 18.6.1968 (BGBl. I S. 657).

[5)] BGH in Karlsruhe, siehe §§ 12 und 123 GerichtsverfassungsG idF der Bek. v. 9.5.1975 (BGBl. I S. 1077), zuletzt geänd. durch G v. 12.7.2018 (BGBl. I S. 1151).

[6)] BVerwG in Leipzig, siehe § 2 VerwaltungsgerichtsO **(Sartorius Nr. 600)**.

[7)] BFH in München, siehe § 2 FinanzgerichtsO idF der Bek. v. 28.3.2001 (BGBl. I S. 442, ber. S. 2262, 2002 S. 679), zuletzt geänd. durch G v. 12.7.2018 (BGBl. I S. 1151).

[8)] BAG in Erfurt, siehe § 40 ArbeitsgerichtsG idF der Bek. v. 2.7.1979 (BGBl. I S. 853, ber. S. 1036), zuletzt geänd. durch G v. 12.7.2018 (BGBl. I S. 1151).

[9)] BSG in Kassel, siehe § 38 SozialgerichtsG idF der Bek. v. 23.9.1975 (BGBl. I S. 2535), zuletzt geänd. durch G v. 12.7.2018 (BGBl. I S. 1151).

tern der Länder und einer gleichen Anzahl von Mitgliedern besteht, die vom Bundestage gewählt werden.[1)]

(3) [1] Zur Wahrung der Einheitlichkeit der Rechtsprechung ist ein Gemeinsamer Senat der in Absatz 1 genannten Gerichte zu bilden. [2] Das Nähere regelt ein Bundesgesetz[2)].

Art. 96[3)] **[Bundesgerichte]** (1) Der Bund kann für Angelegenheiten des gewerblichen Rechtsschutzes ein Bundesgericht[4)] errichten.

(2) [1] Der Bund kann Wehrstrafgerichte für die Streitkräfte als Bundesgerichte errichten. [2] Sie können die Strafgerichtsbarkeit nur im Verteidigungsfalle sowie über Angehörige der Streitkräfte ausüben, die in das Ausland entsandt oder an Bord von Kriegsschiffen eingeschifft sind. [3] Das Nähere regelt ein Bundesgesetz. [4] Diese Gerichte gehören zum Geschäftsbereich des Bundesjustizministers. [5] Ihre hauptamtlichen Richter müssen die Befähigung zum Richteramt haben.

(3) Oberster Gerichtshof für die in Absatz 1 und 2 genannten Gerichte ist der Bundesgerichtshof.

(4)[5)] Der Bund kann für Personen, die zu ihm in einem öffentlich-rechtlichen Dienstverhältnis stehen, Bundesgerichte zur Entscheidung in Disziplinarverfahren und Beschwerdeverfahren errichten.

(5) Für Strafverfahren auf den folgenden Gebieten kann ein Bundesgesetz mit Zustimmung des Bundesrates vorsehen, dass Gerichte der Länder Gerichtsbarkeit des Bundes ausüben:
1. Völkermord;
2. völkerstrafrechtliche Verbrechen gegen die Menschlichkeit;
3. Kriegsverbrechen;
4. andere Handlungen, die geeignet sind und in der Absicht vorgenommen werden, das friedliche Zusammenleben der Völker zu stören (Artikel 26 Abs. 1);
5. Staatsschutz.

Art. 97 [Unabhängigkeit der Richter] (1) Die Richter sind unabhängig und nur dem Gesetze unterworfen.

(2) [1] Die hauptamtlich und planmäßig endgültig angestellten Richter können wider ihren Willen nur kraft richterlicher Entscheidung und nur aus Gründen und unter den Formen, welche die Gesetze bestimmen, vor Ablauf ihrer Amtszeit entlassen oder dauernd oder zeitweise ihres Amtes enthoben oder an eine

---

1) Siehe das RichterwahlG **(Sartorius Nr. 610)**.

2) Siehe das G zur Wahrung der Einheitlichkeit der Rechtsprechung der obersten Gerichtshöfe des Bundes v. 19.6.1968 (BGBl. I S. 661), zuletzt geänd. durch VO v. 31.8.2015 (BGBl. I S. 1474).

3) Art. 96 aufgeh., bish. Art. 96a wird Art. 96 und Abs. 3 geänd. durch G v. 18.6.1968 (BGBl. I S. 657); Abs. 4 neu gef. durch G v. 12.5.1969 (BGBl. I S. 363); Abs. 5 angef. durch G v. 26.8.1969 (BGBl. I S. 1357); Abs. 5 neu gef. mWv 1.8.2002 durch G v. 26.7.2002 (BGBl. I S. 2863).

4) Bundespatentgericht (BPatG) in München, siehe § 65 PatentG idF der Bek. v. 16.12.1980 (BGBl. 1981 I S. 1), zuletzt geänd. durch G v. 8.10.2017 (BGBl. I S. 3546).

5) Siehe hierzu das BundesdisziplinarG **(Sartorius Nr. 220)**, die Wehrdisziplinarordnung v. 16.8. 2001 (BGBl. I S. 2093), zuletzt geänd. durch G v. 13.4.2017 (BGBl. I S. 872) sowie die Wehrbeschwerdeordnung idF der Bek. v. 22.1.2009 (BGBl. I S. 81), zuletzt geänd. durch G v. 21.7.2012 (BGBl. I S. 1583).

andere Stelle oder in den Ruhestand versetzt werden. 2 Die Gesetzgebung kann Altersgrenzen festsetzen, bei deren Erreichung auf Lebenszeit angestellte Richter in den Ruhestand treten. 3 Bei Veränderung der Einrichtung der Gerichte oder ihrer Bezirke können Richter an ein anderes Gericht versetzt oder aus dem Amte entfernt werden, jedoch nur unter Belassung des vollen Gehaltes.

Art. 98[1] **[Rechtsstellung der Richter]** (1) Die Rechtsstellung der Bundesrichter ist durch besonderes Bundesgesetz[2] zu regeln.

(2)[3] 1 Wenn ein Bundesrichter im Amte oder außerhalb des Amtes gegen die Grundsätze des Grundgesetzes oder gegen die verfassungsmäßige Ordnung eines Landes verstößt, so kann das Bundesverfassungsgericht mit Zweidrittelmehrheit auf Antrag des Bundestages anordnen, daß der Richter in ein anderes Amt oder in den Ruhestand zu versetzen ist. 2 Im Falle eines vorsätzlichen Verstoßes kann auf Entlassung erkannt werden.

(3) Die Rechtsstellung der Richter in den Ländern ist durch besondere Landesgesetze zu regeln, soweit Artikel 74 Abs. 1 Nr. 27 nichts anderes bestimmt.

(4) Die Länder können bestimmen, daß über die Anstellung der Richter in den Ländern der Landesjustizminister gemeinsam mit einem Richterwahlausschuß entscheidet.

(5)[3] 1 Die Länder können für Landesrichter eine Absatz 2 entsprechende Regelung treffen. 2 Geltendes Landesverfassungsrecht bleibt unberührt. 3 Die Entscheidung über eine Richteranklage steht dem Bundesverfassungsgericht zu.

Art. 99[4] [5] **[Verfassungsstreit innerhalb eines Landes]** Dem Bundesverfassungsgerichte kann durch Landesgesetz die Entscheidung von Verfassungsstreitigkeiten innerhalb eines Landes, den in Artikel 95 Abs. 1 genannten obersten Gerichtshöfen für den letzten Rechtszug die Entscheidung in solchen Sachen zugewiesen werden, bei denen es sich um die Anwendung von Landesrecht handelt.

Art. 100[6] **[Verfassungswidrigkeit von Gesetzen]** (1)[7] 1 Hält ein Gericht ein Gesetz, auf dessen Gültigkeit es bei der Entscheidung ankommt, für verfassungswidrig, so ist das Verfahren auszusetzen und, wenn es sich um die Verletzung der Verfassung eines Landes handelt, die Entscheidung des für Verfassungsstreitigkeiten zuständigen Gerichtes des Landes, wenn es sich um die Verletzung dieses Grundgesetzes handelt, die Entscheidung des Bundesverfassungsgerichtes einzuholen. 2 Dies gilt auch, wenn es sich um die Verletzung dieses Grundgesetzes durch Landesrecht oder um die Unvereinbarkeit eines Landesgesetzes mit einem Bundesgesetze handelt.

---

1) Art. 98 Abs. 3 neu gef. mWv 1.9.2006 durch G v. 28.8.2006 (BGBl. I S. 2034).
2) Siehe das Deutsche RichterG idF der Bek. v. 19.4.1972 (BGBl. I S. 713), zuletzt geänd. durch G v. 8.6.2017 (BGBl. I S. 1570).
3) Siehe hierzu § 13 Nr. 9 und §§ 58 ff. BundesverfassungsgerichtsG (Nr. **20**).
4) Art. 99 geänd. durch G v. 18.6.1968 (BGBl. I S. 657).
5) Siehe hierzu § 13 Nr. 10 und §§ 73 ff. BundesverfassungsgerichtsG (Nr. **20**).
6) Art. 100 Abs. 3 geänd. durch G v. 18.6.1968 (BGBl. I S. 657).
7) Siehe hierzu § 13 Nr. 11–13 und §§ 80 ff. BundesverfassungsgerichtsG (Nr. **20**).

(2) Ist in einem Rechtsstreite zweifelhaft, ob eine Regel des Völkerrechtes Bestandteil des Bundesrechtes ist und ob sie unmittelbar Rechte und Pflichten für den Einzelnen erzeugt (Artikel 25), so hat das Gericht die Entscheidung des Bundesverfassungsgerichtes einzuholen.

(3) Will das Verfassungsgericht eines Landes bei der Auslegung des Grundgesetzes von einer Entscheidung des Bundesverfassungsgerichtes oder des Verfassungsgerichtes eines anderen Landes abweichen, so hat das Verfassungsgericht die Entscheidung des Bundesverfassungsgerichtes einzuholen.

Art. 101 [Ausnahmegerichte] (1) [1] Ausnahmegerichte sind unzulässig. [2] Niemand darf seinem gesetzlichen Richter entzogen werden.

(2) Gerichte für besondere Sachgebiete können nur durch Gesetz errichtet werden.

Art. 102 [Abschaffung der Todesstrafe] Die Todesstrafe ist abgeschafft.

Art. 103 [Grundrechte vor Gericht] (1) Vor Gericht hat jedermann Anspruch auf rechtliches Gehör.

(2) Eine Tat kann nur bestraft werden, wenn die Strafbarkeit gesetzlich bestimmt war, bevor die Tat begangen wurde.

(3) Niemand darf wegen derselben Tat auf Grund der allgemeinen Strafgesetze mehrmals bestraft werden.

Art. 104[1)] [Rechtsgarantien bei Freiheitsentziehung] (1) [1] Die Freiheit der Person kann nur auf Grund eines förmlichen Gesetzes und nur unter Beachtung der darin vorgeschriebenen Formen beschränkt werden. [2] Festgehaltene Personen dürfen weder seelisch noch körperlich mißhandelt werden.

(2) [1] Über die Zulässigkeit und Fortdauer einer Freiheitsentziehung hat nur der Richter zu entscheiden. [2] Bei jeder nicht auf richterlicher Anordnung beruhenden Freiheitsentziehung ist unverzüglich eine richterliche Entscheidung herbeizuführen. [3] Die Polizei darf aus eigener Machtvollkommenheit niemanden länger als bis zum Ende des Tages nach dem Ergreifen in eigenem Gewahrsam halten. [4] Das Nähere ist gesetzlich[2)] zu regeln.

(3) [1] Jeder wegen des Verdachtes einer strafbaren Handlung vorläufig Festgenommene ist spätestens am Tage nach der Festnahme dem Richter vorzuführen, der ihm die Gründe der Festnahme mitzuteilen, ihn zu vernehmen und ihm Gelegenheit zu Einwendungen zu geben hat. [2] Der Richter hat unverzüglich entweder einen mit Gründen versehenen schriftlichen Haftbefehl zu erlassen oder die Freilassung anzuordnen.

(4) Von jeder richterlichen Entscheidung über die Anordnung oder Fortdauer einer Freiheitsentziehung ist unverzüglich ein Angehöriger des Festgehaltenen oder eine Person seines Vertrauens zu benachrichtigen.

[1)] Zu den Voraussetzungen der Festnahme von Abgeordneten siehe Art. 46 Abs. 2–4, zu denen der Festnahme des Bundespräsidenten siehe Art. 60 Abs. 4 iVm Art. 46 Abs. 2–4; siehe ferner Art. 5 der Konvention zum Schutz der Menschenrechte und Grundfreiheiten (Nr. **32**).

[2)] Siehe hierzu Buch 7 (§§ 415 ff. – Verfahren in Freiheitsentziehungssachen) des G über das Verfahren in Familiensachen und in den Angelegenheiten der freiwilligen Gerichtsbarkeit (FamFG) v. 17.12.2008 (BGBl. I S. 2586, 2587), zuletzt geänd. durch G v. 20.7.2017 (BGBl. I S. 2780).

X. Das Finanzwesen[1][2]

Art. 104a[3] **[Ausgabenverteilung; Lastenverteilung]** (1) Der Bund und die Länder tragen gesondert die Ausgaben, die sich aus der Wahrnehmung ihrer Aufgaben ergeben, soweit dieses Grundgesetz nichts anderes bestimmt.

(2) Handeln die Länder im Auftrage des Bundes, trägt der Bund die sich daraus ergebenden Ausgaben.

(3) [1] Bundesgesetze, die Geldleistungen gewähren und von den Ländern ausgeführt werden, können bestimmen, daß die Geldleistungen ganz oder zum Teil vom Bund getragen werden. [2] Bestimmt das Gesetz, daß der Bund die Hälfte der Ausgaben oder mehr trägt, wird es im Auftrage des Bundes durchgeführt.

(4) Bundesgesetze, die Pflichten der Länder zur Erbringung von Geldleistungen, geldwerten Sachleistungen oder vergleichbaren Dienstleistungen gegenüber Dritten begründen und von den Ländern als eigene Angelegenheit oder nach Absatz 3 Satz 2 im Auftrag des Bundes ausgeführt werden, bedürfen der Zustimmung des Bundesrates, wenn daraus entstehende Ausgaben von den Ländern zu tragen sind.

(5) [1] Der Bund und die Länder tragen die bei ihren Behörden entstehenden Verwaltungsausgaben und haften im Verhältnis zueinander für eine ordnungsmäßige Verwaltung. [2] Das Nähere bestimmt ein Bundesgesetz, das der Zustimmung des Bundesrates bedarf.

(6) [1] Bund und Länder tragen nach der innerstaatlichen Zuständigkeits- und Aufgabenverteilung die Lasten einer Verletzung von supranationalen oder völkerrechtlichen Verpflichtungen Deutschlands. [2] In Fällen länderübergreifender Finanzkorrekturen der Europäischen Union tragen Bund und Länder diese

---

[1] Siehe für die Zeit nach der Herstellung der Einheit Deutschlands Art. 7 EVertr. v. 31.8.1990 (BGBl. II S. 885, 889):

„**Art. 7 Finanzverfassung.** (1) Die Finanzverfassung der Bundesrepublik Deutschland wird auf das in Artikel 3 genannte Gebiet erstreckt, soweit in diesem Vertrag nichts anderes bestimmt ist.

(2), (3) *(nicht mehr wiedergegebene Maßgaben für die Anwendung der Art. 106 und 107 GG bis zum 31.12.1994 bzw. 31.12.1996)*

(4) Das in Artikel 3 genannte Gebiet wird in die Regelungen der Artikel 91a, 91b und 104a Abs. 3 und 4 des Grundgesetzes einschließlich der hierzu ergangenen Ausführungsbestimmungen nach Maßgabe dieses Vertrags mit Wirkung vom 1. Januar 1991 einbezogen.

(5) Nach Herstellung der deutschen Einheit werden die jährlichen Leistungen des Fonds „Deutsche Einheit"

1. zu 85 vom Hundert als besondere Unterstützung den Ländern Brandenburg, Mecklenburg-Vorpommern, Sachsen, Sachsen-Anhalt und Thüringen sowie dem Land Berlin zur Deckung ihres allgemeinen Finanzbedarfs gewährt und auf diese Länder im Verhältnis ihrer Einwohnerzahl ohne Berücksichtigung der Einwohnerzahl von Berlin (West) verteilt sowie
2. zu 15 vom Hundert zur Erfüllung zentraler öffentlicher Aufgaben auf dem Gebiet der vorgenannten Länder verwendet.

(6) Bei grundlegender Veränderung der Gegebenheiten werden die Möglichkeiten weiterer Hilfe zum angemessenen Ausgleich der Finanzkraft für die Länder in dem Artikel 3 genannten Gebiet von Bund und Ländern gemeinsam geprüft."

[2] Siehe auch das G zur Lastentragung im Bund-Länder-Verhältnis bei Verletzung von supranationalen oder völkerrechtlichen Verpflichtungen (Lastentragungsgesetz – LastG) v. 5.9.2006 (BGBl. I S. 2098).

[3] Art. 104a eingef. durch G v. 12.5.1969 (BGBl. I S. 359); Abs. 3 Satz 3 aufgeh., Abs. 4 neu gef. und Abs. 6 angef. mWv 1.9.2006 durch G v. 28.8.2006 (BGBl. I S. 2034).

Lasten im Verhältnis 15 zu 85. [3] Die Ländergesamtheit trägt in diesen Fällen solidarisch 35 vom Hundert der Gesamtlasten entsprechend einem allgemeinen Schlüssel; 50 vom Hundert der Gesamtlasten tragen die Länder, die die Lasten verursacht haben, anteilig entsprechend der Höhe der erhaltenen Mittel. [4] Das Nähere regelt ein Bundesgesetz, das der Zustimmung des Bundesrates bedarf.

Art. 104b[1)] **[Finanzhilfen für bedeutsame Investitionen der Länder]**

(1) [1] Der Bund kann, soweit dieses Grundgesetz ihm Gesetzgebungsbefugnisse verleiht, den Ländern Finanzhilfen für besonders bedeutsame Investitionen der Länder und der Gemeinden (Gemeindeverbände) gewähren, die

1. zur Abwehr einer Störung des gesamtwirtschaftlichen Gleichgewichts oder
2. zum Ausgleich unterschiedlicher Wirtschaftskraft im Bundesgebiet oder
3. zur Förderung des wirtschaftlichen Wachstums

erforderlich sind. [2] Abweichend von Satz 1 kann der Bund im Falle von Naturkatastrophen oder außergewöhnlichen Notsituationen, die sich der Kontrolle des Staates entziehen und die staatliche Finanzlage erheblich beeinträchtigen, auch ohne Gesetzgebungsbefugnisse Finanzhilfen gewähren.

(2) [1] Das Nähere, insbesondere die Arten der zu fördernden Investitionen, wird durch Bundesgesetz, das der Zustimmung des Bundesrates bedarf, oder auf Grund des Bundeshaushaltsgesetzes durch Verwaltungsvereinbarung[2)] geregelt. [2] Das Bundesgesetz oder die Verwaltungsvereinbarung kann Bestimmungen über die Ausgestaltung der jeweiligen Länderprogramme zur Verwendung der Finanzhilfen vorsehen. [3] Die Festlegung der Kriterien für die Ausgestaltung der Länderprogramme erfolgt im Einvernehmen mit den betroffenen Ländern. [4] Zur Gewährleistung der zweckentsprechenden Mittelverwendung kann die Bundesregierung Bericht und Vorlage der Akten verlangen und Erhebungen bei allen Behörden durchführen. [5] Die Mittel sind befristet zu gewähren und hinsichtlich ihrer Verwendung in regelmäßigen Zeitabständen zu überprüfen. [6] Die Finanzhilfen sind im Zeitablauf mit fallenden Jahresbeträgen zu gestalten.

(3) Bundestag, Bundesregierung und Bundesrat sind auf Verlangen über die Durchführung der Maßnahmen und die erzielten Verbesserungen zu unterrichten.

Art. 104c[3)] **[Finanzhilfen für bedeutsame Investitionen der Länder im Bereich der kommunalen Bildungsinfrastruktur]** [1] Der Bund kann den Ländern Finanzhilfen für gesamtstaatlich bedeutsame Investitionen der finanzschwachen Gemeinden (Gemeindeverbände) im Bereich der kommunalen Bildungsinfrastruktur gewähren. [2] Artikel 104b Absatz 2 und 3 gilt entsprechend.

Art. 105[4)] **[Gesetzgebungsrecht]** (1) Der Bund hat die ausschließliche Gesetzgebung über die Zölle und Finanzmonopole.

[1)] Art. 104b eingef. mWv 1.9.2006 durch G v. 28.8.2006 (BGBl. I S. 2034); Abs. 1 Satz 2 angef. mWv 1.8.2009 durch G v. 29.7.2009 (BGBl. I S. 2248); Abs. 2 Sätze 2–4 eingef., bish. Sätze 2 und 3 werden Sätze 5 und 6 mWv 20.7.2017 durch G v. 13.7.2017 (BGBl. I S. 2347).

[2)] Siehe hierzu ua die VV Städtebauförderung 2017 v. 13.12.2016 (BAnz AT 09.06.2017 B7), geänd. durch Vereinb. v. 29.3.2017 (BAnz AT 14.11.2017 B3, 2).

[3)] Art. 104c eingef. mWv 20.7.2017 durch G v. 13.7.2017 (BGBl. I S. 2347).

[4)] Art. 105 Abs. 2 neu gef. und Abs. 2a eingef. durch G v. 12.5.1969 (BGBl. I S. 359); Abs. 2a Satz 2 angef. mWv 1.9.2006 durch G v. 28.8.2006 (BGBl. I S. 2034).

(2) Der Bund hat die konkurrierende Gesetzgebung über die übrigen Steuern, wenn ihm das Aufkommen dieser Steuern ganz oder zum Teil zusteht oder die Voraussetzungen des Artikels 72 Abs. 2 vorliegen.

(2a) [1] Die Länder haben die Befugnis zur Gesetzgebung über die örtlichen Verbrauch- und Aufwandsteuern, solange und soweit sie nicht bundesgesetzlich geregelten Steuern gleichartig sind. [2] Sie haben die Befugnis zur Bestimmung des Steuersatzes bei der Grunderwerbsteuer.

(3) Bundesgesetze über Steuern, deren Aufkommen den Ländern oder den Gemeinden (Gemeindeverbänden) ganz oder zum Teil zufließt, bedürfen der Zustimmung des Bundesrates.

Art. 106[1)] [Verteilung des Steueraufkommens und des Ertrages der Finanzmonopole] (1) Der Ertrag der Finanzmonopole und das Aufkommen der folgenden Steuern stehen dem Bund zu:

1. die Zölle,
2. die Verbrauchsteuern, soweit sie nicht nach Absatz 2 den Ländern, nach Absatz 3 Bund und Ländern gemeinsam oder nach Absatz 6 den Gemeinden zustehen,
3. die Straßengüterverkehrsteuer, die Kraftfahrzeugsteuer und sonstige auf motorisierte Verkehrsmittel bezogene Verkehrsteuern,
4. die Kapitalverkehrsteuern, die Versicherungsteuer und die Wechselsteuer,
5. die einmaligen Vermögensabgaben und die zur Durchführung des Lastenausgleichs erhobenen Ausgleichsabgaben,
6. die Ergänzungsabgabe zur Einkommensteuer und zur Körperschaftsteuer,
7. Abgaben im Rahmen der Europäischen Gemeinschaften.

(2) Das Aufkommen der folgenden Steuern steht den Ländern zu:

1. die Vermögensteuer,
2. die Erbschaftsteuer,
3. die Verkehrsteuern, soweit sie nicht nach Absatz 1 dem Bund oder nach Absatz 3 Bund und Ländern gemeinsam zustehen,
4. die Biersteuer,
5. die Abgabe von Spielbanken.

(3) [1] Das Aufkommen der Einkommensteuer, der Körperschaftsteuer und der Umsatzsteuer steht dem Bund und den Ländern gemeinsam zu (Gemeinschaftsteuern), soweit das Aufkommen der Einkommensteuer nicht nach Absatz 5 und das Aufkommen der Umsatzsteuer nicht nach Absatz 5a den Gemeinden zugewiesen wird. [2] Am Aufkommen der Einkommensteuer und der Körperschaftsteuer sind der Bund und die Länder je zur Hälfte beteiligt. [3] Die Anteile von Bund und Ländern an der Umsatzsteuer werden durch Bundesgesetz, das der Zustimmung des Bundesrates bedarf, festgesetzt. [4] Bei der Festsetzung ist von folgenden Grundsätzen auszugehen:

---

1) Art. 106 neu gef. durch G v. 12.5.1969 (BGBl. I S. 359); Abs. 3 Sätze 5 und 6 angef. sowie Abs. 4 Satz 1 geänd. durch G v. 3.11.1995 (BGBl. I S. 1492); Abs. 3 Satz 1 und Abs. 6 Sätze 1–3 und 6 neu gef. sowie Abs. 5a eingef. durch G v. 20.10.1997 (BGBl. I S. 2470); Abs. 1 Nr. 3 neu gef., Abs. 2 Nr. 3 aufgeh., Nr. 4–6 werden Nr. 3–5 mWv 1.7.2009 durch G v. 19.3.2009 (BGBl. I S. 606).

1. [1] Im Rahmen der laufenden Einnahmen haben der Bund und die Länder gleichmäßig Anspruch auf Deckung ihrer notwendigen Ausgaben. [2] Dabei ist der Umfang der Ausgaben unter Berücksichtigung einer mehrjährigen Finanzplanung zu ermitteln.
2. Die Deckungsbedürfnisse des Bundes und der Länder sind so aufeinander abzustimmen, daß ein billiger Ausgleich erzielt, eine Überbelastung der Steuerpflichtigen vermieden und die Einheitlichkeit der Lebensverhältnisse im Bundesgebiet gewahrt wird.

[5] Zusätzlich werden in die Festsetzung der Anteile von Bund und Ländern an der Umsatzsteuer Steuermindereinnahmen einbezogen, die den Ländern ab 1. Januar 1996 aus der Berücksichtigung von Kindern im Einkommensteuerrecht entstehen. [6] Das Nähere bestimmt das Bundesgesetz nach Satz 3.

(4) [1] Die Anteile von Bund und Ländern an der Umsatzsteuer sind neu festzusetzen, wenn sich das Verhältnis zwischen den Einnahmen und Ausgaben des Bundes und der Länder wesentlich anders entwickelt; Steuermindereinnahmen, die nach Absatz 3 Satz 5 in die Festsetzung der Umsatzsteueranteile zusätzlich einbezogen werden, bleiben hierbei unberücksichtigt. [2] Werden den Ländern durch Bundesgesetz zusätzliche Ausgaben auferlegt oder Einnahmen entzogen, so kann die Mehrbelastung durch Bundesgesetz, das der Zustimmung des Bundesrates bedarf, auch mit Finanzzuweisungen des Bundes ausgeglichen werden, wenn sie auf einen kurzen Zeitraum begrenzt ist. [3] In dem Gesetz sind die Grundsätze für die Bemessung dieser Finanzzuweisungen und für ihre Verteilung auf die Länder zu bestimmen.

(5) [1] Die Gemeinden erhalten einen Anteil an dem Aufkommen der Einkommensteuer, der von den Ländern an ihre Gemeinden auf der Grundlage der Einkommensteuerleistungen ihrer Einwohner weiterzuleiten ist. [2] Das Nähere bestimmt ein Bundesgesetz[1)], das der Zustimmung des Bundesrates bedarf. [3] Es kann bestimmen, daß die Gemeinden Hebesätze für den Gemeindeanteil festsetzen.

(5a) [1] Die Gemeinden erhalten ab dem 1. Januar 1998 einen Anteil an dem Aufkommen der Umsatzsteuer. [2] Er wird von den Ländern auf der Grundlage eines orts- und wirtschaftsbezogenen Schlüssels an ihre Gemeinden weitergeleitet. [3] Das Nähere wird durch Bundesgesetz, das der Zustimmung des Bundesrates bedarf, bestimmt.

(6) [1] Das Aufkommen der Grundsteuer und Gewerbesteuer steht den Gemeinden, das Aufkommen der örtlichen Verbrauch- und Aufwandsteuern steht den Gemeinden oder nach Maßgabe der Landesgesetzgebung den Gemeindeverbänden zu. [2] Den Gemeinden ist das Recht einzuräumen, die Hebesätze der Grundsteuer und Gewerbesteuer im Rahmen der Gesetze festzusetzen. [3] Bestehen in einem Land keine Gemeinden, so steht das Aufkommen der Grundsteuer und Gewerbesteuer sowie der örtlichen Verbrauch- und Aufwandsteuern dem Land zu. [4] Bund und Länder können durch eine Umlage an dem Aufkommen der Gewerbesteuer beteiligt werden. [5] Das Nähere über die Umlage bestimmt ein Bundesgesetz, das der Zustimmung des Bundesrates bedarf. [6] Nach Maßgabe der Landesgesetzgebung können die Grundsteuer und Gewerbesteuer sowie der Gemeindeanteil vom Aufkommen der Einkommensteu-

---

[1)] Siehe das GemeindefinanzreformG idF der Bek. v. 10.3.2009 (BGBl. I S. 502), zuletzt geänd. durch G v. 21.11.2016 (BGBl. I S. 2613).

er und der Umsatzsteuer als Bemessungsgrundlagen für Umlagen zugrunde gelegt werden.

(7) [1] Von dem Länderanteil am Gesamtaufkommen der Gemeinschaftsteuern fließt den Gemeinden und Gemeindeverbänden insgesamt ein von der Landesgesetzgebung zu bestimmender Hundertsatz zu. [2] Im übrigen bestimmt die Landesgesetzgebung, ob und inwieweit das Aufkommen der Landessteuern den Gemeinden (Gemeindeverbänden) zufließt.

(8) [1] Veranlaßt der Bund in einzelnen Ländern oder Gemeinden (Gemeindeverbänden) besondere Einrichtungen, die diesen Ländern oder Gemeinden (Gemeindeverbänden) unmittelbar Mehrausgaben oder Mindereinnahmen (Sonderbelastungen) verursachen, gewährt der Bund den erforderlichen Ausgleich, wenn und soweit den Ländern oder Gemeinden (Gemeindeverbänden) nicht zugemutet werden kann, die Sonderbelastungen zu tragen. [2] Entschädigungsleistungen Dritter und finanzielle Vorteile, die diesen Ländern oder Gemeinden (Gemeindeverbänden) als Folge der Einrichtungen erwachsen, werden bei dem Ausgleich berücksichtigt.

(9) Als Einnahmen und Ausgaben der Länder im Sinne dieses Artikels gelten auch die Einnahmen und Ausgaben der Gemeinden (Gemeindeverbände).

Art. 106a[1)] [Bundeszuschuss für öffentlichen Personennahverkehr] [1] Den Ländern steht ab 1. Januar 1996 für den öffentlichen Personennahverkehr ein Betrag aus dem Steueraufkommen des Bundes zu. [2] Das Nähere regelt ein Bundesgesetz, das der Zustimmung des Bundesrates bedarf. [3] Der Betrag nach Satz 1 bleibt bei der Bemessung der Finanzkraft nach Artikel 107 Abs. 2 unberücksichtigt.

Art. 106b[2)] [Länderanteil an der Kraftfahrzeugsteuer] [1] Den Ländern steht ab dem 1. Juli 2009 infolge der Übertragung der Kraftfahrzeugsteuer auf den Bund ein Betrag aus dem Steueraufkommen des Bundes zu. [2] Das Nähere regelt ein Bundesgesetz, das der Zustimmung des Bundesrates bedarf.

Art. 107[3)][4)] [Finanzausgleich; Ergänzungszuweisungen] (1) [1] Das Aufkommen der Landessteuern und der Länderanteil am Aufkommen der Einkommensteuer und der Körperschaftsteuer stehen den einzelnen Ländern insoweit zu, als die Steuern von den Finanzbehörden in ihrem Gebiet vereinnahmt werden (örtliches Aufkommen). [2] Durch Bundesgesetz, das der Zustimmung des Bundesrates bedarf, sind für die Körperschaftsteuer und die Lohnsteuer nähere Bestimmungen über die Abgrenzung sowie über Art und Umfang der Zerlegung des örtlichen Aufkommens zu treffen. [3] Das Gesetz kann auch Bestimmungen über die Abgrenzung und Zerlegung des örtlichen Aufkommens anderer Steuern treffen. [4] Der Länderanteil am Aufkommen der Umsatzsteuer steht den einzelnen Ländern, vorbehaltlich der Regelungen nach Absatz 2, nach Maßgabe ihrer Einwohnerzahl zu.

---

1) Art. 106a eingef. durch G v. 20.12.1993 (BGBl. I S. 2089).

2) Art. 106b eingef. mWv 26.3.2009 durch G v. 19.3.2009 (BGBl. I S. 606).

3) Art. 107 neu gef. durch G v. 12.5.1969 (BGBl. I S. 359); Abs. 1 Satz 4 neu gef. mWv 1.9.2006 durch G v. 28.8.2006 (BGBl. I S. 2034); Abs. 1 Satz 4 geänd. mWv 26.3.2009 durch G v. 19.3.2009 (BGBl. I S. 606); Abs. 1 Satz 4 und Abs. 2 neu gef. mWv 20.7.2017 durch G v. 13.7.2017 (BGBl. I S. 2347).

4) Zur Anwendung von Art. 107 siehe Art. 143g GG.

(2) [1] Durch Bundesgesetz, das der Zustimmung des Bundesrates bedarf, ist sicherzustellen, dass die unterschiedliche Finanzkraft der Länder angemessen ausgeglichen wird; hierbei sind die Finanzkraft und der Finanzbedarf der Gemeinden (Gemeindeverbände) zu berücksichtigen. [2] Zu diesem Zweck sind in dem Gesetz Zuschläge zu und Abschläge von der jeweiligen Finanzkraft bei der Verteilung der Länderanteile am Aufkommen der Umsatzsteuer zu regeln. [3] Die Voraussetzungen für die Gewährung von Zuschlägen und für die Erhebung von Abschlägen sowie die Maßstäbe für die Höhe dieser Zuschläge und Abschläge sind in dem Gesetz zu bestimmen. [4] Für Zwecke der Bemessung der Finanzkraft kann die bergrechtliche Förderabgabe mit nur einem Teil ihres Aufkommens berücksichtigt werden. [5] Das Gesetz kann auch bestimmen, dass der Bund aus seinen Mitteln leistungsschwachen Ländern Zuweisungen zur ergänzenden Deckung ihres allgemeinen Finanzbedarfs (Ergänzungszuweisungen) gewährt. [6] Zuweisungen können unabhängig von den Maßstäben nach den Sätzen 1 bis 3 auch solchen leistungsschwachen Ländern gewährt werden, deren Gemeinden (Gemeindeverbände) eine besonders geringe Steuerkraft aufweisen (Gemeindesteuerkraftzuweisungen), sowie außerdem solchen leistungsschwachen Ländern, deren Anteile an den Fördermitteln nach Artikel 91b ihre Einwohneranteile unterschreiten.

Art. 108[1)] [Finanzverwaltung] (1) [1] Zölle, Finanzmonopole, die bundesgesetzlich geregelten Verbrauchsteuern einschließlich der Einfuhrumsatzsteuer, die Kraftfahrzeugsteuer und sonstige auf motorisierte Verkehrsmittel bezogene Verkehrsteuern ab dem 1. Juli 2009 sowie die Abgaben im Rahmen der Europäischen Gemeinschaften werden durch Bundesfinanzbehörden verwaltet. [2] Der Aufbau dieser Behörden wird durch Bundesgesetz[2)] geregelt. [3] Soweit Mittelbehörden eingerichtet sind, werden deren Leiter im Benehmen mit den Landesregierungen bestellt.

(2) [1] Die übrigen Steuern werden durch Landesfinanzbehörden verwaltet. [2] Der Aufbau dieser Behörden und die einheitliche Ausbildung der Beamten können durch Bundesgesetz[3)] mit Zustimmung des Bundesrates geregelt werden. [3] Soweit Mittelbehörden eingerichtet sind, werden deren Leiter im Einvernehmen mit der Bundesregierung bestellt.

(3) [1] Verwalten die Landesfinanzbehörden Steuern, die ganz oder zum Teil dem Bund zufließen, so werden sie im Auftrage des Bundes tätig. [2] Artikel 85 Abs. 3 und 4 gilt mit der Maßgabe, daß an die Stelle der Bundesregierung der Bundesminister der Finanzen tritt.

(4) [1] Durch Bundesgesetz, das der Zustimmung des Bundesrates bedarf, kann bei der Verwaltung von Steuern ein Zusammenwirken von Bundes- und Landesfinanzbehörden sowie für Steuern, die unter Absatz 1 fallen, die Verwaltung durch Landesfinanzbehörden und für andere Steuern die Verwaltung durch Bundesfinanzbehörden vorgesehen werden, wenn und soweit dadurch

---

1) Art. 108 neu gef. durch G v. 12.5.1969 (BGBl. I S. 359); Abs. 1 Satz 3 und Abs. 2 Satz 3 neu gef. mWv 30.11.2001 durch G v. 26.11.2001 (BGBl. I S. 3219); Abs. 1 Satz 1 neu gef. mWv 26.3. 2009 durch G v. 19.3.2009 (BGBl. I S. 606); Abs. 4 Satz 3 angef., Abs. 4a eingef. mWv 20.7.2017 durch G v. 13.7.2017 (BGBl. I S. 2347).

2) Siehe das FinanzverwaltungsG idF der Bek. v. 4.4.2006 (BGBl. I S. 846, ber. S. 1202), zuletzt geänd. durch G v. 14.8.2017 (BGBl. I S. 3122).

3) Siehe das Steuerbeamten-AusbildungsG idF der Bek. v. 29.10.1996 (BGBl. I S. 1577), zuletzt geänd. durch G v. 8.12.2010 (BGBl. I S. 1768).

der Vollzug der Steuergesetze erheblich verbessert oder erleichtert wird. [2] Für die den Gemeinden (Gemeindeverbänden) allein zufließenden Steuern kann die den Landesfinanzbehörden zustehende Verwaltung durch die Länder ganz oder zum Teil den Gemeinden (Gemeindeverbänden) übertragen werden. [3] Das Bundesgesetz nach Satz 1 kann für ein Zusammenwirken von Bund und Ländern bestimmen, dass bei Zustimmung einer im Gesetz genannten Mehrheit Regelungen für den Vollzug von Steuergesetzen für alle Länder verbindlich werden.

(4a) [1] Durch Bundesgesetz, das der Zustimmung des Bundesrates bedarf, können bei der Verwaltung von Steuern, die unter Absatz 2 fallen, ein Zusammenwirken von Landesfinanzbehörden und eine länderübergreifende Übertragung von Zuständigkeiten auf Landesfinanzbehörden eines oder mehrerer Länder im Einvernehmen mit den betroffenen Ländern vorgesehen werden, wenn und soweit dadurch der Vollzug der Steuergesetze erheblich verbessert oder erleichtert wird. [2] Die Kostentragung kann durch Bundesgesetz geregelt werden.

(5) [1] Das von den Bundesfinanzbehörden anzuwendende Verfahren wird durch Bundesgesetz geregelt. [2] Das von den Landesfinanzbehörden und in den Fällen des Absatzes 4 Satz 2 von den Gemeinden (Gemeindeverbänden) anzuwendende Verfahren kann durch Bundesgesetz mit Zustimmung des Bundesrates geregelt werden.

(6) Die Finanzgerichtsbarkeit wird durch Bundesgesetz[1)] einheitlich geregelt.

(7) Die Bundesregierung kann allgemeine Verwaltungsvorschriften erlassen, und zwar mit Zustimmung des Bundesrates, soweit die Verwaltung den Landesfinanzbehörden oder Gemeinden (Gemeindeverbänden) obliegt.

Art. 109[2)] [Haushaltswirtschaft in Bund und Ländern] (1) Bund und Länder sind in ihrer Haushaltswirtschaft selbständig und voneinander unabhängig.

(2) Bund und Länder erfüllen gemeinsam die Verpflichtungen der Bundesrepublik Deutschland aus Rechtsakten der Europäischen Gemeinschaft auf Grund des Artikels 104 des Vertrags zur Gründung der Europäischen Gemeinschaft zur Einhaltung der Haushaltsdisziplin und tragen in diesem Rahmen den Erfordernissen des gesamtwirtschaftlichen Gleichgewichts Rechnung.

(3) [1] Die Haushalte von Bund und Ländern sind grundsätzlich ohne Einnahmen aus Krediten auszugleichen. [2] Bund und Länder können Regelungen zur im Auf- und Abschwung symmetrischen Berücksichtigung der Auswirkungen einer von der Normallage abweichenden konjunkturellen Entwicklung sowie eine Ausnahmeregelung für Naturkatastrophen oder außergewöhnliche Notsituationen, die sich der Kontrolle des Staates entziehen und die staatliche Finanzlage erheblich beeinträchtigen, vorsehen. [3] Für die Ausnahmeregelung ist eine entsprechende Tilgungsregelung vorzusehen. [4] Die nähere Ausgestal-

---

[1)] Siehe die FinanzgerichtsO idF der Bek. v. 28.3.2001 (BGBl. I S. 442, ber. S. 2262, 2002 S. 679), zuletzt geänd. durch G v. 12.7.2018 (BGBl. I S. 1151).

[2)] Art. 109 neu gef. durch G v. 8.6.1967 (BGBl. I S. 581); Abs. 3 neu gef. durch G v. 12.5.1969 (BGBl. I S. 357); Abs. 5 angef. mWv 1.9.2006 durch G v. 28.8.2006 (BGBl. I S. 2034); Abs. 2 neu gef., Abs. 3 eingef., bish. Abs. 3 wird Abs. 4, bish. Abs. 4, Abs. 5 Satz 1 aufgeh., bish. Sätze 2 bis 4 werden Sätze 1 bis 3, neuer Satz 1 neu gef. mWv 1.8.2009 durch G v. 29.7.2009 (BGBl. I S. 2248).

tung regelt für den Haushalt des Bundes Artikel 115 mit der Maßgabe, dass Satz 1 entsprochen ist, wenn die Einnahmen aus Krediten 0,35 vom Hundert im Verhältnis zum nominalen Bruttoinlandsprodukt nicht überschreiten. [5] Die nähere Ausgestaltung für die Haushalte der Länder regeln diese im Rahmen ihrer verfassungsrechtlichen Kompetenzen mit der Maßgabe, dass Satz 1 nur dann entsprochen ist, wenn keine Einnahmen aus Krediten zugelassen werden.

(4) Durch Bundesgesetz[1)], das der Zustimmung des Bundesrates bedarf, können für Bund und Länder gemeinsam geltende Grundsätze für das Haushaltsrecht, für eine konjunkturgerechte Haushaltswirtschaft und für eine mehrjährige Finanzplanung aufgestellt werden.

(5) [1] Sanktionsmaßnahmen der Europäischen Gemeinschaft im Zusammenhang mit den Bestimmungen in Artikel 104 des Vertrags zur Gründung der Europäischen Gemeinschaft zur Einhaltung der Haushaltsdisziplin tragen Bund und Länder im Verhältnis 65 zu 35. [2] Die Ländergesamtheit trägt solidarisch 35 vom Hundert der auf die Länder entfallenden Lasten entsprechend ihrer Einwohnerzahl; 65 vom Hundert der auf die Länder entfallenden Lasten tragen die Länder entsprechend ihrem Verursachungsbeitrag. [3] Das Nähere regelt ein Bundesgesetz, das der Zustimmung des Bundesrates bedarf.

Art. 109a[2)] [Haushaltsnotlagen] (1) Zur Vermeidung von Haushaltsnotlagen regelt ein Bundesgesetz, das der Zustimmung des Bundesrates bedarf,

1. die fortlaufende Überwachung der Haushaltswirtschaft von Bund und Ländern durch ein gemeinsames Gremium (Stabilitätsrat),
2. die Voraussetzungen und das Verfahren zur Feststellung einer drohenden Haushaltsnotlage,
3. die Grundsätze zur Aufstellung und Durchführung von Sanierungsprogrammen zur Vermeidung von Haushaltsnotlagen.

(2) [1] Dem Stabilitätsrat obliegt ab dem Jahr 2020 die Überwachung der Einhaltung der Vorgaben des Artikels 109 Absatz 3 durch Bund und Länder. [2] Die Überwachung orientiert sich an den Vorgaben und Verfahren aus Rechtsakten auf Grund des Vertrages über die Arbeitsweise der Europäischen Union zur Einhaltung der Haushaltsdisziplin.

(3) Die Beschlüsse des Stabilitätsrats und die zugrunde liegenden Beratungsunterlagen sind zu veröffentlichen.

Art. 110[3)4)] [Haushaltsplan des Bundes] (1) [1] Alle Einnahmen und Ausgaben des Bundes sind in den Haushaltsplan einzustellen; bei Bundesbetrieben und bei Sondervermögen brauchen nur die Zuführungen oder die Ablieferungen eingestellt zu werden. [2] Der Haushaltsplan ist in Einnahme und Ausgabe auszugleichen.

(2) [1] Der Haushaltsplan wird für ein oder mehrere Rechnungsjahre, nach Jahren getrennt, vor Beginn des ersten Rechnungsjahres durch das Haushalts-

---

1) Siehe das HaushaltsgrundsätzeG **(Sartorius Nr. 699)** und das G zur Förderung der Stabilität und des Wachstums der Wirtschaft **(Sartorius Nr. 720)**.

2) Art. 109a eingef. mWv 1.8.2009 durch G v. 29.7.2009 (BGBl. I S. 2248); Abs. 1 Satz 2 aufgeh., Abs. 2 und 3 angef. mWv 20.7.2017 durch G v. 13.7.2017 (BGBl. I S. 2347).

3) Art. 110 neu gef. durch G v. 12.5.1969 (BGBl. I S. 357).

4) Siehe die BundeshaushaltsO **(Sartorius Nr. 700)**.

gesetz festgestellt. [2] Für Teile des Haushaltsplanes kann vorgesehen werden, daß sie für unterschiedliche Zeiträume, nach Rechnungsjahren getrennt, gelten.

(3) Die Gesetzesvorlage nach Absatz 2 Satz 1 sowie Vorlagen zur Änderung des Haushaltsgesetzes und des Haushaltsplanes werden gleichzeitig mit der Zuleitung an den Bundesrat beim Bundestage eingebracht; der Bundesrat ist berechtigt, innerhalb von sechs Wochen, bei Änderungsvorlagen innerhalb von drei Wochen, zu den Vorlagen Stellung zu nehmen.

(4) [1] In das Haushaltsgesetz dürfen nur Vorschriften aufgenommen werden, die sich auf die Einnahmen und die Ausgaben des Bundes und auf den Zeitraum beziehen, für den das Haushaltsgesetz beschlossen wird. [2] Das Haushaltsgesetz kann vorschreiben, daß die Vorschriften erst mit der Verkündung des nächsten Haushaltsgesetzes oder bei Ermächtigung nach Artikel 115 zu einem späteren Zeitpunkt außer Kraft treten.

Art. 111 [Ausgaben vor Etatgenehmigung] (1) Ist bis zum Schluß eines Rechnungsjahres der Haushaltsplan für das folgende Jahr nicht durch Gesetz festgestellt, so ist bis zu seinem Inkrafttreten die Bundesregierung ermächtigt, alle Ausgaben zu leisten, die nötig sind,

a) um gesetzlich bestehende Einrichtungen zu erhalten und gesetzlich beschlossene Maßnahmen durchzuführen,

b) um die rechtlich begründeten Verpflichtungen des Bundes zu erfüllen,

c) um Bauten, Beschaffungen und sonstige Leistungen fortzusetzen oder Beihilfen für diese Zwecke weiter zu gewähren, sofern durch den Haushaltsplan eines Vorjahres bereits Beträge bewilligt worden sind.

(2) Soweit nicht auf besonderem Gesetze beruhende Einnahmen aus Steuern, Abgaben und sonstigen Quellen oder die Betriebsmittelrücklage die Ausgaben unter Absatz 1 decken, darf die Bundesregierung die zur Aufrechterhaltung der Wirtschaftsführung erforderlichen Mittel bis zur Höhe eines Viertels der Endsumme des abgelaufenen Haushaltsplanes im Wege des Kredits flüssig machen.

Art. 112[1)] [Überplanmäßige und außerplanmäßige Ausgaben] [1] Überplanmäßige und außerplanmäßige Ausgaben bedürfen der Zustimmung des Bundesministers der Finanzen. [2] Sie darf nur im Falle eines unvorhergesehenen und unabweisbaren Bedürfnisses erteilt werden. [3] Näheres kann durch Bundesgesetz bestimmt werden.

Art. 113[2)] [Ausgabenerhöhungen; Einnahmeminderungen]

(1) [1] Gesetze, welche die von der Bundesregierung vorgeschlagenen Ausgaben des Haushaltsplanes erhöhen oder neue Ausgaben in sich schließen oder für die Zukunft mit sich bringen, bedürfen der Zustimmung der Bundesregierung. [2] Das gleiche gilt für Gesetze, die Einnahmeminderungen in sich schließen oder für die Zukunft mit sich bringen. [3] Die Bundesregierung kann verlangen, daß der Bundestag die Beschlußfassung über solche Gesetze aussetzt. [4] In diesem Fall hat die Bundesregierung innerhalb von sechs Wochen dem Bundestage eine Stellungnahme zuzuleiten.

[1)] Art. 112 neu gef. durch G v. 12.5.1969 (BGBl. I S. 357).
[2)] Art. 113 neu gef. durch G v. 12.5.1969 (BGBl. I S. 357).

(2) Die Bundesregierung kann innerhalb von vier Wochen, nachdem der Bundestag das Gesetz beschlossen hat, verlangen, daß der Bundestag erneut Beschluß faßt.

(3) 1 Ist das Gesetz nach Artikel 78 zustande gekommen, kann die Bundesregierung ihre Zustimmung nur innerhalb von sechs Wochen und nur dann versagen, wenn sie vorher das Verfahren nach Absatz 1 Satz 3 und 4 oder nach Absatz 2 eingeleitet hat. 2 Nach Ablauf dieser Frist gilt die Zustimmung als erteilt.

Art. 114[1)] [Rechnungslegung; Bundesrechnungshof] (1) Der Bundesminister der Finanzen hat dem Bundestage und dem Bundesrate über alle Einnahmen und Ausgaben sowie über das Vermögen und die Schulden im Laufe des nächsten Rechnungsjahres zur Entlastung der Bundesregierung Rechnung zu legen.

(2) 1 Der Bundesrechnungshof, dessen Mitglieder richterliche Unabhängigkeit besitzen, prüft die Rechnung sowie die Wirtschaftlichkeit und Ordnungsmäßigkeit der Haushalts- und Wirtschaftsführung des Bundes. 2 Zum Zweck der Prüfung nach Satz 1 kann der Bundesrechnungshof auch bei Stellen außerhalb der Bundesverwaltung Erhebungen vornehmen; dies gilt auch in den Fällen, in denen der Bund den Ländern zweckgebundene Finanzierungsmittel zur Erfüllung von Länderaufgaben zuweist. 3 Er hat außer der Bundesregierung unmittelbar dem Bundestage und dem Bundesrate jährlich zu berichten. 4 Im übrigen werden die Befugnisse des Bundesrechnungshofes durch Bundesgesetz[2)] geregelt.

Art. 115[3)] [Kreditbeschaffung] (1) Die Aufnahme von Krediten sowie die Übernahme von Bürgschaften, Garantien oder sonstigen Gewährleistungen, die zu Ausgaben in künftigen Rechnungsjahren führen können, bedürfen einer der Höhe nach bestimmten oder bestimmbaren Ermächtigung durch Bundesgesetz.

(2) 1 Einnahmen und Ausgaben sind grundsätzlich ohne Einnahmen aus Krediten auszugleichen. 2 Diesem Grundsatz ist entsprochen, wenn die Einnahmen aus Krediten 0,35 vom Hundert im Verhältnis zum nominalen Bruttoinlandsprodukt nicht überschreiten. 3 Zusätzlich sind bei einer von der Normallage abweichenden konjunkturellen Entwicklung die Auswirkungen auf den Haushalt im Auf- und Abschwung symmetrisch zu berücksichtigen. 4 Abweichungen der tatsächlichen Kreditaufnahme von der nach den Sätzen 1 bis 3 zulässigen Kreditobergrenze werden auf einem Kontrollkonto erfasst; Belastungen, die den Schwellenwert von 1,5 vom Hundert im Verhältnis zum nominalen Bruttoinlandsprodukt überschreiten, sind konjunkturgerecht zurückzuführen. 5 Näheres, insbesondere die Bereinigung der Einnahmen und Ausgaben um finanzielle Transaktionen und das Verfahren zur Berechnung der Obergrenze der jährlichen Nettokreditaufnahme unter Berücksichtigung der konjunkturellen Entwicklung auf der Grundlage eines Konjunkturbereinigungsver-

1) Art. 114 neu gef. durch G v. 12.5.1969 (BGBl. I S. 357); Abs. 2 Satz 1 geänd., Satz 2 eingef., bish. Sätze 2 und 3 werden Sätze 3 und 4 mWv 20.7.2017 durch G v. 13.7.2017 (BGBl. I S. 2347).

2) Siehe das BundesrechnungshofG **(Sartorius Nr. 705)**.

3) Art. 115 neu gef. durch G v. 12.5.1969 (BGBl. I S. 357); Abs. 1 Sätze 2 und 3 aufgeh., Abs. 2 neu gef. mWv 1.8.2009 durch G v. 29.7.2009 (BGBl. I S. 2248).

fahrens sowie die Kontrolle und den Ausgleich von Abweichungen der tatsächlichen Kreditaufnahme von der Regelgrenze, regelt ein Bundesgesetz. 6 Im Falle von Naturkatastrophen oder außergewöhnlichen Notsituationen, die sich der Kontrolle des Staates entziehen und die staatliche Finanzlage erheblich beeinträchtigen, können diese Kreditobergrenzen auf Grund eines Beschlusses der Mehrheit der Mitglieder des Bundestages überschritten werden. 7 Der Beschluss ist mit einem Tilgungsplan zu verbinden. 8 Die Rückführung der nach Satz 6 aufgenommenen Kredite hat binnen eines angemessenen Zeitraumes zu erfolgen.

Xa.[1] Verteidigungsfall

Art. 115a[1] [Feststellung des Verteidigungsfalles] (1) 1 Die Feststellung, daß das Bundesgebiet mit Waffengewalt angegriffen wird oder ein solcher Angriff unmittelbar droht (Verteidigungsfall), trifft der Bundestag mit Zustimmung des Bundesrates. 2 Die Feststellung erfolgt auf Antrag der Bundesregierung und bedarf einer Mehrheit von zwei Dritteln der abgegebenen Stimmen, mindestens der Mehrheit[2] der Mitglieder des Bundestages.

(2) Erfordert die Lage unabweisbar ein sofortiges Handeln und stehen einem rechtzeitigen Zusammentritt des Bundestages unüberwindliche Hindernisse entgegen oder ist er nicht beschlußfähig, so trifft der Gemeinsame Ausschuß diese Feststellung mit einer Mehrheit von zwei Dritteln der abgegebenen Stimmen, mindestens der Mehrheit seiner Mitglieder.

(3) 1 Die Feststellung wird vom Bundespräsidenten gemäß Artikel 82 im Bundesgesetzblatte verkündet. 2 Ist dies nicht rechtzeitig möglich, so erfolgt die Verkündung in anderer Weise[3]; sie ist im Bundesgesetzblatte nachzuholen, sobald die Umstände es zulassen.

(4) 1 Wird das Bundesgebiet mit Waffengewalt angegriffen und sind die zuständigen Bundesorgane außerstande, sofort die Feststellung nach Absatz 1 Satz 1 zu treffen, so gilt diese Feststellung als getroffen und als zu dem Zeitpunkt verkündet, in dem der Angriff begonnen hat. 2 Der Bundespräsident gibt diesen Zeitpunkt bekannt, sobald die Umstände es zulassen.

(5) 1 Ist die Feststellung des Verteidigungsfalles verkündet und wird das Bundesgebiet mit Waffengewalt angegriffen, so kann der Bundespräsident völkerrechtliche Erklärungen über das Bestehen des Verteidigungsfalles mit Zustimmung des Bundestages abgeben. 2 Unter den Voraussetzungen des Absatzes 2 tritt an die Stelle des Bundestages der Gemeinsame Ausschuß.

Art. 115b[1] [Übergang der Befehls- und Verteidigungsgewalt] Mit der Verkündung des Verteidigungsfalles geht die Befehls- und Kommandogewalt über die Streitkräfte auf den Bundeskanzler über.

---

[1] Abschnitt Xa (Art. 115a–115l) eingef. durch G v. 24.6.1968 (BGBl. I S. 709).
[2] Zum Begriff der Mehrheit siehe Art. 121.
[3] Siehe das G über vereinfachte Verkündungen und Bekanntgaben (Nr. **9**).

Art. 115c[1)] [Erweiterte Bundesgesetzgebungskompetenz] (1) [1] Der Bund hat für den Verteidigungsfall das Recht der konkurrierenden Gesetzgebung auch auf den Sachgebieten, die zur Gesetzgebungszuständigkeit der Länder gehören. [2] Diese Gesetze bedürfen der Zustimmung des Bundesrates.

(2) Soweit es die Verhältnisse während des Verteidigungsfalles erfordern, kann durch Bundesgesetz für den Verteidigungsfall

1. bei Enteignungen abweichend von Artikel 14 Abs. 3 Satz 2 die Entschädigung vorläufig geregelt werden,
2. für Freiheitsentziehungen eine von Artikel 104 Abs. 2 Satz 3 und Abs. 3 Satz 1 abweichende Frist, höchstens jedoch eine solche von vier Tagen, für den Fall festgesetzt werden, daß ein Richter nicht innerhalb der für Normalzeiten geltenden Frist tätig werden konnte.

(3) Soweit es zur Abwehr eines gegenwärtigen oder unmittelbar drohenden Angriffs erforderlich ist, kann für den Verteidigungsfall durch Bundesgesetz mit Zustimmung des Bundesrates die Verwaltung und das Finanzwesen des Bundes und der Länder abweichend von den Abschnitten VIII, VIIIa und X geregelt werden, wobei die Lebensfähigkeit der Länder, Gemeinden und Gemeindeverbände, insbesondere auch in finanzieller Hinsicht, zu wahren ist.

(4) Bundesgesetze nach den Absätzen 1 und 2 Nr. 1 dürfen zur Vorbereitung ihres Vollzuges schon vor Eintritt des Verteidigungsfalles angewandt werden.

Art. 115d[2)] [Vereinfachtes Bundesgesetzgebungsverfahren] (1) Für die Gesetzgebung des Bundes gilt im Verteidigungsfalle abweichend von Artikel 76 Abs. 2, Artikel 77 Abs. 1 Satz 2 und Abs. 2 bis 4, Artikel 78 und Artikel 82 Abs. 1 die Regelung der Absätze 2 und 3.

(2) [1] Gesetzesvorlagen der Bundesregierung, die sie als dringlich bezeichnet, sind gleichzeitig mit der Einbringung beim Bundestage dem Bundesrate zuzuleiten. [2] Bundestag und Bundesrat beraten diese Vorlagen unverzüglich gemeinsam. [3] Soweit zu einem Gesetze die Zustimmung des Bundesrates erforderlich ist, bedarf es zum Zustandekommen des Gesetzes der Zustimmung der Mehrheit seiner Stimmen. [4] Das Nähere regelt eine Geschäftsordnung[3)], die vom Bundestage beschlossen wird und der Zustimmung des Bundesrates bedarf.

(3) Für die Verkündung der Gesetze gilt Artikel 115a Abs. 3 Satz 2 entsprechend.

Art. 115e[4)] [Aufgaben des Gemeinsamen Ausschusses] (1) Stellt der Gemeinsame Ausschuß im Verteidigungsfalle mit einer Mehrheit von zwei Dritteln der abgegebenen Stimmen, mindestens mit der Mehrheit seiner Mitglieder fest, daß dem rechtzeitigen Zusammentritt des Bundestages unüberwindliche Hindernisse entgegenstehen oder daß dieser nicht beschlußfähig ist, so hat der Gemeinsame Ausschuß die Stellung von Bundestag und Bundesrat und nimmt deren Rechte einheitlich wahr.

[1)] Art. 115c eingef. durch G v. 24.6.1968 (BGBl. I S. 709); Abs. 3 neu gef. durch G v. 12.5.1969 (BGBl. I S. 359).

[2)] Abschnitt Xa (Art. 115a–115l) eingef. durch G v. 24.6.1968 (BGBl. I S. 709).

[3)] Siehe die GeschäftsO für das Verfahren nach Art. 115d GG (Nr. **16**).

[4)] Art. 115e eingef. durch G v. 24.6.1968 (BGBl. I S. 709); Abs. 2 Satz 2 neu gef. durch G v. 21.12. 1992 (BGBl. I S. 2086).

(2) [1] Durch ein Gesetz des Gemeinsamen Ausschusses darf das Grundgesetz weder geändert noch ganz oder teilweise außer Kraft oder außer Anwendung gesetzt werden. [2] Zum Erlaß von Gesetzen nach Artikel 23 Abs. 1 Satz 2, Artikel 24 Abs. 1 oder Artikel 29 ist der Gemeinsame Ausschuß nicht befugt.

Art. 115f[1)] [Erweiterte Befugnisse der Bundesregierung] (1) Die Bundesregierung kann im Verteidigungsfalle, soweit es die Verhältnisse erfordern,

1. den *Bundesgrenzschutz*[2)] im gesamten Bundesgebiete einsetzen;
2. außer der Bundesverwaltung auch den Landesregierungen und, wenn sie es für dringlich erachtet, den Landesbehörden Weisungen erteilen und diese Befugnis auf von ihr zu bestimmende Mitglieder der Landesregierungen übertragen.

(2) Bundestag, Bundesrat und der Gemeinsame Ausschuß sind unverzüglich von den nach Absatz 1 getroffenen Maßnahmen zu unterrichten.

Art. 115g[1)] [Stellung des Bundesverfassungsgerichts] [1] Die verfassungsmäßige Stellung und die Erfüllung der verfassungsmäßigen Aufgaben des Bundesverfassungsgerichtes und seiner Richter dürfen nicht beeinträchtigt werden. [2] Das Gesetz über das Bundesverfassungsgericht[3)] darf durch ein Gesetz des Gemeinsamen Ausschusses nur insoweit geändert werden, als dies auch nach Auffassung des Bundesverfassungsgerichtes zur Aufrechterhaltung der Funktionsfähigkeit des Gerichtes erforderlich ist. [3] Bis zum Erlaß eines solchen Gesetzes kann das Bundesverfassungsgericht die zur Erhaltung der Arbeitsfähigkeit des Gerichtes erforderlichen Maßnahmen treffen. [4] Beschlüsse nach Satz 2 und Satz 3 faßt das Bundesverfassungsgericht mit der Mehrheit der anwesenden Richter.

Art. 115h[1)] [Wahlperioden und Amtszeiten] (1) [1] Während des Verteidigungsfalles ablaufende Wahlperioden des Bundestages oder der Volksvertretungen der Länder enden sechs Monate nach Beendigung des Verteidigungsfalles. [2] Die im Verteidigungsfalle ablaufende Amtszeit des Bundespräsidenten sowie bei vorzeitiger Erledigung seines Amtes die Wahrnehmung seiner Befugnisse durch den Präsidenten des Bundesrates enden neun Monate nach Beendigung des Verteidigungsfalles. [3] Die im Verteidigungsfalle ablaufende Amtszeit eines Mitgliedes des Bundesverfassungsgerichtes endet sechs Monate nach Beendigung des Verteidigungsfalles.

(2) [1] Wird eine Neuwahl des Bundeskanzlers durch den Gemeinsamen Ausschuß erforderlich, so wählt dieser einen neuen Bundeskanzler mit der Mehrheit seiner Mitglieder; der Bundespräsident macht dem Gemeinsamen Ausschuß einen Vorschlag. [2] Der Gemeinsame Ausschuß kann dem Bundeskanzler das Mißtrauen nur dadurch aussprechen, daß er mit der Mehrheit von zwei Dritteln seiner Mitglieder einen Nachfolger wählt.

(3) Für die Dauer des Verteidigungsfalles ist die Auflösung des Bundestages ausgeschlossen.

---

1) Abschnitt Xa (Art. 115a–115l) eingef. durch G v. 24.6.1968 (BGBl. I S. 709).
2) Jetzt: „Bundespolizei".
3) Nr. **20**.

Art. 115i[1] **[Erweiterte Befugnisse der Landesregierungen]** (1) Sind die zuständigen Bundesorgane außerstande, die notwendigen Maßnahmen zur Abwehr der Gefahr zu treffen, und erfordert die Lage unabweisbar ein sofortiges selbständiges Handeln in einzelnen Teilen des Bundesgebietes, so sind die Landesregierungen oder die von ihnen bestimmten Behörden oder Beauftragten befugt, für ihren Zuständigkeitsbereich Maßnahmen im Sinne des Artikels 115f Abs. 1 zu treffen.

(2) Maßnahmen nach Absatz 1 können durch die Bundesregierung, im Verhältnis zu Landesbehörden und nachgeordneten Bundesbehörden auch durch die Ministerpräsidenten der Länder, jederzeit aufgehoben werden.

Art. 115k[2] **[Geltung von Gesetzen und Rechtsverordnungen des Verteidigungsfalls]** (1) [1] Für die Dauer ihrer Anwendbarkeit setzen Gesetze nach den Artikeln 115c, 115e und 115g und Rechtsverordnungen, die auf Grund solcher Gesetze ergehen, entgegenstehendes Recht außer Anwendung. [2] Dies gilt nicht gegenüber früherem Recht, das auf Grund der Artikel 115c, 115e und 115g erlassen worden ist.

(2) Gesetze, die der Gemeinsame Ausschuß beschlossen hat, und Rechtsverordnungen, die auf Grund solcher Gesetze ergangen sind, treten spätestens sechs Monate nach Beendigung des Verteidigungsfalles außer Kraft.

(3) [1] Gesetze, die von den Artikeln 91a, 91b, 104a, 106 und 107 abweichende Regelungen enthalten, gelten längstens bis zum Ende des zweiten Rechnungsjahres, das auf die Beendigung des Verteidigungsfalles folgt. [2] Sie können nach Beendigung des Verteidigungsfalles durch Bundesgesetz mit Zustimmung des Bundesrates geändert werden, um zu der Regelung gemäß den Abschnitten VIIIa und X überzuleiten.

Art. 115l[1] **[Aufhebung von Maßnahmen und Beendigung des Verteidigungsfalls]** (1) [1] Der Bundestag kann jederzeit mit Zustimmung des Bundesrates Gesetze des Gemeinsamen Ausschusses aufheben. [2] Der Bundesrat kann verlangen, daß der Bundestag hierüber beschließt. [3] Sonstige zur Abwehr der Gefahr getroffene Maßnahmen des Gemeinsamen Ausschusses oder der Bundesregierung sind aufzuheben, wenn der Bundestag und der Bundesrat es beschließen.

(2) [1] Der Bundestag kann mit Zustimmung des Bundesrates jederzeit durch einen vom Bundespräsidenten zu verkündenden Beschluß den Verteidigungsfall für beendet erklären. [2] Der Bundesrat kann verlangen, daß der Bundestag hierüber beschließt. [3] Der Verteidigungsfall ist unverzüglich für beendet zu erklären, wenn die Voraussetzungen für seine Feststellung nicht mehr gegeben sind.

(3) Über den Friedensschluß wird durch Bundesgesetz entschieden.

---

[1] Abschnitt Xa (Art. 115a–115l) eingef. durch G v. 24.6.1968 (BGBl. I S. 709).

[2] Art. 115k eingef. durch G v. 24.6.1968 (BGBl. I S. 709); Abs. 3 neu gef. durch G v. 12.5.1969 (BGBl. I S. 359).

XI. Übergangs- und Schlußbestimmungen

Art. 116[1] **[Begriff des „Deutschen"; nationalsozialistische Ausbürgerung]** (1) Deutscher im Sinne dieses Grundgesetzes ist vorbehaltlich anderweitiger gesetzlicher Regelung, wer die deutsche Staatsangehörigkeit besitzt oder als Flüchtling oder Vertriebener deutscher Volkszugehörigkeit oder als dessen Ehegatte oder Abkömmling in dem Gebiete des Deutschen Reiches nach dem Stande vom 31. Dezember 1937 Aufnahme gefunden hat.

(2) [1] Frühere deutsche Staatsangehörige, denen zwischen dem 30. Januar 1933 und dem 8. Mai 1945 die Staatsangehörigkeit aus politischen, rassischen oder religiösen Gründen entzogen worden ist, und ihre Abkömmlinge sind auf Antrag wieder einzubürgern. [2] Sie gelten als nicht ausgebürgert, sofern sie nach dem 8. Mai 1945 ihren Wohnsitz in Deutschland genommen haben und nicht einen entgegengesetzten Willen zum Ausdruck gebracht haben.

Art. 117 [Übergangsregelung zu Art. 3 Abs. 2 und Art. 11] (1) Das dem Artikel 3 Abs. 2 entgegenstehende Recht bleibt bis zu seiner Anpassung an diese Bestimmung des Grundgesetzes in Kraft, jedoch nicht länger als bis zum 31. März 1953.

(2) Gesetze, die das Recht der Freizügigkeit mit Rücksicht auf die gegenwärtige Raumnot einschränken, bleiben bis zu ihrer Aufhebung durch Bundesgesetz in Kraft.

Art. 118 [Neugliederung der badischen und württembergischen Länder] [1] Die Neugliederung in dem die Länder Baden, Württemberg-Baden und Württemberg-Hohenzollern umfassenden Gebiete kann abweichend von den Vorschriften des Artikels 29 durch Vereinbarung der beteiligten Länder erfolgen. [2] Kommt eine Vereinbarung nicht zustande, so wird die Neugliederung durch Bundesgesetz[2] geregelt, das eine Volksbefragung vorsehen muß.

Art. 118a[3] **[Neugliederung Berlins und Brandenburgs]** Die Neugliederung in dem die Länder Berlin und Brandenburg umfassenden Gebiet kann abweichend von den Vorschriften des Artikels 29 unter Beteiligung ihrer Wahlberechtigten durch Vereinbarung beider Länder erfolgen.

Art. 119 [Flüchtlinge und Vertriebene] [1] In Angelegenheiten der Flüchtlinge und Vertriebenen, insbesondere zu ihrer Verteilung auf die Länder, kann bis zu einer bundesgesetzlichen Regelung die Bundesregierung mit Zustimmung des Bundesrates Verordnungen mit Gesetzeskraft erlassen. [2] Für besondere Fälle kann dabei die Bundesregierung ermächtigt werden, Einzelweisungen zu erteilen. [3] Die Weisungen sind außer bei Gefahr im Verzuge an die obersten Landesbehörden zu richten.

---

[1] Siehe hierzu das StaatsangehörigkeitsG **(Sartorius Nr. 15)** und das G zur Reform des Staatsangehörigkeitsrechts v. 15.7.1999 (BGBl. I S. 1618).

[2] So geschehen durch das Zweite G über die Neugliederung in den Ländern Baden, Württemberg-Baden und Württemberg-Hohenzollern v. 4.5.1951 (BGBl. I S. 284).

[3] Art. 118a eingef. durch G v. 27.10.1994 (BGBl. I S. 3146).

Art. 120[1] **[Kriegsfolge- und Sozialversicherungslasten; Ertragshoheit]**

(1) [1] Der Bund trägt die Aufwendungen für Besatzungskosten und die sonstigen inneren und äußeren Kriegsfolgelasten nach näherer Bestimmung von Bundesgesetzen[2]. [2] Soweit diese Kriegsfolgelasten bis zum 1. Oktober 1969 durch Bundesgesetze geregelt worden sind, tragen Bund und Länder im Verhältnis zueinander die Aufwendungen nach Maßgabe dieser Bundesgesetze. [3] Soweit Aufwendungen für Kriegsfolgelasten, die in Bundesgesetzen weder geregelt worden sind noch geregelt werden, bis zum 1. Oktober 1965 von den Ländern, Gemeinden (Gemeindeverbänden) oder sonstigen Aufgabenträgern, die Aufgaben von Ländern oder Gemeinden erfüllen, erbracht worden sind, ist der Bund zur Übernahme von Aufwendungen dieser Art auch nach diesem Zeitpunkt nicht verpflichtet. [4] Der Bund trägt die Zuschüsse zu den Lasten der Sozialversicherung mit Einschluß der Arbeitslosenversicherung und der Arbeitslosenhilfe. [5] Die durch diesen Absatz geregelte Verteilung der Kriegsfolgelasten auf Bund und Länder läßt die gesetzliche Regelung von Entschädigungsansprüchen für Kriegsfolgen unberührt.

(2) Die Einnahmen gehen auf den Bund zu demselben Zeitpunkte über, an dem der Bund die Ausgaben übernimmt.

Art. 120a[3] **[Lastenausgleich]** (1) [1] Die Gesetze, die der Durchführung des Lastenausgleichs dienen, können mit Zustimmung des Bundesrates bestimmen, daß sie auf dem Gebiete der Ausgleichsleistungen teils durch den Bund, teils im Auftrage des Bundes durch die Länder ausgeführt werden und daß die der Bundesregierung und den zuständigen obersten Bundesbehörden auf Grund des Artikels 85 insoweit zustehenden Befugnisse ganz oder teilweise dem Bundesausgleichsamt übertragen werden. [2] Das Bundesausgleichsamt bedarf bei Ausübung dieser Befugnisse nicht der Zustimmung des Bundesrates; seine Weisungen sind, abgesehen von den Fällen der Dringlichkeit, an die obersten Landesbehörden (Landesausgleichsämter) zu richten.

(2) Artikel 87 Abs. 3 Satz 2 bleibt unberührt.

Art. 121 [Begriff der Mehrheit] Mehrheit der Mitglieder des Bundestages und der Bundesversammlung im Sinne dieses Grundgesetzes ist die Mehrheit ihrer gesetzlichen Mitgliederzahl.

Art. 122 [Bisherige Gesetzgebungskompetenzen] (1) Vom Zusammentritt des Bundestages an werden die Gesetze ausschließlich von den in diesem Grundgesetze anerkannten gesetzgebenden Gewalten beschlossen.

(2) Gesetzgebende und bei der Gesetzgebung beratend mitwirkende Körperschaften, deren Zuständigkeit nach Absatz 1 endet, sind mit diesem Zeitpunkt aufgelöst.

---

[1] Art. 120 Abs. 1 neu gef. durch G v. 30.7.1965 (BGBl. I S. 649), Abs. 1 Satz 2 geänd. durch G v. 28.7.1969 (BGBl. I S. 985).

[2] Siehe das Erste G zur Überleitung von Lasten und Deckungsmitteln auf den Bund v. 28.4.1955 (BGBl. I S. 193), zuletzt geänd. durch G v. 20.12.1991 (BGBl. I S. 2317).

[3] Art. 120a eingef. durch G v. 14.8.1952 (BGBl. I S. 445).

Art. 123 [Fortgeltung des alten Rechts] (1) Recht aus der Zeit vor dem Zusammentritt des Bundestages gilt fort, soweit es dem Grundgesetze nicht widerspricht.

(2) Die vom Deutschen Reich abgeschlossenen Staatsverträge, die sich auf Gegenstände beziehen, für die nach diesem Grundgesetze die Landesgesetzgebung zuständig ist, bleiben, wenn sie nach allgemeinen Rechtsgrundsätzen gültig sind und fortgelten, unter Vorbehalt aller Rechte und Einwendungen der Beteiligten in Kraft, bis neue Staatsverträge durch die nach diesem Grundgesetze zuständigen Stellen abgeschlossen werden oder ihre Beendigung auf Grund der in ihnen enthaltenen Bestimmungen anderweitig erfolgt.

Art. 124 [Altes Recht auf dem Gebiet der ausschließlichen Gesetzgebung] Recht, das Gegenstände der ausschließlichen Gesetzgebung des Bundes[1] betrifft, wird innerhalb seines Geltungsbereiches Bundesrecht.

Art. 125 [Altes Recht auf dem Gebiet der konkurrierenden Gesetzgebung] Recht, das Gegenstände der konkurrierenden Gesetzgebung des Bundes[2] betrifft, wird innerhalb seines Geltungsbereiches Bundesrecht,

1. soweit es innerhalb einer oder mehrerer Besatzungszonen einheitlich gilt,
2. soweit es sich um Recht handelt, durch das nach dem 8. Mai 1945 früheres Reichsrecht abgeändert worden ist.

Art. 125a[3] [Fortgeltung von Bundesrecht; Ersetzung durch Landesrecht] (1) [1] Recht, das als Bundesrecht erlassen worden ist, aber wegen der Änderung des Artikels 74 Abs. 1, der Einfügung des Artikels 84 Abs. 1 Satz 7, des Artikels 85 Abs. 1 Satz 2 oder des Artikels 105 Abs. 2a Satz 2 oder wegen der Aufhebung der Artikel 74a, 75 oder 98 Abs. 3 Satz 2 nicht mehr als Bundesrecht erlassen werden könnte, gilt als Bundesrecht fort. [2] Es kann durch Landesrecht ersetzt werden.

(2) [1] Recht, das auf Grund des Artikels 72 Abs. 2 in der bis zum 15. November 1994 geltenden Fassung erlassen worden ist, aber wegen Änderung des Artikels 72 Abs. 2 nicht mehr als Bundesrecht erlassen werden könnte, gilt als Bundesrecht fort. [2] Durch Bundesgesetz kann bestimmt werden, dass es durch Landesrecht ersetzt werden kann.

(3) [1] Recht, das als Landesrecht erlassen worden ist, aber wegen Änderung des Artikels 73 nicht mehr als Landesrecht erlassen werden könnte, gilt als Landesrecht fort. [2] Es kann durch Bundesrecht ersetzt werden.

Art. 125b[4] [Fortgeltung von Bundesrecht; abweichende Regelungen durch die Länder] (1) [1] Recht, das auf Grund des Artikels 75 in der bis zum 1. September 2006 geltenden Fassung erlassen worden ist und das auch nach diesem Zeitpunkt als Bundesrecht erlassen werden könnte, gilt als Bundesrecht fort. [2] Befugnisse und Verpflichtungen der Länder zur Gesetzgebung bleiben insoweit bestehen. [3] Auf den in Artikel 72 Abs. 3 Satz 1 genannten Gebieten

---

[1] Siehe Art. 73 und 105 Abs. 1.

[2] Siehe Art. 74 und 105 Abs. 2.

[3] Art. 125a eingef. durch G v. 27.10.1994 (BGBl I S. 3146); neu gef. mWv 1.9.2006 durch G v. 28.8.2006 (BGBl. I S. 2034).

[4] Art. 125b eingef. mWv 1.9.2006 durch G v. 28.8.2006 (BGBl. I S. 2034).

können die Länder von diesem Recht abweichende Regelungen treffen, auf den Gebieten des Artikels 72 Abs. 3 Satz 1 Nr. 2, 5 und 6 jedoch erst, wenn und soweit der Bund ab dem 1. September 2006 von seiner Gesetzgebungszuständigkeit Gebrauch gemacht hat, in den Fällen der Nummern 2 und 5 spätestens ab dem 1. Januar 2010, im Falle der Nummer 6 spätestens ab dem 1. August 2008.

(2) Von bundesgesetzlichen Regelungen, die auf Grund des Artikels 84 Abs. 1 in der vor dem 1. September 2006 geltenden Fassung erlassen worden sind, können die Länder abweichende Regelungen treffen, von Regelungen des Verwaltungsverfahrens bis zum 31. Dezember 2008 aber nur dann, wenn ab dem 1. September 2006 in dem jeweiligen Bundesgesetz Regelungen des Verwaltungsverfahrens geändert worden sind.

Art. 125c[1)] [Fortgeltung von Bundesrecht auf dem Gebiet der Gemeindeverkehrsfinanzierung und der sozialen Wohnraumförderung]

(1) Recht, das auf Grund des Artikels 91a Abs. 2 in Verbindung mit Abs. 1 Nr. 1 in der bis zum 1. September 2006 geltenden Fassung erlassen worden ist, gilt bis zum 31. Dezember 2006 fort.

(2) [1] Die nach Artikel 104a Abs. 4 in der bis zum 1. September 2006 geltenden Fassung in den Bereichen der Gemeindeverkehrsfinanzierung und der sozialen Wohnraumförderung geschaffenen Regelungen gelten bis zum 31. Dezember 2006 fort. [2] Die im Bereich der Gemeindeverkehrsfinanzierung für die besonderen Programme nach § 6 Absatz 1 des Gemeindeverkehrsfinanzierungsgesetzes sowie die mit dem Gesetz über Finanzhilfen des Bundes nach Artikel 104a Absatz 4 des Grundgesetzes an die Länder Bremen, Hamburg, Mecklenburg-Vorpommern, Niedersachsen sowie Schleswig-Holstein für Seehäfen vom 20. Dezember 2001 nach Artikel 104a Absatz 4 in der bis zum 1. September 2006 geltenden Fassung geschaffenen Regelungen gelten bis zu ihrer Aufhebung fort. [3] Eine Änderung des Gemeindeverkehrsfinanzierungsgesetzes durch Bundesgesetz ist ab dem 1. Januar 2025 zulässig. [4] Die sonstigen nach Artikel 104a Absatz 4 in der bis zum 1. September 2006 geltenden Fassung geschaffenen Regelungen gelten bis zum 31. Dezember 2019 fort, soweit nicht ein früherer Zeitpunkt für das Außerkrafttreten bestimmt ist oder wird.

Art. 126[2)] [Streit über das Fortgelten des alten Rechts] Meinungsverschiedenheiten über das Fortgelten von Recht als Bundesrecht entscheidet das Bundesverfassungsgericht.

Art. 127 [Recht des Vereinigten Wirtschaftsgebietes] Die Bundesregierung kann mit Zustimmung der Regierungen der beteiligten Länder Recht der Verwaltung des Vereinigten Wirtschaftsgebietes, soweit es nach Artikel 124 oder 125 als Bundesrecht fortgilt, innerhalb eines Jahres nach Verkündung dieses Grundgesetzes in den Ländern Baden, Groß-Berlin, Rheinland-Pfalz und Württemberg-Hohenzollern in Kraft setzen.

---

1) Art. 125c eingef. mWv 1.9.2006 durch G v. 28.8.2006 (BGBl. I S. 2034); Abs. 2 Satz 2 neu gef., Sätze 3 und 4 angef. mWv 20.7.2017 durch G v. 13.7.2017 (BGBl. I S. 2347).

2) Siehe hierzu § 13 Nr. 14 und §§ 86 ff. BundesverfassungsgerichtsG (Nr. **20**).

Art. 128 [Fortbestehen von Weisungsrechten] Soweit fortgeltendes Recht Weisungsrechte im Sinne des Artikels 84 Abs. 5 vorsieht, bleiben sie bis zu einer anderweitigen gesetzlichen Regelung bestehen.

Art. 129 [Fortgeltung von Ermächtigungen zu Rechtsverordnungen]

(1) [1] Soweit in Rechtsvorschriften, die als Bundesrecht fortgelten, eine Ermächtigung zum Erlasse von Rechtsverordnungen oder allgemeinen Verwaltungsvorschriften sowie zur Vornahme von Verwaltungsakten enthalten ist, geht sie auf die nunmehr sachlich zuständigen Stellen über. [2] In Zweifelsfällen entscheidet die Bundesregierung im Einvernehmen mit dem Bundesrate; die Entscheidung ist zu veröffentlichen.

(2) Soweit in Rechtsvorschriften, die als Landesrecht fortgelten, eine solche Ermächtigung enthalten ist, wird sie von den nach Landesrecht zuständigen Stellen ausgeübt.

(3) Soweit Rechtsvorschriften im Sinne der Absätze 1 und 2 zu ihrer Änderung oder Ergänzung oder zum Erlaß von Rechtsvorschriften anstelle von Gesetzen ermächtigen, sind diese Ermächtigungen erloschen.

(4) Die Vorschriften der Absätze 1 und 2 gelten entsprechend, soweit in Rechtsvorschriften auf nicht mehr geltende Vorschriften oder nicht mehr bestehende Einrichtungen verwiesen ist.

Art. 130 [Überleitung von Verwaltungs- und Rechtspflegeeinrichtungen] (1) [1] Verwaltungsorgane und sonstige der öffentlichen Verwaltung oder Rechtspflege dienende Einrichtungen, die nicht auf Landesrecht oder Staatsverträgen zwischen Ländern beruhen, sowie die Betriebsvereinigung der südwestdeutschen Eisenbahnen und der Verwaltungsrat für das Post- und Fernmeldewesen für das französische Besatzungsgebiet unterstehen der Bundesregierung. [2] Diese regelt mit Zustimmung des Bundesrates die Überführung, Auflösung oder Abwicklung.

(2) Oberster Disziplinarvorgesetzter der Angehörigen dieser Verwaltungen und Einrichtungen ist der zuständige Bundesminister.

(3) Nicht landesunmittelbare und nicht auf Staatsverträgen zwischen den Ländern beruhende Körperschaften und Anstalten des öffentlichen Rechtes unterstehen der Aufsicht der zuständigen obersten Bundesbehörde.

Art. 131[1)] [Frühere Angehörige des Öffentlichen Dienstes] [1] Die Rechtsverhältnisse von Personen einschließlich der Flüchtlinge und Vertriebenen, die am 8. Mai 1945 im öffentlichen Dienste standen, aus anderen als beamten- oder tarifrechtlichen Gründen ausgeschieden sind und bisher nicht oder nicht ihrer früheren Stellung entsprechend verwendet werden, sind durch Bundesgesetz zu regeln. [2] Entsprechendes gilt für Personen einschließlich der Flüchtlinge und Vertriebenen, die am 8. Mai 1945 versorgungsberechtigt waren und aus anderen als beamten- oder tarifrechtlichen Gründen keine oder keine entsprechende Versorgung mehr erhalten. [3] Bis zum Inkrafttreten des Bundesgesetzes können vorbehaltlich anderweitiger landesrechtlicher Regelung Rechtsansprüche nicht geltend gemacht werden.

[1)] Für das Gebiet der ehem. DDR ist Art. 131 nach Art. 6 EVertr. v. 31.8.1990 (BGBl. II S. 885, 889) vorerst nicht in Kraft gesetzt worden.

Art. **132**[1] ***[Ausschluss aus dem Öffentlichen Dienst]*** *(1) ¹Beamte und Richter, die im Zeitpunkte des Inkrafttretens dieses Grundgesetzes auf Lebenszeit angestellt sind, können binnen sechs Monaten nach dem ersten Zusammentritt des Bundestages in den Ruhestand oder Wartestand oder in ein Amt mit niedrigerem Diensteinkommen versetzt werden, wenn ihnen die persönliche oder fachliche Eignung für ihr Amt fehlt. ²Auf Angestellte, die in einem unkündbaren Dienstverhältnis stehen, findet diese Vorschrift entsprechende Anwendung. ³Bei Angestellten, deren Dienstverhältnis kündbar ist, können über die tarifmäßige Regelung hinausgehende Kündigungsfristen innerhalb der gleichen Frist aufgehoben werden.*

(2) Diese Bestimmung findet keine Anwendung auf Angehörige des öffentlichen Dienstes, die von den Vorschriften über die „Befreiung von Nationalsozialismus und Militarismus" nicht betroffen oder die anerkannte Verfolgte des Nationalsozialismus sind, sofern nicht ein wichtiger Grund in ihrer Person vorliegt.

(3) Den Betroffenen steht der Rechtsweg gemäß Artikel 19 Absatz 4 offen.

(4) Das Nähere bestimmt eine Verordnung der Bundesregierung, die der Zustimmung des Bundesrates bedarf.

Art. 133 [Rechtsnachfolge, Vereinigtes Wirtschaftsgebiet] Der Bund tritt in die Rechte und Pflichten der Verwaltung des Vereinigten Wirtschaftsgebietes ein.

Art. 134 [Rechtsnachfolge in das Reichsvermögen] (1) Das Vermögen des Reiches wird grundsätzlich Bundesvermögen.

(2) ¹Soweit es nach seiner ursprünglichen Zweckbestimmung überwiegend für Verwaltungsaufgaben bestimmt war, die nach diesem Grundgesetze nicht Verwaltungsaufgaben des Bundes sind, ist es unentgeltlich auf die nunmehr zuständigen Aufgabenträger und, soweit es nach seiner gegenwärtigen, nicht nur vorübergehenden Benutzung Verwaltungsaufgaben dient, die nach diesem Grundgesetze nunmehr von den Ländern zu erfüllen sind, auf die Länder zu übertragen. ²Der Bund kann auch sonstiges Vermögen den Ländern übertragen.

(3) Vermögen, das dem Reich von den Ländern und Gemeinden (Gemeindeverbänden) unentgeltlich zur Verfügung gestellt wurde, wird wiederum Vermögen der Länder und Gemeinden (Gemeindeverbände), soweit es nicht der Bund für eigene Verwaltungsaufgaben benötigt.

(4) Das Nähere regelt ein Bundesgesetz[2], das der Zustimmung des Bundesrates bedarf.

Art. 135 [Vermögen bei Änderung des Gebietsstandes] (1) Hat sich nach dem 8. Mai 1945 bis zum Inkrafttreten dieses Grundgesetzes[3] die Landeszugehörigkeit eines Gebietes geändert, so steht in diesem Gebiete das Vermögen des Landes, dem das Gebiet angehört hat, dem Lande zu, dem es jetzt angehört.

---

[1] Gegenstandslos durch Zeitablauf.

[2] Siehe das G zur Regelung der Rechtsverhältnisse des Reichsvermögens und der preußischen Beteiligungen v. 16.5.1961 (BGBl. I S. 597) und das G über die vermögensrechtlichen Verhältnisse der Deutschen Bundesbahn v. 2.3.1951 (BGBl. I S. 155).

[3] Siehe Art. 145.

(2) Das Vermögen nicht mehr bestehender Länder und nicht mehr bestehender anderer Körperschaften und Anstalten des öffentlichen Rechtes geht, soweit es nach seiner ursprünglichen Zweckbestimmung überwiegend für Verwaltungsaufgaben bestimmt war, oder nach seiner gegenwärtigen, nicht nur vorübergehenden Benutzung überwiegend Verwaltungsaufgaben dient, auf das Land oder die Körperschaft oder Anstalt des öffentlichen Rechtes über, die nunmehr diese Aufgaben erfüllen.

(3) Grundvermögen nicht mehr bestehender Länder geht einschließlich des Zubehörs, soweit es nicht bereits zu Vermögen im Sinne des Absatzes 1 gehört, auf das Land über, in dessen Gebiet es belegen ist.

(4) Sofern ein überwiegendes Interesse des Bundes oder das besondere Interesse eines Gebietes es erfordert, kann durch Bundesgesetz eine von den Absätzen 1 bis 3 abweichende Regelung getroffen werden.

(5) Im übrigen wird die Rechtsnachfolge und die Auseinandersetzung, soweit sie nicht bis zum 1. Januar 1952 durch Vereinbarung zwischen den beteiligten Ländern oder Körperschaften oder Anstalten des öffentlichen Rechtes erfolgt, durch Bundesgesetz geregelt, das der Zustimmung des Bundesrates bedarf.

(6) [1] Beteiligungen des ehemaligen Landes Preußen an Unternehmen des privaten Rechtes gehen auf den Bund über. [2] Das Nähere regelt ein Bundesgesetz, das auch Abweichendes bestimmen kann.

(7) Soweit über Vermögen, das einem Lande oder einer Körperschaft oder Anstalt des öffentlichen Rechtes nach den Absätzen 1 bis 3 zufallen würde, von dem danach Berechtigten durch ein Landesgesetz, auf Grund eines Landesgesetzes oder in anderer Weise bei Inkrafttreten des Grundgesetzes verfügt worden war, gilt der Vermögensübergang als vor der Verfügung erfolgt.

Art. 135a[1) 2)] [Verbindlichkeiten des Reichs und anderer Körperschaften] (1) Durch die in Artikel 134 Abs. 4 und Artikel 135 Abs. 5 vorbehaltene Gesetzgebung des Bundes kann auch bestimmt werden, daß nicht oder nicht in voller Höhe zu erfüllen sind

1. Verbindlichkeiten des Reiches sowie Verbindlichkeiten des ehemaligen Landes Preußen und sonstiger nicht mehr bestehender Körperschaften und Anstalten des öffentlichen Rechts,
2. Verbindlichkeiten des Bundes oder anderer Körperschaften und Anstalten des öffentlichen Rechts, welche mit dem Übergang von Vermögenswerten nach Artikel 89, 90, 134 und 135 im Zusammenhang stehen, und Verbindlichkeiten dieser Rechtsträger, die auf Maßnahmen der in Nummer 1 bezeichneten Rechtsträger beruhen,
3. Verbindlichkeiten der Länder und Gemeinden (Gemeindeverbände), die aus Maßnahmen entstanden sind, welche diese Rechtsträger vor dem 1. August

---

1) Art. 135a eingef. durch G v. 22.10.1957 (BGBl. I S. 1745); Abs. 2 angef., bish. Wortlaut wird Abs. 1 durch EVertr. v. 31.8.1990 (BGBl. II S. 885, 889).

2) Siehe hierzu auch das Allgemeine KriegsfolgenG v. 5.11.1957 (BGBl. I S. 1747), zuletzt geänd. durch G v. 31.7.2009 (BGBl. I S. 2512), das G zur Regelung der Verbindlichkeiten nationalsozialistischer Einrichtungen und der Rechtsverhältnisse an deren Vermögen v. 17.3.1965 (BGBl. I S. 79), zuletzt geänd. durch G v. 12.8.2005 (BGBl. I S. 2354) und das Rechtsträger-AbwicklungsG v. 6.9. 1965 (BGBl. I S. 1065), zuletzt geänd. durch G v. 5.10.1994 (BGBl. I S. 2911).

1945 zur Durchführung von Anordnungen der Besatzungsmächte oder zur Beseitigung eines kriegsbedingten Notstandes im Rahmen dem Reich obliegender oder vom Reich übertragener Verwaltungsaufgaben getroffen haben.

(2) Absatz 1 findet entsprechende Anwendung auf Verbindlichkeiten der Deutschen Demokratischen Republik oder ihrer Rechtsträger sowie auf Verbindlichkeiten des Bundes oder anderer Körperschaften und Anstalten des öffentlichen Rechts, die mit dem Übergang von Vermögenswerten der Deutschen Demokratischen Republik auf Bund, Länder und Gemeinden im Zusammenhang stehen, und auf Verbindlichkeiten, die auf Maßnahmen der Deutschen Demokratischen Republik oder ihrer Rechtsträger beruhen.

Art. 136[1] ***[Erster Zusammentritt des Bundesrates]*** *(1) Der Bundesrat tritt erstmalig am Tage des ersten Zusammentrittes des Bundestages zusammen.*

(2) 1 Bis zur Wahl des ersten Bundespräsidenten werden dessen Befugnisse von dem Präsidenten des Bundesrates ausgeübt. 2 Das Recht der Auflösung des Bundestages steht ihm nicht zu.

Art. 137[2] **[Wählbarkeit von Angehörigen des Öffentlichen Dienstes u.a.]** (1)[3] Die Wählbarkeit von Beamten, Angestellten des öffentlichen Dienstes, Berufssoldaten, freiwilligen Soldaten auf Zeit und Richtern im Bund, in den Ländern und den Gemeinden kann gesetzlich beschränkt werden.

(2)[1] *Für die Wahl des ersten Bundestages, der ersten Bundesversammlung und des ersten Bundespräsidenten der Bundesrepublik gilt das vom Parlamentarischen Rat zu beschließende Wahlgesetz.*

(3)[1] *Die dem Bundesverfassungsgerichte gemäß Artikel 41 Absatz 2 zustehende Befugnis wird bis zu seiner Errichtung von dem Deutschen Obergericht für das Vereinigte Wirtschaftsgebiet wahrgenommen, das nach Maßgabe seiner Verfahrensordnung entscheidet.*

Art. 138 [Süddeutsches Notariat] Änderungen der Einrichtungen des jetzt bestehenden Notariats in den Ländern *Baden*[4], Bayern, *Württemberg-Baden*[4] und *Württemberg-Hohenzollern*[4] bedürfen der Zustimmung der Regierungen dieser Länder.

Art. 139 [Entnazifizierungsvorschriften] Die zur „Befreiung des deutschen Volkes vom Nationalsozialismus und Militarismus" erlassenen Rechtsvorschriften werden von den Bestimmungen dieses Grundgesetzes nicht berührt.

Art. 140 [Übernahme von Glaubensbestimmungen der Weimarer Reichsverfassung] Die Bestimmungen der Artikel 136, 137, 138, 139 und 141 der deutschen Verfassung vom 11. August 1919[5] sind Bestandteil dieses Grundgesetzes.

---

[1] Gegenstandslos durch Zeitablauf.

[2] Art. 137 Abs. 1 neu gef. durch G v. 19.3.1956 (BGBl. I S. 111).

[3] Siehe hierzu auch das AbgeordnetenG (Nr. **23**).

[4] Nach Vereinigung der drei Länder durch das 2. NeugliederungsG v. 4.5.1951 (BGBl. I S. 284) seit dem 25.4.1952 „Baden-Württemberg".

[5] Die Artikel 136, 137, 138, 139 und 141 der Weimarer Reichsverfassung sind im Anschluss an Art. 146 wiedergegeben.

Art. 141 [Religionsunterricht] Artikel 7 Absatz 3 Satz 1 findet keine Anwendung in einem Lande, in dem am 1. Januar 1949 eine andere landesrechtliche Regelung bestand.

Art. 142 [Grundrechte in Landesverfassungen] Ungeachtet der Vorschrift des Artikels 31 bleiben Bestimmungen der Landesverfassungen auch insoweit in Kraft, als sie in Übereinstimmung mit den Artikeln 1 bis 18 dieses Grundgesetzes Grundrechte gewährleisten.

Art. 142a[1)] *(aufgehoben)*

Art. 143[2)] **[Sondervorschriften für neue Bundesländer und Ost-Berlin]**

(1)[3)] [1] Recht in dem in Artikel 3 des Einigungsvertrags[4)] genannten Gebiet kann längstens bis zum 31. Dezember 1992 von Bestimmungen dieses Grundgesetzes abweichen, soweit und solange infolge der unterschiedlichen Verhältnisse die völlige Anpassung an die grundgesetzliche Ordnung noch nicht erreicht werden kann. [2] Abweichungen dürfen nicht gegen Artikel 19 Abs. 2 verstoßen und müssen mit den in Artikel 79 Abs. 3 genannten Grundsätzen vereinbar sein.

(2)[3)] Abweichungen von den Abschnitten II, VIII, VIIIa, IX, X und XI sind längstens bis zum 31. Dezember 1995 zulässig.

(3) Unabhängig von Absatz 1 und 2 haben Artikel 41 des Einigungsvertrags und Regelungen zu seiner Durchführung auch insoweit Bestand, als sie vorsehen, daß Eingriffe in das Eigentum auf dem in Artikel 3 dieses Vertrags genannten Gebiet nicht mehr rückgängig gemacht werden.

Art. 143a[5)] **[Übergangsvorschriften für Bundeseisenbahnen]** (1) [1] Der Bund hat die ausschließliche Gesetzgebung über alle Angelegenheiten, die sich aus der Umwandlung der in bundeseigener Verwaltung geführten Bundeseisenbahnen in Wirtschaftsunternehmen ergeben. [2] Artikel 87e Abs. 5 findet entsprechende Anwendung. [3] Beamte der Bundeseisenbahnen können durch Gesetz unter Wahrung ihrer Rechtsstellung und der Verantwortung des Dienstherrn einer privat-rechtlich organisierten Eisenbahn des Bundes zur Dienstleistung zugewiesen werden.

(2) Gesetze nach Absatz 1 führt der Bund aus.

(3) [1] Die Erfüllung der Aufgaben im Bereich des Schienenpersonennahverkehrs der bisherigen Bundeseisenbahnen ist bis zum 31. Dezember 1995 Sache des Bundes. [2] Dies gilt auch für die entsprechenden Aufgaben der Eisenbahnverkehrsverwaltung. [3] Das Nähere wird durch Bundesgesetz[6)] geregelt, das der Zustimmung des Bundesrates bedarf.

[1)] Art. 142a aufgeh. durch G v. 24.6.1968 (BGBl. I S. 709).

[2)] Art. 143 eingef. durch EVertr. v. 31.8.1990 (BGBl. II S. 885, 889).

[3)] Art. 143 Abs. 1 und 2 haben gem. Unterzeichnungsprotokoll zum EVertr. „[...] nur zeitliche Bedeutung; sie sind deshalb keine Vorgabe für die künftige Gesetzgebung."

[4)] Nr. **2**.

[5)] Art. 143a eingef. durch G v. 20.12.1993 (BGBl. I S. 2089).

[6)] Siehe das G zur Entflechtung von Gemeinschaftsaufgaben und Finanzhilfen (Entflechtungsgesetz – EntflechtG) v. 5.9.2006 (BGBl. I S. 2098, 2102), zuletzt geänd. durch G v. 1.12.2016 (BGBl. I S. 2755).

Art. 143b[1] [Umwandlung der Deutschen Bundespost] (1) [1]Das Sondervermögen Deutsche Bundespost wird nach Maßgabe eines Bundesgesetzes in Unternehmen privater Rechtsform umgewandelt. [2]Der Bund hat die ausschließliche Gesetzgebung über alle sich hieraus ergebenden Angelegenheiten.

(2) [1]Die vor der Umwandlung bestehenden ausschließlichen Rechte des Bundes können durch Bundesgesetz für eine Übergangszeit den aus der Deutschen Bundespost POSTDIENST und der Deutschen Bundespost TELEKOM hervorgegangenen Unternehmen verliehen werden. [2]Die Kapitalmehrheit am Nachfolgeunternehmen der Deutschen Bundespost POSTDIENST darf der Bund frühestens fünf Jahre nach Inkrafttreten des Gesetzes aufgeben. [3]Dazu bedarf es eines Bundesgesetzes mit Zustimmung des Bundesrates.

(3) [1]Die bei der Deutschen Bundespost tätigen Bundesbeamten werden unter Wahrung ihrer Rechtsstellung und der Verantwortung des Dienstherrn bei den privaten Unternehmen beschäftigt. [2]Die Unternehmen üben Dienstherrenbefugnisse aus. [3]Das Nähere bestimmt ein Bundesgesetz.

Art. 143c[2] [Übergangsvorschriften wegen Wegfalls der Finanzhilfen durch den Bund] (1) [1]Den Ländern stehen ab dem 1. Januar 2007 bis zum 31. Dezember 2019 für den durch die Abschaffung der Gemeinschaftsaufgaben Ausbau und Neubau von Hochschulen einschließlich Hochschulkliniken und Bildungsplanung sowie für den durch die Abschaffung der Finanzhilfen zur Verbesserung der Verkehrsverhältnisse der Gemeinden und zur sozialen Wohnraumförderung bedingten Wegfall der Finanzierungsanteile des Bundes jährlich Beträge aus dem Haushalt des Bundes zu. [2]Bis zum 31. Dezember 2013 werden diese Beträge aus dem Durchschnitt der Finanzierungsanteile des Bundes im Referenzzeitraum 2000 bis 2008 ermittelt.

(2) Die Beträge nach Absatz 1 werden auf die Länder bis zum 31. Dezember 2013 wie folgt verteilt:

1. als jährliche Festbeträge, deren Höhe sich nach dem Durchschnittsanteil eines jeden Landes im Zeitraum 2000 bis 2003 errechnet;
2. jeweils zweckgebunden an den Aufgabenbereich der bisherigen Mischfinanzierungen.

(3) [1]Bund und Länder überprüfen bis Ende 2013, in welcher Höhe die den Ländern nach Absatz 1 zugewiesenen Finanzierungsmittel zur Aufgabenerfüllung der Länder noch angemessen und erforderlich sind. [2]Ab dem 1. Januar 2014 entfällt die nach Absatz 2 Nr. 2 vorgesehene Zweckbindung der nach Absatz 1 zugewiesenen Finanzierungsmittel; die investive Zweckbindung des Mittelvolumens bleibt bestehen. [3]Die Vereinbarungen aus dem Solidarpakt II bleiben unberührt.

(4) Das Nähere regelt ein Bundesgesetz, das der Zustimmung des Bundesrates bedarf.

---

[1] Art. 143b eingef. durch G v. 30.8.1994 (BGBl. I S. 2245).
[2] Art. 143c eingef. mWv 1.9.2006 durch G v. 28.8.2006 (BGBl. I S. 2034).

Art. 143d[1)] [Übergangsvorschriften im Rahmen der Konsolidierungshilfen] (1) [1] Artikel 109 und 115 in der bis zum 31. Juli 2009 geltenden Fassung sind letztmals auf das Haushaltsjahr 2010 anzuwenden. [2] Artikel 109 und 115 in der ab dem 1. August 2009 geltenden Fassung sind erstmals für das Haushaltsjahr 2011 anzuwenden; am 31. Dezember 2010 bestehende Kreditermächtigungen für bereits eingerichtete Sondervermögen bleiben unberührt. [3] Die Länder dürfen im Zeitraum vom 1. Januar 2011 bis zum 31. Dezember 2019 nach Maßgabe der geltenden landesrechtlichen Regelungen von den Vorgaben des Artikels 109 Absatz 3 abweichen. [4] Die Haushalte der Länder sind so aufzustellen, dass im Haushaltsjahr 2020 die Vorgabe aus Artikel 109 Absatz 3 Satz 5 erfüllt wird. [5] Der Bund kann im Zeitraum vom 1. Januar 2011 bis zum 31. Dezember 2015 von der Vorgabe des Artikels 115 Absatz 2 Satz 2 abweichen. [6] Mit dem Abbau des bestehenden Defizits soll im Haushaltsjahr 2011 begonnen werden. [7] Die jährlichen Haushalte sind so aufzustellen, dass im Haushaltsjahr 2016 die Vorgabe aus Artikel 115 Absatz 2 Satz 2 erfüllt wird; das Nähere regelt ein Bundesgesetz.

(2) [1] Als Hilfe zur Einhaltung der Vorgaben des Artikels 109 Absatz 3 ab dem 1. Januar 2020 können den Ländern Berlin, Bremen, Saarland, Sachsen-Anhalt und Schleswig-Holstein für den Zeitraum 2011 bis 2019 Konsolidierungshilfen aus dem Haushalt des Bundes in Höhe von insgesamt 800 Millionen Euro jährlich gewährt werden. [2] Davon entfallen auf Bremen 300 Millionen Euro, auf das Saarland 260 Millionen Euro und auf Berlin, Sachsen-Anhalt und Schleswig-Holstein jeweils 80 Millionen Euro. [3] Die Hilfen werden auf der Grundlage einer Verwaltungsvereinbarung nach Maßgabe eines Bundesgesetzes mit Zustimmung des Bundesrates geleistet. [4] Die Gewährung der Hilfen setzt einen vollständigen Abbau der Finanzierungsdefizite bis zum Jahresende 2020 voraus. [5] Das Nähere, insbesondere die jährlichen Abbauschritte der Finanzierungsdefizite, die Überwachung des Abbaus der Finanzierungsdefizite durch den Stabilitätsrat sowie die Konsequenzen im Falle der Nichteinhaltung der Abbauschritte, wird durch Bundesgesetz mit Zustimmung des Bundesrates und durch Verwaltungsvereinbarung geregelt. [6] Die gleichzeitige Gewährung der Konsolidierungshilfen und Sanierungshilfen auf Grund einer extremen Haushaltsnotlage ist ausgeschlossen.

(3) [1] Die sich aus der Gewährung der Konsolidierungshilfen ergebende Finanzierungslast wird hälftig von Bund und Ländern, von letzteren aus ihrem Umsatzsteueranteil, getragen. [2] Das Nähere wird durch Bundesgesetz mit Zustimmung des Bundesrates geregelt.

(4) [1] Als Hilfe zur künftig eigenständigen Einhaltung der Vorgaben des Artikels 109 Absatz 3 können den Ländern Bremen und Saarland ab dem 1. Januar 2020 Sanierungshilfen in Höhe von jährlich insgesamt 800 Millionen Euro aus dem Haushalt des Bundes gewährt werden. [2] Die Länder ergreifen hierzu Maßnahmen zum Abbau der übermäßigen Verschuldung sowie zur Stärkung der Wirtschafts- und Finanzkraft. [3] Das Nähere regelt ein Bundesgesetz, das der Zustimmung des Bundesrates bedarf. [4] Die gleichzeitige Gewährung der Sanierungshilfen und Sanierungshilfen auf Grund einer extremen Haushaltsnotlage ist ausgeschlossen.

[1)] Art. 143d eingef. mWv 1.8.2009 durch G v. 29.7.2009 (BGBl. I S. 2248); Abs. 4 angef. mWv 20.7.2017 durch G v. 13.7.2017 (BGBl. I S. 2347).

Art. 143e[1] **[Übergangsvorschrift wegen Umwandlung der Auftragsverwaltung für die Bundesautobahnen und Bundesstraßen in Bundesverwaltung]** (1) [1] Die Bundesautobahnen werden abweichend von Artikel 90 Absatz 2 längstens bis zum 31. Dezember 2020 in Auftragsverwaltung durch die Länder oder die nach Landesrecht zuständigen Selbstverwaltungskörperschaften geführt. [2] Der Bund regelt die Umwandlung der Auftragsverwaltung in Bundesverwaltung nach Artikel 90 Absatz 2 und 4 durch Bundesgesetz mit Zustimmung des Bundesrates.

(2) Auf Antrag eines Landes, der bis zum 31. Dezember 2018 zu stellen ist, übernimmt der Bund abweichend von Artikel 90 Absatz 4 die sonstigen Bundesstraßen des Fernverkehrs, soweit sie im Gebiet dieses Landes liegen, mit Wirkung zum 1. Januar 2021 in Bundesverwaltung.

Art. 143f[2] **[Bedingtes Außerkrafttreten des Art. 143d GG, des FAG und sonstiger aufgrund von Art. 107 Abs. 2 GG erlassener Gesetze]** [1] Artikel 143d, das Gesetz über den Finanzausgleich zwischen Bund und Ländern sowie sonstige auf der Grundlage von Artikel 107 Absatz 2 in seiner ab dem 1. Januar 2020 geltenden Fassung erlassene Gesetze treten außer Kraft, wenn nach dem 31. Dezember 2030 die Bundesregierung, der Bundestag oder gemeinsam mindestens drei Länder Verhandlungen über eine Neuordnung der bundesstaatlichen Finanzbeziehungen verlangt haben und mit Ablauf von fünf Jahren nach Notifikation des Verhandlungsverlangens der Bundesregierung, des Bundestages oder der Länder beim Bundespräsidenten keine gesetzliche Neuordnung der bundesstaatlichen Finanzbeziehungen in Kraft getreten ist. [2] Der Tag des Außerkrafttretens ist im Bundesgesetzblatt bekannt zu geben.

Art. 143g[3] **[Anwendung des Art. 107 GG]** Für die Regelung der Steuerertragsverteilung, des Länderfinanzausgleichs und der Bundesergänzungszuweisungen bis zum 31. Dezember 2019 ist Artikel 107 in seiner bis zum Inkrafttreten des Gesetzes zur Änderung des Grundgesetzes vom 13. Juli 2017 geltenden Fassung weiter anzuwenden.

Art. 144[4] ***[Ratifizierung des Grundgesetzes]*** *(1) Dieses Grundgesetz bedarf der Annahme durch die Volksvertretungen in zwei Dritteln der deutschen Länder, in denen es zunächst gelten soll.*

(2) Soweit die Anwendung dieses Grundgesetzes in einem der in Artikel 23[5] *aufgeführten Länder oder in einem Teile eines dieser Länder Beschränkungen unterliegt, hat das Land oder der Teil des Landes das Recht, gemäß Artikel 38 Vertreter in den Bundestag und gemäß Artikel 50 Vertreter in den Bundesrat zu entsenden.*

Art. 145 [Inkrafttreten des Grundgesetzes] (1) Der Parlamentarische Rat stellt in öffentlicher Sitzung unter Mitwirkung der Abgeordneten Groß-Berlins die Annahme dieses Grundgesetzes fest, fertigt es aus und verkündet es.

---

[1] Art. 143e eingef. mWv 20.7.2017 durch G v. 13.7.2017 (BGBl. I S. 2347).
[2] Art. 143f eingef. mWv 20.7.2017 durch G v. 13.7.2017 (BGBl. I S. 2347).
[3] Art. 143g eingef. mWv 20.7.2017 durch G v. 13.7.2017 (BGBl. I S. 2347).
[4] Gegenstandslos durch Vollzug.
[5] Bezieht sich auf Art. 23 in der durch Art. 4 Nr. 2 EVertr. v. 31.8.1990 (BGBl. II S. 885, 889) aufgehobenen Fassung.

(2) Dieses Grundgesetz tritt mit Ablauf des Tages der Verkündung[1] in Kraft.

(3) Es ist im Bundesgesetzblatte zu veröffentlichen.

Art. 146[2] [3] [Geltungsdauer des Grundgesetzes] Dieses Grundgesetz, das nach Vollendung der Einheit und Freiheit Deutschlands für das gesamte deutsche Volk gilt, verliert seine Gültigkeit an dem Tage, an dem eine Verfassung in Kraft tritt, die von dem deutschen Volke in freier Entscheidung beschlossen worden ist.

Anhang: [Gemäß Art. 140 GG weitergeltende Artikel der Weimarer Reichsverfassung]

Art. 136 WRV [Religionsunabhängigkeit von Rechten und Pflichten]

(1) Die bürgerlichen und staatsbürgerlichen Rechte und Pflichten werden durch die Ausübung der Religionsfreiheit weder bedingt noch beschränkt.

(2) Der Genuß bürgerlicher und staatsbürgerlicher Rechte sowie die Zulassung zu öffentlichen Ämtern sind unabhängig von dem religiösen Bekenntnis.

(3) [1] Niemand ist verpflichtet, seine religiöse Überzeugung zu offenbaren. [2] Die Behörden haben nur soweit das Recht, nach der Zugehörigkeit zu einer Religionsgesellschaft zu fragen, als davon Rechte und Pflichten abhängen oder eine gesetzlich angeordnete statistische Erhebung dies erfordert.

(4) Niemand darf zu einer kirchlichen Handlung oder Feierlichkeit oder zur Teilnahme an religiösen Übungen oder zur Benutzung einer religiösen Eidesform gezwungen werden.

Art. 137 WRV [Religionsgesellschaften] (1) Es besteht keine Staatskirche.

(2) [1] Die Freiheit der Vereinigung zu Religionsgesellschaften wird gewährleistet. [2] Der Zusammenschluß von Religionsgesellschaften innerhalb des Reichsgebiets unterliegt keinen Beschränkungen.

(3) [1] Jede Religionsgesellschaft ordnet und verwaltet ihre Angelegenheiten selbständig innerhalb der Schranken des für alle geltenden Gesetzes. [2] Sie verleiht ihre Ämter ohne Mitwirkung des Staates oder der bürgerlichen Gemeinde.

---

[1] Verkündet am 23.5.1949.

[2] Art. 146 neu gef. durch EVertr. v. 31.8.1990 (BGBl. II S. 885, 889).

[3] Siehe hierzu Art. 5 EVertr. v. 31.8.1990 (BGBl. II S. 885, 889):

„**Art. 5 Künftige Verfassungsänderungen.** Die Regierungen der beiden Vertragsparteien empfehlen den gesetzgebenden Körperschaften des vereinten Deutschlands, sich innerhalb von zwei Jahren mit den im Zusammenhang mit der deutschen Einigung aufgeworfenen Fragen zur Änderung oder Ergänzung des Grundgesetzes zu befassen, insbesondere

- in bezug auf das Verhältnis zwischen Bund und Ländern entsprechend dem Gemeinsamen Beschluß der Ministerpräsidenten vom 5. Juli 1990,
- in bezug auf die Möglichkeit einer Neugliederung für den Raum Berlin/ Brandenburg abweichend von den Vorschriften des Artikels 29 des Grundgesetzes (Nr. **1**) durch Vereinbarung der beteiligten Länder,
- mit den Überlegungen zur Aufnahme von Staatszielbestimmungen in das Grundgesetz (Nr. **1**) sowie
- mit der Frage der Anwendung des Artikels 146 des Grundgesetzes (Nr. **1**) und in deren Rahmen einer Volksabstimmung."

(4) Religionsgesellschaften erwerben die Rechtsfähigkeit nach den allgemeinen Vorschriften des bürgerlichen Rechtes.

(5) [1] Die Religionsgesellschaften bleiben Körperschaften des öffentlichen Rechtes, soweit sie solche bisher waren. [2] Anderen Religionsgesellschaften sind auf ihren Antrag gleiche Rechte zu gewähren, wenn sie durch ihre Verfassung und die Zahl ihrer Mitglieder die Gewähr der Dauer bieten. [3] Schließen sich mehrere derartige öffentlich-rechtliche Religionsgesellschaften zu einem Verbande zusammen, so ist auch dieser Verband eine öffentlich-rechtliche Körperschaft.

(6) Die Religionsgesellschaften, welche Körperschaften des öffentlichen Rechtes sind, sind berechtigt, auf Grund der bürgerlichen Steuerlisten nach Maßgabe der landesrechtlichen Bestimmungen Steuern zu erheben.

(7) Den Religionsgesellschaften werden die Vereinigungen gleichgestellt, die sich die gemeinschaftliche Pflege einer Weltanschauung zur Aufgabe machen.

(8) Soweit die Durchführung dieser Bestimmungen eine weitere Regelung erfordert, liegt diese der Landesgesetzgebung ob.

Art. 138 WRV [Staatsleistungen; Kirchengut] (1) [1] Die auf Gesetz, Vertrag oder besonderen Rechtstiteln beruhenden Staatsleistungen an die Religionsgesellschaften werden durch die Landesgesetzgebung abgelöst. [2] Die Grundsätze hierfür stellt das Reich auf.

(2) Das Eigentum und andere Rechte der Religionsgesellschaften und religiösen Vereine an ihren für Kultus-, Unterrichts- und Wohltätigkeitszwecke bestimmten Anstalten, Stiftungen und sonstigen Vermögen werden gewährleistet.

Art. 139 WRV [Sonn- und Feiertagsruhe] Der Sonntag und die staatlich anerkannten Feiertage bleiben als Tage der Arbeitsruhe und der seelischen Erhebung gesetzlich geschützt.

Art. 141 WRV [Religiöse Handlungen in öffentlichen Anstalten] Soweit das Bedürfnis nach Gottesdienst und Seelsorge im Heer, in Krankenhäusern, Strafanstalten oder sonstigen öffentlichen Anstalten besteht, sind die Religionsgesellschaften zur Vornahme religiöser Handlungen zuzulassen, wobei jeder Zwang fernzuhalten ist.

(4) Religionsgesellschaften erwerben die Rechtsfähigkeit nach den allgemeinen Vorschriften des bürgerlichen Rechtes.

(5) ¹Die Religionsgesellschaften bleiben Körperschaften des öffentlichen Rechtes, soweit sie solche bisher waren. ²Anderen Religionsgesellschaften sind auf ihren Antrag gleiche Rechte zu gewähren, wenn sie durch ihre Verfassung und die Zahl ihrer Mitglieder die Gewähr der Dauer bieten. ³Schließen sich mehrere derartige öffentlich-rechtliche Religionsgesellschaften zu einem Verbande zusammen, so ist auch dieser Verband eine öffentlich-rechtliche Körperschaft.

(6) Die Religionsgesellschaften, welche Körperschaften des öffentlichen Rechtes sind, sind berechtigt, auf Grund der bürgerlichen Steuerlisten nach Maßgabe der landesrechtlichen Bestimmungen Steuern zu erheben.

(7) Den Religionsgesellschaften werden die Vereinigungen gleichgestellt, die sich die gemeinschaftliche Pflege einer Weltanschauung zur Aufgabe machen.

(8) Soweit die Durchführung dieser Bestimmungen eine weitere Regelung erfordert, liegt diese der Landesgesetzgebung ob.

Art. 138 WRV [Staatsleistungen; Kirchengut] (1) ¹Die auf Gesetz, Vertrag oder besonderen Rechtstiteln beruhenden Staatsleistungen an die Religionsgesellschaften werden durch die Landesgesetzgebung abgelöst. ²Die Grundsätze hierfür stellt das Reich auf.

(2) Das Eigentum und andere Rechte der Religionsgesellschaften und religiösen Vereine an ihren für Kultus-, Unterrichts- und Wohltätigkeitszwecke bestimmten Anstalten, Stiftungen und sonstigen Vermögen werden gewährleistet.

Art. 139 WRV [Sonn- und Feiertage] Der Sonntag und die staatlich anerkannten Feiertage bleiben als Tage der Arbeitsruhe und der seelischen Erhebung gesetzlich geschützt.

Art. 141 WRV [Religiöse Handlungen in öffentlichen Anstalten] Soweit das Bedürfnis nach Gottesdienst und Seelsorge im Heer, in Krankenhäusern, Strafanstalten oder sonstigen öffentlichen Anstalten besteht, sind die Religionsgesellschaften zur Vornahme religiöser Handlungen zuzulassen, wobei jeder Zwang fernzuhalten ist.

2. Vertrag zwischen der Bundesrepublik Deutschland und der Deutschen Demokratischen Republik über die Herstellung der Einheit Deutschlands – Einigungsvertrag –

Vom 31. August 1990
(BGBl. II S. 885, 889)

geänd. durch Vereinbarung zwischen der Bundesrepublik Deutschland und der Deutschen Demokratischen Republik zur Durchführung und Auslegung des am 31. August 1990 in Berlin unterzeichneten Vertrages zwischen der Bundesrepublik Deutschland und der Deutschen Demokratischen Republik über die Herstellung der Einheit Deutschlands – Einigungsvertrag – v. 18.9.1990 (BGBl. II S. 1239), Urt. des BVerfG – 1 BvR 1341/90 – v. 24.4.1991 (BGBl. I S. 1215), Urt. des BVerfG – 1 BvR 454/91 u.a. – v. 10.3.1992 (BGBl. I S. 848), Beschl. des BVerfG – 1 BvR 1467/91 u.a. – v. 12.5.1992 (BGBl. I S. 1361), § 1 G zur Verlängerung der Kündigungsmöglichkeiten in der öffentlichen Verwaltung nach dem Einigungsvertrag v. 20.8.1992 (BGBl. I S. 1546), § 27 Nr. 1 Erstes SED-UnrechtsbereinigungsG v. 29.10.1992 (BGBl. I S. 1814), Urt. des BVerfG – 1 BvR 487/01 – v. 28.1.2003 (BGBl. I S. 274), § 1 BMJ-MaßgabenbereinigungsG v. 19.4.2006 (BGBl. I S. 866), Art. 1 G über die weitere Bereinigung von Übergangsrecht aus dem Einigungsvertrag v. 21.1.2013 (BGBl. I S. 91) und Art. 122 Zweites G über die weitere Bereinigung von Bundesrecht v. 8.7.2016 (BGBl. I S. 1594)

Die Bundesrepublik Deutschland und die Deutsche Demokratische Republik –

entschlossen, die Einheit Deutschlands in Frieden und Freiheit als gleichberechtigtes Glied der Völkergemeinschaft in freier Selbstbestimmung zu vollenden,

ausgehend von dem Wunsch der Menschen in beiden Teilen Deutschlands, gemeinsam in Frieden und Freiheit in einem rechtsstaatlich geordneten, demokratischen und sozialen Bundesstaat zu leben,

in dankbarem Respekt vor denen, die auf friedliche Weise der Freiheit zum Durchbruch verholfen haben, die an der Aufgabe der Herstellung der Einheit Deutschlands unbeirrt festgehalten haben und sie vollenden,

im Bewußtsein der Kontinuität deutscher Geschichte und eingedenk der sich aus unserer Vergangenheit ergebenden besonderen Verantwortung für eine demokratische Entwicklung in Deutschland, die der Achtung der Menschenrechte und dem Frieden verpflichtet bleibt,

in dem Bestreben, durch die deutsche Einheit einen Beitrag zur Einigung Europas und zum Aufbau einer europäischen Friedensordnung zu leisten, in der Grenzen nicht mehr trennen und die allen europäischen Völkern ein vertrauensvolles Zusammenleben gewährleistet,

in dem Bewußtsein, daß die Unverletzlichkeit der Grenzen und der territorialen Integrität und Souveränität aller Staaten in Europa in ihren Grenzen eine grundlegende Bedingung für den Frieden ist –

sind übereingekommen, einen Vertrag über die Herstellung der Einheit Deutschlands mit den nachfolgenden Bestimmungen zu schließen:

Kapitel I. Wirkung des Beitritts

Art. 1 Länder. (1) [1] Mit dem Wirksamwerden des Beitritts der Deutschen Demokratischen Republik zur Bundesrepublik Deutschland gemäß Artikel 23 des Grundgesetzes[1)] am 3. Oktober 1990 werden die Länder Brandenburg, Mecklenburg-Vorpommern, Sachsen, Sachsen-Anhalt und Thüringen Länder der Bundesrepublik Deutschland. [2] Für die Bildung und die Grenzen dieser Länder untereinander sind die Bestimmungen des Verfassungsgesetzes zur Bildung von Ländern in der Deutschen Demokratischen Republik vom 22. Juli 1990 – Ländereinführungsgesetz – (GBl. I Nr. 51 S. 955) gemäß Anlage II[2)] maßgebend.

(2) Die 23 Bezirke von Berlin bilden das Land Berlin.

Art. 2 Hauptstadt, Tag der Deutschen Einheit. (1) [1] Hauptstadt Deutschlands ist Berlin. [2] Die Frage des Sitzes von Parlament und Regierung wird nach der Herstellung der Einheit Deutschlands entschieden.

(2) Der 3. Oktober ist als Tag der Deutschen Einheit gesetzlicher Feiertag.

Kapitel II. Grundgesetz[1)]

Art. 3 Inkrafttreten des Grundgesetzes.[1)] Mit dem Wirksamwerden des Beitritts tritt das Grundgesetz für die Bundesrepublik Deutschland in der im Bundesgesetzblatt Teil III, Gliederungsnummer 100–1, veröffentlichten bereinigten Fassung, zuletzt geändert durch Gesetz vom 21. Dezember 1983 (BGBl. I S. 1481), in den Ländern Brandenburg, Mecklenburg-Vorpommern, Sachsen, Sachsen-Anhalt und Thüringen sowie in dem Teil des Landes Berlin, in dem es bisher nicht galt, mit den sich aus Artikel 4 ergebenden Änderungen in Kraft, soweit in diesem Vertrag nichts anderes bestimmt ist.

Art. 4 Beitrittsbedingte Änderungen des Grundgesetzes.[1)] Das Grundgesetz für die Bundesrepublik Deutschland wird wie folgt geändert:

1. Die Präambel wird wie folgt gefasst:
   „Im Bewußtsein seiner Verantwortung vor Gott und den Menschen,
   von dem Willen beseelt, als gleichberechtigtes Glied in einem vereinten Europa dem Frieden der Welt zu dienen, hat sich das Deutsche Volk kraft seiner verfassungsgebenden Gewalt dieses Grundgesetz gegeben.
   Die Deutschen in den Ländern Baden-Würtemberg, Bayern, Berlin, Brandenburg, Bremen, Hamburg, Hessen, Mecklenburg-Vorpommern, Niedersachsen, Nordrhein-Westfalen, Rheinland-Pfalz, Saarland, Sachsen, Sachsen-Anhalt, Schleswig-Holstein und Thüringen haben in freier Selbstbestimmung die Einheit und Freiheit Deutschlands vollendet. Damit gilt dieses Grundgesetz für das gesamte Deutsche Volk."
2. Artikel 23 wird aufgehoben.

---

1) Nr. 1.
2) Hier nicht wiedergegeben.

3. Artikel 51 Abs. 2 des Grundgesetzes wird wie folgt gefasst:
„(2) Jedes Land hat mindestens drei Stimmen, Länder mit mehr als zwei Millionen Einwohnern haben vier, Länder mit mehr als sechs Millionen Einwohnern fünf, Länder mit mehr als sieben Millionen Einwohnern sechs Stimmen."

4. Der bisherige Wortlaut des Artikels 135a wird Absatz 1. Nach Absatz 1 wird folgender Absatz angefügt:
„(2) Absatz 1 findet entsprechende Anwendung auf Verbindlichkeiten der Deutschen Demokratischen Republik oder ihrer Rechtsträger sowie auf Verbindlichkeiten des Bundes oder anderer Körperschaften und Anstalten des öffentlichen Rechts, die mit dem Übergang von Vermögenswerten der Deutschen Demokratischen Republik auf Bund, Länder und Gemeinden im Zusammenhang stehen, und auf Maßnahmen der Deutschen Demokratischen Republik oder ihrer Rechtsträger beruhen."

5. In das Grundgesetz wird folgender neuer Artikel 143 eingefügt:
„Artikel 143
(1) Recht in dem in Artikel 3 des Einigungsvertrags genannten Gebiet kann längstens bis zum 31. Dezember 1992 von Bestimmungen dieses Grundgesetzes abweichen, soweit und solange infolge der unterschiedlichen Verhältnisse die völlige Anpassung an die grundgesetzliche Ordnung noch nicht erreicht werden kann. Abweichungen dürfen nicht gegen Artikel 19 Abs. 2 verstoßen und müssen mit den in Artikel 79 Abs. 3 genannten Grundsätzen vereinbar sein.
(2) Abweichungen von den Abschnitten II, VIII, VIII a, IX, X und XI sind längstens bis zum 31. Dezember 1995 zulässig.
(3) Unabhängig von Absatz 1 und 2 haben Artikel 41 des Einigungsvertrags und Regelungen zu seiner Durchführung auch insoweit Bestand, als sie vorsehen, daß Eingriffe in das Eigentum auf dem in Artikel 3 dieses Vertrags genannten Gebiet nicht mehr rückgängig gemacht werden."

6. Artikel 146 wird wie folgt gefasst:
„Artikel 146
Dieses Grundgesetz, das nach Vollendung der Einheit und Freiheit Deutschlands für das gesamte deutsche Volk gilt, verliert seine Gültigkeit an dem Tage, an dem eine Verfassung in Kraft tritt, die von dem deutschen Volke in freier Entscheidung beschlossen worden ist."

Art. 5 Künftige Verfassungsänderungen. Die Regierungen der beiden Vertragsparteien empfehlen den gesetzgebenden Körperschaften des vereinten Deutschlands, sich innerhalb von zwei Jahren mit den im Zusammenhang mit der deutschen Einigung aufgeworfenen Fragen zur Änderung oder Ergänzung des Grundgesetzes zu befassen, insbesondere

- in bezug auf das Verhältnis zwischen Bund und Ländern entsprechend dem Gemeinsamen Beschluß der Ministerpräsidenten vom 5. Juli 1990,
- in bezug auf die Möglichkeit einer Neugliederung für den Raum Berlin/ Brandenburg abweichend von den Vorschriften des Artikels 29 des Grundgesetzes[1] durch Vereinbarung der beteiligten Länder,

---

[1] Nr. **1**.

– mit den Überlegungen zur Aufnahme von Staatszielbestimmungen in das Grundgesetz sowie
– mit der Frage der Anwendung des Artikels 146 des Grundgesetzes und in deren Rahmen einer Volksabstimmung.

Art. 6 Ausnahmebestimmung. Artikel 131 des Grundgesetzes[1)] wird in dem in Artikel 3 genannten Gebiet vorerst nicht in Kraft gesetzt.

Art. 7 Finanzverfassung. (1) Die Finanzverfassung der Bundesrepublik Deutschland wird auf das in Artikel 3 genannte Gebiet erstreckt, soweit in diesem Vertrag nichts anderes bestimmt ist.

(2) Für die Verteilung des Steueraufkommens auf den Bund sowie auf die Länder und Gemeinden (Gemeindeverbände) in dem in Artikel 3 genannten Gebiet gelten die Bestimmungen des Artikels 106 des Grundgesetzes[1)] mit der Maßgabe, daß

1. bis zum 31. Dezember 1994 Absatz 3 Satz 4 und Absatz 4 keine Anwendung finden;
2. bis zum 31. Dezember 1996 der Anteil der Gemeinden an dem Aufkommen der Einkommensteuer nach Artikel 106 Abs. 5 des Grundgesetzes von den Ländern an die Gemeinden nicht auf der Grundlage der Einkommensteuerleistung ihrer Einwohner, sondern nach der Einwohnerzahl der Gemeinden weitergeleitet wird;
3. bis zum 31. Dezember 1994 abweichend von Artikel 106 Abs. 7 des Grundgesetzes den Gemeinden (Gemeindeverbände) von dem Länderanteil am Gesamtaufkommen der Gemeinschaftssteuern und dem gesamten Aufkommen der Landessteuern ein jährlicher Anteil von mindestens 20 vom Hundert sowie vom Länderanteil aus den Mitteln des Fonds „Deutsche Einheit" nach Absatz 5 Nr. 1 ein jährlicher Anteil von 40 vom Hundert zufließt.

(3) [1] Artikel 107 des Grundgesetzes gilt in dem in Artikel 3 genannten Gebiet mit der Maßgabe, daß bis zum 31. Dezember 1994 zwischen den bisherigen Ländern der Bundesrepublik Deutschland und den Ländern in dem in Artikel 3 genannten Gebiet die Regelung des Absatzes 1 Satz 4 nicht angewendet wird und ein gesamtdeutscher Länderfinanzausgleich (Artikel 107 Abs. 2 des Grundgesetzes) nicht stattfindet. [2] Der gesamtdeutsche Länderanteil an der Umsatzsteuer wird so in einen Ost- und Westanteil aufgeteilt, daß im Ergebnis der durchschnittliche Umsatzsteueranteil pro Einwohner in den Ländern Brandenburg, Mecklenburg-Vorpommern, Sachsen, Sachsen-Anhalt und Thüringen in den Jahren

1991	55 vom Hundert
1992	60 vom Hundert
1993	65 vom Hundert
1994	70 vom Hundert

des durchschnittlichen Umsatzsteueranteils pro Einwohner in den Ländern Baden-Württemberg, Bayern, Bremen, Hessen, Hamburg, Niedersachsen,

---

1) Nr. 1.

Nordrhein-Westfalen, Rheinland-Pfalz, Saarland und Schleswig-Holstein beträgt. [3] Der Anteil des Landes Berlin wird vorab nach der Einwohnerzahl berechnet. [4] Die Regelungen dieses Absatzes werden für 1993 in Ansehung der dann vorhandenen Gegebenheiten überprüft.

(4) Das in Artikel 3 genannte Gebiet wird in die Regelungen der Artikel 91a, 91b und 104a Abs. 3 und 4 des Grundgesetzes einschließlich der hierzu ergangenen Ausführungsbestimmungen nach Maßgabe dieses Vertrags mit Wirkung vom 1. Januar 1991 einbezogen.

(5) Nach Herstellung der deutschen Einheit werden die jährlichen Leistungen des Fonds „Deutsche Einheit"

1. zu 85 vom Hundert als besondere Unterstützung den Ländern Brandenburg, Mecklenburg-Vorpommern, Sachsen, Sachsen-Anhalt und Thüringen sowie dem Land Berlin zur Deckung ihres allgemeinen Finanzbedarfs gewährt und auf diese Länder im Verhältnis ihrer Einwohnerzahl ohne Berücksichtigung der Einwohnerzahl von Berlin (West) verteilt sowie
2. zu 15 vom Hundert zur Erfüllung zentraler öffentlicher Aufgaben auf dem Gebiet der vorgenannten Länder verwendet.

(6) Bei grundlegender Veränderung der Gegebenheiten werden die Möglichkeiten weiterer Hilfe zum angemessenen Ausgleich der Finanzkraft für die Länder in dem Artikel 3 genannten Gebiet von Bund und Ländern gemeinsam geprüft.

Kapitel III. Rechtsangleichung

Art. 8 Überleitung von Bundesrecht. Mit dem Wirksamwerden des Beitritts tritt in dem in Artikel 3 genannten Gebiet Bundesrecht in Kraft, soweit es nicht in seinem Geltungsbereich auf bestimmte Länder oder Landesteile der Bundesrepublik Deutschland beschränkt ist und soweit durch diesen Vertrag, insbesondere dessen Anlage I[1)], nichts anderes bestimmt wird.

Art. 9 Fortgeltendes Recht der Deutschen Demokratischen Republik. (1) [1] Das im Zeitpunkt der Unterzeichnung dieses Vertrags geltende Recht der Deutschen Demokratischen Republik, das nach der Kompetenzordnung des Grundgesetzes[2)] Landesrecht ist, bleibt in Kraft, soweit es mit dem Grundgesetz ohne Berücksichtigung des Artikels 143, mit in dem in Artikel 3 genannten Gebiet in Kraft gesetztem Bundesrecht sowie mit dem unmittelbar geltenden Recht der Europäischen Gemeinschaften vereinbar ist und soweit in diesem Vertrag nichts anderes bestimmt wird. [2] Recht der Deutschen Demokratischen Republik, das nach der Kompetenzordnung des Grundgesetzes Bundesrecht ist und das nicht bundeseinheitlich geregelte Gegenstände betrifft, gilt unter den Voraussetzungen des Satzes 1 bis zu einer Regelung durch den Bundesgesetzgeber als Landesrecht fort.

(2) Das in Anlage II[1)] aufgeführte Recht der Deutschen Demokratischen Republik bleibt mit den dort genannten Maßgaben in Kraft, soweit es mit

1) Hier nicht wiedergegeben.
2) Nr. **1**.

dem Grundgesetz unter Berücksichtigung dieses Vertrags sowie mit dem unmittelbar geltenden Recht der Europäischen Gemeinschaften vereinbar ist.

(3) [1] Nach Unterzeichnung dieses Vertrags erlassenes Recht der Deutschen Demokratischen Republik bleibt in Kraft, sofern es zwischen den Vertragsparteien vereinbart wird. [2] Absatz 2 bleibt unberührt.

(4) [1] Soweit nach den Absätzen 2 und 3 fortgeltendes Recht Gegenstände der ausschließlichen Gesetzgebung des Bundes betrifft, gilt es als Bundesrecht fort. [2] Soweit es Gegenstände der konkurrierenden Gesetzgebung oder der Rahmengesetzgebung betrifft, gilt es als Bundesrecht fort, wenn und soweit es sich auf Sachgebiete bezieht, die im übrigen Geltungsbereich des Grundgesetzes bundesrechtlich geregelt sind.

(5) Das gemäß Anlage II[1)] von der Deutschen Demokratischen Republik erlassene Kirchensteuerrecht gilt in den in Artikel 1 Abs. 1 genannten Ländern als Landesrecht fort.

Art. 10 Recht der Europäischen Gemeinschaften. (1) Mit dem Wirksamwerden des Beitritts gelten in dem in Artikel 3 genannten Gebiet die Verträge über die Europäischen Gemeinschaften nebst Änderungen und Ergänzungen sowie die internationalen Vereinbarungen, Verträge und Beschlüsse, die in Verbindung mit diesen Verträgen in Kraft getreten sind.

(2) [1] Die auf der Grundlage der Verträge über die Europäischen Gemeinschaften ergangenen Rechtsakte gelten mit dem Wirksamwerden des Beitritts in dem in Artikel 3 genannten Gebiet, soweit nicht die zuständigen Organe der Europäischen Gemeinschaften Ausnahmeregelungen erlassen. [2] Diese Ausnahmeregelungen sollen den verwaltungsmäßigen Bedürfnissen Rechnung tragen und der Vermeidung wirtschaftlicher Schwierigkeiten dienen.

(3) Rechtsakte der Europäischen Gemeinschaften, deren Umsetzung oder Ausführung in die Zuständigkeit der Länder fällt, sind von diesen durch landesrechtliche Vorschriften umzusetzen oder auszuführen.

Kapitel IV. Völkerrechtliche Verträge und Vereinbarungen

Art. 11 Verträge der Bundesrepublik Deutschland. [1] Die Vertragsparteien gehen davon aus, daß völkerrechtliche Verträge und Vereinbarungen, dem die Bundesrepublik Deutschland als Vertragspartei angehört, einschließlich solcher Verträge, die Mitgliedschaften in Internationalen Organisationen oder Institutionen begründen, ihre Gültigkeit behalten und die daraus folgenden Rechte und Verpflichtungen sich mit Ausnahme der in Anlage I[1)] genannten Verträge auch auf das in Artikel 3 genannte Gebiet beziehen. [2] Soweit im Einzelfall Anpassungen erforderlich werden, wird sich die gesamtdeutsche Regierung mit den jeweiligen Vertragspartnern ins Benehmen setzen.

Art. 12 Verträge der Deutschen Demokratischen Republik. (1) Die Vertragsparteien sind sich einig, daß die völkerrechtlichen Verträge der Deutschen Demokratischen Republik im Zuge der Herstellung der Einheit

---

1) Hier nicht wiedergegeben.

Deutschlands unter den Gesichtspunkten des Vertrauensschutzes, der Interessenlage der beteiligten Staaten und der vertraglichen Verpflichtungen der Bundesrepublik Deutschland sowie nach den Prinzipien einer freiheitlichen, demokratischen und rechtsstaatlichen Grundordnung und unter Beachtung der Zuständigkeiten der Eurpäischen Gemeinschaften mit den Vertragspartnern der Deutschen Demokratischen Republik zu erörtern sind, um ihre Fortgeltung, Anpassung oder ihr Erlöschen zu regeln beziehungsweise festzustellen.

(2) Das vereinte Deutschland legt seinen Haltung zum Übergang völkerrechtlicher Verträge der Deutschen Demokratischen Republik nach Konsultationen mit den jeweiligen Vertragspartnern und mit den Europäischen Gemeinschaften, soweit deren Zuständigkeiten berührt sind, fest.

(3) Beabsichtigt das vereinte Deutschland, in internationale Organisationen oder in sonstige mehrseitige Verträge einzutreten, denen die Deutsche Demokratische Republik, nicht aber die Bundesrepublik Deutschland angehört, so wird Einvernehmen mit den jeweiligen Vertragspartnern und mit den Europäischen Gemeinschaften, soweit deren Zuständigkeiten berührt sind, hergestellt.

Kapitel V. Öffentliche Verwaltung und Rechtspflege

Art. 13 Übergang von Einrichtungen. (1) [1] Verwaltungsorgane und sonstige der öffentlichen Verwaltung oder Rechtspflege dienende Einrichtungen in dem in Artikel 3 genannten Gebiet unterstehen der Regierung des Landes, in dem sie örtlich gelegen sind. [2] Einrichtungen mit länderübergreifendem Wirkungskreis gehen in die gemeinsame Trägerschaft der betroffenen Länder über. [3] Soweit Einrichtungen aus mehreren Teileinrichtungen bestehen, die ihre Aufgaben selbständig erfüllen können, unterstehen die Teileinrichtungen jeweils der Regierung des Landes, in dem sich die Teileinrichtung befindet. [4] Die Landesregierung regelt die Überführung oder Abwicklung. [5] § 22 des Ländereinführungsgesetzes vom 22. Juli 1990 bleibt unberührt.

(2) [1] Soweit die in Absatz 1 Satz 1 genannten Einrichtungen oder Teileinrichtungen bis zum Wirksamwerden des Beitritt Aufgaben erfüllt haben, die nach der Kompetenzordnung des Grundgesetzes[1)] vom Bund wahrzunehmen sind, unterstehen sie den zuständigen obersten Bundesbehörden. [2] Diese regeln die Überführung oder Abwicklung.

(3) Zu den Einrichtungen nach den Absätzen 1 und 2 gehören auch
1. Einrichtungen der Kultur, der Bildung und Wissenschaft sowie des Sports,
2. Einrichtungen des Hörfunks und des Fernsehens,
deren Rechtsträger die öffentliche Verwaltung ist.

Art. 14 Gemeinsame Einrichtungen der Länder. (1) [1] Einrichtungen oder Teile von Einrichtungen, die bis zum Wirksamwerden des Beitritts Aufgaben erfüllt haben, die nach der Kompetenzordnung des Grundgesetzes[1)] von den Ländern wahrzunehmen sind, werden bis zur endgültigen Regelung durch die in Artikel 1 Abs. 1 genannten Länder als gemeinsame Einrichtun-

---

[1)] Nr. 1.

gen der Länder weitergeführt. [2] Dies gilt nur, soweit die übergangsweise Weiterführung für die Erfüllung der Aufgaben der Länder unerläßlich ist.

(2) [1] Die gemeinsamen Einrichtungen der Länder unterstehen bis zur Wahl der Ministerpräsidenten der Länder den Landesbevollmächtigten. [2] Danach unterstehen sie den Ministerpräsidenten. [3] Diese können die Aufsicht dem zuständigen Landesminister übertragen.

Art. 15 Übergangsregelungen für die Landesverwaltung. (1) [1] Die Landessprecher in den in Artikel 1 Abs. 1 genannten Ländern und die Regierungsbevollmächtigten in den Bezirken nehmen ihre bisherigen Aufgaben vom Wirksamwerden des Beitritts bis zur Wahl der Ministerpräsidenten in der Verantwortung der Bundesregierung wahr und unterstehen deren Weisungen. [2] Die Landessprecher leiten als Landesbevollmächtigte die Verwaltung ihres Landes und haben ein Weisungsrecht gegenüber den Bezirksverwaltungsbehörden sowie bei übertragenen Aufgaben auch gegenüber den Gemeinden und Landkreisen. [3] Soweit in den in Artikel 1 Abs. 1 genannten Ländern bis zum Wirksamwerden des Beitritts Landesbeauftragte bestellt worden sind, nehmen sie die in den Sätzen 1 und 2 genannten Aufgaben und Befugnisse des Landessprechers wahr.

(2) Die anderen Länder und der Bund leisten Verwaltungshilfe beim Aufbau der Landesverwaltung.

(3) [1] Auf Ersuchen der Ministerpräsidenten der in Artikel 1 Abs. 1 genannten Länder leisten die anderen Länder und der Bund Verwaltungshilfe bei der Durchführung bestimmter Fachaufgaben, und zwar längstens bis zum 30. Juni 1991. [2] Soweit Stellen und Angehörige der Länder und des Bundes Verwaltungshilfe bei der Durchführung von Fachaufgaben leisten, räumt der Ministerpräsident ihnen insoweit ein Weisungsrecht ein.

(4) [1] Soweit der Bund Verwaltungshilfe bei der Durchführung von Fachaufgaben leistet, stellt er auch die zur Durchführung der Fachaufgaben erforderlichen Haushaltsmittel zur Verfügung. [2] Die eingesetzten Haushaltsmittel werden mit dem Anteil des jeweiligen Landes an den Leistungen des Fonds „Deutsche Einheit" oder an der Einfuhr-Umsatzsteuer verrechnet.

Art. 16 Übergangsvorschrift bis zur Bildung einer gesamtberliner Landesregierung. Bis zur Bildung einer gesamtberliner Landesregierung nimmt der Senat von Berlin gemeinsam mit dem Magistrat die Aufgaben der gesamtberliner Landesregierung wahr.

Art. 17 Rehabilitierung. [1] Die Vertragsparteien bekräftigen ihre Absicht, daß unverzüglich eine gesetzliche Grundlage dafür geschaffen wird, daß alle Personen rehabilitiert werden können, die Opfer einer politisch motivierten Strafverfolgungsmaßnahme oder sonst einer rechtsstaats- und verfassungswidrigen gerichtlichen Entscheidung geworden sind. [2] Die Rehabilitierung dieser Opfer des SED-Unrechts-Regimes ist mit einer angemessenen Entschädigungsregelung zu verbinden.

Art. 18 Fortgeltung gerichtlicher Entscheidungen. (1) [1] Vor dem Wirksamwerden des Beitritts ergangene Entscheidungen der Gerichte der Deutschen Demokratischen Republik bleiben wirksam und können nach Maßgabe des gemäß Artikel 8 in Kraft gesetzten oder des gemäß Artikel 9 fortgeltenden Rechts vollstreckt werden. [2] Nach diesem Recht richtet sich auch eine Überprüfung der Vereinbarkeit von Entscheidungen und ihrer Vollstreckung mit rechtsstaatlichen Grundsätzen. [3] Artikel 17 bleibt unberührt.

(2)[1)] Den durch ein Strafgericht der Deutschen Demokratischen Republik Verurteilten wird durch diesen Vertrag nach Maßgabe der Anlage I[2)] ein eigenes Recht eingeräumt, eine gerichtliche Kassation rechtskräftiger Entscheidungen herbeizuführen.

Art. 19 Fortgeltung von Entscheidungen der öffentlichen Verwaltung. [1] Vor dem Wirksamwerden des Beitritts ergangene Verwaltungsakte der Deutschen Demokratischen Republik bleiben wirksam. [2] Sie können aufgehoben werden, wenn sie mit rechtsstaatlichen Grundsätzen oder mit den Regelungen dieses Vertrags unvereinbar sind. [3] Im übrigen bleiben die Vorschriften über die Bestandskraft von Verwaltungsakten unberührt.

Art. 20 Rechtsverhältnisse im öffentlichen Dienst. (1) Für die Rechtsverhältnisse der Angehörigen des öffentlichen Dienstes zum Zeitpunkt des Beitritts gelten die in Anlage I[2)] vereinbarten Übergangsregelungen.

(2) [1] Die Wahrnehmung von öffentlichen Aufgaben (hoheitsrechtliche Befugnisse im Sinne von Artikel 33 Abs. 4 des Grundgesetzes[3)]) ist sobald wie möglich Beamten zu übertragen. [2] Das Beamtenrecht wird nach Maßgabe der in Anlage I[2)] vereinbarten Regelungen eingeführt. [3] Artikel 92 des Grundgesetzes bleibt unberührt.

(3) Das Soldatenrecht wird nach Maßgabe der in Anlage I[2)] vereinbarten Regelungen eingeführt.

Kapitel VI. Öffentliches Vermögen und Schulden

Art. 21 Verwaltungsvermögen. (1) [1] Das Vermögen der Deutschen Demokratischen Republik, das unmittelbar bestimmten Verwaltungsaufgaben dient (Verwaltungsvermögen), wird Bundesvermögen, sofern es nicht nach seiner Zweckbestimmung am 1. Oktober 1989 überwiegend für Verwaltungsaufgaben bestimmt war, die nach dem Grundgesetz[3)] von Ländern, Gemeinden (Gemeindeverbänden) oder sonstigen Trägern öffentlicher Verwaltung wahrzunehmen sind. [2] Soweit Verwaltungsvermögen überwiegend für Aufgaben des ehemaligen Ministeriums für Staatssicherheit/des Amtes für Nationale Sicherheit genutzt wurde, steht es der Treuhandanstalt zu, es sei denn, daß es nach dem genannten Zeitpunkt bereits neuen sozialen oder öffentlichen Zwecken zugeführt worden ist.

(2) Soweit Verwaltungsvermögen nicht Bundesvermögen gemäß Absatz 1 wird, steht es mit Wirksamwerden des Beitritts demjenigen Träger öffentlicher Verwaltung zu, der nach dem Grundgesetz für die Verwaltungsaufgabe zuständig ist.

---

1) Gem. G v. 29.10.1992 (BGBl. I S. 1814) wird Art. 18 Abs. 2 nicht mehr angewendet.
2) Hier nicht wiedergegeben.
3) Nr. **1**.

(3) Vermögenswerte, die dem Zentralstaat oder den Ländern und Gemeinden (Gemeindeverbänden) von einer anderen Körperschaft des öffentlichen Rechts unentgeltlich zur Verfügung gestellt worden sind, werden an diese Körperschaft oder ihre Rechtsnachfolgerin unentgeltlich zurückübertragen; früheres Reichsvermögen wird Bundesvermögen.

(4) [1] Soweit nach den Absätzen 1 bis 3 oder aufgrund eines Bundesgesetzes Verwaltungsvermögen Bundesvermögen wird, ist es für die Erfüllung öffentlicher Aufgaben in dem in Artikel 3 genannten Gebiet zu verwenden. [2] Dies gilt auch für die Verwendung der Erlöse aus Veräußerungen von Vermögenswerten.

Art. 22 Finanzvermögen. (1) [1] Öffentliches Vermögen von Rechtsträgern in dem in Artikel 3 genannten Gebiet einschließlich des Grundvermögens und des Vermögens in der Land- und Forstwirtschaft, das nicht unmittelbar bestimmten Verwaltungsaufgaben dient (Finanzvermögen), ausgenommen Vermögen der Sozialversicherung, unterliegt, soweit es nicht der Treuhandanstalt übertragen ist, oder durch Gesetz gemäß § 1 Abs. 1 Sätze 2 und 3 des Treuhandgesetzes Gemeinden, Städten oder Landkreisen übertragen wird, mit Wirksamwerden des Beitritts der Treuhandverwaltung des Bundes. [2] Soweit Finanzvermögen überwiegend für Aufgaben des ehemaligen Ministeriums für Staatssicherheit/des Amtes für Nationale Sicherheit genutzt wurde, steht es der Treuhandanstalt zu, es sei denn, daß es nach dem 1. Oktober 1989 bereits neuen sozialen oder öffentlichen Zwecken zugeführt worden ist. [3] Durch Bundesgesetz ist das Finanzvermögen auf den Bund und die in Artikel 1 genannten Länder so aufzuteilen, daß der Bund und die in Artikel 1 genannten Länder je die Hälfte des Vermögensgesamtwerts erhalten. [4] An dem Länderanteil sind die Gemeinden (Gemeindeverbände) angemessen zu beteiligen. [5] Vermögenswerte, die hiernach der Bund erhält, sind zur Erfüllung öffentlicher Aufgaben in dem in Artikel 3 genannten Gebiet zu verwenden. [6] Die Verteilung des Länderanteils auf die einzelnen Länder soll grundsätzlich so erfolgen, daß das Verhältnis der Gesamtwerte der den einzelnen Ländern übertragenen Vermögensteile dem Verhältnis der Bevölkerungszahlen dieser Länder mit Wirksamwerden des Beitritts ohne Berücksichtigung der Einwohnerzahl von Berlin (West) entspricht. [7] Artikel 21 Abs. 3 ist entsprechend anzuwenden.

(2) Bis zu einer gesetzlichen Regelung wird das Finanzvermögen von den bisher zuständigen Behörden verwaltet, soweit nicht der Bundesminister der Finanzen die Übernahme der Verwaltung durch Behörden der Bundesvermögensverwaltung anordnet.

(3) Die in den Absätzen 1 und 2 bezeichneten Gebietskörperschaften gewähren sich untereinander auf Verlangen Auskunft über und Einsicht in Grundbücher, Grundakten und sonstige Vorgänge, die Hinweise zu Vermögenswerten enthalten, deren rechtliche und tatsächliche Zuordnung zwischen den Gebietskörperschaften ungeklärt oder streitig ist.

(4) [1] Absatz 1 gilt nicht für das zur Wohnungsversorgung genutzte volkseigene Vermögen, das sich in Rechtsträgerschaft der volkseigenen Betriebe der Wohnungswirtschaft befindet. [2] Gleiches gilt für volkseigenes Vermögen, für das bereits konkrete Ausführungsplanungen für Objekte der Wohnungsversorgung vorliegen. [3] Dieses Vermögen geht mit Wirksamwerden des Beitritts mit gleichzeitiger Übernahme der anteiligen Schulden in das Eigentum

der Kommunen über. [4] Die Kommunen überführen ihren Wohnungsbestand unter Berücksichtigung sozialer Belange schrittweise in eine marktwirtschaftliche Wohnungswirtschaft. [5] Dabei soll die Privatisierung auch zur Förderung der Bildung individuellen Wohneigentums beschleunigt durchgeführt werden. [6] Hinsichtlich des volkseigenen Wohnungsbestandes staatlicher Einrichtungen, soweit dieser nicht bereits unter Artikel 21 fällt, bleibt Absatz 1 unberührt.

Art. 23 Schuldenregelung. (1) [1] Mit dem Wirksamwerden des Beitritts wird die bis zu diesem Zeitpunkt aufgelaufene Gesamtverschuldung des Republikhaushalts der Deutschen Demokratischen Republik von einem nicht rechtsfähigen Sondervermögen des Bundes übernommen, das die Schuldendienstverpflichtungen erfüllt. [2] Das Sondervermögen wird ermächtigt, Kredite aufzunehmen

1. zur Tilgung von Schulden des Sondervermögens,
2. zur Deckung anfallender Zins- und Kreditbeschaffungskosten,
3. zum Zwecke des Ankaufs von Schuldtiteln des Sondervermögens im Wege der Marktpflege.

(2) [1] Der Bundesminister der Finanzen verwaltet das Sondervermögen. [2] Das Sondervermögen kann unter seinem Namen im rechtsgeschäftlichen Verkehr handeln, klagen und verklagt werden. [3] Der allgemeine Gerichtsstand des Sondervermögens ist der Sitz der Bundesregierung. [4] Der Bund haftet für die Verbindlichkeiten des Sondervermögens.

(3) [1] Vom Tage des Wirksamwerdens des Beitritts bis zum 31. Dezember 1993 erstatten der Bund und die Treuhandanstalt jeweils die Hälfte der vom Sondervermögen erbrachten Zinsleistungen. [2] Die Erstattung erfolgt bis zum Ersten des Monats, der dem Monat folgt, in dem das Sondervermögen die in Satz 1 genannten Leistungen erbracht hat.

(4) [1] Mit Wirkung vom 1. Januar 1994 übernehmen der Bund und die in Artikel 1 genannten Länder und die Treuhandanstalt, die beim Sondervermögen zum 31. Dezember 1993 aufgelaufene Gesamtverschuldung nach Maßgabe des Artikels 27 Abs. 3 des Vertrags vom 18. Mai 1990 über die Schaffung einer Währungs-, Wirtschafts- und Sozialunion zwischen der Bundesrepublik Deutschland und der Deutschen Demokratischen Republik. [2] Die Verteilung der Schulden im einzelnen wird durch besonderes Gesetz gemäß Artikel 34 des Gesetzes vom 25. Juli 1990 zu dem Vertrag vom 18. Mai 1990 (BGBl. 1990 II S. 518) geregelt. [3] Die Anteile der in Artikel 1 genannten Länder an dem von der Gesamtheit der in Artikel 1 genannten Länder zu übernehmenden Betrag werden im Verhältnis ihrer Einwohnerzahl zum Zeitpunkt des Wirksamwerdens des Beitritts ohne Berücksichtigung der Einwohnerzahl von Berlin (West) berechnet.

(5) Das Sondervermögen wird mit Ablauf des Jahres 1993 aufgelöst.

(6) [1] Die Bundesrepublik Deutschland tritt mit Wirksamwerden des Beitritts in die von der Deutschen Demokratischen Republik zu Lasten des Staatshaushalts bis zur Einigung übernommenen Bürgschaften, Garantien und Gewährleistungen ein. [2] Die in Artikel 1 Abs. 1 genannten Länder und das

Land Berlin für den Teil, in dem das Grundgesetz[1] bisher nicht galt, übernehmen für die auf die Bundesrepublik Deutschland übergegangenen Bürgschaften, Garantien und Gewährleistungen gesamtschuldnerisch eine Rückbürgschaft in Höhe von 50 vom Hundert. [3]Die Schadensbeträge werden zwischen den Ländern im Verhältnis ihrer Einwohnerzahl zum Zeitpunkt des Wirksamwerdens des Beitritts ohne Berücksichtigung der Einwohnerzahl von Berlin (West) aufgeteilt.

(7) [1]Die Beteiligung der Deutschen Demokratischen Republik an der Staatsbank Berlin kann auf die in Artikel 1 genannten Länder übertragen werden. [2]Bis zu einer Übertragung der Beteiligung nach Satz 1 oder einer Übertragung nach Satz 3 stehen die Rechte aus der Beteiligung der Deutschen Demokratischen Republik an der Staatsbank Berlin dem Bund zu. [3]Die Vertragsparteien werden, unbeschadet einer kartellrechtlichen Prüfung, die Möglichkeit vorsehen, daß die Staatsbank Berlin ganz oder teilweise auf ein öffentlich-rechtliches Kreditinstitut in der Bundesrepublik Deutschland oder auf andere Rechtsträger übertragen wird. [4]Werden nicht alle Gegenstände oder Verbindlichkeiten von einer Übertragung erfaßt, ist der verbleibende Teil der Staatsbank Berlin abzuwickeln. [5]Der Bund tritt in die Verbindlichkeiten aus der Gewährträgerhaftung der Deutschen Demokratischen Republik für die Staatsbank Berlin ein. [6]Dies gilt nicht für Verbindlichkeiten, die nach der Übertragung der Beteiligung nach Satz 1 oder nach einer Übertragung nach Satz 3 begründet werden. [7]Satz 5 gilt für von der Staatsbank Berlin in Abwicklung begründete neue Verbindlichkeiten entsprechend. [8]Wird der Bund aus der Gewährträgerhaftung in Anspruch genommen, wird die Belastung in die Gesamtverschuldung des Republikhaushalts einbezogen und mit Wirksamwerden des Beitritts in das nicht rechtsfähige Sondervermögen nach Absatz 1 übernommen.

Art. 24 Abwicklung der Forderungen und Verbindlichkeiten gegenüber dem Ausland und der Bundesrepublik Deutschland. (1) [1]Die Abwicklung der beim Wirksamwerden des Beitritts noch bestehenden Forderungen und Verbindlichkeiten, soweit sie im Rahmen des Außenhandels- und Valutamonopols oder in Wahrnehmung anderer staatlicher Aufgaben der Deutschen Demokratischen Republik bis zum 1. Juli 1990 gegenüber dem Ausland und der Bundesrepublik Deutschland begründet worden sind, erfolgt auf Weisung und unter Aufsicht des Bundesministers der Finanzen. [2]In Umschuldungsvereinbarungen der Regierung der Bundesrepublik Deutschland, die nach Wirksamwerden des Beitritts getroffen werden, sind auch die in Satz 1 genannten Forderungen einzubeziehen. [3]Die betroffenen Forderungen werden durch den Bundesminister der Finanzen treuhänderisch verwaltet oder auf den Bund übertragen, soweit die Forderungen wertberichtigt werden.

(2) [1]Das Sondervermögen gemäß Artikel 23 Abs. 1 übernimmt bis zum 30. November 1993 gegenüber den mit der Abwicklung beauftragten Instituten die notwendigen Verwaltungsaufwendungen, die Zinskosten, die durch eine Differenz der Zinsaufwendungen und Zinserlöse entstehen, sowie die sonstigen Verluste, die den Instituten während der Abwicklungszeit entstehen, soweit sie durch eigene Mittel nicht ausgeglichen werden können.

---

[1] Nr. 1.

[2] Nach dem 30. November 1993 übernehmen der Bund und die Treuhandanstalt die in Satz 1 genannten Aufwendungen, Kosten und den Verlustausgleich je zur Hälfte. [3] Das Nähere wird durch Bundesgesetz geregelt.

(3) [1] Forderungen und Verbindlichkeiten, die auf die Mitgliedschaft der Deutschen Demokratischen Republik oder ihrer Einrichtungen im Rat für Gegenseitige Wirtschaftshilfe zurückgehen, können Gegenstand gesonderter Regelungen der Bundesrepublik Deutschland sein. [2] Diese Regelungen können auch Forderungen und Verbindlichkeiten betreffen, die nach dem 30. Juni 1990 entstehen oder entstanden sind.

Art. 25 Treuhandvermögen. Das Gesetz zur Privatisierung und Reorganisation des volkseigenen Vermögens – Treuhandgesetz – vom 17. Juni 1990 (GBl. I Nr. 33 S. 300) gilt mit Wirksamwerden des Beitritts mit folgender Maßgabe fort:

(1) [1] Die Treuhandanstalt ist auch künftig damit beauftragt, gemäß den Bestimmungen des Treuhandgesetzes die früheren volkseigenen Betriebe wettbewerblich zu strukturieren und zu privatisieren. [2] Sie wird rechtsfähige bundesunmittelbare Anstalt des öffentlichen Rechts. [3] Die Fach- und Rechtsaufsicht obliegt dem Bundesminister der Finanzen, der die Fachaufsicht im Einvernehmen mit dem Bundesminister für Wirtschaft und dem jeweils zuständigen Bundesminister wahrnimmt. [4] Beteiligungen der Treuhandanstalt sind mittelbare Beteiligungen des Bundes. [5] Änderungen der Satzung bedürfen der Zustimmung der Bundesregierung.

(2) [1] Die Zahl der Mitglieder des Verwaltungsrats der Treuhandanstalt wird von 16 auf 20, für den ersten Verwaltungsrat auf 23, erhöht. [2] Anstelle der beiden aus der Mitte der Volkskammer gewählten Vertreter erhalten die in Artikel 1 genannten Länder im Verwaltungsrat der Treuhandanstalt je einen Sitz. [3] Abweichend von § 4 Abs. 2 des Treuhandgesetzes werden der Vorsitzende und die übrigen Mitglieder des Verwaltungsrats von der Bundesregierung berufen.

(3) [1] Die Vertragsparteien bekräftigen, daß das volkseigene Vermögen ausschließlich und allein zugunsten von Maßnahmen in dem in Artikel 3 genannten Gebiet unabhängig von der haushaltsmäßigen Trägerschaft verwendet wird. [2] Entsprechend sind Erlöse der Treuhandanstalt gemäß Artikel 26 Abs. 4 und Artikel 27 Abs. 3 des Vertrags vom 18. Mai 1990 zu verwenden. [3] Im Rahmen der Strukturanpassung der Landwirtschaft können Erlöse der Treuhandanstalt im Einzelfall auch für Entschuldungsmaßnahmen zu Gunsten von landwirtschaftlichen Unternehmen verwendet werden. [4] Zuvor sind deren eigene Vermögenswerte einzusetzen. [5] Schulden, die auszugliedernden Betriebsteilen zuzuordnen sind, bleiben unberücksichtigt. [6] Hilfe zur Entschuldung kann auch mit der Maßgabe gewährt werden, daß die Unternehmen die gewährten Leistungen im Rahmen ihrer wirtschaftlichen Möglichkeiten ganz oder teilweise zurückerstatten.

(4) [1] Die der Treuhandanstalt durch Artikel 27 Abs. 1 des Vertrags vom 18. Mai 1990 eingeräumte Ermächtigung zur Aufnahme von Krediten wird von insgesamt bis zu 17 Milliarden Deutsche Mark auf bis zu 25 Milliarden Deutsche Mark erhöht. [2] Die vorgenannten Kredite sollen in der Regel bis zum 31. Dezember 1995 zurückgeführt werden. [3] Der Bundesminister der Finanzen kann eine Verlängerung der Laufzeiten und bei grundlegend veränderten Bedingungen eine Überschreitung der Kreditobergrenzen zulassen.

(5) Die Treuhandanstalt wird ermächtigt, im Einvernehmen mit dem Bundesminister der Finanzen Bürgschaften, Garantien und sonstige Gewährleistungen zu übernehmen.

(6) Nach Maßgabe des Artikels 10 Abs. 6 des Vertrags vom 18. Mai 1990 sind Möglichkeiten vorzusehen, daß den Sparern zu einem späteren Zeitpunkt für den bei der Umstellung 2 : 1 reduzierten Betrag ein verbrieftes Anteilrecht am volkseigenen Vermögen eingeräumt werden kann.

(7) [1] Bis zur Feststellung der DM-Eröffnungsbilanz sind die Zins- und Tilgungsleistungen auf Kredite, die vor dem 30. Juni 1990 aufgenommen wurden, auszusetzen. [2] Die anfallenden Zinszahlungen sind der Deutschen Kreditbank AG und der anderen Banken durch die Treuhandanstalt zu erstatten.

Art. 26 Sondervermögen Deutsche Reichsbahn. (1) [1] Das Eigentum und alle sonstigen Vermögensrechte der Deutschen Demokratischen Republik sowie das Reichsvermögen in Berlin (West), die zum Sondervermögen Deutsche Reichsbahn im Sinne des Artikels 26 Abs. 2 des Vertrags vom 18. Mai 1990 gehören, sind mit Wirksamwerden des Beitritts als Sondervermögen Deutsche Reichsbahn Vermögen der Bundesrepublik Deutschland. [2] Dazu gehören auch alle Vermögensrechte, die nach dem 8. Mai 1945 entweder mit Mitteln des Sondervermögens Deutsche Reichsbahn erworben oder die ihrem Betrieb oder dem ihrer Vorgängerverwaltungen gewidmet worden sind, ohne Rücksicht darauf, für welchen Rechtsträger sie erworben wurden, es sei denn, sie sind in der Folgezeit mit Zustimmung der Deutschen Reichsbahn einem anderen Zweck gewidmet worden. [3] Vermögensrechte, die von der Deutschen Reichsbahn bis zum 31. Januar 1991 in entsprechender Anwendung des § 1 Abs. 4 der Verordnung über die Anmeldung vermögensrechtlicher Ansprüche vom 11. Juli 1990 (GBl. I Nr. 44 S. 718) benannt werden, gelten nicht als Vermögen, das mit Zustimmung der Deutschen Reichsbahn einem anderen Zweck gewidmet wurde.

(2) Mit den Vermögensrechten gehen gleichzeitig die mit ihnen im Zusammenhang stehenden Verbindlichkeiten und Forderungen auf das Sondervermögen Deutsche Reichsbahn über.

(3) [1] Der Vorsitzer des Vorstands der Deutschen Bundesbahn und der Vorsitzer des Vorstands der Deutschen Reichsbahn sind für die Koordinierung der beiden Sondervermögen verantwortlich. [2] Dabei haben sie auf das Ziel hinzuwirken, die beiden Bahnen technisch und organisatorisch zusammenzuführen.

Art. 27 Sondervermögen Deutsche Post. (1) [1] Das Eigentum und alle sonstigen Vermögensrechte, die zum Sondervermögen Deutsche Post gehören, werden Vermögen der Bundesrepublik Deutschland. [2] Sie werden mit dem Sondervermögen Deutsche Bundespost vereinigt. [3] Dabei gehen mit den Vermögensrechten gleichzeitig die mit ihnen im Zusammenhang stehenden Verbindlichkeiten und Forderungen auf das Sondervermögen Deutsche Bundespost über. [4] Das den hoheitlichen und politischen Zwecken dienende Vermögen wird mit den entsprechenden Verbindlichkeiten und Forderungen nicht Bestandteil des Sondervermögens Deutsche Bundespost. [5] Zum Sondervermögen Deutsche Post gehören auch alle Vermögensrechte, die am 8. Mai 1945 zum Sondervermögen Deutsche Reichspost gehörten oder die nach dem 8. Mai 1945 entweder mit Mitteln des früheren Sondervermögens Deutsche Reichspost erworben oder die dem Betrieb der Deutschen Post gewidmet worden sind, ohne Rücksicht darauf, für welchen Rechtsträger sie erworben wurden, es sei denn, sie sind in der Folgezeit mit Zustimmung der Deutschen Post einem anderen Zweck gewidmet worden. [6] Vermögensrechte, die von der Deutschen Post bis zum 31. Januar 1991 in entsprechender Anwendung des § 1 Abs. 4 der Verordnung über die Anmeldung vermögensrechtlicher Ansprüche vom 11. Juli 1990 benannt werden, gelten nicht als Vermögen, das mit Zustimmung der Deutschen Post einem anderen Zweck gewidmet wurde.

(2) [1] Der Bundesminister für Post und Telekommunikation regelt nach Anhörung der Unternehmen der Deutschen Bundespost abschließend die Aufteilung des Sondervermögens Deutsche Post in die Teilsondervermögen der drei Unternehmen. [2] Der Bundesminister für Post und Telekommunikation legt nach Anhörung der drei Unternehmen der Deutschen Bundespost innerhalb einer Übergangszeit von drei Jahren fest, welche Vermögensgegenstände den hoheitlichen und politischen Zwecken dienen. [3] Er übernimmt diese ohne Wertausgleich.

Art. 28 Wirtschaftsförderung. (1) [1] Mit Wirksamwerden des Beitritts wird das in Artikel 3 genannte Gebiet in die im Bundesgebiet bestehenden Regelungen des Bundes zur Wirtschaftsförderung unter Berücksichtigung der Zuständigkeiten der Europäischen Gemeinschaften einbezogen. [2] Während einer Übergangszeit werden dabei die besonderen Bedürfnisse der Strukturanpassung berücksichtigt. [3] Damit wird ein wichtiger Beitrag zu einer möglichst raschen Entwicklung einer ausgewogenen Wirtschaftsstruktur unter besonderer Berücksichtigung des Mittelstands geleistet.

(2) [1] Die zuständigen Ressorts bereiten konkrete Maßnahmenprogramme zur Beschleunigung des wirtschaftlichen Wachstums und des Strukturwandels in dem in Artikel 3 genannten Gebiet vor. [2] Die Programme erstrecken sich auf folgende Bereiche:

- Maßnahmen der regionalen Wirtschaftsförderung unter Schaffung eines besonderen Programms zugunsten des in Artikel 3 genannten Gebiets; dabei wird ein Präferenzvorsprung zugunsten dieses Gebiets sichergestellt;
- Maßnahmen zur Verbesserung der wirtschaftlichen Rahmenbedingungen in den Gemeinden mit besonderem Schwerpunkt in der wirtschaftsnahen Infrastruktur;
- Maßnahmen zur raschen Entwicklung des Mittelstandes;
- Maßnahmen zur verstärkten Modernisierung und strukturellen Neuordnung der Wirtschaft auf der Grundlage von in Eigenverantwortung der Industrie erstellten Restrukturierungskonzepten (zum Beispiel Sanierungsprogramme, auch für RGW-Exportproduktion);
- Entschuldung von Unternehmen nach Einzelfallprüfung.

Art. 29 Außenwirtschaftsbeziehungen. (1) [1] Die gewachsenen außenwirtschaftlichen Beziehungen der Deutschen Demokratischen Republik, insbesondere die bestehenden vertraglichen Verpflichtungen gegenüber den Ländern des Rates für Gegenseitige Wirtschaftshilfe, genießen Vertrauensschutz. [2] Sie werden unter Berücksichtigung der Interessen aller Beteiligten und unter Beachtung marktwirtschaftlicher Grundsätze sowie der Zuständigkeiten der Europäischen Gemeinschaften fortentwickelt und ausgebaut. [3] Die gesamtdeutsche Regierung wird dafür Sorge tragen, daß diese Beziehungen im Rahmen der fachlichen Zuständigkeit organisatorisch angemessen geregelt werden.

(2) Die Bundesregierung beziehungsweise die gesamtdeutsche Regierung wird sich mit den zuständigen Organen der Europäischen Gemeinschaften darüber abstimmen, welche Ausnahmeregelungen für eine Übergangszeit auf dem Gebiet des Außenhandels im Hinblick auf Absatz 1 erforderlich sind.

Kapitel VII. Arbeit, Soziales, Familie, Frauen, Gesundheitswesen und Umweltschutz

Art. 30 Arbeit und Soziales. (1) Es ist Aufgabe des gesamtdeutschen Gesetzgebers,

1. das Arbeitsvertragsrecht sowie das öffentlich-rechtliche Arbeitszeitrecht einschließlich der Zulässigkeit von Sonn- und Feiertagsarbeit und den besonderen Frauenarbeitsschutz möglichst bald einheitlich neu zu kodifizieren,
2. den öffentlich-rechtlichen Arbeitsschutz in Übereinstimmung mit dem Recht der Europäischen Gemeinschaften und dem damit konformen Teil des Arbeitsschutzrechts der Deutschen Demokratischen Republik zeitgemäß neu zu regeln.

(2) [1] Arbeitnehmer können in dem in Artikel 3 genannten Gebiet ein Altersübergangsgeld nach Vollendung des 57. Lebensjahres für die Dauer von drei Jahren, längstens bis zum frühestmöglichen Bezug einer Altersrente aus der gesetzlichen Rentenversicherung erhalten. [2] Die Höhe des Altersübergangsgeldes beträgt 65 vom Hundert des letzten durchschnittlichen Nettoarbeitsentgelts; für Arbeitnehmer, deren Anspruch bis zum 1. April 1991 entsteht, wird das Altersübergangsgeld für die ersten 312 Tage um einen Zuschlag von 5 Prozentpunkten erhöht. [3] Das Altersübergangsgeld gewährt die Bundesanstalt für Arbeit in Anlehnung an die Regelungen des Arbeitslosengeldes, insbesondere der Regelung des § 105c des Arbeitsförderungsgesetzes. [4] Die Bundesanstalt für Arbeit kann einen Antrag ablehnen, wenn feststeht, daß in der Region für die bisherige berufliche Tätigkeit des Antragstellers ein deutlicher Mangel an Arbeitskräften besteht. [5] Das Altersübergangsgeld wird vom Bund erstattet, soweit es die Dauer des Anspruchs auf Arbeitslosengeld übersteigt. [6] Die Altersübergangsgeldregelung findet für neu entstehende Ansprüche bis zum 31. Dezember 1991 Anwendung. [7] Der Geltungszeitraum kann um ein Jahr verlängert werden. [8] In der Zeit vom Wirksamwerden des Vertrags bis zum 31. Dezember 1990 können Frauen Altersübergangsgeld nach Vollendung des 55. Lebensjahres für längstens fünf Jahre erhalten.

(3) [1] Der in dem in Artikel 3 genannten Gebiet in Verbindung mit dem Vertrag vom 18. Mai 1990 eingeführte Sozialzuschlag zu Leistungen der Renten-, Unfall- und Arbeitslosenversicherung wird auf Neuzugänge bis 31. Dezember 1991 begrenzt. [2] Die Leistung wird längstens bis zum 30. Juni 1995 gezahlt.

(4) [1] Die Übertragung von Aufgaben der Sozialversicherung auf die einzelnen Träger hat so zu erfolgen, daß die Erbringung der Leistungen und deren Finanzierung sowie die personelle Wahrnehmung der Aufgaben gewährleistet wird. [2] Die Vermögensaufteilung (Aktiva und Passiva) auf die einzelnen Träger der Sozialversicherung wird endgültig durch Gesetz festgelegt.

(5) [1] Die Einzelheiten der Überleitung des Sechsten Buches Sozialgesetzbuch (Rentenversicherung) und der Vorschriften des Dritten Buches der Reichsversicherungsordnung (Unfallversicherung) werden in einem Bundesgesetz geregelt. [2] Für Personen, deren Rente aus der gesetzlichen Rentenversicherung in der Zeit vom 1. Januar 1992 bis 30. Juni 1995 beginnt, wird

1. eine Rente grundsätzlich mindestens in der Höhe des Betrags geleistet, der sich am 30. Juni 1990 nach dem bis dahin geltenden Rentenrecht in dem in Artikel 3 genannten Gebiet ohne Berücksichtigung von Leistungen aus Zusatz- oder Sonderversorgungssystemen ergeben hätte,
2. eine Rente auch dann bewilligt, wenn am 30. Juni 1990 nach dem bis dahin geltenden Rentenrecht in dem in Artikel 3 genannten Gebiet ein Rentenanspruch bestanden hätte.

Im übrigen soll die Überleitung von der Zielsetzung bestimmt sein, mit der Angleichung der Löhne und Gehälter in dem in Artikel 3 genannten Gebiet an diejenigen in den übrigen Ländern auch eine Angleichung der Renten zu verwirklichen.

(6) Bei der Fortentwicklung der Berufskrankheitenverordnung ist zu prüfen, inwieweit die bisher in dem in Artikel 3 des Vertrags genannten Gebiet geltenden Regelungen berücksichtigt werden können.

Art. 31 Familie und Frauen. (1) Es ist Aufgabe des gesamtdeutschen Gesetzgebers, die Gesetzgebung zur Gleichberechtigung zwischen Männern und Frauen weiterzuentwickeln.

(2) Es ist Aufgabe des gesamtdeutschen Gesetzgebers, angesichts unterschiedlicher rechtlicher und institutioneller Ausgangssituationen bei der Erwerbstätigkeit von Müttern und Vätern die Rechtslage unter dem Gesichtspunkt der Vereinbarkeit von Familie und Beruf zu gestalten.

(3) Um die Weiterführung der Einrichtungen zur Tagesbetreuung von Kindern in dem in Artikel 3 genannten Gebiet zu gewährleisten, beteiligt sich der Bund für eine Übergangszeit bis zum 30. Juni 1991 an den Kosten dieser Einrichtungen.

(4) [1] Es ist Aufgabe des gesamtdeutschen Gesetzgebers, spätestens bis zum 31. Dezember 1992 eine Regelung zu treffen, die den Schutz vorgeburtlichen Lebens und die verfassungskonforme Bewältigung von Konfliktsituationen schwangerer Frauen vor allem durch rechtlich gesicherte Ansprüche für Frauen, insbesondere auf Beratung und soziale Hilfen, besser gewährleistet, als dies in beiden Teilen Deutschlands derzeit der Fall ist. [2] Zur Verwirklichung dieser Ziele wird in dem in Artikel 3 genannten Gebiet mit finanzieller Hilfe des Bundes unverzüglich ein flächendeckendes Netz von Beratungsstellen verschiedener Träger aufgebaut. [3] Die Beratungsstellen sind personell und finanziell so auszustatten, daß sie ihrer Aufgabe gerecht werden können, schwangere Frauen zu beraten und ihnen notwendige Hilfen – auch über den Zeitpunkt der Geburt hinaus – zu leisten. [4] Kommt eine Regelung in der in

Satz 1 genannten Frist nicht zustande, gilt das materielle Recht in dem in Artikel 3 genannten Gebiet weiter.

Art. 32 Freie gesellschaftliche Kräfte. Die Verbände der Freien Wohlfahrtspflege und die Träger der Freien Jugendhilfe leisten mit ihren Einrichtungen und Diensten einen unverzichtbaren Beitrag zur Sozialstaatlichkeit des Grundgesetzes[1)]. Der Auf- und Ausbau einer Freien Wohlfahrtspflege und einer Freien Jugendhilfe in dem in Artikel 3 genannten Gebiet wird im Rahmen der grundgesetzlichen Zuständigkeiten gefördert.

Art. 33 Gesundheitswesen. (1) Es ist Aufgabe der Gesetzgeber, die Voraussetzungen dafür zu schaffen, daß das Niveau der stationären Versorgung der Bevölkerung in dem in Artikel 3 genannten Gebiet zügig und nachhaltig verbessert und der Situation im übrigen Bundesgebiet angepaßt wird.

(2) Zur Vermeidung von Defiziten bei den Arzneimittelausgaben der Krankenversicherung in dem in Artikel 3 genannten Gebiet trifft der gesamtdeutsche Gesetzgeber eine zeitlich befristete Regelung, durch die der Herstellerabgabepreis im Sinne der Arzneimittelpreisverordnung um einen Abschlag verringert wird, der dem Abstand zwischen den beitragspflichtigen Einkommen in dem in Artikel 3 genannten Gebiet und im heutigen Bundesgebiet entspricht.

Art. 34 Umweltschutz. (1) Ausgehend von der in Artikel 16 des Vertrags vom 18. Mai 1990 in Verbindung mit dem Umweltrahmengesetz der Deutschen Demokratischen Republik vom 29. Juni 1990 (GBl. I Nr. 42 S. 649) begründeten deutschen Umweltunion ist es Aufgabe der Gesetzgeber, die natürlichen Lebensgrundlagen des Menschen unter Beachtung des Vorsorge-, Verursacher- und Kooperationsprinzips zu schützen und die Einheitlichkeit der ökologischen Lebensverhältnisse auf hohem, mindestens jedoch dem in der Bundesrepublik Deutschland erreichten Niveau zu fördern.

(2) [1] Zur Förderung des in Absatz 1 genannten Ziels sind im Rahmen der grundgesetzlichen Zuständigkeitsregelungen ökologische Sanierungs- und Entwicklungsprogramme für das in Artikel 3 genannte Gebiet aufzustellen. [2] Vorrangig sind Maßnahmen zur Abwehr von Gefahren für die Gesundheit der Bevölkerung vorzusehen.

Kapitel VIII. Kultur, Bildung und Wissenschaft, Sport

Art. 35 Kultur. (1) [1] In den Jahren der Teilung waren Kunst und Kultur – trotz unterschiedlicher Entwicklung der beiden Staaten in Deutschland – eine Grundlage der fortbestehenden Einheit der deutschen Nation. [2] Sie leisten im Prozeß der staatlichen Einheit der Deutschen auf dem Weg zur europäischen Einigung einen eigenständigen und unverzichtbaren Beitrag. [3] Stellung und Ansehen eines vereinten Deutschlands in der Welt hängen außer von seinem politischen Gewicht und seiner wirtschaftlichen Leistungskraft ebenso von seiner Bedeutung als Kulturstaat ab. [4] Vorrangiges Ziel der Auswärtigen Kul-

1) Nr. 1.

turpolitik ist der Kulturaustausch auf der Grundlage partnerschaftlicher Zusammenarbeit.

(2) Die kulturelle Substanz in dem in Artikel 3 genannten Gebiet darf keinen Schaden nehmen.

(3) Die Erfüllung der kulturellen Aufgaben einschließlich ihrer Finanzierung ist zu sichern, wobei Schutz und Förderung von Kultur und Kunst den neuen Ländern und Kommunen entsprechend der Zuständigkeitsverteilung des Grundgesetzes[1] obliegen.

(4) [1] Die bisher zentral geleiteten kulturellen Einrichtungen gehen in die Trägerschaft der Länder oder Kommunen über, in denen sie gelegen sind. [2] Eine Mitfinanzierung durch den Bund wird in Ausnahmefällen, insbesondere im Land Berlin, nicht ausgeschlossen.

(5) [1] Die durch die Nachkriegsereignisse getrennten Teile der ehemals staatlichen preußischen Sammlungen (unter anderem Staatliche Museen, Staatsbibliotheken, Geheimes Staatsarchiv, Ibero-Amerikanisches Institut, Staatliches Institut für Musikforschung) sind in Berlin wieder zusammenzuführen. [2] Die Stiftung Preußischer Kulturbesitz übernimmt die vorläufige Trägerschaft. [3] Auch für die künftige Regelung ist eine umfassende Trägerschaft für die ehemals staatlichen preußischen Sammlungen in Berlin zu finden.

(6) [1] Der Kulturfonds wird zur Förderung von Kultur, Kunst und Künstlern übergangsweise bis zum 31. Dezember 1994 in dem in Artikel 3 genannten Gebiet weitergeführt. [2] Eine Mitfinanzierung durch den Bund im Rahmen der Zuständigkeitsverteilung des Grundgesetzes wird nicht ausgeschlossen. [3] Über eine Nachfolgeeinrichtung ist im Rahmen der Verhandlungen über den Beitritt der Länder der in Artikel 1 Abs. 1 genannten Länder zur Kulturstiftung der Länder zu verhandeln.

(7) Zum Ausgleich der Auswirkungen der Teilung Deutschlands kann der Bund übergangsweise zur Förderung der kulturellen Infrastruktur einzelne kulturelle Maßnahmen und Einrichtungen in dem in Artikel 3 genannten Gebiet mitfinanzieren.

Art. 36[2] **Rundfunk.** (1)–(6) *(aufgehoben)*

(7) Mit Inkraftsetzung des Staatsvertrags nach Absatz 6, spätestens am 31. Dezember 1991, treten die Absätze 1 bis 6 außer Kraft.

Art. 37 Bildung. (1) [1] In der Deutschen Demokratischen Republik erworbene oder staatlich anerkannte schulische, berufliche und akademische Abschlüsse oder Befähigungsnachweise gelten in dem in Artikel 3 genannten Gebiet weiter. [2] In dem in Artikel 3 genannten Gebiet oder in den anderen Ländern der Bundesrepublik Deutschland einschließlich Berlin (West) abgelegte Prüfungen oder erworbene Befähigungsnachweise stehen einander gleich und verleihen die gleichen Berechtigungen, wenn sie gleichwertig sind. [3] Die Gleichwertigkeit wird auf Antrag von der jeweils zuständigen Stelle festgestellt. [4] Rechtliche Regelungen des Bundes und der Europäischen Gemeinschaften über die Gleichstellung von Prüfungen oder Befähigungs-

---

[1] Nr. 1.
[2] Art. 36 Abs. 1 bis 6 gem. Abs. 7 außer Kraft getreten.

nachweisen sowie besondere Regelungen in diesem Vertrag haben Vorrang. [5]Das Recht auf Führung erworbener, staatlich anerkannter oder verliehener akademischer Berufsbezeichnungen, Grade und Titel bleibt in jedem Fall unberührt.

(2) [1]Für Lehramtsprüfungen gilt das in der Kultusministerkonferenz übliche Anerkennungsverfahren. [2]Die Kultusministerkonferenz wird entsprechende Übergangsregelungen treffen.

(3) Prüfungszeugnisse nach der Systematik der Ausbildungsberufe und der Systematik der Facharbeiterberufe und Abschlußprüfungen und Gesellenprüfungen in anerkannten Ausbildungsberufen stehen einander gleich.

(4) [1]Die bei der Neugestaltung des Schulwesens in dem in Artikel 3 genannten Gebiet erforderlichen Regelungen werden von den in Artikel 1 genannten Ländern getroffen. [2]Die notwendigen Regelungen zur Anerkennung von Abschlüssen schulrechtlicher Art werden in der Kultusministerkonferenz vereinbart. [3]In beiden Fällen sind Basis das Hamburger Abkommen und die weiteren einschlägigen Vereinbarungen der Kultusministerkonferenz.

(5) Studenten, die vor Abschluß eines Studiums die Hochschule wechseln, werden bisher erbrachte Studien- und Prüfungsleistungen nach den Grundsätzen des § 7 der Allgemeinen Bestimmungen für Diplomprüfungsordnungen (ABD) oder im Rahmen der für die Zulassung zu Staatsprüfungen geltenden Vorschriften anerkannt.

(6) [1]Die auf Abschlußzeugnissen der Ingenieur- und Fachschulen der Deutschen Demokratischen Republik bestätigten Hochschulzugangsberechtigungen gelten gemäß Beschluß der Kultusministerkonferenz vom 10. Mai 1990 und seiner Anlage B. [2]Weitergehende Grundsätze und Verfahren für die Anerkennung von Fachschul- und Hochschulabschlüssen für darauf aufbauende Schul- und Hochschulausbildungen sind im Rahmen der Kultusministerkonferenz zu entwickeln.

Art. 38 Wissenschaft und Forschung. (1) [1]Wissenschaft und Forschung bilden auch im vereinten Deutschland wichtige Grundlagen für Staat und Gesellschaft. [2]Der notwendigen Erneuerung von Wissenschaft und Forschung unter Erhaltung leistungsfähiger Einrichtungen in dem in Artikel 3 genannten Gebiet dient eine Begutachtung von öffentlich getragenen Einrichtungen durch den Wissenschaftsrat, die bis zum 31. Dezember 1991 abgeschlossen sein wird, wobei einzelne Ergebnisse schon vorher schrittweise umgesetzt werden sollen. [3]Die nachfolgenden Regelungen sollen diese Begutachtung ermöglichen sowie die Einpassung von Wissenschaft und Forschung in dem in Artikel 3 genannten Gebiet in die gemeinsame Forschungsstruktur der Bundesrepublik Deutschland gewährleisten.

(2) [1]Mit dem Wirksamwerden des Beitritts wird die Akademie der Wissenschaften der Deutschen Demokratischen Republik als Gelehrtensozietät von den Forschungsinstituten und sonstigen Einrichtungen getrennt. [2]Die Entscheidung, wie die Gelehrtensozietät der Akademie der Wissenschaften der Deutschen Demokratischen Republik fortgeführt werden soll, wird landesrechtlich getroffen. [3]Die Forschungsinstitute und sonstigen Einrichtungen bestehen zunächst bis zum 31. Dezember 1991 als Einrichtungen der Länder in dem in Artikel 3 genannten Gebiet fort, soweit sie nicht vorher aufgelöst oder umgewandelt werden. [4]Die Übergangsfinanzierung dieser Institute und

Einrichtungen wird bis zum 31. Dezember 1991 sichergestellt; die Mittel hierfür werden im Jahr 1991 vom Bund und den in Artikel 1 genannten Ländern bereitgestellt.

(3) [1] Die Arbeitsverhältnisse der bei den Forschungsinstituten und sonstigen Einrichtungen der Akademie der Wissenschaften der Deutschen Demokratischen Republik beschäftigten Arbeitnehmer bestehen bis zum 31. Dezember 1991[1)] als befristete Arbeitsverhältnisse mit den Ländern fort, auf die diese Institute und Einrichtungen übergehen. [2] Das Recht zur ordentlichen oder außerordentlichen Kündigung dieser Arbeitsverhältnisse in den in Anlage I[2)] dieses Vertrags aufgeführten Tatbeständen bleibt unberührt.

(4) Für die Bauakademie der Deutschen Demokratischen Republik und die Akademie der Landwirtschaftswissenschaften der Deutschen Demokratischen Republik sowie die nachgeordneten wissenschaftlichen Einrichtungen des Ministeriums für Ernährung, Land- und Forstwirtschaft gelten die Absätze 1 bis 3 sinngemäß[3)].

(5) Die Bundesregierung wird mit den Ländern Verhandlungen mit dem Ziel aufnehmen, die Bund-Länder-Vereinbarungen gemäß Artikel 91b des Grundgesetzes[4)] so anzupassen oder neu abzuschließen, daß die Bildungsplanung und die Förderung von Einrichtungen und Vorhaben der wissenschaftlichen Forschung von überregionaler Bedeutung auf das in Artikel 3 genannte Gebiet erstreckt werden.

(6) [1] Die Bundesregierung strebt an, daß die in der Bundesrepublik Deutschland bewährten Methoden und Programme der Forschungsförderung so schnell wie möglich auf das gesamte Bundesgebiet angewendet werden und daß den Wissenschaftlern und wissenschaftlichen Einrichtungen in dem in Artikel 3 genannten Gebiet der Zugang zu laufenden Maßnahmen der Forschungsförderung ermöglicht wird. [2] Außerdem sollen einzelne Förderungsmaßnahmen für Forschung und Entwicklung, die im Bereich der Bundesrepublik Deutschland terminlich abgeschlossen sind, für das in Artikel 3

[1)] Gemäß Urt. des BVerfG v. 10.3.1992 (BGBl. I S. 848) ist Art. 38 Abs. 3 Satz 1 insoweit mit Art. 12 Abs.1 – teilweise iVm Art. 6 Abs. 4 – des Grundgesetzes unvereinbar und nichtig, als
a) die Arbeitsverhältnisse von Beschäftigten enden, denen am 31.12.1991 nach Mutterschutzrecht nicht gekündigt werden durfte, und
b) die Arbeitsverhältnisse derjenigen Beschäftigten, die sich um Weiterverwendung bei einer Nachfolgeeinrichtung der Akademie der Wissenschaften der Deutschen Demokratischen Republik beworben haben und denen nicht bis zum 30.11.1991 bekanntgegeben worden ist, daß sie über den 31.12.1991 hinaus keine derartige Beschäftigung finden werden, vor Ablauf des auf eine solche Bekanntgabe folgenden Monats enden.

[2)] Hier nicht wiedergegeben.

[3)] Gemäß Beschl. des BVerfG v. 12.5.1992 (BGBl. I S. 1361) ist Art. 38 Abs. 4 iVm Abs. 3 Satz 1 insoweit mit Art. 12 Abs.1 – teilweise iVm Art. 6 Abs. 4 – des Grundgesetzes unvereinbar und nichtig, als
a) die Arbeitsverhältnisse von Beschäftigten enden, denen am 31.12.1991 nach Mutterschutzrecht nicht gekündigt werden durfte, und
b) die Arbeitsverhältnisse derjenigen Beschäftigten, die sich um Weiterverwendung bei einer Nachfolgeeinrichtung der Bauakademie der Deutschen Demokratischen Republik oder der Akademie der Landwirtschaftswissenschaften der Deutschen Demokratischen Republik beworben haben und denen nicht bis zum 30.11.1991 bekanntgegeben worden ist, daß sie über den 31.12.1991 hinaus keine derartige Beschäftigung finden werden, vor Ablauf des auf eine solche Bekanntgabe folgenden Monats enden.

[4)] Nr. **1**.

genannte Gebiet wieder aufgenommen werden; davon sind steuerliche Maßnahmen ausgenommen.

(7) Mit dem Wirksamwerden des Beitritts der Deutschen Demokratischen Republik ist der Forschungsrat der Deutschen Demokratischen Republik aufgelöst.

Art. 39 Sport. (1) [1] Die in dem in Artikel 3 genannten Gebiet in Umwandlung befindlichen Strukturen des Sports werden auf Selbstverwaltung umgestellt. [2] Die öffentlichen Hände fördern den Sport ideell und materiell nach der Zuständigkeitsverteilung des Grundgesetzes[1)].

(2) [1] Der Spitzensport und seine Entwicklung in dem in Artikel 3 genannten Gebiet wird, soweit er sich bewährt hat, weiter gefördert. [2] Die Förderung erfolgt im Rahmen der in der Bundesrepublik Deutschland bestehenden Regeln und Grundsätze nach Maßgabe der öffentlichen Haushalte in dem in Artikel 3 genannten Gebiet. [3] In diesem Rahmen werden das Forschungsinstitut für Körperkultur und Sport (FKS) in Leipzig, das vom Internationalen Olympischen Kommittee (IOC) anerkannte Dopingkontrollabor in Kreischa (bei Dresden) und die Forschungs- und Entwicklungsstelle für Sportgeräte (FES) in Berlin (Ost) – in der jeweils angemessenen Rechtsform – als Einrichtungen im vereinten Deutschland in erforderlichem Umfang fortgeführt oder bestehenden Einrichtungen angegliedert.

(3) Für eine Übergangszeit bis zum 31. Dezember 1992 unterstützt der Bund den Behindertensport.

Kapitel IX. Übergangs- und Schlußbestimmungen

Art. 40 Verträge und Vereinbarungen. (1) Die Verpflichtungen aus dem Vertrag vom 18. Mai 1990 über die Schaffung einer Währungs-, Wirtschafts- und Sozialunion zwischen der Bundesrepublik Deutschland und der Deutschen Demokratischen Republik gelten fort, soweit nicht in diesem Vertrag Abweichendes bestimmt wird oder die Vereinbarungen im Zuge der Herstellung der Einheit Deutschland gegenstandslos werden.

(2) Soweit Rechte und Pflichten aus sonstigen Verträgen und Vereinbarungen zwischen der Bundesrepublik Deutschland oder den Bundesländern und der Deutschen Demokratischen Republik nicht im Zuge der Herstellung der Einheit Deutschlands gegenstandslos geworden sind, werden sie von den innerstaatlich zuständigen Rechtsträgern übernommen, angepaßt oder abgewickelt.

Art. 41 Regelung von Vermögensfragen. (1) Die von der Regierung der Bundesrepublik Deutschland und der Regierung der Deutschen Demokratischen Republik abgegebene Gemeinsame Erklärung vom 15. Juni 1990 zur Regelung offener Vermögensfragen (Anlage III[2)]) ist Bestandteil dieses Vertrages.

[1)] Nr. 1.
[2)] Hier nicht wiedergegeben.

(2) [1] Nach Maßgabe besonderer gesetzlicher Regelung findet eine Rückübertragung von Eigentumsrechten an Grundstücken oder Gebäuden nicht statt, wenn das betroffene Grundstück oder Gebäude für dringende, näher festzulegende Investitionszwecke benötigt wird, insbesondere der Errichtung einer gewerblichen Betriebsstätte dient und die Verwirklichung dieser Investitionsentscheidung volkswirtschaftlich förderungswürdig ist, vor allem Arbeitsplätze schafft oder sichert. [2] Der Investor hat einen die wesentlichen Merkmale des Vorhabens aufzeigenden Plan vorzulegen und sich zur Durchführung des Vorhabens auf dieser Basis zu verpflichten. [3] In dem Gesetz ist auch die Entschädigung des früheren Eigentümers zu regeln.

(3) Im übrigen wird die Bundesrepublik Deutschland keine Rechtsvorschriften erlassen, die der in Absatz 1 genannten Gemeinsamen Erklärung widersprechen.

Art. 42 Entsendung von Abgeordneten. (1) [1] Vor dem Wirksamwerden des Beitritts der Deutschen Demokratischen Republik wählt die Volkskammer auf der Grundlage ihrer Zusammensetzung 144 Abgeordnete zur Entsendung in den 11. Deutschen Bundestag sowie eine ausreichende Anzahl von Ersatzpersonen. [2] Entsprechende Vorschläge machen die in der Volkskammer vertretenen Fraktionen und Gruppen.

(2) [1] Die Gewählten erwerben die Mitgliedschaft im 11. Deutschen Bundestag aufgrund der Annahmeerklärung gegenüber dem Präsidenten der Volkskammer, jedoch erst mit Wirksamwerden des Beitritts. [2] Der Präsident der Volkskammer übermittelt das Ergebnis der Wahl unter Beifügung der Annahmeerklärung unverzüglich dem Präsidenten des Deutschen Bundestages.

(3) [1] Für die Wählbarkeit und den Verlust der Mitgliedschaft im 11. Deutschen Bundestag gelten im übrigen die Bestimmungen des Bundeswahlgesetzes[1)] in der Fassung der Bekanntmachung vom 1. September 1975 (BGBl. I S. 2325), zuletzt geändert durch Gesetz vom 29. August 1990 (BGBl. II S. 813). [2] Scheidet ein Mitglied aus, so rückt die nächste Ersatzperson nach. [3] Sie muß derselben Partei angehören wie das ausgeschiedene Mitglied zur Zeit seiner Wahl. [4] Die Feststellung, wer als Ersatzperson nachrückt, trifft vor Wirksamwerden des Beitritts der Präsident der Volkskammer, danach der Präsident des Deutschen Bundestages.

Art. 43 Übergangsvorschrift für den Bundesrat bis zur Bildung von Landesregierungen. Von der Bildung der in Artikel 1 Abs. 1 genannten Länder bis zur Wahl des Ministerpräsidenten kann der Landesbevollmächtigte an den Sitzungen des Bundesrates mit beratender Stimme teilnehmen.

Art. 44 Rechtswahrung. Rechte aus diesem Vertrag zugunsten der Deutschen Demokratischen Republik oder der in Artikel 1 genannten Länder können nach Wirksamwerden des Beitritts von jedem dieser Länder geltend gemacht werden.

[1)] Nr. **10**.

Art. 45 Inkrafttreten des Vertrags. (1) Dieser Vertrag einschließlich des anliegenden Protokolls[1] und der Anlagen[1] I bis III tritt an dem Tag in Kraft[2], an dem die Regierungen der Bundesrepublik Deutschland und der Deutschen Demokratischen Republik einander mitgeteilt haben, daß die erforderlichen innerstaatlichen Voraussetzungen für das Inkrafttreten erfüllt sind.

(2) Der Vertrag bleibt nach Wirksamwerden des Beitritts als Bundesrecht geltendes Recht.

Anl. I–III.[3] *(hier nicht wiedergegeben)*

---

[1] Hier nicht wiedergegeben.

[2] Gem. Bek. v. 16.10.1990 (BGBl. II S. 1360) Inkrafttreten am 29.9.1990.

[3] Anl. I zuletzt geänd. mWv 29.1.2013, mWv 1.1.2014 und mWv 1.1.2015 durch G v. 21.1.2013 (BGBl. I S. 91); geänd. mWv 15.7.2016 durch G v. 8.7.2016 (BGBl. I S. 1594).

3. Vertrag über die abschließende Regelung in bezug auf Deutschland

Vom 12. September 1990
(BGBl. II S. 1317, 1318)

Zwei-Plus-Vier-Vertrag[1]

– Deutsche Fassung –

Die Bundesrepublik Deutschland,
die Deutsche Demokratische Republik,
die Französische Republik,
die Union der Sozialistischen Sowjetrepubliken,
das Vereinigte Königreich Großbritannien und Nordirland
und die Vereinigten Staaten von Amerika –

in dem Bewußtsein, daß ihre Völker seit 1945 miteinander in Frieden leben,

eingedenk der jüngsten historischen Veränderungen in Europa, die es ermöglichen, die Spaltung des Kontinents zu überwinden,

unter Berücksichtigung der Rechte und Verantwortlichkeiten der Vier Mächte in bezug auf Berlin und Deutschland als Ganzes und der entsprechenden Vereinbarungen und Beschlüsse der Vier Mächte aus der Kriegs- und Nachkriegszeit,

entschlossen, in Übereinstimmung mit ihren Verpflichtungen aus der Charta der Vereinten Nationen freundschaftliche, auf der Achtung vor dem Grundsatz der Gleichberechtigung und Selbstbestimmung der Völker beruhende Beziehungen zwischen den Nationen zu entwickeln und andere geeignete Maßnahmen zur Festigung des Weltfriedens zu treffen,

eingedenk der Prinzipien der in Helsinki unterzeichneten Schlußakte der Konferenz über Sicherheit und Zusammenarbeit in Europa,

in Anerkennung, daß diese Prinzipien feste Grundlagen für den Aufbau einer gerechten und dauerhaften Friedensordnung in Europa geschaffen haben,

entschlossen, die Sicherheitsinteressen eines jeden zu berücksichtigen,

überzeugt von der Notwendigkeit, Gegensätze endgültig zu überwinden und die Zusammenarbeit in Europa fortzuentwickeln,

in Bekräftigung ihrer Bereitschaft, die Sicherheit zu stärken, insbesondere durch wirksame Maßnahmen zur Rüstungskontrolle, Abrüstung und Vertrau-

---

[1] Diese Bezeichnung ist nicht amtlich.

ensbildung; ihrer Bereitschaft, sich gegenseitig nicht als Gegner zu betrachten, sondern auf ein Verhältnis des Vertrauens und der Zusammenarbeit hinzuarbeiten, sowie dementsprechend ihrer Bereitschaft, die Schaffung geeigneter institutioneller Vorkehrungen im Rahmen der Konferenz über Sicherheit und Zusammenarbeit in Europa positiv in Betracht zu ziehen,

in Würdigung dessen, daß das deutsche Volk in freier Ausübung des Selbstbestimmungsrechts seinen Willen bekundet hat, die staatliche Einheit Deutschlands herzustellen, um als gleichberechtigtes und souveränes Glied in einem vereinten Europa dem Frieden der Welt zu dienen,

in der Überzeugung, daß die Vereinigung Deutschlands als Staat mit endgültigen Grenzen ein bedeutsamer Beitrag zu Frieden und Stabilität in Europa ist,

mit dem Ziel, die abschließende Regelung in bezug auf Deutschland zu vereinbaren,

in Anerkennung dessen, daß dadurch und mit der Vereinigung Deutschlands als einem demokratischen und friedlichen Staat die Rechte und Verantwortlichkeiten der Vier Mächte in bezug auf Berlin und Deutschland als Ganzes ihre Bedeutung verlieren,

vertreten durch ihre Außenminister, die entsprechend der Erklärung von Ottawa vom 13. Februar 1990 am 5. Mai 1990 in Bonn, am 22. Juni 1990 in Berlin, am 17. Juli 1990 in Paris unter Beteiligung des Außenministers der Republik Polen und am 12. September 1990 in Moskau zusammengetroffen sind –

sind wie folgt übereingekommen:

Art. 1 [Grenzen] (1) [1] Das vereinte Deutschland wird die Gebiete der Bundesrepublik Deutschland, der Deutschen Demokratischen Republik und ganz Berlins umfassen. [2] Seine Außengrenzen werden die Grenzen der Bundesrepublik Deutschland und der Deutschen Demokratischen Republik sein und werden am Tage des Inkrafttretens dieses Vertrags endgültig sein. [3] Die Bestätigung des endgültigen Charakters der Grenzen des vereinten Deutschland ist ein wesentlicher Bestandteil der Friedensordnung in Europa.

(2) Das vereinte Deutschland und die Republik Polen bestätigen die zwischen ihnen bestehende Grenze in einem völkerrechtlich verbindlichen Vertrag.

(3) Das vereinte Deutschland hat keinerlei Gebietsansprüche gegen andere Staaten und wird solche auch nicht in Zukunft erheben.

(4) [1] Die Regierungen der Bundesrepublik Deutschland und der Deutschen Demokratischen Republik werden sicherstellen, daß die Verfassung des vereinten Deutschland keinerlei Bestimmungen enthalten wird, die mit diesen Prinzipien unvereinbar sind. [2] Dies gilt dementsprechend für die Bestimmungen, die in der Präambel und in den Artikeln 23 Satz 2 und 146 des Grundgesetzes[1)] für die Bundesrepublik Deutschland niedergelegt sind.

(5) Die Regierungen der Französischen Republik, der Union der Sozialistischen Sowjetrepubliken, des Vereinigten Königreichs Großbritannien und Nordirland und der Vereinigten Staaten von Amerika nehmen die entspre-

[1)] Nr. 1.

chenden Verpflichtungen und Erklärungen der Regierungen der Bundesrepublik Deutschland und der Deutschen Demokratischen Republik förmlich entgegen und erklären, daß mit deren Verwirklichung der endgültige Charakter der Grenzen des vereinten Deutschland bestätigt wird.

Art. 2 [Verbot des Angriffskrieges] [1] Die Regierungen der Bundesrepublik Deutschland und der Deutschen Demokratischen Republik bekräftigen ihre Erklärungen, daß von deutschem Boden nur Frieden ausgehen wird. [2] Nach der Verfassung des vereinten Deutschland sind Handlungen, die geeignet sind und in der Absicht vorgenommen werden, das friedliche Zusammenleben der Völker zu stören, insbesondere die Führung eines Angriffskrieges vorzubereiten, verfassungswidrig und strafbar. [3] Die Regierungen der Bundesrepublik Deutschland und der Deutschen Demokratischen Republik erklären, daß das vereinte Deutschland keine seiner Waffen jemals einsetzen wird, es sei denn in Übereinstimmung mit seiner Verfassung und der Charta der Vereinten Nationen.

Art. 3 [Verzicht auf ABC-Waffen; Stärke der Streitkräfte] (1) [1] Die Regierungen der Bundesrepublik Deutschland und der Deutschen Demokratischen Republik bekräftigen ihren Verzicht auf Herstellung und Besitz von und auf Verfügungsgewalt über atomare, biologische und chemische Waffen. [2] Sie erklären, daß auch das vereinte Deutschland sich an diese Verpflichtungen halten wird. [3] Insbesondere gelten die Rechte und Verpflichtungen aus dem Vertrag über die Nichtverbreitung von Kernwaffen vom 1. Juli 1968 für das vereinte Deutschland fort.

(2) [1] Die Regierung der Bundesrepublik Deutschland hat in vollem Einvernehmen mit der Regierung der Deutschen Demokratischen Republik am 30. August 1990 in Wien bei den Verhandlungen über konventionelle Streitkräfte in Europa folgende Erklärung abgegeben: „Die Regierung der Bundesrepublik Deutschland verpflichtet sich, die Streitkräfte des vereinten Deutschland innerhalb von drei bis vier Jahren auf eine Personalstärke von 370 000 Mann (Land-, Luft- und Seestreitkräfte) zu reduzieren. Diese Reduzierung soll mit dem Inkrafttreten des ersten KSE-Vertrags beginnen. Im Rahmen dieser Gesamtobergrenze werden nicht mehr als 345 000 Mann den Land- und Luftstreitkräften angehören, die gemäß vereinbartem Mandat allein Gegenstand der Verhandlungen über konventionelle Streitkräfte in Europa sind. Die Bundesregierung sieht in ihrer Verpflichtung zur Reduzierung von Land- und Luftstreitkräften einen bedeutsamen deutschen Beitrag zur Reduzierung der konventionellen Streitkräfte in Europa. Sie geht davon aus, daß in Folgeverhandlungen auch die anderen Verhandlungsteilnehmer ihren Beitrag zur Festigung von Sicherheit und Stabilität in Europa, einschließlich Maßnahmen zur Begrenzung der Personalstärken, leisten werden.“ [2] Die Regierung der Deutschen Demokratischen Republik hat sich dieser Erklärung ausdrücklich angeschlossen.

(3) Die Regierungen der französischen Republik, der Union der Sozialistischen Sowjetrepubliken, des Vereinigten Königreichs Großbritannien und Nordirland und der Vereinigten Staaten von Amerika nehmen diese Erklärungen der Regierungen der Bundesrepublik Deutschland und der Deutschen Demokratischen Republik zur Kenntnis.

Art. 4 [Abzug sowjetischer Streitkräfte] (1) Die Regierungen der Bundesrepublik Deutschland, der Deutschen Demokratischen Republik und der Union der Sozialistischen Sowjetrepubliken erklären, daß das vereinte Deutschland und die Union der Sozialistischen Sowjetrepubliken in vertraglicher Form die Bedingungen und die Dauer des Aufenthalts der sowjetischen Streitkräfte auf dem Gebiet der heutigen Deutschen Demokratischen Republik und Berlins sowie die Abwicklung des Abzugs dieser Streitkräfte regeln werden, der bis zum Ende des Jahres 1994 im Zusammenhang mit der Verwirklichung der Verpflichtungen der Regierungen der Bundesrepublik Deutschland und der Deutschen Demokratischen Republik, auf die sich Absatz 2 des Artikels 3 dieses Vertrags bezieht, vollzogen sein wird.

(2) Die Regierungen der Französischen Republik, des Vereinigten Königreichs Großbritannien und Nordirland und der Vereinigten Staaten von Amerika nehmen diese Erklärung zur Kenntnis.

Art. 5 [Stationierung deutscher und alliierter Streitkräfte] (1) [1] Bis zum Abschluß des Abzugs der Sowjetischen Streitkräfte vom Gebiet der heutigen Deutschen Demokratischen Republik und Berlins in Übereinstimmung mit Artikel 4 dieses Vertrags werden auf diesem Gebiet als Streitkräfte des vereinten Deutschland ausschließlich deutsche Verbände der Territorialverteidigung stationiert sein, die nicht in die Bündnisstrukturen integriert sind, denen deutsche Streitkräfte auf dem übrigen deutschen Hoheitsgebiet zugeordnet sind. [2] Unbeschadet der Regelung in Absatz 2 dieses Artikels werden während dieses Zeitraums Streitkräfte anderer Staaten auf diesem Gebiet nicht stationiert oder irgendwelche andere militärische Tätigkeiten dort ausüben.

(2) [1] Für die Dauer des Aufenthalts sowjetischer Streitkräfte auf dem Gebiet der heutigen Deutschen Demokratischen Republik und Berlins werden auf deutschen Wunsch Streitkräfte der Französischen Republik, des Vereinigten Königreichs Großbritannien und Nordirland und der Vereinigten Staaten von Amerika auf der Grundlage entsprechender vertraglicher Vereinbarung zwischen der Regierung des vereinten Deutschland und den Regierungen der betreffenden Staaten in Berlin stationiert bleiben. [2] Die Zahl aller nichtdeutschen in Berlin stationierten Streitkräfte und deren Ausrüstungsumfang werden nicht stärker sein als zum Zeitpunkt der Unterzeichnung dieses Vertrags. [3] Neue Waffenkategorien werden von nichtdeutschen Streitkräften dort nicht eingeführt. [4] Die Regierung des vereinten Deutschland wird mit den Regierungen der Staaten, die Streitkräfte in Berlin stationiert haben, Verträge zu gerechten Bedingungen unter Berücksichtigung der zu den betreffenden Staaten bestehenden Beziehungen abschließen.

(3) [1] Nach dem Abschluß des Abzugs der sowjetischen Streitkräfte vom Gebiet der heutigen Deutschen Demokratischen Republik und Berlins können in diesem Teil Deutschlands auch deutsche Streitkräfteverbände stationiert werden, die in gleicher Weise militärischen Bündnisstrukturen zugeordnet sind wie diejenigen auf dem übrigen deutschen Hoheitsgebiet, allerdings ohne Kernwaffenträger. [2] Darunter fallen nicht konventionelle Waffensysteme, die neben konventioneller andere Einsatzfähigkeiten haben können, die jedoch in diesem Teil Deutschlands für eine konventionelle Rolle ausgerüstet und nur dafür vorgesehen sind. [3] Ausländische Streitkräfte und Atomwaffen oder deren Träger werden in diesem Teil Deutschlands weder stationiert noch dorthin verlegt.

Art. 6 [Bündnisfreiheit] Das Recht des vereinten Deutschland, Bündnissen mit allen sich daraus ergebenden Rechten und Pflichten anzugehören, wird von diesem Vertrag nicht berührt.

Art. 7 [Aussetzung der Vier-Mächte-Rechte] (1) [1] Die Französische Republik, die Union der Sozialistischen Sowjetrepubliken, das Vereinigte Königreich Großbritannien und Nordirland und die Vereinigten Staaten von Amerika beenden hiermit ihre Rechte und Verantwortlichkeiten in bezug auf Berlin und Deutschland als Ganzes. [2] Als Ergebnis werden die entsprechenden, damit zusammenhängenden vierseitigen Vereinbarungen, Beschlüsse und Praktiken beendet und alles entsprechenden Einrichtungen der Vier Mächte aufgelöst.

(2) Das vereinte Deutschland hat demgemäß volle Souveränität über seine inneren und äußeren Angelegenheiten.

Art. 8 [Ratifikation] (1) [1] Dieser Vertrag bedarf der Ratifikation oder Annahme, die so bald wie möglich herbeigeführt werden soll. [2] Die Ratifikation erfolgt auf deutscher Seite durch das vereinte Deutschland. [3] Dieser Vertrag gilt daher für das vereinte Deutschland.

(2) [1] Die Ratifikations- oder Annahmeurkunden werden bei der Regierung des vereinten Deutschland hinterlegt. [2] Diese unterrichtet die Regierungen der anderen Vertragschließenden Seiten von der Hinterlegung jeder Ratifikations- oder Annahmeurkunde.

Art. 9 [Inkrafttreten] Dieser Vertrag tritt für das vereinte Deutschland, die Union der Sozialistischen Sowjetrepubliken, die Französische Republik, das Vereinigte Königreich Großbritannien und Nordirland und die Vereinigten Staaten von Amerika am Tag der Hinterlegung der letzten Ratifikations- oder Annahmeurkunde durch diese Staaten in Kraft.[1)]

Art. 10 [Hinterlegung der Urschrift] Die Urschrift dieses Vertrags, dessen deutscher, englischer, französischer und russischer Wortlaut gleichermaßen verbindlich ist, wird bei der Regierung der Bundesrepublik Deutschland hinterlegt, die den Regierungen der anderen Vertragschließenden Seiten beglaubigte Ausfertigungen übermittelt.

Vereinbarte Protokollnotiz zu dem Vertrag über die abschließende Regelung in bezug auf Deutschland vom 12. September 1990

Alle Fragen in bezug auf die Anwendung des Wortes „verlegt", wie es im letzten Satz von Artikel 5 Abs. 3 gebraucht wird, werden von der Regierung des vereinten Deutschland in einer vernünftigen und verantwortungsbewußten Weise entschieden, wobei sie die Sicherheitsinteressen jeder Vertragspartei, wie dies in der Präambel niedergelegt ist, berücksichtigen wird.
(Selbe Unterschriften wie zum Vertrag vom 12.9.1990)

[1)] Gemäß Suspendierungs-Erklärung der Vier Mächte vom 1.10.1990 waren deren Rechte und Verantwortlichkeiten bis zum Inkrafttreten ausgesetzt, vgl. die Bekanntmachung vom 2.10.1990 (BGBl. II S. 1331). Siehe jetzt die Bekanntmachung vom 15.3.1991 (BGBl. II S. 587), wonach der Vertrag am 15.3.1991 in Kraft getreten ist.

Art. 6 [Bündnisfreiheit] Das Recht des vereinten Deutschland, Bündnissen mit allen sich daraus ergebenden Rechten und Pflichten anzugehören, wird von diesem Vertrag nicht berührt.

Art. 7 [Beendigung der Vier-Mächte-Rechte] (1) Die Französische Republik, die Union der Sozialistischen Sowjetrepubliken, das Vereinigte Königreich Großbritannien und Nordirland und die Vereinigten Staaten von Amerika beenden hiermit ihre Rechte und Verantwortlichkeiten in bezug auf Berlin und Deutschland als Ganzes. Als Ergebnis werden die entsprechenden, damit zusammenhängenden vierseitigen Vereinbarungen, Beschlüsse und Praktiken beendet und alle entsprechenden Einrichtungen der Vier Mächte aufgelöst.

(2) Das vereinte Deutschland hat demgemäß volle Souveränität über seine inneren und äußeren Angelegenheiten.

Art. 8 [Ratifikation] (1) Dieser Vertrag bedarf der Ratifikation oder Annahme, die so bald wie möglich herbeigeführt werden soll. Die Ratifikation erfolgt auf deutscher Seite durch das vereinte Deutschland. Dieser Vertrag gilt daher für das vereinte Deutschland.

(2) Die Ratifikations- oder Annahmeurkunden werden bei der Regierung des vereinten Deutschland hinterlegt. Diese unterrichtet die Regierungen der anderen Vertragschließenden Seiten von der Hinterlegung jeder Ratifikations- oder Annahmeurkunde.

Art. 9 [Inkrafttreten] Dieser Vertrag tritt für das vereinte Deutschland, die Union der Sozialistischen Sowjetrepubliken, die Französische Republik, das Vereinigte Königreich Großbritannien und Nordirland und die Vereinigten Staaten von Amerika am Tag der Hinterlegung der letzten Ratifikations- oder Annahmeurkunde durch diese Staaten in Kraft.[1]

Art. 10 [Authentizität der Urschrift] Die Urschrift dieses Vertrags, dessen deutscher, englischer, französischer und russischer Wortlaut gleichermaßen verbindlich ist, wird bei der Regierung der Bundesrepublik Deutschland hinterlegt, die den Regierungen der anderen Vertragschließenden Seiten beglaubigte Ausfertigungen übermittelt.

Vereinbarte Protokollnotiz zu dem Vertrag über die abschließende Regelung in bezug auf Deutschland vom 12. September 1990

Alle Fragen in bezug auf die Anwendung des Wortes „verlegt", wie es im letzten Satz von Artikel 5 Absatz 3 gebraucht wird, werden von der Regierung des vereinten Deutschland in einer vernünftigen und verantwortungsbewußten Weise entschieden, wobei sie die Sicherheitsinteressen jeder Vertragspartei, wie sie in der Präambel niedergelegt sind, berücksichtigen wird. [illegible] Vertrag vom 12. 9. 1990 [illegible]

[1] [illegible] (BGBl. 1991 II S. 587) [illegible] in Kraft getreten.

4. Gesetz über die parlamentarische Beteiligung bei der Entscheidung über den Einsatz bewaffneter Streitkräfte im Ausland (Parlamentsbeteiligungsgesetz)

Vom 18. März 2005
(BGBl. I S. 775)
FNA 1101-11

Der Bundestag hat das folgende Gesetz beschlossen:

§ 1 Grundsatz. (1) [1] Dieses Gesetz regelt Form und Ausmaß der Beteiligung des Bundestages beim Einsatz bewaffneter deutscher Streitkräfte im Ausland. [2] Artikel 115a des Grundgesetzes[1)] bleibt davon unberührt.

(2) Der Einsatz bewaffneter deutscher Streitkräfte außerhalb des Geltungsbereichs des Grundgesetzes bedarf der Zustimmung des Bundestages.

§ 2 Begriffsbestimmung. (1) Ein Einsatz bewaffneter Streitkräfte liegt vor, wenn Soldatinnen oder Soldaten der Bundeswehr in bewaffnete Unternehmungen einbezogen sind oder eine Einbeziehung in eine bewaffnete Unternehmung zu erwarten ist.

(2) [1] Vorbereitende Maßnahmen und Planungen sind kein Einsatz im Sinne dieses Gesetzes. [2] Sie bedürfen keiner Zustimmung des Bundestages. [3] Gleiches gilt für humanitäre Hilfsdienste und Hilfsleistungen der Streitkräfte, bei denen Waffen lediglich zum Zweck der Selbstverteidigung mitgeführt werden, wenn nicht zu erwarten ist, dass die Soldatinnen oder Soldaten in bewaffnete Unternehmungen einbezogen werden.

§ 3 Antrag. (1) Die Bundesregierung übersendet dem Bundestag den Antrag auf Zustimmung zum Einsatz der Streitkräfte rechtzeitig vor Beginn des Einsatzes.

(2) Der Antrag der Bundesregierung enthält Angaben insbesondere über
- den Einsatzauftrag,
- das Einsatzgebiet,
- die rechtlichen Grundlagen des Einsatzes,
- die Höchstzahl der einzusetzenden Soldatinnen und Soldaten,
- die Fähigkeiten der einzusetzenden Streitkräfte,
- die geplante Dauer des Einsatzes,
- die voraussichtlichen Kosten und die Finanzierung.

(3) [1] Der Bundestag kann dem Antrag zustimmen oder ihn ablehnen. [2] Änderungen des Antrags sind nicht zulässig.

---

1) Nr. **1**.

§ 4 Vereinfachtes Zustimmungsverfahren. (1) [1] Bei Einsätzen von geringer Intensität und Tragweite kann die Zustimmung in einem vereinfachten Verfahren erteilt werden. [2] Die Bundesregierung hat begründet darzulegen, aus welchen Gründen der bevorstehende Einsatz von geringer Intensität und Tragweite ist. [3] Die Präsidentin oder der Präsident des Deutschen Bundestages übermittelt den Antrag an die Vorsitzenden der Fraktionen sowie die Vorsitzenden des Auswärtigen Ausschusses und des Verteidigungsausschusses und je einen von jeder in diesen Ausschüssen vertretenen Fraktionen benannten Vertreter (Obleute) und lässt den Antrag als Bundestagsdrucksache an alle Mitglieder des Bundestages verteilen. [4] Die Zustimmung gilt als erteilt, wenn nicht innerhalb von sieben Tagen nach der Verteilung der Drucksache von einer Fraktion oder fünf vom Hundert der Mitglieder des Bundestages eine Befassung des Bundestages verlangt wird. [5] Wird die Befassung des Bundestages verlangt, entscheidet dieser.

(2) Ein Einsatz ist dann von geringer Intensität und Tragweite, wenn die Zahl der eingesetzten Soldatinnen und Soldaten gering ist, der Einsatz auf Grund der übrigen Begleitumstände erkennbar von geringer Bedeutung ist und es sich nicht um die Beteiligung an einem Krieg handelt.

(3) In der Regel liegt ein Einsatz von geringer Intensität und Tragweite vor, wenn

- es sich um ein Erkundungskommando handelt, das Waffen lediglich zum Zweck der Selbstverteidigung mit sich führt,
- einzelne Soldatinnen oder Soldaten betroffen sind, die auf Grund von Austauschvereinbarungen Dienst in verbündeten Streitkräften leisten, oder
- einzelne Soldatinnen oder Soldaten im Rahmen eines Einsatzes der VN, der NATO, der EU oder einer Organisation, die einen VN-Auftrag erfüllt, verwendet werden.

§ 5 Nachträgliche Zustimmung. (1) [1] Einsätze bei Gefahr im Verzug, die keinen Aufschub dulden, bedürfen keiner vorherigen Zustimmung des Bundestages. [2] Gleiches gilt für Einsätze zur Rettung von Menschen aus besonderen Gefahrenlagen, solange durch die öffentliche Befassung des Bundestages das Leben der zu rettenden Menschen gefährdet würde.

(2) Der Bundestag ist vor Beginn und während des Einsatzes in geeigneter Weise zu unterrichten.

(3) [1] Der Antrag auf Zustimmung zum Einsatz ist unverzüglich nachzuholen. [2] Lehnt der Bundestag den Antrag ab, ist der Einsatz zu beenden.

§ 6 Unterrichtungspflicht. (1) Die Bundesregierung unterrichtet den Bundestag regelmäßig über den Verlauf der Einsätze und über die Entwicklung im Einsatzgebiet.

(2) In Fällen des § 4 Abs. 1 (Vereinfachtes Zustimmungsverfahren) unterrichtet die Bundesregierung die zuständigen Ausschüsse und die Obleute unverzüglich.

§ 7 Verlängerung von Einsätzen. (1) Das Verfahren nach § 4 findet auch Anwendung auf die Verlängerung von Zustimmungsbeschlüssen ohne inhaltliche Änderung.

(2) [1] Beantragt die Bundesregierung die Verlängerung eines Einsatzes, so gilt der Einsatz bis zum Ablauf von zwei Sitzungstagen nach Verteilung des Antrags als Bundestagsdrucksache als genehmigt. [2] Wird der Antrag im vereinfachten Verfahren nach § 4 gestellt, so gilt er bis zum Ablauf der in § 4 Abs. 1 Satz 4 bestimmten Frist als genehmigt; wird innerhalb der Frist eine Befassung des Bundestages verlangt, so gilt er bis zum Ablauf der auf das Verlangen auf Befassung folgenden Sitzungswoche als genehmigt. [3] Die Geltungsdauer der ursprünglichen Genehmigung bleibt durch die Regelungen der Sätze 1 und 2 unberührt.

§ 8 Rückholrecht. Der Bundestag kann die Zustimmung zu einem Einsatz bewaffneter Streitkräfte widerrufen.

§ 9 Inkrafttreten. Dieses Gesetz tritt am Tag nach der Verkündung[1)] in Kraft.

[1)] Verkündet am 23.3.2005.

5. Gesetz über die Befugnisse des Petitionsausschusses des Deutschen Bundestages (Gesetz nach Artikel 45c des Grundgesetzes)

Vom 19. Juli 1975
(BGBl. I S. 1921)

FNA 190-3

geänd. durch Art. 4 Abs. 5 KostenrechtsmodernisierungsG v. 5.5.2004 (BGBl. I S. 718)

Der Bundestag hat das folgende Gesetz beschlossen:

§ 1 [Aktenvorlage, Auskunftserteilung, Zutrittsgestattung] Zur Vorbereitung von Beschlüssen über Beschwerden nach Artikel 17 des Grundgesetzes[1] haben die Bundesregierung und die Behörden des Bundes dem Petitionsauschuß des Deutschen Bundestages Akten vorzulegen, Auskunft zu erteilen und Zutritt zu ihren Einrichtungen zu gestatten.

§ 2 [Körperschaften, Anstalten, Stiftungen] Für die bundesunmittelbaren Körperschaften, Anstalten und Stiftungen des öffentlichen Rechts gilt § 1 entsprechend in dem Umfang, in dem sie der Aufsicht der Bundesregierung unterstehen.

§ 3 [Verweigerung von Aktenvorlage, Auskunft und Zutritt] (1) Aktenvorlage, Auskunft sowie der Zutritt zu Einrichtungen dürfen nur verweigert werden, wenn der Vorgang nach einem Gesetz geheimgehalten werden muß oder sonstige zwingende Geheimhaltungsgründe bestehen.

(2) [1] Über die Verweigerung entscheidet die zuständige oberste Aufsichtsbehörde des Bundes. [2] Die Entscheidung ist zu begründen.

§ 4 [Anhörungsrecht] Der Petitionsausschuß ist berechtigt, den Petenten, Zeugen und Sachverständige anzuhören.

§ 5[2] [Entschädigung von Petenten, Zeugen und Sachverständigen] Der Petent, Zeugen und Sachverständige, die vom Ausschuß geladen worden sind, erhalten eine Entschädigung oder Vergütung nach dem Justizvergütungs- und -entschädigungsgesetz.

§ 6 [Übertragung von Befugnissen] Der Petitionsausschuß kann nach Maßgabe der Geschäftsordnung des Deutschen Bundestages[3] die Ausübung seiner Befugnisse nach diesem Gesetz im Einzelfall auf eines oder mehrere seiner Mitglieder übertragen.

---

[1] Nr. **1**.
[2] § 5 geänd. mWv 1.7.2004 durch G v. 5.5.2004 (BGBl. I S. 718).
[3] Nr. **14**.

§ 7 [Amtshilfe] Gerichte und Verwaltungsbehörden sind verpflichtet, dem Petitionsausschuß und den von ihm beauftragten Mitgliedern Amtshilfe zu leisten.

§ 8 *(gegenstandslos)*

§ 9 [Inkrafttreten] Dieses Gesetz tritt am Tage nach seiner Verkündung[1] in Kraft.

[1] Verkündet am 23.7.1975.

6. Gesetz zur Regelung des Rechts der Untersuchungsausschüsse des Deutschen Bundestages (Untersuchungsausschussgesetz – PUAG)[1)]

Vom 19. Juni 2001
(BGBl. I S. 1142)
FNA 1101-10

geänd. durch Art. 4 Abs. 1 KostenrechtsmodernisierungsG v. 5.5.2004 (BGBl. I S. 718)

§ 1 Einsetzung. (1) Der Bundestag hat das Recht und auf Antrag eines Viertels seiner Mitglieder die Pflicht, einen Untersuchungsausschuss einzusetzen.

(2) Die Einsetzung erfolgt durch Beschluss des Bundestages.

(3) Ein Untersuchungsverfahren ist zulässig im Rahmen der verfassungsmäßigen Zuständigkeit des Bundestages.

§ 2 Rechte der qualifizierten Minderheit bei der Einsetzung. (1) Ist die Einsetzung von einem Viertel der Mitglieder des Bundestages beantragt, so hat der Bundestag sie unverzüglich zu beschließen.

(2) Der Einsetzungsbeschluss darf den in dem Einsetzungsantrag bezeichneten Untersuchungsgegenstand nicht ändern, es sei denn, die Antragstellenden stimmen der Änderung zu.

(3) [1] Hält der Bundestag den Einsetzungsantrag für teilweise verfassungswidrig, so ist der Untersuchungsausschuss mit der Maßgabe einzusetzen, dass dessen Untersuchungen auf diejenigen Teile des Untersuchungsgegenstandes zu beschränken sind, die der Bundestag für nicht verfassungswidrig hält. [2] Das Recht der Antragstellenden, wegen der teilweisen Ablehnung des Einsetzungsantrages das Bundesverfassungsgericht anzurufen, bleibt unberührt.

§ 3 Gegenstand der Untersuchung. [1] Der Untersuchungsausschuss ist an den ihm erteilten Untersuchungsauftrag gebunden. [2] Eine nachträgliche Änderung des Untersuchungsauftrages bedarf eines Beschlusses des Bundestages; § 2 Abs. 2 ist entsprechend anzuwenden.

§ 4 Zusammensetzung. [1] Der Bundestag bestimmt bei der Einsetzung die Zahl der ordentlichen und die gleich große Zahl der stellvertretenden Mitglieder des Untersuchungsausschusses. [2] Die Bemessung der Zahl hat einerseits die Mehrheitsverhältnisse widerzuspiegeln und andererseits die Aufgabenstellung und die Arbeitsfähigkeit des Untersuchungsausschusses zu berücksichtigen. [3] Jede Fraktion muss vertreten sein. [4] Die Berücksichtigung von Gruppen richtet sich nach den allgemeinen Beschlüssen des Bundestages. [5] Die Zahl der auf die Fraktionen entfallenden Sitze wird nach dem Verfahren der mathematischen Proportion (St. Lague/Schepers) berechnet.

---

1) Verkündet als Art. 1 UntersuchungsausschussG v. 19.6.2001 (BGBl. I S. 1142); Inkrafttreten gem. Art. 3 Satz 1 dieses G am 26.6.2001.

§ 5 Mitglieder. Die ordentlichen und stellvertretenden Mitglieder werden von den Fraktionen benannt und abberufen.

§ 6 Vorsitz. (1) [1] Für den Vorsitz der Untersuchungsausschüsse sind die Fraktionen im Verhältnis ihrer Stärke zu berücksichtigen. [2] Der Untersuchungsausschuss bestimmt das Mitglied, das den Vorsitz führt, aus seiner Mitte nach den Vereinbarungen im Ältestenrat.

(2) Der oder die Vorsitzende leitet das Untersuchungsverfahren und ist dabei an den Einsetzungsbeschluss des Bundestages und an die Beschlüsse des Untersuchungsausschusses gebunden.

§ 7 Stellvertretender Vorsitz. (1) Der Untersuchungsausschuss bestimmt nach den Vereinbarungen im Ältestenrat ein Mitglied für den stellvertretenden Vorsitz; dieses Mitglied muss einer anderen Fraktion als der oder die Vorsitzende angehören.

(2) Der oder die stellvertretende Vorsitzende besitzt alle Rechte und Pflichten des oder der abwesenden Vorsitzenden.

§ 8 Einberufung. (1) Der oder die Vorsitzende beruft den Untersuchungsausschuss unter Angabe der Tagesordnung ein.

(2) Er oder sie ist zur Einberufung einer Sitzung zum nächstmöglichen Termin innerhalb des Zeitplanes verpflichtet, wenn dies von einem Viertel der Mitglieder des Untersuchungsausschusses unter Angabe der Tagesordnung verlangt wird.

(3) Zur Einberufung einer Sitzung außerhalb des Zeitplanes oder außerhalb des ständigen Sitzungsortes des Bundestages ist der oder die Vorsitzende nur berechtigt, wenn ein entsprechendes Verlangen eines Viertels der Mitglieder des Untersuchungsausschusses unter Angabe der Tagesordnung vorliegt und der Präsident oder die Präsidentin des Bundestages hierzu die Genehmigung erteilt hat.

§ 9 Beschlussfähigkeit. (1) [1] Der Untersuchungsausschuss ist beschlussfähig, wenn die Mehrheit seiner Mitglieder anwesend ist. [2] Er gilt solange als beschlussfähig, wie nicht auf Antrag die Beschlussunfähigkeit festgestellt wird.

(2) [1] Ist die Beschlussunfähigkeit festgestellt, so unterbricht der oder die Vorsitzende sofort die Sitzung auf bestimmte Zeit. [2] Ist der Untersuchungsausschuss auch nach Ablauf dieser Zeit noch nicht beschlussfähig, so ist unverzüglich eine neue Sitzung anzuberaumen. [3] In dieser Sitzung ist der Untersuchungsausschuss beschlussfähig, auch wenn nicht die Mehrheit seiner Mitglieder anwesend ist; hierauf ist in der Einladung hinzuweisen.

(3) Bei Beschlussunfähigkeit darf der Untersuchungsausschuss keine Untersuchungshandlungen durchführen.

(4) [1] Soweit in diesem Gesetz nichts anderes bestimmt ist, beschließt der Untersuchungsausschuss mit der Mehrheit der abgegebenen Stimmen. [2] Bei Stimmengleichheit ist der Antrag abgelehnt.

§ 10 Ermittlungsbeauftragte. (1) [1] Der Untersuchungsausschuss hat jederzeit das Recht und auf Antrag eines Viertels seiner Mitglieder die Pflicht, zu seiner Unterstützung eine Untersuchung zu beschließen, die von einem oder einer Ermittlungsbeauftragten durchgeführt wird. [2] Der Ermittlungsauftrag soll zeitlich auf höchstens sechs Monate begrenzt werden.

(2) [1] Der oder die Ermittlungsbeauftragte wird innerhalb von drei Wochen nach Beschlussfassung gemäß Absatz 1 mit einer Mehrheit von zwei Dritteln der anwesenden Mitglieder bestimmt. [2] Erfolgt diese Bestimmung nicht fristgemäß, bestimmt der oder die Vorsitzende im Einvernehmen mit der Stellvertretung und im Benehmen mit den Obleuten der Fraktionen im Untersuchungsausschuss innerhalb weiterer drei Wochen die Person des oder der Ermittlungsbeauftragten.

(3) [1] Ermittlungsbeauftragte bereiten in der Regel die Untersuchung durch den Untersuchungsausschuss vor. [2] Sie beschaffen und sichten die erforderlichen sächlichen Beweismittel. [3] Sie haben entsprechend § 18 das Recht auf Vorlage von Beweismitteln sowie entsprechend § 19 das Recht der Augenscheineinnahme. [4] Sie können Herausgabeansprüche entsprechend § 30 geltend machen. [5] Werden ihnen die Rechte gemäß Satz 3 oder 4 nicht freiwillig gewährt, bedarf es eines Beweisbeschlusses gemäß § 17 Abs. 1. [6] Ermittlungsbeauftragte können Personen informatorisch anhören. [7] Sie sind dem gesamten Untersuchungsausschuss verantwortlich. [8] Die Ergebnisse ihrer Tätigkeit stehen allen Mitgliedern des Untersuchungsausschusses zur Verfügung. [9] Nach Abschluss ihrer Untersuchung erstatten Ermittlungsbeauftragte dem Untersuchungsausschuss über das Ergebnis einen schriftlichen und mündlichen Bericht. [10] Darin unterbreiten sie dem Untersuchungsausschuss einen Vorschlag über die weitere Vorgehensweise. [11] Im Verkehr nach außen haben sie die gebührende Zurückhaltung zu wahren; öffentliche Erklärungen geben sie nicht ab.

(4) [1] Ermittlungsbeauftragte sind im Rahmen ihres Auftrages unabhängig. [2] Sie können jederzeit mit einer Mehrheit von zwei Dritteln der anwesenden Mitglieder abberufen werden. [3] Sie haben das Recht, für ihren Ermittlungsauftrag in angemessenem Umfang Hilfskräfte einzusetzen.

§ 11 Protokollierung. (1) Über die Sitzungen des Untersuchungsausschusses wird ein Protokoll angefertigt.

(2) [1] Beweiserhebungen werden wörtlich protokolliert. [2] Zum Zwecke der Protokollierung darf die Beweisaufnahme auf Tonträger aufgenommen werden.

(3) Über die Art der Protokollierung der Beratungen entscheidet der Untersuchungsausschuss.

§ 12 Sitzungen zur Beratung. (1) Die Beratungen und Beschlussfassungen des Untersuchungsausschusses sind nicht öffentlich.

(2) Der Untersuchungsausschuss kann den benannten Mitarbeitern und Mitarbeiterinnen der Fraktionen den Zutritt gestatten.

(3) Über Art und Umfang von Mitteilungen an die Öffentlichkeit aus nicht öffentlichen Sitzungen entscheidet der Untersuchungsausschuss.

§ 13 Sitzungen zur Beweisaufnahme. (1) [1] Die Beweiserhebung erfolgt in öffentlicher Sitzung. [2] Ton- und Filmaufnahmen sowie Ton- und Bildübertragungen sind nicht zulässig. [3] Der Untersuchungsausschuss kann Ausnahmen von Satz 1 zulassen. [4] Ausnahmen von Satz 2 bedürfen einer Mehrheit von zwei Dritteln der anwesenden Mitglieder sowie der Zustimmung der zu vernehmenden oder anzuhörenden Personen.

(2) Die §§ 176 bis 179 des Gerichtsverfassungsgesetzes über die Aufrechterhaltung der Ordnung in der Sitzung finden entsprechende Anwendung.

§ 14 Ausschluss der Öffentlichkeit. (1) Der Untersuchungsausschuss schließt die Öffentlichkeit aus, wenn

1. Umstände aus dem persönlichen Lebensbereich von Zeugen oder Dritten zur Sprache kommen, deren öffentliche Erörterung überwiegende schutzwürdige Interessen verletzen würde;
2. eine Gefährdung des Lebens, des Leibes oder der Freiheit von einzelnen Zeugen oder einer anderen Person zu besorgen ist;
3. ein Geschäfts-, Betriebs-, Erfindungs- oder Steuergeheimnis zur Sprache kommt, durch dessen öffentliche Erörterung überwiegende schutzwürdige Interessen verletzt würden;
4. besondere Gründe des Wohls des Bundes oder eines Landes entgegenstehen, insbesondere wenn Nachteile für die Sicherheit der Bundesrepublik Deutschland oder ihrer Beziehungen zu anderen Staaten zu besorgen sind.

(2) Der Untersuchungsausschuss kann einzelnen Personen zu nicht öffentlichen Beweisaufnahmen den Zutritt gestatten; § 12 Abs. 2 gilt entsprechend.

(3) Zur Stellung eines Antrages auf Ausschluss oder Beschränkung der Öffentlichkeit sind berechtigt:

1. anwesende Mitglieder des Untersuchungsausschusses,
2. Mitglieder des Bundesrates, der Bundesregierung und ihre Beauftragten,
3. Zeugen, Sachverständige und sonstige Auskunftspersonen.

(4) [1] Über den Ausschluss oder die Beschränkung der Öffentlichkeit entscheidet der Untersuchungsausschuss. [2] Der oder die Vorsitzende begründet auf Beschluss des Untersuchungsausschusses die Entscheidung in öffentlicher Sitzung.

§ 15 Geheimnisschutz. (1) [1] Beweismittel, Beweiserhebungen und Beratungen kann der Untersuchungsausschuss mit einem Geheimhaltungsgrad versehen. [2] Vor einer Entscheidung nach Satz 1 kann der oder die Vorsitzende eine vorläufige Einstufung vornehmen.

(2) [1] Die Entscheidung über die Einstufung richtet sich nach der Geheimschutzordnung des Bundestages. [2] § 14 Abs. 3 ist entsprechend anzuwenden.

(3) Soweit dieses Gesetz nichts Abweichendes bestimmt, gilt für die Behandlung der Verschlusssachen sowie für streng geheime, geheime und vertrauliche Sitzungen und deren Protokollierung die Geheimschutzordnung des Bundestages.

§ 16 Zugang zu Verschlusssachen und Amtsverschwiegenheit.

(1) [1] Verschlusssachen des Geheimhaltungsgrades VS-VERTRAULICH und höher, die der Untersuchungsausschuss eingestuft oder von einer anderen herausgebenden Stelle erhalten hat, dürfen nur den Mitgliedern des Untersuchungsausschusses, den Mitgliedern des Bundesrates und der Bundesregierung sowie ihren Beauftragten zugänglich gemacht werden. [2] Ermittlungs-

beauftragten, den von ihnen eingesetzten Hilfskräften sowie den Mitarbeitern und Mitarbeiterinnen der Mitglieder des Untersuchungsausschusses, des Sekretariats und der Fraktionen im Untersuchungsausschuss dürfen sie zugänglich gemacht werden, soweit diese zum Umgang mit Verschlusssachen ermächtigt und zur Geheimhaltung förmlich verpflichtet sind.

(2) [1] Die Mitglieder des Untersuchungsausschusses, Ermittlungsbeauftragte und die in Absatz 1 bezeichneten Mitarbeiter und Mitarbeiterinnen und Hilfskräfte sind auch nach Auflösung des Ausschusses verpflichtet, über die ihnen bekannt gewordenen, in Absatz 1 bezeichneten Verschlusssachen Verschwiegenheit zu bewahren. [2] Ohne Genehmigung des Präsidenten oder der Präsidentin des Bundestages dürfen sie weder vor Gericht noch außergerichtlich aussagen. [3] § 44c Abs. 2 Satz 2 und Abs. 3 des Abgeordnetengesetzes[1)] gilt entsprechend.

(3) [1] Wird einem Mitglied des Ausschusses ein fremdes Geheimnis, namentlich ein zum persönlichen Lebensbereich gehörendes Geheimnis oder ein Betriebs- oder Geschäftsgeheimnis im Rahmen der Untersuchungshandlung bekannt, darf es dieses Geheimnis nur offenbaren, wenn es dazu von der berechtigten Person ermächtigt worden ist. [2] Dies gilt nicht, wenn die Offenlegung des Geheimnisses gesetzlich geboten ist.

§ 17 Beweiserhebung. (1) Der Untersuchungsausschuss erhebt die durch den Untersuchungsauftrag gebotenen Beweise aufgrund von Beweisbeschlüssen.

(2) Beweise sind zu erheben, wenn sie von einem Viertel der Mitglieder des Untersuchungsausschusses beantragt sind, es sei denn, die Beweiserhebung ist unzulässig oder das Beweismittel ist auch nach Anwendung der in diesem Gesetz vorgesehenen Zwangsmittel unerreichbar.

(3) [1] Die Reihenfolge der Vernehmung von Zeugen und Sachverständigen soll im Untersuchungsausschuss möglichst einvernehmlich festgelegt werden. [2] Bei Widerspruch eines Viertels der Mitglieder des Untersuchungsausschusses gelten die Vorschriften der Geschäftsordnung des Bundestages[2)] zur Reihenfolge der Reden entsprechend.

(4) Lehnt der Untersuchungsausschuss die Erhebung bestimmter Beweise oder die Anwendung beantragter Zwangsmittel nach den § 21 Abs. 1, § 27 Abs. 1, § 28 Abs. 6 und § 29 Abs. 2 Satz 1 ab, so entscheidet auf Antrag eines Viertels der Mitglieder der Ermittlungsrichter oder die Ermittlungsrichterin des Bundesgerichtshofes über die Erhebung der Beweise oder über die Anordnung des Zwangsmittels.

§ 18 Vorlage von Beweismitteln. (1) Die Bundesregierung, die Behörden des Bundes sowie die bundesunmittelbaren Körperschaften, Anstalten und Stiftungen des öffentlichen Rechts sind vorbehaltlich verfassungsrechtlicher Grenzen auf Ersuchen verpflichtet, dem Untersuchungsausschuss sächliche Beweismittel, insbesondere die Akten, die den Untersuchungsgegenstand betreffen, vorzulegen.

[1)] Nr. **23**.
[2)] Nr. **14**.

(2) [1] Die Entscheidung über das Ersuchen nach Absatz 1 trifft der zuständige Bundesminister oder die zuständige Bundesministerin, soweit sie nicht durch Gesetz der Bundesregierung vorbehalten ist. [2] Wird das Ersuchen abgelehnt oder werden sächliche Beweismittel als Verschlusssache eingestuft vorgelegt, ist der Untersuchungsausschuss über die Gründe der Ablehnung oder der Einstufung schriftlich zu unterrichten. [3] Die Vorlage ist mit einer Erklärung über die Vollständigkeit zu verbinden.

(3) Auf Antrag des Untersuchungsausschusses oder eines Viertels seiner Mitglieder entscheidet das Bundesverfassungsgericht über die Rechtmäßigkeit der Ablehnung eines Ersuchens, der Ermittlungsrichter oder die Ermittlungsrichterin des Bundesgerichtshofes über die Rechtmäßigkeit einer Einstufung.

(4) [1] Gerichte und Verwaltungsbehörden sind zur Rechts- und Amtshilfe, insbesondere zur Vorlage sächlicher Beweismittel, verpflichtet. [2] Über Streitigkeiten entscheidet auf Antrag des Untersuchungsausschusses oder eines Viertels seiner Mitglieder der Ermittlungsrichter oder die Ermittlungsrichterin des Bundesgerichtshofes.

§ 19 Augenschein. Für die Einnahme eines Augenscheins gilt § 18 Abs. 1 bis 3 erster Halbsatz und Abs. 4 entsprechend.

§ 20 Ladung der Zeugen. (1) [1] Zeugen sind verpflichtet, auf Ladung des Untersuchungsausschusses zu erscheinen. [2] § 50 der Strafprozessordnung findet keine Anwendung.

(2) In der Ladung sind Zeugen über das Beweisthema zu unterrichten, über ihre Rechte zu belehren und auf die gesetzlichen Folgen des Ausbleibens sowie darauf hinzuweisen, dass sie einen rechtlichen Beistand ihres Vertrauens zu der Vernehmung hinzuziehen dürfen.

§ 21 Folgen des Ausbleibens von Zeugen. (1) [1] Erscheinen ordnungsgemäß geladene Zeugen nicht, so kann der Untersuchungsausschuss ihnen die durch ihr Ausbleiben verursachten Kosten auferlegen, gegen sie ein Ordnungsgeld bis zu 10 000 Euro festsetzen und ihre zwangsweise Vorführung anordnen. [2] Im Falle wiederholten Ausbleibens kann das Ordnungsgeld noch einmal festgesetzt werden. [3] § 135 Satz 2 der Strafprozessordnung ist anzuwenden.

(2) [1] Maßnahmen nach Absatz 1 unterbleiben, wenn Zeugen ihr Ausbleiben rechtzeitig genügend entschuldigen. [2] Wird das Ausbleiben nachträglich genügend entschuldigt, so sind die nach Absatz 1 getroffenen Anordnungen aufzuheben, wenn die Zeugen glaubhaft machen, dass sie an der Verspätung kein Verschulden trifft.

§ 22 Zeugnis- und Auskunftsverweigerungsrecht. (1) Die Vorschriften der §§ 53 und 53a der Strafprozessordnung gelten entsprechend.

(2) Zeugen können die Auskunft auf Fragen verweigern, deren Beantwortung ihnen oder Personen, die im Sinne des § 52 Abs. 1 der Strafprozessordnung ihre Angehörigen sind, die Gefahr zuziehen würde, einer Untersuchung nach einem gesetzlich geordneten Verfahren ausgesetzt zu werden.

(3) Über die in den Absätzen 1 und 2 bestimmten Rechte sind Zeugen bei Beginn der ersten Vernehmung zur Sache zu belehren.

(4) Die Tatsachen, auf die einzelne Zeugen die Verweigerung ihres Zeugnisses stützen, sind auf Verlangen glaubhaft zu machen.

§ 23 Vernehmung von Amtsträgern. (1) § 54 der Strafprozessordnung ist anzuwenden.

(2) Die Bundesregierung ist verpflichtet, die erforderlichen Aussagegenehmigungen zu erteilen; § 18 Abs. 1 bis 3 erster Halbsatz gilt entsprechend.

§ 24 Vernehmung der Zeugen. (1) Zeugen sind einzeln und in Abwesenheit der später zu hörenden Zeugen zu vernehmen.

(2) Eine Gegenüberstellung mit anderen Zeugen ist zulässig, wenn es für den Untersuchungszweck geboten ist.

(3) Vor der Vernehmung hat der oder die Vorsitzende die Zeugen zur Wahrheit zu ermahnen, ihnen den Gegenstand der Vernehmung zu erläutern und sie über die strafrechtlichen Folgen einer unrichtigen oder unvollständigen Aussage zu belehren.

(4) [1] Der oder die Vorsitzende vernimmt die Zeugen zur Person. [2] Zu Beginn der Vernehmung zur Sache ist den Zeugen Gelegenheit zu geben, das, was ihnen von dem Gegenstand ihrer Vernehmung bekannt ist, im Zusammenhang darzulegen.

(5) [1] Zur Aufklärung und zur Vervollständigung der Aussage sowie zur Erforschung des Grundes, auf dem das Wissen der Zeugen beruht, kann zunächst der oder die Vorsitzende weitere Fragen stellen. [2] Anschließend erhalten die übrigen Mitglieder das Wort zu Fragen. [3] Für die Festlegung der Reihenfolge und der Dauer der Ausübung des Fragerechts der einzelnen Fraktionen sind die Vorschriften der Geschäftsordnung[1)] und die Praxis des Bundestages zur Reihenfolge der Reden und zur Gestaltung von Aussprachen entsprechend anzuwenden, sofern der Untersuchungsausschuss nicht einstimmig Abweichendes beschließt.

(6) § 136a der Strafprozessordnung ist entsprechend anzuwenden.

§ 25 Zulässigkeit von Fragen an Zeugen. (1) [1] Der oder die Vorsitzende hat ungeeignete oder nicht zur Sache gehörende Fragen zurückzuweisen. [2] Zeugen können den Vorsitzenden oder die Vorsitzende auffordern, Fragen zurückzuweisen. [3] Bei Zweifeln über die Zulässigkeit von Fragen sowie über die Rechtmäßigkeit ihrer Zurückweisung entscheidet der Untersuchungsausschuss auf Antrag seiner Mitglieder; die Zurückweisung einer Frage bedarf einer Mehrheit von zwei Dritteln der anwesenden Mitglieder.

(2) Beschließt der Untersuchungsausschuss die Unzulässigkeit einer Frage, auf die bereits eine Antwort gegeben worden ist, darf im Bericht des Untersuchungsausschusses auf die Frage und die Antwort nicht Bezug genommen werden.

§ 26 Abschluss der Vernehmung. (1) Den einzelnen Zeugen ist das Protokoll über ihre Vernehmung zuzustellen.

---

1) Nr. **14**.

(2) [1] Der Untersuchungssausschuss stellt durch Beschluss fest, dass die Vernehmung der jeweiligen Zeugen abgeschlossen ist. [2] Die Entscheidung darf erst ergehen, wenn nach Zustellung des Vernehmungsprotokolls zwei Wochen verstrichen sind oder auf die Einhaltung dieser Frist verzichtet worden ist.

(3) Zeugen sind von dem oder der Vorsitzenden des Untersuchungsausschusses am Ende ihrer Vernehmung darüber zu belehren, unter welchen Voraussetzungen diese gemäß Absatz 2 abgeschlossen ist.

§ 27 Grundlose Zeugnisverweigerung. (1) Wird das Zeugnis ohne gesetzlichen Grund verweigert, so kann der Untersuchungsausschuss Zeugen die durch ihre Weigerung verursachten Kosten auferlegen und gegen sie ein Ordnungsgeld bis zu 10 000 Euro festsetzen.

(2) Unter der in Absatz 1 bestimmten Voraussetzung kann der Ermittlungsrichter oder die Ermittlungsrichterin des Bundesgerichtshofes auf Antrag des Untersuchungsausschusses oder eines Viertels seiner Mitglieder zur Erzwingung des Zeugnisses die Haft anordnen, jedoch nicht über die Zeit der Beendigung des Untersuchungsverfahrens, auch nicht über die Zeit von sechs Monaten hinaus.

(3) § 70 Abs. 4 der Strafprozessordnung ist entsprechend anzuwenden.

§ 28 Sachverständige. (1) Auf Sachverständige sind die Vorschriften der §§ 20, 22 bis 26 entsprechend anzuwenden, soweit nicht nachfolgend abweichende Regelungen getroffen sind.

(2) Die Auswahl der zuzuziehenden Sachverständigen erfolgt durch den Untersuchungsausschuss; § 74 der Strafprozessordnung findet keine Anwendung.

(3) Der Untersuchungsausschuss soll mit Sachverständigen eine Absprache treffen, innerhalb welcher Frist das Gutachten erstellt wird.

(4) [1] Sachverständige haben das Gutachten innerhalb der vereinbarten Frist unparteiisch, vollständig und wahrheitsgemäß zu erstatten. [2] Auf Verlangen des Untersuchungsausschusses ist das Gutachten schriftlich zu erstellen und mündlich näher zu erläutern.

(5) Die Vorschriften des § 76 der Strafprozessordnung über das Gutachtensverweigerungsrecht sind entsprechend anzuwenden.

(6) [1] Weigern sich die zur Erstattung des Gutachtens verpflichteten Sachverständigen, nach Absatz 3 eine angemessene Frist abzusprechen, oder versäumen sie die abgesprochene Frist, so kann der Untersuchungsausschuss gegen sie ein Ordnungsgeld bis zu 10 000 Euro festsetzen. [2] Dasselbe gilt, wenn die ordnungsgemäß geladenen Sachverständigen nicht erscheinen oder sich weigern, ihr Gutachten zu erstatten oder zu erläutern; in diesen Fällen kann der Untersuchungsausschuss zugleich den Sachverständigen die durch ihre Säumnis oder Weigerung verursachten Kosten auferlegen. [3] § 21 Abs. 2 gilt entsprechend.

§ 29 Herausgabepflicht. (1) [1] Wer einen Gegenstand, der als Beweismittel für die Untersuchung von Bedeutung sein kann, in seinem Gewahrsam hat, ist verpflichtet, ihn auf Verlangen des Untersuchungsausschusses vorzulegen und auszuliefern. [2] Diese Pflicht besteht nicht, soweit das Beweismittel Informationen enthält, deren Weitergabe wegen ihres streng persönlichen Charakters für die Betroffenen unzumutbar ist.

(2) [1] Im Falle der Weigerung kann der Untersuchungsausschuss gegen die Person, die den Gewahrsam hat, ein Ordnungsgeld bis zu 10 000 Euro festsetzen. [2] Der Ermittlungsrichter oder die Ermittlungsrichterin des Bundesgerichtshofes kann auf Antrag des Untersuchungsausschusses oder eines Viertels seiner Mitglieder zur Erzwingung der Herausgabe die Haft anordnen. [3] § 27 Abs. 2 und 3 gilt entsprechend. [4] Die in diesem Absatz bestimmten Ordnungs- und Zwangsmittel dürfen gegen Personen, die nach § 22 Abs. 1 und 2 zur Verweigerung des Zeugnisses oder der Auskunft berechtigt sind, nicht verhängt werden.

(3) [1] Werden Gegenstände nach Absatz 1 nicht freiwillig vorgelegt, so entscheidet auf Antrag des Untersuchungsausschusses oder eines Viertels seiner Mitglieder der Ermittlungsrichter oder die Ermittlungsrichterin des Bundesgerichtshofes über die Beschlagnahme und die Herausgabe an den Untersuchungsausschuss; § 97 der Strafprozessordnung gilt entsprechend. [2] Zur Beschlagnahme der in Absatz 1 bezeichneten Gegenstände kann der Ermittlungsrichter oder die Ermittlungsrichterin des Bundesgerichtshofes auch die Durchsuchung anordnen, wenn Tatsachen vorliegen, aus denen zu schließen ist, dass der gesuchte Gegenstand sich in den zu durchsuchenden Räumen befindet. [3] Die §§ 104, 105 Abs. 2 und 3, §§ 106, 107 und 109 der Strafprozessordnung sind entsprechend anzuwenden.

§ 30 Verfahren bei der Vorlage von Beweismitteln. (1) Wenn die Person, die den Gewahrsam hat, einwendet, verlangte Beweismittel seien für die Untersuchung nicht bedeutsam oder beträfen ein in § 14 Abs. 1 Nr. 1 bis 4 bezeichnetes Geheimnis, so dürfen die in § 29 Abs. 2 bestimmten Ordnungs- und Zwangsmittel und die in § 29 Abs. 3 Satz 1 bezeichnete Herausgabe nur dann angeordnet werden, wenn das Beweismittel keine Informationen enthält, deren Weitergabe wegen ihres streng vertraulichen Charakters für die Betroffenen unzumutbar ist, und der Untersuchungsausschuss für dieses Beweismittel den Geheimhaltungsgrad GEHEIM beschlossen hat.

(2) [1] Die Durchsicht und die Prüfung der Beweiserheblichkeit der vorgelegten Beweismittel steht dem Untersuchungsausschuss zu. [2] Beweismittel, die sich nach einmütiger Auffassung des Untersuchungsausschusses für die Untersuchung als unerheblich erweisen, sind der Person, die den Gewahrsam hatte, unverzüglich zurückzugeben.

(3) [1] Nach Durchsicht und Prüfung der in Absatz 1 bezeichneten Beweismittel kann der Untersuchungsausschuss die Aufhebung der Einstufung in den Geheimhaltungsgrad GEHEIM beschließen, soweit die Beweismittel für die Untersuchung erheblich sind. [2] Betreffen sie ein in § 14 Abs. 1 Nr. 1 bis 4 bezeichnetes Geheimnis, so darf der Untersuchungsausschuss den Beschluss nach Satz 1 nur dann fassen, wenn ihre öffentliche Verwendung zur Erfüllung des Untersuchungsauftrages unerlässlich und nicht unverhältnismäßig ist.

(4) [1] Vor der Beschlussfassung nach Absatz 3 Satz 1 ist die Person, die über das Beweismittel verfügungsberechtigt ist, zu hören. [2] Widerspricht sie der Aufhebung des Geheimhaltungsgrades GEHEIM, so hat die Aufhebung zu unterbleiben, wenn nicht der Ermittlungsrichter oder die Ermittlungsrichte-

rin des Bundesgerichtshofes auf Antrag des Untersuchungsausschusses oder eines Viertels seiner Mitglieder sie für zulässig erklärt.

§ 31 Verlesung von Protokollen und Schriftstücken. (1) Die Protokolle über Untersuchungshandlungen von anderen Untersuchungsausschüssen, Gerichten und Behörden sowie Schriftstücke, die als Beweismittel dienen, sind vor dem Untersuchungsausschuss zu verlesen.

(2) Der Untersuchungsausschuss kann beschließen, von einer Verlesung Abstand zu nehmen, wenn die Protokolle oder Schriftstücke allen Mitgliedern des Untersuchungsausschusses zugänglich gemacht worden sind.

(3) Eine Verlesung der Protokolle und Schriftstücke oder die Bekanntgabe ihres wesentlichen Inhalts in öffentlicher Sitzung findet nicht statt, wenn die Voraussetzungen des § 14 Abs. 1 vorliegen.

§ 32 Rechtliches Gehör. (1) Personen, die durch die Veröffentlichung des Abschlussberichtes in ihren Rechten erheblich beeinträchtigt werden können, ist vor Abschluss des Untersuchungsverfahrens Gelegenheit zu geben, zu den sie betreffenden Ausführungen im Entwurf des Abschlussberichtes innerhalb von zwei Wochen Stellung zu nehmen, soweit diese Ausführungen nicht mit ihnen in einer Sitzung zur Beweisaufnahme erörtert worden sind.

(2) Der wesentliche Inhalt der Stellungnahme ist in dem Bericht wiederzugeben.

§ 33 Berichterstattung. (1) [1] Nach Abschluss der Untersuchung erstattet der Untersuchungsausschuss dem Bundestag einen schriftlichen Bericht. [2] Der Bericht hat den Gang des Verfahrens, die ermittelten Tatsachen und das Ergebnis der Untersuchung wiederzugeben.

(2) Kommt der Untersuchungsausschuss nicht zu einem einvernehmlichen Bericht, sind Sondervoten in den Bericht aufzunehmen.

(3) Ist abzusehen, dass der Untersuchungsausschuss seinen Untersuchungsauftrag nicht vor Ende der Wahlperiode erledigen kann, hat er dem Bundestag rechtzeitig einen Sachstandsbericht über den bisherigen Gang des Verfahrens sowie über das bisherige Ergebnis der Untersuchungen vorzulegen.

(4) Auf Beschluss des Bundestages hat der Untersuchungsausschuss dem Bundestag einen Zwischenbericht vorzulegen.

§ 34 Rechte des Verteidigungsausschusses als Untersuchungsausschuss. (1) [1] Beschließt der Verteidigungsausschuss, eine Angelegenheit zum Gegenstand seiner Untersuchung zu machen, hat er bei seinen Untersuchungen die Rechte eines Untersuchungsausschusses. [2] Der Verteidigungsausschuss hat sich auf Verlangen von einem Viertel seiner Mitglieder als Untersuchungsausschuss zu konstituieren. [3] Die §§ 1 bis 3 gelten entsprechend.

(2) Den Vorsitz führt der oder die Vorsitzende des Verteidigungsausschusses.

(3) Macht der Verteidigungsausschuss eine Angelegenheit zum Gegenstand seiner Untersuchung, kann er zu deren Durchführung einen Unterausschuss einsetzen, in den auch stellvertretende Mitglieder des Verteidigungsausschusses entsandt werden können.

(4) [1] Für das Verfahren des Verteidigungsausschusses als Untersuchungsausschuss gelten die Vorschriften dieses Gesetzes. [2] Über das Ergebnis seiner Untersuchung hat der Verteidigungsausschuss dem Bundestag einen Bericht zu erstatten; eine Aussprache darf sich nur auf den veröffentlichten Bericht beziehen.

§ 35[1)] Kosten und Auslagen. (1) Die Kosten des Untersuchungsverfahrens trägt der Bund.

(2) [1] Zeugen, Sachverständige und Ermittlungsbeauftragte erhalten eine Entschädigung oder Vergütung nach dem Justizvergütungs- und -entschädigungsgesetz. [2] Der Untersuchungsausschuss kann auf Antrag beschließen, dass Gebühren des rechtlichen Beistandes den Zeugen erstattet werden. [3] Ermittlungsbeauftragte erhalten eine Vergütung nach der höchsten Honorargruppe gemäß § 9 Abs. 1 Satz 1 des Justizvergütungs- und -entschädigungsgesetzes.

(3) Die Entschädigung, die Vergütung und die Erstattung der Auslagen setzt der Präsident oder die Präsidentin des Bundestages fest.

§ 36 Gerichtliche Zuständigkeiten. (1) Zuständiges Gericht für Streitigkeiten nach diesem Gesetz ist der Bundesgerichtshof, soweit Artikel 93 des Grundgesetzes[2)] sowie § 13 des Bundesverfassungsgerichtsgesetzes[3)] und die Vorschriften dieses Gesetzes nichts Abweichendes bestimmen.

(2) [1] Hält der Bundesgerichtshof den Einsetzungsbeschluss für verfassungswidrig und kommt es für die Entscheidung auf dessen Gültigkeit an, so ist das Verfahren auszusetzen und die Entscheidung des Bundesverfassungsgerichtes einzuholen. [2] Satz 1 gilt für den Ermittlungsrichter oder die Ermittlungsrichterin des Bundesgerichtshofes entsprechend.

(3) Gegen Entscheidungen des Ermittlungsrichters oder der Ermittlungsrichterin des Bundesgerichtshofes ist die Beschwerde statthaft, über die der Bundesgerichtshof entscheidet.

[1)] § 35 Abs. 2 Satz 1 und Abs. 3 geänd. sowie Abs. 2 Satz 3 neu gef. mWv 1.7.2004 durch G v. 5.5.2004 (BGBl. I S. 718).

[2)] Nr. **1**.

[3)] Nr. **20**.

7. Gesetz zur Beschränkung des Brief-, Post- und Fernmeldegeheimnisses (Artikel 10-Gesetz – G 10)[1][2]

Vom 26. Juni 2001

(BGBl. I S. 1254, ber. S. 2298, 2017 S. 154)

FNA 190-4

geänd. durch Art. 4 TerrorismusbekämpfungsG v. 9.1.2002 (BGBl. I S. 361, ber. S. 3142, geänd. 2007 I S. 2), Art. 11 Nr. 5 ZuwanderungsG v. 20.6.2002 (BGBl. I S. 1946, nichtig gem. Urt. des BVerfG v. 18.12.2002 – 2 BvF 1/02 –), Art. 5 Abs. 1 34. StrafrechtsÄndG v. 22.8.2002 (BGBl. I S. 3390), Art. 4 G zur Umsetzung des Rahmenbeschlusses des Rates vom 13. Juni 2002 zur Terrorismusbekämpfung und zur Änd. anderer Gesetze v. 22.12.2003 (BGBl. I S. 2836), Art. 4 Abs. 6 KostenrechtsmodernisierungsG v. 5.5.2004 (BGBl. I S. 718), § 151 Abs. 2 TelekommunikationsG v. 22.6.2004 (BGBl. I S. 1190), Art. 11 Nr. 5 ZuwanderungsG v. 30.7.2004 (BGBl. I S. 1950), Art. 3 Abs. 1 37. StrafrechtsÄndG v. 11.2.2005 (BGBl. I S. 239), Art. 5, 10 Abs. 4 TerrorismusbekämpfungsergänzungsG v. 5.1.2007 (BGBl. I S. 2, geänd. durch Art. 6 G v. 7.12. 2011, BGBl. I S. 2576 und durch Art. 1 G v. 3.12.2015, BGBl. I S. 2161), Art. 1 G zur Änd. telekommunikationsrechtlicher Vorschriften v. 18.2.2007 (BGBl. I S. 106), Art. 78 Abs. 1 Zweites G über die Bereinigung von Bundesrecht im Zuständigkeitsbereich des BMJ v. 23.11.2007 (BGBl. I S. 2614), Art. 5 Telekommunikationsüberwachung-NeuregelungsG v. 21.12.2007 (BGBl. I S. 3198), Art. 2 TK-Entschädigungs-NeuordnungsG v. 29.4.2009 (BGBl. I S. 994), Art. 3 Abs. 1 G zur Fortentwicklung der parlamentarischen Kontrolle der Nachrichtendienste des Bundes v. 29.7.

---

[1] Verkündet als Art. 1 Artikel 10-NeuregelungsG v. 26.6.2001 (BGBl. I S. 1254, ber. S. 2298, 2017 S. 154); Inkrafttreten gem. Art. 5 Satz 1 dieses G am 29.6.2001.

[2] Ua haben folgende Länder Durch- bzw. Ausführungsbestimmungen zum Artikel 10-Gesetz erlassen:

- **Baden-Württemberg:** Gesetz zur Ausführung des Artikel 10-Gesetzes (Ausführungsgesetz zum Artikel 10-Gesetz – AG G10) v. 13.5.1969 (GBl. S. 79), zuletzt geänd. durch G v. 28.11.2017 (GBl. S. 621),
- **Bayern:** Gesetz über die Aufgaben der G10-Kommission im Bayerischen Landtag und zur Ausführung des Art. 10-Gesetzes (Ausführungsgesetz Art. 10-Gesetz – AGG 10) v. 11.12.1984 (GVBl. S. 522), zuletzt geänd. durch G v. 15.5.2018 (GVBl. S. 230),
- **Berlin:** Gesetz zur Ausführung des Artikel 10-Gesetzes (AG G 10) idF der Bek. v. 25.6.2001 (GVBl. S. 251), zuletzt geänd. durch G v. 5.12.2003 (GVBl. S. 571),
- **Brandenburg:** Gesetz zur Ausführung des Artikel 10-Gesetzes v. 14.12.1995 (GVBl. I S. 286), zuletzt geänd. durch G v. 8.5.2018 (GVBl. I Nr. 8),
- **Bremen:** Gesetz zur Ausführung des Gesetzes zur Beschränkung des Brief-, Post- und Fernmeldegeheimnisses v. 14.10.1969 (Brem.GBl. S. 131), zuletzt geänd. durch G v. 11.4.2017 (Brem.GBl. S. 157),
- **Hamburg:** Gesetz zur Ausführung des Artikel 10-Gesetzes v. 17.1.1969 (HmbGVBl. S. 5), zuletzt geänd. durch G v. 15.5.2015 (HmbGVBl. S. 98),
- **Hessen:** Hessisches Ausführungsgesetz zum Artikel 10-Gesetz v. 16.12.1969 (GVBl. I S. 303), zuletzt geänd. durch Gesetze v. 27.9.2012 (GVBl. S. 290),
- **Mecklenburg-Vorpommern:** Gesetz zur Ausführung des Artikel 10-Gesetzes v. 17.7.1992 (GVOBl. M-V S. 486), zuletzt geänd. durch G v. 30.7.2007 (GVOBl. M-V S. 278),
- **Niedersachsen:** Niedersächsisches Gesetz zur Ausführung des Artikel 10-Gesetzes v. 27.1.2004 (Nds. GVBl. S. 38), zuletzt geänd. durch G v. 15.9.2016 (Nds. GVBl. S. 194),
- **Rheinland-Pfalz:** Landesgesetz zur parlamentarischen Kontrolle von Beschränkungen des Brief-, Post- und Fernmeldegeheimnisses v. 16.12.2002 (GVBl. S. 477), zuletzt geänd. durch G v. 22.12.2015 (GVBl. S. 461),
- **Saarland:** Gesetz zur Durchführung des Artikel 10-Gesetzes (G 10-Durchführungsgesetz) v. 19.3.2003 (Amtsbl. S. 1350), zuletzt geänd. durch G v. 18.4.2018 (Amtsbl. I S. 332),
- **Sachsen:** Gesetz zur Ausführung des Artikel 10-Gesetzes im Freistaat Sachsen (SächsAG G 10) v. 16.10.1992 (SächsGVBl. S. 464), geänd. durch G v. 15.8.2003 (SächsGVBl. S. 313)
- **Sachsen-Anhalt:** Gesetz zur Ausführung des Artikel 10-Gesetzes (AG G 10-LSA) v. 26.1.2006 (GVBl. LSA S. 25), geänd. durch G v. 12.1.2012 (GVBl. LSA S. 2),
- **Thüringen:** Thüringer Gesetz zur Ausführung des Artikel 10-Gesetzes v. 16.7.2008 (GVBl. S. 245), zuletzt geänd. durch G v. 6.6.2018 (GVBl. S. 229).

2009 (BGBl. I S. 2346), Art. 4 Abs. 1 G zur Verfolgung der Vorbereitung von schweren staatsgefährdenden Gewalttaten v. 30.7.2009 (BGBl. I S. 2437), Art. 1 Erstes G zur Änd. des Artikel 10-G v. 31.7.2009 (BGBl. I S. 2499), Art. 5 G zur Änd. des BundesverfassungsschutzG v. 7.12.2011 (BGBl. I S. 2576), Art. 2 Abs. 4 G zur Modernisierung des Außenwirtschaftsrechts v. 6.6.2013 (BGBl. I S. 1482), Art. 2 Abs. 1 GVVG-ÄnderungsG v. 12.6.2015 (BGBl. I S. 926), Art. 6 G zur Verbesserung der Zusammenarbeit im Bereich des Verfassungsschutzes v. 17.11.2015 (BGBl. I S. 1938), Art. 5 G zum besseren Informationsaustausch bei der Bekämpfung des internationalen Terrorismus v. 26.7.2016 (BGBl. I S. 1818), Art. 2 G zur weiteren Fortentwicklung der parlamentarischen Kontrolle der Nachrichtendienste des Bundes v. 30.11.2016 (BGBl. I S. 2746), Art. 2 Abs. 1 G zur Änd. des Völkerstrafgesetzbuches v. 22.12.2016 (BGBl. I S. 3150), Art. 3 Abs. 3 G zur Ausland-Ausland-Fernmeldeaufklärung des Bundesnachrichtendienstes v. 23.12.2016 (BGBl. I S. 3346), Art. 2 Abs. 2 Erstes G zur Änd. des SicherheitsüberprüfungsG v. 16.6.2017 (BGBl. I S. 1634), Art. 6 Datenschutz-Anpassungs- und -UmsetzungsG EU v. 30.6.2017 (BGBl. I S. 2097) und Art. 12 G zur effektiveren und praxistauglicheren Ausgestaltung des Strafverfahrens v. 17.8. 2017 (BGBl. I S. 3202)

Der Bundestag hat das folgende Gesetz beschlossen:

Abschnitt 1. Allgemeine Bestimmungen

§ 1[1)] Gegenstand des Gesetzes. (1) Es sind

1. die Verfassungsschutzbehörden des Bundes und der Länder, der Militärische Abschirmdienst und der Bundesnachrichtendienst zur Abwehr von drohenden Gefahren für die freiheitliche demokratische Grundordnung oder den Bestand oder die Sicherheit des Bundes oder eines Landes einschließlich der Sicherheit der in der Bundesrepublik Deutschland stationierten Truppen der nichtdeutschen Vertragsstaaten des Nordatlantikvertrages,
2. der Bundesnachrichtendienst im Rahmen seiner Aufgaben nach § 1 Abs. 2 des BND-Gesetzes auch zu den in § 5 Abs. 1 Satz 3 Nr. 2 bis 8 und § 8 Abs. 1 Satz 1 bestimmten Zwecken

berechtigt, die Telekommunikation zu überwachen und aufzuzeichnen, in den Fällen der Nummer 1 auch die dem Brief- oder Postgeheimnis unterliegenden Sendungen zu öffnen und einzusehen.

(2) Soweit Maßnahmen nach Absatz 1 von Behörden des Bundes durchgeführt werden, unterliegen sie der Kontrolle durch das Parlamentarische Kontrollgremium und durch eine besondere Kommission (G 10-Kommission).

§ 2[2)] Pflichten der Anbieter von Post- und Telekommunikationsdiensten. (1) [1] Wer geschäftsmäßig Postdienste erbringt oder an der Erbringung solcher Dienste mitwirkt, hat der berechtigten Stelle auf Anordnung

---

[1)] § 1 Abs. 1 Nr. 2 geänd. mWv 5.8.2009 durch G v. 31.7.2009 (BGBl. I S. 2499); Abs. 1 Nr. 2 geänd. mWv 21.11.2015 durch G v. 17.11.2015 (BGBl. I S. 1938).

[2)] § 2 Abs. 1 Satz 4 geänd. mWv 26.6.2004 durch G v. 22.6.2004 (BGBl. I S. 1190); Abs. 1 Satz 4 eingef., bish. Satz 4 wird Satz 5 mWv 11.1.2007, Abs. 1 Satz 4 aufgeh., bish. Satz 5 wird Satz 4 mWv 10.1.2021 durch G v. 5.1.2007 (BGBl. I S. 2, geänd. durch Art. 6 G v. 7.12.2011, BGBl. I S. 2576 und durch Art. 1 G v. 3.12.2015, BGBl. I S. 2161); Abs. 1 Satz 4 geänd., Abs. 2 Satz 1 neu gef., Satz 3 eingef., bish. Satz 3 wird Satz 4, Abs. 3 Satz 1 geänd. mWv 5.8.2009 durch G v. 31.7.2009 (BGBl. I S. 2499); Abs. 1 Satz 4 geänd. mWv 10.1.2012 durch G v. 7.12.2011 (BGBl. I S. 2576); Abs. 2 Satz 3 geänd. mWv 21.11.2015 durch G v. 17.11.2015 (BGBl. I S. 1938); Abs. 1 Satz 4 geänd. mWv 31.12.2016 durch G v. 23.12.2016 (BGBl. I S. 3346); Abs. 2 Satz 4 neu gef. mWv 21.6.2017 durch G v. 16.6.2017 (BGBl. I S. 1634).

Auskunft über die näheren Umstände des Postverkehrs zu erteilen und Sendungen, die ihm zum Einsammeln, Weiterleiten oder Ausliefern anvertraut sind, auszuhändigen. [2] Der nach Satz 1 Verpflichtete hat der berechtigten Stelle auf Verlangen die zur Vorbereitung einer Anordnung erforderlichen Auskünfte zu Postfächern zu erteilen, ohne dass es hierzu einer gesonderten Anordnung bedarf. [3] Wer geschäftsmäßig Telekommunikationsdienste erbringt oder an der Erbringung solcher Dienste mitwirkt, hat der berechtigten Stelle auf Anordnung Auskunft über die näheren Umstände der nach Wirksamwerden der Anordnung durchgeführten Telekommunikation zu erteilen, Sendungen, die ihm zur Übermittlung auf dem Telekommunikationsweg anvertraut sind, auszuhändigen sowie die Überwachung und Aufzeichnung der Telekommunikation zu ermöglichen. ***[Satz 4 bis 9.1.2021:]*** [4] § 8a Absatz 2 Satz 1 Nummer 4 des Bundesverfassungsschutzgesetzes[1)], § 4a des MAD-Gesetzes und § 3 des BND-Gesetzes bleiben unberührt. [5] ***[ab 10.1.2021: [4]]*** Ob und in welchem Umfang der nach Satz 3 Verpflichtete Vorkehrungen für die technische und organisatorische Umsetzung der Überwachungsmaßnahme zu treffen hat, bestimmt sich nach § 110 des Telekommunikationsgesetzes und der dazu erlassenen Rechtsverordnung.

(2) [1] Der nach Absatz 1 Satz 1 oder 3 Verpflichtete hat vor Durchführung einer beabsichtigten Beschränkungsmaßnahme unverzüglich die Personen, die mit der Durchführung der Maßnahme betraut werden sollen,

1. auszuwählen,
2. einer einfachen Sicherheitsüberprüfung unterziehen zu lassen und
3. über Mitteilungsverbote nach § 17 sowie die Strafbarkeit eines Verstoßes nach § 18 zu belehren; die Belehrung ist aktenkundig zu machen.

[2] Mit der Durchführung einer Beschränkungsmaßnahme dürfen nur Personen betraut werden, die nach Maßgabe des Satzes 1 überprüft und belehrt worden sind. [3] Nach Zustimmung des Bundesministeriums des Innern, bei Beschränkungsmaßnahmen einer Landesbehörde des zuständigen Landesministeriums, kann der Behördenleiter der berechtigten Stelle oder dessen Stellvertreter die nach Absatz 1 Satz 1 oder 3 Verpflichteten schriftlich auffordern, die Beschränkungsmaßnahme bereits vor Abschluss der Sicherheitsüberprüfung durchzuführen. [4] Der nach Absatz 1 Satz 1 oder Satz 3 Verpflichtete hat sicherzustellen, dass die Geheimschutzmaßnahmen zum Schutz als VS-NUR FÜR DEN DIENSTGEBRAUCH eingestufter Informationen gemäß der nach § 35 Absatz 1 des Sicherheitsüberprüfungsgesetzes zu erlassenden allgemeinen Verwaltungsvorschrift zum materiellen Geheimschutz in der jeweils geltenden Fassung getroffen werden.

(3) [1] Die Sicherheitsüberprüfung nach Absatz 2 Satz 1 Nr. 2 ist entsprechend dem Sicherheitsüberprüfungsgesetz durchzuführen. [2] Für Beschränkungsmaßnahmen einer Landesbehörde gilt dies nicht, soweit Rechtsvorschriften des Landes vergleichbare Bestimmungen enthalten; in diesem Fall sind die Rechtsvorschriften des Landes entsprechend anzuwenden. [3] Zuständig ist bei Beschränkungsmaßnahmen von Bundesbehörden das Bundesministerium des Innern; im Übrigen sind die nach Landesrecht bestimmten Behörden zuständig. [4] Soll mit der Durchführung einer Beschränkungsmaßnahme eine Person betraut werden, für die innerhalb der letzten fünf Jahre bereits

---

[1)] **Sartorius Nr. 80.**

eine gleich- oder höherwertige Sicherheitsüberprüfung nach Bundes- oder Landesrecht durchgeführt worden ist, soll von einer erneuten Sicherheitsüberprüfung abgesehen werden.

Abschnitt 2. Beschränkungen in Einzelfällen

§ 3[1)] Voraussetzungen. (1) [1] Beschränkungen nach § 1 Abs. 1 Nr. 1 dürfen unter den dort bezeichneten Voraussetzungen angeordnet werden, wenn tatsächliche Anhaltspunkte für den Verdacht bestehen, dass jemand

1. Straftaten des Friedensverrats oder des Hochverrats (§§ 80a bis 83 des Strafgesetzbuches),
2. Straftaten der Gefährdung des demokratischen Rechtsstaates (§§ 84 bis 86, 87 bis 89b, 89c Absatz 1 bis 4 des Strafgesetzbuches, § 20 Abs. 1 Nr. 1 bis 4 des Vereinsgesetzes[2)]),
3. Straftaten des Landesverrats und der Gefährdung der äußeren Sicherheit (§§ 94 bis 96, 97a bis 100a des Strafgesetzbuches),
4. Straftaten gegen die Landesverteidigung (§§ 109e bis 109g des Strafgesetzbuches),
5. Straftaten gegen die Sicherheit der in der Bundesrepublik Deutschland stationierten Truppen der nichtdeutschen Vertragsstaaten des Nordatlantikvertrages (§§ 87, 89, 94 bis 96, 98 bis 100, 109e bis 109g des Strafgesetzbuches in Verbindung mit § 1 des NATO-Truppen-Schutzgesetzes),
6. Straftaten nach
   a) den §§ 129a bis 130 des Strafgesetzbuches sowie
   b) den §§ 211, 212, 239a, 239b, 306 bis 306c, 308 Abs. 1 bis 3, § 315 Abs. 3, § 316b Abs. 3 und § 316c Abs. 1 und 3 des Strafgesetzbuches, soweit diese sich gegen die freiheitliche demokratische Grundordnung, den Bestand oder die Sicherheit des Bundes oder eines Landes richten,
7. Straftaten nach § 95 Abs. 1 Nr. 8 des Aufenthaltsgesetzes[3)],
8. Straftaten nach den §§ 202a, 202b und 303a, 303b des Strafgesetzbuches, soweit sich die Straftat gegen die innere oder äußere Sicherheit der Bundesrepublik Deutschland, insbesondere gegen sicherheitsempfindliche Stellen von lebenswichtigen Einrichtungen richtet, oder
9. Straftaten nach § 13 des Völkerstrafgesetzbuches

plant, begeht oder begangen hat. [2] Gleiches gilt, wenn tatsächliche Anhaltspunkte für den Verdacht bestehen, dass jemand Mitglied einer Vereinigung ist, deren Zwecke oder deren Tätigkeit darauf gerichtet sind, Straftaten zu

---

[1)] § 3 Abs. 1 Satz 1 Nr. 6 Buchst. a geänd. mWv 30.8.2002 durch G v. 22.8.2002 (BGBl. I S. 3390); Abs. 1 Satz 1 Nr. 7 geänd. mWv 1.1.2005 durch G v. 30.7.2004 (BGBl. I S. 1950); Abs. 1 Satz 1 Nr. 5 geänd. mWv 30.11.2007 durch G v. 23.11.2007 (BGBl. I S. 2614); Abs. 1 Satz 1 Nr. 2 geänd. mWv 4.8.2009 durch G v. 30.7.2009 (BGBl. I S. 2437); Abs. 1a eingef. mWv 5.8.2009 durch G v. 31.7.2009 (BGBl. I S. 2499); Abs. 1 Satz 1 Nr. 2 geänd. mWv 20.6.2015 durch G v. 12.6.2015 (BGBl. I S. 926); Abs. 1 Satz 1 Nr. 6 Buchst. b und Nr. 7 geänd., Nr. 8 angef. mWv 21.11.2015 durch G v. 17.11.2015 (BGBl. I S. 1938); Abs. 1 Satz 1 Nr. 1, 7 und 8 geänd., Nr. 9 angef. mWv 1.1.2017 durch G v. 22.12.2016 (BGBl. I S. 3150).

[2)] **Sartorius Nr. 425.**

[3)] **Sartorius Nr. 565.**

begehen, die gegen die freiheitliche demokratische Grundordnung, den Bestand oder die Sicherheit des Bundes oder eines Landes gerichtet sind.

(1a) Beschränkungen nach § 1 Abs. 1 Nr. 1 dürfen unter den dort bezeichneten Voraussetzungen für den Bundesnachrichtendienst auch für Telekommunikationsanschlüsse, die sich an Bord deutscher Schiffe außerhalb deutscher Hoheitsgewässer befinden, angeordnet werden, wenn tatsächliche Anhaltspunkte bestehen, dass jemand eine der in § 23a Abs. 1 und 3 des Zollfahndungsdienstgesetzes genannten Straftaten plant, begeht oder begangen hat.

(2) [1] Die Anordnung ist nur zulässig, wenn die Erforschung des Sachverhalts auf andere Weise aussichtslos oder wesentlich erschwert wäre. [2] Sie darf sich nur gegen den Verdächtigen oder gegen Personen richten, von denen auf Grund bestimmter Tatsachen anzunehmen ist, dass sie für den Verdächtigen bestimmte oder von ihm herrührende Mitteilungen entgegennehmen oder weitergeben oder dass der Verdächtige ihren Anschluss benutzt. [3] Maßnahmen, die sich auf Sendungen beziehen, sind nur hinsichtlich solcher Sendungen zulässig, bei denen Tatsachen die Annahme rechtfertigen, dass sie von dem, gegen den sich die Anordnung richtet, herrühren oder für ihn bestimmt sind. [4] Abgeordnetenpost von Mitgliedern des Deutschen Bundestages und der Parlamente der Länder darf nicht in eine Maßnahme einbezogen werden, die sich gegen einen Dritten richtet.

§ 3a[1)] Schutz des Kernbereichs privater Lebensgestaltung. [1] Beschränkungen nach § 1 Abs. 1 Nr. 1 sind unzulässig, soweit tatsächliche Anhaltspunkte für die Annahme vorliegen, dass durch sie allein Erkenntnisse aus dem Kernbereich privater Lebensgestaltung erfasst würden. [2] Soweit im Rahmen von Beschränkungen nach § 1 Abs. 1 Nr. 1 neben einer automatischen Aufzeichnung eine unmittelbare Kenntnisnahme erfolgt, ist die Maßnahme unverzüglich zu unterbrechen, soweit sich während der Überwachung tatsächliche Anhaltspunkte dafür ergeben, dass Inhalte, die dem Kernbereich privater Lebensgestaltung zuzurechnen sind, erfasst werden. [3] Bestehen insoweit Zweifel, darf nur eine automatische Aufzeichnung fortgesetzt werden. [4] Automatische Aufzeichnungen nach Satz 3 sind unverzüglich einem bestimmten Mitglied der G10-Kommission oder seinem Stellvertreter zur Entscheidung über die Verwertbarkeit oder Löschung der Daten vorzulegen. [5] Das Nähere regelt die Geschäftsordnung. [6] Die Entscheidung des Mitglieds der Kommission, dass eine Verwertung erfolgen darf, ist unverzüglich durch die Kommission zu bestätigen. [7] Ist die Maßnahme nach Satz 2 unterbrochen worden, so darf sie für den Fall, dass sie nicht nach Satz 1 unzulässig ist, fortgeführt werden. [8] Erkenntnisse aus dem Kernbereich privater Lebensgestaltung, die durch eine Beschränkung nach § 1 Abs. 1 Nr. 1 erlangt worden sind, dürfen nicht verwertet werden. [9] Aufzeichnungen hierüber sind unverzüglich zu löschen. [10] Die Tatsachen der Erfassung der Daten und der Löschung sind zu dokumentieren. [11] Die Dokumentation darf ausschließlich für Zwecke der Datenschutzkontrolle verwendet werden. [12] Sie ist zu löschen, wenn sie für diese Zwecke nicht mehr erforderlich ist, spätestens jedoch am Ende des Kalenderjahres, das dem Jahr der Dokumentation folgt.

[1)] § 3a eingef. mWv 5.8.2009 durch G v. 31.7.2009 (BGBl. I S. 2499).

§ 3b[1)] Schutz zeugnisverweigerungsberechtigter Personen. (1) [1] Maßnahmen nach § 1 Abs. 1 Nr. 1, die sich gegen eine in § 53 Abs. 1 Satz 1 Nr. 1, 2 oder Nr. 4 der Strafprozessordnung genannte Person richten und voraussichtlich Erkenntnisse erbringen würden, über die diese Person das Zeugnis verweigern dürfte, sind unzulässig. [2] Dennoch erlangte Erkenntnisse dürfen nicht verwertet werden. [3] Aufzeichnungen hierüber sind unverzüglich zu löschen. [4] Die Tatsache ihrer Erlangung und Löschung ist zu dokumentieren. [5] Die Sätze 2 bis 3 gelten entsprechend, wenn durch eine Maßnahme, die sich nicht gegen eine in § 53 Abs. 1 Satz 1 Nr. 1, 2 oder Nr. 4 der Strafprozessordnung genannte Person richtet, von einer dort genannten Person Erkenntnisse erlangt werden, über die sie das Zeugnis verweigern dürfte.

(2) [1] Soweit durch eine Beschränkung eine in § 53 Abs. 1 Satz 1 Nr. 3 bis 3b oder Nr. 5 der Strafprozessordnung genannte Person betroffen wäre und dadurch voraussichtlich Erkenntnisse erlangt würden, über die diese Person das Zeugnis verweigern dürfte, ist dies im Rahmen der Prüfung der Verhältnismäßigkeit unter Würdigung des öffentlichen Interesses an den von dieser Person wahrgenommenen Aufgaben und des Interesses an der Geheimhaltung der dieser Person anvertrauten oder bekannt gewordenen Tatsachen besonders zu berücksichtigen. [2] Soweit hiernach geboten, ist die Maßnahme zu unterlassen oder, soweit dies nach der Art der Maßnahme möglich ist, zu beschränken.

(3) Die Absätze 1 und 2 gelten entsprechend, soweit die in § 53a der Strafprozessordnung Genannten das Zeugnis verweigern dürften.

(4) Die Absätze 1 bis 3 gelten nicht, sofern die zeugnisverweigerungsberechtigte Person Verdächtiger im Sinne des § 3 Abs. 2 Satz 2 ist oder tatsächliche Anhaltspunkte den Verdacht begründen, dass sie dessen in § 3 Abs. 1 bezeichnete Bestrebungen durch Entgegennahme oder Weitergabe von Mitteilungen bewusst unterstützt.

§ 4[2)] Prüf-, Kennzeichnungs- und Löschungspflichten, Übermittlungen, Zweckbindung. (1) [1] Die erhebende Stelle prüft unverzüglich und sodann in Abständen von höchstens sechs Monaten, ob die erhobenen personenbezogenen Daten im Rahmen ihrer Aufgaben allein oder zusammen mit bereits vorliegenden Daten für die in § 1 Abs. 1 Nr. 1 bestimmten Zwecke erforderlich sind. [2] Soweit die Daten für diese Zwecke nicht erforderlich sind und nicht für eine Übermittlung an andere Stellen benötigt werden, sind sie unverzüglich unter Aufsicht eines Bediensteten, der die Befähigung zum Richteramt hat, zu löschen. [3] Die Löschung ist zu protokollieren. [4] Die Protokolldaten dürfen ausschließlich zur Durchführung der Datenschutzkontrolle verwendet werden. [5] Die Protokolldaten sind am Ende des Kalenderjahres, das dem Jahr der Protokollierung folgt, zu löschen. [6] Die Löschung der Daten unterbleibt, soweit die Daten für eine Mitteilung nach § 12 Abs. 1 oder für eine gerichtliche Nachprüfung der Rechtmäßigkeit der Beschränkungsmaßnahme von Bedeutung sein können. [7] In diesem Fall ist die Ver-

---

1) § 3b eingef. mWv 5.8.2009 durch G v. 31.7.2009 (BGBl. I S. 2499).

2) § 4 Abs. 1 Sätze 4 und 5 eingef., bish. Sätze 4 und 5 werden Sätze 6 und 7, neuer Satz 6 geänd., Abs. 4 Nr. 1 Buchst. a geänd. mWv 5.8.2009 durch G v. 31.7.2009 (BGBl. I S. 2499); Abs. 1 Satz 7 neu gef., Abs. 4 Satz 1 einl. Satzteil geänd., Satz 2 angef. mWv 25.5.2018 durch G v. 30.6.2017 (BGBl. I S. 2097).

arbeitung der Daten einzuschränken; sie dürfen nur zu diesen Zwecken verwendet werden.

(2) [1] Die verbleibenden Daten sind zu kennzeichnen. [2] Nach einer Übermittlung ist die Kennzeichnung durch den Empfänger aufrechtzuerhalten. [3] Die Daten dürfen nur zu den in § 1 Abs. 1 Nr. 1 und den in Absatz 4 genannten Zwecken verwendet werden.

(3) [1] Der Behördenleiter oder sein Stellvertreter kann anordnen, dass bei der Übermittlung auf die Kennzeichnung verzichtet wird, wenn dies unerlässlich ist, um die Geheimhaltung einer Beschränkungsmaßnahme nicht zu gefährden, und die G 10-Kommission oder, soweit es sich um die Übermittlung durch eine Landesbehörde handelt, die nach Landesrecht zuständige Stelle zugestimmt hat. [2] Bei Gefahr im Verzuge kann die Anordnung bereits vor der Zustimmung getroffen werden. [3] Wird die Zustimmung versagt, ist die Kennzeichnung durch den Übermittlungsempfänger unverzüglich nachzuholen; die übermittelnde Behörde hat ihn hiervon zu unterrichten.

(4) [1] Die Daten dürfen an andere als die nach § 1 Absatz 1 Nummer 1 berechtigten Stellen nur übermittelt werden

1. zur Verhinderung oder Aufklärung von Straftaten, wenn
   a) tatsächliche Anhaltspunkte für den Verdacht bestehen, dass jemand eine der in § 3 Abs. 1 und 1a genannten Straftaten plant oder begeht,
   b) bestimmte Tatsachen den Verdacht begründen, dass jemand eine sonstige in § 7 Abs. 4 Satz 1 genannte Straftat plant oder begeht,
2. zur Verfolgung von Straftaten, wenn bestimmte Tatsachen den Verdacht begründen, dass jemand eine in Nummer 1 bezeichnete Straftat begeht oder begangen hat, oder
3. zur Vorbereitung und Durchführung eines Verfahrens nach Artikel 21 Abs. 2 Satz 2 des Grundgesetzes[1)] oder einer Maßnahme nach § 3 Abs. 1 Satz 1 des Vereinsgesetzes[2)],

soweit sie zur Erfüllung der Aufgaben des Empfängers erforderlich sind. [2] Bei der Übermittlung an ausländische öffentliche Stellen sowie an über- und zwischenstaatliche Stellen ist daneben § 19 Absatz 3 Satz 2 und 4 des Bundesverfassungsschutzgesetzes[3)] anzuwenden.

(5) [1] Sind mit personenbezogenen Daten, die übermittelt werden dürfen, weitere Daten des Betroffenen oder eines Dritten in Akten so verbunden, dass eine Trennung nicht oder nur mit unvertretbarem Aufwand möglich ist, ist die Übermittlung auch dieser Daten zulässig; eine Verwendung dieser Daten ist unzulässig. [2] Über die Übermittlung entscheidet ein Bediensteter der übermittelnden Stelle, der die Befähigung zum Richteramt hat. [3] Die Übermittlung ist zu protokollieren.

(6) [1] Der Empfänger darf die übermittelten Daten nur für die Zwecke verwenden, zu deren Erfüllung sie ihm übermittelt worden sind. [2] Er prüft unverzüglich und sodann in Abständen von höchstens sechs Monaten, ob die übermittelten Daten für diese Zwecke erforderlich sind. [3] Absatz 1 Satz 2

[1)] Nr. **1**.
[2)] **Sartorius Nr. 425.**
[3)] **Sartorius Nr. 80.**

und 3 gilt entsprechend. [4] Der Empfänger unterrichtet die übermittelnde Stelle unverzüglich über die erfolgte Löschung.

Abschnitt 3. Strategische Beschränkungen

§ 5[1)] Voraussetzungen. (1) [1] Auf Antrag des Bundesnachrichtendienstes dürfen Beschränkungen nach § 1 für internationale Telekommunikationsbeziehungen, soweit eine gebündelte Übertragung erfolgt, angeordnet werden. [2] Die jeweiligen Telekommunikationsbeziehungen werden von dem nach § 10 Abs. 1 zuständigen Bundesministerium mit Zustimmung des Parlamentarischen Kontrollgremiums bestimmt. [3] Beschränkungen nach Satz 1 sind nur zulässig zur Sammlung von Informationen über Sachverhalte, deren Kenntnis notwendig ist, um die Gefahr

1. eines bewaffneten Angriffs auf die Bundesrepublik Deutschland,
2. der Begehung internationaler terroristischer Anschläge mit unmittelbarem Bezug zur Bundesrepublik Deutschland,
3. der internationalen Verbreitung von Kriegswaffen im Sinne des Gesetzes über die Kontrolle von Kriegswaffen[2)] sowie des unerlaubten Außenwirtschaftsverkehrs mit Waren, Datenverarbeitungsprogrammen und Technologien in Fällen von erheblicher Bedeutung,
4. der unbefugten gewerbs- oder bandenmäßig organisierten Verbringung von Betäubungsmitteln in das Gebiet der Europäischen Union in Fällen von erheblicher Bedeutung mit Bezug zur Bundesrepublik Deutschland,
5. der Beeinträchtigung der Geldwertstabilität im Euro-Währungsraum durch im Ausland begangene Geldfälschungen,
6. der international organisierten Geldwäsche in Fällen von erheblicher Bedeutung,
7. des gewerbs- oder bandenmäßig organisierten Einschleusens von ausländischen Personen in das Gebiet der Europäischen Union in Fällen von erheblicher Bedeutung mit Bezug zur Bundesrepublik Deutschland
   a) bei unmittelbarem Bezug zu den Gefahrenbereichen nach Nr. 1 bis 3 oder
   b) in Fällen, in denen eine erhebliche Anzahl geschleuster Personen betroffen ist, insbesondere wenn durch die Art der Schleusung von einer Gefahr für ihr Leib oder Leben auszugehen ist, oder
   c) in Fällen von unmittelbarer oder mittelbarer Unterstützung oder Duldung durch ausländische öffentliche Stellen oder
8. des internationalen kriminellen, terroristischen oder staatlichen Angriffs mittels Schadprogrammen oder vergleichbaren schädlich wirkenden informationstechnischen Mitteln auf die Vertraulichkeit, Integrität oder Verfügbarkeit von IT-Systemen in Fällen von erheblicher Bedeutung mit Bezug zur Bundesrepublik Deutschland

---

[1)] § 5 Abs. 1 Satz 3 Nr. 4 neu gef., Nr. 5 und 6 geänd., Nr. 7 angef., Abs. 2 Satz 2 neu gef. mWv 5.8.2009 durch G v. 31.7.2009 (BGBl. I S. 2499); Abs. 1 Satz 3 Nr. 6 und Nr. 7 Buchst. c geänd., Nr. 8 angef. mWv 21.11.2015 durch G v. 17.11.2015 (BGBl. I S. 1938).

[2)] **Sartorius Nr. 823.**

rechtzeitig zu erkennen und einer solchen Gefahr zu begegnen. [4] In den Fällen von Satz 3 Nr. 1 dürfen Beschränkungen auch für Postverkehrsbeziehungen angeordnet werden; Satz 2 gilt entsprechend.

(2) [1] Bei Beschränkungen von Telekommunikationsbeziehungen darf der Bundesnachrichtendienst nur Suchbegriffe verwenden, die zur Aufklärung von Sachverhalten über den in der Anordnung bezeichneten Gefahrenbereich bestimmt und geeignet sind. [2] Es dürfen keine Suchbegriffe verwendet werden, die

1. Identifizierungsmerkmale enthalten, die zu einer gezielten Erfassung bestimmter Telekommunikationsanschlüsse führen, oder
2. den Kernbereich der privaten Lebensgestaltung betreffen.

[3] Dies gilt nicht für Telekommunikationsanschlüsse im Ausland, sofern ausgeschlossen werden kann, dass Anschlüsse, deren Inhaber oder regelmäßige Nutzer deutsche Staatsangehörige sind, gezielt erfasst werden. [4] Die Durchführung ist zu protokollieren. [5] Die Protokolldaten dürfen ausschließlich zu Zwecken der Datenschutzkontrolle verwendet werden. [6] Sie sind am Ende des Kalenderjahres, das dem Jahr der Protokollierung folgt, zu löschen.

§ 5a[1)] Schutz des Kernbereichs privater Lebensgestaltung. [1] Durch Beschränkungen nach § 1 Abs. 1 Nr. 2 dürfen keine Kommunikationsinhalte aus dem Kernbereich privater Lebensgestaltung erfasst werden. [2] Sind durch eine Beschränkung nach § 1 Abs. 1 Nr. 2 Kommunikationsinhalte aus dem Kernbereich privater Lebensgestaltung erfasst worden, dürfen diese nicht verwertet werden. [3] Sie sind unverzüglich unter Aufsicht eines Bediensteten, der die Befähigung zum Richteramt hat, zu löschen. [4] § 3a Satz 2 bis 7 gilt entsprechend. [5] Die Tatsache der Erfassung der Daten und ihrer Löschung ist zu protokollieren. [6] Die Protokolldaten dürfen ausschließlich zum Zwecke der Durchführung der Datenschutzkontrolle verwendet werden. [7] Sie sind zu löschen, wenn sie für diese Zwecke nicht mehr erforderlich sind, spätestens jedoch am Ende des Kalenderjahres, das dem Jahr der Protokollierung folgt.

§ 6[2)] Prüf-, Kennzeichnungs- und Löschungspflichten, Zweckbindung. (1) [1] Der Bundesnachrichtendienst prüft unverzüglich und sodann in Abständen von höchstens sechs Monaten, ob die erhobenen personenbezogenen Daten im Rahmen seiner Aufgaben allein oder zusammen mit bereits vorliegenden Daten für die in § 5 Abs. 1 Satz 3 bestimmten Zwecke erforderlich sind. [2] Soweit die Daten für diese Zwecke nicht erforderlich sind und nicht für eine Übermittlung an andere Stellen benötigt werden, sind sie unverzüglich unter Aufsicht eines Bediensteten, der die Befähigung zum Richteramt hat, zu löschen. [3] Die Löschung ist zu protokollieren. [4] Die Protokolldaten dürfen ausschließlich zur Durchführung der Datenschutzkontrolle verwendet werden. [5] Die Protokolldaten sind am Ende des Kalenderjahres zu löschen, das dem Jahr der Protokollierung folgt. [6] Außer in den Fällen der erstmaligen Prüfung nach Satz 1 unterbleibt die Löschung, soweit die Daten

[1)] § 5a eingef. mWv 5.8.2009 durch G v. 31.7.2009 (BGBl. I S. 2499).

[2)] § 6 Abs. 1 Sätze 4 und 5 eingef., bish. Sätze 4 und 5 werden Sätze 6 und 7, Abs. 2 Satz 3 geänd., Abs. 3 angef. mWv 5.8.2009 durch G v. 31.7.2009 (BGBl. I S. 2499); Abs. 2 Satz 3 geänd. mWv 21.11.2015 durch G v. 17.11.2015 (BGBl. I S. 1938); Abs. 1 Satz 7 neu gef. mWv 25.5.2018 durch G v. 30.6.2017 (BGBl. I S. 2097).

für eine Mitteilung nach § 12 Abs. 2 oder für eine gerichtliche Nachprüfung der Rechtmäßigkeit der Beschränkungsmaßnahme von Bedeutung sein können. [7] In diesem Fall ist die Verarbeitung der Daten einzuschränken; sie dürfen nur zu diesen Zwecken verwendet werden.

(2) [1] Die verbleibenden Daten sind zu kennzeichnen. [2] Nach einer Übermittlung ist die Kennzeichnung durch den Empfänger aufrechtzuerhalten. [3] Die Daten dürfen nur zu den in § 5 Abs. 1 Satz 3 genannten Zwecken und für Übermittlungen nach § 7 Abs. 1 bis 4a und § 7a verwendet werden.

(3) [1] Auf Antrag des Bundesnachrichtendienstes dürfen zur Prüfung der Relevanz erfasster Telekommunikationsverkehre auf Anordnung des nach § 10 Abs. 1 zuständigen Bundesministeriums die erhobenen Daten in einem automatisierten Verfahren mit bereits vorliegenden Rufnummern oder anderen Kennungen bestimmter Telekommunikationsanschlüsse abgeglichen werden, bei denen tatsächliche Anhaltspunkte dafür bestehen, dass sie in einem Zusammenhang mit dem Gefahrenbereich stehen, für den die Überwachungsmaßnahme angeordnet wurde. [2] Zu diesem Abgleich darf der Bundesnachrichtendienst auch Rufnummern oder andere Kennungen bestimmter Telekommunikationsanschlüsse im Inland verwenden. [3] Die zu diesem Abgleich genutzten Daten dürfen nicht als Suchbegriffe im Sinne des § 5 Abs. 2 Satz 1 verwendet werden. [4] Der Abgleich und die Gründe für die Verwendung der für den Abgleich genutzten Daten sind zu protokollieren. [5] Die Protokolldaten dürfen ausschließlich zu Zwecken der Datenschutzkontrolle verwendet werden. [6] Sie sind am Ende des Kalenderjahres, das dem Jahr der Protokollierung folgt, zu vernichten.

§ 7[1)] Übermittlungen durch den Bundesnachrichtendienst. (1) Durch Beschränkungen nach § 5 erhobene personenbezogene Daten dürfen nach § 33 des BND-Gesetzes zur Unterrichtung über die in § 5 Abs. 1 Satz 3 genannten Gefahren übermittelt werden.

(2) Durch Beschränkungen nach § 5 erhobene personenbezogene Daten dürfen an die Verfassungsschutzbehörden des Bundes und der Länder sowie an den Militärischen Abschirmdienst übermittelt werden, wenn

1. tatsächliche Anhaltspunkte dafür bestehen, dass die Daten erforderlich sind zur Sammlung und Auswertung von Informationen über Bestrebungen in der Bundesrepublik Deutschland, die durch Anwendung von Gewalt oder darauf gerichtete Vorbereitungshandlungen gegen die in ***[bis 9.1.2021:*** § 3

---

1) § 7 Abs. 4 Satz 1 Nr. 2 ber. BGBl. 2017 I S. 154; Abs. 2 Nr. 1 geänd. mWv 1.1.2002 durch G v. 9.1.2002 (BGBl. I S. 361); Abs. 4 Satz 1 Nr. 1 Buchst. a neu gef. mWv 30.8.2002 durch G v. 22.8.2002 (BGBl. I S. 3390); Abs. 4 Satz 1 Nr. 2 Buchst. b neu gef. mWv 28.12.2003 durch G v. 22.12.2003 (BGBl. I S. 2836); Abs. 4 Satz 1 Nr. 2 Buchst. b geänd. mWv 19.2.2005 durch G v. 11.2.2005 (BGBl. I S. 239); Abs. 2 Nr. 1 geänd. mWv 10.1.2021 durch G v. 5.1.2007 (BGBl. I S. 2, geänd. durch Art. 6 G v. 7.12.2011, BGBl. I S. 2576 und durch Art. 1 G v. 3.12.2015, BGBl. I S. 2161); Abs. 4 Satz 1 Nr. 1 Buchst. a geänd. mWv 4.8.2009 durch G v. 30.7.2009 (BGBl. I S. 2437); Abs. 4 Satz 1 Nr. 2 Buchst. a und b geänd., Buchst. c angef., Abs. 6 Satz 3 neu gef. mWv 5.8.2009 durch G v. 31.7.2009 (BGBl. I S. 2499); Abs. 4 Satz 1 Nr. 1 Buchst. b geänd. mWv 1.9.2013 durch G v. 6.6.2013 (BGBl. I S. 1482); Abs. 4 Satz 1 Nr. 1 Buchst. a geänd. mWv 20.6.2015 durch G v. 12.6.2015 (BGBl. I S. 926); Abs. 2 Nr. 1 und 2 geänd., Nr. 3 angef., Abs. 4 Satz 1 Nr. 2 neu gef., Abs. 4a eingef. mWv 21.11.2015 durch G v. 17.11.2015 (BGBl. I S. 1938); Abs. 4 Satz 1 Nr. 2 geänd. mWv 1.1.2017 durch G v. 22.12.2016 (BGBl. I S. 3150); Abs. 1 geänd. mWv 31.12.2016 durch G v. 23.12.2016 (BGBl. I S. 3346).

Abs. 1 Nr. 1, 3 und 4 des Bundesverfassungsschutzgesetzes[1]] *[ab 10.1. 2021: § 3 Abs. 1 Nr. 1 und 3 des Bundesverfassungsschutzgesetzes]* genannten Schutzgüter gerichtet sind,

2. bestimmte Tatsachen den Verdacht sicherheitsgefährdender oder geheimdienstlicher Tätigkeiten für eine fremde Macht begründen oder
3. im Falle des § 5 Absatz 1 Satz 1 in Verbindung mit Satz 3 Nummer 8 tatsächliche Anhaltspunkte dafür bestehen, dass die Angriffe von Bestrebungen oder Tätigkeiten nach § 3 Absatz 1 des Bundesverfassungsschutzgesetzes ausgehen.

(3) Durch Beschränkungen nach § 5 Abs. 1 Satz 1 in Verbindung mit Satz 3 Nr. 3 erhobene personenbezogene Daten dürfen an das Bundesamt für Wirtschaft und Ausfuhrkontrolle (BAFA) übermittelt werden, wenn tatsächliche Anhaltspunkte dafür bestehen, dass die Kenntnis dieser Daten erforderlich ist

1. zur Aufklärung von Teilnehmern am Außenwirtschaftsverkehr über Umstände, die für die Einhaltung von Beschränkungen des Außenwirtschaftsverkehrs von Bedeutung sind, oder
2. im Rahmen eines Verfahrens zur Erteilung einer ausfuhrrechtlichen Genehmigung oder zur Unterrichtung von Teilnehmern am Außenwirtschaftsverkehr, soweit hierdurch eine Genehmigungspflicht für die Ausfuhr von Gütern begründet wird.

(4) [1] Durch Beschränkungen nach § 5 erhobene personenbezogene Daten dürfen zur Verhinderung von Straftaten an die mit polizeilichen Aufgaben betrauten Behörden übermittelt werden, wenn

1. tatsächliche Anhaltspunkte für den Verdacht bestehen, dass jemand
   a) Straftaten nach den §§ 89a, 89b, 89c Absatz 1 bis 4 oder § 129a, auch in Verbindung mit § 129b Abs. 1, sowie den §§ 146, 151 bis 152a oder § 261 des Strafgesetzbuches,
   b) vorsätzliche Straftaten nach den §§ 17 und 18 des Außenwirtschaftsgesetzes, §§ 19 bis 21 oder § 22a Abs. 1 Nr. 4, 5 und 7 des Gesetzes über die Kontrolle von Kriegswaffen[2] oder
   c) Straftaten nach § 29a Abs. 1 Nr. 2, § 30 Abs. 1 Nr. 1, 4 oder § 30a des Betäubungsmittelgesetzes[3]

   plant oder begeht oder
2. bestimmte Tatsachen den Verdacht begründen, dass jemand eine der in § 3 Absatz 1 Satz 1 Nummer 1, 2, 5, 7 und 9, Satz 2 oder Absatz 1a dieses Gesetzes oder eine sonstige der in § 100a Absatz 2 der Strafprozessordnung genannten Straftaten plant oder begeht.

[2] Die Daten dürfen zur Verfolgung von Straftaten an die zuständigen Behörden übermittelt werden, wenn bestimmte Tatsachen den Verdacht begründen, dass jemand eine in Satz 1 bezeichnete Straftat begeht oder begangen hat.

(4a) Durch Beschränkungen nach § 5 Absatz 1 Satz 1 in Verbindung mit Satz 3 Nummer 8 erhobene personenbezogene Daten dürfen an das Bundes-

---

[1] **Sartorius Nr. 80.**
[2] **Sartorius Nr. 823.**
[3] **Sartorius Nr. 275.**

amt für Sicherheit in der Informationstechnik übermittelt werden, wenn tatsächliche Anhaltspunkte dafür bestehen, dass die Daten erforderlich sind zur Abwehr von Gefahren für die Sicherheit der Informationstechnik des Bundes oder zur Sammlung und Auswertung von Informationen über Sicherheitsrisiken auch für andere Stellen und Dritte.

(5) [1] Die Übermittlung ist nur zulässig, soweit sie zur Erfüllung der Aufgaben des Empfängers erforderlich ist. [2] Sind mit personenbezogenen Daten, die übermittelt werden dürfen, weitere Daten des Betroffenen oder eines Dritten in Akten so verbunden, dass eine Trennung nicht oder nur mit unvertretbarem Aufwand möglich ist, ist die Übermittlung auch dieser Daten zulässig; eine Verwendung dieser Daten ist unzulässig. [3] Über die Übermittlung entscheidet ein Bediensteter des Bundesnachrichtendienstes, der die Befähigung zum Richteramt hat. [4] Die Übermittlung ist zu protokollieren.

(6) [1] Der Empfänger darf die Daten nur für die Zwecke verwenden, zu deren Erfüllung sie ihm übermittelt worden sind. [2] Er prüft unverzüglich und sodann in Abständen von höchstens sechs Monaten, ob die übermittelten Daten für diese Zwecke erforderlich sind. [3] § 4 Abs. 6 Satz 4 und § 6 Abs. 1 Satz 2 und 3 gelten entsprechend.

§ 7a[1)] Übermittlungen durch den Bundesnachrichtendienst an ausländische öffentliche Stellen. (1) [1] Der Bundesnachrichtendienst darf durch Beschränkungen nach § 5 Abs. 1 Satz 3 Nr. 2, 3, 7 und 8 erhobene personenbezogene Daten an die mit nachrichtendienstlichen Aufgaben betrauten ausländischen öffentlichen Stellen übermitteln, soweit

1. die Übermittlung zur Wahrung außen- oder sicherheitspolitischer Belange der Bundesrepublik Deutschland oder erheblicher Sicherheitsinteressen des ausländischen Staates erforderlich ist,
2. überwiegende schutzwürdige Interessen des Betroffenen nicht entgegenstehen, insbesondere in dem ausländischen Staat ein angemessenes Datenschutzniveau gewährleistet ist sowie davon auszugehen ist, dass die Verwendung der Daten durch den Empfänger in Einklang mit grundlegenden rechtsstaatlichen Prinzipien erfolgt, und
3. das Prinzip der Gegenseitigkeit gewahrt ist.

[2] Die Übermittlung bedarf der Zustimmung des Bundeskanzleramtes.

(2) Der Bundesnachrichtendienst darf unter den Voraussetzungen des Absatzes 1 durch Beschränkungen nach § 5 Abs. 1 Satz 3 Nr. 2, 3, 7 und 8 erhobene personenbezogene Daten ferner im Rahmen von Artikel 3 des Zusatzabkommens zu dem Abkommen zwischen den Parteien des Nordatlantikvertrages über die Rechtsstellung ihrer Truppen hinsichtlich der in der Bundesrepublik Deutschland stationierten ausländischen Truppen vom 3. August 1959 (BGBl. 1961 II S. 1183, 1218) an Dienststellen der Stationierungsstreitkräfte übermitteln, soweit dies zur Erfüllung der in deren Zuständigkeit liegenden Aufgaben erforderlich ist.

(3) [1] Über die Übermittlung entscheidet ein Bediensteter des Bundesnachrichtendienstes, der die Befähigung zum Richteramt hat. [2] Die Übermittlung ist zu protokollieren. [3] Der Bundesnachrichtendienst führt einen Nachweis

---

[1)] § 7a eingef. mWv 5.8.2009 durch G v. 31.7.2009 (BGBl. I S. 2499); Abs. 1 Satz 1 einl. Satzteil und Abs. 2 geänd. mWv 21.11.2015 durch G v. 17.11.2015 (BGBl. I S. 1938).

über den Zweck, die Veranlassung, die Aktenfundstelle und die Empfänger der Übermittlungen nach Absatz 1 und 2. [4] Die Nachweise sind gesondert aufzubewahren, gegen unberechtigten Zugriff zu sichern und am Ende des Kalenderjahres, das dem Jahr ihrer Erstellung folgt, zu vernichten.

(4) Der Empfänger ist zu verpflichten,

1. die übermittelten Daten nur zu dem Zweck zu verwenden, zu dem sie ihm übermittelt wurden,
2. eine angebrachte Kennzeichnung beizubehalten und
3. dem Bundesnachrichtendienst auf Ersuchen Auskunft über die Verwendung zu erteilen.

(5) Das zuständige Bundesministerium unterrichtet monatlich die G10-Kommission über Übermittlungen nach Absatz 1 und 2.

(6) Das Parlamentarische Kontrollgremium ist in Abständen von höchstens sechs Monaten über die vorgenommenen Übermittlungen nach Absatz 1 und 2 zu unterrichten.

§ 8[1)] Gefahr für Leib oder Leben einer Person im Ausland. (1) Auf Antrag des Bundesnachrichtendienstes dürfen Beschränkungen nach § 1 für internationale Telekommunikationsbeziehungen im Sinne des § 5 Abs. 1 Satz 1 angeordnet werden, wenn dies erforderlich ist, um eine im Einzelfall bestehende Gefahr für Leib oder Leben einer Person im Ausland rechtzeitig zu erkennen oder ihr zu begegnen und dadurch Belange der Bundesrepublik Deutschland unmittelbar in besonderer Weise berührt sind.

(2) [1] Die jeweiligen Telekommunikationsbeziehungen werden von dem nach § 10 Abs. 1 zuständigen Bundesministerium mit Zustimmung des Parlamentarischen Kontrollgremiums bestimmt. [2] Die Zustimmung bedarf der Mehrheit von zwei Dritteln seiner Mitglieder. [3] Die Bestimmung tritt spätestens nach zwei Monaten außer Kraft. [4] Eine erneute Bestimmung ist zulässig, soweit ihre Voraussetzungen fortbestehen.

(3) [1] Die Anordnung ist nur zulässig, wenn die Erforschung des Sachverhalts auf andere Weise aussichtslos oder wesentlich erschwert wäre. [2] Der Bundesnachrichtendienst darf nur Suchbegriffe verwenden, die zur Erlangung von Informationen über die in der Anordnung bezeichnete Gefahr bestimmt und geeignet sind. [3] § 5 Abs. 2 Satz 2 bis 6 gilt entsprechend. [4] Ist die Überwachungsmaßnahme erforderlich, um einer im Einzelfall bestehenden Gefahr für Leib oder Leben einer Person zu begegnen, dürfen die Suchbegriffe auch Identifizierungsmerkmale enthalten, die zu einer gezielten Erfassung der Rufnummer oder einer anderen Kennung des Telekommunikationsanschlusses dieser Person im Ausland führen.

(4) [1] Der Bundesnachrichtendienst prüft unverzüglich und sodann in Abständen von höchstens sechs Monaten, ob die erhobenen personenbezogenen Daten im Rahmen seiner Aufgaben allein oder zusammen mit bereits vorliegenden Daten zu dem in Absatz 1 bestimmten Zweck erforderlich sind. [2] Soweit die Daten für diesen Zweck nicht erforderlich sind, sind sie unverzüglich unter Aufsicht eines Bediensteten, der die Befähigung zum Richter-

---

1) § 8 Abs. 1 Satz 2 aufgeh., Abs. 2 neu gef., Abs. 3 Satz 4 angef., Abs. 6 Satz 3 neu gef. mWv 5.8.2009 durch G v. 31.7.2009 (BGBl. I S. 2499); Abs. 5 geänd. mWv 31.12.2016 durch G v. 23.12.2016 (BGBl. I S. 3346).

amt hat, zu löschen. [3] Die Löschung ist zu protokollieren. [4] § 6 Abs. 1 Satz 4 und 5, Abs. 2 Satz 1 und 2 gilt entsprechend. [5] Die Daten dürfen nur zu den in den Absätzen 1, 5 und 6 genannten Zwecken verwendet werden.

(5) Die erhobenen personenbezogenen Daten dürfen nach § 33 des BND-Gesetzes zur Unterrichtung über die in Absatz 1 genannte Gefahr übermittelt werden.

(6) [1] Die erhobenen personenbezogenen Daten dürfen zur Verhinderung von Straftaten an die zuständigen Behörden übermittelt werden, wenn tatsächliche Anhaltspunkte den Verdacht begründen, dass jemand eine Straftat plant oder begeht, die geeignet ist, zu der Entstehung oder Aufrechterhaltung der in Absatz 1 bezeichneten Gefahr beizutragen. [2] Die Daten dürfen zur Verfolgung von Straftaten an die zuständigen Behörden übermittelt werden, wenn bestimmte Tatsachen den Verdacht begründen, dass jemand eine in Satz 1 bezeichnete Straftat begeht oder begangen hat. [3] § 7 Abs. 5 und 6 sowie § 7a Abs. 1 und 3 bis 6 gelten entsprechend.

Abschnitt 4. Verfahren

§ 9[1)] Antrag. (1) Beschränkungsmaßnahmen nach diesem Gesetz dürfen nur auf Antrag angeordnet werden.

(2) Antragsberechtigt sind im Rahmen ihres Geschäftsbereichs

1. das Bundesamt für Verfassungsschutz,
2. die Verfassungsschutzbehörden der Länder,
3. der Militärische Abschirmdienst und
4. der Bundesnachrichtendienst

durch den Behördenleiter oder seinen Stellvertreter.

(3) [1] Der Antrag ist schriftlich zu stellen und zu begründen. [2] Er muss alle für die Anordnung erforderlichen Angaben enthalten. [3] In den Fällen der §§ 3 und 8 hat der Antragsteller darzulegen, dass die Erforschung des Sachverhalts auf andere Weise aussichtslos oder wesentlich erschwert wäre.

§ 10[2)] Anordnung. (1) Zuständig für die Anordnung von Beschränkungsmaßnahmen ist bei Anträgen der Verfassungsschutzbehörden der Länder die zuständige oberste Landesbehörde, im Übrigen das Bundesministerium des Innern.

(2) [1] Die Anordnung ergeht schriftlich. [2] In ihr sind der Grund der Anordnung und die zur Überwachung berechtigte Stelle anzugeben sowie Art, Umfang und Dauer der Beschränkungsmaßnahme zu bestimmen.

(3) [1] In den Fällen des § 3 muss die Anordnung denjenigen bezeichnen, gegen den sich die Beschränkungsmaßnahme richtet. [2] Bei einer Überwachung der Telekommunikation ist auch die Rufnummer oder eine andere Kennung des Telekommunikationsanschlusses oder die Kennung des Endgerätes, wenn diese allein diesem Endgerät zuzuordnen ist, anzugeben.

[1)] § 9 Abs. 2 Nr. 3 geänd. mWv 21.11.2015 durch G v. 17.11.2015 (BGBl. I S. 1938).

[2)] § 10 Abs. 3 Satz 2 geänd. mWv 5.8.2009 durch G v. 31.7.2009 (BGBl. I S. 2499); Abs. 1 geänd. mWv 10.1.2012 durch G v. 7.12.2011 (BGBl. I S. 2576).

(4) [1] In den Fällen der §§ 5 und 8 sind die Suchbegriffe in der Anordnung zu benennen. [2] Ferner sind das Gebiet, über das Informationen gesammelt werden sollen, und die Übertragungswege, die der Beschränkung unterliegen, zu bezeichnen. [3] Weiterhin ist festzulegen, welcher Anteil der auf diesen Übertragungswegen zur Verfügung stehenden Übertragungskapazität überwacht werden darf. [4] In den Fällen des § 5 darf dieser Anteil höchstens 20 vom Hundert betragen.

(5) [1] In den Fällen der §§ 3 und 5 ist die Anordnung auf höchstens drei Monate zu befristen. [2] Verlängerungen um jeweils nicht mehr als drei weitere Monate sind auf Antrag zulässig, soweit die Voraussetzungen der Anordnung fortbestehen.

(6) [1] Die Anordnung ist dem nach § 2 Abs. 1 Satz 1 oder 3 Verpflichteten insoweit mitzuteilen, als dies erforderlich ist, um ihm die Erfüllung seiner Verpflichtungen zu ermöglichen. [2] Die Mitteilung entfällt, wenn die Anordnung ohne seine Mitwirkung ausgeführt werden kann.

(7) [1] Das Bundesamt für Verfassungsschutz unterrichtet die jeweilige Landesbehörde für Verfassungsschutz über die in deren Bereich getroffenen Beschränkungsanordnungen. [2] Die Landesbehörden für Verfassungsschutz teilen dem Bundesamt für Verfassungsschutz die in ihrem Bereich getroffenen Beschränkungsanordnungen mit.

§ 11 Durchführung. (1) Die aus der Anordnung sich ergebenden Beschränkungsmaßnahmen sind unter Verantwortung der Behörde, auf deren Antrag die Anordnung ergangen ist, und unter Aufsicht eines Bediensteten vorzunehmen, der die Befähigung zum Richteramt hat.

(2) [1] Die Maßnahmen sind unverzüglich zu beenden, wenn sie nicht mehr erforderlich sind oder die Voraussetzungen der Anordnung nicht mehr vorliegen. [2] Die Beendigung ist der Stelle, die die Anordnung getroffen hat, und dem nach § 2 Abs. 1 Satz 1 oder 3 Verpflichteten, dem die Anordnung mitgeteilt worden ist, anzuzeigen. [3] Die Anzeige an den Verpflichteten entfällt, wenn die Anordnung ohne seine Mitwirkung ausgeführt wurde.

(3) [1] Postsendungen, die zur Öffnung und Einsichtnahme ausgehändigt worden sind, sind dem Postverkehr unverzüglich wieder zuzuführen. [2] Telegramme dürfen dem Postverkehr nicht entzogen werden. [3] Der zur Einsichtnahme berechtigten Stelle ist eine Abschrift des Telegramms zu übergeben.

§ 12[1)] Mitteilungen an Betroffene. (1) [1] Beschränkungsmaßnahmen nach § 3 sind dem Betroffenen nach ihrer Einstellung mitzuteilen. [2] Die Mitteilung unterbleibt, solange eine Gefährdung des Zwecks der Beschränkung nicht ausgeschlossen werden kann oder solange der Eintritt übergreifender Nachteile für das Wohl des Bundes oder eines Landes absehbar ist. [3] Erfolgt die nach Satz 2 zurückgestellte Mitteilung nicht binnen zwölf Monaten nach Beendigung der Maßnahme, bedarf die weitere Zurückstellung der Zustimmung der G10-Kommission. [4] Die G10-Kommission bestimmt die Dauer der weiteren Zurückstellung. [5] Einer Mitteilung bedarf es nicht, wenn die G10-Kommission einstimmig festgestellt hat, dass

---

[1)] § 12 Abs. 1 neu gef. mWv 5.8.2009 durch G v. 31.7.2009 (BGBl. I S. 2499).

1. eine der Voraussetzungen in Satz 2 auch nach fünf Jahren nach Beendigung der Maßnahme noch vorliegt,
2. sie mit an Sicherheit grenzender Wahrscheinlichkeit auch in Zukunft vorliegt und
3. die Voraussetzungen für eine Löschung sowohl bei der erhebenden Stelle als auch beim Empfänger vorliegen.

(2) [1] Absatz 1 gilt entsprechend für Beschränkungsmaßnahmen nach den §§ 5 und 8, sofern die personenbezogenen Daten nicht unverzüglich gelöscht wurden. [2] Die Frist von fünf Jahren beginnt mit der Erhebung der personenbezogenen Daten.

(3) [1] Die Mitteilung obliegt der Behörde, auf deren Antrag die Anordnung ergangen ist. [2] Wurden personenbezogene Daten übermittelt, erfolgt die Mitteilung im Benehmen mit dem Empfänger.

§ 13 Rechtsweg. Gegen die Anordnung von Beschränkungsmaßnahmen nach den §§ 3 und 5 Abs. 1 Satz 3 Nr. 1 und ihren Vollzug ist der Rechtsweg vor der Mitteilung an den Betroffenen nicht zulässig.

Abschnitt 5. Kontrolle

§ 14[1)] Parlamentarisches Kontrollgremium. (1) [1] Das nach § 10 Abs. 1 für die Anordnung von Beschränkungsmaßnahmen zuständige Bundesministerium unterrichtet in Abständen von höchstens sechs Monaten das Parlamentarische Kontrollgremium über die Durchführung dieses Gesetzes. [2] Das Gremium erstattet dem Deutschen Bundestag jährlich einen Bericht über Durchführung sowie Art und Umfang der Maßnahmen nach den §§ 3, 5, 7a und 8; dabei sind die Grundsätze des § 10 Absatz 1 des Kontrollgremiumgesetzes zu beachten.

(2) [1] Bei Gefahr im Verzug kann das zuständige Bundesministerium die Bestimmungen nach den §§ 5 und 8 vorläufig treffen und das Parlamentarische Kontrollgremium durch seinen Vorsitzenden und dessen Stellvertreter vorläufig zustimmen. [2] Die Zustimmung des Parlamentarischen Kontrollgremiums ist unverzüglich einzuholen. [3] Die Bestimmung tritt außer Kraft, wenn die vorläufige Zustimmung nicht binnen drei Tagen und die Zustimmung nicht binnen zwei Wochen erfolgt.

§ 15[2)] G 10-Kommission. (1) [1] Die G 10-Kommission besteht aus dem Vorsitzenden, der die Befähigung zum Richteramt besitzen muss, und drei Beisitzern sowie vier stellvertretenden Mitgliedern, die an den Sitzungen mit Rede- und Fragerecht teilnehmen können. [2] Bei Stimmengleichheit entschei-

---

[1)] § 14 Abs. 1 Satz 2 2. Halbs. geänd. mWv 4.8.2009 durch G v. 29.7.2009 (BGBl. I S. 2346); Abs. 1 Satz 2 geänd. mWv 5.8.2009 durch G v. 31.7.2009 (BGBl. I S. 2499); Abs. 2 Sätze 1 und 3 neu gef. mWv 21.11.2015 durch G v. 17.11.2015 (BGBl. I S. 1938).

[2)] § 15 Abs. 6 Sätze 4 und 5 neu gef. mWv 5.8.2009 durch G v. 31.7.2009 (BGBl. I S. 2499); Abs. 6 Sätze 3–5 eingef., bish. Sätze 3–5 werden Sätze 6–8 mWv 30.7.2016 durch G v. 26.7.2016 (BGBl. I S. 1818); Abs. 1 Satz 5 angef., Abs. 3 Satz 1 geänd., Abs. 8 angef. mWv 7.12.2016 durch G v. 30.11.2016 (BGBl. I S. 2746); Abs. 5 Satz 2 geänd. mWv 25.5.2018 durch G v. 30.6.2017 (BGBl. I S. 2097).

det die Stimme des Vorsitzenden. [3] Die Mitglieder der G 10-Kommission sind in ihrer Amtsführung unabhängig und Weisungen nicht unterworfen. [4] Sie nehmen ein öffentliches Ehrenamt wahr und werden von dem Parlamentarischen Kontrollgremium nach Anhörung der Bundesregierung für die Dauer einer Wahlperiode des Deutschen Bundestages mit der Maßgabe bestellt, dass ihre Amtszeit erst mit der Neubestimmung der Mitglieder der Kommission, spätestens jedoch drei Monate nach Ablauf der Wahlperiode endet. [5] Die oder der Ständige Bevollmächtigte des Parlamentarischen Kontrollgremiums nimmt regelmäßig an den Sitzungen der G 10-Kommission teil.

(2) [1] Die Beratungen der G 10-Kommission sind geheim. [2] Die Mitglieder der Kommission sind zur Geheimhaltung der Angelegenheiten verpflichtet, die ihnen bei ihrer Tätigkeit in der Kommission bekannt geworden sind. [3] Dies gilt auch für die Zeit nach ihrem Ausscheiden aus der Kommission.

(3) [1] Der G 10-Kommission ist die für die Erfüllung ihrer Aufgaben notwendige Personal- und Sachausstattung zur Verfügung zu stellen; sie ist im Einzelplan des Deutschen Bundestages gesondert im Kapitel für die parlamentarische Kontrolle der Nachrichtendienste auszuweisen. [2] Der Kommission sind Mitarbeiter mit technischem Sachverstand zur Verfügung zu stellen.

(4) [1] Die G 10-Kommission tritt mindestens einmal im Monat zusammen. [2] Sie gibt sich eine Geschäftsordnung, die der Zustimmung des Parlamentarischen Kontrollgremiums bedarf. [3] Vor der Zustimmung ist die Bundesregierung zu hören.

(5) [1] Die G 10-Kommission entscheidet von Amts wegen oder auf Grund von Beschwerden über die Zulässigkeit und Notwendigkeit von Beschränkungsmaßnahmen. [2] Die Kontrollbefugnis der Kommission erstreckt sich auf die gesamte Verarbeitung der nach diesem Gesetz erlangten personenbezogenen Daten durch Nachrichtendienste des Bundes einschließlich der Entscheidung über die Mitteilung an Betroffene. [3] Der Kommission und ihren Mitarbeitern ist dabei insbesondere

1. Auskunft zu ihren Fragen zu erteilen,
2. Einsicht in alle Unterlagen, insbesondere in die gespeicherten Daten und in die Datenverarbeitungsprogramme, zu gewähren, die im Zusammenhang mit der Beschränkungsmaßnahme stehen, und
3. jederzeit Zutritt in alle Diensträume zu gewähren.

[4] Die Kommission kann dem Bundesbeauftragten für den Datenschutz Gelegenheit zur Stellungnahme in Fragen des Datenschutzes geben.

(6) [1] Das zuständige Bundesministerium unterrichtet monatlich die G 10-Kommission über die von ihm angeordneten Beschränkungsmaßnahmen vor deren Vollzug. [2] Bei Gefahr im Verzuge kann es den Vollzug der Beschränkungsmaßnahmen auch bereits vor der Unterrichtung der Kommission anordnen. [3] Bei Gefahr im Verzug darf am Tag der Beantragung bereits vor der Anordnung der Beschränkungsmaßnahme mit der Datenerhebung begonnen werden. [4] Die bereits erhobenen Daten dürfen erst nach der Anordnung genutzt werden. [5] Erfolgt die Anordnung nicht binnen 24 Stunden nach Beantragung, sind die erhobenen Daten unverzüglich automatisiert und unwiederbringlich zu löschen. [6] Anordnungen, die die Kommission für unzulässig oder nicht notwendig erklärt, hat das zuständige Bundesministerium unverzüglich aufzuheben. [7] In den Fällen des § 8 tritt die Anordnung außer

Kraft, wenn sie nicht binnen drei Tagen vom Vorsitzenden oder seinem Stellvertreter bestätigt wird. [8] Die Bestätigung der Kommission ist unverzüglich nachzuholen.

(7) [1] Das zuständige Bundesministerium unterrichtet monatlich die G 10-Kommission über Mitteilungen von Bundesbehörden nach § 12 Abs. 1 und 2 oder über die Gründe, die einer Mitteilung entgegenstehen. [2] Hält die Kommission eine Mitteilung für geboten, ist diese unverzüglich vorzunehmen. [3] § 12 Abs. 3 Satz 2 bleibt unberührt, soweit das Benehmen einer Landesbehörde erforderlich ist.

(8) Die G 10-Kommission und das Parlamentarische Kontrollgremium tauschen sich regelmäßig unter Wahrung der jeweils geltenden Geheimhaltungsvorschriften über allgemeine Angelegenheiten ihrer Kontrolltätigkeit aus.

§ 16[1)] Parlamentarische Kontrolle in den Ländern. [1] Durch den Landesgesetzgeber wird die parlamentarische Kontrolle der nach § 10 Abs. 1 für die Anordnung von Beschränkungsmaßnahmen zuständigen obersten Landesbehörden und die Überprüfung der von ihnen angeordneten Beschränkungsmaßnahmen geregelt. [2] Personenbezogene Daten dürfen nur dann an Landesbehörden übermittelt werden, wenn die Kontrolle ihrer Verarbeitung durch den Landesgesetzgeber geregelt ist.

Abschnitt 6. Straf- und Bußgeldvorschriften

§ 17[2)] Mitteilungsverbote. (1) Wird die Telekommunikation nach diesem Gesetz oder nach den §§ 100a, 100e der Strafprozessordnung überwacht, darf diese Tatsache von Personen, die Telekommunikationsdienste erbringen oder an der Erbringung solcher Dienste mitwirken, anderen nicht mitgeteilt werden.

(2) Wird die Aushändigung von Sendungen nach § 2 Abs. 1 Satz 1 oder 3 angeordnet, darf diese Tatsache von Personen, die zur Aushändigung verpflichtet oder mit der Sendungsübermittlung betraut sind oder hieran mitwirken, anderen nicht mitgeteilt werden.

(3) Erfolgt ein Auskunftsersuchen oder eine Auskunftserteilung nach § 2 Abs. 1, darf diese Tatsache oder der Inhalt des Ersuchens oder der erteilten Auskunft von Personen, die zur Beantwortung verpflichtet oder mit der Beantwortung betraut sind oder hieran mitwirken, anderen nicht mitgeteilt werden.

§ 18 Straftaten. Mit Freiheitsstrafe bis zu zwei Jahren oder mit Geldstrafe wird bestraft, wer entgegen § 17 eine Mitteilung macht.

[1)] § 16 Satz 2 geänd. mWv 25.5.2018 durch G v. 30.6.2017 (BGBl. I S. 2097).

[2)] § 17 Abs. 1 geänd. mWv 1.1.2008 durch G v. 21.12.2007 (BGBl. I S. 3198); Abs. 1 geänd. mWv 24.8.2017 durch G v. 17.8.2017 (BGBl. I S. 3202).

§ 19[1] **Ordnungswidrigkeiten.** (1) Ordnungswidrig handelt, wer

1. einer vollziehbaren Anordnung nach § 2 Abs. 1 Satz 1 oder 3 zuwiderhandelt,
2. entgegen § 2 Abs. 2 Satz 2 eine Person betraut oder
3. entgegen § 2 Abs. 2 Satz 3 nicht sicherstellt, dass eine Geheimschutzmaßnahme getroffen wird.

(2) Die Ordnungswidrigkeit kann mit einer Geldbuße bis zu fünfzehntausend Euro geahndet werden.

(3) Bußgeldbehörde im Sinne des § 36 Abs. 1 Nr. 1 des Gesetzes über Ordnungswidrigkeiten ist die nach § 10 Abs. 1 zuständige Stelle.

Abschnitt 7. Schlussvorschriften

§ 20[2] **Entschädigung.** [1] Die nach § 1 Abs. 1 berechtigten Stellen haben für die Leistungen nach § 2 Abs. 1 eine Entschädigung zu gewähren, deren Umfang sich nach § 23 des Justizvergütungs- und -entschädigungsgesetzes bemisst. [2] In den Fällen der §§ 5 und 8 ist eine Entschädigung zu vereinbaren, deren Höhe sich an den nachgewiesenen tatsächlichen Kosten orientiert.

§ 21 Einschränkung von Grundrechten. Das Grundrecht des Brief-, Post- und Fernmeldegeheimnisses (Artikel 10 des Grundgesetzes[3]) wird durch dieses Gesetz eingeschränkt.

---

[1] § 19 Abs. 2 geänd. mWv 1.1.2002 durch G v. 9.1.2002 (BGBl. I S. 361).
[2] § 20 neu gef. mWv 1.7.2009 durch G v. 29.4.2009 (BGBl. I S. 994).
[3] Nr. **1**.

8. Gesetz über die Verkündung von Rechtsverordnungen und Bekanntmachungen (Verkündungs- und Bekanntmachungsgesetz – VkBkmG)[1)] [2)]

Vom 30. Januar 1950
(BGBl. I S. 23)

FNA 114-1

geänd. durch Art. 8 Drittes RechtsbereinigungsG v. 28.6.1990 (BGBl. I S. 1221), Art. 4 Elftes LuftverkehrsG-ÄndG v. 25.8.1998 (BGBl. I S. 2432, ber. S. 3127), Art. 4 Siebente ZuständigkeitsanpassungsVO v. 29.10.2001 (BGBl. I S. 2785), Art. 6 Neunte ZuständigkeitsanpassungsVO v. 31.10.2006 (BGBl. I S. 2407), Art. 1 G zur Änd. von Vorschriften über Verkündung und Bekanntmachungen sowie der ZPO, des EGZPO und der AO v. 22.12.2011 (BGBl. I S. 3044), Art. 10 Zehnte ZuständigkeitsanpassungsVO v. 31.8.2015 (BGBl. I S. 1474), Art. 1 WSV-ZuständigkeitsanpassungsG v. 24.5.2016 (BGBl. I S. 1217) und Art. 11 Abs. 1 eIDAS-DurchführungsG[3)] [4)] v. 18.7.2017 (BGBl. I S. 2745)

Der Bundestag hat das folgende Gesetz beschlossen:

Abschnitt 1.[5)] Verkündungen und Bekanntmachungen des Bundes

§ 1[6)] Amtliche Verkündungs- und Bekanntmachungsorgane des Bundes. (1) Neben dem Bundesgesetzblatt dienen der Bundesanzeiger und das Verkehrsblatt der Verkündung von Rechtsverordnungen des Bundes sowie der Veröffentlichung amtlicher Bekanntmachungen; der Tarif- und Verkehrs-Anzeiger (TVA) der Eisenbahnen des öffentlichen Verkehrs im Bundesgebiet dient der Verkündung von Eisenbahntarifen.

(2) Die Herausgabe eigener Bekanntmachungsorgane durch die Behörden des Bundes für Bekanntmachungen innerhalb ihres Zuständigkeitsbereichs bleibt unberührt.

[1)] Titel geänd. mWv 1.4.2012 durch G v. 22.12.2011 (BGBl. I S. 3044).

[2)] Siehe auch das G über vereinfachte Verkündungen und Bekanntgaben (Nr. **9**).

[3)] **Amtl. Anm.:** Dieses Gesetz dient der Durchführung der Verordnung (EU) Nr. 910/2014 des Europäischen Parlaments und des Rates vom 23. Juli 2014 über elektronische Identifizierung und Vertrauensdienste für elektronische Transaktionen im Binnenmarkt und zur Aufhebung der Richtlinie 1999/93/EG.

[4)] **Amtl. Anm.:** Notifiziert gemäß der Richtlinie (EU) 2015/1535 des Europäischen Parlaments und des Rates vom 9. September 2015 über ein Informationsverfahren auf dem Gebiet der technischen Vorschriften und der Vorschriften für die Dienste der Informationsgesellschaft (ABl. L 241 vom 17.9.2015, S. 1).

[5)] Überschrift eingef. mWv 1.4.2012 durch G v. 22.12.2011 (BGBl. I S. 3044).

[6)] § 1 eingef. mWv 1.4.2012 durch G v. 22.12.2011 (BGBl. I S. 3044).

§ 2[1] Verkündung von Rechtsverordnungen. (1) Rechtsverordnungen des Bundes werden im Bundesgesetzblatt oder im Bundesanzeiger verkündet; sie werden vorbehaltlich anderer gesetzlicher Regelung im Bundesanzeiger verkündet, wenn der Verordnungsgeber feststellt, dass ihr unverzügliches Inkrafttreten wegen Gefahr im Verzug oder zur Durchführung oder Umsetzung von Rechtsakten der Europäischen Union erforderlich ist[2].

(2) Rechtsverordnungen der Wasserstraßen- und Schifffahrtsverwaltung des Bundes können im Verkehrsblatt verkündet werden.

(3) Auf Rechtsverordnungen, die im Bundesanzeiger oder im Verkehrsblatt verkündet werden, ist unter Angabe der Stelle ihrer Veröffentlichung und des Tages ihres Inkrafttretens nachrichtlich im Bundesgesetzblatt hinzuweisen.

§ 3[3] Verkündung von Verkehrstarifen. (1) Eisenbahntarife können im Tarif- und Verkehrsanzeiger der Eisenbahnen des öffentlichen Verkehrs im Bundesgebiet verkündet werden.

(2) Andere vom Bundesministerium für Verkehr und digitale Infrastruktur festgesetzte oder genehmigte Verkehrstarife einschließlich der Tarife der Spedition und Lagerei und der Abgabentarife der Schiffahrt können im Verkehrsblatt verkündet werden.

(3) Der volle Wortlaut des Tarifes braucht nicht verkündet zu werden, sofern die genaue Bezeichnung des Tarifes, seine letzte Änderung, die Bezugsquelle und das Datum des Inkrafttretens sowie bei einem befristeten Tarif das Datum des Außerkrafttretens verkündet werden.

§ 4[4] Inkrafttreten der Rechtsverordnungen und Verkehrstarife.

(1) Rechtsverordnungen treten, falls sie nichts anderes bestimmen, mit dem vierzehnten Tag nach Ablauf des Tages in Kraft, an dem sie im Verkündungsorgan veröffentlicht worden sind.

(2) Zu dem gleichen Zeitpunkt treten auch Verkehrstarife in Kraft, falls nichts anderes bestimmt ist.

---

[1] Früherer § 1 Abs. 2 geänd. durch G v. 25.8.1998 (BGBl. I S. 2432); Abs. 2 geänd. mWv 7.11. 2001 durch VO v. 29.10.2001 (BGBl. I S. 2785); Abs. 2 geänd. mWv 8.11.2006 durch VO v. 31.10.2006 (BGBl. I S. 2407); bish. § 1 wird § 2, Überschrift und Abs. 2 eingef., Abs. 1 neu gef., bish. Abs. 2 wird Abs. 3 und geänd. mWv 1.4.2012 durch G v. 22.12.2011 (BGBl. I S. 3044); Abs. 2 geänd. mWv 1.6.2016 durch G v. 24.5.2016 (BGBl. I S. 1217).

[2] Abweichend von § 2 Abs. 1 können Rechtsverordnungen nach dem Direktzahlungen-Durchführungsgesetz v. 9.7.2014 (BGBl. I S. 897), zuletzt geänd. durch G v. 21.10.2016 (BGBl. I S. 2370) im Bundesanzeiger verkündet werden, vgl. § 28 dieses G.

[3] Früherer § 2 Abs. 3 neu gef. durch G v. 28.6.1990 (BGBl. I S. 1221); Abs. 2 neu gef. durch G v. 25.8.1998 (BGBl. I S. 2432); Abs. 2 geänd. mWv 7.11.2001 durch VO v. 29.10.2001 (BGBl. I S. 2785); Abs. 2 geänd. mWv 8.11.2006 durch VO v. 31.10.2006 (BGBl. I S. 2407); bish. § 2 wird § 3, Überschrift eingef., Abs. 2 und 3 geänd. mWv 1.4.2012 durch G v. 22.12.2011 (BGBl. I S. 3044); Abs. 2 geänd. mWv 8.9.2015 durch VO v. 31.8.2015 (BGBl. I S. 1474).

[4] Bish. § 3 wird § 4, Überschrift eingef., Abs. 1 und 2 geänd. mWv 1.4.2012 durch G v. 22.12. 2011 (BGBl. I S. 3044).

Abschnitt 2.[1)] Verkündungen und Bekanntmachungen im Bundesanzeiger

§ 5[2)] Bundesanzeiger. (1) [1] Der Bundesanzeiger wird vom Bundesministerium der Justiz und für Verbraucherschutz elektronisch herausgegeben. [2] Er ist im Internet unter der Adresse www.bundesanzeiger.de vollständig und dauerhaft zur Abfrage bereitzuhalten. [3] Jede Veröffentlichung des Bundesanzeigers weist auf diese Adresse hin.

(2) [1] Der Bundesanzeiger enthält einen amtlichen Teil. [2] Der amtliche Teil ist bestimmt für

1. die Verkündung von Rechtsverordnungen nach § 2 Absatz 1;
2. sonstige amtliche Bekanntmachungen, Ausschreibungen und Hinweise der Behörden des Bundes und der Länder.

[3] Der Bundesanzeiger kann weitere Teile für andere Bekanntmachungen enthalten.

§ 6[3)] Zugang zum Bundesanzeiger. (1) Der amtliche Teil des Bundesanzeigers ist für jedermann jederzeit frei zugänglich.

(2) Veröffentlichungen im amtlichen Teil des Bundesanzeigers können von jedermann unentgeltlich ausgedruckt und gespeichert werden.

(3) [1] Ausdrucke einzelner Veröffentlichungen des Bundesanzeigers können gegen angemessenes Entgelt beim Betreiber des Bundesanzeigers bezogen werden. [2] Auf die Bezugsmöglichkeit ist im Bundesanzeiger deutlich hinzuweisen.

(4) Im Bundesanzeiger ist ein kostenfreier Dienst anzubieten, der Nutzer über neu erscheinende Ausgaben des amtlichen Teils des Bundesanzeigers und deren Inhalt sowie über das Erscheinen gedruckter Anlagenbände und deren Bezugsmöglichkeit gemäß Absatz 3 selbsttätig elektronisch informiert; Nutzer haben hierfür lediglich die Adresse ihres elektronischen Postfachs anzugeben.

§ 7[4)] Sicherheitsanforderungen. (1) Der Verkündung im Bundesanzeiger müssen Dokumente zugrunde gelegt werden, aus denen sich die Ausfertigung durch den Verordnungsgeber eindeutig ergibt.

(2) [1] Zur Verkündung oder Bekanntmachung im amtlichen Teil des Bundesanzeigers muss ein Dokument in einem ständig und dauerhaft verfügbaren und lesbaren Format vorgelegt werden. [2] Die inhaltliche Übereinstimmung eines solchen Dokuments mit der Ausfertigung der Rechtsverordnung oder mit dem der Bekanntmachung zugrunde liegenden Original muss gewährleistet sein. [3] Nachträgliche inhaltliche Veränderungen eines Dokuments nach

---

[1)] Überschrift eingef. mWv 1.4.2012 durch G v. 22.12.2011 (BGBl. I S. 3044).

[2)] § 5 neu gef. mWv 1.4.2012 durch G v. 22.12.2011 (BGBl. I S. 3044); Abs. 1 Satz 1 geänd. mWv 8.9.2015 durch VO v. 31.8.2015 (BGBl. I S. 1474).

[3)] § 6 angef. mWv 1.4.2012 durch G v. 22.12.2011 (BGBl. I S. 3044).

[4)] § 7 angef. mWv 1.4.2012 durch G v. 22.12.2011 (BGBl. I S. 3044); Abs. 3 Satz 3 geänd. mWv 29.7.2017 durch G v. 18.7.2017 (BGBl. I S. 2745).

Satz 1 sind unzulässig; durch technische Vorkehrungen muss sichergestellt sein, dass solche Veränderungen zuverlässig erkennbar sind.

(3) [1] Sobald ein Dokument nach Absatz 2 verkündet oder bekannt gemacht ist, muss es zeitnah in einem gesonderten, nicht für die Allgemeinheit zugänglichen informationstechnischen System archiviert werden. [2] Die Archivierung muss den Verkündungs- oder Bekanntmachungszeitpunkt dokumentieren. [3] § 15 des Vertrauensdienstegesetzes gilt für die archivierten Dokumente entsprechend.

§ 8[1)] Ersatzverkündung, Ersatzbekanntmachung. (1) Ist die elektronische Bereitstellung oder Bereithaltung des Bundesanzeigers nicht nur kurzzeitig unmöglich, müssen Verkündungen und Bekanntmachungen auf andere dauerhaft allgemein zugängliche Weise erfolgen (Ersatzverkündung, Ersatzbekanntmachung); § 7 gilt entsprechend.

(2) [1] Im Fall des Absatzes 1 kann der Bundesanzeiger in gedruckter Form herausgegeben werden. [2] Er ist nach einem zuvor vom Bundesministerium der Justiz und für Verbraucherschutz im Bundesanzeiger bekannt gemachten Verteiler an Bibliotheken und Behörden zu verbreiten. [3] Im Bundesgesetzblatt ist unverzüglich bekannt zu machen,

1. dass der Bundesanzeiger in gedruckter Form herausgegeben wird,
2. wann die Unmöglichkeit nach Absatz 1 eingetreten ist und
3. an welche Bibliotheken und Behörden der Bundesanzeiger verteilt wird.

(3) [1] Rechtsverordnungen sind unter Hinweis auf die Fundstelle der Ersatzverkündung in die nächste elektronische Ausgabe des amtlichen Teils des Bundesanzeigers als nicht amtliche Fassung aufzunehmen. [2] Auf Ersatzbekanntmachungen ist in der nächsten elektronischen Ausgabe des Bundesanzeigers in geeigneter Weise hinzuweisen.

(4) [1] Für den Einzelbezug des ersatzweise ausgegebenen Bundesanzeigers in gedruckter Form gilt § 6 Absatz 3 entsprechend. [2] Der Dienst nach § 6 Absatz 4 ist möglichst aufrechtzuerhalten.

§ 9[2)] Verordnungsermächtigung. [1] Das Bundesministerium der Justiz und für Verbraucherschutz wird ermächtigt, durch Rechtsverordnung ohne Zustimmung des Bundesrates Näheres zum Verfahren der Verkündungen und der Bekanntmachungen im amtlichen Teil des Bundesanzeigers, zu den Anforderungen an die Dokumente und zur Archivierung zu regeln sowie Sicherheitsanforderungen für die Verkündung und Bekanntmachung festzulegen. [2] Gleiches gilt für die Ersatzverkündung und Ersatzbekanntmachung.

[1)] § 8 angef. mWv 1.4.2012 durch G v. 22.12.2011 (BGBl. I S. 3044); Abs. 2 Satz 2 geänd. mWv 8.9.2015 durch VO v. 31.8.2015 (BGBl. I S. 1474).

[2)] § 9 angef. mWv 30.12.2011 durch G v. 22.12.2011 (BGBl. I S. 3044); Satz 1 geänd. mWv 8.9.2015 durch VO v. 31.8.2015 (BGBl. I S. 1474).

Abschnitt 3.[1] Sonstige Bestimmungen

§ 10[2] Ergänzende Verkündungen und Bekanntmachungen. (1) [1] Bestandteile einer Rechtsverordnung, die in dem Verkündungs- oder Bekanntmachungsorgan nicht oder nur mit unverhältnismäßigem Aufwand in einer Weise dargestellt werden können, die den genauen Inhalt hinreichend deutlich offenbart, können anstelle der Verkündung im amtlichen Verkündungs- oder Bekanntmachungsorgan bei mindestens einer bestimmten Stelle der Bundesverwaltung zu jedermanns Einsicht während der Dienstzeit ausgelegt werden. [2] Die Auslegung setzt voraus, dass in der Rechtsverordnung

1. der Inhalt der Bestandteile beschrieben ist sowie
2. Ort und Zeit der Auslegung genau bezeichnet sind.

(2) [1] Bestandteile nach Absatz 1 können gegen angemessenes Entgelt bezogen werden. [2] Auf die Bezugsmöglichkeit ist im Verkündungs- oder Bekanntmachungsorgan hinzuweisen.

(3) Die Absätze 1 und 2 gelten für amtliche Bekanntmachungen entsprechend.

§ 11[3] Berichtigungen. (1) Werden Druckfehler oder offensichtliche Unrichtigkeiten in Verkündungen oder Bekanntmachungen berichtigt, ist die Berichtigung in dem amtlichen Verkündungs- oder Bekanntmachungsorgan bekannt zu machen, in dem die Verkündung oder Bekanntmachung erfolgt ist.

(2) [1] Die Berichtigung einer Verkündung oder Bekanntmachung im amtlichen Teil des Bundesanzeigers durch Überschreiben oder sonstige Veränderung des ursprünglich veröffentlichten Dokuments ist ausgeschlossen. [2] Dem Dokument, das berichtigt wird, soll ein Hinweis hinzugefügt werden, der über die Fundstelle der Berichtigung informiert.

§ 12[4] Übergangsvorschrift. [1] Der elektronische Bundesanzeiger wird in den Bundesanzeiger überführt. [2] Die Internetadresse www.ebundesanzeiger.de ist mindestens bis zum 1. Juni 2012 aufrechtzuerhalten.

---

[1] Überschrift eingef. mWv 1.4.2012 durch G v. 22.12.2011 (BGBl. I S. 3044).
[2] § 10 angef. mWv 1.4.2012 durch G v. 22.12.2011 (BGBl. I S. 3044).
[3] § 11 angef. mWv 1.4.2012 durch G v. 22.12.2011 (BGBl. I S. 3044).
[4] § 12 angef. mWv 1.4.2012 durch G v. 22.12.2011 (BGBl. I S. 3044).

Abschnitt 3.[1] Sonstige Bestimmungen

§ 10[2] **Ergänzende Verkündungen und Bekanntmachungen.** (1) Bestandteile einer Rechtsvorschrift, die in dem Verkündungs- oder Bekanntmachungsorgan nicht oder nur mit unverhältnismäßigem Aufwand in einer Weise dargestellt werden können, die den gesetzlichen Anforderungen entspricht, können anstelle der Verkündung im amtlichen Verkündungs- oder Bekanntmachungsorgan bei mindestens einer bestimmten Stelle der Bundesverwaltung zu jedermanns Einsicht während der Dienstzeit ausgelegt werden. Die Auslegung setzt voraus, dass in der Rechtsvorschrift

1. der Inhalt der Bestandteile beschrieben ist und
2. Ort und Zeit der Auslegung genau bezeichnet sind.

(2) Bestandteile nach Absatz 1 können gegen angemessenes Entgelt bezogen werden. Auf die Bezugsmöglichkeiten ist im Verkündungs- oder Bekanntmachungsorgan hinzuweisen.

(3) Die Absätze 1 und 2 gelten für amtliche Bekanntmachungen entsprechend.

§ 11[3] **Berichtigungen.** (1) Werden Druckfehler oder offensichtliche Unrichtigkeiten in Verkündungen oder Bekanntmachungen berichtigt, ist die Berichtigung in dem amtlichen Verkündungs- oder Bekanntmachungsorgan bekannt zu machen, in dem die Verkündung oder Bekanntmachung erfolgt ist.

(2) Die Berichtigung einer Verkündung oder Bekanntmachung im amtlichen Teil des Bundesanzeigers durch Überschreiben oder sonstige Veränderung des ursprünglich veröffentlichten Dokuments ist ausgeschlossen. Dem Dokument, das berichtigt wird, soll ein Hinweis hinzugefügt werden, der über die Fundstelle der Berichtigung informiert.

§ 12[4] **Übergangsvorschrift.** Der elektronische Bundesanzeiger wird in den Bundesanzeiger überführt. Die Internetadresse www.ebundesanzeiger.de ist mindestens bis zum 1. Juni 2012 aufrechtzuerhalten.

---

1) Überschrift eingef. mWv 1.4.2012 durch G v. 22.12.2011 (BGBl. I S. 3044).
2) § 10 eingef. mWv 1.4.2012 durch G v. 22.12.2011 (BGBl. I S. 3044).
3) § 11 eingef. mWv 1.4.2012 durch G v. 22.12.2011 (BGBl. I S. 3044).
4) § 12 eingef. mWv 1.4.2012 durch G v. 22.12.2011 (BGBl. I S. 3044).

9. Gesetz über vereinfachte Verkündungen und Bekanntgaben

Vom 18. Juli 1975
(BGBl. I S. 1919)

FNA 114-7

geänd. durch Art. 6 Zehntes LuftverkehrsG-ÄndG v. 23.7.1992 (BGBl. I S. 1370), Art. 3 G zur Errichtung eines Bundesaufsichtsamtes für Flugsicherung und zur Änd. und Anpassung weiterer Vorschriften v. 29.7.2009 (BGBl. I S. 2424), Art. 2 Abs. 1 G zur Änd. von Vorschriften über Verkündung und Bekanntmachungen sowie der ZPO, des EGZPO und der AO v. 22.12.2011 (BGBl. I S. 3044) und Art. 2 WSV-ZuständigkeitsanpassungsG v. 24.5.2016 (BGBl. I S. 1217)

Der Bundestag hat das folgende Gesetz beschlossen:

§ 1[1)] [Zulässigkeit vereinfachter Verkündungen oder Bekanntgaben]

(1) [1] Eine vereinfachte Verkündung oder Bekanntgabe ist in den Fällen des § 2 zulässig, wenn eine Verkündung oder Bekanntgabe im Bundesgesetzblatt nicht oder nicht rechtzeitig möglich ist. [2] Dies gilt auch, soweit für Rechtsverordnungen das Verkündungs- und Bekanntmachungsgesetz[2)] andere Verkündungsarten zuläßt.

(2) Die Verkündung oder Bekanntgabe ist in der in Absatz 1 genannten Form nachzuholen, sobald die Umstände es zulassen.

§ 2 [Voraussetzungen] Eine vereinfachte Verkündung oder Bekanntgabe findet unter den Voraussetzungen des § 1 Abs. 1 in folgenden Fällen statt:

1. Verkündung der Feststellung des Verteidigungsfalles (Artikel 115a Abs. 1 und 3 des Grundgesetzes – GG –[3)]);
2. Bekanntgabe des Zeitpunktes des Eintritts des Verteidigungsfalles (Artikel 115a Abs. 4 Satz 2 GG);
3. Verkündung von Bundesgesetzen im Verteidigungsfall (Artikel 115d Abs. 3 GG),
4. Verkündung von Rechtsverordnungen des Bundes im Verteidigungsfall und in den Fällen des Artikels 80a Abs. 1 und 3 GG;
5. Bekanntgabe von Beschlüssen des Bundestages nach Artikel 80a Abs. 1 GG;
6. Bekanntgabe von Beschlüssen internationaler Organe und Entscheidungen der Bundesregierung bei der Anwendung des Artikels 80a Abs. 3 Satz 1 GG.

[1)] § 1 Abs. 1 Satz 2 geänd. mWv 1.4.2012 durch G v. 22.12.2011 (BGBl. I S. 3044).
[2)] Nr. **8**.
[3)] Nr. **1**.

§ 3[1)] [Möglichkeiten] (1) [1] Eine vereinfachte Verkündung oder Bekanntgabe kann erfolgen

1. im Rundfunk (Hörfunk, Fernsehen),
2. in der Tagespresse,
3. durch Aushang an den für amtliche Bekanntmachungen vorgesehenen Stellen bei den Verwaltungen der Gemeinden und Landkreise oder durch eine andere allgemeine Bekanntmachung für das Gebiet einer Gemeinde oder eines Landkreises.

[2] Das Recht des Bundespräsidenten, für seinen Zuständigkeitsbereich andere Arten der vereinfachten Verkündung oder Bekanntgabe vorzusehen, bleibt unberührt.

(2) Macht die für die Verkündung oder Bekanntgabe zuständige Stelle (Artikel 82 Abs. 1, Artikel 115a Abs. 3 und 4 GG[2)]; § 5) von mehreren der in Absatz 1 genannten Möglichkeiten Gebrauch, so wird die Verkündung oder Bekanntgabe durch die zuerst durchgeführte Maßnahme bewirkt.

(3) [1] In dringenden Fällen können, soweit eine Verkündung nach Absatz 1 nicht rechtzeitig möglich ist, Vorschriften in Rechtsverordnungen

1. für die Eisenbahnen durch Aushang bei den Bundesbahndirektionen,
2. für die Eigentümer, Besitzer und Führer von See- und Binnenschiffen durch Aushang bei der Generaldirektion Wasserstraßen und Schifffahrt und
3. für die Eigentümer, Besitzer und Führer von Luftfahrzeugen durch Aushang bei dem Bundesaufsichtsamt für Flugsicherung

verkündet werden. [2] Die nach Satz 1 verkündeten Vorschriften sind in den Fällen der Nummer 2 bei den der Generaldirektion Wasserstraßen und Schifffahrt unmittelbar nachgeordneten Behörden, in den Fällen der Nummer 3 bei der Flugsicherungsorganisation unverzüglich durch Aushang bekanntzumachen.

§ 4 [Zeitpunkt; Widerspruch und Anfechtungsklage] (1) Wer über eine Einrichtung oder Anlage verfügt, die zu einer Verkündung oder Bekanntgabe in der in § 3 Abs. 1 oder Abs. 3 Satz 1 vorgesehenen Weise geeignet ist, hat auf Anordnung der zuständigen Stelle in den in § 2 bezeichneten Fällen Verkündungen und Bekanntgaben durchzuführen.

(2) [1] Die Verkündung oder Bekanntgabe im Rundfunk (§ 3 Abs. 1 Nr. 1) muß unverzüglich, jedenfalls innerhalb der nächsten zwölf Stunden nach Eingang der Anordnung, vorgenommen werden. [2] Sie muß innerhalb der darauffolgenden vierundzwanzig Stunden zweimal wiederholt werden, und zwar jeweils zu Uhrzeiten, zu denen unter den gegebenen Umständen damit zu rechnen ist, daß ein beträchtlicher Teil der Teilnehmer die Sendung empfängt. [3] Sind in der Anordnung bestimmte Uhrzeiten angegeben, zu denen die Verkündung oder Bekanntgabe vorzunehmen ist, so sind diese maßgebend. [4] Ist ein Gesetz oder eine Verordnung in einer Kurzfassung ver-

---

1) § 3 Abs. 3 Satz 1 Nr. 3 und Satz 2 geänd. durch G v. 23.7.1992 (BGBl. I S. 1370); Abs. 3 Satz 1 einl. Satzteil, Nr. 3 und Satz 2 geänd. mWv 4.8.2009 durch G v. 29.7.2009 (BGBl. I S. 2424); Abs. 3 Satz 1 Nr. 2 und Satz 2 geänd. mWv 1.6.2016 durch G v. 24.5.2016 (BGBl. I S. 1217).

2) Nr. **1**.

abschiedet worden, so braucht nur diese verkündet zu werden, wenn die zuständige Stelle nicht etwas anderes anordnet. [5] Auf besondere Anordnung sind die zu verkündenden Texte so zu verlesen oder als Schriftbild zu zeigen, daß die Teilnehmer in der Lage sind, sie mit- oder abzuschreiben. [6] Verantwortlich für die Erfüllung dieser Verpflichtungen sind bei Rundfunkanstalten die Intendanten oder diejenigen, die deren Funktionen ausüben.

(3) [1] Die Verkündung oder Bekanntgabe in der Tagespresse (§ 3 Abs. 1 Nr. 2) muß in oder gleichzeitig mit der nächsten, spätestens aber der übernächsten nach Eingang der Anordnung erscheinenden Ausgabe des jeweiligen Presseorgans vorgenommen werden, und zwar mindestens in derselben Auflagenhöhe, in der das Presseorgan im Zeitpunkt der Anordnung erscheint. [2] Verantwortlich für die Erfüllung dieser Verpflichtungen sind die Verleger, Herausgeber und Chefredakteure oder diejenigen, die deren Funktionen ausüben.

(4) [1] Die Verkündung oder Bekanntgabe durch Aushang oder durch sonstige allgemeine Bekanntmachung (§ 3 Abs. 1 Nr. 3 und Abs. 3 Satz 1) ist unverzüglich vorzunehmen. [2] Die Dauer des Aushangs soll mindestens eine Woche betragen; die Verkündung oder Bekanntgabe gilt jedoch mit dem Aushang als bewirkt.

(5) [1] Erfolgt eine vereinfachte Verkündung oder Bekanntgabe lediglich nach § 3 Abs. 1 Nr. 2 und 3 und Abs. 3 Satz 1, so ist auf Anordnung der zuständigen Stelle im Rundfunk auf den Gegenstand sowie auf Art und Zeitpunkt der Verkündung oder Bekanntgabe hinzuweisen. [2] Absatz 2 Satz 1 bis 3 und 6 gilt entsprechend.

(6) Widerspruch und Anfechtungsklage gegen Anordnungen nach dieser Vorschrift haben keine aufschiebende Wirkung.

§ 5 [Bekanntgabe von Beschlüssen] [1] Die Bekanntgabe der in § 2 Nr. 5 und 6 genannten Beschlüsse erfolgt durch die Bundesregierung oder einen von ihr bestimmten Bundesminister; sie ist unverzüglich vorzunehmen. [2] Der genaue Zeitpunkt der Beschlußfassung ist anzugeben. [3] Beschlüsse internationaler Organe brauchen nicht in ihrem vollen Wortlaut veröffentlicht zu werden; erforderlich ist lediglich ein allgemeiner Hinweis auf einen derartigen Beschluß. [4] Die anwendbaren Rechtsvorschriften müssen in jedem Fall genau bezeichnet werden.

§ 6 [Nichtanwendung verkündeter Rechtsvorschriften] Wenn feststeht, daß während des Verteidigungsfalles wegen besonderer Umstände Verkündungsmaßnahmen Gebiete im Geltungsbereich dieses Gesetzes, die mindestens einen Landkreis oder eine kreisfreie Stadt umfassen, nicht erreicht haben, so sind die verkündeten Rechtsvorschriften insoweit bis zu dem Zeitpunkt, zu dem eine Verkündungsmaßnahme diese Gebiete erreicht hat, nicht anzuwenden.

§ 7 [Aufwendungsersatz] Die Rechtsträger der Presseorgane können von der Bundesrepublik Deutschland nach Maßgabe des § 670 des Bürgerlichen Gesetzbuchs Ersatz der Aufwendungen verlangen, die sie auf Grund von Anordnungen nach diesem Gesetz gemacht haben.

§ 8 [Strafvorschriften] (1) Wer vorsätzlich oder fahrlässig entgegen § 4 eine Verkündung oder Bekanntgabe nicht, nicht richtig, nicht fristgemäß oder nicht in der vorgeschriebenen Weise durchführt oder wiederholt, wird mit Freiheitsstrafe bis zu einem Jahr oder mit Geldstrafe bestraft.

(2) Ebenso wird bestraft, wer als Hilfsperson vorsätzlich oder fahrlässig eine ihm übertragene Aufgabe nicht, nicht richtig oder nicht rechtzeitig erfüllt und dadurch eine fristgemäße Verkündung oder Bekanntgabe oder deren Wiederholung verhindert.

§ 9 [Inkrafttreten] Dieses Gesetz tritt am Tage nach der Verkündung[1] in Kraft.

---

[1] Verkündet am 23.7.1975.

10. Bundeswahlgesetz[1)]

In der Fassung der Bekanntmachung vom 23. Juli 1993[2)]
(BGBl. I S. 1288, ber. S. 1594)

FNA 111-1

geänd. durch Art. 2 Sechstes G zur Änd. des ParteienG und anderer Gesetze v. 28.1.1994 (BGBl. I S. 142), Bek. zur Wahlkreiseinteilung v. 30.3.1994 (BGBl. I S. 680), Art. 1 Zwölftes ÄndG v. 10.5. 1994 (BGBl. I S. 993), Zweite Bek. zur Wahlkreiseinteilung v. 15.9.1994 (BGBl. I S. 2417), Art. 1 13. ÄndG v. 15.11.1996 (BGBl. I S. 1712), Bek. zur Wahlkreiseinteilung v. 9.7.1997 (BGBl. I S. 1691), Zweite Bek. zur Wahlkreiseinteilung v. 1.12.1997 (BGBl. I S. 2772), Art. 1 14. ÄndG v. 20.4.1998 (BGBl. I S. 706), Art. 1 WahlkreisneueinteilungsG v. 1.7.1998 (BGBl. I S. 1698), Art. 1 G zur Aussetzung der Vorschriften über die repräsentative Wahlstatistik für die Wahl zum 14. Deutschen Bundestag v. 25.8.1998 (BGBl. I S. 2430), Art. 2 WahlstatistikG v. 21.5.1999 (BGBl. I S. 1023), Art. 1 15. ÄndG v. 27.4.2001 (BGBl. I S. 698), Art. 1 16. ÄndG v. 27.4.2001 (BGBl. I S. 701, ber. BGBl.2002 I S. 1848), Art. 12 Sechstes Euro-EinführungsG v. 3.12.2001 (BGBl. I S. 3306), Art. 1a Behindertengleichstellungs-EinführungsG v. 27.4.2002 (BGBl. I S. 1467), Art. 1 Post- und telekommunikationsrechtliches BereinigungsG v. 7.5.2002 (BGBl. I S. 1529), Art. 11 Nr. 2 ZuwanderungsG v. 20.6.2002 (BGBl. I S. 1946; nichtig gem. Urt. des BVerfG v. 18.12.2002 – 2 BvF 1/02 –), Bek. zur Wahlkreiseinteilung v. 31.7.2002 (BGBl. I S. 2964), Art. 2 Achte ZuständigkeitsanpassungsVO v. 25.11.2003 (BGBl. I S. 2304), Art. 11 Nr. 2 ZuwanderungsG v. 30.7. 2004 (BGBl. I S. 1950), Art. 1 17. ÄndG v. 11.3.2005 (BGBl. I S. 674), § 1 VO über die Abkürzung von Fristen im BWG für die Wahl zum 16. Deutschen Bundestag v. 21.7.2005 (BGBl. I S. 2179), Bek. zur Wahlkreiseinteilung für die Wahl zum Deutschen Bundestag v. 21.7.2005 (BGBl. I S. 2180), Art. 5 Neunte ZuständigkeitsanpassungsVO v. 31.10.2006 (BGBl. I S. 2407), Art. 1 18. ÄndG v. 17.3.2008 (BGBl. I S. 316), Art. 1 G zur Änd. des Wahl- und Abgeordnetenrechts v. 17.3.2008 (BGBl. I S. 394), Urt. des BVerfG – 2 BvC 1/07, 2 BvC 7/07 – v. 3.7.2008 (BGBl. I S. 1286), Bek. zur Wahlkreiseinteilung für die Wahl zum Deutschen Bundestag v. 5.8.2009 (BGBl. I S. 2687), Art. 1 19. ÄndG v. 25.11.2011 (BGBl. I S. 2313), Art. 1 20. ÄndG v. 12.4.2012 (BGBl. I S. 518), Art. 1 G zur Verbesserung des Rechtsschutzes in Wahlsachen v. 12.7.2012 (BGBl. I S. 1501), Beschl. des BVerfG – 2 BvC 1/11, 2 BvC 2/11 – v. 4.7.2012 (BGBl. I S. 1769), Urt. des BVerfG – 2 BvF 3/11, 2 BvR 2670/11, 2 BvE 9/11 – v. 25.7.2012 (BGBl. I S. 1769), Art. 1 21. ÄndG v. 27.4.2013 (BGBl. I S. 962), Art. 1, 2 Abs. 2 22. ÄndG v. 3.5.2013 (BGBl. I S. 1082), Art. 2 Abs. 1 G zur Fortentwicklung des Meldewesens v. 3.5.2013 (BGBl. I S. 1084, geänd. durch G v. 20.11.2014, BGBl. I S. 1738), Art. 9 Zehnte ZuständigkeitsanpassungsVO v. 31.8.2015 (BGBl. I S. 1474), Art. 1 23. ÄndG v. 3.5.2016 (BGBl. I S. 1062), Art. 4 G zu bereichsspezifischen Regelungen der Gesichtsverhüllung und zur Änd. weiterer dienstrechtlicher Vorschriften v. 8.6.2017 (BGBl. I S. 1570), Bek. zur Wahlkreiseinteilung für die Wahl zum Deutschen Bundestag v. 30.8.2017 (BGBl. I S. 3339) und Art. 2 G zur Änd. des ParteienG und anderer Gesetze v. 10.7.2018 (BGBl. I S. 1116)

Inhaltsübersicht[3)]

§§

Erster Abschnitt. Wahlsystem (§§ 1 bis 7)

[1)] Siehe hierzu ua die Wahlkreiseinteilungsbekanntmachung Bundestagswahl v. 24.7.2013 (BGBl. I S. 2814).

[2)] Neubekanntmachung des BundeswahlG idF der Bek. v. 21.9.1990 (BGBl. I S. 2059) in der ab 28.7.1993 geltenden Fassung.

[3)] Inhaltsübersicht geänd. mWv 21.3.2008 durch G v. 17.3.2008 (BGBl. I S. 394); sie wurde nichtamtlich an die nachträglichen Änderungen angepasst.

Erster Abschnitt. Wahlsystem

§ 1[1] **Zusammensetzung des Deutschen Bundestages und Wahlrechtsgrundsätze.** (1) [1] Der Deutsche Bundestag besteht vorbehaltlich der sich aus diesem Gesetz ergebenden Abweichungen aus 598 Abgeordneten. [2] Sie werden in allgemeiner, unmittelbarer, freier, gleicher und geheimer Wahl von den wahlberechtigten Deutschen nach den Grundsätzen einer mit der Personenwahl verbundenen Verhältniswahl gewählt.

(2) Von den Abgeordneten werden 299 nach Kreiswahlvorschlägen in den Wahlkreisen und die übrigen nach Landeswahlvorschlägen (Landeslisten) gewählt.

§ 2 Gliederung des Wahlgebietes. (1) Wahlgebiet ist das Gebiet der Bundesrepublik Deutschland.

(2) Die Einteilung des Wahlgebietes in Wahlkreise ergibt sich aus der Anlage zu diesem Gesetz.

(3) Jeder Wahlkreis wird für die Stimmabgabe in Wahlbezirke eingeteilt.

§ 3[2] **Wahlkreiskommission und Wahlkreiseinteilung.** (1) [1] Bei der Wahlkreiseinteilung sind folgende Grundsätze zu beachten:

1. Die Ländergrenzen sind einzuhalten.
2. [1] Die Zahl der Wahlkreise in den einzelnen Ländern muß deren Bevölkerungsanteil soweit wie möglich entsprechen. [2] Sie wird mit demselben Berechnungsverfahren ermittelt, das nach § 6 Abs. 2 Satz 2 bis 7 für die Verteilung der Sitze auf die Landeslisten angewandt wird.
3. Die Bevölkerungszahl eines Wahlkreises soll von der durchschnittlichen Bevölkerungszahl der Wahlkreise nicht um mehr als 15 vom Hundert nach oben oder unten abweichen; beträgt die Abweichung mehr als 25 vom Hundert, ist eine Neuabgrenzung vorzunehmen.

---

[1] § 1 Abs. 1 Satz 1 und Abs. 2 geänd. durch G v. 15.11.1996 (BGBl. I S. 1712).

[2] § 3 Abs. 1 eingef., bish. Abs. 1 wird Abs. 2 sowie Abs. 3 eingef., bish. Abs. 3 und 4 werden Abs. 4 und 5 durch G v. 15.11.1996 (BGBl. I S. 1712); Abs. 1 Satz 2 geänd. mWv 1.1.2005 durch G v. 30.7.2004 (BGBl. I S. 1950); Abs. 1 Satz 1 Nr. 2 Satz 2 angef. und Abs. 3 Satz 3 geänd. mWv 21.3.2008 durch G v. 17.3.2008 (BGBl. I S. 394); Abs. 4 Satz 2 geänd. mWv 10.5.2016 durch G v. 3.5.2016 (BGBl. I S. 1062).

4. Der Wahlkreis soll ein zusammenhängendes Gebiet bilden.
5. Die Grenzen der Gemeinden, Kreise und kreisfreien Städte sollen nach Möglichkeit eingehalten werden.

[2] Bei Ermittlung der Bevölkerungszahlen bleiben Ausländer (§ 2 Abs. 1 des Aufenthaltsgesetzes[1)]) unberücksichtigt.

(2) [1] Der Bundespräsident ernennt eine ständige Wahlkreiskommission. [2] Sie besteht aus dem Präsidenten des Statistischen Bundesamtes, einem Richter des Bundesverwaltungsgerichts und fünf weiteren Mitgliedern.

(3) [1] Die Wahlkreiskommission hat die Aufgabe, über Änderungen der Bevölkerungszahlen im Wahlgebiet zu berichten und darzulegen, ob und welche Änderungen der Wahlkreiseinteilung sie im Hinblick darauf für erforderlich hält. [2] Sie kann in ihrem Bericht auch aus anderen Gründen Änderungsvorschläge machen. [3] Bei ihren Vorschlägen zur Wahlkreiseinteilung hat sie die in Absatz 1 genannten Grundsätze zu beachten; ergeben sich nach der Berechnung in Absatz 1 Nr. 2 mehrere mögliche Wahlkreiszuteilungen, erarbeitet sie hierzu Vorschläge.

(4) [1] Der Bericht der Wahlkreiskommission ist dem Bundesministerium des Innern innerhalb von fünfzehn Monaten nach Beginn der Wahlperiode des Deutschen Bundestages zu erstatten. [2] Das Bundesministerium des Innern leitet ihn unverzüglich dem Deutschen Bundestag zu und veröffentlicht einen Hinweis auf die Veröffentlichung als Bundestagsdrucksache im Bundesanzeiger[2)]. [3] Auf Ersuchen des Bundesministeriums des Innern hat die Wahlkreiskommission einen ergänzenden Bericht zu erstatten; für diesen Fall gilt Satz 2 entsprechend.

(5) [1] Werden Landesgrenzen nach den gesetzlichen Vorschriften über das Verfahren bei sonstigen Änderungen des Gebietsbestandes der Länder nach Artikel 29 Abs. 7 des Grundgesetzes[3)] geändert, so ändern sich entsprechend auch die Grenzen der betroffenen Wahlkreise. [2] Werden im aufnehmenden Land zwei oder mehrere Wahlkreise berührt oder wird eine Exklave eines Landes gebildet, so bestimmt sich die Wahlkreiszugehörigkeit des neuen Landesteiles nach der Wahlkreiszugehörigkeit der Gemeinde, des Gemeindebezirks oder des gemeindefreien Gebietes, denen er zugeschlagen wird. [3] Änderungen von Landesgrenzen, die nach Ablauf des 32. Monats nach Beginn der Wahlperiode vorgenommen werden, wirken sich auf die Wahlkreiseinteilung erst in der nächsten Wahlperiode aus.

§ 4 Stimmen. Jeder Wähler hat zwei Stimmen, eine Erststimme für die Wahl eines Wahlkreisabgeordneten, eine Zweitstimme für die Wahl einer Landesliste.

§ 5 Wahl in den Wahlkreisen. [1] In jedem Wahlkreis wird ein Abgeordneter gewählt. [2] Gewählt ist der Bewerber, der die meisten Stimmen auf sich vereinigt. [3] Bei Stimmengleichheit entscheidet das vom Kreiswahlleiter zu ziehende Los.

[1)] **Sartorius Nr. 565.**

[2)] Siehe hierzu ua Bericht der Wahlkreiskommission für die 18. Wahlperiode des BT idF der Bek. v. 1.2.2014 (BAnz AT 20.04.2015 B1).

[3)] Nr. **1**.

§ 6[1)] Wahl nach Landeslisten. (1) [1] Für die Verteilung der nach Landeslisten zu besetzenden Sitze werden die für jede Landesliste abgegebenen Zweitstimmen zusammengezählt. [2] Nicht berücksichtigt werden dabei die Zweitstimmen derjenigen Wähler, die ihre Erststimme für einen im Wahlkreis erfolgreichen Bewerber abgegeben haben, der gemäß § 20 Absatz 3 oder von einer Partei vorgeschlagen ist, die nach Absatz 3 bei der Sitzverteilung nicht berücksichtigt wird oder für die in dem betreffenden Land keine Landesliste zugelassen ist. [3] Von der Gesamtzahl der Abgeordneten (§ 1 Absatz 1) wird die Zahl der erfolgreichen Wahlkreisbewerber abgezogen, die in Satz 2 genannt sind.

(2) [1] In einer ersten Verteilung wird zunächst die Gesamtzahl der Sitze (§ 1 Absatz 1) in dem in Satz 2 bis 7 beschriebenen Berechnungsverfahren den Ländern nach deren Bevölkerungsanteil (§ 3 Absatz 1) und sodann in jedem Land die Zahl der dort nach Absatz 1 Satz 3 verbleibenden Sitze auf der Grundlage der zu berücksichtigenden Zweitstimmen den Landeslisten zugeordnet. [2] Jede Landesliste erhält so viele Sitze, wie sich nach Teilung der Summe ihrer erhaltenen Zweitstimmen durch einen Zuteilungsdivisor ergeben. [3] Zahlenbruchteile unter 0,5 werden auf die darunter liegende ganze Zahl abgerundet, solche über 0,5 werden auf die darüber liegende ganze Zahl aufgerundet. [4] Zahlenbruchteile, die gleich 0,5 sind, werden so aufgerundet oder abgerundet, dass die Zahl der zu vergebenden Sitze eingehalten wird; ergeben sich dabei mehrere mögliche Sitzzuteilungen, so entscheidet das vom Bundeswahlleiter zu ziehende Los. [5] Der Zuteilungsdivisor ist so zu bestimmen, dass insgesamt so viele Sitze auf die Landeslisten entfallen, wie Sitze zu vergeben sind. [6] Dazu wird zunächst die Gesamtzahl der Zweitstimmen aller zu berücksichtigenden Landeslisten durch die Zahl der jeweils nach Absatz 1 Satz 3 verbleibenden Sitze geteilt. [7] Entfallen danach mehr Sitze auf die Landeslisten, als Sitze zu vergeben sind, ist der Zuteilungsdivisor so heraufzusetzen, dass sich bei der Berechnung die zu vergebende Sitzzahl ergibt; entfallen zu wenig Sitze auf die Landeslisten, ist der Zuteilungsdivisor entsprechend herunterzusetzen.

(3) [1] Bei Verteilung der Sitze auf die Landeslisten werden nur Parteien berücksichtigt, die mindestens 5 Prozent der im Wahlgebiet abgegebenen gültigen Zweitstimmen erhalten oder in mindestens drei Wahlkreisen einen Sitz errungen haben. [2] Satz 1 findet auf die von Parteien nationaler Minderheiten eingereichten Listen keine Anwendung.

(4) [1] Von der für jede Landesliste so ermittelten Sitzzahl wird die Zahl der von der Partei in den Wahlkreisen des Landes errungenen Sitze (§ 5) abgerechnet. [2] In den Wahlkreisen errungene Sitze verbleiben einer Partei auch dann, wenn sie die nach den Absätzen 2 und 3 ermittelte Zahl übersteigen.

(5) [1] Die Zahl der nach Absatz 1 Satz 3 verbleibenden Sitze wird so lange erhöht, bis jede Partei bei der zweiten Verteilung der Sitze nach Absatz 6 Satz 1 mindestens die bei der ersten Verteilung nach den Absätzen 2 und 3 für sie ermittelten zuzüglich der in den Wahlkreisen errungenen Sitze erhält, die nicht nach Absatz 4 Satz 1 von der Zahl der für die Landesliste ermittelten Sitze abgerechnet werden können. [2] Die Gesamtzahl der Sitze (§ 1 Absatz 1) erhöht sich um die Unterschiedszahl.

[1)] § 6 neu gef. mWv 9.5.2013 durch G v. 3.5.2013 (BGBl. I S. 1082).

(6) [1] Die nach Absatz 5 Satz 1 zu vergebenden Sitze werden in jedem Fall bundesweit nach der Zahl der zu berücksichtigenden Zweitstimmen in dem in Absatz 2 Satz 2 bis 7 beschriebenen Berechnungsverfahren auf die nach Absatz 3 zu berücksichtigenden Parteien verteilt. [2] In den Parteien werden die Sitze nach der Zahl der zu berücksichtigenden Zweitstimmen in dem in Absatz 2 Satz 2 bis 7 beschriebenen Berechnungsverfahren auf die Landeslisten verteilt; dabei wird jeder Landesliste mindestens die Zahl der in den Wahlkreisen des Landes von der Partei errungenen Sitze zugeteilt. [3] Von der für jede Landesliste ermittelten Sitzzahl wird die Zahl der von der Partei in den Wahlkreisen des Landes errungenen Sitze (§ 5) abgerechnet. [4] Die restlichen Sitze werden aus der Landesliste in der dort festgelegten Reihenfolge besetzt. [5] Bewerber, die in einem Wahlkreis gewählt sind, bleiben auf der Landesliste unberücksichtigt. [6] Entfallen auf eine Landesliste mehr Sitze, als Bewerber benannt sind, so bleiben diese Sitze unbesetzt.

(7) [1] Erhält bei der Verteilung der Sitze nach den Absätzen 2 bis 6 eine Partei, auf die mehr als die Hälfte der Gesamtzahl der Zweitstimmen aller zu berücksichtigenden Parteien entfallen ist, nicht mehr als die Hälfte der Sitze, werden ihr weitere Sitze zugeteilt, bis auf sie ein Sitz mehr als die Hälfte der Sitze entfällt. [2] Die Sitze werden in der Partei entsprechend Absatz 6 Satz 2 bis 6 verteilt. [3] In einem solchen Falle erhöht sich die nach Absatz 5 ermittelte Gesamtzahl der Sitze (§ 1 Absatz 1) um die Unterschiedszahl.

§ 7[1)] *(aufgehoben)*

Zweiter Abschnitt. Wahlorgane

§ 8[2)] **Gliederung der Wahlorgane.** (1) [1] Wahlorgane sind der Bundeswahlleiter und der Bundeswahlausschuß für das Wahlgebiet, ein Landeswahlleiter und ein Landeswahlausschuß für jedes Land, ein Kreiswahlleiter und ein Kreiswahlausschuß für jeden Wahlkreis, ein Wahlvorsteher und ein Wahlvorstand für jeden Wahlbezirk und mindestens ein Wahlvorsteher und ein Wahlvorstand für jeden Wahlkreis zur Feststellung des Briefwahlergebnisses. [2] Wieviel Briefwahlvorstände zu bilden sind, um das Ergebnis der Briefwahl noch am Wahltage feststellen zu können, bestimmt der Kreiswahlleiter.

(2) Für mehrere benachbarte Wahlkreise kann ein gemeinsamer Kreiswahlleiter bestellt und ein gemeinsamer Kreiswahlausschuß gebildet werden; die Anordnung trifft der Landeswahlleiter.

(3) Zur Feststellung des Briefwahlergebnisses können Wahlvorsteher und Wahlvorstände statt für jeden Wahlkreis für einzelne oder mehrere Gemeinden oder für einzelne Kreise innerhalb des Wahlkreises eingesetzt werden; die Anordnung trifft die Landesregierung oder die von ihr bestimmte Stelle.

§ 9[3)] **Bildung der Wahlorgane.** (1) Der Bundeswahlleiter und sein Stellvertreter werden vom Bundesministerium des Innern, die Landeswahlleiter,

---

1) § 7 aufgeh. mWv 3.12.2011 durch G v. 25.11.2011 (BGBl. I S. 2313).

2) § 8 Abs. 3 geänd. mWv 5.5.2001 durch G v. 27.4.2001 (BGBl. I S. 698).

3) § 9 Abs. 2 Satz 3 geänd., Abs. 4 und 5 angef. mWv 5.5.2001 durch G v. 27.4.2001 (BGBl. I S. 698); Abs. 2 Sätze 1 und 2 geänd. mWv 19.7.2012 durch G v. 12.7.2012 (BGBl. I S. 1501).

Kreiswahlleiter und Wahlvorsteher sowie ihre Stellvertreter von der Landesregierung oder der von ihr bestimmten Stelle ernannt.

(2) [1] Der Bundeswahlausschuß besteht aus dem Bundeswahlleiter als Vorsitzendem sowie acht von ihm berufenen Wahlberechtigten als Beisitzern und zwei Richtern des Bundesverwaltungsgerichts. [2] Die übrigen Wahlausschüsse bestehen aus dem Wahlleiter als Vorsitzendem und sechs von ihm berufenen Wahlberechtigten als Beisitzern; in die Landeswahlausschüsse sind zudem zwei Richter des Oberverwaltungsgerichts des Landes zu berufen. [3] Die Wahlvorstände bestehen aus dem Wahlvorsteher als Vorsitzendem, seinem Stellvertreter und weiteren drei bis sieben vom Wahlvorsteher berufenen Wahlberechtigten als Beisitzern; die Landesregierung oder die von ihr bestimmte Stelle kann anordnen, daß die Beisitzer des Wahlvorstandes von der Gemeindebehörde und die Beisitzer des Wahlvorstandes zur Feststellung des Briefwahlergebnisses vom Kreiswahlleiter, im Falle einer Anordnung nach § 8 Abs. 3 von der Gemeindebehörde oder von der Kreisverwaltungsbehörde allein oder im Einvernehmen mit dem Wahlvorsteher berufen werden. [4] Bei Berufung der Beisitzer sind die in dem jeweiligen Bezirk vertretenen Parteien nach Möglichkeit zu berücksichtigen.

(3) [1] Niemand darf in mehr als einem Wahlorgan Mitglied sein. [2] Wahlbewerber, Vertrauenspersonen für Wahlvorschläge und stellvertretende Vertrauenspersonen dürfen nicht zu Mitgliedern eines Wahlorgans bestellt werden.

(4) [1] Die Gemeindebehörden sind befugt, personenbezogene Daten von Wahlberechtigten zum Zweck ihrer Berufung zu Mitgliedern von Wahlvorständen zu erheben und zu verarbeiten. [2] Zu diesem Zweck dürfen personenbezogene Daten von Wahlberechtigten, die zur Tätigkeit in Wahlvorständen geeignet sind, auch für künftige Wahlen verarbeitet werden, sofern der Betroffene der Verarbeitung nicht widersprochen hat. [3] Der Betroffene ist über das Widerspruchsrecht zu unterrichten. [4] Im Einzelnen dürfen folgende Daten erhoben und verarbeitet werden: Name, Vorname, Geburtsdatum, Anschrift, Telefonnummern, Zahl der Berufungen zu einem Mitglied der Wahlvorstände und die dabei ausgeübte Funktion.

(5) [1] Auf Ersuchen der Gemeindebehörden sind zur Sicherstellung der Wahldurchführung die Behörden des Bundes, der bundesunmittelbaren Körperschaften, Anstalten und Stiftungen des öffentlichen Rechts, der Länder, der Gemeinden, der Gemeindeverbände sowie der sonstigen der Aufsicht des Landes unterstehenden juristischen Personen des öffentlichen Rechts verpflichtet, aus dem Kreis ihrer Bediensteten unter Angabe von Name, Vorname, Geburtsdatum und Anschrift zum Zweck der Berufung als Mitglieder der Wahlvorstände Personen zu benennen, die im Gebiet der ersuchenden Gemeinde wohnen. [2] Die ersuchte Stelle hat den Betroffenen über die übermittelten Daten und den Empfänger zu benachrichtigen.

§ 10[1)] Tätigkeit der Wahlausschüsse und Wahlvorstände. (1) [1] Die Wahlausschüsse und Wahlvorstände verhandeln, beraten und entscheiden in öffentlicher Sitzung. [2] Soweit nicht in diesem Gesetz etwas anderes bestimmt

[1)] § 10 Abs. 2 Satz 2 angef. mWv 15.6.2017 durch G v. 8.6.2017 (BGBl. I S. 1570).

ist, entscheidet bei den Abstimmungen Stimmenmehrheit; bei Stimmengleichheit gibt die Stimme des Vorsitzenden den Ausschlag.

(2) [1]Die Mitglieder der Wahlorgane, ihre Stellvertreter und die Schriftführer sind zur unparteiischen Wahrnehmung ihres Amtes und zur Verschwiegenheit über die ihnen bei ihrer amtlichen Tätigkeit bekannt gewordenen Angelegenheiten verpflichtet. [2]Sie dürfen in Ausübung ihres Amtes ihr Gesicht nicht verhüllen.

§ 11 Ehrenämter. (1) [1]Die Beisitzer der Wahlausschüsse und die Mitglieder der Wahlvorstände üben ihre Tätigkeit ehrenamtlich aus. [2]Zur Übernahme dieses Ehrenamtes ist jeder Wahlberechtigte verpflichtet. [3]Das Ehrenamt darf nur aus wichtigen Gründen abgelehnt werden.

(2), (3) (weggefallen)

Dritter Abschnitt. Wahlrecht und Wählbarkeit

§ 12[1)] Wahlrecht. (1) Wahlberechtigt sind alle Deutschen im Sinne des Artikels 116 Abs. 1 des Grundgesetzes[2)], die am Wahltage

1. das achtzehnte Lebensjahr vollendet haben,
2. seit mindestens drei Monaten in der Bundesrepublik Deutschland eine Wohnung innehaben oder sich sonst gewöhnlich aufhalten,
3. nicht nach § 13 vom Wahlrecht ausgeschlossen sind.

(2) [1]Wahlberechtigt sind bei Vorliegen der sonstigen Voraussetzungen auch diejenigen Deutschen im Sinne des Artikels 116 Absatz 1 des Grundgesetzes, die am Wahltag außerhalb der Bundesrepublik Deutschland leben, sofern sie

1. nach Vollendung ihres vierzehnten Lebensjahres mindestens drei Monate ununterbrochen in der Bundesrepublik Deutschland eine Wohnung innegehabt oder sich sonst gewöhnlich aufgehalten haben und dieser Aufenthalt nicht länger als 25 Jahre zurückliegt oder
2. aus anderen Gründen persönlich und unmittelbar Vertrautheit mit den politischen Verhältnissen in der Bundesrepublik Deutschland erworben haben und von ihnen betroffen sind.

[2]Als Wohnung oder gewöhnlicher Aufenthalt im Sinne von Satz 1 gilt auch eine frühere Wohnung oder ein früherer Aufenthalt in dem in Artikel 3 des Einigungsvertrages[3)] genannten Gebiet. [3]Bei Rückkehr eines nach Satz 1 Wahlberechtigten in die Bundesrepublik Deutschland gilt die Dreimonatsfrist des Absatzes 1 Nr. 2 nicht.

(3) [1]Wohnung im Sinne des Gesetzes ist jeder umschlossene Raum, der zum Wohnen oder Schlafen benutzt wird. [2]Wohnwagen und Wohnschiffe sind jedoch nur dann als Wohnungen anzusehen, wenn sie nicht oder nur gelegentlich fortbewegt werden.

[1)] § 12 Abs. 2 Satz 1 Nr. 3 geänd. durch G v. 20.4.1998 (BGBl. I S. 706); Abs. 2 neu gef., Abs. 4 einl. Satzteil und Nr. 1 sowie Abs. 5 geänd. mWv 21.3.2008 durch G v. 17.3.2008 (BGBl. I S. 394); Abs. 2 Satz 1 neu gef. mWv 3.5.2013 durch G v. 27.4.2013 (BGBl. I S. 962).

[2)] Nr. **1**.

[3)] Nr. **2**.

(4) Sofern sie in der Bundesrepublik Deutschland keine Wohnung innehaben oder innegehabt haben, gilt als Wohnung im Sinne des Absatzes 1 Nr. 2 oder des Absatzes 2 Satz 1

1. für Seeleute sowie für die Angehörigen ihres Hausstandes das von ihnen bezogene Schiff, wenn dieses nach dem Flaggenrechtsgesetz in der jeweils geltenden Fassung die Bundesflagge zu führen berechtigt ist,
2. für Binnenschiffer sowie für die Angehörigen ihres Hausstandes das von ihnen bezogene Schiff, wenn dieses in einem Schiffsregister in der Bundesrepublik Deutschland eingetragen ist,
3. für im Vollzug gerichtlich angeordneter Freiheitsentziehung befindliche Personen sowie für andere Untergebrachte die Anstalt oder die entsprechende Einrichtung.

(5) Bei der Berechnung der Dreimonatsfrist nach Absatz 1 Nr. 2 und Absatz 2 Satz 1 ist der Tag der Wohnungs- oder Aufenthaltsnahme in die Frist einzubeziehen.

§ 13 Ausschluß vom Wahlrecht. Ausgeschlossen vom Wahlrecht ist,

1. wer infolge Richterspruchs das Wahlrecht nicht besitzt,
2. derjenige, für den zur Besorgung aller seiner Angelegenheiten ein Betreuer nicht nur durch einstweilige Anordnung bestellt ist; dies gilt auch, wenn der Aufgabenkreis des Betreuers die in § 1896 Abs. 4 und § 1905 des Bürgerlichen Gesetzbuchs bezeichneten Angelegenheiten nicht erfaßt,
3. wer sich auf Grund einer Anordnung nach § 63 in Verbindung mit § 20 des Strafgesetzbuches in einem psychiatrischen Krankenhaus befindet.
4. (weggefallen)

§ 14 Ausübung des Wahlrechts. (1) Wählen kann nur, wer in ein Wählerverzeichnis eingetragen ist oder einen Wahlschein hat.

(2) Wer im Wählerverzeichnis eingetragen ist, kann nur in dem Wahlbezirk wählen, in dessen Wählerverzeichnis er geführt wird.

(3) Wer einen Wahlschein hat, kann an der Wahl des Wahlkreises, in dem der Wahlschein ausgestellt ist,

a) durch Stimmabgabe in einem beliebigen Wahlbezirk dieses Wahlkreises oder
b) durch Briefwahl

teilnehmen.

(4) Jeder Wahlberechtigte kann sein Wahlrecht nur einmal und nur persönlich ausüben.

§ 15[1] Wählbarkeit. (1) Wählbar ist, wer am Wahltage

1. Deutscher im Sinne des Artikels 116 Abs. 1 des Grundgesetzes[2] ist und
2. das achtzehnte Lebensjahr vollendet hat.

---

[1] § 15 Abs. 1 Nr. 1 geänd. mWv 5.5.2001 durch G v. 27.4.2001 (BGBl. I S. 698); Abs. 2 Nr. 1 und 2 geänd. sowie Nr. 3 aufgeh. mWv 21.3.2008 durch G v. 17.3.2008 (BGBl. I S. 394).

[2] Nr. **1**.

(2) Nicht wählbar ist,

1. wer nach § 13 vom Wahlrecht ausgeschlossen ist oder
2. wer infolge Richterspruchs die Wählbarkeit oder die Fähigkeit zur Bekleidung öffentlicher Ämter nicht besitzt.

Vierter Abschnitt. Vorbereitung der Wahl

§ 16[1)] **Wahltag.** [1] Der Bundespräsident bestimmt den Tag der Hauptwahl (Wahltag). [2] Wahltag muß ein Sonntag oder gesetzlicher Feiertag sein.

§ 17[2)] **Wählerverzeichnis und Wahlschein.** (1) [1] Die Gemeindebehörden führen für jeden Wahlbezirk ein Verzeichnis der Wahlberechtigten. [2] Jeder Wahlberechtigte hat das Recht, an den Werktagen vom 20. bis zum 16. Tag vor der Wahl während der allgemeinen Öffnungszeiten die Richtigkeit oder Vollständigkeit der zu seiner Person im Wählerverzeichnis eingetragenen Daten zu überprüfen. [3] Zur Überprüfung der Richtigkeit oder Vollständigkeit der Daten von anderen im Wählerverzeichnis eingetragenen Personen haben Wahlberechtigte während des in Satz 2 genannten Zeitraumes nur dann ein Recht auf Einsicht in das Wählerverzeichnis, wenn sie Tatsachen glaubhaft machen, aus denen sich eine Unrichtigkeit oder Unvollständigkeit des Wählerverzeichnisses ergeben kann. [4] Das Recht zur Überprüfung gemäß Satz 3 besteht nicht hinsichtlich der Daten von Wahlberechtigten, für die im Melderegister ein Sperrvermerk gemäß § 51 Absatz 1 des Bundesmeldegesetzes[3)] eingetragen ist.

(2) Ein Wahlberechtigter, der im Wählerverzeichnis eingetragen ist, oder der aus einem von ihm nicht zu vertretenden Grund in das Wählerverzeichnis nicht aufgenommen worden ist, erhält auf Antrag einen Wahlschein.

§ 18[4)] **Wahlvorschlagsrecht, Beteiligungsanzeige.** (1) Wahlvorschläge können von Parteien und nach Maßgabe des § 20 von Wahlberechtigten eingereicht werden.

(2) [1] Parteien, die im Deutschen Bundestag oder einem Landtag seit deren letzter Wahl nicht auf Grund eigener Wahlvorschläge ununterbrochen mit mindestens fünf Abgeordneten vertreten waren, können als solche einen Wahlvorschlag nur einreichen, wenn sie spätestens am siebenundneunzigsten Tage vor der Wahl bis 18 Uhr dem Bundeswahlleiter ihre Beteiligung an der Wahl schriftlich angezeigt haben und der Bundeswahlausschuß ihre Parteieigenschaft festgestellt hat. [2] In der Anzeige ist anzugeben, unter welchem Namen sich die Partei an der Wahl beteiligen will. [3] Die Anzeige muß von

---

1) Siehe hierzu ua die AnO über die Bundestagswahl 2013 v. 8.2.2013 (BGBl. I S. 165).

2) § 17 Abs. 1 neu gef. mWv 5.5.2001 durch G v. 27.4.2001 (BGBl. I S. 698); Abs. 2 geänd. mWv 21.3.2008 durch G v. 17.3.2008 (BGBl. I S. 394); Abs. 1 Satz 4 geänd. mWv 1.11.2015 durch G v. 3.5.2013 (BGBl. I S. 1084, geänd. durch G v. 20.11.2014, BGBl. I S. 1738); Abs. 1 Satz 4 geänd. mWv 10.5.2016 durch G v. 3.5.2016 (BGBl. I S. 1062).

3) **Sartorius Nr. 256.**

4) § 18 Abs. 2 Satz 1 und Abs 4 einl. Satzteil geänd. für die Wahl zum 16. Deutschen Bundestag durch VO v. 21.7.2005 (BGBl. I S. 2179); Abs. 2 Satz 1 geänd., Satz 6 angef., Abs. 4 einl. Satzteil geänd., Nr. 2 neu gef., Sätze 2 und 3 angef., Abs. 4a eingef. mWv 19.7.2012 durch G v. 12.7.2012 (BGBl. I S. 1501).

mindestens drei Mitgliedern des Bundesvorstandes, darunter dem Vorsitzenden oder seinem Stellvertreter, persönlich und handschriftlich unterzeichnet sein. [4] Hat eine Partei keinen Bundesvorstand, so tritt der Vorstand der jeweils obersten Parteiorganisation an die Stelle des Bundesvorstandes. [5] Die schriftliche Satzung und das schriftliche Programm der Partei sowie ein Nachweis über die satzungsgemäße Bestellung des Vorstandes sind der Anzeige beizufügen. [6] Der Anzeige sollen Nachweise über die Parteieigenschaft nach § 2 Absatz 1 Satz 1 des Parteiengesetzes[1)] beigefügt werden.

(3) [1] Der Bundeswahlleiter hat die Anzeige nach Absatz 2 unverzüglich nach Eingang zu prüfen. [2] Stellt er Mängel fest, so benachrichtigt er sofort den Vorstand und fordert ihn auf, behebbare Mängel zu beseitigen. [3] Nach Ablauf der Anzeigefrist können nur noch Mängel an sich gültiger Anzeigen behoben werden. [4] Eine gültige Anzeige liegt nicht vor, wenn

1. die Form oder Frist des Absatzes 2 nicht gewahrt ist,
2. die Parteibezeichnung fehlt,
3. die nach Absatz 2 erforderlichen gültigen Unterschriften und die der Anzeige beizufügenden Anlagen fehlen, es sei denn, diese Anlagen können infolge von Umständen, die die Partei nicht zu vertreten hat, nicht rechtzeitig vorgelegt werden,
4. die Vorstandsmitglieder mangelhaft bezeichnet sind, so daß ihre Person nicht feststeht.

[5] Nach der Entscheidung über die Feststellung der Parteieigenschaft ist jede Mängelbeseitigung ausgeschlossen. [6] Gegen Verfügungen des Bundeswahlleiters im Mängelbeseitigungsverfahren kann der Vorstand den Bundeswahlausschuß anrufen.

(4) [1] Der Bundeswahlausschuß stellt spätestens am neunundsiebzigsten Tage vor der Wahl für alle Wahlorgane verbindlich fest,

1. welche Parteien im Deutschen Bundestag oder in einem Landtag seit deren letzter Wahl auf Grund eigener Wahlvorschläge ununterbrochen mit mindestens fünf Abgeordneten vertreten waren,
2. welche Vereinigungen, die nach Absatz 2 ihre Beteiligung angezeigt haben, für die Wahl als Parteien anzuerkennen sind; für die Ablehnung der Anerkennung als Partei für die Wahl ist eine Zweidrittelmehrheit erforderlich.

[2] Die Feststellung ist vom Bundeswahlleiter in der Sitzung des Bundeswahlausschusses bekannt zu geben. [3] Sie ist öffentlich bekannt zu machen.

(4a) [1] Gegen eine Feststellung nach Absatz 4, die sie an der Einreichung von Wahlvorschlägen hindert, kann eine Partei oder Vereinigung binnen vier Tagen nach Bekanntgabe Beschwerde zum Bundesverfassungsgericht erheben. [2] In diesem Fall ist die Partei oder Vereinigung von den Wahlorganen bis zu einer Entscheidung des Bundesverfassungsgerichts, längstens bis zum Ablauf des neunundfünfzigsten Tages vor der Wahl wie eine wahlvorschlagsberechtigte Partei zu behandeln.

(5) Eine Partei kann in jedem Wahlkreis nur einen Kreiswahlvorschlag und in jedem Land nur eine Landesliste einreichen.

[1)] Nr. **24**.

§ 19[1] Einreichung der Wahlvorschläge. Kreiswahlvorschläge sind dem Kreiswahlleiter, Landeslisten dem Landeswahlleiter spätestens am neunundsechzigsten Tage vor der Wahl bis 18 Uhr schriftlich einzureichen.

§ 20[2] Inhalt und Form der Kreiswahlvorschläge. (1) [1] Der Kreiswahlvorschlag darf nur den Namen eines Bewerbers enthalten. [2] Jeder Bewerber kann nur in einem Wahlkreis und hier nur in einem Kreiswahlvorschlag benannt werden. [3] Als Bewerber kann nur vorgeschlagen werden, wer seine Zustimmung dazu schriftlich erteilt hat; die Zustimmung ist unwiderruflich.

(2) [1] Kreiswahlvorschläge von Parteien müssen von dem Vorstand des Landesverbandes oder, wenn Landesverbände nicht bestehen, von den Vorständen der nächstniedrigen Gebietsverbände, in deren Bereich der Wahlkreis liegt, persönlich und handschriftlich unterzeichnet sein. [2] Kreiswahlvorschläge der in § 18 Abs. 2 genannten Parteien müssen außerdem von mindestens 200 Wahlberechtigten des Wahlkreises persönlich und handschriftlich unterzeichnet sein; die Wahlberechtigung muß im Zeitpunkt der Unterzeichnung gegeben sein und ist bei Einreichung des Kreiswahlvorschlages nachzuweisen. [3] Das Erfordernis von 200 Unterschriften gilt nicht für Kreiswahlvorschläge von Parteien nationaler Minderheiten.

(3) [1] Andere Kreiswahlvorschläge müssen von mindestens 200 Wahlberechtigten des Wahlkreises persönlich und handschriftlich unterzeichnet sein. [2] Absatz 2 Satz 2 zweiter Halbsatz gilt entsprechend.

(4) Kreiswahlvorschläge von Parteien müssen den Namen der einreichenden Partei und, sofern sie eine Kurzbezeichnung verwendet, auch diese, andere Kreiswahlvorschläge ein Kennwort enthalten.

§ 21[3] Aufstellung von Parteibewerbern. (1) [1] Als Bewerber einer Partei kann in einem Kreiswahlvorschlag nur benannt werden, wer nicht Mitglied einer anderen Partei ist und in einer Mitgliederversammlung zur Wahl eines Wahlkreisbewerbers oder in einer besonderen oder allgemeinen Vertreterversammlung hierzu gewählt worden ist. [2] Mitgliederversammlung zur Wahl eines Wahlkreisbewerbers ist eine Versammlung der im Zeitpunkt ihres Zusammentritts im Wahlkreis zum Deutschen Bundestag wahlberechtigten Mitglieder der Partei. [3] Besondere Vertreterversammlung ist eine Versammlung der von einer derartigen Mitgliederversammlung aus ihrer Mitte gewählten Vertreter. [4] Allgemeine Vertreterversammlung ist eine nach der Satzung der Partei (§ 6 des Parteiengesetzes[4]) allgemein für bevorstehende Wahlen von einer derartigen Mitgliederversammlung aus ihrer Mitte bestellte Versammlung.

(2) In Kreisen und kreisfreien Städten, die mehrere Wahlkreise umfassen, können die Bewerber für diejenigen Wahlkreise, deren Gebiet die Grenze des Kreises oder der kreisfreien Stadt nicht durchschneidet, in einer gemeinsamen Mitglieder- oder Vertreterversammlung gewählt werden.

---

[1] § 19 geänd. geänd. für die Wahl zum 16. Deutschen Bundestag durch VO v. 21.7.2005 (BGBl. I S. 2179); geänd. mWv 19.7.2012 durch G v. 12.7.2012 (BGBl. I S. 1501).

[2] § 20 Abs. 2 Satz 1 geänd. mWv 5.5.2001 durch G v. 27.4.2001 (BGBl. I S. 698).

[3] § 21 Abs. 3 Sätze 2 und 3 eingef., bish. Satz 2 wird Satz 4 sowie Abs. 4 Satz 1 und Abs. 6 Satz 2 geänd. mWv 5.5.2001 durch G v. 27.4.2001 (BGBl. I S. 698); Abs. 3 Satz 4 geänd. mWv 17.10.2002 durch G v. 27.4.2001 (BGBl. I S. 698) iVm Bek. v. 29.11.2002 (BGBl. I S. 4501); Abs. 1 Satz 1 geänd. mWv 21.3.2008 durch G v. 17.3.2008 (BGBl. I S. 394).

[4] Nr. **24**.

(3) [1] Die Bewerber und die Vertreter für die Vertreterversammlungen werden in geheimer Abstimmung gewählt. [2] Jeder stimmberechtigte Teilnehmer der Versammlung ist hierbei vorschlagsberechtigt. [3] Den Bewerbern ist Gelegenheit zu geben, sich und ihr Programm der Versammlung in angemessener Zeit vorzustellen. [4] Die Wahlen dürfen frühestens 32 Monate, für die Vertreterversammlungen frühestens 29 Monate nach Beginn der Wahlperiode des Deutschen Bundestages stattfinden; dies gilt nicht, wenn die Wahlperiode vorzeitig endet.

(4) [1] Der Vorstand des Landesverbandes oder, wenn Landesverbände nicht bestehen, die Vorstände der nächstniedrigen Gebietsverbände, in deren Bereich der Wahlkreis liegt oder eine andere in der Parteisatzung hierfür vorgesehene Stelle können gegen den Beschluß einer Mitglieder- oder Vertreterversammlung Einspruch erheben. [2] Auf einen solchen Einspruch ist die Abstimmung zu wiederholen. [3] Ihr Ergebnis ist endgültig.

(5) Das Nähere über die Wahl der Vertreter für die Vertreterversammlung, über die Einberufung und Beschlußfähigkeit der Mitglieder- oder Vertreterversammlung sowie über das Verfahren für die Wahl des Bewerbers regeln die Parteien durch ihre Satzungen.

(6) [1] Eine Ausfertigung der Niederschrift über die Wahl des Bewerbers mit Angaben über Ort und Zeit der Versammlung, Form der Einladung, Zahl der erschienenen Mitglieder und Ergebnis der Abstimmung ist mit dem Kreiswahlvorschlag einzureichen. [2] Hierbei haben der Leiter der Versammlung und zwei von dieser bestimmte Teilnehmer gegenüber dem Kreiswahlleiter an Eides Statt zu versichern, dass die Anforderungen gemäß Absatz 3 Satz 1 bis 3 beachtet worden sind. [3] Der Kreiswahlleiter ist zur Abnahme einer solchen Versicherung an Eides Statt zuständig; er gilt als Behörde im Sinne des § 156 des Strafgesetzbuches.

§ 22 Vertrauensperson. (1) [1] In jedem Kreiswahlvorschlag sollen eine Vertrauensperson und eine stellvertretende Vertrauensperson bezeichnet werden. [2] Fehlt diese Bezeichnung, so gilt die Person, die als erste unterzeichnet hat, als Vertrauensperson, und diejenige, die als zweite unterzeichnet hat, als stellvertretende Vertrauensperson.

(2) Soweit in diesem Gesetz nichts anderes bestimmt ist, sind nur die Vertrauensperson und die stellvertretende Vertrauensperson, jede für sich, berechtigt, verbindliche Erklärungen zum Kreiswahlvorschlag abzugeben und entgegenzunehmen.

(3) Die Vertrauensperson und die stellvertretende Vertrauensperson können durch schriftliche Erklärung der Mehrheit der Unterzeichner des Kreiswahlvorschlages an den Kreiswahlleiter abberufen und durch andere ersetzt werden.

§ 23 Zurücknahme von Kreiswahlvorschlägen. [1] Ein Kreiswahlvorschlag kann durch gemeinsame schriftliche Erklärung der Vertrauensperson und der stellvertretenden Vertrauensperson zurückgenommen werden, solange nicht über seine Zulassung entschieden ist. [2] Ein von mindestens 200 Wahlberechtigten unterzeichneter Kreiswahlvorschlag kann auch von der Mehrheit der Unterzeichner durch eine von ihnen persönlich und handschriftlich vollzogene Erklärung zurückgenommen werden.

§ 24 Änderung von Kreiswahlvorschlägen. [1] Ein Kreiswahlvorschlag kann nach Ablauf der Einreichungsfrist nur durch gemeinsame schriftliche Erklärung der Vertrauensperson und der stellvertretenden Vertrauensperson und nur dann geändert werden, wenn der Bewerber stirbt oder die Wählbarkeit verliert. [2] Das Verfahren nach § 21 braucht nicht eingehalten zu werden, der Unterschriften nach § 20 Abs. 2 und 3 bedarf es nicht. [3] Nach der Entscheidung über die Zulassung eines Kreiswahlvorschlages (§ 26 Abs. 1 Satz 1) ist jede Änderung ausgeschlossen.

§ 25 Beseitigung von Mängeln. (1) [1] Der Kreiswahlleiter hat die Kreiswahlvorschläge unverzüglich nach Eingang zu prüfen. [2] Stellt er bei einem Kreiswahlvorschlag Mängel fest, so benachrichtigt er sofort die Vertrauensperson und fordert sie auf, behebbare Mängel rechtzeitig zu beseitigen.

(2) [1] Nach Ablauf der Einreichungsfrist können nur noch Mängel an sich gültiger Wahlvorschläge behoben werden. [2] Ein gültiger Wahlvorschlag liegt nicht vor, wenn

1. die Form oder Frist des § 19 nicht gewahrt ist,
2. die nach § 20 Abs. 2 Sätze 1 und 2 sowie Absatz 3 erforderlichen gültigen Unterschriften mit dem Nachweis der Wahlberechtigung der Unterzeichner fehlen, es sei denn, der Nachweis kann infolge von Umständen, die der Wahlvorschlagsberechtigte nicht zu vertreten hat, nicht rechtzeitig erbracht werden,
3. bei einem Parteiwahlvorschlag die Parteibezeichnung fehlt, die nach § 18 Abs. 2 erforderliche Feststellung der Parteieigenschaft abgelehnt ist oder die Nachweise des § 21 nicht erbracht sind,
4. der Bewerber mangelhaft bezeichnet ist, so daß seine Person nicht feststeht oder
5. die Zustimmungserklärung des Bewerbers fehlt.

(3) Nach der Entscheidung über die Zulassung eines Kreiswahlvorschlages (§ 26 Abs. 1Satz 1) ist jede Mängelbeseitigung ausgeschlossen.

(4) Gegen Verfügungen des Kreiswahlleiters im Mängelbeseitigungsverfahren kann die Vertrauensperson den Kreiswahlausschuß anrufen.

§ 26[1)] Zulassung der Kreiswahlvorschläge. (1) [1] Der Kreiswahlausschuß entscheidet am achtundfünfzigsten Tage vor der Wahl über die Zulassung der Kreiswahlvorschläge. [2] Er hat Kreiswahlvorschläge zurückzuweisen, wenn sie

1. verspätet eingereicht sind oder
2. den Anforderungen nicht entsprechen, die durch dieses Gesetz und die Bundeswahlordnung[2)] aufgestellt sind, es sei denn, daß in diesen Vorschriften etwas anderes bestimmt ist.

[3] Die Entscheidung ist in der Sitzung des Kreiswahlausschusses bekanntzugeben.

(2) [1] Weist der Kreiswahlausschuß einen Kreiswahlvorschlag zurück, so kann binnen drei Tagen nach Bekanntgabe der Entscheidung Beschwerde an den Landeswahlausschuß eingelegt werden. [2] Beschwerdeberechtigt sind die

---

[1)] § 26 Abs 1 Satz 1 einl. Satzteil, Abs. 2 Satz 5 und Abs. 3 geänd. geänd. für die Wahl zum 16. Deutschen Bundestag durch VO v. 21.7.2005 (BGBl. I S. 2179).

[2)] Nr. **11**.

Vertrauensperson des Kreiswahlvorschlages, der Bundeswahlleiter und der Kreiswahlleiter. [3] Der Bundeswahlleiter und der Kreiswahlleiter können auch gegen eine Entscheidung, durch die ein Kreiswahlvorschlag zugelassen wird, Beschwerde erheben. [4] In der Beschwerdeverhandlung sind die erschienenen Beteiligten zu hören. [5] Die Entscheidung über die Beschwerde muß spätestens am zweiundfünfzigsten Tage vor der Wahl getroffen werden.

(3) Der Kreiswahlleiter macht die zugelassenen Kreiswahlvorschläge spätestens am achtundvierzigsten Tage vor der Wahl öffentlich bekannt.

§ 27[1)] Landeslisten. (1) [1] Landeslisten können nur von Parteien eingereicht werden. [2] Sie müssen von dem Vorstand des Landesverbandes oder, wenn Landesverbände nicht bestehen, von den Vorständen der nächstniedrigen Gebietsverbände, die im Bereich des Landes liegen, bei den in § 18 Abs. 2 genannten Parteien außerdem von 1 vom Tausend der Wahlberechtigten des Landes bei der letzten Bundestagswahl, jedoch höchstens 2 000 Wahlberechtigten, persönlich und handschriftlich unterzeichnet sein. [3] Die Wahlberechtigung der Unterzeichner eines Wahlvorschlages einer der in § 18 Abs. 2 genannten Parteien muß im Zeitpunkt der Unterzeichnung gegeben sein und ist bei Einreichung der Landesliste nachzuweisen. [4] Das Erfordernis zusätzlicher Unterschriften gilt nicht für Landeslisten von Parteien nationaler Minderheiten.

(2) Landeslisten müssen den Namen der einreichenden Partei und, sofern sie eine Kurzbezeichnung verwendet, auch diese enthalten.

(3) Die Namen der Bewerber müssen in erkennbarer Reihenfolge aufgeführt sein.

(4) [1] Ein Bewerber kann nur in einem Land und hier nur in einer Landesliste vorgeschlagen werden. [2] In einer Landesliste kann nur benannt werden, wer seine Zustimmung dazu schriftlich erklärt hat; die Zustimmung ist unwiderruflich.

(5) § 21 Abs. 1, 3, 5 und 6 sowie die §§ 22 bis 25 gelten entsprechend mit der Maßgabe, daß die Versicherung an Eides Statt nach § 21 Abs. 6 Satz 2 sich auch darauf zu erstrecken hat, daß die Festlegung der Reihenfolge der Bewerber in der Landesliste in geheimer Abstimmung erfolgt ist.

§ 28[2)] Zulassung der Landeslisten. (1) [1] Der Landeswahlausschuß entscheidet am achtundfünfzigsten Tage vor der Wahl über die Zulassung der Landeslisten. [2] Er hat Landeslisten zurückzuweisen, wenn sie

1. verspätet eingereicht sind oder
2. den Anforderungen nicht entsprechen, die durch dieses Gesetz und die Bundeswahlordnung[3)] aufgestellt sind, es sei denn, daß in diesen Vorschriften etwas anderes bestimmt ist.

[3] Sind die Anforderungen nur hinsichtlich einzelner Bewerber nicht erfüllt, so werden ihre Namen aus der Landesliste gestrichen. [4] Die Entscheidung ist in der Sitzung des Landeswahlausschusses bekanntzugeben.

---

1) § 27 Abs. 1 Satz 2 geänd. mWv 5.5.2001 durch G v. 27.4.2001 (BGBl. I S. 698).

2) § 28 Abs. 1 Satz 1 einl. Satzteil, Abs. 2 Satz 5 und Abs. 3 geänd. geänd. für die Wahl zum 16. Deutschen Bundestag durch VO v. 21.7.2005 (BGBl. I S. 2179).

3) Nr. **11**.

(2) [1] Weist der Landeswahlausschuß eine Landesliste ganz oder teilweise zurück, so kann binnen drei Tagen nach Bekanntgabe der Entscheidung Beschwerde an den Bundeswahlausschuß eingelegt werden. [2] Beschwerdeberechtigt sind die Vertrauensperson der Landesliste und der Landeswahlleiter. [3] Der Landeswahlleiter kann auch gegen eine Entscheidung, durch die eine Landesliste zugelassen wird, Beschwerde erheben. [4] In der Beschwerdeverhandlung sind die erschienenen Beteiligten zu hören. [5] Die Entscheidung über die Beschwerde muß spätestens am zweiundfünfzigsten Tage vor der Wahl getroffen werden.

(3) Der Landeswahlleiter macht die zugelassenen Landeslisten spätestens am achtundvierzigsten Tage vor der Wahl öffentlich bekannt.

§ 29[1)] *(aufgehoben)*

§ 30[2)] **Stimmzettel.** (1) Die Stimmzettel und die zugehörigen Umschläge für die Briefwahl (§ 36 Abs. 1) werden amtlich hergestellt.

(2) Der Stimmzettel enthält

1. für die Wahl in den Wahlkreisen die Namen der Bewerber der zugelassenen Kreiswahlvorschläge, bei Kreiswahlvorschlägen von Parteien außerdem die Namen der Parteien und, sofern sie eine Kurzbezeichnung verwenden, auch diese, bei anderen Kreiswahlvorschlägen außerdem das Kennwort,
2. für die Wahl nach Landeslisten die Namen der Parteien und, sofern sie eine Kurzbezeichnung verwenden, auch diese, sowie die Namen der ersten fünf Bewerber der zugelassenen Landeslisten.

(3) [1] Die Reihenfolge der Landeslisten von Parteien richtet sich nach der Zahl der Zweitstimmen, die sie bei der letzten Bundestagswahl im Land erreicht haben. [2] Die übrigen Landeslisten schließen sich in alphabetischer Reihenfolge der Namen der Parteien an. [3] Die Reihenfolge der Kreiswahlvorschläge richtet sich nach der Reihenfolge der entsprechenden Landeslisten. [4] Sonstige Kreiswahlvorschläge schließen sich in alphabetischer Reihenfolge der Namen der Parteien oder der Kennwörter an.

Fünfter Abschnitt. Wahlhandlung

§ 31 Öffentlichkeit der Wahlhandlung. [1] Die Wahlhandlung ist öffentlich. [2] Der Wahlvorstand kann Personen, die die Ordnung und Ruhe stören, aus dem Wahlraum verweisen.

§ 32 Unzulässige Wahlpropaganda und Unterschriftensammlung, unzulässige Veröffentlichung von Wählerbefragungen. (1) Während der Wahlzeit sind in und an dem Gebäude, in dem sich der Wahlraum befindet, sowie unmittelbar vor dem Zugang zu dem Gebäude jede Beeinflussung der Wähler durch Wort, Ton, Schrift oder Bild sowie jede Unterschriftensammlung verboten.

---

1) § 29 aufgeh. mWv 3.12.2011 durch G v. 25.11.2011 (BGBl. I S. 2313).

2) § 30 Abs. 1 neu gef. und Abs. 3 Satz 1 geänd. mWv 5.5.2001 durch G v. 27.4.2001 (BGBl. I S. 698).

(2) Die Veröffentlichung von Ergebnissen von Wählerbefragungen nach der Stimmabgabe über den Inhalt der Wahlentscheidung ist vor Ablauf der Wahlzeit unzulässig.

§ 33[1)] Wahrung des Wahlgeheimnisses. (1) [1] Es sind Vorkehrungen dafür zu treffen, daß der Wähler den Stimmzettel unbeobachtet kennzeichnen und falten kann. [2] Für die Aufnahme der Stimmzettel sind Wahlurnen zu verwenden, die die Wahrung des Wahlgeheimnisses sicherstellen.

(2) Ein Wähler, der des Lesens unkundig ist oder der wegen einer körperlichen Beeinträchtigung gehindert ist, den Stimmzettel zu kennzeichnen, zu falten oder selbst in die Wahlurne zu werfen, kann sich der Hilfe einer anderen Person bedienen.

§ 34[2)] Stimmabgabe mit Stimmzetteln. (1) Gewählt wird mit amtlichen Stimmzetteln.

(2) [1] Der Wähler gibt

1. seine Erststimme in der Weise ab, daß er durch ein auf den Stimmzettel gesetztes Kreuz oder auf andere Weise eindeutig kenntlich macht, welchem Bewerber sie gelten soll,
2. seine Zweitstimme in der Weise ab, daß er durch ein auf den Stimmzettel gesetztes Kreuz oder auf andere Weise eindeutig kenntlich macht, welcher Landesliste sie gelten soll.

[2] Der Wähler faltet daraufhin den Stimmzettel in der Weise, dass seine Stimmabgabe nicht erkennbar ist, und wirft ihn in die Wahlurne.

§ 35[3)] Stimmabgabe mit Wahlgeräten. (1) Zur Erleichterung der Abgabe und Zählung der Stimmen können anstelle von Stimmzetteln und Wahlurnen Wahlgeräte benutzt werden.

(2) [1] Wahlgeräte im Sinne von Absatz 1 müssen die Geheimhaltung der Stimmabgabe gewährleisten. [2] Ihre Bauart muß für die Verwendung bei Wahlen zum Deutschen Bundestag amtlich für einzelne Wahlen oder allgemein zugelassen sein. [3] Über die Zulassung entscheidet das Bundesministerium des Innern auf Antrag des Herstellers des Wahlgerätes. [4] Die Verwendung eines amtlich zugelassenen Wahlgerätes bedarf der Genehmigung durch das Bundesministerium des Innern. [5] Die Genehmigung kann für einzelne Wahlen oder allgemein ausgesprochen werden.

---

1) § 33 Abs. 1 Sätze 1 und 2 geänd. sowie Abs. 2 neu gef. mWv 5.5.2001 durch G v. 27.4.2001 (BGBl. I S. 698); Abs. 2 geänd. mWv 21.3.2008 durch G v. 17.3.2008 (BGBl. I S. 394).

2) § 34 Abs. 1 geänd. und Abs. 2 Satz 2 angef. mWv 5.5.2001 durch G v. 27.4.2001 (BGBl. I S. 698).

3) § 35 Abs. 1 und Abs. 3 Satz 2 geänd. durch G v. 21.5.1999 (BGBl. I S. 1023); Abs. 1 geänd. mWv 5.5.2001 durch G v. 27.4.2001 (BGBl. I S. 698); Abs. 3 Satz 2 geänd. mWv 28.11.2003 durch VO v. 25.11.2003 (BGBl. I S. 2304); Abs. 3 Satz 2 geänd. mWv 8.11.2006 durch VO v. 31.10.2006 (BGBl. I S. 2407); Abs. 3 Satz 2 geänd. mWv 8.9.2015 durch VO v. 31.8.2015 (BGBl. I S. 1474).

(3) [1] Das Bundesministerium des Innern wird ermächtigt, durch Rechtsverordnung[1)], die nicht der Zustimmung des Bundesrates bedarf, nähere Bestimmungen zu erlassen über

1. die Voraussetzungen für die amtliche Zulassung der Bauart von Wahlgeräten sowie für die Rücknahme und den Widerruf der Zulassung,
2. das Verfahren für die amtliche Zulassung der Bauart,
3. das Verfahren für die Prüfung eines Wahlgerätes auf die der amtlich zugelassenen Bauart entsprechende Ausführung,
4. die öffentliche Erprobung eines Wahlgerätes vor seiner Verwendung,
5. das Verfahren für die amtliche Genehmigung der Verwendung sowie für die Rücknahme und den Widerruf der Genehmigung,
6. die durch die Verwendung von Wahlgeräten bedingten Besonderheiten im Zusammenhang mit der Wahl.

[2] Die Rechtsverordnung ergeht in den Fällen der Nummern 1 und 3 im Einvernehmen mit dem Bundesministerium für Wirtschaft und Energie.

(4) Für die Betätigung eines Wahlgerätes gilt § 33 Abs. 1 Satz 1 und Abs. 2 entsprechend.

§ 36[2)] Briefwahl. (1) [1] Bei der Briefwahl hat der Wähler dem Kreiswahlleiter des Wahlkreises, in dem der Wahlschein ausgestellt worden ist, im verschlossenen Wahlbriefumschlag

a) seinen Wahlschein

b) in einem besonderen verschlossenen Stimmzettelumschlag seinen Stimmzettel

so rechtzeitig zu übersenden, daß der Wahlbrief spätestens am Wahltage bis 18 Uhr eingeht. [2] § 33 Abs. 2 gilt entsprechend.

(2) [1] Auf dem Wahlschein hat der Wähler oder die Hilfsperson gegenüber dem Kreiswahlleiter an Eides Statt zu versichern, daß der Stimmzettel persönlich oder gemäß dem erklärten Willen des Wählers gekennzeichnet worden ist. [2] Der Kreiswahlleiter ist zur Abnahme einer solchen Versicherung an Eides Statt zuständig; er gilt als Behörde im Sinne des § 156 des Strafgesetzbuches.

(3) Im Falle einer Anordnung der Landesregierung oder der von ihr bestimmten Stelle nach § 8 Abs. 3 tritt an die Stelle des Kreiswahlleiters in Absatz 1 Satz 1 und in Absatz 2 die Gemeindebehörde, die den Wahlschein ausgestellt hat, oder die Verwaltungsbehörde des Kreises, in dem diese Gemeinde liegt.

(4) [1] Wahlbriefe können von den Absendern bei einem vor der Wahl amtlich bekannt gemachten Postunternehmen als Briefsendungen ohne besondere Versendungsform unentgeltlich eingeliefert werden, wenn sie sich in amtlichen Wahlbriefumschlägen befinden. [2] Bei Inanspruchnahme einer besonderen Versendungsform hat der Absender den das jeweils für die Briefbe-

---

[1)] Siehe die BundeswahlgeräteVO v. 3.9.1975 (BGBl. I S. 2459), zuletzt geänd. durch Entsch. v. 3.3.2009 (BGBl. I S. 525).

[2)] § 36 Abs. 4 Sätze 1 und 3 neu gef. mWv 11.5.2002 durch G v. 7.5.2002 (BGBl. I S. 1529); Abs. 1 Satz 1 Buchst. b geänd. und Abs. 4 neu gef. mWv 21.3.2008 durch G v. 17.3.2008 (BGBl. I S. 394).

förderung gültige Leistungsentgelt übersteigenden Betrag zu tragen. [3] Der Bund trägt die Kosten für die unentgeltliche Wahlbriefbeförderung.

Sechster Abschnitt. Feststellung des Wahlergebnisses

§ 37 Feststellung des Wahlergebnisses im Wahlbezirk. Nach Beendigung der Wahlhandlung stellt der Wahlvorstand fest, wieviel Stimmen im Wahlbezirk auf die einzelnen Kreiswahlvorschläge und Landeslisten abgegeben worden sind.

§ 38 Feststellung des Briefwahlergebnisses. Der für die Briefwahl eingesetzte Wahlvorstand stellt fest, wieviel durch Briefwahl abgegebene Stimmen auf die einzelnen Kreiswahlvorschläge und Landeslisten entfallen.

§ 39[1)] Ungültige Stimmen, Zurückweisung von Wahlbriefen, Auslegungsregeln. (1) [1] Ungültig sind Stimmen, wenn der Stimmzettel

1. nicht amtlich hergestellt ist,
2. keine Kennzeichnung enthält,
3. für einen anderen Wahlkreis gültig ist,
4. den Willen des Wählers nicht zweifelsfrei erkennen läßt,
5. einen Zusatz oder Vorbehalt enthält.

[2] In den Fällen der Nummern 1 und 2 sind beide Stimmen ungültig; im Fall der Nummer 3 ist nur die Erststimme ungültig, wenn der Stimmzettel für einen anderen Wahlkreis in demselben Land gültig ist. [3] Bei der Briefwahl sind außerdem beide Stimmen ungültig, wenn der Stimmzettel nicht in einem amtlichen Stimmzettelumschlag oder in einem Stimmzettelumschlag abgegeben worden ist, der offensichtlich in einer das Wahlgeheimnis gefährdenden Weise von den übrigen abweicht oder einen deutlich fühlbaren Gegenstand enthält, jedoch eine Zurückweisung gemäß Absatz 4 Nr. 7 oder 8 nicht erfolgt ist. [4] Enthält der Stimmzettel nur eine Stimmabgabe, so ist die nicht abgegebene Stimme ungültig.

(2) Mehrere in einem Stimmzettelumschlag enthaltene Stimmzettel gelten als ein Stimmzettel, wenn sie gleich lauten oder nur einer von ihnen gekennzeichnet ist; sonst zählen sie als ein Stimmzettel mit zwei ungültigen Stimmen.

(3) Ist der Stimmzettelumschlag leer abgegeben worden, so gelten beide Stimmen als ungültig.

(4) [1] Bei der Briefwahl sind Wahlbriefe zurückzuweisen, wenn

1. der Wahlbrief nicht rechtzeitig eingegangen ist,
2. dem Wahlbriefumschlag kein oder kein gültiger Wahlschein beiliegt,
3. dem Wahlbriefumschlag kein Stimmzettelumschlag beigefügt ist,

---

1) § 39 Abs. 1 Satz 1 Nr. 1 und 2 und Abs. 3 Satz 2 aufgeh., Abs. 1 Satz 2 und Abs. 4 Satz 1 Nr. 6 geänd., Abs. 1 Sätze 3 und 4 angef., Abs. 1 Satz 1 bish. Nr. 3–6 werden Nr. 1–4 mWv 5.5. 2001 durch G v. 27.4.2001 (BGBl. I S. 698); Abs. 1 Satz 1 Nr. 1, Satz 3, Abs. 2, 3 und Abs. 4 Satz 1 Nr. 3, 4, 5, 7 und 8 geänd., Abs. 1 Satz 1 Nr. 3 eingef., bish. Nr. 3 und 4 werden Nr. 4 und 5 sowie Satz 2 neu gef. mWv 21.3.2008 durch G v. 17.3.2008 (BGBl. I S. 394).

4. weder der Wahlbriefumschlag noch der Stimmzettelumschlag verschlossen ist,
5. der Wahlbriefumschlag mehrere Stimmzettelumschläge, aber nicht eine gleiche Anzahl gültiger und mit der vorgeschriebenen Versicherung an Eides Statt versehener Wahlscheine enthält,
6. der Wähler oder die Hilfsperson die vorgeschriebene Versicherung an Eides Statt zur Briefwahl auf dem Wahlschein nicht unterschrieben hat,
7. kein amtlicher Stimmzettelumschlag benutzt worden ist,
8. ein Stimmzettelumschlag benutzt worden ist, der offensichtlich in einer das Wahlgeheimnis gefährdenden Weise von den übrigen abweicht oder einen deutlich fühlbaren Gegenstand enthält.

[2] Die Einsender zurückgewiesener Wahlbriefe werden nicht als Wähler gezählt; ihre Stimmen gelten als nicht abgegeben.

(5) Die Stimmen eines Wählers, der an der Briefwahl teilgenommen hat, werden nicht dadurch ungültig, daß er vor dem oder am Wahltage stirbt oder sein Wahlrecht nach § 13 verliert.

§ 40 Entscheidung des Wahlvorstandes. [1] Der Wahlvorstand entscheidet über die Gültigkeit der abgegebenen Stimmen und über alle bei der Wahlhandlung und bei der Ermittlung des Wahlergebnisses sich ergebenden Anstände. [2] Der Kreiswahlausschuß hat das Recht der Nachprüfung.

§ 41[1)] Feststellung des Wahlergebnisses im Wahlkreis. [1] Der Kreiswahlausschuß stellt fest, wieviel Stimmen im Wahlkreis für die einzelnen Kreiswahlvorschläge und Landeslisten abgegeben worden sind und welcher Bewerber als Wahlkreisabgeordneter gewählt ist. [2] Der Kreiswahlleiter benachrichtigt den gewählten Bewerber und weist ihn darauf hin, dass er nach der abschließenden Feststellung des Ergebnisses für das Wahlgebiet durch den Bundeswahlausschuss (§ 42 Abs. 2 Satz 1) die Mitgliedschaft im Deutschen Bundestag mit Eröffnung der ersten Sitzung nach der Wahl erlangt und eine Ablehnung des Erwerbs der Mitgliedschaft gegenüber dem Landeswahlleiter erfolgen muss.

§ 42[2)] Feststellung des Ergebnisses der Landeslistenwahl. (1) Der Landeswahlausschuß stellt fest, wieviel Stimmen im Land für die einzelnen Landeslisten abgegeben worden sind.

(2) [1] Der Bundeswahlausschuß stellt fest, wieviel Sitze auf die einzelnen Landeslisten entfallen und welche Bewerber gewählt sind. [2] Der Landeswahlleiter benachrichtigt die gewählten Bewerber und weist sie darauf hin, dass sie nach der abschließenden Feststellung des Ergebnisses für das Wahlgebiet durch den Bundeswahlausschuss die Mitgliedschaft im Deutschen Bundestag mit Eröffnung der ersten Sitzung nach der Wahl erlangen und eine Ablehnung des Erwerbs der Mitgliedschaft gegenüber dem Landeswahlleiter erfolgen muss.

[1)] § 41 Abs. 2 aufgeh., bish. Abs. 1 wird alleiniger Wortlaut und Satz 2 angef. mWv 21.3.2008 durch G v. 17.3.2008 (BGBl. I S. 394).

[2)] § 42 Abs. 2 Satz 2 angef. und Abs. 3 aufgeh. mWv 21.3.2008 durch G v. 17.3.2008 (BGBl. I S. 394).

Siebenter Abschnitt. Besondere Vorschriften für Nachwahlen und Wiederholungswahlen

§ 43[1] **Nachwahl.** (1) Eine Nachwahl findet statt,

1. wenn in einem Wahlkreis oder in einem Wahlbezirk die Wahl nicht durchgeführt worden ist,
2. wenn ein Wahlkreisbewerber nach der Zulassung des Kreiswahlvorschlages, aber noch vor der Wahl stirbt.

(2) [1] Die Nachwahl soll im Fall des Absatzes 1 Nr. 1 spätestens drei Wochen nach dem Tag der Hauptwahl stattfinden. [2] Im Fall des Absatzes 1 Nr. 2 kann sie am Tag der Hauptwahl stattfinden; sie soll spätestens sechs Wochen nach dem Tag der Hauptwahl stattfinden. [3] Den Tag der Nachwahl bestimmt der Landeswahlleiter.

(3) Die Nachwahl findet nach denselben Vorschriften und auf denselben Grundlagen wie die Hauptwahl statt.

(4) Im Fall einer Nachwahl ist das vorläufige Ergebnis der Hauptwahl unmittelbar im Anschluss an die Wahlhandlung der Hauptwahl auf der Grundlage der erfolgten Stimmabgaben zu ermitteln, festzustellen und bekannt zu geben.

§ 44[2] **Wiederholungswahl.** (1) Wird im Wahlprüfungsverfahren eine Wahl ganz oder teilweise für ungültig erklärt, so ist sie nach Maßgabe der Entscheidung zu wiederholen.

(2) Die Wiederholungswahl findet nach denselben Vorschriften, denselben Wahlvorschlägen und, wenn seit der Hauptwahl noch nicht sechs Monate verflossen sind, auf Grund derselben Wählerverzeichnisse wie die Hauptwahl statt, soweit nicht die Entscheidung im Wahlprüfungsverfahren hinsichtlich der Wahlvorschläge und Wählerverzeichnisse Abweichungen vorschreibt.

(3) [1] Die Wiederholungswahl muß spätestens sechzig Tage nach Rechtskraft der Entscheidung stattfinden, durch die die Wahl für ungültig erklärt worden ist. [2] Ist die Wahl nur teilweise für ungültig erklärt worden, so unterbleibt die Wiederholungswahl, wenn feststeht, daß innerhalb von sechs Monaten ein neuer Deutscher Bundestag gewählt wird. [3] Den Tag der Wiederholungswahl bestimmt der Landeswahlleiter, im Falle einer Wiederholungswahl für das ganze Wahlgebiet der Bundespräsident.

(4) [1] Auf Grund der Wiederholungswahl wird das Wahlergebnis nach den Vorschriften des Sechsten Abschnittes neu festgestellt. [2] Die nach § 41 Satz 2 und § 42 Abs. 2 Satz 2 zuständigen Wahlleiter benachrichtigen die gewählten Bewerber und fordern sie auf, binnen einer Woche schriftlich zu erklären, ob sie die Wahl annehmen.

---

[1] § 43 Abs. 2 neu gef. und Abs. 4 angef. mWv 21.3.2008 durch G v. 17.3.2008 (BGBl. I S. 394).
[2] § 44 Abs. 4 Satz 2 neu gef. mWv 21.3.2008 durch G v. 17.3.2008 (BGBl. I S. 394).

Achter Abschnitt. Erwerb und Verlust der Mitgliedschaft im Deutschen Bundestag

§ 45[1] **Erwerb der Mitgliedschaft im Deutschen Bundestag.** (1) [1] Ein gewählter Bewerber erwirbt die Mitgliedschaft im Deutschen Bundestag nach der abschließenden Feststellung des Ergebnisses für das Wahlgebiet durch den Bundeswahlausschuss (§ 42 Abs. 2 Satz 1) mit der Eröffnung der ersten Sitzung des Deutschen Bundestages nach der Wahl. [2] Eine Ablehnung des Erwerbs der Mitgliedschaft muss vor der ersten Sitzung gegenüber dem Landeswahlleiter schriftlich erklärt werden. [3] Eine Erklärung unter Vorbehalt gilt als Ablehnung. [4] Die Erklärung kann nicht widerrufen werden.

(2) Bei einer Ersatzwahl (§ 48 Abs. 2) gilt Absatz 1 entsprechend mit der Maßgabe, dass ein gewählter Bewerber die Mitgliedschaft im Deutschen Bundestag nach der Feststellung des endgültigen Wahlergebnisses für die Ersatzwahl erwirbt.

(3) [1] Bei einer Listennachfolge (§ 48 Abs. 1) oder einer Wiederholungswahl (§ 44) wird die Mitgliedschaft im Deutschen Bundestag mit dem frist- und formgerechten Eingang der auf die Benachrichtigung erfolgenden Annahmeerklärung beim zuständigen Wahlleiter, jedoch nicht vor Ausscheiden des ursprünglich gewählten Abgeordneten erworben. [2] Liegt bei Ablehnung des Erwerbs der Mitgliedschaft im Deutschen Bundestag durch einen gewählten Bewerber die Annahmeerklärung des Listennachfolgers bereits vor der ersten Sitzung des Deutschen Bundestages nach der Wahl vor, erwirbt der Listennachfolger das Mandat mit der Eröffnung dieser Sitzung. [3] Gibt der Listennachfolger oder durch Wiederholungswahl gewählte Bewerber bis zum Ablauf der Frist keine oder keine formgerechte Erklärung ab, so gilt die Nachfolge oder Wahl zu diesem Zeitpunkt als angenommen. [4] Absatz 1 Satz 3 und 4 gilt entsprechend.

§ 46[2] **Verlust der Mitgliedschaft im Deutschen Bundestag.** (1) [1] Ein Abgeordneter verliert die Mitgliedschaft im Deutschen Bundestag bei

1. Ungültigkeit des Erwerbs der Mitgliedschaft,
2. Neufeststellung des Wahlergebnisses,
3. Wegfall einer Voraussetzung seiner jederzeitigen Wählbarkeit,
4. Verzicht,
5. Feststellung der Verfassungswidrigkeit der Partei oder der Teilorganisation einer Partei, der er angehört, durch das Bundesverfassungsgericht nach Artikel 21 Abs. 2 Satz 2 des Grundgesetzes[3].

[2] Verlustgründe nach anderen gesetzlichen Vorschriften bleiben unberührt.

(2) Bei Ungültigkeit seiner Wahl im Wahlkreis bleibt der Abgeordnete Mitglied des Deutschen Bundestages, wenn er zugleich auf einer Landesliste gewählt war, aber nach § 6 Absatz 6 Satz 5 unberücksichtigt geblieben ist.

---

[1] § 45 neu gef. mWv 21.3.2008 durch G v. 17.3.2008 (BGBl. I S. 394).
[2] § 46 Abs. 2 geänd. mWv 9.5.2013 durch G v. 3.5.2013 (BGBl. I S. 1082).
[3] Nr. **1**.

(3) [1] Der Verzicht ist nur wirksam, wenn er zur Niederschrift des Präsidenten des Deutschen Bundestages, eines deutschen Notars, der seinen Sitz im Geltungsbereich dieses Gesetzes hat, oder eines zur Vornahme von Beurkundungen ermächtigten Bediensteten einer deutschen Auslandsvertretung erklärt wird. [2] Die notarielle oder bei einer Auslandsvertretung abgegebene Verzichtserklärung hat der Abgeordnete dem Bundestagspräsidenten zu übermitteln. [3] Der Verzicht kann nicht widerrufen werden.

(4) [1] Wird eine Partei oder die Teilorganisation einer Partei durch das Bundesverfassungsgericht nach Artikel 21 Abs. 2 Satz 2 des Grundgesetzes für verfassungswidrig erklärt, verlieren die Abgeordneten ihre Mitgliedschaft im Deutschen Bundestag und die Listennachfolger ihre Anwartschaft, sofern sie dieser Partei oder Teilorganisation in der Zeit zwischen der Antragstellung (§ 43 des Gesetzes über das Bundesverfassungsgericht[1)]) und der Verkündung der Entscheidung (§ 46 des Gesetzes über das Bundesverfassungsgericht) angehört haben. [2] Soweit Abgeordnete, die nach Satz 1 ihre Mitgliedschaft verloren haben, in Wahlkreisen gewählt waren, wird die Wahl eines Wahlkreisabgeordneten in diesen Wahlkreisen bei entsprechender Anwendung des § 44 Abs. 2 bis 4 wiederholt; hierbei dürfen die Abgeordneten, die nach Satz 1 ihre Mitgliedschaft verloren haben, nicht als Bewerber auftreten. [3] Soweit Abgeordnete, die nach Satz 1 ihre Mitgliedschaft verloren haben, nach einer Landesliste der für verfassungswidrig erklärten Partei oder Teilorganisation der Partei gewählt waren, bleiben die Sitze unbesetzt. [4] Im übrigen gilt § 48 Abs. 1.

§ 47 Entscheidung über den Verlust der Mitgliedschaft. (1) Über den Verlust der Mitgliedschaft nach § 46 Abs. 1 wird entschieden

1. im Falle der Nummer 1 im Wahlprüfungsverfahren,
2. im Falle der Nummern 2 und 5 durch Beschluß des Ältestenrates des Deutschen Bundestages,
3. im Falle der Nummer 3, wenn der Verlust der Wählbarkeit durch rechtskräftigen Richterspruch eingetreten ist, durch Beschluß des Ältestenrates des Deutschen Bundestages, im übrigen im Wahlprüfungsverfahren,
4. im Falle der Nummer 4 durch den Präsidenten des Deutschen Bundestages in der Form der Erteilung einer Bestätigung der Verzichtserklärung.

(2) Wird über den Verlust der Mitgliedschaft im Wahlprüfungsverfahren entschieden, so scheidet der Abgeordnete mit der Rechtskraft der Entscheidung aus dem Deutschen Bundestag aus.

(3) [1] Entscheidet der Ältestenrat oder der Präsident des Deutschen Bundestages über den Verlust der Mitgliedschaft, so scheidet der Abgeordnete mit der Entscheidung aus dem Deutschen Bundestag aus. [2] Die Entscheidung ist unverzüglich von Amts wegen zu treffen. [3] Innerhalb von zwei Wochen nach Zustellung der Entscheidung kann der Betroffene die Entscheidung des Deutschen Bundestages über den Verlust der Mitgliedschaft im Wahlprüfungsverfahren beantragen. [4] Die Zustellung erfolgt nach den Vorschriften des Verwaltungszustellungsgesetzes[2)].

---

1) Nr. **20**.
2) **Sartorius Nr. 110.**

§ 48[1)] Berufung von Listennachfolgern und Ersatzwahlen. (1) [1] Wenn ein gewählter Bewerber stirbt oder dem Landeswahlleiter schriftlich die Ablehnung des Erwerbs der Mitgliedschaft erklärt oder wenn ein Abgeordneter stirbt oder sonst nachträglich aus dem Deutschen Bundestag ausscheidet, so wird der Sitz aus der Landesliste derjenigen Partei besetzt, für die der gewählte Bewerber oder ausgeschiedene Abgeordnete bei der Wahl aufgetreten ist. [2] Bei der Nachfolge bleiben diejenigen Listenbewerber unberücksichtigt, die seit dem Zeitpunkt der Aufstellung der Landesliste aus dieser Partei ausgeschieden oder Mitglied einer anderen Partei geworden sind. [3] Unberücksichtigt bleiben ebenso Listenbewerber, die als gewählte Bewerber im Wahlkreis ihren Mitgliedschaftserwerb abgelehnt oder als Abgeordnete auf ihre Mitgliedschaft im Deutschen Bundestag verzichtet haben. [4] Ist die Liste erschöpft, so bleibt der Sitz unbesetzt. [5] Die Feststellung, wer als Listennachfolger eintritt, trifft der Landeswahlleiter. [6] Er benachrichtigt den Listennachfolger und fordert ihn auf, binnen einer Woche schriftlich zu erklären, ob er die Nachfolge annimmt.

(2) [1] Ist der Ausgeschiedene als Wahlkreisabgeordneter einer Wählergruppe oder einer Partei gewählt, für die im Land keine Landesliste zugelassen worden war, so findet Ersatzwahl im Wahlkreis statt. [2] Die Ersatzwahl muß spätestens sechzig Tage nach dem Zeitpunkt des Ausscheidens stattfinden. [3] Sie unterbleibt, wenn feststeht, daß innerhalb von sechs Monaten ein neuer Deutscher Bundestag gewählt wird. [4] Die Ersatzwahl wird nach den allgemeinen Vorschriften durchgeführt. [5] Den Wahltag bestimmt der Landeswahlleiter. [6] § 41 gilt entsprechend.

Neunter Abschnitt. Schlußbestimmungen

§ 49 Anfechtung. Entscheidungen und Maßnahmen, die sich unmittelbar auf das Wahlverfahren beziehen, können nur mit den in diesem Gesetz und in der Bundeswahlordnung[2)] vorgesehenen Rechtsbehelfen sowie im Wahlprüfungsverfahren angefochten werden.

§ 49a[3)] Ordnungswidrigkeiten. (1) Ordnungswidrig handelt, wer

1. entgegen § 11 ohne wichtigen Grund ein Ehrenamt ablehnt oder sich ohne genügende Entschuldigung den Pflichten eines solchen entzieht oder
2. entgegen § 32 Abs. 2 Ergebnisse von Wählerbefragungen nach der Stimmabgabe über den Inhalt der Wahlentscheidung vor Ablauf der Wahlzeit veröffentlicht.

(2) Die Ordnungswidrigkeit nach Absatz 1 Nr. 1 kann mit einer Geldbuße bis zu fünfhundert Euro, die Ordnungswidrigkeit nach Absatz 1 Nr. 2 mit einer Geldbuße bis zu fünfzigtausend Euro geahndet werden.

[1)] § 48 Abs. 1 und Abs. 2 Satz 6 neu gef. mWv 21.3.2008 durch G v. 17.3.2008 (BGBl. I S. 394); Abs. 1 Satz 2 aufgeh., bish. Sätze 3–7 werden Sätze 2–6 mWv 9.5.2013 durch G v. 3.5.2013 (BGBl. I S. 1082).

[2)] Nr. **11**.

[3)] § 49a Abs. 2 geänd. mWv 1.1.2002 durch G v. 3.12.2001 (BGBl. I S. 3306).

(3) Verwaltungsbehörde im Sinne des § 36 Abs. 1 Nr. 1 des Gesetzes über Ordnungswidrigkeiten ist

1. bei Ordnungswidrigkeiten nach Absatz 1 Nr. 1
   a) der Kreiswahlleiter, wenn ein Wahlberechtigter das Amt eines Wahlvorstehers, stellvertretenden Wahlvorstehers oder eines Beisitzers im Wahlvorstand oder im Kreiswahlausschuß,
   b) der Landeswahlleiter, wenn ein Wahlberechtigter das Amt eines Beisitzers im Landeswahlausschuß,
   c) der Bundeswahlleiter, wenn ein Wahlberechtigter das Amt eines Beisitzers im Bundeswahlausschuß unberechtigt ablehnt oder sich ohne genügende Entschuldigung den Pflichten eines solchen Amtes entzieht,
2. bei Ordnungswidrigkeiten nach Absatz 1 Nr. 2 der Bundeswahlleiter.

§ 49b[1] **Staatliche Mittel für andere Kreiswahlvorschläge.** (1) [1] Bewerber eines nach Maßgabe der §§ 18 und 20 von Wahlberechtigten eingereichten Wahlvorschlages, die mindestens 10 vom Hundert der in einem Wahlkreis abgegebenen gültigen Erststimmen erreicht haben, erhalten je gültige Stimme das Vierfache des in § 18 Absatz 3 Satz 1 Nummer 1 des Parteiengesetzes genannten und nach § 18 Absatz 3 Satz 3 des Parteiengesetzes[2] bis zum Zeitpunkt der Wahl erhöhten Betrages. [2] Die Mittel sind im Bundeshaushaltsplan auszubringen.

(2) [1] Die Festsetzung und die Auszahlung der staatlichen Mittel sind von dem Bewerber innerhalb von zwei Monaten nach dem Zusammentritt des Deutschen Bundestages beim Präsidenten des Deutschen Bundestages schriftlich zu beantragen; danach eingehende Anträge bleiben unberücksichtigt. [2] Der Betrag wird von dem Präsidenten des Deutschen Bundestages festgesetzt und ausgezahlt.

(3) Die Vorschriften des Parteiengesetzes über die absolute und relative Obergrenze finden keine Anwendung.

§ 50[3] **Wahlkosten.** (1) Der Bund erstattet den Ländern zugleich für ihre Gemeinden (Gemeindeverbände) die durch die Wahl veranlassten notwendigen Ausgaben.

(2) [1] Die Kosten für die Versendung der Wahlbenachrichtigungen und der Briefwahlunterlagen sowie die Erfrischungsgelder für die Mitglieder der Wahlvorstände werden den Ländern im Wege der Einzelabrechnung ersetzt. [2] Bei zeitgleicher Durchführung von Landtags- oder Kommunalwahlen sowie von Abstimmungen mit Wahlen zum Deutschen Bundestag werden diese Kosten dem jeweiligen Land anteilig ersetzt.

(3) [1] Die übrigen Kosten werden durch einen festen Betrag je Wahlberechtigten erstattet. [2] Er beträgt für Gemeinden bis zu 100 000 Wahlberechtigten 0,45 Euro und für Gemeinden mit mehr als 100 000 Wahlberechtigten

---

[1] § 49b eingef. durch G v. 28.1.1994 (BGBl. I S. 142); Abs. 1 Satz 1 geänd. mWv 18.9.2005 durch G v. 17.3.2008 (BGBl. I S. 394); Abs. 1 Satz 1 geänd. mWv 14.7.2018 durch G v. 10.7.2018 (BGBl. I S. 1116).

[2] Nr. **24**.

[3] § 50 neu gef. mWv 5.5.2001 durch G v. 27.4.2001 (BGBl. I S. 698); Abs. 4 angef. mWv 1.1. 2003 durch G v. 27.4.2002 (BGBl. I S. 1467).

0,70 Euro. [3] Notwendige Anpassungen des festen Betrages nach Satz 2 an die Preisentwicklung werden frühestens für eine Wahl nach dem 1. Januar 2005 vom Bundesministerium des Innern durch Rechtsverordnung[1)] mit Zustimmung des Bundesrates festgesetzt.

(4) Der Bund erstattet den Blindenvereinen, die ihre Bereitschaft zur Herstellung von Stimmzettelschablonen erklärt haben, die durch die Herstellung und die Verteilung der Stimmzettelschablonen veranlassten notwendigen Ausgaben.

§ 51[2)] *(aufgehoben)*

§ 52[3)] **Bundeswahlordnung.** (1) [1] Das Bundesministerium des Innern erläßt die zur Durchführung dieses Gesetzes erforderliche Bundeswahlordnung[4)].[5)] [2] Es trifft darin insbesondere Rechtsvorschriften über

1. die Bestellung der Wahlleiter und Wahlvorsteher, die Bildung der Wahlausschüsse und Wahlvorstände sowie über die Tätigkeit, Beschlußfähigkeit und das Verfahren der Wahlorgane,
2. die Berufung in ein Wahlehrenamt, über den Ersatz von Auslagen für Inhaber von Wahlehrenämtern und über das Bußgeldverfahren,
3. die Wahlzeit,
4. die Bildung der Wahlbezirke und ihre Bekanntmachung,
5. die einzelnen Voraussetzungen für die Aufnahme in die Wählerverzeichnisse, deren Führung, Berichtigung und Abschluss, über die Einsicht in Wählerverzeichnisse, über den Einspruch und die Beschwerde gegen das Wählerverzeichnis sowie über die Benachrichtigung der Wahlberechtigten,
6. die einzelnen Voraussetzungen für die Erteilung von Wahlscheinen, deren Ausstellung, über den Einspruch und die Beschwerde gegen die Ablehnung von Wahlscheinen,
7. den Nachweis der Wahlrechtsvoraussetzungen,
8. das Verfahren der Wahlorgane nach § 18 Absatz 2 bis 4a,
9. Einreichung, Inhalt und Form der Wahlvorschläge sowie der dazugehörigen Unterlagen, über ihre Prüfung, die Beseitigung von Mängeln, ihre Zulassung, die Beschwerde gegen Entscheidungen des Kreiswahlausschusses und des Landeswahlausschusses sowie die Bekanntgabe der Wahlvorschläge,
10. Form und Inhalt des Stimmzettels und über den Stimmzettelumschlag,

---

1) Siehe hierzu ua die Verordnung zur Anpassung der festen Beträge im Rahmen der Wahlkostenerstattung durch den Bund (WahlkostenV) v. 8.11.2016 (BGBl. I S. 2517).

2) § 51 aufgeh. mWv 1.1.2014 durch G v. 3.5.2013 (BGBl. I S. 1082).

3) § 52 Abs. 1 Satz 2 Nr. 5 neu gef. mWv 5.5.2001 durch G v. 27.4.2001 (BGBl. I S. 698); Abs. 1 Satz 2 Nr. 10 geänd. und Nr. 14 eingef., bish. Nr. 14–16 werden Nr. 15–17 mWv 21.3. 2008 durch G v. 17.3.2008 (BGBl. I S. 394); Abs. 1 Satz 2 Nr. 8 geänd. mWv 19.7.2012 durch G v. 12.7.2012 (BGBl. I S. 1501).

4) Nr. **11**.

5) Siehe hierzu auch die BundeswahlgeräteVO v. 3.9.1975 (BGBl. I S. 2459), zuletzt geänd. durch Entsch. v. 3.3.2009 (BGBl. I S. 525).

11. Bereitstellung, Einrichtung und Bekanntmachung der Wahlräume sowie über Wahlschutzvorrichtungen und Wahlzellen,
12. die Stimmabgabe, auch soweit besondere Verhältnisse besondere Regelungen erfordern,
13. die Briefwahl,
14. die Abgabe und Aufnahme von Versicherungen an Eides statt,
15. die Wahl in Kranken- und Pflegeanstalten, Klöstern, gesperrten Wohnstätten sowie sozialtherapeutischen und Justizvollzugsanstalten,
16. die Feststellung der Wahlergebnisse, ihre Weitermeldung und Bekanntgabe sowie die Benachrichtigung der Gewählten,
17. die Durchführung von Nachwahlen, Wiederholungswahlen und Ersatzwahlen sowie die Berufung von Listennachfolgern.

(2) Die Rechtsvorschriften bedürfen nicht der Zustimmung des Bundesrates.

(3) Das Bundesministerium des Innern wird ermächtigt, im Falle einer Auflösung des Deutschen Bundestages die in dem Bundeswahlgesetz und in der Bundeswahlordnung bestimmten Fristen und Termine durch Rechtsverordnung ohne Zustimmung des Bundesrates abzukürzen.

§ 53[1] *(aufgehoben)*

§ 54[2] **Fristen, Termine und Form.** (1) [1] Die in diesem Gesetz und in der auf Grund dieses Gesetzes erlassenen Bundeswahlordnung[3] vorgesehenen Fristen und Termine verlängern oder ändern sich nicht dadurch, daß der letzte Tag der Frist oder ein Termin auf einen Sonnabend, einen Sonntag, einen gesetzlichen oder staatlich geschützten Feiertag fällt. [2] Eine Wiedereinsetzung in den vorigen Stand ist ausgeschlossen.

(2) Soweit in diesem Gesetz oder in der auf Grund dieses Gesetzes erlassenen Bundeswahlordnung nichts anderes bestimmt ist, müssen vorgeschriebene Erklärungen persönlich und handschriftlich unterzeichnet sein und bei der zuständigen Stelle im Original vorliegen.

§ 55 (Inkrafttreten)

Anlage[4]
(zu § 2 Absatz 2)

(hier nicht wiedergegeben)

---

[1] § 53 aufgeh. mWv 5.5.2001 durch G v. 27.4.2001 (BGBl. I S. 698).

[2] § 54 Überschrift geänd. und Abs. 2 angef., Abs. 1 Satz 1 geänd. mWv 21.3.2008 durch G v. 17.3.2008 (BGBl. I S. 394).

[3] Nr. **11**.

[4] Anl. neu gef. mWv 10.5.2016 durch G v. 3.5.2016 (BGBl. I S. 1062); geänd. mWv 30.8.2017 durch Bek. v. 30.8.2017 (BGBl. I S. 3339).

11. Bereitstellung, Einrichtung und Ausschmückung der Wahlräume sowie über Wahlschutzvorrichtungen und Wahlzellen,
12. die Stimmabgabe, auch soweit besondere Verhältnisse besondere Regelungen erfordern,
13. die Briefwahl,
14. die Abgabe und Aufnahme von Versicherungen an Eides statt,
15. die Wahl in Kranken- und Pflegeanstalten, Klöstern, gesperrten Wohnstätten sowie sozialtherapeutischen und Justizvollzugsanstalten,
16. die Feststellung der Wahlergebnisse und ihre Weitermeldung und Bekanntgabe sowie die Benachrichtigung der Gewählten,
17. die Durchführung von Nachwahl, Wiederholungswahlen und Ersatzwahlen sowie die Berufung von Listennachfolgern.

(2) Die Rechtsverordnung bedarf nicht der Zustimmung des Bundesrates.

(3) Das Bundesministerium des Innern wird ermächtigt, im Falle einer Auflösung des Deutschen Bundestages die in dem Bundeswahlgesetz und in der Bundeswahlordnung bestimmten Fristen und Termine durch Rechtsverordnung ohne Zustimmung des Bundesrates abzukürzen.

§ 53[1] *(weggefallen)*

§ 54[2] **Fristen, Termine und Formen.** (1) Die in diesem Gesetz und in der auf Grund dieses Gesetzes erlassenen Bundeswahlordnung[3] vorgesehenen Fristen und Termine verlängern oder ändern sich nicht dadurch, dass der letzte Tag der Frist oder ein Termin auf einen Sonnabend, einen Sonntag, einen gesetzlichen oder staatlich geschützten Feiertag fällt. Eine Wiedereinsetzung in den vorigen Stand ist ausgeschlossen.

(2) Soweit in diesem Gesetz oder in der auf Grund dieses Gesetzes erlassenen Bundeswahlordnung nichts anderes bestimmt ist, müssen vorgeschriebene Erklärungen persönlich und handschriftlich unterzeichnet sein und bei der zuständigen Stelle im Original vorliegen.

§ 55 *(Inkrafttreten)*

Anlage[4]
(zu § 30 Abs. 2)

(Stimmzettelmuster) [illegible]

---

[1] § 53 aufgeh. [illegible] (BGBl. I S. [illegible]).
[2] § 54 [illegible] geänd. [illegible] Abs. 2 angef. [illegible] (BGBl. I S. [illegible]).
[3] Nr. 11.
[4] Anl. [illegible] (BGBl. I S. 1052), geänd. [illegible] durch Bek. [illegible] (BGBl. I [illegible]).

11. Bundeswahlordnung (BWO)[1)]

In der Fassung der Bekanntmachung vom 19. April 2002[2)]
(BGBl. I S. 1376)

FNA 111-1-5

geänd. durch Art. 2 Behindertengleichstellungs-EinführungsG v. 27.4.2002 (BGBl. I S. 1467), Art. 1 Achte ÄndVO v. 27.8.2002 (BGBl. I S. 3429), Art. 3 G zur Reform des Reisekostenrechts v. 26.5.2005 (BGBl. I S. 1418), Art. 50 G zur Umbenennung des Bundesgrenzschutzes in Bundespolizei v. 21.6.2005 (BGBl. I S. 1818), Art. 1 Neunte ÄndVO v. 30.6.2005 (BGBl. I S. 1951), Art. 1 ÄndVO v. 27.3.2008 (BGBl. I S. 476), Art. 1 Zweite VO zur Änd. der BundeswahlO und der EuropawahlO v. 3.12.2008 (BGBl. I S. 2378), Art. 2 Abs. 2 G zur Fortentwicklung des Meldewesens v. 3.5.2013 (BGBl. I S. 1084, geänd. durch G v. 20.11.2014, BGBl. I S. 1738), Art. 1 Zehnte ÄndVO v. 13.5.2013 (BGBl. I S. 1255), Art. 1 Elfte ÄndVO v. 24.3.2017 (BGBl. I S. 585) und Art. 5 G zu bereichsspezifischen Regelungen der Gesichtsverhüllung und zur Änd. weiterer dienstrechtlicher Vorschriften v. 8.6.2017 (BGBl. I S. 1570)

Inhaltsübersicht[3)]

---

1) Siehe hierzu ua die Zweite Bek. zur Bundestagswahl 2013 v. 14.10.2013 (BAnz AT 04.11.2013 B7).

2) Neubekanntmachung der BWO idF der Bek. v. 8.3.1994 (BGBl. I S. 495) in der ab 21.2.2002 geltenden Fassung.

3) Inhaltsübersicht geänd. mWv 1.4.2008 durch VO v. 27.3.2008 (BGBl. I S. 476); geänd. mWv 11.12.2008 durch VO v. 3.12.2008 (BGBl. I S. 2378); geänd. mWv 18.5.2013 durch VO v. 13.5. 2013 (BGBl. I S. 1255); geänd. mWv 31.3.2017 durch VO v. 24.3.2017 (BGBl. I S. 585).

Erster Abschnitt. Wahlorgane

§ 1 Bundeswahlleiter. [1] Der Bundeswahlleiter und sein Stellvertreter werden auf unbestimmte Zeit ernannt. [2] Das Bundesministerium des Innern macht die Namen des Bundeswahlleiters und seines Stellvertreters sowie die Anschriften ihrer Dienststellen mit Telekommunikationsanschlüssen öffentlich bekannt.

§ 2 Landeswahlleiter. [1] Der Landeswahlleiter und sein Stellvertreter werden auf unbestimmte Zeit ernannt. [2] Die ernennende Stelle teilt die Namen des Landeswahlleiters und seines Stellvertreters sowie die Anschriften ihrer Dienststellen mit Telekommunikationsanschlüssen dem Bundeswahlleiter mit und macht sie öffentlich bekannt.

---

[1] **Amtl. Anm.:** Der Anhang wird als Anlageband zu dieser Ausgabe des Bundesgesetzblattes ausgegeben. Abonnenten des Bundesgesetzblattes Teil I wird der Anlageband auf Anforderung gemäß den Bezugsbedingungen des Verlags übersandt.

§ 3[1] Kreiswahlleiter. (1) [1]Die Kreiswahlleiter und deren Stellvertreter werden vor jeder Wahl ernannt. [2]Die Ernennung erfolgt zu dem Termin, zu dem nach § 21 Absatz 3 des Bundeswahlgesetzes[2] die Vertreterversammlungen zur Aufstellung von Wahlkreisbewerbern frühestens stattfinden dürfen, spätestens alsbald nach der Bestimmung des Tages der Hauptwahl. [3]Die ernennende Stelle teilt die Namen und Anschriften ihrer Dienststellen mit Telekommunikationsanschlüssen dem Landeswahlleiter und dem Bundeswahlleiter mit und macht sie öffentlich bekannt.

(2) Die Kreiswahlleiter und deren Stellvertreter üben ihr Amt auch nach der Hauptwahl, längstens bis zum Ablauf der Wahlperiode, aus.

§ 4[3] Bildung der Wahlausschüsse. (1) [1]Der Bundeswahlleiter, die Landeswahlleiter und die Kreiswahlleiter berufen alsbald nach der Bestimmung des Tages der Hauptwahl die Beisitzer der Wahlausschüsse und für jeden Beisitzer einen Stellvertreter. [2]Die Beisitzer der Landeswahlausschüsse und der Kreiswahlausschüsse sind aus den Wahlberechtigten des jeweiligen Gebietes zu berufen; sie sollen möglichst am Sitz des Wahlleiters wohnen.

(2) Bei der Auswahl der Beisitzer der Wahlausschüsse sollen in der Regel die Parteien in der Reihenfolge der bei der letzten Bundestagswahl in dem jeweiligen Gebiet errungenen Zahlen der Zweitstimmen angemessen berücksichtigt und die von ihnen rechtzeitig vorgeschlagenen Wahlberechtigten berufen werden.

(3) [1]Der Bundeswahlleiter beruft zwei Richter des Bundesverwaltungsgerichts, die Landeswahlleiter berufen je zwei Richter des Oberverwaltungsgerichts des Landes und jeweils einen Stellvertreter. [2]Die Berufung erfolgt auf Vorschlag des Gerichtspräsidenten. [3]Die Vorschriften über die Beisitzer der Wahlausschüsse in § 11 Absatz 1 des Bundeswahlgesetzes[2] sowie in den §§ 5 und 10 dieser Verordnung gelten entsprechend.

(4) Die Wahlausschlüsse bestehen auch nach der Hauptwahl, längstens bis zum Ablauf der Wahlperiode, fort.

§ 5[4] Tätigkeit der Wahlausschüsse. (1) Die Wahlausschüsse sind ohne Rücksicht auf die Zahl der erschienenen Beisitzer beschlussfähig.

(2) [1]Der Vorsitzende bestimmt Ort und Zeit der Sitzungen. [2]Er lädt die Beisitzer zu den Sitzungen und weist dabei darauf hin, dass der Ausschuss ohne Rücksicht auf die Zahl der erschienenen Beisitzer beschlussfähig ist. [3]Die Beisitzer sollen Gelegenheit erhalten, die zu beratenden Unterlagen vor der Sitzung zur Kenntnis zu nehmen.

(3) Zeit, Ort und Gegenstand der Verhandlungen sind öffentlich bekannt zu machen.

(4) Der Vorsitzende bestellt einen Schriftführer; dieser ist nur stimmberechtigt, wenn er zugleich Beisitzer ist.

---

[1] § 3 Abs. 1 Satz 2 neu gef. mWv 18.5.2013 durch VO v. 13.5.2013 (BGBl. I S. 1255).
[2] Nr. **10**.
[3] § 4 Abs. 3 eingef., bish. Abs. 3 wird Abs. 4 mWv 18.5.2013 durch VO v. 13.5.2013 (BGBl. I S. 1255).
[4] § 5 Abs. 2 Satz 3 angef. mWv 18.5.2013 durch VO v. 13.5.2013 (BGBl. I S. 1255).

(5) Der Vorsitzende weist die Beisitzer und den Schriftführer auf ihre Verpflichtung zur unparteiischen Wahrnehmung ihres Amtes und zur Verschwiegenheit über die ihnen bei ihrer amtlichen Tätigkeit bekannt gewordenen Angelegenheiten hin.

(6) Der Vorsitzende ist befugt, Personen, die die Ruhe und Ordnung stören, aus dem Sitzungsraum zu verweisen.

(7) Über jede Sitzung ist vom Schriftführer eine Niederschrift zu fertigen; sie ist vom Vorsitzenden, von den Beisitzern und vom Schriftführer zu unterzeichnen.

§ 6[1] Wahlvorsteher und Wahlvorstand. (1) Vor jeder Wahl sind, nach Möglichkeit aus den Wahlberechtigten der Gemeinde, für jeden Wahlbezirk ein Wahlvorsteher und sein Stellvertreter, im Falle des § 46 Abs. 2 mehrere Wahlvorsteher und Stellvertreter zu ernennen.

(2) [1] Die Beisitzer des Wahlvorstandes sollen möglichst aus den Wahlberechtigten der Gemeinde, nach Möglichkeit aus den Wahlberechtigten des Wahlbezirks berufen werden. [2] Der Stellvertreter des Wahlvorstehers ist zugleich Beisitzer des Wahlvorstandes.

(3) [1] Der Wahlvorsteher und sein Stellvertreter werden von der Gemeindebehörde vor Beginn der Wahlhandlung auf ihre Verpflichtung zur unparteiischen Wahrnehmung ihres Amtes und zur Verschwiegenheit über die ihnen bei ihrer amtlichen Tätigkeit bekannt gewordenen Angelegenheiten hingewiesen. [2] Die Mitglieder des Wahlvorstandes dürfen während ihrer Tätigkeit kein auf eine politische Überzeugung hinweisendes Zeichen sichtbar tragen.

(4) [1] Der Wahlvorsteher bestellt aus den Beisitzern den Schriftführer und dessen Stellvertreter. [2] Ist nach § 9 Absatz 2 Satz 3 des Bundeswahlgesetzes[2] angeordnet, dass die Beisitzer des Wahlvorstandes von der Gemeindebehörde berufen werden, so kann diese auch den Schriftführer und dessen Stellvertreter bestellen.

(5) Die Gemeindebehörde hat die Mitglieder des Wahlvorstandes vor der Wahl so über ihre Aufgaben zu unterrichten, dass ein ordnungsmäßiger Ablauf der Wahlhandlung sowie der Ermittlung und Feststellung des Wahlergebnisses gesichert ist.

(6) [1] Der Wahlvorstand wird von der Gemeindebehörde oder in ihrem Auftrag vom Wahlvorsteher einberufen. [2] Er tritt am Wahltage rechtzeitig vor Beginn der Wahlzeit im Wahlraum zusammen.

(7) [1] Der Wahlvorstand sorgt für die ordnungsmäßige Durchführung der Wahl. [2] Der Wahlvorsteher leitet die Tätigkeit des Wahlvorstandes.

(8) [1] Während der Wahlhandlung müssen immer der Wahlvorsteher und der Schriftführer oder ihre Stellvertreter sowie mindestens ein Beisitzer anwesend sein. [2] Bei der Ermittlung und Feststellung des Wahlergebnisses sollen alle Mitglieder des Wahlvorstandes anwesend sein.

---

[1] § 6 Abs. 4 Satz 2 angef., Abs. 8 Satz 1 geänd., Abs. 9 Satz 1 neu gef. mWv 18.5.2013 durch VO v. 13.5.2013 (BGBl. I S. 1255).

[2] Nr. **10**.

(9) [1] Der Wahlvorstand ist beschlussfähig, wenn der Wahlvorsteher und der Schriftführer oder ihre Stellvertreter sowie während der Wahlhandlung mindestens ein Beisitzer, bei der Ermittlung und Feststellung des Wahlergebnisses mindestens drei Beisitzer anwesend sind. [2] Fehlende Beisitzer sind vom Wahlvorsteher durch Wahlberechtigte zu ersetzen, wenn es mit Rücksicht auf die Beschlussfähigkeit des Wahlvorstandes erforderlich ist. [3] Sie sind vom Wahlvorsteher nach Absatz 3 auf ihre Verpflichtung hinzuweisen.

(10) Bei Bedarf stellt die Gemeindebehörde dem Wahlvorstand die erforderlichen Hilfskräfte zur Verfügung.

§ 7[1)] Briefwahlvorsteher und Briefwahlvorstand. Für die Briefwahlvorsteher und Briefwahlvorstände gilt § 6 entsprechend mit folgenden Maßgaben:

1. Bei der Bildung mehrerer Briefwahlvorstände nach § 8 Abs. 1 des Bundeswahlgesetzes[2)] für einen Wahlkreis und bei der Bildung von Briefwahlvorständen nach § 8 Abs. 3 des Bundeswahlgesetzes für einzelne oder mehrere Gemeinden oder für einzelne Kreise innerhalb eines Wahlkreises darf die Zahl der auf einen Briefwahlvorstand entfallenden Wahlbriefe nicht so gering sein, dass erkennbar wird, wie einzelne Wahlberechtigte gewählt haben; auf einen Briefwahlvorstand sollen mindestens 50 Wahlbriefe entfallen.
2. Wieviel Briefwahlvorstände im Falle einer Anordnung nach § 8 Abs. 3 des Bundeswahlgesetzes zu bilden sind, um das Ergebnis der Briefwahl noch am Wahltage feststellen zu können, entscheidet die Landesregierung oder die von ihr bestimmte Stelle.
3. Wird im Rahmen einer Anordnung nach § 8 Abs. 3 des Bundeswahlgesetzes für mehrere Gemeinden ein Briefwahlvorstand gebildet, ist eine dieser Gemeinden mit der Durchführung der Briefwahl zu betrauen.
4. Die Mitglieder der Briefwahlvorstände für die einzelnen Wahlkreise sind nach Möglichkeit aus den Wahlberechtigten des jeweiligen Wahlkreises zu berufen, die am Sitz des Kreiswahlleiters wohnen, bei Bildung von Briefwahlvorständen für einzelne oder für mehrere Gemeinden oder für einzelne Kreise innerhalb eines Wahlkreises nach Möglichkeit aus den Wahlberechtigten, die in den jeweiligen Gemeinden oder Kreisen wohnen.
5. Der Kreiswahlleiter macht Ort und Zeit des Zusammentritts des Briefwahlvorstandes öffentlich bekannt, weist den Briefwahlvorsteher und seinen Stellvertreter auf ihre Verpflichtung zur unparteiischen Wahrnehmung ihrer Aufgaben und zur Verschwiegenheit über die ihnen bei ihrer amtlichen Tätigkeit bekannt gewordenen Angelegenheiten hin, unterrichtet den Briefwahlvorstand über seine Aufgaben und beruft ihn ein; Entsprechendes gilt bei der Einsetzung mehrerer Briefwahlvorstände für einen Wahlkreis. Werden Briefwahlvorstände für einzelne oder mehrere Gemeinden oder für einzelne Kreise innerhalb eines Wahlkreises gebildet, nimmt die jeweilige oder die nach Nummer 3 betraute Gemeindebehörde oder die Verwaltungsbehörde des jeweiligen Kreises diese Aufgaben wahr.

[1)] § 7 Nr. 1–3 geänd. mWv 11.12.2008 durch VO v. 3.12.2008 (BGBl. I S. 2378).
[2)] Nr. **10**.

6. Der Briefwahlvorstand ist beschlussfähig bei der Zulassung oder Zurückweisung der Wahlbriefe nach § 75 Abs. 1 und 2, wenn mindestens drei Mitglieder, bei der Ermittlung und Feststellung des Briefwahlergebnisses nach § 75 Abs. 3, wenn mindestens fünf Mitglieder, darunter jeweils der Wahlvorsteher und der Schriftführer oder ihre Stellvertreter, anwesend sind.

§ 8 Beweglicher Wahlvorstand. [1] Für die Stimmabgabe in kleineren Krankenhäusern, kleineren Alten- oder Pflegeheimen, Klöstern, sozialtherapeutischen Anstalten und Justizvollzugsanstalten sollen bei entsprechendem Bedürfnis und soweit möglich bewegliche Wahlvorstände gebildet werden. [2] Der bewegliche Wahlvorstand besteht aus dem Wahlvorsteher des zuständigen Wahlbezirks oder seinem Stellvertreter und zwei Beisitzern des Wahlvorstandes. [3] Die Gemeindebehörde kann jedoch auch den beweglichen Wahlvorstand eines anderen Wahlbezirks der Gemeinde mit der Entgegennahme der Stimmzettel beauftragen.

§ 9[1)] Ehrenämter. Die Übernahme eines Wahlehrenamtes können ablehnen

1. Mitglieder der Bundesregierug oder einer Landesregierung,
2. Mitglieder des Europäischen Parlaments, des Deutschen Bundestages oder eines Landtages,
3. Wahlberechtigte, die am Wahltage das 65. Lebensjahr vollendet haben,
4. Wahlberechtigte, die glaubhaft machen, dass ihnen die Fürsorge für ihre Familie die Ausübung des Amtes in besonderer Weise erschwert,
5. Wahlberechtigte, die glaubhaft machen, dass sie aus dringenden beruflichen Gründen oder durch Krankheit oder Behinderung oder aus einem sonstigen wichtigen Grunde gehindert sind, das Amt ordnungsmäßig auszuüben.

§ 10[2)] Auslagenersatz für Inhaber von Wahlämtern, Erfrischungsgeld.

(1) Wahlleiter, Beisitzer der Wahlausschüsse und Mitglieder der Wahlvorstände erhalten, wenn sie außerhalb ihres Wahlbezirks tätig werden, Ersatz ihrer notwendigen Fahrkosten in entsprechender Anwendung der §§ 4 und 5 Abs. 1 des Bundesreisekostengesetzes[3)]; wenn sie außerhalb ihres Wohnortes tätig werden, erhalten sie außerdem Tage- und Übernachtungsgelder nach dem Bundesreisekostengesetz.

(2) [1] Den Mitgliedern der Wahlausschüsse kann für die Teilnahme an einer nach § 5 einberufenen Sitzung und den Mitgliedern der Wahlvorstände für den Wahltag ein Erfrischungsgeld von je 35 Euro für den Vorsitzenden und je 25 Euro für die übrigen Mitglieder gewährt werden. [2] Es ist auf ein Tagegeld nach Absatz 1 anzurechnen.

[1)] § 9 Nr. 5 geänd. mWv 11.12.2008 durch VO v. 3.12.2008 (BGBl. I S. 2378).

[2)] § 10 Abs. 1 geänd. mWv 1.9.2005 durch G v. 26.5.2005 (BGBl. I S. 1418); Abs. 2 geänd. mWv 11.12.2008 durch VO v. 3.12.2008 (BGBl. I S. 2378); Abs. 2 neu gef. mWv 31.3.2017 durch VO v. 24.3.2017 (BGBl. I S. 585).

[3)] **Sartorius Nr. 235.**

§ 11[1] Geldbußen. Geldbußen nach § 49a Abs. 1 Nr. 1 des Bundeswahlgesetzes[2] fließen in die Kasse der Gemeinde, in der der Betroffene in das Wählerverzeichnis einzutragen ist, Geldbußen nach § 49a Abs. 1 Nr. 2 des Bundeswahlgesetzes in die Kasse des Bundes.

Zweiter Abschnitt. Vorbereitung der Wahl

Erster Unterabschnitt. Wahlbezirke

§ 12[3] Allgemeine Wahlbezirke. (1) [1] Gemeinden mit nicht mehr als 2 500 Einwohnern bilden in der Regel einen Wahlbezirk. [2] Größere Gemeinden werden in mehrere Wahlbezirke eingeteilt. [3] Die Gemeindebehörde bestimmt, welche Wahlbezirke zu bilden sind.

(2) [1] Die Wahlbezirke sollen nach den örtlichen Verhältnissen so abgegrenzt werden, dass allen Wahlberechtigten die Teilnahme an der Wahl möglichst erleichtert wird. [2] Kein Wahlbezirk soll mehr als 2 500 Einwohner umfassen. [3] Die Zahl der Wahlberechtigten eines Wahlbezirks darf nicht so gering sein, dass erkennbar wird, wie einzelne Wahlberechtigte gewählt haben.

(3) Die Wahlberechtigten in Gemeinschaftsunterkünften wie Lagern, Unterkünften der Bundeswehr, der Bundespolizei oder der Polizei sollen nach festen Abgrenzungsmerkmalen auf mehrere Wahlbezirke verteilt werden.

(4) [1] Der Kreiswahlleiter kann kleine Gemeinden und Teile von Gemeinden des gleichen Verwaltungsbezirks zu einem Wahlbezirk und Teile von Gemeinden, die von Wahlkreisgrenzen durchschnitten werden, mit benachbarten Gemeinden oder Teilen von Gemeinden eines anderen Verwaltungsbezirks zu einem Wahlbezirk vereinigen. [2] Dabei bestimmt er, welche Gemeinde die Wahl durchführt.

§ 13 Sonderwahlbezirke. (1) Für Krankenhäuser, Altenheime, Altenwohnheime, Pflegeheime, Erholungsheime und gleichartige Einrichtungen mit einer größeren Anzahl von Wahlberechtigten, die keinen Wahlraum außerhalb der Einrichtung aufsuchen können, soll die Gemeindebehörde bei entsprechendem Bedürfnis Sonderwahlbezirke zur Stimmabgabe für Wahlscheininhaber bilden.

(2) Mehrere Einrichtungen können zu einem Sonderwahlbezirk zusammengefasst werden.

(3) Wird ein Sonderwahlbezirk nicht gebildet, gilt § 8 entsprechend.

Zweiter Unterabschnitt. Wählerverzeichnis

§ 14[4] Führung des Wählerverzeichnisses. (1) [1] Die Gemeindebehörde legt vor jeder Wahl für jeden allgemeinen Wahlbezirk (§ 12) ein Verzeichnis der Wahlberechtigten nach Familiennamen und Vornamen, Geburtsdatum

---

[1] § 11 geänd. mWv 11.12.2008 durch VO v. 3.12.2008 (BGBl. I S. 2378).

[2] Nr. **10**.

[3] § 12 Abs. 3 Satz 1 geänd. mWv 1.7.2005 durch G v. 21.6.2005 (BGBl. I S. 1818); Abs. 3 Satz 2 aufgeh. mWv 8.7.2005 durch VO v. 30.6.2005 (BGBl. I S. 1951).

[4] § 14 Abs. 1 Satz 1 geänd. mWv 11.12.2008 durch VO v. 3.12.2008 (BGBl. I S. 2378).

und Wohnung an. [2] Das Wählerverzeichnis kann auch im automatisierten Verfahren geführt werden.

(2) [1] Das Wählerverzeichnis wird unter fortlaufender Nummer in der Buchstabenfolge der Familiennamen, bei gleichen Familiennamen der Vornamen, angelegt. [2] Es kann auch nach Ortsteilen, Straßen und Hausnummern gegliedert werden. [3] Es enthält je eine Spalte für Vermerke über die Stimmabgabe und für Bemerkungen.

(3) Die Gemeindebehörde sorgt dafür, dass die Unterlagen für die Wählerverzeichnisse jederzeit so vollständig vorhanden sind, dass diese vor Wahlen rechtzeitig angelegt werden können.

(4) Besteht ein Wahlbezirk aus mehreren Gemeinden oder Teilen mehrerer Gemeinden, so legt jede Gemeindebehörde das Wählerverzeichnis für ihren Teil des Wahlbezirks an.

§ 15 (weggefallen)

§ 16[1)] Eintragung der Wahlberechtigten in das Wählerverzeichnis.

(1) Von Amts wegen sind in das Wählerverzeichnis alle Wahlberechtigten einzutragen, die am 42. Tage vor der Wahl (Stichtag) bei der Meldebehörde gemeldet sind

1. für eine Wohnung,
2. auf Grund eines Anstellungs-, Heuer- oder Ausbildungsverhältnisses als Kapitän oder Besatzungsmitglied für ein Seeschiff, das berechtigt ist, die Bundesflagge zu führen (§ 12 Abs. 4 Nr. 1 des Bundeswahlgesetzes[2)]),
3. für ein Binnenschiff, das in einem Schiffsregister in der Bundesrepublik Deutschland eingetragen ist (§ 12 Abs. 4 Nr. 2 des Bundeswahlgesetzes),
4. für eine Justizvollzugsanstalt oder die entsprechende Einrichtung (§ 12 Abs. 4 Nr. 3 des Bundeswahlgesetzes).

(2) Auf Antrag sind in das Wählerverzeichnis einzutragen Wahlberechtigte

1. nach § 12 Abs. 1 des Bundeswahlgesetzes,
   a) (weggefallen)
   b) die ohne eine Wohnung innezuhaben sich im Wahlgebiet sonst gewöhnlich aufhalten,
   c) die sich in einer Justizvollzugsanstalt oder entsprechenden Einrichtung befinden und nicht nach Absatz 1 Nr. 4 von Amts wegen in das Wählerverzeichnis einzutragen sind,
2. nach § 12 Abs. 2 Satz 1 des Bundeswahlgesetzes, die nicht nach Absatz 1 Nr. 1 von Amts wegen in das Wählerverzeichnis einzutragen sind.

(3) [1] Verlegt ein Wahlberechtigter, der nach Absatz 1 in das Wählerverzeichnis eingetragen ist, seine Wohnung und meldet er sich vor Beginn der Einsichtsfrist für das Wählerverzeichnis (§ 17 Abs. 1 Satz 2 des Bundeswahl-

---

1) § 16 Abs. 2 Nr. 2 neu gef. mWv 8.7.2005 durch VO v. 30.6.2005 (BGBl. I S. 1951); Abs. 1 Nr. 2–4, Abs. 2 Nr. 1 und 2, Abs. 3 Satz 1 und Abs. 7 Satz 1 geänd. mWv 11.12.2008 durch VO v. 3.12.2008 (BGBl. I S. 2378); Abs. 6 und 9 geänd. mWv 1.11.2015 durch G v. 3.5.2013 (BGBl. I S. 1084, geänd. durch G v. 20.11.2014, BGBl. I S. 1738); Abs. 1 einl. Satzteil geänd., Abs. 7 Satz 2 eingef., bish. Satz 2 wird Satz 3 mWv 31.3.2017 durch VO v. 24.3.2017 (BGBl. I S. 585).

2) Nr. **10**.

gesetzes) bei der Meldebehörde des Zuzugsortes an, so wird er in das Wählerverzeichnis der Gemeinde des Zuzugsortes nur auf Antrag eingetragen. [2] Ein nach Absatz 1 in das Wählerverzeichnis eingetragener Wahlberechtigter, der sich innerhalb derselben Gemeinde für eine Wohnung anmeldet, bleibt in dem Wählerverzeichnis des Wahlbezirks eingetragen, für den er am Stichtag gemeldet war. [3] Der Wahlberechtigte ist bei der Anmeldung über die Regelung in den Sätzen 1 und 2 zu belehren. [4] Erfolgt die Eintragung auf Antrag, benachrichtigt die Gemeindebehörde des Zuzugsortes hiervon unverzüglich die Gemeindebehörde des Fortzugsortes, die den Wahlberechtigten in ihrem Wählerverzeichnis streicht. [5] Wenn im Falle des Satzes 1 bei der Gemeindebehörde des Fortzugsortes eine Mitteilung über den Ausschluss vom Wahlrecht vorliegt oder nachträglich eingeht, benachrichtigt sie hiervon unverzüglich die Gemeindebehörde des Zuzugsortes, die den wahlberechtigten in ihrem Wählerverzeichnis streicht; der Betroffene ist von der Streichung zu unterrichten.

(4) Für Wahlberechtigte, die am Stichtag nicht für eine Wohnung gemeldet sind und sich vor dem Beginn der Einsichtsfrist für das Wählerverzeichnis bei der Meldebehörde für eine Wohnung anmelden, gilt Absatz 3 Satz 1 und 3 entsprechend.

(5) Bezieht ein Wahlberechtigter, der nach Absatz 1 in das Wählerverzeichnis eingetragen ist, in einer anderen Gemeinde eine weitere Wohnung, die seine Hauptwohnung wird, oder verlegt er seine Hauptwohnung in eine andere Gemeinde, so gilt, wenn er sich vor Beginn der Einsichtsfrist für das Wählerverzeichnis bei der Meldebehörde anmeldet, Absatz 3 entsprechend.

(6) Welche von mehreren Wohnungen eines Wahlberechtigten seine Hauptwohnung ist, bestimmt sich nach § 21 Absatz 2 des Bundesmeldegesetzes[1)].

(7) [1] Bevor eine Person in das Wählerverzeichnis eingetragen wird, ist zu prüfen, ob sie die Wahlrechtsvoraussetzungen des § 12 des Bundeswahlgesetzes erfüllt und ob sie nicht nach § 13 des Bundeswahlgesetzes vom Wahlrecht ausgeschlossen ist. [2] Soweit dies für die Prüfung der Wahlberechtigung eines Rückkehrers im Sinne des § 12 Absatz 2 Satz 3 Bundeswahlgesetz erforderlich ist, kann die Gemeindebehörde die Abgabe einer Versicherung an Eides statt zum Nachweis der Wahlberechtigung des Rückkehrers entsprechend § 18 Absatz 6 Satz 1 verlangen. [3] Erfolgt die Eintragung in das Wählerverzeichnis nur auf Antrag, ist außerdem zu prüfen, ob ein frist- und formgerechter Antrag gestellt ist.

(8) [1] Gibt eine Gemeindebehörde einem Eintragungsantrag nicht statt oder streicht sie eine in das Wählerverzeichnis eingetragene Person, hat sie den Betroffenen unverzüglich zu unterrichten. [2] Gegen die Entscheidung kann der Betroffene Einspruch einlegen; er ist auf diese Möglichkeit hinzuweisen. [3] § 22 Abs. 2, 4 und 5 gilt entsprechend. [4] Die Frist für die Zustellung der Entscheidung (§ 22 Abs. 4 Satz 1) und für die Beschwerdeentscheidung (§ 22 Abs. 5 Satz 4) gilt nur, wenn der Einspruch vor dem zwölften Tage vor der Wahl eingelegt worden ist.

(9) Die Gemeindebehörde hat spätestens am Stichtag den Leiter der sich in ihrem Gemeindebezirk befindenden Justizvollzugsanstalt oder der entspre-

---

1) **Sartorius Nr. 256.**

chenden Einrichtung auf Absatz 2 Nr. 1 Buchstabe c und die Notwendigkeit der Unterrichtung der betroffenen Personen hinzuweisen, wenn nach § 27 Absatz 4 des Bundesmeldegesetzes eine Meldepflicht für die sich in den Einrichtungen aufhaltenden Personen nicht besteht.

§ 17[1)] Zuständigkeiten für die Eintragung in das Wählerverzeichnis.

(1) Zuständig für die Eintragung in das Wählerverzeichnis ist in den Fällen des

1. § 16 Abs. 1 Nr. 1 die für die Wohnung zuständige Gemeinde, bei mehreren Wohnungen die für die Hauptwohnung zuständige Gemeinde,
2. § 16 Abs. 1 Nr. 2 die für den Sitz des Reeders zuständige Gemeinde,
3. § 16 Abs. 1 Nr. 3 die für den Heimatort des Binnenschiffes zuständige Gemeinde,
4. § 16 Abs. 1 Nr. 4 die für die Justizvollzugsanstalt oder die entsprechende Einrichtung zuständige Gemeinde.

(2) Zuständig für die Eintragung in das Wählerverzeichnis ist in den Fällen des

1. (weggefallen)
2. § 16 Abs. 2 Nr. 1 Buchstabe b die Gemeinde, in der der Wahlberechtigte seinen Antrag stellt,
3. § 16 Abs. 2 Nr. 1 Buchstabe c die für die Justizvollzugsanstalt oder die entsprechende Einrichtung zuständige Gemeinde,
4. *(aufgehoben)*
5. § 16 Abs. 2 Nr. 2 die Gemeinde in der Bundesrepublik Deutschland, in der der Wahlberechtigte nach seiner Erklärung vor seinem Fortzug aus dem Wahlgebiet zuletzt gemeldet war, wenn er im Wahlgebiet nie gemeldet war, die Gemeinde, der er nach seiner Erklärung im Sinne des § 12 Absatz 2 Satz 1 Nummer 2 des Bundeswahlgesetzes[2)] am engsten verbunden ist. Satz 1 gilt auch für Seeleute, die seit dem Fortzug aus dem Wahlgebiet auf Schiffen unter fremder Flagge fahren, sowie für Binnenschiffer, deren Schiff nicht in einem Schiffsregister in der Bundesrepublik Deutschland eingetragen ist, und für die Angehörigen ihres Hausstandes. Für Seeleute, die von einem Seeschiff, das die Bundesflagge zu führen berechtigt war, abgemustert haben und im Anschluss daran auf einem Seeschiff unter fremder Flagge fahren, ist die Gemeinde am Sitz des ehemaligen Reeders zuständig. Für Binnenschiffer, die zuletzt auf einem in der Bundesrepublik Deutschland im Schiffsregister eingetragenen Binnenschiff gefahren sind und im Anschluss daran auf einem Binnenschiff, das nicht im Schiffsregister in der Bundesrepublik Deutschland eingetragen ist, oder auf einem Seeschiff unter fremder Flagge fahren, ist die Gemeinde nach Absatz 1 Nr. 3 zuständig.

(3) Zuständig für die Eintragung in das Wählerverzeichnis ist in den Fällen des

1. § 16 Abs. 3 die Gemeinde des Zuzugsortes,

[1)] § 17 Abs. 2 Nr. 4 aufgeh., Nr. 5 geänd. mWv 8.7.2005 durch VO v. 30.6.2005 (BGBl. I S. 1951); Abs. 2 Nr. 5 geänd. mWv 18.5.2013 durch VO v. 13.5.2013 (BGBl. I S. 1255).
[2)] Nr. **10**.

2. § 16 Abs. 4 die Gemeinde, in der sich der Wahlberechtigte für eine Wohnung, bei mehreren Wohnungen für die Hauptwohnung, gemeldet hat,

3. § 16 Abs. 5 die Gemeinde der neuen Hauptwohnung.

§ 18[1)] Verfahren für die Eintragung in das Wählerverzeichnis auf Antrag. (1) [1] Der Antrag auf Eintragung in das Wählerverzeichnis ist schriftlich bis spätestens zum 21. Tage vor der Wahl bei der zuständigen Gemeindebehörde zu stellen. [2] Er muss den Familiennamen, die Vornamen, das Geburtsdatum und die genaue Anschrift des Wahlberechtigten enthalten. [3] Sammelanträge sind, abgesehen von den Fällen des Absatzes 5, zulässig; sie müssen von allen aufgeführten Wahlberechtigten persönlich und handschriftlich unterzeichnet sein. [4] Ein Wahlberechtigter mit Behinderungen kann sich hierbei der Hilfe einer anderen Person bedienen; § 57 gilt entsprechend.

(2) (weggefallen)

(3) [1] In den Fällen des § 16 Abs. 2 Nr. 1 sind Wahlberechtigte bis zum Wahltage im Wählerverzeichnis der Gemeinde zu führen, die nach § 17 Abs. 2 Nr. 2 zuständig ist, auch wenn nach dem Stichtag eine Neuanmeldung bei einer anderen Meldebehörde des Wahlgebietes erfolgt. [2] Sie sind bei der Anmeldung entsprechend zu unterrichten.

(4) *(aufgehoben)*

(5) [1] In den Fällen des § 16 Abs. 2 Nr. 2 hat der Wahlberechtigte in seinem Antrag auf Eintragung in das Wählerverzeichnis nach Anlage 2 der Gemeindebehörde gegenüber durch Abgabe einer Versicherung an Eides statt den Nachweis für seine Wahlberechtigung zu erbringen und zu erklären, dass er in keiner anderen Gemeinde im Wahlgebiet einen Antrag auf Eintragung in das Wählerverzeichnis gestellt hat. [2] Vordrucke und Merkblätter für die Antragstellung können bei den diplomatischen und berufskonsularischen Vertretungen der Bundesrepublik Deutschland im Ausland, beim Bundeswahlleiter und bei den Kreiswahlleitern angefordert werden. [3] Bestehen Zweifel an Angaben des Antragstellers, hat die Gemeindebehörde den Sachverhalt unverzüglich aufzuklären. [4] Der Bundeswahlleiter ist von der Eintragung in das Wählerverzeichnis unverzüglich durch Übersendung der Zweitausfertigung des Antrages nach Anlage 2, auf der die Eintragung in das Wählerverzeichnis vermerkt ist, zu unterrichten. [5] Erhält der Bundeswahlleiter Mitteilungen verschiedener Gemeindebehörden über die Eintragung desselben Antragstellers in das Wählerverzeichnis, so hat er diejenige Gemeindebehörde, deren Unterrichtung über die Eintragung in das Wählerverzeichnis nach der ersten Mitteilung eingeht, unverzüglich von der Eintragung des Wahlberechtigten in das Wählerverzeichnis der zuerst mitteilenden Gemeinde zu benachrichtigen. [6] Die vom Bundeswahlleiter benachrichtigte Gemeindebehörde hat den Wahlberechtigten im Wählerverzeichnis zu streichen und ihn davon zu unterrichten.

[1)] § 18 Abs. 4 aufgeh. und Abs. 5 Satz 1 geänd. mWv 8.7.2005 durch VO v. 30.6.2005 (BGBl. I S. 1951); Abs. 1 Satz 2, Abs. 6 Satz 1 geänd. mWv 11.12.2008 durch VO v. 3.12.2008 (BGBl. I S. 2378); Abs. 1 Satz 2 geänd. mWv 18.5.2013 durch VO v. 13.5.2013 (BGBl. I S. 1255); Abs. 1 Satz 4 und Abs. 6 Satz 3 geänd., Abs. 6 Satz 1 neu gef. mWv 31.3.2017 durch VO v. 24.3.2017 (BGBl. I S. 585).

(6) [1] Kehrt ein Wahlberechtigter nach § 12 Absatz 2 Satz 1 des Bundeswahlgesetzes[1)] in das Wahlgebiet zurück und meldet er sich dort nach dem Stichtag nach § 16 Absatz 1, aber vor Beginn der Einsichtsfrist für das Wählerverzeichnis nach § 17 Absatz 1 Satz 2 Bundeswahlgesetz für eine Wohnung an, so wird er in das Wählerverzeichnis der Gemeinde des Zuzugsortes nur auf Antrag nach Anlage 1 eingetragen, mit dem er der Gemeindebehörde gegenüber durch Abgabe einer Versicherung an Eides statt den Nachweis für seine Wahlberechtigung erbringt und erklärt, dass er noch keinen anderen Antrag auf Eintragung in das Wählerverzeichnis gestellt hat. [2] Der Wahlberechtigte ist bei der Anmeldung darüber zu belehren. [3] Die Gemeindebehörde hat den Bundeswahlleiter unverzüglich von der Eintragung eines solchen Wahlberechtigten in das Wählerverzeichnis durch Übersendung der Zweitausfertigung des Antrages nach Anlage 1, auf der die Eintragung in das Wählerverzeichnis vermerkt ist, zu unterrichten. [4] Absatz 5 Satz 5 und 6 gilt entsprechend.

§ 19[2)] Benachrichtigung der Wahlberechtigten. (1) [1] Spätestens am Tage vor der Bereithaltung des Wählerverzeichnisses zur Einsichtnahme benachrichtigt die Gemeindebehörde jeden Wahlberechtigten, der in das Wählerverzeichnis eingetragen ist, nach dem Muster der Anlage 3. [2] Die Mitteilung soll enthalten

1. den Familiennamen, die Vornamen und die Wohnung des Wahlberechtigten,
2. die Angabe des Wahlraumes und ob dieser barrierefrei ist,
3. die Angabe der Wahlzeit,
4. die Nummer, unter der der Wahlberechtigte in das Wählerverzeichnis eingetragen ist,
5. die Aufforderung, die Wahlbenachrichtigung zur Wahl mitzubringen und den Personalausweis oder Reisepass bereitzuhalten,

5a. die Belehrung, dass nach § 14 Absatz 4 des Bundeswahlgesetzes[1)] jeder Wahlberechtigte sein Wahlrecht nur einmal und nur persönlich ausüben kann,

6. die Belehrung, dass die Wahlbenachrichtigung einen Wahlschein nicht ersetzt und daher nicht zur Wahl in einem anderen als dem angegebenen Wahlraum berechtigt,
7. einen Hinweis, wo Wahlberechtigte Informationen über barrierefreie Wahlräume und Hilfsmittel erhalten können,
8. die Belehrung über die Beantragung eines Wahlscheines und über die Übersendung von Briefwahlunterlagen. Sie muss mindestens Hinweise darüber enthalten,
   a) dass der Wahlscheinantrag nur auszufüllen ist, wenn der Wahlberechtigte in einem anderen Wahlraum seines Wahlkreises oder durch Briefwahl wählen will,

---

1) Nr. **10**.

2) § 19 Abs. 4 angef. mWv 31.8.2002 durch VO v. 27.8.2002 (BGBl. I S. 3429); Abs. 1 Satz 2 Nr. 1 und 2 geänd., Nr. 7 eingef., bish. Nr. 7 wird Nr. 8, Abs. 2 geänd. mWv 18.5.2013 durch VO v. 13.5.2013 (BGBl. I S. 1255); Abs. 1 Satz 2 Nr. 5a eingef. mWv 31.3.2017 durch VO v. 24.3. 2017 (BGBl. I S. 585).

b) unter welchen Voraussetzungen ein Wahlschein erteilt wird (§ 25 Abs. 1 und § 27 Abs. 4 Satz 3) und

c) dass der Wahlschein von einem anderen als dem Wahlberechtigten nur beantragt werden kann, wenn die Berechtigung zur Antragstellung durch Vorlage einer schriftlichen Vollmacht nachgewiesen wird (§ 27 Abs. 3).

[3] Erfolgt die Eintragung eines Wahlberechtigten, der nach § 16 Abs. 2 bis 5 auf Antrag in das Wählerverzeichnis eingetragen wird, nach der Versendung der Benachrichtigungen gemäß Satz 1, hat dessen Benachrichtigung unverzüglich nach der Eintragung zu erfolgen.

(2) Auf die Rückseite der Benachrichtigung nach Absatz 1 ist ein Vordruck für einen Antrag auf Ausstellung eines Wahlscheines mit Briefwahlunterlagen nach dem Muster der Anlage 4 aufzudrucken.

(3) Auf Wahlberechtigte, die nach § 16 Abs. 2 nur auf Antrag in das Wählerverzeichnis eingetragen werden und bereits einen Wahlschein und Briefwahlunterlagen beantragt haben, finden die Absätze 1 und 2 keine Anwendung.

(4) [1] Stellt ein Landeswahlleiter fest, dass die fristgemäße Benachrichtigung nach Absatz 1 infolge von Naturkatastrophen oder ähnlichen Ereignissen höherer Gewalt gestört ist, bestimmt er, dass sie in dem betroffenen Gebiet später erfolgen kann. [2] Wenn zu besorgen ist, dass die Benachrichtigung nach Absatz 1 nicht bis zum sechsten Tag vor der Wahl erfolgen kann, bestimmt er, dass die Wahlberechtigten in anderer geeigneter Weise über die Angaben nach Absatz 1 Satz 2 Nr. 2, 3, 5 bis 7 zu benachrichtigen sind. [3] Der Landeswahlleiter kann hierzu im Einzelfall ergänzende Regelungen zur Anpassung an die besonderen Verhältnisse treffen. [4] Er macht die Gründe für die Störung, das betroffene Gebiet, die von ihm für den Einzelfall getroffenen Regelungen und die Art der Benachrichtigung in geeigneter Weise bekannt

§ 20[1)] Bekanntmachung über das Recht auf Einsicht in das Wählerverzeichnis und die Erteilung von Wahlscheinen. (1) Die Gemeindebehörde macht spätestens am 24. Tage vor der Wahl nach dem Muster der Anlage 5 öffentlich bekannt,

1. von wem, zu welchen Zwecken und unter welchen Voraussetzungen, wo, wie lange und zu welchen Tagesstunden das Wählerverzeichnis eingesehen werden kann und ob der Ort der Einsichtnahme barrierefrei ist,
2. dass bei der Gemeindebehörde innerhalb der Einsichtsfrist schriftlich oder durch Erklärung zur Niederschrift Einspruch gegen das Wählerverzeichnis eingelegt werden kann (§ 22),
3. dass Wahlberechtigten, die in das Wählerverzeichnis eingetragen sind, bis spätestens zum 21. Tage vor der Wahl eine Wahlbenachrichtigung zugeht und dass Wahlberechtigte, die nur auf Antrag in das Wählerverzeichnis eingetragen werden und bereits einen Wahlschein mit Briefwahlunterlagen beantragt haben, keine Wahlbenachrichtigung erhalten,

---

1) § 20 Abs. 1 Nr. 1 geänd. mWv 18.5.2013 durch VO v. 13.5.2013 (BGBl. I S. 1255); Abs. 2 Satz 1 einl. Satzteil geänd., Satz 2 neu gef. mWv 31.3.2017 durch VO v. 24.3.2017 (BGBl. I S. 585).

4. wo, in welcher Zeit und unter welchen Voraussetzungen Wahlscheine beantragt werden können (§§ 25 ff.),
5. wie durch Briefwahl gewählt wird (§ 66).

(2) [1] Die diplomatischen Vertretungen der Bundesrepublik Deutschland im Ausland machen unverzüglich nach der Bestimmung des Wahltages öffentlich bekannt,

1. unter welchen Voraussetzungen im Ausland lebende Deutsche an der Wahl zum Deutschen Bundestag teilnehmen können,
2. wo, in welcher Form und in welcher Frist dieser Personenkreis, um an der Wahl teilnehmen zu können, die Eintragung in ein Wählerverzeichnis in der Bundesrepublik Deutschland beantragen muss.

[2] Die Bekanntmachung ist nach Anlage 6 von den Botschaften durch mindestens eine deutschsprachige Anzeige in einer überregionalen Tages- oder Wochenzeitung vorzunehmen; zusätzlich kann der Inhalt der Bekanntmachung von den Berufskonsulaten, wenn dies nach den örtlichen Verhältnissen angezeigt ist, durch deutschsprachige Anzeigen in regionalen Tageszeitungen sowie von den Botschaften und Berufskonsulaten im Internet veröffentlicht werden. [3] Kann die Bekanntmachung in begründeten Einzelfällen nicht erfolgen oder erscheint sie nicht gerechtfertigt, so ist sie durch Aushang im Dienstgebäude der Vertretung und, soweit möglich, durch Unterrichtung der einzelnen bekannten Betroffenen vorzunehmen.

§ 21 Einsicht in das Wählerverzeichnis. (1) [1] Die Gemeindebehörde hält das Wählerverzeichnis mindestens am Ort der Gemeindeverwaltung während der allgemeinen Öffnungszeiten zur Einsichtnahme bereit. [2] Wird das Wählerverzeichnis im automatisierten Verfahren geführt, kann die Einsichtnahme durch ein Datensichtgerät ermöglicht werden. [3] Es ist sicherzustellen, dass Bemerkungen (§ 23 Abs. 3) im Klartext gelesen werden können. [4] Das Datensichtgerät darf nur von einem Bediensteten der Gemeindebehörde bedient werden.

(2) (weggefallen)

(3) [1] Innerhalb der Einsichtsfrist ist das Anfertigen von Auszügen aus dem Wählerverzeichnis durch Wahlberechtigte zulässig, soweit dies im Zusammenhang mit der Prüfung des Wahlrechts einzelner bestimmter Personen steht. [2] Die Auszüge dürfen nur für diesen Zweck verwendet und unbeteiligten Dritten nicht zugänglich gemacht werden.

§ 22 Einspruch gegen das Wählerverzeichnis und Beschwerde.

(1) Wer das Wählerverzeichnis für unrichtig oder unvollständig hält, kann innerhalb der Einsichtsfrist Einspruch einlegen.

(2) [1] Der Einspruch ist schriftlich oder zur Niederschrift bei der Gemeindebehörde einzulegen. [2] Soweit die behaupteten Tatsachen nicht offenkundig sind, hat der Einspruchsführer die erforderlichen Beweismittel beizubringen.

(3) Will die Gemeindebehörde einem Einspruch gegen die Eintragung eines anderen stattgeben, so hat sie diesem vor der Entscheidung Gelegenheit zur Äußerung zu geben.

(4) [1] Die Gemeindebehörde hat ihre Entscheidung dem Einspruchsführer und dem Betroffenen spätestens am 10. Tage vor der Wahl zuzustellen und auf den zulässigen Rechtsbehelf hinzuweisen. [2] Einem auf Eintragung gerichteten Einspruch gibt die Gemeindebehörde in der Weise statt, dass sie dem Wahlberechtigten nach Berichtigung des Wählerverzeichnisses die Wahlbenachrichtigung zugehen lässt. [3] In den Fällen des § 18 Abs. 5 und 6 unterrichtet sie unverzüglich die zuständigen Stellen von der Eintragung.

(5) [1] Gegen die Entscheidung der Gemeindebehörde kann binnen zwei Tagen nach Zustellung Beschwerde an den Kreiswahlleiter eingelegt werden. [2] Die Beschwerde ist schriftlich oder zur Niederschrift bei der Gemeindebehörde einzulegen. [3] Die Gemeindebehörde legt die Beschwerde mit den Vorgängen unverzüglich dem Kreiswahlleiter vor. [4] Der Kreiswahlleiter hat über die Beschwerde spätestens am vierten Tage vor der Wahl zu entscheiden; Absatz 3 gilt entsprechend. [5] Die Beschwerdeentscheidung ist den Beteiligten und der Gemeindebehörde bekannt zu geben. [6] Sie ist vorbehaltlich anderer Entscheidung im Wahlprüfungsverfahren endgültig.

§ 23 Berichtigung des Wählerverzeichnisses. (1) [1] Nach Beginn der Einsichtsfrist ist die Eintragung oder Streichung von Personen sowie die Vornahme sonstiger Änderungen im Wählerverzeichnis nur noch auf rechtzeitigen Einspruch zulässig. [2] § 16 Abs. 2 bis 5, § 18 Abs. 5 Satz 6 und Abs. 6 Satz 4 sowie § 30 bleiben unberührt.

(2) [1] Ist das Wählerverzeichnis offensichtlich unrichtig oder unvollständig, so kann die Gemeindebehörde den Mangel auch von Amts wegen beheben. [2] Dies gilt nicht für Mängel, die Gegenstand eines Einspruchsverfahrens sind. [3] § 22 Abs. 3 bis 5 gilt entsprechend. [4] Die Frist für die Zustellung der Entscheidung (§ 22 Abs. 4 Satz 1) und für die Beschwerdeentscheidung (§ 22 Abs. 5 Satz 4) gilt nur, wenn die von Amts wegen behebbaren Mängel vor dem zwölften Tage vor der Wahl bekannt werden.

(3) Alle vom Beginn der Einsichtsfrist ab vorgenommenen Änderungen sind in der Spalte „Bemerkungen" zu erläutern und mit Datum und Unterschrift des vollziehenden Bediensteten, im automatisierten Verfahren anstelle der Unterschrift mit einem Hinweis auf den verantwortlichen Bediensteten zu versehen.

(4) Nach Abschluss des Wählerverzeichnisses können Änderungen mit Ausnahme der in Absatz 2 und § 53 Abs. 2 vorgesehenen Berichtigungen nicht mehr vorgenommen werden.

§ 24 Abschluss des Wählerverzeichnisses. (1) [1] Das Wählerverzeichnis ist spätestens am Tage vor der Wahl, jedoch nicht früher als am dritten Tage vor der Wahl, durch die Gemeindebehörde abzuschließen. [2] Sie stellt dabei die Zahl der Wahlberechtigten des Wahlbezirks fest. [3] Der Abschluss wird nach dem Muster der Anlage 8 beurkundet. [4] Bei automatisierter Führung des Wählerverzeichnisses ist vor der Beurkundung ein Ausdruck herzustellen.

(2) Wählerverzeichnisse mehrerer Gemeinden oder Gemeindeteile, die zu einem Wahlbezirk vereinigt sind, werden von der Gemeindebehörde, die die Wahl im Wahlbezirk durchführt, zum Wählerverzeichnis des Wahlbezirks verbunden und abgeschlossen.

Dritter Unterabschnitt. Wahlscheine

§ 25[1)] Voraussetzungen für die Erteilung von Wahlscheinen. (1) Ein Wahlberechtigter, der in das Wählerverzeichnis eingetragen ist, erhält auf Antrag einen Wahlschein.

(2) Ein Wahlberechtigter, der nicht in das Wählerverzeichnis eingetragen ist, erhält auf Antrag einen Wahlschein,

1. wenn er nachweist, dass er ohne Verschulden die Antragsfrist nach § 18 Abs. 1 oder die Einspruchsfrist nach § 22 Abs. 1 versäumt hat,
2. wenn sein Recht auf Teilnahme an der Wahl erst nach Ablauf der Fristen nach § 18 Abs. 1 oder § 22 Abs. 1 entstanden ist,
3. wenn sein Wahlrecht im Einspruchsverfahren festgestellt worden und die Feststellung erst nach Abschluss des Wählerverzeichnisses zur Kenntnis der Gemeindebehörde gelangt ist.

§ 26 Zuständige Behörde, Form des Wahlscheines. Der Wahlschein wird nach dem Muster der Anlage 9 von der Gemeindebehörde erteilt, in deren Wählerverzeichnis der Wahlberechtigte eingetragen ist oder hätte eingetragen werden müssen.

§ 27[2)] Wahlscheinanträge. (1) [1] Die Erteilung eines Wahlscheines kann schriftlich oder mündlich bei der Gemeindebehörde beantragt werden. [2] Die Schriftform gilt auch durch Telegramm, Fernschreiben, Telefax, E-Mail oder durch sonstige dokumentierbare elektronische Übermittlung als gewahrt. [3] Eine telefonische Antragstellung ist unzulässig. [4] Ein Wahlberechtigter mit Behinderungen kann sich bei der Antragstellung der Hilfe einer anderen Person bedienen; § 57 gilt entsprechend.

(2) Der Antragsteller muss den Familiennamen, die Vornamen, das Geburtsdatum und seine Wohnanschrift (Straße, Hausnummer, Postleitzahl, Ort) angeben.

(3) Wer den Antrag für einen anderen stellt, muss durch Vorlage einer schriftlichen Vollmacht nachweisen, dass er dazu berechtigt ist.

(4) [1] Wahlscheine können bis zum zweiten Tage vor der Wahl, 18.00 Uhr, beantragt werden. [2] In den Fällen des § 25 Abs. 2 können Wahlscheine noch bis zum Wahltage, 15.00 Uhr, beantragt werden. [3] Gleiches gilt, wenn bei nachgewiesener plötzlicher Erkrankung der Wahlraum nicht oder nur unter nicht zumutbaren Schwierigkeiten aufgesucht werden kann; in diesem Fall hat die Gemeindebehörde vor Erteilung des Wahlscheines den für den Wahlbezirk des Wahlberechtigten zuständigen Wahlvorsteher davon zu unterrichten, der entsprechend § 53 Abs. 2 zu verfahren hat.

(5) Bei Wahlberechtigten, die nach § 16 Abs. 2 nur auf Antrag in das Wählerverzeichnis eingetragen werden, gilt der Antrag zugleich als Antrag auf Erteilung eines Wahlscheines, es sei denn, der Wahlberechtigte will vor dem Wahlvorstand seines Wahlbezirks wählen.

---

1) § 25 Abs. 1 neu gef. mWv 11.12.2008 durch VO v. 3.12.2008 (BGBl. I S. 2378).

2) § 27 Abs. 1 Sätze 2 und 3 geänd., Abs. 2 neu gef. mWv 11.12.2008 durch VO v. 3.12.2008 (BGBl. I S. 2378); Abs. 2 geänd. mWv 18.5.2013 durch VO v. 13.5.2013 (BGBl. I S. 1255); Abs. 1 Satz 4 geänd. mWv 31.3.2017 durch VO v. 24.3.2017 (BGBl. I S. 585).

(6) Verspätet eingegangene schriftliche Anträge sind unbearbeitet mit den dazugehörigen Briefumschlägen zu verpacken und vorläufig aufzubewahren.

§ 28[1] **Erteilung von Wahlscheinen.** (1) Wahlscheine dürfen nicht vor Zulassung der Wahlvorschläge durch den Landes- und den Kreiswahlausschuss nach den §§ 26 und 28 des Bundeswahlgesetzes[2] erteilt werden.

(2) [1] Der Wahlschein muss von dem mit der Erteilung beauftragten Bediensteten eigenhändig unterschrieben werden und mit dem Dienstsiegel versehen sein. [2] Das Dienstsiegel kann eingedruckt werden. [3] Wird der Wahlschein mit Hilfe automatischer Einrichtungen erstellt, kann abweichend von Satz 1 die Unterschrift fehlen; stattdessen kann der Name des beauftragten Bediensteten eingedruckt werden.

(3) [1] Dem Wahlschein sind beizufügen

1. ein amtlicher Stimmzettel des Wahlkreises nach dem Muster der Anlage 26,
2. ein amtlicher Stimmzettelumschlag nach dem Muster der Anlage 10,
3. ein amtlicher Wahlbriefumschlag nach dem Muster der Anlage 11, auf dem die vollständige Anschrift, wohin der Wahlbrief zu übersenden ist (Wahlbriefempfänger gemäß § 66 Absatz 2), sowie die Bezeichnung der Gemeindebehörde, die den Wahlschein ausgestellt hat (Ausgabestelle), und die Wahlscheinnummer oder der Wahlbezirk von der Ausgabestelle voreingetragen sind, und
4. ein Merkblatt zur Briefwahl nach dem Muster der Anlage 12.

[2] Satz 1 gilt nicht in den Fällen des § 29 Absatz 1.

(4) [1] Wahlschein und Briefwahlunterlagen werden dem Wahlberechtigten an seine Wohnanschrift übersandt oder amtlich überbracht, soweit sich aus dem Antrag keine andere Anschrift oder die Abholung der Unterlagen ergibt. [2] Wird die Versendung an eine andere Anschrift in einer Form nach § 27 Absatz 1 Satz 2 beantragt, gehört zur Versendung der Briefwahlunterlagen die gleichzeitige Versendung einer Mitteilung an die Wohnanschrift. [3] Postsendungen sind von der Gemeindebehörde freizumachen. [4] Die Gemeindebehörde übersendet dem Wahlberechtigten Wahlschein und Briefwahlunterlagen mit Luftpost, wenn sich aus seinem Antrag ergibt, dass er aus einem außereuropäischen Gebiet wählen will, oder wenn dieses sonst geboten erscheint.

(5) [1] Holt der Wahlberechtigte persönlich den Wahlschein und die Briefwahlunterlagen bei der Gemeindebehörde ab, so soll ihm Gelegenheit gegeben werden, die Briefwahl an Ort und Stelle auszuüben. [2] Es ist sicherzustellen, dass der Stimmzettel unbeobachtet gekennzeichnet und in den Stimmzettelumschlag gelegt werden kann. [3] An einen anderen als den Wahlberechtigten persönlich dürfen Wahlschein und Briefwahlunterlagen nur ausgehändigt werden, wenn die Berechtigung zur Empfangnahme durch Vorlage einer schriftlichen Vollmacht nachgewiesen wird. [4] § 27 Abs. 1 Satz 4 gilt entsprechend. [5] Von der Vollmacht kann nur Gebrauch gemacht werden,

---

[1] § 28 Abs. 1 und 3 Satz 1 geänd., Abs. 1 Satz 2, Abs. 4 und 5 neu gef., Abs. 7 Satz 1 und Abs. 8 Satz 4 geänd. mWv 11.12.2008 durch VO v. 3.12.2008 (BGBl. I S. 2378); Abs. 3 Satz 1 Nr. 3 und Satz 2 geänd., Abs. 4 Satz 2 eingef., bish. Sätze 2 und 3 werden Sätze 3 und 4 mWv 18.5.2013 durch VO v. 13.5.2013 (BGBl. I S. 1255).

[2] Nr. **10**.

wenn die bevollmächtigte Person nicht mehr als vier Wahlberechtigte vertritt; dies hat sie der Gemeindebehörde vor der Empfangnahme der Unterlagen schriftlich zu versichern. [6] Auf Verlangen hat sich die bevollmächtigte Person auszuweisen.

(6) [1] Über die erteilten Wahlscheine führt die Gemeindebehörde ein Wahlscheinverzeichnis, in dem die Fälle des § 25 Abs. 1 und die des Absatzes 2 getrennt gehalten werden. [2] Das Verzeichnis wird als Liste oder als Sammlung der Durchschriften der Wahlscheine geführt. [3] Auf dem Wahlschein wird die Nummer eingetragen, unter der er im Wahlscheinverzeichnis vermerkt ist, sowie die Nummer, unter der der Wahlberechtigte im Wählerverzeichnis geführt wird, oder der vorgesehene Wahlbezirk. [4] Bei nicht in das Wählerverzeichnis eingetragenen Wahlberechtigten wird auf dem Wahlschein vermerkt, dass dessen Erteilung nach § 25 Abs. 2 erfolgt ist und welchem Wahlbezirk der Wahlberechtigte zugeordnet wird. [5] Werden nach Abschluss des Wählerverzeichnisses noch Wahlscheine erteilt, so ist darüber ein besonderes Verzeichnis nach den Sätzen 1 bis 3 zu führen.

(7) [1] Wird einem Wahlberechtigten ein Wahlschein nach § 25 Abs. 2 erteilt, hat die Gemeindebehörde bei Wahlberechtigten nach § 12 Abs. 2 Satz 1 des Bundeswahlgesetzes unverzüglich den Bundeswahlleiter zu unterrichten. [2] § 18 Abs. 5 Satz 5 und 6 gilt entsprechend.

(8) [1] Wird ein Wahlberechtigter, der bereits einen Wahlschein erhalten hat, im Wählerverzeichnis gestrichen, so ist der Wahlschein für ungültig zu erklären. [2] Die Gemeindebehörde führt darüber ein Verzeichnis, in das der Name des Wahlberechtigten und die Nummer des für ungültig erklärten Wahlscheines aufzunehmen ist; sie hat das Wahlscheinverzeichnis zu berichtigen. [3] Die Gemeindebehörde verständigt den Kreiswahlleiter, der alle Wahlvorstände des Wahlkreises über die Ungültigkeit des Wahlscheines unterrichtet. [4] In den Fällen des § 39 Abs. 5 des Bundeswahlgesetzes ist im Wahlscheinverzeichnis und im Verzeichnis der für ungültig erklärten Wahlscheine in geeigneter Form zu vermerken, dass die Stimme eines Wählers, der bereits an der Briefwahl teilgenommen hat, nicht ungültig ist.

(9) [1] Nach Abschluss des Wählerverzeichnisses übersendet die Gemeindebehörde, sofern sie nicht selbst oder eine andere Gemeindebehörde oder die Verwaltungsbehörde des Kreises für die Durchführung der Briefwahl zuständig ist, dem Kreiswahlleiter auf schnellstem Wege das Verzeichnis nach Absatz 8 Satz 2 und Nachträge zu diesem Verzeichnis oder eine Mitteilung, dass Wahlscheine nicht für ungültig erklärt worden sind, so rechtzeitig, dass sie dort spätestens am Wahltage vormittags eingehen. [2] Ist eine andere Gemeindebehörde nach § 7 Nr. 3 mit der Durchführung der Briefwahl betraut worden oder ist die Verwaltungsbehörde des Kreises zuständig, hat die Gemeindebehörde das Verzeichnis und die Nachträge oder eine Mitteilung entsprechend Satz 1 der beauftragten Gemeindebehörde oder der Verwaltungsbehörde des Kreises zu übersenden.

(10) [1] Verlorene Wahlscheine werden nicht ersetzt. [2] Versichert ein Wahlberechtigter glaubhaft, dass ihm der beantragte Wahlschein nicht zugegangen ist, kann ihm bis zum Tage vor der Wahl, 12.00 Uhr, ein neuer Wahlschein erteilt werden; Absatz 8 Satz 1 bis 3 und Absatz 9 gelten entsprechend.

§ 29[1)] Erteilung von Wahlscheinen an bestimmte Personengruppen.

(1) [1] Die Gemeindebehörde fordert spätestens am achten Tage vor der Wahl von den Leitungen

1. der Einrichtungen, für die ein Sonderwahlbezirk gebildet worden ist (§ 13),
2. der kleineren Krankenhäuser, kleineren Alten- oder Pflegeheime, Klöster, sozialtherapeutischen Anstalten und Justizvollzugsanstalten, für deren Wahlberechtigte die Stimmabgabe vor einem beweglichen Wahlvorstand vorgesehen ist (§§ 8 und 62 bis 64),

ein Verzeichnis der wahlberechtigten Personen aus der Gemeinde, die sich in der Einrichtung befinden oder dort beschäftigt sind und die am Wahltage in der Einrichtung wählen wollen. [2] Sie erteilt diesen Wahlberechtigten Wahlscheine ohne Briefwahlunterlagen und übersendet sie unmittelbar an diese.

(2) Die Gemeindebehörde veranlasst die Leitungen der Einrichtungen spätestens am 13. Tage vor der Wahl,

1. die wahlberechtigten Personen, die sich in der Einrichtung befinden oder dort beschäftigt sind und die in Wählerverzeichnissen anderer Gemeinden des gleichen Wahlkreises geführt werden, zu verständigen, dass sie in der Einrichtung nur wählen können, wenn sie sich von der Gemeindebehörde, in deren Wählerverzeichnis sie eingetragen sind, einen Wahlschein beschafft haben,
2. die wahlberechtigten Personen, die sich in der Einrichtung befinden oder dort beschäftigt sind und die in Wählerverzeichnissen von Gemeinden anderer Wahlkreise geführt werden, zu verständigen, dass sie ihr Wahlrecht nur durch Briefwahl in ihrem Heimatwahlkreis ausüben können und sich dafür von der Gemeindebehörde, in deren Wählerverzeichnis sie eingetragen sind, einen Wahlschein mit Briefwahlunterlagen beschaffen müssen.

(3) Die Gemeindebehörde ersucht spätestens am 13. Tage vor der Wahl die Truppenteile, die ihren Standort im Gemeindegebiet haben, die wahlberechtigten Soldaten entsprechend Absatz 2 Nr. 2 zu verständigen.

§ 30 Vermerk im Wählerverzeichnis. Hat ein Wahlberechtigter einen Wahlschein erhalten, so wird im Wählerverzeichnis in der Spalte für den Vermerk über die Stimmabgabe „Wahlschein" oder „W" eingetragen.

§ 31 Einspruch gegen die Versagung des Wahlscheines und Beschwerde. [1] Wird die Erteilung eines Wahlscheines versagt, so kann dagegen Einspruch eingelegt werden. [2] § 22 Abs. 2, 4 und 5 gilt entsprechend. [3] Die Frist für die Zustellung der Entscheidung (§ 22 Abs. 4 Satz 1) und für die Beschwerdeentscheidung (§ 22 Abs. 5 Satz 4) gilt nur, wenn der Einspruch vor dem zwölften Tage vor der Wahl eingelegt worden ist.

---

1) § 29 Abs. 1 Satz 2 neu gef. mWv 11.12.2008 durch VO v. 3.12.2008 (BGBl. I S. 2378).

Vierter Unterabschnitt. Wahlvorschläge, Stimmzettel

§ 32[1)] Aufforderung zur Einreichung von Wahlvorschlägen. [1] Nachdem der Wahltag bestimmt ist, fordern die Kreis- und Landeswahlleiter durch öffentliche Bekanntmachung zur möglichst frühzeitigen Einreichung der Wahlvorschläge auf und weisen auf die Voraussetzungen für die Einreichung von Wahlvorschlägen nach § 18 Abs. 2 des Bundeswahlgesetzes[2)] hin. [2] Sie geben bekannt, wo und bis zu welchem Zeitpunkt die Anzeigen nach § 18 Abs. 2 des Bundeswahlgesetzes und die Wahlvorschläge eingereicht werden müssen und weisen auf die Bestimmungen über Inhalt und Form der Wahlvorschläge, auf die Zahl der in bestimmten Fällen beizubringenden Unterschriften und Nachweise sowie auf die mit den Wahlvorschlägen vorzulegenden Erklärungen, Niederschriften und Versicherungen hin (§§ 20, 21 und 27 des Bundeswahlgesetzes).

§ 33[3)] Beteiligungsanzeige der in § 18 Abs. 2 des Bundeswahlgesetzes[2)] genannten Parteien, Beseitigung von Mängeln. (1) [1] Der Bundeswahlleiter vermerkt auf jeder Beteiligungsanzeige den Tag des Eingangs und prüft unverzüglich, ob sie den Anforderungen des Bundeswahlgesetzes entspricht. [2] Stellt er Mängel fest, so benachrichtigt er sofort den Vorstand der Partei und fordert ihn auf, behebbare Mängel rechtzeitig zu beseitigen; dabei hat er darauf hinzuweisen, dass nach der Bestimmung des § 18 Abs. 3 des Bundeswahlgesetzes

1. nach Ablauf der Anzeigefrist nur noch Mängel an sich gültiger Anzeigen behoben werden können,
2. nach der Entscheidung über die Feststellung der Parteieigenschaft jede Mängelbeseitigung ausgeschlossen ist,
3. der Vorstand der Partei gegen Verfügungen des Bundeswahlleiters den Bundeswahlausschuss anrufen kann.

(2) [1] Der Bundeswahlleiter lädt die Vereinigungen, die ihre Beteiligung an der Wahl angezeigt haben, zu der Sitzung, in der über ihre Anerkennung als Partei für die Wahl entschieden wird. [2] In der Ladung weist er auf die Bekanntgabe der Entscheidung in der Sitzung und die Rechtsfolgen hin. [3] Er legt dem Bundeswahlausschuss die Beteiligungsanzeigen vor und berichtet über das Ergebnis der Vorprüfung. [4] Vor der Beschlussfassung ist den erschienenen Beteiligten Gelegenheit zur Äußerung zu geben.

(3) [1] Im Anschluss an die Feststellung nach § 18 Abs. 4 des Bundeswahlgesetzes gibt der Bundeswahlleiter die Entscheidung des Bundeswahlausschusses in der Sitzung unter kurzer Angabe der Gründe bekannt. [2] Ist eine Partei oder Vereinigung wegen der Feststellung an der Einreichung von Wahlvorschlägen gehindert, weist er dabei auf den Rechtsbehelf der Beschwerde nach § 18 Absatz 4a des Bundeswahlgesetzes, die hierfür geltende

---

[1)] § 32 Abs. 1 Sätze 1 und 2, Abs. 2 geänd. mWv 11.12.2008 durch VO v. 3.12.2008 (BGBl. I S. 2378); Absatzbez. (1) und Abs. 2 aufgeh. mWv 18.5.2013 durch VO v. 13.5.2013 (BGBl. I S. 1255).

[2)] Nr. **10**.

[3)] § 33 Überschrift, Abs. 1 Sätze 1 und 2, Abs. 3 Satz 1 geänd. mWv 11.12.2008 durch VO v. 3.12.2008 (BGBl. I S. 2378); Abs. 2 Satz 2 eingef., bish. Sätze 2 und 3 werden Sätze 3 und 4, Abs. 3 Satz 2 eingef., bish. Satz 2 wird Satz 3, Abs. 4 angef. mWv 18.5.2013 durch VO v. 13.5. 2013 (BGBl. I S. 1255).

Frist und die Rechtsfolgen einer Beschwerde hin. [3] Die Entscheidung ist vom Bundeswahlleiter öffentlich bekanntzumachen.

(4) [1] Die Niederschrift über die Sitzung (§ 5 Absatz 7) ist unverzüglich auszufertigen. [2] In der Niederschrift sind die tragenden Gründe darzustellen. [3] Der Bundeswahlleiter übermittelt Parteien oder Vereinigungen, die durch die Feststellung des Bundeswahlausschusses an der Einreichung von Wahlvorschlägen gehindert sind, unverzüglich, spätestens am Tag nach der Sitzung des Bundeswahlausschusses auf schnellstem Wege eine Ausfertigung des sie betreffenden Teils der Niederschrift mit den nach Absatz 3 Satz 2 erforderlichen Hinweisen.

§ 34[1)] Inhalt und Form der Kreiswahlvorschläge. (1) [1] Der Kreiswahlvorschlag soll nach dem Muster der Anlage 13 eingereicht werden. [2] Er muss enthalten

1. den Familiennamen, die Vornamen, den Beruf oder Stand, das Geburtsdatum, den Geburtsort und die Anschrift (Hauptwohnung) des Bewerbers,
2. den Namen der einreichenden Partei und, sofern sie eine Kurzbezeichnung verwendet, auch diese, bei anderen Kreiswahlvorschlägen (§ 20 Abs. 3 des Bundeswahlgesetzes[2)]) deren Kennwort.

[3] Er soll ferner Namen und Anschriften der Vertrauensperson und der stellvertretenden Vertrauensperson enthalten.

(2) [1] Kreiswahlvorschläge von Parteien sind von mindestens drei Mitgliedern des Vorstandes des Landesverbandes, darunter dem Vorsitzenden oder seinem Stellvertreter, persönlich und handschriftlich zu unterzeichnen. [2] Hat eine Partei in einem Land keinen Landesverband oder keine einheitliche Landesorganisation, so müssen die Kreiswahlvorschläge von den Vorständen der nächstniedrigen Gebietsverbände, in deren Bereich der Wahlkreis liegt, dem Satz 1 gemäß unterzeichnet sein. [3] Die Unterschriften des einreichenden Vorstandes genügen, wenn er innerhalb der Einreichungsfrist nachweist, dass dem Landeswahlleiter eine schriftliche, dem Satz 1 entsprechende Vollmacht der anderen beteiligten Vorstände vorliegt.

(3) [1] Bei anderen Kreiswahlvorschlägen haben drei Unterzeichner des Wahlvorschlages ihre Unterschriften auf dem Kreiswahlvorschlag (Anlage 13) selbst zu leisten. [2] Absatz 4 Nr. 3 und 4 gilt entsprechend.

(4) Muss ein Kreiswahlvorschlag von mindestens 200 Wahlberechtigten des Wahlkreises unterzeichnet sein, so sind die Unterschriften auf amtlichen Formblättern nach Anlage 14 unter Beachtung folgender Vorschriften zu erbringen:

1. [1] Der Kreiswahlleiter liefert die Formblätter auf Anforderung kostenfrei; er kann sie auch als Druckvorlage oder elektronisch bereitstellen. [2] Bei der Anforderung sind Familienname, Vornamen und Anschrift (Hauptwoh-

---

1) § 34 Abs. 1 Satz 2 Nr. 1 und Abs. 4 Nr. 2 Sätze 1 und 2 geänd., Abs. 4 Nr. 1 Satz 1 und Abs. 5 Nr. 3 neu gef. sowie Abs. 4 Nr. 1 Satz 3 eingef., bish. Sätze 3–5 werden Sätze 4–6 und Satz 6 geänd. mWv 1.4.2008 durch VO v. 27.3.2008 (BGBl. I S. 476); Abs. 1 Satz 2 Nr. 2, Abs. 4 Nr. 1 Satz 5 und Nr. 2 Satz 2, Abs. 5 Nr. 3a und 3b geänd. mWv 11.12.2008 durch VO v. 3.12. 2008 (BGBl. I S. 2378); Abs. 4 Nr. 1 Satz 3 geänd. mWv 1.11.2015 durch G v. 3.5.2013 (BGBl. I S. 1084, geänd. durch G v. 20.11.2014, BGBl. I S. 1738); Abs. 1 Satz 2 Nr. 1 und Abs. 4 Nr. 4 geänd. mWv 18.5.2013 durch VO v. 13.5.2013 (BGBl. I S. 1255).

2) Nr. **10**.

nung) des vorzuschlagenden Bewerbers anzugeben. [3] Wird bei der Anforderung der Nachweis erbracht, dass für den Bewerber im Melderegister eine Auskunftssperre gemäß § 51 Absatz 1 des Bundesmeldegesetzes[1)] eingetragen ist, wird anstelle seiner Anschrift (Hauptwohnung) eine Erreichbarkeitsanschrift verwendet; die Angabe eines Postfachs genügt nicht. [4] Als Bezeichnung des Trägers des Wahlvorschlages, der den Kreiswahlvorschlag einreichen will, sind außerdem bei Parteien deren Namen und, sofern sie eine Kurzbezeichnung verwenden, auch diese, bei anderen Kreiswahlvorschlägen deren Kennwort anzugeben. [5] Parteien haben ferner die Aufstellung des Bewerbers in einer Mitglieder- oder einer besonderen oder allgemeinen Vertreterversammlung nach § 21 des Bundeswahlgesetzes zu bestätigen. [6] Der Kreiswahlleiter hat die in den Sätzen 2 bis 4 genannten Angaben im Kopf der Formblätter zu vermerken.

2. [1] Die Wahlberechtigten, die einen Kreiswahlvorschlag unterstützen, müssen die Erklärung auf dem Formblatt persönlich und handschriftlich unterzeichnen; neben der Unterschrift sind Familienname, Vornamen, Geburtsdatum und Anschrift (Hauptwohnung) des Unterzeichners sowie der Tag der Unterzeichnung anzugeben. [2] Von Wahlberechtigten im Sinne des § 12 Abs. 2 Satz 1 des Bundeswahlgesetzes ist der Nachweis für die Wahlberechtigung durch die Angaben gemäß Anlage 2 und Abgabe einer Versicherung an Eides statt zu erbringen.
3. [1] Für jeden Unterzeichner ist auf dem Formblatt oder gesondert eine Bescheinigung der Gemeindebehörde, bei der er im Wählerverzeichnis einzutragen ist, beizufügen, dass er im Zeitpunkt der Unterzeichnung in dem betreffenden Wahlkreis wahlberechtigt ist. [2] Gesonderte Bescheinigungen des Wahlrechts sind vom Träger des Wahlvorschlages bei der Einreichung des Kreiswahlvorschlages mit den Unterstützungsunterschriften zu verbinden. [3] Wer für einen anderen eine Bescheinigung des Wahlrechts beantragt, muss nachweisen, dass der Betreffende den Kreiswahlvorschlag unterstützt.
4. Ein Wahlberechtigter darf nur einen Kreiswahlvorschlag unterzeichnen; hat jemand mehrere Kreiswahlvorschläge unterzeichnet, so ist seine Unterschrift auf allen weiteren Kreiswahlvorschlägen ungültig.
5. [1] Kreiswahlvorschläge von Parteien dürfen erst nach Aufstellung des Bewerbers durch eine Mitglieder- oder Vertreterversammlung unterzeichnet werden. [2] Vorher geleistete Unterschriften sind ungültig.

(5) Dem Kreiswahlvorschlag sind beizufügen

1. die Erklärung des vorgeschlagenen Bewerbers nach dem Muster der Anlage 15, dass er seiner Aufstellung zustimmt und für keinen anderen Wahlkreis seine Zustimmung zur Benennung als Bewerber gegeben hat,
2. eine Bescheinigung der zuständigen Gemeindebehörde nach dem Muster der Anlage 16, dass der vorgeschlagene Bewerber wählbar ist,
3. bei Kreiswahlvorschlägen von Parteien
   a) eine Ausfertigung der Niederschrift über die Beschlussfassung der Mitglieder- oder Vertreterversammlung, in der der Bewerber aufgestellt worden ist, im Falle eines Einspruchs nach § 21 Abs. 4 des Bundeswahlgesetzes auch eine Ausfertigung der Niederschrift über die wiederholte

---

[1)] **Sartorius Nr. 256.**

Abstimmung, mit der nach § 21 Abs. 6 Satz 2 des Bundeswahlgesetzes vorgeschriebenen Versicherung an Eides statt; die Niederschrift soll nach dem Muster der Anlage 17 gefertigt, die Versicherung an Eides statt nach dem Muster der Anlage 18 abgegeben werden;

b) eine Versicherung an Eides statt des vorgeschlagenen Bewerbers gegenüber dem Kreiswahlleiter nach dem Muster der Anlage 15, dass er nicht Mitglied einer anderen als der den Wahlvorschlag einreichenden Partei ist; für die Abnahme der Versicherung an Eides statt gilt § 21 Abs. 6 Satz 3 des Bundeswahlgesetzes entsprechend,

4. die erforderliche Zahl von Unterstützungsunterschriften nebst Bescheinigungen des Wahlrechts der Unterzeichner (Absatz 4 Nr. 2 und 3), sofern der Kreiswahlvorschlag von mindestens 200 Wahlberechtigten des Wahlkreises unterzeichnet sein muss.

(6) [1] Die Bescheinigung des Wahlrechts (Absatz 4 Nr. 3) und die Bescheinigung der Wählbarkeit (Absatz 5 Nr. 2) sind kostenfrei zu erteilen. [2] Die Gemeindebehörde darf für jeden Wahlberechtigten die Bescheinigung des Wahlrechts nur einmal zu einem Kreiswahlvorschlag erteilen; dabei darf sie nicht festhalten, für welchen Wahlvorschlag die erteilte Bescheinigung bestimmt ist.

(7) [1] Für Bewerber, die keine Wohnung in der Bundesrepublik Deutschland innehaben und sich dort auch sonst nicht gewöhnlich aufhalten, erteilt das Bundesministerium des Innern die Wählbarkeitsbescheinigung. [2] Sie ist bei der für den Wohnort des Bewerbers zuständigen diplomatischen oder berufskonsularischen Vertretung der Bundesrepublik Deutschland, sonst unmittelbar unter Vorlage der erforderlichen Nachweise zu beantragen.

§ 35[1)] Vorprüfung der Kreiswahlvorschläge durch den Kreiswahlleiter. (1) [1] Der Kreiswahlleiter vermerkt auf jedem Kreiswahlvorschlag den Tag und bei Eingang am letzten Tage der Einreichungsfrist außerdem die Uhrzeit des Eingangs und übersendet dem Landeswahlleiter und dem Bundeswahlleiter sofort je einen Abdruck. [2] Er prüft unverzüglich, ob die eingegangenen Kreiswahlvorschläge vollständig sind und den Erfordernissen des Bundeswahlgesetzes und dieser Verordnung entsprechen.

(2) Wird dem Kreiswahlleiter bekannt, dass ein im Wahlkreis vorgeschlagener Bewerber noch in einem anderen Wahlkreis vorgeschlagen worden ist, so weist er den Kreiswahlleiter des anderen Wahlkreises auf die Doppelbewerbung hin.

(3) [1] Wird der Kreiswahlausschuss nach § 25 Abs. 4 des Bundeswahlgesetzes[2)] im Mängelbeseitigungsverfahren angerufen, hat er über die Verfügung des Kreiswahlleiters unverzüglich zu entscheiden. [2] Der Vertrauensperson des betroffenen Kreiswahlvorschlages ist Gelegenheit zur Äußerung zu geben.

---

1) § 35 Abs. 1 Satz 2 und Abs. 3 Satz 1 geänd. mWv 11.12.2008 durch VO v. 3.12.2008 (BGBl. I S. 2378).

2) Nr. **10**.

§ 36[1)] Zulassung der Kreiswahlvorschläge. (1) Der Kreiswahlleiter lädt die Vertrauenspersonen der Kreiswahlvorschläge zu der Sitzung, in der über die Zulassung der Kreiswahlvorschläge entschieden wird.

(2) Der Kreiswahlleiter legt dem Kreiswahlausschuss alle eingegangenen Kreiswahlvorschläge vor und berichtet ihm über das Ergebnis der Vorprüfung.

(3) [1] Der Kreiswahlausschuss prüft die eingegangenen Kreiswahlvorschläge und beschließt über ihre Zulassung oder Zurückweisung. [2] Vor einer Entscheidung ist der erschienenen Vertrauensperson des betroffenen Wahlvorschlages Gelegenheit zur Äußerung zu geben.

(4) [1] Der Kreiswahlausschuss stellt die zugelassenen Kreiswahlvorschläge mit den in § 34 Abs. 1 Satz 2 bezeichneten Angaben fest. [2] Fehlt bei einem anderen Kreiswahlvorschlag (§ 20 Abs. 3 des Bundeswahlgesetzes[2)]) das Kennwort oder erweckt es den Eindruck, als handele es sich um den Kreiswahlvorschlag einer Partei, oder ist es geeignet, Verwechslungen mit einem früher eingereichten Kreiswahlvorschlag hervorzurufen, so erhält der Kreiswahlvorschlag den Namen des Bewerbers als Kennwort. [3] Geben die Namen mehrerer Parteien oder deren Kurzbezeichnungen zu Verwechslungen Anlass, so fügt der Kreiswahlausschuss einem Wahlvorschlag oder mehreren Wahlvorschlägen eine Unterscheidungsbezeichnung bei; hat der Landeswahlausschuss eine Unterscheidungsregelung getroffen (§ 41 Abs. 1), so gilt diese.

(5) Der Kreiswahlleiter gibt die Entscheidung des Kreiswahlausschusses in der Sitzung im Anschluss an die Beschlussfassung unter kurzer Angabe der Gründe bekannt und weist auf den zulässigen Rechtsbehelf hin.

(6) Die Niederschrift über die Sitzung (§ 5 Abs. 7) ist nach dem Muster der Anlage 19 zu fertigen; der Niederschrift sind die zugelassenen Kreiswahlvorschläge in der vom Kreiswahlausschuss festgestellten Fassung beizufügen.

(7) [1] Nach der Sitzung übersendet der Kreiswahlleiter dem Landeswahlleiter und dem Bundeswahlleiter sofort eine Ausfertigung der Niederschrift und weist dabei auf ihm bedenklich erscheinende Entscheidungen besonders hin. [2] Er ist verpflichtet, dem Bundeswahlleiter auf Verlangen alle für die Einlegung einer Beschwerde erforderlichen Auskünfte zu erteilen und Feststellungen zu treffen.

§ 37[3)] Beschwerde gegen Entscheidungen des Kreiswahlausschusses.
(1) [1] Die Beschwerde gegen eine Entscheidung des Kreiswahlausschusses ist schriftlich oder zur Niederschrift beim Kreiswahlleiter einzulegen. [2] Der Bundeswahlleiter hat seine Beschwerde beim Kreiswahlleiter, der Kreiswahlleiter seine Beschwerde beim Landeswahlleiter einzulegen. [3] Die Schriftform gilt auch durch Telegramm, Fernschreiben oder Telefax als gewahrt. [4] Der Kreiswahlleiter unterrichtet unverzüglich den Landeswahlleiter und den Bundeswahlleiter über die eingegangenen Beschwerden und verfährt nach den Anweisungen des Landeswahlleiters.

(2) [1] Der Landeswahlleiter lädt die Beschwerdeführer, die Vertrauenspersonen der betroffenen Kreiswahlvorschläge sowie den Kreiswahlleiter und

---

[1)] § 36 Abs. 4 Satz 2 und 3 geänd. mWv 11.12.2008 durch VO v. 3.12.2008 (BGBl. I S. 2378).
[2)] Nr. **10**.
[3)] § 37 Abs. 1 Satz 3 geänd. mWv 1.4.2008 durch VO v. 27.3.2008 (BGBl. I S. 476).

den Bundeswahlleiter zu der Sitzung, in der über die Beschwerde entschieden wird. [2] Den Vertrauenspersonen ist Gelegenheit zur Äußerung zu geben.

(3) Der Landeswahlleiter gibt die Entscheidung des Landeswahlausschusses in der Sitzung im Anschluss an die Beschlussfassung unter kurzer Angabe der Gründe bekannt und teilt sie sofort dem Bundeswahlleiter mit.

§ 38[1)] Bekanntmachung der Kreiswahlvorschläge. [1] Der Kreiswahlleiter ordnet die zugelassenen Kreiswahlvorschläge unter fortlaufenden Nummern in der Reihenfolge, wie sie durch § 30 Abs. 3 Satz 3 und 4 des Bundeswahlgesetzes[2)] und durch die Mitteilung des Landeswahlleiters nach § 43 Abs. 2 bestimmt ist, und macht sie öffentlich bekannt. [2] Parteien, für die eine Landesliste, aber kein Kreiswahlvorschlag zugelassen ist, erhalten eine Leernummer. [3] Die Bekanntmachung enthält für jeden Kreiswahlvorschlag die in § 34 Abs. 1 Satz 2 bezeichneten Angaben; statt des Geburtsdatums ist jedoch jeweils nur das Geburtsjahr des Bewerbers anzugeben. [4] Weist ein Bewerber bis zum Ablauf der Einreichungsfrist gegenüber dem Kreiswahlleiter nach, dass für ihn im Melderegister ein Sperrvermerk gemäß § 51 Absatz 1 des Bundesmeldegesetzes[3)] eingetragen ist, ist anstelle seiner Anschrift (Hauptwohnung) eine Erreichbarkeitsanschrift zu verwenden; die Angabe eines Postfachs genügt nicht. [5] Der Kreiswahlleiter unterrichtet unverzüglich den Landeswahlleiter und den Bundeswahlleiter über die Erreichbarkeitsanschrift. [6] Der Bundeswahlleiter veröffentlicht den Inhalt der öffentlichen Bekanntmachungen der Kreiswahlleiter im Wahlgebiet.

§ 39[4)] Inhalt und Form der Landeslisten. (1) [1] Die Landesliste soll nach dem Muster der Anlage 20 eingereicht werden. [2] Sie muss enthalten

1. den Namen der einreichenden Partei und, sofern sie eine Kurzbezeichnung verwendet, auch diese,
2. den Familiennamen, die Vornamen, den Beruf oder Stand, das Geburtsdatum, den Geburtsort und die Anschrift (Hauptwohnung) der Bewerber.

[3] Sie soll ferner Namen und Anschriften der Vertrauensperson und der stellvertretenden Vertrauensperson enthalten.

(2) [1] Die Landesliste ist von mindestens drei Mitgliedern des Vorstandes des Landesverbandes der Partei, darunter dem Vorsitzenden oder seinem Stellvertreter, persönlich und handschriftlich zu unterzeichnen. [2] Hat eine Partei in einem Land keinen Landesverband oder keine einheitliche Landesorganisation, so ist die Landesliste von den Vorständen der nächstniedrigen Gebietsverbände, die im Bereich des Landes liegen, dem Satz 1 gemäß zu unterzeichnen. [3] Die Unterschriften des einreichenden Vorstandes genügen, wenn er

---

1) § 38 Satz 3 geänd. mWv 1.4.2008 durch VO v. 27.3.2008 (BGBl. I S. 476); Satz 1 geänd. mWv 11.12.2008 durch VO v. 3.12.2008 (BGBl. I S. 2378); Satz 4 geänd. mWv 1.11.2015 durch G v. 3.5.2013 (BGBl. I S. 1084, geänd. durch G v. 20.11.2014, BGBl. I S. 1738); Satz 6 angef. mWv 18.5.2013 durch VO v. 13.5.2013 (BGBl. I S. 1255).

2) Nr. **10**.

3) **Sartorius Nr. 256.**

4) § 39 Abs. 1 Satz 2 Nr. 2 und Abs. 4 Nr. 3 geänd. sowie Abs. 3 Satz 2 und Abs. 4 Nr. 1 neu gef. mWv 1.4.2008 durch VO v. 27.3.2008 (BGBl. I S. 476); Abs. 3 Satz 1, Abs. 4 Nr. 1, 3 und 4 geänd. mWv 11.12.2008 durch VO v. 3.12.2008 (BGBl. I S. 2378); Abs. 1 Satz 2 Nr. 2 geänd. mWv 18.5.2013 durch VO v. 13.5.2013 (BGBl. I S. 1255).

innerhalb der Einreichungsfrist eine schriftliche, dem Satz 1 entsprechende Vollmacht der anderen beteiligten Vorstände beibringt.

(3) [1] Die in § 18 Abs. 2 des Bundeswahlgesetzes[1)] genannten Parteien haben die nach § 27 Abs. 1 des Bundeswahlgesetzes weiter erforderliche Zahl von Unterschriften auf amtlichen Formblättern nach Anlage 21 zu erbringen. [2] Der Landeswahlleiter liefert die Formblätter auf Anforderung kostenfrei; er kann sie auch als Druckvorlage oder elektronisch bereitstellen. [3] Bei der Anforderung ist der Name der Partei, die die Landesliste einreichen will, und, sofern sie eine Kurzbezeichnung verwendet, auch diese anzugeben. [4] Der Landeswahlleiter hat diese Angaben im Kopf der Formblätter zu vermerken. [5] Im Übrigen gilt § 34 Abs. 4 entsprechend.

(4) Der Landesliste sind beizufügen

1. die Erklärungen der vorgeschlagenen Bewerber, dass sie ihrer Aufstellung zustimmen und für keine andere Landesliste ihre Zustimmung zur Benennung als Bewerber gegeben haben, sowie eine Versicherung an Eides statt gegenüber dem Landeswahlleiter, dass sie nicht Mitglied einer anderen als der den Wahlvorschlag einreichenden Partei sind, jeweils nach dem Muster der Anlage 22; für die Abnahme der Versicherung an Eides statt gilt § 21 Abs. 6 Satz 3 des Bundeswahlgesetzes entsprechend,
2. die Bescheinigungen der zuständigen Gemeindebehörden nach dem Muster der Anlage 16, dass die vorgeschlagenen Bewerber wählbar sind,
3. eine Ausfertigung der Niederschrift über die Beschlussfassung der Mitglieder- oder Vertreterversammlung, in der die Bewerber aufgestellt worden sind und ihre Reihenfolge auf der Landesliste festgelegt worden ist, mit der nach § 21 Abs. 6 des Bundeswahlgesetzes vorgeschriebenen Versicherung an Eides statt, wobei sich die Versicherung an Eides statt auch darauf zu erstrecken hat, dass die Festlegung der Reihenfolge der Bewerber in der Landesliste in geheimer Abstimmung erfolgt ist; die Niederschrift soll nach dem Muster der Anlage 23 gefertigt, die Versicherung an Eides statt nach dem Muster der Anlage 24 abgegeben werden,
4. die erforderliche Zahl von Unterstützungsunterschriften nebst Bescheinigungen des Wahlrechts der Unterzeichner (Absatz 3 Satz 5), sofern es sich um einen Landeswahlvorschlag einer in § 18 Abs. 2 des Bundeswahlgesetzes genannten Partei handelt.

(5) § 34 Abs. 6 und 7 gilt entsprechend.

§ 40[2)] Vorprüfung der Landeslisten durch den Landeswahlleiter.

(1) [1] Der Landeswahlleiter vermerkt auf jeder Landesliste den Tag und bei Eingang am letzten Tage der Einreichungsfrist außerdem die Uhrzeit des Eingangs und übersendet dem Bundeswahlleiter sofort einen Abdruck. [2] Er prüft unverzüglich, ob die eingegangenen Landeslisten vollständig sind und den Erfordernissen des Bundeswahlgesetzes und dieser Verordnung entsprechen.

(2) Wird dem Landeswahlleiter bekannt, dass ein auf einer Landesliste vorgeschlagener Bewerber noch auf einer anderen Landesliste vorgeschlagen

---

[1)] Nr. **10**.

[2)] § 40 Abs. 1 Satz 2 und Abs. 3 geänd. mWv 11.12.2008 durch VO v. 3.12.2008 (BGBl. I S. 2378).

worden ist, so weist er den Landeswahlleiter des anderen Landes auf die Doppelbewerbung hin.

(3) Wird der Landeswahlausschuss nach § 27 Abs. 5 des Bundeswahlgesetzes[1)] in Verbindung mit § 25 Abs. 4 des Bundeswahlgesetzes im Mängelbeseitigungsverfahren angerufen, gilt § 35 Abs. 3 entsprechend.

§ 41 Zulassung der Landeslisten. (1) [1] Der Landeswahlausschuss stellt die zugelassenen Landeslisten mit den in § 39 Abs. 1 Satz 2 bezeichneten Angaben und mit der maßgebenden Bewerberreihenfolge fest. [2] Geben die Namen mehrerer Parteien oder deren Kurzbezeichnungen im Land zu Verwechslungen Anlass, so fügt der Landeswahlausschuss einer Landesliste oder mehreren Landeslisten eine Unterscheidungsbezeichnung bei.

(2) [1] Für das Verfahren gilt § 36 Abs. 1 bis 3, 5 und 6 entsprechend. [2] Der Niederschrift sind die zugelassenen Landeslisten in der vom Landeswahlausschuss festgestellten Fassung beizufügen. [3] Der Landeswahlleiter übersendet dem Bundeswahlleiter sofort eine Ausfertigung der Niederschrift und ihrer Anlagen.

§ 42[2)] Beschwerde gegen Entscheidungen des Landeswahlausschusses. (1) [1] Die Beschwerde gegen eine Entscheidung des Landeswahlausschusses ist schriftlich oder zur Niederschrift beim Landeswahlleiter einzulegen; der Landeswahlleiter hat seine Beschwerde beim Bundeswahlleiter einzulegen. [2] Die Schriftform gilt auch durch Telegramm, Fernschreiben oder Telefax als gewahrt. [3] Der Landeswahlleiter unterrichtet unverzüglich den Bundeswahlleiter über die eingegangenen Beschwerden und verfährt nach dessen Anweisungen.

(2) [1] Der Bundeswahlleiter lädt die Beschwerdeführer, die Vertrauenspersonen der betroffenen Landeslisten und den Landeswahlleiter zu der Sitzung, in der über die Beschwerde entschieden wird. [2] Den Vertrauenspersonen ist Gelegenheit zur Äußerung zu geben.

(3) Der Bundeswahlleiter gibt die Entscheidung des Bundeswahlausschusses in der Sitzung im Anschluss an die Beschlussfassung unter kurzer Angabe der Gründe bekannt.

§ 43[3)] Bekanntmachung der Landeslisten. (1) [1] Der Landeswahlleiter ordnet die endgültig zugelassenen Landeslisten in der durch § 30 Abs. 3 Satz 1 und 2 des Bundeswahlgesetzes[1)] bestimmten Reihenfolge unter fortlaufenden Nummern und macht sie öffentlich bekannt. [2] Die Bekanntmachung enthält für jede Landesliste die in § 39 Abs. 1 Satz 2 bezeichneten Angaben; statt des Geburtsdatums ist jedoch nur das Geburtsjahr der Bewerber anzugeben. [3] Weist ein Bewerber bis zum Ablauf der Einreichungsfrist gegenüber dem Landeswahlleiter nach, dass für ihn im Melderegister ein

---

[1)] Nr. **10**.

[2)] § 42 Abs. 1 Satz 2 geänd. mWv 1.4.2008 durch VO v. 27.3.2008 (BGBl. I S. 476).

[3)] § 43 Abs. 1 Satz 2 geänd. mWv 1.4.2008 durch VO v. 27.3.2008 (BGBl. I S. 476); Abs. 1 Satz 1 geänd. mWv 11.12.2008 durch VO v. 3.12.2008 (BGBl. I S. 2378); Abs. 1 Satz 3 geänd. mWv 1.11.2015 durch G v. 3.5.2013 (BGBl. I S. 1084, geänd. durch G v. 20.11.2014, BGBl. I S. 1738); Abs. 1 Satz 5 angef. mWv 18.5.2013 durch VO v. 13.5.2013 (BGBl. I S. 1255).

Sperrvermerk gemäß § 51 Absatz 1 des Bundesmeldegesetzes[1)] eingetragen ist, ist anstelle seiner Anschrift (Hauptwohnung) eine Erreichbarkeitsanschrift zu verwenden; die Angabe eines Postfachs genügt nicht. [4] Der Landeswahlleiter unterrichtet unverzüglich den Bundeswahlleiter über die Erreichbarkeitsanschrift. [5] Der Bundeswahlleiter veröffentlicht den Inhalt der öffentlichen Bekanntmachungen der Landeswahlleiter im Wahlgebiet.

(2) Gleichzeitig teilt der Landeswahlleiter den Kreiswahlleitern die Reihenfolge der Landeslisten und die Familiennamen und Vornamen der ersten fünf Bewerber mit.

§ 44[2)] *(aufgehoben)*

§ 45[3)] **Stimmzettel, Umschläge für die Briefwahl.** (1) [1] Der Stimmzettel ist mindestens 21 x 29,7 cm (DIN A 4) groß und aus weißem oder weißlichem Papier. [2] Das Papier muss so beschaffen sein, dass nach Kennzeichnung und Faltung durch den Wähler andere Personen nicht erkennen können, wie er gewählt hat. [3] Der Stimmzettel enthält nach dem Muster der Anlage 26 je in der Reihenfolge und unter der Nummer ihrer Bekanntmachung

1. für die Wahl im Wahlkreis in schwarzem Druck die zugelassenen Kreiswahlvorschläge unter Angabe des Familiennamens, Vornamens, Berufs oder Standes und des Wohnortes (Hauptwohnung) des Bewerbers sowie des Namens der Partei, sofern sie eine Kurzbezeichnung verwendet, auch dieser, oder des Kennworts bei anderen Kreiswahlvorschlägen (§ 20 Abs. 3 des Bundeswahlgesetzes[4)]) und rechts von dem Namen jedes Bewerbers einen Kreis für die Kennzeichnung; bei einem Nachweis nach § 38 Satz 4 ist anstelle des Wohnortes (Hauptwohnung) der Ort der Erreichbarkeitsanschrift anzugeben,
2. für die Wahl nach Landeslisten in blauem Druck die zugelassenen Landeslisten unter Angabe des Namens der Partei, sofern sie eine Kurzbezeichnung verwendet, auch dieser, sowie der Familiennamen und Vornamen der ersten fünf Bewerber und links von der Parteibezeichnung einen Kreis für die Kennzeichnung.

[4] Zusätzlich kann ein eingetragener Ordens- oder Künstlername (§ 5 Absatz 2 Nummer 12 des Personalausweisgesetzes[5)], § 4 Absatz 1 Nummer 4 des Passgesetzes[6)]) angegeben werden. [5] Jeder Wahlkreisbewerber und jede Landesliste erhält ein abgegrenztes Feld. [6] Die Stimmzettel müssen in jedem Wahlbezirk von gleicher Farbe und Beschaffenheit sein.

[1)] **Sartorius Nr. 256.**

[2)] § 44 aufgeh. mWv 18.5.2013 durch VO v. 13.5.2013 (BGBl. I S. 1255).

[3)] § 45 Abs. 5 Satz 1 neu gef., bish. Sätze 1 und 2 werden Sätze 2 und 3 mWv 1.5.2002 durch G v. 27.4.2002 (BGBl. I S. 1467); Überschrift, Abs. 1 Satz 3 Nr. 1, Abs. 3 und 5 Satz 3 geänd. mWv 11.12.2008 durch VO v. 3.12.2008 (BGBl. I S. 2378); Abs. 1 Satz 3 Nr. 1 geänd., Satz 4 eingef., bish. Sätze 4 und 5 werden Sätze 5 und 6, Abs. 5 Satz 1 eingef., bish. Satz 1 wird Satz 2, bish. Sätze 2 und 3 werden Abs. 6 Sätze 1 und 2 mWv 18.5.2013 durch VO v. 13.5.2013 (BGBl. I S. 1255); Abs. 2 neu gef., Abs. 4 geänd. und Abs. 5 Satz 2 aufgeh. mWv 31.3.2017 durch VO v. 24.3.2017 (BGBl. I S. 585).

[4)] Nr. **10**.

[5)] **Sartorius Nr. 255.**

[6)] **Sartorius Nr. 250.**

(2) [1] Zur Verwendung von Stimmzettelschablonen wird die rechte obere Ecke des Stimmzettels gelocht oder abgeschnitten. [2] Muster der Stimmzettel werden unverzüglich nach ihrer Fertigstellung den Blindenvereinen, die ihre Bereitschaft zur Herstellung von Stimmzettelschablonen erklärt haben, zur Verfügung gestellt.

(3) Die Stimmzettelumschläge für die Briefwahl sollen 11,4 x 16,2 cm (DIN C 6) groß und blau und nach dem Muster der Anlage 10 beschriftet sein.

(4) Die Wahlbriefumschläge sollen etwa 12 x 17,6 cm groß und hellrot und nach dem Muster der Anlage 11 beschriftet sein.

(5) Schriftart, Schriftgröße und Kontrast sollen so gewählt werden, dass die Lesbarkeit erleichtert wird.

(6) [1] Der Kreiswahlleiter weist den Gemeindebehörden die Stimmzettel zur Weitergabe an die Wahlvorsteher zu. [2] Er liefert den Gemeindebehörden die erforderlichen Wahlbriefumschläge und Stimmzettelumschläge für die Briefwahl.

Fünfter Unterabschnitt. Wahlräume, Wahlzeit

§ 46[1)] Wahlräume. (1) [1] Die Gemeindebehörde bestimmt für jeden Wahlbezirk einen Wahlraum. [2] Soweit möglich, stellen die Gemeinden Wahlräume in Gemeindegebäuden zur Verfügung. [3] Die Wahlräume sollen nach den örtlichen Verhältnissen so ausgewählt und eingerichtet werden, dass allen Wahlberechtigten, insbesondere Menschen mit Behinderungen und anderen Menschen mit Mobilitätsbeeinträchtigung, die Teilnahme an der Wahl möglichst erleichtert wird. [4] Die Gemeindebehörden teilen frühzeitig und in geeigneter Weise mit, welche Wahlräume barrierefrei sind.

(2) [1] In größeren Wahlbezirken, in denen sich die Wählerverzeichnisse teilen lassen, kann gleichzeitig in verschiedenen Gebäuden oder in verschiedenen Räumen desselben Gebäudes oder an verschiedenen Tischen des Wahlraumes gewählt werden. [2] Für jeden Wahlraum oder Tisch wird ein Wahlvorstand gebildet. [3] Sind mehrere Wahlvorstände in einem Wahlraum tätig, so bestimmt die Gemeindebehörde, welcher Vorstand für Ruhe und Ordnung im Wahlraum sorgt.

§ 47 Wahlzeit. (1) Die Wahl dauert von 8.00 bis 18.00 Uhr.

(2) Der Landeswahlleiter kann im Einzelfall, wenn besondere Gründe es erfordern, die Wahlzeit mit einem früheren Beginn festsetzen.

§ 48[2)] Wahlbekanntmachung der Gemeindebehörde. (1) [1] Die Gemeindebehörde macht spätestens am sechsten Tage vor der Wahl nach dem Muster der Anlage 27 Beginn und Ende der Wahlzeit sowie die Wahlbezirke und Wahlräume öffentlich bekannt; anstelle der Aufzählung der Wahlbezirke mit ihrer Abgrenzung und ihren Wahlräumen kann auf die Angaben in der

---

[1)] § 46 Abs. 1 Sätze 3 und 4 angef. mWv 1.5.2002 durch G v. 27.4.2002 (BGBl. I S. 1467); Abs. 1 Satz 3 geänd. mWv 31.3.2017 durch VO v. 24.3.2017 (BGBl. I S. 585).

[2)] § 48 Abs. 1 Satz 2 Nr. 5 geänd. mWv 11.12.2008 durch VO v. 3.12.2008 (BGBl. I S. 2378).

Wahlbenachrichtigung verwiesen werden. 2 Dabei weist die Gemeindebehörde darauf hin,

1. dass der Wähler eine Erststimme und eine Zweitstimme hat,
2. dass die Stimmzettel amtlich hergestellt und im Wahlraum bereitgehalten werden,
3. welchen Inhalt der Stimmzettel hat und wie er zu kennzeichnen ist,
4. in welcher Weise mit Wahlschein und insbesondere durch Briefwahl gewählt werden kann,
5. dass nach § 14 Abs. 4 des Bundeswahlgesetzes[1] jeder Wahlberechtigte sein Wahlrecht nur einmal und nur persönlich ausüben kann,
6. dass nach § 107a Abs. 1 und 3 des Strafgesetzbuches mit Freiheitsstrafe bis zu fünf Jahren oder mit Geldstrafe bestraft wird, wer unbefugt wählt oder sonst ein unrichtiges Ergebnis einer Wahl herbeiführt oder das Ergebnis verfälscht oder eine solche Tat versucht.

(2) 1 Die Wahlbekanntmachung oder ein Auszug aus ihr mit den Nummern 1, 3, 4 und 6 der Anlage 27 ist vor Beginn der Wahlhandlung am oder im Eingang des Gebäudes, in dem sich der Wahlraum befindet, anzubringen. 2 Dem Auszug ist ein Stimmzettel als Muster beizufügen.

Dritter Abschnitt. Wahlhandlung

Erster Unterabschnitt. Allgemeine Bestimmungen

§ 49[2] Ausstattung des Wahlvorstandes. Die Gemeindebehörde übergibt dem Wahlvorsteher eines jeden Wahlbezirks vor Beginn der Wahlhandlung

1. das abgeschlossene Wählerverzeichnis,
2. das Verzeichnis der eingetragenen Wahlberechtigten, denen nach Abschluss des Wählerverzeichnisses noch Wahlscheine erteilt worden sind,
3. amtliche Stimmzettel in genügender Zahl,
4. Vordruck der Wahlniederschrift,
5. Vordruck der Schnellmeldung,
6. Abdrucke des Bundeswahlgesetzes[1] und dieser Verordnung, die die Anlagen zu diesen Vorschriften nicht zu enthalten brauchen,
7. Abdruck der Wahlbekanntmachung oder Auszug aus ihr mit den Nummern 1, 3, 4 und 6 der Anlage 27,
8. Verschlussmaterial für die Wahlurne,
9. Verpackungs- und Siegelmaterial zum Verpacken der Stimmzettel und Wahlscheine.

§ 50[3] Wahlkabinen. (1) 1 In jedem Wahlraum richtet die Gemeindebehörde eine Wahlkabine oder mehrere Wahlkabinen mit Tischen ein, in denen

[1] Nr. **10**.

[2] § 49 Nr. 9 geänd. mWv 18.5.2013 durch VO v. 13.5.2013 (BGBl. I S. 1255).

[3] § 50 Überschrift, Abs. 1 Sätze 1, 2 und 3 und Abs. 2 geänd. mWv 18.5.2013 durch VO v. 13.5. 2013 (BGBl. I S. 1255).

der Wähler seinen Stimmzettel unbeobachtet kennzeichnen und falten kann. [2]Die Wahlkabinen müssen vom Tisch des Wahlvorstandes aus überblickt werden können. [3]Als Wahlkabine kann auch ein nur durch den Wahlraum zugänglicher Nebenraum dienen, wenn dessen Eingang vom Tisch des Wahlvorstandes aus überblickt werden kann.

(2) In der Wahlkabine soll ein Schreibstift bereitliegen.

§ 51 Wahlurnen. (1) Die Gemeindebehörde sorgt für die erforderlichen Wahlurnen.

(2) [1]Die Wahlurne muss mit einem Deckel versehen sein. [2]Ihre innere Höhe soll in der Regel 90 cm, der Abstand jeder Wand von der gegenüberliegenden mindestens 35 cm betragen. [3]Im Deckel muss die Wahlurne einen Spalt haben, der nicht weiter als 2 cm sein darf. [4]Sie muss verschließbar sein.

(3) Für die Stimmabgabe in Sonderwahlbezirken und vor einem beweglichen Wahlvorstand können kleinere Wahlurnen verwendet werden.

§ 52 Wahltisch. [1]Der Tisch, an dem der Wahlvorstand Platz nimmt, muss von allen Seiten zugänglich sein. [2]An oder auf diesen Tisch wird die Wahlurne gestellt.

§ 53[1)] Eröffnung der Wahlhandlung. (1) [1]Der Wahlvorsteher eröffnet die Wahlhandlung damit, dass er die anwesenden Beisitzer auf ihre Verpflichtung zur unparteiischen Wahrnehmung ihres Amtes und zur Verschwiegenheit über die ihnen bei ihrer amtlichen Tätigkeit bekanntgewordenen Angelegenheiten hinweist. [2]Er stellt sicher, dass der Hinweis allen Beisitzern vor Aufnahme ihrer Tätigkeit erteilt wird.

(2) [1]Vor Beginn der Stimmabgabe berichtigt der Wahlvorsteher das Wählerverzeichnis nach dem Verzeichnis der etwa nachträglich ausgestellten Wahlscheine (§ 28 Abs. 6 Satz 5), indem er bei den in diesem Verzeichnis aufgeführten Wahlberechtigten in der Spalte für den Stimmabgabevermerk „Wahlschein" oder „W" einträgt. [2]Er berichtigt dementsprechend die Abschlussbescheinigung des Wählerverzeichnisses in der daneben vorgesehenen Spalte und bescheinigt das an der vorgesehenen Stelle. [3]Erhält der Wahlvorsteher später die Mitteilung von der Ausstellung von Wahlscheinen nach § 27 Abs. 4 Satz 3, verfährt er entsprechend den Sätzen 1 und 2.

(3) [1]Der Wahlvorstand überzeugt sich vor Beginn der Stimmabgabe davon, dass die Wahlurne leer ist. [2]Der Wahlvorsteher verschließt die Wahlurne. [3]Sie darf bis zum Schluss der Wahlhandlung nicht mehr geöffnet werden.

§ 54 Öffentlichkeit. Während der Wahlhandlung sowie der Ermittlung und Feststellung des Wahlergebnisses hat jedermann zum Wahlraum Zutritt, soweit das ohne Störung des Wahlgeschäfts möglich ist.

§ 55 Ordnung im Wahlraum. [1]Der Wahlvorstand sorgt für Ruhe und Ordnung im Wahlraum. [2]Er ordnet bei Andrang den Zutritt zum Wahlraum.

[1)] § 53 Abs. 1 Satz 1 geänd., Satz 2 angef. mWv 11.12.2008 durch VO v. 3.12.2008 (BGBl. I S. 2378).

§ 56[1)] Stimmabgabe. (1) [1] Wenn der Wähler den Wahlraum betritt, erhält er einen amtlichen Stimmzettel. [2] Der Wahlvorstand kann anordnen, dass er hierzu seine Wahlbenachrichtigung vorzeigt.

(2) [1] Der Wähler begibt sich in die Wahlkabine, kennzeichnet dort seinen Stimmzettel und faltet ihn dort in der Weise, dass seine Stimmabgabe nicht erkennbar ist. [2] In der Wahlkabine darf nicht fotografiert oder gefilmt werden. [3] Der Wahlvorstand achtet darauf, dass sich immer nur ein Wähler und dieser nur so lange wie notwendig in der Wahlkabine aufhält.

(3) [1] Danach tritt der Wähler an den Tisch des Wahlvorstandes. [2] Auf Verlangen hat er seine Wahlbenachrichtigung abzugeben und, insbesondere wenn er seine Wahlbenachrichtigung nicht vorlegt, sich über seine Person auszuweisen.

(4) [1] Sobald der Schriftführer den Namen des Wählers im Wählerverzeichnis gefunden hat, die Wahlberechtigung festgestellt ist und kein Anlass zur Zurückweisung des Wählers nach den Absätzen 6 und 7 besteht, gibt der Wahlvorsteher die Wahlurne frei. [2] Der Wähler wirft den gefalteten Stimmzettel in die Wahlurne. [3] Der Schriftführer vermerkt die Stimmabgabe im Wählerverzeichnis in der dafür bestimmten Spalte. [4] Die Mitglieder des Wahlvorstandes sind dabei, wenn nicht die Feststellung der Wahlberechtigung es erfordert, nicht befugt, Angaben zur Person des Wählers so zu verlautbaren, dass sie von sonstigen im Wahlraum Anwesenden zur Kenntnis genommen werden können.

(5) (weggefallen)

(6) [1] Der Wahlvorstand hat einen Wähler zurückzuweisen, der

1. nicht in das Wählerverzeichnis eingetragen ist und keinen Wahlschein besitzt,

1a. sich auf Verlangen des Wahlvorstandes nicht ausweisen kann oder die zur Feststellung der Identität erforderlichen Mitwirkungshandlungen verweigert,

2. keinen Wahlschein vorlegt, obwohl sich im Wählerverzeichnis ein Wahlscheinvermerk (§ 30) befindet, es sei denn, es wird festgestellt, dass er nicht im Wahlscheinverzeichnis eingetragen ist,

3. bereits einen Stimmabgabevermerk im Wählerverzeichnis hat, es sei denn, er weist nach, dass er noch nicht gewählt hat,

4. seinen Stimmzettel außerhalb der Wahlkabine gekennzeichnet oder gefaltet hat,

5. seinen Stimmzettel so gefaltet hat, dass seine Stimmabgabe erkennbar ist, oder ihn mit einem äußerlich sichtbaren, das Wahlgeheimnis offensichtlich gefährdenden Kennzeichen versehen hat,

5a. für den Wahlvorstand erkennbar in der Wahlkabine fotografiert oder gefilmt hat oder

---

1) § 56 Abs. 3 neu gef., Abs. 4 Satz 3 und Abs. 6 Satz 1 Nr. 3 geänd. mWv 11.12.2008 durch VO v. 3.12.2008 (BGBl. I S. 2378); Abs. 2 Sätze 1, 2 und Abs. 6 Nr. 4 geänd. mWv 18.5.2013 durch VO v. 13.5.2013 (BGBl. I S. 1255); Abs. 2 Satz 2 eingef., bish. Satz 2 wird Satz 3, Abs. 6 Satz 1 Nr. 4 und 5 geänd., Nr. 5a eingef. mWv 31.3.2017 durch VO v. 24.3.2017 (BGBl. I S. 585); Abs. 6 Satz 1 Nr. 1a eingef. mWv 15.6.2017 durch G v. 8.6.2017 (BGBl. I S. 1570).

6. für den Wahlvorstand erkennbar mehrere oder einen nicht amtlich hergestellten Stimmzettel abgeben oder mit dem Stimmzettel einen weiteren Gegenstand in die Wahlurne werfen will.

[2] Ein Wähler, bei dem die Voraussetzungen des Satzes 1 Nr. 1 vorliegen und der im Vertrauen auf die ihm übersandte Benachrichtigung, dass er im Wählerverzeichnis eingetragen ist, keinen Einspruch eingelegt hat, ist gegebenenfalls bei der Zurückweisung darauf hinzuweisen, dass er bei der Gemeindebehörde bis 15.00 Uhr einen Wahlschein beantragen kann.

(7) [1] Glaubt der Wahlvorsteher, das Wahlrecht einer im Wählerverzeichnis eingetragenen Person beanstanden zu müssen oder werden sonst aus der Mitte des Wahlvorstandes Bedenken gegen die Zulassung eines Wählers zur Stimmabgabe erhoben, so beschließt der Wahlvorstand über die Zulassung oder Zurückweisung. [2] Der Beschluss ist in der Wahlniederschrift zu vermerken.

(8) Hat der Wähler seinen Stimmzettel verschrieben oder versehentlich unbrauchbar gemacht oder wird der Wähler nach Absatz 6 Nr. 4 bis 6 zurückgewiesen, so ist ihm auf Verlangen ein neuer Stimmzettel auszuhändigen, nachdem er den alten Stimmzettel im Beisein eines Mitglieds des Wahlvorstandes vernichtet hat.

§ 57[1)] Stimmabgabe von Wählern mit Behinderungen. (1) [1] Ein Wähler, der des Lesens unkundig ist oder der wegen einer körperlichen Beeinträchtigung gehindert ist, den Stimmzettel zu kennzeichnen, zu falten oder selbst in die Wahlurne zu werfen, bestimmt eine andere Person, deren Hilfe er sich bei der Stimmabgabe bedienen will, und gibt dies dem Wahlvorstand bekannt. [2] Hilfsperson kann auch ein vom Wähler bestimmtes Mitglied des Wahlvorstandes sein.

(2) [1] Die Hilfeleistung hat sich auf die Erfüllung der Wünsche des Wählers zu beschränken. [2] Die Hilfsperson darf gemeinsam mit dem Wähler die Wahlkabine aufsuchen, soweit das zur Hilfeleistung erforderlich ist.

(3) Die Hilfsperson ist zur Geheimhaltung der Kenntnisse verpflichtet, die sie bei der Hilfeleistung von der Wahl eines anderen erlangt hat.

(4) Ein blinder oder sehbehinderter Wähler kann sich zur Kennzeichnung des Stimmzettels auch einer Stimmzettelschablone bedienen.

§ 58[2)] *(aufgehoben)*

§ 59 Stimmabgabe von Inhabern eines Wahlscheines. [1] Der Inhaber eines Wahlscheines nennt seinen Namen, weist sich aus und übergibt den Wahlschein dem Wahlvorsteher. [2] Dieser prüft den Wahlschein. [3] Entstehen Zweifel über die Gültigkeit des Wahlscheines oder über den rechtmäßigen Besitz, so klärt sie der Wahlvorstand nach Möglichkeit und beschließt über die Zulassung oder Zurückweisung des Inhabers. [4] Der Vorgang ist in der Wahlniederschrift zu vermerken. [5] Der Wahlvorsteher behält den Wahlschein auch im Falle der Zurückweisung ein.

[1)] § 57 Abs. 1 Satz 1 geänd., Abs. 4 angef. mWv 1.5.2002 durch G v. 27.4.2002 (BGBl. I S. 1467); Abs. 2 Satz 2 geänd. mWv 18.5.2013 durch VO v. 13.5.2013 (BGBl. I S. 1255); Überschrift geänd. mWv 31.3.2017 durch VO v. 24.3.2017 (BGBl. I S. 585).

[2)] § 58 aufgeh. mWv 11.12.2008 durch VO v. 3.12.2008 (BGBl. I S. 2378).

§ 60 Schluss der Wahlhandlung. [1] Sobald die Wahlzeit abgelaufen ist, wird dies vom Wahlvorsteher bekanntgegeben. [2] Von da ab dürfen nur noch die Wähler zur Stimmabgabe zugelassen werden, die sich im Wahlraum befinden. [3] Der Zutritt zum Wahlraum ist so lange zu sperren, bis die anwesenden Wähler ihre Stimme abgegeben haben; § 54 ist zu beachten. [4] Sodann erklärt der Wahlvorsteher die Wahlhandlung für geschlossen.

Zweiter Unterabschnitt. Besondere Regelungen

§ 61[1)] Wahl in Sonderwahlbezirken. (1) Zur Stimmabgabe in Sonderwahlbezirken (§ 13) wird jeder in der Einrichtung anwesende Wahlberechtigte zugelassen, der einen für den Wahlkreis gültigen Wahlschein hat.

(2) Es ist zulässig, für die verschiedenen Teile eines Sonderwahlbezirks verschiedene Personen als Beisitzer des Wahlvorstandes zu bestellen.

(3) [1] Die Gemeindebehörde bestimmt im Einvernehmen mit der Leitung der Einrichtung einen geeigneten Wahlraum. [2] Für die verschiedenen Teile eines Sonderwahlbezirks können verschiedene Wahlräume bestimmt werden. [3] Die Gemeindebehörde richtet den Wahlraum her.

(4) Die Gemeindebehörde bestimmt die Wahlzeit für den Sonderwahlbezirk im Einvernehmen mit der Leitung der Einrichtung im Rahmen der allgemeinen Wahlzeit nach dem tatsächlichen Bedürfnis.

(5) Die Leitung der Einrichtung gibt den Wahlberechtigten den Wahlraum und die Wahlzeit am Tage vor der Wahl bekannt und weist auf die Möglichkeit der Stimmabgabe nach Absatz 6 hin.

(6) [1] Der Wahlvorsteher oder sein Stellvertreter und zwei Beisitzer können sich unter Mitnahme einer verschlossenen Wahlurne und der erforderlichen Stimmzettel auch in die Krankenzimmer und an die Krankenbetten begeben. [2] Dort nehmen sie die Wahlscheine entgegen und verfahren nach den §§ 59 und 56 Abs. 4 bis 8. [3] Dabei muss auch bettlägerigen Wählern Gelegenheit gegeben werden, ihre Stimmzettel unbeobachtet zu kennzeichnen und zu falten. [4] Der Wahlvorsteher oder sein Stellvertreter weist Wähler, die sich bei der Stimmabgabe der Hilfe einer anderen Person bedienen wollen, darauf hin, dass sie auch ein von ihnen bestimmtes Mitglied des Wahlvorstandes als Hilfsperson in Anspruch nehmen können. [5] Nach Schluss der Stimmabgabe sind die verschlossene Wahlurne und die Wahlscheine unverzüglich in den Wahlraum des Sonderwahlbezirks zu bringen. [6] Dort ist die Wahlurne bis zum Schluss der allgemeinen Stimmabgabe unter Aufsicht des Wahlvorstandes verschlossen zu verwahren. [7] Danach wird ihr Inhalt mit dem Inhalt der allgemeinen Wahlurne vermengt und zusammen mit den übrigen Stimmen des Sonderwahlbezirks ausgezählt. [8] Der Vorgang ist in der Wahlniederschrift zu vermerken.

(7) Die Öffentlichkeit der Wahlhandlung sowie der Ermittlung und Feststellung des Wahlergebnisses soll nach Möglichkeit durch die Anwesenheit anderer Wahlberechtigter gewährleistet werden.

(8) Die Leitung der Einrichtung hat bei Kranken mit ansteckenden Krankheiten insbesondere § 30 Abs. 1 des Infektionsschutzgesetzes zu beachten.

---

1) § 61 Abs. 8 neu gef. mWv 11.12.2008 durch VO v. 3.12.2008 (BGBl. I S. 2378).

(9) Das Wahlergebnis des Sonderwahlbezirks darf nicht vor Schluss der allgemeinen Wahlzeit ermittelt werden.

(10) Im Übrigen gelten die allgemeinen Bestimmungen.

§ 62 Stimmabgabe in kleineren Krankenhäusern und kleineren Alten- oder Pflegeheimen. (1) Die Gemeindebehörde soll bei entsprechendem Bedürfnis und soweit möglich im Benehmen mit der Leitung eines kleineren Krankenhauses oder eines kleineren Alten- oder Pflegeheimes zulassen, dass dort anwesende Wahlberechtigte, die einen für den Wahlkreis gültigen Wahlschein besitzen, vor einem beweglichen Wahlvorstand (§ 8) wählen.

(2) [1] Die Gemeindebehörde vereinbart mit der Leitung der Einrichtung die Zeit der Stimmabgabe innerhalb der allgemeinen Wahlzeit. [2] Die Leitung der Einrichtung stellt, soweit erforderlich, einen geeigneten Wahlraum bereit. [3] Die Gemeindebehörde richtet ihn her. [4] Die Leitung der Einrichtung gibt den Wahlberechtigten Ort und Zeit der Stimmabgabe bekannt.

(3) [1] Der bewegliche Wahlvorstand begibt sich unter Mitnahme einer verschlossenen Wahlurne und der erforderlichen Stimmzettel in das Krankenhaus oder in das Alten- oder Pflegeheim, nimmt die Wahlscheine entgegen und verfährt nach den §§ 59 und 56 Abs. 4 bis 8. [2] Der Wahlvorsteher oder sein Stellvertreter weist Wähler, die sich bei der Stimmabgabe der Hilfe einer anderen Person bedienen wollen, darauf hin, dass sie auch ein von ihnen bestimmtes Mitglied des Wahlvorstandes als Hilfsperson in Anspruch nehmen können. [3] Nach Schluss der Stimmabgabe sind die verschlossene Wahlurne und die Wahlscheine unverzüglich in den Wahlraum des Wahlbezirks zu bringen. [4] Dort ist die Wahlurne bis zum Schluss der allgemeinen Stimmabgabe unter Aufsicht des Wahlvorstandes verschlossen zu verwahren. [5] Danach wird ihr Inhalt mit dem Inhalt der allgemeinen Wahlurne vermengt und zusammen mit den Stimmen des Wahlbezirks ausgezählt. [6] Der Vorgang ist in der Wahlniederschrift zu vermerken.

(4) [1] § 61 Abs. 6 bis 8 gilt entsprechend. [2] Im Übrigen gelten die allgemeinen Bestimmungen.

§ 63 Stimmabgabe in Klöstern. Die Gemeindebehörde soll bei entsprechendem Bedürfnis und soweit möglich im Benehmen mit der Leitung eines Klosters die Stimmabgabe im Kloster entsprechend § 62 regeln.

§ 64 Stimmabgabe in sozialtherapeutischen Anstalten und Justizvollzugsanstalten. (1) In sozialtherapeutischen Anstalten und Justizvollzugsanstalten soll die Gemeindebehörde bei entsprechendem Bedürfnis und soweit möglich Gelegenheit geben, dass die in der Anstalt anwesenden Wahlberechtigten, die einen für den Wahlkreis gültigen Wahlschein besitzen, in der Anstalt vor einem beweglichen Wahlvorstand (§ 8) wählen.

(2) [1] Die Gemeindebehörde vereinbart mit der Leitung der Anstalt die Zeit der Stimmabgabe innerhalb der allgemeinen Wahlzeit. [2] Die Anstaltsleitung stellt einen Wahlraum bereit. [3] Die Gemeindebehörde richtet ihn her. [4] Die Anstaltsleitung gibt den Wahlberechtigten Ort und Zeit der Stimmabgabe bekannt und sorgt dafür, dass sie zur Stimmabgabe den Wahlraum aufsuchen können.

(3) [1] § 62 Abs. 3 und § 61 Abs. 6 bis 8 gelten entsprechend. [2] Im Übrigen gelten die allgemeinen Bestimmungen.

§ 65 (weggefallen)

§ 66[1)] Briefwahl. (1) [1] Wer durch Briefwahl wählt, kennzeichnet persönlich den Stimmzettel, legt ihn in den amtlichen Stimmzettelumschlag und verschließt diesen, unterzeichnet die auf dem Wahlschein vorgedruckte Versicherung an Eides statt zur Briefwahl unter Angabe des Tages, steckt den verschlossenen amtlichen Stimmzettelumschlag und den unterschriebenen Wahlschein in den amtlichen Wahlbriefumschlag, verschließt den Wahlbriefumschlag und übersendet den Wahlbrief durch ein Postunternehmen rechtzeitig an die nach Absatz 2 zuständige, auf dem Wahlbriefumschlag angegebene Stelle. [2] Der Wahlbrief kann bei dieser Stelle auch abgegeben werden. [3] Nach Eingang des Wahlbriefes bei der zuständigen Stelle darf er nicht mehr zurückgegeben werden.

(2) [1] Die Wahlbriefe müssen bei dem Kreiswahlleiter des Wahlkreises, für den der Wahlschein gültig ist, eingehen. [2] Sind auf Grund einer Anordnung nach § 8 Abs. 3 des Bundeswahlgesetzes[2)] Briefwahlvorstände für einzelne oder mehrere Gemeinden innerhalb eines Wahlkreises gebildet, müssen die Wahlbriefe bei der Gemeindebehörde eingehen, die die Wahlscheine ausgestellt hat; sind Briefwahlvorstände für einzelne Kreise innerhalb eines Wahlkreises gebildet, müssen die Wahlbriefe bei der Verwaltungsbehörde des Kreises eingehen, in dem die Gemeinden liegen, die die Wahlscheine ausgestellt haben.

(3) [1] Der Stimmzettel ist unbeobachtet zu kennzeichnen und in den Stimmzettelumschlag zu legen; § 56 Abs. 8 gilt entsprechend. [2] Für die Stimmabgabe von Wählern mit Behinderungen gilt § 57 entsprechend. [3] Hat der Wähler den Stimmzettel durch eine Hilfsperson kennzeichnen lassen, so hat diese durch Unterschreiben der Versicherung an Eides statt zur Briefwahl zu bestätigen, dass sie den Stimmzettel gemäß dem erklärten Willen des Wählers gekennzeichnet hat; die Hilfsperson muss das 16. Lebensjahr vollendet haben.

(4) [1] In Krankenhäusern, Altenheimen, Altenwohnheimen, Pflegeheimen, Erholungsheimen, sozialtherapeutischen Anstalten und Justizvollzugsanstalten sowie Gemeinschaftsunterkünften ist Vorsorge zu treffen, dass der Stimmzettel unbeobachtet gekennzeichnet und in den Stimmzettelumschlag gelegt werden kann. [2] Die Leitung der Einrichtung bestimmt einen geeigneten Raum, veranlasst dessen Ausstattung und gibt den Wahlberechtigten bekannt, in welcher Zeit der Raum für die Ausübung der Briefwahl zur Verfügung steht. [3] § 56 Abs. 8 gilt entsprechend.

(5) Die Gemeindebehörde weist die Leitungen der Einrichtungen in ihrem Gemeindegebiet spätestens am 13. Tage vor der Wahl auf die Regelung des Absatzes 4 hin.

[1)] § 66 Abs. 1 Satz 1, Abs. 2 Satz 2, Abs. 3 Sätze 1 und 3, Abs. 4 Satz 1 geänd. mWv 11.12.2008 durch VO v. 3.12.2008 (BGBl. I S. 2378); Abs. 1 Satz 1 geänd. mWv 18.5.2013 durch VO v. 13.5. 2013 (BGBl. I S. 1255); Abs. 3 Satz 2 geänd. mWv 31.3.2017 durch VO v. 24.3.2017 (BGBl. I S. 585).

[2)] Nr. **10**.

Vierter Abschnitt. Ermittlung und Feststellung der Wahlergebnisse

§ 67 Ermittlung und Feststellung des Wahlergebnisses im Wahlbezirk. Im Anschluss an die Wahlhandlung ermittelt der Wahlvorstand ohne Unterbrechung das Wahlergebnis im Wahlbezirk und stellt fest

1. die Zahl der Wahlberechtigten,
2. die Zahl der Wähler,
3. die Zahlen der gültigen und ungültigen Erststimmen,
4. die Zahlen der gültigen und ungültigen Zweitstimmen,
5. die Zahlen der für die einzelnen Bewerber abgegebenen gültigen Erststimmen,
6. die Zahlen der für die einzelnen Landeslisten abgegebenen gültigen Zweitstimmen.

§ 68 Zählung der Wähler. [1] Vor dem Öffnen der Wahlurne werden alle nicht benutzten Stimmzettel vom Wahltisch entfernt. [2] Sodann werden die Stimmzettel der Wahlurne entnommen, entfaltet und gezählt. [3] Zugleich werden die Zahl der Stimmabgabevermerke im Wählerverzeichnis und die Zahl der eingenommenen Wahlscheine festgestellt. [4] Ergibt sich dabei auch nach wiederholter Zählung keine Übereinstimmung, so ist dies in der Wahlniederschrift zu vermerken und, soweit möglich, zu erläutern.

§ 69 Zählung der Stimmen. (1) [1] Nachdem die Stimmzettel sowie die Stimmabgabevermerke und die Wahlscheine gezählt worden sind, bilden mehrere Beisitzer unter Aufsicht des Wahlvorstehers folgende Stimmzettelstapel, die sie unter Aufsicht behalten:

1. nach Landeslisten getrennte Stapel mit den Stimmzetteln, auf denen die Erst- und Zweitstimme zweifelsfrei gültig für den Bewerber und die Landesliste derselben Partei abgegeben worden ist,
2. einen Stapel mit den Stimmzetteln, auf denen die Erst- und Zweitstimme zweifelsfrei gültig für Bewerber und Landeslisten verschiedener Träger von Wahlvorschlägen abgegeben worden ist, sowie mit den Stimmzetteln, auf denen nur die Erst- oder Zweitstimme jeweils zweifelsfrei gültig und die andere Stimme nicht abgegeben worden ist,
3. einen Stapel mit den ungekennzeichneten Stimmzetteln.

[2] Stimmzettel, die Anlass zu Bedenken geben, werden ausgesondert und von einem vom Wahlvorsteher hierzu bestimmten Beisitzer in Verwahrung genommen.

(2) [1] Die Beisitzer, die die nach Landeslisten geordneten Stimmzettel (Absatz 1 Satz 1 Nr. 1) unter ihrer Aufsicht haben, übergeben die einzelnen Stapel nacheinander zu einem Teil dem Wahlvorsteher, zum anderen Teil seinem Stellvertreter. [2] Diese prüfen, ob die Kennzeichnung der Stimmzettel eines jeden Stapels gleichlautet, und sagen zu jedem Stapel laut an, für welchen Bewerber und für welche Landesliste er Stimmen enthält. [3] Gibt ein Stimmzettel dem Wahlvorsteher oder seinem Stellvertreter Anlass zu Bedenken, so fügen sie diesen den nach Absatz 1 Satz 2 ausgesonderten Stimmzetteln bei.

(3) [1] Hierauf prüft der Wahlvorsteher die ungekennzeichneten Stimmzettel (Absatz 1 Satz 1 Nr. 3), die ihm hierzu von dem Beisitzer, der sie in Verwahrung hat, übergeben werden. [2] Der Wahlvorsteher sagt an, dass hier beide Stimmen ungültig sind.

(4) [1] Danach zählen je zwei vom Wahlvorsteher bestimmte Beisitzer nacheinander die vom Wahlvorsteher und seinem Stellvertreter nach den Absätzen 2 und 3 geprüften Stimmzettelstapel unter gegenseitiger Kontrolle durch und ermitteln die Zahl der für die einzelnen Wahlvorschläge abgegebenen gültigen Stimmen sowie die Zahl der ungültigen Stimmen. [2] Die Zahlen werden als Zwischensummen in die Wahlniederschrift übertragen.

(5) [1] Sodann übergibt der Beisitzer, der den nach Absatz 1 Satz 1 Nr. 2 gebildeten Stimmzettelstapel unter Aufsicht hat, diesen Stapel dem Wahlvorsteher. [2] Der Wahlvorsteher legt die Stimmzettel zunächst getrennt nach Zweitstimmen für die einzelnen Landeslisten und liest bei jedem Stimmzettel laut vor, für welche Landesliste die Zweitstimme abgegeben worden ist. [3] Bei den Stimmzetteln, auf denen nur die Erststimme abgegeben worden ist, sagt er an, dass die nicht abgegebene Zweitstimme ungültig ist. [4] Gibt ein Stimmzettel dem Wahlvorsteher Anlass zu Bedenken, fügt er diesen den nach Absatz 1 Satz 2 ausgesonderten Stimmzetteln bei. [5] Dann werden die vom Wahlvorsteher gebildeten Stapel entsprechend Absatz 4 gezählt. [6] Anschließend ordnet der Wahlvorsteher die Stimmzettel nach abgegebenen Erststimmen neu, und es wird entsprechend den Sätzen 2 bis 5 verfahren. [7] Die jeweiligen Stimmenzahlen werden als Zwischensummen in die Wahlniederschrift übertragen.

(6) [1] Zum Schluss entscheidet der Wahlvorstand über die Gültigkeit der Stimmen, die auf den ausgesonderten Stimmzetteln abgegeben worden sind. [2] Der Wahlvorsteher gibt die Entscheidung mündlich bekannt und sagt bei gültigen Stimmen an, für welchen Bewerber oder für welche Landesliste die Stimme abgegeben worden ist. [3] Er vermerkt auf der Rückseite jedes Stimmzettels, ob beide Stimmen oder nur die Erststimme oder nur die Zweitstimme für gültig oder ungültig erklärt worden sind und versieht die Stimmzettel mit fortlaufenden Nummern. [4] Die jeweiligen Stimmenzahlen werden als Zwischensummen in die Wahlniederschrift übertragen.

(7) [1] Die nach den Absätzen 4 bis 6 ermittelten Zahlen der ungültigen und für die einzelnen Wahlvorschläge abgegebenen Stimmen werden vom Schriftführer in der Wahlniederschrift zusammengezählt. [2] Zwei vom Wahlvorsteher bestimmte Beisitzer überprüfen die Zusammenzählung. [3] Beantragt ein Mitglied des Wahlvorstandes vor der Unterzeichnung der Wahlniederschrift eine erneute Zählung der Stimmen, so ist diese nach den Absätzen 1 bis 6 zu wiederholen. [4] Die Gründe für die erneute Zählung sind in der Wahlniederschrift zu vermerken.

(8) Die vom Wahlvorsteher bestimmten Beisitzer sammeln

1. die Stimmzettel, auf denen die Erststimme und die Zweitstimme oder nur die Erststimme abgegeben worden sind, getrennt nach den Bewerbern, denen die Erststimme zugefallen ist,
2. die Stimmzettel, auf denen nur die Zweitstimme abgegeben worden ist,
3. die ungekennzeichneten Stimmzettel,
4. die Stimmzettel, die Anlass zu Bedenken gegeben haben

je für sich und behalten sie unter Aufsicht.

§ 70 Bekanntgabe des Wahlergebnisses. [1] Im Anschluss an die Feststellungen nach § 67 gibt der Wahlvorsteher das Wahlergebnis im Wahlbezirk mit den in dieser Vorschrift bezeichneten Angaben mündlich bekannt. [2] Es darf vor Unterzeichnung der Wahlniederschrift (§ 72) anderen als den in § 71 genannten Stellen durch die Mitglieder des Wahlvorstandes nicht mitgeteilt werden.

§ 71[1)] Schnellmeldungen, vorläufige Wahlergebnisse. (1) [1] Sobald das Wahlergebnis im Wahlbezirk festgestellt ist, meldet es der Wahlvorsteher der Gemeindebehörde, die die Wahlergebnisse aller Wahlbezirke der Gemeinde zusammenfasst und dem Kreiswahlleiter meldet. [2] Ist in der Gemeinde nur ein Wahlbezirk gebildet, meldet der Wahlvorsteher das Wahlergebnis dem Kreiswahlleiter. [3] Der Landeswahlleiter kann anordnen, dass die Wahlergebnisse in den kreisangehörigen Gemeinden über die Verwaltungsbehörde des Kreises gemeldet werden.

(2) [1] Die Meldung wird auf schnellstem Wege (z.B. telefonisch oder auf sonstigem elektronischem Wege) erstattet. [2] Sie enthält die Zahlen

1. der Wahlberechtigten,
2. der Wähler,
3. der gültigen und ungültigen Erststimmen,
4. der gültigen und ungültigen Zweitstimmen,
5. der für jeden Bewerber abgegebenen gültigen Erststimmen,
6. der für jede Landesliste abgegebenen gültigen Zweitstimmen.

(3) [1] Der Kreiswahlleiter ermittelt nach den Schnellmeldungen der Gemeindebehörden das vorläufige Wahlergebnis im Wahlkreis. [2] Er teilt unter Einbeziehung der Ergebnisse der Briefwahl (§ 75 Abs. 4) das vorläufige Wahlergebnis auf schnellstem Wege dem Landeswahlleiter mit; dabei gibt er an, welcher Bewerber als gewählt gelten kann. [3] Der Landeswahlleiter meldet dem Bundeswahlleiter die eingehenden Wahlkreisergebnisse sofort und laufend weiter.

(4) Der Landeswahlleiter ermittelt nach den Schnellmeldungen der Kreiswahlleiter das vorläufige zahlenmäßige Wahlergebnis im Land und meldet es auf schnellstem Wege dem Bundeswahlleiter.

(5) Der Bundeswahlleiter ermittelt nach den Schnellmeldungen der Landeswahlleiter entsprechend § 78 das vorläufige Wahlergebnis im Wahlgebiet.

(6) Die Wahlleiter geben nach Durchführung der ohne Vorliegen der Wahlniederschriften möglichen Überprüfungen die vorläufigen Wahlergebnisse mündlich oder in geeigneter anderer Form bekannt.

(7) [1] Die Schnellmeldungen der Wahlvorsteher, Gemeindebehörden und Kreiswahlleiter werden nach dem Muster der Anlage 28 erstattet. [2] Der Landeswahlleiter kann Anordnungen zur Art und Weise der Übermittlung treffen. [3] Er kann auch anordnen, dass die Wahlergebnisse der Wahlbezirke und der Gemeinden gleichzeitig dem Kreiswahlleiter und ihm mitzuteilen sind. [4] Die mitgeteilten Ergebnisse darf der Landeswahlleiter erst dann bei der

---

[1)] § 71 Abs. 5 geänd. mWv 18.5.2013 durch VO v. 13.5.2013 (BGBl. I S. 1255).

Ermittlung des vorläufigen Wahlergebnisses im Land berücksichtigen, wenn die Mitteilung des Kreiswahlleiters nach Absatz 3 Satz 2 vorliegt.

§ 72 Wahlniederschrift. (1) [1] Über die Wahlhandlung sowie die Ermittlung und Feststellung des Wahlergebnisses ist vom Schriftführer eine Niederschrift nach dem Muster der Anlage 29 zu fertigen. [2] Die Niederschrift ist von den Mitgliedern des Wahlvorstandes zu genehmigen und zu unterzeichnen. [3] Verweigert ein Mitglied des Wahlvorstandes die Unterschrift, so ist der Grund hierfür in der Wahlniederschrift zu vermerken. [4] Beschlüsse nach § 56 Abs. 7, § 59 Satz 3 und § 69 Abs. 6 sowie Beschlüsse über Anstände bei der Wahlhandlung oder bei der Ermittlung und Feststellung des Wahlergebnisses sind in der Wahlniederschrift zu vermerken. [5] Der Wahlniederschrift sind beizufügen die Stimmzettel, über die der Wahlvorstand nach § 69 Abs. 6 besonders beschlossen hat, sowie die Wahlscheine, über die der Wahlvorstand nach § 59 Satz 3 besonders beschlossen hat.

(2) Der Wahlvorsteher hat die Wahlniederschrift mit den Anlagen unverzüglich der Gemeindebehörde zu übergeben.

(3) [1] Die Gemeindebehörde übersendet dem Kreiswahlleiter die Wahlniederschriften ihrer Wahlvorstände mit den Anlagen auf schnellstem Wege. [2] Besteht die Gemeinde aus mehreren Wahlbezirken, so fügt sie eine Zusammenstellung der Wahlergebnisse der einzelnen Wahlbezirke nach dem Muster der Anlage 30 bei.

(4) Wahlvorsteher, Gemeindebehörden und Verwaltungsbehörden der Kreise sowie Kreiswahlleiter haben sicherzustellen, dass die Wahlniederschriften mit den Anlagen Unbefugten nicht zugänglich sind.

§ 73 Übergabe und Verwahrung der Wahlunterlagen. (1) [1] Hat der Wahlvorstand seine Aufgaben erledigt, so verpackt der Wahlvorsteher je für sich

1. die Stimmzettel, geordnet und gebündelt nach Wahlkreisbewerbern, nach Stimmzetteln, auf denen nur die Zweitstimme abgegeben worden ist, und nach ungekennzeichneten Stimmzetteln,
2. (weggefallen)
3. die eingenommenen Wahlscheine,

soweit sie nicht der Wahlniederschrift beigefügt sind, versiegelt die einzelnen Pakete, versieht sie mit Inhaltsangabe und übergibt sie der Gemeindebehörde. [2] Bis zur Übergabe an die Gemeindebehörde hat der Wahlvorsteher sicherzustellen, dass die unter den Nummern 1 bis 3 aufgeführten Unterlagen Unbefugten nicht zugänglich sind.

(2) [1] Die Gemeindebehörde hat die Pakete zu verwahren, bis die Vernichtung der Wahlunterlagen zugelassen ist (§ 90). [2] Sie hat sicherzustellen, dass die Pakete Unbefugten nicht zugänglich sind.

(3) Der Wahlvorsteher gibt der Gemeindebehörde die ihm nach § 49 zur Verfügung gestellten Unterlagen und Ausstattungsgegenstände sowie die eingenommenen Wahlbenachrichtigungen zurück.

(4) [1] Die Gemeindebehörde hat die in Absatz 1 bezeichneten Unterlagen auf Anforderung dem Kreiswahlleiter vorzulegen. [2] Werden nur Teile eines Pakets angefordert, so bricht die Gemeindebehörde das Paket in Gegenwart

von zwei Zeugen auf, entnimmt ihm den angeforderten Teil und versiegelt das Paket erneut. [3] Über den Vorgang ist eine Niederschrift zu fertigen, die von allen Beteiligten zu unterzeichnen ist.

§ 74 Behandlung der Wahlbriefe, Vorbereitung der Ermittlung und Feststellung des Briefwahlergebnisses. (1) [1] Die für den Eingang der Wahlbriefe zuständige Stelle (§ 66 Abs. 2) sammelt die Wahlbriefe ungeöffnet und hält sie unter Verschluss. [2] Sie vermerkt auf jedem am Wahltage nach Schluss der Wahlzeit eingegangenen Wahlbrief Tag und Uhrzeit des Eingangs, auf den vom nächsten Tag an eingehenden Wahlbriefen nur den Eingangstag.

(2) (weggefallen)

(3) Die zuständige Stelle, in den Fällen der Bildung eines Briefwahlvorstandes für mehrere Gemeinden nach § 7 Nr. 3 die mit der Durchführung der Briefwahl betraute Gemeindebehörde, verteilt die Wahlbriefe auf die einzelnen Briefwahlvorstände, übergibt jedem Briefwahlvorstand das Verzeichnis über die für ungültig erklärten Wahlscheine sowie die Nachträge dazu oder die Mitteilung, dass keine Wahlscheine für ungültig erklärt worden sind (§ 28 Abs. 9), sorgt für die Bereitstellung und Ausstattung des Wahlraumes und stellt dem Briefwahlvorstand etwa notwendige Hilfskräfte zur Verfügung.

(4) Ist für mehrere Gemeinden ein Briefwahlvorstand gebildet, haben die Gemeindebehörden der mit der Durchführung der Briefwahl betrauten Gemeindebehörde alle bis zum Tage vor der Wahl bei ihnen eingegangenen Wahlbriefe bis 12.00 Uhr am Wahltage zuzuleiten und alle anderen noch vor Schluss der Wahlzeit bei ihnen eingegangenen Wahlbriefe auf schnellstem Wege nach Schluss der Wahlzeit zuzuleiten.

(5) [1] Verspätet eingegangene Wahlbriefe werden von der zuständigen Stelle angenommen, mit den in Absatz 1 vorgeschriebenen Vermerken versehen und ungeöffnet verpackt. [2] Das Paket wird von ihr versiegelt, mit Inhaltsangabe versehen und verwahrt, bis die Vernichtung der Wahlbriefe zugelassen ist (§ 90). [3] Sie hat sicherzustellen, dass das Paket Unbefugten nicht zugänglich ist.

§ 75[1)] Zulassung der Wahlbriefe, Ermittlung und Feststellung des Briefwahlergebnisses. (1) [1] Ein vom Briefwahlvorsteher bestimmtes Mitglied des Briefwahlvorstandes öffnet die Wahlbriefe nacheinander und entnimmt ihnen den Wahlschein und den Stimmzettelumschlag. [2] Ist der Wahlschein in einem Verzeichnis für ungültig erklärter Wahlscheine aufgeführt oder werden Bedenken gegen die Gültigkeit des Wahlscheines erhoben, so sind die betroffenen Wahlbriefe samt Inhalt unter Kontrolle des Briefwahlvorstehers auszusondern und später entsprechend Absatz 2 zu behandeln. [3] Die aus den übrigen Wahlbriefen entnommenen Stimmzettelumschläge werden ungeöffnet in die Wahlurne geworfen; die Wahlscheine werden gesammelt.

(2) [1] Werden gegen einen Wahlbrief Bedenken erhoben, so beschließt der Briefwahlvorstand über die Zulassung oder Zurückweisung. [2] Der Wahlbrief

1) § 75 Abs. 1 Sätze 1 und 3, Abs. 2 Sätze 2 und 5, Abs. 3 Sätze 1 und 2, Abs. 4 Satz 2, Abs. 5 Satz 2 Nr. 1 geänd. mWv 11.12.2008 durch VO v. 3.12.2008 (BGBl. I S. 2378).

ist vom Briefwahlvorstand zurückzuweisen, wenn ein Tatbestand nach § 39 Abs. 4 Satz 1 Nr. 2 bis 8 des Bundeswahlgesetzes[1)] vorliegt. [3]Die Zahl der beanstandeten, der nach besonderer Beschlussfassung zugelassenen und die Zahl der zurückgewiesenen Wahlbriefe sind in der Wahlniederschrift zu vermerken. [4]Die zurückgewiesenen Wahlbriefe sind samt Inhalt auszusondern, mit einem Vermerk über den Zurückweisungsgrund zu versehen, wieder zu verschließen und fortlaufend zu nummerieren. [5]Die Einsender zurückgewiesener Wahlbriefe werden nicht als Wähler gezählt; ihre Stimmen gelten als nicht abgegeben (§ 39 Abs. 4 Satz 2 des Bundeswahlgesetzes).

(3) [1]Nachdem die Stimmzettelumschläge den Wahlbriefen entnommen und in die Wahlurne geworfen worden sind, jedoch nicht vor Schluss der allgemeinen Wahlzeit, ermittelt und stellt der Briefwahlvorstand das Wahlergebnis mit den in § 67 unter den Nummern 2 bis 6 bezeichneten Angaben fest. [2]§§ 68 bis 70 gelten entsprechend mit der Maßgabe, dass die Stimmzettelumschläge zunächst ungeöffnet zu zählen sind und leere Stimmzettelumschläge entsprechend § 69 Abs. 1 Satz 1 Nr. 3, Abs. 3 und 8 Nr. 3 sowie Stimmzettelumschläge, die mehrere Stimmzettel enthalten oder Anlass zu Bedenken geben, entsprechend § 69 Abs. 1 Satz 2, Abs. 6 und 8 Nr. 4 zu behandeln sind.

(4) [1]Sobald das Briefwahlergebnis festgestellt ist, meldet es der Briefwahlvorsteher auf schnellstem Wege dem Kreiswahlleiter. [2]Sind auf Grund einer Anordnung nach § 8 Abs. 3 des Bundeswahlgesetzes Briefwahlvorstände für einzelne oder mehrere Gemeinden gebildet worden, meldet der Briefwahlvorsteher das Briefwahlergebnis der für ihn zuständigen Gemeindebehörde, die es in die Schnellmeldung für den Bereich der Gemeinde übernimmt; sind Briefwahlvorstände für einzelne Kreise innerhalb eines Wahlkreises gebildet worden, meldet es der Briefwahlvorsteher der Verwaltungsbehörde des Kreises, die die Briefwahlergebnisse zusammenfasst und dem Kreiswahlleiter weitermeldet. [3]Die Schnellmeldungen werden nach dem Muster der Anlage 28 erstattet.

(5) [1]Über die Zulassung der Wahlbriefe sowie die Ermittlung und Feststellung des Briefwahlergebnisses ist vom Schriftführer eine Niederschrift nach dem Muster der Anlage 31 zu fertigen. [2]Dieser sind beizufügen

1. die Stimmzettel und Stimmzettelumschläge, über die der Briefwahlvorstand entsprechend § 69 Abs. 6 besonders beschlossen hat,
2. die Wahlbriefe, die der Briefwahlvorstand zurückgewiesen hat,
3. die Wahlscheine, über die der Briefwahlvorstand beschlossen hat, ohne dass die Wahlbriefe zurückgewiesen wurden.

(6) [1]Der Briefwahlvorsteher übergibt die Wahlniederschrift mit den Anlagen unverzüglich dem Kreiswahlleiter. [2]Sind Briefwahlvorstände für einzelne oder mehrere Gemeinden oder für einzelne Kreise innerhalb eines Wahlkreises gebildet worden, ist die Wahlniederschrift mit den Anlagen der Gemeindebehörde oder der mit der Durchführung der Briefwahl betrauten Gemeindebehörde oder der Verwaltungsbehörde des Kreises zu übergeben. [3]Die zuständige Gemeindebehörde oder die Verwaltungsbehörde des Kreises übersendet dem Kreiswahlleiter die Wahlniederschriften der Briefwahlvorstände mit den Anlagen und fügt, soweit erforderlich, Zusammenstellungen

---

1) Nr. **10**.

der Briefwahlergebnisse nach dem Muster der Anlage 30 bei. [4] § 72 Abs. 4 gilt entsprechend.

(7) [1] Der Briefwahlvorsteher verpackt die Wahlunterlagen entsprechend § 73 Abs. 1 und übergibt sie dem Kreiswahlleiter, der sie verwahrt, bis ihre Vernichtung zugelassen ist (§ 90). [2] Sind Briefwahlvorstände für einzelne oder mehrere Gemeinden oder für einzelne Kreise innerhalb eines Wahlkreises gebildet worden, übergibt der Briefwahlvorsteher die Unterlagen der Stelle, die den Briefwahlvorstand einberufen hat. [3] Diese verfährt nach § 73 Abs. 2 bis 4. [4] § 72 Abs. 4 gilt entsprechend.

(8) Im Übrigen gelten für die Tätigkeit des Briefwahlvorstandes die für den Wahlvorstand geltenden Bestimmungen entsprechend.

(9) Das Wahlergebnis der Briefwahl wird vom Kreiswahlleiter in die Schnellmeldung nach § 71 Abs. 3 und in die Zusammenstellung des endgültigen Wahlergebnisses des Wahlkreises nach § 76 übernommen.

(10) [1] Stellt der Bundeswahlleiter fest, dass im Wahlgebiet die regelmäßige Beförderung von Wahlbriefen infolge von Naturkatastrophen oder ähnlichen Ereignissen höherer Gewalt gestört war, gelten die dadurch betroffenen Wahlbriefe, die nach Behebung des Ereignisses, spätestens aber am 22. Tag nach der Wahl bei der zuständigen Stelle (§ 66 Abs. 2) eingehen, als rechtzeitig eingegangen, wenn sie ohne die Störung spätestens am Wahltag bis 18 Uhr eingegangen wären. [2] Dabei gelten im Wahlgebiet abgesandte Wahlbriefe mit einem Poststempel spätestens vom zweiten Tag vor der Wahl als rechtzeitig eingegangen. [3] Die als rechtzeitig eingegangen geltenden Wahlbriefe sind auf schnellstem Wege dem zuständigen Briefwahlvorstand zur nachträglichen Feststellung des Briefwahlergebnisses zu überweisen, sofern der Kreiswahlleiter feststellt, dass die nach § 7 Nr. 1 erforderliche Zahl von Wahlbriefen erreicht ist. [4] Wird diese Zahl für einzelne Briefwahlvorstände unterschritten, bestimmt der Kreiswahlleiter, welchem Briefwahlvorstand des Wahlkreises die durch das Ereignis betroffenen Wahlbriefe überwiesen werden; wird die nach § 7 Nr. 1 erforderliche Zahl von Wahlbriefen im Wahlkreis unterschritten, bestimmt der Kreiswahlleiter, welcher Briefwahlvorstand über die Zulassung oder Zurückweisung der Wahlbriefe entscheidet und welcher Briefwahlvorstand des Wahlkreises über die Gültigkeit der abgegebenen Stimmen entscheidet und die nachträgliche Feststellung des Briefwahlergebnisses trifft. [5] Im Übrigen kann der Landeswahlleiter Regelungen zur Anpassung an die besonderen Verhältnisse im Einzelfall treffen.

§ 76[1)] Ermittlung und Feststellung des Wahlergebnisses im Wahlkreis.

(1) [1] Der Kreiswahlleiter prüft die Wahlniederschriften der Wahlvorstände auf Vollständigkeit und Ordnungsmäßigkeit. [2] Er stellt nach den Wahlniederschriften das endgültige Ergebnis der Wahl im Wahlkreis und der Wahl nach Landeslisten wahlbezirksweise und nach Briefwahlvorständen geordnet nach dem Muster der Anlage 30 zusammen. [3] Dabei bildet der Kreiswahlleiter für die Gemeinden und Kreise Zwischensummen, im Falle einer Anordnung nach § 8 Abs. 3 des Bundeswahlgesetzes[2)] auch für die Briefwahlergebnisse.

---

1) § 76 Abs. 1 Satz 3 geänd., Abs. 2 Satz 2 neu gef., Abs. 4 Sätze 1 und 2 geänd., Abs. 7 und 9 neu gef. mWv 11.12.2008 durch VO v. 3.12.2008 (BGBl. I S. 2378); Abs. 4 Satz 2 eingef., bish. Satz 2 wird Satz 3 mWv 18.5.2013 durch VO v. 13.5.2013 (BGBl. I S. 1255).

2) Nr. **10**.

[4] Ergeben sich aus der Wahlniederschrift oder aus sonstigen Gründen Bedenken gegen die Ordnungsmäßigkeit des Wahlgeschäfts, so klärt sie der Kreiswahlleiter soweit wie möglich auf.

(2) [1] Nach Berichterstattung durch den Kreiswahlleiter ermittelt der Kreiswahlausschuss das Wahlergebnis des Wahlkreises und stellt fest

1. die Zahl der Wahlberechtigten,
2. die Zahl der Wähler,
3. die Zahlen der gültigen und ungültigen Erststimmen,
4. die Zahlen der gültigen und ungültigen Zweitstimmen,
5. die Zahlen der für die einzelnen Bewerber abgegebenen gültigen Erststimmen,
6. die Zahlen der für die einzelnen Landeslisten abgegebenen gültigen Zweitstimmen.

[2] Der Kreiswahlausschuss ist berechtigt, Feststellungen des Wahlvorstandes zu berichtigen und dabei auch über die Gültigkeit abgegebener Stimmen abweichend zu beschließen. [3] Ungeklärte Bedenken vermerkt er in der Niederschrift.

(3) Der Kreiswahlausschuss stellt ferner fest, welcher Bewerber im Wahlkreis gewählt ist.

(4) [1] Ist bei der Wahl im Wahlkreis der Bewerber eines anderen Kreiswahlvorschlages (§ 20 Abs. 3 des Bundeswahlgesetzes) oder der Bewerber einer Partei, für die im Land keine Landesliste zugelassen ist, gewählt worden, so fordert der Kreiswahlleiter von allen Gemeindebehörden die für diesen Bewerber abgegebenen Stimmzettel ein und fügt ihnen die durch Briefwahl abgegebenen sowie die bei den Wahlniederschriften befindlichen, auf diesen Bewerber lautenden Stimmzettel bei. [2] Gleiches gilt, wenn der Bewerber einer Partei gewählt worden ist, die nach dem vorläufigen Wahlergebnis im Wahlgebiet (§ 71 Absatz 5) oder nach der abschließenden Ermittlung des Stimmanteils der einzelnen Parteien im Wahlgebiet und der Zahl der von den einzelnen Parteien im Wahlgebiet errungenen Wahlkreissitze durch den Bundeswahlleiter (§ 78 Absatz 1 Satz 2 Nummer 3 und 4) nach § 6 Absatz 3 des Bundeswahlgesetzes bei der Sitzverteilung nicht berücksichtigt wird. [3] Der Kreiswahlausschuss stellt fest, wieviel Zweitstimmen nach § 6 Abs. 1 Satz 2 des Bundeswahlgesetzes unberücksichtigt bleiben und bei welchen Landeslisten sie abzusetzen sind.

(5) Im Anschluss an die Feststellung gibt der Kreiswahlleiter das Wahlergebnis mit den in Absatz 2 Satz 1 sowie in den Absätzen 3 und 4 bezeichneten Angaben mündlich bekannt.

(6) [1] Die Niederschrift über die Sitzung (§ 5 Abs. 7) ist nach dem Muster der Anlage 32 zu fertigen. [2] Die Niederschrift und die ihr beigefügte Zusammenstellung des Wahlergebnisses nach dem Muster der Anlage 30 sind von allen Mitgliedern des Kreiswahlausschusses, die an der Verhandlung teilgenommen haben, und von dem Schriftführer zu unterzeichnen.

(7) [1] Der Kreiswahlleiter benachrichtigt den Gewählten nach der mündlichen Bekanntgabe des endgültigen Wahlergebnisses und weist ihn auf die Vorschriften des § 45 Abs. 1 des Bundeswahlgesetzes, bei einer Ersatzwahl (§ 48 Abs. 2 des Bundeswahlgesetzes) auf die Vorschriften des § 45 Abs. 1 und 2 des Bundeswahlgesetzes hin. [2] Bei einer Wiederholungswahl (§ 44 des

Bundeswahlgesetzes) benachrichtigt er den Gewählten mittels Zustellung (§ 87 Abs. 1) und weist ihn auf die Vorschriften des § 45 Abs. 3 des Bundeswahlgesetzes hin.

(8) Der Kreiswahlleiter übersendet dem Landeswahlleiter und dem Bundeswahlleiter auf schnellstem Wege eine Ausfertigung der Niederschrift des Kreiswahlausschusses mit der dazugehörigen Zusammenstellung.

(9) [1] Der Landeswahlleiter benachrichtigt den Bundeswahlleiter und den Präsidenten des Deutschen Bundestages sofort, wenn der gewählte Bewerber die Wahl abgelehnt hat. [2] Bei einer Wiederholungswahl (§ 44 des Bundeswahlgesetzes) teilt zudem der Kreiswahlleiter sofort nach Ablauf der Frist des § 44 Abs. 4 Satz 2 des Bundeswahlgesetzes dem Landeswahlleiter und dem Bundeswahlleiter sowie dem Präsidenten des Deutschen Bundestages mit, an welchem Tag die Annahmeerklärung des gewählten Bewerbers eingegangen ist. [3] Im Falle des § 45 Abs. 3 Satz 3 des Bundeswahlgesetzes teilt er mit, an welchem Tag die Benachrichtigung zugestellt worden ist.

§ 77[1)] Ermittlung und Feststellung des Zweitstimmenergebnisses im Land. (1) Der Landeswahlleiter prüft die Wahlniederschriften der Kreiswahlausschüsse und stellt danach die endgültigen Wahlergebnisse in den einzelnen Wahlkreisen des Landes (§ 76 Abs. 2 und 4) nach dem Muster der Anlage 30 zum Wahlergebnis des Landes zusammen.

(2) [1] Nach Berichterstattung durch den Landeswahlleiter ermittelt der Landeswahlausschuss das Zweitstimmenergebnis im Land und stellt fest

1. die Zahl der Wahlberechtigten,
2. die Zahl der Wähler,
3. die Zahlen der gültigen und ungültigen Zweitstimmen,
4. die Zahlen der für die einzelnen Landeslisten abgegebenen gültigen Zweitstimmen und
5. im Falle des § 6 Abs. 1 Satz 2 des Bundeswahlgesetzes[2)] die Zahlen der für die Sitzverteilung zu berücksichtigenden Zweitstimmen der einzelnen Landeslisten (bereinigte Zahlen).

[2] Der Landeswahlausschuss ist berechtigt, rechnerische Berichtigungen an den Feststellungen der Wahlvorstände und Kreiswahlausschüsse vorzunehmen.

(3) Im Anschluss an die Feststellung gibt der Landeswahlleiter das Wahlergebnis mit den in Absatz 2 Satz 1 bezeichneten Angaben mündlich bekannt.

(4) [1] Die Niederschrift über die Sitzung (§ 5 Abs. 7) ist nach dem Muster der Anlage 33 zu fertigen. [2] § 76 Abs. 6 Satz 2 gilt entsprechend.

(5) Der Landeswahlleiter übersendet dem Bundeswahlleiter eine Ausfertigung der Niederschrift mit der Feststellung des Zweitstimmenergebnisses sowie eine Zusammenstellung der Wahlergebnisse in den einzelnen Wahlkreisen des Landes (Absatz 1).

---

1) § 77 Abs. 2 Satz 1 Nr. 5 geänd. mWv 11.12.2008 durch VO v. 3.12.2008 (BGBl. I S. 2378).
2) Nr. **10**.

§ 78[1)] Abschließende Ermittlung und Feststellung des Ergebnisses der Landeslistenwahl. (1) [1] Der Bundeswahlleiter prüft die Wahlniederschriften der Landeswahlausschüsse. [2] Er ermittelt nach den Niederschriften der Landes- und Kreiswahlausschüsse

1. die Zahlen der Zweitstimmen der Landeslisten jeder Partei,
2. die Gesamtzahl der im Wahlgebiet abgegebenen gültigen Zweitstimmen,
3. den Prozentsatz des Stimmenanteils der einzelnen Parteien im Wahlgebiet an der Gesamtzahl der gültigen Zweitstimmen,
4. die Zahl der von den einzelnen Parteien im Wahlgebiet errungenen Wahlkreissitze,
5. die bereinigten Zweitstimmenzahlen der Landeslisten und jeder Partei,
6. die Zahl der erfolgreichen Wahlkreisbewerber, die nach § 6 Abs. 1 Satz 3 des Bundeswahlgesetzes[2)] von der Gesamtzahl der Abgeordneten abzuziehen sind, und
7. die Zahl der in der ersten Verteilung (§ 6 Absatz 2 Satz 1 Bundeswahlgesetz) den Ländern nach Bevölkerungsanteil (§ 3 Absatz 1 Bundeswahlgesetz) gemäß den letzten amtlichen Bevölkerungszahlen zuzuordnenden Sitze.

[3] Ergeben sich danach gegenüber dem vorläufigen Wahlergebnis im Wahlgebiet (§ 71 Absatz 5) Änderungen für die Berücksichtigung von Parteien bei der Sitzverteilung nach § 6 Absatz 3 des Bundeswahlgesetzes, teilt der Bundeswahlleiter dies den betroffenen Kreiswahlleitern und Landeswahlleitern im Hinblick auf § 76 Absatz 4 und § 77 Absatz 2 Nummer 5 auf schnellstem Wege mit und ermittelt die Zahlen nach den geänderten Niederschriften der Kreiswahlausschüsse und Landeswahlausschüsse. [4] Er berechnet nach Maßgabe des § 6 des Bundeswahlgesetzes die Stimmenzahlen der einzelnen Landeslisten und der Parteien sowie die Gesamtzahl der Sitze und verteilt die Sitze auf die Parteien und deren Landeslisten.

(2) [1] Nach Berichterstattung durch den Bundeswahlleiter ermittelt der Bundeswahlausschuss das Gesamtergebnis der Landeslistenwahl und stellt für das Wahlgebiet fest

1. die Zahl der Wahlberechtigten,
2. die Zahl der Wähler,
3. die Zahlen der gültigen und ungültigen Zweitstimmen,
4. die Zahlen der auf die einzelnen Parteien entfallenen gültigen Zweitstimmen,
5. die Parteien, die nach § 6 Absatz 3 des Bundeswahlgesetzes
   a) an der Verteilung der Listensitze teilnehmen,
   b) bei der Verteilung der Listensitze unberücksichtigt bleiben,

---

1) § 78 Abs. 1 Satz 2 Nr. 6, Sätze 3 und 4, Abs. 2 Satz 1 Nr. 5 geänd. mWv 11.12.2008 durch VO v. 3.12.2008 (BGBl. I S. 2378); Abs. 1 Satz 2 einl. Satzteil, Nr. 1, 3, 5 und Nr. 6 geänd., Nr. 7 angef., Sätze 3 und 4 neu gef., Abs. 2 Satz 1 Nr. 5, 6 und Nr. 7 geänd. mWv 18.5.2013 durch VO v. 13.5.2013 (BGBl. I S. 1255); Abs. 1 Satz 2 Nr. 7 geänd. mWv 31.3.2017 durch VO v. 24.3.2017 (BGBl. I S. 585).

2) Nr. **10**.

6. die bereinigten Zahlen der auf die einzelnen Parteien entfallenen Zweitstimmen,
7. die Zahl der Sitze, die auf die einzelnen Parteien und Landeslisten entfallen,
8. welche Landeslistenbewerber gewählt sind.

[2] Der Bundeswahlausschuss ist berechtigt, rechnerische Berichtigungen an den Feststellungen der Landeswahlausschüsse vorzunehmen.

(3) [1] Im Anschluss an die Ermittlung und Feststellung gibt der Bundeswahlleiter das Wahlergebnis mit den in Absatz 2 Satz 1 Nr. 1 bis 7 bezeichneten Angaben mündlich bekannt. [2] Gleichzeitig weist er darauf hin, dass er die Feststellung nach Absatz 2 Satz 1 Nr. 8 durch Aushang im Sitzungsraum bekanntgibt.

(4) § 76 Abs. 6 findet entsprechende Anwendung.

(5) Der Bundeswahlleiter teilt den Landeswahlleitern mit, welche Landeslistenbewerber gewählt sind.

§ 79[1]) Bekanntmachung der endgültigen Wahlergebnisse. (1) Sobald die Feststellungen aller Wahlausschüsse abgeschlossen sind, machen

1. der Kreiswahlleiter das endgültige Wahlergebnis für den Wahlkreis mit den in § 76 Abs. 2 Satz 1 bezeichneten Angaben und dem Namen des gewählten Wahlkreisbewerbers,
2. der Landeswahlleiter das endgültige Wahlergebnis für das Land mit den in § 76 Abs. 2 Satz 1 unter den Nummern 3 und 5 und in § 77 Abs. 2 Satz 1 bezeichneten Angaben, gegliedert nach Wahlkreisen, und den Namen der im Land gewählten Bewerber,
3. der Bundeswahlleiter das endgültige Wahlergebnis für das Wahlgebiet mit den in § 78 Abs. 2 Satz 1 unter den Nummern 1 bis 7 bezeichneten Angaben, der Verteilung der Sitze auf die Parteien und anderen Träger von Wahlvorschlägen, gegliedert nach Ländern, sowie den Namen der im Wahlgebiet gewählten Bewerber

öffentlich bekannt.

(2) Eine Ausfertigung ihrer Bekanntmachungen übersenden der Landeswahlleiter dem Bundeswahlleiter und der Bundeswahlleiter dem Präsidenten des Deutschen Bundestages.

§ 80[2]) Benachrichtigung der gewählten Landeslistenbewerber.

(1) [1] Der Landeswahlleiter benachrichtigt die vom Bundeswahlausschuss für gewählt erklärten Landeslistenbewerber nach der mündlichen Bekanntgabe des endgültigen Wahlergebnisses durch den Bundeswahlleiter und weist sie auf die Vorschriften des § 45 Abs. 1 des Bundeswahlgesetzes[3]) hin. [2] Bei einer Wiederholungswahl (§ 44 des Bundeswahlgesetzes) benachrichtigt er die Gewählten mittels Zustellung (§ 87 Abs. 1) und weist sie auf die Vorschriften des § 45 Abs. 3 des Bundeswahlgesetzes hin.

---

[1]) § 79 Abs. 1 einl. Satzteil geänd. mWv 18.5.2013 durch VO v. 13.5.2013 (BGBl. I S. 1255).
[2]) § 80 neu gef. mWv 11.12.2008 durch VO v. 3.12.2008 (BGBl. I S. 2378).
[3]) Nr. **10**.

(2) [1] Der Landeswahlleiter benachrichtigt den Bundeswahlleiter und den Präsidenten des Deutschen Bundestages sofort, wenn ein gewählter Bewerber die Wahl abgelehnt hat. [2] Bei einer Wiederholungswahl (§ 44 des Bundeswahlgesetzes) teilt er sofort nach Ablauf der Frist des § 44 Abs. 4 Satz 2 des Bundeswahlgesetzes mit, an welchen Tagen die Annahmeerklärungen der gewählten Bewerber eingegangen sind und welche Bewerber die Wahl abgelehnt haben. [3] In den Fällen des § 45 Abs. 3 Satz 3 des Bundeswahlgesetzes teilt er mit, an welchen Tagen die Benachrichtigungen zugestellt worden sind.

§ 81 Überprüfung der Wahl durch die Landeswahlleiter und den Bundeswahlleiter. (1) [1] Die Landeswahlleiter und der Bundeswahlleiter prüfen, ob die Wahl nach den Vorschriften des Bundeswahlgesetzes[1)], dieser Verordnung und der Bundeswahlgeräteverordnung vom 3. September 1975 (BGBl. I S. 2459) in der jeweils geltenden Fassung durchgeführt worden ist. [2] Nach dem Ergebnis ihrer Prüfung entscheiden sie, ob Einspruch gegen die Wahl einzulegen ist (§ 2 Abs. 2 des Wahlprüfungsgesetzes[2)]).

(2) [1] Auf Anforderung haben die Kreiswahlleiter dem Landeswahlleiter und über diesen dem Bundeswahlleiter die bei ihnen, den Gemeinden und Verwaltungsbehörden der Kreise vorhandenen Wahlunterlagen zu übersenden. [2] Der Bundeswahlleiter kann verlangen, dass ihm die Landeswahlleiter die bei ihnen vorhandenen Wahlunterlagen übersenden.

Fünfter Abschnitt. Nachwahl, Wiederholungswahl, Berufung von Listennachfolgern

§ 82[3)] Nachwahl. (1) [1] Sobald feststeht, dass die Wahl wegen Todes eines Wahlkreisbewerbers, infolge höherer Gewalt oder aus sonstigem Grunde nicht durchgeführt werden kann, sagt der Kreiswahlleiter die Wahl ab und macht öffentlich bekannt, dass eine Nachwahl stattfinden wird. [2] Er unterrichtet unverzüglich den Landeswahlleiter und dieser den Bundeswahlleiter.

(2) [1] Stirbt der Bewerber eines zugelassenen Kreiswahlvorschlags vor der Wahl, so fordert der Kreiswahlleiter die Vertrauensperson auf, binnen einer zu bestimmenden Frist schriftlich einen anderen Bewerber zu benennen. [2] Der Ersatzvorschlag muss von der Vertrauensperson und der stellvertretenden Vertrauensperson persönlich und handschriftlich unterzeichnet sein. [3] Das Verfahren nach § 21 des Bundeswahlgesetzes[1)] braucht nicht eingehalten zu werden; der Unterschriften nach § 20 Abs. 2 und 3 des Bundeswahlgesetzes bedarf es nicht.

(3) Bei der Nachwahl wird mit den für die Hauptwahl aufgestellen Wählerverzeichnissen, vorbehaltlich der Bestimmungen in Absatz 2 nach den für die Hauptwahl zugelassenen Wahlvorschlägen, in den für die Hauptwahl bestimmten Wahlbezirken und Wahlräumen und vor den für die Hauptwahl gebildeten Wahlvorständen gewählt.

---

1) Nr. **10**.
2) Nr. **12**.
3) § 82 Abs. 2 Satz 3 geänd. mWv 11.12.2008 durch VO v. 3.12.2008 (BGBl. I S. 2378).

(4) [1] Findet die Nachwahl wegen Todes eines Wahlkreisbewerbers statt, so haben die für die Hauptwahl erteilten Wahlscheine für die Nachwahl keine Gültigkeit. [2] Sie werden von Amts wegen ersetzt. [3] § 28 Abs. 3 ist anzuwenden. [4] Neue Wahlscheine werden nach den allgemeinen Vorschriften erteilt. [5] Wahlbriefe mit alten Wahlscheinen, die bei den nach § 66 Abs. 2 zuständigen Stellen eingegangen sind, werden von diesen gesammelt und unter Beachtung des Wahlgeheimnisses vernichtet.

(5) [1] Findet die Nachwahl statt, weil die Wahl infolge höherer Gewalt oder aus sonstigem Grund nicht durchgeführt werden konnte, so behalten die für die Hauptwahl erteilten Wahlscheine für die Nachwahl Gültigkeit. [2] Neue Wahlscheine dürfen nur von Gemeinden des Gebietes, in dem die Nachwahl stattfindet, erteilt werden.

(6) Der Landeswahlleiter kann im Einzelfall Regelungen zur Anpassung an besondere Verhältnisse treffen.

(7) Der Landeswahlleiter macht den Tag der Nachwahl öffentlich bekannt.

§ 83 Wiederholungswahl. (1) Das Wahlverfahren ist nur insoweit zu erneuern, als das nach der Entscheidung im Wahlprüfungsverfahren erforderlich ist.

(2) [1] Wird die Wahl nur in einzelnen Wahlbezirken wiederholt, so darf die Abgrenzung dieser Wahlbezirke nicht geändert werden. [2] Auch sonst soll die Wahl möglichst in denselben Wahlbezirken wie bei der Hauptwahl wiederholt werden. [3] Wahlvorstände können neu gebildet und Wahlräume neu bestimmt werden.

(3) Findet die Wiederholungswahl infolge von Unregelmäßigkeiten bei der Aufstellung und Behandlung von Wählerverzeichnissen statt, so ist in den betroffenen Wahlbezirken das Verfahren der Aufstellung, Einsichtnahme, Berichtigung und des Abschlusses des Wählerverzeichnisses neu durchzuführen, sofern sich aus der Wahlprüfungsentscheidung keine Einschränkungen ergeben.

(4) [1] Wähler, die seit der Hauptwahl ihr Wahlrecht verloren haben, sind im Wählerverzeichnis zu streichen. [2] Wird die Wahl vor Ablauf von sechs Monaten nach der Hauptwahl nur in einzelnen Wahlbezirken wiederholt, so können Wahlberechtigte, denen für die Hauptwahl ein Wahlschein erteilt wurde, nur dann an der Wahl teilnehmen, wenn sie ihren Wahlschein in den Wahlbezirken abgegeben haben, für die die Wahl wiederholt wird.

(5) [1] Wahlscheine dürfen nur von Gemeinden in dem Gebiet, in dem die Wiederholungswahl stattfindet, erteilt werden. [2] Wird die Wahl vor Ablauf von sechs Monaten nach der Hauptwahl nur in einzelnen Wahlbezirken wiederholt, so erhalten Personen, die bei der Hauptwahl in diesen Wahlbezirken mit Wahlschein gewählt haben, auf Antrag ihren Wahlschein mit Gültigkeitsvermerk für die Wiederholungswahl zurück, wenn sie inzwischen aus dem Gebiet der Wiederholungswahl verzogen sind.

(6) Wahlvorschläge können nur geändert werden, wenn sich dies aus der Wahlprüfungsentscheidung ergibt oder wenn ein Bewerber gestorben oder nicht mehr wählbar ist.

(7) Der Landeswahlleiter kann im Rahmen der Wahlprüfungsentscheidung Regelungen zur Anpassung des Wiederholungswahlverfahrens an besondere Verhältnisse treffen.

§ 84[1)] **Berufung von Listennachfolgern.** (1) [1] Liegen die Voraussetzungen für eine Listennachfolge vor, so benachrichtigt der Landeswahlleiter den nächsten Listenbewerber mittels Zustellung (§ 87 Abs. 1) und weist ihn auf die Vorschrift des § 45 Abs. 3 des Bundeswahlgesetzes hin. [2] Er fordert ihn auf, ihm innerhalb einer Woche schriftlich zu erklären, ob er die Nachfolge annimmt, und an Eides statt zu versichern, dass er nicht aus der die Liste einreichenden Partei ausgeschieden oder Mitglied einer anderen Partei geworden ist. [3] Für die Abnahme der Versicherung an Eides statt gilt § 21 Abs. 6 Satz 3 des Bundeswahlgesetzes entsprechend.

(2) [1] Der Landeswahlleiter teilt dem Bundeswahlleiter und dem Präsidenten des Deutschen Bundestages Familiennamen, Vornamen, Beruf oder Stand und Anschrift (Hauptwohnung) des Listennachfolgers sowie den Tag, an dem seine Annahmeerklärung eingegangen ist, sofort mit. [2] Der Landeswahlleiter verfährt entsprechend, wenn ein Wahlkreisabgeordneter ausscheidet und kein Listenbewerber nachfolgt. [3] Im Falle des § 45 Abs. 3 Satz 3 des Bundeswahlgesetzes[2)] teilt er mit, an welchem Tag die Benachrichtigung zugestellt worden ist.

(3) [1] Der Bundeswahlleiter macht entsprechend § 79 Absatz 1 öffentlich bekannt, welcher Bewerber in den Deutschen Bundestag eingetreten ist, und übersendet eine Abschrift der Bekanntmachung an den Präsidenten des Deutschen Bundestages. [2] Der Bundeswahlleiter verfährt entsprechend, wenn ein Wahlkreisabgeordneter ausscheidet und kein Listenbewerber nachfolgt.

(4) [1] Ein nicht gewählter Bewerber verliert seine Anwartschaft als Listennachfolger, wenn er dem Landeswahlleiter schriftlich seine Ablehnung erklärt. [2] Die Ablehnung kann nicht widerrufen werden.

Sechster Abschnitt. Übergangs- und Schlussbestimmungen

§ 85 (weggefallen)

§ 86[3)] **Öffentliche Bekanntmachungen.** (1) Die nach dem Bundeswahlgesetz und dieser Verordnung vorgeschriebenen öffentlichen Bekanntmachungen erfolgen durch das Bundesministerium des Innern im Bundesanzeiger, den Bundeswahlleiter im Bundesanzeiger, die Landeswahlleiter im Staatsanzeiger oder Ministerial- oder Amtsblatt der Landesregierung oder des Innenministeriums, die Kreiswahlleiter und Verwaltungsbehörden des Kreises

---

[1)] § 84 Abs. 1 eingef., bish. Abs. 1–3 werden Abs. 2–4 sowie Abs. 2 Satz 3 und Abs. 4 Sätze 1 und 2 geänd. mWv 1.4.2008 durch VO v. 27.3.2008 (BGBl. I S. 476); Abs. 1 Sätze 1 und 3, Abs. 2 Sätze 1 und 3 geänd. mWv 11.12.2008 durch VO v. 3.12.2008 (BGBl. I S. 2378); Abs. 3 Satz 3 geänd. mWv 1.11.2015 durch G v. 3.5.2013 (BGBl. I S. 1084, geänd. durch G v. 20.11.2014, BGBl. I S. 1738); Abs. 3 Satz 1 geänd., Satz 3 aufgeh. mWv 18.5.2013 durch VO v. 13.5.2013 (BGBl. I S. 1255).

[2)] Nr. **10**.

[3)] § 86 Abs. 1 geänd. mWv 11.12.2008 durch VO v. 3.12.2008 (BGBl. I S. 2378); Abs. 3 angef. mWv 18.5.2013 durch VO v. 13.5.2013 (BGBl. I S. 1255).

in den Amtsblättern oder Zeitungen, die allgemein für Bekanntmachungen der Kreise und kreisfreien Städte des Wahlkreises bestimmt sind, die Gemeindebehörden in ortsüblicher Weise.

(2) Für die öffentliche Bekanntmachung nach § 5 Abs. 3 genügt Aushang am oder im Eingang des Sitzungsgebäudes mit dem Hinweis, dass jedermann Zutritt zu der Sitzung hat.

(3) [1] Der Inhalt der nach dem Bundeswahlgesetz und dieser Verordnung vorgeschriebenen öffentlichen Bekanntmachungen kann zusätzlich im Internet veröffentlicht werden. [2] Dabei sind die Unversehrtheit, Vollständigkeit und Ursprungszuordnung der Veröffentlichung nach aktuellem Stand der Technik zu gewährleisten. [3] Statt einer Anschrift ist nur der Wohnort anzugeben. [4] Personenbezogene Daten in Internetveröffentlichungen von öffentlichen Bekanntmachungen nach § 38 und § 43 Absatz 1 sind spätestens sechs Monate nach Bekanntgabe des endgültigen Wahlergebnisses, von öffentlichen Bekanntmachungen nach § 79 Absatz 1 und § 84 Absatz 3 spätestens sechs Monate nach dem Ende der Wahlperiode zu löschen.

§ 87[1)] Zustellungen, Versicherungen an Eides statt. (1) Für Zustellungen gilt das Verwaltungszustellungsgesetz[2)] des Bundes in der jeweils geltenden Fassung.

(2) Für die nach §§ 16 Absatz 7 Satz 2, 18 Absatz 5 Satz 1, 18 Absatz 6 Satz 1 und § 34 Absatz 4 Nummer 2 Satz 2 abzugebende Versicherung an Eides statt ist die jeweilige Gemeindebehörde zur Abnahme zuständig.

§ 88[3)] Beschaffung von Stimmzetteln und Vordrucken. (1) Der Kreiswahlleiter beschafft

1. die Wahlscheinvordrucke (Anlage 9), soweit nicht die Gemeindebehörde diese im Benehmen mit dem Kreiswahlleiter beschafft,
2. die Stimmzettelumschläge für die Briefwahl (Anlage 10),
3. die Wahlbriefumschläge (Anlage 11), wenn nur an seinem Sitz das Briefwahlergebnis festzustellen ist,
4. die Merkblätter für die Briefwahl (Anlage 12),
5. die Vordrucke für die Einreichung der Kreiswahlvorschläge (Anlage 13),
6. die Formblätter für Unterstützungsunterschriften für Kreiswahlvorschläge (Anlage 14),
7. die Vordrucke für Zustimmungserklärungen der vorgeschlagenen Wahlkreisbewerber (Anlage 15),
8. die Stimmzettel (Anlage 26),
9. die Vordrucke für Schnellmeldungen (Anlage 28),

---

1) § 87 Abs. 2 neu gef. mWv 31.3.2017 durch VO v. 24.3.2017 (BGBl. I S. 585).

2) **Sartorius Nr. 110.**

3) § 88 Abs. 2a eingef. mWv 8.7.2005 durch VO v. 30.6.2005 (BGBl. I S. 1951); Abs. 1 geänd. und Abs. 5 angef. mWv 1.4.2008 durch VO v. 27.3.2008 (BGBl. I S. 476); Abs. 1 Nr. 2 geänd. mWv 11.12.2008 durch VO v. 3.12.2008 (BGBl. I S. 2378); Abs. 3 geänd. mWv 18.5.2013 durch VO v. 13.5.2013 (BGBl. I S. 1255); Abs. 5 geänd. mWv 31.3.2017 durch VO v. 24.3.2017 (BGBl. I S. 585).

10. die Vordrucke für die Zusammenstellung der endgültigen Wahlergebnisse (Anlage 30),
11. die Vordrucke für die Wahlniederschriften zur Ermittlung und Feststellung des Briefwahlergebnisses (Anlage 31),

für seinen Wahlkreis, soweit nicht der Landeswahlleiter die Beschaffung übernimmt.

(2) Der Landeswahlleiter beschafft

1. (weggefallen)
2. die Vordrucke für die Einreichung der Landeswahlvorschläge (Anlage 20),
3. die Formblätter für Unterstützungsunterschriften für Landeswahlvorschläge (Anlage 21),
4. die Vordrucke für Zustimmungserklärungen der vorgeschlagenen Landeslistenbewerber (Anlage 22),
5. die Vordrucke für die Bescheinigung der Wählbarkeit der vorgeschlagenen Bewerber (Anlage 16),
6. die Vordrucke für die Niederschriften über die Aufstellung der Bewerber (Anlagen 17 und 23),
7. die Vordrucke für die Versicherung an Eides statt zur Bewerberaufstellung (Anlagen 18 und 24).

(2a) [1] Der Landeswahlleiter kann zur Kosteneinsparung den Druck oder den Versand der Wahlbenachrichtigung oder beides nach § 19 Abs. 1 Satz 1 ganz oder teilweise übernehmen. [2] Die Gemeindebehörden übermitteln dem Landeswahlleiter oder der von ihm benannten Stelle rechtzeitig die hierfür benötigten Daten und Unterlagen.

(3) Der Bundeswahlleiter beschafft die Anträge für außerhalb des Wahlgebietes lebende Wahlberechtigte zur Teilnahme an der Wahl zum Deutschen Bundestag (Anlage 2) nebst den Merkblättern hierzu (noch Anlage 2).

(4) Die Gemeindebehörde beschafft die für die Wahlbezirke und Gemeinden erforderlichen Vordrucke, soweit nicht Bundes-, Landes- oder Kreiswahlleiter die Lieferung übernehmen.

(5) Die Beschaffung der Vordrucke und Formblätter nach den Anlagen 1, 2, 5, 8, 9, 13 bis 25, 27 bis 29 und 31 bis 33 kann auch durch elektronische Bereitstellung erfolgen.

§ 89 Sicherung der Wahlunterlagen. (1) Die Wählerverzeichnisse, die Wahlscheinverzeichnisse, die Verzeichnisse nach § 28 Abs. 8 Satz 2 und § 29 Abs. 1, die Formblätter mit Unterstützungsunterschriften für Wahlvorschläge sowie eingenommene Wahlbenachrichtigungen sind so zu verwahren, dass sie gegen Einsichtnahme durch Unbefugte geschützt sind.

(2) [1] Auskünfte aus Wählerverzeichnissen, Wahlscheinverzeichnissen und Verzeichnissen nach § 28 Abs. 8 Satz 2 und § 29 Abs. 1 dürfen nur Behörden, Gerichten und sonstigen amtlichen Stellen des Wahlgebiets und nur dann erteilt werden, wenn sie für den Empfänger im Zusammenhang mit der Wahl erforderlich sind. [2] Ein solcher Anlass liegt insbesondere bei Verdacht von Wahlstraftaten, bei Wahlprüfungsangelegenheiten und bei wahlstatistischen Arbeiten vor.

(3) Mitglieder von Wahlorganen, Amtsträger und für den öffentlichen Dienst besonders Verpflichtete dürfen Auskünfte über Unterstützungsunterschriften für Wahlvorschläge nur Behörden, Gerichten und sonstigen amtlichen Stellen des Wahlgebiets und nur dann erteilen, wenn die Auskunft zur Durchführung der Wahl oder eines Wahlprüfungsverfahrens oder zur Aufklärung des Verdachts einer Wahlstraftat erforderlich ist.

§ 90 Vernichtung von Wahlunterlagen. (1) Die eingenommenen Wahlbenachrichtigungen sind unverzüglich zu vernichten.

(2) Wählerverzeichnisse, Wahlscheinverzeichnisse, Verzeichnisse nach § 28 Abs. 8 Satz 2 und § 29 Abs. 1 sowie Formblätter mit Unterstützungsunterschriften für Wahlvorschläge sind nach Ablauf von sechs Monaten seit der Wahl zu vernichten, wenn nicht der Bundeswahlleiter mit Rücksicht auf ein schwebendes Wahlprüfungsverfahren etwas anderes anordnet oder sie für die Strafverfolgungsbehörde zur Ermittlung einer Wahlstraftat von Bedeutung sein können.

(3) [1] Die übrigen Wahlunterlagen können 60 Tage vor der Wahl des neuen Deutschen Bundestages vernichtet werden. [2] Der Landeswahlleiter kann zulassen, dass die Unterlagen früher vernichtet werden, soweit sie nicht für ein schwebendes Wahlprüfungsverfahren oder für die Strafverfolgungsbehörde zur Ermittlung einer Wahlstraftat von Bedeutung sein können.

§ 91 Stadtstaatklausel. In den Ländern Berlin, Bremen und Hamburg bestimmt der Senat, welche Stellen die Aufgaben wahrnehmen, die im Gesetz und in dieser Verordnung der Gemeindebehörde übertragen sind.

§ 92 (Änderung der Bundeswahlgeräteverordnung)

§ 93 (Inkrafttreten, Außerkrafttreten)

Anl. 1–33

(hier nicht wiedergegeben)

12. Wahlprüfungsgesetz

Vom 12. März 1951
(BGBl. I S. 166)

FNA 111-2

geänd. durch Art. 1 ÄndG v. 24.8.1965 (BGBl. I S. 977), Art. 3 G zur Änd. des BundeswahlG v. 24.6.1975 (BGBl. I S. 1593), Art. 9 Fünftes G zur Änd. des BundesverfassungsgerichtsG v. 2.8.1993 (BGBl. I S. 1442), Art. 1 G zur Änd. von Vorschriften über parlamentarische Gremien v. 28.4.1995 (BGBl. I S. 582), Art. 1 ÄndG v. 6.6.2008 (BGBl. I S. 994) und Art. 2 G zur Verbesserung des Rechtsschutzes in Wahlsachen v. 12.7.2012 (BGBl. I S. 1501)

Der Bundestag hat das folgende Gesetz beschlossen:

§ 1[1)] [Zuständigkeit für die Entscheidung über die Gültigkeit der Wahlen zum Bundestag] (1) Über die Gültigkeit der Wahlen zum Bundestag und die Verletzung von Rechten bei der Vorbereitung oder Durchführung der Wahl, soweit sie der Wahlprüfung nach Artikel 41 des Grundgesetzes[2)] unterliegen, entscheidet vorbehaltlich der Beschwerde gemäß Artikel 41 Abs. 2 des Grundgesetzes der Bundestag.

(2) [1] Soweit eine Wahl für ungültig erklärt wird, sind die sich daraus ergebenden Folgerungen festzustellen. [2] Sofern bei der Vorbereitung oder Durchführung der Wahl Rechte einer einsprechenden Person oder einer Gruppe einsprechender Personen verletzt wurden, stellt der Bundestag die Rechtsverletzung fest, wenn er die Wahl nicht für ungültig erklärt.

§ 2[3)] [Einspruch; Einspruchsberechtigter; Form und Frist] (1) Die Prüfung erfolgt nur auf Einspruch.

(2) Den Einspruch kann jeder Wahlberechtigte, jede Gruppe von Wahlberechtigten und in amtlicher Eigenschaft jeder Landeswahlleiter, der Bundeswahlleiter und der Präsident des Bundestages einlegen.

(3) Der Einspruch ist schriftlich beim Bundestag einzureichen und zu begründen; bei gemeinschaftlichen Einsprüchen soll ein Bevollmächtigter benannt werden.

(4) [1] Der Einspruch muß binnen einer Frist von zwei Monaten nach dem Wahltag beim Bundestag eingehen. [2] Werden dem Präsidenten des Bundestages nach Ablauf dieser Frist in amtlicher Eigenschaft Umstände bekannt, die einen Wahlmangel begründen könnten, kann er innerhalb eines Monats nach Bekanntwerden dieser Umstände Einspruch einlegen.

(5) Die Vorschriften gelten entsprechend beim späteren Erwerb der Mitgliedschaft.

---

1) § 1 Abs. 1 geänd., Abs. 2 Satz 2 angef. mWv 19.7.2012 durch G v. 12.7.2012 (BGBl. I S. 1501).

2) Nr. **1**.

3) § 2 Abs. 6 angef. durch G v. 24.8.1965 (BGBl. I S. 977); Abs. 4 Satz 1 neu gef. durch G v. 2.8. 1993 (BGBl. I S. 1442).

(6) Wird der Einspruch zurückgenommen, kann der Bundestag das Verfahren einstellen.

§ 3[1)] [Wahlprüfungsausschuss] (1) Die Entscheidung des Bundestages wird durch den Wahlprüfungsausschuß vorbereitet.

(2) [1] Der Wahlprüfungsausschuß besteht aus neun ordentlichen Mitgliedern, neun Stellvertretern und je einem ständigen beratenden Mitglied der Fraktionen, die in ihm nicht durch ordentliche Mitglieder vertreten sind. [2] Der Bundestag kann aus der Mitte einer Vereinigung von Mitgliedern des Bundestages, die nach der Geschäftsordnung des Bundestages[2)] als parlamentarische Gruppe anerkannt ist, zusätzlich ein beratendes Mitglied wählen. [3] Der Wahlprüfungsausschuß wird vom Bundestag für die Dauer der Wahlperiode gewählt.

(3) [1] Der Wahlprüfungsausschuß wählt mit Stimmenmehrheit aus seiner Mitte den Vorsitzenden und seinen Stellvertreter. [2] Bei Stimmengleichheit entscheidet die Stimme des ältesten Mitglieds.

§ 4 [Beschlussfähigkeit] [1] Der Wahlprüfungsausschuß ist beschlußfähig, wenn mindestens die Hälfte der Mitglieder anwesend ist. [2] Er beschließt mit Stimmenmehrheit; bei Stimmengleichheit ist ein Antrag abgelehnt.

§ 5[3)] [Berichterstatter] (1) Der Vorsitzende bestimmt für jeden Einspruch einen Berichterstatter.

(2) [1] Der Ausschuss tritt in eine Vorprüfung ein, insbesondere darüber, ob der Einspruch form- und fristgerecht eingelegt ist und ob Termin zur mündlichen Verhandlung anzuberaumen ist. [2] Findet eine mündliche Verhandlung statt, so ist der Verhandlungstermin durch die Vorprüfung so vorzubereiten, dass möglichst nach einem einzigen Verhandlungstermin die Schlussentscheidung erfolgen kann.

(3) [1] Im Rahmen der Vorprüfung ist der Ausschuß berechtigt, Auskünfte einzuziehen und nach Absatz 4 Zeugen und Sachverständige vernehmen und beeidigen zu lassen, soweit deren Anwesenheit im Verhandlungstermin nicht erforderlich ist oder nicht zweckmäßig erscheint. [2] Zur Prüfung der Feststellung, dass bei der Vorbereitung oder Durchführung der Wahl Rechte einer einsprechenden Person oder einer Gruppe einsprechender Personen verletzt wurden, führt der Wahlprüfungsausschuss Ermittlungen, die über die Einholung von Auskünften hinausgehen, in der Regel nur dann durch, wenn eine Auswirkung der Rechtsverletzung auf die Verteilung der Sitze im Bundestag nicht auszuschließen ist.

(4) [1] Alle Gerichte und Verwaltungsbehörden haben dem Ausschuß Rechts- und Amtshilfe zu leisten. [2] Bei Vernehmung von Zeugen und Sachverständigen sind die Beteiligten des § 6 Abs. 2 eine Woche vorher zu benachrichtigen; sie haben das Recht, Fragen stellen zu lassen und den Vernommenen Vorhalte zu machen.

[1)] § 3 Abs. 2 Satz 1 geänd. und Satz 2 eingef., bish. Satz 2 wird Satz 3 und neu gef. durch G v. 28.4.1995 (BGBl. I S. 582).

[2)] Nr. **14**.

[3)] § 5 Abs. 2 neu gef. mWv 17.6.2008 durch G v. 6.6.2008 (BGBl. I S. 994); Abs. 3 Satz 2 angef. mWv 19.7.2012 durch G v. 12.7.2012 (BGBl. I S. 1501).

§ 6[1)] [Mündliche Verhandlung] (1) Vor der Schlussentscheidung wird Termin zur mündlichen Verhandlung nur dann anberaumt, wenn die Vorprüfung ergibt, dass davon eine weitere Förderung des Verfahrens zu erwarten ist.

(2) [1] Zu den Verhandlungsterminen sind mindestens eine Woche vorher derjenige, der den Einspruch eingelegt hat, und der Abgeordnete, dessen Wahl angefochten ist, zu laden. [2] Wenn mehrere Personen gemeinschaftlich Einspruch eingelegt haben, genügt die Ladung eines Bevollmächtigten (§ 2 Abs. 3) oder eines der Antragsteller.

(3) Von dem Verhandlungstermin sind gleichzeitig zu benachrichtigen:
a) der Präsident des Bundestages,
b) der Bundesminister des Innern,
c) der Bundeswahlleiter,
d) der zuständige Landeswahlleiter,
e) die Fraktion des Bundestages, der der Abgeordnete angehört, dessen Wahl angefochten ist.

(4) [1] Die nach den Absätzen 2 und 3 genannten Personen sind Beteiligte an dem Verfahren. [2] Sie haben ein selbständiges Antragsrecht.

(5) Alle Beteiligten haben das Recht auf Akteneinsicht im Büro des Bundestages.

§ 7 [Verfahren] (1) [1] Zu Beginn der mündlichen Verhandlung trägt der Berichterstatter die Sachlage vor und berichtet über das Ergebnis der Vorprüfung. [2] Alsdann erhalten auf Verlangen der Einsprechende (bei mehreren der Bevollmächtigte gemäß § 2 Abs. 3), die sonstigen Beteiligten und der Abgeordnete, dessen Wahl angefochten ist, das Wort.

(2) [1] Etwa geladene Zeugen und Sachverständige sind zu hören und, falls der Ausschuß dies für geboten hält, zu beeidigen. [2] Die Beteiligten haben das Recht, Zeugen und Sachverständigen Fragen vorlegen zu lassen. [3] Nach Abschluß einer etwaigen Beweisaufnahme ist den Beteiligten Gelegenheit zu Ausführungen zu geben. [4] Das Schlußwort gebührt dem Anfechtenden.

(3) Über die Verhandlung ist eine Niederschrift aufzunehmen, in der die Aussagen der Zeugen und Sachverständigen wiederzugeben sind.

§ 8 [Öffentlichkeit] (1) Die mündliche Verhandlung findet öffentlich statt.

(2) Für die mündliche Verhandlung gilt § 4, doch sollen an ihr alle Mitglieder oder ihre Stellvertreter teilnehmen.

(3) Der Vorsitzende hat in der mündlichen Verhandlung die Befugnisse, die sich aus der sinngemäßen Anwendung der für den Zivilprozeß geltenden Bestimmungen ergeben.

§ 9 [Entsprechende Anwendung der ZPO] Für das gesamte Verfahren sind die für den Zivilprozeß geltenden Bestimmungen entsprechend anzuwenden auf Fristen, Ladungen, Zustellungen, Vereidigungen und die Rechte und Pflichten von Zeugen und Sachverständigen.

[1)] § 6 Abs. 1a eingef. durch G v. 24.8.1965 (BGBl. I S. 977); Abs. 1 neu gef., Abs. 1a aufgeh. mWv 17.6.2008 durch G v. 6.6.2008 (BGBl. I S. 994).

§ 10 [Geheime Beratung] (1) Der Wahlprüfungsausschuß berät geheim über das Ergebnis der Verhandlung.

(2) An der Schlußberatung können nur diejenigen ordentlichen und beratenden Mitglieder des Ausschusses oder ihre Stellvertreter teilnehmen, die der mündlichen Verhandlung beigewohnt haben.

(3) Bei der Schlußentscheidung gilt Stimmenthaltung als Ablehnung.

§ 11[1)] **[Schriftform]** [1] Der Beschluß des Ausschusses ist schriftlich niederzulegen; er muß dem Bundestag eine Entscheidung vorschlagen. [2] Diese muß über die Gültigkeit der angefochtenen Wahl und die sich aus einer Ungültigkeit ergebenden Folgerungen bestimmen. [3] Wurden bei der Vorbereitung oder Durchführung der Wahl Rechte der einsprechenden Person oder der einsprechenden Personen verletzt, wird dies in dem Beschluss festgestellt. [4] Der Beschluß hat die wesentlichen Tatsachen und Gründe, auf denen die Entscheidung beruht, anzugeben. [5] Wegen der Einzelheiten ist eine Bezugnahme auf den Akteninhalt zulässig.

§ 12 [Zuleitung an Bundestag] [1] Der Beschluß ist als Antrag des Wahlprüfungsausschusses an den Bundestag zu leiten und spätestens drei Tage vor der Beratung im Bundestag an sämtliche Abgeordnete zu verteilen. [2] Bei der Beratung kann der Antrag durch mündliche Ausführungen des Berichterstatters ergänzt werden.

§ 13[2)] **[Beschluss durch den Bundestag]** (1) [1] Der Bundestag beschließt über den Antrag des Ausschusses mit einfacher Mehrheit. [2] Soweit er ihm nicht zustimmt, gilt er als an den Ausschuß zurückverwiesen. [3] Dabei kann der Bundestag dem Ausschuß die Nachprüfung bestimmter tatsächlicher oder rechtlicher Umstände aufgeben.

(2) [1] Der Ausschuß hat nach neuer Schlussentscheidung dem Bundestag einen neuen Antrag vorzulegen. [2] Dieser Antrag kann nur abgelehnt werden durch Annahme eines anderen Antrags, der den Vorschriften des § 11 genügt.

(3) Der Beschluß des Bundestages ist den Beteiligten (§ 6 Abs. 2 und 3) mit einer Rechtsmittelbelehrung zuzustellen.

§ 14 [Einspruch des Bundestagspräsidenten] [1] Ergeben sich Zweifel, ob ein Abgeordneter im Zeitpunkt der Wahl wählbar war, so kann auch nach Ablauf der Einspruchsfrist (§ 2 Abs. 4) der Präsident des Bundestages Einspruch gegen die Gültigkeit der Wahl einlegen. [2] Er muß dies tun, wenn eine Minderheit von einhundert Abgeordneten es verlangt.

§ 15[3)] **[Nachträglicher Verlust der Mitgliedschaft im Bundestag]** [1] Nach den Vorschriften dieses Gesetzes ist auch zu verfahren, wenn darüber zu entscheiden ist, ob ein Abgeordneter des Bundestages die Mitgliedschaft nachträglich verloren hat (Artikel 41 Abs. 1 Satz 2 des Grundgesetzes[4)]).

---

1) § 11 Satz 3 eingef., bish. Sätze 3 und 4 werden Sätze 4 und 5 mWv 19.7.2012 durch G v. 12.7. 2012 (BGBl. I S. 1501).

2) § 13 Abs. 2 Satz 1 geänd. mWv 17.6.2008 durch G v. 6.6.2008 (BGBl. I S. 994).

3) § 15 Satz 2 neu gef. durch G v. 24.6.1975 (BGBl. I S. 1593).

4) Nr. **1**.

[2] Der Antrag auf Entscheidung des Bundestages kann mit Ausnahme der Fälle, in denen der Ältestenrat oder der Präsident des Bundestages über den Verlust der Mitgliedschaft entschieden hat (§ 47 Abs. 1 und 3 des Bundeswahlgesetzes[1)]), jederzeit gestellt werden.

§ 16[2)] **[Stellung des Abgeordneten]** (1) Stellt der Bundestag in den Fällen, in denen über den Verlust der Mitgliedschaft im Wahlprüfungsverfahren zu entscheiden ist (§ 47 Abs. 1 Nr. 1 und 3 des Bundeswahlgesetzes[1)]), den Verlust fest, so behält der Abgeordnete seine Rechte und Pflichten bis zur Rechtskraft der Entscheidung.

(2) Der Bundestag kann jedoch mit einer Mehrheit von zwei Dritteln seiner Mitglieder beschließen, daß der Abgeordnete bis zur Rechtskraft der Entscheidung nicht an den Arbeiten des Bundestages teilnehmen kann.

(3) Wird gegen die gemäß Absatz 1 ergangene Entscheidung des Bundestages Beschwerde eingelegt, so kann das Bundesverfassungsgericht auf Antrag des Beschwerdeführers den gemäß Absatz 2 ergangenen Beschluß durch einstweilige Anordnung aufheben oder, falls ein solcher Beschluß nicht gefaßt worden ist, auf Antrag einer Minderheit des Bundestages, die wenigstens ein Zehntel seiner Mitglieder umfaßt, eine Anordnung gemäß Absatz 2 treffen.

§ 17 [Ausschluss] (1) Von der Beratung und Beschlußfassung im Wahlprüfungsverfahren ist der Abgeordnete ausgeschlossen, dessen Wahl zur Prüfung steht.

(2) Dies gilt nicht, wenn in einem Verfahren die Wahl von mindestens zehn Abgeordneten angefochten wird.

§ 18 [Beschwerde] Für die Beschwerde an das Bundesverfassungsgericht gelten die Vorschriften des Gesetzes über das Bundesverfassungsgericht[3)].

§ 19[4)] **[Kosten, Auslagen]** (1) [1] Die Kosten des Verfahrens beim Bundestag trägt der Bund. [2] Dem in nichtamtlicher Eigenschaft Einsprechenden können notwendige Auslagen erstattet werden, wenn dem Einspruch stattgegeben oder der Einspruch nur deshalb zurückgewiesen wurde, weil der geltend gemachte Mangel keinen Einfluß auf das Wahlergebnis gehabt hat.

(2) Über die Erstattung von Auslagen nach Absatz 1 Satz 2 ist in dem Beschluß des Bundestages zu entscheiden.

§ 20[5)] *(aufgehoben)*

§ 21 [Inkrafttreten] Dieses Gesetz tritt am Tage nach seiner Verkündung[6)] in Kraft.

[1)] Nr. **10**.
[2)] § 16 Abs. 1 neu gef. durch G v. 24.6.1975 (BGBl. I S. 1593).
[3)] Nr. **20**.
[4)] § 19 neu gef. durch G v. 24.8.1965 (BGBl. I S. 977).
[5)] § 20 aufgeh. durch G v. 24.8.1965 (BGBl. I S. 977).
[6)] Verkündet am 14.3.1951.

Der Antrag auf Entscheidung des Bundestages kann mit Ausnahme der Fälle, in denen der Ältestenrat oder der Präsident des Bundestages über den Verlust der Mitgliedschaft entschieden hat (§ 47 Abs. 1 und 3 des Bundeswahlgesetzes), jederzeit gestellt werden.

§ 16 [Stellung des Abgeordneten] (1) Stellt der Bundestag in den Fällen, in denen über den Verlust der Mitgliedschaft im Wahlprüfungsverfahren zu entscheiden ist (§ 47 Abs. 1 Nr. 1 und 3 des Bundeswahlgesetzes[1]), den Verlust fest, so behält der Abgeordnete seine Rechte und Pflichten bis zur Rechtskraft der Entscheidung.

(2) Der Bundestag kann jedoch mit einer Mehrheit von zwei Dritteln seiner Mitglieder beschließen, daß der Abgeordnete bis zur Rechtskraft der Entscheidung nicht an den Arbeiten des Bundestages teilnehmen kann.

(3) Wird gegen die gemäß Absatz 1 ergangene Entscheidung des Bundestages Beschwerde eingelegt, so kann das Bundesverfassungsgericht auf Antrag des Beschwerdeführers einen gemäß Absatz 2 ergangenen Beschluß durch einstweilige Anordnung aufheben oder, falls ein solcher Beschluß nicht gefaßt worden ist, auf Antrag einer Minderheit des Bundestages, die wenigstens ein Zehntel seiner Mitglieder umfaßt, eine Anordnung gemäß Absatz 2 treffen.

§ 17 [Ausschluss] (1) Von der Beratung und Beschlußfassung im Wahlprüfungsverfahren ist ein Abgeordneter ausgeschlossen, dessen Wahl zur Prüfung steht.

(2) Dies gilt nicht, wenn in einem Verfahren die Wahl von mindestens zehn Abgeordneten angefochten wird.

§ 18 [Beschwerde] Für die Beschwerde an das Bundesverfassungsgericht gelten die Vorschriften des Gesetzes über das Bundesverfassungsgericht[2].

§ 19 [Kosten, Auslagen] (1) Die Kosten des Verfahrens beim Bundestag trägt der Bund. Dem Einspruchsführer können notwendige Auslagen erstattet werden, wenn dem Einspruch stattgegeben oder der Einspruch nur deshalb zurückgewiesen wurde, weil der gerügte Mangel keinen Einfluß auf das Wahlergebnis gehabt hat.

(2) Über die Erstattung von Auslagen nach Absatz 1 Satz 2 ist in dem Beschluß des Bundestages zu entscheiden.

§ 20 (aufgehoben)

§ 21 [Inkrafttreten] Dieses Gesetz tritt am Tage nach seiner Verkündung[3] in Kraft.

[illegible]

13. Gesetz über die Wahl des Bundespräsidenten durch die Bundesversammlung

Vom 25. April 1959
(BGBl. I S. 230)

FNA 1100-1

geänd. durch Art. 2 BundeswahlG-ÄndG v. 24.6.1975 (BGBl. I S. 1593), Art. 11 Nr. 1 ZuwanderungsG v. 20.6.2002 (BGBl. I S. 1946, nichtig gem. Urt. des BVerfG v. 18.12.2002 – 2 BvF 1/02 –), Art. 11 Nr. 1 ZuwanderungsG v. 30.7.2004 (BGBl. I S. 1950) und Art. 1 ÄndG v. 12.7.2007 (BGBl. I S. 1326)

Der Bundestag hat das folgende Gesetz beschlossen:

Erster Abschnitt. Die Bundesversammlung

§ 1 [Bundesversammlung] Der Präsident des Bundestages bestimmt Ort und Zeit des Zusammentrittes der Bundesversammlung.

§ 2[1)] [Anzahl der zur Bundesversammlung zu wählenden Mitglieder]

(1) [1] Die Bundesregierung stellt rechtzeitig fest, wieviel Mitglieder die einzelnen Landtage zur Bundesversammlung zu wählen haben. [2] Dabei sind die gesetzliche Mitgliederzahl des Bundestages im Zeitpunkt der Beschlußfassung der Bundesregierung und das Verhältnis der letzten amtlichen Bevölkerungszahlen der Länder zugrunde zu legen. [3] Bei Ermittlung der Bevölkerungszahlen bleiben Ausländer (§ 2 Abs. 1 des Aufenthaltsgesetzes[2)]) unberücksichtigt. [4] Die Bundesregierung macht die Zahl der von den einzelnen Landtagen zu wählenden Mitglieder im Bundesgesetzblatt bekannt.

(2) [1] Die Landtage haben die Wahl unverzüglich vorzunehmen. [2] Besteht am Tage der Bekanntmachung nach Absatz 1 Satz 3 kein Landtag oder hat ein Landtag vor Ablauf seiner Wahlperiode die Wahl nicht mehr vorgenommen, so wählt der neue Landtag die Mitglieder. [3] Kann der neue Landtag die Wahl nicht mehr rechtzeitig vornehmen, so tritt an seine Stelle der Ausschuß, der verfassungsgemäß die Rechte des Landtages gegenüber der Regierung bis zum Zusammentritt des neuen Landtages wahrnimmt, oder ein vom Landtage für die Wahl der Mitglieder der Bundesversammlung gebildeter Ausschuß. [4] Kommt eine rechtzeitige Wahl nicht zustande, so bleiben die auf das Land entfallenden Sitze unbesetzt.

§ 3 [Wahl zur Bundesversammlung] Zur Bundesversammlung ist wählbar, wer zum Bundestage wählbar ist.

[1)] § 2 Abs. 1 Satz 3 eingef., bish. Satz 3 wird Satz 4 durch G v. 24.6.1975 (BGBl. I S. 1593); Abs. 1 Satz 3 geänd. mWv 1.1.2005 durch G v. 30.7.2004 (BGBl. I S. 1950).

[2)] **Sartorius Nr. 565.**

§ 4 [Wahl nach Vorschlagslisten] (1) [1] Der Landtag wählt die auf das Land entfallenden Mitglieder nach Vorschlagslisten. [2] Bei der Wahl sind die Bestimmungen der Geschäftsordnung des Landtages entsprechend anzuwenden.

(2) Jeder Abgeordnete hat eine Stimme.

(3) [1] Die Sitze werden, wenn mehrere Vorschlagslisten vorliegen, den Listen nach der Zahl der ihnen zugefallenen Stimmen im Höchstzahlverfahren d'Hondt zugeteilt. [2] Über die Zuteilung des letzten Sitzes entscheidet bei gleichen Höchstzahlen das vom Präsidenten des Landtages zu ziehende Los. [3] Die Sitze werden den Bewerbern in der Reihenfolge ihrer Namen auf den Vorschlagslisten zugewiesen. [4] Entfallen auf eine Liste mehr Sitze, als Bewerber benannt sind, so gehen die Sitze in der Reihenfolge der nächsten Höchstzahlen auf die anderen Listen über.

(4) [1] Der Präsident des Landtages fordert die Gewählten auf, binnen zwei Tagen schriftlich zu erklären, ob sie die Wahl annehmen. [2] Die Gewählten erwerben die Mitgliedschaft in der Bundesversammlung mit dem Eingang der schriftlichen Annahmeerklärung bei dem Präsidenten des Landtages. [3] Gibt der Gewählte bis zum Ablauf der gesetzten Frist keine Erklärung ab, so gilt die Wahl als zu diesem Zeitpunkt angenommen.

(5) [1] Nimmt ein Gewählter die Wahl nicht an oder scheidet ein Mitglied aus, so tritt der nächste nicht gewählte Bewerber der gleichen Vorschlagsliste ein. [2] Ist die Vorschlagsliste erschöpft, so geht der Sitz auf die Liste über, auf die die nächste Höchstzahl entfällt. [3] Die Feststellung, wer als Listennachfolger eintritt, trifft der Präsident des Landtages. [4] Absatz 4 gilt entsprechend.

(6) Der Präsident des Landtages übermittelt das Ergebnis der Wahl dem Präsidenten des Bundestages.

§ 5 [Einspruch] [1] Jedes Mitglied des Landtages und jeder in eine Vorschlagsliste aufgenommene Bewerber kann binnen zwei Tagen nach Verkündung des Wahlergebnisses beim Präsidenten des Landtages Einspruch gegen die Gültigkeit der Wahl erheben. [2] Über den Einspruch entscheidet der Landtag unverzüglich, spätestens jedoch eine Woche vor dem Zusammentritt der Bundesversammlung. [3] Ergeht bis dahin keine Entscheidung, so entscheidet die Bundesversammlung. [4] Der Präsident des Bundestages bereitet die Entscheidung der Bundesversammlung vor.

§ 6 [Landtagsausschuss] Wird die Wahl nach § 2 Abs. 2 Satz 3 von einem Landtagsausschuß vorgenommen, so gelten §§ 4 und 5 entsprechend.

§ 7[1)] [Anwendung von Vorschriften des Grundgesetzes] [1] Artikel 46, 47, 48 Abs. 2 des Grundgesetzes[2)] finden auf die Mitglieder der Bundesversammlung entsprechende Anwendung. [2] Für Immunitätsangelegenheiten ist der Bundestag zuständig; die vom Bundestag oder seinem zuständigen Ausschuss erlassenen Regelungen in Immunitätsangelegenheiten gelten entsprechend. [3] Die Mitglieder sind an Aufträge und Weisungen nicht gebunden.

[1)] § 7 Satz 2 eingef., bish. Satz 2 wird Satz 3 mWv 20.7.2007 durch G v. 12.7.2007 (BGBl. I S. 1326).

[2)] Nr. **1**.

Zweiter Abschnitt. Wahl des Bundespräsidenten

§ 8 [Sitzungsleitung] 1 Der Präsident des Bundestages leitet die Sitzungen und Geschäfte der Bundesversammlung. 2 Auf ihren Geschäftsgang findet die Geschäftsordnung des Bundestages[1)] sinngemäße Anwendung, sofern sich nicht die Bundesversammlung eine eigene Geschäftsordnung gibt.

§ 9 [Wahlvorschläge] (1) 1 Wahlvorschläge für die Wahl des Bundespräsidenten kann jedes Mitglied der Bundesversammlung beim Präsidenten des Bundestages schriftlich einreichen. 2 Für den zweiten und dritten Wahlgang können neue Wahlvorschläge eingebracht werden. 3 Die Wahlvorschläge dürfen nur die zur Bezeichnung des Vorgeschlagenen erforderlichen Angaben enthalten; die schriftliche Zustimmungserklärung des Vorgeschlagenen ist beizufügen.

(2) 1 Der Sitzungsvorstand prüft, ob die Wahlvorschläge den gesetzlichen Voraussetzungen entsprechen. 2 Über die Zurückweisung eines Wahlvorschlages entscheidet die Bundesversammlung.

(3) Gewählt wird mit verdeckten amtlichen Stimmzetteln, Stimmzettel, die auf andere als in den zugelassenen Wahlvorschlägen benannte Personen lauten, sind ungültig.

(4) 1 Der Präsident des Bundestages teilt dem Gewählten die Wahl mit und fordert ihn auf, ihm binnen zwei Tagen zu erklären, ob er die Wahl annimmt. 2 Gibt der Gewählte innerhalb dieser Frist keine Erklärung ab, so gilt die Wahl als abgelehnt.

(5) Der Präsident des Bundestages erklärt die Bundesversammlung für beendet, nachdem der Gewählte die Wahl angenommen hat.

§ 10 [Beginn der Amtszeit] Das Amt des Bundespräsidenten beginnt mit dem Ablauf der Amtszeit seines Vorgängers, jedoch nicht vor Eingang der Annahmeerklärung beim Präsidenten des Bundestages.

§ 11 [Veranlassung der Eidesleistung] Der Präsident des Bundestages veranlaßt die Eidesleistung des Bundespräsidenten.

Dritter Abschnitt. Schlußvorschriften

§ 12 [Entschädigung] Die Mitglieder der Bundesversammlung erhalten eine Entschädigung, deren Höhe der Präsident des Bundestages in sinngemäßer Anwendung der für die Mitglieder des Bundestages geltenden Bestimmungen festsetzt.

§ 13[2)] *(aufgehoben)*

---

1) Nr. **14**.
2) § 13 aufgeh. mWv 20.7.2007 durch G v. 12.7.2007 (BGBl. I S. 1326).

§ 14 [Inkrafttreten, Außerkrafttreten] [1] Dieses Gesetz tritt am Tage nach seiner Verkündung[1)] in Kraft. [2] Gleichzeitig tritt der Zweite Teil des Wahlgesetzes zum zweiten Bundestag und zur Bundesversammlung vom 8. Juli 1953 (Bundesgesetzbl. I S. 470) außer Kraft.

---

1) Verkündet am 29.4.1959.

14. Geschäftsordnung des Deutschen Bundestages

In der Fassung der Bekanntmachung vom 2. Juli 1980[1)]
(BGBl. I S. 1237)

FNA 1101-1

geänd. durch Bek. v. 17.3.1982 (BGBl. I S. 400), Bek. v. 18.12.1986 (BGBl. 1987 I S. 147), Bek. v. 9.12.1987 (BGBl. I S. 2677), Bek. v. 28.6.1988 (BGBl. I S. 1009), Bek. v. 18.12.1989 (BGBl. I S. 2442), Bek. v. 12.11.1990 (BGBl. I S. 2555), Bek. v. 16.12.1994 (BGBl. 1995 I S. 11), Bek. v. 30.9.1995 (BGBl. I S. 1246), Bek. v. 17.3.1997 (BGBl. I S. 747), Bek. v. 12.2.1998 (BGBl. I S. 428), Bek. v. 30.5.2001 (BGBl. I S. 1203), Bek. v. 15.7.2002 (BGBl. I S. 3012), Bek. v. 17.9.2002 (BGBl. I S. 3759), Bek. v. 28.2.2005 (BGBl. I S. 668), Bek. v. 21.4.2005 (BGBl. I S. 1230), Bek. v. 12.7.2005 (BGBl. I S. 2512), Bek. v. 21.10.2005 (BGBl. I S. 3094), Bek. v. 26.9.2006 (BGBl. I S. 2210), Bek. v. 29.7.2008 (BGBl. I S. 1712), Bek. v. 6.7.2009 (BGBl. I S. 2128), Bek. v. 16.7.2010 (BGBl. I S. 1041), Bek. v. 17.12.2010 (BGBl. I S. 2199), Bek. v. 24.11.2011 (BGBl. I S. 2454), Bek. v. 7.5.2012 (BGBl. I S. 1119), Bek. v. 12.3.2013 (BGBl. I S. 548), Bek. v. 18.6.2013 (BGBl. I S. 1644), Beschl. v. 6.6.2013 (BGBl. I S. 2167), Beschl. v. 3.4.2014 (BGBl. I S. 534) und Beschl. v. 1.6.2017 (BGBl. I S. 1877)

Nichtamtliche Gliederungsübersicht

[1)] Neubekanntmachung der GeschäftsO des Deutschen Bundestages idF der Bek. v. 22.5.1970 (BGBl. I S. 628) in der ab 1.10.1980 geltenden Fassung.

I. Wahl des Präsidenten, der Stellvertreter und Schriftführer

§ 1[1] **Konstituierung.** (1) Der neugewählte Bundestag wird zu seiner ersten Sitzung vom bisherigen Präsidenten spätestens zum dreißigsten Tage nach der Wahl (Artikel 39 des Grundgesetzes[2]) einberufen.

(2) Bis der neugewählte Präsident oder einer seiner Stellvertreter das Amt übernimmt, führt das am längsten dem Bundestag angehörende Mitglied, das hierzu bereit ist, den Vorsitz (Alterspräsident); bei gleicher Dauer der Zugehörigkeit zum Bundestag entscheidet das höhere Lebensalter.

(3) [1] Der Alterspräsident ernennt Mitglieder des Bundestages zu vorläufigen Schriftführern. [2] Hierauf erfolgt der Namensaufruf der Mitglieder des Bundestages.

(4) Nach Feststellung der Beschlußfähigkeit wird die Wahl des Präsidenten, der Stellvertreter und der Schriftführer vorgenommen.

§ 2[3] **Wahl des Präsidenten und der Stellvertreter.** (1) [1] Der Bundestag wählt mit verdeckten Stimmzetteln (§ 49) in besonderen Wahlhandlungen den Präsidenten und seine Stellvertreter für die Dauer der Wahlperiode. [2] Jede Fraktion des Deutschen Bundestages ist durch mindestens einen Vizepräsidenten oder eine Vizepräsidentin im Präsidium vertreten.

(2) [1] Gewählt ist, wer die Stimmen der Mehrheit der Mitglieder des Bundestages erhält. [2] Ergibt sich im ersten Wahlgang keine Mehrheit, so können für einen zweiten Wahlgang neue Bewerber vorgeschlagen werden. [3] Ergibt sich auch dann keine Mehrheit der Stimmen der Mitglieder des Bundestages, findet ein dritter Wahlgang statt. [4] Bei nur einem Bewerber ist dieser gewählt, wenn er die Mehrheit der abgegebenen Stimmen auf sich vereinigt. [5] Bei mehreren Bewerbern kommen die beiden Bewerber mit den höchsten Stimmenzahlen in die engere Wahl; gewählt ist, wer die meisten Stimmen auf sich vereinigt. [6] Bei Stimmengleichheit entscheidet das Los durch die Hand des amtierenden Präsidenten.

(3) [1] Weitere Wahlgänge mit einem im dritten Wahlgang erfolglosen Bewerber sind nur nach Vereinbarung im Ältestenrat zulässig. [2] Werden nach erfolglosem Ablauf des Verfahrens nach Absatz 2 neue Bewerber vorgeschlagen, ist neu in das Wahlverfahren gemäß Absatz 2 einzutreten.

§ 3 Wahl der Schriftführer. [1] Der Bundestag beschließt die Zahl der Schriftführer. [2] Sie können gemeinsam auf Grund eines Vorschlages der Fraktionen gewählt werden. [3] Bei der Festlegung der Zahl der Schriftführer und ihrer Verteilung auf die Fraktionen ist § 12 zu beachten.

---

[1] § 1 Abs. 2 neu gef. mWv 1.6.2017 durch Beschl. v. 1.6.2017 (BGBl. I S. 1877).

[2] Nr. **1**.

[3] § 2 Abs. 1 Satz 2 angef. durch Bek. v. 16.12.1994 (BGBl. 1995 I S. 11); Abs. 2 neu gef. und Abs. 3 angef. mWv 26.9.2006 durch Bek. v. 26.9.2006 (BGBl. I S. 2210).

II. Wahl des Bundeskanzlers

§ 4 Wahl des Bundeskanzlers. [1] Die Wahl des Bundeskanzlers (Artikel 63 des Grundgesetzes[1)]) erfolgt mit verdeckten Stimmzetteln (§ 49). [2] Wahlvorschläge zu den Wahlgängen gemäß Artikel 63 Abs. 3 und 4 des Grundgesetzes sind von einem Viertel der Mitglieder des Bundestages oder einer Fraktion, die mindestens ein Viertel der Mitglieder des Bundestages umfaßt, zu unterzeichnen.

III. Präsident, Präsidium und Ältestenrat

§ 5 Präsidium. Der Präsident und die stellvertretenden Präsidenten bilden das Präsidium.

§ 6[2)] Ältestenrat. (1) [1] Der Ältestenrat besteht aus dem Präsidenten, seinen Stellvertretern und dreiundzwanzig weiteren von den Fraktionen gemäß § 12 zu benennenden Mitgliedern. [2] Die Einberufung obliegt dem Präsidenten. [3] Er muß ihn einberufen, wenn eine Fraktion oder fünf vom Hundert der Mitglieder des Bundestages es verlangen.

(2) [1] Der Ältestenrat unterstützt den Präsidenten bei der Führung der Geschäfte. [2] Er führt eine Verständigung zwischen den Fraktionen über die Besetzung der Stellen der Ausschußvorsitzenden und ihrer Stellvertreter sowie über den Arbeitsplan des Bundestages herbei. [3] Bei der Wahrnehmung dieser Aufgaben ist der Ältestenrat kein Beschlußorgan.

(3) [1] Der Ältestenrat beschließt über die inneren Angelegenheiten des Bundestages, soweit sie nicht dem Präsidenten oder dem Präsidium vorbehalten sind. [2] Er verfügt über die Verwendung der dem Bundestag vorbehaltenen Räume. [3] Er stellt den Voranschlag für den Haushaltseinzelplan des Bundestages auf, von dem der Haushaltsausschuß nur im Benehmen mit dem Ältestenrat abweichen kann.

(4) Für die Angelegenheiten der Bibliothek, des Archivs und anderer Dokumentationen setzt der Ältestenrat einen ständigen Unterausschuß ein, dem auch Mitglieder des Bundestages, die nicht Mitglied des Ältestenrates sind, angehören können.

§ 7[3)] Aufgaben des Präsidenten. (1) [1] Der Präsident vertritt den Bundestag und regelt seine Geschäfte. [2] Er wahrt die Würde und die Rechte des Bundestages, fördert seine Arbeiten, leitet die Verhandlungen gerecht und unparteiisch und wahrt die Ordnung im Hause. [3] Er hat beratende Stimme in allen Ausschüssen.

(2) [1] Dem Präsidenten steht das Hausrecht und die Polizeigewalt in allen der Verwaltung des Bundestages unterstehenden Gebäuden, Gebäudeteilen und Grundstücken zu. [2] Der Präsident erläßt im Einvernehmen mit dem

---

[1)] Nr. **1**.
[2)] § 6 Abs. 1 Sätze 2 und 3 neu gef. durch Bek. v. 18.12.1989 (BGBl. I S. 2442).
[3)] § 7 Abs. 5 eingef., bish. Abs. 5 wird Abs. 6 durch Bek. v. 17.3.1982 (BGBl. I S. 400).

Ausschuß für Wahlprüfung, Immunität und Geschäftsordnung eine Hausordnung[1)].

(3) [1] Der Präsident schließt die Verträge, die für die Bundestagsverwaltung von erheblicher Bedeutung sind, im Benehmen mit seinen Stellvertretern ab. [2] Ausgaben im Rahmen des Haushaltsplanes weist der Präsident an.

(4) [1] Der Präsident ist die oberste Dienstbehörde der Bundestagsbeamten.[2)] [2] Er ernennt und stellt die Bundestagsbeamten nach den gesetzlichen und allgemeinen Verwaltungsvorschriften ein und versetzt sie in den Ruhestand. [3] Auch die nicht beamteten Bediensteten des Bundestages werden von dem Präsidenten eingestellt und entlassen. [4] Maßnahmen nach Satz 2 und 3 trifft der Präsident, soweit Beamte des höheren Dienstes oder entsprechend eingestufte Angestellte betroffen sind, im Benehmen mit den stellvertretenden Präsidenten, soweit leitende Beamte (A 16 und höher) oder entsprechend eingestufte Angestellte eingestellt, befördert bzw. höhergestuft werden, mit Zustimmung des Präsidiums.

(5) [1] Absatz 4 gilt auch für die dem Wehrbeauftragten beigegebenen Beschäftigten. [2] Maßnahmen nach Absatz 4 Satz 4 erfolgen im Benehmen mit dem Wehrbeauftragten. [3] Für die Bestellung, Ernennung, Umsetzung, Versetzung und Zurruhesetzung des Leitenden Beamten ist das Einvernehmen mit dem Wehrbeauftragten erforderlich. [4] Der Wehrbeauftragte hat das Recht, für alle Entscheidungen nach Absatz 4 Vorschläge zu unterbreiten.

(6) Ist der Präsident verhindert, vertritt ihn einer seiner Stellvertreter aus der zweitstärksten Fraktion.

§ 8 Sitzungsvorstand. (1) In den Sitzungen des Bundestages bilden der amtierende Präsident und zwei Schriftführer den Sitzungsvorstand.

(2) [1] Der Präsident bestimmt im Einvernehmen mit seinen Stellvertretern die Reihenfolge der Vertretung. [2] Sind Präsident und Stellvertreter gleichzeitig verhindert, so übernimmt der Alterspräsident die Leitung.

(3) Stehen die gewählten Schriftführer für eine Sitzung des Bundestages nicht in ausreichender Zahl zur Verfügung, so bestellt der amtierende Präsident andere Mitglieder des Bundestages als Stellvertreter.

§ 9 Aufgaben der Schriftführer. [1] Die Schriftführer unterstützen den Präsidenten. [2] Sie haben die Schriftstücke vorzulesen, die Verhandlungen zu beurkunden, die Rednerlisten zu führen, die Namen aufzurufen, die Stimmzettel zu sammeln und zu zählen, die Korrektur der Plenarprotokolle zu überwachen und andere Angelegenheiten des Bundestages nach den Weisungen des Präsidenten zu besorgen. [3] Der Präsident verteilt die Geschäfte.

IV. Fraktionen

§ 10 Bildung der Fraktionen. (1) [1] Die Fraktionen sind Vereinigungen von mindestens fünf vom Hundert der Mitglieder des Bundestages, die

---

[1)] Siehe die HausO des Deutschen Bundestages idF der Bek. v. 7.8.2002 (BGBl. I S. 3483), zuletzt geänd. durch Bek. v. 30.3.2017 (BGBl. I S. 1290).

[2)] Siehe hierzu auch § 129 BBG **(Sartorius Nr. 160)**.

derselben Partei oder solchen Parteien angehören, die auf Grund gleichgerichteter politischer Ziele in keinem Land miteinander im Wettbewerb stehen. [2] Schließen sich Mitglieder des Bundestages abweichend von Satz 1 zusammen, bedarf die Anerkennung als Fraktion der Zustimmung des Bundestages.

(2) Die Bildung einer Fraktion, ihre Bezeichnung, die Namen der Vorsitzenden, Mitglieder und Gäste sind dem Präsidenten schriftlich mitzuteilen.

(3) Fraktionen können Gäste aufnehmen, die bei der Feststellung der Fraktionsstärke nicht mitzählen, jedoch bei der Bemessung der Stellenanteile (§ 12) zu berücksichtigen sind.

(4) [1] Mitglieder des Bundestages, die sich zusammenschließen wollen, ohne Fraktionsmindeststärke zu erreichen, können als Gruppe anerkannt werden. [2] Für sie gelten die Absätze 2 und 3 entsprechend.

(5) Technische Arbeitsgemeinschaften zwischen Fraktionen können nicht zu einer Änderung der Stellenanteile führen, die den einzelnen Fraktionen nach ihrer Stärke zustehen.

§ 11 Reihenfolge der Fraktionen. [1] Nach der Stärke der Fraktionen bestimmt sich ihre Reihenfolge. [2] Bei gleicher Fraktionsstärke entscheidet das Los, das vom Präsidenten in einer Sitzung des Bundestages gezogen wird. [3] Erledigte Mitgliedersitze werden bis zur Neubesetzung bei der Fraktion mitgezählt, die sie bisher innehatte.

§ 12 Stellenanteile der Fraktionen. [1] Die Zusammensetzung des Ältestenrates und der Ausschüsse sowie die Regelung des Vorsitzes in den Ausschüssen ist im Verhältnis der Stärke der einzelnen Fraktionen vorzunehmen. [2] Derselbe Grundsatz wird bei Wahlen, die der Bundestag vorzunehmen hat, angewandt.

V. Die Mitglieder des Bundestages[1)]

§ 13[2)] Rechte und Pflichten der Mitglieder des Bundestages. (1) Jedes Mitglied des Bundestages folgt bei Reden, Handlungen, Abstimmungen und Wahlen seiner Überzeugung und seinem Gewissen.

(2) [1] Die Mitglieder des Bundestages sind verpflichtet, an den Arbeiten des Bundestages teilzunehmen. [2] An jedem Sitzungstag wird eine Anwesenheitsliste ausgelegt, in die sich die Mitglieder des Bundestages einzutragen haben. [3] Die Folgen der Nichteintragung und der Nichtbeteiligung an einer namentlichen Abstimmung ergeben sich aus dem Gesetz über die Rechtsverhältnisse der Mitglieder des Deutschen Bundestages (Abgeordnetengesetz)[3)].

§ 14 Urlaub. [1] Urlaub erteilt der Präsident. [2] Urlaub auf unbestimmte Zeit wird nicht erteilt.

---

1) Fünfter Abschnitt Überschrift neu gef. durch Bek. v. 18.12.1986 (BGBl. 1987 I S. 147).

2) § 13 Überschrift neu gef. durch Bek. v. 18.12.1986 (BGBl. 1987 I S. 147); Abs. 1 und 2 neu gef. durch Bek. v. 18.12.1989 (BGBl. I S. 2442).

3) Nr. **23**.

§ 15 Anfechtung und Verlust der Mitgliedschaft. [1] Die Rechte eines Mitgliedes des Bundestages, dessen Mitgliedschaft angefochten ist, regeln sich nach den Bestimmungen des Wahlprüfungsgesetzes[1]. [2] Nach diesem Gesetz richtet sich auch der Verlust der Mitgliedschaft.

§ 16 Akteneinsicht und -abgabe. (1) [1] Die Mitglieder des Bundestages sind berechtigt alle Akten einzusehen, die sich in der Verwahrung des Bundestages oder eines Ausschusses befinden; die Arbeiten des Bundestages oder seiner Ausschüsse, ihrer Vorsitzenden oder Berichterstatter dürfen dadurch nicht behindert werden. [2] Die Einsichtnahme in persönliche Akten und Abrechnungen, die beim Bundestag über seine Mitglieder geführt werden, ist nur dem betreffenden Mitglied des Bundestages möglich. [3] Wünschen andere Mitglieder des Bundestages etwa als Berichterstatter oder Ausschußvorsitzende oder Persönlichkeiten außerhalb des Hauses Einsicht in diese Akten, dann kann dies nur mit Genehmigung des Präsidenten und des betreffenden Mitgliedes des Bundestages geschehen. [4] Akten des Bundestages, die ein Mitglied des Bundestages persönlich betreffen, kann es jederzeit einsehen.

(2) Zum Gebrauch außerhalb des Bundeshauses werden Akten nur an die Vorsitzenden oder Berichterstatter der Ausschüsse für ihre Arbeiten abgegeben.

(3) Ausnahmen kann der Präsident genehmigen.

(4) Für Verschlußsachen gelten die Bestimmungen der Geheimschutzordnung des Deutschen Bundestages (§ 17).

§ 17 Geheimschutzordnung. [1] Der Bundestag beschließt eine Geheimschutzordnung, die Bestandteil dieser Geschäftsordnung ist (Anlage 3). [2] Sie regelt die Behandlung aller Angelegenheiten, die durch besondere Sicherungsmaßnahmen gegen die Kenntnisnahme durch Unbefugte geschützt werden müssen.

§ 18[2] Verhaltensregeln. Die vom Bundestag gemäß § 44b des Gesetzes über die Rechtsverhältnisse der Mitglieder des Deutschen Bundestages (Abgeordnetengesetz)[3] zu beschließenden Verhaltensregeln sind Bestandteil dieser Geschäftsordnung (Anlage 1).

VI. Tagesordnung, Einberufung, Leitung der Sitzung und Ordnungsmaßnahmen

§ 19 Sitzungen. [1] Die Sitzungen des Bundestages sind öffentlich. [2] Die Öffentlichkeit kann nach Artikel 42 Abs. 1 des Grundgesetzes[4] ausgeschlossen werden.

---

[1] Nr. **12**.
[2] § 18 geänd. mWv 18.10.2005 durch Bek. v. 21.10.2005 (BGBl. I S. 3094).
[3] Nr. **23**.
[4] Nr. **1**.

§ 20[1] **Tagesordnung.** (1) Termin und Tagesordnung jeder Sitzung des Bundestages werden im Ältestenrat vereinbart, es sei denn, daß der Bundestag vorher darüber beschließt oder der Präsident sie nach § 21 Abs. 1 selbständig festsetzt.

(2) [1] Die Tagesordnung wird den Mitgliedern des Bundestages, dem Bundesrat und der Bundesregierung mitgeteilt. [2] Sie gilt, wenn kein Widerspruch erfolgt, mit Aufruf des Punktes 1 als festgestellt. [3] Nach Eröffnung jeder Plenarsitzung kann vor Eintritt in die jeweilige Tagesordnung jedes Mitglied des Bundestages eine Änderung der Tagesordnung beantragen, wenn es diesen Antrag bis spätestens 18 Uhr des Vortages dem Präsidenten vorgelegt hat.

(3) [1] Nach Feststellung der Tagesordnung dürfen andere Verhandlungsgegenstände nur beraten werden, wenn nicht von einer Fraktion oder von anwesenden fünf vom Hundert der Mitglieder des Bundestages widersprochen wird oder diese Geschäftsordnung die Beratung außerhalb der Tagesordnung zuläßt. [2] Der Bundestag kann jederzeit einen Verhandlungsgegenstand von der Tagesordnung absetzen, soweit diese Geschäftsordnung nichts anderes bestimmt.

(4) Vorlagen von Mitgliedern des Bundestages müssen auf Verlangen der Antragsteller auf die Tagesordnung der nächsten Sitzung gesetzt und beraten werden, wenn seit der Verteilung der Drucksache (§ 123) mindestens drei Wochen vergangen sind.

(5) [1] Ist eine Sitzung wegen Beschlußunfähigkeit aufgehoben worden, kann der Präsident für denselben Tag einmal eine weitere Sitzung mit derselben Tagesordnung einberufen. [2] Innerhalb dieser Tagesordnung kann er den Zeitpunkt für die Wiederholung der erfolglosen Abstimmung oder Wahl festlegen oder sie von der Tagesordnung absetzen, es sei denn, daß von einer Fraktion oder von anwesenden fünf vom Hundert der Mitglieder des Bundestages widersprochen wird.

§ 21 Einberufung durch den Präsidenten. (1) Selbständig setzt der Präsident Termin und Tagesordnung fest, wenn der Bundestag ihn dazu ermächtigt oder aus einem anderen Grunde als dem der Beschlußunfähigkeit nicht entscheiden kann.

(2) Der Präsident ist zur Einberufung des Bundestages verpflichtet, wenn ein Drittel der Mitglieder des Bundestages, der Bundespräsident oder der Bundeskanzler es verlangen (Artikel 39 Abs. 3 des Grundgesetzes[2]).

(3) Hat der Präsident in anderen Fällen selbständig eine Sitzung anberaumt oder Nachträge zur Tagesordnung festgesetzt, so muß er bei Beginn der Sitzung die Genehmigung des Bundestages einholen.

§ 22 Leitung der Sitzungen. [1] Der Präsident eröffnet, leitet und schließt die Sitzungen. [2] Vor Schluß der Sitzung gibt der Präsident nach den Vereinbarungen im Ältestenrat oder nach Beschluß des Bundestages den Termin der nächsten Sitzung bekannt.

---

[1] § 20 Abs. 4 geänd. durch Bek. v. 30.9.1995 (BGBl. I S. 1246).
[2] Nr. **1**.

§ 23 Eröffnung der Aussprache. Der Präsident hat über jeden Verhandlungsgegenstand, der auf der Tagesordnung steht, die Aussprache zu eröffnen, wenn sie nicht unzulässig oder an besondere Bedingungen geknüpft ist.

§ 24 Verbindung der Beratung. Die gemeinsame Beratung gleichartiger oder im Sachzusammenhang stehender Verhandlungsgegenstände kann jederzeit beschlossen werden.

§ 25 Vertagung der Beratung oder Schluß der Aussprache. (1) Ist die Rednerliste erschöpft oder meldet sich niemand zum Wort, so erklärt der Präsident die Aussprache für geschlossen.

(2) [1] Der Bundestag kann auf Antrag einer Fraktion oder von anwesenden fünf vom Hundert der Mitglieder des Bundestages die Beratung vertagen oder die Aussprache schließen. [2] Der Antrag auf Schluß der Aussprache geht bei der Abstimmung dem Antrag auf Vertagung vor. [3] Ein Antrag auf Schluß der Aussprache darf erst zur Abstimmung gestellt werden, wenn jede Fraktion mindestens einmal zu Wort gekommen ist.

§ 26 Vertagung der Sitzung. Die Sitzung kann nur vertagt werden, wenn es der Bundestag auf Vorschlag des Präsidenten oder auf Antrag einer Fraktion oder von anwesenden fünf vom Hundert der Mitglieder des Bundestages beschließt.

§ 27[1)] Worterteilung und Wortmeldung. (1) [1] Ein Mitglied des Bundestages darf nur sprechen, wenn ihm der Präsident das Wort erteilt hat. [2] Will der Präsident selbst sich als Redner an der Aussprache beteiligen, so hat er während dieser Zeit den Vorsitz abzugeben. [3] Mitglieder des Bundestages, die zur Sache sprechen wollen, haben sich in der Regel bei dem Schriftführer, der die Rednerliste führt, zum Wort zu melden. [4] Zur Geschäftsordnung und zur Abgabe von Erklärungen können Wortmeldungen durch Zuruf erfolgen.

(2) [1] Für Zwischenfragen an den Redner und für Zwischenbemerkungen in der Aussprache über einen Verhandlungsgegenstand melden sich die Mitglieder des Bundestages über die Saalmikrofone zum Wort. [2] Zwischenfragen und Zwischenbemerkungen, die kurz und präzise sein müssen, dürfen erst gestellt werden, wenn der Redner sie auf eine entsprechende Frage des Präsidenten zuläßt. [3] Im Anschluß an einen Debattenbeitrag kann der Präsident das Wort zu einer Zwischenbemerkung von höchstens drei Minuten erteilen; der Redner darf hierauf noch einmal antworten.

§ 28 Reihenfolge der Redner. (1) [1] Der Präsident bestimmt die Reihenfolge der Redner. [2] Dabei soll ihn die Sorge für sachgemäße Erledigung und zweckmäßige Gestaltung der Beratung, die Rücksicht auf die verschiedenen Parteirichtungen, auf Rede und Gegenrede und auf die Stärke der Fraktionen leiten; insbesondere soll nach der Rede eines Mitgliedes oder Beauftragten der Bundesregierung eine abweichende Meinung zu Wort kommen.

(2) [1] Der erste Redner in der Aussprache zu Vorlagen von Mitgliedern des Bundestages soll nicht der Fraktion des Antragstellers angehören. [2] Antragstel-

---

[1)] § 27 Abs. 2 neu gef. durch Bek. v. 12.11.1990 (BGBl. I S. 2555); Abs. 2 Satz 3 neu gef. durch Bek. v. 30.9.1995 (BGBl. I S. 1246).

ler und Berichterstatter können vor Beginn und nach Schluß der Aussprache das Wort verlangen. [3] Der Berichterstatter hat das Recht, jederzeit das Wort zu ergreifen.

§ 29 Zur Geschäftsordnung. (1) [1] Zu einem Geschäftsordnungsantrag erteilt der Präsident vorrangig das Wort. [2] Der Antrag muß sich auf den zur Beratung stehenden Verhandlungsgegenstand oder auf die Tagesordnung beziehen.

(2) Der Präsident kann die Worterteilung bei Geschäftsordnungsanträgen, denen entsprochen werden muß (Verlangen), auf den Antragsteller, bei anderen Anträgen auf einen Sprecher jeder Fraktion beschränken.

(3) Meldet sich ein Mitglied des Bundestages zur Geschäftsordnung zum Wort, ohne zu einem Geschäftsordnungsantrag sprechen oder einen solchen stellen zu wollen, so erteilt der Präsident das Wort nach seinem Ermessen.

(4) Zur Geschäftsordnung darf der einzelne Redner nicht länger als fünf Minuten sprechen.

§ 30 Erklärung zur Aussprache. [1] Zu einer Erklärung zur Aussprache wird das Wort nach Schluß, Unterbrechung oder Vertagung der Aussprache erteilt. [2] Vorrangig kann der Präsident das Wort zur direkten Erwiderung erteilen. [3] Der Anlaß ist ihm bei der Wortmeldung mitzuteilen. [4] Mit einer Erklärung zur Aussprache dürfen nur Äußerungen, die sich in der Aussprache auf die eigene Person bezogen haben, zurückgewiesen oder eigene Ausführungen richtiggestellt werden; sie darf nicht länger als fünf Minuten dauern.

§ 31[1)] Erklärung zur Abstimmung. (1) [1] Nach Schluß der Aussprache kann jedes Mitglied des Bundestages zur abschließenden Abstimmung eine mündliche Erklärung, die nicht länger als fünf Minuten dauern darf, oder eine kurze schriftliche Erklärung abgeben, die in das Plenarprotokoll aufzunehmen ist. [2] Der Präsident erteilt das Wort zu einer Erklärung in der Regel vor der Abstimmung.

(2) Jedes Mitglied des Bundestages kann vor der Abstimmung erklären, daß es nicht an der Abstimmung teilnehme.

§ 32[2)] Erklärung außerhalb der Tagesordnung. [1] Zu einer tatsächlichen oder persönlichen Erklärung außerhalb der Tagesordnung kann der Präsident das Wort vor Eintritt in die Tagesordnung, nach Schluß, Unterbrechung oder Vertagung einer Aussprache erteilen. [2] Der Anlaß ist ihm bei der Wortmeldung mitzuteilen. [3] Die Erklärung darf nicht länger als fünf Minuten dauern.

§ 33 Die Rede. [1] Die Redner sprechen grundsätzlich in freiem Vortrag. [2] Sie können hierbei Aufzeichnungen benutzen.

§ 34 Platz des Redners. Die Redner sprechen von den dafür bestimmten Saalmikrofonen oder vom Rednerpult aus.

[1)] § 31 Abs. 1 Satz 2 angef. durch Bek. v. 18.12.1989 (BGBl. I S. 2442).

[2)] § 32 Satz 2 eingef., bish. Satz 2 wird Satz 3 und neu gef. durch Bek. v. 18.12.1989 (BGBl. I S. 2442).

§ 35 Rededauer. (1) [1] Gestaltung und Dauer der Aussprache über einen Verhandlungsgegenstand werden auf Vorschlag des Ältestenrates vom Bundestag festgelegt. [2] Kommt es im Ältestenrat nicht zu einer Vereinbarung gemäß Satz 1 oder beschließt der Bundestag nichts anderes, darf der einzelne Redner in der Aussprache nicht länger als 15 Minuten sprechen. [3] Auf Verlangen einer Fraktion kann einer ihrer Redner eine Redezeit bis zu 45 Minuten in Anspruch nehmen. [4] Der Präsident kann diese Redezeiten verlängern, wenn der Verhandlungsgegenstand oder der Verlauf der Aussprache dies nahelegt.

(2) Spricht ein Mitglied der Bundesregierung, des Bundesrates oder einer ihrer Beauftragten länger als 20 Minuten, kann die Fraktion, die eine abweichende Meinung vortragen lassen will, für einen ihrer Redner eine entsprechende Redezeit verlangen.

(3) Überschreitet ein Mitglied des Bundestages seine Redezeit, so soll ihm der Präsident nach einmaliger Mahnung das Wort entziehen.

§ 36[1)] Sach- und Ordnungsruf, Wortentziehung. (1) [1] Der Präsident kann den Redner, der vom Verhandlungsgegenstand abschweift, zur Sache verweisen. [2] Er kann Mitglieder des Bundestages, wenn sie die Ordnung oder die Würde des Bundestages verletzen, mit Nennung des Namens zur Ordnung rufen. [3] Der Ordnungsruf und der Anlass hierzu dürfen von den nachfolgenden Rednern nicht behandelt werden.

(2) Ist ein Redner während einer Rede dreimal zur Sache oder dreimal zur Ordnung gerufen und beim zweiten Male auf die Folgen eines dritten Rufes zur Sache oder zur Ordnung hingewiesen worden, so muss ihm der Präsident das Wort entziehen und darf es ihm in derselben Aussprache zum selben Verhandlungsgegenstand nicht wieder erteilen.

§ 37[1)] Ordnungsgeld. [1] Wegen einer nicht nur geringfügigen Verletzung der Ordnung oder der Würde des Bundestages kann der Präsident gegen ein Mitglied des Bundestages, auch ohne dass ein Ordnungsruf ergangen ist, ein Ordnungsgeld in Höhe von 1 000 Euro festsetzen. [2] Im Wiederholungsfall erhöht sich das Ordnungsgeld auf 2 000 Euro. [3] § 38 Absatz 2 gilt entsprechend.

§ 38[1)] Ausschluss von Mitgliedern des Bundestages. (1) [1] Wegen gröblicher Verletzung der Ordnung oder der Würde des Bundestages kann der Präsident ein Mitglied des Bundestages, auch ohne dass ein Ordnungsruf ergangen oder ein Ordnungsgeld festgesetzt worden ist, für die Dauer der Sitzung aus dem Saal verweisen. [2] Bis zum Schluss der Sitzung muss der Präsident bekanntgeben, für wie viele Sitzungstage das betroffene Mitglied ausgeschlossen wird. [3] Ein Mitglied des Bundestages kann bis zu dreißig Sitzungstage ausgeschlossen werden.

(2) [1] Ein Sitzungsausschluss kann auch nachträglich, spätestens in der auf die gröbliche Verletzung der Ordnung oder der Würde des Bundestages folgenden Sitzung, ausgesprochen werden, wenn der Präsident während der Sitzung eine Verletzung der Ordnung oder der Würde des Bundestages ausdrücklich feststellt und sich einen nachträglichen Sitzungsausschluss vorbehält.

[1)] §§ 36–38 neu gef. mWv 8.12.2011 durch Bek. v. 24.11.2011 (BGBl. I S. 2454).

[2] Absatz 1 Satz 2 und 3 gilt entsprechend. [3] Ein bereits erteilter Ordnungsruf schließt einen nachträglichen Sitzungsausschluss nicht aus.

(3) [1] Das betroffene Mitglied hat den Sitzungssaal unverzüglich zu verlassen. [2] Kommt es der Aufforderung nicht nach, wird es vom Präsidenten darauf hingewiesen, dass es sich durch sein Verhalten eine Verlängerung des Ausschlusses zuzieht.

(4) Das betroffene Mitglied darf während der Dauer seines Ausschlusses auch nicht an Ausschusssitzungen teilnehmen.

(5) Versucht das betroffene Mitglied, widerrechtlich an den Sitzungen des Bundestages oder seiner Ausschüsse teilzunehmen, findet Absatz 3 Satz 2 entsprechend Anwendung.

(6) [1] Das betroffene Mitglied gilt als nicht beurlaubt. [2] Es darf sich nicht in die Anwesenheitsliste eintragen.

§ 39[1)] Einspruch gegen Ordnungsmaßnahmen. [1] Gegen den Ordnungsruf (§ 36), das Ordnungsgeld (§ 37) und den Sitzungsausschluss (§ 38) kann das betroffene Mitglied des Bundestages bis zum nächsten Plenarsitzungstag schriftlich begründeten Einspruch einlegen. [2] Der Einspruch ist auf die Tagesordnung dieser Sitzung zu setzen. [3] Der Bundestag entscheidet ohne Aussprache. [4] Der Einspruch hat keine aufschiebende Wirkung.

§ 40 Unterbrechung der Sitzung. [1] Wenn im Bundestag störende Unruhe entsteht, die den Fortgang der Verhandlungen in Frage stellt, kann der Präsident die Sitzung auf bestimmte Zeit unterbrechen oder aufheben. [2] Kann er sich kein Gehör verschaffen, so verläßt er den Präsidentenstuhl; die Sitzung wird dadurch unterbrochen. [3] Zur Fortsetzung der Sitzung beruft der Präsident ein.

§ 41 Weitere Ordnungsmaßnahmen. (1) Sitzungsteilnehmer, die nicht Mitglieder des Bundestages sind, und Zuhörer unterstehen der Ordnungsgewalt des Präsidenten.

(2) [1] Wer auf den Tribünen Beifall oder Mißbilligung äußert oder Ordnung und Anstand verletzt, kann auf Anordnung des Präsidenten sofort entfernt werden. [2] Der Präsident kann die Tribüne wegen störender Unruhe räumen lassen.

§ 42 Herbeirufung eines Mitgliedes der Bundesregierung. Der Bundestag kann auf Antrag einer Fraktion oder von anwesenden fünf vom Hundert der Mitglieder des Bundestages die Herbeirufung eines Mitgliedes der Bundesregierung beschließen.

§ 43 Recht auf jederzeitiges Gehör. Die Mitglieder der Bundesregierung und des Bundesrates sowie ihre Beauftragten müssen nach Artikel 43 Abs. 2 des Grundgesetzes[2)] auf ihr Verlangen jederzeit gehört werden.

[1)] § 39 neu gef. mWv 8.12.2011 durch Bek. v. 24.11.2011 (BGBl. I S. 2454).
[2)] Nr. **1**.

§ 44 Wiedereröffnung der Aussprache. (1) Ergreift nach Schluß der Aussprache oder nach Ablauf der beschlossenen Redezeit ein Mitglied der Bundesregierung, des Bundesrates oder einer ihrer Beauftragten zu dem Verhandlungsgegenstand das Wort, so ist die Aussprache wieder eröffnet.

(2) Erhält während der Aussprache ein Mitglied der Bundesregierung, des Bundesrates oder einer ihrer Beauftragten zu dem Verhandlungsgegenstand das Wort, so haben die Fraktionen, deren Redezeit zu diesem Tagesordnungspunkt bereits ausgeschöpft ist, das Recht, noch einmal ein Viertel ihrer Redezeit in Anspruch zu nehmen.

(3) [1] Ergreift ein Mitglied der Bundesregierung, des Bundesrates oder einer ihrer Beauftragten das Wort außerhalb der Tagesordnung, so wird auf Verlangen einer Fraktion oder von anwesenden fünf vom Hundert der Mitglieder des Bundestages die Aussprache über seine Ausführungen eröffnet. [2] In dieser Aussprache dürfen keine Sachanträge gestellt werden.

§ 45[1)] Feststellung der Beschlußfähigkeit. Folgen der Beschlußunfähigkeit. (1) Der Bundestag ist beschlußfähig, wenn mehr als die Hälfte seiner Mitglieder im Sitzungssaal anwesend ist.

(2) [1] Wird vor Beginn einer Abstimmung die Beschlußfähigkeit von einer Fraktion oder von anwesenden fünf vom Hundert der Mitglieder des Bundestages bezweifelt und auch vom Sitzungsvorstand nicht einmütig bejaht oder wird die Beschlußfähigkeit vom Sitzungsvorstand im Einvernehmen mit den Fraktionen bezweifelt, so ist in Verbindung mit der Abstimmung die Beschlußfähigkeit durch Zählung der Stimmen nach § 51, im Laufe einer Kernzeit-Debatte im Verfahren nach § 52 festzustellen. [2] Der Präsident kann die Abstimmung auf kurze Zeit aussetzen.

(3) [1] Nach Feststellung der Beschlußunfähigkeit hebt der Präsident die Sitzung sofort auf. [2] § 20 Abs. 5 findet Anwendung. [3] Ein Verlangen auf namentliche Abstimmung bleibt dabei in Kraft. [4] Stimmenthaltungen und ungültige Stimmen zählen bei der Feststellung der Beschlußfähigkeit mit.

(4) [1] Unabhängig von dem Verfahren nach den Absätzen 1 bis 3 kann der Präsident bei Kernzeit-Debatten im Einvernehmen mit den Fraktionen die Sitzung unterbrechen, wenn der Sitzungsvorstand bezweifelt, daß 25 vom Hundert der Mitglieder des Bundestages anwesend sind. [2] Die Feststellung der Anwesenheit erfolgt im Verfahren nach § 52.

§ 46 Fragestellung. [1] Der Präsident stellt die Fragen so, daß sie sich mit „Ja“ oder „Nein“ beantworten lassen. [2] Sie sind in der Regel so zu fassen, daß gefragt wird, ob die Zustimmung erteilt wird oder nicht. [3] Über die Fassung kann das Wort zur Geschäftsordnung verlangt werden. [4] Bei Widerspruch gegen die vorgeschlagene Fassung entscheidet der Bundestag.

§ 47 Teilung der Frage. [1] Jedes Mitglied des Bundestages kann die Teilung der Frage beantragen. [2] Ist die Zulässigkeit der Teilung zweifelhaft, so entscheidet bei Anträgen von Mitgliedern des Bundestages der Antragsteller, sonst der Bundestag. [3] Unmittelbar vor der Abstimmung ist die Frage auf Verlangen vorzulesen.

---

1) § 45 Abs. 2 neu gef. und Abs. 4 angef. durch Bek. v. 30.9.1995 (BGBl. I S. 1246).

§ 48 Abstimmungsregeln. (1) [1] Abgestimmt wird durch Handzeichen oder durch Aufstehen oder Sitzenbleiben. [2] Bei der Schlußabstimmung über Gesetzentwürfe (§ 86) erfolgt die Abstimmung durch Aufstehen oder Sitzenbleiben.

(2) [1] Soweit nicht das Grundgesetz[1)], ein Bundesgesetz oder diese Geschäftsordnung andere Vorschriften enthalten, entscheidet die einfache Mehrheit. [2] Stimmengleichheit verneint die Frage.

(3) Wird durch das Grundgesetz, ein Bundesgesetz oder diese Geschäftsordnung für einen Beschluß oder eine Wahl eine bestimmte Mehrheit vorgeschrieben, stellt der Präsident ausdrücklich fest, daß die Zustimmung der erforderlichen Mehrheit vorliegt.

§ 49 Wahlen mit verdeckten Stimmzetteln. (1) [1] Soweit in einem Bundesgesetz oder in dieser Geschäftsordnung Wahlen durch den Bundestag mit verdeckten (amtlichen) Stimmzetteln vorgeschrieben sind, findet die Wahl geheim statt. [2] Die Stimmzettel dürfen erst vor Betreten der Wahlzelle (bei Namensaufruf) ausgehändigt werden. [3] Die zur Gewährleistung einer geheimen Wahl aufzustellenden Wahlzellen sind bei der Stimmabgabe zu benutzen. [4] Die gekennzeichneten Stimmzettel sind in einem Wahlumschlag in die dafür vorgesehenen Wahlurnen zu legen.

(2) § 56 Abs. 6 Nr. 4 der Bundeswahlordnung[2)] gilt entsprechend.

§ 50 Verfahren bei der Auswahl des Sitzes einer Bundesbehörde.

(1) Ist in einem Gesetzentwurf über den Sitz einer Bundesbehörde zu entscheiden, so erfolgt die Auswahl, wenn mehr als zwei Vorschläge für den Sitz der Behörde gemacht werden, vor der Schlußabstimmung.

(2) [1] Der Bundestag wählt mit Namensstimmzetteln, auf die der jeweils gewünschte Ort zu schreiben ist. [2] Gewählt ist der Ort, der die Mehrheit der Stimmen erhält. [3] Ergibt sich keine solche Mehrheit, werden in einem zweiten Wahlgang die beiden Orte zur Wahl gestellt, die im ersten Wahlgang die höchste Stimmenzahl erhalten haben. [4] Gewählt ist dann der Ort, der die Mehrheit der Stimmen erhält.

(3) Diese Bestimmung gilt entsprechend, wenn bei der Beratung eines Antrages über den Sitz einer Bundesbehörde zu entscheiden ist.

(4) In gleicher Weise ist zu verfahren, wenn es sich um die Bestimmung von Zuständigkeiten und ähnliche Entscheidungen handelt und wenn mehr als zwei voneinander abweichende Anträge gestellt werden.

§ 51 Zählung der Stimmen. (1) [1] Ist der Sitzungsvorstand über das Ergebnis der Abstimmung nicht einig, so wird die Gegenprobe gemacht. [2] Bleibt er auch nach ihr uneinig, so werden die Stimmen gezählt. [3] Auf Anordnung des Sitzungsvorstandes erfolgt die Zählung gemäß Absatz 2.

(2) [1] Nachdem die Mitglieder des Bundestages auf Aufforderung des Präsidenten den Sitzungssaal verlassen haben, werden die Türen bis auf drei Abstimmungstüren geschlossen. [2] An jeder dieser Türen stellen sich zwei Schriftführer auf. [3] Auf ein Zeichen des Präsidenten betreten die Mitglieder

---

1) Nr. **1**.
2) Nr. **11**.

des Bundestages durch die mit „Ja“, „Nein“ oder „Enthaltung“ bezeichnete Tür wieder den Sitzungssaal und werden von den Schriftführern laut gezählt. [4] Zur Beendigung der Zählung gibt der Präsident ein Zeichen. [5] Mitglieder des Bundestages, die später eintreten, werden nicht mitgezählt. [6] Der Präsident und die diensttuenden Schriftführer geben ihre Stimme öffentlich ab. [7] Der Präsident verkündet das Ergebnis.

§ 52 Namentliche Abstimmung. [1] Namentliche Abstimmung kann bis zur Eröffnung der Abstimmung von einer Fraktion oder von anwesenden fünf vom Hundert der Mitglieder des Bundestages verlangt werden. [2] Schriftführer sammeln in Urnen die Abstimmungskarten, die den Namen des Abstimmenden und die Erklärung „Ja“ oder „Nein“ oder „Enthalte mich“ tragen. [3] Nach beendeter Einsammlung erklärt der Präsident die Abstimmung für geschlossen. [4] Die Schriftführer zählen die Stimmen. [5] Der Präsident verkündet das Ergebnis.

§ 53 Unzulässigkeit der namentlichen Abstimmung. Namentliche Abstimmung ist unzulässig über

a) Stärke des Ausschusses,
b) Abkürzung der Fristen,
c) Sitzungszeit und Tagesordnung,
d) Vertagung der Sitzung,
e) Vertagung der Beratung oder Schluß der Aussprache,
f) Teilung der Frage,
g) Überweisung an einen Ausschuß.

VII. Ausschüsse

§ 54 Ständige Ausschüsse und Sonderausschüsse. (1) [1] Zur Vorbereitung der Verhandlungen setzt der Bundestag ständige Ausschüsse ein. [2] Für einzelne Angelegenheiten kann er Sonderausschüsse einsetzen.

(2) Soweit das Grundgesetz[1)] oder Bundesgesetze die Einsetzung von Ausschüssen vorschreiben oder zulassen, richtet sich die Einsetzung und das Verfahren nach den Bestimmungen dieser Geschäftsordnung, es sei denn, daß im Grundgesetz, in den Bundesgesetzen oder in besonderen Geschäftsordnungen etwas anderes bestimmt ist.

§ 55 Einsetzung von Unterausschüssen. (1) [1] Zur Vorbereitung seiner Arbeiten kann jeder Ausschuß aus seiner Mitte Unterausschüsse mit bestimmten Aufträgen einsetzen, es sei denn, daß ein Drittel seiner Mitglieder widerspricht. [2] In Ausnahmefällen können die Fraktionen auch Mitglieder des Bundestages benennen, die nicht dem Ausschuß angehören.

(2) [1] Bei der Bestimmung des Vorsitzenden des Unterausschusses soll der Ausschuß sich nach dem Stärkeverhältnis der einzelnen Fraktionen richten (§ 12). [2] Wird der Unterausschuß für eine bestimmte Dauer eingesetzt, kann

---

1) Nr. 1.

er vorzeitig nur aufgelöst werden, wenn ein Drittel der Mitglieder des Ausschusses nicht widerspricht; im übrigen kann der Ausschuß den Unterausschuß jederzeit auflösen. [3] Der Unterausschuß hat seinen Bericht dem Ausschuß vorzulegen.

(3) [1] In einem Unterausschuß muß jede Fraktion, die im Ausschuß vertreten ist, auf ihr Verlangen mindestens mit einem Mitglied vertreten sein. [2] Im übrigen sind die Grundsätze des § 12 zu berücksichtigen.

(4) Ist eine Vorlage mehreren Ausschüssen zur Beratung überwiesen worden oder fällt ein Verhandlungsgegenstand in den Geschäftsbereich mehrerer Ausschüsse, können diese einen gemeinsamen Unterausschuß bilden.

§ 56[1)] Enquete-Kommission. (1) [1] Zur Vorbereitung von Entscheidungen über umfangreiche und bedeutsame Sachkomplexe kann der Bundestag eine Enquete-Kommission einsetzen. [2] Auf Antrag eines Viertels seiner Mitglieder ist er dazu verpflichtet. [3] Der Antrag muß den Auftrag der Kommission bezeichnen.

(2) [1] Die Mitglieder der Kommission werden im Einvernehmen der Fraktionen benannt und vom Präsidenten berufen. [2] Kann ein Einvernehmen nicht hergestellt werden, so benennen die Fraktionen die Mitglieder im Verhältnis ihrer Stärke. [3] Die Mitgliederzahl der Kommission soll, mit Ausnahme der in Absatz 3 genannten Mitglieder der Fraktionen, neun nicht übersteigen.

(3) Jede Fraktion kann ein Mitglied, auf Beschluß des Bundestages auch mehrere Mitglieder, in die Kommission entsenden.

(4) [1] Die Enquete-Kommission hat ihren Bericht so rechtzeitig vorzulegen, daß bis zum Ende der Wahlperiode eine Aussprache darüber im Bundestag stattfinden kann. [2] Sofern ein abschließender Bericht nicht erstattet werden kann, ist ein Zwischenbericht vorzulegen, auf dessen Grundlage der Bundestag entscheidet, ob die Enquete-Kommission ihre Arbeit fortsetzen oder einstellen soll.

§ 56a[2)] Technikfolgenanalysen. (1) [1] Dem Ausschuß für Forschung, Technologie und Technikfolgenabschätzung obliegt es, Technikfolgenanalysen zu veranlassen und für den Deutschen Bundestag aufzubereiten und auszuwerten. [2] Er kann mit der wissenschaftlichen Durchführung von Technikfolgenanalysen Institutionen außerhalb des Deutschen Bundestages beauftragen.

(2) Der Ausschuß für Forschung, Technologie und Technikfolgenabschätzung hat Grundsätze über die Erstellung von Technikfolgenanalysen aufzustellen und diese Grundsätze zum Ausgangspunkt seiner Entscheidung im Einzelfall zu machen.

§ 57[3)] Mitgliederzahl der Ausschüsse. (1) [1] Das System für eine dem § 12 entsprechende Zusammensetzung der Ausschüsse und die Zahl der Mitglieder

---

1) § 56 Abs. 4 Satz 1 neu gef. durch Bek. v. 18.12.1989 (BGBl. I S. 2442).

2) § 56a eingef. durch Bek. v. 12.11.1990 (BGBl. I S. 2555).

3) § 57 Abs. 1 Satz 2, Abs. 2 Satz 2 und Abs. 4 angef. durch Bek. v. 18.12.1989 (BGBl. I S. 2442).

bestimmt der Bundestag. [2]Jedes Mitglied des Bundestages soll grundsätzlich einem Ausschuß angehören.

(2) [1]Die Fraktionen benennen die Ausschußmitglieder und deren Stellvertreter. [2]Der Präsident benennt fraktionslose Mitglieder des Bundestages als beratende Ausschußmitglieder.

(3) Der Präsident gibt die erstmalig benannten Mitglieder und die späteren Änderungen dem Bundestag bekannt.

(4) Zur Unterstützung der Mitglieder kann die Teilnahme eines Fraktionsmitarbeiters jeder Fraktion zu den Ausschußsitzungen zugelassen werden.

§ 58 Bestimmung des Vorsitzenden und seines Stellvertreters. Die Ausschüsse bestimmen ihre Vorsitzenden und deren Stellvertreter nach den Vereinbarungen im Ältestenrat.

§ 59 Rechte und Pflichten des Vorsitzenden. (1) Dem Vorsitzenden obliegt die Vorbereitung, Einberufung und Leitung der Ausschußsitzungen sowie die Durchführung der Ausschußbeschlüsse.

(2) Der Vorsitzende erteilt das Wort in der Reihenfolge der Wortmeldungen unter Berücksichtigung des Grundsatzes des § 28 Abs. 1 Satz 2.

(3) Sitzungsteilnehmer, die nicht Mitglieder des Bundestages sind, und Zuhörer unterstehen während der Sitzung der Ordnungsgewalt des Vorsitzenden.

(4) Ist der ordnungsgemäße Ablauf einer Sitzung nicht mehr gewährleistet, kann der Vorsitzende die Sitzung unterbrechen oder im Einvernehmen mit den Fraktionen im Ausschuß beenden.

§ 60 Einberufung der Ausschußsitzungen. (1) Der Vorsitzende kann im Rahmen der vom Ältestenrat festgelegten Tagungsmöglichkeiten für Ausschüsse (Zeitplan) Ausschußsitzungen selbständig einberufen, es sei denn, daß der Ausschuß im Einzelfall etwas anderes beschließt.

(2) Der Vorsitzende ist zur Einberufung zum nächstmöglichen Termin innerhalb des Zeitplanes verpflichtet, wenn es eine Fraktion im Ausschuß oder mindestens ein Drittel der Mitglieder des Ausschusses unter Angabe der Tagesordnung verlangt.

(3) Zur Einberufung einer Sitzung außerhalb des Zeitplanes oder außerhalb des ständigen Sitzungsortes des Bundestages ist der Vorsitzende nur berechtigt, wenn ein entsprechendes Verlangen einer Fraktion oder von fünf vom Hundert der Mitglieder des Bundestages oder ein einstimmiger Beschluß des Ausschusses vorliegt und die Genehmigung des Präsidenten erteilt worden ist.

§ 61[1)] Tagesordnung der Ausschüsse. (1) [1]Termin und Tagesordnung werden vom Vorsitzenden festgesetzt, es sei denn, daß der Ausschuß vorher darüber beschließt. [2]Die Tagesordnung soll den Ausschußmitgliedern in der Regel drei Tage vor der Sitzung zugeleitet werden.

[1)] § 61 Abs. 1 Satz 2 angef. und Abs. 2 neu gef. durch Bek. v. 18.12.1989 (BGBl. I S. 2442).

(2) Der Ausschuß kann die Tagesordnung mit Mehrheit ändern, erweitern kann er sie nur, wenn nicht eine Fraktion oder ein Drittel der Ausschußmitglieder widerspricht.

(3) Die Tagesordnung jeder Ausschußsitzung ist mit Angabe des Ortes, des Termins und, soweit vereinbart, der Dauer der Sitzung den beteiligten Bundesministerien und dem Bundesrat mitzuteilen.

§ 62[1] **Aufgaben der Ausschüsse.** (1) [1] Die Ausschüsse sind zu baldiger Erledigung der ihnen überwiesenen Aufgaben verpflichtet. [2] Als vorbereitende Beschlußorgane des Bundestages haben sie die Pflicht, dem Bundestag bestimmte Beschlüsse zu empfehlen, die sich nur auf die ihnen überwiesenen Vorlagen oder mit diesen in unmittelbarem Sachzusammenhang stehenden Fragen beziehen dürfen. [3] Sie können sich jedoch mit anderen Fragen aus ihrem Geschäftsbereich befassen; mit Angelegenheiten der Europäischen Union, die ihre Zuständigkeit betreffen, sollen sie sich auch unabhängig von Überweisungen zeitnah befassen. [4] Weitergehende Rechte, die einzelnen Ausschüssen durch Grundgesetz[2], Bundesgesetz, in dieser Geschäftsordnung oder durch Beschluß des Bundestages übertragen sind, bleiben unberührt.

(2) [1] Zehn Sitzungswochen nach Überweisung einer Vorlage können eine Fraktion oder fünf vom Hundert der Mitglieder des Bundestages verlangen, daß der Ausschuß durch den Vorsitzenden oder Berichterstatter dem Bundestag einen Bericht über den Stand der Beratungen erstattet. [2] Wenn sie es verlangen, ist der Bericht auf die Tagesordnung des Bundestages zu setzen.

§ 63 Federführender Ausschuß. (1) Den Bericht an den Bundestag gemäß § 66 kann nur der federführende Ausschuß erstatten.

(2) [1] Werden Vorlagen an mehrere Ausschüsse überwiesen (§ 80), sollen die beteiligten Ausschüsse mit dem federführenden Ausschuß eine angemessene Frist zur Übermittlung ihrer Stellungnahme vereinbaren. [2] Werden nicht innerhalb der vereinbarten Frist dem federführenden Ausschuß die Stellungnahmen vorgelegt oder kommt eine Vereinbarung über eine Frist nicht zustande, kann der federführende Ausschuß dem Bundestag Bericht erstatten, frühestens jedoch in der vierten auf die Überweisung folgenden Sitzungswoche.

§ 64 Verhandlungsgegenstände. (1) Verhandlungsgegenstände sind die dem Ausschuß überwiesenen Vorlagen und Fragen aus dem Geschäftsbereich des Ausschusses (§ 62 Abs. 1 Satz 3).

(2) [1] Sind dem Ausschuß mehrere Vorlagen zum selben Gegenstand überwiesen, beschließt der Ausschuß, welche Vorlage als Verhandlungsgegenstand für seine Beschlußempfehlung an den Bundestag dienen soll. [2] Andere Vorlagen zum selben Gegenstand können, auch wenn sie bei der Beratung nicht oder nur teilweise berücksichtigt wurden, für erledigt erklärt werden. [3] Wird der Erledigterklärung von einer Fraktion im Ausschuß widersprochen, muß über die Vorlagen abgestimmt werden. [4] Die Beschlußempfehlung, die Vorlagen für erledigt zu erklären oder abzulehnen, ist dem Bundestag vorzulegen.

---

[1] § 62 Abs. 1 Satz 3 neu gef. mWv 5.6.2008 durch Bek. v. 29.7.2008 (BGBl. I S. 1712).
[2] Nr. **1**.

§ 65 Berichterstatterbenennung. Vorbehaltlich der Entscheidung des Ausschusses benennt der Vorsitzende einen oder mehrere Berichterstatter für jeden Verhandlungsgegenstand.

§ 66 Berichterstattung. (1) [1] Ausschußberichte an den Bundestag über Vorlagen sind in der Regel schriftlich zu erstatten. [2] Sie können mündlich ergänzt werden.

(2) [1] Die Berichte müssen die Beschlußempfehlung des federführenden Ausschusses mit Begründung sowie die Ansicht der Minderheit und die Stellungnahmen der beteiligten Ausschüsse enthalten. [2] Wenn kommunale Spitzenverbände im Rahmen des § 69 Abs. 5 Stellung genommen haben, müssen, sofern Informationssitzungen nach § 70 Abs. 1 stattgefunden haben, sollen die dargelegten Auffassungen in ihren wesentlichen Punkten im Bericht wiedergegeben werden.

§ 67 Beschlußfähigkeit im Ausschuß. [1] Der Ausschuß ist beschlußfähig, wenn die Mehrheit der Mitglieder anwesend ist. [2] Er gilt solange als beschlußfähig, wie nicht vor einer Abstimmung ein Mitglied verlangt, die Beschlußfähigkeit durch Auszählen festzustellen. [3] Der Vorsitzende kann die Abstimmung, vor der die Feststellung der Beschlußfähigkeit verlangt wurde, auf bestimmte Zeit verschieben und, wenn kein Widerspruch erfolgt, die Aussprache fortsetzen oder einen anderen Tagesordnungspunkt aufrufen. [4] Ist nach Feststellung der Beschlußunfähigkeit die Sitzung auf bestimmte Zeit unterbrochen worden und nach Wiedereröffnung die Beschlußfähigkeit noch nicht gegeben, gilt Satz 3.

§ 68 Herbeirufung eines Mitgliedes der Bundesregierung zu den Ausschußsitzungen. [1] Das Recht des Ausschusses, die Anwesenheit eines Mitgliedes der Bundesregierung zu verlangen, gilt auch, wenn es in einer öffentlichen Sitzung gehört werden soll. [2] Über einen entsprechenden Antrag ist in nichtöffentlicher Sitzung zu entscheiden.

§ 69[1)] Nichtöffentliche Ausschußsitzungen. (1) [1] Die Beratungen der Ausschüsse sind grundsätzlich nicht öffentlich. [2] Der Ausschuß kann beschließen, für einen bestimmten Verhandlungsgegenstand oder Teile desselben die Öffentlichkeit zuzulassen. [3] Die Öffentlichkeit einer Sitzung ist hergestellt, wenn der Presse und sonstigen Zuhörern im Rahmen der Raumverhältnisse der Zutritt gestattet wird.

(2) [1] An den nichtöffentlichen Ausschußsitzungen können Mitglieder des Bundestages, die dem Ausschuß nicht angehören, als Zuhörer teilnehmen, es sei denn, daß der Bundestag bei der Einsetzung der Ausschüsse beschließt, das Zutrittsrecht für einzelne Ausschüsse auf die ordentlichen Mitglieder und deren namentlich benannte Stellvertreter zu beschränken. [2] Diese Beschränkung kann nachträglich für die Beratung bestimmter Fragen aus dem Geschäftsbereich der Ausschüsse erfolgen. [3] Die Ausschüsse können für bestimmte Verhandlungsgegenstände im Einzelfall Ausnahmen von der Beschränkung des Zutrittsrechts beschließen.

---

1) § 69 Abs. 3 Satz 3 neu gef. und Abs. 6 geänd. durch Bek. v. 18.12.1989 (BGBl. I S. 2442); Abs. 5 Satz 1 und 2 neu gef. mWv 7.5.2012 durch Bek. v. 7.5.2012 (BGBl. I S. 1119).

(3) [1] Berät ein Ausschuß, dessen Verhandlungen nicht vertraulich sind, Vorlagen von Mitgliedern des Bundestages, so ist dem Erstunterzeichner, wenn er nicht Mitglied des Ausschusses ist, die Tagesordnung zuzuleiten. [2] Er kann insoweit mit beratender Stimme an der Sitzung teilnehmen oder sich von einem der anderen Antragsteller vertreten lassen. [3] In besonderen Fällen soll der Ausschuß auch andere Mitglieder des Bundestages zu seinen Verhandlungen mit beratender Stimme hinzuziehen oder zulassen.

(4) [1] Vorbehaltlich gesetzlicher Beschränkungen des Zutrittsrechts haben die Fraktionsvorsitzenden beratende Stimme in allen Ausschüssen und Sonderausschüssen (§ 54). [2] Sie können ein Mitglied ihrer Fraktion beauftragen, sie zu vertreten.

(5) [1] Berät der Ausschuss einen ihm federführend überwiesenen Gesetzentwurf, durch den wesentliche Belange von Gemeinden und Gemeindeverbänden berührt werden, ist den auf Bundesebene bestehenden kommunalen Spitzenverbänden vor Beschlussfassung im Ausschuss Gelegenheit zur Stellungnahme zu geben. [2] Wesentliche Belange im Sinne des Satzes 1 werden durch Gesetze berührt, die ganz oder teilweise von den Gemeinden oder Gemeindeverbänden auszuführen sind, ihre öffentlichen Finanzen unmittelbar betreffen oder auf ihre Verwaltungsorganisation einwirken. [3] Von der Bestimmung des Satzes 1 kann bei Regierungsvorlagen abgesehen werden, wenn aus der Begründung der Vorlagen die Auffassungen der kommunalen Spitzenverbände ersichtlich sind. [4] Die Rechte des Ausschusses aus § 70 Abs. 1 bleiben unberührt.

(6) Ist bei Ausschußsitzungen die Teilnahme auf die ordentlichen Mitglieder und deren namentlich benannte Stellvertreter beschränkt, kann einer der Antragsteller, der nicht Mitglied des Ausschusses ist, zur Begründung der Vorlage teilnehmen.

(7) Für die Beratung einer VS der Geheimhaltungsgrade VS-VERTRAULICH und höher gelten die Bestimmungen der Geheimschutzordnung des Deutschen Bundestages.

(8) Beraten mehrere Ausschüsse in gemeinsamer Sitzung über denselben Verhandlungsgegenstand, stimmen die Ausschüsse getrennt ab.

§ 69a[1)] Erweiterte öffentliche Ausschußberatungen. (1) [1] Die Ausschüsse sollen im Benehmen mit dem Ältestenrat und im Einvernehmen mit den mitberatenden Ausschüssen als Schlußberatung der überwiesenen Vorlagen öffentliche Aussprachen durchführen, in denen die Beschlußempfehlung und der Bericht des federführenden Ausschusses beschlossen wird. [2] Der Vorsitzende des federführenden Ausschusses beruft die Sitzung im Einvernehmen mit den mitberatenden Ausschüssen ein. [3] Die Tagesordnung wird den Mitgliedern des Bundestages, dem Bundesrat und der Bundesregierung mitgeteilt.

(2) [1] Der federführende Ausschuß legt Gestaltung und Dauer der Aussprache im Einvernehmen mit den mitberatenden Ausschüssen fest. [2] Der Vorsitzende des federführenden Ausschusses leitet die Sitzung. [3] Er hat die dem Präsidenten im Rahmen von Plenarsitzungen zur Verfügung stehenden Rechte zur Aufrechterhaltung der Ordnung mit Ausnahme der Rechte nach § 38.

---

1) § 69a eingef. durch Bek. v. 30.9.1995 (BGBl. I S. 1246).

(3) [1] Soweit nicht anders beschlossen ist, erteilt der Vorsitzende das Wort nach Maßgabe von § 59 Abs. 2. [2] Will der Vorsitzende sich als Redner an der Aussprache beteiligen, so hat er während dieser Zeit den Vorsitz abzugeben. [3] Rederecht und das Recht, Anträge zur Sache zu stellen, haben alle Mitglieder des Bundestages. [4] Anträge zur Geschäftsordnung können nur von den Mitgliedern des federführenden Ausschusses, deren Stellvertretern sowie beratenden Mitgliedern dieses Ausschusses gestellt werden.

(4) Stimmberechtigt sind die Mitglieder des federführenden Ausschusses, im Falle der Stellvertretung deren Stellvertreter.

(5) [1] Hat der federführende Ausschuß eine Erweiterte öffentliche Ausschußberatung beschlossen, kann ein Viertel seiner Mitglieder verlangen, daß die Vorlage statt dessen vom Bundestag in einer allgemeinen Aussprache beraten wird. [2] Eine Vorlage, zu der eine Erweiterte öffentliche Ausschußberatung stattgefunden hat, kann ohne besondere Vereinbarung im Ältestenrat nicht Gegenstand einer nochmaligen Aussprache im Plenum sein. [3] Der federführende Ausschuß kann jedoch eine nochmalige Befassung im Plenum verlangen, wobei sich die Befassung auf eine Berichterstattung aus dem Ausschuß durch einen Sprecher zu beschränken hat. [4] Der Sprecher hat die verschiedenen im Ausschuß vertretenen Positionen innerhalb von fünf Minuten darzulegen.

§ 70[1)] Öffentliche Anhörungssitzungen. (1) [1] Zur Information über einen Gegenstand seiner Beratung kann ein Ausschuß öffentliche Anhörungen von Sachverständigen, Interessenvertretern und anderen Auskunftspersonen vornehmen. [2] Bei überwiesenen Vorlagen ist der federführende Ausschuß auf Verlangen eines Viertels seiner Mitglieder dazu verpflichtet; bei nicht überwiesenen Verhandlungsgegenständen im Rahmen des § 62 Abs. 1 Satz 3 erfolgt eine Anhörung auf Beschluß des Ausschusses. [3] Die Beschlußfassung ist nur zulässig, wenn ein entsprechender Antrag auf der Tagesordnung des Ausschusses steht.

(2) [1] Wird gemäß Absatz 1 die Durchführung einer Anhörung von einer Minderheit der Mitglieder des Ausschusses verlangt, müssen die von ihr benannten Auskunftspersonen gehört werden. [2] Beschließt der Ausschuß eine Begrenzung der Anzahl der anzuhörenden Personen, kann von der Minderheit nur der ihrem Stärkeverhältnis im Ausschuß entsprechende Anteil an der Gesamtzahl der anzuhörenden Auskunftspersonen benannt werden.

(3) [1] Der mitberatende Ausschuß kann beschließen, im Einvernehmen mit dem federführenden Ausschuß eine Anhörung durchzuführen, soweit der federführende Ausschuß von der Möglichkeit des Absatzes 1 keinen Gebrauch macht oder seine Anhörung auf Teilfragen der Vorlage, die nur seinen Geschäftsbereich betreffen, beschränkt. [2] Dem federführenden Ausschuß sind Ort und Termin sowie der zu hörende Personenkreis mitzuteilen. [3] Mitglieder des federführenden Ausschusses haben während der Anhörung Fragerecht; dieses kann im Einvernehmen mit dem federführenden Ausschuß auf einzelne seiner Mitglieder beschränkt werden.

[1)] § 70 Abs. 4 eingef., bish. Abs. 4–7 werden Abs. 5–8 und neuer Abs. 8 geänd. mWv 7.5.2012 durch Bek. v. 7.5.2012 (BGBl. I S. 1119).

(4) [1] Betrifft die Anhörung durch den federführenden Ausschuss Gesetzentwürfe gemäß § 69 Absatz 5 Satz 1, ist den auf Bundesebene bestehenden kommunalen Spitzenverbänden Gelegenheit zur Teilnahme an der Anhörung zu geben, wobei eine Anrechnung nach Absatz 2 Satz 2 unterbleibt. [2] § 69 Absatz 5 Satz 3 gilt entsprechend.

(5) [1] Der Ausschuß kann in eine allgemeine Aussprache mit den Auskunftspersonen eintreten, soweit dies zur Klärung des Sachverhalts erforderlich ist. [2] Hierbei ist die Redezeit zu begrenzen. [3] Der Ausschuß kann einzelne seiner Mitglieder beauftragen, die Anhörung durchzuführen; dabei ist jede im Ausschuß vertretene Fraktion zu berücksichtigen.

(6) [1] Zur Vorbereitung einer öffentlichen Anhörung soll der Ausschuß den Auskunftspersonen die jeweilige Fragestellung übermitteln. [2] Er kann sie um Einreichung einer schriftlichen Stellungnahme bitten.

(7) Ersatz von Auslagen an Sachverständige und Auskunftspersonen erfolgt nur auf Grund von Ladungen durch Beschluß des Ausschusses mit vorheriger Zustimmung des Präsidenten.

(8) Die Absätze 1 bis 7 gelten auch für Anhörungen in nichtöffentlicher Sitzung.

§ 71[1)] Antragstellung im Ausschuß, Schluß der Aussprache. (1) [1] Antragsberechtigt sind die Ausschußmitglieder, deren Stellvertreter im Falle der Vertretung eines Ausschußmitgliedes aus ihrer Fraktion sowie beratende Ausschußmitglieder. [2] Ein schriftlicher Antrag eines nicht anwesenden Mitgliedes des Ausschusses darf nur zur Abstimmung gestellt werden, wenn ein anwesendes stimmberechtigtes Mitglied ihn übernimmt.

(2) [1] Mitglieder des Bundestages, die nicht Ausschußmitglieder sind, können Änderungsanträge zu überwiesenen Vorlagen an den federführenden Ausschuß stellen. [2] Die Antragsteller können insoweit außerhalb des Verfahrens nach § 69a mit beratender Stimme an der Sitzung des Ausschusses teilnehmen.

(3) Ein Antrag auf Schluß der Aussprache darf frühestens zur Abstimmung gestellt werden, wenn jede Fraktion Gelegenheit hatte, zur Sache zu sprechen und von der jeweiligen Fraktionsauffassung abweichende Meinungen vorgetragen werden konnten.

§ 72 Abstimmung außerhalb einer Sitzung. [1] Der Ausschuß kann den Vorsitzenden einstimmig ermächtigen, außerhalb der Sitzungswochen über bestimmte Fragen in besonderen Eilfällen eine schriftliche Abstimmung durchführen zu lassen. [2] Macht der Ausschuß von dieser Möglichkeit Gebrauch, hat der Vorsitzende den Mitgliedern des Ausschusses den Entwurf einer Beschlußempfehlung zuzuleiten, über die innerhalb einer bestimmten Frist in entsprechender Anwendung des § 46 Satz 1 abgestimmt werden kann. [3] Eine schriftliche Abstimmung entfällt, wenn eine Sitzung des Ausschusses auf Grund der Bestimmungen des § 60 Abs. 2 oder 3 stattfindet.

---

1) § 71 Abs. 1 Satz 1 neu gef. durch Bek. v. 12.11.1990 (BGBl. I S. 2555); Abs. 2 eingef., bish. Abs. 2 wird Abs. 3 durch Bek. v. 30.9.1995 (BGBl. I S. 1246).

§ 73 Ausschußprotokolle. (1) [1] Über jede Ausschußsitzung ist ein schriftliches Protokoll anzufertigen. [2] Es muß mindestens alle Anträge und die Beschlüsse des Ausschusses enthalten. [3] Stenographische Aufnahmen von Ausschußsitzungen bedürfen der Genehmigung des Präsidenten.

(2) [1] Protokolle über nichtöffentliche Sitzungen der Ausschüsse (§ 69 Abs. 1 Satz 1) sind grundsätzlich keine Verschlußsachen im Sinne der Geheimschutzordnung (vgl. § 2 Abs. 5 GSO). [2] Soweit sie der Öffentlichkeit nicht ohne weiteres zugänglich sein sollen, sind sie vom Ausschuß mit einem entsprechenden Vermerk zu versehen; die Einzelheiten werden in den nach Absatz 3 zu erlassenden Richtlinien geregelt. [3] Protokolle von öffentlichen Sitzungen (§ 69 Abs. 1 Satz 2, § 70 Abs. 1) dürfen diesen Vermerk nicht tragen.

(3) Für die Behandlung der Protokolle erläßt der Präsident im Benehmen mit dem Präsidium besondere Richtlinien.

§ 74 Anwendbarkeit der Bestimmungen der Geschäftsordnung. Soweit die Verfahrensregeln für die Ausschüsse nichts anderes bestimmen, gelten für Ausschüsse und Enquete-Kommissionen die übrigen Bestimmungen der Geschäftsordnung, mit Ausnahme des § 126, entsprechend.

VIII. Vorlagen und ihre Behandlung

§ 75[1)] Vorlagen. (1) Folgende Vorlagen können als Verhandlungsgegenstand auf die Tagesordnung des Bundestages gesetzt werden (selbständige Vorlagen):

a) Gesetzentwürfe,

b) Beschlußempfehlungen des Ausschusses nach Artikel 77 Abs. 2 des Grundgesetzes[2)] (Vermittlungsausschuß),

c) Anträge auf Zurückweisung von Einsprüchen des Bundesrates,

d) Anträge,

e) Berichte und Materialien zur Unterrichtung des Bundestages (Unterrichtungen),

f) Große Anfragen an die Bundesregierung und ihre Beantwortung,

g) Wahlvorschläge, soweit sie als Drucksachen verteilt worden sind,

h) Beschlußempfehlungen und Berichte in Wahlprüfungs-, Immunitäts- und Geschäftsordnungsangelegenheiten,

i) Beschlußempfehlungen und Berichte über Petitionen,

j) Beschlußempfehlungen und Berichte des Rechtsausschusses über Streitsachen vor dem Bundesverfassungsgericht,

k) Beschlußempfehlungen und Berichte von Untersuchungsausschüssen,

l) Zwischenberichte der Ausschüsse,

m) Rechtsverordnungen, soweit sie aufgrund gesetzlicher Grundlagen dem Bundestag zuzuleiten sind.

---

1) § 75 Abs. 2 Buchst. c geänd. mWv 8.7.2010 durch Bek. v. 16.7.2010 (BGBl. I S. 1041).
2) Nr. **1**.

(2) Vorlagen zu Verhandlungsgegenständen sind (unselbständige Vorlagen):

a) Beschlußempfehlungen und Berichte der Ausschüsse,

b) Änderungsanträge,

c) Entschließungsanträge zu Gesetzentwürfen, Unterrichtungen, Regierungserklärungen, Großen Anfragen, Entschließungen des Europäischen Parlaments, Unionsdokumente, Stabilitätsvorlagen und Rechtsverordnungen.

(3) Als Vorlagen im Sinne des § 76 gelten auch Kleine Anfragen; sie können nicht als Verhandlungsgegenstand auf die Tagesordnung gesetzt werden.

§ 76 Vorlagen von Mitgliedern des Bundestages. (1) Vorlagen von Mitgliedern des Bundestages (§ 75) müssen von einer Fraktion oder von fünf vom Hundert der Mitglieder des Bundestages unterzeichnet sein, es sei denn, daß die Geschäftsordnung etwas anderes vorschreibt oder zuläßt.

(2) Gesetzentwürfe müssen, Anträge können mit einer kurzen Begründung versehen werden.

§ 77[1] Behandlung der Vorlagen. (1) [1] Vorlagen werden an die Mitglieder des Bundestages, des Bundesrates und an die Bundesministerien in der Regel auf elektronischem Weg verteilt. [2] Eine Verteilung in Papierform ist weiterhin zulässig.

(2) [1] Bei Vorlagen gemäß § 75 Abs. 1 Buchstabe e, die der Unterrichtung des Bundestages dienen (Berichte, Denkschriften, Programme, Gutachten, Nachweisungen und ähnliches), kann der Präsident, soweit sie nicht auf gesetzlichen Vorschriften oder Beschlüssen des Bundestages beruhen, im Benehmen mit dem Ältestenrat ganz oder teilweise von der Verteilung absehen. [2] In diesen Fällen wird der Eingang dieser Vorlagen und im Benehmen mit dem Ältestenrat die Art ihrer Behandlung als amtliche Mitteilung durch den Präsidenten bekanntgegeben. [3] Sie werden als Übersicht in einer Drucksache zusammengestellt, in der auch anzugeben ist, in welchen Räumen des Bundestages die Vorlagen eingesehen werden können.

§ 78[2] Beratungen. (1) [1] Gesetzentwürfe werden in drei Beratungen, Verträge mit auswärtigen Staaten und ähnliche Verträge, welche die politischen Beziehungen des Bundes regeln oder sich auf Gegenstände der Bundesgesetzgebung beziehen (Artikel 59 Abs. 2 des Grundgesetzes[3]), grundsätzlich in zwei Beratungen und nur auf Beschluß des Bundestages in drei Beratungen, alle anderen Vorlagen grundsätzlich in einer Beratung behandelt. [2] Für Nachtragshaushaltsvorlagen gilt § 95 Abs. 1 Satz 6.

(2) [1] Anträge können ohne Aussprache einem Ausschuß überwiesen werden. [2] Auch wenn sie nicht verteilt sind, kann über sie abgestimmt werden, es sei denn, daß von einer Fraktion oder von anwesenden fünf vom Hundert der Mitglieder des Bundestages widersprochen wird. [3] Im übrigen gelten für Anträge sinngemäß die Vorschriften über die Beratung von Gesetzentwürfen.

---

[1] § 77 Abs. 1 neu gef., Abs. 2 Satz 1 geänd. mWv 22.10.2013 durch Beschl. v. 6.6.2013 (BGBl. I S. 2167).

[2] § 78 Abs. 6 angef. mWv 2.7.2009 durch Bek. v. 6.7.2009 (BGBl. I S. 2128).

[3] Nr. 1.

(3) Werden Vorlagen gemäß Absatz 1 in zwei Beratungen behandelt, so finden für die Schlußberatung neben den Bestimmungen für die zweite Beratung (§§ 81, 82 und 83 Abs. 3) die Bestimmung über die Schlußabstimmung (§ 86) entsprechende Anwendung.

(4) Werden Vorlagen in einer Beratung behandelt, findet für Änderungsanträge § 82 Abs. 1 Satz 2 Anwendung.

(5) Soweit die Geschäftsordnung nichts anderes vorschreibt oder zuläßt, beginnen die Beratungen der Vorlagen frühestens am dritten Tage nach Verteilung der Drucksachen (§ 123).

(6) [1] Wird im Ältestenrat vorab vereinbart, anstelle einer Aussprache die schriftlichen Redetexte zu Protokoll zu nehmen, werden die betreffenden Punkte in der Tagesordnung kenntlich gemacht. [2] Eine Aussprache findet abweichend davon statt, wenn sie bis 18 Uhr des Vortages von einer Fraktion oder von fünf vom Hundert der Mitglieder des Bundestages verlangt wird. [3] Je Fraktion kann im Regelfall ein Redebeitrag in angemessenem Umfang zu Protokoll gegeben werden. [4] Der Umfang je Fraktion soll sich an den auf die Fraktionen entfallenden Redezeiten bei einer Aussprache von 30 Minuten orientieren. [5] Die Redetexte sollen dem Sitzungsvorstand spätestens bis zum Aufruf des Tagesordnungspunktes vorliegen.

§ 79[1)] Erste Beratung von Gesetzentwürfen. [1] In der ersten Beratung findet eine allgemeine Aussprache nur statt, wenn es vom Ältestenrat empfohlen, bis zum Aufruf des betreffenden Punktes der Tagesordnung von einer Fraktion oder von anwesenden fünf vom Hundert der Mitglieder des Bundestages verlangt oder gemäß § 80 Abs. 4 beschlossen wird. [2] In der Aussprache werden nur die Grundsätze der Vorlagen besprochen. [3] Sachanträge dürfen nicht gestellt werden.

§ 80[2)] Überweisung an einen Ausschuß. (1) [1] Am Schluß der ersten Beratung wird der Gesetzentwurf vorbehaltlich einer abweichenden Entscheidung gemäß Absatz 2 einem Ausschuß überwiesen; er kann nur in besonderen Fällen gleichzeitig mehreren Ausschüssen überwiesen werden, wobei der federführende Ausschuß zu bestimmen ist. [2] Weitere Ausschüsse können sich im Benehmen mit dem federführenden Ausschuß an der Beratung bestimmter Fragen der Vorlage gutachtlich beteiligen.

(2) [1] Auf Antrag einer Fraktion oder von fünf vom Hundert der Mitglieder des Bundestages kann der Bundestag mit einer Zweidrittelmehrheit der anwesenden Mitglieder beschließen, ohne Ausschußüberweisung in die zweite Beratung einzutreten. [2] Für den Antrag gilt die Frist des § 20 Abs. 2 Satz 3. [3] Bei Finanzvorlagen soll vor Eintritt in die zweite Beratung dem Haushaltsausschuß Gelegenheit gegeben werden, die Vorlage gemäß § 96 Abs. 4 zu prüfen. [4] Die Fristenregelung des § 96 Abs. 8 Satz 2 findet keine Anwendung.

(3) [1] Vorlagen gemäß § 75 Abs. 1 Buchstabe e kann der Präsident, ohne sie auf die Tagesordnung zu setzen, nach Vereinbarung im Ältestenrat einem Ausschuß überweisen. [2] Eine Berichterstattung an den Bundestag erfolgt nur,

---

1) § 79 Satz 1 neu gef. durch Bek. v. 12.11.1990 (BGBl. I S. 2555).

2) § 80 Abs. 3 Satz 2 angef. durch Bek. v. 17.3.1982 (BGBl. I S. 400); Abs. 4 angef. durch Bek. v. 12.11.1990 (BGBl. I S. 2555); Abs. 3 Satz 3 angef. durch Bek. v. 17.3.1997 (BGBl. I S. 747).

wenn der Ausschuß einen über die Kenntnisnahme hinausgehenden Beschluß empfehlen will. [3] Erhebt der Haushaltsausschuß gegen eine Unionsvorlage (§ 93), deren Finanzierung nicht durch den jeweiligen jährlichen Eigenmittelansatz der Europäischen Union gedeckt ist oder erkennbar nicht gedeckt sein wird, Bedenken zu ihrer Vereinbarkeit mit dem laufenden oder mit künftigen Haushalten des Bundes, hat der federführende Ausschuß Bericht zu erstatten.

(4) [1] Vorlagen, die nach Vereinbarung im Ältestenrat im vereinfachten Verfahren behandelt werden sollen, werden in einem gemeinsamen Tagesordnungspunkt zusammengefaßt. [2] Über die Überweisung dieser Vorlagen wird ohne Aussprache in einer einzigen Abstimmung insgesamt abgestimmt. [3] Wird die Teilung der Abstimmung beantragt (§ 47), bedarf es einer Abtrennung der Abstimmung über den Überweisungsvorschlag zu einer Vorlage nicht, falls dem Antrag eines Mitglieds des Bundestages zur Änderung des Überweisungsvorschlags des Ältestenrats nicht widersprochen wird. [4] Wird zu einer Vorlage, für die das vereinfachte Verfahren vorgesehen ist, von einem Mitglied des Bundestages die Aussprache beantragt, ist über diesen Antrag zuerst abzustimmen. [5] Findet der Antrag die Mehrheit, wird die betroffene Vorlage als Zusatzpunkt auf die Tagesordnung der laufenden Sitzungswoche gesetzt.

§ 80a[1)] Überprüfung von Gesetzentwürfen auf sprachliche Richtigkeit und Verständlichkeit. (1) [1] Ein beim Bundestag eingerichteter oder angesiedelter Redaktionsstab soll auf Beschluss des federführenden Ausschusses einen Gesetzentwurf auf sprachliche Richtigkeit und Verständlichkeit prüfen und bei Bedarf Empfehlungen an den Ausschuss richten. [2] Der federführende Ausschuss kann den Redaktionsstab im gesamten Verlauf seines Beratungsverfahrens hinzuziehen und um Prüfung bitten. [3] Dies gilt insbesondere für die Prüfung von Änderungsanträgen, deren Annahme zu erwarten ist.

(2) Darüber hinaus bietet der Redaktionsstab auch sonstige sprachliche Beratung an.

§ 81 Zweite Beratung von Gesetzentwürfen. (1) [1] Die zweite Beratung wird mit einer allgemeinen Aussprache eröffnet, wenn sie vom Ältestenrat empfohlen oder von einer Fraktion oder von anwesenden fünf vom Hundert der Mitglieder des Bundestages verlangt wird. [2] Sie beginnt am zweiten Tage nach Verteilung der Beschlußempfehlung und des Ausschußberichts, früher nur, wenn auf Antrag einer Fraktion oder von fünf vom Hundert der Mitglieder des Bundestages zwei Drittel der anwesenden Mitglieder des Bundestages es beschließen; bei Gesetzentwürfen der Bundesregierung, die für dringlich erklärt worden sind (Artikel 81 des Grundgesetzes[2)]), kann die Fristverkürzung mit der Mehrheit der Mitglieder des Bundestages beschlossen werden. [3] Für den Antrag gilt die Frist des § 20 Abs. 2 Satz 3.

(2) [1] Über jede selbständige Bestimmung wird der Reihenfolge nach und zuletzt über Einleitung und Überschrift die Aussprache eröffnet und geschlossen. [2] Nach Schluß der Aussprache über jede Einzelbestimmung wird abgestimmt.

(3) Auf Beschluß des Bundestages kann die Reihenfolge geändert, die Aussprache über mehrere Einzelbestimmungen verbunden oder über Teile einer

---

[1)] § 80a eingef. mWv 2.7.2009 durch Bek. v. 6.7.2009 (BGBl. I S. 2128).
[2)] Nr. **1**.

Einzelbestimmung oder über verschiedene Änderungsanträge zu demselben Gegenstand getrennt werden.

(4) [1] Über mehrere oder alle Teile eines Gesetzentwurfs kann gemeinsam abgestimmt werden. [2] Über Verträge mit auswärtigen Staaten und ähnliche Verträge gemäß Artikel 59 Abs. 2 des Grundgesetzes wird im ganzen abgestimmt.

§ 82 Änderungsanträge und Zurückverweisung in zweiter Beratung.

(1) [1] Änderungen zu Gesetzentwürfen in zweiter Beratung können beantragt werden, solange die Beratung des Gegenstandes, auf den sie sich beziehen, noch nicht abgeschlossen ist. [2] Die Anträge müssen von mindestens einem Mitglied des Bundestages unterzeichnet sein und können mit einer kurzen Begründung versehen werden; wenn sie noch nicht verteilt sind, werden sie verlesen.

(2) Zu Verträgen mit auswärtigen Staaten und ähnlichen Verträgen, welche die politischen Beziehungen des Bundes regeln oder sich auf Gegenstände der Bundesgesetzgebung beziehen (Artikel 59 Abs. 2 des Grundgesetzes[1)]), sind Änderungsanträge nicht zulässig.

(3) Solange nicht die letzte Einzelabstimmung erledigt ist, kann die Vorlage ganz oder teilweise auch an einen anderen Ausschuß zurückverwiesen werden; dies gilt auch für bereits beratene Teile.

§ 83 Zusammenstellung der Änderungen. (1) Wurden in der zweiten Beratung Änderungen beschlossen, so läßt sie der Präsident zusammenstellen.

(2) Die Beschlüsse der zweiten bilden die Grundlage der dritten Beratung.

(3) Sind in der zweiten Beratung alle Teile eines Gesetzentwurfs abgelehnt worden, so ist die Vorlage abgelehnt und jede weitere Beratung unterbleibt.

§ 84 Dritte Beratung von Gesetzentwürfen. [1] Die dritte Beratung erfolgt,

a) wenn in zweiter Beratung keine Änderungen beschlossen worden sind, anschließend,

b) wenn Änderungen beschlossen sind, am zweiten Tage nach Verteilung der Drucksachen mit den beschlossenen Änderungen, früher nur, wenn auf Antrag einer Fraktion oder von fünf vom Hundert der Mitglieder des Bundestages zwei Drittel der anwesenden Mitglieder des Bundestages es beschließen; bei Gesetzentwürfen der Bundesregierung, die für dringlich erklärt worden sind (Artikel 81 des Grundgesetzes[1)]), kann die Fristverkürzung mit der Mehrheit der Mitglieder des Bundestages beschlossen werden. Für den Antrag gilt die Frist des § 20 Abs. 2 Satz 3.

[2] Sie beginnt mit einer allgemeinen Aussprache nur dann, wenn in zweiter Beratung keine allgemeine Aussprache stattgefunden hat und sie vom Ältestenrat empfohlen oder von anwesenden fünf vom Hundert der Mitglieder des Bundestages verlangt wird.

[1)] Nr. 1.

§ 85 Änderungsanträge und Zurückverweisung in dritter Beratung.

(1) [1] Änderungsanträge zu Gesetzentwürfen in dritter Beratung müssen von einer Fraktion oder von fünf vom Hundert der Mitglieder des Bundestages unterzeichnet sein und können mit einer kurzen Begründung versehen werden. [2] Sie dürfen sich nur auf diejenigen Bestimmungen beziehen, zu denen in zweiter Beratung Änderungen beschlossen wurden. [3] Die Einzelberatung ist auf diese Bestimmungen beschränkt.

(2) [1] Vor der Schlußabstimmung kann die Vorlage ganz oder teilweise auch an einen anderen Ausschuß zurückverwiesen werden; § 80 Abs. 1 findet Anwendung. [2] Schlägt der Ausschuß Änderungen gegenüber den Beschlüssen des Bundestages in zweiter Beratung vor, wird die Beschlußempfehlung erneut in zweiter Beratung behandelt.

§ 86 Schlußabstimmung. [1] Nach Schluß der dritten Beratung wird über den Gesetzentwurf abgestimmt. [2] Sind die Beschlüsse der zweiten Beratung unverändert geblieben, so folgt die Schlußabstimmung unmittelbar. [3] Wurden Änderungen vorgenommen, so muß die Schlußabstimmung auf Verlangen einer Fraktion oder von anwesenden fünf vom Hundert der Mitglieder des Bundestages ausgesetzt werden, bis die Beschlüsse zusammengestellt und verteilt sind. [4] Über Verträge mit auswärtigen Staaten und ähnliche Verträge findet keine besondere Schlußabstimmung statt.

§ 87 Verfahren zu Artikel 113 des Grundgesetzes. (1) [1] Macht die Bundesregierung von Artikel 113 Abs. 1 Satz 3 des Grundgesetzes[1] Gebrauch, so ist die Beschlußfassung auszusetzen. [2] Der Gesetzentwurf darf frühestens nach Eingang der Stellungnahme der Bundesregierung oder sechs Wochen nach Zugang des Verlangens der Bundesregierung beim Bundestagspräsidenten auf die Tagesordnung gesetzt werden.

(2) Verlangt die Bundesregierung nach Artikel 113 Abs. 2 des Grundgesetzes, daß der Bundestag erneut Beschluß faßt, gilt der Gesetzentwurf als an den federführenden Ausschuß und an den Haushaltsausschuß zurückverwiesen.

(3) [1] Ist das beschlossene Gesetz dem Bundesrat gemäß § 122 bereits zugeleitet worden, hat der Präsident den Bundesrat von dem Verlangen der Bundesregierung in Kenntnis zu setzen. [2] In diesem Falle gilt die Zuleitung als nicht erfolgt.

§ 88 Behandlung von Entschließungsanträgen. (1) [1] Über Entschließungsanträge (§ 75 Abs. 2 Buchstabe c) wird nach der Schlußabstimmung über den Verhandlungsgegenstand oder, wenn keine Schlußabstimmung möglich ist, nach Schluß der Aussprache abgestimmt. [2] Über Entschließungsanträge zu Teilen des Haushaltsplanes kann während der dritten Beratung abgestimmt werden.

(2) [1] Entschließungsanträge können einem Ausschuß nur überwiesen werden, wenn die Antragsteller nicht widersprechen. [2] Auf Verlangen einer Fraktion oder von anwesenden fünf vom Hundert der Mitglieder des Bundestages ist die Abstimmung auf den nächsten Sitzungstag zu verschieben.

---

[1] Nr. 1.

§ 89 Einberufung des Vermittlungsausschusses. Auf Antrag einer Fraktion oder von fünf vom Hundert der Mitglieder des Bundestages kann der Bundestag beschließen, zu Gesetzen, die der Zustimmung des Bundesrates bedürfen, die Einberufung des Vermittlungsausschusses zu verlangen (Artikel 77 Abs. 2 Satz 4 des Grundgesetzes[1]), § 75 Abs. 1 Buchstabe d).

§ 90[2]) Beratung von Beschlußempfehlungen des Vermittlungsausschusses. (1) Sieht der Einigungsvorschlag des Vermittlungsausschusses eine Änderung des vom Bundestag beschlossenen Gesetzes vor, gilt für die Behandlung des Einigungsvorschlages im Bundestag § 10 der Geschäftsordnung des Vermittlungsausschusses[3]).

(2) [1] Die Beratung der Beschlussempfehlung des Vermittlungsausschusses beginnt am zweiten Tag nach der Verteilung als Drucksache, früher nur, wenn auf Antrag einer Fraktion oder von fünf vom Hundert der Mitglieder des Bundestages zwei Drittel der anwesenden Mitglieder des Bundestages es beschließen. [2] Für den Antrag gilt die Frist des § 20 Absatz 2 Satz 3.

§ 91 Einspruch des Bundesrates. [1] Über den Antrag auf Zurückweisung eines Einspruchs des Bundesrates gegen ein vom Bundestag beschlossenes Gesetz (Artikel 77 Abs. 4 des Grundgesetzes[1])) wird ohne Begründung und Aussprache abgestimmt. [2] Vor der Abstimmung können lediglich Erklärungen abgegeben werden. [3] Über den Antrag wird durch Zählung der Stimmen gemäß § 51 abgestimmt, wenn nicht namentliche Abstimmung verlangt wird (§ 52).

§ 92 Rechtsverordnungen. [1] Rechtsverordnungen der Bundesregierung, die der Zustimmung des Bundestages bedürfen oder deren Aufhebung der Bundestag innerhalb einer bestimmten Frist verlangen kann, überweist der Präsident im Benehmen mit dem Ältestenrat unmittelbar an die zuständigen Ausschüsse. [2] Dabei hat er eine Frist zu bestimmen, innerhalb der der federführende Ausschuß dem Bundestag einen Bericht vorzulegen hat. [3] Der Bericht des Ausschusses ist auf die Tagesordnung der nächsten Sitzung des Bundestages zu setzen. [4] Legt der Ausschuß diesen Bericht nicht rechtzeitig vor, ist die Vorlage auch ohne Ausschußbericht zur Beschlußfassung auf die Tagesordnung der nächsten Sitzung des Bundestages zu setzen.

§ 93[4]) Zuleitung und Überweisung von Unionsdokumenten. (1) Dokumente, Berichte, Unterrichtungen, Mitteilungen und sonstige Informationen in Angelegenheiten der Europäischen Union, die dem Bundestag von der Bundesregierung oder Organen der Europäischen Union übermittelt werden, sowie Unterrichtungen des Europäischen Parlaments (Unionsdokumente) dienen dem Bundestag als Grundlage zur Wahrnehmung seiner Rechte aus

---

[1]) Nr. **1**.

[2]) § 90 Abs. 2 angef. mWv 16.12.2010 durch Bek. v. 17.12.2010 (BGBl. I S. 2199).

[3]) Nr. **17**.

[4]) § 93 neu gef. mWv 5.6.2008 durch Bek. v. 29.7.2008 (BGBl. I S. 1712); Überschrift, Abs. 3 Satz 3, Abs. 6 Satz 2 und Abs. 7 Satz 2 geänd., Abs. 3 Satz 1 neu gef., Abs. 8 angef. mWv 8.7.2010 durch Bek. v. 16.7.2010 (BGBl. I S. 1041); Abs. 3 Satz 1 und Abs. 8 geänd. mWv 1.6.2017 durch Beschl. v. 1.6.2017 (BGBl. I S. 1877).

Artikel 23 des Grundgesetzes[1] und zur Mitwirkung in Angelegenheiten der Europäischen Union.

(2) Ein Verzicht gegenüber der Bundesregierung auf die Zuleitung von Unionsdokumenten scheidet bei Widerspruch einer Fraktion oder von fünf vom Hundert der Mitglieder des Bundestages aus.

(3) [1] Unionsdokumente, die Vorhaben oder Unterrichtungen im Sinne der §§ 5 und 7 des Gesetzes über die Zusammenarbeit von Bundesregierung und Deutschem Bundestag in Angelegenheiten der Europäischen Union sowie Entschließungen des Europäischen Parlaments beinhalten, kommen für eine Überweisung grundsätzlich in Betracht. [2] Bei Vorbereitung der Überweisungsentscheidung wird die Beratungsrelevanz des Dokuments in Abstimmung mit den Fraktionen bewertet (Priorisierung). [3] Andere Unionsdokumente werden in geeigneter Form für eine Kenntnisnahme angeboten; auf Verlangen einer Fraktion oder von fünf vom Hundert der Mitglieder des Bundestages findet auch insoweit eine Überweisung statt.

(4) [1] Die zuständigen Ausschüsse können Unionsdokumente, die ihnen nicht oder noch nicht überwiesen sind, zum Verhandlungsgegenstand erklären. [2] Die Ausschüsse haben dem Vorsitzenden des Ausschusses für die Angelegenheiten der Europäischen Union anzuzeigen, welche Unionsdokumente sie zum Verhandlungsgegenstand erklärt haben.

(5) [1] Der Vorsitzende des Ausschusses für die Angelegenheiten der Europäischen Union legt dem Präsidenten in Abstimmung mit den anderen Ausschüssen einen Überweisungsvorschlag für die eingegangenen Unionsdokumente und für die von den Ausschüssen zum Verhandlungsgegenstand erklärten Unionsdokumente vor. [2] Der Präsident überweist die Unionsdokumente im Benehmen mit den Fraktionen unverzüglich an einen Ausschuss federführend und an andere Ausschüsse zur Mitberatung. [3] Wird der vorgesehenen oder erfolgten Überweisung von einem Ausschuss oder einer Fraktion widersprochen, entscheidet der Ältestenrat.

(6) [1] Die Titel der überwiesenen Unionsdokumente werden in eine Sammelübersicht aufgenommen, die verteilt wird und aus der ersichtlich ist, welchen Ausschüssen die Vorlagen überwiesen worden sind. [2] Unionsdokumente im Sinne des Absatzes 3 Satz 1, zu denen von keiner Fraktion eine Beratungsrelevanz angemeldet bzw. eine Überweisung vorgeschlagen wird, werden in der Sammelübersicht gesondert aufgeführt.

(7) [1] Ein Unionsdokument wird als Bundestagsdrucksache verteilt, wenn es der Vorsitzende des Ausschusses für die Angelegenheiten der Europäischen Union bei seinem Überweisungsvorschlag vorsieht oder wenn der federführende Ausschuss eine über die Kenntnisnahme hinausgehende Beschlussempfehlung vorlegt. [2] Andere als in Absatz 3 Satz 1 aufgeführte Unionsdokumente werden nicht als Bundestagsdrucksache verteilt; bezieht sich eine Beschlussempfehlung auf ein derartiges Unionsdokument, wird unter Wahrung der Vertraulichkeit nur über dessen wesentlichen Inhalt berichtet.

(8) Schriftliche Unterrichtungen der Bundesregierung nach § 8 Absatz 5 des Gesetzes über die Zusammenarbeit von Bundesregierung und Deutschem Bundestag in Angelegenheiten der Europäischen Union müssen auf Verlangen einer Fraktion oder von fünf vom Hundert der Mitglieder des Bundestages

---

[1] Nr. **1**.

innerhalb von drei Sitzungswochen nach Eingang auf die Tagesordnung der Sitzung des Bundestages gesetzt und beraten werden.

§ 93a[1)] Ausschussberatung von Unionsdokumenten. (1) [1] Bei der Beratung von Unionsdokumenten prüfen die Ausschüsse auch die Einhaltung der Grundsätze der Subsidiarität und Verhältnismäßigkeit. [2] Wird beabsichtigt, insoweit eine Verletzung zu rügen, ist unverzüglich der Ausschuss für die Angelegenheiten der Europäischen Union zu informieren, um diesem zunächst Gelegenheit zur Stellungnahme zu geben. [3] Beabsichtigt der federführende Ausschuss nur eine Kenntnisnahme, ist dennoch dem Bundestag zu berichten, falls der Ausschuss für die Angelegenheiten der Europäischen Union Bedenken wegen einer Verletzung der Grundsätze der Subsidiarität und Verhältnismäßigkeit geltend macht. [4] Die Ausschüsse berücksichtigen bei ihrer Beschlussfassung die auf der Ebene der Europäischen Union maßgeblichen Fristvorgaben.

(2) [1] Die Ausschüsse können ihren Beratungen und einer Beschlussempfehlung ein Folgedokument zu dem ihnen überwiesenen Unionsdokument zugrunde legen. [2] Ebenso kann ein federführender Ausschuss wiederholt eine Beschlussempfehlung vorlegen, insbesondere um neueren Entwicklungen Rechnung zu tragen. [3] Die mitberatenden Ausschüsse sind zu unterrichten und erhalten Gelegenheit, innerhalb einer vom federführenden Ausschuss festgelegten Frist eine bereits abgegebene Stellungnahme zu ergänzen oder erneut eine Stellungnahme abzugeben.

(3) [1] Ein für ein bestimmtes Unionsdokument federführender Ausschuss ist auch nach Abgabe einer Stellungnahme des Bundestages für die Behandlung eines Bemühens der Bundesregierung zur Erzielung eines Einvernehmens mit dem Bundestag nach Einlegung eines Parlamentsvorbehalts zuständig. [2] Absatz 2 Satz 3 gilt entsprechend. [3] Der federführende Ausschuss hat dem Bundestag eine erneute Beschlussempfehlung vorzulegen.

(4) Absatz 3 gilt entsprechend für das Einvernehmen zwischen Bundestag und Bundesregierung über die Aufnahme von Verhandlungen über Beitritte und Vertragsänderungen nach § 9 des Gesetzes über die Zusammenarbeit von Bundesregierung und Deutschem Bundestag in Angelegenheiten der Europäischen Union.

(5) [1] Die Ausschüsse können Mitglieder des Europäischen Parlaments sowie Mitglieder des Rates und der Kommission der Europäischen Union oder deren Beauftragte zu ihren Beratungen in Europaangelegenheiten hinzuziehen. [2] Sie können Unionsdokumente gemeinsam mit Ausschüssen des Europäischen Parlaments gleicher Zuständigkeit beraten.

(6) Die Ausschüsse können zur Vorbereitung von Entscheidungen über Unionsdokumente Delegationen zu einem Ausschuss des Europäischen Parlaments mit gleicher Zuständigkeit oder zu anderen Organen der Europäischen Union entsenden.

[1)] § 93a eingef. durch Bek. v. 16.12.1994 (BGBl. 1995 I S. 11) und neu gef. mWv 5.6.2008 durch Bek. v. 29.7.2008 (BGBl. I S. 1712); Überschrift geänd., Abs. 1 Satz 2 neu gef., Satz 4 angef., Abs. 4 eingef., bish. Abs. 4 und 5 werden Abs. 5 und 6 mWv 8.7.2010 durch Bek. v. 16.7. 2010 (BGBl. I S. 1041); Abs. 4 geänd. mWv 1.6.2017 durch Beschl. v. 1.6.2017 (BGBl. I S. 1877).

§ 93b[1)] Ausschuss für die Angelegenheiten der Europäischen Union.

(1) Dem gemäß Artikel 45 des Grundgesetzes[2)] vom Bundestag zu bestellenden Ausschuss für die Angelegenheiten der Europäischen Union obliegt nach Maßgabe der Geschäftsordnung und der Beschlüsse des Bundestages die Behandlung der Unionsdokumente gemäß § 93 Abs. 1.

(2) [1] Der Bundestag kann auf Antrag einer Fraktion oder von fünf vom Hundert der Mitglieder des Bundestages den Ausschuss für die Angelegenheiten der Europäischen Union ermächtigen, zu bestimmt bezeichneten Unionsdokumenten oder hierauf bezogenen Vorlagen die Rechte des Bundestages gemäß Artikel 23 des Grundgesetzes gegenüber der Bundesregierung sowie die Rechte, die dem Bundestag in den vertraglichen Grundlagen der Europäischen Union eingeräumt sind, wahrzunehmen. [2] Soweit die Rechte im Integrationsverantwortungsgesetz ausgestaltet sind, kommt eine Ermächtigung nur in Betracht, wenn die Beteiligung des Bundestages nicht in der Form eines Gesetzes erfolgen muss. [3] Auch ohne eine Ermächtigung nach Satz 1 kann der Ausschuss für die Angelegenheiten der Europäischen Union die Rechte des Bundestages gemäß Satz 1 gegenüber der Bundesregierung wahrnehmen, sofern nicht einer der beteiligten Ausschüsse widerspricht. [4] Satz 3 gilt nicht im Bereich der Gemeinsamen Außen- und Sicherheitspolitik sowie für Beschlüsse nach § 9 Absatz 1 des Integrationsverantwortungsgesetzes[3)]. [5] Die Rechte des Bundestages nach Artikel 45 Satz 3 des Grundgesetzes kann er nach Maßgabe der nachfolgenden Regelungen wahrnehmen. [6] Das Recht des Bundestages, über eine Angelegenheit der Europäischen Union jederzeit selbst zu beschließen, bleibt unberührt.

(3) [1] Der Ausschuss für die Angelegenheiten der Europäischen Union hat im Falle einer Ermächtigung gemäß Absatz 2 Satz 1 vor der Abgabe einer Stellungnahme gegenüber der Bundesregierung zu dem Unionsdokument eine Stellungnahme der beteiligten Ausschüsse einzuholen. [2] Will er von der Stellungnahme eines oder mehrerer Ausschüsse abweichen, soll eine gemeinsame Sitzung mit den mitberatenden Ausschüssen anberaumt werden. [3] In eilbedürftigen Fällen können die Vorsitzenden der mitberatenden Ausschüsse entsprechend § 72 Satz 2 schriftlich abstimmen lassen.

(4) [1] Will der Ausschuss für die Angelegenheiten der Europäischen Union von seinem Recht gemäß Absatz 2 Satz 3 Gebrauch machen, gilt für das Verfahren Absatz 3 entsprechend. [2] Ein federführender Ausschuss kann unter Angabe einer Begründung verlangen, dass der Ausschuss für die Angelegenheiten der Europäischen Union prüft, ob er von seinem Recht gemäß Absatz 2 Satz 2 Gebrauch macht; bei Ablehnung gilt Absatz 6 entsprechend. [3] Mitberatende Ausschüsse sind zu beteiligen, wenn der federführende und der Ausschuss für die Angelegenheiten der Europäischen Union dies für erforderlich halten; Absatz 3 Satz 3 gilt entsprechend.

(5) Zur Einberufung einer Sitzung des Ausschusses für die Angelegenheiten der Europäischen Union außerhalb des Zeitplanes oder außerhalb des ständigen Sitzungsortes des Bundestages ist der Vorsitzende des Ausschusses abwei-

---

[1)] § 93b eingef. mWv 5.6.2008 durch Bek. v. 29.7.2008 (BGBl. I S. 1712); Abs. 2 neu gef., Abs. 4 Satz 1 geänd. mWv 8.7.2010 durch Bek. v. 16.7.2010 (BGBl. I S. 1041); Abs. 9 aufgeh. mWv 1.6.2017 durch Beschl. v. 1.6.2017 (BGBl. I S. 1877).

[2)] Nr. **1**.

[3)] Nr. **27**.

chend von § 60 auch berechtigt, wenn es die Terminplanung der zuständigen Organe der Europäischen Union erfordert und die Genehmigung des Präsidenten erteilt worden ist.

(6) [1] Über den Inhalt und die Begründung der vom Ausschuss für die Angelegenheiten der Europäischen Union beschlossenen Stellungnahme gegenüber der Bundesregierung zu einem Unionsdokument erstattet der Ausschuss für die Angelegenheiten der Europäischen Union einen Bericht, der als Bundestagsdrucksache verteilt wird und innerhalb von drei Sitzungswochen nach der Verteilung auf die Tagesordnung zu setzen ist. [2] Eine Aussprache findet jedoch nur statt, wenn diese von einer Fraktion oder von anwesenden fünf vom Hundert der Mitglieder des Bundestages verlangt wird.

(7) Der Ausschuss für die Angelegenheiten der Europäischen Union kann bei einem Unionsdokument, das ihm zur Mitberatung überwiesen worden ist, Änderungsanträge zur Beschlussempfehlung des federführenden Ausschusses stellen; der Änderungsantrag muss bis spätestens 18 Uhr des Vortages der Beratung der Beschlussempfehlung zu dem Unionsdokument dem Präsidenten vorgelegt werden.

(8) [1] Zu den Sitzungen des Ausschusses für die Angelegenheiten der Europäischen Union erhalten deutsche Mitglieder des Europäischen Parlaments Zutritt; weitere deutsche Mitglieder des Europäischen Parlaments sind als Vertreter zur Teilnahme berechtigt. [2] Die mitwirkungsberechtigten Mitglieder des Europäischen Parlaments werden vom Präsidenten des Deutschen Bundestages auf Vorschlag der Fraktionen des Bundestages, aus deren Parteien deutsche Mitglieder in das Europäische Parlament gewählt worden sind, bis zur Neuwahl des Europäischen Parlaments, längstens bis zum Ende der Wahlperiode des Deutschen Bundestages berufen. [3] Die berufenen Mitglieder des Europäischen Parlaments sind befugt, die Beratung von Verhandlungsgegenständen anzuregen sowie während der Beratungen des Ausschusses für die Angelegenheiten der Europäischen Union Auskünfte zu erteilen und Stellung zu nehmen.

§ 93c[1)] Subsidiaritätsrüge. Die Entscheidung, gemäß Artikel 6 des Protokolls über die Anwendung der Grundsätze der Subsidiarität und der Verhältnismäßigkeit eine Subsidiaritätsrüge zu erheben, wird grundsätzlich vom Bundestag getroffen; nach Maßgabe des § 93b Absatz 2 bis 4 kann hierüber auch der Ausschuss für die Angelegenheiten der Europäischen Union entscheiden.

§ 93d[1)] Subsidiaritätsklage. (1) [1] Beschließt der Bundestag die Erhebung einer Klage nach Artikel 8 des Protokolls über die Anwendung der Grundsätze der Subsidiarität und der Verhältnismäßigkeit (Subsidiaritätsklage), ist für deren Durchführung einschließlich der Prozessführung vor dem Europäischen Gerichtshof der Ausschuss für die Angelegenheiten der Europäischen Union zuständig. [2] Dies schließt die Formulierung der Klageschrift und die Benennung eines Prozessbevollmächtigten ein, falls dies nicht bereits durch den Bundestag beschlossen wurde.

(2) [1] Verlangt mindestens ein Viertel der Mitglieder des Bundestages die Erhebung der Klage (Artikel 23 Absatz 1a Satz 2 des Grundgesetzes[2)]), ist der

---

[1)] §§ 93c, 93d eingef. mWv 8.7.2010 durch Bek. v. 16.7.2010 (BGBl. I S. 1041).
[2)] Nr. 1.

Antrag so rechtzeitig zu stellen, dass innerhalb der Klagefrist eine angemessene Beratung im Bundestag gesichert ist. [2] Der Antrag hat mindestens die wesentlichen Klagegründe zu benennen. [3] Absatz 1 gilt mit der Maßgabe, dass die Benennung eines Prozessbevollmächtigten im Einvernehmen mit den Antragstellern erfolgt und bei der Formulierung der Klageschrift sowie der Durchführung des Klageverfahrens die Antragsteller angemessen zu beteiligen sind. [4] Diese haben einen Bevollmächtigten zu benennen. [5] § 69 Absatz 3 Satz 3 ist anzuwenden.

(3) [1] Abweichende Auffassungen, die gemäß § 12 Absatz 1 Satz 2 des Integrationsverantwortungsgesetzes[1)] von mindestens einem Viertel der Mitglieder des Bundestages vertreten werden, sind ebenfalls in die Klageschrift aufzunehmen. [2] Absatz 2 Satz 3 zweiter Halbsatz, Satz 4 und 5 gilt entsprechend.

(4) [1] Fällt der Ablauf der Frist für die Einreichung einer Subsidiaritätsklage auf einen Zeitpunkt außerhalb des Zeitplanes des Bundestages, ist der Ausschuss für die Angelegenheiten der Europäischen Union zur Erhebung der Klage ermächtigt, sofern nicht der Bundestag zuvor hierüber entschieden hat. [2] § 93b Absatz 2 Satz 3 gilt entsprechend.

§ 94 Stabilitätsvorlagen. [1] Vorlagen der Bundesregierung gemäß § 8 Abs. 1 des Gesetzes zur Förderung der Stabilität und des Wachstums der Wirtschaft[2)] (Stabilitätsvorlagen) werden vom Präsidenten unmittelbar dem Haushaltsausschuß überwiesen. [2] Der Haushaltsausschuß hat die Vorlage spätestens innerhalb der auf den Eingang der Stellungnahme des Bundesrates folgenden Sitzungswoche zu beraten. [3] Der Bericht des Haushaltsausschusses ist spätestens einen Tag vor Ablauf von vier Wochen nach Eingang der Vorlage beim Bundestag auf die Tagesordnung zu setzen. [4] Hat der Haushaltsausschuß bis zu diesem Zeitpunkt keine Beschlußempfehlung vorgelegt, ist die Vorlage ohne Ausschußbericht auf die Tagesordnung der nächsten Sitzung des Bundestages zu setzen. [5] Änderungsanträge zu Stabilitätsvorlagen dürfen nur auf eine Kürzung der Ausgaben gerichtet sein (§ 42 der Bundeshaushaltsordnung[3)]).

§ 95 Haushaltsvorlagen. (1) [1] Haushaltsvorlagen sind der Entwurf des Haushaltsgesetzes und des Haushaltsplans, Änderungsvorlagen zu diesen Entwürfen (Ergänzungsvorlagen), Vorlagen zur Änderung des Haushaltsgesetzes und des Haushaltsplans (Nachtragshaushaltsvorlagen) sowie sonstige den Haushalt betreffende Vorlagen. [2] Alle Haushaltsvorlagen sind dem Haushaltsausschuß zu überweisen; auf ihr Verlangen sind die Fachausschüsse gutachtlich zu hören. [3] § 63 Abs. 2 gilt entsprechend. [4] Der Haushaltsausschuß soll die Stellungnahmen der beteiligten Ausschüsse wiedergeben. [5] Ergänzungsvorlagen überweist der Präsident grundsätzlich ohne erste Beratung. [6] Nachtragshaushaltsvorlagen können auf Vorschlag des Ältestenrates durch den Präsidenten ohne erste Beratung überwiesen und in einer Beratung abschließend behandelt werden.

(2) Die zweite Beratung des Entwurfs des Haushaltsgesetzes und des Haushaltsplans darf frühestens sechs Wochen, die abschließende Beratung von Nachtragshaushaltsvorlagen frühestens drei Wochen nach Zuleitung erfolgen,

---

1) Nr. 27.
2) **Sartorius Nr. 720.**
3) **Sartorius Nr. 700.**

es sei denn, die Stellungnahme des Bundesrates geht vor Ablauf der in Artikel 110 Abs. 3 des Grundgesetzes[1)] vorgesehenen Frist ein.

(3) Für die abschließende Beratung von Nachtragshaushaltsvorlagen findet neben den Bestimmungen für die zweite Beratung (§§ 81, 82) die Bestimmung über die Schlußabstimmung (§ 86) entsprechende Anwendung.

(4) [1] Nachtragshaushaltsvorlagen hat der Haushaltsausschuß spätestens innerhalb der auf den Eingang der Stellungnahme des Bundesrates folgenden Sitzungswoche zu beraten. [2] Der Bericht des Ausschusses ist auf die Tagesordnung der nächsten Sitzung des Bundestages zu setzen. [3] Hat der Ausschuß seine Beratungen nicht innerhalb der Frist abgeschlossen, ist die Vorlage ohne Ausschußbericht auf die Tagesordnung der nächsten Sitzung des Bundestages zu setzen.

§ 96 Finanzvorlagen. (1) [1] Finanzvorlagen sind alle Vorlagen, die wegen ihrer grundsätzlichen Bedeutung oder ihres finanziellen Umfangs geeignet sind, auf die öffentlichen Finanzen des Bundes oder der Länder erheblich einzuwirken und die nicht Haushaltsvorlagen im Sinne des § 95 sind. [2] Bei Zweifeln über den Charakter der Vorlagen entscheidet der Bundestag nach Anhörung des Haushaltsausschusses.

(2) [1] Finanzvorlagen werden nach der ersten Beratung dem Haushaltsausschuß und dem Fachausschuß überwiesen. [2] Werden Gesetzentwürfe durch die Annahme eines Änderungsantrags im Ausschuß zu Finanzvorlagen, hat der Ausschuß den Präsidenten hiervon in Kenntnis zu setzen. [3] Dieser überweist die vom Ausschuß beschlossene Fassung dem Haushaltsausschuß; die Überweisung kann mit einer Fristsetzung verbunden sein.

(3) [1] Finanzvorlagen von Mitgliedern des Bundestages müssen in der Begründung die finanziellen Auswirkungen darlegen. [2] Der Präsident gibt der Bundesregierung Gelegenheit, innerhalb von vier Wochen zu den Auswirkungen auf die öffentlichen Finanzen des Bundes und der Länder Stellung zu nehmen. [3] Der Bericht des Haushaltsausschusses darf erst nach Eingang der Stellungnahme der Bundesregierung oder nach vier Wochen auf die Tagesordnung gesetzt werden.

(4) [1] Soweit die Finanzvorlage auf die öffentlichen Finanzen des Bundes einwirkt, prüft der Haushaltsausschuß ihre Vereinbarkeit mit dem laufenden Haushalt und künftigen Haushalten. [2] Ergibt die Prüfung des Haushaltsausschusses, daß die Vorlage Auswirkungen auf den laufenden Haushalt hat, legt er zugleich mit dem Bericht an den Bundestag einen Vorschlag zur Deckung der Mindereinnahmen oder Mehrausgaben vor; hat sie Auswirkungen auf die künftigen Haushalte, äußert sich der Haushaltsausschuß in seinem Bericht zu den Möglichkeiten künftiger Deckung. [3] Hat die Bundesregierung zu der Vorlage Stellung genommen, äußert sich der Haushaltsausschuß in seinem Bericht zu dieser Stellungnahme. [4] Kann der Haushaltsausschuß keinen Deckungsvorschlag machen, wird die Vorlage dem Bundestag vorgelegt, der nach Begründung durch einen Antragsteller lediglich über die Möglichkeit einer Deckung berät und beschließt. [5] Wird die Möglichkeit zur Deckung auch vom Bundestag verneint, gilt die Vorlage als erledigt.

---

1) Nr. 1.

(5) Soweit die Finanzvorlage auf die öffentlichen Finanzen der Länder einwirkt, teilt der Hauhaltsausschuß in seinem Bericht Art und Umfang der Einwirkungen mit.

(6) [1] Ergibt der Bericht des Haushaltsausschusses, daß Mitglieder oder Beauftragte der Bundesregierung Bedenken gegen die finanziellen Auswirkungen der Vorlage, der Beschlüsse des federführenden Ausschusses oder des Deckungsvorschlages erheben, gibt der Präsident der Bundesregierung Gelegenheit zur Stellungnahme, soweit diese nicht bereits vorliegt. [2] In diesem Fall kann der Bericht erst nach Eingang der Stellungnahme oder nach vier Wochen auf die Tagesordnung gesetzt werden. [3] Hat die Bundesregierung Stellung genommen, soll der Hauhaltsausschuß sich zu dieser Stellungnahme dem Bundestag gegenüber äußern.

(7) Werden in der zweiten Beratung Änderungen mit finanziellen Auswirkungen von grundsätzlicher Bedeutung oder erheblichem finanziellen Umfang beschlossen, erfolgt die dritte Beratung – nach vorheriger Beratung im Haushaltsausschuß – erst in der zweiten Woche nach der Beschlußfassung.

(8) [1] Berichte des Haushaltsausschusses, die einen Deckungsvorschlag enthalten, können ohne Einhaltung der für die zweite Beratung von Gesetzentwürfen vorgeschriebenen Frist (§ 81 Abs. 1 Satz 2) beraten werden. [2] Für Berichte, die keinen Deckungsvorschlag enthalten, kann die für die zweite Beratung vorgeschriebene Frist weder verkürzt noch aufgehoben werden, es sei denn, daß der Bundestag beschließt, gemäß § 80 Abs. 2 zu verfahren.

§ 96a[1)] Verfahren nach dem Parlamentsbeteiligungsgesetz. (1) Der Vorsitzende eines Ausschusses ist zur Einberufung einer Sitzung außerhalb des Zeitplans zur Beratung über einen Antrag gemäß § 4 Abs. 1 oder § 7 Abs. 1 in Verbindung mit § 4 Abs. 1 des Parlamentsbeteiligungsgesetzes[2)] verpflichtet, wenn es eine Fraktion im Ausschuss oder mindestens ein Drittel der Mitglieder des Ausschusses verlangt und die Genehmigung des Präsidenten erteilt worden ist.

(2) [1] Ein Verlangen auf Befassung des Bundestages gemäß § 4 Abs. 1 Satz 4 oder § 7 Abs. 1 in Verbindung mit § 4 Abs. 1 des Parlamentsbeteiligungsgesetzes muss binnen sieben Tagen seit der Verteilung der Drucksache beim Präsidenten eingehen. [2] Nach Eingang des Verlangens unterrichtet der Präsident die Fraktionen und die Bundesregierung hierüber unverzüglich.

(3) [1] Unterrichtet die Bundesregierung den Bundestag gemäß § 6 Abs. 1 des Parlamentsbeteiligungsgesetzes durch einen schriftlichen Bericht, wird dieser als Drucksache verteilt. [2] Das Gleiche gilt für sonstige schriftliche Unterrichtungen des Bundestages. [3] In Fällen des § 5 Abs. 1 des Parlamentsbeteiligungsgesetzes werden gemäß Absatz 2 grundsätzlich die Vorsitzenden und Obleute des Auswärtigen Ausschusses und des Verteidigungsausschusses außerhalb einer Ausschusssitzung unterrichtet. [4] Hat der Bundestag einem Antrag gemäß § 5 Abs. 3 des Parlamentsbeteiligungsgesetzes zugestimmt, gelten für weitere Unterrichtungen die allgemeinen Regelungen.

(4) Die Geheimschutzordnung des Deutschen Bundestages (Anlage 3) findet Anwendung.

---

1) § 96a eingef. mWv 21.4.2005 durch Bek. v. 21.4.2005 (BGBl. I S. 1230).
2) Nr. **4**.

§ 97 Mißtrauensantrag gegen den Bundeskanzler. (1) [1] Der Bundestag kann auf Antrag gemäß Artikel 67 Abs. 1 des Grundgesetzes[1)] dem Bundeskanzler das Mißtrauen aussprechen. [2] Der Antrag ist von einem Viertel der Mitglieder des Bundestages oder einer Fraktion, die mindestens ein Viertel der Mitglieder des Bundestages umfaßt, zu unterzeichnen und in der Weise zu stellen, daß dem Bundestag ein namentlich benannter Kandidat als Nachfolger zur Wahl vorgeschlagen wird. [3] Anträge, die diesen Voraussetzungen nicht entsprechen, dürfen nicht auf die Tagesordnung gesetzt werden.

(2) [1] Ein Nachfolger ist, auch wenn mehrere Wahlvorschläge gemacht sind, in einem Wahlgang mit verdeckten Stimmzetteln (§ 49) zu wählen. [2] Er ist nur dann gewählt, wenn er die Stimmen der Mehrheit der Mitglieder des Bundestages auf sich vereinigt.

(3) Für den Zeitpunkt der Wahl gilt Artikel 67 Abs. 2 des Grundgesetzes.

§ 98 Vertrauensantrag des Bundeskanzlers. (1) Der Bundeskanzler kann gemäß Artikel 68 des Grundgesetzes[1)] beantragen, ihm das Vertrauen auszusprechen; für den Zeitpunkt der Abstimmung über den Antrag gilt Artikel 68 Abs. 2 des Grundgesetzes.

(2) Findet der Antrag nicht die Zustimmung der Mehrheit der Mitglieder des Bundestages, kann der Bundestag binnen einundzwanzig Tagen auf Antrag eines Viertels der Mitglieder des Bundestages gemäß § 97 Abs. 2 einen anderen Bundeskanzler wählen.

§ 99 Dringliche Gesetzentwürfe der Bundesregierung nach Artikel 81 des Grundgesetzes. (1) [1] Gesetzentwürfe der Bundesregierung, die im Rahmen des Artikels 81 des Grundgesetzes[1)] von der Bundesregierung als dringlich bezeichnet oder nach Erklärung des Gesetzgebungsnotstandes dem Bundestag erneut vorgelegt worden sind, müssen auf Verlangen der Bundesregierung auf die Tagesordnung der nächsten Sitzung gesetzt werden. [2] Absetzen von der Tagesordnung ist nur einmal möglich.

(2) Der Gesetzentwurf gilt auch dann als abgelehnt, wenn zweimal in der zweiten oder dritten Beratung bei einer Einzel- oder Schlußabstimmung wegen Beschlußunfähigkeit ergebnislos abgestimmt worden ist.

§ 100 Große Anfragen. [1] Große Anfragen an die Bundesregierung (§ 75 Abs. 1 Buchstabe f) sind dem Präsidenten einzureichen; sie müssen kurz und bestimmt gefaßt sein und können mit einer kurzen Begründung versehen werden. [2] Wird in der Begründung auf andere Materialien verwiesen, findet § 77 Abs. 2 entsprechende Anwendung.

§ 101 Beantwortung und Beratung von Großen Anfragen. [1] Der Präsident teilt der Bundesregierung die Große Anfrage mit und fordert zur Erklärung auf, ob und wann sie antworten werde. [2] Nach Eingang der Antwort wird die Große Anfrage auf die Tagesordnung gesetzt. [3] Die Beratung muß erfolgen, wenn sie von einer Fraktion oder von fünf vom Hundert der Mitglieder des Bundestages verlangt wird.

---

1) Nr. **1**.

§ 102 Ablehnung der Beantwortung der Großen Anfragen. [1] Lehnt die Bundesregierung überhaupt oder für die nächsten drei Wochen die Beantwortung der Großen Anfrage ab, so kann der Bundestag die Große Anfrage zur Beratung auf die Tagesordnung setzen. [2] Sie muß erfolgen, wenn sie von einer Fraktion oder von fünf vom Hundert der Mitglieder des Bundestages verlangt wird. [3] Vor der Aussprache kann einer der Anfragenden das Wort zu einer zusätzlichen mündlichen Begründung erhalten.

§ 103 Beschränkung der Beratung über Große Anfragen. [1] Gehen Große Anfragen so zahlreich ein, daß sie die ordnungsgemäße Erledigung der Geschäfte gefährden, so kann der Bundestag zeitweilig die Beratungen darüber auf einen bestimmten wöchentlichen Sitzungstag beschränken. [2] Auch in diesem Falle kann der Bundestag die Beratung über einzelne Große Anfragen an einem anderen Sitzungstag beschließen.

§ 104 Kleine Anfragen. (1) [1] In Kleinen Anfragen (§ 75 Abs. 3) kann von der Bundesregierung Auskunft über bestimmt bezeichnete Bereiche verlangt werden. [2] Die Fragen sind dem Präsidenten einzureichen; sie dürfen keine unsachlichen Feststellungen oder Wertungen enthalten. [3] Eine kurze Begründung kann angefügt werden.

(2) Der Präsident fordert die Bundesregierung auf, die Fragen innerhalb von vierzehn Tagen schriftlich zu beantworten; er kann diese Frist im Benehmen mit dem Fragesteller verlängern.

§ 105 Fragen einzelner Mitglieder des Bundestages. [1] Jedes Mitglied des Bundestages ist berechtigt, kurze Einzelfragen zur mündlichen oder schriftlichen Beantwortung an die Bundesregierung zu richten. [2] Das Nähere wird in Richtlinien geregelt (Anlage 4).

§ 106[1)] Aktuelle Stunde und Befragung der Bundesregierung. (1) Für die Aussprache über ein bestimmt bezeichnetes Thema von allgemeinem aktuellen Interesse in Kurzbeiträgen von fünf Minuten (Aktuelle Stunde) gelten, soweit diese Geschäftsordnung nichts anderes vorschreibt, die Richtlinien (Anlage 5).

(2) [1] In Sitzungswochen findet eine Befragung der Bundesregierung statt, bei der die Mitglieder des Bundestages Fragen von aktuellem Interesse an die Bundesregierung im Rahmen ihrer Verantwortlichkeit, vorrangig jedoch zur vorangegangenen Sitzung der Bundesregierung, stellen können. [2] Das Nähere wird in Richtlinien geregelt (Anlage 7).

§ 107[2)] Immunitätsangelegenheiten. (1) Ersuchen in Immunitätsangelegenheiten sind vom Präsidenten unmittelbar an den Ausschuß für Wahlprüfung, Immunität und Geschäftsordnung weiterzuleiten.

(2) Dieser hat Grundsätze über die Behandlung von Ersuchen auf Aufhebung der Immunität von Mitgliedern des Bundestages aufzustellen (Anlage 6) und diese Grundsätze zum Ausgangspunkt seiner in Einzelfällen zu erarbeitenden Beschlußempfehlungen an den Bundestag zu machen.

---

1) § 106 Überschrift neu gef. und Abs. 2 angef. durch Bek. v. 12.11.1990 (BGBl. I S. 2555).
2) § 107 Abs. 3 und 4 angef. durch Bek. v. 9.12.1987 (BGBl. I S. 2677).

(3) [1] Die Beratung über eine Beschlußempfehlung ist an Fristen nicht gebunden. [2] Sie soll frühestens am dritten Tage nach Verteilung der Vorlage (§ 75 Abs. 1 Buchstabe h) beginnen. [3] Ist die Beschlußempfehlung noch nicht verteilt, wird sie verlesen.

(4) Vor der Konstituierung des Ausschusses für Wahlprüfung, Immunität und Geschäftsordnung kann der Präsident dem Bundestag in Immunitätsangelegenheiten unmittelbar eine Beschlußempfehlung vorlegen.

IX. Behandlung von Petitionen

§ 108 Zuständigkeit des Petitionsausschusses. (1) [1] Dem gemäß Artikel 45c des Grundgesetzes[1)] vom Bundestag zu bestellenden Petitionsausschuß obliegt die Behandlung der nach Artikel 17 des Grundgesetzes an den Bundestag gerichteten Bitten und Beschwerden. [2] Aufgaben und Befugnisse des Wehrbeauftragten des Bundestages bleiben unberührt.

(2) Soweit sich aus dem Gesetz über die Befugnisse des Petitionsausschusses des Deutschen Bundestages nichts anderes ergibt, werden die Petitionen gemäß den nachfolgenden Bestimmungen behandelt.

§ 109 Überweisung der Petitionen. (1) [1] Der Präsident überweist die Petitionen an den Petitionsausschuß. [2] Dieser holt eine Stellungnahme der Fachausschüsse ein, wenn die Petitionen einen Gegenstand der Beratung in diesen Fachausschüssen betreffen.

(2) Mitglieder des Bundestages, die eine Petition überreichen, sind auf ihr Verlangen zu den Ausschußverhandlungen mit beratender Stimme zuzuziehen.

§ 110 Rechte des Petitionsausschusses. (1) Der Petitionsausschuß hat Grundsätze[2)] über die Behandlung von Bitten und Beschwerden aufzustellen und diese Grundsätze zum Ausgangspunkt seiner Entscheidung im Einzelfall zu machen.

(2) Soweit Ersuchen um Aktenvorlage, Auskunft oder Zutritt zu Einrichtungen unmittelbar an Behörden des Bundes, bundesunmittelbare Körperschaften, Anstalten und Stiftungen des öffentlichen Rechts gerichtet werden, ist das zuständige Mitglied der Bundesregierung zu verständigen.

(3) Von der Anhörung des Petenten, Zeugen oder Sachverständigen ist das zuständige Mitglied der Bundesregierung rechtzeitig zu unterrichten.

§ 111 Übertragung von Befugnissen auf einzelne Mitglieder des Petitionsausschusses. [1] Die Übertragung von Befugnissen nach dem Gesetz nach Artikel 45c des Grundgesetzes[1)] auf eines oder mehrere seiner Mitglieder muß der Petitionsausschuß im Einzelfall beschließen. [2] Inhalt und Umfang der Übertragung sind im Beschluß zu bestimmen.

[1)] Nr. **1**.

[2)] Siehe die Bek. der Grundsätze des Petitionsausschusses über die Behandlung von Bitten und Beschwerden v. 17.5.1989 (BAnz. Nr. 97).

§ 112[1)] Beschlußempfehlung und Bericht des Petitionsausschusses.

(1) [1] Der Bericht über die vom Petitionsausschuß behandelten Petitionen wird mit einer Beschlußempfehlung dem Bundestag in einer Sammelübersicht vorgelegt. [2] Der Bericht soll monatlich vorgelegt werden. [3] Darüber hinaus erstattet der Petitionsausschuß dem Bundestag jährlich einen schriftlichen Bericht über seine Tätigkeit.

(2) [1] Die Berichte werden verteilt und innerhalb von drei Sitzungswochen nach der Verteilung auf die Tagesordnung gesetzt; sie können vom Berichterstatter mündlich ergänzt werden. [2] Eine Aussprache findet jedoch nur statt, wenn diese von einer Fraktion oder von anwesenden fünf vom Hundert der Mitglieder des Bundestages verlangt wird.

(3) [1] Den Einsendern wird die Art der Erledigung ihrer Petition mitgeteilt. [2] Diese Mitteilung soll mit Gründen versehen sein.

X. Der Wehrbeauftragte des Bundestages

§ 113 Wahl des Wehrbeauftragten. Die Wahl des Wehrbeauftragten erfolgt mit verdeckten Stimmzetteln (§ 49).

§ 114 Berichte des Wehrbeauftragten. (1) Die Berichte des Wehrbeauftragten überweist der Präsident dem Verteidigungsausschuß, es sei denn, daß eine Fraktion oder fünf vom Hundert der Mitglieder des Bundestages verlangen, ihn auf die Tagesordnung zu setzen.

(2) Der Verteidigungsausschuß hat dem Bundestag Bericht zu erstatten.

§ 115 Beratung der Berichte des Wehrbeauftragten. (1) Der Präsident erteilt dem Wehrbeauftragten in der Aussprache über die von ihm vorgelegten Berichte das Wort, wenn es von einer Fraktion oder von anwesenden fünf vom Hundert der Mitglieder des Bundestages verlangt worden ist.

(2) Die Herbeirufung des Wehrbeauftragten zu den Sitzungen des Bundestages kann von einer Fraktion oder von anwesenden fünf vom Hundert der Mitglieder des Bundestages verlangt werden; Absatz 1 findet entsprechende Anwendung.

XI. Beurkundung und Vollzug der Beschlüsse des Bundestages

§ 116 Plenarprotokolle. (1) Über jede Sitzung wird ein Stenographischer Bericht (Plenarprotokoll) angefertigt.

(2) Die Plenarprotokolle werden an die Mitglieder des Bundestages verteilt.

(3) Alle anderen Aufnahmen der Verhandlungen des Bundestages, z.B. Tonbandaufnahmen, sind im Parlamentsarchiv niederzulegen.

[1)] § 112 Abs. 2 Satz 1 geänd. mWv 22.10.2013 durch Beschl. v. 6.6.2013 (BGBl. I S. 2167).

§ 117 Prüfung der Niederschrift durch den Redner. [1] Jeder Redner erhält die Niederschrift seiner Rede zur Prüfung. [2] Sie ist innerhalb von zwei Stunden an den Stenographischen Dienst zurückzugeben. [3] Die Niederschrift wird in Druck gegeben, wenn der Redner sie nicht fristgerecht zurückgibt. [4] Niederschriften von Reden dürfen vor ihrer Prüfung durch den Redner einem anderen als dem Präsidenten nur mit Zustimmung des Redners zur Einsicht überlassen werden.

§ 118 Korrektur der Niederschrift. (1) [1] Durch Korrekturen, die der Redner an der Niederschrift vornimmt, darf der Sinn der Rede oder ihrer einzelnen Teile nicht geändert werden. [2] Ergeben sich hinsichtlich der Zulässigkeit einer Korrektur Zweifel und wird keine Verständigung zwischen dem Redner und dem Leiter des Stenographischen Dienstes erzielt, so ist die Entscheidung des amtierenden Präsidenten einzuholen.

(2) Der Präsident kann alle Beweismittel heranziehen.

§ 119 Niederschrift von Zwischenrufen. (1) Ein Zwischenruf, der in die Niederschrift aufgenommen worden ist, wird Bestandteil des Plenarprotokolls, es sei denn, daß er mit Zustimmung des Präsidenten und der Beteiligten gestrichen wird.

(2) Ein Zwischenruf, der dem Präsidenten entgangen ist, kann auch noch in der nächsten Sitzung gerügt werden.

§ 120 Beurkundung der Beschlüsse. [1] Außer dem Plenarprotokoll wird über jede Sitzung ein Beschlußprotokoll (Amtliches Protokoll) gefertigt, das vom Präsidenten unterzeichnet wird. [2] Das Amtliche Protokoll wird an die Mitglieder des Bundestages verteilt und gilt als genehmigt, wenn bis zu dem auf die Verteilung folgenden Sitzungstag kein Einspruch erhoben wird.

§ 121 Einspruch gegen das Amtliche Protokoll. [1] Wird gegen das Amtliche Protokoll Einspruch erhoben und dieser nicht durch die Erklärung der Schriftführer erledigt, so befragt der Präsident den Bundestag. [2] Wird der Einspruch für begründet erachtet, so ist die neue Fassung der beanstandeten Stelle dem nächsten Amtlichen Protokoll beizufügen.

§ 122 Übersendung beschlossener Gesetze. (1) Der Präsident des Bundestages übersendet das beschlossene Gesetz unverzüglich dem Bundesrat (Artikel 77 Abs. 1 Satz 2 des Grundgesetzes[1]).

(2) Je einen Abdruck des Gesetzesbeschlusses übersendet der Präsident an den Bundeskanzler und an den federführenden Minister und teilt dabei mit, wann die Zuleitung des beschlossenen Gesetzes an den Bundesrat nach Artikel 77 Abs. 1 Satz 2 des Grundgesetzes erfolgt ist.

(3) [1] Werden vor Übersendung nach Absatz 1 in der vom Bundestag in der Schlußabstimmung angenommenen Fassung des Gesetzes Druckfehler oder andere offenbare Unrichtigkeiten festgestellt, kann der Präsident im Einvernehmen mit dem federführenden Ausschuß eine Berichtigung veranlassen. [2] Ist das Gesetz gemäß Absatz 1 bereits übersandt, macht der Präsident nach

[1] Nr. **1**.

Einwilligung des federführenden Ausschusses den Präsidenten des Bundesrates auf die Druckfehler oder andere offenbare Unrichtigkeiten mit der Bitte aufmerksam, sie im weiteren Gesetzgebungsverfahren zu berichtigen. [3] Von dieser Bitte ist dem Bundeskanzler und dem federführenden Minister Mitteilung zu machen.

§ 122a[1)] Elektronische Dokumente. (1) Soweit für die Einbringung von Vorlagen Schriftform vorgesehen ist, genügt dieser Form die Aufzeichnung als elektronisches Dokument, wenn dieses für die weitere Bearbeitung geeignet ist.

(2) [1] Das Dokument muss mit einer elektronischen Signatur nach dem Signaturgesetz versehen sein. [2] Das Nähere regeln Ausführungsbestimmungen, die vom Ältestenrat zu erlassen sind.

§ 123[2)] Fristberechnung. (1) Bei Fristen wird der Tag der Verteilung der Drucksache nicht eingerechnet; sie gilt als verteilt, wenn sie für die Mitglieder des Bundestages elektronisch abrufbar oder in ihre Fächer verteilt worden ist.

(2) Die Fristen gelten auch dann als gewahrt, wenn infolge technischer Schwierigkeiten oder aus zufälligen Gründen für einzelne Mitglieder des Bundestages eine Drucksache erst nach der allgemeinen Verteilung elektronisch abrufbar oder in ihre Fächer verteilt worden ist.

§ 124 Wahrung der Frist. [1] Bei Berechnung einer Frist, innerhalb der eine Erklärung gegenüber dem Bundestag abzugeben oder eine Leistung zu bewirken ist, wird der Tag, an dem die Erklärung oder Leistung erfolgt, nicht mitgerechnet. [2] Ist danach die Erklärung oder Leistung an einem Sonnabend, Sonntag oder einem am Sitz des Bundestages gesetzlich anerkannten Feiertag zu bewirken, so tritt an dessen Stelle der nächstfolgende Werktag. [3] Die Erklärung oder Leistung ist während der üblichen Dienststunden, spätestens aber um 18 Uhr, zu bewirken.

§ 125 Unerledigte Gegenstände. [1] Am Ende der Wahlperiode des Bundestages gelten alle Vorlagen als erledigt. [2] Dies gilt nicht für Petitionen und für Vorlagen, die keiner Beschlußfassung bedürfen.

XII. Abweichungen und Auslegung dieser Geschäftsordnung

§ 126 Abweichungen von dieser Geschäftsordnung. Abweichungen von den Vorschriften dieser Geschäftsordnung können im einzelnen Fall mit Zweidrittelmehrheit der anwesenden Mitglieder des Bundestages beschlossen werden, wenn die Bestimmungen des Grundgesetzes[3)] dem nicht entgegenstehen.

§ 127 Auslegung dieser Geschäftsordnung. (1) [1] Während einer Sitzung des Bundestages auftretende Zweifel über die Auslegung dieser Geschäftsordnung entscheidet der Präsident für den Einzelfall. [2] Im übrigen obliegt die

---

[1)] § 122a eingef. mWv 28.2.2005 durch Bek. v. 28.2.2005 (BGBl. I S. 668).
[2)] § 123 neu gef. mWv 22.10.2013 durch Beschl. v. 6.6.2013 (BGBl. I S. 2167).
[3)] Nr. **1**.

Auslegung dieser Geschäftsordnung dem Ausschuß für Wahlprüfung, Immunität und Geschäftsordnung; der Präsident, ein Ausschuß, eine Fraktion, ein Viertel der Mitglieder des Ausschusses für Wahlprüfung, Immunität und Geschäftsordnung oder fünf vom Hundert der Mitglieder des Bundestages können verlangen, daß die Auslegung dem Bundestag zur Entscheidung vorgelegt wird.

(2) Wird ein entsprechendes Verlangen gemäß Absatz 1 Satz 2 nicht vorgebracht, entscheidet der Ausschuß für Wahlprüfung, Immunität und Geschäftsordnung, in welcher Form seine Auslegung bekanntzumachen ist.

§ 128 Rechte des Ausschusses für Wahlprüfung, Immunität und Geschäftsordnung. Der Ausschuß für Wahlprüfung, Immunität und Geschäftsordnung kann Fragen aus seinem Geschäftsbereich beraten und dem Bundestag Empfehlungen unterbreiten (§ 75 Abs. 1 Buchstabe h).

Anlage 1

Verhaltensregeln für Mitglieder des Deutschen Bundestages[1)]

§ 1[2)] Anzeigepflicht. (1) Ein Mitglied des Bundestages ist verpflichtet, dem Präsidenten aus der Zeit vor seiner Mitgliedschaft im Bundestag schriftlich anzuzeigen

1. die zuletzt ausgeübte Berufstätigkeit;
2. Tätigkeiten als Mitglied eines Vorstandes, Aufsichtsrates, Verwaltungsrates, Beirates oder eines sonstigen Gremiums einer Gesellschaft oder eines in einer anderen Rechtsform betriebenen Unternehmens;
3. Tätigkeiten als Mitglied eines Vorstandes, Aufsichtsrates, Verwaltungsrates, Beirates oder eines sonstigen Gremiums einer Körperschaft oder Anstalt des öffentlichen Rechts.

(2) Ein Mitglied des Bundestages ist zusätzlich verpflichtet, dem Präsidenten schriftlich die folgenden Tätigkeiten und Verträge, die während der Mitgliedschaft im Bundestag ausgeübt oder aufgenommen werden bzw. wirksam sind, anzuzeigen:

1. entgeltliche Tätigkeiten neben dem Mandat, die selbstständig oder im Rahmen eines Anstellungsverhältnisses ausgeübt werden. Darunter fallen z.B. die Fortsetzung einer vor der Mitgliedschaft ausgeübten Berufstätigkeit sowie Beratungs-, Vertretungs-, Gutachter-, publizistische und Vortragstätigkeiten. Die Anzeigepflicht für die Erstattung von Gutachten, für publizistische und Vortragstätigkeiten entfällt, wenn die Höhe der jeweils vereinbarten Einkünfte den Betrag von 1 000 Euro im Monat oder von 10 000

---

1) Siehe hierzu auch die Bek. der Ausführungsbestimmungen zu den Verhaltensregeln für Mitglieder des Deutschen Bundestages v. 18.6.2013 (BGBl. I S. 1645).

2) Anl. 1 § 1 neu gef. durch Bek. v. 18.12.1986 (BGBl. 1987 I S. 147); Abs. 1 Nr. 1, Abs. 2 einl. Satzteil und Nrn. 1 und 4 bis 6 und Abs. 3 neu gef., Abs. 1 Nr. 4 und Abs. 2 Nrn. 7 bis 9 aufgeh., Abs. 4 eingef. sowie Abs. 6 angef., bish. Abs. 4 wird Abs. 5 und Sätze 2 und 3 angef. mWv 18.10. 2005 durch Bek. v. 12.7.2005 (BGBl. I S. 2512); Abs. 2 Nr. 1 geänd. mWv 22.10.2013 durch Bek. v. 18.6.2013 (BGBl. I S. 1644).

Euro im Jahr nicht übersteigt. Sie entfällt ferner für die Tätigkeit als Mitglied der Bundesregierung, als Parlamentarischer Staatssekretär und als Staatsminister;

2. Tätigkeiten als Mitglied eines Vorstandes, Aufsichtsrates, Verwaltungsrates, Beirates oder sonstigen Gremiums einer Gesellschaft oder eines in einer anderen Rechtsform betriebenen Unternehmens;
3. Tätigkeiten als Mitglied eines Vorstandes, Aufsichtsrates, Verwaltungsrates, Beirates oder eines sonstigen Gremiums einer Körperschaft oder Anstalt des öffentlichen Rechts;
4. Tätigkeiten als Mitglied eines Vorstandes oder eines sonstigen leitenden oder beratenden Gremiums eines Vereins, Verbandes oder einer ähnlichen Organisation sowie einer Stiftung mit nicht ausschließlich lokaler Bedeutung;
5. das Bestehen bzw. der Abschluss von Vereinbarungen, wonach dem Mitglied des Bundestages während oder nach Beendigung der Mitgliedschaft bestimmte Tätigkeiten übertragen oder Vermögensvorteile zugewendet werden sollen;
6. Beteiligungen an Kapital- oder Personengesellschaften, wenn dadurch ein wesentlicher wirtschaftlicher Einfluss auf ein Unternehmen begründet wird. Die Grenzen der Anzeigepflicht legt der Präsident in den gemäß Absatz 4 zu erlassenden Ausführungsbestimmungen fest.

(3) [1] Bei einer Tätigkeit und einem Vertrag, die gemäß Absatz 2 Nr. 1 bis 5 anzeigepflichtig sind, ist auch die Höhe der jeweiligen Einkünfte anzugeben, wenn diese im Monat den Betrag von 1 000 Euro oder im Jahr den Betrag von 10 000 Euro übersteigen. [2] Zu Grunde zu legen sind hierbei die für eine Tätigkeit zu zahlenden Bruttobeträge unter Einschluss von Entschädigungs-, Ausgleichs- und Sachleistungen.

(4) Der Präsident erlässt Ausführungsbestimmungen über Inhalt und Umfang der Anzeigepflicht, nachdem er dem Präsidium und den Fraktionsvorsitzenden Gelegenheit zur Stellungnahme gegeben hat.

(5) [1] Die Anzeigepflicht umfaßt nicht die Mitteilung von Tatsachen über Dritte, für die der Abgeordnete gesetzliche Zeugnisverweigerungsrechte oder Verschwiegenheitspflichten geltend machen kann. [2] Der Präsident kann in diesen Fällen in den Ausführungsbestimmungen festlegen, dass die Anzeigepflicht so zu erfüllen ist, dass die in Satz 1 genannten Rechte nicht verletzt werden. [3] Hierzu kann er insbesondere vorsehen, dass statt der Angaben zum Auftraggeber eine Branchenbezeichnung anzugeben ist.

(6) Anzeigen nach den Verhaltensregeln sind innerhalb einer Frist von drei Monaten nach Erwerb der Mitgliedschaft im Deutschen Bundestag sowie nach Eintritt von Änderungen oder Ergänzungen während der Wahlperiode dem Präsidenten einzureichen.

§ 2[1)] Rechtsanwälte. (1) Mitglieder des Bundestages, die gegen Entgelt gerichtlich oder außergerichtlich für die Bundesrepublik Deutschland auftreten, haben dem Präsidenten die Übernahme der Vertretung anzuzeigen, wenn das Honorar einen vom Präsidenten festgelegten Mindestbetrag übersteigt.

[1)] Anl. 1 § 2 neu gef. durch Bek. v. 18.12.1986 (BGBl. 1987 I S. 147).

(2) Mitglieder des Bundestages, die gegen Entgelt zur Besorgung fremder Angelegenheiten gerichtlich oder außergerichtlich gegen die Bundesrepublik Deutschland auftreten, haben dem Präsidenten die Übernahme der Vertretung anzuzeigen, wenn das Honorar einen vom Präsidenten festgelegten Mindestbetrag übersteigt.

(3) Absätze 1 und 2 gelten entsprechend bei gerichtlichem oder außergerichtlichem Auftreten insbesondere für oder gegen bundesunmittelbare Körperschaften, Anstalten oder Stiftungen des öffentlichen Rechts.

§ 3[1)] Veröffentlichung. [1] Die Angaben gemäß § 1 Abs. 1 Nr. 1 und Abs. 2 Nr. 1 bis 6 werden im Amtlichen Handbuch und auf den Internetseiten des Deutschen Bundestages veröffentlicht. [2] Die Angaben gemäß § 1 Abs. 3 über Einkünfte werden in der Form veröffentlicht, dass bezogen auf jeden einzelnen veröffentlichten Sachverhalt jeweils eine von zehn Einkommensstufen ausgewiesen wird. [3] Die Stufe 1 erfasst einmalige oder regelmäßige monatliche Einkünfte einer Größenordnung von 1 000 bis 3 500 Euro, die Stufe 2 Einkünfte bis 7 000 Euro, die Stufe 3 Einkünfte bis 15 000 Euro, die Stufe 4 Einkünfte bis 30 000 Euro, die Stufe 5 Einkünfte bis 50 000 Euro, die Stufe 6 Einkünfte bis 75 000 Euro, die Stufe 7 Einkünfte bis 100 000 Euro, die Stufe 8 Einkünfte bis 150 000 Euro, die Stufe 9 Einkünfte bis 250 000 Euro und die Stufe 10 Einkünfte über 250 000 Euro. [4] Regelmäßige monatliche Einkünfte werden als solche gekennzeichnet. [5] Werden innerhalb eines Kalenderjahres unregelmäßige Einkünfte zu einer Tätigkeit angezeigt, wird die Jahressumme gebildet und die Einkommensstufe mit der Jahreszahl veröffentlicht.

§ 4[2)] Spenden. (1) Ein Mitglied des Bundestages hat über Geldspenden und geldwerte Zuwendungen aller Art (Spenden), die ihm für seine politische Tätigkeit zur Verfügung gestellt werden, gesondert Rechnung zu führen.

(2) Eine Spende, deren Wert in einem Kalenderjahr 5 000 Euro übersteigt, ist unter Angabe des Namens und der Anschrift des Spenders sowie der Gesamthöhe dem Präsidenten anzuzeigen.

(3) Spenden sind, soweit sie in einem Kalenderjahr einzeln oder bei mehreren Spenden desselben Spenders zusammen den Wert von 10 000 Euro übersteigen, vom Präsidenten unter Angabe ihrer Höhe und Herkunft im Amtlichen Handbuch und auf den Internetseiten des Deutschen Bundestages zu veröffentlichen.

(4) Für Spenden an ein Mitglied des Bundestages finden § 25 Abs. 2 und 4 des Gesetzes über die politischen Parteien[3)] entsprechende Anwendung.

(5) Geldwerte Zuwendungen

1. aus Anlass der Wahrnehmung interparlamentarischer oder internationaler Beziehungen,

---

[1)] Anl. 1 § 3 neu gef. mWv 18.10.2005 durch Bek. v. 12.7.2005 (BGBl. I S. 2512); Satz 2 geänd., Satz 3 neu gef. mWv 22.10.2013 durch Bek. v. 18.6.2013 (BGBl. I S. 1644)

[2)] Anl. 1 § 4 neu gef. durch Bek. v. 30.9.1995 (BGBl. I S. 1246); Abs. 2, 3 und 4 geänd. mWv 1.10.2002 durch Bek. v. 17.9.2002 (BGBl. I S. 3759); Abs. 5 Buchst. b geänd. mWv 18.10.2005 durch Bek. v. 12.7.2005 (BGBl. I S. 2512); Abs. 3 und 4 geänd., Abs. 5 neu gef., Abs. 6 eingef., bish. Abs. 6 wird Abs. 7 mWv 22.10.2013 durch Bek. v. 18.6.2013 (BGBl. I S. 1644).

[3)] Nr. **24**.

2. zur Teilnahme an Veranstaltungen zur politischen Information, zur Darstellung der Standpunkte des Deutschen Bundestages oder seiner Fraktionen oder als Repräsentant des Deutschen Bundestages

gelten nicht als Spenden im Sinne dieser Vorschrift; sie sind jedoch entsprechend Absatz 2 anzuzeigen und nach Maßgabe von Absatz 3 zu veröffentlichen.

(6) [1] Geldwerte Zuwendungen, die ein Mitglied des Bundestages als Gastgeschenk in Bezug auf sein Mandat erhält, müssen dem Präsidenten angezeigt und ausgehändigt werden; das Mitglied kann beantragen, das Gastgeschenk gegen Bezahlung des Gegenwertes an die Bundeskasse zu behalten. [2] Einer Anzeige bedarf es nicht, wenn der materielle Wert des Gastgeschenks einen Betrag nicht übersteigt, der in den Ausführungsbestimmungen des Präsidenten festgelegt wird (§ 1 Absatz 4).

(7) Der Präsident entscheidet im Benehmen mit dem Präsidium über die Verwendung angezeigter Gastgeschenke und rechtswidrig angenommener Spenden.

§ 5[1)] Hinweise auf Mitgliedschaft. Hinweise auf die Mitgliedschaft im Bundestag in beruflichen oder geschäftlichen Angelegenheiten sind unzulässig.

§ 6[2)] Interessenverknüpfung im Ausschuß. Ein Mitglied des Bundestages, das entgeltlich mit einem Gegenstand beschäftigt ist, der in einem Ausschuß des Bundestages zur Beratung ansteht, hat als Mitglied dieses Ausschusses vor der Beratung eine Interessenverknüpfung offenzulegen, soweit sie nicht aus den gemäß § 3 veröffentlichten Angaben ersichtlich ist.

§ 7[3)] Rückfrage. In Zweifelsfragen ist das Mitglied des Bundestages verpflichtet, sich durch Rückfragen beim Präsidenten über den Inhalt seiner Pflichten nach diesen Verhaltensregeln zu vergewissern.

§ 8[4)] Verfahren. (1) [1] Bestehen Anhaltspunkte dafür, dass ein Mitglied des Bundestages seine Pflichten nach den Verhaltensregeln verletzt hat, holt der Präsident zunächst dessen Stellungnahme ein und leitet eine Prüfung in tatsächlicher und rechtlicher Hinsicht ein. [2] Er kann von dem betroffenen Mitglied ergänzende Auskünfte zur Erläuterung und Aufklärung des Sachverhalts verlangen und den Vorsitzenden der Fraktion, der dieses Mitglied angehört, um Stellungnahme bitten.

(2) [1] Ergibt sich nach der Überzeugung des Präsidenten, dass ein minder schwerer Fall bzw. leichte Fahrlässigkeit vorliegt (z.B. Überschreitung von Anzeigefristen), wird das betreffende Mitglied ermahnt. [2] Ansonsten teilt der Präsident das Ergebnis der Überprüfung dem Präsidium und den Vorsitzenden der Fraktionen mit. [3] Das Präsidium stellt nach Anhörung des betroffenen Mitglieds fest, ob ein Verstoß gegen die Verhaltensregeln vorliegt. [4] Die Fest-

---

[1)] Anl. 1 § 5 neu gef. durch Bek. v. 18.12.1986 (BGBl. 1987 I S. 147).

[2)] Anl. 1 § 6 neu gef. durch Bek. v. 18.12.1986 (BGBl. 1987 I S. 147); geänd. mWv 18.10.2005 durch Bek. v. 12.7.2005 (BGBl. I S. 2512).

[3)] Anl. 1 § 7 neu gef. durch Bek. v. 18.12.1986 (BGBl. 1987 I S. 147); geänd. mWv 18.10.2005 durch Bek. v. 12.7.2005 (BGBl. I S. 2512).

[4)] Anl. 1 § 8 neu gef. mWv 18.10.2005 durch Bek. v. 12.7.2005 (BGBl. I S. 2512).

stellung des Präsidiums, dass ein Mitglied des Bundestages seine Pflichten nach den Verhaltensregeln verletzt hat, wird unbeschadet weiterer Sanktionen nach § 44a des Abgeordnetengesetzes[1] als Drucksache veröffentlicht. [5] Die Feststellung, dass eine Verletzung nicht vorliegt, wird auf Wunsch des Mitglieds des Bundestages veröffentlicht.

(3) [1] Bestehen Anhaltspunkte für eine Pflichtverletzung gegen ein Mitglied des Präsidiums oder gegen einen Fraktionsvorsitzenden, nimmt das betroffene Mitglied des Bundestages an Sitzungen im Rahmen dieses Verfahrens nicht teil. [2] Anstelle eines betroffenen Fraktionsvorsitzenden wird sein Stellvertreter gemäß Absatz 1 angehört und gemäß Absatz 2 unterrichtet. [3] Bestehen Anhaltspunkte dafür, dass der Präsident seine Pflichten nach den Verhaltensregeln verletzt hat, hat sein Stellvertreter nach den Vorschriften der Absätze 1 und 2 zu verfahren.

(4) [1] Das Präsidium kann gegen das Mitglied des Bundestages, das seine Anzeigepflicht verletzt hat, nach erneuter Anhörung ein Ordnungsgeld festsetzen. [2] Die Höhe des Ordnungsgeldes bemisst sich nach der Schwere des Einzelfalles und nach dem Grad des Verschuldens. [3] Es kann bis zur Höhe der Hälfte der jährlichen Abgeordnetenentschädigung festgesetzt werden. [4] Der Präsident führt die Festsetzung aus. [5] Auf Wunsch des betreffenden Mitglieds kann eine Ratenzahlung vereinbart werden. [6] § 31 Satz 3 und 4 des Abgeordnetengesetzes gilt entsprechend.

(5) [1] In Fällen des § 44a Abs. 3 des Abgeordnetengesetzes leitet der Präsident nach Anhörung des betroffenen Mitglieds eine Prüfung in tatsächlicher und rechtlicher Hinsicht ein. [2] Dabei ist bei der Prüfung auf Vorliegen einer angemessenen Gegenleistung im Sinne des § 44a Abs. 2 Satz 3 des Abgeordnetengesetzes auf die Verkehrsüblichkeit abzustellen; hilfsweise ist entscheidend, ob Leistung und Gegenleistung offensichtlich außer Verhältnis stehen. [3] Maßnahmen nach diesem Absatz setzen voraus, dass der Erhalt der Zuwendung oder des Vermögensvorteils nicht länger als drei Jahre zurückliegt. [4] Der Präsident kann von dem Mitglied ergänzende Auskünfte zur Erläuterung und Aufklärung des Sachverhalts verlangen und den Vorsitzenden der Fraktion, der dieses Mitglied angehört, um Stellungnahme bitten. [5] Ergibt sich nach der Überzeugung des Präsidenten, dass eine unzulässige Zuwendung nach § 44a Abs. 2 des Abgeordnetengesetzes vorliegt, teilt er das Ergebnis der Überprüfung dem Präsidium und den Vorsitzenden der Fraktionen mit. [6] Das Präsidium stellt nach Anhörung des betroffenen Mitglieds fest, ob ein Verstoß gegen § 44a Abs. 2 des Abgeordnetengesetzes vorliegt. [7] Der Präsident macht den Anspruch gemäß § 44a Abs. 3 des Abgeordnetengesetzes im Wege eines Verwaltungsaktes geltend. [8] Die Feststellung, dass ein Mitglied des Bundestages seine Pflichten nach dem Abgeordnetengesetz verletzt hat, wird unbeschadet weiterer Sanktionen nach § 44a des Abgeordnetengesetzes als Drucksache veröffentlicht. [9] Die Feststellung, dass eine Verletzung nicht vorliegt, wird auf Wunsch des Mitglieds des Bundestages veröffentlicht. [10] Absatz 3 gilt entsprechend.

§ 9[2] *(aufgehoben)*

---

[1] Nr. **23**.

[2] Anl. 1 § 9 aufgeh. mWv 18.10.2005 durch Bek. v. 12.7.2005 (BGBl. I S. 2512).

Anlage 2

Registrierung von Verbänden und deren Vertreter

(1) Der Präsident des Bundestages führt eine öffentliche Liste, in der alle Verbände, die Interessen gegenüber dem Bundestag oder der Bundesregierung vertreten, eingetragen werden.

(2) Eine Anhörung ihrer Vertreter findet nur statt, wenn sie sich in diese Liste eingetragen haben und dabei folgende Angaben gemacht haben:

Name und Sitz des Verbandes

Zusammensetzung von Vorstand und Geschäftsführung

Interessenbereich des Verbandes

Mitgliederzahl

Namen der Verbandsvertreter sowie

Anschrift der Geschäftsstelle am Sitz von Bundestag und Bundesregierung.

(3) Hausausweise für Interessenvertreter werden nur ausgestellt, wenn die Angaben nach Absatz 2 gemacht wurden.

(4) Die Eintragung in die Liste begründet keinen Anspruch auf Anhörung oder Ausstellung eines Hausausweises.

(5) Die Liste ist vom Präsidenten jährlich im Bundesanzeiger zu veröffentlichen.

Anlage 3

Geheimschutzordnung des Deutschen Bundestages

§ 1 Anwendungsbereich. (1) [1] Diese Geheimschutzordnung gilt für Verschlußsachen (VS), die innerhalb des Bundestages entstehen oder dem Bundestag, seinen Ausschüssen oder Mitgliedern des Bundestages zugeleitet wurden. [2] Die für die Ausschüsse geltenden Vorschriften finden Anwendung auf andere Gremien, die vom Bundestag bzw. den Ausschüssen eingesetzt sind oder auf gesetzlicher Grundlage beruhen.

(2) VS sind Angelegenheiten aller Art, die durch besondere Sicherheitsmaßnahmen gegen die Kenntnis durch Unbefugte geschützt werden müssen.

(3) [1] VS können alle Formen der Darstellung von Kenntnissen und Erkenntnissen sein. [2] Zwischenmaterial (z.B. Vorentwürfe, Aufzeichnungen auf Tonträger, Stenogramme, Kohlepapier, Schablonen, Fehldrucke, u.U. auch Löschpapier) ist wie eine VS zu behandeln.

§ 2 Geheimhaltungsgrade. (1) VS werden je nach dem Schutz, dessen sie bedürfen, in folgende Geheimhaltungsgrade eingestuft:

STRENG GEHEIM	Abkürzung: str. geh.
GEHEIM	Abkürzung: geh.
VS-VERTRAULICH	Abkürzung: VS-Vertr.
VS-NUR FÜR DEN DIENSTGEBRAUCH	Abkürzung: VS-NfD.

(2) Als STRENG GEHEIM eingestuft werden VS, deren Kenntnis durch Unbefugte den Bestand der Bundesrepublik Deutschland oder eines ihrer Länder gefährden würde.

(3) Als GEHEIM eingestuft werden VS, deren Kenntnis durch Unbefugte die Sicherheit der Bundesrepublik Deutschland oder eines ihrer Länder gefährden, ihren Interessen oder ihrem Ansehen schweren Schaden zufügen oder für einen fremden Staat von großem Vorteil sein würde.

(4) Als VS-VERTRAULICH eingestuft werden VS, deren Kenntnis durch Unbefugte den Interessen oder dem Ansehen der Bundesrepublik Deutschland oder eines ihrer Länder abträglich oder für einen fremden Staat von Vorteil sein könnte.

(5) [1] VS, die nicht unter die Geheimhaltungsgrade STRENG GEHEIM, GEHEIM oder VS-VERTRAULICH fallen, aber nicht für die Öffentlichkeit bestimmt sind, erhalten den Geheimhaltungsgrad VS-NUR FÜR DEN DIENSTGEBRAUCH. [2] Protokolle über nichtöffentliche Sitzungen der Ausschüsse (§ 69 Abs. 1 Satz 1 GO-BT[1)]) sind grundsätzlich keine Verschlußsachen im Sinne der Geheimschutzordnung des Bundestages (§ 73 GO-BT).

(6) Die Kennzeichnung von VS erfolgt unter entsprechender Anwendung der Verschlußsachenanweisung für die Bundesbehörden.

§ 2a[2)] Private Geheimnisse. (1) Als GEHEIM können auch wichtige Geschäfts-, Betriebs-, Erfindungs-, Steuer- oder sonstige private Geheimnisse oder Umstände des persönlichen Lebensbereichs eingestuft werden, deren Kenntnis durch Unbefugte dem Berechtigten schweren Schaden zufügen würde.

(2) Als VERTRAULICH können die in Absatz 1 bezeichneten Geheimnisse oder Umstände eingestuft werden, deren Kenntnis durch Unbefugte dem Interesse des Berechtigten abträglich sein könnte.

§ 3 Wahl und Änderung der Geheimhaltungsgrade. (1) [1] Von Geheimeinstufungen ist nur der unbedingt notwendige Gebrauch zu machen. [2] VS sind nicht höher einzustufen, als es ihr Inhalt erfordert.

(2) [1] Den Geheimhaltungsgrad der VS bestimmt die herausgebende Stelle. [2] Sie teilt die Änderung oder Aufhebung des Geheimhaltungsgrades einer VS dem Empfänger schriftlich mit.

[1)] Nr. **14**.
[2)] Anl. 3 § 2a eingef. mWv 30.5.2001 durch Bek. v. 30.5.2001 (BGBl. I S. 1203).

(3) Herausgebende Stelle im Sinne des Absatzes 2 sind bei VS, die innerhalb des Bundestages entstehen,

a) der Präsident,

b) die Vorsitzenden der Ausschüsse,

c) weitere vom Präsidenten ermächtigte Stellen.

§ 3a[1] **Einsichtnahme in Verschlusssachen.** [1] Verschlusssachen der Geheimhaltungsgrade Streng geheim oder Geheim dürfen nur in den Räumen der Geheimregistratur eingesehen werden. [2] Abweichend hiervon können Verschlusssachen Mitgliedern von Untersuchungsausschüssen sowie von Gremien, die auf Grund rechtlicher Grundlage regelmäßig geheim tagen, zur Einsichtnahme in ihren Büroräumen ausgegeben werden, sofern diese mit VS-Verwahrgelassen ausgestattet und die Verschlusssachen dem Bundestag zum Zwecke der Auftragserledigung dieses Gremiums zugeleitet worden sind. [3] Satz 2 gilt für Personen entsprechend, die vom Präsidenten hierzu ermächtigt werden.

§ 4[2] **Kenntnis und Weitergabe einer VS.** (1) Über den Inhalt einer VS des Geheimhaltungsgrades VS-VERTRAULICH und höher darf nicht umfassender und früher unterrichtet werden, als dies aus Gründen der parlamentarischen Arbeit unerläßlich ist.

(2) Im Rahmen des Absatzes 1 darf ein Mitglied des Bundestages, dem eine VS des Geheimhaltungsgrades VS-VERTRAULICH und höher zugänglich gemacht worden ist, andere Mitglider des Bundestages davon in Kenntnis setzen.

(3) [1] Fraktionsangestellten und Mitarbeitern von Mitgliedern des Bundestages dürfen VS des Geheimhaltungsgrades VS-VERTRAULICH und höher in diesem Rahmen nur zugänglich gemacht werden, wenn sie vom Präsidenten zum Umgang mit VS ermächtigt und zur Geheimhaltung förmlich verpflichtet sind. [2] Satz 1 gilt für einen Ermittlungsbeauftragten gemäß § 10 des Untersuchungsausschussgesetzes[3] und seine Hilfskräfte entsprechend.

(4) Anderen Personen dürfen VS des Geheimhaltungsgrades VS-VERTRAULICH und höher nur mit Zustimmung der herausgebenden Stelle zugänglich gemacht werden, wenn sie zum Umgang mit VS ermächtigt und zur Geheimhaltung förmlich verpflichtet sind.

§ 5 Ferngespräche über VS. [1] Über Angelegenheiten des Geheimhaltungsgrades VS-VERTRAULICH oder höher dürfen Ferngespräche nur in außergewöhnlichen und dringenden Fällen geführt werden. [2] In diesen Fällen sind die Gespräche so vorsichtig zu führen, daß der Sachverhalt Dritten nicht verständlich wird. [3] Ist der Gesprächspartner nicht mit Sicherheit festzustellen, so ist ein Kontrollanruf erforderlich.

---

[1] Anl. 3 § 3a eingef. mWv 12.3.2013 durch Bek. v. 12.3.2013 (BGBl. I S. 548).
[2] Anl. 3 § 4 Abs. 3 Satz 2 angef. mWv 30.5.2001 durch Bek. v. 30.5.2001 (BGBl. I S. 1203).
[3] Nr. **6**.

§ 6 Herstellung von Duplikaten. [1] Der Empfänger von VS der Geheimhaltungsgrade VS-VERTRAULICH und höher darf weitere Exemplare (Abschriften, Abdrucke, Ablichtungen und dergleichen) sowie Auszüge nur von der Geheimregistratur herstellen lassen; für VS des Geheimhaltungsgrades STRENG GEHEIM ist außerdem die Zustimmung der herausgebenden Stelle erforderlich. [2] Sie sind wie die Original-VS zu behandeln.

§ 7 Behandlung von VS in Ausschüssen. (1) [1] Die Ausschüsse können für einen Beratungsgegenstand oder für Teile desselben einen Geheimhaltungsgrad beschließen (§ 69 Abs. 7 GO-BT[1)]). [2] Wird über VS der Geheimhaltungsgrade VS-VERTRAULICH und höher beraten, führt der Vorsitzende die entsprechende Beschlußfassung unverzüglich in derselben Sitzung herbei und stellt vor Beginn der Beratungen fest, daß sich keine unbefugten Personen im Sitzungssaal aufhalten.

(2) [1] Bei Beratungen über STRENG GEHEIM- oder GEHEIM-Angelegenheiten dürfen nur die Beschlüsse protokolliert werden. [2] Der Ausschuß kann beschließen, daß die Beratungen dem Inhalt nach festgehalten werden; in diesem Fall hat er über Auflage und Verteilung der Protokolle zu beschließen.

(3) [1] Bei Beratungen über VS-VERTRAULICH-Angelegenheiten kann ein Protokoll angefertigt werden; Absatz 2 Satz 2 zweiter Halbsatz gilt entsprechend. [2] Der Ausschuß kann jedoch beschließen, daß nur die Beschlüsse festgehalten werden.

(4) [1] Werden VS des Geheimhaltungsgrades VS-VERTRAULICH oder höher einem Ausschuß zugeleitet, dürfen sie nur in der Sitzung und längstens für deren Dauer ausgegeben werden. [2] Bei Unterbrechung der Sitzung kann die Rückgabe unterbleiben, wenn die Überwachung des Sitzungsraumes durch die Hausinspektion sichergestellt ist. [3] Der Ausschußvorsitzende kann bestimmen, daß VS der Geheimhaltungsgrade GEHEIM und VS-VERTRAULICH an die Berichterstatter des Ausschusses und in besonderen Fällen anderen Mitgliedern des Ausschusses bis zum Abschluß der Ausschußberatungen über den Beratungsgegenstand, auf den sich die VS bezieht, ausgegeben und in den dafür zulässigen VS-Behältnissen aufbewahrt werden.

(5) Für VS des Geheimhaltungsgrades VS-VERTRAULICH kann der Ausschuß in Fällen des Absatzes 4 anders beschließen.

(6) [1] VS des Geheimhaltungsgrades VS-VERTRAULICH und GEHEIM können, sofern sie im Ausschuß entstanden sind, mit Genehmigung des Ausschußvorsitzenden nach Registrierung in der Geheimregistratur in den dafür vorgesehenen VS-Behältnissen des Ausschusses zeitweilig aufbewahrt werden. [2] Sie sind an die Geheimregistratur zurückzugeben, sobald sie im Ausschuß nicht mehr benötigt werden.

(7) Stellt sich erst im Laufe oder am Schluß der Beratungen heraus, daß die Beratungen als VS-VERTRAULICH oder höher zu bewerten sind, kann der Ausschuß die erforderlichen Sicherheitsmaßnahmen nachträglich beschließen.

[1)] Nr. **14**.

§ 8 Registrierung und Verwaltung von VS. (1) Werden VS der Geheimhaltungsgrade VS-VERTRAULICH oder höher dem Bundestag, seinen Ausschüssen oder Mitgliedern des Bundestages zugeleitet, sind sie, soweit sie nicht über die Geheimregistratur geleitet worden sind, grundsätzlich dieser zur Registrierung und Verwaltung zuzuleiten.

(2) Im Bundestag entstehende VS der Geheimhaltungsgrade VS-VERTRAULICH und höher sind grundsätzlich ebenfalls der Geheimregistratur zur Registrierung und Verwaltung zuzuleiten.

(3) Der Empfang von VS des Geheimhaltungsgrades VS-VERTRAULICH oder höher ist schriftlich zu bestätigen.

(4) VS der Geheimhaltungsgrade VS-VERTRAULICH und höher sind in der Geheimregistratur oder den hierfür vom Präsidenten bestimmten Räumen aufzubewahren.

(5) VS des Geheimhaltungsgrades VS-NUR FÜR DEN DIENSTGEBRAUCH sind unter Verschluß aufzubewahren; dieses ist nicht notwendig, wenn sie in Räumen aufbewahrt werden, zu denen Außenstehende keinen Zugang haben.

§ 9 Vernichtung von VS. [1] VS einschließlich des im Bundestag entstehenden Zwischenmaterials sind, wenn sie nicht mehr benötigt werden, der Geheimregistratur zuzuleiten. [2] Soweit die VS nicht aufzubewahren sind, werden sie durch die Geheimregistratur vernichtet.

§ 10 Weiterleitung von VS. (1) [1] VS der Geheimhaltungsgrade STRENG GEHEIM und GEHEIM sind bei Beförderung innerhalb des Hauses grundsätzlich über die Geheimregistratur zu leiten. [2] Sie dürfen nur durch entsprechend ermächtigte Personen weitergeleitet werden. [3] Ist aus dringendem Grund eine Von-Hand-zu-Hand-Übergabe erfolgt, ist die Geheimregistratur nachträglich in Kenntnis zu setzen.

(2) VS des Geheimhaltungsgrades VS-VERTRAULICH können unter Benachrichtigung der Geheimregistratur von Hand zu Hand an zum Empfang berechtigte Personen weitergegeben werden.

(3) Die Versendung von VS der Geheimhaltungsgrade VS-VERTRAULICH und höher wird von der Geheimregistratur nach den Bestimmungen der Verschlußsachenanweisung für die Bundesbehörden vorgenommen.

§ 11 Mitnahme von VS. (1) [1] Die Mitnahme von VS der Geheimhaltungsgrade STRENG GEHEIM und GEHEIM aus den der Verwaltung des Bundestages unterstehenden Räumen ist unzulässig. [2] Der Präsident kann die Mitnahme zulassen, wenn unabweisbare Gründe dies erfordern. [3] Er legt gleichzeitig fest, wie die VS zu befördern sind.

(2) [1] Bei der Mitnahme von VS der Geheimhaltungsgrade VS-VERTRAULICH oder höher ist für die ununterbrochene sichere Aufbewahrung zu sorgen. [2] Steht für VS der Geheimhaltungsgrade STRENG GEHEIM oder GEHEIM kein Stahlschrank mit Kombinations- und Sicherheitsschloß zur Verfügung, muß der Inhaber die VS ständig bei sich führen. [3] Die Zurücklassung in Kraftwagen, die Verwahrung in Hotelsafes oder auf Bahnhöfen und dergleichen ist unzulässig. [4] Bei Aufenthalten im Ausland ist die VS nach Möglichkeit bei den deutschen Vertretungen aufzubewahren.

(3) In der Öffentlichkeit dürfen VS der Geheimhaltungsgrade VS-VERTRAULICH oder höher nicht gelesen und erörtert werden.

§ 12 Mitteilungspflicht. Jeder Verdacht, jede Wahrnehmung oder jeder Vorfall, der auf Anbahnungsversuche fremder Nachrichtendienste oder darauf schließen läßt, daß Unbefugte Kenntnis vom Inhalt von VS erhalten haben, sowie der Verlust von VS der Geheimhaltungsgrade VS-VERTRAULICH oder höher oder der Verlust von Sicherheitsschlüsseln ist unverzüglich dem Präsidenten oder dem Geheimschutzbeauftragten der Verwaltung des Deutschen Bundestages mitzuteilen.

§ 13 Ausführungsbestimmungen. Der Präsident ist ermächtigt, Ausführungsbestimmungen zu erlassen.

Anlage 4[1)]

Richtlinien für die Fragestunde und für die schriftlichen Einzelfragen

I. Fragerecht

1. In jeder Sitzungswoche werden Fragestunden mit einer Gesamtdauer von höchstens 180 Minuten durchgeführt.
   Jedes Mitglied des Bundestages ist berechtigt, für die Fragestunden einer Sitzungswoche bis zu zwei Fragen zur mündlichen Beantwortung an die Bundesregierung zu richten.
   Die Fragen müssen kurz gefaßt sein und eine kurze Beantwortung ermöglichen. Sie dürfen keine unsachlichen Feststellungen oder Wertungen enthalten. Jede Frage darf in zwei Unterfragen unterteilt sein. Die Fragen werden nach den Geschäftsbereichen der Bundesregierung in einer Drucksache zusammengestellt.
   Der Präsident bestimmt, in welcher Reihenfolge die Geschäftsbereiche aufgerufen werden.
2. Zulässig sind Fragen aus den Bereichen, für die die Bundesregierung unmittelbar oder mittelbar verantwortlich ist.
   Fragen, die einen Tagesordnungspunkt der laufenden Sitzungswoche betreffen, werden schriftlich beantwortet. Das gilt nicht, wenn für den Tagesordnungspunkt auf Begründung und Aussprache verzichtet wird.
   Fragen von offenbar lokaler Bedeutung werden vom Präsidenten zur schriftlichen Beantwortung der Bundesregierung übermittelt. Nummern 15 und 16 finden Anwendung.
3. Der Fragesteller ist berechtigt, bis zu zwei Zusatzfragen zu stellen, wenn die Frage mündlich beantwortet wird. Für Zusatzfragen gilt Nummer 1 Abs. 3 entsprechend.

---

1) Anl. 4 geänd. durch Bek. v. 18.12.1989 (BGBl. I S. 2442); geänd. durch Bek. v. 30.9.1995 (BGBl. I S. 1246).

4. Der Präsident soll weitere Zusatzfragen durch andere Mitglieder des Bundestages zulassen, soweit dadurch die ordnungsgemäße Abwicklung der Fragestunde nicht gefährdet wird.
5. Zusatzfragen, die nicht in einem unmittelbaren Zusammenhang mit der Hauptfrage stehen, weist der Präsident zurück.

II. Die Einreichung der Fragen

6. Die Fragen sind dem Präsidenten (Parlamentssekretariat) in vierfacher Ausfertigung einzureichen.
7. Fragen werden erst in die Drucksache zur Fragestunde aufgenommen, wenn sie der Nummer 1 Abs. 3 und Nummer 2 Abs. 1 entsprechen.
8. Mündliche Fragen müssen vor der Sitzungswoche bis Freitag, 10.00 Uhr, beim Präsidenten und bis Freitag, 12.00 Uhr, bei der Bundesregierung vorliegen.
9. Der Präsident soll Fragen von offensichtlich dringendem öffentlichen Interesse (dringliche Fragen) für die Fragestunde zulassen, wenn sie spätestens am vorhergehenden Tage bis 12.00 Uhr mittags eingereicht werden. Nummer 1 Abs. 2 und 3 findet Anwendung.

III. Durchführung der Fragestunde

10. Der Präsident ruft die Nummer der Frage und den Namen des Fragestellers auf.
    Dringliche Fragen werden zu Beginn der Fragestunde aufgerufen. Liegen zum selben Fragenkreis bereits Fragen vor, werden sie ebenfalls vorgezogen.
    Fragen dürfen nur beantwortet werden, wenn der Fragesteller anwesend ist. Ist der Fragesteller nicht anwesend, wird seine Frage nur dann schriftlich beantwortet, wenn er bis zum Beginn der Fragestunde beim Präsidenten um schriftliche Beantwortung gebeten hat.
11. Ist der zuständige Bundesminister oder sein Vertreter nicht anwesend, so kann der Fragesteller verlangen, daß seine Fragen zu Beginn der Fragestunde aufgerufen werden, in der der Bundesminister oder sein Vertreter anwesend ist; sein Fragerecht darf hierdurch nicht eingeschränkt werden.
12. Fragen, die in den Fragestunden einer Woche aus Zeitmangel nicht beantwortet werden, beantwortet die Bundesregierung schriftlich, sofern der Fragesteller nicht vor Schluß der letzten Fragestunde einer Woche gegenüber dem Sitzungsvorstand seine Fragen zurückzieht. Die schriftlichen Antworten werden in den Anhang zum Plenarprotokoll aufgenommen.

IV. Schriftliche Fragen

13. Jedes Mitglied des Bundestages ist berechtigt, in jedem Monat bis zu vier Fragen zur schriftlichen Beantwortung an die Bundesregierung zu richten. Für die Zulässigkeit der Fragen gilt die Nummer 1 Abs. 3 und Nummer 2 Abs. 1 entsprechend.

14. Die Fragen werden von der Bundesregierung binnen einer Woche nach Eingang beim Bundeskanzleramt beantwortet.
Die während einer Woche eingegangenen Antworten werden in der folgenden Woche zusammen mit den Fragen in einer Drucksache veröffentlicht.

15. Ist die Antwort nicht innerhalb der Wochenfrist beim Präsidenten (Parlamentssekretariat) eingegangen, kann der Fragesteller verlangen, daß seine Frage in der ersten Fragestunde der Sitzungswoche, die auf den Fristablauf folgt, zur mündlichen Beantwortung aufgerufen wird.
Das Verlangen ist bis spätestens 12.00 Uhr des Vortages der Fragestunde beim Präsidenten (Parlamentssekretariat) geltend zu machen. Ist die Frage inzwischen schriftlich beantwortet, kann der Fragesteller nur fragen, warum die Antwort nicht innerhalb der Wochenfrist gegeben wurde.

16. Fragen aufgrund der Nummer 15 werden auf sonstige mündliche Fragen für diese Sitzungswoche nicht angerechnet. Sie werden zu Beginn der Fragestunde aufgerufen. Nummer 10 Abs. 2 Satz 2 findet Anwendung.
Zu einer Frage aufgrund der Nummer 15 kann nur der Fragesteller Zusatzfragen stellen.

Anlage 5[1)]

Richtlinien für Aussprachen zu Themen von allgemeinem aktuellem Interesse

I. Voraussetzungen der Aktuellen Stunde

1. Eine Aktuelle Stunde (§ 106) findet statt, wenn sie
   a) im Ältestenrat vereinbart wurde,
   b) von einer Fraktion oder von anwesenden fünf vom Hundert der Mitglieder des Bundestages zu der Antwort der Bundesregierung auf eine mündliche Anfrage oder
   c) unabhängig von einer für die Fragestunde eingereichten Frage von einer Fraktion oder von fünf vom Hundert der Mitglieder des Bundestages verlangt wird.
2. a) Die Aussprache nach I. 1. b) muß unmittelbar nach Schluß der Fragestunde verlangt und durchgeführt werden.
   b) Das Verlangen auf eine Aussprache [I. 1. c)] ist dem Präsidenten unter Angabe des Themas bis spätestens 12.00 Uhr des Vortages vorzulegen. Ist die Tagesordnung bereits verteilt, wird ihre Ergänzung durch den Präsidenten mitgeteilt.

---

1) Anl. 5 geänd. durch Bek. v. 12.11.1990 (BGBl. I S. 2555).

II. Rangfolge der Aussprache

3. An einem Sitzungstag des Bundestages wird nur eine Aussprache durchgeführt.

4. Ist eine Aussprache vereinbart worden [I. 1. a)], kann eine weitere Aussprache für diesen Sitzungstag nicht verlangt werden.

5. Eine Aussprache, die unabhängig von einer für die Fragestunde eingereichten Frage verlangt wird [I. 1. c)], wird auf den nachfolgenden Sitzungstag vertagt, wenn für einen Sitzungstag eine Aussprache zu der Antwort der Bundesregierung auf eine mündliche Anfrage [I. 1. b)] verlangt wird. Die vertagte Aussprache geht dann den anderen Möglichkeiten zur Aussprache vor.

III. Dauer und Redeordnung der Aussprache

6. (1) Die Aussprache dauert höchstens eine Stunde. Sprechen weniger Mitglieder einer Fraktion, als aus deren Mitte das Wort erhalten können, verkürzt sich die Aussprache um die ihnen zustehende Redezeit.

(2) Die von Mitgliedern der Bundesregierung, des Bundesrates oder ihren Beauftragten in Anspruch genommene Redezeit bleibt unberücksichtigt. Überschreitet die von Mitgliedern der Bundesregierung, des Bundesrates oder ihren Beauftragten in Anspruch genommene Redezeit dreißig Minuten, so verlängert sich die Dauer der Aussprache um dreißig Minuten.

(3) Ergreift ein Mitglied der Bundesregierung, des Bundesrates oder einer ihrer Beauftragten nach Ablauf der vorgeschriebenen Dauer der Aussprache oder in der Aussprache so spät das Wort, daß eine Erwiderung von fünf Minuten nicht mehr möglich ist, so erhält auf Verlangen einer Fraktion oder von anwesenden fünf vom Hundert der Mitglieder des Bundestages erneut je ein Sprecher der Fraktionen das Wort. Bei einer Aussprache auf Verlangen erhält als erster Redner eines der Mitglieder des Bundestages das Wort, die die Aussprache verlangt haben [I. 1. b) und c)].

7. (1) Der einzelne Redner darf nicht länger als fünf Minuten sprechen. Spricht ein Redner kürzer als fünf Minuten, verkürzt sich die Aussprache um die nicht in Anspruch genommene Redezeit.

(2) Spricht ein Mitglied der Bundesregierung, des Bundesrates oder einer ihrer Beauftragten länger als zehn Minuten, so findet § 44 Abs. 3 Anwendung.

8. Für die Reihenfolge der Worterteilung gilt § 28 mit der Maßgabe, daß die Aussprache von einem der Mitglieder eröffnet wird, die die Aussprache verlangt haben.

9. Anträge zur Sache können nicht gestellt werden.

Anlage 6[1)][2)]

Grundsätze in Immunitätsangelegenheiten und in Fällen der Genehmigung gemäß § 50 Abs. 3 StPO und § 382 Abs. 3 ZPO sowie bei Ermächtigungen gemäß § 90b Abs. 2, § 194 Abs. 4 StGB[3)]

A. Grundsätze in Immunitätsangelegenheiten

1. Antragsberechtigung

Berechtigt zur Stellung eines Antrages auf Aufhebung der Immunität sind

a) die Staatsanwaltschaften, Gerichte, Ehren- und Berufsgerichte öffentlich-rechtlichen Charakters sowie berufsständische Einrichtungen, die kraft Gesetzes Standesaufsicht ausüben,

b) im Privatklageverfahren das Gericht, bevor es nach § 383 StPO das Hauptverfahren eröffnet,

c) der Gläubiger im Vollstreckungsverfahren, soweit das Gericht nicht auch ohne dessen Antrag tätig werden kann,

d) der Ausschuß für Wahlprüfung, Immunität und Geschäftsordnung.

2. Mitteilung an den Präsidenten des Bundestages und Einreichen der Anträge

a) Hat der Bundestag für die Dauer einer Wahlperiode die Durchführung von Ermittlungsverfahren gegen Mitglieder des Bundestages wegen Straftaten genehmigt, so ist vor der Einleitung eines Ermittlungsverfahrens dem Präsidenten des Bundestages und, soweit nicht Gründe der Wahrheitsfindung entgegenstehen, dem betroffenen Mitglied des Bundestages Mitteilung zu machen; unterbleibt eine Mitteilung an das Mitglied des Bundestages, so ist der Präsident auch hiervon unter Angabe der Gründe zu unterrichten. Das Recht des Bundestages, die Aussetzung des Verfahrens zu verlangen (Artikel 46 Abs. 4 des Grundgesetzes[4)]), bleibt unberührt.

b) Die Staatsanwaltschaften und Gerichte richten ihre Anträge an den Präsidenten des Bundestages auf dem Dienstweg über den Bundesminister der Justiz, der sie mit der Bitte vorlegt, eine Entscheidung herbeizuführen, ob die Genehmigung zur Strafverfolgung oder Beschränkung der persönlichen Freiheit eines Mitgliedes des Bundestages oder der sonst beabsichtigten Maßnahme erteilt wird.

[1)] Anl. 6 geänd. durch Bek. v. 9.12.1987 (BGBl. I S. 2677); geänd. durch Bek. v. 28.6.1988 (BGBl. I S. 1009); geänd. durch Bek. v. 12.2.1998 (BGBl. I S. 428); geänd. mWv 15.7.2002 durch Bek. v. 15.7.2002 (BGBl. I S. 3012).

[2)] Der Beschluss des Deutschen Bundestages betr. Aufhebung der Immunität von Mitgliedern des Bundestages (Anl. 6 GO-BT), zuletzt geänd. laut Bek. vom 15.7.2002 (BGBl. I S. 3012), ist mit der GO in der 1. Sitzung des Deutschen Bundestages am 24.10.2017 für die 19. Wahlperiode übernommen worden; siehe Immunitätsgrundsätze-Übernahmebekanntmachung 19. Wahlperiode v. 19.3.2018 (BGBl. I S. 409).

[3)] **Amtl. Anm.:** Die Grundsätze gemäß § 107 Abs. 2 werden vom Ausschuß für Wahlprüfung, Immunität und Geschäftsordnung jeweils zu Beginn einer Wahlperiode beschlossen.

[4)] Nr. **1**.

c) Der Gläubiger (Nummer 1 Buchstabe c) kann seinen Antrag unmittelbar an den Bundestag richten.

3. Stellung der betroffenen Mitglieder des Bundestages

In Immunitätsangelegenheiten soll das betroffene Mitglied des Bundestages im Bundestag das Wort zur Sache nicht erhalten; von ihm gestellte Anträge auf Aufhebung seiner Immunität bleiben unberücksichtigt. Der Ausschuss für Wahlprüfung, Immunität und Geschäftsordnung kann auf Antrag einer Fraktion im Ausschuss dem betroffenen Mitglied Gelegenheit zur Äußerung geben.

4. Entscheidungen in Immunitätsangelegenheiten

Das Immunitätsrecht bezweckt vornehmlich, die Arbeits- und Funktionsfähigkeit des Bundestages sicherzustellen; der einzelne Abgeordnete hat einen Anspruch auf eine von sachfremden, willkürlichen Motiven freie Entscheidung. Die Entscheidung über die Aufhebung oder Wiederherstellung der Immunität trifft der Bundestag in eigener Verantwortung unter Abwägung der Belange des Parlaments und der anderen hoheitlichen Gewalten unter Berücksichtigung der Belange des betroffenen Abgeordneten. In eine Beweiswürdigung wird nicht eingetreten; die Entscheidung beinhaltet keine Feststellung von Recht oder Unrecht, Schuld oder Nichtschuld.

5. Beleidigungen politischen Charakters

Beleidigungen politischen Charakters sollen in der Regel nicht zur Aufhebung der Immunität führen.

Die Staatsanwaltschaft darf zur Vorbereitung einer Entscheidung darüber, ob ein Antrag auf Entscheidung über die Genehmigung zur Durchführung eines Strafverfahrens gestellt werden soll, dem Mitglied des Bundestages die Anschuldigung mitteilen und ihm anheimstellen, hierzu Stellung zu nehmen. Feststellungen der Staatsanwaltschaften über die Persönlichkeit des Anzeigeerstatters sowie über andere für die Beurteilung der Ernsthaftigkeit einer Anzeige wichtige Umstände bedeuten kein „zur Verantwortung ziehen" im Sinne des Artikels 46 Abs. 2 des Grundgesetzes[1)].

Artikel 46 Abs. 1 des Grundgesetzes[1)] bestimmt, daß ein Mitglied des Bundestages wegen einer Abstimmung oder einer Äußerung, die es im Bundestag oder in einem seiner Ausschüsse getan hat, gerichtlich oder dienstlich nicht zur Verantwortung gezogen werden kann, mit Ausnahme bei verleumderischen Beleidigungen (Indemnität). Das bedeutet aber, daß es z.B. wegen einfacher Beleidigung, die im Parlament erfolgt ist, nicht strafrechtlich verfolgt werden kann. Hieraus wird der Grundsatz hergeleitet, daß bei einfachen Beleidigungen, die außerhalb des Bundestages vorgekommen sind, auch die Immunität nicht aufgehoben werden soll, soweit die Beleidigung politischen Charakters ist und keine Verleumdung darstellt. Als „außerhalb des Bundestages" gilt auch eine beleidigende Äußerung, die ein Mitglied des Bundestages als Zeuge vor einem Untersuchungsausschuß getan hat, da das Mitglied des Bundestages hier jedem anderen Staatsbürger, der als Zeuge vernommen wird, gleichgestellt ist.

---

1) Nr. **1**.

6. Festnahme eines Mitgliedes des Bundestages bei Begehung der Tat

Bei Festnahme eines Mitgliedes des Bundestages bei Begehung der Tat oder im Laufe des folgenden Tages bedarf die Durchführung des Strafverfahrens oder eine Verhaftung, soweit sie bis spätestens „im Laufe des folgenden Tages" erfolgt, keiner Genehmigung (Artikel 46 Abs. 2 des Grundgesetzes[1)]).
Eine erneute Vorführung oder Verhaftung nach vorheriger Freilassung und Verstreichen des der Tat folgenden Tages bedarf dann wieder der Genehmigung des Bundestages; denn hierin liegt eine Beschränkung der persönlichen Freiheit (Artikel 46 Abs. 2 des Grundgesetzes[1)]), die in keinem Zusammenhang mit der Festnahme „auf frischer Tat" steht.

7. Verhaftung eines Mitgliedes des Bundestages

a) Die für die Dauer einer Wahlperiode erteilte Genehmigung zur Durchführung von Ermittlungsverfahren gegen Mitglieder des Bundestages wegen Straftaten sowie die Genehmigung zur Erhebung der öffentlichen Klage wegen einer Straftat umfaßt nicht zugleich auch die Genehmigung zur Verhaftung (Artikel 46 Abs. 2 des Grundgesetzes[1)]) oder zwangsweisen Vorführung.

b) Unter Verhaftung (Artikel 46 Abs. 2 des Grundgesetzes[1)]) ist nur die Untersuchungshaft zu verstehen; die Verhaftung zur Strafvollstreckung bedarf wieder einer besonderen Genehmigung.

c) Die Genehmigung zur Verhaftung schließt die Genehmigung zur zwangsweisen Vorführung ein.

d) Die Genehmigung zur zwangsweisen Vorführung schließt nicht die Genehmigung zur Verhaftung ein.

8. Vollstreckung von Freiheitsstrafen oder von Erzwingungshaft (§§ 96, 97 OWiG)

Die Genehmigung zur Erhebung der öffentlichen Klage wegen einer Straftat berechtigt nicht zur Vollstreckung einer Freiheitsstrafe.
Die Vollstreckung einer Freiheitsstrafe oder einer Erzwingungshaft (§§ 96, 97 OWiG) bedürfen der Genehmigung des Bundestages. Zur Vereinfachung des Geschäftsganges ist der Ausschuss für Wahlprüfung, Immunität und Geschäftsordnung beauftragt, eine Vorentscheidung über die Genehmigung der Vollstreckung zu treffen, bei Freiheitsstrafen jedoch nur, soweit nicht auf eine höhere Freiheitsstrafe als drei Monate erkannt ist, oder bei einer Gesamtstrafenbildung (§§ 53 bis 55 StGB, § 460 StPO) keine der erkannten Einzelstrafen drei Monate übersteigt.

9. Disziplinarverfahren

Die Aufhebung der Immunität zur Durchführung eines Disziplinarverfahrens gilt nicht zur Durchführung eines Strafverfahrens durch die Staatsanwaltschaft wegen des gleichen Sachverhalts. Umgekehrt gilt die Aufhebung der Immunität zur Durchführung eines Strafverfahrens nicht für die Durchführung eines Disziplinarverfahrens.
Die Vollsteckung von Disziplinarmaßnahmen bedarf keiner erneuten Genehmigung des Bundestages.

---

1) Nr. **1**.

10. Ehren- und Berufsgerichtsverfahren

Verfahren vor Ehren- und Berufsgerichten, die öffentlich-rechtlichen Charakter haben, können nur nach Aufhebung der Immunität durchgeführt werden.

11. Verfahren bei Verkehrsdelikten

Bei Verkehrsdelikten soll die Genehmigung grundsätzlich erteilt werden. Zur Vereinfachung des Geschäftsganges ist der Ausschuß für Wahlprüfung, Immunität und Geschäftsordnung beauftragt, bei allen Fällen von Verkehrsdelikten eine Vorentscheidung zu treffen.

12. Verfahren bei Bagatellsachen

Bei Anträgen, die nach Auffassung des Ausschusses für Wahlprüfung, Immunität und Geschäftsordnung eine Bagatellsache zum Gegenstand haben, ist der Ausschuß beauftragt, eine Vorentscheidung (Nummer 13) zu treffen.

13. Vereinfachtes Verfahren (Vorentscheidungen)

Hat der Ausschuß auf Grund der ihm erteilten Ermächtigung (Nummern 8, 11, 12, B. und C.) eine Vorentscheidung getroffen, wird diese dem Bundestag durch den Präsidenten schriftlich mitgeteilt, ohne auf die Tagesordnung gesetzt zu werden. Sie gilt als Entscheidung des Bundestages, wenn nicht innerhalb von sieben Tagen nach Mitteilung Widerspruch erhoben wird.

14. Genehmigungspflicht in besonderen Fällen

Die Genehmigung des Bundestages ist erforderlich:

a) Zur Vollstreckung von Ordnungshaft zur Erzwingung einer Unterlassung oder Duldung (§ 890 ZPO).
Wird in einem Urteil oder einer einstweiligen Verfügung, gerichtet auf eine Unterlassung oder Duldung, für den Fall der Zuwiderhandlung eine Strafe angedroht, so stellt die Androhung die Festsetzung einer Norm dar. Die Prüfung, ob diese Norm, die den Schuldner zur künftigen Erfüllung der Unterlassungspflicht anhalten soll, verletzt ist, bedeutet daher ein „zur Verantwortung ziehen" im Sinne des Artikels 46 Abs. 2 des Grundgesetzes[1)] wegen Verletzung „einer mit Strafe bedrohten Handlung". Dabei ist es unerheblich, ob in dem Verfahren Ordnungshaft oder -geld angestrebt wird.

b) Zur Vollstreckung der Haft zur Erzwingung der eidesstattlichen Versicherung des Schuldners (§ 901 ZPO).
Da lediglich die Vollstreckung des Haftbefehls eine Beschränkung der persönlichen Freiheit im Sinne des Artikels 46 Abs. 2 des Grundgesetzes[1)] ist und daher der Genehmigung des Deutschen Bundestages bedarf, steht der Ausschuß für Wahlprüfung, Immunität und Geschäftsordnung auf dem Standpunkt, daß die Durchführung des Verfahrens zur Erzwingung der eidesstattlichen Versicherung gegen ein Mitglied des Bundestages als Schuldner und auch die Anordnung der Haft durch das Gericht zur Erzwingung der Leistung der eidesstattlichen Versicherung noch kein „zur Verantwortung ziehen" bedeuten und daher keiner Genehmigung des Deutschen Bundestages bedürfen.

---

1) Nr. **1**.

c) Zur Vollstreckung der Ordnungshaft oder zur zwangsweisen Vorführung wegen Ausbleibens als Zeuge (§ 51 StPO und § 380 ZPO).

d) Zur Vollstreckung der Ordnungshaft oder der Haft wegen grundloser Zeugnisverweigerung (§ 70 StPO und § 390 ZPO).

e) Zur Vollstreckung der Zwangshaft zur Erwirkung unvertretbarer Handlungen (§ 888 ZPO).

f) Zur Vollstreckung der Haft oder sonstigen Freiheitsbeschränkung zur Vollziehung des persönlichen Sicherheitsarrestes (§ 933 ZPO).

g) Zur Vollstreckung der Ordnungshaft wegen Ungebühr (§ 178 GVG).

h) Zur zwangsweisen Vorführung des Schuldners und zur Vollstreckung der Haft im Insolvenzverfahren (§ 21 Abs. 3 und § 98 Abs. 2 InsO).

i) Zur einstweiligen Unterbringung in einer Heil- oder Pflegeanstalt (§ 126a StPO).

j) Zu freiheitsentziehenden Maßregeln der Besserung und Sicherung (§§ 61 ff. StGB).

k) Zur zwangsweisen Vorführung (§§ 134, 230, 236, 329 und 387 StPO).

l) Zur Verhaftung auf Grund Haftbefehls nach §§ 114, 125, 230, 236 oder 329 StPO.

15. Schutzmaßnahmen nach dem Infektionsschutzgesetz

Schutzmaßnahmen nach dem Infektionsschutzgesetz haben notstandsähnlichen Charakter. Maßnahmen nach den §§ 29 ff. des Infektionsschutzgesetzes bedürfen daher, gleichgültig, ob sie zum Schutz gegen das Mitglied des Bundestages oder zum Schutz des Mitgliedes des Bundestages gegen andere notwendig werden, nicht der Aufhebung der Immunität.

Die zuständigen Behörden sind jedoch verpflichtet, den Präsidenten des Deutschen Bundestages unverzüglich über die gegen ein Mitglied des Bundestages angeordneten Maßnahmen zu unterrichten. Der Ausschuss für Wahlprüfung, Immunität und Geschäftsordnung ist berechtigt, zu prüfen oder prüfen zu lassen, ob es sich um nach dem Infektionsschutzgesetz gerechtfertigte Maßnahmen handelt. Hält er sie nicht oder nicht mehr für erforderlich, so kann der Ausschuß im Wege der Vorentscheidung die Aussetzung der angeordneten Maßnahmen verlangen.

Kann der Ausschuß innerhalb von zwei Tagen nach Eingang einer Mitteilung der zuständigen Behörden nicht zusammentreten, so hat der Präsident des Bundestages insoweit die Rechte des Ausschusses für Wahlprüfung, Immunität und Geschäftsordnung. Er hat den Ausschuß unverzüglich über seine Entscheidung in Kenntnis zu setzen.

16. Anhängige Strafverfahren

Bei Übernahme des Abgeordnetenmandats anhängige Strafverfahren sowie jede angeordnete Haft, Vollstreckung einer Freiheitsstrafe oder sonstige Beschränkung der persönlichen Freiheit (vgl. Nummer 14) sind von Amts wegen auszusetzen.

Soll ein Verfahren fortgesetzt werden, so ist vorher eine Entscheidung des Bundestages einzuholen, soweit nicht bereits die Genehmigung zur Durchführung von Ermittlungsverfahren wegen einer Straftat erteilt ist.

17. Behandlung von Amnestiefällen

Der Ausschuß für Wahlprüfung, Immunität und Geschäftsordnung ist ermächtigt, in allen Fällen, in denen eine gerichtliche Strafverfolgung gegen ein Mitglied des Bundestages infolge einer bereits ausgesprochenen Amnestie nicht zur Durchführung kommen würde, die gerichtliche Einstellung des Verfahrens auf Grund der Amnestie dadurch zu ermöglichen, daß er in solchen Fällen erklärt, der Bundestag werde gegen die Anwendung des Straffreiheitsgesetzes keine Einwendungen erheben. Solche Fälle bedürfen nicht der Vorlage an das Plenum des Bundestages.

B. Ermächtigung zur Strafverfolgung nach § 90b Abs. 2, § 194 Abs. 4 StGB

Die Ermächtigung zur Strafverfolgung nach § 90b Abs. 2 StGB – verfassungsfeindliche Verunglimpfung des Bundestages – sowie nach § 194 Abs. 4 StGB – Beleidigung des Bundestages – kann im Wege der Vorentscheidung gemäß Nummer 13 der Grundsätze in Immunitätsangelegenheiten erteilt werden. Die Staatsanwaltschaften richten ihre Anträge nach Maßgabe der Richtlinien für das Strafverfahren und das Bußgeldverfahren an den Bundesminister der Justiz, der sie mit der Bitte vorlegt, eine Entscheidung herbeizuführen, ob die Ermächtigung zur Strafverfolgung nach § 90b Abs. 2 oder § 194 Abs. 4 StGB erteilt wird.

C. Genehmigung zur Zeugenvernehmung nach § 50 Abs. 3 StPO und § 382 Abs. 3 ZPO

Die Genehmigung zu einer Abweichung von § 50 Abs. 1 StPO und § 382 Abs. 2 ZPO, wonach die Mitglieder des Bundestages am Sitz der Versammlung zu vernehmen sind, kann im Wege der Vorentscheidung gemäß Nummer 13 der Grundsätze in Immunitätsangelegenheiten erteilt werden. Die Staatsanwaltschaften und Gerichte richten ihre Anträge unmittelbar an den Präsidenten des Bundestages. Einer Genehmigung bedarf es nicht, wenn der Termin zur Vernehmung außerhalb der Sitzungswochen des Bundestages liegt.

Beschluß des Deutschen Bundestages betr. Aufhebung der Immunität von Mitgliedern des Bundestages[1)]

1. Der Deutsche Bundestag genehmigt bis zum Ablauf dieser Wahlperiode die Durchführung von Ermittlungsverfahren gegen Mitglieder des Bundestages wegen Straftaten, es sei denn, dass es sich um Beleidigungen (§§ 185, 186, 187a Abs. 1, § 188 Abs. 1 StGB) politischen Charakters handelt.
   Vor Einleitung eines Ermittlungsverfahrens ist dem Präsidenten des Deutschen Bundestages und, soweit nicht Gründe der Wahrheitsfindung entgegenstehen, dem betroffenen Mitglied des Bundestages Mitteilung zu machen; unterbleibt eine Mitteilung an das Mitglied des Bundestages, so ist der Präsident auch hiervon unter Angabe der Gründe zu unterrichten. Das Recht des Deutschen Bundestages, die Aussetzung des Verfahrens zu verlangen (Artikel 46 Abs. 4 GG[2)]), bleibt unberührt.

[1)] **Amtl. Anm.:** Dieser Beschluß wird jeweils zu Beginn einer Wahlperiode vom Deutschen Bundestag übernommen.

[2)] Nr. 1.

Das Ermittlungsverfahren darf im Einzelfall frühestens 48 Stunden nach Zugang der Mitteilung beim Präsidenten des Deutschen Bundestages eingeleitet werden. Bei der Berechnung der Frist werden Sonntage, allgemeine Feiertage und Sonnabende nicht mitgerechnet. Der Präsident des Deutschen Bundestages kann im Einvernehmen mit dem Vorsitzenden des Ausschusses für Wahlprüfung, Immunität und Geschäftsordnung die Frist angemessen verlängern.

2. Diese Genehmigung umfaßt nicht
   a) die Erhebung der öffentlichen Klage wegen einer Straftat und den Antrag auf Erlass eines Strafbefehls,
   b) im Verfahren nach dem Gesetz über Ordnungswidrigkeiten den Hinweis des Gerichts, daß über die Tat auch auf Grund eines Strafgesetzes entschieden werden kann (§ 81 Abs. 1 Satz 2 OWiG),
   c) freiheitsentziehende und freiheitsbeschränkende Maßnahmen im Ermittlungsverfahren,
   d) die Fortsetzung eines Ermittlungsverfahrens, zu dem der Bundestag in der vorausgegangenen Wahlperiode die Aussetzung der Ermittlungen gemäß Artikel 46 Abs. 4 des Grundgesetzes[1] verlangt hat.
3. Zur Vereinfachung des Geschäftsganges wird der Ausschuß für Wahlprüfung, Immunität und Geschäftsordnung beauftragt, bei Verkehrsdelikten eine Vorentscheidung über die Genehmigung in den Fällen der Nummer 2 zu treffen.
   Dasselbe gilt für Straftaten, die nach Auffassung des Ausschusses für Wahlprüfung, Immunität und Geschäftsordnung als Bagatellangelegenheiten zu betrachten sind.
   Die Ermächtigung zur Strafverfolgung gemäß § 90b StGB – verfassungsfeindliche Verunglimpfung des Deutschen Bundestages – sowie § 194 Abs. 4 StGB – Beleidigung des Deutschen Bundestages – kann im Wege der Vorentscheidung erteilt werden.
   Ist zu Beginn einer Wahlperiode die Fortsetzung eines Strafverfahrens gegen ein Mitglied des Bundestages zu genehmigen, gegen das der vorhergehende Bundestag die Durchführung dieses Strafverfahrens bereits genehmigt hat, kann im Wege der Vorentscheidung verfahren werden.
4. Die Vollstreckung einer Freiheitsstrafe oder einer Erzwingungshaft (§§ 96, 97 OWiG) bedürfen der Genehmigung des Deutschen Bundestages. Zur Vereinfachung des Geschäftsganges wird der Ausschuss für Wahlprüfung, Immunität und Geschäftsordnung beauftragt, eine Vorentscheidung über die Genehmigung der Vollstreckung zu treffen, bei Freiheitsstrafen nur, soweit nicht auf eine höhere Freiheitsstrafe als drei Monate erkannt ist oder bei einer Gesamtstrafenbildung (§§ 53 bis 55 StGB, § 460 StPO) keine der erkannten Einzelstrafen drei Monate übersteigt.
5. Ist der Vollzug einer angeordneten Durchsuchung oder Beschlagnahme gegen ein Mitglied des Bundestages genehmigt, ist der Präsident beauftragt, die Genehmigung mit der Auflage zu verbinden, daß beim Vollzug der Zwangsmaßnahme ein anderes Mitglied des Bundestages und – falls die Vollstreckung in Räumen des Bundestages erfolgen soll – ein zusätzlicher

---

[1] Nr. 1.

Vertreter des Präsidenten anwesend sind; das Mitglied des Bundestages benennt der Präsident im Benehmen mit dem Vorsitzenden der Fraktion des Mitgliedes des Bundestages, gegen das der Vollzug von Zwangsmaßnahmen genehmigt ist.

6. Der Ausschuß für Wahlprüfung, Immunität und Geschäftsordnung kann im Wege der Vorentscheidung das Verlangen des Bundestages auf Aussetzung eines Verfahrens gemäß Artikel 46 Abs. 4 des Grundgesetzes[1] herbeiführen.
7. Bei Vorentscheidungen werden die Beschlüsse des Ausschusses dem Bundestag durch den Präsidenten schriftlich mitgeteilt, ohne auf die Tagesordnung gesetzt zu werden. Sie gelten als Entscheidung des Deutschen Bundestages, wenn nicht innerhalb von sieben Tagen nach Mitteilung schriftlich beim Präsidenten Widerspruch erhoben wird.

Anlage 7[2]

Befragung der Bundesregierung

1. Eine Befragung der Bundesregierung findet in Sitzungswochen mittwochs um 13.00 Uhr statt.
2. Die Mitglieder des Bundestages können an die Bundesregierung Fragen von aktuellem Interesse im Rahmen ihrer Verantwortlichkeit stellen, vorrangig zur vorangegangenen Kabinettsitzung. Die Fragen können durch Bemerkungen eingeleitet werden. Sie müssen kurz gefaßt sein und kurze Antworten ermöglichen.
3. Der Präsident erteilt das Wort unter Berücksichtigung der Regeln des § 28 Abs. 1 der Geschäftsordnung des Bundestages[3].
4. Die Befragung dauert in der Regel 30 Minuten.
5. Zu Beginn der Befragung erhält ein Mitglied der Bundesregierung auf Verlangen bis zu fünf Minuten das Wort.
6. Der Präsident kann die Befragung über 30 Minuten hinaus verlängern. Dauert die Befragung länger als 30 Minuten, verkürzt sich die anschließende Fragestunde um die Verlängerungszeit.
7. Grundsätzlich antworten die angesprochenen Mitglieder der Bundesregierung; das Rederecht des zuständigen Mitglieds der Bundesregierung bleibt unberührt.

Anlage 8[4]

(aufgehoben)

---

[1] Nr. **1**.
[2] Anl. 7 angef. durch Bek. v. 12.11.1990 (BGBl. I S. 2555).
[3] Nr. **14**.
[4] Anl. 8 aufgeh. mWv 8.7.2010 durch Bek. v. 16.7.2010 (BGBl. I S. 1041).

15. Geschäftsordnung des Bundesrates[1)]

In der Fassung der Bekanntmachung vom 26. November 1993[2)] (BGBl. I S. 2007)

FNA 1102-1

geänd. durch Bek. v. 25.11.1994 (BGBl. I S. 3736), Bek. v. 31.5.2002 (BGBl. I S. 1908), Bek. v. 22.9.2006 (BGBl. I S. 2176) und Bek. v. 8.6.2007 (BGBl. I S. 1057)

Inhaltsübersicht[3)]

[1)] Die kursiven Textteile wurden mit der Neufassung der Geschäftsordnung im Bundesgesetzblatt bekannt gemacht.

[2)] Neubekanntmachung der GeschäftsO des Bundesrates idF der Bek. v. 10.6.1988 (BGBl. I S. 857) in der ab 26.11.1993 geltenden Fassung.

[3)] Inhaltsübersicht geänd. mWv 22.9.2006 durch Bek. v. 22.9.2006 (BGBl. I S. 2176).

I. Allgemeine Bestimmungen

Artikel 50 GG[1]

Durch den Bundesrat wirken die Länder bei der Gesetzgebung und Verwaltung des Bundes und in Angelegenheiten der Europäischen Union mit.

Artikel 51 GG[1]

Der Bundesrat besteht aus Mitgliedern der Regierungen der Länder, die sie bestellen und abberufen. Sie können durch andere Mitglieder ihrer Regierungen vertreten werden.

---

[1] Nr. 1.

Jedes Land hat mindestens drei Stimmen, Länder mit mehr als zwei Millionen Einwohnern haben vier, Länder mit mehr als sechs Millionen Einwohnern fünf, Länder mit mehr als sieben Millionen Einwohnern sechs Stimmen.

Jedes Land kann so viele Mitglieder entsenden, wie es Stimmen hat. Die Stimmen eines Landes können nur einheitlich und nur durch anwesende Mitglieder oder deren Vertreter abgegeben werden.

§ 1 Mitglieder. Die Regierungen der Länder teilen dem Präsidenten des Bundesrates die Namen der Mitglieder des Bundesrates, den Zeitpunkt ihrer Bestellung als Mitglieder des Bundesrates und der Landesregierungen und den Zeitpunkt des Erlöschens ihrer Mitgliedschaft mit.

§ 2 Inkompatibilität. [1] Die Mitglieder des Bundesrates dürfen nicht gleichzeitig dem Bundestag angehören. [2] Wird ein Mitglied des Bundesrates in den Bundestag gewählt, so muß es dem Präsidenten des Bundesrates in angemessener Frist mitteilen, welches der beiden Ämter es niederlegt.

§ 3 Geschäftsjahr. Das Geschäftsjahr des Bundesrates beginnt am 1. November eines jeden Jahres und endet am 31. Oktober des folgenden Jahres.

§ 4 Ausweise, Fahrkarten. (1) [1] Jedes Mitglied erhält vom Bundesrat einen Ausweis über seine Eigenschaft als Bundesratsmitglied. [2] Die Mitglieder des Bundesrates erhalten außerdem Fahrkarten für die Bundesbahn und die Bundespost.

(2) Ausweise und Fahrkarten sind eine Woche nach Erlöschen der Mitgliedschaft zurückzugeben.

II. Organe und Einrichtungen des Bundesrates

***Artikel 52 Abs. 1 GG*[1]**

Der Bundesrat wählt seinen Präsidenten auf ein Jahr.

§ 5[2] Wahl des Präsidenten und der Vizepräsidenten. (1) Der Bundesrat wählt ohne Aussprache für ein Jahr aus seinen Mitgliedern einen Präsidenten und zwei Vizepräsidenten.

(2) Endet das Amt des Präsidenten oder eines Vizepräsidenten vorzeitig, so soll innerhalb von vier Wochen eine Nachwahl stattfinden.

§ 6[3] Stellung des Präsidenten. (1) [1] Der Präsident vertritt die Bundesrepublik Deutschland in allen Angelegenheiten des Bundesrates. [2] Er ist oberste Dienstbehörde für die Beamten des Bundesrates.

(2) Beamte des höheren Dienstes werden mit vorheriger Zustimmung des Ständigen Beirats, der Direktor und Stellvertretende Direktor mit vorheriger Zustimmung des Bundesrates vom Präsidenten eingestellt, befördert, entlassen

---

1) Nr. **1**.
2) § 5 Abs. 1 geänd. mWv 12.10.2007 durch Bek. v. 8.6.2007 (BGBl. I S. 1057).
3) § 6 Abs. 2 neu gef. durch Bek. v. 25.11.1994 (BGBl. I S. 3736).

und in den Ruhestand versetzt; gleiches gilt für die Einstellung, Höhergruppierung und Entlassung der Angestellten von Vergütungsgruppe BAT IIa an aufwärts.

(3) Der Präsident übt das Hausrecht[1] für die der Verwaltung des Bundesrates unterstehenden Gebäude, Gebäudeteile und Grundstücke aus.

§ 7[2] Stellung der Vizepräsidenten. (1) [1] Die Vizepräsidenten vertreten den Präsidenten im Falle seiner Verhinderung oder bei vorzeitiger Beendigung seines Amtes nach Maßgabe ihrer Reihenfolge. [2] Ein Fall der Verhinderung liegt auch vor, solange der Präsident des Bundesrates nach Artikel 57 des Grundgesetzes[3] die Befugnisse des Bundespräsidenten wahrnimmt.

(2) Die Vizepräsidenten beraten und unterstützen den Präsidenten bei der Erledigung seiner Aufgaben.

§ 8[4] Präsidium. (1) Der Präsident und die Vizepräsidenten bilden das Präsidium.

(2) [1] Das Präsidium stellt nach Beratung im Ständigen Beirat den Entwurf des Haushaltsplanes für den Bundesrat auf. [2] Es entscheidet über die inneren Angelegenheiten des Bundesrates, soweit die Befugnis zur Entscheidung weder dem Bundesrat vorbehalten ist noch dem Präsidenten obliegt. [3] Der Bundesrat kann das Präsidium mit der Ausführung seiner Beschlüsse beauftragen.

(3) [1] Der Präsident beruft das Präsidium ein und leitet dessen Sitzungen. [2] Er hat das Präsidium einzuberufen, wenn ein Vizepräsident es verlangt.

(4) In dringenden Fällen kann der Präsident Beschlüsse des Präsidiums im Wege der Umfrage herbeiführen.

(5) [1] Über jede Sitzung des Präsidiums ist eine Niederschrift zu fertigen. [2] Diese muß mindestens die Namen der Teilnehmer, die Anträge, das Ergebnis der Beratungen und bei Beschlüssen das Stimmverhältnis enthalten.

§ 9[5] Ständiger Beirat. (1) [1] Beim Präsidium besteht ein Ständiger Beirat. [2] Ihm gehören die Bevollmächtigten der Länder an. [3] Er tritt in der Regel einmal wöchentlich zusammen.

(2) [1] Der Ständige Beirat berät und unterstützt den Präsidenten und das Präsidium bei der Vorbereitung der Sitzungen und der Führung der Verwaltungsgeschäfte des Bundesrates. [2] Er entscheidet in den in § 6 Abs. 2 genannten Personalangelegenheiten. [3] Seine Beschlüsse werden in eine Niederschrift aufgenommen.

(3) [1] Der Ständige Beirat wirkt bei der Aufrechterhaltung der laufenden Verbindung zwischen Bundesrat und Bundesregierung mit. [2] Der für die Angelegenheiten des Bundesrates und der Länder zuständige Bundesminister

---

[1] Siehe die HausO des Bundesrates v. 2.10.2002 (BGBl. I S. 3964).

[2] § 7 Abs. 2 geänd. mWv 12.10.2007 durch Bek. v. 8.6.2007 (BGBl. I S. 1057).

[3] Nr. **1**.

[4] § 8 Abs. 4 aufgeh., bish. Abs. 5 und 6 werden Abs. 4 und 5 mWv 12.10.2007 durch Bek. v. 8.6.2007 (BGBl. I S. 1057).

[5] § 9 Abs. 2 neu gef. durch Bek. v. 25.11.1994 (BGBl. I S. 3736).

kann insoweit an den Sitzungen des Ständigen Beirates teilnehmen und muß jederzeit gehört werden.

(4) Der Direktor des Bundesrates nimmt an den Sitzungen des Ständigen Beirates teil.

(5) Der Vorsitz im Ständigen Beirat steht in folgender Reihenfolge zu:

1. einem Mitglied des Präsidiums,
2. dem Bevollmächtigten, der zugleich Mitglied des Bundesrates ist,
3. jedem anderen Bevollmächtigten.

(6) Kommen nach Absatz 5 Nr. 2 oder 3 mehrere Personen als Vorsitzende in Betracht, so führt das Mitglied des Ständigen Beirates den Vorsitz, das ihm ohne Unterbrechung am längsten angehört.

§ 10 Schriftführer. (1) Der Bundesrat wählt aus seinen Mitgliedern für jedes Geschäftsjahr zwei Schriftführer.

(2) [1] Ein Schriftführer unterstützt den Präsidenten in der Sitzung. [2] Sind beide Schriftführer zu einer Sitzung des Bundesrates nicht erschienen, so bestellt der Präsident ein anderes Mitglied des Bundesrates für diese Sitzung zum Schriftführer.

Artikel 52 Abs. 4 GG[1)]

Den Ausschüssen des Bundesrates können andere Mitglieder oder Beauftragte der Regierungen der Länder angehören.

§ 11 Ausschüsse. (1) [1] Der Bundesrat bildet ständige Ausschüsse. [2] Er kann für besondere Angelegenheiten weitere Ausschüsse einsetzen.

(2) Die Länder sind in jedem Ausschuß durch ein Mitglied des Bundesrates, ein anderes Mitglied oder einen Beauftragten ihrer Regierung vertreten.

(3) [1] Die Regierungen der Länder teilen dem Präsidenten den Zeitpunkt der Bestellung und Abberufung der Ausschußmitglieder schriftlich mit. [2] Diese Mitteilungen werden den Ausschüssen bekanntgegeben.

(4) [1] Absatz 3 Satz 1 gilt auch für die Entsendung der Mitglieder des Vermittlungsausschusses. [2] Der Präsident oder in seinem Auftrag der Direktor des Bundesrates teilt die Namen der Mitglieder und der Stellvertreter dem Vorsitzenden des Vermittlungsausschusses mit.

§ 12 Wahl der Vorsitzenden der Ausschüsse. (1) [1] Der Bundesrat wählt für jedes Geschäftsjahr die Vorsitzenden der Ausschüsse aus deren Mitgliedern. [2] Die Ausschüsse sollen vor der Wahl gehört werden.

(2) Die Ausschüsse wählen aus ihren Mitgliedern stellvertretende Vorsitzende.

(3) Endet das Amt eines Vorsitzenden oder eines stellvertretenden Vorsitzenden vorzeitig, so soll für den Rest seiner Amtszeit ein Nachfolger gewählt werden.

---

1) Nr. **1**.

§ 13 Vertreter des Bundesrates in anderen Organen. Bestellt der Bundesrat Mitglieder von Organen einer juristischen Person des öffentlichen oder des privaten Rechts, von Beiräten einer Dienststelle der Bundesregierung, von Verwaltungsräten oder ähnlichen Einrichtungen, so können der Bundesrat oder seine Ausschüsse verlangen, daß diese Mitglieder über ihre Tätigkeit berichten.

§ 14[1)] Sekretariat. (1) Beim Bundesrat besteht ein Sekretariat, dem alle Bediensteten des Bundesrates angehören.

(2) [1] Der Direktor des Bundesrates leitet das Sekretariat im Auftrag des Präsidenten mit Unterstützung des Stellvertretenden Direktors. [2] Der Direktor unterstützt den Präsidenten bei der Führung seiner Amtsgeschäfte.

III. Die Sitzungen des Bundesrates

1. Vorbereitung der Sitzungen

***Artikel 52 Abs. 2 GG*[2)]**

Der Präsident beruft den Bundesrat ein. Er hat ihn einzuberufen, wenn die Vertreter von mindestens zwei Ländern oder die Bundesregierung es verlangen.

§ 15 Einberufung und Bekanntgabe. (1) Der Präsident hat den Bundesrat unverzüglich einzuberufen, wenn ein Land oder die Bundesregierung es verlangt.

(2) [1] Der Präsident bereitet die Sitzungen vor. [2] Zur Vorbereitung der Sitzungen werden die zu beratenden Vorlagen in vorläufigen Tagesordnungen zusammengestellt.

(3) Die vorläufige Tagesordnung, die Vorlagen sowie die Niederschriften und Empfehlungen der Ausschüsse sollen den Vertretungen der Länder so früh wie möglich zugestellt werden.

(4) Kann die Zustellung nicht spätestens am sechsten Tag vor der Sitzung erfolgen, so sind die vorläufige Tagesordnung, die Vorlagen und die Berichte der beteiligten Ausschüsse den Vertretungen der Länder und gleichzeitig den Mitgliedern des Bundesrates unmittelbar zuzustellen.

(5) [1] Ort, Zeit und die vorläufige Tagesordnung jeder Sitzung werden der Bundesregierung mitgeteilt. [2] Die Sitzungen des Bundesrates werden durch Anschlag im Sitzungsgebäude bekanntgegeben.

§ 16 Anwesenheitsliste. Für jede Sitzung des Bundesrates wird eine Anwesenheitsliste ausgelegt, in die sich die Teilnehmer der Sitzung eintragen.

---

1) § 14 Abs. 2 neu gef. mWv 31.5.2002 durch Bek. v. 31.5.2002 (BGBl. I S. 1908).
2) Nr. **1**.

2. Allgemeine Verfahrensgrundsätze

Artikel 52 Abs. 3 Satz 3 GG[1)]

Er (der Bundesrat) verhandelt öffentlich. Die Öffentlichkeit kann ausgeschlossen werden.

§ 17 Ausschluß der Öffentlichkeit. (1) [1] Über den Ausschluß der Öffentlichkeit für einen Beratungsgegenstand wird in nichtöffentlicher Sitzung beraten und beschlossen. [2] Die Wiederherstellung der Öffentlichkeit ist bekanntzugeben.

(2) Die Verhandlungen in nichtöffentlicher Sitzung sind vertraulich, soweit der Bundesrat nichts anderes beschließt.

Artikel 53 Satz 1 und 2 GG[1)]

Die Mitglieder der Bundesregierung haben das Recht und auf Verlangen die Pflicht, an den Verhandlungen des Bundesrates und seiner Ausschüsse teilzunehmen. Sie müssen jederzeit gehört werden.

§ 18 Teilnahme an den Verhandlungen. (1) An den Verhandlungen des Bundesrates können auch die Berichterstatter des Vermittlungsausschusses und die Staatssekretäre des Bundes teilnehmen; andere Personen nur, wenn der Präsident dies zuläßt.

(2) Zur Unterstützung der Mitglieder des Bundesrates und der Bundesregierung sowie der anderen Teilnehmer an den Verhandlungen können Beauftragte der Länder und des Bundes zugezogen werden.

Artikel 53 Satz 3 GG[1)]

Der Bundesrat ist von der Bundesregierung über die Führung der Geschäfte auf dem laufenden zu halten.

§ 19 Fragerecht. (1) Jedes Mitglied des Bundesrates kann in der Sitzung zu den Gegenständen der Tagesordnung Fragen an die Bundesregierung oder deren Mitglieder richten.

(2) [1] Jedes Land kann außerdem an die Bundesregierung Fragen stellen, die nicht im Zusammenhang mit einem Gegenstand der Tagesordnung stehen. [2] Diese Fragen sind dem Präsidenten spätestens zwei Wochen vor der Sitzung, in der sie beantwortet werden sollen, schriftlich mitzuteilen. [3] Der Präsident leitet sie an die Bundesregierung weiter und setzt sie auf die Tagesordnung.

(3) [1] Die Fragen nach Absatz 2 sollen zu Beginn der dafür vorgesehenen Sitzung behandelt werden. [2] Das fragestellende Land kann seine Frage mündlich begründen. [3] Auf Antrag des fragestellenden Landes stellt der Präsident fest, ob die Frage von der Mehrheit des Bundesrates übernommen wird.

(4) [1] Bezieht sich die Frage auf einen Gegenstand, hinsichtlich dessen die Bundesregierung nach Artikel 53 Satz 3 des Grundgesetzes[1)] verpflichtet ist, den Bundesrat auf dem laufenden zu halten, so ist auf Verlangen der Bundes-

[1)] Nr. **1**.

regierung die Öffentlichkeit für die Dauer der Behandlung der Frage auszuschließen. [2] § 17 findet entsprechende Anwendung.

(5) [1] Die Behandlung einer Frage in der Sitzung unterbleibt, wenn sich das fragestellende Land mit schriftlicher Beantwortung einverstanden erklärt hat. [2] Die Antwort der Bundesregierung ist allen Ländern mitzuteilen.

§ 20 Leitung der Sitzung. (1) Der Präsident leitet die Sitzungen des Bundesrates.

(2) Sind Präsident und Vizepräsidenten gleichzeitig verhindert, eine Sitzung zu leiten, so übernimmt der dem Lebensalter nach älteste Regierungschef die Leitung der Sitzung.

§ 21 Beteiligung des Präsidenten an den Verhandlungen. Beabsichtigt der Präsident, sich als Redner an den Verhandlungen zu beteiligen, so gibt er für diese Zeit die Leitung der Sitzung ab.

§ 22 Ordnungsgewalt des Präsidenten. (1) Sitzungsteilnehmer, die nicht Mitglieder des Bundesrates sind, und Zuhörer unterstehen der Ordnungsgewalt des Präsidenten.

(2) [1] Wer auf den Tribünen Beifall oder Mißbilligung äußert oder Ordnung und Anstand verletzt, kann auf Anordnung des Präsidenten sofort entfernt werden. [2] Der Präsident kann die Tribüne wegen störender Unruhe räumen lassen.

3. Der Geschäftsgang im Bundesrat

§ 23 Feststellung und Durchführung der Tagesordnung. (1) Der Präsident gibt zu Beginn der Sitzung Änderungen in der Zusammensetzung des Bundesrates bekannt.

(2) [1] Vor Eintritt in die Verhandlungen stellt der Bundesrat durch Beschluß die Tagesordnung fest. [2] § 19 Abs. 2 Satz 3 bleibt unberührt.

(3) Hat ein Land unter Berufung auf seine Rechte aus § 15 Abs. 1 spätestens zwei Wochen vor der Sitzung verlangt, daß ein Beratungsgegenstand auf die Tagesordnung gesetzt wird, so muß diesem Verlangen entsprochen werden, wenn das Land nicht auf die Behandlung in dieser Sitzung verzichtet.

(4) Sind die Vorlage, die vorläufige Tagesordnung oder die Empfehlungen der Ausschüsse bezüglich eines Gegenstandes nicht spätestens am sechsten Tag vor der Sitzung gemäß § 15 Abs. 3 zugestellt worden, so darf dieser Gegenstand nicht auf die Tagesordnung gesetzt werden, wenn ein Land widerspricht, es sei denn, daß eine für die Beschlußfassung des Bundesrates vorgesehene gesetzliche Frist in weniger als sieben Tagen abläuft oder daß es sich um einen Eilfall gemäß § 45d Abs. 1 handelt.

(5) Über Gegenstände, die nicht auf der Tagesordnung stehen, darf nicht verhandelt oder beschlossen werden, wenn ein Land widerspricht.

§ 24 Verhandlungen. Der Präsident soll darauf hinwirken, daß unabhängig von der Berichterstattung der Ausschüsse bei Beratungsgegenständen von allgemeinem Interesse oder von besonderer Bedeutung die Gründe dargelegt werden, die für die Entscheidung über die Ausschußempfehlungen oder Anträge von Bedeutung sind.

§ 25 Berichterstattung. (1) Die Ausschüsse sollen in der Sitzung des Bundesrates über Beratungsgegenstände von wesentlicher Bedeutung mündlich berichten.

(2) [1]Die Berichte müssen die Beratungen in den Ausschüssen objektiv wiedergeben, sollen sich aber auf die politisch bedeutsamen Ergebnisse beschränken. [2]Über fachliche oder rechtstechnische Beratungen und deren Ergebnis kann mit Zustimmung des Präsidenten ein schriftlicher Bericht unter Verzicht auf seinen Vortrag zu dem Bericht über die Sitzung gegeben werden.

§ 26 Anträge und Empfehlungen. (1) Jedes Land hat das Recht, im Bundesrat Anträge zu stellen.

(2) Das Präsidium kann Anträge zu den inneren Angelegenheiten des Bundesrates stellen.

(3) [1]Die Ausschüsse legen dem Bundesrat zu den ihnen überwiesenen Beratungsgegenständen Empfehlungen vor. [2]Empfiehlt ein Ausschuß dem Bundesrat die Änderung oder Ablehnung einer Vorlage, so hat er eine Begründung mit vorzulegen.

***Artikel 51 Abs. 2 GG*[1]**

Jedes Land hat mindestens drei Stimmen, Länder mit mehr als zwei Millionen Einwohnern haben vier, Länder mit mehr als sechs Millionen Einwohnern fünf, Länder mit mehr als sieben Millionen Einwohnern sechs Stimmen.

§ 27 Anzahl der Stimmen. Die Anzahl der Stimmen, die dem Land nach Artikel 51 Abs. 2 des Grundgesetzes[1] zusteht, bemißt sich nach den Ergebnissen der amtlichen Bevölkerungsfortschreibung, sofern nicht die Ergebnisse einer amtlichen Volkszählung vorliegen.

***Artikel 52 Abs. 3 Satz 1 GG*[1]**

Der Bundesrat faßt seine Beschlüsse mit mindestens der Mehrheit seiner Stimmen.

§ 28 Beschlußfähigkeit. (1) Der Bundesrat ist beschlußfähig, wenn die Mehrheit seiner Stimmen vertreten ist.

(2) Bei Beschlußunfähigkeit hat der Präsident die Sitzung aufzuheben und den Zeitpunkt der nächsten Sitzung bekanntzugeben.

(3) Bei der Beschlußfassung des Bundesrates gemäß Artikel 37, Artikel 84 Abs. 3 und 4 und Artikel 91 Abs. 2 des Grundgesetzes[1] ist das betroffene Land stimmberechtigt.

***Artikel 51 Abs. 3 Satz 2 GG*[1]**

Die Stimmen eines Landes können nur einheitlich und nur durch anwesende Mitglieder oder deren Vertreter abgegeben werden.

---

[1] Nr. 1.

§ 29 Abstimmung. (1) [1] Abgestimmt wird durch Handaufheben. [2] Auf Verlangen eines Landes wird durch Aufruf der Länder abgestimmt. [3] Die Länder werden in alphabetischer Reihenfolge aufgerufen.

(2) [1] Soweit eine Abstimmung über die Empfehlungen der Ausschüsse nicht beantragt ist und keine einander widersprechenden Empfehlungen, keine Anträge oder Wortmeldungen vorliegen, kann der Präsident feststellen, daß der Bundesrat gemäß den Empfehlungen der Ausschüsse beschlossen hat; er kann die Abstimmung über mehrere Beratungsgegenstände zusammenfassen. [2] Satz 1 gilt für die Feststellung der Tagesordnung nach § 23 Abs. 2 entsprechend.

(3) [1] Der Präsident kann die Abstimmung über einen Gegenstand der Tagesordnung oder dazu vorliegende Anträge bis spätestens zum Schluß der Sitzung zurückstellen. [2] Die Abstimmung muß zurückgestellt werden, wenn mindestens zwei Länder es verlangen.

§ 30 Abstimmungsregeln. (1) [1] Im Gesetzgebungsverfahren nach den Artikeln 76 bis 78 des Grundgesetzes[1)] sind die Abstimmungsfragen so zu fassen, daß sich aus der Abstimmung zweifelsfrei ergibt, ob der Bundesrat mit der Mehrheit seiner Stimmen beschlossen hat, eine Gesetzesvorlage beim Bundestag einzubringen (Artikel 76 Abs. 1 des Grundgesetzes), zu einer Gesetzesvorlage der Bundesregierung Stellung zu nehmen und welchen Inhalt diese Stellungnahme hat (Artikel 76 Abs. 2 des Grundgesetzes), einem vom Bundestag beschlossenen Gesetz zuzustimmen (Artikel 78 des Grundgesetzes), wegen eines vom Bundestag beschlossenen Gesetzes die Einberufung des Vermittlungsausschusses zu verlangen (Artikel 77 Abs. 2 Satz 1 des Grundgesetzes), gegen ein vom Bundestag beschlossenes Gesetz Einspruch einzulegen oder ihn zurückzunehmen (Artikel 77 Abs. 3 Satz 1 und Artikel 78 des Grundgesetzes). [2] Auch in allen anderen Fällen, in denen eine Zustimmung des Bundesrates erforderlich ist, muß die Abstimmung eindeutig ergeben, ob der Bundesrat mit der Mehrheit seiner Stimmen die Zustimmung erteilt. [3] Mit der Abstimmung über die Erteilung der Zustimmung wird über Anträge, die Zustimmung zu verweigern, mitentschieden.

(2) [1] Sind zu demselben Gegenstand mehrere Anträge gestellt, so ist über den weitestgehenden Antrag zuerst abzustimmen. [2] Entscheidend ist der Grad der Abweichung von der Vorlage. [3] In Zweifelsfällen entscheidet der Bundesrat. [4] Bei zustimmungsbedürftigen Gesetzen ist über einen Antrag gemäß Artikel 77 Abs. 2 Satz 1 des Grundgesetzes vor der Beschlußfassung über die Zustimmung abzustimmen.

(3) Absatz 1 Satz 3 und Absatz 2 gelten für die Empfehlungen der Ausschüsse entsprechend.

§ 31 Verfahren bei Beschlüssen nach Artikel 77 Abs. 2 Satz 1 des Grundgesetzes. [1] Im Verfahren nach Artikel 77 Abs. 2 Satz 1 des Grundgesetzes[1)] stellt der Präsident, sofern über mehrere Anrufungsgründe zu einem Gesetz abzustimmen ist, zunächst allgemein fest, ob eine Mehrheit für die Anrufung des Vermittlungsausschusses vorhanden ist. [2] Ist dies der Fall, so läßt er über die Einzelanträge beraten und abstimmen. [3] Anschließend kann er

---

1) Nr. 1.

nach erneuter Beratung darüber abstimmen lassen, ob der Vermittlungsausschuß unter Zugrundelegung aller gefaßten Einzelbeschlüsse angerufen werden soll; er hat abstimmen zu lassen, wenn ein Land es verlangt.

§ 32 Wirksamwerden der Beschlüsse. [1] Die Beschlüsse des Bundesrates werden mit dem Ende der Sitzung wirksam. [2] Über Gegenstände, deren Behandlung abgeschlossen ist, darf nicht erneut beraten und abgestimmt werden, wenn ein Land widerspricht.

Artikel 43 Abs. 2 GG[1)]

Die Mitglieder des Bundesrates und der Bundesregierung sowie ihre Beauftragten haben zu allen Sitzungen des Bundestages und seiner Ausschüsse Zutritt. Sie müssen jederzeit gehört werden.

§ 33 Teilnahme an den Verhandlungen des Bundestages. [1] Der Bundesrat kann seine Mitglieder beauftragen, seine Beschlüsse im Bundestag und in dessen Ausschüssen zu vertreten. [2] Die Ausschüsse können Vorschläge hierzu machen.

§ 34 Sitzungsbericht. (1) Über die Sitzungen des Bundesrates wird ein wörtlicher Bericht aufgenommen.

(2) [1] Der Bericht ist vertraulich, soweit die Verhandlungen vertraulich sind (§ 17 Abs. 2). [2] Der Bundesrat kann bestimmen, daß über eine nichtöffentliche Sitzung ein Bericht nicht aufgenommen wird.

(3) [1] Der Bericht gilt als genehmigt, wenn nicht innerhalb von zwei Wochen nach seiner Ausgabe Einspruch beim Präsidenten eingelegt wird. [2] Gibt der Präsident dem Einspruch nicht statt, so entscheidet der Bundesrat.

§ 35 Vereinfachtes Verfahren. Bei Vorlagen, die dem Bundesrat lediglich zur Kenntnisnahme zugeleitet werden, gelten die Empfehlungen der zuständigen Ausschüsse, der Bundesrat möge von der Vorlage Kenntnis nehmen oder gegen die Vorlage keine Bedenken erheben, als Stellungnahme des Bundesrates, sofern bis zur nächsten Sitzung des Bundesrates kein Land den Antrag auf Behandlung dieser Vorlage stellt.

IV. Das Verfahren in den Ausschüssen

§ 36 Zuweisung der Vorlagen. (1) [1] Der Präsident weist die Vorlagen den zuständigen Ausschüssen zu und bestimmt den federführenden Ausschuß. [2] Die Beteiligung mehrerer Ausschüsse an der Beratung einer Vorlage soll möglichst beschränkt werden. [3] Der Präsident kann den Direktor des Bundesrates mit der Zuweisung der Vorlagen und der Bestimmung des federführenden Ausschusses beauftragen.

(2) Der Präsident hat Vorlagen eines Landes auf dessen Verlangen unmittelbar auf die vorläufige Tagesordnung des Bundesrates zu setzen.

[1)] Nr. **1**.

§ 37 Tagungsort, Öffentlichkeit, Anwesenheitsliste. (1) [1] Die Ausschüsse tagen am Sitz des Bundesrates. [2] Ausnahmen bedürfen der vorherigen Zustimmung des Präsidenten. [3] Für die Bekanntgabe der Sitzungen gilt § 15 Abs. 5 entsprechend.

(2) [1] Die Sitzungen der Ausschüsse sind nicht öffentlich. [2] Die Verhandlungen sind vertraulich, soweit der Ausschuß nichts anderes beschließt.

(3) Für jede Ausschußsitzung wird eine Anwesenheitsliste ausgelegt, in die sich die Teilnehmer der Sitzung eintragen.

§ 38 Einberufung, Leitung, Tagesordnung. (1) [1] Der Vorsitzende beruft den Ausschuß ein. [2] Er hat ihn unverzüglich einzuberufen, wenn ein Ausschußmitglied es verlangt. [3] Der Vorsitzende bereitet die Sitzungen des Ausschusses vor und leitet sie.

(2) [1] Die Tagesordnung wird den Vertretungen der Länder so früh wie möglich, spätestens am sechsten Tag vor der Sitzung zugestellt. [2] Kann diese Frist nicht eingehalten werden, so ist die Tagesordnung den Vertretungen der Länder und gleichzeitig fernschriftlich den Mitgliedern des Ausschusses mitzuteilen.

(3) Soweit der Ausschuß nicht federführend ist, soll die Tagesordnung den Zweck der Beratung der einzelnen Gegenstände angeben.

§ 39 Beratung. (1) Die Ausschüsse bereiten die Beschlußfassung des Bundesrates vor.

(2) Der Präsident kann die Ausschüsse mit der Ausarbeitung gutachtlicher Stellungnahmen beauftragen.

(3) [1] Mehrere Ausschüsse können gemeinsam beraten. [2] Ist ein Beratungsgegenstand für die Fachgebiete mehrerer Ausschüsse von gleicher Bedeutung, so kann der Präsident gemeinsame Beratung anordnen.

(4) Die Ausschüsse können Unterausschüsse einsetzen.

(5) Die Ausschüsse sollen ihre Beratungen am achten Tag vor der nächsten Sitzung des Bundesrates abgeschlossen haben.

Artikel 53 Satz 1 und 2 GG[1)]

Die Mitglieder der Bundesregierung haben das Recht und auf Verlangen die Pflicht, an den Verhandlungen des Bundesrates und seiner Ausschüsse teilzunehmen. Sie müssen jederzeit gehört werden.

§ 40 Teilnahme und Fragerecht. (1) Mitglieder des Bundesrates und Beauftragte der Landesregierungen, die nicht Mitglieder der Ausschüsse sind, sowie Beauftragte der Bundesregierung können an den Verhandlungen der Ausschüsse und Unterausschüsse ohne Stimmrecht teilnehmen.

(2) In den Sitzungen können die Mitglieder der Ausschüsse sowie die Beauftragten der Landesregierungen an die Mitglieder der Bundesregierung und deren Beauftragte Fragen stellen.

---

1) Nr. **1**.

(3) Die Ausschüsse können Sachverständige oder andere Personen, deren Teilnahme sie für erforderlich halten, anhören.

§ 41 Berichterstattung im Ausschuß. [1] Der Ausschuß bestellt, soweit dies für seine Beratungen erforderlich ist, für die einzelnen Beratungsgegenstände Berichterstatter. [2] Die Berichte werden mündlich erstattet, soweit der Ausschuß nichts anderes beschließt.

§ 42 Beschlüsse. (1) Die Ausschüsse sind beschlußfähig, wenn mehr als die Hälfte der Länder vertreten ist.

(2) Jedes Land hat in den Ausschüssen eine Stimme.

(3) Die Ausschüsse fassen ihre Beschlüsse mit einfacher Mehrheit.

§ 43 Umfrageverfahren. [1] Hält der Vorsitzende die mündliche Beratung einer Vorlage für entbehrlich, so kann die Stellungnahme der Mitglieder des Ausschusses im Wege der Umfrage eingeholt werden. [2] Die Umfrage soll so frühzeitig erfolgen, daß auf Antrag eines Landes noch rechtzeitig eine Sitzung einberufen werden kann.

§ 44 Sitzungsniederschrift. (1) [1] Über jede Sitzung eines Ausschusses fertigt der Sekretär eine Niederschrift. [2] Diese muß mindestens die Namen der Teilnehmer, die Anträge, das Ergebnis der Beratungen und bei Beschlüssen das Stimmverhältnis sowie das Abstimmungsergebnis nach Ländern enthalten. [3] Die Aufschlüsselung des Abstimmungsergebnisses nach Ländern in einer Niederschrift über eine Sitzung eines Unterausschusses kann unterbleiben, wenn der Unterausschuß im Einzelfall entsprechend beschließt.

(2) Die Niederschrift ist vertraulich, soweit nicht der Ausschuß gemäß § 37 Abs. 2 Satz 2 die Vertraulichkeit der Verhandlungen aufgehoben hat.

(3) Der Wortlaut der von einem Ausschuß gefaßten Beschlüsse und die dazu formulierten Begründungen können der Öffentlichkeit zugänglich gemacht werden, soweit der Ausschuß nichts anderes beschließt.

§ 45 Mitteilung der Empfehlungen der Ausschüsse. Der Sekretär des federführenden Ausschusses stellt die Empfehlungen der Ausschüsse zu jeder Vorlage zusammen und leitet sie den Vertretungen der Länder zu.

IVa. Das Verfahren in Angelegenheiten der Europäischen Union

Artikel 23 Abs. 2, 4 bis 6 GG[1)]

(2) In Angelegenheiten der Europäischen Union wirken der Bundestag und durch den Bundesrat die Länder mit. Die Bundesregierung hat den Bundestag und den Bundesrat umfassend und zum frühestmöglichen Zeitpunkt zu unterrichten.

(4) Der Bundesrat ist an der Willensbildung des Bundes zu beteiligen, soweit er an einer entsprechenden innerstaatlichen Maßnahme mitzuwirken hätte oder soweit die Länder innerstaatlich zuständig wären.

[1)] Nr. 1.

(5) Soweit in einem Bereich ausschließlicher Zuständigkeiten des Bundes Interessen der Länder berührt sind oder soweit im übrigen der Bund das Recht zur Gesetzgebung hat, berücksichtigt die Bundesregierung die Stellungnahme des Bundesrates. Wenn im Schwerpunkt Gesetzgebungsbefugnisse der Länder, die Einrichtung ihrer Behörden oder ihre Verwaltungsverfahren betroffen sind, ist bei der Willensbildung des Bundes insoweit die Auffassung des Bundesrates maßgeblich zu berücksichtigen; dabei ist die gesamtstaatliche Verantwortung des Bundes zu wahren. In Angelegenheiten, die zu Ausgabenerhöhungen oder Einnahmeminderungen für den Bund führen können, ist die Zustimmung der Bundesregierung erforderlich.

(6) Wenn im Schwerpunkt ausschließliche Gesetzgebungsbefugnisse der Länder betroffen sind, soll die Wahrnehmung der Rechte, die der Bundesrepublik Deutschland als Mitgliedstaat der Europäischen Union zustehen, vom Bund auf einen vom Bundesrat benannten Vertreter der Länder übertragen werden. Die Wahrnehmung der Rechte erfolgt unter Beteiligung und in Abstimmung mit der Bundesregierung; dabei ist die gesamtstaatliche Verantwortung des Bundes zu wahren.

§ 2 EUZBLG[1]

(1) Die Bundesregierung unterrichtet den Bundesrat unbeschadet des Artikels 2 des Gesetzes zu den Verträgen vom 25. März 1957 zur Gründung der Europäischen Wirtschaftsgemeinschaft und der Europäischen Atomgemeinschaft vom 27. Juli 1957 (BGBl. II S. 753) umfassend und zum frühestmöglichen Zeitpunkt über alle Vorhaben im Rahmen der Europäischen Union, die für die Länder von Interesse sein könnten.

§ 45a Zuweisung von Unterrichtungen über Vorhaben im Rahmen der Europäischen Union an die Ausschüsse. (1) [1] Der Präsident wählt aus den Unterrichtungen über Vorhaben im Rahmen der Europäischen Union diejenigen aus, welche für eine Beratung im Bundesrat in Betracht kommen, und weist sie den Ausschüssen zu. [2] Der Präsident kann den Direktor mit der Auswahl und der Zuweisung der Unterrichtungen beauftragen. [3] Jedes Land und jeder Ausschuß können verlangen, daß weitere Unterrichtungen den Ausschüssen zugewiesen werden.

(2) [1] Die Beteiligung mehrerer Ausschüsse an der Beratung einer Unterrichtung soll möglichst beschränkt werden. [2] Dies gilt insbesondere für Unterrichtungen, deren Eilbedürftigkeit (§ 45d Abs. 2) bereits zum Zeitpunkt der Zuweisung absehbar ist.

(3) [1] Die Zuweisung wirkt bis zum Abschluß des Vorhabens in der Europäischen Union. [2] Sind mehrere Ausschüsse beteiligt, so sollen diese ihre Beratungen über Empfehlungen an den Bundesrat oder die Europakammer zeitlich abgestimmt durchführen, soweit dies möglich ist.

(4) Die beteiligten Ausschüsse haben während des Entscheidungsverfahrens in den Gremien der Europäischen Union die Aufgabe, die Vertreter der Länder fachlich zu begleiten, zu den Stellungnahmen des Bundesrates die Erfolgskontrolle durchzuführen und dem Bundesrat etwa notwendige Folgebeschlüsse vorzuschlagen.

---

[1] Nr. **26**.

Artikel 52 Abs. 3a GG

Für Angelegenheiten der Europäischen Union kann der Bundesrat eine Europakammer bilden, deren Beschlüsse als Beschlüsse des Bundesrates gelten; Artikel 51 Abs. 2 und 3 Satz 2 gilt entsprechend.

§ 45b[1] **Europakammer.** (1) Der Bundesrat bildet eine Europakammer, deren Beschlüsse als Beschlüsse des Bundesrates gelten.

(2) [1] Jedes Land entsendet ein Mitglied oder ein stellvertretendes Mitglied des Bundesrates als Mitglied in die Europakammer. [2] Seine weiteren Mitglieder und stellvertretenden Mitglieder des Bundesrates sind stellvertretende Mitglieder der Europakammer.

(3) [1] Die Regierungen der Länder teilen dem Präsidenten den Zeitpunkt der Bestellung und Abberufung des Mitgliedes der Europakammer schriftlich mit. [2] Die Mitteilung wird der Europakammer bekanntgegeben.

§ 45c[2] **Vorsitzende der Europakammer.** (1) Der Bundesrat wählt ohne Aussprache den Vorsitzenden, den ersten und den zweiten stellvertretenden Vorsitzenden der Europakammer für ein Jahr aus der Mitte der Mitglieder der Europakammer.

(2) Endet das Amt eines Vorsitzenden oder eines stellvertretenden Vorsitzenden vorzeitig, so soll für den Rest seiner Amtszeit ein Nachfolger gewählt werden.

§ 3 EUZBLG[3]

Vor der Festlegung der Verhandlungsposition zu einem Vorhaben der Europäischen Union gibt die Bundesregierung dem Bundesrat rechtzeitig Gelegenheit zur Stellungnahme binnen angemessener Frist, soweit Interessen der Länder berührt sind.

§ 4 Abs. 1 EUZBLG[3]

Soweit der Bundesrat an einer entsprechenden innerstaatlichen Maßnahme mitzuwirken hätte oder soweit die Länder innerstaatlich zuständig wären, beteiligt die Bundesregierung vom Bundesrat benannte Vertreter der Länder an Beratungen zur Festlegung der Verhandlungsposition zu dem Vorhaben.

§ 5 EUZBLG[3]

(1) Soweit in einem Bereich ausschließlicher Zuständigkeiten des Bundes Interessen der Länder berührt sind oder soweit im übrigen der Bund das Recht zur Gesetzgebung hat, berücksichtigt die Bundesregierung die Stellungnahme des Bundesrates bei der Festlegung der Verhandlungsposition zu dem Vorhaben.

(2) Wenn bei einem Vorhaben im Schwerpunkt Gesetzgebungsbefugnisse der Länder betroffen sind und der Bund kein Recht zur Gesetzgebung hat oder ein Vorhaben im Schwerpunkt die Einrichtung der Behörden der Länder oder ihre Verwaltungsverfahren betrifft, ist insoweit bei Festlegung der Verhandlungsposition durch die Bundes-

---

[1] § 45b Abs. 1 Satz 2 aufgeh., bish. Satz 1 wird alleiniger Wortlaut mWv 22.9.2006 durch Bek. v. 22.9.2006 (BGBl. I S. 2176).

[2] § 45c Abs. 1 geänd. mWv 12.10.2007 durch Bek. v. 8.6.2007 (BGBl. I S. 1057).

[3] Nr. **26**.

regierung die Stellungnahme des Bundesrates maßgeblich zu berücksichtigen; im übrigen gilt Absatz 1. Die gesamtstaatliche Verantwortung des Bundes, einschließlich außen-, verteidigungs- und integrationspolitisch zu bewertender Fragen, ist zu wahren. Stimmt die Auffassung der Bundesregierung nicht mit der Stellungnahme des Bundesrates überein, ist ein Einvernehmen anzustreben. Zur Herbeiführung dieses Einvernehmens erfolgt erneute Beratung der Bundesregierung mit Vertretern der Länder. Kommt ein Einvernehmen nicht zustande und bestätigt der Bundesrat daraufhin seine Auffassung mit einem mit zwei Dritteln seiner Stimmen gefaßten Beschluß, so ist die Auffassung des Bundesrates maßgebend. Die Zustimmung der Bundesregierung ist erforderlich, wenn Entscheidungen zu Ausgabenerhöhungen oder Einnahmeminderungen für den Bund führen können.

(3) Vor der Zustimmung zu Vorhaben, die auf Artikel 308 EG-Vertrag gestützt werden, stellt die Bundesregierung das Einvernehmen mit dem Bundesrat her, soweit dessen Zustimmung nach innerstaatlichem Recht erforderlich wäre oder soweit die Länder innerstaatlich zuständig wären.

§ 6 Abs. 1 Satz 1 und Abs. 2 Satz 1 und 2 EUZBLG[1]

(1) Bei einem Vorhaben, bei dem der Bundesrat an einer entsprechenden innerstaatlichen Maßnahme mitzuwirken hätte oder bei dem die Länder innerstaatlich zuständig wären oder das sonst wesentliche Interessen der Länder berührt, zieht die Bundesregierung auf Verlangen Vertreter der Länder zu den Verhandlungen in den Beratungsgremien der Kommission und des Rates hinzu, soweit ihr dies möglich ist.

(2) Bei einem Vorhaben, das im Schwerpunkt ausschließliche Gesetzgebungsbefugnisse der Länder betrifft, soll die Bundesregierung die Verhandlungsführung in den Beratungsgremien der Kommission und des Rates und bei Ratstagungen in der Zusammensetzung der Minister auf einen Vertreter der Länder übertragen. Für diese Ratstagungen kann vom Bundesrat nur ein Mitglied einer Landesregierung im Ministerrang benannt werden.

§ 7 EUZBLG[1]

(1) Die Bundesregierung macht auf Verlangen des Bundesrates unbeschadet eigener Klagerechte der Länder von dem im Vertrag über die Europäische Union vorgesehenen Klagemöglichkeiten Gebrauch, soweit die Länder durch ein Handeln oder Unterlassen von Organen der Union in Bereichen ihrer Gesetzgebungsbefugnisse betroffen sind und der Bund kein Recht zur Gesetzgebung hat. Dabei ist die gesamtstaatliche Verantwortung des Bundes, einschließlich außen-, verteidigungs- und integrationspolitisch zu bewertender Fragen, zu wahren.

(2) Absatz 1 gilt entsprechend, wenn die Bundesregierung im Verfahren vor dem Europäischen Gerichtshof Gelegenheit zur Stellungnahme hat.

(3) Hinsichtlich der Prozeßführung vor dem Europäischen Gerichtshof stellt die Bundesregierung in den in den Absätzen 1 und 2 genannten Fällen sowie für Vertragsverletzungsverfahren, in denen die Bundesrepublik Deutschland Partei ist, mit dem Bundesrat Einvernehmen her, soweit Gesetzgebungsbefugnisse der Länder betroffen sind und der Bund kein Recht zur Gesetzgebung hat.

---

[1] Nr. **26**.

§ 45d Zuständigkeit der Europakammer. (1) Die Europakammer ist in Eilfällen oder bei zu wahrender Vertraulichkeit nach Zuweisung eines Beratungsgegenstandes zuständig für die Wahrnehmung der Mitwirkungsrechte des Bundesrates in Angelegenheiten der Europäischen Union.

(2) Ein Eilfall liegt vor, wenn die Beschlußfassung des Bundesrates im Hinblick auf den Beratungsstand in den Gremien der Europäischen Union keinen Aufschub bis zur nächsten bereits einberufenen Sitzung des Bundesrates duldet.

(3) Ein Fall, in dem die Vertraulichkeit zu wahren ist, kann insbesondere vorliegen, wenn
1. dies in einschlägigen Vorschriften der Europäischen Union vorgesehen ist;
2. die Bundesregierung die vertrauliche Behandlung des Beratungsgegenstandes für erforderlich erklärt;
3. ein Land oder ein Ausschuß die vertrauliche Behandlung eines Beratungsgegenstandes anregen.

(4) [1] Stellt der Präsident fest, daß die Zuständigkeit der Europakammer gegeben ist, weist er dieser den betreffenden Beratungsgegenstand zu, wenn er nicht den Bundesrat einberuft. [2] Der Präsident kann den Direktor damit beauftragen, im Einvernehmen mit dem Vorsitzenden des Ausschusses für Fragen der Europäischen Union Beratungsgegenstände der Europakammer zuzuweisen.

(5) Die Zuweisung eines Beratungsgegenstandes an die Europakammer steht bis zu deren Beschlußfassung der Beratung in den Ausschüssen und der Verhandlung und Beschlußfassung durch den Bundesrat nicht entgegen.

§ 45e Vorbereitung der Sitzungen der Europakammer. (1) Die Sitzungen der Europakammer sollen durch die Ausschüsse vorbereitet werden, soweit dies zeitlich möglich ist.

(2) [1] Der Vorsitzende beruft die Europakammer ein, wenn ihr Zusammentreffen erforderlich wird. [2] Jedes Land kann die Einberufung der Europakammer zu einer ihr zugewiesenen Vorlage verlangen.

(3) [1] Die Einberufungsfrist beträgt einer Woche. [2] Sie kann in Eilfällen so verkürzt werden, wie es der Beratungsstand erfordert. [3] Die Einberufung erfolgt durch Übermittlung der vorläufigen Tagesordnung.

§ 45f Öffentlichkeit. (1) [1] Die Europakammer verhandelt öffentlich. [2] Die Öffentlichkeit kann ausgeschlossen werden. [3] Soweit die Zuständigkeit der Europakammer auf der Wahrung der Vertraulichkeit beruht, beschließt sie über den Ausschluß der Öffentlichkeit. [4] Im übrigen ist § 17 entsprechend anzuwenden.

(2) Die Beschlüsse der Europakammer und ihre Begründungen werden veröffentlicht, soweit die Europakammer nichts anderes beschließt.

§ 45g Teilnahme an den Verhandlungen. An den Verhandlungen der Europakammer können auch Mitglieder und Beauftragte der Bundesregierung und Beauftragte der Landesregierungen teilnehmen; andere Personen nur, soweit der Vorsitzende dies zuläßt.

§ 45h[1] Beschlussfassung. (1) Zur Stimmabgabe in der Europakammer sind die Mitglieder und stellvertretenden Mitglieder der Europakammer berechtigt.

(2) [1] Die Europakammer ist beschlußfähig, wenn die Mehrheit ihrer Stimmen vertreten ist. [2] Bei Beschlußunfähigkeit hat der Vorsitzende die Sitzung aufzuheben.

(3) Die Europakammer faßt ihre Beschlüsse mit mindestens der Mehrheit ihrer Stimmen.

§ 45i[2] Umfrageverfahren. (1) [1] Hält der Vorsitzende die mündliche Beratung einer EU-Vorlage für entbehrlich, kann die Beschlussfassung im Wege der Umfrage herbeigeführt werden. [2] Über die Umfrage ist ein Bericht zu fertigen.

(2) Wird die Sitzung der Europakammer wegen Beschlussunfähigkeit aufgehoben, leitet der Vorsitzende ein Umfrageverfahren ein.

(3) Außer im Fall des Absatzes 2 kann jedes Land der Beschlussfassung im Umfrageverfahren widersprechen.

§ 45j Sitzungsbericht. [1] Über die Sitzungen der Europakammer ist eine Niederschrift zu fertigen. [2] Diese muß mindestens die Namen der Teilnehmer, die Anträge und das Ergebnis der Beratungen enthalten. [3] Der Bericht ist vertraulich, soweit die Verhandlungen vertraulich sind (§ 45f Abs. 1 Satz 2 bis 4).

§ 45k Anwendung von Verfahrensvorschriften. § 15 Abs. 3 und 5, §§ 16, 18 Abs. 2, § 19 Abs. 1, §§ 22, 23 Abs. 2 Satz 1 und Abs. 5, § 26 Abs. 3, §§ 29, 30 und 32 sind entsprechend anzuwenden.

§ 45l[3] Vertreter der Länder. (1) [1] Benennt der Bundesrat Vertreter zu Verhandlungen über Vorhaben im Rahmen der Europäischen Union, so sind diese Vertreter an Beschlüsse des Bundesrates gebunden. [2] Das den Vertreter stellende Land soll auf weitere Beschlüsse hinwirken, sofern im Hinblick auf den Fortgang der Verhandlungen hierzu Anlaß besteht. [3] Auch jedes andere Land kann weitere Beschlüsse beantragen. [4] Das gleiche kann ein Ausschuß empfehlen, dem der entsprechende Beratungsgegenstand zugewiesen ist.

(2) [1] Die Vertreter berichten unverzüglich im Anschluß an eine Sitzung des jeweiligen Gremiums über die die Länder insbesondere interessierenden Gesichtspunkte. [2] Die Berichte werden in der Regel schriftlich erstattet. [3] Die Vertreter berichten darüber hinaus, wenn im Hinblick auf die Verhandlungen erneuter Beratungsbedarf besteht, oder wenn ein Land oder ein beteiligter Ausschuß dies verlangen.

---

[1] § 45h Überschr. neu gef. sowie Abs. 1 Sätze 1 und 2 aufgeh., bish. Satz 3 wird alleiniger Wortlaut und neu gef. mWv 22.9.2006 durch Bek. v. 22.9.2006 (BGBl. I S. 2176).

[2] § 45i eingef. mWv 22.9.2006 durch Bek. v. 22.9.2006 (BGBl. I S. 2176).

[3] Bish. § 45i wird § 45l mWv 22.9.2006 durch Bek. v. 22.9.2006 (BGBl. I S. 2176).

V. Schlußbestimmungen

***Artikel 51 Abs. 1 GG*[1]**

Der Bundesrat besteht aus Mitgliedern der Regierungen der Länder, die sie bestellen und abberufen. Sie können durch andere Mitglieder ihrer Regierungen vertreten werden.

***Artikel 52 Abs. 4 GG*[1]**

Den Ausschüssen des Bundesrates können andere Mitglieder oder Beauftragte der Regierungen der Länder angehören.

§ 46 Stellvertreter. Mitglieder des Bundesrates und seiner Ausschüsse im Sinne dieser Geschäftsordnung sind auch die stellvertretenden Mitglieder.

§ 47 Auslegung der Geschäftsordnung. (1) Während einer Sitzung entscheidet der Präsident Meinungsverschiedenheiten über die Auslegung der Geschäftsordnung für diese Sitzung.

(2) Im übrigen entscheidet auf Verlangen des Präsidenten oder eines Landes der Bundesrat.

§ 48 Abweichung von der Geschäftsordnung. Will der Bundesrat im einzelnen Fall von der Geschäftsordnung abweichen, so bedarf es eines einstimmigen Beschlusses.

§ 49 Inkrafttreten.[2] [1] Diese Geschäftsordnung tritt am 1. Oktober 1966 in Kraft. [2] Gleichzeitig tritt die Geschäftsordnung des Bundesrates vom 31. Juli 1953 (Bundesgesetzbl. II S. 527) außer Kraft.

---

[1] Nr. **1**.

[2] **Amtl. Anm.:** Diese Vorschrift betrifft das Inkrafttreten der Geschäftsordnung in der damals gültigen Fassung.

V. Schlußbestimmungen

Artikel 51 Abs. 1 GG[1]

Der Bundesrat besteht aus Mitgliedern der Regierungen der Länder, die sie bestellen und abberufen. Sie können durch andere Mitglieder ihrer Regierungen vertreten werden.

Artikel 52 Abs. 4 GG[1]

Den Ausschüssen des Bundesrates können andere Mitglieder oder Beauftragte der Regierungen der Länder angehören.

§ 46 Stellvertreter. Mitglieder des Bundesrates und seiner Ausschüsse im Sinne dieser Geschäftsordnung sind auch die stellvertretenden Mitglieder.

§ 47 Auslegung der Geschäftsordnung. (1) Während einer Sitzung entscheidet der Präsident über Meinungsverschiedenheiten über die Auslegung der Geschäftsordnung für diese Sitzung.

(2) Im übrigen entscheidet auf Verlangen des Präsidenten oder eines Landes der Bundesrat.

§ 48 Abweichung von der Geschäftsordnung. Will der Bundesrat im einzelnen Fall von der Geschäftsordnung abweichen, so bedarf es eines einstimmigen Beschlusses.

§ 49 Inkrafttreten.[2] Diese Geschäftsordnung tritt am 1. Oktober 1966 in Kraft. Gleichzeitig tritt die Geschäftsordnung des Bundesrates vom 31. März 1953 (Bundesgesetzbl. II S. 52) außer Kraft.

---

[2] Amtl. Anm.: Diese Vorschrift betrifft das Inkrafttreten der Geschäftsordnung in der ursprünglichen Fassung.

16. Geschäftsordnung für das Verfahren nach Artikel 115d des Grundgesetzes

Vom 23. Juli 1969
(BGBl. I S. 1100)
FNA 1101-5

Zur Ausführung des Artikels 115d des Grundgesetzes[1)] hat der Bundestag mit Zustimmung des Bundesrates für die Beratung dringlicher Gesetzesvorlagen im Verteidigungsfalle die folgende Geschäftsordnung beschlossen:

§ 1 Einberufung. (1) Der Präsident des Bundestages beruft den Bundestag und der Präsident des Bundesrates den Bundesrat unverzüglich zur gemeinsamen Beratung ein, wenn die Bundesregierung eine Gesetzesvorlage bei der gleichzeitigen Zuleitung an Bundestag und Bundesrat als dringlich bezeichnet hat.

(2) Gleichzeitig ist die vom Präsidenten des Bundestages und vom Präsidenten des Bundesrates gemeinsam aufgestellte Tagesordnung bekanntzugeben.

(3) [1] Zwischen der Absendung der Einladung und der gemeinsamen Beratung soll eine Frist von drei Tagen liegen. [2] Die Frist ist auf Verlangen der Bundesregierung abzukürzen.

§ 2 Vorsitz. (1) Bei den gemeinsamen Beratungen von Bundestag und Bundesrat führt der Präsident des Bundestages den Vorsitz.

(2) Finden in der gemeinsamen Beratung Abstimmungen des Bundesrates statt, so führt dabei der Präsident des Bundesrates den Vorsitz.

§ 3 Beratung. [1] Es findet nur eine Beratung statt. [2] Diese ist auf Beschluß des Bundestages oder des Bundesrates für Ausschußberatungen zu unterbrechen.

§ 4 Ausschußberatung. (1) [1] Sofern eine Beratung der Gesetzesvorlage im Ausschuß beschlossen wird, soll diese nur an jeweils einen Ausschuß des Bundestages und des Bundesrates überwiesen werden. [2] Diese Ausschüsse beraten in der Regel gemeinsam.

(2) In den gemeinsamen Ausschußberatungen führt der Vorsitzende des Bundestagsausschusses den Vorsitz.

(3) Die Vertreter des Bundesrates in den Ausschüssen brauchen nicht Mitglieder des Bundesrates zu sein.

(4) [1] Die Abstimmungen werden getrennt vorgenommen. [2] Abweichende Beschlüsse der Vertreter des Bundesrates gelten als Änderungsanträge für die Fortsetzung der gemeinsamen Beratung von Bundestag und Bundesrat.

---

1) Nr. 1.

§ 5 Schlußberatung und Schlußabstimmung. (1) Ist die Rednerliste erschöpft und meldet sich niemand mehr zu Wort, so erklärt der Präsident des Bundestages die Beratung für geschlossen.

(2) Über einen Antrag auf Vertagung oder Schluß der Beratung, der von 30 anwesenden Abgeordneten gestellt wird, darf nur abgestimmt werden, wenn ihm der Bundesrat nicht mit der Mehrheit seiner Stimmen widerspricht.

(3) [1] Die Schlußabstimmung erfolgt in gemeinsamer Sitzung. [2] Zuerst stimmt der Bundestag, dann der Bundesrat ab.

(4) Für die Zustimmung des Bundesrates ist die Mehrheit seiner Stimmen erforderlich, sofern nicht nach dem Grundgesetz[1)] eine Mehrheit von zwei Dritteln der Stimmen erforderlich ist.

(5) [1] Lehnt der Bundesrat einen Gesetzesbeschluß, der nicht seiner Zustimmung bedarf, ab, so wird die Beratung wieder eröffnet. [2] Der Bundestag kann das Gesetz mit der Mehrheit seiner Mitglieder bestätigen.

§ 6 Entsprechende Anwendung der Geschäftsordnungen des Bundestages und des Bundesrates. [1] Im übrigen findet auf das Verfahren die Geschäftsordnung des Bundestages[2)] entsprechende Anwendung. [2] Für die Abstimmungen der Mitglieder des Bundesrates und für die Abstimmungen der Vertreter in den Ausschüssen gelten die entsprechenden Bestimmungen der Geschäftsordnung des Bundesrates[3)].

---

1) Nr. **1**.
2) Nr. **14**.
3) Nr. **15**.

17. Gemeinsame Geschäftsordnung des Bundestages und des Bundesrates für den Ausschuß nach Artikel 77 des Grundgesetzes (Vermittlungsausschuß)

Vom 19. April 1951

(BGBl. II S. 103)

FNB 1101-2

geänd. durch Bek. v. 11.2.1970 (BGBl. I S. 184), Bek. v. 12.11.1990 (BGBl. I S. 2557), Bek. v. 16.5.1995 (BGBl. I S. 742) und Bek. v. 30.4.2003 (BGBl. I S. 677)

Zur Ausführung des Artikels 77 des Grundgesetzes[1)] hat der Bundestag mit Zustimmung des Bundesrates für den Vermittlungsausschuß die folgende Geschäftsordnung beschlossen:

§ 1[2)] Ständige Mitglieder. Bundestag und Bundesrat entsenden je 16 ihrer Mitglieder, die den ständigen Vermittlungsausschuß bilden.

§ 2 Vorsitz. Der Ausschuß wählt je ein Mitglied des Bundestages und des Bundesrates, die im Vorsitz vierteljährlich sich abwechseln und einander vertreten.

§ 3 Vertretung. [1] Für jedes Mitglied ist sein Vertreter zu bestellen. [2] Auch die Vertreter müssen Mitglieder der entsendenden Körperschaft sein. [3] Sie dürfen an den Sitzungen nur teilnehmen, soweit eine Vertretung notwendig ist.

§ 4 Wechsel der Mitglieder und Stellvertreter. Die Mitglieder und ihre Stellvertreter können abberufen werden, jedoch ist der Wechsel eines Mitgliedes oder seines Stellvertreters im Wege der Abberufung nur viermal innerhalb der gleichen Wahlperiode des Bundestages zulässig.

§ 5 Bundesregierung. Die Mitglieder der Bundesregierung haben das Recht und auf Beschluß des Ausschusses die Pflicht, an den Sitzungen teilzunehmen.

§ 6 Teilnahme anderer Personen. Anderen Personen kann die Teilnahme an den Sitzungen nur durch Beschluß des Ausschusses gestattet werden.

§ 7[3)] Beschlußfähigkeit. (1) Der Ausschuß ist beschlußfähig, wenn die Mitglieder unter Mitteilung der Tagesordnung mit einer Frist von mindestens fünf Tagen geladen und mindestens zwölf Mitglieder anwesend sind.

(2) Die Ladungsfrist beginnt mit der Abgabe der Ladung bei den für die Postverteilung zuständigen Stellen von Bundestag und Bundesrat.

[1)] Nr. **1**.

[2)] § 1 neu gef. durch Bek. v. 11.2.1957 (BGBl. II S. 31); geänd. durch Bek. v. 12.11.1990 (BGBl. I S. 2557).

[3)] § 7 Abs. 1 und 3 geänd. durch Bek. v. 12.11.1990 (BGBl. I S. 2557); Abs. 2 neu gef. durch Bek. v. 30.4.2003 (BGBl. I S. 677).

(3) Ein Einigungsvorschlag kann nur beschlossen werden, wenn mindestens je sieben Mitglieder des Bundestages und des Bundesrates anwesend sind.

§ 8 Mehrheit. Der Ausschuß faßt seine Beschlüsse mit der Mehrheit der Stimmen seiner anwesenden Mitglieder.

§ 9 Unterausschüsse. Der Ausschuß kann Unterausschüsse einsetzen.

§ 10[1] Verfahren im Bundestag. (1) [1] Ein Einigungsvorschlag auf Änderung oder Aufhebung des vom Bundestag beschlossenen Gesetzes ist alsbald auf die Tagesordnung des Bundestages zu setzen. [2] Ein vom Ausschuß bestimmtes Mitglied berichtet im Bundestag und im Bundesrat.

(2) [1] Der Bundestag stimmt nur über den Einigungsvorschlag ab. [2] Zu dem Vorschlag können vor der Abstimmung Erklärungen abgegeben werden. [3] Ein anderer Antrag zur Sache ist nicht zulässig.

(3) [1] Sieht der Einigungsvorschlag mehrere Änderungen des Gesetzesbeschlusses vor, so ist in ihm zu bestimmen, ob und inwieweit im Bundestag über Änderungen gemeinsam abzustimmen ist. [2] Enthält der Einigungsvorschlag Änderungen des Grundgesetzes[2], ist über jede Abweichung des Einigungsvorschlages vom Wortlaut des vom Bundestag gemäß Artikel 79 Abs. 2 des Grundgesetzes beschlossenen Gesetzes einzeln abzustimmen. [3] Erfolgt eine Einzelabstimmung über mehrere Änderungen, so ist eine Schlußabstimmung über den Einigungsvorschlag im ganzen erforderlich.

§ 11[3] Verfahren im Falle eines Einigungsvorschlages auf Bestätigung des Gesetzesbeschlusses. [1] Sieht der Einigungsvorschlag eine Bestätigung des vom Bundestag beschlossenen Gesetzes vor, so bedarf es keiner erneuten Beschlußfassung durch den Bundestag. [2] Der Vorsitzende des Ausschusses hat den Vorschlag unverzüglich dem Präsidenten des Bundestages und des Bundesrates mitzuteilen.

§ 12[4] Abschluß des Verfahrens. (1) Wird in der zweiten wegen der gleichen Sache einberufenen Sitzung ein Einigungsvorschlag nicht beschlossen, so kann jedes Mitglied den Abschluß des Verfahrens beantragen.

(2) Das Verfahren ist abgeschlossen, wenn in der folgenden Sitzung sich keine Mehrheit für einen Einigungsvorschlag findet.

(3) Auf andere Weise kann das Verfahren ohne Einigungsvorschlag nicht abgeschlossen werden.

(4) Der Vorsitzende hat den Abschluß des Verfahrens festzustellen und unverzüglich dem Präsidenten des Bundestages und des Bundesrates mitzuteilen.

§ 13 Außerkrafttreten. Diese Geschäftsordnung tritt, wenn Bundestag oder Bundesrat ihre Aufhebung beschließen, sechs Monate nach der Beschlußfassung außer Kraft, es sei denn, daß der Bundestag vorher mit Zustimmung des Bundesrates eine Änderung beschließt.

---

[1] § 10 Abs. 3 Satz 2 eingef., bish. Satz 2 wird Satz 3 durch Bek. v. 16.5.1995 (BGBl. I S. 742).
[2] Nr. 1.
[3] § 11 Satz 2 geänd. durch Bek. v. 11.2.1970 (BGBl. I S. 184).
[4] § 12 Abs. 4 geänd. durch Bek. v. 11.2.1970 (BGBl. I S. 184).

18. Geschäftsordnung für den Gemeinsamen Ausschuß

Vom 23. Juli 1969
(BGBl. I S. 1102)

FNA 1101-6

geänd. durch Bek. v. 25.3.1991 (BGBl. I S. 868) und Bek. v. 20.7.1993 (BGBl. I S. 1500)

Zur Ausführung des Artikels 53a des Grundgesetzes[1] hat der Bundestag mit Zustimmung des Bundesrates für den Gemeinsamen Ausschuß die folgende Geschäftsordnung beschlossen:

I. Abschnitt. Zusammensetzung und Einberufung

§ 1[2] Zusammensetzung. (1) Der Gemeinsame Ausschuß besteht aus 32 vom Bundestag aus seiner Mitte bestimmten Abgeordneten und 16 Mitgliedern des Bundesrates.

(2) Für die Mitglieder des Gemeinsamen Ausschusses sind in gleicher Anzahl Stellvertreter aus den Reihen der Mitglieder des Bundestages und des Bundesrates zu bestimmen.

(3) [1] Kann der Gemeinsame Ausschuß auch unter Einbeziehung der Stellvertreter nicht mehr vollzählig zusammentreten, so wird die Zahl der Abgeordneten des Bundestages entsprechend dem Stärkeverhältnis der Fraktionen nach deren Vorschlägen aus den anwesenden oder erreichbaren Abgeordneten ergänzt. [2] Der Vorsitzende ersucht für diesen Fall die betroffenen Landesregierungen, weitere Mitglieder zu bestimmen.

§ 2 Bestimmung der Mitglieder des Bundestages. (1) [1] Die dem Gemeinsamen Ausschuß angehörenden Abgeordneten und ihre Stellvertreter werden zu Beginn jeder Wahlperiode vom Bundestag durch Beschluß entsprechend dem Stärkeverhältnis der Fraktionen bis zu einer erneuten Bestellung bestimmt. [2] Jede Fraktion schlägt aus ihren Reihen eine entsprechende Anzahl von Mitgliedern und Stellvertretern vor.

(2) [1] Der Präsident des Bundestages ist von Amts wegen Mitglied des Gemeinsamen Ausschusses. [2] Er ist der Fraktion, der er angehört, anzurechnen.

§ 3 Ausscheiden von Abgeordneten. Ein dem Gemeinsamen Ausschuß angehörender Abgeordneter scheidet aus diesem zu dem Zeitpunkt aus, zu dem er den Verzicht auf seine Mitgliedschaft im Gemeinsamen Ausschuß dem Präsidenten des Bundestages gegenüber erklärt, die Mitgliedschaft im Bundestag verliert oder aus der Fraktion ausscheidet, die ihn vorgeschlagen hat.

---

[1] Nr. **1**.

[2] § 1 Abs. 1 geänd. durch Bek. v. 25.3.1991 (BGBl. I S. 868).

§ 4 Bestimmung der Mitglieder des Bundesrates. (1) [1]Jede Landesregierung bestimmt aus ihren Mitgliedern und stellvertretenden Mitgliedern des Bundesrates eines zum Mitglied des Gemeinsamen Ausschusses und weitere Mitglieder zu Stellvertretern. [2]Sie teilt diese und jeden Wechsel dem Präsidenten des Bundesrates mit.

(2) Der Präsident des Bundesrates teilt dem Präsidenten des Bundestages die vom Bundesrat entsandten Mitglieder, deren Stellvertreter und jeden Wechsel mit.

§ 5 Rechte der Vertreter. (1) Die Stellvertreter haben die gleichen Rechte und Pflichten wie die Mitglieder des Gemeinsamen Ausschusses; Stimm- und Antragsrecht haben sie nur im Falle der Vertretung.

(2) [1]Die vom Bundestag bestimmten Stellvertreter können nur Mitglieder ihrer Fraktion vertreten. [2]Die Stellvertreter treten in der Reihenfolge ein, in der sie von der Fraktion vorgeschlagen worden sind.

§ 6 Präsenzpflicht. (1) Die Mitglieder des Gemeinsamen Ausschusses und die Stellvertreter haben sicherzustellen, daß sie jederzeit durch den Präsidenten des Bundestages erreichbar sind und auch an kurzfristig einberufenen Sitzungen des Gemeinsamen Ausschusses teilnehmen können.

(2) Das Nähere regeln die Präsidenten des Bundestages und des Bundesrates jeweils für ihren Bereich.

§ 7 Vorsitz des Gemeinsamen Ausschusses. (1) Der Präsident des Bundestages ist Vorsitzender des Gemeinsamen Ausschusses.

(2) [1]Der Gemeinsame Ausschuß wählt ein Mitglied, das dem Bundesrat angehört, zum ersten stellvertretenden Vorsitzenden. [2]Der Gemeinsame Ausschuß kann weitere stellvertretende Vorsitzende wählen.

(3) Die Stellvertreter vertreten den Vorsitzenden nach Maßgabe ihrer Reihenfolge.

§ 8[1)] Einberufung. (1) Der Vorsitzende beruft den Gemeinsamen Ausschuß zu Informationssitzungen (Artikel 53a Abs. 2 des Grundgesetzes[2)]) ein.

(2) Der Vorsitzende hat den Gemeinsamen Ausschuß einzuberufen, wenn der Bundespräsident, der Bundeskanzler oder sechs Mitglieder des Gemeinsamen Ausschusses es verlangen oder wenn die Voraussetzungen des Artikels 115a Abs. 2 des Grundgesetzes vorliegen.

(3) Der Vorsitzende des Gemeinsamen Ausschusses unterrichtet die Bundesregierung unverzüglich über die Einberufung.

§ 9 Feststellung nach Artikel 115a Abs. 2 und 115e Abs. 1 des Grundgesetzes.[2)] Der Gemeinsame Ausschuß soll eine Feststellung nach Artikel 115a Abs. 2 oder Artikel 115e Abs. 1 des Grundgesetzes erst treffen, nachdem der amtierende Präsident des Bundestages mitgeteilt hat, daß einem rechtzeitigen Zusammentritt des Bundestages unüberwindliche Hindernisse entgegenstehen oder daß dieser nicht beschlußfähig ist.

---

1) § 8 neu gef. durch Bek. v. 20.7.1993 (BGBl. I S. 1500).

2) Nr. **1**.

II. Abschnitt. Verfahrensbestimmungen

§ 10[1] Nichtöffentlichkeit. [1] Die Beratungen des Gemeinsamen Ausschusses sind nicht öffentlich. [2] § 69 Abs. 2 Satz 1 und Abs. 7 der Geschäftsordnung des Bundestages[2], die Geheimschutzordnung des Bundestages[3] und die Ausführungsbestimmungen dazu finden entsprechende Anwendung.

§ 11 Teilnahme an den Sitzungen. (1) Der Bundespräsident hat das Recht, an allen Sitzungen des Gemeinsamen Ausschusses teilzunehmen.

(2) [1] Die Mitglieder der Bundesregierung haben das Recht und auf Beschluß des Auschusses die Pflicht, an allen Sitzungen des Gemeinsamen Ausschusses teilzunehmen. [2] Sie müssen jederzeit gehört werden.

(3) [1] Hat der Gemeinsame Ausschuß nach § 10 geheime Beratung beschlossen, können nur die Mitglieder und die Stellvertreter an der Sitzung teilnehmen. [2] Dasselbe gilt für Informationssitzungen (Artikel 53a Abs. 2 des Grundgesetzes[4]).

(4) Der Gemeinsame Ausschuß kann anderen Personen die Teilnahme an seinen Sitzungen gestatten.

§ 12 Beschlußfähigkeit. Der Gemeinsame Ausschuß ist beschlußfähig, wenn mehr als die Hälfte der Mitglieder oder der Stellvertreter anwesend ist.

§ 13 Beschlußmehrheiten. (1) Der Gemeinsame Ausschuß faßt seine Beschlüsse mit der Mehrheit der abgegebenen Stimmen, soweit nicht das Grundgesetz[4] etwas anderes bestimmt.

(2) Bei Schlußabstimmungen über Gesetze ist das Ergebnis der Abstimmung durch Zählen der Stimmen festzustellen.

§ 14 Beratung von Gesetzentwürfen. [1] Gesetzentwürfe werden in einer Beratung verabschiedet. [2] Mindestens sechs Mitglieder können verlangen, daß die Beratung um mindestens zwölf Stunden ausgesetzt wird, es sei denn, daß die Mehrheit der Mitglieder des Gemeinsamen Ausschusses die sofortige Beratung beschließt. [3] Beschlossene Gesetze leitet der Vorsitzende unverzüglich dem Bundeskanzler zu.

§ 15 Wahlen. Wahlen werden mit verdeckten Stimmzetteln durchgeführt.

§ 16 Anträge nach Artikel 115h Abs. 2 des Grundgesetzes[4] (Mißtrauensvotum). Ein Antrag nach Artikel 115h Abs. 2 Satz 2 des Grundgesetzes muß von mindestens neun Mitgliedern des Gemeinsamen Ausschusses gestellt werden.

§ 17 Sitzungsprotokolle. (1) [1] Über jede Sitzung des Gemeinsamen Ausschusses wird ein Protokoll angefertigt, das mindestens die Anträge und die

---

[1] § 10 Satz 2 geänd. durch Bek. v. 25.3.1991 (BGBl. I S. 868).
[2] Nr. **14**.
[3] Siehe Anl. 3 der GeschäftsO Bundestag (Nr. **14**).
[4] Nr. **1**.

Beschlüsse enthalten und den wesentlichen Verlauf der Beratung wiedergeben muß. [2] Das Protokoll wird vom Vorsitzenden unterzeichnet. [3] Es liegt während der der Unterzeichnung folgenden Sitzung zur Einsicht auf und gilt als genehmigt, wenn bis zum Schluß dieser Sitzung kein Einspruch erhoben wird. [4] Die Geheimschutzordnung des Bundestages[1)] findet entsprechende Anwendung.

(2) Über Einsprüche gegen das Protokoll entscheidet der Gemeinsame Ausschuß.

§ 18 Anwendbarkeit der Geschäftsordnung des Bundestages. (1) Im übrigen finden auf das Verfahren des Ausschusses die Vorschriften der Geschäftsordnung des Bundestages[2)] über das Verfahren im Bundestag entsprechende Anwendung.

(2) Können nach den nach Absatz 1 anwendbaren Vorschriften der Geschäftsordnung des Bundestages bestimmte Rechte nur von einer Mehrzahl von Mitgliedern ausgeübt werden, so können diese Rechte im Gemeinsamen Ausschuß von zwei Mitgliedern ausgeübt werden.

§ 19 Änderung der Geschäftsordnung und Abweichungen von der Geschäftsordnung. Ist die Feststellung nach Artikel 115e Abs. 1 des Grundgesetzes[3)] getroffen, kann der Gemeinsame Ausschuß diese Geschäftsordnung ändern und im Einzelfall mit einer Mehrheit von zwei Dritteln seiner Mitglieder von den Bestimmungen dieser Geschäftsordnung abweichen.

---

1) Siehe Anl. 3 der GeschäftsO Bundestag (Nr. **14**).
2) Nr. **14**.
3) Nr. **1**.

19. Geschäftsordnung der Bundesregierung

Vom 11. Mai 1951
(GMBl S. 137)

geänd. durch Bek. v. 29.3.1967 (GMBl S. 130), Bek. v. 12.9.1967 (GMBl S. 430), Bek. v. 6.1.1970 (GMBl S. 14), Bek. v. 23.1.1970 (GMBl S. 50), Bek. v. 29.4.1976 (GMBl S. 174, ber. S. 354), Bek. v. 17.7.1987 (GMBl S. 382) und Bek. v. 22.10.2002 (GMBl S. 848)

Die Bundesregierung hat nach Artikel 65 des Grundgesetzes[1)] folgende, von dem Bundespräsidenten genehmigte Geschäftsordnung beschlossen:

I. Der Bundeskanzler

§ 1 [Bestimmung der Richtlinien der Politik] (1) [1] Der Bundeskanzler bestimmt die Richtlinien der inneren und äußeren Politik. [2] Diese sind für die Bundesminister verbindlich und von ihnen in ihrem Geschäftsbereich selbständig und unter eigener Verantwortung zu verwirklichen. [3] In Zweifelsfällen ist die Entscheidung des Bundeskanzlers einzuholen.

(2) Der Bundeskanzler hat das Recht und die Pflicht, auf die Durchführung der Richtlinien zu achten.

§ 2 [Einheitlichkeit der Geschäftsführung] Neben der Bestimmung der Richtlinien der Politik hat der Bundeskanzler auch auf die Einheitlichkeit der Geschäftsführung in der Bundesregierung hinzuwirken.

§ 3 [Unterrichtung des Bundeskanzlers] Der Bundeskanzler ist aus dem Geschäftsbereich der einzelnen Bundesminister über Maßnahmen und Vorhaben zu unterrichten, die für die Bestimmung der Richtlinien der Politik und die Leitung der Geschäfte der Bundesregierung von Bedeutung sind.

§ 4 [Erweiterung und Änderung der Richtlinien] Hält ein Bundesminister eine Erweiterung oder Änderung der Richtlinien der Politik für erforderlich, so hat er dem Bundeskanzler unter Angabe der Gründe hiervon Mitteilung zu machen und seine Entscheidung zu erbitten.

§ 5 [Unterrichtung des Bundespräsidenten] Der Bundeskanzler unterrichtet den Bundespräsidenten laufend über seine Politik und die Geschäftsführung der einzelnen Bundesminister durch Übersendung der wesentlichen Unterlagen, durch schriftliche Berichte über Angelegenheiten von besonderer Bedeutung sowie nach Bedarf durch persönlichen Vortrag.

§ 6 [Leitung der Geschäfte der Bundesregierung] Der Bundeskanzler leitet die Geschäfte der Bundesregierung nach Maßgabe des IV. Abschnittes.

---

1) Nr. **1**.

§ 7 [Staatssekretär des Bundeskanzleramtes] (1) Der Staatssekretär des Bundeskanzleramtes nimmt zugleich die Geschäfte eines Staatssekretärs der Bundesregierung wahr.

(2) [1] Er kann die an den Bundeskanzler gerichteten oder ihm von dem Bundespräsidenten überwiesenen Schreiben unmittelbar an den zuständigen Bundesminister weiterleiten. [2] Empfiehlt der zuständige Bundesminister eine Beantwortung durch den Bundeskanzler, so legt er dem Bundeskanzler einen entsprechenden Entwurf vor.

II. Stellvertretung des Bundeskanzlers

§ 8 [Stellvertretung des Bundeskanzlers] [1] Ist der Bundeskanzler an der Wahrnehmung der Geschäfte allgemein verhindert, so vertritt ihn der gemäß Artikel 69 des Grundgesetzes[1)] zu seinem Stellvertreter ernannte Bundesminister in seinem gesamten Geschäftsbereich. [2] Im übrigen kann der Bundeskanzler den Umfang seiner Vertretung näher bestimmen.

III. Die Bundesminister

§ 9 [Geschäftsbereich der Bundesminister] [1] Der Geschäftsbereich der einzelnen Bundesminister wird in den Grundzügen durch den Bundeskanzler festgelegt. [2] Bei Überschneidungen und sich daraus ergebenden Meinungsverschiedenheiten zwischen den einzelnen Bundesministern entscheidet die Bundesregierung durch Beschluß.

§ 10 [Empfang von Deputationen] (1) [1] Abordnungen (Deputationen) sollen in der Regel nur von dem federführenden Fachminister oder seinem Vertreter empfangen werden. [2] Sie sind vorher um Angabe des Verhandlungsgegenstandes zu ersuchen. [3] Erscheint ein gemeinsamer Empfang angezeigt, so benachrichtigt der angegangene Bundesminister die außer ihm noch in Frage kommenden Bundesminister.

(2) Der Bundeskanzler empfängt Abordnungen nur in besonderen Fällen.

§ 11[2)] [Verhandlungen mit dem Ausland] (1) Mitglieder und Vertreter auswärtiger Regierungen sowie Vertreter zwischenstaatlicher Einrichtungen sollen nur nach vorherigem Benehmen mit dem Auswärtigen Amt empfangen werden.

(2) Verhandlungen mit dem Ausland oder im Ausland dürfen nur mit Zustimmung des Auswärtigen Amtes, auf sein Verlangen auch nur unter seiner Mitwirkung geführt werden.

§ 12 [Äußerungen in der Öffentlichkeit] Äußerungen eines Bundesministers, die in der Öffentlichkeit erfolgen oder für die Öffentlichkeit be-

---

1) Nr. **1**.
2) § 11 Abs. 3 aufgeh. mWv 1.11.2002 durch Bek. v. 22.10.2002 (GMBl S. 848).

stimmt sind, müssen mit den vom Bundeskanzler gegebenen Richtlinien der Politik in Einklang stehen.

§ 13 [Abwesenheit] (1) [1]Jeder Bundesminister macht, bevor er den Sitz der Bundesregierung länger als 1 Tag verläßt, dem Bundeskanzler Mitteilung. [2]Bei Abwesenheit von mehr als 3 Tagen und bei Auslandsreisen ist das Einvernehmen mit dem Bundeskanzler herzustellen.

(2) Zur Annahme von Einladungen in das Ausland ist die Zustimmung des Bundeskanzlers erforderlich.

(3) Bevor ein Bundesminister den Sitz der Bundesregierung verläßt, gibt er dem Bundeskanzler die Anschrift an, unter der er während seiner Abwesenheit zu erreichen ist.

§ 14[1)] [Vertretung] (1) Ist ein Bundesminister verhindert, so wird er in der Regierung durch den dazu bestimmten Bundesminister vertreten.

(2) [1]Für Erklärungen vor dem Bundestag, vor dem Bundesrat und in den Sitzungen der Bundesregierung wird der Bundesminister durch den Parlamentarischen Staatssekretär vertreten. [2]Der Bundesminister kann für Einzelfälle anordnen, daß solche Erklärungen durch den Staatssekretär abgegeben werden.

(3) Als Leiter einer obersten Bundesbehörde wird ein Bundesminister im Falle seiner Verhinderung durch den Staatssekretär und in dem Aufgabenbereich, der dem Parlamentarischen Staatssekretär nach § 14a übertragen worden ist, sowie in den von ihm bestimmten Einzelfällen von diesem vertreten.

§ 14a[2)] [Aufgaben der Parlamentarischen Staatssekretäre] Der Bundesminister bestimmt im einzelnen, welche Aufgaben der Parlamentarische Staatssekretär wahrnehmen soll.

IV. Die Bundesregierung

§ 15[3)] [Gegenstände der Beratung und Beschlussfassung] (1) Der Bundesregierung sind zur Beratung und Beschlußfassung zu unterbreiten alle Angelegenheiten von allgemeiner innen- oder außenpolitischer, wirtschaftlicher, sozialer, finanzieller oder kultureller Bedeutung, insbesondere

a) alle Gesetzentwürfe,

b) alle Entwürfe von Verordnungen der Bundesregierung,

c) sonstige Verordnungsentwürfe, wenn sie von besonderer politischer Bedeutung sind,

d) die Stellungnahme des Bundesrates zu den Vorlagen der Bundesregierung,

---

[1)] § 14 neu gef. durch Bek. v. 6.1.1970 (GMBl S. 14).

[2)] § 14a eingef. durch Bek. v. 29.3.1967 (GMBl S. 130); Vorschr. neu gef. durch Bek. v. 6.1.1970 (GMBl S. 14).

[3)] § 15 Abs. 1 Buchst. f neu gef. durch Bek. v. 23.1.1970 (GMBl S. 50); Abs. 2 geänd. durch Bek. v. 29.4.1976 (GMBl S. 174).

e) alle Angelegenheiten, für welche Grundgesetz[1] oder Gesetz dieses vorschreiben,

f) Meinungsverschiedenheiten zwischen verschiedenen Bundesministern; Meinungsverschiedenheiten über die Entwürfe der Finanzplanung, des Haushaltsgesetzes und des Haushaltsplans, wenn es sich um Angelegenheiten von grundsätzlicher Bedeutung für den betroffenen Bundesminister oder erheblicher finanzieller Bedeutung handelt.

(2) Ihr sind außerdem zu unterbreiten:

a) Vorschläge zur Ernennung von Beamten, die jederzeit in den einstweiligen Ruhestand versetzt werden können, von sonstigen Beamten, die nach der Besoldungsordnung feste Gehälter beziehen, sowie von Ministerialräten und Ministerialbeamten gleichen Ranges,

b) Vorschläge zur Einstellung oder Eingruppierung von Angestellten bei obersten Bundesbehörden nach Vergütungsgruppe I BAT oder zur Vereinbarung einer höheren Vergütung,

c) zur Beratung ohne Beschlußfassung: Vorschläge für die Zustimmung des zuständigen Bundesministers zur Ernennung von Richtern bei den obersten Gerichtshöfen des Bundes.

§ 15a[2] [Angelegenheiten von frauenpolitischer Bedeutung] (1) Im Einvernehmen mit dem Bundeskanzler kann die Bundesministerin für Familie, Senioren, Frauen und Jugend verlangen, daß Angelegenheiten von frauenpolitischer Bedeutung der Bundesregierung zur Beratung und Beschlußfassung unterbreitet werden, auch wenn diese zum Geschäftsbereich eines anderen Bundesministers gehören; die Vorlage an die Bundesregierung erfolgt durch den federführenden Bundesminister.

(2) [1] In Angelegenheiten von besonderer frauenpolitischer Bedeutung kann die Bundesministerin für Familie, Senioren, Frauen und Jugend im Benehmen mit dem federführenden Bundesminister Gesetzesvorhaben vor Bundestag und Bundesrat einschließlich deren Ausschüsse neben dem federführenden Bundesminister vertreten. [2] § 15 Abs. 1 Buchstabe f, §§ 17 und 28 bleiben unberührt.

(3) Entsprechendes gilt in verbraucherschutzpolitischen Angelegenheiten für die Bundesministerin für Verbraucherschutz, Ernährung und Landwirtschaft.

§ 16 [Beratung unter den Bundesministerien] (1) Alle Angelegenheiten, die der Bundesregierung unterbreitet werden, sind vorher zwischen den beteiligten Bundesministerien zu beraten, sofern nicht im Einzelfalle die Dringlichkeit der Entscheidung eine Ausnahme notwendig macht.

(2) Die bei den Beratungen strittig gebliebenen Punkte sind in dem Anschreiben an den Staatssekretär des Bundeskanzleramts (§ 21 Abs. 2) oder in sonst geeigneter Weise mit kurzer Begründung der vorgeschlagenen Lösung aufzuführen.

---

[1] Nr. 1.

[2] § 15a eingef. durch Bek. v. 17.7.1987 (GMBl S. 382); Abs. 1 und Abs. 2 Satz 1 geänd. sowie Abs. 3 angef. mWv 1.11.2002 durch Bek. v. 22.10.2002 (GMBl S. 848).

(3) [1] Bei der Vorlage von Gesetzentwürfen ist mitzuteilen, daß die Ausführung des Gesetzes Bund, Länder und Gemeinden nicht mit Kosten belastet oder, wenn dies der Fall ist, ob der Bundesminister der Finanzen nach Kenntnis von dem Plane des Gesetzes Widerspruch erhoben hat. [2] Fehlt der Vermerk, so sorgt der Staatssekretär des Bundeskanzleramtes dafür, daß er nachgeholt wird.

(4) Ist keine mündliche Erörterung im Kabinett erforderlich, so ist bei der Vorlage zu bemerken, daß ein Beschluß auf schriftlichem Wege ausreichen wird (§ 20 Abs. 2).

§ 17 [Meinungsverschiedenheiten] (1) Meinungsverschiedenheiten zwischen den Bundesministern sind der Bundesregierung erst zu unterbreiten, wenn ein persönlicher Verständigungsversuch zwischen den beteiligten Bundesministern oder im Falle ihrer Behinderung zwischen ihren Vertretern ohne Erfolg geblieben ist.

(2) Der Bundeskanzler kann Meinungsverschiedenheiten vor der Beratung im Kabinett zunächst in einer Ministerbesprechung mit den beteiligten Bundesministern unter seinem Vorsitz erörtern.

§ 18[1)] [Ernennung von Beamten und Einstellung von Angestellten]

(1) Vorschläge zur Ernennung von Beamten und zur Einstellung oder Eingruppierung von Angestellten sind in den Fällen des § 15 Abs. 2 Buchstabe a und b vor jeder entscheidenden oder verpflichtenden Maßnahme oder Mitteilung der Bundesregierung zu unterbreiten; im übrigen sind, sofern es sich um Beamte des höheren Dienstes (Besoldungsgruppe A 13 BBesO[2)] und höher) und die ihnen gleichgestellten Angestellten in den Ministerien handelt, Ernennungen, Einstellungen und Eingruppierungen dem Bundeskanzler nachträglich zur Kenntnis mitzuteilen.

(2) Ernennungen dürfen erst nach Vollziehung der Urkunde durch den Bundespräsidenten veröffentlicht werden.

§ 19[3)] [Beendigung von Beamtenverhältnissen] [1] Soll ein Beamter der Besoldungsgruppe B 9 BBesO[2)] oder höherer Besoldungsgruppen entlassen, in den einstweiligen Ruhestand oder in den Ruhestand versetzt werden, so ist vor entscheidenden und verpflichtenden Maßnahmen oder Mitteilungen die Stellungnahme des Bundeskanzlers einzuholen. [2] Alsdann ist vor solchen Maßnahmen oder Mitteilungen die Angelegenheit dem Bundespräsidenten zur Entscheidung zu unterbreiten.

§ 20 [Beschlussfassung] (1) Die Bundesregierung faßt ihre Beschlüsse in der Regel in gemeinschaftlicher Sitzung.

(2) [1] Ist die mündliche Beratung einer Angelegenheit nicht erforderlich so soll der Staatssekretär des Bundeskanzleramtes die Zustimmung der Mitglieder der Bundesregierung auf schriftlichem Wege einholen (Umlaufsache).

---

1) § 18 Abs. 1 neu gef. durch Bek. v. 29.4.1976 (GMBl S. 174).
2) Siehe die Anl. I zum BundesbesoldungsG **(Sartorius Nr. 230)**.
3) § 19 Satz 1 geänd. durch Bek. v. 29.4.1976 (GMBl S. 174).

[2] Bestehen über die Notwendigkeit einer mündlichen Beratung Zweifel, so hat er die Entscheidung des Bundeskanzlers herbeizuführen.

§ 21[1)] **[Einberufung und Vorbereitung der Sitzungen]** (1) [1] Die Sitzungen der Bundesregierung werden durch den Staatssekretär des Bundeskanzleramtes nach näherer Anweisung des Bundeskanzlers festgesetzt. [2] Er veranlaßt die Einladung zu den Sitzungen unter Beifügung einer Tagesordnung.

(2) Die von den Bundesministern vorgelegten Entwürfe und Ausführungen sind dem Staatssekretär des Bundeskanzleramtes in der gewünschten Zahl von Abdrucken einzureichen; sie sind gleichzeitig sämtlichen Bundesministern und dem Chef des Bundespräsidialamtes unmittelbar zuzuleiten.

(3) [1] Die Übersendung von Kabinettsvorlagen hat so zeitig zu erfolgen, daß für eine sachliche Prüfung vor der Beratung noch ausreichend Zeit bleibt. [2] Zwischen der Zustellung der Vorlage an den Staatssekretär des Bundeskanzleramtes und die Bundesminister und der Beratung soll mindestens eine Woche liegen. [3] Handelt es sich um umfangreichere Gesetzesvorlagen oder sonstige Vorlagen von weittragender Bedeutung und ist die Frist nicht eingehalten, so ist auf Antrag von zwei Bundesministern oder deren Vertretern die Angelegenheit von der Tagesordnung abzusetzen, es sei denn, daß der Bundeskanzler die sofortige Beratung für notwendig hält.

(4) Die Bundesministerin für Familie, Senioren, Frauen und Jugend oder *dessen*[2)] Vertreter kann die Absetzung von der Tagesordnung verlangen, wenn es sich um eine frauenpolitische Angelegenheit von besonderer Tragweite handelt und er bei der Vorbereitung der Kabinettvorlage nicht hinreichend beteiligt worden ist, es sei denn, daß der Bundeskanzler die sofortige Beratung für notwendig hält.

§ 22 [Vorsitz, Beginn und Vertraulichkeit der Sitzungen] (1) [1] Die Sitzungen der Bundesregierung finden unter dem Vorsitz des Bundeskanzlers, im Falle seiner Behinderung unter dem Vorsitz des Stellvertreters des Bundeskanzlers statt. [2] Ist auch der Stellvertreter verhindert, so führt den Vorsitz der vom Bundeskanzler oder seinem Stellvertreter besonders bezeichnete Bundesminister oder mangels solcher Bezeichnungen der Bundesminister, der am längsten ununterbrochen der Bundesregierung angehört; bei mehreren Bundesministern mit gleicher Amtszeit übernimmt den Vorsitz der an Lebensjahren älteste Bundesminister.

(2) [1] Die Sitzungen beginnen pünktlich zu der in der Einladung angegebenen Zeit. [2] Behinderte Bundesminister haben für ihre Vertretung zu sorgen.

(3) [1] Die Sitzungen der Bundesregierung sind vertraulich. [2] Insbesondere sind Mitteilungen über Ausführungen einzelner Bundesminister, über das Stimmenverhältnis und über den Inhalt der Niederschrift ohne besondere Ermächtigung des Bundeskanzlers unzulässig.

---

1) § 21 Abs. 4 angef. durch Bek. v. 17.7.1987 (GMBl S. 382); Abs. 4 geänd. mWv 1.11.2002 durch Bek. v. 22.10.2002 (GMBl S. 848).

2) Richtig wohl: „deren".

§ 23[1] [Teilnahme] (1) An den Sitzungen der Bundesregierung nehmen außer den Bundesministern und dem Chef des Bundeskanzleramtes sowie dem Parlamentarischen Staatssekretär beim Bundeskanzler regelmäßig teil:

der Chef des Bundespräsidialamtes,
der Bundespressechef,
der Persönliche Referent des Bundeskanzlers,
der Schriftführer.

(2) [1] Ist der Bundesminister an der Teilnahme an einer Sitzung der Bundesregierung verhindert, so nimmt für ihn der Parlamentarische Staatssekretär an der Sitzung teil. [2] Der Bundesminister kann für Einzelfälle anordnen, daß der Staatssekretär an der Sitzung teilnimmt.

(3) [1] Hält ein Bundesminister die Zuziehung eines Beamten seines Ministeriums außer dem Staatssekretär für erwünscht, so hat er dies unter Benennung des Beamten schriftlich anzuzeigen. [2] Über die Zulassung zur Sitzung entscheidet der Vorsitzende. [3] Der Beamte nimmt an der Sitzung nur für die Dauer der Verhandlungen über den Punkt, zu dem er zugezogen ist, teil.

(4) Der Bundeskanzler kann die Sitzung auf die Bundesminister beschränken.

§ 24 [Beschlussfähigkeit] (1) Die Bundesregierung ist beschlußfähig, wenn einschließlich des Vorsitzenden die Hälfte der Bundesminister anwesend ist.

(2) [1] Die Bundesregierung faßt ihre Beschlüsse mit Stimmenmehrheit. [2] Bei Stimmengleichheit entscheidet die Stimme des Vorsitzenden.

§ 25 [Wortlaut der Beschlüsse] Der Wortlaut der Beschlüsse der Bundesregierung wird von dem Vorsitzenden jeweils im Anschluß an die mündliche Beratung eines Gegenstandes festgelegt.

§ 26[2] [Widerspruch] (1) [1] Beschließt die Bundesregierung in einer Frage von finanzieller Bedeutung gegen oder ohne die Stimme des Bundesministers der Finanzen, so kann dieser gegen den Beschluß ausdrücklich Widerspruch erheben. [2] Wird Widerspruch nach Satz 1 oder in gesetzlich vorgesehenen Fällen erhoben, so ist über die Angelegenheit in einer weiteren Sitzung der Bundesregierung erneut abzustimmen. [3] Die Durchführung der Angelegenheit, der der Bundesminister der Finanzen widersprochen hat, muß unterbleiben, wenn sie nicht in der neuen Abstimmung in Anwesenheit des Bundesministers der Finanzen oder seines Vertreters von der Mehrheit sämtlicher Bundesminister beschlossen wird und der Bundeskanzler mit der Mehrheit gestimmt hat.

(2) Entsprechendes gilt, wenn der Bundesminister der Justiz oder der Bundesminister des Innern gegen einen Gesetz- oder Verordnungsentwurf oder eine Maßnahme der Bundesregierung wegen ihrer Unvereinbarkeit mit geltendem Recht Widerspruch erhebt.

---

[1] § 23 neu gef. durch Bek. v. 12.9.1967 (GMBl S. 430); Abs. 2 neu gef. durch Bek. v. 6.1.1970 (GMBl S. 14).

[2] § 26 Abs. 1 Sätze 1 und 2 neu gef. durch Bek. v. 23.1.1970 (GMBl S. 50).

§ 27 [Niederschrift] (1) [1] Über die Sitzungen der Bundesregierung wird eine Niederschrift aufgenommen, die von dem Schriftführer unterzeichnet wird. [2] Eine Abschrift der Niederschrift wird den Bundesministern umgehend zugesandt. [3] Der Chef des Bundespräsidialamtes und der Bundespressechef erhalten nachrichtlich eine Abschrift der Niederschrift.

(2) Die Niederschrift gilt als genehmigt, wenn die beteiligten Bundesminister nicht innerhalb 3 Tagen nach ihrer Zustellung Einwendungen gegen den Inhalt oder die Fassung erheben.

(3) In Zweifelsfällen ist die Angelegenheit nochmals der Bundesregierung zu unterbreiten.

§ 28 [Vertretung der Regierungsvorlagen] (1) Die von der Bundesregierung beschlossenen Vorlagen werden den gesetzgebenden Körperschaften durch den Bundeskanzler zugeleitet und vor ihnen durch den in der Sache zuständigen Bundesminister vertreten.

(2) [1] Die Vertretung hat einheitlich zu erfolgen, auch wenn einzelne Bundesminister anderer Auffassung sein sollten. [2] Gegen die Auffassung der Bundesregierung zu wirken, ist den Bundesministern nicht gestattet.

(3) [1] Bevor das Einverständnis mit wesentlichen Änderungen einer Gesetzesvorlage im Bundestag oder Bundesrat oder in den Ausschüssen erklärt wird, ist die Bundesregierung zu befragen. [2] Ist dies aus Zeitmangel nicht möglich und doch eine Stellungnahme geboten, so soll wenigstens eine Einigung mit den erreichbaren Ministerien gesucht werden.

§ 29 [Gegenzeichnung] (1) [1] Gesetze sind dem Bundespräsidenten erst nach der Gegenzeichnung durch den Bundeskanzler und den zuständigen Bundesministern zur Vollziehung vorzulegen. [2] Berührt der Inhalt des Gesetzes den Geschäftsbereich mehrerer Bundesminister, so zeichnen diese in der Regel auch die Ausfertigung.

(2) [1] Verfügungen und Anordnungen sind dem Bundespräsidenten erst nach der Gegenzeichnung durch den zuständigen Bundesminister zur Vollziehung vorzulegen. [2] Absatz 1 Satz 2 gilt entsprechend.

§ 30 [Unterzeichnung von Verordnungen] (1) [1] Verordnungen der Bundesregierung werden nach Gegenzeichnung durch den zuständigen Fachminister vom Bundeskanzler gezeichnet. [2] Sonstige Verordnungen werden – auch wenn sie der Bundesregierung vorgelegen haben – grundsätzlich von dem zuständigen Bundesminister allein gezeichnet.

(2) Unter der ausdrücklichen Bezeichnung „Die Bundesregierung" sollen – abgesehen von Fällen besonderer Ermächtigung durch die Bundesregierung – nur der Bundeskanzler oder mit ihm der zuständige oder alle Bundesminister zeichnen.

§ 31 [Einladung von Mitgliedern der Landesregierungen] Die präsidierenden Mitglieder der Landesregierungen sollen mehrmals im Jahre persönlich zu gemeinsamen Besprechungen mit der Bundesregierung vom Bundeskanzler eingeladen werden, um wichtige politische, wirtschaftliche, soziale und finanzielle Fragen zu erörtern und in persönlicher Fühlungnahme zu einer verständnisvollen einheitlichen Politik in Bund und Ländern beizutragen.

20. Gesetz über das Bundesverfassungsgericht (Bundesverfassungsgerichtsgesetz – BVerfGG)

In der Fassung der Bekanntmachung vom 11. August 1993[1)]
(BGBl. I S. 1473)

FNA 1104-1

geänd. durch Art. 1 G zur Änd. des BundesverfassungsgerichtsG und des G über das Amtsgehalt der Mitglieder des Bundesverfassungsgerichts v. 16.7.1998 (BGBl. I S. 1823), Art. 3 § 3 G zur Beendigung der Diskriminierung gleichgeschlechtlicher Gemeinschaften: Lebenspartnerschaften v. 16.2. 2001 (BGBl. I S. 266), Art. 8 Abs. 1 G zur Umstellung des Kostenrechts und der SteuerberatergebührenVO auf Euro v. 27.4.2001 (BGBl. I S. 751), Art. 11 SGB IX – Rehabilitation und Teilhabe behinderter Menschen – v. 19.6.2001 (BGBl. I S. 1046), Art. 1 Sechstes ÄndG v. 22.8. 2002 (BGBl. I S. 3386), Art. 1 Siebtes ÄndG v. 13.12.2003 (BGBl. I S. 2546), Art. 5 Abs. 2 G zur Überarbeitung des Lebenspartnerschaftsrechts v. 15.12.2004 (BGBl. I S. 3396), Art. 1 Föderalismusreform-BegleitG v. 5.9.2006 (BGBl. I S. 2098), Art. 7 Abs. 12 G zur Stärkung der Selbstverwaltung der Rechtsanwaltschaft v. 26.3.2007 (BGBl. I S. 358), Art. 5 Zweites G über die Bereinigung von Bundesrecht im Zuständigkeitsbereich des BMJ v. 23.11.2007 (BGBl. I S. 2614), Art. 15 Abs. 5 DienstrechtsneuordnungsG v. 5.2.2009 (BGBl. I S. 160), Art. 2 G zur Fortentwicklung der parlamentarischen Kontrolle der Nachrichtendienste des Bundes v. 29.7.2009 (BGBl. I S. 2346), Art. 2 G zur Umsetzung der GrundGÄnd. für die Ratifizierung des Vertrags von Lissabon v. 1.12.2009 (BGBl. I S. 3822), Art. 11 G zur Umsetzung der DienstleistungsRL in der Justiz und zur Änd. weiterer Vorschriften v. 22.12.2010 (BGBl. I S. 2248), Art. 2 G über den Rechtsschutz bei überlangen Gerichtsverfahren und strafrechtlichen Ermittlungsverfahren v. 24.11.2011 (BGBl. I S. 2302), Art. 3 G zur Verbesserung des Rechtsschutzes in Wahlsachen v. 12.7.2012 (BGBl. I S. 1501), Art. 1 ÄndG v. 29.8.2013 (BGBl. I S. 3463), Art. 1 Neuntes ÄndG v. 24.6.2015 (BGBl. I S. 973), Art. 8 Zehnte ZuständigkeitsanpassungsVO v. 31.8.2015 (BGBl. I S. 1474), Art. 1 G zum Ausschluss verfassungsfeindlicher Parteien von der Parteienfinanzierung v. 18.7.2017 (BGBl. I S. 2730) und Art. 2 G über die Erweiterung der Medienöffentlichkeit in Gerichtsverfahren v. 8.10. 2017 (BGBl. I S. 3546)

Nichtamtliche Inhaltsübersicht

[1)] Neubekanntmachung des BVerfGG idF der Bek. v. 12.12.1985 (BGBl. I S. 2229) in der ab 11.8.1993 geltenden Fassung.

§§

II. Teil. Verfassungsgerichtliches Verfahren

Erster Abschnitt. Allgemeine Verfahrensvorschriften

Zweiter Abschnitt. Akteneinsicht außerhalb des Verfahrens

III. Teil. Einzelne Verfahrensarten

Erster Abschnitt. Verfahren in den Fällen des § 13 Nr. 1

Zweiter Abschnitt. Verfahren in den Fällen des § 13 Nummer 2 und 2a

Dritter Abschnitt. Verfahren in den Fällen des § 13 Nr. 3

Vierter Abschnitt. Verfahren in den Fällen des § 13 Nr. 4

I. Teil. Verfassung und Zuständigkeit des Bundesverfassungsgerichts

§ 1 [Stellung und Sitz des Gerichts] (1) Das Bundesverfassungsgericht ist ein allen übrigen Verfassungsorganen gegenüber selbständiger und unabhängiger Gerichtshof des Bundes.

(2) Der Sitz des Bundesverfassungsgerichts ist Karlsruhe.

(3) Das Bundesverfassungsgericht gibt sich eine Geschäftsordnung[1], die das Plenum beschließt.

§ 2 [Senate] (1) Das Bundesverfassungsgericht besteht aus zwei Senaten.

(2) In jeden Senat werden acht Richter gewählt.

---

[1] Nr. **21**.

(3) [1] Drei Richter jedes Senats werden aus der Zahl der Richter an den obersten Gerichtshöfen des Bundes gewählt. [2] Gewählt werden sollen nur Richter, die wenigstens drei Jahre an einem obersten Gerichtshof des Bundes tätig gewesen sind.

§ 3[1)] **[Qualifikation für das Richteramt]** (1) Die Richter müssen das 40. Lebensjahr vollendet haben, zum Bundestag wählbar sein und sich schriftlich bereit erklärt haben, Mitglied des Bundesverfassungsgerichts zu werden.

(2) Sie müssen die Befähigung zum Richteramt nach dem Deutschen Richtergesetz besitzen oder bis zum 3. Oktober 1990 in dem in Artikel 3 des Einigungsvertrages genannten Gebiet die Befähigung als Diplomjurist erworben haben und nach Maßgabe des Einigungsvertrages einen gesetzlich geregelten juristischen Beruf aufnehmen dürfen.

(3) [1] Sie können weder dem Bundestag, dem Bundesrat, der Bundesregierung noch den entsprechenden Organen eines Landes angehören. [2] Mit ihrer Ernennung scheiden sie aus solchen Organen aus.

(4) [1] Mit der richterlichen Tätigkeit ist eine andere berufliche Tätigkeit als die eines Lehrers des Rechts an einer deutschen Hochschule unvereinbar. [2] Die Tätigkeit als Richter des Bundesverfassungsgerichts geht der Tätigkeit als Hochschullehrer vor.

§ 4 [Amtszeit] (1) Die Amtszeit der Richter dauert zwölf Jahre, längstens bis zur Altersgrenze.

(2) Eine anschließende oder spätere Wiederwahl der Richter ist ausgeschlossen.

(3) Altersgrenze ist das Ende des Monats, in dem der Richter das 68. Lebensjahr vollendet.

(4) Nach Ablauf der Amtszeit führen die Richter ihre Amtsgeschäfte bis zur Ernennung des Nachfolgers fort.

§ 5 [Wahlorgane] (1) [1] Die Richter jedes Senats werden je zur Hälfte vom Bundestag und vom Bundesrat gewählt. [2] Von den aus der Zahl der Richter an den obersten Gerichtshöfen des Bundes zu berufenden Richtern werden einer von dem einen, zwei von dem anderen Wahlorgan, von den übrigen Richtern drei von dem einen, zwei von dem anderen Wahlorgan in die Senate gewählt.

(2) Die Richter werden frühestens drei Monate vor Ablauf der Amtszeit ihrer Vorgänger oder, wenn der Bundestag in dieser Zeit aufgelöst ist, innerhalb eines Monats nach dem ersten Zusammentritt des Bundestages gewählt.

(3) Scheidet ein Richter vorzeitig aus, so wird der Nachfolger innerhalb eines Monats von demselben Bundesorgan gewählt, das den ausgeschiedenen Richter gewählt hat.

§ 6[2)] **[Wahlverfahren im Bundestag]** (1) [1] Die vom Bundestag zu berufenden Richter werden auf Vorschlag des Wahlausschusses nach Absatz 2 ohne

---

[1)] § 3 Abs. 2 geänd. mWv 30.11.2007 durch G v. 23.11.2007 (BGBl. I S. 2614).

[2)] § 6 Abs. 1 und 5 neu gef., Abs. 3 geänd. mWv 30.6.2015 durch G v. 24.6.2015 (BGBl. I S. 973).

Aussprache mit verdeckten Stimmzetteln gewählt. [2] Zum Richter ist gewählt, wer eine Mehrheit von zwei Dritteln der abgegebenen Stimmen, mindestens die Mehrheit der Stimmen der Mitglieder des Bundestages auf sich vereinigt.

(2) [1] Der Bundestag wählt nach den Regeln der Verhältniswahl einen Wahlausschuß für die Richter des Bundesverfassungsgerichts, der aus zwölf Mitgliedern des Bundestages besteht. [2] Jede Fraktion kann einen Vorschlag einbringen. [3] Aus den Summen der für jeden Vorschlag abgegebenen Stimmen wird nach dem Höchstzahlverfahren (d'Hondt) die Zahl der auf jeden Vorschlag gewählten Mitglieder errechnet. [4] Gewählt sind die Mitglieder in der Reihenfolge, in der ihr Name auf dem Vorschlag erscheint. [5] Scheidet ein Mitglied des Wahlausschusses aus oder ist es verhindert, so wird es durch das nächste auf der gleichen Liste vorgeschlagene Mitglied ersetzt.

(3) Das älteste Mitglied des Wahlausschusses beruft die Mitglieder des Wahlausschusses unverzüglich unter Einhaltung einer Ladungsfrist von einer Woche ein und leitet die Sitzung, die fortgesetzt wird, bis Vorschläge über alle zu wählenden Richter beschlossen sind.

(4) Die Mitglieder des Wahlausschusses sind zur Verschwiegenheit über die ihnen durch ihre Tätigkeit im Wahlausschuß bekanntgewordenen persönlichen Verhältnisse der Bewerber sowie über die hierzu im Wahlausschuß gepflogenen Erörterungen und über die Abstimmung verpflichtet.

(5) Ein Wahlvorschlag wird mit mindestens acht Stimmen der Mitglieder des Wahlausschusses beschlossen.

§ 7 [Wahlverfahren im Bundesrat] Die vom Bundesrat zu berufenden Richter werden mit zwei Dritteln der Stimmen des Bundesrates gewählt.

§ 7a [Wahlverfahren in besonderen Fällen] (1) Kommt innerhalb von zwei Monaten nach dem Ablauf der Amtszeit oder dem vorzeitigen Ausscheiden eines Richters die Wahl eines Nachfolgers auf Grund der Vorschriften des § 6 nicht zustande, so hat das älteste Mitglied des Wahlausschusses unverzüglich das Bundesverfassungsgericht aufzufordern, Vorschläge für die Wahl zu machen.

(2) [1] Das Plenum des Bundesverfassungsgerichts beschließt mit einfacher Mehrheit, wer zur Wahl als Richter vorgeschlagen wird. [2] Ist nur ein Richter zu wählen, so hat das Bundesverfassungsgericht drei Personen vorzuschlagen; sind gleichzeitig mehrere Richter zu wählen, so hat das Bundesverfassungsgericht doppelt so viele Personen vorzuschlagen, als Richter zu wählen sind. [3] § 16 Abs. 2 gilt entsprechend.

(3) Ist der Richter vom Bundesrat zu wählen, so gelten die Absätze 1 und 2 mit der Maßgabe, daß an die Stelle des ältesten Mitglieds des Wahlausschusses der Präsident des Bundesrates oder sein Stellvertreter tritt.

(4) Das Recht des Wahlorgans, einen nicht vom Bundesverfassungsgericht Vorgeschlagenen zu wählen, bleibt unberührt.

§ 8[1)] [Vorschlagslisten] (1) Das Bundesministerium der Justiz und für Verbraucherschutz stellt eine Liste aller Bundesrichter auf, die die Voraussetzungen des § 3 Abs. 1 und 2 erfüllen.

[1)] § 8 Abs. 1 und 2 geänd. mWv 8.9.2015 durch VO v. 31.8.2015 (BGBl. I S. 1474).

(2) Das Bundesministerium der Justiz und für Verbaucherschutz führt eine weitere Liste, in die alle Personen aufzunehmen sind, die von einer Fraktion des Bundestages, der Bundesregierung oder einer Landesregierung für das Amt eines Richters am Bundesverfassungsgericht vorgeschlagen werden und die die Voraussetzungen des § 3 Abs. 1 und 2 erfüllen.

(3) Die Listen sind laufend zu ergänzen und spätestens eine Woche vor einer Wahl den Präsidenten des Bundestages und des Bundesrates zuzuleiten.

§ 9 [Wahl des Präsidenten und seines Stellvertreters] (1) [1] Bundestag und Bundesrat wählen im Wechsel den Präsidenten des Bundesverfassungsgerichts und den Vizepräsidenten. [2] Der Vizepräsident ist aus dem Senat zu wählen, dem der Präsident nicht angehört.

(2) Bei der ersten Wahl wählt der Bundestag den Präsidenten, der Bundesrat den Vizepräsidenten.

(3) Die Vorschriften der §§ 6 und 7 gelten entsprechend.

§ 10 [Ernennung des Gewählten] Der Bundespräsident ernennt die Gewählten.

§ 11 [Vereidigung der Richter] (1) [1] Die Richter des Bundesverfassungsgerichts leisten bei Antritt ihres Amtes vor dem Bundespräsidenten folgenden Eid:

„Ich schwöre, daß ich als gerechter Richter allezeit das Grundgesetz[1)] der Bundesrepublik Deutschland getreulich wahren und meine richterlichen Pflichten gegenüber jedermann gewissenhaft erfüllen werde. So wahr mir Gott helfe."

[2] Wird der Eid durch eine Richterin geleistet, so treten an die Stelle der Worte „als gerechter Richter" die Worte „als gerechte Richterin".

(2) Bekennt sich der Richter zu einer Religionsgemeinschaft, deren Angehörigen das Gesetz die Verwendung einer anderen Beteuerungsformel gestattet, so kann er diese gebrauchen.

(3) Der Eid kann auch ohne religiöse Beteuerungsformel geleistet werden.

§ 12 [Recht auf jederzeitige Entlassung] [1] Die Richter des Bundesverfassungsgerichts können jederzeit ihre Entlassung aus dem Amt beantragen. [2] Der Bundespräsident hat die Entlassung auszusprechen.

§ 13[2)] [Zuständigkeit des Gerichts] Das Bundesverfassungsgericht entscheidet

1. über die Verwirkung von Grundrechten (Artikel 18 des Grundgesetzes[1)]),
2. über die Verfassungswidrigkeit von Parteien (Artikel 21 Abs. 2 des Grundgesetzes),

---

[1)] Nr. **1**.

[2)] § 13 Nr. 6a eingef. durch G v. 16.7.1998 (BGBl. I S. 1823); einl. Satzteil geänd. und Nr. 11a eingef. mWv 30.8.2002 durch G v. 22.8.2002 (BGBl. I S. 3386); Nr. 6b eingef. und Nr. 15 geänd. mWv 12.9.2006 durch G v. 5.9.2006 (BGBl. I S. 2098); Nr. 6 geänd. mWv 4.12.2009 durch G v. 1.12.2009 (BGBl. I S. 3822); Nr. 3a eingef. mWv 19.7.2012 durch G v. 12.7.2012 (BGBl. I S. 1501); Nr. 2a eingef. mWv 29.7.2017 durch G v. 18.7.2017 (BGBl. I S. 2730).

2a. über den Ausschluss von Parteien von staatlicher Finanzierung (Artikel 21 Absatz 3 des Grundgesetzes),

3. über Beschwerden gegen Entscheidungen des Bundestages, die die Gültigkeit einer Wahl oder den Erwerb oder Verlust der Mitgliedschaft eines Abgeordneten beim Bundestag betreffen (Artikel 41 Abs. 2 des Grundgesetzes),

3a. über Beschwerden von Vereinigungen gegen ihre Nichtanerkennung als Partei für die Wahl zum Bundestag (Artikel 93 Absatz 1 Nummer 4c des Grundgesetzes),

4. über Anklagen des Bundestages oder des Bundesrates gegen den Bundespräsidenten (Artikel 61 des Grundgesetzes),

5. über die Auslegung des Grundgesetzes aus Anlaß von Streitigkeiten über den Umfang der Rechte und Pflichten eines obersten Bundesorgans oder anderer Beteiligter, die durch das Grundgesetz oder in der Geschäftsordnung eines obersten Bundesorgans mit eigenen Rechten ausgestattet sind (Artikel 93 Abs. 1 Nr. 1 des Grundgesetzes),

6. bei Meinungsverschiedenheiten oder Zweifeln über die förmliche oder sachliche Vereinbarkeit von Bundesrecht oder Landesrecht mit dem Grundgesetz oder die Vereinbarkeit von Landesrecht mit sonstigem Bundesrecht auf Antrag der Bundesregierung, einer Landesregierung oder eines Viertels der Mitglieder des Bundestages (Artikel 93 Abs. 1 Nr. 2 des Grundgesetzes),

6a. bei Meinungsverschiedenheiten, ob ein Gesetz den Voraussetzungen des Artikels 72 Abs. 2 des Grundgesetzes entspricht, auf Antrag des Bundesrates, einer Landesregierung oder der Volksvertretung eines Landes (Artikel 93 Abs. 1 Nr. 2a des Grundgesetzes),

6b. darüber, ob im Falle des Artikels 72 Abs. 4 die Erforderlichkeit für eine bundesgesetzliche Regelung nach Artikel 72 Abs. 2 nicht mehr besteht oder Bundesrecht in den Fällen des Artikels 125a Abs. 2 Satz 1 nicht mehr erlassen werden könnte, auf Antrag des Bundesrates, einer Landesregierung oder der Volksvertretung eines Landes (Artikel 93 Abs. 2 des Grundgesetzes),

7. bei Meinungsverschiedenheiten über Rechte und Pflichten des Bundes und der Länder, insbesondere bei der Ausführung von Bundesrecht durch die Länder und bei der Ausübung der Bundesaufsicht (Artikel 93 Abs.1 Nr. 3 und Artikel 84 Abs. 4 Satz 2 des Grundgesetzes),

8. in anderen öffentlich-rechtlichen Streitigkeiten zwischen dem Bund und den Ländern, zwischen verschiedenen Ländern oder innerhalb eines Landes, soweit nicht ein anderer Rechtsweg gegeben ist (Artikel 93 Abs. 1 Nr. 4 des Grundgesetzes),

8a. über Verfassungsbeschwerden (Artikel 93 Abs. 1 Nr. 4a und 4b des Grundgesetzes),

9. über Richteranklagen gegen Bundesrichter und Landesrichter (Artikel 98 Abs. 2 und 5 des Grundgesetzes),

10. über Verfassungsstreitigkeiten innerhalb eines Landes, wenn diese Entscheidung durch Landesgesetz dem Bundesverfassungsgericht zugewiesen ist (Artikel 99 des Grundgesetzes),

11. über die Vereinbarkeit eines Bundesgesetzes oder eines Landesgesetzes mit dem Grundgesetz oder die Vereinbarkeit eines Landesgesetzes oder sonstigen Landesrechts mit einem Bundesgesetz auf Antrag eines Gerichts (Artikel 100 Abs. 1 des Grundgesetzes),

11a. über die Vereinbarkeit eines Beschlusses des Deutschen Bundestages zur Einsetzung eines Untersuchungsausschusses mit dem Grundgesetz auf Vorlage nach § 36 Abs. 2 des Untersuchungsausschussgesetzes[1],

12. bei Zweifeln darüber, ob eine Regel des Völkerrechts Bestandteil des Bundesrechts ist und ob sie unmittelbar Rechte und Pflichten für den einzelnen erzeugt, auf Antrag des Gerichts (Artikel 100 Abs. 2 des Grundgesetzes),

13. wenn das Verfassungsgericht eines Landes bei der Auslegung des Grundgesetzes von einer Entscheidung des Bundesverfassungsgerichts oder des Verfassungsgerichts eines anderen Landes abweichen will, auf Antrag dieses Verfassungsgerichts (Artikel 100 Abs. 3 des Grundgesetzes),

14. bei Meinungsverschiedenheiten über das Fortgelten von Recht als Bundesrecht (Artikel 126 des Grundgesetzes),

15. in den ihm sonst durch Bundesgesetz zugewiesenen Fällen (Artikel 93 Abs. 3 des Grundgesetzes).

§ 14[2] [Zuständigkeit der Senate] (1) [1] Der Erste Senat des Bundesverfassungsgerichts ist zuständig für Normenkontrollverfahren (§ 13 Nr. 6 und 11), in denen überwiegend die Unvereinbarkeit einer Vorschrift mit Grundrechten oder Rechten aus den Artikeln 33, 101, 103 und 104 des Grundgesetzes[3] geltend gemacht wird, sowie für Verfassungsbeschwerden mit Ausnahme der Verfassungsbeschwerden nach § 91 und der Verfassungsbeschwerden aus dem Bereich des Wahlrechts. [2] Das Gleiche gilt, wenn eine Landesregierung zusammen mit einem Normenkontrollantrag (§ 13 Nr. 6) nach Satz 1 einen Antrag nach § 13 Nr. 6a oder 6b stellt.

(2) Der Zweite Senat des Bundesverfassungsgerichts ist zuständig in den Fällen des § 13 Nr. 1 bis 5, 6a bis 9, 11a, 12 und 14, ferner für Normenkontrollverfahren und Verfassungsbeschwerden, die nicht dem Ersten Senat zugewiesen sind.

(3) In den Fällen des § 13 Nr. 10 und 13 bestimmt sich die Zuständigkeit der Senate nach der Regel der Absätze 1 und 2.

(4)[4] [1] Das Plenum des Bundesverfassungsgerichts kann mit Wirkung vom Beginn des nächsten Geschäftsjahres die Zuständigkeit der Senate abweichend von den Absätzen 1 bis 3 regeln, wenn dies infolge einer nicht nur vorübergehenden Überlastung eines Senats unabweislich geworden ist. [2] Die Regelung gilt auch für anhängige Verfahren, bei denen noch keine mündliche

---

[1] Nr. 6.

[2] § 14 Abs. 2 geänd. durch G v. 16.7.1998 (BGBl. I S. 1823); Abs. 1 Satz 2 angef., Abs. 2 geänd. mWv 19.12.2003 durch G v. 13.12.2003 (BGBl. I S. 2546); Abs. 1 Satz 2 geänd. mWv 12.9.2006 durch G v. 5.9.2006 (BGBl. I S. 2098).

[3] Nr. 1.

[4] Siehe hierzu ua den Beschl. des Plenums des BVerfG v. 24.11.2015 (BGBl. 2016 I S. 118), zuletzt geänd. durch Beschl. v. 21.11.2017 (BGBl. 2018 I S. 115).

Verhandlung oder Beratung der Entscheidung stattgefunden hat. [3]Der Beschluß wird im Bundesgesetzblatt bekanntgemacht.

(5) [1]Wenn zweifelhaft ist, welcher Senat für ein Verfahren zuständig ist, so entscheidet darüber ein Ausschuß, der aus dem Präsidenten, dem Vizepräsidenten und vier Richtern besteht, von denen je zwei von jedem Senat für die Dauer des Geschäftsjahres berufen werden. [2]Bei Stimmengleichheit gibt die Stimme des Vorsitzenden den Ausschlag.

§ 15[1)] [Vorsitz und Beschlussfähigkeit] (1) [1]Der Präsident des Bundesverfassungsgerichts und der Vizepräsident führen den Vorsitz in ihrem Senat. [2]Sie werden von dem dienstältesten, bei gleichem Dienstalter von dem lebensältesten anwesenden Richter des Senats vertreten.

(2) [1]Jeder Senat ist beschlußfähig, wenn mindestens sechs Richter anwesend sind. [2]Ist ein Senat in einem Verfahren von besonderer Dringlichkeit nicht beschlußfähig, ordnet der Vorsitzende ein Losverfahren an, durch das so lange Richter des anderen Senats als Vertreter bestimmt werden, bis die Mindestzahl erreicht ist. [3]Die Vorsitzenden der Senate können nicht als Vertreter bestimmt werden. [4]Das Nähere regelt die Geschäftsordnung[2)].

(3) [1]Nach Beginn der Beratung einer Sache können weitere Richter nicht hinzutreten. [2]Wird der Senat beschlußunfähig, muß die Beratung nach seiner Ergänzung neu begonnen werden.

(4) [1]Im Verfahren gemäß § 13 Nummer 1, 2, 2a, 4 und 9 bedarf es zu einer dem Antragsgegner nachteiligen Entscheidung in jedem Fall einer Mehrheit von zwei Dritteln der Mitglieder des Senats. [2]Im übrigen entscheidet die Mehrheit der an der Entscheidung mitwirkenden Mitglieder des Senats, soweit nicht das Gesetz etwas anderes bestimmt. [3]Bei Stimmengleichheit kann ein Verstoß gegen das Grundgesetz[3)] oder sonstiges Bundesrecht nicht festgestellt werden.

§ 15a [Berufung von Kammern; Verteilung der Verfassungsbeschwerden] (1) [1]Die Senate berufen für die Dauer eines Geschäftsjahres mehrere Kammern. [2]Jede Kammer besteht aus drei Richtern. [3]Die Zusammensetzung einer Kammer soll nicht länger als drei Jahre unverändert bleiben.

(2) Der Senat beschließt vor Beginn eines Geschäftsjahres für dessen Dauer die Verteilung der Anträge nach § 80 und der Verfassungsbeschwerden nach den §§ 90 und 91 auf die Berichterstatter, die Zahl und Zusammensetzung der Kammern sowie die Vertretung ihrer Mitglieder.

§ 16 [Plenarentscheidungen] (1) Will ein Senat in einer Rechtsfrage von der in einer Entscheidung des anderen Senats enthaltenen Rechtsauffassung abweichen, so entscheidet darüber das Plenum des Bundesverfassungsgerichts.

(2) Es ist beschlußfähig, wenn von jedem Senat zwei Drittel seiner Richter anwesend sind.

---

1) § 15 Abs. 3 eingef., bish. Abs. 3 wird Abs. 4 durch G v. 16.7.1998 (BGBl. I S. 1823); Abs. 4 Satz 1 geänd. mWv 29.7.2017 durch G v. 18.7.2017 (BGBl. I S. 2730).

2) Nr. **21**.

3) Nr. **1**.

II. Teil.[1] Verfassungsgerichtliches Verfahren

Erster Abschnitt.[2] Allgemeine Verfahrensvorschriften

§ 17 [Anwendung von Vorschriften des Gerichtsverfassungsgesetzes] Soweit in diesem Gesetz nichts anderes bestimmt ist, sind hinsichtlich der Öffentlichkeit, der Sitzungspolizei, der Gerichtssprache, der Beratung und Abstimmung die Vorschriften der Titel 14 bis 16 des Gerichtsverfassungsgesetzes entsprechend anzuwenden.

§ 17a[3] [Zulässigkeit von Ton- und Fernseh-Rundfunkaufnahmen]

(1) [1] Die Verhandlung vor dem Bundesverfassungsgericht einschließlich der Verkündung von Entscheidungen ist öffentlich. [2] Ton- und Fernseh-Rundfunkaufnahmen sowie Ton- und Filmaufnahmen zum Zwecke der öffentlichen Vorführung oder der Veröffentlichung ihres Inhalts sind nur zulässig

1. in der mündlichen Verhandlung, bis das Gericht die Anwesenheit der Beteiligten festgestellt hat,
2. bei der öffentlichen Verkündung von Entscheidungen.

[3] Die Tonübertragung in einen Arbeitsraum für Personen, die für Presse, Hörfunk, Fernsehen oder für andere Medien berichten, kann durch Anordnung des oder der Vorsitzenden zugelassen werden.

(2) Zur Wahrung schutzwürdiger Interessen der Beteiligten oder Dritter sowie eines ordnungsgemäßen Ablaufs des Verfahrens kann der oder die Vorsitzende die Aufnahmen nach Absatz 1 Satz 2 oder deren Übertragung sowie die Übertragung nach Absatz 1 Satz 3 ganz oder teilweise untersagen oder von der Einhaltung von Auflagen abhängig machen.

(3) [1] Tonaufnahmen der Verhandlung vor dem Bundesverfassungsgericht einschließlich der Verkündung von Entscheidungen können zu wissenschaftlichen und historischen Zwecken durch Senatsbeschluss zugelassen werden, wenn es sich um ein Verfahren von herausragender zeitgeschichtlicher Bedeutung für die Bundesrepublik Deutschland handelt. [2] Zur Wahrung schutzwürdiger Interessen der Beteiligten oder Dritter oder zur Wahrung eines ordnungsgemäßen Ablaufs des Verfahrens können die Aufnahmen durch den Vorsitzenden oder die Vorsitzende teilweise untersagt werden. [3] Die Aufnahmen sind nicht zu den Akten zu nehmen und dürfen weder herausgegeben noch für Zwecke des aufgenommenen oder eines anderen Verfahrens genutzt oder verwertet werden. [4] Die Aufnahmen sind vom Gericht nach Abschluss des Verfahrens dem Bundesarchiv zur Übernahme anzubieten, das nach dem Bundesarchivgesetz festzustellen hat, ob den Aufnahmen ein bleibender Wert zukommt. [5] Nimmt das Bundesarchiv die Aufnahmen nicht an, sind die Aufnahmen durch das Gericht zu löschen. [6] § 25a Satz 2 bleibt unberührt.

(4) Gegen die Anordnungen des oder der Vorsitzenden kann der Senat angerufen werden.

---

[1] II. Teil Überschrift neu gef. durch G v. 16.7.1998 (BGBl. I S. 1823).
[2] II. Teil 1. Abschnitt Überschrift eingef. durch G v. 16.7.1998 (BGBl. I S. 1823).
[3] § 17a neu gef. mWv 18.4.2018 durch G v. 8.10.2017 (BGBl. I S. 3546).

§ 18[1)] **[Ausschließung eines Richters]** (1) Ein Richter des Bundesverfassungsgerichts ist von der Ausübung seines Richteramtes ausgeschlossen, wenn er

1. an der Sache beteiligt oder mit einem Beteiligten verheiratet ist oder war, eine Lebenspartnerschaft führt oder führte, in gerader Linie verwandt oder verschwägert oder in der Seitenlinie bis zum dritten Grade verwandt oder bis zum zweiten Grade verschwägert ist oder
2. in derselben Sache bereits von Amts oder Berufs wegen tätig gewesen ist.

(2) Beteiligt ist nicht, wer auf Grund seines Familienstandes, seines Berufs, seiner Abstammung, seiner Zugehörigkeit zu einer politischen Partei oder aus einem ähnlich allgemeinen Gesichtspunkt am Ausgang des Verfahrens interessiert ist.

(3) Als Tätigkeit im Sinne des Absatzes 1 Nr. 2 gilt nicht

1. die Mitwirkung im Gesetzgebungsverfahren,
2. die Äußerung einer wissenschaftlichen Meinung zu einer Rechtsfrage, die für das Verfahren bedeutsam sein kann.

§ 19 [Ablehnung eines Richters wegen Besorgnis der Befangenheit; Bestimmung eines Vertreters] (1) Wird ein Richter des Bundesverfassungsgerichts wegen Besorgnis der Befangenheit abgelehnt, so entscheidet das Gericht unter Ausschluß des Abgelehnten; bei Stimmengleichheit gibt die Stimme des Vorsitzenden den Ausschlag.

(2) [1] Die Ablehnung ist zu begründen. [2] Der Abgelehnte hat sich dazu zu äußern. [3] Die Ablehnung ist unbeachtlich, wenn sie nicht spätestens zu Beginn der mündlichen Verhandlung erklärt wird.

(3) Erklärt sich ein Richter, der nicht abgelehnt ist, selbst für befangen, so gilt Absatz 1 entsprechend.

(4) [1] Hat das Bundesverfassungsgericht die Ablehnung oder Selbstablehnung eines Richters für begründet erklärt, wird durch Los ein Richter des anderen Senats als Vertreter bestimmt. [2] Die Vorsitzenden der Senate können nicht als Vertreter bestimmt werden. [3] Das Nähere regelt die Geschäftsordnung[2)].

§ 20 [Akteneinsicht] Die Beteiligten haben das Recht der Akteneinsicht.

§ 21 [Wahrung von Terminen durch Beauftragte von Personengruppen] Wenn das Verfahren von einer Personengruppe oder gegen eine Personengruppe beantragt wird, kann das Bundesverfassungsgericht anordnen, daß sie ihre Rechte, insbesondere das Recht auf Anwesenheit im Termin, durch einen oder mehrere Beauftragte wahrnehmen läßt.

§ 22[3)] **[Prozessvertretung]** (1) [1] Die Beteiligten können sich in jeder Lage des Verfahrens durch einen Rechtsanwalt oder einen Rechtslehrer an einer staatlichen oder staatlich anerkannten Hochschule eines Mitgliedstaates der

---

1) § 18 Abs. 1 Nr. 1 geänd. mWv 1.1.2005 durch G v. 15.12.2004 (BGBl. I S. 3396).

2) Nr. **21**.

3) § 22 Abs. 1 Satz 1 erster Halbs. geänd. mWv 1.6.2007 durch G v. 26.3.2007 (BGBl. I S. 358); Abs. 1 Satz 1 neu gef. mWv 28.12.2010 durch G v. 22.12.2010 (BGBl. I S. 2248).

Europäischen Union, eines anderen Vertragsstaates des Abkommens über den Europäischen Wirtschaftsraum oder der Schweiz, der die Befähigung zum Richteramt besitzt, als Bevollmächtigten vertreten lassen; in der mündlichen Verhandlung vor dem Bundesverfassungsgericht müssen sie sich in dieser Weise vertreten lassen. [2] Gesetzgebende Körperschaften und Teile von ihnen, die in der Verfassung oder in der Geschäftsordnung mit eigenen Rechten ausgestattet sind, können sich auch durch ihre Mitglieder vertreten lassen. [3] Der Bund, die Länder und ihre Verfassungsorgane können sich außerdem durch ihre Beamten vertreten lassen, soweit sie die Befähigung zum Richteramt besitzen oder auf Grund der vorgeschriebenen Staatsprüfungen die Befähigung zum höheren Verwaltungsdienst erworben haben. [4] Das Bundesverfassungsgericht kann auch eine andere Person als Beistand eines Beteiligten zulassen.

(2) [1] Die Vollmacht ist schriftlich zu erteilen. [2] Sie muß sich ausdrücklich auf das Verfahren beziehen.

(3) Ist ein Bevollmächtigter bestellt, so sind alle Mitteilungen des Gerichts an ihn zu richten.

§ 23[1)] **[Einleitung des Verfahrens]** (1) [1] Anträge, die das Verfahren einleiten, sind schriftlich beim Bundesverfassungsgericht einzureichen. [2] Sie sind zu begründen; die erforderlichen Beweismittel sind anzugeben.

(2) Der Vorsitzende oder, wenn eine Entscheidung nach § 93c in Betracht kommt, der Berichterstatter stellt den Antrag dem Antragsgegner, den übrigen Beteiligten sowie den Dritten, denen nach § 27a Gelegenheit zur Stellungnahme gegeben wird, unverzüglich mit der Aufforderung zu, sich binnen einer zu bestimmenden Frist dazu zu äußern.

(3) Der Vorsitzende oder der Berichterstatter kann jedem Beteiligten aufgeben, binnen einer zu bestimmenden Frist die erforderliche Zahl von Abschriften seiner Schriftsätze und der angegriffenen Entscheidungen für das Gericht und für die übrigen Beteiligten nachzureichen.

§ 24 [A-Limine-Abweisung] [1] Unzulässige oder offensichtlich unbegründete Anträge können durch einstimmigen Beschluß des Gerichts verworfen werden. [2] Der Beschluß bedarf keiner weiteren Begründung, wenn der Antragsteller vorher auf die Bedenken gegen die Zulässigkeit oder Begründetheit seines Antrags hingewiesen worden ist.

§ 25 [Grundsätze mündlicher Verhandlung; Urteil, Beschluss]

(1) Das Bundesverfassungsgericht entscheidet, soweit nichts anderes bestimmt ist, auf Grund mündlicher Verhandlung, es sei denn, daß alle Beteiligten ausdrücklich auf sie verzichten.

(2) Die Entscheidung auf Grund mündlicher Verhandlung ergeht als Urteil, die Entscheidung ohne mündliche Verhandlung als Beschluß.

(3) Teil- und Zwischenentscheidungen sind zulässig.

(4) Die Entscheidungen des Bundesverfassungsgerichts ergehen „im Namen des Volkes“.

[1)] § 23 Abs. 2 neu gef. durch G v. 16.7.1998 (BGBl. I S. 1823).

§ 25a [Protokoll und Tonbandaufnahme] [1] Über die mündliche Verhandlung wird ein Protokoll geführt. [2] Darüber hinaus wird sie in einer Tonbandaufnahme festgehalten; das Nähere regelt die Geschäftsordnung[1)].

§ 26 [Beweiserhebung] (1) [1] Das Bundesverfassungsgericht erhebt den zur Erforschung der Wahrheit erforderlichen Beweis. [2] Es kann damit außerhalb der mündlichen Verhandlung ein Mitglied des Gerichts beauftragen oder mit Begrenzung auf bestimmte Tatsachen und Personen ein anderes Gericht darum ersuchen.

(2) Auf Grund eines Beschlusses mit einer Mehrheit von zwei Dritteln der Stimmen des Gerichts kann die Beiziehung einzelner Urkunden unterbleiben, wenn ihre Verwendung mit der Staatssicherheit unvereinbar ist.

§ 27 [Rechts- und Amtshilfe] [1] Alle Gerichte und Verwaltungsbehörden leisten dem Bundesverfassungsgericht Rechts- und Amtshilfe. [2] Fordert das Bundesverfassungsgericht Akten eines Ausgangsverfahrens an, werden ihm diese unmittelbar vorgelegt.

§ 27a[2)] [Stellungnahme durch sachkundige Dritte] Das Bundesverfassungsgericht kann sachkundigen Dritten Gelegenheit zur Stellungnahme geben.

§ 28[3)] [Zeugen und Sachverständige] (1) Für die Vernehmung von Zeugen und Sachverständigen gelten in den Fällen des § 13 Nummer 1, 2, 2a, 4 und 9 die Vorschriften der Strafprozeßordnung, in den übrigen Fällen die Vorschriften der Zivilprozeßordnung entsprechend.

(2) [1] Soweit ein Zeuge oder Sachverständiger nur mit Genehmigung einer vorgesetzten Stelle vernommen werden darf, kann diese Genehmigung nur verweigert werden, wenn es das Wohl des Bundes oder eines Landes erfordert. [2] Der Zeuge oder Sachverständige kann sich nicht auf seine Schweigepflicht berufen, wenn das Bundesverfassungsgericht mit einer Mehrheit von zwei Dritteln der Stimmen die Verweigerung der Aussagegenehmigung für unbegründet erklärt.

§ 29 [Beweistermin] [1] Die Beteiligten werden von allen Beweisterminen benachrichtigt und können der Beweisaufnahme beiwohnen. [2] Sie können an Zeugen und Sachverständige Fragen richten. [3] Wird eine Frage beanstandet, so entscheidet das Gericht.

§ 30 [Form der Verkündung und Entscheidung] (1) [1] Das Bundesverfassungsgericht entscheidet in geheimer Beratung nach seiner freien, aus dem Inhalt der Verhandlung und dem Ergebnis der Beweisaufnahme geschöpften Überzeugung. [2] Die Entscheidung ist schriftlich abzufassen, zu begründen und von den Richtern, die bei ihr mitgewirkt haben, zu unterzeichnen. [3] Sie ist sodann, wenn eine mündliche Verhandlung stattgefunden hat, unter Mitteilung der wesentlichen Entscheidungsgründe öffentlich zu verkünden. [4] Der

---

1) Nr. **21**.
2) § 27a eingef. durch G v. 16.7.1998 (BGBl. I S. 1823).
3) § 28 Abs. 1 geänd. mWv 29.7.2017 durch G v. 18.7.2017 (BGBl. I S. 2730).

Termin zur Verkündung einer Entscheidung kann in der mündlichen Verhandlung bekanntgegeben oder nach Abschluß der Beratungen festgelegt werden; in diesem Fall ist er den Beteiligten unverzüglich mitzuteilen. [5] Zwischen dem Abschluß der mündlichen Verhandlung und der Verkündung der Entscheidung sollen nicht mehr als drei Monate liegen. [6] Der Termin kann durch Beschluß des Bundesverfassungsgerichts verlegt werden.

(2) [1] Ein Richter kann seine in der Beratung vertretene abweichende Meinung zu der Entscheidung oder zu deren Begründung in einem Sondervotum niederlegen; das Sondervotum ist der Entscheidung anzuschließen. [2] Die Senate können in ihren Entscheidungen das Stimmenverhältnis mitteilen. [3] Das Nähere regelt die Geschäftsordnung[1)].

(3) Alle Entscheidungen sind den Beteiligten bekanntzugeben.

§ 31[2)] **[Verbindlichkeit der Entscheidungen]** (1) Die Entscheidungen des Bundesverfassungsgerichts binden die Verfassungsorgane des Bundes und der Länder sowie alle Gerichte und Behörden.

(2) [1] In den Fällen des § 13 Nr. 6, 6a, 11, 12 und 14 hat die Entscheidung des Bundesverfassungsgerichts Gesetzeskraft. [2] Das gilt auch in den Fällen des § 13 Nr. 8a, wenn das Bundesverfassungsgericht ein Gesetz als mit dem Grundgesetz[3)] vereinbar oder unvereinbar oder für nichtig erklärt. [3] Soweit ein Gesetz als mit dem Grundgesetz oder sonstigem Bundesrecht vereinbar oder unvereinbar oder für nichtig erklärt wird, ist die Entscheidungsformel durch das Bundesministerium der Justiz und für Verbraucherschutz im Bundesgesetzblatt zu veröffentlichen. [4] Entsprechendes gilt für die Entscheidungsformel in den Fällen des § 13 Nr. 12 und 14.

§ 32 [Einstweilige Anordnungen] (1) Das Bundesverfassungsgericht kann im Streitfall einen Zustand durch einstweilige Anordnung vorläufig regeln, wenn dies zur Abwehr schwerer Nachteile, zur Verhinderung drohender Gewalt oder aus einem anderen wichtigen Grund zum gemeinen Wohl dringend geboten ist.

(2) [1] Die einstweilige Anordnung kann ohne mündliche Verhandlung ergehen. [2] Bei besonderer Dringlichkeit kann das Bundesverfassungsgericht davon absehen, den am Verfahren zur Hauptsache Beteiligten, zum Beitritt Berechtigten oder Äußerungsberechtigten Gelegenheit zur Stellungnahme zu geben.

(3) Wird die einstweilige Anordnung durch Beschluß erlassen oder abgelehnt, so kann Widerspruch erhoben werden. [2] Das gilt nicht für den Beschwerdeführer im Verfahren der Verfassungsbeschwerde. [3] Über den Widerspruch entscheidet das Bundesverfassungsgericht nach mündlicher Verhandlung. [4] Diese muß binnen zwei Wochen nach dem Eingang der Begründung des Widerspruchs stattfinden.

---

1) Nr. **21**.

2) § 31 Abs. 2 Satz 1 geänd. mWv 19.12.2003 durch G v. 13.12.2003 (BGBl. I S. 2546); Abs. 2 Satz 3 geänd. mWv 8.9.2015 durch VO v. 31.8.2015 (BGBl. I S. 1474).

3) Nr. **1**.

(4) [1] Der Widerspruch gegen die einstweilige Anordnung hat keine aufschiebende Wirkung. [2] Das Bundesverfassungsgericht kann die Vollziehung der einstweiligen Anordnung aussetzen.

(5) [1] Das Bundesverfassungsgericht kann die Entscheidung über die einstweilige Anordnung oder über den Widerspruch ohne Begründung bekanntgeben. [2] In diesem Fall ist die Begründung den Beteiligten gesondert zu übermitteln.

(6) [1] Die einstweilige Anordnung tritt nach sechs Monaten außer Kraft. [2] Sie kann mit einer Mehrheit von zwei Dritteln der Stimmen wiederholt werden.

(7) [1] Ist ein Senat nicht beschlußfähig, so kann die einstweilige Anordnung bei besonderer Dringlichkeit erlassen werden, wenn mindestens drei Richter anwesend sind und der Beschluß einstimmig gefaßt wird. [2] Sie tritt nach einem Monat außer Kraft. [3] Wird sie durch den Senat bestätigt, so tritt sie sechs Monate nach ihrem Erlaß außer Kraft.

§ 33 [Aussetzung des Verfahrens] (1) Das Bundesverfassungsgericht kann sein Verfahren bis zur Erledigung eines bei einem anderen Gericht anhängigen Verfahrens aussetzen, wenn für seine Entscheidung die Feststellungen oder die Entscheidung dieses anderen Gerichts von Bedeutung sein können.

(2) Das Bundesverfassungsgericht kann seiner Entscheidung die tatsächlichen Feststellungen eines rechtskräftigen Urteils zugrunde legen, das in einem Verfahren ergangen ist, in dem die Wahrheit von Amts wegen zu erforschen ist.

§ 34[1)] [Kosten des Verfahrens; Auferlegung einer Gebühr] (1) Das Verfahren des Bundesverfassungsgerichts ist kostenfrei.

(2) Das Bundesverfassungsgericht kann eine Gebühr bis zu 2600 Euro auferlegen, wenn die Einlegung der Verfassungsbeschwerde oder der Beschwerde nach Artikel 41 Abs. 2 des Grundgesetzes[2)] einen Mißbrauch darstellt oder wenn ein Antrag auf Erlaß einer einstweiligen Anordnung (§ 32) mißbräuchlich gestellt ist.

(3) Für die Einziehung der Gebühr gilt § 59 Abs. 1 der Bundeshaushaltsordnung[3)] entsprechend.

§ 34a [Erstattung der Auslagen] (1) Erweist sich der Antrag auf Verwirkung der Grundrechte (§ 13 Nr. 1), die Anklage gegen den Bundespräsidenten (§ 13 Nr. 4) oder einen Richter (§ 13 Nr. 9) als unbegründet, so sind dem Antragsgegner oder dem Angeklagten die notwendigen Auslagen einschließlich der Kosten der Verteidigung zu ersetzen.

(2) Erweist sich eine Verfassungsbeschwerde als begründet, so sind dem Beschwerdeführer die notwendigen Auslagen ganz oder teilweise zu erstatten.

(3) In den übrigen Fällen kann das Bundesverfassungsgericht volle oder teilweise Erstattung der Auslagen anordnen.

---

1) § 34 Abs. 2 geänd. mWv 1.1.2002 durch G v. 27.4.2001 (BGBl. I S. 751).
2) Nr. **1**.
3) **Sartorius Nr. 700.**

§ 35 [Regelung der Vollstreckung] Das Bundesverfassungsgericht kann in seiner Entscheidung bestimmen, wer sie vollstreckt; es kann auch im Einzelfall die Art und Weise der Vollstreckung regeln.

Zweiter Abschnitt.[1] Akteneinsicht außerhalb des Verfahrens

§ 35a[2] [Auskunft über personenbezogene Daten] Betreffen außerhalb des Verfahrens gestellte Anträge auf Auskunft aus oder Einsicht in Akten des Bundesverfassungsgerichts personenbezogene Daten, so gelten die Vorschriften des Bundesdatenschutzgesetzes[3], soweit die nachfolgenden Bestimmungen keine abweichende Regelung treffen.

§ 35b[4] [Zur Einsicht Berechtigte; Auskunft aus beigezogenen Akten; Versendung von Akten] (1) [1] Auskunft aus oder Einsicht in Akten des Bundesverfassungsgerichts kann gewährt werden

1. öffentlichen Stellen, soweit dies für Zwecke der Rechtspflege erforderlich ist oder die in § 14 Abs. 2 Nr. 4, 6 bis 9 des Bundesdatenschutzgesetzes[3] genannten Voraussetzungen vorliegen,
2. Privatpersonen und anderen nicht-öffentlichen Stellen, soweit sie hierfür ein berechtigtes Interesse darlegen; Auskunft und Akteneinsicht sind zu versagen, wenn der Betroffene ein schutzwürdiges Interesse an der Versagung hat. § 16 Abs. 3 des Bundesdatenschutzgesetzes findet keine Anwendung; die Erteilung der Auskunft und die Gewährung der Akteneinsicht sind in der Akte zu vermerken.

[2] Auskunft oder Akteneinsicht kann auch gewährt werden, soweit der Betroffene eingewilligt hat.

(2) Akteneinsicht kann nur gewährt werden, wenn unter Angabe von Gründen dargelegt wird, daß die Erteilung einer Auskunft zur Erfüllung der Aufgaben der die Akteneinsicht begehrenden öffentlichen Stelle (Absatz 1 Nr. 1) oder zur Wahrnehmung des berechtigten Interesses der die Akteneinsicht begehrenden Privatperson oder anderen nicht-öffentlichen Stelle (Absatz 1 Nr. 2) nicht ausreichen würde oder die Erteilung einer Auskunft einen unverhältnismäßigen Aufwand erfordern würde.

(3) Aus beigezogenen Akten, die nicht Aktenbestandteil sind, dürfen Auskünfte nur erteilt werden, wenn der Antragsteller die Zustimmung der Stelle nachweist, um deren Akten es sich handelt; gleiches gilt für die Akteneinsicht.

(4) [1] Die Akten des Bundesverfassungsgerichts werden nicht übersandt. [2] An öffentliche Stellen können sie übersandt werden, wenn diesen gemäß Absatz 2 Akteneinsicht gewährt werden kann oder wenn einer Privatperson auf Grund besonderer Umstände dort Akteneinsicht gewährt werden soll.

(5) [1] Für die Einsicht in die Akten des Bundesverfassungsgerichts, die beim Bundesarchiv oder durch das Bundesarchiv als Zwischenarchivgut aufbewahrt

---

[1] II. Teil 2. Abschnitt (§§ 35a bis 35c) eingef. durch G v. 16.7.1998 (BGBl. I S. 1823).

[2] § 35a eingef. durch G v. 16.7.1998 (BGBl. I S. 1823).

[3] **Sartorius Nr. 245.**

[4] § 35b eingef. durch G v. 16.7.1998 (BGBl. I S. 1823); Abs. 5–7 angef. mWv 4.9.2013 durch G v. 29.8.2013 (BGBl. I S. 3463).

werden, gelten nach Ablauf von 30 Jahren seit Abschluss des Verfahrens die archivgesetzlichen Regelungen. [2] Für Entwürfe von Urteilen, Beschlüssen und Verfügungen, Arbeiten zu ihrer Vorbereitung und Dokumente, die Abstimmungen betreffen, gilt dies nach Ablauf von 60 Jahren. [3] Das Bundesverfassungsgericht behält für das abgegebene Schriftgut, das beim Bundesarchiv aufbewahrt wird, zu gerichtsinternen und prozessualen Zwecken das jederzeitige und vorrangige Rückgriffsrecht. [4] Zu diesem Zweck ist es ihm auf Anforderung umgehend zu übersenden.

(6) Die Akten zu Kammerentscheidungen, die nicht zur Veröffentlichung bestimmt sind, einschließlich der Entwürfe von Beschlüssen und Verfügungen, Arbeiten zu ihrer Vorbereitung und Dokumente, die Abstimmungen betreffen, können mit Einverständnis des Bundesarchivs nach Ablauf von 30 Jahren vernichtet werden.

(7) Die Akten zu den im Allgemeinen Register eingetragenen Vorgängen, die nicht in das Verfahrensregister übertragen worden sind, können mit Einverständnis des Bundesarchivs fünf Jahre nach der letzten die Sache betreffenden Verfügung vernichtet werden.

§ 35c[1)] [Nutzung personenbezogener Daten für andere Verfahren] Das Bundesverfassungsgericht darf in einem verfassungsgerichtlichen Verfahren zu den Akten gelangte personenbezogene Daten für ein anderes verfassungsgerichtliches Verfahren nutzen.

III. Teil.[2)] Einzelne Verfahrensarten

Erster Abschnitt. Verfahren in den Fällen des § 13 Nr. 1 [Verwirkung von Grundrechten]

§ 36 [Antragsberechtigte] Der Antrag auf Entscheidung gemäß Artikel 18 Satz 2 des Grundgesetzes[3)] kann vom Bundestag, von der Bundesregierung oder von einer Landesregierung gestellt werden.

§ 37 [Vorverfahren] Das Bundesverfassungsgericht gibt dem Antragsgegner Gelegenheit zur Äußerung binnen einer zu bestimmenden Frist und beschließt dann, ob der Antrag als unzulässig oder als nicht hinreichend begründet zurückzuweisen oder ob die Verhandlung durchzuführen ist.

§ 38 [Beschlagnahme und Durchsuchung] (1) Nach Eingang des Antrags kann das Bundesverfassungsgericht eine Beschlagnahme oder Durchsuchung nach den Vorschriften der Strafprozeßordnung anordnen.

(2) [1] Das Bundesverfassungsgericht kann zur Vorbereitung der mündlichen Verhandlung eine Voruntersuchung anordnen. [2] Die Durchführung der Voruntersuchung ist einem Richter des nicht zur Entscheidung in der Hauptsache zuständigen Senats zu übertragen.

---

1) § 35c eingef. durch G v. 16.7.1998 (BGBl. I S. 1823).
2) III. Teil Überschrift neu gef. durch G v. 16.7.1998 (BGBl. I S. 1823).
3) Nr. 1.

§ 39 [Entscheidung über Verwirkung von Grundrechten] (1) [1] Erweist sich der Antrag als begründet, so stellt das Bundesverfassungsgericht fest, welche Grundrechte der Antragsgegner verwirkt hat. [2] Es kann die Verwirkung auf einen bestimmten Zeitraum, mindestens auf ein Jahr, befristen. [3] Es kann dem Antragsgegner auch nach Art und Dauer genau bezeichnete Beschränkungen auferlegen, soweit sie nicht andere als die verwirkten Grundrechte beeinträchtigen. [4] Insoweit bedürfen die Verwaltungsbehörden zum Einschreiten gegen den Antragsgegner keiner weiteren gesetzlichen Grundlage.

(2) Das Bundesverfassungsgericht kann dem Antragsgegner auf die Dauer der Verwirkung der Grundrechte das Wahlrecht, die Wählbarkeit und die Fähigkeit zur Bekleidung öffentlicher Ämter aberkennen und bei juristischen Personen ihre Auflösung anordnen.

§ 40 [Aufhebung der Verwirkung] [1] Ist die Verwirkung zeitlich nicht befristet oder für einen längeren Zeitraum als ein Jahr ausgesprochen, so kann das Bundesverfassungsgericht, wenn seit dem Ausspruch der Verwirkung zwei Jahre verflossen sind, auf Antrag des früheren Antragstellers oder Antragsgegners die Verwirkung ganz oder teilweise aufheben oder die Dauer der Verwirkung abkürzen. [2] Der Antrag kann wiederholt werden, wenn seit der letzten Entscheidung des Bundesverfassungsgerichts ein Jahr verstrichen ist.

§ 41 [Wiederholung eines Antrags] Hat das Bundesverfassungsgericht über einen Antrag sachlich entschieden, so kann er gegen denselben Antragsgegner nur wiederholt werden, wenn er auf neue Tatsachen gestützt wird.

§ 42 (weggefallen)

Zweiter Abschnitt.[1] Verfahren in den Fällen des § 13 Nummer 2 und 2a [Parteiverbot]

§ 43[2] [Antragsberechtigte] (1) [1] Der Antrag auf Entscheidung, ob eine Partei verfassungswidrig (Artikel 21 Absatz 2 des Grundgesetzes[3]) oder von staatlicher Finanzierung ausgeschlossen ist (Artikel 21 Absatz 3 des Grundgesetzes), kann von dem Bundestag, dem Bundesrat oder von der Bundesregierung gestellt werden. [2] Der Antrag auf Entscheidung über den Ausschluss von staatlicher Finanzierung kann hilfsweise zu einem Antrag auf Entscheidung, ob eine Partei verfassungswidrig ist, gestellt werden.

(2) Eine Landesregierung kann den Antrag nur gegen eine Partei stellen, deren Organisation sich auf das Gebiet ihres Landes beschränkt.

§ 44 [Vertretung der Partei] [1] Die Vertretung der Partei bestimmt sich nach den gesetzlichen Vorschriften, hilfsweise nach ihrer Satzung. [2] Sind die Vertretungsberechtigten nicht feststellbar oder nicht vorhanden oder haben sie nach Eingang des Antrags beim Bundesverfassungsgericht gewechselt, so

---

[1] 2. Abschnitt Überschrift geänd. mWv 29.7.2017 durch G v. 18.7.2017 (BGBl. I S. 2730).
[2] § 43 Abs. 1 neu gef. mWv 29.7.2017 durch G v. 18.7.2017 (BGBl. I S. 2730).
[3] Nr. **1**.

gelten als vertretungsberechtigt diejenigen Personen, die die Geschäfte der Partei während der Tätigkeit, die den Antrag veranlaßt hat, zuletzt tatsächlich geführt haben.

§ 45 [Vorverfahren] Das Bundesverfassungsgericht gibt dem Vertretungsberechtigten (§ 44) Gelegenheit zur Äußerung binnen einer zu bestimmenden Frist und beschließt dann, ob der Antrag als unzulässig oder als nicht hinreichend begründet zurückzuweisen oder ob die Verhandlung durchzuführen ist.

§ 46[1)] [Entscheidung über Verfassungswidrigkeit einer politischen Partei] (1) Erweist sich der Antrag auf Entscheidung gemäß Artikel 21 Absatz 2 des Grundgesetzes[2)] als begründet, so stellt das Bundesverfassungsgericht fest, daß die politische Partei verfassungswidrig ist.

(2) Die Feststellung kann auf einen rechtlich oder organisatorisch selbständigen Teil einer Partei beschränkt werden.

(3) [1] Mit der Feststellung ist die Auflösung der Partei oder des selbständigen Teiles der Partei und das Verbot, eine Ersatzorganisation zu schaffen, zu verbinden. [2] Das Bundesverfassungsgericht kann in diesem Fall außerdem die Einziehung des Vermögens der Partei oder des selbständigen Teiles der Partei zugunsten des Bundes oder des Landes zu gemeinnützigen Zwecken aussprechen.

§ 46a[3)] [Entscheidung über den Ausschluss von der staatlichen Parteienfinanzierung] (1) [1] Erweist sich der Antrag auf Entscheidung gemäß Artikel 21 Absatz 3 des Grundgesetzes[2)] als begründet, so stellt das Bundesverfassungsgericht fest, dass die Partei für sechs Jahre von der staatlichen Finanzierung nach § 18 des Parteiengesetzes[4)] ausgeschlossen ist. [2] Die Feststellung ist auf Ersatzparteien zu erstrecken. [3] Dass eine Partei die Bestrebungen einer nach Satz 1 von der staatlichen Finanzierung ausgeschlossenen Partei als Ersatzpartei an deren Stelle weiter verfolgt oder fortführt, stellt das Bundesverfassungsgericht entsprechend Satz 1 fest. [4] Die Feststellung erfolgt auf Antrag eines Berechtigten nach § 43 Absatz 1 Satz 1; § 45 ist auf das Verfahren nicht anzuwenden.

(2) [1] Beantragt einer der Antragsberechtigten spätestens sechs Monate vor Ablauf der Frist nach Absatz 1 Satz 1 ihre Verlängerung, bleibt die Partei bis zur Entscheidung über diesen Antrag von staatlicher Finanzierung ausgeschlossen. [2] § 45 ist auf das Verfahren nicht anzuwenden. [3] Das Bundesverfassungsgericht kann ohne mündliche Verhandlung entscheiden. [4] Für die Entscheidung gilt Absatz 1 entsprechend. [5] Erneute Verlängerungsanträge sind statthaft.

§ 47 [Beschlagnahme, Durchsuchung] Die Vorschriften der §§ 38 und 41 gelten entsprechend.

---

1) § 46 Abs. 1 geänd. mWv 29.7.2017 durch G v. 18.7.2017 (BGBl. I S. 2730).
2) Nr. **1**.
3) § 46a eingef. mWv 29.7.2017 durch G v. 18.7.2017 (BGBl. I S. 2730).
4) Nr. **24**.

Dritter Abschnitt. Verfahren in den Fällen des § 13 Nr. 3 [Wahlprüfung]

§ 48[1] **[Zulässigkeit des Antrags]** (1) Die Beschwerde gegen den Beschluß des Bundestages über die Gültigkeit einer Wahl, die Verletzung von Rechten bei der Vorbereitung oder Durchführung der Wahl, soweit sie der Wahlprüfung nach Artikel 41 des Grundgesetzes[2] unterliegen, oder den Verlust der Mitgliedschaft im Bundestag kann der Abgeordnete, dessen Mitgliedschaft bestritten ist, eine wahlberechtigte Person oder eine Gruppe von wahlberechtigten Personen, deren Einspruch vom Bundestag verworfen worden ist, eine Fraktion oder eine Minderheit des Bundestages, die wenigstens ein Zehntel der gesetzlichen Mitgliederzahl umfaßt, binnen einer Frist von zwei Monaten seit der Beschlußfassung des Bundestages beim Bundesverfassungsgericht erheben; die Beschwerde ist innerhalb dieser Frist zu begründen.

(2) Das Bundesverfassungsgericht kann von einer mündlichen Verhandlung absehen, wenn von ihr keine weitere Förderung des Verfahrens zu erwarten ist.

(3) Erweist sich bei Prüfung der Beschwerde einer wahlberechtigten Person oder einer Gruppe von wahlberechtigten Personen, dass deren Rechte verletzt wurden, stellt das Bundesverfassungsgericht diese Verletzung fest, wenn es nicht die Wahl für ungültig erklärt.

Vierter Abschnitt. Verfahren in den Fällen des § 13 Nr. 4 [Präsidentenanklage]

§ 49 [Anklageschrift] (1) Die Anklage gegen den Bundespräsidenten wegen vorsätzlicher Verletzung des Grundgesetzes[2] oder eines anderen Bundesgesetzes wird durch Einreichung einer Anklageschrift beim Bundesverfassungsgericht erhoben.

(2) Auf Grund des Beschlusses einer der beiden gesetzgebenden Körperschaften (Artikel 61 Abs. 1 des Grundgesetzes) fertigt deren Präsident die Anklageschrift und übersendet sie binnen eines Monats dem Bundesverfassungsgericht.

(3) [1] Die Anklageschrift muß die Handlung oder Unterlassung, wegen der die Anklage erhoben wird, die Beweismittel und die Bestimmung der Verfassung oder des Gesetzes, die verletzt sein soll, bezeichnen. [2] Sie muß die Feststellung enthalten, daß der Beschluß auf Erhebung der Anklage mit der Mehrheit von zwei Dritteln der gesetzlichen Mitgliederzahl des Bundestages oder von zwei Dritteln der Stimmen des Bundesrates gefaßt worden ist.

§ 50 [Frist für Anklageerhebung] Die Anklage kann nur binnen drei Monaten, nachdem der ihr zugrunde liegende Sachverhalt der antragsberechtigten Körperschaft bekannt geworden ist, erhoben werden.

§ 51 [Durchführung des Verfahrens] Die Einleitung und Durchführung des Verfahrens wird durch den Rücktritt des Bundespräsidenten, durch sein

---

[1] § 48 Abs. 1 geänd., Abs. 2 aufgeh., bish. Abs. 3 wird Abs. 2, Abs. 3 angef. mWv 19.7.2012 durch G v. 12.7.2012 (BGBl. I S. 1501).

[2] Nr. 1.

Ausscheiden aus dem Amt oder durch Auflösung des Bundestages oder den Ablauf seiner Wahlperiode nicht berührt.

§ 52 [Zurücknahme der Anklage] (1) [1] Die Anklage kann bis zur Verkündung des Urteils auf Grund eines Beschlusses der antragstellenden Körperschaft zurückgenommen werden. [2] Der Beschluß bedarf der Zustimmung der Mehrheit der gesetzlichen Mitgliederzahl des Bundestages oder der Mehrheit der Stimmen des Bundesrates.

(2) Die Anklage wird vom Präsidenten der antragstellenden Körperschaft durch Übersendung einer Ausfertigung des Beschlusses an das Bundesverfassungsgericht zurückgenommen.

(3) Die Zurücknahme der Anklage wird unwirksam, wenn ihr der Bundespräsident binnen eines Monats widerspricht.

§ 53 [Einstweilige Anordnung] Das Bundesverfassungsgericht kann nach Erhebung der Anklage durch einstweilige Anordnung bestimmen, daß der Bundespräsident an der Ausübung seines Amtes verhindert ist.

§ 54 [Voruntersuchung] (1) Das Bundesverfassungsgericht kann zur Vorbereitung der mündlichen Verhandlung eine Voruntersuchung anordnen; es muß sie anordnen, wenn der Vertreter der Anklage oder der Bundespräsident sie beantragt.

(2) Die Durchführung der Voruntersuchung ist einem Richter des nicht zur Entscheidung in der Hauptsache zuständigen Senats zu übertragen.

§ 55 [Mündliche Verhandlung] (1) Das Bundesverfassungsgericht entscheidet auf Grund mündlicher Verhandlung.

(2) [1] Zur Verhandlung ist der Bundespräsident zu laden. [2] Dabei ist er darauf hinzuweisen, daß ohne ihn verhandelt wird, wenn er unentschuldigt ausbleibt oder ohne ausreichenden Grund sich vorzeitig entfernt.

(3) In der Verhandlung trägt der Beauftragte der antragstellenden Körperschaft zunächst die Anklage vor.

(4) Sodann erhält der Bundespräsident Gelegenheit, sich zur Anklage zu erklären.

(5) Hierauf findet die Beweiserhebung statt.

(6) [1] Zum Schluß wird der Vertreter der Anklage mit seinem Antrag und der Bundespräsident mit seiner Verteidigung gehört. [2] Er hat das letzte Wort.

§ 56 [Urteil] (1) Das Bundesverfassungsgericht stellt im Urteil fest, ob der Bundespräsident einer vorsätzlichen Verletzung des Grundgesetzes[1)] oder eines genau zu bezeichnenden Bundesgesetzes schuldig ist.

(2) [1] Im Falle der Verurteilung kann das Bundesverfassungsgericht den Bundespräsidenten seines Amtes für verlustig erklären. [2] Mit der Verkündung des Urteils tritt der Amtsverlust ein.

---

1) Nr. **1**.

§ 57 [Ausfertigung des Urteils] Eine Ausfertigung des Urteils samt Gründen ist dem Bundestag, dem Bundesrat und der Bundesregierung zu übersenden.

Fünfter Abschnitt. Verfahren in den Fällen des § 13 Nr. 9 [Richteranklage]

§ 58 [Richteranklage] (1) Stellt der Bundestag gegen einen Bundesrichter den Antrag nach Artikel 98 Abs. 2 des Grundgesetzes[1)], so sind die Vorschriften der §§ 49 bis 55 mit Ausnahme des § 49 Abs. 3 Satz 2, der §§ 50 und 52 Abs. 1 Satz 2 entsprechend anzuwenden.

(2) [1] Wird dem Bundesrichter ein Verstoß im Amt vorgeworfen, so beschließt der Bundestag nicht vor rechtskräftiger Beendigung des gerichtlichen Verfahrens oder, wenn vorher wegen desselben Verstoßes ein förmliches Disziplinarverfahren eingeleitet worden ist, nicht vor der Eröffnung dieses Verfahrens. [2] Nach Ablauf von sechs Monaten seit der rechtskräftigen Beendigung des gerichtlichen Verfahrens, in dem der Bundesrichter sich des Verstoßes schuldig gemacht haben soll, ist der Antrag nicht mehr zulässig.

(3) Abgesehen von den Fällen des Absatzes 2 ist ein Antrag gemäß Absatz 1 nicht mehr zulässig, wenn seit dem Verstoß zwei Jahre verflossen sind.

(4) Der Antrag wird vor dem Bundesverfassungsgericht von einem Beauftragten des Bundestages vertreten.

§ 59 [Urteil] (1) Das Bundesverfassungsgericht erkennt auf eine der im Artikel 98 Abs. 2 des Grundgesetzes[1)] vorgesehenen Maßnahmen oder auf Freispruch.

(2) Erkennt das Bundesverfassungsgericht auf Entlassung, so tritt der Amtsverlust mit der Verkündung des Urteils ein.

(3) Wird auf Versetzung in ein anderes Amt oder in den Ruhestand erkannt, so obliegt der Vollzug der für die Entlassung des Bundesrichters zuständigen Stelle.

(4) Eine Ausfertigung des Urteils mit Gründen ist dem Bundespräsidenten, dem Bundestag und der Bundesregierung zu übersenden.

§ 60 [Aussetzung eines Disziplinarverfahrens] [1] Solange ein Verfahren vor dem Bundesverfassungsgericht anhängig ist, wird das wegen desselben Sachverhalts bei einem Disziplinargericht anhängige Verfahren ausgesetzt. [2] Erkennt das Bundesverfassungsgericht auf Entlassung aus dem Amt oder auf Anordnung der Versetzung in ein anderes Amt oder in den Ruhestand, so wird das Disziplinarverfahren eingestellt; im anderen Falle wird es fortgesetzt.

§ 61[2)] [Wiederaufnahme des Verfahrens] (1) [1] Die Wiederaufnahme des Verfahrens findet nur zugunsten des Verurteilten und nur auf seinen Antrag oder nach seinem Tode auf Antrag seines Ehegatten, Lebenspartners oder eines seiner Abkömmlinge unter den Voraussetzungen der §§ 359 und 364 der Strafprozeßordnung statt. [2] In dem Antrag müssen der gesetzliche Grund

---

[1)] Nr. **1**.

[2)] § 61 Abs. 1 Satz 1 geänd. mWv 1.8.2001 durch G v. 16.2.2001 (BGBl. I S. 266).

der Wiederaufnahme sowie die Beweismittel angegeben werden. [3] Durch den Antrag auf Wiederaufnahme wird die Wirksamkeit des Urteils nicht gehemmt.

(2) [1] Über die Zulassung des Antrages entscheidet das Bundesverfassungsgericht ohne mündliche Verhandlung. [2] Die Vorschriften der §§ 368, 369 Abs. 1, 2 und 4 und der §§ 370 und 371 Abs. 1 bis 3 der Strafprozeßordnung gelten entsprechend.

(3) In der erneuten Hauptverhandlung ist entweder das frühere Urteil aufrechtzuerhalten oder auf eine mildere Maßnahme oder auf Freispruch zu erkennen.

§ 62 [Verfahren gegen Landesrichter] Soweit gemäß Artikel 98 Abs. 5 Satz 2 des Grundgesetzes[1)] fortgeltendes Landesverfassungsrecht nichts Abweichendes bestimmt, gelten die Vorschriften dieses Abschnitts auch, wenn das Gesetz eines Landes für Landesrichter eine dem Artikel 98 Abs. 2 des Grundgesetzes entsprechende Regelung trifft.

Sechster Abschnitt. Verfahren in den Fällen des § 13 Nr. 5 [Organstreitigkeiten]

§ 63 [Antragsteller und Antragsgegner] Antragsteller und Antragsgegner können nur sein: der Bundespräsident, der Bundestag, der Bundesrat, die Bundesregierung und die im Grundgesetz[1)] oder in den Geschäftsordnungen des Bundestages[2)] und des Bundesrates[3)] mit eigenen Rechten ausgestatteten Teile dieser Organe.

§ 64 [Antragsbefugnis] (1) Der Antrag ist nur zulässig, wenn der Antragsteller geltend macht, daß er oder das Organ, dem er angehört, durch eine Maßnahme oder Unterlassung des Antragsgegners in seinen ihm durch das Grundgesetz[1)] übertragenen Rechten und Pflichten verletzt oder unmittelbar gefährdet ist.

(2) Im Antrag ist die Bestimmung des Grundgesetzes zu bezeichnen, gegen die durch die beanstandete Maßnahme oder Unterlassung des Antragsgegners verstoßen wird.

(3) Der Antrag muß binnen sechs Monaten, nachdem die beanstandete Maßnahme oder Unterlassung dem Antragsteller bekannt geworden ist, gestellt werden.

(4) Soweit die Frist bei Inkrafttreten dieses Gesetzes verstrichen ist, kann der Antrag noch binnen drei Monaten nach Inkrafttreten gestellt werden.

§ 65 [Beitritt zum Verfahren] (1) Dem Antragsteller und dem Antragsgegner können in jeder Lage des Verfahrens andere in § 63 genannte Antragsberechtigte beitreten, wenn die Entscheidung auch für die Abgrenzung ihrer Zuständigkeiten von Bedeutung ist.

---

1) Nr. **1**.
2) Nr. **14**.
3) Nr. **15**.

(2) Das Bundesverfassungsgericht gibt von der Einleitung des Verfahrens dem Bundespräsidenten, dem Bundestag, dem Bundesrat und der Bundesregierung Kenntnis.

§ 66 [Verbindung und Trennung von Verfahren] Das Bundesverfassungsgericht kann anhängige Verfahren verbinden und verbundene trennen.

§ 66a[1)] [Entscheidung nach dem Untersuchungsausschussgesetz] [1] In Verfahren nach § 13 Nr. 5 in Verbindung mit § 2 Abs. 3 des Untersuchungsausschussgesetzes[2)] sowie in Verfahren nach § 18 Abs. 3 des Untersuchungsausschussgesetzes, auch in Verbindung mit den §§ 19 und 23 Abs. 2 des Untersuchungsausschussgesetzes, kann das Bundesverfassungsgericht ohne mündliche Verhandlung entscheiden. [2] Gleiches gilt bei Anträgen gemäß § 14 des Gesetzes über die parlamentarische Kontrolle nachrichtendienstlicher Tätigkeit des Bundes[3)] in Verbindung mit § 63.

§ 67 [Entscheidung] [1] Das Bundesverfassungsgericht stellt in seiner Entscheidung fest, ob die beanstandete Maßnahme oder Unterlassung des Antragsgegners gegen eine Bestimmung des Grundgesetzes[4)] verstößt. [2] Die Bestimmung ist zu bezeichnen. [3] Das Bundesverfassungsgericht kann in der Entscheidungsformel zugleich eine für die Auslegung der Bestimmung des Grundgesetzes erhebliche Rechtsfrage entscheiden, von der die Feststellung gemäß Satz 1 abhängt.

Siebenter Abschnitt. Verfahren in den Fällen des § 13 Nr. 7 [Streitigkeiten zwischen Bund und Ländern]

§ 68 [Antragsteller und Antragsgegner] Antragsteller und Antragsgegner können nur sein: für den Bund die Bundesregierung, für ein Land die Landesregierung.

§ 69 [Verweisung auf Organstreitigkeiten] Die Vorschriften der §§ 64 bis 67 gelten entsprechend.

§ 70 [Anfechtungsfrist] Der Beschluß des Bundesrates nach Artikel 84 Abs. 4 Satz 1 des Grundgesetzes[4)] kann nur binnen eines Monats nach der Beschlußfassung angefochten werden.

Achter Abschnitt. Verfahren in den Fällen des § 13 Nr. 8 [Andere öffentlich-rechtliche Streitigkeiten zwischen dem Bund und den Ländern, zwischen verschiedenen Ländern oder innerhalb eines Landes]

§ 71 [Antragsteller und Antragsgegner] (1) Antragsteller und Antragsgegner können nur sein

---

[1)] § 66a eingef. mWv 30.8.2002 durch G v. 22.8.2002 (BGBl. I S. 3386); Satz 2 angef. mWv 4.8. 2009 durch G v. 29.7.2009 (BGBl. I S. 2346).

[2)] Nr. **6**.

[3)] **Sartorius Nr. 81.**

[4)] Nr. **1**.

1. bei öffentlich-rechtlichen Streitigkeiten gemäß Artikel 93 Abs. 1 Nr. 4 des Grundgesetzes[1] zwischen dem Bund und den Ländern:
die Bundesregierung und die Landesregierungen;
2. bei öffentlich-rechtlichen Streitigkeiten gemäß Artikel 93 Abs. 1 Nr. 4 des Grundgesetzes zwischen den Ländern:
die Landesregierungen;
3. bei öffentlich-rechtlichen Streitigkeiten gemäß Artikel 93 Abs. 1 Nr. 4 des Grundgesetzes innerhalb eines Landes:
die obersten Organe des Landes und die in der Landesverfassung oder in der Geschäftsordnung eines obersten Organs des Landes mit eigenen Rechten ausgestatteten Teile dieser Organe, wenn sie durch den Streitgegenstand in ihren Rechten oder Zuständigkeiten unmittelbar berührt sind.

(2) Die Vorschrift des § 64 Abs. 3 gilt entsprechend.

§ 72 [Entscheidung] (1) Das Bundesverfassungsgericht kann in seiner Entscheidung erkennen auf

1. die Zulässigkeit oder Unzulässigkeit einer Maßnahme,
2. die Verpflichtung des Antragsgegners, eine Maßnahme zu unterlassen, rückgängig zu machen, durchzuführen oder zu dulden,
3. die Verpflichtung, eine Leistung zu erbringen.

(2) [1] In dem Verfahren nach § 71 Abs. 1 Nr. 3 stellt das Bundesverfassungsgericht fest, ob die beanstandete Maßnahme oder Unterlassung des Antragsgegners gegen eine Bestimmung der Landesverfassung verstößt. [2] Die Vorschriften des § 67 Satz 2 und 3 gelten entsprechend.

Neunter Abschnitt. Verfahren in den Fällen des § 13 Nr. 10 [Verfassungsstreitigkeiten innerhalb eines Landes]

§ 73 [Beteiligte] (1) An einer Verfassungsstreitigkeit innerhalb eines Landes können nur die obersten Organe dieses Landes und die in der Landesverfassung oder in der Geschäftsordnung eines obersten Organs des Landes mit eigenen Rechten ausgestatteten Teile dieser Organe beteiligt sein.

(2) Die Vorschrift des § 64 Abs. 3 gilt entsprechend, sofern das Landesrecht nichts anderes bestimmt.

§ 74 [Entscheidung] Bestimmt das Landesrecht nicht, welchen Inhalt und welche Wirkung die Entscheidung des Bundesverfassungsgerichts haben kann, so gilt § 72 Abs. 2 entsprechend.

§ 75 [Verfahren] Für das Verfahren gelten die allgemeinen Vorschriften des II. Teiles dieses Gesetzes entsprechend.

---

[1] Nr. 1.

Zehnter Abschnitt.[1] Verfahren in den Fällen des § 13 Nr. 6 und 6a [Abstrakte Normenkontrolle]

§ 76[2] **[Zulässigkeit des Antrags]** (1) Der Antrag der Bundesregierung, einer Landesregierung oder eines Viertels der Mitglieder des Bundestages gemäß Artikel 93 Abs. 1 Nr. 2 des Grundgesetzes[3] ist nur zulässig, wenn der Antragsteller Bundes- oder Landesrecht

1. wegen seiner förmlichen oder sachlichen Unvereinbarkeit mit dem Grundgesetz oder dem sonstigen Bundesrecht für nichtig hält oder
2. für gültig hält, nachdem ein Gericht, eine Verwaltungsbehörde oder ein Organ des Bundes oder eines Landes das Recht als unvereinbar mit dem Grundgesetz oder sonstigem Bundesrecht nicht angewendet hat.

(2) Der Antrag des Bundesrates, einer Landesregierung oder der Volksvertretung eines Landes gemäß Artikel 93 Abs. 1 Nr. 2a des Grundgesetzes ist nur zulässig, wenn der Antragsteller ein Bundesgesetz wegen Nichterfüllung der Voraussetzungen des Artikels 72 Abs. 2 des Grundgesetzes für nichtig hält; der Antrag kann auch darauf gestützt werden, daß der Antragsteller das Bundesgesetz wegen Nichterfüllung der Voraussetzungen des *Artikels 75 Abs. 2*[4] des Grundgesetzes für nichtig hält.

§ 77[5] **[Äußerungsberechtigte Bundes- und Landesorgane]** Das Bundesverfassungsgericht gibt

1. in den Fällen des § 76 Abs. 1 dem Bundestag, dem Bundesrat, der Bundesregierung, bei Meinungsverschiedenheiten über die Gültigkeit von Bundesrecht auch den Landesregierungen und bei Meinungsverschiedenheiten über die Gültigkeit einer landesrechtlichen Norm der Volksvertretung und der Regierung des Landes, in dem die Norm verkündet wurde,
2. in den Fällen des § 76 Abs. 2 dem Bundestag, dem Bundesrat, der Bundesregierung sowie den Volksvertretungen und Regierungen der Länder

binnen einer zu bestimmenden Frist Gelegenheit zur Äußerung.

§ 78 [Nichtigerklärung von Gesetzen] [1] Kommt das Bundesverfassungsgericht zu der Überzeugung, daß Bundesrecht mit dem Grundgesetz[3] oder Landesrecht mit dem Grundgesetz oder dem sonstigen Bundesrecht unvereinbar ist, so erklärt es das Gesetz für nichtig. [2] Sind weitere Bestimmungen des gleichen Gesetzes aus denselben Gründen mit dem Grundgesetz oder sonstigem Bundesrecht unvereinbar, so kann sie das Bundesverfassungsgericht gleichfalls für nichtig erklären.

§ 79 [Wirkung der Entscheidung] (1) Gegen ein rechtskräftiges Strafurteil, das auf einer mit dem Grundgesetz[3] für unvereinbar oder nach § 78 für nichtig erklärten Norm oder auf der Auslegung einer Norm beruht, die vom Bundesverfassungsgericht für unvereinbar mit dem Grundgesetz erklärt

---

[1] III. Teil 10. Abschnitt Überschrift neu gef. durch G v. 16.7.1998 (BGBl. I S. 1823).

[2] § 76 Abs. 1 geänd., Abs. 2 angef. durch G v. 16.7.1998 (BGBl. I S. 1823); Abs. 1 einl. Satzteil geänd. mWv 4.12.2009 durch G v. 1.12.2009 (BGBl. I S. 3822).

[3] Nr. **1**.

[4] **Aufgehoben mWv 1.9.2006** durch G v. 28.8.2006 (BGBl. I S. 2034).

[5] § 77 neu gef. durch G v. 16.7.1998 (BGBl. I S. 1823).

worden ist, ist die Wiederaufnahme des Verfahrens nach den Vorschriften der Strafprozeßordnung zulässig.

(2) [1] Im übrigen bleiben vorbehaltlich der Vorschrift des § 95 Abs. 2 oder einer besonderen gesetzlichen Regelung die nicht mehr anfechtbaren Entscheidungen, die auf einer gemäß § 78 für nichtig erklärten Norm beruhen, unberührt. [2] Die Vollstreckung aus einer solchen Entscheidung ist unzulässig. [3] Soweit die Zwangsvollstreckung nach den Vorschriften der Zivilprozeßordnung durchzuführen ist, gilt die Vorschrift des § 767 der Zivilprozeßordnung entsprechend. [4] Ansprüche aus ungerechtfertigter Bereicherung sind ausgeschlossen.

Elfter Abschnitt.[1] Verfahren in den Fällen des § 13 Nr. 11 und 11a [Nachprüfung von Gesetzen; Nachprüfung von Beschlüssen zur Einsetzung eines Untersuchungsausschusses]

§ 80 [Vorlage – Beschluss] (1) Sind die Voraussetzungen des Artikels 100 Abs. 1 des Grundgesetzes[2] gegeben, so holen die Gerichte unmittelbar die Entscheidung des Bundesverfassungsgerichts ein.

(2) [1] Die Begründung muß angeben, inwiefern von der Gültigkeit der Rechtsvorschrift die Entscheidung des Gerichts abhängig ist und mit welcher übergeordneten Rechtsnorm sie unvereinbar ist. [2] Die Akten sind beizufügen.

(3) Der Antrag des Gerichts ist unabhängig von der Rüge der Nichtigkeit der Rechtsvorschrift durch einen Prozeßbeteiligten.

§ 81 [Entscheidung über die Rechtsfrage] Das Bundesverfassungsgericht entscheidet nur über die Rechtsfrage.

§ 81a [Feststellung der Unzulässigkeit eines Antrags] [1] Die Kammer kann durch einstimmigen Beschluß die Unzulässigkeit eines Antrages nach § 80 feststellen. [2] Die Entscheidung bleibt dem Senat vorbehalten, wenn der Antrag von einem Landesverfassungsgericht oder von einem obersten Gerichtshof des Bundes gestellt wird.

§ 82 [Beitritts- und Äußerungsberechtigte] (1) Die Vorschriften der §§ 77 bis 79 gelten entsprechend.

(2) Die in § 77 genannten Verfassungsorgane können in jeder Lage des Verfahrens beitreten.

(3) Das Bundesverfassungsgericht gibt auch den Beteiligten des Verfahrens vor dem Gericht, das den Antrag gestellt hat, Gelegenheit zur Äußerung; es lädt sie zur mündlichen Verhandlung und erteilt den anwesenden Prozeßbevollmächtigten das Wort.

(4) [1] Das Bundesverfassungsgericht kann oberste Gerichtshöfe des Bundes oder oberste Landesgerichte um die Mitteilung ersuchen, wie und auf Grund welcher Erwägungen sie das Grundgesetz[2] in der streitigen Frage bisher ausgelegt haben, ob und wie sie die in ihrer Gültigkeit streitige Rechtsvor-

---

[1] III. Teil 11. Abschnitt Überschrift neu gef. mWv 30.8.2002 durch G v. 22.8.2002 (BGBl. I S. 3386).

[2] Nr. 1.

schrift in ihrer Rechtsprechung angewandt haben und welche damit zusammenhängenden Rechtsfragen zur Entscheidung anstehen. [2] Es kann sie ferner ersuchen, ihre Erwägungen zu einer für die Entscheidung erheblichen Rechtsfrage darzulegen. [3] Das Bundesverfassungsgericht gibt den Äußerungsberechtigten Kenntnis von der Stellungnahme.

§ 82a[1)] **[Verfahren nach dem Untersuchungsausschussgesetz]** (1) Die §§ 80 bis 82 gelten vorbehaltlich der Absätze 2 und 3 sinngemäß für die Überprüfung der Vereinbarkeit eines Beschlusses des Deutschen Bundestages zur Einsetzung eines Untersuchungsausschusses mit dem Grundgesetz[2)] auf Vorlage nach § 36 Abs. 2 des Untersuchungsausschussgesetzes[3)].

(2) [1] Äußerungsberechtigt sind der Bundestag und die qualifizierte Minderheit nach Artikel 44 Abs. 1 des Grundgesetzes, auf deren Antrag der Einsetzungsbeschluss beruht. [2] Ferner kann das Bundesverfassungsgericht der Bundesregierung, dem Bundesrat, Landesregierungen, der qualifizierten Minderheit nach § 18 Abs. 3 des Untersuchungsausschussgesetzes und Personen Gelegenheit zur Äußerung geben, soweit sie von dem Einsetzungsbeschluss berührt sind.

(3) Das Bundesverfassungsgericht kann ohne mündliche Verhandlung entscheiden.

Zwölfter Abschnitt. Verfahren in den Fällen des § 13 Nr. 12 [Nachprüfung von Völkerrecht]

§ 83 [Entscheidung; Beitritt des Bundestages, des Bundesrates, der Bundesregierung zum Verfahren] (1) Das Bundesverfassungsgericht stellt in den Fällen des Artikels 100 Abs. 2 des Grundgesetzes[2)] in seiner Entscheidung fest, ob die Regel des Völkerrechts Bestandteil des Bundesrechts ist und ob sie unmittelbar Rechte und Pflichten für den einzelnen erzeugt.

(2) [1] Das Bundesverfassungsgericht hat vorher dem Bundestag, dem Bundesrat und der Bundesregierung Gelegenheit zur Äußerung binnen einer zu bestimmenden Frist zu geben. [2] Sie können in jeder Lage des Verfahrens beitreten.

§ 84 [Entsprechende Geltung anderer Verfahrensvorschriften] Die Vorschriften der §§ 80 und 82 Abs. 3 gelten entsprechend.

Dreizehnter Abschnitt. Verfahren in den Fällen des § 13 Nr. 13 [Vorlagebeschluss eines Landesverfassungsgerichts]

§ 85 [Verfahren; Entscheidung] (1) Ist die Entscheidung des Bundesverfassungsgerichts gemäß Artikel 100 Abs. 3 Satz 1 des Grundgesetzes[2)] einzuholen, so legt das Verfassungsgericht des Landes unter Darlegung seiner Rechtsauffassung die Akten vor.

(2) Das Bundesverfassungsgericht gibt dem Bundesrat, der Bundesregierung und, wenn es von einer Entscheidung des Verfassungsgerichts eines

---

[1)] § 82a eingef. mWv 30.8.2002 durch G v. 22.8.2002 (BGBl. I S. 3386).
[2)] Nr. **1**.
[3)] Nr. **6**.

Landes abweichen will, diesem Gericht Gelegenheit zur Äußerung binnen einer zu bestimmenden Frist.

(3) Das Bundesverfassungsgericht entscheidet nur über die Rechtsfrage.

Vierzehnter Abschnitt. Verfahren in den Fällen des § 13 Nr. 14 [Fortgeltung von Recht als Bundesrecht]

§ 86 [Antragsberechtigte] (1) Antragsberechtigt sind der Bundestag, der Bundesrat, die Bundesregierung und die Landesregierungen.

(2) Wenn in einem gerichtlichen Verfahren streitig und erheblich ist, ob ein Gesetz als Bundesrecht fortgilt, so hat das Gericht in sinngemäßer Anwendung des § 80 die Entscheidung des Bundesverfassungsgerichts einzuholen.

§ 87 [Zulässigkeit des Antrags] (1) Der Antrag des Bundesrates, der Bundesregierung oder einer Landesregierung ist nur zulässig, wenn von der Entscheidung die Zulässigkeit einer bereits vollzogenen oder unmittelbar bevorstehenden Maßnahme eines Bundesorgans, einer Bundesbehörde oder des Organs oder der Behörde eines Landes abhängig ist.

(2) Aus der Begründung des Antrags muß sich das Vorliegen der in Absatz 1 bezeichneten Voraussetzung ergeben.

§ 88 [Beitritt anderer Beteiligter] Die Vorschrift des § 82 gilt entsprechend.

§ 89 [Entscheidung] Das Bundesverfassungsgericht spricht aus, ob das Gesetz ganz oder teilweise in dem gesamten Bundesgebiet oder einem bestimmten Teil des Bundesgebiets als Bundesrecht fortgilt.

Fünfzehnter Abschnitt. Verfahren in den Fällen des § 13 Nr. 8a [Verfassungsbeschwerde]

§ 90 [Aktivlegitimation] (1) Jedermann kann mit der Behauptung, durch die öffentliche Gewalt in einem seiner Grundrechte oder in einem seiner in Artikel 20 Abs. 4, Artikel 33, 38, 101, 103 und 104 des Grundgesetzes[1)] enthaltenen Rechte verletzt zu sein, die Verfassungsbeschwerde zum Bundesverfassungsgericht erheben.

(2) [1] Ist gegen die Verletzung der Rechtsweg zulässig, so kann die Verfassungsbeschwerde erst nach Erschöpfung des Rechtswegs erhoben werden. [2] Das Bundesverfassungsgericht kann jedoch über eine vor Erschöpfung des Rechtswegs eingelegte Verfassungsbeschwerde sofort entscheiden, wenn sie von allgemeiner Bedeutung ist oder wenn dem Beschwerdeführer ein schwerer und unabwendbarer Nachteil entstünde, falls er zunächst auf den Rechtsweg verwiesen würde.

(3) Das Recht, eine Verfassungsbeschwerde an das Landesverfassungsgericht nach dem Recht der Landesverfassung zu erheben, bleibt unberührt.

---

1) Nr. **1**.

§ 91 [Aktivlegitimation der Gemeinden] [1] Gemeinden und Gemeindeverbände können die Verfassungsbeschwerde mit der Behauptung erheben, daß ein Gesetz des Bundes oder des Landes die Vorschrift des Artikels 28 des Grundgesetzes[1)] verletzt. [2] Die Verfassungsbeschwerde zum Bundesverfassungsgericht ist ausgeschlossen, soweit eine Beschwerde wegen Verletzung des Rechtes auf Selbstverwaltung nach dem Rechte des Landes beim Landesverfassungsgericht erhoben werden kann.

§ 91a (weggefallen)

§ 92 [Begründung der Beschwerde] In der Begründung der Beschwerde sind das Recht, das verletzt sein soll, und die Handlung oder Unterlassung des Organs oder der Behörde, durch die der Beschwerdeführer sich verletzt fühlt, zu bezeichnen.

§ 93 [Einlegungsfrist] (1) [1] Die Verfassungsbeschwerde ist binnen eines Monats zu erheben und zu begründen. [2] Die Frist beginnt mit der Zustellung oder formlosen Mitteilung der in vollständiger Form abgefaßten Entscheidung, wenn diese nach den maßgebenden verfahrensrechtlichen Vorschriften von Amts wegen vorzunehmen ist. [3] In anderen Fällen beginnt die Frist mit der Verkündung der Entscheidung oder, wenn diese nicht zu verkünden ist, mit ihrer sonstigen Bekanntgabe an den Beschwerdeführer; wird dabei dem Beschwerdeführer eine Abschrift der Entscheidung in vollständiger Form nicht erteilt, so wird die Frist des Satzes 1 dadurch unterbrochen, daß der Beschwerdeführer schriftlich oder zu Protokoll der Geschäftsstelle die Erteilung einer in vollständiger Form abgefaßten Entscheidung beantragt. [4] Die Unterbrechung dauert fort, bis die Entscheidung in vollständiger Form dem Beschwerdeführer von dem Gericht erteilt oder von Amts wegen oder von einem an dem Verfahren Beteiligten zugestellt wird.

(2) [1] War ein Beschwerdeführer ohne Verschulden verhindert, diese Frist einzuhalten, ist ihm auf Antrag Wiedereinsetzung in den vorigen Stand zu gewähren. [2] Der Antrag ist binnen zwei Wochen nach Wegfall des Hindernisses zu stellen. [3] Die Tatsachen zur Begründung des Antrags sind bei der Antragstellung oder im Verfahren über den Antrag glaubhaft zu machen. [4] Innerhalb der Antragsfrist ist die versäumte Rechtshandlung nachzuholen; ist dies geschehen, kann die Wiedereinsetzung auch ohne Antrag gewährt werden. [5] Nach einem Jahr seit dem Ende der versäumten Frist ist der Antrag unzulässig. [6] Das Verschulden des Bevollmächtigten steht dem Verschulden eines Beschwerdeführers gleich.

(3) Richtet sich die Verfassungsbeschwerde gegen ein Gesetz oder gegen einen sonstigen Hoheitsakt, gegen den ein Rechtsweg nicht offensteht, so kann die Verfassungsbeschwerde nur binnen eines Jahres seit dem Inkrafttreten des Gesetzes oder dem Erlaß des Hoheitsaktes erhoben werden.

(4) Ist ein Gesetz vor dem 1. April 1951 in Kraft getreten, so kann die Verfassungsbeschwerde bis zum 1. April 1952 erhoben werden.

§ 93a [Annahme zur Entscheidung] (1) Die Verfassungsbeschwerde bedarf der Annahme zur Entscheidung.

[1)] Nr. 1.

(2) Sie ist zur Entscheidung anzunehmen,

a) soweit ihr grundsätzliche verfassungsrechtliche Bedeutung zukommt,

b) wenn es zur Durchsetzung der in § 90 Abs. 1 genannten Rechte angezeigt ist; dies kann auch der Fall sein, wenn dem Beschwerdeführer durch die Versagung der Entscheidung zur Sache ein besonders schwerer Nachteil entsteht.

§ 93b [Befugnisse der Kammer] [1] Die Kammer kann die Annahme der Verfassungsbeschwerde ablehnen oder die Verfassungsbeschwerde im Falle des § 93c zur Entscheidung annehmen. [2] Im übrigen entscheidet der Senat über die Annahme.

§ 93c [Stattgabe der Beschwerde durch die Kammer] (1) [1] Liegen die Voraussetzungen des § 93a Abs. 2 Buchstabe b vor und ist die für die Beurteilung der Verfassungsbeschwerde maßgebliche verfassungsrechtliche Frage durch das Bundesverfassungsgericht bereits entschieden, kann die Kammer der Verfassungsbeschwerde stattgeben, wenn sie offensichtlich begründet ist. [2] Der Beschluß steht einer Entscheidung des Senats gleich. [3] Eine Entscheidung, die mit der Wirkung des § 31 Abs. 2 ausspricht, daß ein Gesetz mit dem Grundgesetz[1)] oder sonstigem Bundesrecht unvereinbar oder nichtig ist, bleibt dem Senat vorbehalten.

(2) Auf das Verfahren finden § 94 Abs. 2 und 3 und § 95 Abs. 1 und 2 Anwendung.

§ 93d [Verfahren vor der Kammer] (1) [1] Die Entscheidung nach § 93b und § 93c ergeht ohne mündliche Verhandlung. [2] Sie ist unanfechtbar. [3] Die Ablehnung der Annahme der Verfassungsbeschwerde bedarf keiner Begründung.

(2) [1] Solange und soweit der Senat nicht über die Annahme der Verfassungsbeschwerde entschieden hat, kann die Kammer alle das Verfassungsbeschwerdeverfahren betreffenden Entscheidungen erlassen. [2] Eine einstweilige Anordnung, mit der die Anwendung eines Gesetzes ganz oder teilweise ausgesetzt wird, kann nur der Senat treffen; § 32 Abs. 7 bleibt unberührt. [3] Der Senat entscheidet auch in den Fällen des § 32 Abs. 3.

(3) [1] Die Entscheidungen der Kammer ergehen durch einstimmigen Beschluß. [2] Die Annahme durch den Senat ist beschlossen, wenn mindestens drei Richter ihr zustimmen.

§ 94 [Anhörung Dritter] (1) Das Bundesverfassungsgericht gibt dem Verfassungsorgan des Bundes oder des Landes, dessen Handlung oder Unterlassung in der Verfassungsbeschwerde beanstandet wird, Gelegenheit, sich binnen einer zu bestimmenden Frist zu äußern.

(2) Ging die Handlung oder Unterlassung von einem Minister oder einer Behörde des Bundes oder des Landes aus, so ist dem zuständigen Minister Gelegenheit zur Äußerung zu geben.

[1)] Nr. 1.

(3) Richtet sich die Verfassungsbeschwerde gegen eine gerichtliche Entscheidung, so gibt das Bundesverfassungsgericht auch dem durch die Entscheidung Begünstigten Gelegenheit zur Äußerung.

(4) Richtet sich die Verfassungsbeschwerde unmittelbar oder mittelbar gegen ein Gesetz, so ist § 77 entsprechend anzuwenden.

(5) [1] Die in den Absätzen 1, 2 und 4 genannten Verfassungsorgane können dem Verfahren beitreten. [2] Das Bundesverfassungsgericht kann von mündlicher Verhandlung absehen, wenn von ihr keine weitere Förderung des Verfahrens zu erwarten ist und die zur Äußerung berechtigten Verfassungsorgane, die dem Verfahren beigetreten sind, auf mündliche Verhandlung verzichten.

§ 95 [Entscheidung] (1) [1] Wird der Verfassungsbeschwerde stattgegeben, so ist in der Entscheidung festzustellen, welche Vorschrift des Grundgesetzes[1)] und durch welche Handlung oder Unterlassung sie verletzt wurde. [2] Das Bundesverfassungsgericht kann zugleich aussprechen, daß auch jede Wiederholung der beanstandeten Maßnahme das Grundgesetz verletzt.

(2) Wird der Verfassungsbeschwerde gegen eine Entscheidung stattgegeben, so hebt das Bundesverfassungsgericht die Entscheidung auf, in den Fällen des § 90 Abs. 2 Satz 1 verweist es die Sache an ein zuständiges Gericht zurück.

(3) [1] Wird der Verfassungsbeschwerde gegen ein Gesetz stattgegeben, so ist das Gesetz für nichtig zu erklären. [2] Das gleiche gilt, wenn der Verfassungsbeschwerde gemäß Absatz 2 stattgegeben wird, weil die aufgehobene Entscheidung auf einem verfassungswidrigen Gesetz beruht. [3] Die Vorschrift des § 79 gilt entsprechend.

§ 95a (weggefallen)

Sechzehnter Abschnitt.[2)] Verfahren in den Fällen des § 13 Nr. 6b [Prüfung der Erforderlichkeit von Bundesrecht]

§ 96[3)] [Verfahren in den Fällen des § 13 Nr. 6b] (1) Aus der Begründung eines Antrags nach Artikel 93 Abs. 2 Satz 1 des Grundgesetzes[1)] muss sich das Vorliegen der in Artikel 93 Abs. 2 Satz 3 des Grundgesetzes bezeichneten Voraussetzung ergeben.

(2) Das Bundesverfassungsgericht gibt den anderen Antragsberechtigten sowie dem Bundestag und der Bundesregierung binnen einer zu bestimmenden Frist Gelegenheit zur Äußerung.

(3) Ein Äußerungsberechtigter nach Absatz 2 kann in jeder Lage des Verfahrens beitreten.

[1)] Nr. **1**.

[2)] 16. Abschnitt (früherer § 97) neu gef. mWv 12.9.2006 durch G v. 5.9.2006 (BGBl. I S. 2098).

[3)] Früherer § 97 neu gef. mWv 12.9.2006 durch G v. 5.9.2006 (BGBl. I S. 2098); bish. § 97 wird § 96 mWv 19.7.2012 durch G v. 12.7.2012 (BGBl. I S. 1501).

Siebzehnter Abschnitt.[1] Verfahren in den Fällen des § 13 Nummer 3a

§ 96a[1] [Beschwerdeberechtigte; Fristen] (1) Beschwerdeberechtigt sind Vereinigungen und Parteien, denen die Anerkennung als wahlvorschlagsberechtigte Partei nach § 18 Absatz 4 des Bundeswahlgesetzes[2] versagt wurde.

(2) Die Beschwerde ist binnen einer Frist von vier Tagen nach Bekanntgabe der Entscheidung in der Sitzung des Bundeswahlausschusses nach § 18 Absatz 4 Satz 2 des Bundeswahlgesetzes zu erheben und zu begründen.

(3) § 32 findet keine Anwendung.

§ 96b[1] [Anhörung des Bundeswahlauschusses] Dem Bundeswahlausschuss ist Gelegenheit zur Äußerung zu geben.

§ 96c[1] [Entscheidung ohne mündliche Verhandlung] Das Bundesverfassungsgericht kann ohne Durchführung einer mündlichen Verhandlung entscheiden.

§ 96d[1] [Entscheidungsbekanntgabe ohne Begründung] [1] Das Bundesverfassungsgericht kann seine Entscheidung ohne Begründung bekanntgeben. [2] In diesem Fall ist die Begründung der Beschwerdeführerin und dem Bundeswahlausschuss gesondert zu übermitteln.

IV. Teil.[3] Verzögerungsbeschwerde

§ 97a[3] [Angemessenheit der Verfahrensdauer] (1) [1] Wer infolge unangemessener Dauer eines Verfahrens vor dem Bundesverfassungsgericht als Verfahrensbeteiligter oder als Beteiligter in einem zur Herbeiführung einer Entscheidung des Bundesverfassungsgerichts ausgesetzten Verfahren einen Nachteil erleidet, wird angemessen entschädigt. [2] Die Angemessenheit der Verfahrensdauer richtet sich nach den Umständen des Einzelfalles unter Berücksichtigung der Aufgaben und der Stellung des Bundesverfassungsgerichts.

(2) [1] Ein Nachteil, der nicht Vermögensnachteil ist, wird vermutet, wenn ein Verfahren vor dem Bundesverfassungsgericht unangemessen lange gedauert hat. [2] Hierfür kann Entschädigung nur beansprucht werden, soweit nicht nach den Umständen des Einzelfalles Wiedergutmachung auf andere Weise, insbesondere durch die Feststellung der Unangemessenheit der Verfahrensdauer, ausreichend ist. [3] Die Entschädigung gemäß Satz 2 beträgt 1 200 Euro für jedes Jahr der Verzögerung. [4] Ist der Betrag gemäß Satz 3 nach den Umständen des Einzelfalles unbillig, kann das Bundesverfassungsgericht einen höheren oder niedrigeren Betrag festsetzen.

§ 97b[3] [Verzögerungsbeschwerde, Verzögerungsrüge] (1) [1] Über Entschädigung und Wiedergutmachung wird auf Grund einer Beschwerde zum

---

[1] 17. Abschnitt (§§ 96a–96d) eingef. mWv 19.7.2012 durch G v. 12.7.2012 (BGBl. I S. 1501).
[2] Nr. **10**.
[3] IV. Teil (§§ 97a–97e) eingef. mWv 3.12.2011 durch G v. 24.11.2011 (BGBl. I S. 2302).

Bundesverfassungsgericht entschieden (Verzögerungsbeschwerde). [2] Die Verzögerungsbeschwerde ist nur zulässig, wenn der Beschwerdeführer beim Bundesverfassungsgericht die Dauer des Verfahrens gerügt hat (Verzögerungsrüge). [3] Die Verzögerungsrüge ist schriftlich und unter Darlegung der Umstände, die die Unangemessenheit der Verfahrensdauer begründen, einzulegen. [4] Sie ist frühestens zwölf Monate nach Eingang des Verfahrens beim Bundesverfassungsgericht zulässig. [5] Einer Bescheidung der Verzögerungsrüge bedarf es nicht.

(2) [1] Die Verzögerungsbeschwerde kann frühestens sechs Monate nach Erheben einer Verzögerungsrüge erhoben werden; ist eine Entscheidung des Bundesverfassungsgerichts ergangen oder das Verfahren anderweitig erledigt worden, ist die Verzögerungsbeschwerde binnen drei Monaten zu erheben. [2] Sie ist schriftlich einzulegen und gleichzeitig zu begründen. [3] Bis zur rechtskräftigen Entscheidung über die Verzögerungsbeschwerde ist der Anspruch nicht übertragbar.

§ 97c[1)] [Zuständigkeit] (1) [1] Über die Verzögerungsbeschwerde entscheidet die Beschwerdekammer, in die das Plenum zwei Richter aus jedem Senat beruft. [2] Die regelmäßige Amtszeit beträgt zwei Jahre.

(2) Für den Fall, dass der Berichterstatter des beanstandeten Verfahrens Mitglied der Beschwerdekammer ist, ist er von der Mitwirkung am Beschwerdeverfahren ausgeschlossen.

(3) Das Nähere, insbesondere die Bestimmung des Vorsitzes und die Gewährleistung eines kontinuierlichen Nachrückens für ausscheidende Kammermitglieder sowie die Vertretung in der Kammer, regelt die Geschäftsordnung.

§ 97d[1)] [Stellungnahme] (1) Der Berichterstatter des beanstandeten Verfahrens soll binnen eines Monats nach Eingang der Begründung der Verzögerungsbeschwerde eine Stellungnahme vorlegen.

(2) [1] Die Beschwerdekammer entscheidet mit Mehrheit. [2] Bei Stimmengleichheit gilt die Verzögerungsbeschwerde als zurückgewiesen. [3] Die Beschwerdekammer entscheidet ohne mündliche Verhandlung. [4] Der Beschluss über die Verzögerungsbeschwerde bedarf keiner Begründung.

(3) Die Entscheidung ist unanfechtbar.

§ 97e[1)] [Geltungsdauer] [1] Die §§ 97a bis 97d gelten auch für Verfahren, die am 3. Dezember 2011 bereits anhängig waren, sowie für abgeschlossene Verfahren, deren Dauer am 3. Dezember 2011 Gegenstand einer Beschwerde beim Europäischen Gerichtshof für Menschenrechte ist oder noch werden kann. [2] Für abgeschlossene Verfahren nach Satz 1 gilt § 97b Absatz 1 Satz 2 bis 5 nicht; § 97b Absatz 2 gilt mit der Maßgabe, dass die Verzögerungsbeschwerde sofort erhoben werden kann und spätestens am 3. März 2012 erhoben werden muss.

[1)] IV. Teil (§§ 97a–97e) eingef. mWv 3.12.2011 durch G v. 24.11.2011 (BGBl. I S. 2302).

V. Teil.[1] Schlußvorschriften

§ 98[2] **[Versetzung in den Ruhestand]** (1) Ein Richter des Bundesverfassungsgerichts tritt mit Ablauf der Amtszeit (§ 4 Abs. 1, 3 und 4) in den Ruhestand.

(2) Ein Richter des Bundesverfassungsgerichts ist bei dauernder Dienstunfähigkeit in den Ruhestand zu versetzen.

(3) Ein Richter des Bundesverfassungsgerichts ist auf Antrag ohne Nachweis der Dienstunfähigkeit in den Ruhestand zu versetzen, wenn er sein Amt als Richter des Bundesverfassungsgerichts wenigstens sechs Jahre bekleidet hat und wenn er

1. das 65. Lebensjahr vollendet hat oder
2. schwerbehinderter Mensch im Sinne des § 2 Abs. 2 des Neunten Buches Sozialgesetzbuch ist und das 60. Lebensjahr vollendet hat.

(4) In den Fällen des Absatzes 3 gilt § 4 Abs. 4 sinngemäß.

(5) [1] Ein Richter im Ruhestand erhält Ruhegehalt. [2] Das Ruhegehalt wird auf der Grundlage der Bezüge berechnet, die dem Richter nach dem Gesetz über das Amtsgehalt der Mitglieder des Bundesverfassungsgerichts zuletzt zugestanden haben. [3] Entsprechendes gilt für die Hinterbliebenenversorgung.

(6) § 70 des Beamtenversorgungsgesetzes[3] gilt entsprechend.

§ 99 (weggefallen)

§ 100 [Übergangsgeld] (1) [1] Endet das Amt eines Richters des Bundesverfassungsgerichts nach § 12, so erhält er, wenn er sein Amt wenigstens zwei Jahre bekleidet hat, für die Dauer eines Jahres ein Übergangsgeld in Höhe seiner Bezüge nach Maßgabe des Gesetzes über das Amtsgehalt der Mitglieder des Bundesverfassungsgerichts. [2] Dies gilt nicht für den Fall des Eintritts in den Ruhestand nach § 98.

(2) Die Hinterbliebenen eines früheren Richters des Bundesverfassungsgerichts, der zur Zeit seines Todes Übergangsgeld bezog, erhalten Sterbegeld sowie für den Rest der Bezugsdauer des Übergangsgeldes Witwen- und Waisengeld; Sterbegeld, Witwen- und Waisengeld werden aus dem Übergangsgeld berechnet.

§ 101 [Ausscheiden aus dem bisherigen Amt] (1) [1] Ein zum Richter des Bundesverfassungsgerichts gewählter Beamter oder Richter scheidet vorbehaltlich der Vorschrift des § 70 des Deutschen Richtergesetzes mit der Ernennung aus seinem bisherigen Amt aus. [2] Für die Dauer des Amtes als Richter des Bundesverfassungsgerichts ruhen die in dem Dienstverhältnis als Beamter oder Richter begründeten Rechte und Pflichten. [3] Bei unfallverletzten Beamten oder Richtern bleibt der Anspruch auf das Heilverfahren unberührt.

---

[1] Bish. IV. Teil wird V. Teil mWv 3.12.2011 durch G v. 24.11.2011 (BGBl. I S. 2302).

[2] § 98 Abs. 3 Nr. 2 geänd. mWv 1.7.2001 durch G v. 19.6.2001 (BGBl. I S. 1046).

[3] **Sartorius Nr. 155.**

(2) [1] Endet das Amt als Richter des Bundesverfassungsgerichts, so tritt der Beamte oder Richter, wenn ihm kein anderes Amt übertragen wird, aus seinem Dienstverhältnis als Beamter oder Richter in den Ruhestand und erhält das Ruhegehalt, das er in seinem früheren Amt unter Hinzurechnung der Dienstzeit als Richter des Bundesverfassungsgerichts erhalten hätte. [2] Soweit es sich um Beamte oder Richter handelt, die nicht Bundesbeamte oder Bundesrichter sind, erstattet der Bund dem Dienstherrn das Ruhegehalt sowie die Hinterbliebenenbezüge.

(3) [1] Die Absätze 1 und 2 gelten nicht für beamtete Lehrer des Rechts an einer deutschen Hochschule. [2] Für die Dauer ihres Amtes als Richter am Bundesverfassungsgericht ruhen grundsätzlich ihre Pflichten aus dem Dienstverhältnis als Hochschullehrer. [3] Von den Dienstbezügen aus dem Dienstverhältnis als Hochschullehrer werden zwei Drittel auf die ihnen als Richter des Bundesverfassungsgerichts zustehenden Bezüge angerechnet. [4] Der Bund erstattet dem Dienstherrn des Hochschullehrers die durch seine Vertretung erwachsenden tatsächlichen Ausgaben bis zur Höhe der angerechneten Beträge.

§ 102 [Verhältnis mehrerer Bezüge] (1) Steht einem früheren Richter des Bundesverfassungsgerichts ein Anspruch auf Ruhegehalt nach § 101 zu, so ruht dieser Anspruch für den Zeitraum, für den ihm Ruhegehalt oder Übergangsgeld nach § 98 oder § 100 zu zahlen ist, bis zur Höhe des Betrages dieser Bezüge.

(2) Wird ein früherer Richter des Bundesverfassungsgerichts, der Übergangsgeld nach § 100 bezieht, im öffentlichen Dienst wiederverwendet, so wird das Einkommen aus dieser Verwendung auf das Übergangsgeld angerechnet.

(3) Bezieht ein früherer Richter des Bundesverfassungsgerichts Dienstbezüge, Emeritenbezüge oder Ruhegehalt aus einem vor oder während seiner Amtszeit als Bundesverfassungsrichter begründeten Dienstverhältnis als Hochschullehrer, so ruhen neben den Dienstbezügen das Ruhegeld oder das Übergangsgeld aus dem Richteramt insoweit, als sie zusammen das um den nach § 101 Abs. 3 Satz 3 anrechnungsfreien Betrag erhöhte Amtsgehalt übersteigen; neben den Emeritenbezügen oder dem Ruhegehalt aus dem Dienstverhältnis als Hochschullehrer werden das Ruhegehalt oder das Übergangsgeld aus dem Richteramt bis zur Erreichung des Ruhegehalts gewährt, das sich unter Zugrundelegung der gesamten ruhegehaltfähigen Dienstzeit und des Amtsgehalts zuzüglich des anrechnungsfreien Betrages nach § 101 Abs. 3 Satz 3 ergibt.

(4) [1] Die Absätze 1 bis 3 gelten entsprechend für die Hinterbliebenen. [2] § 54 Abs. 3 und Abs. 4 Satz 2 des Beamtenversorgungsgesetzes[1)] gilt sinngemäß.

§ 103[2)] [Anwendung der Vorschriften für Bundesrichter] [1] Soweit in den §§ 98 bis 102 nichts anderes bestimmt ist, finden auf die Richter des Bundesverfassungsgerichts die für Bundesrichter geltenden versorgungsrechtlichen und beihilferechtlichen Vorschriften Anwendung; Zeiten einer Tätig-

---

[1)] **Sartorius Nr. 155.**

[2)] § 103 Satz 1 geänd. mWv 12.2.2009 durch G v. 5.2.2009 (BGBl. I S. 160).

keit, die für die Wahrnehmung des Amts des Richters des Bundesverfassungsgerichts dienlich ist, sind Zeiten im Sinne des § 11 Abs. 1 Nr. 3 Buchstabe a des Beamtenversorgungsgesetzes[1]. [2] Die versorgungsrechtlichen Entscheidungen trifft der Präsident des Bundesverfassungsgerichts.

§ 104 [Rechtsanwälte und Notare als Richter am Bundesverfassungsgericht] (1) Wird ein Rechtsanwalt zum Richter am Bundesverfassungsgericht ernannt, so ruhen seine Rechte aus der Zulassung für die Dauer seines Amtes.

(2) Wird ein Notar zum Richter am Bundesverfassungsgericht ernannt, so gilt § 101 Abs. 1 Satz 2 entsprechend.

§ 105 [Versetzung in den Ruhestand bzw. Entlassung von Richtern am Bundesverfassungsgericht] (1) Das Bundesverfassungsgericht kann den Bundespräsidenten ermächtigen,

1. wegen dauernder Dienstunfähigkeit einen Richter des Bundesverfassungsgerichts in den Ruhestand zu versetzen;
2. einen Richter des Bundesverfassungsgerichts zu entlassen, wenn er wegen einer entehrenden Handlung oder zu einer Freiheitsstrafe von mehr als sechs Monaten rechtskräftig verurteilt worden ist oder wenn er sich einer so groben Pflichtverletzung schuldig gemacht hat, daß sein Verbleiben im Amt ausgeschlossen ist.

(2) Über die Einleitung des Verfahrens nach Absatz 1 entscheidet das Plenum des Bundesverfassungsgerichts.

(3) Die allgemeinen Verfahrensvorschriften sowie die Vorschriften des § 54 Abs. 1 und § 55 Abs. 1, 2, 4 bis 6 gelten entsprechend.

(4) Die Ermächtigung nach Absatz 1 bedarf der Zustimmung von zwei Dritteln der Mitglieder des Gerichts.

(5) [1] Nach Einleitung des Verfahrens gemäß Absatz 2 kann das Plenum des Bundesverfassungsgerichts den Richter vorläufig seines Amtes entheben. [2] Das gleiche gilt, wenn gegen den Richter wegen einer Straftat das Hauptverfahren eröffnet worden ist. [3] Die vorläufige Enthebung vom Amt bedarf der Zustimmung von zwei Dritteln der Mitglieder des Gerichts.

(6) Mit der Entlassung nach Absatz 1 Nr. 2 verliert der Richter alle Ansprüche aus seinem Amt.

§ 106 (Inkrafttreten)

§ 107 (weggefallen)

---

[1] **Sartorius Nr. 155.**

21. Geschäftsordnung des Bundesverfassungsgerichts

Vom 19. November 2014
(BGBl. 2015 I S. 286)

FNA 1104-1-5

Inhalt

Teil A. Vorschriften zur Organisation und Verwaltung des Bundesverfassungsgerichts

§ 1 [Plenum und Präsident] (1) Plenum und Präsident arbeiten zur Erfüllung der Aufgaben des Gerichts zusammen.

(2) Das Plenum berät und beschließt über die Aufstellung des Haushaltsplanes des Gerichts, über alle die Mitglieder des Gerichts, ihren Status und ihre Arbeitsbedingungen unmittelbar betreffenden Fragen sowie erforderlichenfalls über allgemeine Grundsätze für die Verwaltung des Gerichts.

(3) [1] Der Präsident nimmt die ihm nach den Gesetzen zustehenden Befugnisse wahr und führt die Beschlüsse des Plenums in dessen Auftrag aus. [2] Er leitet die Verwaltung des Gerichts; Fragen von grundsätzlicher Bedeutung wird er mit dem Plenum beraten.

§ 2 [Einberufung des Plenums, Beschlussfähigkeit, Tagesordnung, Sitzungsleitung] (1) Das Plenum wird vom Präsidenten nach Bedarf, mindestens jedoch einmal im Frühjahr und im Herbst einberufen.

(2) Das Plenum wird unverzüglich einberufen, wenn es der Vizepräsident, ein Ausschuss oder mindestens drei Richterinnen und Richter unter Angabe des Beratungsgegenstandes beantragen.

(3) Zwischen Einladung und Sitzung sollen wenigstens vier Tage liegen.

(4) Das Plenum ist beschlussfähig, wenn zwei Drittel der Mitglieder anwesend sind.

(5) Der Einladung sind die Tagesordnung und, soweit nötig, die zur Beratung erforderlichen Unterlagen beizufügen.

(6) [1] Der Präsident setzt jeden von einem Mitglied des Gerichts spätestens am dritten Tag vor der Sitzung angemeldeten Beratungsgegenstand auf die Tagesordnung. [2] Das Plenum kann, wenn niemand widerspricht, weitere Beratungsgegenstände auf die Tagesordnung setzen. [3] Ein Beratungsgegenstand, den der Präsident, der Vizepräsident, ein Ausschuss oder mindestens drei Richterinnen und Richter eingebracht haben, darf von der Tagesordnung nicht abgesetzt werden. [4] Im Übrigen beschließt das Plenum zu Beginn seiner Sitzung über die Tagesordnung.

(7) [1] Der Präsident leitet die Sitzung. [2] Über ihren Verlauf wird ein Protokoll erstellt, das den Mitgliedern des Gerichts unverzüglich zugeleitet wird.

§ 3 [Ständige Ausschüsse] (1) [1] Das Plenum bildet folgende ständige Ausschüsse:

a) einen Geschäftsordnungsausschuss,

b) einen Protokollausschuss,

c) einen Haushalts- und Personalausschuss,

d) einen Bibliotheksausschuss.

[2] Nach Bedarf können weitere Ausschüsse gebildet werden.

(2) Den ständigen Ausschüssen gehören zwei Richterinnen und Richter aus jedem Senat an, den Ausschüssen nach Absatz 1 Buchstabe a bis c außerdem der Präsident und der Vizepräsident.

(3) Das Plenum bestellt für zwei Geschäftsjahre die Mitglieder der Ausschüsse und ihre Stellvertretung.

(4) [1] Der Präsident führt bei Mitwirkung in einem Ausschuss den Vorsitz. [2] Die übrigen Ausschüsse wählen Vorsitzende aus ihrer Mitte.

(5) [1] Jedes Mitglied des Ausschusses kann dessen Einberufung unter Angabe des Beratungsgegenstandes beantragen. [2] Die Vorsitzenden müssen den Ausschuss unverzüglich einberufen.

(6) Der Ausschuss ist beschlussfähig, wenn mehr als die Hälfte seiner Mitglieder anwesend ist.

(7) [1] Die ständigen Ausschüsse erledigen ihre Angelegenheiten an Stelle des Plenums, soweit nicht das Plenum im Einzelfall die Entscheidung an sich zieht oder der Ausschuss die Entscheidung des Plenums für erforderlich hält. [2] Das Plenum kann einen Ausschuss für die Behandlung einer Angelegenheit an seine Beschlüsse binden. [3] Es kann einem ständigen Ausschuss eine Angelegenheit zur Vorbereitung der Beratung und Beschlussfassung im Plenum zuweisen.

(8) Die Vorsitzenden berichten mindestens einmal im Jahr dem Plenum über die Arbeit der Ausschüsse.

§ 4 [Vertretung des Präsidenten] Innerhalb des Gerichts wird der Präsident vom Vizepräsidenten und dieser von dem dienstältesten, bei gleichem Dienstalter von dem lebensältesten anwesenden Mitglied des Gerichts vertreten.

§ 5 [Vertretung des Gerichts nach außen] (1) [1] Der Präsident vertritt das Gericht nach außen. [2] Die Vertretung übernimmt im Fall der Verhinderung der Vizepräsident und bei dessen Verhinderung das dienstälteste, bei gleichem Dienstalter das lebensälteste anwesende Mitglied des Gerichts.

(2) [1] Die Darlegung von Auffassungen des Gerichts und die Wahrnehmung seiner Interessen gegenüber dem Bundespräsidenten, dem Bundestag, dem Bundesrat, der Bundesregierung sowie deren Ausschüssen obliegt dem Präsidenten im Benehmen mit dem Vizepräsidenten. [2] Sie können von anderen Richterinnen und Richtern vertreten oder unterstützt werden.

§ 6 [Ausübung des Hausrechts] [1] Der Präsident übt das Hausrecht aus. [2] Es kann durch Verfügung delegiert werden.

§ 7 [Unterrichtung der Richter] (1) Die Mitglieder des Gerichts werden über alle wichtigen, das Gericht berührenden Vorgänge unterrichtet.

(2) [1] Bei Einladungen an das Gericht entscheidet in der Regel der Protokollausschuss, ob und durch wen sie wahrgenommen werden. [2] Soweit der Präsident an seiner Stelle entscheidet, ist der Protokollausschuss zu unterrichten.

(3) Für Besuche beim Gericht gilt Entsprechendes.

§ 8 [Dienstalter der Richter] [1] Das Dienstalter eines Mitglieds des Gerichts bestimmt sich vom Tage der Vereidigung als Richterin oder Richter des Bundesverfassungsgerichts an. [2] Bei gleichem Dienstalter entscheidet das Lebensalter.

§ 9 [Verwaltungsentscheidungen] Soweit in Gesetzen, die auf die Mitglieder des Gerichts entsprechend anzuwenden sind, Verwaltungsentscheidungen den Vorgesetzten, den Dienstvorgesetzten oder der Behördenleitung zugewiesen sind, trifft sie der Präsident.

§ 10 [Dienstreisen] [1] Dienstreisen von Richterinnen und Richtern sind dem Präsidenten anzuzeigen. [2] Die Gegenzeichnung macht kenntlich, dass gegen die Behandlung der Reise als Dienstreise keine Einwendungen bestehen. [3] Die Teilnahme an Fachtagungen im Inland gilt immer als Dienstreise.

§ 11 [Urlaub, Krankheit, Ortsabwesenheit] [1] Urlaub der Richterinnen und Richter ist ebenso wie Krankheit und Ortsabwesenheit von längerer Dauer als einer Woche rechtzeitig vorher dem Präsidenten und dem oder der Vorsitzenden ihres Senats anzuzeigen. [2] Es ist eine Anschrift zu hinterlassen oder sonst die Erreichbarkeit zu sichern.

§ 12 [Erledigung der Senatsgeschäfte] (1) Der Direktor und die Abteilungsleitung „Justizverwaltung" unterstützen insbesondere die Vorsitzenden der Senate bei der Erledigung der Senatsgeschäfte.

(2) Sie müssen die Befähigung zum Richteramt haben und sind in Senatsangelegenheiten ausschließlich an die Weisung der Vorsitzenden gebunden.

§ 13 [Wissenschaftliche Mitarbeiter] (1) [1] Die wissenschaftlichen Mitarbeiterinnen und Mitarbeiter unterstützen das Mitglied des Gerichts, dem sie zugewiesen sind, bei dessen dienstlicher Tätigkeit. [2] Sie sind dabei an dessen Weisungen gebunden.

(2) [1] Die Richterinnen und Richter sind berechtigt, ihre wissenschaftlichen Mitarbeiterinnen und Mitarbeiter selbst auszuwählen. [2] Ihnen obliegt die dienstliche Beurteilung; die Vorsitzenden der Senate können eine eigene Beurteilung beifügen.

§ 14 [Verteilung der Verwaltungsgeschäfte] (1) [1] Die Verteilung der Verwaltungsgeschäfte regelt der Präsident. [2] Bestimmte Geschäfte können dem Direktor allgemein zur selbständigen Erledigung übertragen werden.

(2) Die Mitglieder des Gerichts betreffende Verwaltungsentscheidungen, die nicht einfache Geschäfte der laufenden Verwaltung sind, trifft der Präsident selbst.

§ 15 [Verwaltungsleitung] (1) [1] Der Direktor handelt als Verwaltungsleitung im Auftrag des Präsidenten. [2] Das Nähere regelt eine Verfügung des Präsidenten.

(2) Vorbereitende Gespräche oder Verhandlungen, die Angehörige der Verwaltung mit gesetzgebenden Körperschaften oder Ministerien führen, haben sich im Rahmen der vorher im Plenum oder in einem seiner Ausschüsse festgelegten Richtlinien zu halten oder sind, soweit solche nicht bestehen, nach Weisung des Präsidenten zu führen.

§ 16 [Posteinlauf] [1] Der Posteinlauf wird dem Präsidenten und dem Vizepräsidenten vorgelegt, soweit diese nichts anderes bestimmen. [2] Wer von ihnen zur Auszeichnung von Verfahrenspost und von im Allgemeinen Register zu erfassenden Vorgängen berufen wird, muss die Befähigung zum Richteramt haben.

§ 17 [Pressestelle] (1) Amtliche Informationen des Gerichts werden von der Pressestelle veröffentlicht.

(2) Amtliche Informationen an die Medien aus dem Bereich eines Senates bedürfen der Zustimmung des oder der Vorsitzenden.

(3) Die Medienarbeit des Gerichts wird durch die Pressestelle koordiniert.

§ 18 [Archiv] Bei der Bibliothek des Gerichts wird ein Archiv eingerichtet, in dem alle das Gericht berührenden Materialien gesammelt werden.

§ 19 [Geltung der allgemeinen Verwaltungsvorschriften für die obersten Bundesbehörden] Soweit sich aus der Stellung des Gerichts als eines obersten kollegialen Verfassungsorgans, dem Bundesverfassungsgerichtsgesetz[1)] und dem Gesetz über das Amtsgehalt der Mitglieder des Bundesverfassungsgerichts, aus dieser Geschäftsordnung oder den vom Gericht erlassenen besonderen Verwaltungsvorschriften nichts anderes ergibt, gelten die allgemeinen Verwaltungsvorschriften für die obersten Bundesbehörden.

[1)] Nr. **20**.

Teil B. Verfahrensergänzende Vorschriften

Titel 1. Zum Verfahren im Allgemeinen

§ 20 [Geschäftsverteilung] (1) [1] Der Senat beschließt vor Beginn eines Geschäftsjahres mit Wirkung vom Beginn dieses Geschäftsjahres an, nach welchen Grundsätzen die verfahrenseinleitenden Anträge auf die Mitglieder des Gerichts einschließlich der Vorsitzenden zur Berichterstattung zu verteilen sind. [2] Von diesen Grundsätzen kann während des Geschäftsjahres nur abgewichen werden, wenn dies wegen Überlastung oder längerer Verhinderung eines Mitglieds des Gerichts nötig wird.

(2) [1] Der oder die Vorsitzende stellt fest, wer für die Berichterstattung zuständig ist. [2] In Zweifelsfällen werden die betroffenen Mitglieder des Senats vor der Zuweisung angehört. [3] Bei Meinungsverschiedenheiten entscheidet grundsätzlich der Senat. [4] Der oder die Vorsitzende kann wegen der besonderen Bedeutung der Sache im Einvernehmen mit dem Senat ein Mitglied zur Mitberichterstattung bestimmen.

§ 21 [Regelmäßige Beratungen, außerordentliche Sitzungen] (1) [1] Die Senate bestimmen, an welchen Wochentagen sie regelmäßig zur Beratung zusammentreten. [2] Außerordentliche Sitzungen bedürfen eines Senatsbeschlusses; in Eilfällen kann der oder die Vorsitzende eine außerordentliche Sitzung einberufen.

(2) [1] Der oder die Vorsitzende setzt im Benehmen mit dem Senat die Tagesordnung fest. [2] Sie soll den Mitgliedern des Senats mindestens zehn Tage vorher zugehen.

§ 22 [Verfahren] (1) [1] Entscheidungen nach §§ 24 und 81a BVerfGG[1)] können ohne Zustellung des Antrags getroffen werden. [2] Ebenso bedarf es keiner Zustellung, wenn die Annahme der Verfassungsbeschwerde abgelehnt wird (§§ 93a, 93b BVerfGG).

(2) Die Zustellung durch den Vorsitzenden oder die Vorsitzende (§ 23 Absatz 2 BVerfGG) erfolgt auf Vorschlag des berichterstattenden Mitglieds des Senats.

(3) Die weitere Förderung des Verfahrens, insbesondere durch sachleitende Verfügungen, obliegt dem berichterstattenden Mitglied des Senats, soweit veranlasst im Benehmen mit dem oder der Vorsitzenden.

(4) [1] Ersuchen an oberste Gerichtshöfe des Bundes oder oberste Landesgerichte (§ 82 Absatz 4 BVerfGG) werden von dem oder der Vorsitzenden des Senats auf Vorschlag des berichterstattenden Mitglieds des Senats oder des Senats verfügt. [2] Entsprechende Ersuchen können auch in anderen Fällen als in denen der konkreten Normenkontrolle (§ 13 Nummer 11 BVerfGG) verfügt werden.

(5) Auf Vorschlag des berichterstattenden Mitglieds des Senats oder auf Beschluss des Senats ersucht der oder die Vorsitzende Persönlichkeiten, die

---

1) Nr. **20**.

auf einem Gebiet über besondere Kenntnisse verfügen, sich zu einer für die Entscheidung erheblichen Frage gutachtlich zu äußern.

(6) Alle das Verfahren betreffenden Maßnahmen werden aktenkundig gemacht.

§ 23 [Schriftliches Votum] (1) [1] In jeder Sache, die vom Senat zu entscheiden ist, legt das berichterstattende Mitglied des Senats ein schriftliches Votum vor. [2] Gleichzeitig gehen den Mitgliedern des Senats die Handakten zu, die alle verfahrens- und entscheidungserheblichen Schriftstücke enthalten. [3] In einfachen Fällen kann an Stelle eines Votums ein begründeter Entscheidungsentwurf vorgelegt werden.

(2) Zwischen der Verteilung des Votums und der Beratung oder der mündlichen Verhandlung sollen mindestens zehn Tage liegen.

§ 24 [Mündliche Verhandlung] (1) [1] Der Senat beschließt, ob eine mündliche Verhandlung stattfindet. [2] Er kann zu § 17a BVerfGG[1)] ergänzende Regelungen für die mündliche Verhandlung und die Urteilsverkündung erlassen.

(2) Der mündlichen Verhandlung liegt in der Regel eine vom Senat gebilligte Gliederung des Verhandlungsablaufes zugrunde, die den Verfahrensbeteiligten rechtzeitig vor der mündlichen Verhandlung zugeht.

(3) [1] Die Tonaufzeichnung, in der die mündliche Verhandlung festgehalten wird (§ 25a Satz 2 BVerfGG), steht nur den Mitgliedern des Gerichts und den Verfahrensbeteiligten zum Abhören im Gericht zur Verfügung. [2] Überspielungen und private Übertragungen sind unzulässig.

(4) Wenn und soweit Abschriften für den Gebrauch des Gerichts angefertigt werden, können die Verfahrensbeteiligten davon Abdrucke erhalten.

(5) [1] Zur Veröffentlichung oder Auswertung in einer wissenschaftlichen Publikation oder einer Verfahrensdokumentation können Abschriften von Äußerungen freigegeben werden, wenn dies auf Grund einer Abwägung des öffentlichen Interesses an der Publikation mit den Belangen der Verfahrensbeteiligten und der Erklärenden gerechtfertigt ist. [2] Sind in den Abschriften personenbezogene Daten enthalten, finden die Vorschriften des Bundesdatenschutzgesetzes[2)] für die Übermittlung zu Forschungszwecken Anwendung.

(6) [1] Ehe Einsicht in eine in der Abschrift enthaltene Äußerung gewährt wird, erhalten die Erklärenden Gelegenheit, zur Richtigkeit der Abschrift Stellung zu nehmen; sie können auch stilistische Korrekturen anregen, die den Sinn nicht verändern. [2] Die Entscheidung trifft jeweils die oder der Vorsitzende des Senats. [3] Einwendungen, denen nicht entsprochen wird, sind zu den Akten zu nehmen. [4] Von der Anhörung der Erklärenden kann abgesehen werden, wenn dies unverhältnismäßig aufwändig wäre.

(7) Auf § 25a BVerfGG ist zu Beginn der mündlichen Verhandlung hinzuweisen.

§ 25 [Geheime Beratung] Bei den Beratungen dürfen nur die an der Entscheidung mitwirkenden Richterinnen und Richter anwesend sein.

---

1) Nr. **20**.
2) **Sartorius Nr. 245.**

§ 26 [Fortsetzung der Beratung] (1) Die Richterinnen und Richter, die an der Entscheidung mitgewirkt haben, können bis zu deren Verkündung oder bis zu deren Ausfertigung zum Zwecke der Zustellung die Fortsetzung der Beratung verlangen, wenn sie ihre Stimmabgabe ändern wollen; sie können die Fortsetzung der Beratung beantragen, um bisher nicht erörterte Gesichtspunkte vorzutragen oder wenn ein Sondervotum dazu Anlass gibt.

(2) Entscheidungen, die nicht auf Grund einer mündlichen Verhandlung ergangen sind, erhalten das Datum des Tages, an dem sie endgültig beschlossen worden sind.

§ 27 [Gang der Beratung] [1] Über den Gang der Beratung entscheidet der Senat. [2] Wirft die Sache mehrere Rechtsfragen auf, so wird über sie in der Regel nacheinander abgestimmt, bevor über den Tenor entschieden wird.

§ 28 [Aufführung der mitwirkenden Richter im Rubrum] (1) Die Richterinnen und Richter, die an einer Entscheidung mitgewirkt haben, sind im Rubrum mit ihrem Namen in der Reihenfolge ihres Dienstalters nach den Vorsitzenden aufzuführen.

(2) Sind an einer Entscheidung mitwirkende Richterinnen oder Richter an der Unterschrift verhindert, so beurkunden dies die Vorsitzenden.

§ 29 [Im Bundesgesetzblatt zu veröffentlichende Entscheidungen] [1] Entscheidungen, die im Bundesgesetzblatt zu veröffentlichen sind, übersendet der Direktor dem zuständigen Ministerium. [2] Ist die Entscheidung drei Monate nach der Verkündung oder Zustellung noch nicht im Bundesgesetzblatt veröffentlicht, so unterrichtet er den Vorsitzenden oder die Vorsitzende und das berichterstattende Mitglied des Senats.

§ 30 [Übersendung der Entscheidung an das Verfassungsorgan] Soweit die Entscheidung den Verfahrensbevollmächtigten eines Verfassungsorgans bekanntgegeben wird, ist sie gleichzeitig dem Verfassungsorgan unmittelbar zu übersenden.

§ 31 [Veröffentlichung der Entscheidungen in der amtlichen Sammlung] (1) Die Entscheidungen des Plenums gemäß § 16 Absatz 1 BVerfGG[1)] und der Senate werden in einer vom Gericht autorisierten Sammlung der Entscheidungen des Bundesverfassungsgerichts veröffentlicht, die von den Mitgliedern des Gerichts in eigener Verantwortung herausgegeben wird.

(2) [1] Das Plenum oder der Senat können die Veröffentlichung einer Entscheidung in der Sammlung ausschließen. [2] Dieser Beschluss ist aktenkundig zu machen.

(3) Wenn ein Beschluss der Kammer nach §§ 81a, 93b oder § 93c BVerfGG im Einzelfall von besonderem Interesse ist, kann der Senat auf ihren Vorschlag die Veröffentlichung in der Sammlung veranlassen.

(4) Die Namen der Richterinnen und Richter, die an der Entscheidung beteiligt sind, werden in der Sammlung mit abgedruckt.

---

1) Nr. **20**.

(5) Die Namen von Personen, Personenvereinigungen und Orten werden beim Abdruck grundsätzlich mit den Anfangsbuchstaben abgekürzt.

(6) Soweit aus der Veröffentlichung der vom Gericht autorisierten Sammlung der Entscheidungen des Bundesverfassungsgerichts Überschüsse zur Verfügung stehen, sind diese für die Aufgaben eines richterlichen Berufsverbandes der Mitglieder des Bundesverfassungsgerichts oder für gemeinnützige Zwecke zu verwenden.

§ 32 [Presseverlautbarungen] (1) Amtliche Informationen über ergangene Entscheidungen bedürfen der Billigung des berichterstattenden Mitglieds des Senats und des oder der Vorsitzenden und dürfen erst veröffentlicht werden, wenn anzunehmen ist, dass die Entscheidung den Prozessbeteiligten zugegangen ist.

(2) Entsprechendes gilt für Beschlüsse der Kammern.

§ 33 [Dokumentationsstelle] [1] Beim Bundesverfassungsgericht besteht eine Dokumentationsstelle. [2] Sie erfasst und dokumentiert verfassungsgerichtliche Entscheidungen und wesentliche sonstige Materialien. [3] Die Mitglieder des Gerichts wirken bei der Auswahl und Auswertung von Dokumenten mit. [4] Die Dokumente werden in einer gerichtsübergreifenden, allgemein zugänglichen Datenbank gespeichert. [5] Die Dokumentationsstelle ist auch für die Archivierung sowie für das Bereitstellen von Entscheidungen des Bundesverfassungsgerichts im Internet zuständig.

§ 34 [Voten, Entwürfe, Änderungs- und Formulierungsvorschläge, Notizen] [1] Entwürfe von Urteilen, Beschlüssen und Verfügungen, Arbeiten zu ihrer Vorbereitung und Dokumente, die Abstimmungen betreffen, sind nicht Bestandteil der Verfahrensakten. [2] Sie sind in besonderem Umschlag zusammen mit den Akten aufzubewahren. [3] Unbeschadet des § 35b Absatz 5 Satz 2 BVerfGG[1)] unterliegen sie nicht der Akteneinsicht.

§ 35 [Akteneinsicht] (1) [1] Über die Akteneinsicht entscheidet der oder die Vorsitzende im Benehmen mit dem berichterstattenden Mitglied des Senats. [2] Im Fall des § 63 Absatz 2 Buchstabe c entscheidet der Präsident. [3] Über die Akteneinsicht bei Verfahren im Allgemeinen Register nach § 63 Absatz 1 entscheiden die gemäß § 65 Zuständigen.

(2) Nach Abschluss des Verfahrens kann Beteiligten (§ 20 BVerfGG[1)]) entsprechend § 35b Absatz 1 Satz 1 und 2 BVerfGG Akteneinsicht gewährt werden.

(3) Die Vorschriften des Bundesdatenschutzgesetzes[2)] über die Übermittlung personenbezogener Daten finden Anwendung.

§ 36 [Anonymisierung von Entscheidungen] [1] Entscheidungen des Bundesverfassungsgerichts sind vor der Übermittlung an Behörden, Gerichte oder private Dritte zu anonymisieren. [2] Das Nähere regelt eine Anweisung des Präsidenten.

[1)] Nr. **20**.
[2)] **Sartorius Nr. 245.**

§ 37 [Abgabe von Verfahrensakten an das Bundesarchiv, Aktenvernichtung] (1) Die Verfahrensakten des Gerichts zu Senatsentscheidungen einschließlich der in § 34 genannten Schriftstücke können nach zehn Jahren an das Bundesarchiv abgegeben werden.

(2) [1] Die Vernichtung von Verfahrensakten und von Schriftstücken nach § 34 ist nach 30 Jahren zulässig. [2] Hiervon ausgeschlossen sind Verfahrensakten und Schriftstücke nach § 34 zu Entscheidungen, die seitens des Gerichts zur Veröffentlichung bestimmt wurden.

Titel 2. Zum Verfahren im Vertretungsfalle gemäß § 15 Absatz 2 Satz 2, § 19 Absatz 4 BVerfGG

§ 38 [Losverfahren] (1) In den Fällen des § 15 Absatz 2 Satz 2 und des § 19 Absatz 4 Satz 1 BVerfGG[1)] ordnet der oder die Vorsitzende des Senats, in dem der Vertretungsfall eingetreten ist, das Losverfahren an.

(2) [1] Der oder die Vorsitzende des anderen Senats führt das Losverfahren durch. [2] Die Mitglieder beider Senate werden von dem Lostermin unterrichtet, zu dem ein Urkundsbeamter oder eine Urkundsbeamtin zugezogen wird. [3] Eine Niederschrift über das Losverfahren wird zu den Akten des Verfahrens genommen. [4] Das Ergebnis des Losverfahrens ist allen Mitgliedern des Gerichts mitzuteilen.

(3) Für die Anordnung und Durchführung des Losverfahrens gilt § 15 Absatz 1 Satz 2 BVerfGG entsprechend.

Titel 3. Zum Verfahren in den Kammern gemäß § 81a und §§ 93b bis 93d BVerfGG

§ 39 [Vorsitz] In den Kammern führen, soweit sie ihnen angehören, der Präsident und der Vizepräsident, im Übrigen das jeweils dienstälteste, bei gleichem Dienstalter das lebensälteste anwesende Mitglied den Vorsitz.

§ 40 [Zuständigkeit] (1) [1] Im Rahmen ihrer Befugnisse entscheiden die Kammern – in der Regel auf Grund eines schriftlichen Votums – in den Verfahren, die einem ihrer Mitglieder als berichterstattendes Mitglied zugeteilt sind. [2] Gehört ein Mitglied mehreren Kammern an, regelt der Senat in dem Beschluss nach § 15a Absatz 2 BVerfGG[1)], wie sich die Zuständigkeit für die diesem zugeteilten Verfahren auf die Kammern verteilt.

(2) Kommt ein einstimmiger Beschluss der Kammer nicht zustande, entscheidet auch in den Fällen des § 93d Absatz 2 BVerfGG der Senat.

(3) Lehnt die Kammer die Annahme einer Verfassungsbeschwerde ab, werden die in dieser Sache gestellten Anträge auf Erlass einer einstweiligen Anordnung gegenstandslos.

§ 41 [Einholung von Stellungnahmen] Das berichterstattende Mitglied kann bereits vor der Entscheidung der Kammer, ob ein Normenkontrollantrag unzulässig ist oder eine Verfassungsbeschwerde nicht angenommen wird (§§ 81a, 93b BVerfGG[1)]), Stellungnahmen der Äußerungsberechtigten

---

[1)] Nr. **20**.

(§ 82 in Verbindung mit §§ 77, 94 BVerfGG) oder Dritter einholen und sich mit Ersuchen an die in § 82 Absatz 4 BVerfGG genannten Gerichte wenden.

§ 42 [Beschlussübersendung bei Verfassungsbeschwerden] [1] Sind in einem Verfassungsbeschwerdeverfahren, das mit einem Nichtannahmebeschluss geendet hat, Akten des Gerichts, gegen dessen Entscheidung sich die Verfassungsbeschwerde gerichtet hat, beigezogen worden, so ist diesem Gericht bei der Rückgabe der Akten eine Abschrift des Beschlusses zu übersenden. [2] Das gleiche gilt, wenn ein Verfassungsorgan oder eine Behörde auf ein entsprechendes Ersuchen um Äußerung zur Verfassungsbeschwerde eine Stellungnahme abgegeben hat oder wenn sich die Verfassungsbeschwerde gegen eine Entscheidung eines obersten Bundesgerichts gerichtet hat.

Titel 4. Zum Verfahren im Ausschuss gemäß § 14 Absatz 5 BVerfGG

§ 43 [Bildung des Ausschusses] [1] In den nach § 14 Absatz 5 BVerfGG[1)] zu bildenden Ausschuss wählt jeder Senat für die Dauer eines Geschäftsjahres zwei Mitglieder des Gerichts und deren Stellvertretung. [2] Der Präsident wird im Vorsitz vom Vizepräsidenten vertreten, bei dessen Verhinderung vom dienstältesten, bei gleichem Dienstalter von dem lebensältesten Mitglied des Ausschusses.

§ 44 [Unterrichtung der Vorsitzenden] (1) [1] Die Vorsitzenden werden über alle verfahrenseinleitenden Anträge für ihren Senat unterrichtet. [2] Dabei werden sie auf Zweifel, die Senatszuständigkeiten betreffen, hingewiesen. [3] Sie führen gegebenenfalls eine Erörterung in ihrem Senat herbei.

(2) Eine Sache kann an den anderen Senat abgegeben werden, wenn die Vorsitzenden und berichterstattenden Mitglieder beider Senate darüber einig sind.

(3) [1] Jedes Mitglied des Gerichts kann die Einberufung des Ausschusses beantragen. [2] Der Ausschuss wird unverzüglich – in der Regel mit einer Ladungsfrist von vierzehn Tagen – einberufen. [3] Dies gilt nicht, wenn der Senat die Beratung in der Sache begonnen hat.

§ 45 [Bestellung von Berichterstattern] [1] Der Präsident bestellt aus den Mitgliedern des Ausschusses je ein berichterstattendes Mitglied aus jedem Senat. [2] Diese können gemeinsam oder getrennt vor der Sitzung ein schriftliches Votum zur Zuständigkeitsfrage abgeben.

§ 46 [Beschlüsse] [1] Die Beschlüsse des Ausschusses werden von dem oder der Vorsitzenden in einem Aktenvermerk festgehalten. [2] Sie werden nicht begründet. [3] Sie werden allen Mitgliedern des Gerichts mitgeteilt und zu den Akten des Verfahrens gebracht.

Titel 5. Zum Verfahren im Plenum gemäß § 16 BVerfGG

§ 47 [Anrufung des Plenums] (1) Der Senat, der in einer Rechtsfrage von der in einer Entscheidung des anderen Senats oder des Plenums enthalte-

---

[1)] Nr. **20**.

nen Rechtsauffassung abweichen will, ruft das Plenum durch Senatsbeschluss an.

(2) Die Anrufung des Plenums entfällt, wenn der Senat, von dessen Entscheidung abgewichen werden will, auf Anfrage erklärt, dass er an seiner Rechtsauffassung nicht festhalte.

§ 48 [Vorbereitung der Plenumsentscheidung, Beschluss] (1) [1]Zur Vorbereitung der Entscheidung des Plenums benennen die Vorsitzenden der Senate jeweils ein berichterstattendes Mitglied. [2]Diese legen spätestens zehn Tage vor der Plenarsitzung ein Votum vor.

(2) [1]Der Beschluss des Plenums ist zu begründen. [2]Er ist ebenso wie Entscheidungen der Senate zu behandeln.

Titel 6. Zum Verfahren im Plenum gemäß § 105 BVerfGG

§ 49 [Antrag auf Einleitung des Verfahrens] (1) Der Antrag auf Einleitung des Verfahrens gemäß § 105 Absatz 1 BVerfGG[1)] kann gestellt werden von mindestens sechs Mitgliedern des Gerichts, im Falle des § 105 Absatz 1 Nummer 1 BVerfGG auch vom Präsidenten und vom Vizepräsidenten gemeinsam.

(2) Der Antrag samt Begründung wird allen Mitgliedern des Gerichts in vertraulicher Form gegen Empfangsbestätigung mitgeteilt.

§ 50 [Gelegenheit zur Äußerung] Dem Mitglied des Gerichts, gegen das sich der Antrag richtet, ist Gelegenheit zu geben, sich zum Antrag schriftlich und mündlich vor dem Plenum zu äußern.

§ 51 [Beschluss auf Einleitung des Verfahrens] [1]Der Beschluss auf Einleitung des Verfahrens bedarf der Zustimmung von mindestens acht Mitgliedern des Gerichts. [2]Das Plenum berät und beschließt in Abwesenheit des oder der Betroffenen. [3]Der Beschluss wird nicht begründet; er wird von den mitwirkenden Richterinnen und Richtern unterschrieben und anschließend dem oder der Betroffenen eröffnet.

§ 52 [Untersuchungsführer] [1]Nach Einleitung des Verfahrens bestellt das Plenum ein Mitglied zur Führung der Untersuchung aus seiner Mitte. [2]Dieses hört den oder die Betroffene und führt die erforderlichen Ermittlungen durch; zu Beweiserhebungen sind Betroffene zu laden. [3]Über das Ergebnis der Untersuchung berichtet es dem Plenum schriftlich und in der mündlichen Verhandlung; der Bericht schließt mit einem Vorschlag für die Entscheidung. [4]Von der Beratung und Beschlussfassung ist dieses Mitglied des Gerichts ausgeschlossen.

§ 53 [Mündliche Verhandlung] [1]Die mündliche Verhandlung findet unter Ausschluss der Öffentlichkeit statt. [2]Auf Antrag des oder der Betroffenen kann die Öffentlichkeit zugelassen werden.

[1)] Nr. **20**.

§ 54 [Einstellung des Verfahrens] (1) Das Verfahren auf einen Antrag nach § 105 Absatz 1 BVerfGG[1)] ist einzustellen, wenn das Mitglied des Gerichts, gegen das sich der Antrag richtet, gemäß § 12 BVerfGG aus dem Amt entlassen ist oder wegen Ablaufs der Amtszeit oder auf Antrag (§ 98 Absatz 1, Absatz 2 Nummer 2 BVerfGG) in den Ruhestand tritt.

(2) Das Verfahren ist auch einzustellen, wenn der Antrag vor einem Beschluss nach § 105 Absatz 4 BVerfGG zurückgenommen wird, es sei denn, dass das Plenum beschließt, es einzuleiten oder fortzusetzen.

Titel 7. Zum Verfahren bei Abgabe eines Sondervotums gemäß § 30 Absatz 2 BVerfGG

§ 55 [Sondervotum] (1) [1] Das Sondervotum, in dem ein Mitglied des Senats eine in der Beratung vertretene abweichende Meinung zu der Entscheidung oder deren Begründung niederlegt, muss binnen drei Wochen nach Fertigstellung der Entscheidung dem oder der Vorsitzenden des Senats vorliegen. [2] Der Senat kann diese Frist verlängern.

(2) Wer beabsichtigt, ein Sondervotum abzugeben, hat dies dem Senat mitzuteilen, sobald es der Stand der Beratungen ermöglicht.

(3) [1] Wird das Sondervotum zu einem Urteil abgegeben, so geben dies die Vorsitzenden bei der Verkündung bekannt. [2] Im Anschluss daran kann die Richterin oder der Richter den wesentlichen Inhalt des Sondervotums mitteilen.

(4) Das Sondervotum wird zusammen mit der Entscheidung bekanntgemacht.

(5) Das Sondervotum ist in der Sammlung der Entscheidungen des Bundesverfassungsgerichts im Anschluss an die Entscheidung namentlich gekennzeichnet zu veröffentlichen.

(6) Für Sondervoten zu Entscheidungen des Plenums gelten die vorstehenden Bestimmungen entsprechend.

Titel 8. Zum Verfahren im Plenum gemäß § 7a BVerfGG

§ 56 [Vorschläge für die Entschließung des Plenums] [1] Jedes Mitglied des Gerichts kann Vorschläge für die Entschließung des Plenums gemäß § 7a BVerfGG[1)] machen. [2] Sie sind spätestens eine Woche vor der Sitzung des Plenums einzureichen und zu begründen; dabei ist mitzuteilen, ob die Vorgeschlagenen mit der Nominierung im Plenum einverstanden sind. [3] Von der Einhaltung der Vorschlagsfrist kann im Einverständnis aller anwesenden Mitglieder des Gerichts abgesehen werden.

§ 57 [Wahlvorschläge] (1) [1] Über die Wahlvorschläge wird nach Abschluss der Aussprache geheim abgestimmt. [2] Die Beschlussfähigkeit richtet sich nach § 7a Absatz 2 Satz 3 in Verbindung mit § 16 Absatz 2 BVerfGG[1)].

(2) [1] Im ersten Wahlgang wird unter Verwendung von Stimmzetteln abgestimmt, auf denen die Vorschläge in alphabetischer Folge aufgeführt sind. [2] Jedes Mitglied des Gerichts hat so viele Stimmen, wie Vorschläge zu machen

---

1) Nr. **20**.

sind. [3] Gewählt ist, wer mindestens die Mehrheit der abgegebenen Stimmen erhalten hat, und zwar in der Reihenfolge, die sich aus der Stimmenzahl ergibt.

(3) [1] Bleibt der erste Wahlgang ganz oder teilweise erfolglos, so wird einzeln in gesonderten Wahlgängen mit Stimmzetteln gewählt, auf die die Wahlberechtigten nur einen Namen setzen. [2] Der Wahlakt wird so lange wiederholt, bis eine Mehrheit der abgegebenen Stimmen für einen Vorschlag vorliegt; bei jeder Wiederholung scheidet aus, wer im vorangegangenen Wahlgang die wenigsten Stimmen erhalten hat.

§ 58 [Erneute Wahl] (1) [1] Führt die Wahl nach § 57 nicht zu einer genügenden Zahl von Vorschlägen, so werden die weiteren Vorschläge in einer neuen Wahl ermittelt. [2] Diese soll in der zweiten Kalenderwoche nach Abschluss des früheren Wahltermins stattfinden. [3] Dazu können neue Personen benannt oder bisher Benannte erneut vorgeschlagen werden; die Frist des § 56 Satz 2 verkürzt sich auf drei Tage. [4] Das Plenum kann beschließen, dass in der neuen Wahl nur nach Maßgabe des § 57 Absatz 3 abgestimmt wird.

(2) [1] Werden im Fall des Absatzes 1 Satz 1 noch in der Sitzung Vorschläge für die neue Wahl gemacht, so kann mit den Stimmen aller anwesenden Mitglieder des Gerichts beschlossen werden, dass die neue Wahl sofort durchgeführt wird. [2] Werden lediglich Personen vorgeschlagen, die bereits früher benannt waren, so kann der Beschluss mit einer Mehrheit von zwei Dritteln der anwesenden Mitglieder des Gerichts gefasst werden.

Titel 9. Zum Verfahren in der Beschwerdekammer gemäß § 97c BVerfGG

§ 59 [Besetzung der Beschwerdekammer] (1) [1] Das Plenum beruft jedes Jahr je ein Mitglied des Gerichts aus jedem Senat und für dieses jeweils eine Vertretung für die Dauer von zwei Jahren in die Beschwerdekammer. [2] Eine unmittelbar anschließende Wiederwahl ist unzulässig. [3] Präsident oder Vizepräsident können in der Beschwerdekammer nicht mitwirken.

(2) Für die erste im Jahre 2012 beginnende Amtsperiode bestimmt das Plenum aus jedem Senat je ein Mitglied des Gerichts, dessen Amtsdauer in der Beschwerdekammer drei Jahre beträgt; das gilt auch für die als deren Vertretung vorgesehenen beiden Mitglieder des Gerichts.

§ 60 [Vertretunge eines Kammermitglieds] [1] Ist ein Kammermitglied nach § 97c Absatz 2 BVerfGG[1)] von der Mitwirkung ausgeschlossen oder aus sonstigen Gründen verhindert, tritt an seine Stelle das vom Plenum zur Vertretung dieses Kammermitglieds bestimmte Mitglied des Gerichts. [2] Ist auch dieses verhindert, erfolgt die Vertretung durch das dienstälteste Mitglied aus dem Senat, dem das Kammermitglied angehört. [3] Das gilt für die verbleibende Amtszeit auch, falls ein Mitglied der Beschwerdekammer aus dem Gericht ausscheidet.

§ 61 [Vorsitz] Den Vorsitz in der Beschwerdekammer führt deren dienstältestes Mitglied.

[1)] Nr. **20**.

§ 62 [Stellungnahme, Akteneinsicht] (1) [1] Eine Stellungnahme nach § 97d Absatz 1 BVerfGG[1)] ist in der Regel erst nach Aufforderung durch das berichterstattende Mitglied der Beschwerdekammer vorzulegen. [2] Es kann die Akten des Ausgangsverfahrens beiziehen, soweit die Akteneinsicht nicht nach § 34 ausgeschlossen ist.

(2) Über die Akteneinsicht der Beteiligten entscheidet der oder die Vorsitzende der Beschwerdekammer im Einvernehmen mit dem berichterstattenden Mitglied.

Titel 10. Über das Allgemeine Register (AR) des Bundesverfassungsgerichts

§ 63 [Zu erfassende Eingaben] (1) [1] Eingaben an das Bundesverfassungsgericht, die weder eine Verwaltungsangelegenheit des Gerichts betreffen noch nach den Vorschriften des Gesetzes über das Bundesverfassungsgericht[1)] statthaft sind, werden im Allgemeinen Register (AR) erfasst und als Justizverwaltungsangelegenheit bearbeitet. [2] Hierzu rechnen insbesondere:

a) Anfragen zur Rechtsprechung des Bundesverfassungsgerichts sowie zu anhängigen oder abgeschlossenen Verfahren,

b) Eingaben, mit denen weder ein bestimmter Antrag verfolgt noch ein Anliegen geltend gemacht wird, für das eine Zuständigkeit des Bundesverfassungsgerichts besteht.

(2) Im Allgemeinen Register können auch registriert werden:

a) Verfassungsbeschwerden, bei denen eine Annahme zur Entscheidung (§ 93a BVerfGG) nicht in Betracht kommt, weil sie offensichtlich unzulässig sind oder unter Berücksichtigung der Rechtsprechung des Bundesverfassungsgerichts offensichtlich keinen Erfolg haben können,

b) sonstige offensichtlich unzulässige Verfahrensanträge,

c) Verfahren, bei denen sich die Senatszuständigkeit nicht alsbald klären lässt.

§ 64 [Entscheidung über die Eintragung] (1) [1] Die Entscheidung darüber, ob ein Vorgang in das Allgemeine Register einzutragen ist, treffen die Vorsitzenden des jeweiligen Senats. [2] Sie können die Entscheidungsbefugnis allgemein auf die gemäß § 16 zur Postauszeichnung berufenen Mitarbeiterinnen und Mitarbeiter übertragen.

(2) Ein gemäß § 63 Absatz 2 Buchstabe a im Allgemeinen Register eingetragener Vorgang ist in das Verfahrensregister zu übertragen, wenn nach Unterrichtung über die Rechtslage eine richterliche Entscheidung begehrt wird.

(3) Soll ein Vorgang aus dem Allgemeinen Register in das Verfahrensregister übertragen werden, so ist er der Referentin oder dem Referenten für das Allgemeine Register zuzuleiten.

(4) [1] Die Akten zu den im Allgemeinen Register eingetragenen Verfahren, die nicht in ein Verfahrensregister übertragen worden sind, werden nach Maßgabe des § 35b Absatz 7 BVerfGG[1)] fünf Jahre nach der letzten die Sache betreffenden Verfügung vernichtet. [2] Die Vorgänge, die vor Inkrafttreten

[1)] Nr. **20**.

dieser Regelung eingegangen sind, werden grundsätzlich zehn Jahre nach Eingang vernichtet.

§ 65 [Verantwortlichkeit für das Allgemeine Register] [1] Für das Allgemeine Register handelt die Abteilungsleitung „Justizverwaltung" im Auftrag des Gerichts. [2] Sie wird durch zeichnungsbefugte Referentinnen und Referenten für das Allgemeine Register unterstützt, die die Befähigung zum Richteramt haben müssen.

Titel 11. Schlussvorschriften

§ 66 [Mitglieder des Gerichts] Mitglieder des Gerichts im Sinne dieser Geschäftsordnung sind auch Richterinnen und Richter, die nach Ablauf ihrer Amtszeit ihre Amtsgeschäfte fortführen (§ 4 Absatz 4 BVerfGG[1]).

§ 67 [Amtstracht] Die Richterinnen und Richter tragen in der mündlichen Verhandlung eine Robe mit Barett.

§ 68 [Geschäftsjahr] Das Geschäftsjahr des Bundesverfassungsgerichts ist das Kalenderjahr.

§ 69 [Statistische Erfassung der Geschäftslast] (1) Die Arbeit des Bundesverfassungsgerichts wird statistisch erfasst.

(2) Die Geschäftslast des Gerichts wird monatlich in einer Statistik und am Ende des Geschäftsjahres in einer Gesamtstatistik dargestellt.

§ 70 [Beflaggung des Gerichtsgebäudes] Unbeschadet des § 19 ist das Gerichtsgebäude während einer mündlichen Verhandlung und einer Urteilsverkündung sowie auf besondere Anordnung des Präsidenten zu beflaggen.

§ 71 [Änderung der Geschäftsordnung] (1) [1] Der Antrag auf Änderung der Geschäftsordnung kann von jedem Mitglied des Gerichts gestellt werden. [2] Der Antrag ist schriftlich zu stellen. [3] Er muss die formulierte Textänderung und eine Begründung enthalten.

(2) Zwischen Antrag und Beschlussfassung im Plenum soll mindestens eine Frist von einem Monat liegen.

(3) Im Verteidigungsfall (Artikel 115a Absatz 1, Artikel 115g GG[2]) kann die Geschäftsordnung mit der Mehrheit der anwesenden Richterinnen und Richter geändert werden, wenn dies zur Erhaltung der Arbeitsfähigkeit des Gerichts erforderlich ist.

(4) Tritt eine Präsidentin, eine Vizepräsidentin oder eine Direktorin ihr Amt an, wird die Geschäftsordnung sprachlich entsprechend neu gefasst.

§ 72 [Veröffentlichung der Geschäftsordnung] Die Geschäftsordnung ist im Bundesgesetzblatt zu veröffentlichen.

---

[1] Nr. **20**.
[2] Nr. **1**.

§ 73 [Inkrafttreten] Diese Geschäftsordnung tritt am Tag nach der Bekanntmachung[1] in Kraft; gleichzeitig tritt die Geschäftsordnung des Bundesverfassungsgerichts vom 15. Dezember 1986 (BGBl. I S. 2529), zuletzt geändert durch Artikel 1 der Bekanntmachung von Änderungen der Geschäftsordnung des Bundesverfassungsgerichts vom 7. Januar 2002 (BGBl. I S. 1171), außer Kraft.

---

[1] In Kraft getreten am 14.3.2015, vgl. Bek. v. 19.11.2014 (BGBl. 2015 I S. 286).

22. Gesetz über die Rechtsverhältnisse der Mitglieder der Bundesregierung (Bundesministergesetz – BMinG)[1)]

In der Fassung der Bekanntmachung vom 27. Juli 1971[2)]
(BGBl. I S. 1166)

FNA 1103-1

geänd. durch Art. VII Siebentes G zur Änd. beamtenrechtlicher und besoldungsrechtlicher Vorschriften v. 20.12.1974 (BGBl. I S. 3716), Art. V Siebentes G über die Erhöhung von Dienst- und Versorgungsbezügen in Bund und Ländern v. 20.10.1979 (BGBl. I S. 357), Art. 3 Elftes G zur Änd. des AbgeordnetenG v. 18.12.1989 (BGBl. I S. 2210), Art. 4 G zur Änd. des BeamtenversorgungsG und sonstiger dienst- und versorgungsrechtlicher Vorschriften v. 18.12.1989 (BGBl. I S. 2218), Art. 1 Zweites ÄndG v. 5.12.1997 (BGBl. I S. 2851), Art. 3 VersorgungsÄndG 2001 v. 20.12.2001 (BGBl. I S. 3926), Art. 6 Drittes VerwaltungsverfahrensrechtsÄndG v. 21.8.2002 (BGBl. I S. 3322), Art. 3 AnpassungsausschlussG v. 15.12.2004 (BGBl. I S. 3390), Art. 1 Drittes ÄndG v. 23.10.2008 (BGBl. I S. 2018) und Art. 1 G zur Änd. des BundesministerG und des G über die Rechtsverhältnisse der Parlamentarischen Staatssekretäre v. 17.7.2015 (BGBl. I S. 1322)

§ 1 [Öffentlich-rechtliches Amtsverhältnis] Die Mitglieder der Bundesregierung stehen nach Maßgabe dieses Gesetzes zum Bund in einem öffentlich-rechtlichen Amtsverhältnis.

§ 2[3)] [Ernennungsurkunde und Beginn des Amtsverhältnisses]

(1) [1] Die Mitglieder der Bundesregierung erhalten eine vom Bundespräsidenten vollzogene Urkunde über ihre Ernennung. [2] Die Urkunde für die Bundesminister ist vom Bundeskanzler gegenzuzeichnen; die Urkunde für den Bundeskanzler bedarf keiner Gegenzeichnung. [3] Eine Ernennung in elektronischer Form ist ausgeschlossen.

(2) Das Amtsverhältnis beginnt mit der Aushändigung der Urkunde oder, falls der Eid vorher geleistet worden ist (§ 3), mit der Vereidigung.

(3) In der Urkunde für die Bundesminister soll der übertragene Geschäftszweig angegeben sein.

§ 3 [Eidesleistung] Die Mitglieder der Bundesregierung leisten bei der Übernahme ihres Amtes vor dem Bundestag den in Artikel 56 des Grundgesetzes[4)] vorgesehenen Eid.

§ 4 [Unzulässigkeit der Mitgliedschaft bei einer Landesregierung] Ein Mitglied der Bundesregierung kann nicht zugleich Mitglied einer Landesregierung sein.

§ 5 [Verbot einer anderen Berufsausübung] (1) [1] Die Mitglieder der Bundesregierung dürfen neben ihrem Amt kein anderes besoldetes Amt, kein Gewerbe und keinen Beruf ausüben. Sie dürfen während ihrer Amtszeit auch

---

[1)] Titel geänd. mWv 25.7.2015 durch G v. 17.7.2015 (BGBl. I S. 1322).

[2)] Neubekanntmachung des BundesministerG v. 17.6.1953 (BGBl. I S. 407) in der ab 1.8.1971 geltenden Fassung.

[3)] § 2 Abs. 1 Satz 3 angef. mWv 1.2.2003 durch G v. 21.8.2002 (BGBl. I S. 3322).

[4)] Nr. **1**.

nicht dem Vorstand, Aufsichtsrat oder Verwaltungsrat eines auf Erwerb gerichteten Unternehmens angehören oder gegen Entgelt als Schiedsrichter tätig sein oder außergerichtliche Gutachten abgeben. 2 Der Bundestag kann Ausnahmen von dem Verbot der Zugehörigkeit zu einem Aufsichtsrat oder Verwaltungsrat zulassen.

(2) 1 Die Mitglieder der Bundesregierung sollen während ihrer Amtszeit kein öffentliches Ehrenamt bekleiden. 2 Die Bundesregierung kann hiervon Ausnahmen zulassen.

(3) 1 Die Mitglieder und ehemaligen Mitglieder der Bundesregierung haben dieser über Geschenke Mitteilung zu machen, die sie in bezug auf ihr Amt erhalten. 2 Die Bundesregierung entscheidet über die Verwendung der Geschenke.

§ 6[1)] [Geheimhaltungspflicht] (1) 1 Die Mitglieder der Bundesregierung sind, auch nach Beendigung ihres Amtsverhältnisses, verpflichtet, über die ihnen amtlich bekannt gewordenen Angelegenheiten Verschwiegenheit zu bewahren. 2 Dies gilt nicht für Mitteilungen im dienstlichen Verkehr oder über Tatsachen, die offenkundig sind oder ihrer Bedeutung nach keiner Geheimhaltung bedürfen.

(2) Die Mitglieder der Bundesregierung dürfen, auch wenn sie nicht mehr im Amt sind, über solche Angelegenheiten ohne Genehmigung der Bundesregierung weder vor Gericht noch außergerichtlich aussagen oder Erklärungen abgeben.

(3) Unberührt bleibt die gesetzlich begründete Pflicht, Straftaten anzuzeigen und bei Gefährdung der freiheitlichen demokratischen Grundordnung für deren Erhaltung einzutreten.

§ 6a[2)] [Anzeigepflicht einer Erwerbstätigkeit oder sonstigen Beschäftigung] (1) 1 Mitglieder der Bundesregierung, die beabsichtigen, innerhalb der ersten 18 Monate nach ihrem Ausscheiden aus dem Amt eine Erwerbstätigkeit oder sonstige Beschäftigung außerhalb des öffentlichen Dienstes aufzunehmen, haben dies der Bundesregierung schriftlich anzuzeigen. 2 Satz 1 gilt für ehemalige Mitglieder der Bundesregierung entsprechend.

(2) 1 Die Anzeigepflicht entsteht, sobald ein Mitglied oder ehemaliges Mitglied der Bundesregierung mit Vorbereitungen für die Aufnahme einer Beschäftigung beginnt oder ihm eine Beschäftigung in Aussicht gestellt wird. 2 Die Anzeige soll mindestens einen Monat vor Aufnahme der Tätigkeit erfolgen. 3 Wird die Frist nicht eingehalten, kann die Bundesregierung die Aufnahme der Tätigkeit bis zur Dauer von höchstens einem Monat vorläufig untersagen.

§ 6b[3)] [Untersagung der Erwerbstätigkeit oder sonstigen Beschäftigung] (1) 1 Die Bundesregierung kann die Erwerbstätigkeit oder sonstige Beschäftigung für die Zeit der ersten 18 Monate nach dem Ausscheiden aus dem Amt ganz oder teilweise untersagen, soweit zu besorgen ist, dass durch

---

1) § 6 Abs. 3 geänd. durch G v. 2.3.1974 (BGBl. I S. 469).
2) § 6a eingef. mWv 25.7.2015 durch G v. 17.7.2015 (BGBl. I S. 1322).
3) § 6b eingef. mWv 25.7.2015 durch G v. 17.7.2015 (BGBl. I S. 1322).

die Beschäftigung öffentliche Interessen beeinträchtigt werden. [2] Von einer Beeinträchtigung ist insbesondere dann auszugehen, wenn die angestrebte Beschäftigung

1. in Angelegenheiten oder Bereichen ausgeübt werden soll, in denen das ehemalige Mitglied der Bundesregierung während seiner Amtszeit tätig war, oder
2. das Vertrauen der Allgemeinheit in die Integrität der Bundesregierung beeinträchtigen kann.

[3] Die Untersagung ist zu begründen.

(2) [1] Eine Untersagung soll in der Regel die Dauer von einem Jahr nicht überschreiten. [2] In Fällen, in denen öffentliche Interessen schwer beeinträchtigt wären, kann eine Untersagung für die Dauer von bis zu 18 Monaten ausgesprochen werden.

(3) [1] Die Bundesregierung trifft ihre Entscheidung über eine Untersagung auf Empfehlung eines aus drei Mitgliedern bestehenden beratenden Gremiums. [2] Das beratende Gremium hat seine Empfehlung zu begründen. [3] Es gibt seine Empfehlung nicht öffentlich ab.

(4) Die Entscheidung ist unter Mitteilung der Empfehlung des beratenden Gremiums zu veröffentlichen.

§ 6c[1)] [Mitglieder des beratenden Gremiums] (1) [1] Die Mitglieder des beratenden Gremiums sollen Funktionen an der Spitze staatlicher oder gesellschaftlicher Institutionen wahrgenommen haben oder über Erfahrungen in einem wichtigen politischen Amt verfügen. [2] Sie werden auf Vorschlag der Bundesregierung jeweils zu Beginn einer Wahlperiode des Deutschen Bundestages vom Bundespräsidenten berufen und sind ehrenamtlich tätig.

(2) Die Mitglieder des beratenden Gremiums sind auch nach ihrem Ausscheiden zur Verschwiegenheit über die ihnen bei oder bei Gelegenheit ihrer Tätigkeit bekannt gewordenen Angelegenheiten verpflichtet.

(3) [1] Die Mitglieder des beratenden Gremiums erhalten eine pauschale Entschädigung sowie Ersatz ihrer Reisekosten. [2] Diese werden vom Chef des Bundeskanzleramtes im Einvernehmen mit dem Bundesministerium des Innern festgesetzt.

(4) [1] Die Mitglieder des beratenden Gremiums üben ihre Tätigkeit so lange aus, bis neue Mitglieder nach Absatz 1 Satz 2 berufen worden sind. [2] Wiederberufungen sind zulässig.

(5) Für die Erfüllung seiner Aufgabe ist dem beratenden Gremium das notwendige Personal und die notwendige Sachausstattung zur Verfügung zu stellen.

§ 6d[2)] [Übergangsgeld] Wird die Aufnahme einer Erwerbstätigkeit oder sonstigen Beschäftigung nach § 6b Absatz 1 Satz 1 untersagt, so wird das Übergangsgeld für die Dauer der Untersagung gewährt, sofern sich nicht aus § 14 Absatz 2 Satz 1 ein weitergehender Anspruch ergibt.

[1)] § 6c eingef. mWv 25.7.2015 durch G v. 17.7.2015 (BGBl. I S. 1322).
[2)] § 6d eingef. mWv 25.7.2015 durch G v. 17.7.2015 (BGBl. I S. 1322).

§ 7 [Genehmigung zur Zeugenaussage und Gutachtenerstattung]

(1) Die Genehmigung, als Zeuge auszusagen, soll nur versagt werden, wenn die Aussage dem Wohle des Bundes oder eines deutschen Landes Nachteile bereiten oder die Erfüllung öffentlicher Aufgaben ernstlich gefährden oder erheblich erschweren würde.

(2) Die Genehmigung, ein Gutachten zu erstatten, kann versagt werden, wenn die Erstattung den dienstlichen Interessen Nachteile bereiten würde.

(3) § 28 des Gesetzes über das Bundesverfassungsgericht[1] in der Fassung der Bekanntmachung vom 3. Februar 1971 (Bundesgesetzbl. I S. 105) bleibt unberührt.

§ 8 [Unzulässigkeit eines Disziplinarverfahrens] Ein Disziplinarverfahren gegen Mitglieder der Bundesregierung findet nicht statt.

§ 9 [Beendigung des Amtsverhältnisses] (1) Das Amtsverhältnis der Mitglieder der Bundesregierung endet

1. mit der Entlassung des Bundeskanzlers, wenn der Bundestag ihm nach Artikel 67 des Grundgesetzes[2] das Mißtrauen ausgesprochen hat,
2. mit dem Zusammentritt eines neuen Bundestages,
3. mit jeder anderen Erledigung des Amtes des Bundeskanzlers.

(2) [1] Das Amtsverhältnis der einzelnen Bundesminister endet außerdem mit ihrer Entlassung. [2] Die Bundesminister können jederzeit entlassen werden und ihre Entlassung jederzeit verlangen.

§ 10 [Beendigungsurkunde] [1] Im Falle der Beendigung des Amtsverhältnisses der Mitglieder der Bundesregierung finden die Vorschriften des § 2 Abs. 1 entsprechende Anwendung. [2] Eine Entlassung wird mit der Aushändigung der Urkunde wirksam; die Aushändigung kann durch amtliche Veröffentlichung ersetzt werden.

§ 11[3] [Amtsbezüge] (1) [1] Die Mitglieder der Bundesregierung erhalten vom Beginn des Kalendermonats an, in dem das Amtsverhältnis beginnt, bis zum Schluß des Kalendermonats, in dem das Amtsverhältnis endet, folgende Amtsbezüge:

a) ein Amtsgehalt, und zwar
der Bundeskanzler in Höhe von einzweidrittel,
die Bundesminister in Höhe von eineindrittel
des Grundgehalts der Besoldungsgruppe B 11 einschließlich zum Grundgehalt allgemein gewährter Zulagen,

b) einen Ortszuschlag in Höhe von eineindrittel des in der Besoldungsgruppe B 11 zustehenden Ortszuschlags,

c) eine Dienstaufwandsentschädigung,
und zwar der Bundeskanzler von jährlich 24 000 DM,
die Bundesminister von jährlich 7 200 DM,

---

[1] Nr. **20**.
[2] Nr. **1**.
[3] § 11 Abs. 1 Satz 2 aufgeh. durch G v. 20.12.1974 (BGBl. I S. 3716).

d) bei Unmöglichkeit der Verlegung des eigenen Hausstandes nach dem Sitz der Bundesregierung für die Dauer seiner Fortführung am bisherigen Wohnort eine Entschädigung von jährlich 3 600 DM.

[2] Die Amtsbezüge werden monatlich im voraus gezahlt.

(2) [1] Für den gleichen Zeitraum werden Amtsbezüge nur einmal gewährt. [2] Sind die Bezüge nicht gleich hoch, so stehen die höheren Bezüge zu.

(3) Wird ein Mitglied der Bundesregierung nach Artikel 69 Abs. 3 des Grundgesetzes[1)] ersucht, die Geschäfte weiterzuführen, so werden die Amtsbezüge bis zum Schluß des Kalendermonats weitergewährt, in dem die Geschäftsführung endet.

(4) *§ 83a des Bundesbeamtengesetzes*[2)] einschließlich der dazu ergangenen Übergangsvorschriften und § 87a des Bundesbeamtengesetzes[3)] sind sinngemäß anzuwenden.

§ 12[4)] **[Amtswohnungen und Entschädigungen]** (1) [1] Der Bundeskanzler hat Anspruch auf eine Amtswohnung mit Ausstattung. [2] Den Bundesministern kann eine Amtswohnung zugewiesen werden. [3] Ist eine Amtswohnung zur Verfügung gestellt, entfällt der Ortszuschlag (§ 11 Abs. 1 Buchstabe b).

(2) [1] Die Mitglieder der Bundesregierung, die eine Amtswohnung bezogen haben, sind berechtigt, sie nach Beendigung des Amtsverhältnisses noch für die Dauer von drei Monaten unter denselben Bedingungen wie bisher zu benutzen, es sei denn, daß ihnen schon früher eine angemessene Wohnung nachgewiesen wird. [2] Der Monat, in dem das Amtsverhältnis endet, wird hierbei nicht mitgerechnet.

(3) Den Mitgliedern der Bundesregierung werden für die infolge ihrer Ernennung oder der Beendigung ihres Amtsverhältnisses erforderlich werdenden Umzüge Entschädigungen gewährt.

(4) Bei amtlicher Tätigkeit außerhalb des Sitzes der Bundesregierung erhalten sie Tagegelder und Entschädigungen für Reisekosten.

(5) Die weiteren Bestimmungen[5)] über Amtswohnungen, Umzugskostenentschädigung, Tagegelder und Entschädigung für Reisekosten erläßt der Bundesminister des Innern nach gutachtlicher Äußerung des Präsidenten des Bundesrechnungshofes.

(6) Mitglieder der Bundesregierung und Versorgungsempfänger nach diesem Gesetz erhalten, soweit kein Anspruch nach § 27 des Abgeordnetengesetzes[6)] besteht, Beihilfe in sinngemäßer Anwendung der für Bundesbeamte geltenden Vorschriften.

[1)] Nr. **1**.

[2)] § 83a BundesbeamtenG aufgeh. mWv 1.7.1975 durch G v. 23.5.1975 (BGBl. I S. 1173); siehe nunmehr § 8 BundesbesoldungsG **(Sartorius Nr. 230)**.

[3)] **Sartorius Nr. 160.**

[4)] § 12 Abs. 6 angef. mWv 29.10.2008 durch G v. 23.10.2008 (BGBl. I S. 2018).

[5)] Siehe hierzu die Bestimmungen über Amtswohnungen, Umzugskostenentschädigung, Tagegelder und Entschädigung für Reisekosten der Mitglieder der Bundesregierung v. 10.11.1953 (BGBl. I S. 1545), zuletzt geänd. durch G v. 19.6.2001 (BGBl. I S. 1149).

[6)] Nr. **23**.

§ 13 [Versorgung nach Beendigung des Amtsverhältnisses] (1) Die Mitglieder der Bundesregierung und ihre Hinterbliebenen erhalten nach Beendigung des Amtsverhältnisses Versorgung nach den Vorschriften der §§ 14 bis 17.

(2) Soweit nichts anderes bestimmt ist, sind die für die Bundesbeamten geltenden versorgungsrechtlichen Vorschriften sinngemäß anzuwenden.

§ 14[1)] [Übergangsgeld] (1) Ein ehemaliges Mitglied der Bundesregierung erhält von dem Zeitpunkt an, in dem seine Amtsbezüge aufhören, Übergangsgeld.

(2) [1] Das Übergangsgeld wird für die gleiche Anzahl von Monaten gezahlt, für die der Berechtigte ohne Unterbrechung Amtsbezüge als Mitglied der Bundesregierung erhalten hat, jedoch mindestens für sechs Monate und höchstens für zwei Jahre. [2] Treffen Übergangsgeld und Ruhegehalt nach § 15 oder § 17 zusammen, wird das Übergangsgeld um das Ruhegehalt gemindert, bevor auf das Übergangsgeld und das Ruhegehalt sonstige Anrechnungs- und Ruhensvorschriften angewandt werden.

(3) [1] Als Übergangsgeld werden gewährt

1. für die ersten drei Monate das Amtsgehalt und der Ortszuschlag in voller Höhe,
2. für den Rest der Bezugsdauer die Hälfte dieser Bezüge.

[2] Das Übergangsgeld wird monatlich im voraus gezahlt.

(4) [1] Bei mehreren unterbrochenen Amtszeiten eines Mitgliedes der Bundesregierung wird das Übergangsgeld für jede zusammenhängende Amtszeit besonders berechnet. [2] Wird ein ehemaliges Mitglied der Bundesregierung vor Ablauf der Zeit, für die ihm Übergangsgeld zusteht, wieder ernannt, so wird nach der Wiederentlassung an Stelle des sich aus der späteren Amtszeit ergebenden Übergangsgeldes das frühere Übergangsgeld gewährt, wenn dieses noch für eine längere Dauer zustand als das Übergangsgeld aus der späteren Amtszeit. [3] Die Höhe des früheren Übergangsgeldes bestimmt sich für die auf die Wiederentlassung folgenden ersten sechs Monate nach Absatz 3 Nr. 1 und 2, und zwar stets nach den Amtsbezügen des letzten Amtes, für die anschließende Zeit jedoch nur dann, wenn das letzte Amt höher war als das frühere Amt.

(5) [1] Die Absätze 2 und 4 gelten bei einem Wechsel zwischen dem Amt eines Mitgliedes der Bundesregierung und dem eines Parlamentarischen Staatssekretärs bei einem Mitglied der Bundesregierung entsprechend. [2] Eine Zeit im Amt eines Parlamentarischen Staatssekretärs vor dem 15. Dezember 1972 wird nicht berücksichtigt.

(6) Auf das nach Anwendung sonstiger Anrechnungs- und Ruhensvorschriften verbleibende Übergangsgeld werden ab dem zweiten Monat alle Erwerbseinkünfte aus einer privaten Berufstätigkeit angerechnet.

---

1) § 14 Abs. 5 angef. durch G v. 24.7.1974 (BGBl. I S. 1538); Abs. 3 Satz 2 aufgeh. durch G v. 20.12.1974 (BGBl. I S. 3716); Abs. 2 Satz 2 neu gef. und Abs. 6 angef. durch G v. 5.12.1997 (BGBl. I S. 2851); Abs. 2 Satz 1 geänd. mWv 29.10.2008 durch G v. 23.10.2008 (BGBl. I S. 2018).

§ 15[1)] [Ruhegehalt] (1) [1] Ein ehemaliges Mitglied der Bundesregierung hat von dem Zeitpunkt an, in dem die Amtsbezüge aufhören, Anspruch auf Ruhegehalt, wenn es der Bundesregierung mindestens vier Jahre angehört hat; eine Zeit im Amt eines Parlamentarischen Staatssekretärs bei einem Mitglied der Bundesregierung sowie Zeiten einer vorausgegangenen Mitgliedschaft in einer Landesregierung, die zu keinem Anspruch auf Versorgung nach Landesrecht geführt haben wird berücksichtigt. [2] Bei einer Beendigung des Amtsverhältnisses aus den in § 9 Abs. 1 Nr. 1 und 3 genannten Gründen oder im Falle einer Auflösung des Bundestages und einer ununterbrochenen Zugehörigkeit zur Bundesregierung von mehr als zwei Jahren gilt dies als Amtszeit von vier Jahren.

(2) Ruhegehaltfähig ist die Zeit der Mitgliedschaft in der Bundesregierung, im Amt eines Parlamentarischen Staatssekretärs bei einem Mitglied der Bundesregierung und einer vorausgegangenen Mitgliedschaft in einer Landesregierung.

(3) [1] Der Anspruch auf Ruhegehalt ruht bis zum Ende des Monats, in dem

1. die für Beamte geltende Regelaltersgrenze erreicht oder
2. das Ruhegehalt auf Antrag vorzeitig ab Vollendung des 60. Lebensjahres in Anspruch genommen

wird. [2] Das Ruhegehalt beträgt nach Vollendung einer Amtszeit von vier Jahren 27,74 vom Hundert des Amtsgehalts und des Ortszuschlags. [3] Es steigt mit jedem weiteren Amtsjahr um 2,39167 vom Hundert bis zum Höchstsatz von 71,75 vom Hundert. [4] In den Fällen des Satzes 1 Nr. 2 vermindert sich das Ruhegehalt um 3,6 vom Hundert für jedes Jahr, um das das ehemalige Mitglied der Bundesregierung das Ruhegehalt vor Ende des Monats, in dem es die für Beamte geltende Regelaltersgrenze erreicht, vorzeitig in Anspruch nimmt. [5] Die Minderung des Ruhegehalts darf 14,4 vom Hundert nicht überschreiten.

(3a) [1] Ein ehemaliges Mitglied der Bundesregierung, das die Voraussetzung des Absatzes 1 nicht erfüllt, wird auf Antrag in sinngemäßer Anwendung der Vorschriften des Sechsten Buches Sozialgesetzbuch über die Nachversicherung für die Dauer seiner Amtszeit nachversichert. [2] Dies gilt nicht, wenn und soweit die Amtszeit in einer öffentlich-rechtlichen Versicherung oder in einer Versorgung nach dienstrechtlichen Grundsätzen berücksichtigt ist oder berücksichtigt wird.

(4) [1] Eine Zeit im Amt eines Parlamentarischen Staatssekretärs bei einem Mitglied der Bundesregierung vor dem 15. Dezember 1972 wird bei der Anwendung der Absätze 1 und 2 nicht berücksichtigt. [2] Bei der Berechnung der Amtszeit nach Absatz 1 und Absatz 3 Satz 2 gilt ein Rest von mehr als zweihundertdreiundsiebzig Tagen als volles Amtsjahr.

(5) [1] Hat ein Mitglied der Bundesregierung bei Ausübung seines Amtes oder im Zusammenhang mit seiner Amtsführung ohne sein Verschulden eine Gesundheitsschädigung erlitten, die seine Arbeitskraft dauernd und so we-

---

[1)] § 15 geänd. durch G v. 24.7.1974 (BGBl. I S. 1538); Abs. 3 Sätze 1 und 3 geänd., Sätze 3 und 4 angef., Abs. 4 Satz 2 und Abs. 5 Satz 1 geänd. mWv 1.1.1992 durch G v. 18.12.1989 (BGBl. I S. 2218); Abs. 3 Sätze 1 und 2 geänd., Abs. 3 Sätze 3 und 4 aufgeh. mWv 1.1.2003 durch G v. 20.12.2001 (BGBl. I S. 3926); Abs. 1 Satz 1 geänd., Satz 2 und Abs. 3 neu gef., Abs. 3a eingef., Abs. 4 Satz 2 geänd. mWv 29.10.2008 durch G v. 23.10.2008 (BGBl. I S. 2018).

sentlich beeinträchtigt, daß es nach Beendigung des Amtsverhältnisses zur Übernahme seiner früheren Tätigkeit oder einer ihr gleichwertigen Beschäftigung nicht mehr in der Lage ist, so erhält es auch ohne das Vorliegen der Voraussetzungen nach Absatz 1 lebenslänglich Ruhegehalt in Höhe von mindestens neunundzwanzig vom Hundert des Amtsgehalts und des Ortszuschlags. [2] Die Bundesregierung stellt fest, ob die Voraussetzungen vorliegen.

§ 16[1)] **[Hinterbliebenenversorgung]** [1] Die Hinterbliebenen eines Mitgliedes der Bundesregierung erhalten Hinterbliebenenversorgung (§ 13 Abs. 2). [2] § 15 Abs. 1 gilt nicht für die Versorgung der Hinterbliebenen eines Mitgliedes der Bundesregierung; der Bemessung ihrer Versorgung ist ein Ruhegehalt in Höhe von mindestens fünfunddreißig vom Hundert des Amtsgehalts und des Ortszuschlags zugrunde zu legen. [3] Satz 1 gilt auch für die Hinterbliebenen eines ehemaligen Mitgliedes der Bundesregierung, das zur Zeit seines Todes einen Anspruch auf Ruhegehalt hatte.

§ 16a[2)] **[Überbrückungsgeld]** (1) [1] Die Hinterbliebenen eines Mitglieds der Bundesregierung erhalten ein Überbrückungsgeld in Höhe des Amtsgehalts und des Ortszuschlages. [2] Das Überbrückungsgeld beträgt bei einer Amtszeit von mindestens vier Jahren das Eineinhalbfache des Amtsgehalts und des Ortszuschlages. [3] Sind Hinterbliebene nicht vorhanden, wird sonstigen Personen, die die Kosten der letzten Krankheit oder der Bestattung getragen haben, das Überbrückungsgeld bis zur Höhe ihrer Aufwendungen gewährt.

(2) Das gleiche gilt beim Tod eines ehemaligen Mitglieds der Bundesregierung, das die Voraussetzungen des § 15 Abs. 1 Satz 1 erfüllt und noch kein Ruhegehalt erhält.

(3) Die Hinterbliebenen eines ehemaligen Mitglieds der Bundesregierung, das zur Zeit seines Todes Übergangsgeld bezog, ohne Anspruch auf Ruhegehalt zu haben, erhalten ein Überbrückungsgeld in Höhe des Eineinhalbfachen des Übergangsgeldes im Sterbemonat sowie für den Rest der Bezugsdauer des Übergangsgeldes Witwen- und Waisengeld; das Witwen- und Waisengeld wird aus dem Übergangsgeld nach § 14 Abs. 3 Nr. 2 berechnet.

(4) Wird Überbrückungsgeld nach den Absätzen 1 bis 3 gezahlt, entfallen Leistungen nach den für die Bundesbeamten geltenden versorgungsrechtlichen Vorschriften aus Anlaß des Todes.

§ 17 [Unfallfürsorge] (1) Wird ein Mitglied der Bundesregierung durch einen Dienstunfall verletzt, so wird ihm und seinen Hinterbliebenen Unfallfürsorge gewährt.

(2) Unfälle aus Anlaß einer aus politischen Rücksichten erfolgten Teilnahme an Veranstaltungen gelten im Zweifel als Dienstunfälle.

(3) Die Unfallfürsorge besteht

1. in einem Heilverfahren für den Verletzten,
2. in einem Ruhegehalt, wenn das Mitglied der Bundesregierung dienstunfähig geworden ist und sein Amtsverhältnis endet,

---

[1)] § 16 Abs. 2 aufgeh. mWv. 20.12.1990 durch G v. 18.12.1989 (BGBl. I S. 2210).
[2)] § 16a eingef. mWv. 20.12.1990 durch G v. 18.12.1989 (BGBl. I S. 2210).

3. in einer Hinterbliebenenversorgung, wenn das Mitglied der Bundesregierung infolge des Unfalls verstorben ist.

§ 18 [Ausscheiden und Wiedereintritt in das Beamtenverhältnis]

(1) [1] Wird ein Beamter oder Richter des Bundes zum Mitglied der Bundesregierung ernannt, so scheidet er mit dem Beginn des Amtsverhältnisses (§ 2 Abs. 2) aus seinem Amt als Beamter oder Richter aus. [2] Für die Dauer der Mitgliedschaft ruhen die in dem Dienstverhältnis begründeten Rechte und Pflichten mit Ausnahme der Pflicht zur Amtsverschwiegenheit und des Verbots der Annahme von Belohnungen oder Geschenken. [3] Bei unfallverletzten Beamten oder Richtern bleibt der Anspruch auf das Heilverfahren unberührt.

(2) Endet das Amtsverhältnis als Mitglied der Bundesregierung, so tritt der Beamte oder Richter, wenn ihm nicht innerhalb dreier Monate mit seinem Einverständnis ein anderes Amt übertragen wird, mit Ablauf dieser Frist aus dem Dienstverhältnis als Beamter oder Richter in den Ruhestand und erhält das Ruhegehalt, das er in seinem früheren Amt unter Hinzurechnung der Amtszeit als Mitglied der Bundesregierung verdient hätte.

(3) [1] Die Absätze 1 und 2 gelten entsprechend für die zu Mitgliedern der Bundesregierung ernannten Beamten oder Richter eines Landes, einer Gemeinde (Gemeindeverbandes) oder einer sonstigen Körperschaft, Anstalt oder Stiftung des öffentlichen Rechts. [2] Das Ruhegehalt wird vom Bund übernommen. Entsprechendes gilt für die Hinterbliebenenbezüge.

(4) Scheidet ein Mitglied einer Landesregierung wegen der Übernahme des Amtes als Mitglied der Bundesregierung (§ 4) aus und steht ihm aus seinem Amtsverhältnis als Mitglied einer Landesregierung ein Anspruch auf Versorgung zu, so wird diese vom Bund übernommen.

§ 19 [Ruhen anderweitigen Einkommens aus öffentlichem Dienst] Bezieht ein Mitglied der Bundesregierung für einen Zeitraum, für den Amtsbezüge (§ 11) zu zahlen sind, ein Einkommen aus einer Verwendung im öffentlichen Dienst, so ruht der Anspruch auf dieses Einkommen bis zur Höhe des Betrages der Amtsbezüge.

§ 20[1)] [Ruhen des Ruhegehalts und der Versorgungsbezüge] (1) Steht einem Mitglied oder einem ehemaligen Mitglied der Bundesregierung auf Grund eines früheren Dienstverhältnisses als Beamter oder Richter oder eines früheren Amtsverhältnisses als Landesminister (§ 18 Abs. 4) ein Anspruch auf Ruhegehalt oder auf eine ruhegehaltähnliche Versorgung zu, so ruht dieser Anspruch für einen Zeitraum, für den Amtsbezüge (§ 11), Übergangsgeld oder Ruhegehalt aus dem Amtsverhältnis (§§ 14, 15, 17) zu zahlen sind, bis zur Höhe des Betrages dieser Bezüge.

(2) [1] Wird ein ehemaliges Mitglied der Bundesregierung, das Übergangsgeld oder Ruhegehalt aus dem Amtsverhältnis bezieht, im öffentlichen Dienst wiederverwendet, so erhält es diese Bezüge nur insoweit, als das Einkommen aus der Verwendung hinter dem für denselben Zeitraum zustehenden Über-

---

1) § 20 Abs. 1 geänd. durch G v. 24.7.1974 (BGBl. I S. 1538); Abs. 3 Satz 2 angef. mWv. 1.11. 1977 durch G v. 20.3.1979 (BGBl. I S. 357); Abs. 5 angef. mWv. 1.1.1992 durch G v. 18.12.1989 (BGBl. I S. 2218); Abs. 2a eingef., Abs. 3 Satz 1 geänd., Abs. 5 aufgeh. mWv 29.10.2008 durch G v. 23.10.2008 (BGBl. I S. 2018).

gangsgeld oder Ruhegehalt zurückbleibt. [2] Das gleiche gilt für ein Ruhegehalt oder eine ruhegehaltähnliche Versorgung auf Grund der Wiederverwendung.

(2a) [1] Ruhegehalt wird neben Erwerbs- und Erwerbsersatzeinkommen, das nicht nach Absatz 2 berücksichtigt wird, oder neben Renten nur in der Höhe gewährt, die sich bei sinngemäßer Anwendung der §§ 53 und 55 des Beamtenversorgungsgesetzes[1)] ergibt. [2] § 55 des Beamtenversorgungsgesetzes ist mit der Maßgabe anzuwenden, dass an die Stelle der Höchstgrenze nach § 55 Abs. 2 Satz 1 Nr. 1 des Beamtenversorgungsgesetzes ein sich unter Berücksichtigung des Höchstsatzes nach § 15 Abs. 3 Satz 3 ergebendes Ruhegehalt tritt; § 21a Abs. 5 Satz 1 dieses Gesetzes sowie § 69e Abs. 3 Satz 3 des Beamtenversorgungsgesetzes gelten entsprechend. [3] Auf das Übergangsgeld nach § 14 ist § 55 des Beamtenversorgungsgesetzes ab dem zweiten Monat mit der Maßgabe anzuwenden, dass an die Stelle der Höchstgrenze des § 55 Abs. 2 Satz 1 Nr. 1 des Beamtenversorgungsgesetzes der jeweilige Betrag nach § 14 Abs. 3 Satz 1 oder der nach Anwendung des § 14 Abs. 2 Satz 2 sich ergebende Betrag tritt. [4] Der sich nach Anwendung der Sätze 1 und 2 ergebende Ruhensbetrag darf zusammen mit dem Anrechnungsbetrag nach § 14 Abs. 6 und dem Ruhensbetrag nach Satz 3 die nach Satz 1 zu berücksichtigenden Leistungen nicht übersteigen. [5] Die Sätze 1 bis 4 sind nur auf Versorgungsfälle anzuwenden, denen ein nach dem 21. November 2005 begründetes öffentlich-rechtliches Amtsverhältnis zugrunde liegt.

(3) [1] Die Absätze 1 bis 2a finden auf die Hinterbliebenen (§ 16) entsprechende Anwendung. [2] § 54 Abs. 3 und Abs. 4 Satz 2 des Beamtenversorgungsgesetzes gilt sinngemäß.

(4) Für ein ehemaliges Mitglied der Bundesregierung oder seine Hinterbliebenen gilt § 160b des Bundesbeamtengesetzes[2)] einschließlich der dazu ergangenen Übergangsvorschriften sinngemäß.

§ 21[3)] [Ehemalige Mitglieder des Verwaltungsrates des Vereinigten Wirtschaftsgebietes] (1) Die Vorschriften dieses Gesetzes finden auf die ehemaligen Mitglieder des Verwaltungsrates des Vereinigten Wirtschaftsgebietes (den Vorsitzenden des Verwaltungsrates und die Direktoren der Verwaltungen) entsprechende Anwendung.

(2) Ist ein ehemaliges Mitglied des Verwaltungsrates des Vereinigten Wirtschaftsgebietes im unmittelbaren Anschluß an seine Amtszeit zum Mitglied der Bundesregierung ernannt worden, so gelten die Amtszeiten als Mitglied des Verwaltungsrates und als Mitglied der Bundesregierung im Sinne des § 15 Abs. 1 bis 4 als einheitliche Amtszeit.

(3) Dieses Gesetz ist auf die Mitglieder des Ministerrats der ehemaligen Deutschen Demokratischen Republik, die diesem im Zeitraum ab dem 12. April 1990 angehört haben, mit folgenden Maßgaben anzuwenden:
[1] Das Ruhegehalt wird vom Ende des Monats, in dem das ehemalige Mitglied des Ministerrats das 55. Lebensjahr vollendet hat, gewährt. [2] Es beträgt für die Zeit der Zugehörigkeit zum Ministerrat in dem Zeitraum ab dem 12. April 1990 für

---

[1)] **Sartorius Nr. 155.**
[2)] **Sartorius Nr. 160.**
[3)] § 21 Abs. 3 und 4 angef. mWv 29.10.2008 durch G v. 23.10.2008 (BGBl. I S. 2018).

1. den Ministerpräsidenten fünf vom Hundert des Amtsgehalts und des Ortszuschlags des Bundeskanzlers,
2. die Minister fünf vom Hundert des Amtsgehalts und des Ortszuschlags eines Bundesministers

nach § 11 in Verbindung mit dem Gesetz über die Nichtanpassung von Amtsgehalt und Ortszuschlag der Mitglieder der Bundesregierung und der Parlamentarischen Staatssekretäre. [3] § 20 Abs. 2a ist nur hinsichtlich der Berücksichtigung von Renten anzuwenden. [4] Versorgungsbezüge werden auf Antrag ab dem 1. November 2008 gewährt. [5] Die Sätze 1 bis 5 gelten nicht, wenn der Berechtigte oder derjenige, von dem er seine Berechtigung herleitet, gegen die Grundsätze der Menschlichkeit und Rechtsstaatlichkeit verstoßen oder in schwerwiegendem Maße die Stellung zum eigenen Vorteil oder Nachteil anderer missbraucht hat.

(4) Für ehemalige Mitglieder der Bundesregierung, die die Voraussetzungen des Absatzes 3 erfüllen, gilt die Zeit der Zugehörigkeit zum Ministerrat als volles Amtsjahr.

§ 21a[1)] **[Ehemalige Mitglieder der Bundesregierung]** (1) Die Rechtsverhältnisse der am 1. Januar 1992 vorhandenen ehemaligen Mitglieder der Bundesregierung sowie der Hinterbliebenen eines ehemaligen Mitgliedes der Bundesregierung regeln sich nach dem bis zum 31. Dezember 1991 geltenden Recht mit folgenden Maßgaben:

1. § 20 Abs. 5 in der vor dem 29. Oktober 2008 geltenden Fassung findet Anwendung. Dies gilt nicht, solange eine am 31. Dezember 1991 über diesen Zeitpunkt hinaus bestehende Beschäftigung oder Tätigkeit eines ehemaligen Mitgliedes der Bundesregierung andauert.
2. Die Rechtsverhältnisse der Hinterbliebenen eines ehemaligen Mitgliedes der Bundesregierung, das nach dem 31. Dezember 1991 verstorben ist, regeln sich nach den ab dem 1. Januar 1992 geltenden Vorschriften, jedoch unter Zugrundelegung des bisherigen Ruhegehaltes.

(2) Besteht ein Amtsverhältnis über den 31. Dezember 1991 hinaus fort und hat zu diesem Zeitpunkt eine Mitgliedschaft in der Bundesregierung einschließlich einer Zeit im Amt eines Parlamentarischen Staatssekretärs bei einem Mitglied der Bundesregierung insgesamt mindestens zwei Jahre bestanden, so gilt § 15 Abs. 3 in der bis zum 31. Dezember 1991 geltenden Fassung.

(3) Wird ein ehemaliges Mitglied der Bundesregierung nach dem 31. Dezember 1991 erneut Mitglied der Bundesregierung, bleibt der nach Absatz 1 oder Absatz 2 dem früheren Ruhegehalt zugrunde gelegte Vomhundertsatz gewahrt, wenn der Vomhundertsatz für das neue Ruhegehalt hinter dem Vomhundertsatz für das frühere Ruhegehalt zurückbleibt.

(4) Hat das Amtsverhältnis als Mitglied der Bundesregierung vor dem Inkrafttreten des Zweiten Gesetzes zur Änderung des Bundesministergesetzes

---

[1)] § 21a eingef. mWv. 1.1.1992 durch G v. 18.12.1989 (BGBl. I S. 2218); Abs. 4 angef. durch G v. 5.12.1997 (BGBl. I S. 2851); Abs. 5 angef. mWv 1.1.2003 durch G v. 20.12.2001 (BGBl. I S. 3926); Abs. 5 Satz 2 geänd. mWv 1.1.2005 durch G v. 15.12.2004 (BGBl. I S. 3390); Abs. 1 Satz 1 Nr. 1 geänd., Abs. 5 Satz 2 neu gef., Sätze 3–5 angef. mWv 29.10.2008 durch G v. 23.10. 2008 (BGBl. I S. 2018).

vom 5. Dezember 1997 (BGBl. I S. 2851) geendet, findet § 14 in der bis zu diesem Zeitpunkt geltenden Fassung Anwendung.

(5) [1] Für Versorgungsfälle, in denen die Voraussetzungen des § 15 Abs. 1 vor dem Inkrafttreten der achten auf den 31. Dezember 2002 folgenden Anpassung der Versorgungsbezüge aus der Besoldungsgruppe B 11 nach § 70 des Beamtenversorgungsgesetzes[1)] eingetreten sind, gilt unbeschadet der Absätze 1 bis 3 § 15 Abs. 3 Satz 1 und 2 in der bis zum 31. Dezember 2002 geltenden Fassung. [2] § 69e Abs. 3 Satz 1 und 5 und Abs. 4 des Beamtenversorgungsgesetzes ist entsprechend anzuwenden; dies gilt nicht für den gemäß § 15 Abs. 3 Satz 2 nach vier Jahren Amtszeit erreichten und den in § 15 Abs. 5 Satz 1 festgelegten Mindestruhegehaltssatz sowie den in § 21 Abs. 3 festgelegten Ruhegehaltssatz und das danach ermittelte Ruhegehalt. [3] Auf die Rechtsverhältnisse derjenigen ehemaligen Mitglieder der Bundesregierung, deren Amtszeit vor dem 23. November 2005 geendet hat und die danach nicht wieder Mitglieder der Bundesregierung geworden sind, sind § 14 Abs. 2, § 15 und § 20 Abs. 5 in der vor dem 29. Oktober 2008 geltenden Fassung anzuwenden. [4] Auf die Rechtsverhältnisse derjenigen ehemaligen Mitglieder der Bundesregierung, die der Bundesregierung in Zeiträumen sowohl vor als auch nach dem 22. November 2005 angehört haben, ist § 15 in der vor dem 29. Oktober 2008 geltenden Fassung anzuwenden; dabei werden bis zum Ende des Monats, in dem sie die für Beamte geltende Regelaltersgrenze erreichen, Amtszeiten und Amtsverhältnisse nach dem 22. November 2005 nicht berücksichtigt. [5] Satz 4 gilt nicht, wenn am 22. November 2005 ein Anspruch auf Ruhegehalt nach diesem Gesetz nicht gegeben war.

§ 22 [Erlaß von Verwaltungsvorschriften] Der Bundesminister des Innern wird ermächtigt, die zur Durchführung dieses Gesetzes erforderlichen Verwaltungsvorschriften zu erlassen.

§ 23 *(gegenstandslos)*

§ 24[2)] [Inkrafttreten] (1) Dieses Gesetz tritt mit Wirkung vom 20. September 1949, § 11 jedoch erst vom 1. April 1953 ab in Kraft.

(2) Für die Zeit vor dem 1. April 1953 verbleibt es bei den geleisteten Zahlungen.

---

1) **Sartorius Nr. 155.**

2) **Amtl. Anm.:** Die Vorschrift betrifft das Inkrafttreten des Gesetzes in der ursprünglichen Fassung vom 17. Juni 1953. Der Zeitpunkt des Inkrafttretens der späteren Änderungen ergibt sich aus den in der vorangestellten Bekanntmachung näher bezeichneten Vorschriften.

23. Gesetz über die Rechtsverhältnisse der Mitglieder des Deutschen Bundestages (Abgeordnetengesetz – AbgG)

In der Fassung der Bekanntmachung vom 21. Februar 1996[1)]
(BGBl. I S. 326)

FNA 1101-8

geänd. durch Art. 4 G zum Inkraftsetzen der 2. Stufe der Pflegeversicherung v. 31.5.1996 (BGBl. I S. 718), Art. 1 20. ÄndG v. 19.6.1996 (BGBl. I S. 843), Art. 18 RentenreformG 1999 v. 16.12. 1997 (BGBl. I S. 2998, aufgeh. durch Art. 22 G v. 20.12.2000, BGBl. I S. 1827), Art. 1 20. ÄndG v. 20.7.2000 (BGBl. I S. 1037, ber. 2002 I S. 4029), Art. 1 22. ÄndG v. 19.12.2000 (BGBl. I S. 1754), Art. 13 G zur Reform der Renten wegen verminderter Erwerbsfähigkeit v. 20.12.2000 (BGBl. I S. 1827), Art. 3 § 2 Lebenspartnerschafts-EinführungsG v. 16.2.2001 (BGBl. I S. 266), Art. 1 23. ÄndG v. 10.11.2001 (BGBl. I S. 2990, ber. 2002 I S. 4029), Art. 4 Fünftes HochschulrahmenG-ÄndG v. 16.2.2002 (BGBl. I S. 693, nichtig gem. Urt. des BVerfG v. 27.7.2004 – 2 BvF 2/02 –), Art. 1 24. ÄndG v. 25.3.2004 (BGBl. I S. 459), Art. 12 G zur Organisationsreform in der gesetzlichen Rentenversicherung v. 9.12.2004 (BGBl. I S. 3242), Art. 5 Abs. 1 G zur Überarbeitung des Lebenspartnerschaftsrechts v. 15.12.2004 (BGBl. I S. 3396), Art. 1 25. ÄndG v. 21.12. 2004 (BGBl. I S. 3590), Art. 4 G zur Änd. dienst- und arbeitsrechtlicher Vorschriften im Hochschulbereich v. 27.12.2004 (BGBl. I S. 3835), Art. 1 26. ÄndG v. 22.8.2005 (BGBl. I S. 2482, 3007), Art. 1 27. ÄndG v. 22.12.2007 (BGBl. I S. 3212), Art. 3 G zur Änd. des Wahl- und Abgeordnetenrechts v. 17.3.2008 (BGBl. I S. 394), Art. 2 22. G zur Änd. des EuAbgG und 28. G zur Änd. des AbgG v. 23.10.2008 (BGBl. I S. 2020), Art. 12a DienstrechtsneuordnungsG v. 5.2.2009 (BGBl. I S. 160), Art. 7 G zur Strukturreform des Versorgungsausgleichs v. 3.4.2009 (BGBl. I S. 700), Art. 2 G zur Änd. des ParteienG und des AbgeordnetenG v. 23.8.2011 (BGBl. I S. 1748, ber. S. 3141), 29. ÄndG v. 8.11.2011 (BGBl. I S. 2218), Art. 1 30. G zur Änd. des AbgeordnetenG und 23. G zur Änd. des EuropaabgeordnetenG v. 11.7.2014 (BGBl. I S. 906 iVm Bek. v. 26.10. 2017, BGBl. I S. 3737) und Art. 12 G zur Änd. des VersorgungsrücklageG und weiterer dienstrechtlicher Vorschriften v. 5.1.2017 (BGBl. I S. 17)

Erster Abschnitt. Erwerb und Verlust der Mitgliedschaft im Bundestag

§ 1[2)] Erwerb und Verlust der Mitgliedschaft im Bundestag. Erwerb und Verlust der Mitgliedschaft im Bundestag regeln sich nach den Vorschriften des Bundeswahlgesetzes[3)].

Zweiter Abschnitt. Mitgliedschaft im Bundestag und Beruf

§ 2[4)] Schutz der freien Mandatsausübung. (1) Niemand darf gehindert werden, sich um ein Mandat im Bundestag zu bewerben, es zu erwerben, anzunehmen oder auszuüben.

---

1) Neubekanntmachung des AbgG v. 18.2.1977 (BGBl. I S. 297) in der ab 22.12.1995 geltenden Fassung.

2) § 1 neu gef. durch G v. 19.6.1996 (BGBl. I S. 843).

3) Nr. **10**.

4) § 2 Abs. 1, 2 und Abs. 3 Satz 1 geänd. mWv 21.3.2008 durch G v. 17.3.2008 (BGBl. I S. 394).

(2) Benachteiligungen am Arbeitsplatz im Zusammenhang mit der Bewerbung um ein Mandat sowie dem Erwerb, der Annahme und Ausübung eines Mandats sind unzulässig.

(3) [1] Eine Kündigung oder Entlassung wegen des Erwerbs, der Annahme oder Ausübung des Mandats ist unzulässig. [2] Eine Kündigung ist im übrigen nur aus wichtigem Grunde zulässig. [3] Der Kündigungsschutz beginnt mit der Aufstellung des Bewerbers durch das dafür zuständige Organ der Partei oder mit der Einreichung des Wahlvorschlags. [4] Er gilt ein Jahr nach Beendigung des Mandats fort.

§ 3 Wahlvorbereitungsurlaub. [1] Einem Bewerber um einen Sitz im Bundestag ist zur Vorbereitung seiner Wahl innerhalb der letzten zwei Monate vor dem Wahltag auf Antrag Urlaub von bis zu zwei Monaten zu gewähren. [2] Ein Anspruch auf Fortzahlung seiner Bezüge besteht für die Dauer der Beurlaubung nicht.

§ 4[1] Berufs- und Betriebszeiten. (1) Die Zeit der Mitgliedschaft im Bundestag ist nach Beendigung des Mandats auf die Berufs- und Betriebszugehörigkeit anzurechnen.

(2) Im Rahmen einer bestehenden betrieblichen oder überbetrieblichen Altersversorgung wird die Anrechnung nach Absatz 1 nur im Hinblick auf die Erfüllung der Unverfallbarkeitsfristen des § 1 des Gesetzes zur Verbesserung der betrieblichen Altersversorgung vorgenommen.

Dritter Abschnitt. Rechtsstellung der in den Bundestag gewählten Angehörigen des öffentlichen Dienstes

§ 5[2] Ruhen der Rechte und Pflichten aus einem öffentlich-rechtlichen Dienstverhältnis. (1) [1] Die Rechte und Pflichten aus dem Dienstverhältnis eines in den Bundestag gewählten Beamten mit Dienstbezügen ruhen vom Tage der Feststellung des Bundeswahlausschusses (§ 42 Abs. 2 Satz 1 des Bundeswahlgesetzes[3]) oder der Annahme des Mandats für die Dauer der Mitgliedschaft mit Ausnahme der Pflicht zur Amtsverschwiegenheit und des Verbots der Annahme von Belohnungen und Geschenken. [2] Das gleiche gilt, wenn ein Mitglied des Bundestages in ein solches Dienstverhältnis berufen wird, von dem Tage an, mit dem seine Ernennung wirksam wird. [3] Der Beamte hat das Recht, seine Amts- oder Dienstbezeichnung mit dem Zusatz „außer Dienst" („a.D.") zu führen. [4] Bei unfallverletzten Beamten bleiben die Ansprüche auf das Heilverfahren und einen Unfallausgleich unberührt. [5] Satz 1 gilt längstens bis zum Eintritt oder bis zur Versetzung in den Ruhestand.

(2) Für den in den einstweiligen Ruhestand versetzten Beamten gilt Absatz 1 längstens bis zum Eintritt oder bis zur Versetzung in den dauernden Ruhestand sinngemäß.

---

[1] § 4 Abs. 2 neu gef. durch G v. 19.6.1996 (BGBl. I S. 843); Abs. 2 geänd. mWv 26.7.2000 durch G v. 20.7.2000 (BGBl. I S. 1037).

[2] § 5 Abs. 1 Satz 1 geänd. mWv 21.3.2008 durch G v. 17.3.2008 (BGBl. I S. 394).

[3] Nr. **10**.

(3) 1 Einem in den Bundestag gewählten Beamten auf Widerruf im Vorbereitungsdienst ist auf seinen Antrag Urlaub ohne Anwärterbezüge zu gewähren. 2 Wird der Beamte nach Bestehen der Laufbahnprüfung zum Beamten auf Probe ernannt, so ruhen seine Rechte und Pflichten aus diesem Dienstverhältnis nach Absatz 1 von dem Tage an, mit dem die Ernennung wirksam wird.

§ 6 Wiederverwendung nach Beendigung des Mandats. (1) 1 Nach der Beendigung der Mitgliedschaft im Bundestag ruhen die in dem Dienstverhältnis eines Beamten begründeten Rechte und Pflichten für längstens weitere sechs Monate. 2 Der Beamte ist auf seinen Antrag, der binnen drei Monaten seit der Beendigung der Mitgliedschaft zu stellen ist, spätestens drei Monate nach Antragstellung wieder in das frühere Dienstverhältnis zurückzuführen. 3 Das ihm zu übertragende Amt muß derselben oder einer gleichwertigen Laufbahn angehören wie das zuletzt bekleidete Amt und mit mindestens demselben Endgrundgehalt ausgestattet sein. 4 Vom Tage der Antragstellung an erhält er die Dienstbezüge des zuletzt bekleideten Amtes.

(2) 1 Stellt der Beamte nicht binnen drei Monaten seit der Beendigung der Mitgliedschaft im Bundestag einen Antrag nach Absatz 1, so ruhen die in dem Dienstverhältnis begründeten Rechte und Pflichten (§ 5 Abs. 1) weiter bis zum Eintritt oder bis zur Versetzung in den Ruhestand. 2 Die oberste Dienstbehörde kann den Beamten jedoch, wenn er weder dem Bundestag mindestens zwei Wahlperioden angehört noch bei Beendigung der Mitgliedschaft im Bundestag das 55. Lebensjahr vollendet hat, unter Übertragung eines Amtes im Sinne des Absatzes 1 Satz 3 wieder in das frühere Dienstverhältnis zurückführen; lehnt der Beamte die Rückführung ab oder folgt er ihr nicht, so ist er entlassen. 3 Satz 2 ist nicht anzuwenden, wenn der Beamte während der Dauer seiner Mitgliedschaft im Bundestag Mitglied der Bundesregierung gewesen ist.

§ 7[1] Dienstzeiten im öffentlichen Dienst. (1) Abweichend von § 27 Abs. 3 Satz 3 des Bundesbesoldungsgesetzes[2] und unbeschadet des § 23 Abs. 5 verzögert die Zeit der Mitgliedschaft im Bundestag den Aufstieg eines Bundesbeamten in den Grundgehaltsstufen in dem Umfang, der sich bei entsprechender Anwendung des § 28 Abs. 1 und 2 des Bundesbesoldungsgesetzes in der bis zum 30. Juni 2009 geltenden Fassung ergibt.

(2) 1 Wird der Beamte nicht nach § 6 in das frühere Dienstverhältnis zurückgeführt, so wird das Besoldungsdienstalter um die Zeit nach Beendigung der Mitgliedschaft im Bundestag bis zum Eintritt des Versorgungsfalles hinausgeschoben. 2 Wird der Bundesbeamte nicht nach § 6 in das frühere Dienstverhältnis zurückgeführt, verbleibt er bis zum Eintritt des Versorgungsfalles in der sich nach Absatz 1 ergebenden Stufe des Grundgehaltes.

(3) 1 Die Zeit der Mitgliedschaft im Bundestag gilt unbeschadet der Regelung des § 23 Abs. 5 nicht als Dienstzeit im Sinne des Versorgungsrechts. 2 Das gleiche gilt für die Zeit nach der Beendigung der Mitgliedschaft im

---

[1] § 7 Abs. 1 neu gef., Abs. 2 Satz 2 angef. mWv 12.2.2009 durch G v. 5.2.2009 (BGBl. I S. 160).

[2] **Sartorius Nr. 230.**

Bundestag, wenn der Beamte nicht nach § 6 in das frühere Dienstverhältnis zurückgeführt wird.

(4) Nach Beendigung der Mitgliedschaft im Bundestag ist die Zeit der Mitgliedschaft auf laufbahnrechtliche Dienstzeiten, mit Ausnahme der Probezeit, anzurechnen.

(5) Nach Beendigung der Mitgliedschaft im Bundestag ist die Zeit der Mitgliedschaft auf Dienst- und Beschäftigungszeiten bei Arbeitnehmern des öffentlichen Dienstes anzurechnen; im Rahmen einer bestehenden zusätzlichen Alters- und Hinterbliebenenversorgung gilt dies nur im Hinblick auf Vorschriften, die die Anwartschaft oder den Anspruch dem Grunde nach regeln.

§ 8 Beamte auf Zeit, Richter, Soldaten und Angestellte des öffentlichen Dienstes. (1) Die §§ 5 bis 7 gelten für Richter, Berufssoldaten und Soldaten auf Zeit entsprechend.

(2) Die Rechte und Pflichten aus dem Dienstverhältnis eines Soldaten auf Zeit ruhen längstens für die Dauer der Verpflichtungszeit und eines Beamten auf Zeit längstens für die Zeit, für die er in das Beamtenverhältnis berufen worden ist.

(3) [1] Absatz 2 und die Vorschriften der §§ 5, 6 und 7 Abs. 1 bis 4 gelten sinngemäß für Angestellte des öffentlichen Dienstes. [2] Öffentlicher Dienst im Sinne dieser Vorschrift ist die Tätigkeit im Dienste des Bundes, eines Landes, einer Gemeinde oder anderer Körperschaften, Anstalten oder Stiftungen des öffentlichen Rechts oder ihrer Verbände mit Ausnahme der öffentlich-rechtlichen Religionsgesellschaften und ihrer Verbände.

§ 9[1)] Hochschullehrer. (1) Für die Rechtsstellung der in den Deutschen Bundestag gewählten Hochschullehrer im Sinne des § 42 des Hochschulrahmengesetzes[2)] findet § 6 mit der Maßgabe Anwendung, dass sie in ihrem bisherigen Amt an der gleichen Hochschule wiederverwendet werden müssen.

(2) [1] Hochschullehrer können eine Tätigkeit in Forschung und Lehre sowie die Betreuung von Doktoranden und Habilitanden während der Mitgliedschaft im Bundestag wahrnehmen. [2] Die Vergütung für diese Tätigkeit ist entsprechend den tatsächlich erbrachten Leistungen zu bemessen. [3] Die Vergütung darf 25 vom Hundert der Bezüge, die aus dem Dienstverhältnis als Hochschullehrer zu zahlen wären, nicht übersteigen. [4] Im Übrigen sind die für Bundesbeamte geltenden Vorschriften anzuwenden.

§ 10 Wahlbeamte auf Zeit. Die Länder können durch Gesetz für Wahlbeamte auf Zeit von § 6 abweichende Regelungen treffen.

[1)] § 9 neu gef. mWv 31.12.2004 durch G v. 27.12.2004 (BGBl. I S. 3835).
[2)] **Sartorius Nr. 500.**

Vierter Abschnitt. Leistungen an Mitglieder des Bundestages

§ 11[1] **Abgeordnetenentschädigung.** (1) [1] Die monatliche Entschädigung eines Mitglieds des Deutschen Bundestages orientiert sich an den Bezügen eines Richters an einem obersten Gerichtshof des Bundes (Besoldungsgruppe R 6 gemäß der Anlage IV des Bundesbesoldungsgesetzes[2] mit Zulage für Richter und Staatsanwälte bei obersten Gerichtshöfen des Bundes). [2] Die Abgeordnetenentschädigung beträgt mit Wirkung vom 1. Juli 2014 8 667 Euro und vom 1. Januar 2015 9 082 Euro. [3] Für die Anpassung der Entschädigung gilt das in den Absätzen 4 und 5 geregelte Verfahren.

(2) Der Präsident erhält eine monatliche Amtszulage in Höhe eines Monatsbetrages nach Absatz 1, seine Stellvertreter in Höhe der Hälfte des Monatsbetrages nach Absatz 1 und die Vorsitzenden der Ausschüsse, der Untersuchungsausschüsse, der Enquete-Kommissionen sowie des Parlamentarischen Kontrollgremiums in Höhe von 15 vom Hundert des Monatsbetrages nach Absatz 1.

(3) Der Auszahlungsbetrag der Abgeordnetenentschädigung und der Amtszulage vermindert sich in Ansehung der zu den Kosten in Pflegefällen nach § 27 gewährten Zuschüsse vom 1. Januar 1995 an um ein Dreihundertfünfundsechzigstel.

(4) [1] Die monatliche Entschädigung nach Absatz 1 wird jährlich zum 1. Juli, erstmals zum 1. Juli 2016, angepasst. [2] Grundlage ist die Entwicklung des vom Statistischen Bundesamt ermittelten Nominallohnindex, den der Präsident des Statistischen Bundesamtes jährlich bis zum 31. März an den Präsidenten des Deutschen Bundestages übermittelt. [3] Dieser veröffentlicht den angepassten Betrag der Entschädigung in einer Bundestagsdrucksache.

(5) [1] Das Anpassungsverfahren nach Absatz 4 bleibt für eine neue Wahlperiode nur wirksam, wenn der Deutsche Bundestag innerhalb von drei Monaten nach der konstituierenden Sitzung einen entsprechenden Beschluss fasst. [2] Wird innerhalb dieser Frist kein Beschluss gefasst, gilt für die Entschädigung der letzte nach Absatz 4 ermittelte Betrag, bis der Deutsche Bundestag das Anpassungsverfahren in einem Gesetz bestätigt oder ändert.

§ 12[3] **Amtsausstattung.** (1) [1] Ein Mitglied des Bundestages erhält zur Abgeltung seiner durch das Mandat veranlaßten Aufwendungen eine Amtsausstattung als Aufwandsentschädigung. [2] Die Amtsausstattung umfaßt Geld- und Sachleistungen.

(2) [1] Ein Mitglied des Bundestages erhält eine monatliche Kostenpauschale für den Ausgleich insbesondere von

---

[1] § 11 neu gef. mWv 16.7.2014 durch G v. 11.7.2014 (BGBl. I S. 906); Abs. 2 geänd. mWv 11.1.2017 durch G v. 5.1.2017 (BGBl. I S. 17).

[2] **Sartorius Nr. 230.**

[3] § 12 Abs. 2 Satz 2 geänd. und Satz 4 aufgeh. durch G v. 19.6.1996 (BGBl. I S. 843); Abs. 4 neu gef. und Abs. 5 aufgeh., bish. Abs. 6 und 7 werden Abs. 5 und 6 mWv 1.1.2000 durch G v. 20.7.2000 (BGBl. I S. 1037); Abs. 3 Satz 4 eingef., bish. Sätze 4–8 werden Sätze 5–9 mWv 1.8. 2001 durch G v. 16.2.2001 (BGBl. I S. 266); Abs. 5 geänd. mWv 1.1.2002 und Abs. 2 Satz 1 Nr. 1 neu gef. mWv 17.10.2002 durch G v. 10.11.2001 (BGBl. I S. 2990).

1. Bürokosten zur Einrichtung und Unterhaltung von Wahlkreisbüros außerhalb des Sitzes des Deutschen Bundestages, einschließlich Miete und Nebenkosten, Inventar und Büromaterial, Literatur und Medien sowie Porto,
2. Mehraufwendungen am Sitz des Bundestages und bei Reisen mit Ausnahme von Auslandsdienstreisen,
3. Fahrtkosten für Fahrten in Ausübung des Mandats innerhalb der Bundesrepublik Deutschland unbeschadet der Regelungen in den §§ 16 und 17 und
4. sonstigen Kosten für andere mandatsbedingte Kosten (Repräsentation, Einladungen, Wahlkreisbetreuung usw.), die auch sonst nicht aus dem der Lebensführung dienenden beruflichen Einkommen zu bestreiten sind.

[2] Die Kostenpauschale[1)] wird zum 1. Januar eines jeden Jahres der Entwicklung der allgemeinen Lebenshaltungsausgaben aller privaten Haushalte im vorvergangenen Kalenderjahr angepaßt. [3] Das Nähere über die Höhe der am tatsächlichen Aufwand orientierten pauschalierten Einzelansätze und die Anpassung regeln das Haushaltsgesetz und Ausführungsbestimmungen, die vom Ältestenrat zu erlassen sind.

(3) [1] Ein Mitglied des Bundestages erhält Aufwendungen für die Beschäftigung von Mitarbeitern zur Unterstützung bei der Erledigung seiner parlamentarischen Arbeit gegen Nachweis ersetzt. [2] Der Ersatzanspruch ist nicht auf ein anderes Mitglied des Bundestages übertragbar. [3] Der Ersatz von Aufwendungen für Arbeitsverträge mit Mitarbeitern, die mit dem Mitglied des Bundestages verwandt, verheiratet oder verschwägert sind oder waren, ist grundsätzlich unzulässig. [4] Entsprechendes gilt für den Ersatz von Aufwendungen für Arbeitsverträge mit Lebenspartnern oder früheren Lebenspartnern eines Mitglieds des Bundestages. [5] Einzelheiten über den Umfang und die Voraussetzungen für den Ersatz von Aufwendungen, über nicht abdingbare Mindestvorschriften für den Arbeitsvertrag und sonstige Fragen regeln das Haushaltsgesetz und die vom Ältestenrat zu erlassenden Ausführungsbestimmungen. [6] Die Abrechnung der Gehälter und anderen Aufwendungen für Mitarbeiter erfolgt durch die Verwaltung des Bundestages. [7] Eine Haftung des Bundestages gegenüber Dritten ist ausgeschlossen. [8] Die Mitarbeiter sind nicht Angehörige des öffentlichen Dienstes. [9] Es bestehen keine arbeitsrechtlichen Beziehungen zwischen den Mitarbeitern und der Verwaltung des Bundestages.

(4) [1] Zur Amtsausstattung gehören auch
1. die Bereitstellung eines eingerichteten Büros am Sitz des Bundestages,
2. die Benutzung von Verkehrsmitteln gemäß § 16,
3. die Benutzung der Dienstfahrzeuge des Bundestages,
4. die Bereitstellung und Nutzung des gemeinsamen Informations- und Kommunikationssystems des Bundestages und
5. sonstige Leistungen des Bundestages.

[2] Das Nähere regeln das Haushaltsgesetz und Ausführungsbestimmungen, die vom Ältestenrat zu erlassen sind.

[1)] Ab dem 1.1.2017 beträgt die Kostenpauschale gem. Abgeordnetenpauschale-Bekanntmachung v. 3.11.2016 (BAnz AT 18.11.2016 B1) 4 318,38 €; ab dem 1.1.2018 gem. Abgeordnetenpauschale-Bekanntmachung v. 6.9.2017 (BAnz AT 10.11.2017 B1) 4 339,97 €.

(5) Der Präsident des Bundestages erhält eine monatliche Amtsaufwandsentschädigung von 1023 Euro, seine Stellvertreter erhalten eine monatliche Amtsaufwandsentschädigung von 307 Euro.

(6) Ein Mitglied des Bundestages, dem ein Dienstwagen des Bundes zur ausschließlichen Verfügung steht, erhält eine um 25 vom Hundert verminderte Kostenpauschale.

§ 13 Wegfall des Anspruchs auf Aufwandsentschädigungen. Ein Mitglied des Bundestages, das im letzten Vierteljahr der Wahlperiode in den Bundestag eintritt, hat keinen Anspruch auf die Leistungen nach § 12 Abs. 2 und 3, wenn der Bundestag seine Tätigkeit bereits abgeschlossen hat.

§ 14[1] Kürzung der Kostenpauschale. (1) [1] An jedem Sitzungstag wird eine Anwesenheitsliste ausgelegt. [2] Der Präsident bestimmt im Benehmen mit dem Ältestenrat, welche Tage als Sitzungstage gelten und in welcher Zeit die Anwesenheitsliste ausgelegt wird. [3] Trägt sich ein Mitglied des Bundestages nicht in die Anwesenheitsliste ein, werden ihm 100 Euro von der Kostenpauschale einbehalten. [4] Der einzubehaltende Betrag erhöht sich auf 200 Euro, wenn ein Mitglied an einem Plenarsitzungstag sich nicht in die Anwesenheitsliste eingetragen hat und nicht beurlaubt war. [5] Der Kürzungsbetrag verringert sich auf 20 Euro, wenn ein Mitglied des Bundestages einen Aufenthalt in einem Krankenhaus oder in einem Sanatorium oder die Arbeitsunfähigkeit ärztlich nachweist. [6] Während der Mutterschutzfristen infolge Schwangerschaft oder wenn ein Mitglied des Bundestages ein ärztlich nachgewiesen erkranktes, in seinem Haushalt lebendes Kind, das das 14. Lebensjahr noch nicht vollendet hat, mangels anderer im Haushalt dafür zur Verfügung stehender Aufsichtspersonen persönlich betreuen muss, führt die Nichteintragung in die Anwesenheitsliste nicht zu einer Kürzung der Kostenpauschale. [7] Die Eintragung in die Anwesenheitsliste wird vom Zeitpunkt der Auslegung an ersetzt durch Amtieren als Präsident oder als Schriftführer, durch protokollierte Wortmeldung in einer Sitzung des Deutschen Bundestages, durch Teilnahme an einer namentlichen Abstimmung oder einer Wahl mit Namensaufruf, durch Eintragung in die Anwesenheitsliste eines Ausschusses oder eines sonstigen Gremiums des Bundestages, durch Wortmeldungen in einem Ausschuss oder einem sonstigen Gremium des Bundestages, durch Eintragung in die Anwesenheitsliste des Ältestenrates oder durch eine für den Sitzungstag genehmigte und durchgeführte Dienstreise.

(2) [1] Einem Mitglied des Bundestages, das an einer namentlichen Abstimmung oder einer Wahl mit Namensaufruf nicht teilnimmt, werden 100 Euro von der monatlichen Kostenpauschale abgezogen. [2] Das gilt nicht, wenn der Präsident das Mitglied beurlaubt hat, ein Abzug nach Absatz 1 erfolgt oder in den Fällen des Absatzes 1 Satz 6.

§ 15[2] Bezug anderer Tage- oder Sitzungsgelder. [1] Bezieht ein Mitglied des Bundestages an einem Tag, an dem es sich in die Anwesenheitsliste des

---

[1] § 14 neu gef. mWv 1.1.2002 durch G v. 10.11.2001 (BGBl. I S. 2990); Abs. 1 Satz 7 geänd. mWv 1.1.2008 durch G v. 22.12.2007 (BGBl. I S. 3212); Abs. 1 Sätze 3 und 4, Abs. 2 Satz 1 geänd. mWv 16.7.2014 durch G v. 11.7.2014 (BGBl. I S. 906).

[2] § 15 Satz 1 geänd. mWv 1.1.2002 durch G v. 10.11.2001 (BGBl. I S. 2990).

Bundestages eingetragen hat, Tage- oder Sitzungsgelder aus anderen öffentlichen Kassen, so werden 20 Euro von der monatlichen Kostenpauschale einbehalten, jedoch nicht mehr als die aus anderen öffentlichen Kassen geleisteten Tage- oder Sitzungsgelder. [2] Das gleiche gilt für Auslandsdienstreisen, die auf einen Sitzungstag fallen.

§ 16[1)] Freifahrtberechtigung und Erstattung von Fahrkosten. (1) [1] Ein Mitglied des Bundestages hat das Recht auf freie Benutzung aller Verkehrsmittel der Deutschen Bahn AG. [2] Benutzt es in Ausübung des Mandats im Inland Flugzeuge, Schlafwagen oder sonstige schienengebundene Beförderungsmittel außerhalb des öffentlichen Personennahverkehrs, so werden die Kosten bis zur höchsten Klasse gegen Nachweis erstattet.

(2) [1] Für die Dauer der Berechtigung zur Freifahrt darf ein Mitglied des Bundestages die Erstattung von Fahrkosten der Deutschen Bahn AG für Reisen im Inland von anderer Seite nicht annehmen. [2] Dies gilt auch für Teilstrecken im Inland anläßlich einer Auslandsreise und wenn Kosten für die Benutzung von Flugzeugen oder Schlafwagen nach Absatz 1 erstattet werden.

§ 17[2)] Dienstreisen. (1) Dienstreisen bedürfen der vorherigen Zustimmung des Präsidenten.

(2) [1] Bei Inlandsdienstreisen gelten die Tagegelder durch die Kostenpauschale als abgegolten. [2] Ein Mitglied des Bundestages erhält jedoch in entsprechender Anwendung des Bundesreisekostengesetzes[3)] auf Antrag Übernachtungsgeld sowie Fahrkostenerstattung. [3] Weist ein Mitglied des Bundestages einen außergewöhnlichen Aufwand nach, der aus dem Übernachtungsgeld nicht gedeckt werden kann, so wird der unvermeidbare Mehrbetrag erstattet.

(3) [1] Bei Auslandsdienstreisen erhält ein Mitglied auf Antrag Tage- und Übernachtungsgeld. [2] Ferner werden erstattet:

- bei Benutzung der Eisenbahn die Fahrkosten von der Bundesgrenze zum Zielort und zurück sowie Schlafwagenkosten gegen Nachweis,
- bei Benutzung von Linienflugzeugen die nachgewiesenen Kosten zum Zielort und zurück,
- notwendige Fahrkosten anderer Beförderungsmittel.

(4) [1] Auf Antrag wird in den Fällen der Absätze 2 und 3 an Stelle der Fahrkostenerstattung Wegstreckenentschädigung gewährt. [2] Sie darf die Höhe der Kosten, die bei Flugzeugbenutzung nach § 16 Abs. 1 oder § 17 Abs. 3 zu erstatten wären, nicht überschreiten. [3] Die Höhe der Wegstreckenentschädigung wird vom Ältestenrat festgesetzt.

(5) Soweit vom Ältestenrat nichts anderes bestimmt ist, finden im übrigen die Vorschriften des Bundesreisekostengesetzes in der jeweils gültigen Fassung sinngemäß Anwendung.

---

1) § 16 Abs. 1 Satz 2 geänd. mWv 1.1.2008 durch G v. 22.12.2007 (BGBl. I S. 3212).
2) § 17 Abs. 2 Satz 2 geänd. mWv 26.7.2000 durch G v. 20.7.2000 (BGBl. I S. 1037).
3) **Sartorius Nr. 235.**

Fünfter Abschnitt. Leistungen an ehemalige Mitglieder des Bundestages und ihre Hinterbliebenen

§ 18[1] Übergangsgeld. (1) [1] Ein ausscheidendes Mitglied mit einer Mitgliedschaft von mindestens einem Jahr erhält Übergangsgeld. [2] Das Übergangsgeld wird in Höhe der Abgeordnetenentschädigung nach § 11 Abs. 1 für jedes Jahr der Mitgliedschaft einen Monat geleistet, höchstens jedoch 18 Monate lang. [3] Zeiten einer früheren Mitgliedschaft im Bundestag, für die bereits Übergangsgeld gezahlt worden ist, bleiben unberücksichtigt. [4] Eine Mitgliedschaft im Bundestag von mehr als einem halben Jahr gilt als volles Jahr bei der Berechnung nach Satz 2.

(2) [1] Ab dem zweiten Monat nach dem Ausscheiden aus dem Bundestag werden alle Erwerbs- und Versorgungseinkünfte auf das Übergangsgeld angerechnet. [2] Eine Anrechnung der Bezüge aus der Mitgliedschaft im Europäischen Parlament entfällt, wenn bereits seitens des Europäischen Parlaments die Anrechnung des Übergangsgeldes auf die dortigen Bezüge bestimmt ist.

(3) [1] Auf Antrag ist das Übergangsgeld nach Absatz 1 in einer Summe oder monatlich zum halben Betrag für den doppelten Zeitraum zu zahlen. [2] Absatz 1 Satz 3 gilt entsprechend.

(4) [1] Tritt das ehemalige Mitglied wieder in den Bundestag ein, ruht bei monatlicher Zahlung der Anspruch nach Absatz 1. [2] Wurde das ehemalige Mitglied in einer Summe abgefunden, ist der Betrag, der bei monatlicher Zahlung ruhen würde, zu erstatten. [3] Der Präsident bestimmt, in welchen Teilbeträgen zu erstatten ist.

(5) Stirbt ein ehemaliges Mitglied, werden die Leistungen nach Absatz 1 an den überlebenden Ehegatten, die eingetragene Lebenspartnerin/den eingetragenen Lebenspartner, die leiblichen Abkömmlinge sowie die als Kind angenommenen Kinder fortgesetzt oder ihnen belassen, wenn Versorgungsansprüche nach diesem Gesetz nicht entstehen.

(6) Ein ehemaliges Mitglied, das dem Europäischen Parlament angehört, kann den Anspruch auf Übergangsgeld erst nach seinem Ausscheiden aus dem Europäischen Parlament geltend machen.

(7) [1] Absatz 1 gilt nicht, wenn das Mitglied die Mitgliedschaft im Bundestag auf Grund des § 15 Abs. 2 Nr. 2 des Bundeswahlgesetzes[2] verliert. [2] Der Präsident kann die Zahlungen aussetzen, wenn ein Verfahren zu erwarten ist, das die Folgen nach § 15 Abs. 2 Nr. 2 des Bundeswahlgesetzes nach sich zieht.

§ 19[3] Anspruch auf Altersentschädigung. (1) Ein Mitglied erhält nach seinem Ausscheiden eine Altersentschädigung, wenn es das 67. Lebensjahr vollendet und dem Bundestag mindestens ein Jahr angehört hat.

---

[1] § 18 Abs. 5 geänd. mWv 16.7.2014 durch G v. 11.7.2014 (BGBl. I S. 906).

[2] Nr. **10**.

[3] § 19 neu gef. mWv 1.1.2008 durch G v. 22.12.2007 (BGBl. I S. 3212); Abs. 3 Satz 2 aufgeh., bish. Satz 3 wird Satz 2, Abs. 4 angef. mWv 24.10.2017 durch G v. 11.7.2014 (BGBl. I S. 906 iVm Bek. v. 26.10.2017, BGBl. I S. 3737).

(2) [1] Mitglieder des Bundestages, die vor dem 1. Januar 1947 geboren sind, erreichen die Altersgrenze mit Vollendung des 65. Lebensjahres. [2] Für Mitglieder des Bundestages, die nach dem 31. Dezember 1946 geboren sind, wird die Altersgrenze wie folgt angehoben:

Geburtsjahr	Anhebung um Monate	auf Alter	
		Jahr	Monat
1947	1	65	1
1948	2	65	2
1949	3	65	3
1950	4	65	4
1951	5	65	5
1952	6	65	6
1953	7	65	7
1954	8	65	8
1955	9	65	9
1956	10	65	10
1957	11	65	11
1958	12	66	0
1959	14	66	2
1960	16	66	4
1961	18	66	6
1962	20	66	8
1963	22	66	10.

(3) [1] Gehörte ein ausgeschiedenes Mitglied dem Bundestag mehrmals mit Unterbrechung an, so sind die Zeitabschnitte zusammenzurechnen. [2] § 18 Abs. 1 Satz 4 gilt entsprechend.

(4) [1] Auf Antrag kann die Altersentschädigung vorzeitig ab Vollendung des 63. Lebensjahres in Anspruch genommen werden. [2] Die Altersentschädigung vermindert sich in diesem Fall um 0,3 vom Hundert für jeden Monat, für den die Altersentschädigung vor dem in den Absätzen 1 und 2 genannten Zeitpunkt in Anspruch genommen wird. [3] Anrechnungen nach § 29 erfolgen bezogen auf den nach Satz 2 verminderten Betrag der Altersentschädigung.

§ 20[1)] Höhe der Altersentschädigung. [1] Die Altersentschädigung bemißt sich nach der monatlichen Abgeordnetenentschädigung (§ 11 Abs. 1). [2] Der

[1)] § 20 Satz 4 neu gef. durch G v. 19.6.1996 (BGBl. I S. 843); Satz 2 neu gef. und Satz 3 eingef., bish. Sätze 3 und 4 werden Sätze 4 und 5 sowie Satz 5 neu gef. mWv 1.1.2008 durch G v. 22.12. 2007 (BGBl. I S. 3212); Satz 3 geänd. mWv 24.10.2017 durch G v. 11.7.2014 (BGBl. I S. 906 iVm Bek. v. 26.10.2017, BGBl. I S. 3737).

Steigerungssatz beträgt vom 1. Januar 2008 an für jedes Jahr der Mitgliedschaft je 2,5 vom Hundert der Abgeordnetenentschädigung nach § 11 Abs. 1. [3] Der Höchstbemessungssatz der Altersentschädigung beträgt 65 vom Hundert. [4] Die Zeit der Wahrnehmung der Ämter des Präsidenten und seiner Stellvertreter wird der Berechnung der Altersentschädigung nach den Sätzen 1 und 2 mit der Abgeordnetenentschädigung nach § 11 Abs. 1 einschließlich der Amtszulage zugrunde gelegt. [5] § 18 Abs. 1 Satz 4 gilt entsprechend.

§ 21[1)] Berücksichtigung von Zeiten in anderen Parlamenten.

(1) [1] Zeiten der Mitgliedschaft im Parlament eines Landes der Bundesrepublik Deutschland gelten auf Antrag als Zeiten der Mitgliedschaft im Sinne des § 19. [2] Werden dadurch die Voraussetzungen für einen Anspruch nach diesem Gesetz erfüllt, so wird Altersentschädigung gezahlt.

(2) Für die Höhe der Altersentschädigung gilt § 20 für jedes Jahr der tatsächlichen Mitgliedschaft im Bundestag entsprechend.

(3) [1] Zeiten der Mitgliedschaft in der Volkskammer der ehemaligen Deutschen Demokratischen Republik ab Annahme des Mandats nach den Wahlen zur 10. Volkskammer bis zum 2. Oktober 1990 gelten auf Antrag, der bis zum 30. Juni 1996 bei dem Präsidenten des Bundestages eingegangen sein muß (Ausschlußfrist), als Mitgliedszeit im Bundestag. [2] § 18 Abs. 1 Satz 4 gilt entsprechend. [3] Bei einer Antragstellung nach Satz 1 sind die während der dort genannten Zeit der Volkskammerzugehörigkeit auf Grund dieser Mitgliedschaft begründeten Rentenanwartschaften und -ansprüche rückabzuwickeln.

§ 22[2)] Gesundheitsschäden. (1) [1] Hat ein Mitglied während seiner Zugehörigkeit zum Bundestag ohne sein grobes Verschulden Gesundheitsschäden erlitten, die seine Arbeitskraft dauernd und so wesentlich beeinträchtigen, daß es sein Mandat und bei seinem Ausscheiden aus dem Bundestag die bei seiner Wahl zum Bundestag ausgeübte oder eine andere zumutbare Tätigkeit nicht mehr ausüben kann, so erhält es unabhängig von den in § 19 vorgesehenen Voraussetzungen auf Antrag vom Monat der Antragstellung an eine Altersentschädigung, deren Höhe sich nach § 20 richtet, mindestens jedoch dreißig vom Hundert der Abgeordnetenentschädigung nach § 11 Abs. 1. [2] Ist der Gesundheitsschaden infolge eines Unfalls eingetreten, so erhöht sich der Bemessungssatz nach § 20 um 20 vom Hundert bis höchstens zum Höchstbemessungssatz der Altersentschädigung.

(2) Erleidet ein ehemaliges Mitglied des Bundestages, das unabhängig vom Lebensalter die Voraussetzung der Mitgliedschaftsdauer nach § 19 erfüllt, Gesundheitsschäden im Sinne des Absatzes 1, so erhält es Altersentschädigung, deren Höhe sich nach § 20 richtet.

(3) [1] Die Gesundheitsschädigung ist durch das Gutachten einer öffentlichrechtliche Krankenanstalt nachzuweisen. [2] Das Gutachten wird ersetzt durch den Bescheid über Rente wegen Erwerbsminderung, Berufs- oder Erwerbs-

---

1) § 21 Überschrift neu gef. durch G v. 19.6.1996 (BGBl. I S. 843).

2) § 22 Abs. 3 Satz 2 geänd. mWv 1.1.2001 durch G v. 20.12.2000 (BGBl. I S. 1827); Abs. 1 Satz 1 geänd. mWv 29.10.2008 durch G v. 23.10.2008 (BGBl. I S. 2020).

unfähigkeit oder durch den Bescheid über Dienstunfähigkeit im Sinne des Beamtenrechts.

§ 23[1)] Versorgungsabfindung. (1) [1] Ein Mitglied, das bei seinem Ausscheiden weder eine Anwartschaft noch einen Anspruch auf Altersentschädigung nach den §§ 19 bis 22 erworben hat, erhält für die Zeit der Zugehörigkeit zum Bundestag auf Antrag eine Versorgungsabfindung. [2] Sie wird für jeden angefangenen Monat der Mitgliedschaft im Bundestag in Höhe des für diesen Monat jeweils geltenden Höchstbeitrages zur allgemeinen Rentenversicherung zuzüglich 20 vom Hundert dieses Höchstbeitrages gezahlt.

(2) Mitglieder, die die Voraussetzungen des Absatzes 1 erfüllen, können an Stelle der Versorgungsabfindung auch beantragen, in sinngemäßer Anwendung der Vorschriften des Sechsten Buches Sozialgesetzbuch über die Nachversicherung für die Dauer ihrer Mitgliedschaft im Bundestag nachversichert zu werden.

(3) Der Absatz 2 gilt entsprechend für eine zusätzliche Alters- und Hinterbliebenenversorgung.

(4) Der Absatz 2 ist nicht anzuwenden, wenn und soweit die Zeit der Mitgliedschaft im Bundestag in einer öffentlich-rechtlichen Versicherung oder in einer Versorgung nach dienstrechtlichen Grundsätzen berücksichtigt ist oder berücksichtigt wird.

(5) Anstelle der Versorgungsabfindung nach Absatz 1 wird die Zeit der Mitgliedschaft im Bundestag auf Antrag als Dienstzeit im Sinne des Besoldungs- und Versorgungsrechts der Beamten, Richter und Soldaten berücksichtigt.

(6) Hat ein Mitglied einen Antrag nach Absatz 1 bis 3 oder Absatz 5 gestellt, so beginnen im Falle des Wiedereintritts in den Bundestag die Fristen für die Mitgliedschaftsdauer nach § 19 erneut zu laufen.

(7) Hat ein ausgeschiedenes Mitglied bis zu seinem Tod keinen Antrag auf Versorgungsabfindung gestellt, können sein überlebender Ehegatte oder, soweit ein solcher nicht vorhanden ist, die leiblichen oder die als Kind angenommenen Kinder einen Antrag nach Absatz 1 stellen.

(8) Die Absätze 2 und 4 gelten entsprechend für ein ausscheidendes Mitglied des Parlaments eines Landes, soweit landesrechtliche Vorschriften eine Versorgungsabfindung im Sinne des Absatzes 1 vorsehen.

(9) Verliert ein Mitglied des Parlaments eines Landes die Mitgliedschaft, ohne daß für die Zeit der Mitgliedschaft Anspruch oder Anwartschaft auf eine einmalige oder laufende Versorgung auf Grund seiner Parlamentszugehörigkeit besteht, so gelten die Absätze 2 und 4 entsprechend.

§ 24[2)] Überbrückungsgeld für Hinterbliebene. (1) [1] Die Hinterbliebenen eines Mitglieds des Bundestages erhalten die noch nicht abgerechneten

---

1) § 23 Abs. 7 eingef., bish. Abs. 7 und 8 werden Abs. 8 und 9 mWv 26.7.2000 durch G v. 20.7. 2000 (BGBl. I S. 1037); Abs. 1 Satz 2 geänd. mWv 1.1.2005 durch G v. 9.12.2004 (BGBl. I S. 3242).

2) § 24 Abs. 1 Satz 4 aufgeh., bish. Satz 5 wird Satz 4 mWv 26.7.2000 durch G v. 20.7.2000 (BGBl. I S. 1037); Abs. 1 Satz 4 geänd. und Satz 5 angef. mWv 1.4.2004 durch G v. 25.3.2004 (BGBl. I S. 459); Abs. 1 Satz 2 geänd. mWv 16.7.2014 durch G v. 11.7.2014 (BGBl. I S. 906).

Leistungen nach diesem Gesetz, soweit sie im Zeitpunkt des Todes fällig waren. [2]Der überlebende Ehegatte, die eingetragene Lebenspartnerin/der eingetragene Lebenspartner und die Abkömmlinge erhalten ein Überbrückungsgeld in Höhe einer Abgeordnetenentschädigung nach § 11 Abs. 1. [3]Das Überbrückungsgeld beträgt bei einer Dauer der Mitgliedschaft von mehr als acht Jahren oder von mehr als zwei Wahlperioden das Eineinhalbfache der Abgeordnetenentschädigung nach § 11 Abs. 1. [4]Sind Hinterbliebene im Sinne des Satzes 2 nicht vorhanden, wird sonstigen Personen, die die Kosten der letzten Krankheit getragen haben, das Überbrückungsgeld bis zur Höhe ihrer Aufwendungen gewährt. [5]Der Auszahlungsbetrag des Überbrückungsgeldes vermindert sich vom 31. März 2004 an um 1 050 Euro.

(2) Das gleiche gilt beim Tod eines ehemaligen Mitglieds des Bundestages, das die Voraussetzungen der Mitgliedschaftsdauer nach § 19 erfüllt und noch keine Altersentschädigung erhält.

§ 25[1)] Hinterbliebenenversorgung. (1) Der überlebende Ehegatte oder Lebenspartner eines Mitglieds oder ehemaligen Mitglieds des Bundestages erhält 60 vom Hundert der Altersentschädigung, sofern der Verstorbene im Zeitpunkt seines Todes Anspruch auf Altersentschädigung hatte oder die Voraussetzungen für die Gewährung einer Altersentschädigung erfüllte.

(2) Der überlebende Ehegatte oder Lebenspartner eines Mitglieds oder ehemaligen Mitglieds des Bundestages, das unabhängig vom Lebensalter die Voraussetzung der Mitgliedschaftsdauer nach § 19 erfüllt, erhält 60 vom Hundert der Altersentschädigung, deren Höhe sich nach § 20 bestimmt.

(3) [1]Die leiblichen und die als Kind angenommenen Kinder eines ehemaligen Mitglieds, das zur Zeit seines Todes Altersentschädigung erhalten hätte, eines verstorbenen Mitglieds oder eines verstorbenen Empfängers von Altersentschädigung erhalten Waisengeld. [2]Es beträgt für die Vollwaise 20 und die Halbwaise 12 vom Hundert der Altersentschädigung nach den Absätzen 1 und 2.

(4) Beim Tode eines Mitglieds des Bundestages, das dem Bundestag weniger als 14 Jahre angehört hat, erhalten der überlebende Ehegatte oder Lebenspartner 60 vom Hundert, die Vollwaise 20 vom Hundert und die Halbwaise 12 vom Hundert der Altersentschädigung für eine Mitgliedschaft von 13 Jahren.

§ 25a[2)] Versorgungsausgleich. (1) Anrechte auf Altersentschädigung werden intern geteilt.

(2) Für die Durchführung gilt das Gesetz über die interne Teilung beamtenversorgungsrechtlicher Ansprüche von Bundesbeamtinnen und Bundesbeamten im Versorgungsausgleich (Bundesversorgungsteilungsgesetz) entsprechend.

(3) Die Bewertung der Altersentschädigung erfolgt nach § 39 des Versorgungsausgleichsgesetzes (unmittelbare Bewertung).

---

1) § 25 Abs. 1, 2 und 4 geänd. mWv 1.1.2005 durch G v. 15.12.2004 (BGBl. I S. 3396).
2) § 25a neu gef. mWv 1.9.2009 durch G v. 3.4.2009 (BGBl. I S. 700).

§ 25b[1] Maßnahmen zur Kostendämpfung bei Versorgungsansprüchen. (1) [1]Unter den in § 25 genannten Voraussetzungen erhält der überlebende Ehegatte 55 vom Hundert der jeweiligen Altersentschädigung. [2]Das gilt nicht für vor dem 28. Dezember 2004 geschlossene Ehen, wenn zu diesem Zeitpunkt mindestens ein Ehegatte das 40. Lebensjahr vollendet hatte.

(2) Leistungen nach den §§ 18, 19, 21, 22 und 25 werden bei Anspruchsberechtigten nach § 27 Abs. 1 um den hälftigen Prozentsatz nach § 55 Abs. 1 Satz 1 des Elften Buches Sozialgesetzbuch der Jahresbezüge, höchstens jedoch um den hälftigen Prozentsatz nach § 55 Abs. 1 Satz 1 des Elften Buches Sozialgesetzbuch der Beitragsbemessungsgrenze in der Pflegeversicherung (§ 55 Abs. 2 des Elften Buches Sozialgesetzbuch) gemindert.

(3) Ab der ersten nach dem 28. Dezember 2004 folgenden Anpassung der Abgeordnetenentschädigung nach § 11 Abs. 1 wird der der Berechnung der Altersentschädigung zugrunde liegende, bis zum 31. Dezember 2007 erworbene Bemessungssatz nach § 20 bis zur vierten Anpassung einschließlich um den Faktor 0,5 gekürzt.

(4) Ab der ersten nach dem 28. Dezember 2004 folgenden Anpassung des fiktiven Bemessungsbetrages nach § 35a Abs. 2 Satz 3 wird der der Berechnung der Altersentschädigung nach dem Fünften und Neunten Abschnitt in der bis zum 22. Dezember 1995 geltenden Fassung zugrunde liegende Bemessungssatz nach § 20 bis zur achten Anpassung einschließlich um den Faktor 0,5 gekürzt.

(5) Für Mitglieder, die dem Bundestag ab der 16. Wahlperiode angehören, gilt bis zur Vollendung des in § 19 Abs. 1 und 2 jeweils genannten Alters § 29 Abs. 3 auch für private Erwerbseinkünfte entsprechend.

§ 26[2] Anwendung beamtenrechtlicher Vorschriften. [1]Soweit in diesem Gesetz nichts anderes bestimmt ist, sind die für die Bundesbeamten geltenden versorgungsrechtlichen Vorschriften sinngemäß anzuwenden. [2]Für den Begriff der Verwendung im öffentlichen Dienst im Sinne dieses Abschnitts gilt § 53 Abs. 8 des Beamtenversorgungsgesetzes[3] entsprechend.

Sechster Abschnitt.[4] Zuschuss zu den Kosten in Krankheits-, Pflege- und Geburtsfällen, Unterstützungen

§ 27[5] Zuschuss zu den Kosten in Krankheits-, Pflege- und Geburtsfällen. (1) [1]Die Mitglieder des Bundestages erhalten einen Zuschuss zu den notwendigen Kosten in Krankheits-, Pflege- und Geburtsfällen in sinngemäßer Anwendung der für Bundesbeamte geltenden Vorschriften. [2]Das gilt auch

---

[1] § 25b eingef. mWv 28.12.2004 durch G v. 21.12.2004 (BGBl. I S. 3590); Abs. 3 und 5 geänd. mWv 1.1.2008 durch G v. 22.12.2007 (BGBl. I S. 3212).

[2] § 26 Satz 2 neu gef. durch G v. 19.6.1996 (BGBl. I S. 843); Satz 2 geänd. mWv 26.7.2000 durch G v. 20.7.2000 (BGBl. I S. 1037).

[3] **Sartorius Nr. 155.**

[4] 6. Abschnitt Überschrift neu gef. mWv 1.4.2004 durch G v. 25.3.2004 (BGBl. I S. 459).

[5] § 27 Überschrift und Abs. 1 Satz 1 neu gef., Satz 3 aufgeh. sowie Abs. 3 geänd. mWv 1.4.2004 durch G v. 25.3.2004 (BGBl. I S. 459); Abs. 4 Satz 1 geänd. mWv 21.3.2008 durch G v. 17.3.2008 (BGBl. I S. 394); Abs. 2 Sätze 3 und 4 neu gef., Abs. 3 Satz 2 angef. mWv 16.7.2014 durch G v. 11.7.2014 (BGBl. I S. 906).

für Versorgungsempfänger nach diesem Gesetz, soweit nicht auf Grund eines Dienstverhältnisses oder der Mitgliedschaft in einer anderen gesetzgebenden Körperschaft ein Anspruch auf Beihilfe besteht und auf den Anspruch nach diesem Gesetz gegenüber dem Bundestag schriftlich verzichtet wurde.

(2) [1] Anstelle des Anspruchs auf den Zuschuß nach Absatz 1 erhalten die Mitglieder und Versorgungsempfänger einen Zuschuß zu ihren Krankenversicherungsbeiträgen, wenn der Arbeitgeber keine Beiträge nach § 249 des Fünften Buches Sozialgesetzbuch zahlt oder kein Anspruch auf einen Beitragszuschuß nach § 257 des Fünften Buches Sozialgesetzbuch besteht. [2] Mitglieder der gesetzlichen Krankenversicherung, die eine Rente aus der gesetzlichen Rentenversicherung beziehen und entweder den darauf entfallenden Krankenversicherungsbeitrag nach § 249a des Fünften Buches Sozialgesetzbuch nur zur Hälfte tragen oder gemäß § 106 des Sechsten Buches Sozialgesetzbuch einen Beitragszuschuß beziehen, erhalten für diesen rentenbezogenen Krankenversicherungsbeitrag keinen Zuschuß. [3] Als Zuschuss ist die Hälfte des aus eigenen Mitteln geleisteten Krankenversicherungsbeitrages in Anlehnung an § 249 des Fünften Buches Sozialgesetzbuch zu zahlen. [4] Besteht die Mitgliedschaft nicht ausschließlich in einer gesetzlichen Krankenkasse gemäß § 4 des Fünften Buches Sozialgesetzbuch, beträgt der Zuschuss höchstens die Hälfte des Beitrages nach § 249 des Fünften Buches Sozialgesetzbuch.

(3) [1] Der Anspruch auf den Zuschuß zu den Krankenversicherungsbeiträgen nach Absatz 2 schließt bei Mitgliedern des Bundestages ein den Anspruch auf einen Zuschuß in Höhe der Hälfte des aus eigenen Mitteln geleisteten Pflegeversicherungsbeitrages, höchstens jedoch die Hälfte des Höchstbeitrages der sozialen Pflegeversicherung. [2] Der Zuschuss umfasst nicht den Beitragszuschlag für Kinderlose nach § 55 des Elften Buches Sozialgesetzbuch.

(4) [1] Die Entscheidung darüber, ob das Mitglied anstelle der Leistungen nach Absatz 1 den Zuschuß nach Absatz 2 in Anspruch nehmen will, ist innerhalb von vier Monaten nach Feststellung des Bundeswahlausschusses (§ 42 Abs. 2 Satz 1 des Bundeswahlgesetzes[1]) oder Annahme des Mandats dem Präsidenten des Bundestages mitzuteilen; die Entscheidung ist für die Dauer der Wahlperiode unwiderruflich. [2] Versorgungsempfänger haben die Entscheidung innerhalb von vier Monaten nach Zustellung des Versorgungsbescheides dem Präsidenten mitzuteilen; sie bleiben an diese Entscheidung gebunden.

§ 28 Unterstützungen. Der Präsident kann in besonderen Fällen einem Mitglied des Bundestages einmalige Unterstützungen, einem ausgeschiedenen Mitglied und seinen Hinterbliebenen einmalige Unterstützungen und laufende Unterhaltszuschüsse gewähren.

---

[1] Nr. **10**.

Siebenter Abschnitt. Anrechnung beim Zusammentreffen mehrerer Bezüge aus öffentlichen Kassen

§ 29[1)] Anrechnung beim Zusammentreffen mehrerer Bezüge aus öffentlichen Kassen. (1) [1] Hat ein Mitglied des Bundestages neben der Abgeordnetenentschädigung nach § 11 Anspruch auf Einkommen aus einem Amtsverhältnis oder aus der Verwendung im öffentlichen Dienst, so wird die Abgeordnetenentschädigung nach § 11 um 50 vom Hundert gekürzt; der Kürzungsbetrag darf jedoch 30 vom Hundert des Einkommens nicht übersteigen. [2] Entsprechendes gilt für ein Einkommen aus einem Amtsverhältnis oder einer Verwendung im öffentlichen Dienst einer zwischen- oder überstaatlichen Einrichtung. [3] Die Abgeordnetenentschädigung ruht in voller Höhe neben einer Entschädigung nach dem Abgeordnetengesetz eines Landes. [4] Eine Berücksichtigung der in den Sätzen 2 und 3 genannten Bezüge entfällt dann, wenn die Anrechnung der Bezüge beziehungsweise das Ruhen der Entschädigung für die Ausübung des Landtagsmandats bereits durch landesrechtliche Vorschriften oder seitens der zwischen- oder überstaatlichen Einrichtung bestimmt wird.

(2) [1] Versorgungsansprüche aus einem Amtsverhältnis oder aus einer Verwendung im öffentlichen Dienst ruhen neben der Abgeordnetenentschädigung nach § 11 Abs. 1 um 80 vom Hundert, höchstens jedoch in Höhe der Abgeordnetenentschädigung nach § 11 Abs. 1 und 3. [2] Entsprechendes gilt in Höhe von 50 vom Hundert für Renten im Sinne des § 55 Abs. 1 Satz 2 des Beamtenversorgungsgesetzes[2)] mit Ausnahme von Renten aus einer freiwilligen Pflichtversicherung auf Antrag gemäß § 4 Abs. 2 des Sechsten Buches Sozialgesetzbuch; § 55 Abs. 3 und 4 des Beamtenversorgungsgesetzes ist sinngemäß anzuwenden. [3] Das nach Anwendung sonstiger Anrechnungs- und Ruhensvorschriften verbleibende Übergangsgeld nach dem Gesetz über die Rechtsverhältnisse der Mitglieder der Bundesregierung[3)] und nach dem Gesetz über die Rechtsverhältnisse der Parlamentarischen Staatssekretäre[4)] ruht neben der Abgeordnetenentschädigung nach § 11 ab dem zweiten Monat nach dem Ausscheiden aus dem Amt. [4] Beruht ein Versorgungsanspruch nach Satz 1 oder 2 auf Landesrecht, so tritt an die Stelle des Ruhens des Versorgungsanspruches das Ruhen der Abgeordnetenentschädigung um den sich aus Satz 1 oder Satz 2 ergebenden Betrag. [5] Entsprechendes gilt für Versorgungsansprüche aus einem Amtsverhältnis beziehungsweise einer Verwendung im öffentlichen Dienst einer zwischen- oder überstaatlichen Einrichtung.

(3) [1] Versorgungsansprüche nach diesem Gesetz ruhen neben dem Einkommen aus einem Amtsverhältnis oder einer Verwendung im öffentlichen Dienst um 50 vom Hundert des Betrages, um den sie und das Einkommen die Abgeordnetenentschädigung nach § 11 Abs. 1 übersteigen. [2] Entsprechendes

---

1) § 29 Abs. 2 Satz 2, Abs. 4 Satz 3 und Abs. 9 geänd., Abs. 2 Satz 3 angef. sowie Abs. 5 und 6 neu gef. mWv 26.7.2000, Abs. 1 Satz 4 aufgeh., bish. Satz 5 wird Satz 4 und geänd. und Abs. 2 neu gef. mWv 17.10.2002 durch G v. 20.7.2000 (BGBl. I S. 1037); Abs. 7 Satz 2 neu gef. mWv 28.12. 2004 durch G v. 21.12.2004 (BGBl. I S. 3590); Abs. 2 Sätze 2 und 4 geänd. mWv 16.7.2014 durch G v. 11.7.2014 (BGBl. I S. 906).

2) **Sartorius Nr. 155.**

3) Nr. **22.**

4) **Sartorius Nr. 47.**

gilt für ein Einkommen aus einem Amtsverhältnis oder einer Verwendung im öffentlichen Dienst einer zwischen- oder überstaatlichen Einrichtung.

(4) [1] Versorgungsansprüche nach diesem Gesetz ruhen neben Versorgungsbezügen aus einem Amtsverhältnis oder aus einer Verwendung im öffentlichen Dienst um 50 vom Hundert des Betrages, um den sie und die Versorgungsbezüge aus dem Amtsverhältnis oder der Verwendung im öffentlichen Dienst die Abgeordnetenentschädigung nach § 11 Abs. 1 übersteigen. [2] Entsprechendes gilt beim Bezug einer Versorgung aus einem Amtsverhältnis oder einer Verwendung im öffentlichen Dienst einer zwischen- oder überstaatlichen Einrichtung. [3] In gleicher Weise angerechnet werden Renten im Sinne des § 55 Abs. 1 Satz 2 des Beamtenversorgungsgesetzes mit Ausnahme von Renten aus einer freiwilligen Pflichtversicherung auf Antrag gemäß § 4 Abs. 2 des Sechsten Buches Sozialgesetzbuch; § 55 Abs. 1 Satz 4 und 5, Abs. 3, 4 und 8 des Beamtenversorgungsgesetzes gilt entsprechend.

(5) Versorgungsbezüge nach diesem Gesetz ruhen neben der Entschädigung aus der Mitgliedschaft im Bundestag, im Europäischen Parlament oder im Parlament eines Landes in Höhe des Betrages, um den diese Bezüge die Abgeordnetenentschädigung nach § 11 Abs. 1 übersteigen.

(6) [1] Versorgungsbezüge nach diesem Gesetz ruhen neben Versorgungsbezügen aus der Mitgliedschaft im Bundestag oder im Parlament eines Landes in Höhe des Betrages, um den diese Bezüge die Höchstversorgungsbezüge nach diesem Gesetz übersteigen. [2] Versorgungsbezüge nach diesem Gesetz ruhen bis zur Höhe der Versorgung des Europäischen Parlaments, soweit nicht bereits seitens des Europäischen Parlaments die Anrechnung der Versorgung nach diesem Gesetz auf die dortige Versorgung bestimmt ist.

(7) [1] Die Versorgungsbezüge mit Ausnahme der Renten gemäß Absatz 4 Satz 3 werden nur mit dem Teil in die Anrechnung einbezogen, der nicht auf eigenen Beiträgen beruht. [2] Die Absätze 1 bis 4 sind nicht auf Leistungen nach dem Bundessonderzahlungsgesetz oder entsprechende Leistungen auf Grund landesrechtlicher oder tarifvertraglicher Regelungen anzuwenden. [3] Bei Anwendung der Absätze 1 bis 4 sind Aufwandsentschädigungen, Unfallausgleich, Urlaubsgelder und einmalige Zahlungen außer Betracht zu lassen.

(8) Bei den Anrechnungsgrenzen der Absätze 3 bis 6 wird die Amtszulage nach § 11 Abs. 2 entsprechend berücksichtigt.

(9) Die Verwendung im öffentlichen Dienst und die nach dieser Vorschrift erfaßten zwischen- oder überstaatlichen Einrichtungen bestimmen sich nach § 53 Abs. 8 des Beamtenversorgungsgesetzes und den hierzu erlassenen Vorschriften.

Achter Abschnitt. Gemeinsame Vorschriften

§ 30[1] *(aufgehoben)*

§ 31 Verzicht, Übertragbarkeit. [1] Ein Verzicht auf die Abgeordnetenentschädigung nach § 11 und auf die Leistungen nach § 12 sowie nach dem Fünften Abschnitt mit Ausnahme des § 18 ist unzulässig. [2] Die Ansprüche aus

---

[1] § 30 aufgeh. mWv 16.7.2014 durch G v. 11.7.2014 (BGBl. I S. 906).

§ 12 sind nicht übertragbar. [3] Der Anspruch auf Abgeordnetenentschädigung nach § 11 ist nur bis zur Hälfte übertragbar. [4] Im übrigen gelten die Vorschriften der §§ 850 ff. der Zivilprozeßordnung.

§ 32[1)] Beginn und Ende der Ansprüche, Zahlungsvorschriften.

(1) [1] Die in den §§ 11, 12, 16, 27 und 28 geregelten Ansprüche entstehen mit dem Tag der Feststellung des Bundeswahlausschusses (§ 42 Abs. 2 Satz 1 des Bundeswahlgesetzes[2)]) oder im Fall des § 45 Abs. 3 des Bundeswahlgesetzes mit dem Tag der Annahme des Mandats, auch wenn die Wahlperiode des letzten Bundestages noch nicht abgelaufen ist. [2] Mandatsbezogene Aufwendungen, die einem gewählten Wahlkreisbewerber oder einem gewählten Landeslistenbewerber zwischen dem Wahltag und dem Tag der Feststellung des Bundeswahlausschusses (§ 42 Abs. 2 Satz 1 des Bundeswahlgesetzes) oder im Fall des § 45 Abs. 3 des Bundeswahlgesetzes mit dem Tag der Annahme des Mandats im Hinblick auf den Zusammentritt des neuen Bundestages entstehen, werden ebenfalls erstattet.

(2) [1] Ausgeschiedene Mitglieder erhalten die Abgeordnetenentschädigung nach § 11 bis zum Ende des Monats, in dem sie ausgeschieden sind, und die Geldleistungen nach § 12 Abs. 2 bis zum Ende des darauf folgenden Monats. [2] Die Rechte nach § 16 erlöschen 14 Tage nach dem Ausscheiden aus dem Bundestag.

(3) [1] Die Aufwendungen für die Beschäftigung von Mitarbeitern werden bis zum Ende des Monats ersetzt, in dem die Wahlperiode endet. [2] Scheidet ein Mitglied während der Wahlperiode aus, werden die Aufwendungen für die Beschäftigung von Mitarbeitern längstens bis zum Ende des fünften Monats nach dem Ausscheiden ersetzt, es sei denn, das Arbeitsverhältnis wird zu einem früheren Zeitpunkt beendet.

(4) Die Altersentschädigung wird vom Ersten des auf das anspruchsbegründende Ereignis folgenden Monats bis zum Ablauf des Monats gewährt, in dem der Berechtigte stirbt.

(5) Der Anspruch auf Altersentschädigung ruht während der Zeit, für die ein Anspruch auf Übergangsgeld besteht.

(6) [1] Altersentschädigung nach diesem Gesetz wird nicht gezahlt, wenn das Mitglied oder das ehemalige Mitglied seine Mitgliedschaft im Bundestag auf Grund des § 15 Abs. 2 Nr. 2 des Bundeswahlgesetzes verliert oder verlieren würde. [2] Für die Zeit der Mitgliedschaft im Bundestag gilt § 23.

(7) Für Mitglieder, die nach Inkrafttreten dieses Gesetzes aus dem Bundestag ausscheiden, gilt § 27 für die Dauer des Anspruchs auf Übergangsgeld nach § 18, mindestens jedoch für die Dauer von sechs Monaten.

(8) [1] Die Abgeordnetenentschädigung nach § 11 und die Geldleistungen nach § 12 Abs. 2 und den §§ 20 bis 27 werden monatlich im voraus gezahlt. [2] Ist nur ein Teil zu leisten, so wird für jeden Kalendertag ein Dreißigstel gezahlt; § 33 gilt entsprechend.

[1)] § 32 Abs. 1 Satz 2 angef., Abs. 3 neu gef. mWv 26.7.2000 durch G v. 20.7.2000 (BGBl. I S. 1037); Abs. 1 Sätze 1 und 2 geänd. mWv 21.3.2008 durch G v. 17.3.2008 (BGBl. I S. 394).

[2)] Nr. **10**.

§ 33[1] *(aufgehoben)*

§ 34 Ausführungsbestimmungen. (1) Soweit durch Bundesgesetz dazu ermächtigt, kann der Ältestenrat Ausführungsbestimmungen zur Rechtsstellung der Mitglieder des Bundestages erlassen, die vom Präsidenten im Amtlichen Handbuch des Deutschen Bundestages veröffentlicht werden.

(2) Der Ältestenrat kann allgemeine Verwaltungsvorschriften zu diesem Gesetz erlassen.

(3) Der Präsident veröffentlicht in einer Anlage zum Abgeordnetengesetz[2] im Amtlichen Handbuch des Deutschen Bundestages den Betrag der Kostenpauschale.

Neunter Abschnitt. Übergangsregelungen

§ 35[3] **Übergangsregelung zum Elften Änderungsgesetz.** (1) [1] Versorgungsansprüche und Versorgungsanwartschaften, die vor dem Inkrafttreten des Elften Änderungsgesetzes entstanden sind, bleiben unberührt. [2] § 29 Abs. 4 findet Anwendung. [3] Die Sätze 1 und 2 gelten entsprechend für die Hinterbliebenen eines Empfängers von Altersentschädigung, wenn dieser nach Inkrafttreten des Elften Änderungsgesetzes verstirbt.

(2) [1] Versorgungsansprüche und Versorgungsanwartschaften ehemaliger Mitglieder des Bundestages, die die Voraussetzungen der Mitgliedschaftsdauer vor Inkrafttreten des Elften Änderungsgesetzes erfüllen, und ihrer Hinterbliebenen richten sich nach bisherigem Recht. [2] § 29 Abs. 4 findet Anwendung. [3] Die Sätze 1 und 2 gelten entsprechend für Mitglieder des Bundestages, die vor Inkrafttreten des Elften Änderungsgesetzes dem Bundestag oder einem Landtag angehören, sowie für ihre Hinterbliebenen.

(3) [1] Ehemalige Mitglieder des Bundestages, die nach Inkrafttreten des Elften Änderungsgesetzes erneut in den Bundestag eintreten und die Voraussetzungen der §§ 19 und 21 in der bisherigen Fassung erfüllen, erhalten Altersentschädigung nach bisherigem Recht mit der Maßgabe, daß für jedes Jahr der Mitgliedschaft nach Inkrafttreten des Elften Änderungsgesetzes 4 vom Hundert der Entschädigung nach § 11 Abs. 1 bis zum Erreichen der Höchstaltersentschädigung gewährt werden. [2] § 29 Abs. 4 findet Anwendung. [3] Die Sätze 1 und 2 gelten für Hinterbliebene entsprechend.

(4) Die sich nach Absatz 1 bis 3 ergebende Versorgungsanwartschaft nach bisherigem Recht wird der Berechnung des Versorgungsanspruchs zugrunde gelegt, wenn sie höher ist als die Versorgungsanwartschaft, die sich nach diesem Gesetz ergibt.

---

[1] § 33 aufgeh. mWv 16.7.2014 durch G v. 11.7.2014 (BGBl. I S. 906).
[2] Nr. **23**.
[3] § 35 Abs. 2 Satz 1 und Abs. 4 geänd. mWv 26.7.2000 durch G v. 20.7.2000 (BGBl. I S. 1037).

§ 35a[1)] Übergangsregelungen zum Neunzehnten Änderungsgesetz.

(1) [1] Für Mitglieder, die am 22. Dezember 1995 dem Bundestag angehören, ehemalige Mitglieder des Bundestages und ihre Hinterbliebenen gelten die Regelungen des Fünften und des Neunten Abschnitts in der bis zum 22. Dezember 1995 geltenden Fassung fort. [2] § 25b Abs. 1, 2 und 5 gilt entsprechend.

(2) [1] Statt der Abgeordnetenentschädigung nach § 11 gilt in den Fällen des Absatzes 1 ein fiktiver Bemessungsbetrag. [2] Für das Übergangsgeld wird der Bemessungsbetrag auf 5 301 Euro festgesetzt. [3] Der fiktive Bemessungsbetrag für die Altersentschädigung wird mit Wirkung vom 1. Juli 2000 auf 11 683 Deutsche Mark, vom 1. Januar 2001 auf 11 868 Deutsche Mark, vom 1. Januar 2002 auf 6 165 Euro, vom 1. Januar 2003 auf 6 263 Euro, vom 1. Januar 2008 auf 6 411 Euro, vom 1. Januar 2009 auf 6 555 Euro, vom 1. Januar 2012 auf 6 805 Euro, vom 1. Januar 2013 auf 7 055 Euro, vom 1. Juli 2014 auf 7 410 Euro und vom 1. Januar 2015 auf 7 765 Euro festgesetzt. [4] Für spätere Anpassungen wird der Anpassungsfaktor anhand des in § 11 Absatz 4 und 5 geregelten Verfahrens ermittelt.

(3) Bei der Anwendung des § 29 auf Versorgungsansprüche nach diesem Gesetz wird in den Fällen des Absatzes 1 statt der Abgeordnetenentschädigung nach § 11 ebenfalls der fiktive Bemessungsbetrag für die Altersentschädigung nach Absatz 2 zugrunde gelegt.

(4) [1] Mitglieder des 13. Deutschen Bundestages, auf die Absatz 1 Anwendung findet, können sich bis zu ihrem Ausscheiden aus dem Bundestag für eine Anwendung der Regelungen des Fünften Abschnitts in der Fassung des Neunzehnten Änderungsgesetzes entscheiden. [2] Die Entscheidung ist bindend. [3] Verstirbt das Mitglied vor Ausübung des Wahlrechts, findet die jeweils günstigere Fassung Anwendung.

§ 35b[2)] Übergangsregelungen zum Siebenundzwanzigsten Änderungsgesetz. (1) [1] Auf alle bis zum 31. Dezember 2007 entstandenen Ansprüche und Anwartschaften von Mitgliedern des Bundestages, ehemaligen Mitgliedern und ihren Hinterbliebenen finden die Regelungen des Fünften und des Neunten Abschnitts in der bis zum 31. Dezember 2007 geltenden Fassung Anwendung. [2] § 19 Abs. 1 und 2, § 20 Satz 3 und § 25b Abs. 3 gelten entsprechend.

(2) [1] Statt der Abgeordnetenentschädigung nach § 11 gilt in den Fällen des Absatzes 1 ein gesonderter fiktiver Bemessungsbetrag. [2] Dieser fiktive Bemessungsbetrag wird mit Wirkung vom 1. Januar 2008 auf 7 174 Euro, vom 1. Januar 2009 auf 7 335 Euro, vom 1. Januar 2012 auf 7 615 Euro, vom 1. Januar 2013 auf 7 895 Euro, vom 1. Juli 2014 auf 8 292 Euro und vom 1. Januar 2015 auf 8 689 Euro festgesetzt. [3] § 35a bleibt unberührt. [4] Für

---

[1)] § 35a Abs. 2 Satz 3 neu gef. mWv 23.12.2000 durch G v. 19.12.2000 (BGBl. I S. 1754); Abs. 2 Satz 2 neu gef. und Satz 3 geänd. mWv 1.1.2002 durch G v. 10.11.2001 (BGBl. I S. 2990); Abs. 1 Satz 2 angef. mWv 28.12.2004 durch G v. 21.12.2004 (BGBl. I S. 3590); Abs. 2 Satz 3 geänd. mWv 1.1.2008 durch G v. 22.12.2007 (BGBl. I S. 3212); Abs. 2 Satz 3 geänd. mWv 27.8.2011 durch G v. 23.8.2011 (BGBl. I S. 1748); Abs. 2 Satz 3 geänd., Satz 4 neu gef. mWv 16.7.2014 durch G v. 11.7.2014 (BGBl. I S. 906).

[2)] § 35b eingef. mWv 1.1.2008 durch G v. 22.12.2007 (BGBl. I S. 3212); Abs. 2 Satz 2 neu gef. mWv 27.8.2011 durch G v. 23.8.2011 (BGBl. I S. 1748); Abs. 2 Satz 2 geänd., Satz 4 neu gef. mWv 16.7.2014 durch G v. 11.7.2014 (BGBl. I S. 906).

spätere Anpassungen wird der Anpassungsfaktor anhand des in § 11 Absatz 4 und 5 geregelten Verfahrens ermittelt.

(3) Bei der Berechnung von Ansprüchen und Anwartschaften von Mitgliedern des 16. Deutschen Bundestages gemäß Absatz 1 findet die Mindestzeit nach § 19 in der bis zum Inkrafttreten des Siebenundzwanzigsten Änderungsgesetzes geltenden Fassung keine Anwendung.

(4) [1] Bei der Anwendung des § 29 auf Versorgungsansprüche nach diesem Gesetz wird in den Fällen des Absatzes 1 statt der Abgeordnetenentschädigung nach § 11 ebenfalls der fiktive Bemessungsbetrag für die Altersentschädigung nach Absatz 2 zugrunde gelegt. [2] In den Fällen, in denen sich die Versorgungsansprüche aus solchen des neuen Rechts und solchen nach Absatz 1 zusammensetzen, ist jeweils der Betrag zugrunde zu legen, der sich unter Berücksichtigung des jeweiligen prozentualen Verhältnisses ergibt, mit dem die Versorgung auf der Grundlage des fiktiven Berechnungsbetrages nach Absatz 2 und der Entschädigung nach § 11 errechnet wird.

§ 35c[1)] Übergangsregelungen zum Dreißigsten Änderungsgesetz. [1] Auf alle bis zum Tag der ersten Sitzung des 19. Deutschen Bundestages entstandenen Ansprüche und Anwartschaften von Mitgliedern des Deutschen Bundestages, ehemaligen Mitgliedern und ihren Hinterbliebenen finden die Regelungen des Fünften und des Neunten Abschnitts in der bis zum Tag der ersten Sitzung des 19. Deutschen Bundestages geltenden Fassung Anwendung. [2] Die §§ 35a und 35b bleiben unberührt.

§ 36 Übergangsregelung für die Angehörigen des öffentlichen Dienstes. (1) [1] Der auf Grund des Gesetzes über die Rechtsstellung der in den ersten Deutschen Bundestag gewählten Angehörigen des öffentlichen Dienstes vom 11. Mai 1951 (BGBl. I S. 297) oder des Gesetzes über die Rechtsstellung der in den Deutschen Bundestag gewählten Angehörigen des öffentlichen Dienstes vom 4. August 1953 (BGBl. I S. 777), zuletzt geändert durch das Gesetz vom 21. August 1961 (BGBl. I S. 1557), sowie einer entsprechenden Regelung eines Landes in den Ruhestand getretene Beamte, der in den achten Bundestag gewählt worden ist oder in einen späteren Bundestag gewählt wird, gilt mit dem Tage der Annahme der Wahl, frühestens jedoch mit dem Inkrafttreten dieses Gesetzes, wieder als in das Beamtenverhältnis unter gleichzeitigem Ruhen der Rechte und Pflichten (§ 5 Abs. 1) berufen, sofern er die allgemeinen Voraussetzungen für die Berufung in das Beamtenverhältnis noch erfüllt. [2] Im übrigen bleiben die bis zum Inkrafttreten dieses Gesetzes nach den §§ 4 und 4a letzter Satz des Gesetzes über die Rechtsstellung der in den deutschen Bundestag gewählten Angehörigen des öffentlichen Dienstes vom 4. August 1953 begründeten Ansprüche erhalten.

(2) Absatz 1 gilt entsprechend für Richter, Berufssoldaten und Soldaten auf Zeit sowie sinngemäß für Angestellte des öffentlichen Dienstes.

(3) Für ehemalige Mitglieder des Bundestages bleiben die nach dem Gesetz über die Rechtsstellung der in den Deutschen Bundestag gewählten Angehörigen des öffentlichen Dienstes vom 4. August 1953 begründeten Rechte erhalten.

---

1) § 35c eingef. mWv 16.7.2014 durch G v. 11.7.2014 (BGBl. I S. 906).

§ 37 Versorgung vor 1968 ausgeschiedener Mitglieder. Der Präsident gewährt auf Antrag einem ehemaligen Mitglied, das vor dem 1. Januar 1968 aus dem Bundestag ausgeschieden ist, sowie seinen Hinterbliebenen vom Ersten des Monats der Antragstellung an Leistungen aus der Alters- und Hinterbliebenenversorgung nach dem Diätengesetz 1968 vom 3. Mai 1968 (BGBl. I S. 334), zuletzt geändert durch Artikel VIII des Gesetzes vom 18. Februar 1977 (BGBl. I S. 297).

§ 38 Versorgung für Zeiten vor Inkrafttreten dieses Gesetzes. (1) Ein Mitglied des Bundestages, das in der Zeit vom 1. Januar 1968 bis zum Inkrafttreten dieses Gesetzes ausgeschieden ist, und seine Hinterbliebenen erhalten Versorgung nach dem Diätengesetz 1968.

(2) Ein Mitglied des Bundestages, das dem Bundestag bereits vor Inkrafttreten dieses Gesetzes angehört hat und erst nach seinem Inkrafttreten aus dem Bundestag ausscheidet, erhält Altersentschädigung nach diesem Gesetz; dabei wird die Zeit der Mitgliedschaft vor Inkrafttreten dieses Gesetzes berücksichtigt.

(3) [1] Anstelle der Altersentschädigung nach Absatz 2 werden auf Antrag die nach § 4 des Diätengesetzes 1968 geleisteten eigenen Beiträge zur Alters- und Hinterbliebenenversorgung zinslos erstattet. [2] In diesem Falle bleiben die Zeiten der Mitgliedschaft im Bundestag vor Inkrafttreten dieses Gesetzes bei der Festsetzung der Altersentschädigung nach diesem Gesetz unberücksichtigt. [3] Im Falle des § 23 wird nur die halbe Versorgungsabfindung gezahlt.

(4) [1] Anstelle der Altersentschädigung nach Absatz 2 erhält ein Mitglied des Bundestages, das die Voraussetzungen des § 5 Abs. 1 und des § 7a Abs. 1 des Diätengesetzes 1968 erfüllt, für die Zeit der Mitgliedschaft im Bundestag vor Inkrafttreten dieses Gesetzes auf Antrag Ruhegeld nach dem Diätengesetz 1968; für die Zeit nach Inkrafttreten dieses Gesetzes wird Altersentschädigung nach diesem Gesetz mit der Maßgabe gewährt, daß für jedes Jahr der Mitgliedschaft 5 vom Hundert der Entschädigung nach § 11 Abs. 1 gezahlt werden. [2] Die anrechenbaren Zeiten vor und nach Inkrafttreten dieses Gesetzes dürfen 16 Jahre nicht übersteigen. [3] Das gleiche gilt für Hinterbliebene.

(5) Der Antrag gemäß den Absätzen 3 und 4 ist innerhalb von sechs Monaten nach Inkrafttreten dieses Gesetzes beim Präsidenten des Bundestages zu stellen.

§ 38a [Versorgung vor 1977 ausgeschiedener Mitglieder] (1) [1] Versorgungsempfänger nach den §§ 37 und 38 Abs. 1 erhalten anstelle ihrer bisherigen Versorgung auf Antrag Versorgung nach dem Fünften Abschnitt. [2] Das gleiche gilt für ehemalige Mitglieder, die dem Bundestag vor Inkrafttreten dieses Gesetzes mindestens sechs Jahre angehört haben und ihre Hinterbliebenen. [3] § 18 Abs. 1 letzter Satz gilt entsprechend.

(2) [1] Für ehemalige Mitglieder, die vor dem 1. April 1977 aus dem Bundestag ausgeschieden sind und danach wieder eintreten, gilt § 38 Abs. 4 entsprechend. [2] Der Antrag ist innerhalb von sechs Monaten nach dem Wiedereintritt in den Deutschen Bundestag beim Präsidenten des Bundestages zu stellen. [3] Das gleiche gilt für Hinterbliebene.

§ 38b Hinterbliebenenversorgung bei Tod während der Mitgliedschaft im Bundestag. Hinterbliebene nach § 25 Abs. 4, deren Versorgungsfall in der Zeit vom 1. April 1977 bis zum Inkrafttreten des Siebten Änderungsgesetzes eingetreten ist, erhalten auf Antrag vom Ersten des Monats der Antragstellung an Versorgung nach § 25 Abs. 4.

§ 39 Anrechnung früherer Versorgungsbezüge. (1) Versorgungsbezüge nach dem Diätengesetz 1968 werden gemäß § 10 Diätengesetz 1968 nicht in die Anrechnung nach § 29 Abs. 3 und 4 einbezogen.

(2) [1] Versorgungsbezüge nach dem Diätengesetz 1968 werden neben einer Entschädigung oder einer Versorgung aus der Mitgliedschaft in einem Landtag (§ 29 Abs. 5 und 6) nur mit dem Teil in die Anrechnung einbezogen, der nicht auf eigenen Beiträgen beruht. [2] Angerechnete Zeiten nach § 21 des Diätengesetzes 1968 gelten als Beitragszeiten.

§ 40 Gekürzte Versorgungsabfindung. [1] Für Zeiten der Mitgliedschaft unter der Geltung des Diätengesetzes 1968 wird die halbe Versorgungsabfindung nach § 23 gezahlt. [2] In diesem Falle werden eigene Beiträge zur Versicherung nach § 4 des Diätengesetzes 1968 auf Antrag erstattet.

§ 41 Fortsetzung der Todesfallversicherung. Die bei Inkrafttreten dieses Gesetzes bestehende Todesfallversicherung wird mit der Maßgabe fortgesetzt, daß die zu zahlende Altersentschädigung und das Witwengeld entsprechend der Zahl und der Höhe der seit dem 1. Januar 1968 geleisteten monatlichen Beiträge der Versicherungsnehmerin zu der Todesfallversicherung gekürzt werden.

§ 42 Umwandlung oder Auflösung der Todesfallversicherung. (1) Ein Mitglied oder ehemaliges Mitglied des Bundestages, das sich nach § 20 des Diätengesetzes 1968 für die Fortsetzung der Versicherung auf Bundeskosten entschieden hat, kann die Todesfallversicherung umwandeln oder auflösen.

(2) Im Falle der Umwandlung besteht die Möglichkeit der Fortsetzung auf eigene Kosten oder der beitragsfreien Versicherung mit der Maßgabe, daß die zu zahlende Altersentschädigung und das Witwengeld entsprechend der Zahl und der Höhe der von der Versicherungsnehmerin in der Zeit vom 1. Januar 1968 bis zum Ablauf des Monats der Umwandlung oder bis zur Gewährung von Altersentschädigung geleisteten Beiträge gekürzt wird.

(3) Bei Auflösung der Versicherung wird dem Versicherten der auf eigenen Beiträgen beruhende Rückkaufswert erstattet.

§ 43 Weiterzahlung des Übergangsgeldes. Ein ehemaliges Mitglied des Bundestages, das beim Inkrafttreten dieses Gesetzes Aufwandsentschädigung nach dem Diätengesetz 1968 bezieht, behält diesen Anspruch.

§ 44 Anrechnung von Zeiten für das Übergangsgeld. Zeiten der Mitgliedschaft im Bundestag, die vor Inkrafttreten dieses Gesetzes liegen, werden bei der Berechnung des Zeitraumes, für den Übergangsgeld zu zahlen ist, berücksichtigt.

Zehnter Abschnitt. Unabhängigkeit des Abgeordneten

§ 44a[1)] Ausübung des Mandats. (1) [1] Die Ausübung des Mandats steht im Mittelpunkt der Tätigkeit eines Mitglieds des Bundestages. [2] Unbeschadet dieser Verpflichtung bleiben Tätigkeiten beruflicher oder anderer Art neben dem Mandat grundsätzlich zulässig.

(2) [1] Für die Ausübung des Mandats darf ein Mitglied des Bundestages keine anderen als die gesetzlich vorgesehenen Zuwendungen oder andere Vermögensvorteile annehmen. [2] Unzulässig ist insbesondere die Annahme von Geld oder von geldwerten Zuwendungen, die nur deshalb gewährt werden, weil dafür die Vertretung und Durchsetzung der Interessen des Leistenden im Bundestag erwartet wird. [3] Unzulässig ist ferner die Annahme von Geld oder von geldwerten Zuwendungen, wenn diese Leistung ohne angemessene Gegenleistung des Mitglieds des Bundestages gewährt wird. [4] Die Entgegennahme von Spenden bleibt unberührt.

(3) [1] Nach Absatz 2 unzulässige Zuwendungen oder Vermögensvorteile oder ihr Gegenwert sind dem Haushalt des Bundes zuzuführen. [2] Der Präsident macht den Anspruch durch Verwaltungsakt geltend, soweit der Erhalt der Zuwendung oder des Vermögensvorteils nicht länger als drei Jahre zurückliegt. [3] Der Anspruch wird durch einen Verlust der Mitgliedschaft im Bundestag nicht berührt. [4] Das Nähere bestimmen die Verhaltensregeln nach § 44b.

(4) [1] Tätigkeiten vor Übernahme des Mandats sowie Tätigkeiten und Einkünfte neben dem Mandat, die auf für die Ausübung des Mandats bedeutsame Interessenverknüpfungen hinweisen können, sind nach Maßgabe der Verhaltensregeln (§ 44b) anzuzeigen und zu veröffentlichen. [2] Werden anzeigepflichtige Tätigkeiten oder Einkünfte nicht angezeigt, kann das Präsidium ein Ordnungsgeld bis zur Höhe der Hälfte der jährlichen Abgeordnetenentschädigung festsetzen. [3] Der Präsident macht das Ordnungsgeld durch Verwaltungsakt geltend. [4] § 31 bleibt unberührt. [5] Das Nähere bestimmen die Verhaltensregeln nach § 44b.

(5) [1] Wegen einer nicht nur geringfügigen Verletzung der Ordnung oder der Würde des Bundestages bei dessen Sitzungen kann der Präsident gegen ein Mitglied des Bundestages ein Ordnungsgeld in Höhe von 1 000 Euro festsetzen. [2] Im Wiederholungsfall erhöht sich das Ordnungsgeld auf 2 000 Euro. [3] Bei gröblicher Verletzung der Ordnung oder der Würde des Bundestages kann das Mitglied für die Dauer der Sitzung aus dem Saal verwiesen und bis zu 30 Sitzungstage von der Teilnahme an Sitzungen des Bundestages und seiner Gremien ausgeschlossen werden. [4] Das Nähere regelt die Geschäftsordnung des Bundestages.

§ 44b[2)] Verhaltensregeln. Der Bundestag gibt sich Verhaltensregeln[3)], die insbesondere Bestimmungen enthalten müssen über

---

[1)] § 44a eingef. mWv 18.10.2005 durch G v. 22.8.2005 (BGBl. I S. 2482); Abs. 5 angef. mWv 8.12.2011 durch G v. 8.11.2011 (BGBl. I S. 2218).

[2)] Bish. § 44a wird § 44b und neu gef. mWv 18.10.2005 durch G v. 22.8.2005 (BGBl. I S. 2482).

[3)] Siehe Anl. 1 GeschäftsO des Deutschen Bundestages (Nr. **14**).

1. die Fälle einer Pflicht zur Anzeige von Tätigkeiten vor der Mitgliedschaft im Bundestag sowie von Tätigkeiten neben dem Mandat;
2. die Fälle einer Pflicht zur Anzeige der Art und Höhe der Einkünfte neben dem Mandat oberhalb festgelegter Mindestbeträge;
3. die Pflicht zur Rechnungsführung und zur Anzeige von Spenden oberhalb festgelegter Mindestbeträge sowie Annahmeverbote und Ablieferungspflichten in den in den Verhaltensregeln näher bestimmten Fällen;
4. die Veröffentlichung von Angaben im Amtlichen Handbuch und im Internet;
5. das Verfahren sowie die Befugnisse und Pflichten des Präsidiums und des Präsidenten bei Entscheidungen nach § 44a Abs. 3 und 4.

§ 44c[1] Überprüfung auf Tätigkeit oder politische Verantwortung für das Ministerium für Staatssicherheit/Amt für Nationale Sicherheit der ehemaligen Deutschen Demokratischen Republik. (1) Mitglieder des Bundestages können beim Präsidenten schriftlich die Überprüfung auf eine hauptamtliche oder inoffizielle Tätigkeit oder politische Verantwortung für den Staatssicherheitsdienst der ehemaligen Deutschen Demokratischen Republik beantragen.

(2) Eine Überprüfung findet ohne Zustimmung statt, wenn der Ausschuß für Wahlprüfung, Immunität und Geschäftsordnung das Vorliegen von konkreten Anhaltspunkten für den Verdacht einer solchen Tätigkeit oder Verantwortung festgestellt hat.

(3) Das Verfahren wird in den Fällen der Absätze 1 und 2 vom Ausschuß für Wahlprüfung, Immunität und Geschäftsordnung durchgeführt.

(4) Das Verfahren zur Feststellung einer Tätigkeit oder Verantwortung für das Ministerium für Staatssicherheit/ Amt für Nationale Sicherheit der ehemaligen Deutschen Demokratischen Republik legt der Deutsche Bundestag in Richtlinien fest.

§ 44d[2] Verschwiegenheitspflicht und Aussagegenehmigung. (1) Die Abgeordneten des Deutschen Bundestages dürfen, auch nach Beendigung ihres Mandats, ohne Genehmigung weder vor Gericht noch außergerichtlich Aussagen oder Erklärungen abgeben über Angelegenheiten, die auf Grund eines Gesetzes oder nach den Bestimmungen der Geschäftsordnung des Deutschen Bundestages[3] der Verschwiegenheit unterliegen.

(2) [1] Die Genehmigung erteilt der Präsident des Deutschen Bundestages. [2] Sind Stellen außerhalb des Deutschen Bundestages an der Entstehung der geheimzuhaltenden Angelegenheiten beteiligt gewesen, kann die Genehmigung nur im Einvernehmen mit ihnen erteilt werden.

(3) Die Genehmigung darf nur versagt werden, wenn die Aussage oder Erklärung dem Wohl des Bundes oder eines Landes Nachteile bereiten oder die Erfüllung öffentlicher Aufgaben ernstlich gefährden oder erheblich erschweren würde.

---

[1] Bish. § 44b wird § 44c mWv 18.10.2005 durch G v. 22.8.2005 (BGBl. I S. 2482).
[2] Bish. § 44c wird § 44d mWv 18.10.2005 durch G v. 22.8.2005 (BGBl. I S. 2482).
[3] Nr. **14**.

Elfter Abschnitt. Fraktionen

§ 45 Fraktionsbildung. (1) Mitglieder des Bundestages können sich zu Fraktionen zusammenschließen.

(2) Das Nähere regelt die Geschäftsordnung des Deutschen Bundestages[1)].

§ 46 Rechtsstellung. (1) Die Fraktionen sind rechtsfähige Vereinigungen von Abgeordneten im Deutschen Bundestag.

(2) Die Fraktionen können klagen und verklagt werden.

(3) Die Fraktionen sind nicht Teil der öffentlichen Verwaltung; sie üben keine öffentliche Gewalt aus.

§ 47 Aufgaben. (1) Die Fraktionen wirken an der Erfüllung der Aufgaben des Deutschen Bundestages mit.

(2) Die Fraktionen können mit Fraktionen anderer Parlamente und parlamentarischen Einrichtungen national und international zusammenarbeiten.

(3) Die Fraktionen und ihre Mitglieder können die Öffentlichkeit über ihre Tätigkeit unterrichten.

§ 48 Organisation. (1) Die Fraktionen sind verpflichtet, ihre Organisation und Arbeitsweise auf den Grundsätzen der parlamentarischen Demokratie aufzubauen und an diesen auszurichten.

(2) Die Fraktionen geben sich eine eigene Geschäftsordnung.

§ 49 Geheimhaltungspflicht der Fraktionsangestellten. (1) [1] Angestellte der Fraktionen sind, auch nach Beendigung ihres Beschäftigungsverhältnisses, verpflichtet, über die ihnen bei ihrer Tätigkeit bekanntgewordenen Angelegenheiten Verschwiegenheit zu bewahren. [2] Dies gilt nicht für Tatsachen, die offenkundig sind oder ihrer Bedeutung nach keiner Geheimhaltung bedürfen.

(2) [1] Angestellte der Fraktionen dürfen, auch nach Beendigung ihres Beschäftigungsverhältnisses, ohne Genehmigung über solche Angelegenheiten weder vor Gericht noch außergerichtlich aussagen oder Erklärungen abgeben. [2] Die Genehmigung erteilt der jeweilige Fraktionsvorsitzende.

(3) Unberührt bleibt die gesetzlich begründete Pflicht, Straftaten anzuzeigen und bei Gefährdung der freiheitlich demokratischen Grundordnung für deren Erhaltung einzutreten.

§ 50 Geld- und Sachleistungen. (1) Die Fraktionen haben zur Erfüllung ihrer Aufgaben Anspruch auf Geld- und Sachleistungen aus dem Bundeshaushalt.

(2) [1] Die Geldleistungen setzen sich aus einem Grundbetrag für jede Fraktion, aus einem Betrag für jedes Mitglied und einem weiteren Zuschlag für jede Fraktion, die nicht die Bundesregierung trägt (Oppositionszuschlag), zusammen. [2] Die Höhe dieser Beträge und des Oppositionszuschlages legt der

---

1) Nr. **14**.

Bundestag jährlich fest. [3] Dazu erstattet der Präsident dem Bundestag im Benehmen mit dem Ältestenrat jeweils bis zum 30. September einen Bericht über die Angemessenheit der Beträge und des Oppositionszuschlages und legt zugleich einen Anpassungsvorschlag vor.

(3) Die Sachleistungen werden nach Maßgabe des Haushaltsgesetzes zur Nutzung erbracht.

(4) [1] Leistungen nach Absatz 1 dürfen die Fraktionen nur für Aufgaben verwenden, die ihnen nach dem Grundgesetz[1)], diesem Gesetz und der Geschäftsordnung des Deutschen Bundestages[2)] obliegen. [2] Eine Verwendung für Parteiaufgaben ist unzulässig.

(5) Geldleistungen nach Absatz 1 können auf neue Rechnung vorgetragen werden.

§ 51 Haushalts- und Wirtschaftsführung, Buchführung. (1) Einzelheiten der Haushalts- und Wirtschaftsführung werden in Ausführungsbestimmungen geregelt, die der Ältestenrat nach Anhörung des Bundesrechnungshofes erläßt.

(2) [1] Die Fraktionen haben Bücher über ihre rechnungslegungspflichtigen Einnahmen und Ausgaben sowie über ihr Vermögen zu führen. [2] Dabei ist nach den Grundsätzen ordnungsgemäßer Buchführung unter Berücksichtigung des Gesetzeszwecks zu verfahren.

(3) Aus den Geldleistungen nach § 50 Abs. 1 beschaffte Gegenstände sind, wenn sie nicht zum kurzfristigen Verbrauch bestimmt oder nur von geringem Wert sind, zu kennzeichnen und in einem Nachweis aufzuführen.

(4) Die Rechnungsunterlagen sind fünf Jahre aufzubewahren.

§ 52 Rechnungslegung. (1) Die Fraktionen haben über die Herkunft und die Verwendung der Mittel, die ihnen innerhalb eines Kalenderjahres (Rechnungsjahr) gemäß § 50 Abs. 1 zugeflossen sind, öffentlich Rechenschaft zu geben.

(2) Die Rechnung ist wie folgt zu gliedern:

1. Einnahmen:
   a) Geldleistungen nach § 50 Abs. 1,
   b) sonstige Einnahmen;
2. Ausgaben:
   a) Summe der Leistungen an Fraktionsmitglieder für die Wahrnehmung besonderer Funktionen in der Fraktion,
   b) Summe der Personalausgaben für Fraktionsmitarbeiterinnen und -mitarbeiter,
   c) Ausgaben für Veranstaltungen,
   d) Sachverständigen-, Gerichts- und ähnliche Kosten,
   e) Ausgaben für die Zusammenarbeit mit Fraktionen anderer Parlamente,
   f) Ausgaben für die Öffentlichkeitsarbeit,

---

1) Nr. **1**.
2) Nr. **14**.

g) Ausgaben des laufenden Geschäftsbetriebes,

h) Ausgaben für Investitionen sowie

i) sonstige Ausgaben.

(3) [1] Die Rechnung muß das Vermögen, das mit Mitteln gemäß § 50 Abs. 1 erworben wurde, die Rücklagen, die aus diesen Mitteln gebildet werden, sowie die Forderungen und die Verbindlichkeiten ausweisen. [2] Die Vermögensrechnung gliedert sich wie folgt:

1. Aktivseite:
   a) Geldbestände,
   b) sonstige Vermögensgegenstände,
   c) Rechnungsabgrenzung;
2. Passivseite:
   a) Rücklagen,
   b) Rückstellungen,
   c) Verbindlichkeiten gegenüber Kreditinstituten,
   d) sonstige Verbindlichkeiten,
   e) Rechnungsabgrenzung.

(4) [1] Die Rechnung muß von einem im Benehmen mit dem Bundesrechnungshof bestellten Abschlußprüfer (Wirtschaftsprüfer oder Wirtschaftsprüfungsgesellschaft) auf die Einhaltung der Anforderungen der Absätze 2 und 3 geprüft werden und einen entsprechenden Prüfungsvermerk aufweisen. [2] Die geprüfte Rechnung ist dem Präsidenten oder der Präsidentin des Deutschen Bundestages spätestens bis zum Ende des sechsten Monats nach Ablauf des Kalenderjahres oder des Monats vorzulegen, in dem die Geldleistungen nach § 50 Abs. 1 letztmals gezahlt wurden. [3] Der Präsident oder die Präsidentin des Deutschen Bundestages können die Frist aus besonderen Gründen bis zu drei Monaten verlängern. [4] Die geprüfte Rechnung wird als Bundestags-Drucksache verteilt.

(5) Solange eine Fraktion mit der Rechnungslegung in Verzug ist, sind Geld- und Sachleistungen nach § 50 Abs. 1 zurückzubehalten.

§ 53 Rechnungsprüfung. (1) Der Bundesrechnungshof prüft die Rechnung sowie die den Fraktionen nach § 50 Abs. 1 zur Verfügung gestellten Geld- und Sachleistungen auf ihre wirtschaftliche und ordnungsgemäße Verwendung nach Maßgabe der Ausführungsbestimmungen gemäß § 51 Abs. 1.

(2) [1] Bei der Prüfung sind die Rechtsstellung und die Aufgaben der Fraktionen zu beachten. [2] Die politische Erforderlichkeit einer Maßnahme der Fraktionen ist nicht Gegenstand der Prüfung.

§ 54 Beendigung der Rechtsstellung und Liquidation. (1) Die Rechtsstellung nach § 46 entfällt

1. bei Erlöschen des Fraktionsstatus,
2. bei Auflösung der Fraktion,
3. mit dem Ende der Wahlperiode.

(2) [1] In den Fällen des Absatzes 1 Nr. 1 und 2 findet eine Liquidation statt. [2] Die Fraktion gilt bis zur Beendigung der Liquidation als fortbestehend,

soweit der Zweck der Liquidation dies erfordert. [3] Die Liquidation erfolgt durch den Vorstand, soweit die Geschäftsordnung der Fraktion nichts anderes bestimmt.

(3) [1] Die Liquidatoren haben die laufenden Geschäfte zu beenden, die Forderungen einzuziehen und die Gläubiger zu befriedigen. [2] Sie sind berechtigt, zu diesem Zweck neue Geschäfte einzugehen und das Vermögen in Geld umzusetzen. [3] Die Zweckbindung gemäß § 50 Abs. 4 ist zu beachten. [4] Fällt den Liquidatoren bei der Durchführung der Liquidation ein Verschulden zur Last, so haften sie für den daraus entstehenden Schaden gegenüber den Gläubigern als Gesamtschuldner.

(4) [1] Soweit nach der Beendigung der Liquidation nach § 50 Abs. 1 gewährte Geldleistungen verbleiben, sind diese an den Bundeshaushalt zurückzuführen. [2] Das gleiche gilt für Vermögenswerte, die mit diesen Geldern angeschafft worden sind. [3] Die Sachleistungen nach § 50 Abs. 3 sind derjenigen Stelle zurückzugeben, die die Sachleistung erbracht hat.

(5) [1] Das verbleibende Vermögen der Fraktion ist dem Anfallsberechtigten zu überlassen. [2] Anfallsberechtigt sind die in der Geschäftsordnung der Fraktion bestimmten Personen oder Stellen.

(6) [1] Maßnahmen nach den Absätzen 4 und 5 dürfen erst vorgenommen werden, wenn seit dem Ereignis, das zum Verlust der Rechtsstellung nach § 46 geführt hat, sechs Monate verstrichen sind. [2] Die Sicherung der Gläubiger hat nach § 52 des Bürgerlichen Gesetzbuchs zu erfolgen.

(7) [1] Im Falle des Absatzes 1 Nr. 3 findet eine Liquidation nicht statt, wenn sich innerhalb von 30 Tagen nach Beginn der neuen Wahlperiode eine Fraktion konstituiert, deren Mitglieder einer Partei angehören, die durch eine Fraktion in der abgelaufenen Wahlperiode im Deutschen Bundestag vertreten war und die sich zur Nachfolgefraktion erklärt. [2] In diesem Falle ist die neu konstituierte Fraktion die Rechtsnachfolgerin der alten Fraktion.

Zwölfter Abschnitt.[1] *(aufgehoben)*

[1] 12. Abschnitt aufgeh. mWv 29.10.2008 durch G v. 23.10.2008 (BGBl. I S. 2020).

24. Gesetz über die politischen Parteien (Parteiengesetz)

In der Fassung der Bekanntmachung vom 31. Januar 1994[1]
(BGBl. I S. 149)

FNA 112-1

geänd. durch Art. 28 G zur Ergänzung des JahressteuerG 1996 und zur Änd. anderer Gesetze v. 18.12.1995 (BGBl. I S. 1959), Art. 12 JustizmitteilungsG v. 18.6.1997 (BGBl. I S. 1430), Art. 1 Siebtes ÄndG v. 17.2.1999 (BGBl. I S. 146), Art. 1, 2 Achtes ÄndG v. 28.6.2002 (BGBl. I S. 2268), Art. 3 Achtes ÄndG v. 28.6.2002 (BGBl. I S. 2268, aufgeh. durch Art. 1 Neuntes ÄndG v. 22.12. 2004 (BGBl. I S. 3673)), Art. 2 Neuntes ÄndG v. 22.12.2004 (BGBl. I S. 3673), Art. 5a G zur Erleichterung elektronischer Anmeldungen zum Vereinsregister und anderer vereinsrechtlicher Änd. v. 24.9.2009 (BGBl. I S. 3145), Art. 1 G zur Änd. des ParteienG und des AbgeordnetenG v. 23.8.2011 (BGBl. I S. 1748, ber. S. 3141), Art. 1 Zehntes ÄndG v. 22.12.2015 (BGBl. I S. 2563), Art. 2 G zum Ausschluss verfassungsfeindlicher Parteien von der Parteienfinanzierung v. 18.7.2017 (BGBl. I S. 2730) und Art. 1 G zur Änd. des ParteienG und anderer Gesetze v. 10.7.2018 (BGBl. I S. 1116)

Erster Abschnitt. Allgemeine Bestimmungen

§ 1 Verfassungsrechtliche Stellung und Aufgaben der Parteien.

(1) [1] Die Parteien sind ein verfassungsrechtlich notwendiger Bestandteil der freiheitlichen demokratischen Grundordnung. [2] Sie erfüllen mit ihrer freien, dauernden Mitwirkung an der politischen Willensbildung des Volkes eine ihnen nach dem Grundgesetz[2] obliegende und von ihm verbürgte öffentliche Aufgabe.

(2) Die Parteien wirken an der Bildung des politischen Willens des Volkes auf allen Gebieten des öffentlichen Lebens mit, indem sie insbesondere auf die Gestaltung der öffentlichen Meinung Einfluß nehmen, die politische Bildung anregen und vertiefen, die aktive Teilnahme der Bürger am politischen Leben fördern, zur Übernahme öffentlicher Verantwortung befähigte Bürger heranbilden, sich durch Aufstellung von Bewerbern an den Wahlen in Bund, Ländern und Gemeinden beteiligen, auf die politische Entwicklung in Parlament und Regierung Einfluß nehmen, die von ihnen erarbeiteten politischen Ziele in den Prozeß der staatlichen Willensbildung einführen und für eine ständige lebendige Verbindung zwischen dem Volk und den Staatsorganen sorgen.

(3) Die Parteien legen ihre Ziele in politischen Programmen nieder.

(4) Die Parteien verwenden ihre Mittel ausschließlich für die ihnen nach dem Grundgesetz und diesem Gesetz obliegenden Aufgaben.

§ 2[3] Begriff der Partei. (1) [1] Parteien sind Vereinigungen von Bürgern, die dauernd oder für längere Zeit für den Bereich des Bundes oder eines Landes auf die politische Willensbildung Einfluß nehmen und an der Vertretung des Volkes im Deutschen Bundestag oder einem Landtag mitwirken wollen, wenn sie nach dem Gesamtbild der tatsächlichen Verhältnisse, insbesondere nach Umfang und Festigkeit ihrer Organisation, nach der Zahl ihrer Mitglieder

---

[1] Neubekanntmachung des ParteiG idF der Bek. v. 3.3.1989 (BGBl. I S. 327) in der ab 1.1.1994 geltenden Fassung.

[2] Nr. **1**.

[3] § 2 Abs. 2 Satz 2 angef. mWv 1.1.2016 durch G v. 22.12.2015 (BGBl. I S. 2563).

und nach ihrem Hervortreten in der Öffentlichkeit eine ausreichende Gewähr für die Ernsthaftigkeit dieser Zielsetzung bieten. [2] Mitglieder einer Partei können nur natürliche Personen sein.

(2) [1] Eine Vereinigung verliert ihre Rechtsstellung als Partei, wenn sie sechs Jahre lang weder an einer Bundestagswahl noch an einer Landtagswahl mit eigenen Wahlvorschlägen teilgenommen hat. [2] Gleiches gilt, wenn eine Vereinigung sechs Jahre lang entgegen der Pflicht zur öffentlichen Rechenschaftslegung gemäß § 23 keinen Rechenschaftsbericht eingereicht hat; § 19a Absatz 3 Satz 5 gilt entsprechend.

(3) Politische Vereinigungen sind nicht Parteien, wenn
1. ihre Mitglieder oder die Mitglieder ihres Vorstandes in der Mehrheit Ausländer sind oder
2. ihr Sitz oder ihre Geschäftsleitung sich außerhalb des Geltungsbereichs dieses Gesetzes befindet.

§ 3 Aktiv- und Passivlegitimation. [1] Die Partei kann unter ihrem Namen klagen und verklagt werden. [2] Das gleiche gilt für ihre Gebietsverbände der jeweils höchsten Stufe, sofern die Satzung der Partei nichts anderes bestimmt.

§ 4 Name. (1) [1] Der Name einer Partei muß sich von dem Namen einer bereits bestehenden Partei deutlich unterscheiden; das gleiche gilt für Kurzbezeichnungen. [2] In der Wahlwerbung und im Wahlverfahren darf nur der satzungsmäßige Name oder dessen Kurzbezeichnung geführt werden; Zusatzbezeichnungen können weggelassen werden.

(2) [1] Gebietsverbände führen den Namen der Partei unter Zusatz ihrer Organisationsstellung. [2] Der Zusatz für Gebietsverbände ist nur an nachfolgender Stelle zulässig. [3] In der allgemeinen Werbung und in der Wahlwerbung kann der Zusatz weggelassen werden.

(3) [1] Gebietsverbände, die aus der Partei ausscheiden, verlieren das Recht, den Namen der Partei weiterzuführen. [2] Ein neu gewählter Name darf nicht in einem bloßen Zusatz zu dem bisherigen Namen bestehen. [3] Entsprechendes gilt für Kurzbezeichnungen.

§ 5 Gleichbehandlung. (1) [1] Wenn ein Träger öffentlicher Gewalt den Parteien Einrichtungen zur Verfügung stellt oder andere öffentliche Leistungen gewährt, sollen alle Parteien gleichbehandelt werden. [2] Der Umfang der Gewährung kann nach der Bedeutung der Parteien bis zu dem für die Erreichung ihres Zweckes erforderlichen Mindestmaß abgestuft werden. [3] Die Bedeutung der Parteien bemißt sich insbesondere auch nach den Ergebnissen vorausgegangener Wahlen zu Volksvertretungen. [4] Für eine Partei, die im Bundestag in Fraktionsstärke vertreten ist, muß der Umfang der Gewährung mindestens halb so groß wie für jede andere Partei sein.

(2) Für die Gewährung öffentlicher Leistungen in Zusammenhang mit einer Wahl gilt Absatz 1 während der Dauer des Wahlkampfes nur für Parteien, die Wahlvorschläge eingereicht haben.

(3) Öffentliche Leistungen nach Absatz 1 können an bestimmte sachliche, von allen Parteien zu erfüllende Voraussetzungen gebunden werden.

(4) Der Vierte Abschnitt bleibt unberührt.

Zweiter Abschnitt. Innere Ordnung

§ 6 Satzung und Programm. (1) [1] Die Partei muß eine schriftliche Satzung und ein schriftliches Programm haben. [2] Die Gebietsverbände regeln ihre Angelegenheiten durch eigene Satzungen, soweit die Satzung des jeweils nächsthöheren Gebietsverbandes hierüber keine Vorschriften enthält.

(2) Die Satzungen müssen Bestimmungen enthalten über

1. Namen sowie Kurzbezeichnung, sofern eine solche verwandt wird, Sitz und Tätigkeitsgebiet der Partei,
2. Aufnahme und Austritt der Mitglieder,
3. Rechte und Pflichten der Mitglieder,
4. zulässige Ordnungsmaßnahmen gegen Mitglieder und ihren Ausschluß (§ 10 Abs. 3 bis 5),
5. zulässige Ordnungsmaßnahmen gegen Gebietsverbände,
6. allgemeine Gliederung der Partei,
7. Zusammensetzung und Befugnisse des Vorstandes und der übrigen Organe,
8. der Beschlußfassung durch die Mitglieder- und Vertreterversammlungen nach § 9 vorbehaltene Angelegenheiten,
9. Voraussetzung, Form und Frist der Einberufung der Mitglieder- und Vertreterversammlungen sowie Beurkundung der Beschlüsse,
10. Gebietsverbände und Organe, die zur Einreichung (Unterzeichnung) von Wahlvorschlägen für Wahlen zu Volksvertretungen befugt sind, soweit hierüber keine gesetzlichen Vorschriften bestehen,
11. eine Urabstimmung der Mitglieder und das Verfahren, wenn der Parteitag die Auflösung der Partei oder des Gebietsverbandes oder die Verschmelzung mit anderen Parteien nach § 9 Abs. 3 beschlossen hat. Der Beschluß gilt nach dem Ergebnis der Urabstimmung als bestätigt, geändert oder aufgehoben,
12. Form und Inhalt einer Finanzordnung, die den Vorschriften des Fünften Abschnittes dieses Gesetzes genügt.

(3) [1] Der Vorstand hat dem Bundeswahlleiter

1. Satzung und Programm der Partei,
2. Namen der Vorstandsmitglieder der Partei und der Landesverbände mit Angabe ihrer Funktionen,
3. Auflösung der Partei oder eines Landesverbandes

mitzuteilen. [2] Änderungen zu Satz 1 Nr. 1 und 2 sind bis zum 31. Dezember des jeweiligen Kalenderjahres anzuzeigen. [3] Die Unterlagen können beim Bundeswahlleiter von jedermann eingesehen werden. [4] Abschriften dieser Unterlagen sind auf Anforderung gebührenfrei zu erteilen.

(4) Bei Parteien, deren Organisation sich auf das Gebiet eines Landes beschränkt (Landesparteien), gelten die in diesem Gesetz für die Partei getroffenen Regelungen für den Landesverband.

§ 7 Gliederung. (1) [1]Die Parteien gliedern sich in Gebietsverbände. [2]Größe und Umfang der Gebietsverbände werden durch die Satzung festgelegt. [3]Die gebietliche Gliederung muß soweit ausgebaut sein, daß den einzelnen Mitgliedern eine angemessene Mitwirkung an der Willensbildung der Partei möglich ist. [4]Beschränkt sich die Organisation einer Partei auf das Gebiet eines Stadtstaates, braucht sie keine Gebietsverbände zu bilden; sie ist Partei im Sinne dieses Gesetzes. [5]Organisatorische Zusammenschlüsse mehrerer Gebietsverbände, die den verbandsmäßigen Aufbau der Parteiorganisation nicht wesentlich beeinträchtigen, sind zulässig.

(2) Soweit in einer Partei Landesverbände nicht bestehen, gelten die in diesem Gesetz für Landesverbände getroffenen Regelungen für die der Partei folgenden nächstniedrigen Gebietsverbände.

§ 8 Organe. (1) [1]Mitgliederversammlung und Vorstand sind notwendige Organe der Partei und der Gebietsverbände. [2]Durch die Satzung kann bestimmt werden, daß in den überörtlichen Verbänden an die Stelle der Mitgliederversammlung eine Vertreterversammlung tritt, deren Mitglieder für höchstens zwei Jahre durch Mitglieder- oder Vertreterversammlungen der nachgeordneten Verbände gewählt werden. [3]Landesparteien ohne Gebietsverbände (§ 7 Abs. 1 Satz 4) können die Mitgliederversammlung durch eine Vertreterversammlung ersetzen, wenn sie mehr als 250 Mitglieder haben. [4]Vertreterversammlungen können auch für Ortsverbände von mehr als 250 Mitgliedern oder mit großer räumlicher Ausdehnung gebildet werden.

(2) [1]Die Satzung kann weitere der Willensbildung des jeweiligen Gebietsverbandes dienende Einrichtungen (Organe) vorsehen. [2]Sie sind in der Satzung ausdrücklich als solche zu bezeichnen.

§ 9 Mitglieder- und Vertreterversammlung (Parteitag, Hauptversammlung). (1) [1]Die Mitglieder- oder Vertreterversammlung (Parteitag, Hauptversammlung) ist das oberste Organ des jeweiligen Gebietsverbandes. [2]Sie führt bei Gebietsverbänden höherer Stufen die Bezeichnung „Parteitag", bei Gebietsverbänden der untersten Stufe die Bezeichnung „Hauptversammlung"; die nachfolgenden Bestimmungen über den Parteitag gelten auch für die Hauptversammlung. [3]Die Parteitage treten mindestens in jedem zweiten Kalenderjahr einmal zusammen.

(2) Vorstandsmitglieder, Mitglieder anderer Organe des Gebietsverbandes sowie Angehörige des in § 11 Abs. 2 genannten Personenkreises können einer Vertreterversammlung kraft Satzung angehören, dürfen aber in diesem Fall nur bis zu einem Fünftel der satzungsmäßigen Gesamtzahl der Versammlungsmitglieder mit Stimmrecht ausgestattet sein.

(3) Der Parteitag beschließt im Rahmen der Zuständigkeiten des Gebietsverbandes innerhalb der Partei über die Parteiprogramme, die Satzung, die Beitragsordnung, die Schiedsgerichtsordnung, die Auflösung sowie die Verschmelzung mit anderen Parteien.

(4) Der Parteitag wählt den Vorsitzenden des Gebietsverbandes, seine Stellvertreter und die übrigen Mitglieder des Vorstandes, die Mitglieder etwaiger anderer Organe und die Vertreter in den Organen höherer Gebietsverbände, soweit in diesem Gesetz nichts anderes zugelassen ist.

(5) [1] Der Parteitag nimmt mindestens alle zwei Jahre einen Tätigkeitsbericht des Vorstandes entgegen und faßt über ihn Beschluß. [2] Der finanzielle Teil des Berichts ist vor der Berichterstattung durch Rechnungsprüfer, die von dem Parteitag gewählt werden, zu überprüfen.

§ 10 Rechte der Mitglieder. (1) [1] Die zuständigen Organe der Partei entscheiden nach näherer Bestimmung der Satzung frei über die Aufnahme von Mitgliedern. [2] Die Ablehnung eines Aufnahmeantrages braucht nicht begründet zu werden. [3] Allgemeine, auch befristete Aufnahmesperren sind nicht zulässig. [4] Personen, die infolge Richterspruchs die Wählbarkeit oder das Wahlrecht nicht besitzen, können nicht Mitglieder einer Partei sein.

(2) [1] Die Mitglieder der Partei und die Vertreter in den Parteiorganen haben gleiches Stimmrecht. [2] Die Ausübung des Stimmrechts kann nach näherer Bestimmung der Satzung davon abhängig gemacht werden, daß das Mitglied seine Beitragspflicht erfüllt hat. [3] Das Mitglied ist jederzeit zum sofortigen Austritt aus der Partei berechtigt.

(3) [1] In der Satzung sind Bestimmungen zu treffen über

1. die zulässigen Ordnungsmaßnahmen gegen Mitglieder,
2. die Gründe, die zu Ordnungsmaßnahmen berechtigen,
3. die Parteiorgane, die Ordnungsmaßnahmen anordnen können.

[2] Im Falle der Enthebung von Parteiämtern oder der Aberkennung der Fähigkeit zu ihrer Bekleidung ist der Beschluß zu begründen.

(4) Ein Mitglied kann nur dann aus der Partei ausgeschlossen werden, wenn es vorsätzlich gegen die Satzung oder erheblich gegen Grundsätze oder Ordnung der Partei verstößt und ihr damit schweren Schaden zufügt.

(5) [1] Über den Ausschluß entscheidet das nach der Schiedsgerichtsordnung zuständige Schiedsgericht. [2] Die Berufung an ein Schiedsgericht höherer Stufe ist zu gewährleisten. [3] Die Entscheidungen sind schriftlich zu begründen. [4] In dringenden und schwerwiegenden Fällen, die sofortiges Eingreifen erfordern, kann der Vorstand der Partei oder eines Gebietsverbandes ein Mitglied von der Ausübung seiner Rechte bis zur Entscheidung des Schiedsgerichts ausschließen.

§ 11[1)] Vorstand. (1) [1] Der Vorstand wird mindestens in jedem zweiten Kalenderjahr gewählt. [2] Er muß aus mindestens drei Mitgliedern bestehen.

(2) [1] Dem Vorstand können Abgeordnete und andere Persönlichkeiten aus der Partei kraft Satzung angehören, wenn sie ihr Amt oder ihr Mandat aus einer Wahl erhalten haben. [2] Der Anteil der nicht nach § 9 Abs. 4 gewählten Mitglieder darf ein Fünftel der Gesamtzahl der Vorstandsmitglieder nicht übersteigen. [3] Vorsitzender und Schatzmeister einer Partei dürfen nicht in einer der Partei nahestehenden politischen Stiftung vergleichbare Funktionen ausüben.

(3) [1] Der Vorstand leitet den Gebietsverband und führt dessen Geschäfte nach Gesetz und Satzung sowie den Beschlüssen der ihm übergeordneten Organe. [2] Er vertritt den Gebietsverband gemäß § 26 Absatz 1 Satz 2 und 3

[1)] § 11 Abs. 3 Satz 2 geänd. mWv 30.9.2009 durch G v. 24.9.2009 (BGBl. I S. 3145).

des Bürgerlichen Gesetzbuchs, soweit nicht die Satzung eine abweichende Regelung trifft.

(4) [1] Zur Durchführung der Beschlüsse des Vorstandes sowie zur Erledigung der laufenden und der besonders dringlichen Vorstandsgeschäfte kann aus der Mitte des Vorstandes ein geschäftsführender Vorstand (Präsidium) gebildet werden. [2] Seine Mitglieder können auch vom Vorstand gewählt oder durch die Satzung bestimmt werden.

§ 12 Allgemeine Parteiausschüsse. (1) Die Mitglieder von allgemeinen Parteiausschüssen und ähnlichen Einrichtungen, die nach der Satzung umfassende Zuständigkeiten für die Beratung oder Entscheidung politischer und organisatorischer Fragen der Partei besitzen, können auch von nachgeordneten Gebietsverbänden gewählt werden.

(2) [1] Der Vorstand und Angehörige des in § 11 Abs. 2 genannten Personenkreises können einem solchen Organ kraft Satzung angehören. [2] Der Anteil der nicht gewählten Mitglieder darf ein Drittel der Gesamtmitgliederzahl des Organs nicht übersteigen; er kann um weitere Mitglieder mit nur beratender Stimme erhöht werden, muß jedoch auch dann noch unter der Hälfte der Gesamtmitgliederzahl des Organs liegen.

(3) Das Amt der gewählten Mitglieder der in Absatz 1 genannten Organe dauert höchstens zwei Jahre.

§ 13 Zusammensetzung der Vertreterversammlungen. [1] Die Zusammensetzung einer Vertreterversammlung oder eines sonstigen Organs, das ganz oder zum Teil aus Vertretern von Gebietsverbänden besteht, ist in der Satzung festzulegen. [2] Die Zahl der Vertreter des Gebietsverbandes ist in erster Linie nach der Zahl der vertretenen Mitglieder zu bemessen. [3] Die Satzung kann bestimmen, daß die restliche Zahl der Vertreter, höchstens die Hälfte der Gesamtzahl, nach dem Verhältnis der im Bereich des Gebietsverbandes bei vorausgegangenen Wahlen zu Volksvertretungen erzielten Wählerstimmen auf die Gebietsverbände aufgeschlüsselt wird. [4] Die Ausübung des Stimmrechts kann von der Erfüllung der Beitragspflicht des Gebietsverbandes abhängig gemacht werden.

§ 14 Parteischiedsgerichte. (1) [1] Zur Schlichtung und Entscheidung von Streitigkeiten der Partei oder eines Gebietsverbandes mit einzelnen Mitgliedern und Streitigkeiten über Auslegung und Anwendung der Satzung sind zumindest bei der Partei und den Gebietsverbänden der jeweils höchsten Stufe Schiedsgerichte zu bilden. [2] Für mehrere Gebietsverbände der Kreisstufe können gemeinsame Schiedsgerichte gebildet werden.

(2) [1] Die Mitglieder der Schiedsgerichte werden für höchstens vier Jahre gewählt. [2] Sie dürfen nicht Mitglied eines Vorstandes der Partei oder eines Gebietsverbandes sein, in einem Dienstverhältnis zu der Partei oder einem Gebietsverband stehen oder von ihnen regelmäßige Einkünfte beziehen. [3] Sie sind unabhängig und an Weisungen nicht gebunden.

(3) Die Satzung kann vorsehen, daß die Schiedsgerichte allgemein oder im Einzelfall mit Beisitzern besetzt werden, die von den Streitteilen paritätisch benannt werden.

(4) Für die Tätigkeit des Schiedsgerichts ist eine Schiedsgerichtsordnung zu erlassen, die den Beteiligten rechtliches Gehör, ein gerechtes Verfahren und die Ablehnung eines Mitglieds des Schiedsgerichts wegen Befangenheit gewährleistet.

§ 15 Willensbildung in den Organen. (1) Die Organe fassen ihre Beschlüsse mit einfacher Stimmenmehrheit, soweit nicht durch Gesetz oder Satzung erhöhte Stimmenmehrheit vorgeschrieben ist.

(2) [1] Die Wahlen der Vorstandsmitglieder und der Vertreter zu Vertreterversammlungen und zu Organen höherer Gebietsverbände sind geheim. [2] Bei den übrigen Wahlen kann offen abgestimmt werden, wenn sich auf Befragen kein Widerspruch erhebt.

(3) [1] Das Antragsrecht ist so zu gestalten, daß eine demokratische Willensbildung gewährleistet bleibt, insbesondere auch Minderheiten ihre Vorschläge ausreichend zur Erörterung bringen können. [2] In den Versammlungen höherer Gebietsverbände ist mindestens den Vertretern der Gebietsverbände der beiden nächstniedrigen Stufen ein Antragsrecht einzuräumen. [3] Bei Wahlen und Abstimmungen ist eine Bindung an Beschlüsse anderer Organe unzulässig.

§ 16 Maßnahmen gegen Gebietsverbände. (1) [1] Die Auflösung und der Ausschluß nachgeordneter Gebietsverbände sowie die Amtsenthebung ganzer Organe derselben sind nur wegen schwerwiegender Verstöße gegen die Grundsätze oder die Ordnung der Partei zulässig. [2] In der Satzung ist zu bestimmen,

1. aus welchen Gründen die Maßnahmen zulässig sind,
2. welcher übergeordnete Gebietsverband und welches Organ dieses Verbandes sie treffen können.

(2) [1] Der Vorstand der Partei oder eines übergeordneten Gebietsverbandes bedarf für eine Maßnahme nach Absatz 1 der Bestätigung durch ein höheres Organ. [2] Die Maßnahme tritt außer Kraft, wenn die Bestätigung nicht auf dem nächsten Parteitag ausgesprochen wird.

(3) Gegen Maßnahmen nach Absatz 1 ist die Anrufung eines Schiedsgerichts zuzulassen.

Dritter Abschnitt. Aufstellung von Wahlbewerbern

§ 17 Aufstellung von Wahlbewerbern. [1] Die Aufstellung von Bewerbern für Wahlen zu Volksvertretungen muß in geheimer Abstimmung erfolgen. [2] Die Aufstellung regeln die Wahlgesetze und die Satzungen der Parteien.

Vierter Abschnitt. Staatliche Finanzierung

§ 18[1)] Grundsätze und Umfang der staatlichen Finanzierung.

(1) [1] Die Parteien erhalten Mittel als Teilfinanzierung der allgemein ihnen nach dem Grundgesetz[2)] obliegenden Tätigkeit. [2] Maßstäbe für die Verteilung der staatlichen Mittel bilden der Erfolg, den eine Partei bei den Wählern bei Europa-, Bundestags- und Landtagswahlen erzielt, die Summe ihrer Mitglieds- und Mandatsträgerbeiträge sowie der Umfang der von ihr eingeworbenen Spenden.

(2) [1] Das jährliche Gesamtvolumen staatlicher Mittel, das allen Parteien höchstens ausgezahlt werden darf, beträgt für die im Jahr 2019 vorzunehmende Festsetzung 190 Millionen Euro (absolute Obergrenze). [2] Die absolute Obergrenze erhöht sich jährlich um den Prozentsatz, abgerundet auf ein Zehntel Prozent, um den sich der Preisindex der für eine Partei typischen Ausgaben im dem Anspruchsjahr vorangegangenen Jahr erhöht hat. [3] Grundlage des Preisindexes ist zu einem Wägungsanteil von 70 Prozent der allgemeine Verbraucherpreisindex und von 30 Prozent der Index der tariflichen Monatsgehälter der Arbeiter und Angestellten bei Gebietskörperschaften. [4] Der Präsident des Statistischen Bundesamtes legt dem Deutschen Bundestag hierzu bis spätestens 30. April jedes Jahres einen Bericht über die Entwicklung des Preisindexes bezogen auf das vorangegangene Jahr vor. [5] Der Bundestagspräsident veröffentlicht bis spätestens 31. Mai jedes Jahres die sich aus der Steigerung ergebende Summe der absoluten Obergrenze, abgerundet auf volle Eurobeträge, als Bundestagsdrucksache.

(3) [1] Die Parteien erhalten jährlich im Rahmen der staatlichen Teilfinanzierung

1. 0,83 Euro für jede für ihre jeweilige Liste abgegebene gültige Stimme oder
2. 0,83 Euro für jede für sie in einem Wahl- oder Stimmkreis abgegebene gültige Stimme, wenn in einem Land eine Liste für diese Partei nicht zugelassen war, und
3. 0,45 Euro für jeden Euro, den sie als Zuwendung (eingezahlter Mitglieds- oder Mandatsträgerbeitrag oder rechtmäßig erlangte Spende) erhalten haben; dabei werden nur Zuwendungen bis zu 3 300 Euro je natürliche Person berücksichtigt.

[2] Die Parteien erhalten abweichend von den Nummern 1 und 2 für die von ihnen jeweils erzielten bis zu vier Millionen gültigen Stimmen 1 Euro je Stimme. [3] Die in Satz 1 Nummer 1 und 2 sowie in Satz 2 genannten Beträge erhöhen sich ab dem Jahr 2017 entsprechend Absatz 2 Satz 2 bis 5.

(4) [1] Anspruch auf staatliche Mittel gemäß Absatz 3 Nr. 1 und 3 haben Parteien, die nach dem endgültigen Wahlergebnis der jeweils letzten Europa-

---

[1)] § 18 neu gef. mWv 1.7.2002 durch G v. 28.6.2002 (BGBl. I S. 2268); Abs. 1 Satz 2 und Abs. 4 Satz 1 geänd. sowie Abs. 6 Satz 3 und Abs. 7 neu gef. mWv 29.12.2004 durch G v. 22.12.2004 (BGBl. I S. 3673); Abs. 2 neu gef., Abs. 6 aufgeh., bish. Abs. 7 und 8 werden Abs. 6 und 7 mWv 27.8.2011 durch G v. 23.8.2011 (BGBl. I S. 1748); Abs. 3 Satz 1 Nr. 1–3 und Satz 2 geänd., Satz 3 angef. mWv 1.1.2016 durch G v. 22.12.2015 (BGBl. I S. 2563); Abs. 7 Satz 2 angef. mWv 29.7.2017 durch G v. 18.7.2017 (BGBl. I S. 2730); Abs. 2 Sätze 1 und 2 geänd. mWv 14.7.2018 durch G v. 10.7.2018 (BGBl. I S. 1116).

[2)] Nr. **1**.

oder Bundestagswahl mindestens 0,5 vom Hundert oder einer Landtagswahl 1,0 vom Hundert der für die Listen abgegebenen gültigen Stimmen erreicht haben; für Zahlungen nach Absatz 3 Satz 1 Nr. 1 und Satz 2 muss die Partei diese Voraussetzungen bei der jeweiligen Wahl erfüllen. 2 Anspruch auf die staatlichen Mittel gemäß Absatz 3 Nr. 2 haben Parteien, die nach dem endgültigen Wahlergebnis 10 vom Hundert der in einem Wahl- oder Stimmkreis abgegebenen gültigen Stimmen erreicht haben. 3 Die Sätze 1 und 2 gelten nicht für Parteien nationaler Minderheiten.

(5) 1 Die Höhe der staatlichen Teilfinanzierung darf bei einer Partei die Summe der Einnahmen nach § 24 Abs. 4 Nr. 1 bis 7 nicht überschreiten (relative Obergrenze). 2 Die Summe der Finanzierung aller Parteien darf die absolute Obergrenze nicht überschreiten.

(6) Der Bundespräsident kann eine Kommission unabhängiger Sachverständiger zu Fragen der Parteienfinanzierung berufen.

(7) 1 Löst sich eine Partei auf oder wird sie verboten, scheidet sie ab dem Zeitpunkt der Auflösung aus der staatlichen Teilfinanzierung aus. 2 Gleiches gilt bei einer Feststellung des Bundesverfassungsgerichts nach § 46a des Bundesverfassungsgerichtsgesetzes[1)] ab dem Zeitpunkt der Entscheidung.

§ 19[2)] Antragstellung für die staatliche Teilfinanzierung. (1) 1 Die Festsetzung und die Auszahlung der staatlichen Mittel für das Anspruchsjahr im Sinne des Gesetzes sind von den Parteien schriftlich zum 30. September des Anspruchsjahres beim Präsidenten des Deutschen Bundestages zu beantragen. 2 Der Antrag muss von einem für die Finanzen nach der Satzung zuständigen Vorstandsmitglied der Partei gestellt sein und die zustellungsfähige Anschrift sowie eine Bankverbindung enthalten. 3 Ein einheitlicher Antrag des Bundesverbandes für die Gesamtpartei genügt. 4 Teilanträge sind zulässig. 5 Wurden staatliche Mittel zugunsten einer Partei bereits für das dem Anspruchsjahr vorausgehende Jahr festgesetzt, erfolgt die Festsetzung durch den Präsidenten des Deutschen Bundestages ohne weiteren Antrag. 6 Änderungen, die das Festsetzungsverfahren betreffen, hat die Partei dem Präsidenten des Deutschen Bundestages unverzüglich mitzuteilen. 7 Unterbleibt eine solche Mitteilung, haftet die Partei.

(2) 1 Der Antrag auf Abschlagszahlungen ist schriftlich bei dem Präsidenten des Deutschen Bundestages bis zum 15. des jeweils der nächsten Abschlagszahlung vorangehenden Monats zu stellen. 2 Er kann für mehrere Abschläge des Jahres gleichzeitig gestellt werden. 3 Absatz 1 Sätze 5 bis 7 gilt entsprechend.

§ 19a[3)] Festsetzungsverfahren. (1) 1 Der Präsident des Deutschen Bundestages setzt jährlich zum 15. Februar die Höhe der staatlichen Mittel für jede anspruchsberechtigte Partei für das vorangegangene Jahr (Anspruchsjahr) fest. 2 Er darf staatliche Mittel für eine Partei nach den §§ 18 und 19a nur auf Grund eines Rechenschaftsberichts festsetzen und auszahlen, der den Vor-

---

1) Nr. **20**.

2) § 19 neu gef. mWv 1.7.2002 durch G v. 28.6.2002 (BGBl. I S. 2268).

3) § 19a eingef. mWv 1.7.2002 durch G v. 28.6.2002 (BGBl. I S. 2268); Abs. 5 Satz 1 neu gef. mWv 27.8.2011 durch G v. 23.8.2011 (BGBl. I S. 1748); Abs. 4 Satz 2 angef., neuer Satz 1 geänd. mWv 1.1.2016 durch G v. 22.12.2015 (BGBl. I S. 2563).

schriften des Fünften Abschnitts entspricht. [3] Leitet der Präsident des Deutschen Bundestages bezüglich eines fristgerecht eingereichten Rechenschaftsberichts das Verfahren nach § 23a Abs. 2 vor der Festsetzung ein, setzt er die staatlichen Mittel für diese Partei auf der Grundlage ihres Rechenschaftsberichts nur vorläufig fest und zahlt sie gegen Sicherheitsleistung in Höhe möglicher Zahlungsverpflichtungen der Partei (§§ 31a bis 31c) aus. [4] Nach Abschluss des Verfahrens trifft er eine endgültige Festsetzung.

(2) [1] Berechnungsgrundlage für die Festsetzung der Höhe der staatlichen Mittel sind die von den anspruchsberechtigten Parteien bis einschließlich 31. Dezember des Anspruchsjahres erzielten gültigen Stimmen bei der jeweils letzten Europa- und Bundestagswahl sowie der jeweils letzten Landtagswahl und die in den Rechenschaftsberichten veröffentlichten Zuwendungen (§ 18 Abs. 3 Satz 1 Nr. 3) des jeweils vorangegangenen Jahres (Rechenschaftsjahr). [2] Der Präsident des Deutschen Bundestages fasst die erzielten, nach § 18 Abs. 4 berücksichtigungsfähigen, gültigen Stimmen jeder Partei in einem Stimmenkonto zusammen und schreibt dieses fort.

(3) [1] Die Partei hat ihren Rechenschaftsbericht bis zum 30. September des dem Rechenschaftsjahr folgenden Jahres beim Präsidenten des Deutschen Bundestages einzureichen. [2] Der Präsident des Deutschen Bundestages kann die Frist um bis zu drei Monate verlängern. [3] Reicht eine Partei ihren Rechenschaftsbericht nicht fristgerecht ein, verliert sie endgültig den auf Zuwendungen bezogenen Anspruch auf staatliche Mittel (Verfall des Zuwendungsanteils). [4] Hat eine Partei ihren Rechenschaftsbericht bis zum 31. Dezember des dem Anspruchsjahr folgenden Jahres nicht eingereicht, verliert sie endgültig den Anspruch auf staatliche Mittel für das Anspruchsjahr (Verfall des Wählerstimmenanteils). [5] Die Fristen werden unabhängig von der inhaltlichen Richtigkeit gewahrt, wenn der Rechenschaftsbericht der in § 24 vorgegebenen Gliederung entspricht und den Prüfungsvermerk gemäß § 30 Abs. 2 trägt. [6] Die Festsetzungen und Zahlungen an die übrigen Parteien bleiben unverändert.

(4) [1] Der Berechnung der relativen Obergrenze (§ 18 Absatz 5) sind die in den Rechenschaftsberichten des Rechenschaftsjahres veröffentlichten Einnahmen nach § 24 Absatz 4 Nummer 1 bis 7 zugrunde zu legen. [2] Dabei sind Einnahmen aus Unternehmenstätigkeit (§ 24 Absatz 4 Nummer 5) nur in Höhe des nach Abzug der Ausgaben (§ 24 Absatz 5 Nummer 2 Buchstabe f) verbleibenden Betrages zu berücksichtigen.

(5) [1] Bei der Festsetzung ist zunächst für jede Partei die relative Obergrenze (§ 18 Absatz 5) und sodann die absolute Obergrenze (§ 18 Absatz 2) einzuhalten. [2] Überschreitet die Summe der errechneten staatlichen Mittel die absolute Obergrenze, besteht der Anspruch der Parteien auf staatliche Mittel nur in der Höhe, der ihrem Anteil an diesem Betrag entspricht.

(6) [1] Die Auszahlung der staatlichen Mittel für die bei Landtagswahlen erzielten gültigen Stimmen erfolgt an den jeweiligen Landesverband der Partei in Höhe von 0,50 Euro je Stimme; etwaige Kürzungen nach Absatz 5 bleiben außer Betracht, soweit diese bei den vom Bund zu leistenden Auszahlungen (§ 21 Abs. 1 Satz 1 Alternative 2) vorgenommen werden können. [2] Die Auszahlung der übrigen staatlichen Mittel erfolgt an den Bundesverband der Partei, bei Landesparteien an den Landesverband.

§ 20[1)] Abschlagszahlungen. (1) [1] Den anspruchsberechtigten Parteien sind Abschlagszahlungen auf den vom Präsidenten des Deutschen Bundestages festzusetzenden Betrag zu gewähren. [2] Berechnungsgrundlage sind die für das vorangegangene Jahr für jede Partei festgesetzten Mittel. [3] Die Abschlagszahlungen sind zum 15. Februar, zum 15. Mai, zum 15. August und zum 15. November zu zahlen; sie dürfen jeweils 25 vom Hundert der Gesamtsumme der für das Vorjahr für die jeweilige Partei festgesetzten Mittel nicht überschreiten. [4] Liegen Anhaltspunkte dafür vor, dass es zu einer Rückzahlungsverpflichtung kommen könnte, kann die Gewährung von einer Sicherheitsleistung abhängig gemacht werden.

(2) [1] Die Abschlagszahlungen sind von den Parteien unverzüglich zurückzuzahlen, soweit sie den festgesetzten Betrag überschreiten oder ein Anspruch nicht entstanden ist. [2] Ergibt sich aus der Festsetzung eine Überzahlung, stellt der Präsident des Deutschen Bundestages den Rückforderungsanspruch mit dem die Festsetzung umfassenden Verwaltungsakt fest und verrechnet diesen Betrag unmittelbar.

(3) § 19a Abs. 6 gilt entsprechend.

§ 21[2)] Bereitstellung von Bundesmitteln und Auszahlungsverfahren sowie Prüfung durch den Bundesrechnungshof. (1) [1] Die Mittel nach den §§ 18 und 20 werden im Falle des § 19a Abs. 6 Satz 1 von den Ländern, im übrigen vom Bund durch den Präsidenten des Deutschen Bundestages an die Parteien ausgezahlt. [2] Der Präsident des Deutschen Bundestages teilt den Ländern die auf die Landesverbände der Parteien entfallenden Beträge verbindlich mit.

(2) Der Bundesrechnungshof prüft, ob der Präsident des Deutschen Bundestages als mittelverwaltende Stelle die staatlichen Mittel entsprechend den Vorschriften dieses Abschnitts festgesetzt und ausgezahlt hat, sowie die ordnungsgemäße Durchführung der Verfahren gemäß § 23a.

§ 22 Parteiinterner Finanzausgleich. Die Bundesverbände der Parteien haben für einen angemessenen Finanzausgleich für ihre Landesverbände Sorge zu tragen.

Fünfter Abschnitt. Rechenschaftslegung

§ 23[3)] Pflicht zur öffentlichen Rechenschaftslegung. (1) [1] Der Vorstand der Partei hat über die Herkunft und die Verwendung der Mittel sowie über das Vermögen der Partei zum Ende des Kalenderjahres (Rechnungsjahr) in einem Rechenschaftsbericht wahrheitsgemäß und nach bestem Wissen und Gewissen öffentlich Rechenschaft zu geben. [2] Der Rechenschaftsbericht soll vor der Zuleitung an den Präsidenten des Deutschen Bundestages im Vorstand der Partei beraten werden. [3] Der Bundesvorstand der Partei sowie die Vorstände der Landesverbände und die Vorstände der den Landesverbänden ver-

---

1) § 20 neu gef. mWv 1.7.2002 durch G v. 28.6.2002 (BGBl. I S. 2268).

2) § 21 Abs. 1 Satz 1 geänd. mWv 1.7.2002 durch G v. 28.6.2002 (BGBl. I S. 2268); Überschrift und Abs. 2 neu gef. mWv 1.1.2003 durch G v. 28.6.2002 (BGBl. I S. 2268).

3) § 23 neu gef. mWv 1.1.2003 durch G v. 28.6.2002 (BGBl. I S. 2268).

gleichbaren Gebietsverbände sind jeweils für ihre Rechenschaftslegung verantwortlich. [4] Ihre Rechenschaftsberichte werden vom Vorsitzenden und einem vom Parteitag gewählten für die Finanzangelegenheiten zuständigen Vorstandsmitglied oder von einem für die Finanzangelegenheiten nach der Satzung zuständigen Gremium gewählten Vorstandsmitglied unterzeichnet. [5] Diese für die Finanzangelegenheiten zuständigen Vorstandsmitglieder versichern mit ihrer Unterschrift, dass die Angaben in ihren Rechenschaftsberichten nach bestem Wissen und Gewissen wahrheitsgemäß gemacht worden sind. [6] Der Rechenschaftsbericht der Gesamtpartei wird von einem vom Parteitag gewählten für die Finanzangelegenheiten zuständigen Vorstandsmitglied des Bundesvorstandes oder von einem für die Finanzangelegenheiten nach der Satzung zuständigen Gremium gewählten Mitglied des Bundesvorstandes zusammengefügt und unterzeichnet.

(2) [1] Der Rechenschaftsbericht muss von einem Wirtschaftsprüfer oder einer Wirtschaftsprüfungsgesellschaft nach den Vorschriften der §§ 29 bis 31 geprüft werden. [2] Bei Parteien, die die Voraussetzungen des § 18 Abs. 4 Satz 1 erster Halbsatz nicht erfüllen, kann der Rechenschaftsbericht auch von einem vereidigten Buchprüfer oder einer Buchprüfungsgesellschaft geprüft werden. [3] Er ist entsprechend der Frist nach § 19a Abs. 3 Satz 1 erster Halbsatz beim Präsidenten des Deutschen Bundestages einzureichen und von diesem als Bundestagsdrucksache zu verteilen. [4] Erfüllt eine Partei die Voraussetzungen des § 18 Abs. 4 Satz 1 erster Halbsatz nicht und verfügt sie im Rechnungsjahr weder über Einnahmen noch über ein Vermögen von mehr als 5 000 Euro, kann sie bei dem Präsidenten des Deutschen Bundestages einen ungeprüften Rechenschaftsbericht einreichen. [5] Der Präsident des Deutschen Bundestages kann untestiert eingereichte Rechenschaftsberichte veröffentlichen. [6] Der Rechenschaftsbericht der Partei ist dem jeweils auf seine Veröffentlichung folgenden Bundesparteitag zur Erörterung vorzulegen.

(3) [1] Der Präsident des Deutschen Bundestages prüft gemäß § 23a, ob der Rechenschaftsbericht den Vorschriften des Fünften Abschnitts entspricht. [2] Das Ergebnis der Prüfung ist in dem Bericht nach Absatz 4 aufzunehmen.

(4) [1] Der Präsident des Deutschen Bundestages erstattet dem Deutschen Bundestag alle zwei Jahre über die Entwicklung der Parteienfinanzen sowie über die Rechenschaftsberichte der Parteien Bericht. [2] Zusätzlich erstellt er vergleichende jährliche Kurzübersichten über die Einnahmen und Ausgaben sowie über die Vermögensverhältnisse der Parteien. [3] Die Berichte werden als Bundestagsdrucksache verteilt.

§ 23a[1)] Prüfung des Rechenschaftsberichts. (1) [1] Der Präsident des Deutschen Bundestages prüft den vorgelegten Rechenschaftsbericht auf formale und inhaltliche Richtigkeit. [2] Er stellt fest, ob der Rechenschaftsbericht den Vorschriften des Fünften Abschnitts entspricht. [3] Eine erneute Prüfung ist nur vor Ablauf der in § 24 Abs. 2 bestimmten Frist zulässig.

(2) [1] Liegen dem Präsidenten des Deutschen Bundestages konkrete Anhaltspunkte dafür vor, dass im Rechenschaftsbericht einer Partei enthaltene Angaben unrichtig sind, gibt dieser der betroffenen Partei Gelegenheit zur Stellungnahme. [2] Er kann von der Partei die Bestätigung der Richtigkeit ihrer

---

[1)] § 23a neu gef. mWv 1.1.2003 durch G v. 28.6.2002 (BGBl. I S. 2268); Abs. 4 Satz 1 geänd. mWv 29.12.2004 durch G v. 22.12.2004 (BGBl. I S. 3673).

Stellungnahme durch ihren Wirtschaftsprüfer oder ihre Wirtschaftsprüfungsgesellschaft, ihren vereidigten Buchprüfer oder ihre Buchprüfungsgesellschaft verlangen.

(3) [1] Räumt die nach Absatz 2 verlangte Stellungnahme die dem Präsidenten des Deutschen Bundestages vorliegenden konkreten Anhaltspunkte für Unrichtigkeiten im Rechenschaftsbericht nicht aus, kann der Präsident des Deutschen Bundestages im Einvernehmen mit der Partei einen Wirtschaftsprüfer oder eine Wirtschaftsprüfungsgesellschaft seiner Wahl mit der Prüfung beauftragen, ob der Rechenschaftsbericht der Partei den Vorschriften des Fünften Abschnitts entspricht. [2] Die Partei hat dem vom Präsidenten des Deutschen Bundestages bestellten Wirtschaftsprüfer Zugang und Einsicht in die zur Prüfung erforderlichen Unterlagen und Belege zu gewähren. [3] Die Kosten dieses Verfahrens trägt der Präsident des Deutschen Bundestages.

(4) [1] Nach Abschluss des Verfahrens erlässt der Präsident des Deutschen Bundestages einen Bescheid, in dem er gegebenenfalls Unrichtigkeiten des Rechenschaftsberichts feststellt und die Höhe des den unrichtigen Angaben entsprechenden Betrages festsetzt. [2] In dem Bescheid ist anzugeben, ob die Unrichtigkeit auf der Verletzung der Vorschriften über die Einnahme- und Ausgaberechnung, der Vermögensbilanz oder des Erläuterungsteils (§ 24 Abs. 7) beruht.

(5) [1] Eine Partei, in deren Rechenschaftsbericht unrichtige Angaben enthalten sind, hat den Rechenschaftsbericht zu berichtigen und nach Entscheidung des Präsidenten des Deutschen Bundestages teilweise oder ganz neu abzugeben. [2] Dieser ist von einem Wirtschaftsprüfer oder einer Wirtschaftsprüfungsgesellschaft, einem vereidigten Buchprüfer oder einer Buchprüfungsgesellschaft durch einen Vermerk zu bestätigen. [3] Übersteigt der zu berichtigende Betrag im Einzelfall nicht 10 000 Euro und im Rechnungsjahr je Partei nicht 50 000 Euro, kann abweichend von den Sätzen 1 und 2 die Berichtigung im Rechenschaftsbericht für das folgende Jahr vorgenommen werden.

(6) Berichtigte Rechenschaftsberichte sind ganz oder teilweise als Bundestagsdrucksache zu veröffentlichen.

(7) [1] Die im Rahmen dieses Verfahrens gewonnenen Erkenntnisse, die nicht die Rechnungslegung der Partei selbst betreffen, dürfen nicht veröffentlicht oder anderen staatlichen Stellen der Bundesrepublik Deutschland zugeleitet werden. [2] Sie müssen vom Präsidenten nach Beendigung der Prüfung unverzüglich vernichtet werden.

§ 23b[1)] Anzeigepflicht bei Unrichtigkeiten im Rechenschaftsbericht.

(1) Erlangt eine Partei Kenntnis von Unrichtigkeiten in ihrem bereits frist- und formgerecht beim Präsidenten des Deutschen Bundestages eingereichten Rechenschaftsbericht, hat sie diese unverzüglich dem Präsidenten des Deutschen Bundestages schriftlich anzuzeigen.

(2) [1] Bei einer von der Partei angezeigten Unrichtigkeit unterliegt die Partei nicht den Rechtsfolgen des § 31b oder des § 31c, wenn im Zeitpunkt des Eingangs der Anzeige konkrete Anhaltspunkte für diese unrichtigen Angaben öffentlich nicht bekannt waren oder weder dem Präsidenten des Deutschen Bundestages vorgelegen haben noch in einem amtlichen Verfahren

1) § 23b eingef. mWv 1.7.2002 durch G v. 28.6.2002 (BGBl. I S. 2268).

entdeckt waren und die Partei den Sachverhalt umfassend offen legt und korrigiert. [2] Die zu Unrecht erlangten Finanzvorteile sind innerhalb einer vom Präsidenten des Deutschen Bundestages gesetzten Frist an diesen abzuführen.

(3) § 23a Abs. 5 und 6 gilt entsprechend.

§ 24[1)] Rechenschaftsbericht. (1) [1] Der Rechenschaftsbericht besteht aus einer Ergebnisrechnung auf der Grundlage einer den Vorschriften dieses Gesetzes entsprechenden Einnahmen- und Ausgabenrechnung, einer damit verbundenen Vermögensbilanz sowie einem Erläuterungsteil. [2] Er gibt unter Beachtung der Grundsätze ordnungsmäßiger Buchführung entsprechend den tatsächlichen Verhältnissen Auskunft über die Herkunft und Verwendung der Mittel sowie über das Vermögen der Partei.

(2) [1] Die für alle Kaufleute geltenden handelsrechtlichen Vorschriften über die Rechnungslegung, insbesondere zu Ansatz und Bewertung von Vermögensgegenständen, sind entsprechend anzuwenden, soweit dieses Gesetz nichts anderes vorschreibt. [2] Rechnungsunterlagen, Bücher, Bilanzen und Rechenschaftsberichte sind zehn Jahre aufzubewahren. [3] Die Aufbewahrungsfrist beginnt mit Ablauf des Rechnungsjahres.

(3) [1] In den Rechenschaftsbericht der Gesamtpartei sind die Rechenschaftsberichte jeweils getrennt nach Bundesverband und Landesverband sowie die Rechenschaftsberichte der nachgeordneten Gebietsverbände je Landesverband aufzunehmen. [2] Die Landesverbände und die ihnen nachgeordneten Gebietsverbände haben ihren Rechenschaftsberichten eine lückenlose Aufstellung aller Zuwendungen je Zuwender mit Namen und Anschrift beizufügen. [3] Der Bundesverband hat diese Aufstellungen zur Ermittlung der jährlichen Gesamthöhe der Zuwendungen je Zuwender zusammenzufassen. [4] Die Landesverbände haben die Teilberichte der ihnen nachgeordneten Gebietsverbände gesammelt bei ihren Rechenschaftsunterlagen aufzubewahren.

(4) Die Einnahmerechnung umfasst:

1. Mitgliedsbeiträge,
2. Mandatsträgerbeiträge und ähnliche regelmäßige Beiträge,
3. Spenden von natürlichen Personen,
4. Spenden von juristischen Personen,
5. Einnahmen aus Unternehmenstätigkeit,

5a. Einnahmen aus Beteiligungen,

6. Einnahmen aus sonstigem Vermögen,
7. Einnahmen aus Veranstaltungen, Vertrieb von Druckschriften und Veröffentlichungen und sonstiger mit Einnahmen verbundener Tätigkeit,
8. staatliche Mittel,
9. sonstige Einnahmen,

---

1) § 24 neu gef. mWv 1.1.2003 durch G v. 28.6.2002 (BGBl. I S. 2268); Abs. 1, Abs. 2 Satz 1 und Abs. 6 Nr. 2 Buchst. B neu gef., Abs. 6 Nr. 1 Buchst. B Ziff. II geänd. sowie Abs. 7 Nr. 1 aufgeh., bish. Nr. 2–4 werden Nr. 1–3 mWv 1.1.2004 durch G v. 22.12.2004 (BGBl. I S. 3673); Abs. 9 Nr. 5 neu gef. mWv 27.8.2011 durch G v. 23.8.2011 (BGBl. I S. 1748); Abs. 4 Nr. 5 geänd., Nr. 5a eingef., Abs. 5 Nr. 2 Buchst. f eingef., bish. Buchst. f wird Buchst. g mWv 1.1.2016 durch G v. 22.12.2015 (BGBl. I S. 2563).

10. Zuschüsse von Gliederungen und
11. Gesamteinnahmen nach den Nummern 1 bis 10.

(5) Die Ausgaberechnung umfasst:

1. Personalausgaben,
2. Sachausgaben
   a) des laufenden Geschäftsbetriebes,
   b) für allgemeine politische Arbeit,
   c) für Wahlkämpfe,
   d) für die Vermögensverwaltung einschließlich sich hieraus ergebender Zinsen,
   e) sonstige Zinsen,
   f) Ausgaben im Rahmen einer Unternehmenstätigkeit,
   g) sonstige Ausgaben,
3. Zuschüsse an Gliederungen und
4. Gesamtausgaben nach den Nummern 1 bis 3.

(6) Die Vermögensbilanz umfasst:

1. Besitzposten:
   A. Anlagevermögen:
      I. Sachanlagen:
         1. Haus- und Grundvermögen,
         2. Geschäftsstellenausstattung,
      II. Finanzanlagen:
         1. Beteiligungen an Unternehmen,
         2. sonstige Finanzanlagen;

   B. Umlaufvermögen:
      I. Forderungen an Gliederungen,
      II. Forderungen aus der staatlichen Teilfinanzierung,
      III. Geldbestände,
      IV. sonstige Vermögensgegenstände;

   C. Gesamtbesitzposten (Summe aus A und B);
2. Schuldposten:
   A. Rückstellungen:
      I. Pensionsverpflichtungen,
      II. sonstige Rückstellungen;

   B. Verbindlichkeiten:
      I. Verbindlichkeiten gegenüber Gliederungen,
      II. Rückzahlungsverpflichtungen aus der staatlichen Teilfinanzierung,
      III. Verbindlichkeiten gegenüber Kreditinstituten,

IV. Verbindlichkeiten gegenüber sonstigen Darlehensgebern,
V. sonstige Verbindlichkeiten;

C. Gesamte Schuldposten (Summe von A und B);
3. Reinvermögen (positiv oder negativ).

(7) Der Vermögensbilanz ist ein Erläuterungsteil hinzuzufügen, der insbesondere folgende Punkte umfassen muss:

1. Auflistung der Beteiligungen nach Absatz 6 Nr. 1 A II 1 sowie deren im Jahresabschluss aufgeführten unmittelbaren und mittelbaren Beteiligungen, jeweils mit Name und Sitz sowie unter Angabe des Anteils und der Höhe des Nominalkapitals; außerdem sind die Höhe des Anteils am Kapital, das Eigenkapital und das Ergebnis des letzten Geschäftsjahres dieser Unternehmen anzugeben, für das ein Jahresabschluss vorliegt. Die im Jahresabschluss dieser Unternehmen aufgeführten Beteiligungen sind mit den Angaben aus dem Jahresabschluss zu übernehmen. Beteiligungen im Sinne dieses Gesetzes sind Anteile gemäß § 271 Abs. 1 des Handelsgesetzbuchs;
2. Benennung der Hauptprodukte von Medienunternehmen, soweit Beteiligungen an diesen bestehen;
3. im Abstand von fünf Jahren eine Bewertung des Haus- und Grundvermögens und der Beteiligungen an Unternehmen nach dem Bewertungsgesetz (Haus- und Grundvermögen nach §§ 145 ff. des Bewertungsgesetzes).

(8) Im Rechenschaftsbericht sind die Summe der Zuwendungen natürlicher Personen bis zu 3 300 Euro je Person sowie die Summe der Zuwendungen natürlicher Personen, soweit sie den Betrag von 3 300 Euro übersteigen, gesondert auszuweisen.

(9) [1] Dem Rechenschaftsbericht ist eine Zusammenfassung voranzustellen:

1. Einnahmen der Gesamtpartei gemäß Absatz 4 Nr. 1 bis 9 und deren Summe,
2. Ausgaben der Gesamtpartei gemäß Absatz 5 Nr. 1 und 2 und deren Summe,
3. Überschuss- oder Defizitausweis,
4. Besitzposten der Gesamtpartei gemäß Absatz 6 Nr. 1 A I und II und B II bis IV und deren Summe,
5. Schuldposten der Gesamtpartei gemäß Absatz 6 Nummer 2 A I und II und B II bis V und deren Summe,
6. Reinvermögen der Gesamtpartei (positiv oder negativ),
7. Gesamteinnahmen, Gesamtausgaben, Überschüsse oder Defizite sowie Reinvermögen der drei Gliederungsebenen Bundesverband, Landesverbände und der ihnen nachgeordneten Gebietsverbände.

[2] Neben den absoluten Beträgen zu den Nummern 1 und 2 ist der Vomhundertsatz der Einnahmensumme nach Nummer 1 und der Ausgabensumme nach Nummer 2 auszuweisen. [3] Zum Vergleich sind die Vorjahresbeträge anzugeben.

(10) Die Anzahl der Mitglieder zum 31. Dezember des Rechnungsjahres ist zu verzeichnen.

(11) Die Partei kann dem Rechenschaftsbericht zusätzliche Erläuterungen beifügen.

(12) [1] Öffentliche Zuschüsse, die den politischen Jugendorganisationen zweckgebunden zugewendet werden, bleiben bei der Ermittlung der absoluten Obergrenze unberücksichtigt. [2] Sie sind im Rechenschaftsbericht der jeweiligen Partei nachrichtlich auszuweisen und bleiben bei der Einnahme- und Ausgaberechnung der Partei unberücksichtigt.

§ 25[1)] Spenden. (1) [1] Parteien sind berechtigt, Spenden anzunehmen. [2] Bis zu einem Betrag von 1 000 Euro kann eine Spende mittels Bargeld erfolgen. [3] Parteimitglieder, die Empfänger von Spenden an die Partei sind, haben diese unverzüglich an ein für Finanzangelegenheiten von der Partei satzungsmäßig bestimmtes Vorstandsmitglied weiterzuleiten. [4] Spenden sind von einer Partei erlangt, wenn sie in den Verfügungsbereich eines für die Finanzangelegenheiten zuständigen Vorstandsmitglieds oder eines hauptamtlichen Mitarbeiters der Partei gelangt sind; unverzüglich nach ihrem Eingang an den Spender zurückgeleitete Spenden gelten als nicht von der Partei erlangt.

(2) Von der Befugnis der Parteien, Spenden anzunehmen ausgeschlossen sind:

1. Spenden von öffentlich-rechtlichen Körperschaften, Parlamentsfraktionen und -gruppen sowie von Fraktionen und Gruppen von kommunalen Vertretungen;
2. Spenden von politischen Stiftungen, Körperschaften, Personenvereinigungen und Vermögensmassen, die nach der Satzung, dem Stiftungsgeschäft oder der sonstigen Verfassung und nach der tatsächlichen Geschäftsführung ausschließlich und unmittelbar gemeinnützigen, mildtätigen oder kirchlichen Zwecken dienen (§§ 51 bis 68 der Abgabenordnung);
3. Spenden von außerhalb des Geltungsbereiches dieses Gesetzes, es sei denn, dass
   a) diese Spenden aus dem Vermögen eines Deutschen im Sinne des Grundgesetzes[2)], eines Bürgers der Europäischen Union oder eines Wirtschaftsunternehmens, dessen Anteile sich zu mehr als 50 vom Hundert im Eigentum von Deutschen im Sinne des Grundgesetzes oder eines Bürgers der Europäischen Union befinden oder dessen Hauptsitz in einem Mitgliedstaat der Europäischen Union ist, unmittelbar einer Partei zufließen,
   b) es sich um Spenden an Parteien nationaler Minderheiten in ihrer angestammten Heimat handelt, die diesen aus Staaten zugewendet werden, die an die Bundesrepublik Deutschland angrenzen und in denen Angehörige ihrer Volkszugehörigkeit leben oder
   c) es sich um eine Spende eines Ausländers von nicht mehr als 1 000 Euro handelt;
4. Spenden von Berufsverbänden, die diesen mit der Maßgabe zugewandt wurden, sie an eine politische Partei weiterzuleiten;

[1)] § 25 neu gef. mWv 1.7.2002 durch G v. 28.6.2002 (BGBl. I S. 2268); Abs. 3 Satz 1 geänd. mWv 1.1.2016 durch G v. 22.12.2015 (BGBl. I S. 2563).

[2)] Nr. **1**.

5. Spenden von Unternehmen, die ganz oder teilweise im Eigentum der öffentlichen Hand stehen oder die von ihr verwaltet oder betrieben werden, sofern die direkte Beteiligung der öffentlichen Hand 25 vom Hundert übersteigt;
6. Spenden, soweit sie im Einzelfall mehr als 500 Euro betragen und deren Spender nicht feststellbar sind, oder bei denen es sich erkennbar um die Weiterleitung einer Spende eines nicht genannten Dritten handelt;
7. Spenden, die der Partei erkennbar in Erwartung oder als Gegenleistung eines bestimmten wirtschaftlichen oder politischen Vorteils gewährt werden;
8. Spenden, die von einem Dritten gegen ein von der Partei zu zahlendes Entgelt eingeworben werden, das 25 vom Hundert des Wertes der eingeworbenen Spende übersteigt.

(3) [1] Spenden, Mitgliedsbeiträge und Mandatsträgerbeiträge an eine Partei oder einen oder mehrere ihrer Gebietsverbände, deren Gesamtwert in einem Kalenderjahr (Rechnungsjahr) 10 000 Euro übersteigt, sind unter Angabe des Namens und der Anschrift des Zuwenders sowie der Gesamthöhe der Zuwendung im Rechenschaftsbericht zu verzeichnen. [2] Spenden, die im Einzelfall die Höhe von 50 000 Euro übersteigen, sind dem Präsidenten des Deutschen Bundestages unverzüglich anzuzeigen. [3] Dieser veröffentlicht die Zuwendung unter Angabe des Zuwenders zeitnah als Bundestagsdrucksache.

(4) Nach Absatz 2 unzulässige Spenden sind von der Partei unverzüglich, spätestens mit Einreichung des Rechenschaftsberichts für das betreffende Jahr (§ 19a Abs. 3) an den Präsidenten des Deutschen Bundestages weiterzuleiten.

§ 26[1)] Begriff der Einnahme. (1) [1] Einnahme ist, soweit für einzelne Einnahmearten (§ 24 Abs. 4) nichts besonderes gilt, jede von der Partei erlangte Geld- oder geldwerte Leistung. [2] Als Einnahmen gelten auch die Freistellung von üblicherweise entstehenden Verbindlichkeiten, die Übernahme von Veranstaltungen und Maßnahmen durch andere, mit denen ausdrücklich für eine Partei geworben wird, die Auflösung von Rückstellungen sowie Wertaufholungen im Anlagevermögen.

(2) Alle Einnahmen sind mit ihrem vollen Betrag an der für sie vorgesehenen Stelle einzusetzen und in der Vermögensbilanz zu berücksichtigen.

(3) Wirtschaftsgüter, die nicht in Geld bestehen, sind mit den im gewöhnlichen Geschäftsverkehr für gleiche oder vergleichbare Leistungen üblicherweise zu zahlenden Preisen anzusetzen.

(4) [1] Die ehrenamtliche Mitarbeit in Parteien erfolgt grundsätzlich unentgeltlich. [2] Sach-, Werk- und Dienstleistungen, die Parteien außerhalb eines Geschäftsbetriebes üblicherweise unentgeltlich zur Verfügung gestellt werden, bleiben als Einnahmen unberücksichtigt. [3] Ein Kostenersatz bleibt hiervon unberührt.

[1)] § 26 Abs. 1, 4 und 5 neu gef. sowie Abs. 2 Satz 2 aufgeh. mWv 1.1.2003 durch G v. 28.6.2002 (BGBl. I S. 2268); Abs. 1 Satz 2 und Abs. 5 neu gef. sowie Abs. 2 geänd. mWv 1.1.2004 durch G v. 22.12.2004 (BGBl. I S. 3673); Abs. 4 Satz 2 geänd. mWv 1.1.2016 durch G v. 22.12.2015 (BGBl. I S. 2563).

(5) Beiträge und staatliche Mittel, die von vornherein für eine schlüsselmäßige Verteilung unter mehrere Gebietsverbände bestimmt sind, werden bei der Stelle ausgewiesen, bei der sie endgültig verbleiben.

§ 26a[1)] Begriff der Ausgabe. (1) [1] Ausgabe ist, soweit für einzelne Ausgabearten (§ 24 Abs. 5) nichts Besonderes gilt, auch jede von der Partei erbrachte Geldleistung oder geldwerte Leistung sowie die Nutzung von Einnahmen nach § 26 Abs. 1 Satz 2, die die Partei erlangt hat. [2] Als Ausgabe gelten auch planmäßige und außerplanmäßige Abschreibungen auf Vermögensgegenstände und die Bildung von Rückstellungen.

(2) § 26 Abs. 2 gilt entsprechend.

(3) Vermögensgegenstände sind zum Zeitpunkt einer Veräußerung mit ihrem Buchwert als Ausgaben zu erfassen.

(4) Ausgaben aus der internen Verrechnung zwischen Gliederungen sind bei der Gliederung zu erfassen, von der sie wirtschaftlich getragen werden.

§ 27[2)] Einzelne Einnahmearten. (1) [1] Mitgliedsbeiträge sind nur solche regelmäßigen Geldleistungen, die ein Mitglied auf Grund satzungsrechtlicher Vorschriften entrichtet. [2] Mandatsträgerbeiträge sind regelmäßige Geldleistungen, die ein Inhaber eines öffentlichen Wahlamtes (Mandatsträger) über seinen Mitgliedsbeitrag hinaus leistet. [3] Spenden sind darüber hinausgehende Zahlungen. [4] Dazu gehören auch Sonderumlagen und Sammlungen sowie geldwerte Zuwendungen aller Art, sofern sie nicht üblicherweise unentgeltlich Parteien außerhalb eines Geschäftsbetriebes zur Verfügung gestellt werden oder eine hierfür dennoch vereinbarte Vergütung an die Partei zurückgeleitet oder auf eine solche Vergütung verzichtet wird.

(2) [1] Sonstige Einnahmen nach § 24 Abs. 4 Nr. 9 sind aufzugliedern und zu erläutern, wenn sie bei einer der in § 24 Abs. 3 aufgeführten Gliederungen mehr als 2 vom Hundert der Summe der Einnahmen nach § 24 Abs. 4 Nr. 1 bis 6 ausmachen. [2] Darüber hinaus sind Einnahmen, die im Einzelfall die Summe von 10 000 Euro übersteigen, offen zu legen. [3] Erbschaften und Vermächtnisse sind unter Angabe ihrer Höhe, des Namens und der letzten Anschrift des Erblassers im Rechenschaftsbericht zu verzeichnen, soweit der Gesamtwert 10 000 Euro übersteigt.

§ 28[3)] Vermögensbilanz. (1) In der Vermögensbilanz sind Vermögensgegenstände mit einem Anschaffungswert von im Einzelfall mehr als 5 000 Euro (inklusive Umsatzsteuer) aufzuführen.

(2) [1] Vermögensgegenstände sind mit den Anschaffungs- und Herstellungskosten vermindert um planmäßige Abschreibungen anzusetzen. [2] Im Bereich des Haus- und Grundvermögens erfolgen keine planmäßigen Abschreibungen.

(3) [1] Gliederungen unterhalb der Landesverbände können Einnahmen und Ausgaben im Jahr des Zu- beziehungsweise Abflusses verbuchen, auch wenn

---

1) § 26a eingef. mWv 1.1.2004 durch G v. 22.12.2004 (BGBl. I S. 3673).

2) § 27 neu gef. mWv 1.1.2003 durch G v. 28.6.2002 (BGBl. I S. 2268); Abs. 1 Satz 4 geänd. mWv 1.1.2016 durch G v. 22.12.2015 (BGBl. I S. 2563).

3) § 28 neu gef. mWv 1.1.2003 durch G v. 28.6.2002 (BGBl. I S. 2268); Abs. 3 angef. mWv 1.1.2004 durch G v. 22.12.2004 (BGBl. I S. 3673).

die jeweiligen Forderungen beziehungsweise Verbindlichkeiten bereits im Vorjahr entstanden sind. [2] Die §§ 249 bis 251 des Handelsgesetzbuchs können für die Aufstellung der Rechenschaftsberichte dieser Gliederungen unbeachtet bleiben.

§ 29[1)] **Prüfung des Rechenschaftsberichts.** (1) [1] Die Prüfung nach § 23 Abs. 2 Satz 1 erstreckt sich auf die Bundespartei, ihre Landesverbände sowie nach Wahl des Prüfers auf mindestens zehn nachgeordnete Gebietsverbände. [2] In die Prüfung ist die Buchführung einzubeziehen. [3] Die Prüfung hat sich darauf zu erstrecken, ob die gesetzlichen Vorschriften beachtet worden sind. [4] Die Prüfung ist so anzulegen, dass Unrichtigkeiten und Verstöße gegen die gesetzlichen Vorschriften bei gewissenhafter Berufsausübung erkannt werden.

(2) [1] Der Prüfer kann von den Vorständen und den von ihnen dazu ermächtigten Personen alle Aufklärungen und Nachweise verlangen, welche die sorgfältige Erfüllung seiner Prüfungspflicht erfordert. [2] Es ist ihm insoweit auch zu gestatten, die Unterlagen für die Zusammenstellung des Rechenschaftsberichts, die Bücher und Schriftstücke sowie die Kassen- und Vermögensbestände zu prüfen.

(3) [1] Der Vorstand des zu prüfenden Gebietsverbandes hat dem Prüfer schriftlich zu versichern, daß in dem Rechenschaftsbericht alle rechenschaftspflichtigen Einnahmen, Ausgaben und Vermögenswerte erfaßt sind. [2] Auf die Versicherung der Vorstände nachgeordneter Gebietsverbände kann Bezug genommen werden. [3] Es genügt die Versicherung des für die Finanzangelegenheiten zuständigen Vorstandsmitgliedes.

§ 30[2)] **Prüfungsbericht und Prüfungsvermerk.** (1) Das Ergebnis der Prüfung ist in einem schriftlichen Prüfungsbericht niederzulegen, der dem Vorstand der Partei und dem Vorstand des geprüften Gebietsverbandes zu übergeben ist.

(2) [1] Sind nach dem abschließenden Ergebnis der Prüfung keine Einwendungen zu erheben, so hat der Prüfer durch einen Vermerk zu bestätigen, daß nach pflichtgemäßer Prüfung auf Grund der Bücher und Schriften der Partei sowie der von den Vorständen erteilten Aufklärungen und Nachweise der Rechenschaftsbericht in dem geprüften Umfang (§ 29 Abs. 1) den Vorschriften dieses Gesetzes entspricht. [2] Sind Einwendungen zu erheben, so hat der Prüfer in seinem Prüfungsvermerk die Bestätigung zu versagen oder einzuschränken. [3] Die geprüften Gebietsverbände sind im Prüfungsvermerk namhaft zu machen.

(3) Der Prüfungsvermerk ist auf dem einzureichenden Rechenschaftsbericht anzubringen und in vollem Wortlaut nach § 23 Abs. 2 Satz 3 mit zu veröffentlichen.

§ 31[3)] **Prüfer.** (1) Ein Wirtschaftsprüfer oder vereidigter Buchprüfer darf nicht Prüfer sein, wenn er

---

[1)] § 29 Abs. 1 neu gef. mWv 1.1.2003 durch G v. 28.6.2002 (BGBl. I S. 2268).

[2)] § 30 Abs. 3 geänd. mWv 1.1.2003 durch G v. 28.6.2002 (BGBl. I S. 2268).

[3)] § 31 neu gef. mWv 1.7.2002 durch G v. 28.6.2002 (BGBl. I S. 2268); Abs. 3 Satz 2 angef. mWv 29.12.2004 durch G v. 22.12.2004 (BGBl. I S. 3673).

1. ein Amt oder eine Funktion in der Partei oder für die Partei ausübt, oder in den letzten drei Jahren ausgeübt hat;
2. bei der Führung der Bücher oder der Aufstellung des zu prüfenden Rechenschaftsberichts über die Prüfungstätigkeit hinaus mitgewirkt hat;
3. gesetzlicher Vertreter, Arbeitnehmer, Mitglied des Aufsichtsrats oder Gesellschafter einer juristischen oder natürlichen Person oder einer Personengesellschaft oder Inhaber eines Unternehmens ist, sofern die juristische oder natürliche Person, die Personengesellschaft oder einer ihrer Gesellschafter oder das Einzelunternehmen nach Nummer 2 nicht Prüfer der Partei sein darf;
4. bei der Prüfung eine Person beschäftigt, die nach Nummer 1 bis 3 nicht Prüfer sein darf.

(2) Eine Wirtschaftsprüfungsgesellschaft oder Buchprüfungsgesellschaft darf nicht Prüfer sein, wenn

1. sie nach Absatz 1 Nr. 3 als Gesellschafter einer juristischen Person oder einer Personengesellschaft oder nach Absatz 1 Nr. 2 oder 4 nicht Prüfer sein darf;
2. einer ihrer gesetzlichen Vertreter oder einer ihrer Gesellschafter nach Absatz 1 Nr. 2 oder 3 nicht Prüfer sein darf.

(3) [1] Die Prüfer, ihre Gehilfen und die bei der Prüfung mitwirkenden gesetzlichen Vertreter einer Prüfungsgesellschaft sind zu gewissenhafter und unparteiischer Wahrnehmung ihrer Aufgaben und zur Verschwiegenheit verpflichtet. [2] § 323 des Handelsgesetzbuchs gilt entsprechend.

Sechster Abschnitt.[1)] Verfahren bei unrichtigen Rechenschaftsberichten sowie Strafvorschriften

§ 31a[1)] Rückforderung der staatlichen Finanzierung. (1) [1] Soweit im Rechenschaftsbericht Zuwendungen (§ 18 Abs. 3 Satz 1 Nr. 3) zu Unrecht ausgewiesen worden sind und dadurch der Betrag der der Partei zustehenden staatlichen Mittel unrichtig festgesetzt worden ist, nimmt der Präsident des Deutschen Bundestages die gemäß § 19a Abs. 1 erfolgte Festsetzung der staatlichen Mittel zurück. [2] Dies gilt nicht, wenn die Berichtigung im Rechenschaftsbericht für das folgende Jahr erfolgt (§ 23a Abs. 5 Satz 3). [3] § 48 Abs. 2 des Verwaltungsverfahrensgesetzes[2)] findet keine Anwendung.

(2) Nach Ablauf der in § 24 Abs. 2 bestimmten Frist ist die Rücknahme ausgeschlossen.

(3) [1] Mit der Rücknahme setzt der Präsident des Deutschen Bundestages den von der Partei zu erstattenden Betrag durch Verwaltungsakt fest. [2] Ergibt sich im Zuge der weiteren staatlichen Finanzierung eine Verrechnungslage, ist der Unterschiedsbetrag mit der nächsten Abschlagszahlung an die Partei zu verrechnen.

(4) Die Festsetzungen und Zahlungen an die übrigen Parteien bleiben unverändert.

[1)] 6. Abschnitt (§§ 31a und 31d) eingef. mWv 1.7.2002 durch G v. 28.6.2002 (BGBl. I S. 2268).
[2)] **Sartorius Nr. 100.**

(5) Die Parteien sollen in die Satzungen Regelungen für den Fall aufnehmen, dass Maßnahmen nach Absatz 1 durch Landesverbände oder diesen nachgeordnete Gebietsverbände verursacht werden.

§ 31b[1)] Unrichtigkeit des Rechenschaftsberichts. [1] Stellt der Präsident des Deutschen Bundestages im Rahmen seiner Prüfung nach § 23a Unrichtigkeiten im Rechenschaftsbericht fest, entsteht gegen die Partei ein Anspruch in Höhe des Zweifachen des den unrichtigen Angaben entsprechenden Betrages, soweit kein Fall des § 31c vorliegt. [2] Betreffen Unrichtigkeiten in der Vermögensbilanz oder im Erläuterungsteil das Haus- und Grundvermögen oder Beteiligungen an Unternehmen, beträgt der Anspruch 10 vom Hundert der nicht aufgeführten oder der unrichtig angegebenen Vermögenswerte. [3] Der Präsident stellt die Verpflichtung der Partei zur Zahlung des Betrages durch Verwaltungsakt fest. [4] § 31a Abs. 2 bis 5 gilt entsprechend.

§ 31c[2)] Rechtswidrig erlangte oder nicht veröffentlichte Spenden. [1] Hat eine Partei Spenden unter Verstoß gegen § 25 Abs. 2 angenommen und nicht gemäß § 25 Abs. 4 an den Präsidenten des Deutschen Bundestages weitergeleitet, entsteht gegen sie ein Anspruch in Höhe des Dreifachen des rechtswidrig erlangten Betrages; bereits abgeführte Spenden werden angerechnet. [2] Hat eine Partei Spenden nicht den Vorschriften dieses Gesetzes entsprechend im Rechenschaftsbericht veröffentlicht (§ 25 Abs. 3), entsteht gegen sie ein Anspruch in Höhe des Zweifachen des nicht den Vorschriften dieses Gesetzes entsprechend veröffentlichten Betrages. [3] Der Präsident stellt die Verpflichtung der Partei zur Zahlung des Betrages durch Verwaltungsakt fest. [4] § 31a Abs. 2 bis 5 gilt entsprechend.

§ 31d[3)] Strafvorschriften. (1) [1] Wer in der Absicht, die Herkunft oder die Verwendung der Mittel der Partei oder des Vermögens zu verschleiern oder die öffentliche Rechenschaftslegung zu umgehen,

1. unrichtige Angaben über die Einnahmen oder über das Vermögen der Partei in einem beim Präsidenten des Deutschen Bundestages eingereichten Rechenschaftsbericht bewirkt oder einen unrichtigen Rechenschaftsbericht beim Präsidenten des Deutschen Bundestages einreicht oder
2. als Empfänger eine Spende in Teilbeträge zerlegt und verbucht oder verbuchen lässt oder
3. entgegen § 25 Abs. 1 Satz 3 eine Spende nicht weiterleitet,

wird mit Freiheitsstrafe bis zu drei Jahren oder mit Geldstrafe bestraft. [2] Nach Satz 1 wird nicht bestraft, wer unter den Voraussetzungen des § 23b Abs. 2 eine Selbstanzeige nach § 23b Abs. 1 für die Partei abgibt oder an der Abgabe mitwirkt.

(2) [1] Mit Freiheitsstrafe bis zu drei Jahren oder mit Geldstrafe wird bestraft, wer als Prüfer oder Gehilfe eines Prüfers über das Ergebnis der Prüfung eines Rechenschaftsberichts unrichtig berichtet, im Prüfungsbericht erhebliche

---

[1)] § 31b eingef. mWv 1.1.2003 durch G v. 28.6.2002 (BGBl. I S. 2268).

[2)] § 31c eingef. mWv 1.1.2003 durch G v. 28.6.2002 (BGBl. I S. 2268); Überschrift neu gef. mWv 29.12.2004 durch G v. 22.12.2004 (BGBl. I S. 3673); Abs. 2 aufgeh. mWv 1.1.2016 durch G v. 22.12.2015 (BGBl. I S. 2563).

[3)] 6. Abschnitt (§§ 31a und 31d) eingef. mWv 1.7.2002 durch G v. 28.6.2002 (BGBl. I S. 2268).

Umstände verschweigt oder einen inhaltlich unrichtigen Bestätigungsvermerk erteilt. [2] Handelt der Täter gegen Entgelt oder in der Absicht, sich oder einen anderen zu bereichern oder einen anderen zu schädigen, so ist die Strafe Freiheitsstrafe bis zu fünf Jahren oder Geldstrafe.

Siebenter Abschnitt.[1)] Vollzug des Verbots verfassungswidriger Parteien

§ 32 Vollstreckung. (1) [1] Wird eine Partei oder eine Teilorganisation einer Partei nach Artikel 21 Abs. 2 des Grundgesetzes[2)] für verfassungswidrig erklärt, so treffen die von den Landesregierungen bestimmten Behörden im Rahmen der Gesetze alle Maßnahmen, die zur Vollstreckung des Urteils und etwaiger zusätzlicher Vollstreckungsregelungen des Bundesverfassungsgerichts erforderlich sind. [2] Die obersten Landesbehörden haben zu diesem Zweck unbeschränktes Weisungsrecht gegenüber den Behörden und Dienststellen des Landes, die für die Wahrung der öffentlichen Sicherheit oder Ordnung zuständig sind.

(2) Erstreckt sich die Organisation oder die Tätigkeit der Partei oder des für verfassungswidrig erklärten Teils der Partei über das Gebiet eines Landes hinaus, so trifft der Bundesminister des Innern die für eine einheitliche Vollstreckung erforderlichen Anordnungen.

(3) Das Bundesverfassungsgericht kann die Vollstreckung nach § 35 des Gesetzes über das Bundesverfassungsgericht[3)] abweichend von den Vorschriften der Absätze 1 und 2 regeln.

(4) [1] Widerspruch und Anfechtungsklage gegen Vollstreckungsmaßnahmen haben keine aufschiebende Wirkung. [2] Betrifft ein verwaltungsgerichtliches Verfahren eine Frage, die für die Vollstreckung des Urteils von grundsätzlicher Bedeutung ist, so ist das Verfahren auszusetzen und die Entscheidung des Bundesverfassungsgerichts einzuholen. [3] Das Bundesverfassungsgericht entscheidet auch über Einwendungen gegen die Art und Weise der Durchführung der von ihm angeordneten besonderen Vollstreckungsmaßnahmen.

(5) [1] Im Falle der Vermögenseinziehung werden die §§ 10 bis 13 des Vereinsgesetzes[4)] vom 5. August 1964 (BGBl. I S. 593) entsprechend angewendet. [2] Verbotsbehörde ist die oberste Landesbehörde, im Fall des Absatzes 2 der Bundesminister des Innern.

§ 33 Verbot von Ersatzorganisationen. (1) Es ist verboten, Organisationen zu bilden, die verfassungswidrige Bestrebungen einer nach Artikel 21 Abs. 2 des Grundgesetzes[2)] in Verbindung mit § 46 des Gesetzes über das Bundesverfassungsgericht[3)] verbotenen Partei an deren Stelle weiter verfolgen (Ersatzorganisation) oder bestehende Organisationen als Ersatzorganisationen fortzuführen.

[1)] Bish. 6. Abschnitt wird 7. Abschnitt mWv 1.7.2002 durch G v. 28.6.2002 (BGBl. I S. 2268).
[2)] Nr. **1**.
[3)] Nr. **20**.
[4)] **Sartorius Nr. 425.**

(2) Ist die Ersatzorganisation eine Partei, die bereits vor dem Verbot der ursprünglichen Partei bestanden hat oder im Bundestag oder in einem Landtag vertreten ist, so stellt das Bundesverfassungsgericht fest, daß es sich um eine verbotene Ersatzorganisation handelt; die §§ 38, 41, 43, 44 und 46 Abs. 3 des Gesetzes über das Bundesverfassungsgericht und § 32 dieses Gesetzes gelten entsprechend.

(3) Auf andere Parteien und auf Vereine im Sinne des § 2 des Vereinsgesetzes[1], die Ersatzorganisationen einer verbotenen Partei sind, wird § 8 Abs. 2 des Vereinsgesetzes entsprechend angewandt.

Achter Abschnitt.[2] Schlußbestimmungen

§ 34 (Änderung des Einkommensteuergesetzes)

§ 35 (Änderung des Körperschaftsteuergesetzes)

§ 36 (Anwendung steuerrechtlicher Vorschriften)

§ 37[3] Nichtanwendbarkeit einer Vorschrift des Bürgerlichen Gesetzbuchs. § 54 Satz 2 des Bürgerlichen Gesetzbuchs wird bei Parteien nicht angewandt.

§ 38[4] Zwangsmittel. (1) [1]Der Bundeswahlleiter kann den Vorstand der Partei zur Vornahme der Handlungen nach § 6 Abs. 3 durch ein Zwangsgeld anhalten. [2]Die Vorschriften des Verwaltungs-Vollstreckungsgesetzes[5] gelten sinngemäß; der Bundeswahlleiter handelt insoweit als Vollstreckungs- und Vollzugsbehörde. [3]Die Höhe des Zwangsgeldes beträgt mindestens 250 Euro und höchstens 1 500 Euro.

(2) [1]Der Präsident des Deutschen Bundestages kann den Vorstand der Partei zur Einreichung eines Rechenschaftsberichts, der den Vorschriften des Fünften Abschnitts entspricht, durch ein Zwangsgeld anhalten. [2]Die Vorschriften des Verwaltungs-Vollstreckungsgesetzes gelten sinngemäß; der Präsident des Deutschen Bundestages handelt insoweit als Vollstreckungs- und Vollzugsbehörde. [3]Die Höhe des Zwangsgeldes beträgt mindestens 500 Euro und höchstens 10 000 Euro.

§ 39[6] Abschluss- und Übergangsregelungen. (1) Landesgesetzliche Regelungen auf der Grundlage des bis zum 1. Januar 1994 geltenden § 22 Satz 1 dieses Gesetzes haben keine Geltung mehr.

---

[1] **Sartorius Nr. 425.**

[2] Bish. 7. Abschnitt wird 8. Abschnitt mWv 1.7.2002 durch G v. 28.6.2002 (BGBl. I S. 2268).

[3] § 37 neu gef. mWv 1.7.2002 durch G v. 28.6.2002 (BGBl. I S. 2268).

[4] § 38 Satz 3 geänd. mWv 1.7.2002 durch G v. 28.6.2002 (BGBl. I S. 2268); Überschrift geänd., Abs. 2 angef. mWv 1.1.2016 durch G v. 22.12.2015 (BGBl. I S. 2563).

[5] **Sartorius Nr. 112.**

[6] § 39 neu gef. mWv 1.7.2002 durch G v. 28.6.2002 (BGBl. I S. 2268); Abs. 3 Satz 2 und Abs. 4 angef. mWv 29.12.2004 durch G v. 22.12.2004 (BGBl. I S. 3673); Abs. 5 angef. mWv 1.1.2016 durch G v. 22.12.2015 (BGBl. I S. 2563).

(2) [1] Für die Berechnung der staatlichen Mittel nach § 18 Abs. 3 Nr. 3 sowie für die Errechnung der relativen Obergrenze sind bei den Festsetzungen für die Jahre 2003 und 2004 der Ausweis der Zuwendungen in den Rechenschaftsberichten gemäß § 24 Abs. 2 Nr. 1 und 2 dieses Gesetzes in der bis zum Ablauf des 31. Dezember 2002 geltenden Fassung zugrunde zu legen. [2] Gleiches gilt für die Erstellung der Rechenschaftsberichte über das Jahr 2002.

(3) [1] § 23a Abs. 3 findet auf die Prüfung von Rechenschaftsberichten ab dem Rechenschaftsjahr 2002 Anwendung. [2] Rechenschaftsberichte für das Jahr 2003 können auf der Grundlage der §§ 24, 26, 26a und 28 in ihrer ab 1. Januar 2004 geltenden Fassung erstellt werden.

(4) [1] Sind bei der erstmaligen Anwendung des § 28 Abs. 2 in seiner ab 1. Januar 2003 geltenden Fassung die Anschaffungs- oder Herstellungskosten eines Vermögensgegenstandes nicht ohne unverhältnismäßige Kosten oder Verzögerungen feststellbar, so dürfen die Buchwerte dieser Vermögensgegenstände aus dem Rechenschaftsbericht für das Rechnungsjahr 2002 als ursprüngliche Anschaffungs- oder Herstellungskosten übernommen und fortgeführt werden. [2] Dasselbe gilt für Vermögensgegenstände, bei denen nach § 28 Abs. 2 keine planmäßigen Abschreibungen vorzunehmen sind, sofern die Buchwerte nach handelsrechtlichen Grundlagen ermittelt worden sind. [3] Im Erläuterungsteil ist hierauf hinzuweisen.

(5) [1] § 2 Absatz 2 Satz 2 findet auf in der Frist des § 19a Absatz 3 Satz 1 und 2 einzureichende Rechenschaftsberichte ab dem Rechenschaftsjahr 2016 Anwendung. [2] § 19a Absatz 4 Satz 2 findet auf in der Frist des § 19a Absatz 3 Satz 1 und 2 einzureichende Rechenschaftsberichte ab dem Rechenschaftsjahr 2015 Anwendung. [3] Für die Berechnung des Gesamtwertes der Zuwendungen nach § 25 Absatz 3 Satz 1 sind für das Rechenschaftsjahr 2015 Zuwendungen gemäß § 25 Absatz 3 Satz 1 in der bis zum Ablauf des 31. Dezember 2015 geltenden Fassung zugrunde zu legen.

§ 40[1)] *(aufgehoben)*

§ 41 (Inkrafttreten)

[1)] § 40 aufgeh. mWv 1.7.2002 durch G v. 28.6.2002 (BGBl. I S. 2268).

(2) Für die Berechnung der staatlichen Mittel nach § 18 Abs. 3 Satz 1 Nr. 3 sowie für die Ermittlung der relativen Obergrenze sind bei den Festsetzungen für die Jahre 2003 und 2004 die im Ausweis der Zuwendungen in den Rechenschaftsberichten gemäß § 24 Abs. 2 Nr. 1 und 2 dieses Gesetzes in der bis zum Ablauf des 31. Dezember 2002 geltenden Fassung zugrunde zu legen. Gleiches gilt für die Erstellung der Rechenschaftsberichte über das Jahr 2002.

(3) § 23a Abs. 3 findet auf die Prüfung von Rechenschaftsberichten ab dem Rechenschaftsjahr 2002 Anwendung. Die Rechenschaftsberichte für das Jahr 2003 können auf der Grundlage der §§ 24, 26, 26a und 28 in der ab 1. Januar 2004 geltenden Fassung erstellt werden.

(4) Sind bei der erstmaligen Anwendung des § 28 Abs. 2 zum 1. Januar 2003 die Anschaffungs- oder Herstellungskosten eines Vermögensgegenstandes nicht ohne unverhältnismäßige Kosten oder Verzögerungen feststellbar, so dürfen die Buchwerte dieser Vermögensgegenstände aus dem Rechenschaftsbericht für das Rechnungsjahr 2002 als ursprüngliche Anschaffungs- oder Herstellungskosten übernommen und fortgeführt werden. Dasselbe gilt für Vermögensgegenstände, bei denen nach § 28 Abs. 2 keine planmäßigen Abschreibungen vorzunehmen sind, für die Buchwerte nach handelsrechtlichen Grundsätzen ermittelt worden sind [illegible].

(5) § 2 Absatz 2 Satz 2 findet erst nach Ablauf der Frist des § 19a Absatz 3 Satz 1 und 2 [illegible] Rechenschaftsjahr 2016 Anwendung. Für die Berechnung des Gesamtwertes der Zuwendungen nach § 25 Absatz 3 Satz 1 sind für das Rechenschaftsjahr 2015 Zuwendungen gemäß § 25 Absatz 3 Satz 1 in der bis zum Ablauf des 31. Dezember 2015 geltenden Fassung zugrunde zu legen.

§ 40 *(weggefallen)*

§ 41 *(Inkrafttreten)*

[illegible]

25. Gesetz über die Zusammenarbeit von Bundesregierung und Deutschem Bundestag in Angelegenheiten der Europäischen Union (EUZBBG)

Vom 4. Juli 2013
(BGBl. I S. 2170)

FNA 170-10

Der Bundestag hat das folgende Gesetz beschlossen:

§ 1 Mitwirkung des Bundestages. (1) [1] In Angelegenheiten der Europäischen Union wirkt der Bundestag an der Willensbildung des Bundes mit und hat das Recht zur Stellungnahme. [2] Die Bundesregierung hat ihn umfassend und zum frühestmöglichen Zeitpunkt zu unterrichten.

(2) [1] Angelegenheiten der Europäischen Union im Sinne von Artikel 23 des Grundgesetzes[1)] sind insbesondere Vertragsänderungen und entsprechende Änderungen auf der Ebene des Primärrechts sowie Rechtsetzungsakte der Europäischen Union. [2] Um eine Angelegenheit der Europäischen Union handelt es sich auch bei völkerrechtlichen Verträgen und intergouvernementalen Vereinbarungen, wenn sie in einem Ergänzungs- oder sonstigen besonderen Näheverhältnis zum Recht der Europäischen Union stehen.

§ 2 Ausschuss für die Angelegenheiten der Europäischen Union. [1] Der Bundestag bestellt einen Ausschuss für die Angelegenheiten der Europäischen Union. [2] Der Bundestag kann den Ausschuss ermächtigen, für ihn Stellungnahmen abzugeben. [3] Er kann ihn ermächtigen, die Rechte des Bundestages gemäß Artikel 23 des Grundgesetzes[1)] gegenüber der Bundesregierung wahrzunehmen. [4] Er kann ihn auch ermächtigen, die Rechte wahrzunehmen, die dem Bundestag in den vertraglichen Grundlagen der Europäischen Union eingeräumt sind.

§ 3 Grundsätze der Unterrichtung. (1) [1] Die Bundesregierung unterrichtet den Bundestag in Angelegenheiten der Europäischen Union umfassend, zum frühestmöglichen Zeitpunkt und fortlaufend. [2] Diese Unterrichtung erfolgt grundsätzlich schriftlich durch die Weiterleitung von Dokumenten oder die Abgabe von eigenen Berichten der Bundesregierung, darüber hinaus mündlich. [3] Der mündlichen Unterrichtung kommt lediglich eine ergänzende und erläuternde Funktion zu. [4] Die Bundesregierung stellt sicher, dass diese Unterrichtung die Befassung des Bundestages ermöglicht.

(2) [1] Die Unterrichtung erstreckt sich insbesondere auf die Willensbildung der Bundesregierung, die Vorbereitung und den Verlauf der Beratungen innerhalb der Organe der Europäischen Union, die Stellungnahmen des Europäischen Parlaments, der Europäischen Kommission und der anderen

---

1) Nr. 1.

Mitgliedstaaten der Europäischen Union sowie die getroffenen Entscheidungen. [2] Dies gilt auch für alle vorbereitenden Gremien und Arbeitsgruppen.

(3) [1] Die Pflicht zur Unterrichtung umfasst auch die Vorbereitung und den Verlauf der Beratungen der informellen Ministertreffen, des Eurogipfels, der Eurogruppe sowie vergleichbarer Institutionen, die auf Grund völkerrechtlicher Verträge und sonstiger Vereinbarungen, die in einem Ergänzungs- oder sonstigen besonderen Näheverhältnis zum Recht der Europäischen Union stehen, zusammentreten. [2] Dies gilt auch für alle vorbereitenden Gremien und Arbeitsgruppen.

(4) Der Kernbereich exekutiver Eigenverantwortung der Bundesregierung bleibt von den Unterrichtungspflichten unberührt.

(5) Der Bundestag kann auf einzelne Unterrichtungen verzichten, es sei denn, dass eine Fraktion oder fünf Prozent der Mitglieder des Bundestages widersprechen.

§ 4 Übersendung von Dokumenten und Berichtspflichten. (1) [1] Die Unterrichtung des Bundestages nach § 3 erfolgt insbesondere durch Übersendung von allen bei der Bundesregierung eingehenden

1. Dokumenten
   a) der Organe der Europäischen Union, der informellen Ministertreffen, des Ausschusses der Ständigen Vertreter und sonstiger Ausschüsse und Arbeitsgruppen des Rates,
   b) des Eurogipfels, der Eurogruppe und vergleichbarer Institutionen, die auf der Grundlage von völkerrechtlichen Verträgen und sonstigen Vereinbarungen, die in einem Ergänzungs- oder sonstigen besonderen Näheverhältnis zum Recht der Europäischen Union stehen, zusammentreten,
   c) aller die Institutionen nach den Buchstaben a und b vorbereitenden Gremien und Arbeitsgruppen;
2. Berichten der Ständigen Vertretung der Bundesrepublik Deutschland bei der Europäischen Union beziehungsweise der Bundesregierung zu
   a) Sitzungen der in Nummer 1 genannten Institutionen,
   b) Sitzungen des Europäischen Parlaments und seiner Ausschüsse,
   c) Einberufungen, Verhandlungen und Ergebnissen von Trilogen,
   d) Beschlüssen der Europäischen Kommission.

[2] Der Bundestag muss bereits im Voraus und so rechtzeitig informiert werden, dass er sich über den Gegenstand der Sitzungen sowie die Position der Bundesregierung eine Meinung bilden und auf die Verhandlungslinie und das Abstimmungsverhalten der Bundesregierung Einfluss nehmen kann. [3] Berichte über Sitzungen müssen zumindest die von der Bundesregierung und von anderen Staaten vertretenen Positionen, den Verlauf der Verhandlungen und Zwischen- und Endergebnisse darstellen sowie über eingelegte Parlamentsvorbehalte unterrichten.

(2) [1] Die Bundesregierung übersendet dem Bundestag zudem

1. Dokumente und Informationen über Initiativen, Stellungnahmen, Konsultationsbeiträge, Programmentwürfe und Erläuterungen der Bundesregierung für Organe der Europäischen Union, informelle Ministertreffen sowie

den Eurogipfel, die Eurogruppe und vergleichbare Institutionen auf der Grundlage von völkerrechtlichen Verträgen und sonstigen Vereinbarungen, die in einem Ergänzungs- oder sonstigen besonderen Näheverhältnis zum Recht der Europäischen Union stehen,

2. entsprechende Initiativen, Stellungnahmen, Konsultationsbeiträge und Erläuterungen der Regierungen von Mitgliedstaaten der Europäischen Union,
3. entsprechende Initiativen, Stellungnahmen, Konsultationsbeiträge und Erläuterungen des Bundesrates und der Länder sowie
4. Sammelweisungen für den deutschen Vertreter im Ausschuss der Ständigen Vertreter.

[2] Dies gilt auch für alle vorbereitenden Gremien und Arbeitsgruppen.

(3) Die Bundesregierung gibt Auskunft über ihr vorliegende inoffizielle Dokumente zu Angelegenheiten der Europäischen Union und stellt diese auf Anforderung frühestmöglich zur Verfügung.

(4) [1] Vor Tagungen des Europäischen Rates, des Rates, der informellen Ministertreffen, des Eurogipfels, der Eurogruppe und vergleichbarer Institutionen auf der Grundlage von völkerrechtlichen Verträgen und sonstigen Vereinbarungen, die in einem Ergänzungs- oder sonstigen besonderen Näheverhältnis zum Recht der Europäischen Union stehen, unterrichtet die Bundesregierung den Bundestag schriftlich und mündlich zu jedem Beratungsgegenstand. [2] Diese Unterrichtung umfasst die Grundzüge des Sach- und Verhandlungsstandes sowie die Verhandlungslinie der Bundesregierung sowie deren Initiativen. [3] Nach den Tagungen unterrichtet die Bundesregierung schriftlich und mündlich über die Ergebnisse.

(5) Die Bundesregierung übersendet dem Bundestag regelmäßig, mindestens vierteljährlich, Frühwarnberichte über aktuelle politische Entwicklungen in Angelegenheiten der Europäischen Union.

(6) Die Bundesregierung unterrichtet den Bundestag ferner

1. über die Einleitung von Vertragsverletzungsverfahren nach den Artikeln 258 und 260 des Vertrags über die Arbeitsweise der Europäischen Union[1)] durch Übermittlung von Mahnschreiben und mit Gründen versehenen Stellungnahmen sowie erläuternden Informationen und Dokumenten, insbesondere der Antwortschreiben der Bundesregierung, soweit diese Verfahren die ausgebliebene, unvollständige oder fehlerhafte Umsetzung von Richtlinien durch den Bund betreffen,
2. über Verfahren vor dem Gerichtshof der Europäischen Union, bei denen die Bundesrepublik Deutschland Verfahrensbeteiligte ist. Zu Verfahren, an denen sich die Bundesregierung beteiligt, übermittelt sie die entsprechenden Dokumente, und
3. auf Anforderung über weitere Verfahren vor dem Gerichtshof der Europäischen Union und übermittelt die entsprechenden Dokumente, soweit sie ihr vorliegen.

§ 5 Vorhaben der Europäischen Union. (1) Vorhaben der Europäischen Union (Vorhaben) im Sinne dieses Gesetzes sind insbesondere

---

[1)] Nr. **35**.

1. Vorschläge und Initiativen für Beschlüsse zur Aufnahme von Verhandlungen zu Änderungen der vertraglichen Grundlagen der Europäischen Union,
2. Vorschläge und Initiativen für Beschlüsse zur Aufnahme von Verhandlungen zur Vorbereitung von Beitritten zur Europäischen Union,
3. Vorschläge und Initiativen für Beschlüsse gemäß Artikel 140 Absatz 2 des Vertrages über die Arbeitsweise der Europäischen Union[1] zur Einführung des Euro,
4. Vorschläge für Gesetzgebungsakte der Europäischen Union,
5. Verhandlungsmandate für die Europäische Kommission zu Verhandlungen über völkerrechtliche Verträge der Europäischen Union,
6. Beratungsgegenstände, Initiativen sowie Verhandlungsmandate und Verhandlungsrichtlinien für die Europäische Kommission im Rahmen der gemeinsamen Handelspolitik und der Welthandelsrunden,
7. Mitteilungen, Stellungnahmen, Grün- und Weißbücher sowie Empfehlungen der Europäischen Kommission,
8. Berichte, Aktionspläne und Politische Programme der Organe der Europäischen Union,
9. Interinstitutionelle Vereinbarungen der Organe der Europäischen Union,
10. Haushalts- und Finanzplanung der Europäischen Union,
11. Entwürfe zu völkerrechtlichen Verträgen und sonstigen Vereinbarungen, wenn sie in einem Ergänzungs- oder sonstigen besonderen Näheverhältnis zum Recht der Europäischen Union stehen,
12. Beratungsgegenstände, Vorschläge und Initiativen, die im Rahmen von völkerrechtlichen Verträgen und Vereinbarungen im Sinne von Nummer 11 behandelt werden.

(2) Vorhaben im Sinne dieses Gesetzes sind auch Vorschläge und Initiativen der Europäischen Union, bei denen eine Mitwirkung des Bundestages nach dem Integrationsverantwortungsgesetz[2] vom 22. September 2009 (BGBl. I S. 3022) in der jeweils geltenden Fassung erforderlich ist.

(3) Für Angelegenheiten

1. des Europäischen Stabilitätsmechanismus gelten unbeschadet der §§ 1 bis 4 die Bestimmungen des ESM-Finanzierungsgesetzes vom 13. September 2012 (BGBl. I S. 1918) in der jeweils geltenden Fassung,
2. der Europäischen Finanzstabilisierungsfazilität gelten unbeschadet der §§ 1 bis 4 die Bestimmungen des Stabilisierungsmechanismusgesetzes vom 22. Mai 2010 (BGBl. I S. 627) in der jeweils geltenden Fassung,
3. der Gemeinsamen Außen- und Sicherheitspolitik und der Gemeinsamen Sicherheits- und Verteidigungspolitik gilt § 7.

§ 6 Förmliche Zuleitung, Berichtsbogen und Umfassende Bewertung, Abschluss von EU-Gesetzgebungsverfahren. (1) [1]Die Bundesregierung übersendet dem Bundestag alle Vorhaben mit einem Zuleitungs-

---

[1] Nr. **35**.
[2] Nr. **27**.

schreiben (förmliche Zuleitung). [2] Das Zuleitungsschreiben enthält auf der Grundlage des zuzuleitenden Dokuments die folgenden Hinweise:

1. den wesentlichen Inhalt und die Zielsetzung des Vorhabens,
2. das Datum des Erscheinens des betreffenden Dokuments in deutscher Sprache,
3. die Rechtsgrundlage,
4. das anzuwendende Verfahren und
5. die Benennung des federführenden Bundesministeriums.

(2) [1] Die Bundesregierung übermittelt binnen zwei Wochen nach förmlicher Zuleitung eines Vorhabens einen Bericht gemäß der Anlage (Berichtsbogen). [2] Dieser enthält insbesondere die Bewertung des Vorhabens hinsichtlich seiner Vereinbarkeit mit den Grundsätzen der Subsidiarität und der Verhältnismäßigkeit.

(3) [1] Zu Vorschlägen für Gesetzgebungsakte der Europäischen Union übermittelt die Bundesregierung zudem binnen zwei Wochen nach Überweisung an die Ausschüsse des Bundestages, spätestens jedoch zu Beginn der Beratungen in den Ratsgremien, eine Umfassende Bewertung. [2] Neben Angaben zur Zuständigkeit der Europäischen Union zum Erlass des vorgeschlagenen Gesetzgebungsaktes und zu dessen Vereinbarkeit mit den Grundsätzen der Subsidiarität und Verhältnismäßigkeit enthält diese Bewertung im Rahmen einer umfassenden Abschätzung der Folgen für die Bundesrepublik Deutschland Aussagen insbesondere in rechtlicher, wirtschaftlicher, finanzieller, sozialer und ökologischer Hinsicht zu Regelungsinhalt, Alternativen, Kosten, Verwaltungsaufwand und Umsetzungsbedarf. [3] Zu anderen Vorhaben im Sinne von § 5 Absatz 1 erfolgt die Erstellung einer entsprechenden Umfassenden Bewertung nur auf Anforderung.

(4) [1] Bei eilbedürftigen Vorhaben verkürzen sich die Fristen der Absätze 2 und 3 so, dass eine rechtzeitige Unterrichtung und die Gelegenheit zur Stellungnahme nach § 8 Absatz 1 Satz 1 für den Bundestag gewährleistet sind. [2] Ist eine besonders umfangreiche Bewertung erforderlich, kann die Frist verlängert werden.

(5) Darüber hinaus erstellt die Bundesregierung zu besonders komplexen oder bedeutsamen Vorhaben auf Anforderung vertiefende Berichte.

(6) Die Bundesregierung unterrichtet den Bundestag über den Abschluss eines Gesetzgebungsverfahrens der Europäischen Union; diese Unterrichtung enthält auch eine Bewertung, ob die Bundesregierung den Gesetzgebungsakt mit den Grundsätzen der Subsidiarität und Verhältnismäßigkeit für vereinbar hält; bei Richtlinien informiert die Bundesregierung über die zu berücksichtigenden Fristen für die innerstaatliche Umsetzung und den Umsetzungsbedarf.

§ 7 Gemeinsame Außen- und Sicherheitspolitik und Gemeinsame Sicherheits- und Verteidigungspolitik. (1) [1] Im Bereich der Gemeinsamen Außen- und Sicherheitspolitik und der Gemeinsamen Sicherheits- und Verteidigungspolitik unterrichtet die Bundesregierung umfassend, fortlaufend und zum frühestmöglichen Zeitpunkt. [2] Die Unterrichtung erfolgt in der Regel schriftlich. [3] Sie umfasst die Zuleitung einer Übersicht der absehbar zur Beratung anstehenden Rechtsakte, deren Bewertung und eine Einschätzung über den weiteren Beratungsverlauf. [4] Über Tagungen des Europäischen Rates und des Rates, die Beschlüsse und Schlussfolgerungen im Bereich der Gemeinsamen Außen- und Sicherheitspolitik und der Gemeinsamen Sicherheits- und Verteidigungspolitik zum Gegenstand haben, gilt § 4 Absatz 4 entsprechend.

(2) [1] Ergänzend leitet die Bundesregierung dem Bundestag auf Anforderung Dokumente von grundsätzlicher Bedeutung nach Maßgabe des § 6 Absatz 1 zu. [2] § 6 Absatz 2 gilt entsprechend.

(3) Zudem unterrichtet die Bundesregierung fortlaufend und zeitnah mündlich über alle relevanten Entwicklungen im Bereich der Gemeinsamen Außen- und Sicherheitspolitik und der Gemeinsamen Sicherheits- und Verteidigungspolitik.

(4) Über die Sitzungen des Politischen und Sicherheitspolitischen Komitees unterrichtet die Bundesregierung die zuständigen Ausschüsse des Bundestages mündlich.

§ 8 Stellungnahmen des Bundestages. (1) [1] Vor ihrer Mitwirkung an Vorhaben gibt die Bundesregierung dem Bundestag Gelegenheit zur Stellungnahme. [2] Hierzu übermittelt die Bundesregierung dem Bundestag fortlaufend aktualisierte Informationen über den Beratungsablauf, die es ermöglichen, den für eine Stellungnahme geeigneten Zeitpunkt zu bestimmen, und teilt mit, bis zu welchem Zeitpunkt auf Grund des Beratungsverlaufs eine Stellungnahme angemessen erscheint.

(2) [1] Gibt der Bundestag eine Stellungnahme ab, legt die Bundesregierung diese ihren Verhandlungen zugrunde. [2] Die Bundesregierung unterrichtet fortlaufend über die Berücksichtigung der Stellungnahme in den Verhandlungen.

(3) [1] Der Bundestag kann seine Stellungnahme im Verlauf der Beratung des Vorhabens anpassen und ergänzen. [2] Absatz 2 Satz 1 gilt entsprechend.

(4) [1] Macht der Bundestag von der Gelegenheit zur Stellungnahme gemäß Artikel 23 Absatz 3 Satz 1 des Grundgesetzes[1)] Gebrauch, legt die Bundesregierung in den Verhandlungen einen Parlamentsvorbehalt ein, wenn der Beschluss des Bundestages in einem seiner wesentlichen Belange nicht durchsetzbar ist. [2] Die Bundesregierung unterrichtet den Bundestag in einem gesonderten Bericht unverzüglich darüber. [3] Dieser Bericht muss der Form und dem Inhalt nach angemessen sein, um eine Beratung in den Gremien des Bundestages zu ermöglichen. [4] Vor der abschließenden Entscheidung bemüht sich die Bundesregierung, Einvernehmen mit dem Bundestag herzustellen. [5] Dies gilt auch dann, wenn der Bundestag bei Vorhaben der Europäischen Union zu Fragen der kommunalen Daseinsvorsorge Stellung nimmt. [6] Das Recht der Bundesregierung, in Kenntnis der Stellungnahme des Bundestages aus wichtigen außen- oder integrationspolitischen Gründen abweichende Entscheidungen zu treffen, bleibt unberührt.

(5) [1] Nach der abschließenden Beschlussfassung unterrichtet die Bundesregierung den Bundestag unverzüglich schriftlich, insbesondere über die Durchsetzung seiner Stellungnahme. [2] Sollten nicht alle Belange der Stellungnahme berücksichtigt worden sein, benennt die Bundesregierung auch die

---

1) Nr. 1.

Gründe hierfür. [3] Auf Verlangen eines Viertels der Mitglieder des Bundestages erläutert die Bundesregierung diese Gründe im Rahmen einer Plenardebatte.

§ 9 Aufnahme von Verhandlungen über Beitritte und Vertragsänderungen. (1) Mit der Unterrichtung über Vorschläge und Initiativen für Beschlüsse zur Aufnahme von Verhandlungen

1. zur Vorbereitung eines Beitritts zur Europäischen Union oder
2. zu Änderungen der vertraglichen Grundlagen der Europäischen Union

weist die Bundesregierung den Bundestag auf sein Recht zur Stellungnahme nach § 8 hin.

(2) [1] Vor der abschließenden Entscheidung im Rat oder im Europäischen Rat soll die Bundesregierung Einvernehmen mit dem Bundestag herstellen. [2] Das Recht der Bundesregierung, in Kenntnis der Stellungnahme des Bundestages aus wichtigen außen- oder integrationspolitischen Gründen abweichende Entscheidungen zu treffen, bleibt unberührt.

§ 9a Einführung des Euro in einem Mitgliedstaat. (1) Mit der Unterrichtung über Vorschläge und Initiativen für Beschlüsse des Rates gemäß Artikel 140 Absatz 2 des Vertrages über die Arbeitsweise der Europäischen Union[1)] zur Einführung des Euro in einem weiteren Mitgliedstaat weist die Bundesregierung den Bundestag auf sein Recht zur Stellungnahme nach § 8 hin.

(2) [1] Vor der abschließenden Entscheidung im Rat soll die Bundesregierung mit dem Bundestag Einvernehmen herstellen. [2] Das Recht der Bundesregierung, in Kenntnis der Stellungnahme des Bundestages aus wichtigen außen- oder integrationspolitischen Gründen abweichende Entscheidungen zu treffen, bleibt unberührt.

§ 10 Zugang zu Datenbanken, vertrauliche Behandlung von Dokumenten. (1) Die Bundesregierung eröffnet dem Bundestag im Rahmen der Datenschutzvorschriften Zugang zu Dokumentendatenbanken der Europäischen Union, die ihr zugänglich sind.

(2) [1] Die Dokumente der Europäischen Union werden grundsätzlich offen weitergegeben. [2] Die Sicherheitseinstufung der Organe der Europäischen Union über eine besondere Vertraulichkeit wird vom Bundestag beachtet. [3] Eine für diese Dokumente oder für andere im Rahmen dieses Gesetzes an den Bundestag zu übermittelnden Informationen, Berichte und Mitteilungen eventuell erforderliche nationale Einstufung als vertraulich wird vor Versendung von der Bundesregierung vorgenommen und vom Bundestag beachtet. [4] Die Gründe für die Einstufung sind auf Anforderung zu erläutern.

(3) Dem besonderen Schutzbedürfnis laufender vertraulicher Verhandlungen trägt der Bundestag durch eine vertrauliche Behandlung Rechnung.

§ 11 Verbindungsbüro des Bundestages. (1) [1] Der Bundestag kann über ein Verbindungsbüro unmittelbare Kontakte zu Einrichtungen der Europäischen Union pflegen, soweit dies der Wahrnehmung seiner Mitwirkungs-

---

1) Nr. **35**.

rechte in Angelegenheiten der Europäischen Union dient. [2] Die Fraktionen des Bundestages entsenden Vertreter in das Verbindungsbüro.

(2) Die Bundesregierung unterstützt über die Ständige Vertretung der Bundesrepublik Deutschland bei der Europäischen Union und die bilaterale Botschaft der Bundesrepublik Deutschland beim Königreich Belgien das Verbindungsbüro des Bundestages im Hinblick auf seine fachlichen Aufgaben.

§ 12 Inkrafttreten, Außerkrafttreten. [1] Dieses Gesetz tritt am Tag nach der Verkündung[1)] in Kraft. [2] Gleichzeitig tritt das Gesetz über die Zusammenarbeit von Bundesregierung und Deutschem Bundestag in Angelegenheiten der Europäischen Union vom 12. März 1993 (BGBl. I S. 311, 1780), das zuletzt durch Artikel 2 des Gesetzes vom 13. September 2012 (BGBl. 2012 II S. 1006) geändert worden ist, außer Kraft.

Anlage
(zu § 6 Absatz 2)

Berichtsbogen

Thema:
Sachgebiet:
Rats-Dok.-Nr.:
KOM.-Nr.:
Nr. des interinstitutionellen Dossiers:
Nr. der Bundesratsdrucksache:
Nachweis der Zulässigkeit für europäische Regelungen:
(Prüfung der Rechtsgrundlage)
Subsidiaritätsprüfung:
Verhältnismäßigkeitsprüfung:
Zielsetzung:
Inhaltliche Schwerpunkte:
Politische Bedeutung:
Was ist das besondere deutsche Interesse?
Bisherige Position des Bundestages:
Position des Bundesrates:
Position des Europäischen Parlaments:
Bisherige Position der Bundesregierung:
Meinungsstand im Rat:
Verfahrensstand (Stand der Befassung) und Zeitplan:
Finanzielle Auswirkungen:
Zeitplan für die Behandlung im

a) Bundesrat:

b) Europäischen Parlament:

c) Rat:

---

1) Verkündet am 12.7.2013.

26. Gesetz über die Zusammenarbeit von Bund und Ländern in Angelegenheiten der Europäischen Union

Vom 12. März 1993
(BGBl. I S. 313)

FNA 170-3

geänd. durch Art. 2 Abs. 2 G über die Ausweitung und Stärkung der Rechte des BT und des BR in Angelegenheiten der EU v. 17.11.2005 (BGBl. I S. 3178, aufgeh. durch Art. 3 G v. 22.9.2009, BGBl. I S. 3022), Art. 2 Föderalismusreform-BegleitG v. 5.9.2006 (BGBl. I S. 2098) und Art. 1 ÄndG v. 22.9.2009 (BGBl. I S. 3031)

Der Bundestag hat mit Zustimmung des Bundesrates das folgende Gesetz beschlossen:

§ 1 [Mitwirkung durch Bundesrat] In Angelegenheiten der Europäischen Union wirken die Länder durch den Bundesrat mit.

§ 2 [Umfassende und frühzeitige Unterrichtung des Bundesrates] Die Bundesregierung unterrichtet den Bundesrat unbeschadet des Artikels 2 des Gesetzes zu den Verträgen vom 25. März 1957 zur Gründung der Europäischen Wirtschaftsgemeinschaft und der Europäischen Atomgemeinschaft vom 27. Juli 1957 (BGBl. II S. 753) umfassend und zum frühestmöglichen Zeitpunkt über alle Vorhaben im Rahmen der Europäischen Union, die für die Länder von Interesse sein könnten.

§ 3 [Gelegenheit zur Stellungnahme] Vor der Festlegung der Verhandlungsposition zu einem Vorhaben der Europäischen Union gibt die Bundesregierung dem Bundesrat rechtzeitig Gelegenheit zur Stellungnahme binnen angemessener Frist, soweit Interessen der Länder berührt sind.

§ 4 [Beteiligung von Ländervertretern an Beratungen der Bundesregierung] (1) Soweit der Bundesrat an einer entsprechenden innerstaatlichen Maßnahme mitzuwirken hätte oder soweit die Länder innerstaatlich zuständig wären, beteiligt die Bundesregierung vom Bundesrat benannte Vertreter der Länder an Beratungen zur Festlegung der Verhandlungsposition zu dem Vorhaben.

(2) [1] Gegenstand der Beratungen nach Absatz 1 ist auch die Anwendung der §§ 5 und 6 auf das Vorhaben. [2] Dabei ist zwischen Bund und Ländern ein Einvernehmen anzustreben.

§ 5[1)] [Berücksichtigung der Stellungnahme des Bundesrates] (1) Soweit in einem Bereich ausschließlicher Zuständigkeiten des Bundes Interessen der Länder berührt sind oder soweit im übrigen der Bund das Recht zur Gesetzgebung hat, berücksichtigt die Bundesregierung die Stellungnahme des Bundesrates bei der Festlegung der Verhandlungsposition zu dem Vorhaben.

---

1) § 5 Abs. 3 aufgeh. mWv 25.9.2009 durch G v. 22.9.2009 (BGBl. I S. 3031).

(2) [1] Wenn bei einem Vorhaben im Schwerpunkt Gesetzgebungsbefugnisse der Länder betroffen sind und der Bund kein Recht zur Gesetzgebung hat oder ein Vorhaben im Schwerpunkt die Einrichtung der Behörden der Länder oder ihre Verwaltungsverfahren betrifft, ist insoweit bei Festlegung der Verhandlungsposition durch die Bundesregierung die Stellungnahme des Bundesrates maßgeblich zu berücksichtigen; im übrigen gilt Absatz 1. [2] Die gesamtstaatliche Verantwortung des Bundes, einschließlich außen-, verteidigungs- und integrationspolitisch zu bewertender Fragen, ist zu wahren. [3] Stimmt die Auffassung der Bundesregierung nicht mit der Stellungnahme des Bundesrates überein, ist ein Einvernehmen anzustreben. [4] Zur Herbeiführung dieses Einvernehmens erfolgt erneute Beratung der Bundesregierung mit Vertretern der Länder. [5] Kommt ein Einvernehmen nicht zustande und bestätigt der Bundesrat daraufhin seine Auffassung mit einem mit zwei Dritteln seiner Stimmen gefaßten Beschluß, so ist die Auffassung des Bundesrates maßgebend. [6] Die Zustimmung der Bundesregierung ist erforderlich, wenn Entscheidungen zu Ausgabenerhöhungen oder Einnahmeminderungen für den Bund führen können.

§ 6[1)] [Beteiligung von Ländervertretern an Verhandlungen in Beratungsgremien der Kommission und des Rates] (1) [1] Bei einem Vorhaben, bei dem der Bundesrat an einer entsprechenden innerstaatlichen Maßnahme mitzuwirken hätte oder bei dem die Länder innerstaatlich zuständig wären oder das sonst wesentliche Interessen der Länder berührt, zieht die Bundesregierung auf Verlangen Vertreter der Länder zu den Verhandlungen in den Beratungsgremien der Kommission und des Rates hinzu, soweit ihr dies möglich ist. [2] Die Verhandlungsführung liegt bei der Bundesregierung; Vertreter der Länder können mit Zustimmung der Verhandlungsführung Erklärungen abgeben.

(2) [1] Wenn im Schwerpunkt ausschließliche Gesetzgebungsbefugnisse der Länder auf den Gebieten der schulischen Bildung, der Kultur oder des Rundfunks betroffen sind, überträgt die Bundesregierung die Verhandlungsführung in den Beratungsgremien der Kommission und des Rates und bei Ratstagungen in der Zusammensetzung der Minister auf einen Vertreter der Länder. [2] Für diese Ratstagungen kann vom Bundesrat nur ein Mitglied einer Landesregierung im Ministerrang benannt werden. [3] Die Ausübung der Rechte durch den Vertreter der Länder erfolgt unter Teilnahme von und in Abstimmung mit dem Vertreter der Bundesregierung. [4] Die Abstimmung der Verhandlungsposition mit dem Vertreter der Bundesregierung im Hinblick auf eine sich ändernde Verhandlungslage erfolgt entsprechend den für die interne Willensbildung geltenden Regeln und Kriterien. [5] Der Bundesrat kann für Ratstagungen in der Zusammensetzung der Minister, bei denen Vorhaben behandelt werden, die nicht im Schwerpunkt ausschließliche Gesetzgebungsbefugnisse der Länder in den Bereichen schulische Bildung, Kultur oder Rundfunk, jedoch sonstige ausschließliche Gesetzgebungsbefugnisse der Länder betreffen, als Vertreter der Länder Mitglieder von Landesregierungen im Ministerrang benennen, die berechtigt sind, in Abstimmung mit dem Vertreter der Bundesregierung Erklärungen abzugeben. [6] Betrifft ein Vorhaben ausschließliche Gesetzgebungsbefugnisse der Länder, jedoch nicht im

---

[1)] § 6 Abs. 2 neu gef. mWv 12.9.2006 durch G v. 5.9.2006 (BGBl. I S. 2098).

Schwerpunkt die Bereiche schulische Bildung, Kultur oder Rundfunk, so übt die Bundesregierung die Verhandlungsführung in den Beratungsgremien der Kommission und des Rates und bei Ratstagungen in der Zusammensetzung der Minister in Abstimmung mit dem Vertreter der Länder aus.

(3) [1] Absatz 2 gilt nicht für Rechte, die der Bundesrepublik Deutschland als Vorsitz im Rat zustehen. [2] Bei der Ausübung dieser Rechte setzt sich die Bundesregierung, soweit Vorhaben im Sinne des Absatzes 2 Satz 1 betroffen sind, mit dem Vertreter der Länder ins Benehmen.

(4) Auf Tagesordnungspunkte der Ratstagungen, die der Rat ohne Aussprache genehmigt, findet Absatz 2 keine Anwendung, wenn diese Behandlung mit dem Vertreter der Länder abgestimmt worden ist.

§ 7[1)] [Klageerhebung im Interesse der Länder] (1) [1] Die Bundesregierung macht auf Verlangen des Bundesrates unbeschadet eigener Klagerechte der Länder von dem im Vertrag über die Europäische Union vorgesehenen Klagemöglichkeiten Gebrauch, soweit die Länder durch ein Handeln oder Unterlassen von Organen der Union in Bereichen ihrer Gesetzgebungsbefugnisse betroffen sind und der Bund kein Recht zur Gesetzgebung hat. [2] Dabei ist die gesamtstaatliche Verantwortung des Bundes, einschließlich außen-, verteidigungs- und integrationspolitisch zu bewertender Fragen, zu wahren.

(2) Absatz 1 gilt entsprechend, wenn die Bundesregierung im Verfahren vor dem Europäischen Gerichtshof Gelegenheit zur Stellungnahme hat.

(3) Hinsichtlich der Prozeßführung vor dem Europäischen Gerichtshof stellt die Bundesregierung in den in den Absätzen 1 und 2 genannten Fällen sowie für Vertragsverletzungsverfahren, in denen die Bundesrepublik Deutschland Partei ist, mit dem Bundesrat Einvernehmen her, soweit Gesetzgebungsbefugnisse der Länder betroffen sind und der Bund kein Recht zur Gesetzgebung hat.

(4) [1] Über die Einlegung des zulässigen Rechtsmittels beim Europäischen Gerichtshof gegen eine länderübergreifende Finanzkorrektur der Europäischen Gemeinschaften stellt die Bundesregierung mit den betroffenen Ländern Einvernehmen her. [2] Wird das Einvernehmen nicht erzielt, ist die Bundesregierung auf ausdrückliches Verlangen betroffener Länder zur Einlegung des Rechtsmittels verpflichtet. [3] In diesem Fall werden die Kosten des Rechtsmittelverfahrens von den Ländern getragen, welche die Einlegung des Rechtsmittels verlangt haben.

§ 8 [Befugnisse und Status der Länderbüros] [1] Die Länder können unmittelbar zu Einrichtungen der Europäischen Union ständige Verbindungen unterhalten, soweit dies zur Erfüllung ihrer staatlichen Befugnisse und Aufgaben nach dem Grundgesetz dient. [2] Die Länderbüros erhalten keinen diplomatischen Status. [3] Stellung und Aufgaben der Ständigen Vertretung in Brüssel als Vertretung der Bundesrepublik Deutschland bei den Europäischen Gemeinschaften gelten uneingeschränkt auch in den Fällen, in denen die Wahrnehmung der Rechte, die der Bundesrepublik Deutschland als Mitgliedstaat der Europäischen Union zustehen, auf einen Vertreter der Länder übertragen wird.

---

1) § 7 Abs. 4 angef. mWv 12.9.2006 durch G v. 5.9.2006 (BGBl. I S. 2098).

§ 9[1)] [Vereinbarung zwischen Bund und Ländern] [1] Einzelheiten der Unterrichtung und Beteiligung der Länder nach diesem Gesetz sowie nach dem Integrationsverantwortungsgesetz[2)] vom 22. September 2009 (BGBl. I S. 3022) sind in der Anlage geregelt. [2] Weitere Einzelheiten bleiben einer Vereinbarung zwischen Bund und Ländern vorbehalten.

§ 10[3)] [Wahrung der Rechte von Gemeinden und Gemeindeverbänden] (1) Bei Vorhaben der Europäischen Union ist das Recht der Gemeinden und Gemeindeverbände zur Regelung der Angelegenheiten der örtlichen Gemeinschaft zu wahren und sind ihre Belange zu schützen.

(2) [1] Nimmt der Bundesrat bei Vorhaben der Europäischen Union zu Fragen der kommunalen Daseinsvorsorge Stellung, ist die Stellungnahme von der Bundesregierung unter den Voraussetzungen des § 5 zu berücksichtigen. [2] Die Beteiligungsrechte des Bundesrates gemäß § 5 Absatz 2 bleiben unberührt.

§ 11 [Geltungsbereich] Dieses Gesetz gilt nicht für der Bereich der Gemeinsamen Außen- und Sicherheitspolitik der Europäischen Union.

§ 12 [Geltungsbereich] Dieses Gesetz gilt auch für Vorhaben, die auf Beschlüsse des Rates und der im Rat vereinigten Vertreter der Regierungen der Mitgliedstaaten gerichtet sind.

§ 13 [Erweiterte Mitwirkungsbefugnisse] Die in § 9 genannte Vereinbarung kann weitere Fälle vorsehen, in denen die Länder entsprechend diesem Gesetz mitwirken.

§ 14[4)] [Ländervertreter, Gemeindevertreter] (1) [1] Vor der Zustimmung zu einem Beschluss über die Zusammensetzung des Ausschusses der Regionen nach Artikel 305 Absatz 2 des Vertrags über die Arbeitsweise der Europäischen Union[5)] stellt die Bundesregierung das Einvernehmen mit dem Bundesrat her. [2] Die gesamtstaatliche Verantwortung des Bundes ist zu wahren.

(2) [1] Die Bundesregierung schlägt dem Rat als Mitglieder des Ausschusses der Regionen und deren Stellvertreter die von den Ländern benannten Vertreter vor. [2] Die Länder regeln ein Beteiligungsverfahren für die Gemeinden und Gemeindeverbände, das sichert, daß diese auf Vorschlag der kommunalen Spitzenverbände mit drei gewählten Vertretern im Regionalausschuß vertreten sind.

§ 15 [Außerkrafttreten] Artikel 2 des Gesetzes vom 19. Dezember 1986 zur Einheitlichen Europäischen Akte vom 28. Februar 1986 (BGBl. II S. 1102) tritt mit Inkrafttreten dieses Gesetzes außer Kraft.

[1)] § 9 neu gef. mWv 25.9.2009 durch G v. 22.9.2009 (BGBl. I S. 3031).
[2)] Nr. **27**.
[3)] § 10 neu gef. mWv 25.9.2009 durch G v. 22.9.2009 (BGBl. I S. 3031).
[4)] § 14 Abs. 1 eingef., bish. Wortlaut wird Abs. 2 mWv 25.9.2009 durch G v. 22.9.2009 (BGBl. I S. 3031).
[5)] Nr. **35**.

§ 16 [Inkrafttreten] [1] Dieses Gesetz tritt mit dem Tage der Gründung der Europäischen Union in Kraft.[1)] [2] Dieser Tag ist im Bundesgesetzblatt bekanntzugeben. [3] Abweichend von Satz 1 tritt § 5 Abs. 3 am 1. Januar 1993 in Kraft.

Anlage[2)]
(zu § 9)

[Einzelheiten der Unterrichtung und Beteiligung der Länder]

I. Allgemeine Bestimmungen

1. Die Regierungen von Bund und Ländern stellen durch geeignete institutionelle und organisatorische Vorkehrungen sicher, dass die Handlungsfähigkeit der Bundesrepublik Deutschland und eine flexible Verhandlungsführung in Angelegenheiten der Europäischen Union gewährleistet sind. Bund und Länder setzen sich bei Gesprächen auf Ebene der Europäischen Union nicht in Widerspruch zu abgestimmten Positionen. Im Sinne einer Frühwarnung unterrichten Bund und Länder einander über Entwicklungen in Angelegenheiten der Europäischen Union, die in beidseitigem Interesse liegen.
2. Die Informations- und Mitwirkungsrechte der Länder im Hinblick auf Vorhaben der Europäischen Union beschränken sich nicht auf rechtsverbindliche Handlungsinstrumente der Europäischen Union, sondern erstrecken sich auch auf Grünbücher, Weißbücher, Aktionsprogramme, Mitteilungen und Empfehlungen. Vorhaben sind auch so genannte Gemischte Beschlüsse und die Vorbereitung und der Abschluss völkerrechtlicher Abkommen.
3. Unterrichtet die Bundesregierung den Bundestag oder die deutschen Mitglieder des Europäischen Parlaments schriftlich über Vorhaben der Europäischen Union in Bereichen, in denen die Länder die Verhandlungsführung haben, erfolgt diese Unterrichtung in Absprache mit den vom Bundesrat benannten Vertretern der Länder.

II. Unterrichtung des Bundesrates

1. Die Bundesregierung unterrichtet den Bundesrat nach Maßgabe dieses Gesetzes umfassend, zum frühestmöglichen Zeitpunkt, fortlaufend und in der Regel schriftlich über alle Vorhaben, die für die Länder von Interesse sein könnten. Dies geschieht insbesondere durch Übersendung von der Bundesregierung vorliegenden
   a) Dokumenten
      aa) der Europäischen Kommission, soweit sie an den Rat gerichtet oder der Bundesregierung auf sonstige Weise offiziell zugänglich gemacht worden sind. Die Bundesregierung trägt dafür Sorge, dass bei Vor-

---

1) Inkrafttreten gemäß Bek. v. 25.10.1993 (BGBl. I S. 1780) am 1.11.1993.
2) Anl. angef. mWv 25.9.2009 durch G v. 22.9.2009 (BGBl. I S. 3031).

haben, die ausschließliche Gesetzgebungsmaterien der Länder betreffen oder deren wesentliche Interessen berühren, dem Bundesrat auch der Bundesregierung vorliegende vorbereitende Papiere der Kommission zur Verfügung gestellt werden, die für die Meinungsbildung des Bundesrates von Bedeutung sein können. Dies gilt auch für inoffizielle Dokumente (so genannte „non papers“);

bb) des Europäischen Rates, des Rates, der informellen Ministertreffen und der Ratsgremien.

b) Berichten und Mitteilungen von Organen der Europäischen Union über Sitzungen

aa) des Europäischen Rates, des Rates und der informellen Ministertreffen;

bb) des Ausschusses der Ständigen Vertreter und sonstiger Ausschüsse oder Arbeitsgruppen des Rates;

cc) der Beratungsgremien bei der Europäischen Kommission.

c) Berichten der Ständigen Vertretung der Bundesrepublik Deutschland bei der Europäischen Union über

aa) Sitzungen des Rates und der Ratsgruppen (einschließlich der Berichte über Sitzungen der Freunde der Präsidentschaft sowie der Antici-Gruppe), der informellen Ministertreffen und des Ausschusses der Ständigen Vertreter;

bb) Sitzungen des Europäischen Parlaments und seiner Ausschüsse;

cc) Entscheidungen der Europäischen Kommission;

dd) geplante Rechtsakte.

Die Empfänger haben dafür Sorge zu tragen, dass diese Berichte nur an einen begrenzten Personenkreis in den jeweils zuständigen obersten Landesbehörden weitergeleitet werden.

d) Dokumenten und Informationen über Initiativen, Stellungnahmen und Erläuterungen der Bundesregierung für Organe der Europäischen Union, einschließlich der Sammelweisung für den deutschen Vertreter im Ausschuss der Ständigen Vertreter sowie Initiativen der Regierungen von Mitgliedstaaten der Europäischen Union gegenüber Rat und Europäischer Kommission, die der Bundesregierung offiziell zugänglich gemacht werden und die für die Meinungsbildung der Länder von Bedeutung sind.

Die Unterrichtung umfasst auch Vorhaben, die auf Beschlüsse der im Rat vereinigten Vertreter der Regierungen der Mitgliedstaaten gerichtet sind.

Im Übrigen erfolgt die Unterrichtung mündlich.

2. Mit der Unterrichtung nach § 2 und nach dieser Anlage übermittelt die Bundesregierung dem Bundesrat die Angaben der Europäischen Kommission und die ihr vorliegenden Angaben der Mitgliedstaaten im Rahmen der Gesetzesfolgenabschätzung zu den Folgen des Vorhabens insbesondere in rechtlicher, wirtschaftlicher, finanzieller, sozialer und ökologischer Hinsicht.

3. Die Berichtsbögen zu Vorhaben der Europäischen Union und die Umfassenden Bewertungen zu Gesetzgebungsakten, die dem Bundestag nach § 7

des Gesetzes über die Zusammenarbeit von Bundesregierung und Deutschem Bundestag in Angelegenheiten der Europäischen Union übermittelt werden, lässt die Bundesregierung dem Bundesrat gleichzeitig zukommen.

4. Die Ministerien des Bundes und der Länder eröffnen sich untereinander und dem Bundesrat im Rahmen der geltenden Datenschutzvorschriften Zugang zu ressortübergreifenden Dokumentendatenbanken zu Vorhaben im Rahmen der Europäischen Union. Die Bundesregierung wird sich bemühen, dass Dokumentendatenbanken der Europäischen Union, die den Regierungen der Mitgliedstaaten zugänglich sind, auch dem Bundesrat und den Regierungen der Länder zugänglich gemacht werden. Einzelheiten müssen gesondert geregelt werden.
5. Die Dokumente der Europäischen Union werden grundsätzlich offen weitergegeben. Die Sicherheitseinstufung der Organe der Europäischen Union über eine besondere Vertraulichkeit wird vom Bundesrat beachtet. Eine für diese Dokumente oder für andere im Rahmen dieses Gesetzes an den Bundesrat zu übermittelnde Informationen, Berichte und Mitteilungen eventuell erforderliche nationale Einstufung als vertraulich wird vor Versendung von der Bundesregierung vorgenommen und vom Bundesrat beachtet. Die Gründe für die Einstufung sind auf Anforderung zu erläutern.

III. Vorbereitende Beratungen

1. Die Bundesregierung lädt die Ländervertreter zu Beratungen zur Festlegung der Verhandlungsposition zu Vorhaben ein, soweit der Bundesrat an einer entsprechenden innerstaatlichen Maßnahme mitzuwirken hätte oder soweit die Länder innerstaatlich zuständig wären. Dabei soll auch Einvernehmen über die Anwendung von den §§ 5 und 6 auf ein Vorhaben angestrebt werden.
2. Bei der Einordnung eines Vorhabens unter die Regelungen dieses Gesetzes ist auf den konkreten Inhalt der Vorlage der Europäischen Union abzustellen. Die Zuordnung der Zuständigkeit des Bundes oder der Länder folgt aus der innerstaatlichen Kompetenzordnung.
   Bei Beurteilung der Frage, ob bei einem Vorhaben der Bund im nationalen Bereich das Recht zur Gesetzgebung hat, ist in den in Artikel 72 Absatz 2 des Grundgesetzes[1)] genannten Gebieten der konkurrierenden Gesetzgebung auch darauf abzustellen, ob eine Erforderlichkeit bundesgesetzlicher Regelung im Sinne von Artikel 72 Absatz 2 des Grundgesetzes[1)] bestehen würde.
   In den Bereichen, in denen die Länder das Recht der Abweichungsgesetzgebung nach Artikel 72 Absatz 3 des Grundgesetzes[1)] haben, berücksichtigt die Bundesregierung die Stellungnahme des Bundesrates bei der Festlegung der Verhandlungsposition. Stimmt die Auffassung der Bundesregierung nicht mit der Stellungnahme des Bundesrates überein, unterrichtet die Bundesregierung den Bundesrat und lädt die vom Bundesrat benannten Ländervertreter zur Beratung ein, um eine übereinstimmende Haltung anzustreben.
   Hinsichtlich des Regelungsschwerpunkts des Vorhabens ist darauf abzustellen, ob eine Materie im Mittelpunkt des Vorhabens steht oder ganz über-

[1)] Nr. **1**.

wiegend Regelungsgegenstand ist. Das ist nicht nur quantitativ bestimmbar, sondern auch das Ergebnis einer qualitativen Beurteilung.
Stimmt die Auffassung der Bundesregierung darüber, ob bei einem Vorhaben der Europäischen Union im Schwerpunkt Gesetzgebungsbefugnisse der Länder, die Einrichtung ihrer Behörden oder ihre Verwaltungsverfahren betroffen sind, nicht mit der Haltung des Bundesrates überein, unterrichtet die Bundesregierung den Bundesrat und lädt unverzüglich die vom Bundesrat benannten Ländervertreter zur Beratung ein, um eine übereinstimmende Haltung zu erzielen.

3. In den Fällen, in denen innerstaatlich eine Zusammenarbeit von Bund und Ländern vorgesehen ist, ist bei der Festlegung der Verhandlungsposition – auch auf Ebene der Europäischen Union – ein gemeinsames Vorgehen anzustreben; Bund und Länder streben im Bereich der Forschungspolitik entsprechend der Regelung des Artikels 91b des Grundgesetzes[1] auch im Rahmen der Europäischen Union ein gemeinsames Vorgehen an. Entsprechend wird bei Festlegung der Verhandlungsposition verfahren, wenn der Regelungsschwerpunkt des Vorhabens nur schwer feststellbar ist.
4. Bund und Länder nutzen regelmäßige Sitzungen des Ausschusses für Fragen der Europäischen Union des Bundesrates – bei Bedarf beziehungsweise Verlangen einer Seite auch in politischer Besetzung – zu einem frühzeitigen Austausch über aktuelle Entwicklungen auf Ebene der Europäischen Union. Die Willensbildung der Länder bleibt dem Bundesratsverfahren vorbehalten. Ein neuer Sachstand auf Ebene der Europäischen Union kann eine erneute Befassung erforderlich machen.

IV. Stellungnahme des Bundesrates

1. Um die rechtzeitige Abgabe einer Stellungnahme zu ermöglichen, informiert die Bundesregierung den Bundesrat bei allen Vorhaben, die Interessen der Länder berühren, über den zeitlichen Rahmen der Behandlung in den Ratsgremien.
   Je nach Verhandlungslage teilt die Bundesregierung dem Bundesrat auch mit, bis zu welchem Zeitpunkt eine Stellungnahme wegen der sich aus dem Verfahrensablauf der Europäischen Union ergebenden zeitlichen Vorgaben noch berücksichtigt werden kann.
   Ist aus Sicht der Bundesregierung bereits im Vorfeld von Vorhaben der Europäischen Union die Einbringung einer deutschen Position angezeigt, fordert die Bundesregierung den Bundesrat auf, Stellung zu nehmen.
2. Der Bundesrat kann seine Stellungnahme im Verlauf der Beratung des Vorhabens in den Gremien der Europäischen Union anpassen und ergänzen. Zu diesem Zweck unterrichtet die Bundesregierung den Bundesrat durch ständige Kontakte – in einer der Sache jeweils angemessenen Form – und weist darauf hin, wenn sich die Beschlussgrundlage wesentlich geändert hat und deshalb eine aktualisierte Stellungnahme des Bundesrates erforderlich ist.
3. Stimmt in den Fällen von § 5 Absatz 2 die Auffassung der Bundesregierung nicht mit der Stellungnahme des Bundesrates überein, unterrichtet sie den Bundesrat und lädt unverzüglich die vom Bundesrat benannten Länderver-

[1] Nr. **1**.

treter zur erneuten Beratung ein, um möglichst Einvernehmen zu erzielen. Die Länder weisen darauf hin, dass das Einvernehmen gegebenenfalls unter den Vorbehalt einer Beschlussfassung des Bundesrates zu stellen ist. Kommt dieses Einvernehmen nicht zustande, beschließt der Bundesrat unverzüglich darüber, ob seine Stellungnahme aufrechterhalten wird.

4. Weicht die Bundesregierung von einer Stellungnahme des Bundesrates ab, so teilt sie auf Verlangen des Bundesrates nach Abschluss eines Vorhabens die maßgeblichen Gründe mit.

V. Umsetzung von Recht der Europäischen Union

1. Die Bundesregierung nimmt im Interesse einer rechtzeitigen Ergreifung der erforderlichen Verfahrensschritte für Rechtsakte der Europäischen Union, für deren Umsetzung ausschließlich die Länder zuständig sind, sowie für Rechtsakte der Europäischen Union, die von Bund und Ländern durch jeweils eigene Umsetzungsmaßnahmen gemeinsam umzusetzen sind, frühzeitig Kontakt mit den Ländern auf. Die Bundesregierung lässt die Listen mit dem aktuellen Stand der umzusetzenden Rechtsakte, die sie dem Bundestag übermittelt, dem Bundesrat gleichzeitig zukommen.
2. Die Bundesregierung unterrichtet den Bundesrat über die Einleitung von Vertragsverletzungsverfahren nach den Artikeln 258, 260 des Vertrags über die Arbeitsweise der Europäischen Union[1)] durch Übermittlung von Mahnschreiben und mit Gründen versehenen Stellungnahmen, soweit diese Verfahren die Nichtumsetzung von Richtlinien durch ein Land oder mehrere Länder betreffen. In diesen Fällen fertigt die Bundesregierung ihre Stellungnahmen in Abstimmung mit den betroffenen Ländern.

VI. Verfahren vor den Europäischen Gerichten

1. Im Hinblick auf die hier zu wahrenden Verfahrensfristen unterrichtet die Bundesregierung den Bundesrat unverzüglich von allen Dokumenten und Informationen über Verfahren vor dem Europäischen Gerichtshof und dem Gericht erster Instanz, an denen die Bundesregierung beteiligt ist. Dies gilt auch für Urteile zu Verfahren, an denen sich die Bundesregierung beteiligt.
2. Macht die Bundesregierung bei Vorliegen der Voraussetzungen von § 7 Absatz 1 auf Beschluss des Bundesrates von den im Vertrag über die Europäische Union und im Vertrag über die Arbeitsweise der Europäischen Union vorgesehenen Klagemöglichkeiten Gebrauch, so fertigt sie die Klageschrift in Abstimmung mit den Ländern. Von den Ländern wird hierfür rechtzeitig eine ausführliche Stellungnahme zur Sache zur Verfügung gestellt. Die Prozessführung erfolgt in Abstimmung mit den Ländern.
   Entsprechendes gilt, wenn die Bundesregierung das zulässige Rechtsmittel beim Europäischen Gerichtshof gegen eine länderübergreifende Finanzkorrektur der Europäischen Union im Einvernehmen mit den betroffenen Ländern oder auf ausdrückliches Verlangen betroffener Länder nach § 7 Absatz 4 einlegt. Bei Vertragsverletzungsverfahren gegen die Bundesrepublik Deutschland, bei denen eine Haftung eines oder mehrerer Länder

---

1) Nr. **35**.

gegenüber dem Bund nach Artikel 104a Absatz 6 Satz 1 des Grundgesetzes[1] in Betracht kommt, erfolgt die Prozessführung insoweit ebenfalls in Abstimmung mit den Ländern.

3. Nummer 2 gilt entsprechend, wenn die Bundesregierung in Verfahren vor dem Europäischen Gerichtshof Gelegenheit zur Stellungnahme hat.

VII. Vertragsrevision, Beitritt und Assoziierungsverhandlungen der Europäischen Union

1. Hinsichtlich des Artikels 48 des Vertrags über die Europäische Union gilt: Beabsichtigt der Rat, einen Beschluss zur Aufnahme von Verhandlungen zu Änderungen der vertraglichen Grundlagen der Europäischen Union zu fassen, informiert die Bundesregierung den Bundesrat und unterrichtet über ihre Willensbildung.
Der Bundesrat wird über die Verhandlungen unterrichtet, soweit Länderinteressen betroffen sein könnten. Das gilt auch für den Fall, dass die Verhandlungen wiederum von Persönlichen Beauftragten geführt werden sollten.
Die Bundesregierung berücksichtigt die Stellungnahme des Bundesrates bei den Verhandlungen in entsprechender Anwendung von § 5.
Die Länder können mit einem Beobachter – maximal zwei Beobachtern, falls ausschließliche Länderkompetenzen betroffen sind – an Ressortgesprächen zur Vorbereitung der Regierungskonferenzen sowie – soweit möglich von Fall zu Fall – an den Regierungskonferenzen selbst teilnehmen.

2. Hinsichtlich des Artikels 49 des Vertrags über die Europäische Union gilt: Beabsichtigt der Rat, einen Beschluss zur Aufnahme von Verhandlungen zur Vorbereitung von Beitritten zur Europäischen Union zu fassen, informiert die Bundesregierung den Bundesrat und unterrichtet über ihre Willensbildung.
Der Bundesrat wird über die Verhandlungen unterrichtet, soweit Länderinteressen betroffen sein könnten. Die Bundesregierung informiert auf Wunsch den Ausschuss für Fragen der Europäischen Union des Bundesrates über die Entwicklung von Beitrittsverhandlungen.
Die Bundesregierung berücksichtigt die Stellungnahme des Bundesrates bei den Verhandlungen in entsprechender Anwendung von § 5.
Die Länder können mit einem Ländervertreter an Ressortabstimmungen der Verhandlungsposition sowie – soweit möglich – an der Ratsarbeitsgruppe „Erweiterung" teilnehmen, wenn der konkret zu behandelnde Fragenbereich die ausschließliche Gesetzgebungskompetenz der Länder oder deren wesentliche Interessen berührt.

3. Hinsichtlich des Artikels 217 des Vertrags über die Arbeitsweise der Europäischen Union[2] sowie für die Abkommen nach Artikel 207 Absatz 3 des Vertrags über die Arbeitsweise der Europäischen Union gelten die Regelungen dieses Gesetzes mit der Ausnahme, dass sich die Teilnahme des Ländervertreters auf die Verhandlungen in der Ratsgruppe zur Aushandlung des Mandats für die Kommission beschränkt.

---

[1] Nr. **1**.
[2] Nr. **35**.

27. Gesetz über die Wahrnehmung der Integrationsverantwortung des Bundestages und des Bundesrates in Angelegenheiten der Europäischen Union (Integrationsverantwortungsgesetz – IntVG)[1)]

Vom 22. September 2009

(BGBl. I S. 3022)

FNA 170-9

geänd. durch Art. 1 G zur Umsetzung der GGÄnderungen für die Ratifizierung des Vertrags von Lissabon v. 1.12.2009 (BGBl. I S. 3822)

§ 1 Integrationsverantwortung. (1) Der Bundestag und der Bundesrat nehmen in Angelegenheiten der Europäischen Union ihre Integrationsverantwortung insbesondere nach Maßgabe der folgenden Bestimmungen wahr.

(2) Der Bundestag und der Bundesrat sollen über Vorlagen nach diesem Gesetz in angemessener Frist beraten und Beschluss fassen und dabei die für die Beschlussfassung auf der Ebene der Europäischen Union maßgeblichen Fristvorgaben berücksichtigen.

§ 2 Vereinfachtes Vertragsänderungsverfahren. Eine Zustimmung der Bundesrepublik Deutschland zu einem Beschluss des Europäischen Rates gemäß Artikel 48 Absatz 6 Unterabsatz 2 und 3 des Vertrags über die Europäische Union erfolgt durch ein Gesetz gemäß Artikel 23 Absatz 1 des Grundgesetzes[2)].

§ 3 Besondere Vertragsänderungsverfahren. (1) Eine Zustimmung der Bundesrepublik Deutschland zu einem Beschluss des Rates gemäß Artikel 218 Absatz 8 Unterabsatz 2 Satz 2 oder gemäß Artikel 311 Absatz 3 des Vertrags über die Arbeitsweise der Europäischen Union[3)] erfolgt durch ein Gesetz gemäß Artikel 23 Absatz 1 des Grundgesetzes.

(2) Absatz 1 gilt auch für Bestimmungen, die der Rat gemäß Artikel 25 Absatz 2, Artikel 223 Absatz 1 Unterabsatz 2 oder Artikel 262 des Vertrags über die Arbeitsweise der Europäischen Union erlässt.

(3) [1] Der deutsche Vertreter im Europäischen Rat darf einem Beschlussvorschlag gemäß Artikel 42 Absatz 2 Unterabsatz 1 Satz 2 des Vertrags über die Europäische Union nur zustimmen oder sich bei einer Beschlussfassung enthalten, nachdem der Bundestag hierzu einen Beschluss gefasst hat. [2] Einen entsprechenden Antrag im Bundestag kann auch die Bundesregierung stellen. [3] Ohne einen solchen Beschluss des Bundestages muss der deutsche Vertreter im Europäischen Rat den Beschlussvorschlag ablehnen. [4] Nachdem ein Beschluss des Europäischen Rates gemäß Artikel 42 Absatz 2 Unterabsatz 1 Satz 2 des Vertrags über die Europäische Union gefasst worden ist, erfolgt

---

[1)] Verkündet als Art. 1 des G v. 22.9.2009 (BGBl. I S. 3022); Inkrafttreten gem. Art. 4 dieses G am 25.9.2009.

[2)] Nr. **1**.

[3)] Nr. **35**.

eine Zustimmung der Bundesrepublik Deutschland durch ein Gesetz gemäß Artikel 23 Absatz 1 des Grundgesetzes.

§ 4 Brückenklauseln. (1) [1] Der deutsche Vertreter im Europäischen Rat darf einem Beschlussvorschlag gemäß Artikel 48 Absatz 7 Unterabsatz 1 Satz 1 oder Unterabsatz 2 des Vertrags über die Europäische Union nur zustimmen oder sich bei einer Beschlussfassung enthalten, nachdem hierzu ein Gesetz gemäß Artikel 23 Absatz 1 des Grundgesetzes in Kraft getreten ist. [2] Ohne ein solches Gesetz muss der deutsche Vertreter im Europäischen Rat den Beschlussvorschlag ablehnen.

(2) [1] Der deutsche Vertreter im Rat darf einem Beschlussvorschlag gemäß Artikel 81 Absatz 3 Unterabsatz 2 des Vertrags über die Arbeitsweise der Europäischen Union nur zustimmen oder sich bei einer Beschlussfassung enthalten, nachdem hierzu ein Gesetz gemäß Artikel 23 Absatz 1 des Grundgesetzes in Kraft getreten ist. [2] Ohne ein solches Gesetz muss der deutsche Vertreter im Rat den Beschlussvorschlag ablehnen.

§ 5 Zustimmung im Europäischen Rat bei besonderen Brückenklauseln. (1) [1] Der deutsche Vertreter im Europäischen Rat darf einem Beschlussvorschlag gemäß Artikel 31 Absatz 3 des Vertrags über die Europäische Union oder gemäß Artikel 312 Absatz 2 Unterabsatz 2 des Vertrags über die Arbeitsweise der Europäischen Union nur zustimmen oder sich bei einer Beschlussfassung enthalten, nachdem der Bundestag hierzu einen Beschluss gefasst hat. [2] Einen entsprechenden Antrag im Bundestag kann auch die Bundesregierung stellen. [3] Ohne einen solchen Beschluss des Bundestages muss der deutsche Vertreter im Europäischen Rat den Beschlussvorschlag ablehnen.

(2) Zusätzlich zu dem Beschluss des Bundestages muss der Bundesrat einen entsprechenden Beschluss gefasst haben, wenn Gebiete betroffen sind,

1. für welche eine Gesetzgebungszuständigkeit des Bundes nicht besteht,
2. für welche die Länder gemäß Artikel 72 Absatz 2 des Grundgesetzes das Recht zur Gesetzgebung haben,
3. für welche die Länder gemäß Artikel 72 Absatz 3 oder Artikel 84 Absatz 1 des Grundgesetzes abweichende Regelungen treffen können oder
4. deren Regelung durch ein Bundesgesetz der Zustimmung des Bundesrates bedarf.

§ 6 Zustimmung im Rat bei besonderen Brückenklauseln. (1) [1] Der deutsche Vertreter im Rat darf einem Beschlussvorschlag gemäß Artikel 153 Absatz 2 Unterabsatz 4, Artikel 192 Absatz 2 Unterabsatz 2 oder Artikel 333 Absatz 1 oder Absatz 2 des Vertrags über die Arbeitsweise der Europäischen Union nur zustimmen oder sich bei einer Beschlussfassung enthalten, nachdem der Bundestag hierzu einen Beschluss gefasst hat. [2] § 5 Absatz 1 Satz 2 und 3 gilt entsprechend.

(2) § 5 Absatz 2 gilt entsprechend.

§ 7 Kompetenzerweiterungsklauseln. (1) [1] Der deutsche Vertreter im Rat darf einem Beschlussvorschlag gemäß Artikel 83 Absatz 1 Unterabsatz 3 oder Artikel 86 Absatz 4 des Vertrags über die Arbeitsweise der Europäischen

Union nur zustimmen oder sich bei einer Beschlussfassung enthalten, nachdem hierzu ein Gesetz gemäß Artikel 23 Absatz 1 des Grundgesetzes in Kraft getreten ist. [2] Ohne ein solches Gesetz muss der deutsche Vertreter im Rat den Beschlussvorschlag ablehnen.

(2) Absatz 1 gilt entsprechend für Satzungsänderungen gemäß Artikel 308 Absatz 3 des Vertrags über die Arbeitsweise der Europäischen Union.

§ 8 Flexibilitätsklausel. [1] Der deutsche Vertreter im Rat darf einem Vorschlag zum Erlass von Vorschriften gemäß Artikel 352 des Vertrags über die Arbeitsweise der Europäischen Union nur zustimmen oder sich bei einer Beschlussfassung enthalten, nachdem hierzu ein Gesetz gemäß Artikel 23 Absatz 1 des Grundgesetzes in Kraft getreten ist. [2] Ohne ein solches Gesetz muss der deutsche Vertreter im Rat den Vorschlag zum Erlass von Vorschriften ablehnen.

§ 9 Notbremsemechanismus. (1) Der deutsche Vertreter im Rat muss in den Fällen des Artikels 48 Absatz 2 Satz 1, des Artikels 82 Absatz 3 Unterabsatz 1 Satz 1 und des Artikels 83 Absatz 3 Unterabsatz 1 Satz 1 des Vertrags über die Arbeitsweise der Europäischen Union beantragen, den Europäischen Rat zu befassen, wenn der Bundestag ihn hierzu durch einen Beschluss angewiesen hat.

(2) Wenn im Schwerpunkt Gebiete im Sinne des § 5 Absatz 2 betroffen sind, muss der deutsche Vertreter im Rat einen Antrag nach Absatz 1 auch dann stellen, wenn ein entsprechender Beschluss des Bundesrates vorliegt.

§ 10 Ablehnungsrecht bei Brückenklauseln. (1) Für die Ablehnung einer Initiative des Europäischen Rates gemäß Artikel 48 Absatz 7 Unterabsatz 3 des Vertrags über die Europäische Union gilt:

1. Wenn bei einer Initiative im Schwerpunkt ausschließliche Gesetzgebungszuständigkeiten des Bundes betroffen sind, kann der Bundestag die Ablehnung der Initiative beschließen.
2. In allen anderen Fällen kann der Bundestag oder der Bundesrat die Ablehnung der Initiative beschließen.

(2) Der Präsident des Bundestages oder der Präsident des Bundesrates unterrichtet die Präsidenten der zuständigen Organe der Europäischen Union über die Ablehnung der Initiative und setzt die Bundesregierung darüber in Kenntnis.

(3) Die Absätze 1 und 2 gelten entsprechend für einen Vorschlag der Europäischen Kommission für einen Beschluss des Rates gemäß Artikel 81 Absatz 3 Unterabsatz 3 des Vertrags über die Arbeitsweise der Europäischen Union.

§ 11 Subsidiaritätsrüge. (1) Der Bundestag und der Bundesrat können in ihren Geschäftsordnungen regeln, wie eine Entscheidung über die Abgabe einer begründeten Stellungnahme gemäß Artikel 6 des Protokolls über die Anwendung der Grundsätze der Subsidiarität und der Verhältnismäßigkeit herbeizuführen ist.

(2) Der Präsident des Bundestages oder der Präsident des Bundesrates übermittelt die begründete Stellungnahme an die Präsidenten der zuständigen

Organe der Europäischen Union und setzt die Bundesregierung darüber in Kenntnis.

§ 12[1)] Subsidiaritätsklage. (1) [1] Auf Antrag eines Viertels seiner Mitglieder ist der Bundestag verpflichtet, eine Klage gemäß Artikel 8 des Protokolls über die Anwendung der Grundsätze der Subsidiarität und der Verhältnismäßigkeit zu erheben. [2] Auf Antrag eines Viertels seiner Mitglieder, die die Erhebung der Klage nicht stützen, ist deren Auffassung in der Klageschrift deutlich zu machen.

(2) Der Bundesrat kann in seiner Geschäftsordnung regeln, wie ein Beschluss über die Erhebung einer Klage gemäß Absatz 1 herbeizuführen ist.

(3) Die Bundesregierung übermittelt die Klage im Namen des Organs, das über ihre Erhebung gemäß Absatz 1 oder gemäß Absatz 2 beschlossen hat, unverzüglich an den Gerichtshof der Europäischen Union.

(4) Das Organ, das die Erhebung der Klage gemäß Absatz 1 oder gemäß Absatz 2 beschlossen hat, übernimmt die Prozessführung vor dem Gerichtshof der Europäischen Union.

(5) Wird im Bundestag oder im Bundesrat ein Antrag zur Erhebung einer Klage gemäß Absatz 1 oder gemäß Absatz 2 gestellt, so kann das andere Organ eine Stellungnahme abgeben.

§ 13[2)] Unterrichtung. (1) [1] Die Bundesregierung hat den Bundestag und den Bundesrat in Angelegenheiten dieses Gesetzes umfassend, zum frühestmöglichen Zeitpunkt, fortlaufend und in der Regel schriftlich zu unterrichten. [2] Einzelheiten der Unterrichtungspflichten aufgrund des Gesetzes über die Zusammenarbeit von Bundesregierung und Deutschem Bundestag in Angelegenheiten der Europäischen Union vom 12. März 1993 (BGBl. I S. 311), das durch Artikel 2 Absatz 1 des Gesetzes vom 17. November 2005 (BGBl. I S. 3178) geändert worden ist, des Gesetzes über die Zusammenarbeit von Bund und Ländern in Angelegenheiten der Europäischen Union[3)] vom 12. März 1993 (BGBl. I S. 313, 1780), das zuletzt durch Artikel 2 des Gesetzes vom 5. September 2006 (BGBl. I S. 2098) geändert worden ist, und anderer Regelungen bleiben unberührt.

(2) [1] Die Bundesregierung unterrichtet den Bundestag und den Bundesrat, wenn der Rat in Vorbereitung einer Initiative des Europäischen Rates nach Artikel 48 Absatz 7 des Vertrags über die Europäische Union befasst wird. [2] Das Gleiche gilt, wenn der Europäische Rat eine derartige Initiative ergriffen hat. [3] Die Bundesregierung unterrichtet den Bundestag und den Bundesrat über einen Vorschlag der Europäischen Kommission nach Artikel 81 Absatz 3 Unterabsatz 2 des Vertrags über die Arbeitsweise der Europäischen Union.

(3) [1] Die Bundesregierung übermittelt dem Bundestag und dem Bundesrat binnen zwei Wochen nach Zuleitung von Initiativen, Vorschlägen oder Beschlüssen, auf die sich die vorstehenden Bestimmungen beziehen, eine aus-

---

[1)] § 12 eingef. mWv 4.12.2009 durch G v. 1.12.2009 (BGBl. I S. 3822).

[2)] Bish. § 12 wird § 13 und Abs. 7 angef. mWv 4.12.2009 durch G v. 1.12.2009 (BGBl. I S. 3822).

[3)] Nr. **26**.

führliche Erläuterung der Folgen für die vertraglichen Grundlagen der Europäischen Union sowie eine Bewertung der integrationspolitischen Notwendigkeit und Auswirkungen. [2] Ferner erläutert die Bundesregierung,

1. ob es zur Mitwirkung des Bundestages und des Bundesrates eines Gesetzes gemäß Artikel 23 Absatz 1 Satz 2 oder 3 des Grundgesetzes bedarf;
2. wenn das Verfahren nach § 9 in Betracht kommt, ob Entwürfe zu Gesetzgebungsakten gemäß
   a) Artikel 48 Absatz 1 des Vertrags über die Arbeitsweise der Europäischen Union wichtige Aspekte des deutschen Systems der sozialen Sicherheit, insbesondere dessen Geltungsbereich, Kosten oder Finanzstruktur, verletzen oder dessen finanzielles Gleichgewicht beeinträchtigen würden,
   b) Artikel 82 Absatz 2 oder Artikel 83 Absatz 1 oder 2 des Vertrags über die Arbeitsweise der Europäischen Union grundlegende Aspekte der deutschen Strafrechtsordnung berühren würden.

(4) [1] Bei eilbedürftigen Vorlagen verkürzt sich die Frist des Absatzes 3 so, dass eine der Integrationsverantwortung angemessene Behandlung in Bundestag und Bundesrat gewährleistet ist. [2] Ist eine besonders umfangreiche Bewertung erforderlich, kann die Frist verlängert werden.

(5) [1] Über einen Antrag eines anderen Mitgliedstaates im Rat gemäß Artikel 48 Absatz 2 Satz 1, Artikel 82 Absatz 3 Unterabsatz 1 Satz 1 oder Artikel 83 Absatz 3 Unterabsatz 1 Satz 1 des Vertrags über die Arbeitsweise der Europäischen Union unterrichtet die Bundesregierung den Bundestag und den Bundesrat unverzüglich schriftlich. [2] Diese Unterrichtung umfasst die Gründe des Antragstellers.

(6) [1] Zu Vorschlägen für Gesetzgebungsakte der Europäischen Union übermittelt die Bundesregierung binnen zwei Wochen nach Überweisung an die Ausschüsse des Bundestages, spätestens jedoch zu Beginn der Beratungen in den Ratsgremien, eine umfassende Bewertung. [2] Sie enthält Angaben zur Zuständigkeit der Europäischen Union zum Erlass des vorgeschlagenen Gesetzgebungsaktes und zu dessen Vereinbarkeit mit den Grundsätzen der Subsidiarität und Verhältnismäßigkeit.

(7) [1] Die Bundesregierung unterrichtet Bundestag und Bundesrat zum frühestmöglichen Zeitpunkt über den Abschluss eines Gesetzgebungsverfahrens der Europäischen Union. [2] Diese Unterrichtung enthält auch eine Bewertung, ob die Bundesregierung den Gesetzgebungsakt mit den Grundsätzen der Subsidiarität und der Verhältnismäßigkeit für vereinbar hält.

28. Gesetz über die Wahl der Abgeordneten des Europäischen Parlaments aus der Bundesrepublik Deutschland (Europawahlgesetz – EuWG)[1)]

In der Fassung der Bekanntmachung vom 8. März 1994[2)]
(BGBl. I S. 424, ber. BGBl. I S. 555)

FNA 111-5

geänd. durch Art. 3 WahlstatistikG v. 21.5.1999 (BGBl. I S. 1023), Art. 1, 2 Viertes ÄndG v. 15.8. 2003 (BGBl. I S. 1655, 2004 I S. 622 und 1738), Art. 2 G zur Änd. des Wahl- und Abgeordnetenrechts v. 17.3.2008 (BGBl. I S. 394), Urt. des BVerfG – Az 2 BvC 4/10 ua – v. 9.11.2011 (BGBl. I S. 2252), Art. 1 Fünftes G zur Änd. des EuropawahlG[3)] v. 7.10.2013 (BGBl. I S. 3749), Urt. des BVerfG – 2 BvE 2/13 ua – v. 26.2.2014 (BGBl. I S. 271) und Art. 3 G zur Änd. des ParteienG und anderer Gesetze v. 10.7.2018 (BGBl. I S. 1116)

Erster Abschnitt. Wahl der Abgeordneten des Europäischen Parlaments aus der Bundesrepublik Deutschland

§ 1[4)] Allgemeine Wahlrechtsgrundsätze. [1] Auf die Bundesrepublik Deutschland entfallen 96 Abgeordnete des Europäischen Parlaments. [2] Sie werden in allgemeiner, unmittelbarer, freier, gleicher und geheimer Wahl für fünf Jahre gewählt.

§ 2[5)] Wahlsystem, Sitzverteilung. (1) [1] Die Wahl erfolgt nach den Grundsätzen der Verhältniswahl mit Listenwahlvorschlägen. [2] Listenwahlvorschläge können für ein Land oder als gemeinsame Liste für alle Länder aufgestellt werden. [3] Jeder Wähler hat eine Stimme.

(2) [1] Für die Sitzverteilung werden die für jeden Wahlvorschlag abgegebenen Stimmen zusammengezählt. [2] Listen für einzelne Länder desselben Wahlvorschlagsberechtigten gelten dabei als verbunden, soweit nicht erklärt wird, daß eine oder mehrere beteiligte Listen von der Listenverbindung ausgeschlossen sein sollen. [3] Verbundene Listen gelten bei der Sitzverteilung im Verhältnis zu den übrigen Wahlvorschlägen als ein Wahlvorschlag.

---

1) Siehe auch den Beschluß und Akt über die Einführung allgemeiner unmittelbarer Wahlen der Mitglieder des Europäischen Parlaments v. 20.9.1976 (ABl. L Nr. 278 S. 5), zuletzt geänd. durch Beschl. v. 13.7.2018 (ABl. Nr. L 178 S. 1) und die Europawahlordnung (EuWO) (Nr. **29**).

2) Neubekanntmachung des EuWG v. 16.6.1978 (BGBl. I S. 709) in der ab 13.3.1994 geltenden Fassung.

3) **Amtl. Anm.:** Artikel 1 Nummer 3 Buchstabe b, Nummer 4 Buchstabe b Doppelbuchstabe aa Dreifachbuchstabe bbb und ccc, Nummer 6 Buchstabe b Doppelbuchstabe bb, Nummer 7 Buchstabe a und Nummer 8 Buchstabe b dieses Gesetzes dient der Umsetzung der Richtlinie 2013/1/EU des Rates vom 20. Dezember 2012 (ABl. L 26 vom 26.1.2013, S. 27).

4) § 1 Abs. 2 aufgeh., bish. Abs. 1 wird alleiniger Wortlaut mWv 1.4.2004 durch G v. 15.8.2003 (BGBl. I S. 1655) iVm Bek. v. 23.4.2004 (BGBl. I S. 622); Satz 1 geänd. mWv 10.10.2013 durch G v. 7.10.2013 (BGBl. I S. 3749).

5) § 2 Abs. 3 Sätze 2–6 neu gef. und Satz 7 eingef., bish. Satz 7 wird Satz 8, Abs. 4 eingef., bish. Abs. 4–6 werden Abs. 5–7 sowie Abs. 6 Sätze 1 und 2 geänd. mWv 21.3.2008 durch G v. 17.3. 2008 (BGBl. I S. 394); Abs. 3 Satz 8 aufgeh., Abs. 4 Sätze 1 und 2, Abs. 5 Satz 2 geänd., Abs. 7 neu gef. mWv 10.10.2013 durch G v. 7.10.2013 (BGBl. I S. 3749).

(3) [1] Die zu besetzenden Sitze werden auf die Wahlvorschläge wie folgt verteilt. [2] Jeder Wahlvorschlag erhält so viele Sitze, wie sich nach Teilung seiner gesamten Stimmen im Wahlgebiet durch einen Zuteilungsdivisor ergeben. [3] Zahlenbruchteile unter 0,5 werden auf die darunter liegende ganze Zahl abgerundet, solche über 0,5 werden auf die darüber liegende ganze Zahl aufgerundet. [4] Zahlenbruchteile, die gleich 0,5 sind, werden so aufgerundet oder abgerundet, dass die Gesamtzahl der zu vergebenden Sitze eingehalten wird; ergeben sich dabei mehrere mögliche Sitzzuteilungen, so entscheidet das vom Bundeswahlleiter zu ziehende Los. [5] Der Zuteilungsdivisor ist so zu bestimmen, dass insgesamt so viele Sitze auf die Landeslisten entfallen, wie Sitze zu vergeben sind. [6] Dazu wird zunächst die Gesamtzahl der Stimmen, die alle zu berücksichtigenden Wahlvorschläge erhalten haben, durch die Gesamtzahl der Sitze geteilt. [7] Entfallen danach mehr Sitze auf die Wahlvorschläge, als Sitze zu vergeben sind, ist der Zuteilungsdivisor so heraufzusetzen, dass sich bei der Berechnung die zu vergebende Sitzzahl ergibt; entfallen zu wenig Sitze auf die Wahlvorschläge, ist der Zuteilungsdivisor entsprechend herunterzusetzen.

(4) [1] Erhält bei der Verteilung der Sitze nach Absatz 3 ein Wahlvorschlag, auf den mehr als die Hälfte der Gesamtzahl der Stimmen aller zu berücksichtigenden Wahlvorschläge entfallen ist, nicht mehr als die Hälfte der zu vergebenden Sitze, werden ihm abweichend von Absatz 3 Satz 2 bis 7 weitere Sitze zugeteilt, bis auf ihn ein Sitz mehr als die Hälfte der zu vergebenden Sitze entfällt. [2] Die verbleibenden zu vergebenden Sitze werden nach Absatz 3 Satz 2 bis 7 den übrigen Wahlvorschlägen zugeteilt.

(5) [1] Die auf die Wahlvorschläge entfallenden Sitze werden in der dort festgelegten Reihenfolge besetzt. [2] Bewerber, die auf zwei Listen für einzelne Länder (§ 9 Absatz 3 Satz 3) gewählt sind, bleiben auf der Liste unberücksichtigt, auf der sie an späterer Stelle benannt sind; bei Benennung auf den Listen an gleicher Stelle entscheidet das vom Bundeswahlleiter zu ziehende Los, auf welcher Liste sie gewählt sind. [3] Entfallen auf einen Wahlvorschlag mehr Sitze als Bewerber benannt sind, so bleiben diese Sitze unbesetzt.

(6) [1] Die auf eine Listenverbindung entfallenden Sitze werden auf die beteiligten Listen für die einzelnen Länder entsprechend Absatz 3 Satz 2 bis 7 verteilt. [2] Absatz 5 gilt entsprechend.

(7)[1] *Bei der Verteilung der Sitze auf die Wahlvorschläge werden nur Wahlvorschläge berücksichtigt, die mindestens 3 Prozent der im Wahlgebiet abgegebenen gültigen Stimmen erhalten haben.*

§ 3 Gliederung des Wahlgebietes. (1) Wahlgebiet ist das Gebiet der Bundesrepublik Deutschland.

(2) Das Wahlgebiet wird für die Stimmabgabe in Wahlbezirke eingeteilt.

§ 4 Geltung des Bundeswahlgesetzes.[2] Soweit in diesem Gesetz nichts anderes bestimmt ist, gelten für die Wahl der Abgeordneten die Vorschriften der Abschnitte zwei bis sieben des Bundeswahlgesetzes über die Wahlorgane,

---

[1] Durch Urt. des BVerfG v. 26.2.2014 (BGBl. I S. 271) ist § 2 Abs. 7 idF des G v. 7.10.2013 (BGBl I S. 3749) mit Artikel 3 Abs. 1 GG unvereinbar und daher nichtig.

[2] Nr. **10**.

das Wahlrecht, die Vorbereitung der Wahl, die Wahlhandlung, die Feststellung des Wahlergebnisses und die Nach- und Wiederholungswahlen sowie die Vorschriften des § 49a des Bundeswahlgesetzes über Ordnungswidrigkeiten und die Vorschrift des § 54 des Bundeswahlgesetzes über Fristen und Termine in der jeweils geltenden Fassung entsprechend.

§ 5[1)] Wahlorgane. (1) Wahlorgane sind

– der Bundeswahlleiter und der Bundeswahlausschuß für das Wahlgebiet,
– ein Landeswahlleiter und ein Landeswahlausschuß für jedes Land,
– ein Kreiswahlleiter und ein Kreiswahlausschuß für jeden Kreis und für jede kreisfreie Stadt ein Stadtwahlleiter und Stadtwahlausschuß,
– ein Wahlvorsteher und ein Wahlvorstand für jeden Wahlbezirk und
– mindestens ein Wahlvorsteher und ein Wahlvorstand für jeden Kreis und für jede kreisfreie Stadt zur Feststellung des Briefwahlergebnisses. Wieviel Briefwahlvorstände zu bilden sind, um das Ergebnis der Briefwahl noch am Wahltage feststellen zu können, bestimmt der Kreiswahlleiter oder der Stadtwahlleiter.

(2) Zur Feststellung des Briefwahlergebnisses können Wahlvorsteher und Wahlvorstände statt für jeden Kreis für einzelne oder mehrere kreisangehörige Gemeinden eingesetzt werden; die Anordnung trifft die Landesregierung oder die von ihr bestimmte Stelle.

(3) [1] Die Wahlvorstände bestehen aus dem Wahlvorsteher als Vorsitzendem, seinem Stellvertreter und weiteren drei bis sieben vom Wahlvorsteher berufenen Wahlberechtigten als Beisitzern; die Landesregierung oder die von ihr bestimmte Stelle kann anordnen, daß die Gemeindebehörde die Beisitzer des Wahlvorstandes und der Kreiswahlleiter oder der Stadtwahlleiter, im Falle einer Anordnung nach Absatz 2 die Gemeindebehörde die Beisitzer des Wahlvorstandes zur Feststellung des Briefwahlergebnisses allein oder im Einvernehmen mit dem Wahlvorsteher berufen. [2] Bei Berufung der Beisitzer sind die in dem jeweiligen Bezirk vertretenen Parteien nach Möglichkeit zu berücksichtigen.

(4) § 49a Abs. 3 des Bundeswahlgesetzes[2)] gilt entsprechend mit der Maßgabe, daß Verwaltungsbehörde im Sinne des § 36 Abs. 1 Nr. 1 des Gesetzes über Ordnungswidrigkeiten der Stadtwahlleiter ist, wenn ein Wahlberechtigter das Amt eines Wahlvorstehers, stellvertretenden Wahlvorstehers oder eines Beisitzers im Wahlvorstand oder im Stadtwahlausschuß einer kreisfreien Stadt unberechtigt ablehnt oder sich ohne genügende Entschuldigung den Pflichten eines solchen Amtes entzieht.

§ 6[3)] Wahlrecht, Ausübung des Wahlrechts. (1) [1] Wahlberechtigt sind alle Deutschen im Sinne des Artikels 116 Abs. 1 des Grundgesetzes[4)], die am Wahltage

1. das achtzehnte Lebensjahr vollendet haben,

[1)] § 5 Abs. 3 Satz 1 geänd. mWv 22.8.2003 durch G v. 15.8.2003 (BGBl. I S. 1655).

[2)] Nr. **10**.

[3)] § 6 Abs. 1 Satz 1 Nr. 2 Buchst. b, Abs. 3 Satz 1 einl. Satzteil und Nr. 2 Buchst. b und Abs. 4 Satz 2 geänd. mWv 10.10.2013 durch G v. 7.10.2013 (BGBl. I S. 3749).

[4)] Nr. **1**.

2. seit mindestens drei Monaten
   a) in der Bundesrepublik Deutschland oder
   b) in den übrigen Mitgliedstaaten der Europäischen Union
   eine Wohnung innehaben oder sich sonst gewöhnlich aufhalten,
3. nicht nach § 6a Abs. 1 vom Wahlrecht ausgeschlossen sind.

[2] Die Voraussetzungen nach Satz 1 Nr. 2 sind auch bei einem dreimonatigen aufeinanderfolgenden Aufenthalt in den in Satz 1 Nr. 2 Buchstabe a und b genannten Gebieten erfüllt.

(2) Wahlberechtigt sind auch die nach § 12 Abs. 2 des Bundeswahlgesetzes[1] zum Deutschen Bundestag wahlberechtigten Deutschen.

(3) [1] Wahlberechtigt sind auch alle Staatsangehörigen der übrigen Mitgliedstaaten der Europäischen Union (Unionsbürger), die in der Bundesrepublik Deutschland eine Wohnung innehaben oder sich sonst gewöhnlich aufhalten und die am Wahltage

1. das achtzehnte Lebensjahr vollendet haben,
2. seit mindestens drei Monaten
   a) in der Bundesrepublik Deutschland oder
   b) in den übrigen Mitgliedstaaten der Europäischen Union
   eine Wohnung innehaben oder sich sonst gewöhnlich aufhalten,
3. nicht nach § 6a Abs. 2 vom Wahlrecht ausgeschlossen sind.

[2] Die Voraussetzungen nach Satz 1 Nr. 2 sind auch bei einem dreimonatigen aufeinanderfolgenden Aufenthalt in den in Satz 1 Nr. 2 Buchstabe a und b genannten Gebieten erfüllt.

(4) [1] Das Wahlrecht darf nur einmal und nur persönlich ausgeübt werden. [2] Das gilt auch für Wahlberechtigte, die zugleich in einem anderen Mitgliedstaat der Europäischen Union zum Europäischen Parlament wahlberechtigt sind.

(5) Wer einen Wahlschein hat, kann an der Wahl in dem Kreis oder in der kreisfreien Stadt, in dem der Wahlschein ausgestellt ist,

a) durch Stimmabgabe in einem beliebigen Wahlbezirk oder
b) durch Briefwahl

teilnehmen.

§ 6a[2] Ausschluß vom Wahlrecht. (1) Ein Deutscher ist vom Wahlrecht ausgeschlossen, wenn

1. er infolge Richterspruchs das Wahlrecht nicht besitzt,
2. zur Besorgung aller seiner Angelegenheiten ein Betreuer nicht nur durch einstweilige Anordnung bestellt ist; dies gilt auch, wenn der Aufgabenkreis des Betreuers die in § 1896 Abs. 4 und § 1905 des Bürgerlichen Gesetzbuchs bezeichneten Angelegenheiten nicht erfaßt,
3. er sich auf Grund einer Anordnung nach § 63 in Verbindung mit § 20 des Strafgesetzbuches in einem psychiatrischen Krankenhaus befindet.

---

[1] Nr. **10**.

[2] § 6a Abs. 2 Nr. 2 geänd. mWv 10.10.2013 durch G v. 7.10.2013 (BGBl. I S. 3749).

(2) Ein Unionsbürger ist vom Wahlrecht ausgeschlossen, wenn

1. bei ihm eine der Voraussetzungen des Absatzes 1 Nr. 1 bis 3 erfüllt ist oder
2. er in dem Mitgliedstaat der Europäischen Union, dessen Staatsangehörigkeit er besitzt (Herkunfts-Mitgliedstaat), infolge einer zivil- oder strafrechtlichen Einzelfallentscheidung das Wahlrecht zum Europäischen Parlament nicht besitzt.

§ 6b[1] **Wählbarkeit.** (1) Wählbar ist, wer am Wahltage

1. Deutscher im Sinne des Artikels 116 Abs. 1 des Grundgesetzes[2] ist und
2. das achtzehnte Lebensjahr vollendet hat.

(2) Wählbar ist auch ein Unionsbürger, der in der Bundesrepublik Deutschland eine Wohnung innehat oder sich sonst gewöhnlich aufhält und der am Wahltage

1. die Staatsangehörigkeit eines Mitgliedstaates der Europäischen Union besitzt und
2. das achtzehnte Lebensjahr vollendet hat.

(3) Nicht wählbar ist ein Deutscher, der

1. nach § 6a Abs. 1 vom Wahlrecht ausgeschlossen ist, oder
2. infolge Richterspruchs die Wählbarkeit oder die Fähigkeit zur Bekleidung öffentlicher Ämter nicht besitzt.

(4) Nicht wählbar ist ein Unionsbürger, der

1. nach § 6a Abs. 2 Nr. 1 in der Bundesrepublik Deutschland vom Wahlrecht ausgeschlossen ist,
2. nach § 6a Abs. 2 Nr. 2 im Herkunfts-Mitgliedstaat vom Wahlrecht ausgeschlossen ist,
3. infolge Richterspruchs in der Bundesrepublik Deutschland die Wählbarkeit oder die Fähigkeit zur Bekleidung öffentlicher Ämter nicht besitzt oder
4. infolge einer Einzelfallentscheidung im Sinne von Artikel 6 Absatz 1 der Richtlinie 93/109/EG des Rates vom 6. Dezember 1993 über die Einzelheiten der Ausübung des aktiven und passiven Wahlrechts bei den Wahlen zum Europäischen Parlament für Unionsbürger mit Wohnsitz in einem Mitgliedstaat, dessen Staatsangehörigkeit sie nicht besitzen (ABl. L 329 vom 30.12.1993, S. 34), die zuletzt durch die Richtlinie 2013/1/EU (ABl. L 26 vom 26.1.2013, S. 27) geändert worden ist, im Herkunfts-Mitgliedstaat die Wählbarkeit nicht besitzt.

§ 6c[3] **Verbot der mehrfachen Bewerbung zur Wahl.** Niemand kann sich gleichzeitig in der Bundesrepublik Deutschland und in einem anderen Mitgliedstaat der Europäischen Union zur Wahl bewerben.

---

[1] § 6b Abs. 1 Nr. 1, Abs. 2 Nr. 1 geänd. mWv 1.4.2003, Abs. 3 neu gef. mWv 22.8.2003 durch G v. 15.8.2003 (BGBl. I S. 1655); Abs. 2 Nr. 1 geänd., Abs. 4 Nr. 4 neu gef. mWv 10.10.2013 durch G v. 7.10.2013 (BGBl. I S. 3749).

[2] Nr. **1**.

[3] § 6c geänd. mWv 10.10.2013 durch G v. 7.10.2013 (BGBl. I S. 3749).

§ 7[1)] Wahltag. [1] Die Bundesregierung bestimmt nach Maßgabe der Festsetzung des Wahlzeitpunktes durch den Rat der Europäischen Union und im Rahmen der in den Artikeln 10 und 11 des Aktes zur Einführung allgemeiner unmittelbarer Wahlen der Mitglieder des Europäischen Parlaments (BGBl. 1977 II S. 733), zuletzt geändert durch Beschluß des Rates der Europäischen Gemeinschaften vom 25. Juni 2002 und 23. September 2002 (BGBl. 2003 II S. 810), festgelegten Zeitspanne den Tag der Hauptwahl (Wahltag). [2] Der Wahltag ist im Bundesgesetzblatt bekanntzugeben.

§ 8[2)] Wahlvorschlagsrecht. (1) Wahlvorschläge können nach Maßgabe des § 9 Abs. 5 von Parteien und von sonstigen mitgliedschaftlich organisierten, auf Teilnahme an der politischen Willensbildung und Mitwirkung in Volksvertretungen ausgerichteten Vereinigungen mit Sitz, Geschäftsleitung, Tätigkeit und Mitgliederbestand in den Gebieten der Mitgliedstaaten der Europäischen Union (sonstige politische Vereinigungen) eingereicht werden.

(2) [1] Eine Partei oder eine sonstige politische Vereinigung kann entweder Listen für einzelne Länder, und zwar in jedem Land nur eine Liste, oder eine gemeinsame Liste für alle Länder einreichen. [2] Die Entscheidung über die Einreichung einer gemeinsamen Liste für alle Länder oder von Listen für einzelne Länder trifft der Vorstand des Bundesverbandes oder, wenn ein Bundesverband nicht besteht, die Vorstände der nächstniedrigen Gebietsverbände im Wahlgebiet gemeinsam, oder eine andere in der Satzung des Wahlvorschlagsberechtigten hierfür vorgesehene Stelle.

§ 9[3)] Inhalt und Form der Wahlvorschläge. (1) [1] Wahlvorschläge von Parteien müssen den Namen der einreichenden Partei und, sofern sie eine Kurzbezeichnung verwendet, auch diese enthalten. [2] Wahlvorschläge von sonstigen politischen Vereinigungen müssen deren Namen und, sofern sie ein Kennwort verwenden, auch dieses enthalten. [3] Der Bezeichnung ihres Wahlvorschlages kann eine Partei den Namen und die Kurzbezeichnung ihres europäischen Zusammenschlusses und eine sonstige politische Vereinigung den Namen und die Kurzbezeichnung ihrer Mitgliedsvereinigung im Wahlgebiet anfügen.

(2) [1] In dem Wahlvorschlag müssen die Namen der Bewerber in erkennbarer Reihenfolge aufgeführt sein. [2] Neben jedem Bewerber kann ein Ersatzbewerber aufgeführt werden.

(3) [1] Ein Deutscher kann als Bewerber oder Ersatzbewerber in einem Wahlvorschlag nur benannt werden, wenn er nicht gleichzeitig in einem anderen Mitgliedstaat der Europäischen Union als Bewerber benannt ist. [2] Ein Bewerber oder Ersatzbewerber in einer gemeinsamen Liste für alle Länder kann nur in einem Wahlvorschlag benannt werden; dabei kann ein Bewerber zugleich als Ersatzbewerber benannt werden. [3] Ein Bewerber in einer Liste für ein Land kann auch noch als Bewerber in einer Liste desselben Wahlvorschlagsberechtigten für ein weiteres Land benannt werden; sofern er nur in einem Wahl-

[1)] § 7 Satz 1 geänd. mWv 1.4.2004 durch G v. 15.8.2003 (BGBl. I S. 1655) iVm Bek. v. 23.4. 2004 (BGBl. I S. 622); Satz 1 geänd. mWv 21.3.2008 durch G v. 17.3.2008 (BGBl. I S. 394); Satz 1 Halbs. 1 geänd. mWv 10.10.2013 durch G v. 7.10.2013 (BGBl. I S. 3749).

[2)] § 8 Abs. 1 geänd. mWv 10.10.2013 durch G v. 7.10.2013 (BGBl. I S. 3749).

[3)] § 9 Abs. 3 Satz 1 geänd. mWv 10.10.2013 durch G v. 7.10.2013 (BGBl. I S. 3749).

vorschlag benannt ist, kann er in diesem zugleich als Ersatzbewerber benannt werden. [4] Ein Ersatzbewerber kann in einem Wahlvorschlag nicht mehrfach als solcher benannt werden. [5] Bewerber und Ersatzbewerber können nur vorgeschlagen werden, wenn sie ihre Zustimmung dazu schriftlich erteilt haben; die Zustimmung ist unwiderruflich.

(4) [1] Listen für einzelne Länder von Parteien müssen von den Vorständen der Landesverbände oder, wenn Landesverbände nicht bestehen, von den Vorständen der nächstniedrigen Gebietsverbände, die im Bereich des Landes liegen, unterzeichnet sein. [2] Gemeinsame Listen für alle Länder müssen von den Vorständen der Bundesverbände der Parteien oder, wenn Bundesverbände nicht bestehen, von den Vorständen der nächstniedrigen Gebietsverbände, die im Wahlgebiet liegen, unterzeichnet sein. [3] Die Sätze 1 und 2 gelten sinngemäß auch für Wahlvorschläge von sonstigen politischen Vereinigungen.

(5) [1] Listen für einzelne Länder von Parteien und sonstigen politischen Vereinigungen, die nicht im Europäischen Parlament, im Deutschen Bundestag oder einem Landtag seit deren letzter Wahl auf Grund eigener Wahlvorschläge im Wahlgebiet ununterbrochen mit mindestens fünf Abgeordneten vertreten sind, müssen außerdem von 1 vom Tausend der Wahlberechtigten des betreffenden Landes bei der letzten Wahl zum Europäischen Parlament, jedoch höchstens 2000 Wahlberechtigten, persönlich und handschriftlich unterzeichnet sein. [2] Gemeinsame Listen für alle Länder von Wahlvorschlagsberechtigten im Sinne des Satzes 1 müssen außerdem von 4000 Wahlberechtigten persönlich und handschriftlich unterzeichnet sein. [3] Die Wahlberechtigung muß im Zeitpunkt der Unterzeichnung gegeben sein und ist bei Einreichung des Wahlvorschlages nachzuweisen.

(6) [1] In jedem Wahlvorschlag sollen eine Vertrauensperson und eine stellvertretende Vertrauensperson bezeichnet werden. [2] Fehlt diese Bezeichnung, so gilt die Person, die als erste unterzeichnet hat, als Vertrauensperson, und diejenige, die als zweite unterzeichnet hat, als stellvertretende Vertrauensperson.

§ 10[1)] Aufstellung der Wahlvorschläge. (1) Als Bewerber oder als Ersatzbewerber kann in einem Wahlvorschlag nur benannt werden, wer nicht Mitglied einer anderen Partei ist und in einer besonderen oder allgemeinen Vertreterversammlung der Partei oder in einer Mitgliederversammlung zur Wahl der Bewerber hierzu gewählt worden ist.

(2) [1] Besondere Vertreterversammlung ist eine Versammlung von Parteivertretern, die für die Aufstellung der Bewerber gewählt worden ist. [2] Allgemeine Vertreterversammlung ist eine Versammlung von Parteivertretern, die nach der Satzung der Partei allgemein für bevorstehende Wahlen gewählt worden ist. [3] Die Vertreter in der besonderen oder allgemeinen Vertreterversammlung müssen unmittelbar aus der Mitte einer oder mehrerer Mitgliederversammlungen oder aus der Mitte von Vertreterversammlungen gewählt worden sein, die ihrerseits entweder aus der Mitte einer oder mehrerer Mitgliederversammlungen oder aus der Mitte einer oder mehrerer dazwischen geschalteter Vertreterversammlungen hervorgegangen sind. [4] Mitgliederversammlung zur Wahl der Bewerber für eine gemeinsame Liste für alle Länder und der Vertreter

---

1) § 10 Abs. 3 Sätze 2 und 3 eingef., bish. Sätze 2 und 3 werden Sätze 4 und 5 mWv 22.8.2003, Satz 4 geänd. mWv 20.7.2004 durch G v. 15.8.2003 (BGBl. I S. 1655) iVm Bek. v. 21.7.2004 (BGBl. I S. 1738); Abs. 1 geänd. mWv 21.3.2008 durch G v. 17.3.2008 (BGBl. I S. 394).

für eine Vertreterversammlung ist eine Versammlung der Mitglieder der Partei, die im Zeitpunkt ihres Zusammentritts zum Europäischen Parlament wahlberechtigt sind. [5] Mitgliederversammlung zur Wahl der Bewerber für eine Liste für ein Land und der Vertreter für eine Vertreterversammlung ist eine Versammlung der Mitglieder der Partei, die im Zeitpunkt ihres Zusammentritts in dem betreffenden Land, unabhängig von späteren Grenzveränderungen zwischen den Ländern, zum Europäischen Parlament wahlberechtigt sind.

(3) [1] Die Vertreter für die Vertreterversammlungen und die Bewerber werden in geheimer Abstimmung gewählt; dies gilt auch für die Festlegung der Reihenfolge der Bewerber in dem Wahlvorschlag. [2] Jeder stimmberechtigte Teilnehmer der Versammlung ist hierbei vorschlagsberechtigt. [3] Den Bewerbern ist Gelegenheit zu geben, sich und ihr Programm der Versammlung in angemessener Zeit vorzustellen. [4] Die Wahlen der Vertreter für die Vertreterversammlungen dürfen nicht früher als zwölf Monate, die Wahlen der Bewerber nicht früher als neun Monate vor Beginn des Jahres durchgeführt werden, in dem die Wahl des Europäischen Parlaments ansteht.

(4) [1] Der Vorstand des Bundesverbandes oder, wenn ein Bundesverband nicht besteht, die Vorstände der nächstniedrigen Gebietsverbände im Wahlgebiet gemeinsam, oder eine andere in der Satzung der Partei hierfür vorgesehene Stelle können gegen den Beschluß einer Mitglieder- oder Vertreterversammlung über die Bewerberaufstellung für eine gemeinsame Liste für alle Länder Einspruch erheben. [2] Bei einem Beschluß einer Mitglieder- oder Vertreterversammlung über die Bewerberaufstellung für eine Liste für ein Land können der Vorstand des Landesverbandes oder, wenn Landesverbände nicht bestehen, die Vorstände der nächstniedrigen Gebietsverbände, die im Bereich des Landes liegen, gemeinsam oder eine andere in der Satzung der Partei hierfür vorgesehene Stelle Einspruch erheben. [3] Auf einen solchen Einspruch ist die Abstimmung zu wiederholen. [4] Ihr Ergebnis ist endgültig.

(5) Das Nähere über die Wahl der Vertreter für die Vertreterversammlungen, über die Einberufung und Beschlußfähigkeit der Mitglieder- oder Vertreterversammlungen sowie über das Verfahren für die Wahl der Bewerber regeln die Parteien durch ihre Satzungen.

(6) Über die Versammlung zur Aufstellung des Wahlvorschlages ist eine Niederschrift mit Angaben über Ort und Zeit der Versammlung, Form der Einladung, Zahl der erschienenen Mitglieder oder Vertreter und Ergebnis der Abstimmung anzufertigen; sie ist von dem Leiter der Versammlung und zwei von dieser bestimmten Teilnehmern zu unterzeichnen.

(7) Die Absätze 1 bis 6 gelten für sonstige politische Vereinigungen sinngemäß.

§ 11[1)] Einreichung der Wahlvorschläge, Erklärung über die Verbindung von Listen für einzelne Länder. (1) Listen für ein Land und gemeinsame Listen für alle Länder sind dem Bundeswahlleiter spätestens am dreiundachtzigsten Tage vor der Wahl bis 18 Uhr schriftlich einzureichen.

---

1) § 11 Abs. 2 Nr. 1d aufgeh. mWv 1.4.2003, Nr. 2 neu gef. mWv 22.8.2003 durch G v. 15.8. 2003 (BGBl. I S. 1655); Abs. 1 neu gef., Abs. 2 Satz 1 einl Satzteil und Nr. 1b geänd., 1c neu gef., Satz 2 erster Halbs. und Abs. 3 geänd. mWv 10.10.2013 durch G v. 7.10.2013 (BGBl. I S. 3749).

(2) [1] Mit dem Wahlvorschlag sind dem Bundeswahlleiter vorzulegen:

1. die Zustimmungserklärungen der in den Wahlvorschlag aufgenommenen Bewerber und Ersatzbewerber (§ 9 Abs. 3 Satz 4),

1a. für Deutsche die Bescheinigungen der zuständigen Gemeindebehörden über die Wählbarkeit der vorgeschlagenen Bewerber und Ersatzbewerber,

1b. für Unionsbürger die Bescheinigungen der zuständigen deutschen Gemeindebehörden, daß sie dort eine Wohnung innehaben oder ihren sonstigen gewöhnlichen Aufenthalt haben und nicht gemäß § 6b Abs. 4 Nr. 1 oder 3 von der Wählbarkeit ausgeschlossen sind,

1c. für Unionsbürger die Versicherungen an Eides statt über die Staatsangehörigkeit, das Geburtsdatum und den Geburtsort, die letzte Anschrift im Herkunfts-Mitgliedstaat, die Anschrift in der Bundesrepublik Deutschland, die Gebietskörperschaft oder den Wahlkreis des Herkunfts-Mitgliedstaates, in dem sie zuletzt eingetragen waren, sowie darüber, dass sie sich nicht gleichzeitig in einem anderen Mitgliedstaat der Europäischen Union zur Wahl bewerben und dass sie im Herkunfts-Mitgliedstaat nicht von der Wählbarkeit ausgeschlossen sind (§ 6b Absatz 4 Nummer 2 und 4),

1d. *(aufgehoben)*

2. eine Ausfertigung der Niederschrift über die Aufstellung des Wahlvorschlages (§ 10 Abs. 6), wobei der Leiter der Versammlung und zwei von dieser bestimmte Teilnehmer gegenüber dem Wahlleiter an Eides statt zu versichern haben, dass die Anforderungen gemäß § 10 Abs. 3 Satz 1 bis 3 beachtet worden sind,

3. in den Fällen des § 9 Abs. 5 die erforderlichen gültigen Unterschriften mit dem Nachweis der Wahlberechtigung der Unterzeichner,

4. die schriftliche Satzung, das Programm, die Namen und Anschriften der Vorstandsmitglieder (§ 9 Abs. 4) sowie der Nachweis, daß die Mitglieder des Vorstandes demokratisch gewählt sind, sofern die Partei oder die sonstige politische Vereinigung nicht im Europäischen Parlament, im Deutschen Bundestag oder in einem Landtag seit deren letzter Wahl auf Grund eigener Wahlvorschläge im Wahlgebiet ununterbrochen mit mindestens fünf Abgeordneten vertreten ist.

[2] Der Bundeswahlleiter ist zur Abnahme von Versicherungen an Eides statt zuständig; er gilt als Behörde im Sinne des § 156 des Strafgesetzbuches. [3] Auf die Aufnahme der Versicherungen an Eides statt findet § 27 des Verwaltungsverfahrensgesetzes[1)] Anwendung.

(3) Soll eine Liste oder sollen mehrere Listen für einzelne Länder von der Listenverbindung ausgeschlossen sein (§ 2 Abs. 2 Satz 2) haben die Vertrauensperson des Wahlvorschlages und die stellvertretende Vertrauensperson dies durch gemeinsame schriftliche Erklärung dem Bundeswahlleiter spätestens am dreiundachtzigsten Tage vor der Wahl bis 18 Uhr mitzuteilen.

§ 12 Änderung und Zurücknahme von Wahlvorschlägen. (1) [1] Ein Wahlvorschlag kann nach Ablauf der Einreichungsfrist nur durch gemeinsame schriftliche Erklärung der Vertrauensperson und der stellvertretenden Vertrauensperson und nur dann geändert werden, wenn ein Bewerber oder

---

[1)] **Sartorius Nr. 100.**

Ersatzbewerber stirbt oder die Wählbarkeit verliert. [2] Das Verfahren nach § 10 braucht nicht eingehalten zu werden; der Unterschriften nach § 9 Abs. 5 bedarf es nicht. [3] Nach der Entscheidung über die Zulassung eines Wahlvorschlages (§ 14) ist jede Änderung ausgeschlossen.

(2) [1] Ein Wahlvorschlag kann durch gemeinsame schriftliche Erklärung der Vertrauensperson und der stellvertretenden Vertrauensperson zurückgenommen werden, solange nicht über seine Zulassung (§ 14) entschieden ist. [2] In den Fällen des § 9 Abs. 5 kann auch die Mehrheit der Unterzeichner durch eine von ihnen persönlich und handschriftlich vollzogene Erklärung den Wahlvorschlag zurücknehmen.

(3) Wenn ein Bewerber nach der Zulassung des Wahlvorschlages, aber noch vor der Wahl stirbt oder die Wählbarkeit verliert, tritt an seine Stelle der Ersatzbewerber, sofern ein solcher für ihn benannt ist.

§ 13[1)] Beseitigung von Mängeln. (1) [1] Der Bundeswahlleiter hat die Wahlvorschläge unverzüglich nach Eingang zu prüfen. [2] Stellt er bei einem Wahlvorschlag Mängel fest, so benachrichtigt er sofort die Vertrauensperson des Wahlvorschlages und fordert sie auf, behebbare Mängel rechtzeitig zu beseitigen.

(2) [1] Nach Ablauf der Einreichungsfrist können nur noch Mängel an sich gültiger Wahlvorschläge behoben werden. [2] Ein gültiger Wahlvorschlag liegt nicht vor, wenn

1. die Bezeichnung des Wahlvorschlagsberechtigten nach § 9 Abs. 1 fehlt,
2. die nach § 9 Abs. 4 und 5 erforderlichen gültigen Unterschriften mit dem Nachweis der Wahlberechtigung der Unterzeichner nach Absatz 5 dieser Vorschrift fehlen, es sei denn, der Nachweis kann infolge von Umständen, die der Wahlvorschlagsberechtigte nicht zu vertreten hat, nicht rechtzeitig vorgelegt werden,
3. die nach § 11 Abs. 1 erforderliche Form oder Frist nicht gewahrt ist,
4. die nach § 11 Abs. 2 Nr. 1, 1a, 1b, 1c, 2 und 4 erforderlichen Erklärungen, Niederschriften, Versicherungen oder Unterlagen nicht vorgelegt oder abgegeben sind.

(3) Nach der Entscheidung über die Zulassung eines Wahlvorschlages (§ 14) ist jede Mängelbeseitigung ausgeschlossen.

(4) Gegen Verfügungen des Bundeswahlleiters im Mängelbeseitigungsverfahren kann die Vertrauensperson des Wahlvorschlages den Bundeswahlausschuss anrufen.

§ 14[2)] Zulassung der Wahlvorschläge, Entscheidung über die Verbindung von Listen für einzelne Länder. (1) [1] Der Bundeswahlausschuss entscheidet am zweiundsiebzigsten Tage vor der Wahl für alle Wahlorgane verbindlich über alle Voraussetzungen für die Zulassung der Listen für einzelne

---

1) § 13 Abs. 2 Satz 2 Nr. 4 geänd. mWv 1.4.2003 durch G v. 15.8.2003 (BGBl. I S. 1655); Abs. 1 Satz 1 geänd., Abs. 4 neu gef. mWv 10.10.2013 durch G v. 7.10.2013 (BGBl. I S. 3749).

2) § 14 Abs. 1 Satz 1 neu gef., Abs. 2 Satz 1 einl. Satzteil und Satz 3 geänd., Abs. 4 Satz 1 neu gef., Sätze 2 und 3 geänd., Abs. 4a eingef., Abs. 6 Satz 1 geänd., Satz 4 eingef., bish. Satz 4 wird Satz 5 mWv 10.10.2013 durch G v. 7.10.2013 (BGBl. I S. 3749).

Länder und der gemeinsamen Listen für alle Länder. [2] Zu der Sitzung sind die Vertrauenspersonen der Wahlvorschläge zu laden.

(2) [1] Der Bundeswahlausschuss hat Wahlvorschläge zurückzuweisen, wenn sie

1. verspätet eingereicht sind oder
2. den Anforderungen nicht entsprechen, die durch dieses Gesetz und die dazu erlassene Wahlordnung[1)] aufgestellt sind, es sei denn, daß in diesen Vorschriften etwas anderes bestimmt ist.

[2] Sind die Anforderungen nur hinsichtlich einzelner Bewerber oder Ersatzbewerber nicht erfüllt, so werden ihre Namen aus dem Wahlvorschlag gestrichen. [3] Teilt ein anderer Mitgliedstaat der Europäischen Union die Wahlbewerbung eines Deutschen in diesem Mitgliedstaat oder bezüglich eines seiner Staatsangehörigen dessen fehlendes Wahlrecht (§ 6b Absatz 4 Nummer 2) oder dessen fehlende Wählbarkeit (§ 6b Absatz 4 Nummer 4) in diesem Mitgliedstaat mit, so ist dessen Name aus dem Wahlvorschlag zu streichen. [4] An die Stelle eines gestrichenen Bewerbers tritt dessen Ersatzbewerber, sofern ein solcher benannt ist. [5] Vor der Entscheidung sind die erschienenen Vertrauenspersonen der betroffenen Wahlvorschläge zu hören.

(3) Die Entscheidung über die Zulassung der Wahlvorschläge ist in der Sitzung des Wahlausschusses bekanntzugeben.

(4) [1] Weist der Bundeswahlausschuss einen Wahlvorschlag ganz oder teilweise zurück, so kann binnen vier Tagen nach Bekanntgabe der Entscheidung Beschwerde beim Bundeswahlausschuss eingelegt werden. [2] Beschwerdeberechtigt sind die Vertrauensperson des Wahlvorschlages und der Bundeswahlleiter. [3] Der Bundeswahlleiter kann auch gegen eine Entscheidung, durch die ein Wahlvorschlag zugelassen wird, Beschwerde erheben. [4] In der Beschwerdeverhandlung sind die erschienenen Beteiligten zu hören. [5] Die Entscheidung über die Beschwerde muß spätestens am zweiundfünfzigsten Tage vor der Wahl getroffen werden.

(4a) [1] Soweit der Bundeswahlausschuss einen Wahlvorschlag wegen fehlenden Wahlvorschlagsrechts nach § 8 Absatz 1 zurückweist, kann eine Partei oder Vereinigung binnen vier Tagen nach Bekanntgabe der Entscheidung Beschwerde zum Bundesverfassungsgericht erheben. [2] Die Vorschriften der §§ 96a bis 96d des Gesetzes über das Bundesverfassungsgericht[2)] gelten mit Ausnahme des § 96a Absatz 1 entsprechend. [3] Im Falle einer Beschwerde zum Bundesverfassungsgericht ist die Wirksamkeit der Entscheidung des Bundeswahlausschusses bis zu einer Entscheidung des Bundesverfassungsgerichts, längstens bis zum Ablauf des zweiundfünfzigsten Tages vor der Wahl gehemmt; der Bundeswahlausschuss ist berechtigt, der Beschwerde durch Abänderung seiner Entscheidung abzuhelfen.

(5) Der Bundeswahlleiter macht die zugelassenen Wahlvorschläge (Listen für die einzelnen Länder und gemeinsame Listen für alle Länder) spätestens am achtundvierzigsten Tage vor der Wahl öffentlich bekannt.

(6) [1] Der Bundeswahlausschuß entscheidet am zweiundsiebzigsten Tage vor der Wahl über Erklärungen nach § 11 Abs. 3. [2] Absatz 2 Satz 1 gilt entspre-

---

[1)] Nr. **29**.
[2)] Nr. **20**.

chend. [3] Die Entscheidung ist in der Sitzung des Bundeswahlausschusses bekanntzugeben. [4] Absatz 4 gilt entsprechend. [5] Der Bundeswahlleiter macht im Rahmen seiner Bekanntmachung nach Absatz 5 die Listenverbindungen und die Listen, für die rechtswirksam eine Erklärung nach § 11 Abs. 3 abgegeben wurde, öffentlich bekannt.

§ 15[1)] Stimmzettel. (1) Die Stimmzettel und die zugehörigen Umschläge für die Briefwahl werden für jedes Land amtlich hergestellt.

(2) [1] Der Stimmzettel enthält

1. die Überschrift „Wahl der Abgeordneten des Europäischen Parlaments“,
2. die Namen der Parteien und, sofern sie eine Kurzbezeichnung verwenden, auch diese, bei sonstigen politischen Vereinigungen deren Namen und, sofern sie ein Kennwort verwenden, auch dieses,
3. die Bezeichnung der Wahlvorschläge als Listen für einzelne Länder oder gemeinsame Listen für alle Länder sowie bei Listen für einzelne Länder die Angabe des Landes, für das der Wahlvorschlag aufgestellt ist, und
4. die ersten zehn Bewerber der zugelassenen Wahlvorschläge mit Vor- und Familiennamen, Beruf oder Stand, Ort der Wohnung (Hauptwohnung) sowie bei Bewerbern für gemeinsame Listen für alle Länder zusätzlich die Abkürzung des Landes, in dem der Ort der Wohnung liegt.

[2] § 9 Abs. 1 Satz 3 gilt entsprechend.

(3) [1] Die Reihenfolge der Wahlvorschläge auf den Stimmzetteln richtet sich in den einzelnen Ländern nach der Zahl der Stimmen, die die Parteien und sonstigen politischen Vereinigungen bei der letzten Wahl zum Europäischen Parlament mit ihrem Wahlvorschlag in dem betreffenden Land erreicht haben. [2] Die übrigen Wahlvorschläge schließen sich in alphabetischer Reihenfolge der Namen der Wahlvorschlagsberechtigten an.

§ 16[2)] Stimmabgabe. (1) Gewählt wird mit amtlichen Stimmzetteln.

(2) [1] Der Wähler gibt seine Stimme in der Weise ab, daß er durch ein auf den Stimmzettel gesetztes Kreuz oder auf andere Weise eindeutig kenntlich macht, welchem Wahlvorschlag sie gelten soll. [2] Der Wähler faltet daraufhin den Stimmzettel in der Weise, dass seine Stimmabgabe nicht erkennbar ist, und wirft ihn in die Wahlurne.

§ 17[3)] Wahlgeräte. Zur Erleichterung der Abgabe und Zählung der Stimmen können an Stelle von Stimmzetteln und Wahlurnen Wahlgeräte benutzt werden, deren Bauart und Verwendung nach der Bundeswahlgeräteverordnung durch das Bundesministerium des Innern zugelassen ist.

---

1) § 15 Abs. 1 neu gef. mWv 22.8.2003 durch G v. 15.8.2003 (BGBl. I S. 1655).

2) § 16 Abs. 1 geänd., Abs. 2 Satz 2 eingef. mWv 22.8.2003 durch G v. 15.8.2003 (BGBl. I S. 1655).

3) § 17 geänd. mWv 1.6.1999 durch G v. 31.5.1999 (BGBl. I S. 1023); geänd. mWv 22.8.2003 durch G v. 15.8.2003 (BGBl. I S. 1655).

§ 18[1)] **Feststellung des Wahlergebnisses.** (1) [1] Nach Beendigung der Wahlhandlung stellt der Wahlvorstand fest, wieviel Stimmen im Wahlbezirk auf die einzelnen Wahlvorschläge abgegeben worden sind. [2] Der für die Briefwahl eingesetzte Wahlvorstand stellt fest, wieviel durch Briefwahl abgegebene Stimmen auf die einzelnen Wahlvorschläge entfallen.

(2) [1] Die Kreiswahl- und Stadtwahlausschüsse stellen fest, wieviel Stimmen in den Kreisen und kreisfreien Städten für die einzelnen Wahlvorschläge abgegeben worden sind. [2] Sie haben das Recht der Nachprüfung der Feststellungen der Wahlvorstände.

(3) Die Landeswahlausschüsse stellen fest, wieviel Stimmen in den Ländern für die einzelnen Wahlvorschläge abgegeben worden sind.

(4) Der Bundeswahlausschuß stellt fest, wieviel Stimmen für die einzelnen Wahlvorschläge insgesamt abgegeben worden sind, wieviel Sitze auf die einzelnen Wahlvorschläge entfallen und welche Bewerber gewählt sind.

§ 19[2)] **Benachrichtigung der gewählten Bewerber.** Der Bundeswahlleiter benachrichtigt die gewählten Bewerber und weist sie darauf hin, dass sie nach der abschließenden Feststellung des Ergebnisses für das Wahlgebiet durch den Bundeswahlausschuss (§ 18 Abs. 4) die Mitgliedschaft im Europäischen Parlament mit Eröffnung der ersten Sitzung nach der Wahl erlangen.

§ 20 Unterrichtung über das Wahlergebnis. [1] Nach Ablauf der gesetzlichen Frist (§ 19) teilt der Bundeswahlleiter dem Präsidenten des Deutschen Bundestages unverzüglich die Namen der in das Europäische Parlament gewählten und der auf den Wahlvorschlägen verbliebenen Bewerber und Ersatzbewerber mit. [2] Der Präsident des Deutschen Bundestages übermittelt das Wahlergebnis insgesamt unverzüglich dem Präsidenten des Europäischen Parlaments.

Zweiter Abschnitt. Erwerb und Verlust der Mitgliedschaft im Europäischen Parlament

§ 21[3)] **Erwerb der Mitgliedschaft im Europäischen Parlament.**

(1) [1] Ein gewählter Bewerber erwirbt die Mitgliedschaft im Europäischen Parlament nach abschließender Feststellung des Ergebnisses für das Wahlgebiet durch den Bundeswahlausschuss (§ 18 Abs. 4) mit der Eröffnung der ersten Sitzung des Europäischen Parlaments nach der Wahl. [2] Eine Ablehnung des Erwerbs der Mitgliedschaft muss vor der ersten Sitzung gegenüber dem Bundeswahlleiter schriftlich erfolgen. [3] Eine Erklärung unter Vorbehalt gilt als Ablehnung. [4] Die Erklärung kann nicht widerrufen werden.

(2) [1] Bei einer Listennachfolge (§ 24) oder Wiederholungswahl (§ 4 in Verbindung mit § 44 des Bundeswahlgesetzes[4)]) wird die Mitgliedschaft im Europäischen Parlament mit dem frist- und formgerechten Eingang der auf

---

[1)] § 18 Abs. 1 geänd. mWv 1.4.2004 durch G v. 15.8.2003 (BGBl. I S. 1655) iVm Bek. v. 23.4. 2004 (BGBl. I S. 622).

[2)] § 19 neu gef. mWv 21.3.2008 durch G v. 17.3.2008 (BGBl. I S. 394).

[3)] § 21 neu gef. mWv 21.3.2008 durch G v. 17.3.2008 (BGBl. I S. 394).

[4)] Nr. **10**.

die Benachrichtigung erfolgenden Annahmeerklärung beim Bundeswahlleiter erworben, jedoch nicht vor Ausscheiden des ursprünglich gewählten Abgeordneten. [2] Gibt der Listennachfolger oder durch Wiederholungswahl Gewählte bis zum Ablauf der Frist keine oder keine formgerechte Erklärung ab, so gilt die Nachfolge oder Wahl zu diesem Zeitpunkt als angenommen. [3] Absatz 1 Satz 3 und 4 gilt entsprechend.

§ 22[1)] Ende und Verlust der Mitgliedschaft im Europäischen Parlament. (1) Die Mitgliedschaft im Europäischen Parlament endet mit der Eröffnung der ersten Sitzung des neu gewählten Parlaments.

(2) Ein Abgeordneter verliert die Mitgliedschaft im Europäischen Parlament bei

1. Ungültigkeit des Erwerbs der Mitgliedschaft,
1a. Fehlen der Wählbarkeit eines Unionsbürgers am Wahltag im Herkunfts-Mitgliedstaat infolge einer Einzelfallentscheidung im Sinne von Artikel 6 Absatz 1 der Richtlinie 93/109/EG des Rates vom 6. Dezember 1993 über die Einzelheiten der Ausübung des aktiven und passiven Wahlrechts bei den Wahlen zum Europäischen Parlament für Unionsbürger mit Wohnsitz in einem Mitgliedstaat, dessen Staatsangehörigkeit sie nicht besitzen (ABl. L 329 vom 30.12.1993, S. 34), die zuletzt durch die Richtlinie 2013/1/EU (ABl. L 26 vom 26.1.2013, S. 27) geändert worden ist,
2. Neufeststellung des Wahlergebnisses,
3. Wegfall einer Voraussetzung seiner jederzeitigen Wählbarkeit,
4. Verzicht,
5. Feststellung der Verfassungswidrigkeit der Partei oder der Teilorganisation einer Partei, der er angehört, durch das Bundesverfassungsgericht nach Artikel 21 Abs. 2 Satz 2 des Grundgesetzes[2)],
6. rechtskräftigem Verbot der politischen Vereinigung, der er angehört, im Wahlgebiet,
7. Annahme der Wahl zum Bundespräsidenten,
8. Ernennung zum Richter des Bundesverfassungsgerichts,
9. Ernennung zum Parlamentarischen Staatssekretär,
10. Ernennung zum Wehrbeauftragten des Deutschen Bundestages,
11. Ernennung zum Bundesbeauftragten für den Datenschutz,
11a. *(aufgehoben)*
12. Annahme der Wahl oder Ernennung zum Mitglied einer Landesregierung,
13. Berufung in eine der in Artikel 7 Abs. 1 oder Abs. 2 des Aktes zur Einführung allgemeiner unmittelbarer Wahlen der Abgeordneten des Europäischen Parlaments (BGBl. 1977 II S. 733), zuletzt geändert durch

[1)] § 22 Abs. 2 Nr. 11a eingef. und Nr. 13 geänd. mWv 1.4.2004 durch G v. 15.8.2003 (BGBl. I S. 1655) iVm Bek. v. 23.4.2004 (BGBl. I S. 622); Abs. 2 Nr. 11a und Abs. 3 Satz 3 aufgeh. sowie Abs. 2 Nr. 13 neu gef., Abs. 3 bish. Sätze 4 und 5 werden Sätze 3 und 4 mWv 21.3.2008 durch G v. 17.3.2008 (BGBl. I S. 394); Abs. 2 Nr. 1a eingef., Nr. 15 geänd. mWv 10.10.2013 durch G v. 7.10.2013 (BGBl. I S. 3749).

[2)] Nr. **1**.

Beschluss des Rates der Europäischen Gemeinschaften vom 25. Juni 2002 und 23. September 2002 (BGBl. 2003 II S. 810), genannten Funktionen,

14. Berufung in eine Funktion, die nach anderen gesetzlichen Vorschriften mit der Mitgliedschaft im Europäischen Parlament unvereinbar ist, sowie
15. Übernahme des Amtes des Staatsoberhauptes, eines Richters des Verfassungsgerichts, des Mitglieds einer mit einer deutschen Landesregierung vergleichbaren Regierung sowie Übernahme des einem Parlamentarischen Staatssekretär in der Bundesrepublik Deutschland vergleichbaren Amtes in einem anderen Mitgliedstaat der Europäischen Union.

(3) [1] Der Verzicht ist nur wirksam, wenn er zur Niederschrift des Präsidenten des Europäischen Parlaments, eines Notars, der seinen Sitz in der Bundesrepublik Deutschland hat, oder eines zur Vornahme von Beurkundungen ermächtigten Bediensteten einer Auslandsvertretung der Bundesrepublik Deutschland erklärt wird. [2] Die notarielle oder bei einer Auslandsvertretung abgegebene Verzichtserklärung hat der Abgeordnete dem Präsidenten des Europäischen Parlaments zu übermitteln. [3] Der Verzicht kann nicht widerrufen werden. [4] Der Bundeswahlleiter ist vom Verzichtenden durch Übersendung einer Ausfertigung der Verzichtserklärung zu unterrichten.

(4) [1] Wird eine Partei oder die Teilorganisation einer Partei durch das Bundesverfassungsgericht nach Artikel 21 Abs. 2 Satz 2 des Grundgesetzes für verfassungswidrig erklärt, verlieren die Abgeordneten ihre Mitgliedschaft im Europäischen Parlament und die Listennachfolger ihre Anwartschaft, sofern sie dieser Partei oder Teilorganisation in der Zeit zwischen der Antragstellung (§ 43 des Gesetzes über das Bundesverfassungsgericht[1]) und der Verkündung der Entscheidung (§ 46 des Gesetzes über das Bundesverfassungsgericht) angehört haben. [2] Die Sitze dieser Abgeordneten bleiben unbesetzt.

(5) Absatz 4 gilt entsprechend, wenn eine sonstige politische Vereinigung auf Grund des Vereinsgesetzes[2] im Wahlgebiet rechtskräftig verboten worden ist.

§ 23[3] Entscheidung über den Verlust der Mitgliedschaft. (1) Über den Verlust der Mitgliedschaft nach § 22 Abs. 2 wird entschieden

1. im Falle der Nummer 1 im Wahlprüfungsverfahren,
2. im Fall der Nummern 1a, 2, 5, 6, 14 und 15 durch den Ältestenrat des Deutschen Bundestages,
3. im Fall der Nummer 3, wenn der Verlust der Wählbarkeit durch rechtskräftigen Richterspruch eingetreten ist, durch Beschluss des Ältestenrates des Deutschen Bundestages, im Übrigen im Wahlprüfungsverfahren,
4. im Fall der Nummern 7 bis 12 durch den Präsidenten des Deutschen Bundestages,
5. im Falle der Nummern 4 und 13 vom Europäischen Parlament, indem es das Freiwerden des Sitzes feststellt.

---

[1] Nr. **20**.

[2] **Sartorius Nr. 425.**

[3] § 23 Abs. 1 Nr. 2 neu gef. und Nr. 2a eingef. sowie Abs. 3 Satz 1 und Abs. 5 geänd. mWv 21.3.2008 durch G v. 17.3.2008 (BGBl. I S. 394); Abs. 1 Nr. 1 und 2 geänd., Nr. 3 eingef., bish. Nr. 2a und 3 werden Nr. 4 und 5 mWv 10.10.2013 durch G v. 7.10.2013 (BGBl. I S. 3749).

(2) Wird über den Verlust der Mitgliedschaft im Wahlprüfungsverfahren entschieden, so scheidet der Abgeordnete mit der Rechtskraft der Entscheidung aus dem Europäischen Parlament aus.

(3) [1] Entscheidet der Ältestenrat oder der Präsident des Deutschen Bundestages über den Verlust der Mitgliedschaft, so scheidet der Abgeordnete mit der Zustellung der Entscheidung aus dem Europäischen Parlament aus. [2] Die Entscheidung ist unverzüglich von Amts wegen zu treffen. [3] Innerhalb von zwei Wochen nach Zustellung der Entscheidung kann der Betroffene die Entscheidung des Deutschen Bundestages über den Verlust der Mitgliedschaft im Wahlprüfungsverfahren beantragen. [4] Die Zustellung erfolgt nach den Vorschriften des Verwaltungszustellungsgesetzes[1)].

(4) Entscheidet das Europäische Parlament über den Verlust der Mitgliedschaft, so scheidet der Abgeordnete mit der Verkündung der Entscheidung über das Freiwerden des Sitzes aus dem Europäischen Parlament aus.

(5) Der Präsident des Deutschen Bundestages unterrichtet den Präsidenten des Europäischen Parlaments unverzüglich über den Grund und den Zeitpunkt des Verlustes der Mitgliedschaft, wenn darüber im Wahlprüfungsverfahren oder durch den Ältestenrat oder den Präsidenten des Deutschen Bundestages entschieden worden ist.

§ 24[2)] Berufung von Listennachfolgern. (1) [1] Wenn ein gewählter Bewerber stirbt oder dem Bundeswahlleiter schriftlich die Ablehnung der Wahl erklärt oder wenn ein Abgeordneter stirbt oder sonst nachträglich aus dem Europäischen Parlament ausscheidet, so wird der Sitz durch seinen Ersatzbewerber besetzt. [2] Ist ein Ersatzbewerber nicht benannt oder ist dieser vorher ausgeschieden oder scheidet er später aus, so wird der Sitz durch den nächsten noch nicht für gewählt erklärten Bewerber aus dem Wahlvorschlag besetzt, für den der Ausgeschiedene bei der Wahl aufgetreten ist. [3] Bei der Nachfolge bleiben diejenigen Bewerber und Ersatzbewerber unberücksichtigt, die seit dem Zeitpunkt der Aufstellung des Wahlvorschlages aus dieser Partei oder politischen Vereinigung ausgeschieden oder Mitglied einer anderen Partei oder politischen Vereinigung geworden sind. [4] Unberücksichtigt bleiben ebenso Ersatzbewerber, die als gewählte Bewerber ihre Wahl abgelehnt oder als Abgeordnete auf ihre Mitgliedschaft im Europäischen Parlament verzichtet haben. [5] Ist die Liste erschöpft, so bleibt der Sitz unbesetzt.

(2) [1] Ein noch nicht für gewählt erklärter Bewerber oder ein Ersatzbewerber verliert seine Anwartschaft als Listennachfolger, wenn er dem Bundeswahlleiter schriftlich seinen Verzicht erklärt. [2] Der Verzicht kann nicht widerrufen werden.

(3) [1] Die Feststellung, wer als Listennachfolger eintritt, trifft der Bundeswahlleiter. [2] Die §§ 20 und 21 gelten entsprechend. [3] Er benachrichtigt den Listennachfolger und fordert ihn auf, binnen einer Woche schriftlich zu erklären, ob er die Nachfolge annimmt.

---

1) **Sartorius Nr. 110.**

2) § 24 Abs. 1 neu gef., Abs. 2 Satz 2 aufgeh., bish. Satz 3 wird Satz 2 sowie Abs. 3 Satz 2 geänd. und Satz 3 angef. mWv 21.3.2008 durch G v. 17.3.2008 (BGBl. I S. 394).

Dritter Abschnitt. Schlußbestimmungen

§ 25[1] **Wahlkosten, Wahlordnung.** (1) § 50 des Bundeswahlgesetzes[2] gilt entsprechend.

(2) [1]Das Bundesministerium des Innern erläßt zur Durchführung dieses Gesetzes durch Rechtsverordnung, die nicht der Zustimmung des Bundesrates bedarf, eine Wahlordnung[3]. [2]Es wird ermächtigt, die Bundeswahlordnung[4] und die Bundeswahlgeräteverordnung für entsprechend anwendbar zu erklären und in der Wahlordnung besondere Vorschriften zu treffen insbesondere über

1. die Wahlorgane,
2. die Vorbereitung der Wahl, einschließlich Inhalt und Form der Wahlvorschläge nebst der dazugehörigen Unterlagen, ihrer Einreichung, Überprüfung, Mängelbeseitigung und Zulassung sowie Form und Inhalt des Stimmzettels und des Wahlumschlages,
3. die Wahlbeteiligung von Wahlberechtigten, die in den Gebieten der übrigen Mitgliedstaaten der Europäischen Union leben,

3a. die Vorbereitung der Wahl für Unionsbürger,

4. die Briefwahl,
5. die Abgabe und Aufnahme von Versicherungen an Eides statt,
6. die Wahlzeit,
7. die Ermittlung und die Feststellung des Wahlergebnisses,
8. die Benachrichtigung der gewählten Bewerber,
9. die Überprüfung der Wahl,
10. die Berufung von Listennachfolgern,
11. die Durchführung von Nach- und Wiederholungswahlen.

§ 26[5] **Wahlprüfung und Anfechtung.** (1) Über die Gültigkeit der Wahl und die Verletzung von Rechten bei der Vorbereitung oder Durchführung der Wahl wird im Wahlprüfungsverfahren entschieden.

(2) Für das Wahlprüfungsverfahren gelten die Bestimmungen des Wahlprüfungsgesetzes[6] mit Ausnahme des § 6 Abs. 3 Buchstabe e, des § 14 Satz 2 und des § 16 Abs. 2 und 3 in der jeweils geltenden Fassung entsprechend.

(3) [1]Gegen die Entscheidung des Deutschen Bundestages im Wahlprüfungsverfahren ist die Beschwerde an das Bundesverfassungsgericht zulässig. [2]Die Beschwerde kann der Abgeordnete, dessen Mitgliedschaft bestritten ist, eine wahlberechtigte Person oder eine Gruppe von wahlberechtigten Personen, deren Einspruch vom Deutschen Bundestag verworfen worden ist,

---

[1] § 25 Überschrift geänd., Abs. 1 neu gef. mWv 1.6.1999 durch G v. 31.5.1999 (BGBl. I S. 1023); Abs. 2 Satz 2 Nr. 3 geänd. mWv 10.10.2013 durch G v. 7.10.2013 (BGBl. I S. 3749).

[2] Nr. **10**.

[3] Nr. **29**.

[4] Nr. **11**.

[5] § 26 Abs. 1 und Abs. 3 Satz 2 geänd. mWv 10.10.2013 durch G v. 7.10.2013 (BGBl. I S. 3749).

[6] Nr. **12**.

oder eine Gruppe von wenigstens acht Abgeordneten des Europäischen Parlaments aus der Bundesrepublik Deutschland binnen einer Frist von zwei Monaten seit der Beschlußfassung des Deutschen Bundestages beim Bundesverfassungsgericht erheben; die Beschwerde ist innerhalb dieser Frist zu begründen. [3] Für die Beschwerde an das Bundesverfassungsgericht gelten die Vorschriften des Gesetzes über das Bundesverfassungsgericht[1)] entsprechend.

(4) Im übrigen können Entscheidungen und Maßnahmen, die sich unmittelbar auf das Wahlverfahren beziehen, nur mit den in diesem Gesetz sowie in der Wahlordnung vorgesehenen Rechtsbehelfen angefochten werden.

§ 27 (Änderung des Strafgesetzbuches)

§ 28[2)] **Staatliche Mittel für sonstige politische Vereinigungen.**

(1) [1] Sonstige politische Vereinigungen, die sich im Wahlgebiet an der Wahl der Abgeordneten des Europäischen Parlaments mit eigenen Wahlvorschlägen beteiligt und nach dem endgültigen Wahlergebnis mindestens 0,5 vom Hundert der im Wahlgebiet abgegebenen gültigen Stimmen erzielt haben, erhalten für jede erzielte gültige Stimme jährlich den in § 18 Absatz 3 Satz 1 Nummer 1 des Parteiengesetzes[3)] genannten und nach § 18 Absatz 3 Satz 3 des Parteiengesetzes erhöhten Betrag. [2] Abweichend von Satz 1 erhalten sie für bis zu 4 Millionen Stimmen den in § 18 Absatz 3 Satz 2 des Parteiengesetzes genannten und nach § 18 Absatz 3 Satz 3 des Parteiengesetzes erhöhten Betrag je Stimme. [3] Die Mittel sind im Bundeshaushaltsplan auszubringen.

(2) [1] Die Vorschriften des Parteiengesetzes über die Pflicht zur öffentlichen Rechenschaftslegung gelten entsprechend. [2] Die Pflicht zur Rechenschaftslegung beginnt mit dem Jahr, in dem die Wahl stattfindet, und endet mit dem Jahr, in dem der letzte aus dem Wahlvorschlag der sonstigen politischen Vereinigung gewählte Bewerber aus dem Europäischen Parlament ausgeschieden ist.

(3) Die Vorschriften des Parteiengesetzes über die absolute Obergrenze finden keine Anwendung; die Vorschriften über die relative Obergrenze gelten entsprechend.

(4) Die Vorschriften des Parteiengesetzes über das Auszahlungsverfahren und die Abschlagszahlungen gelten entsprechend.

§ 29[4)] *(aufgehoben)*

§ 30 (Inkrafttreten)

---

1) Nr. **20**.

2) § 28 Abs. 1 geänd. mWv 22.8.2003 durch G v. 15.8.2003 (BGBl. I S. 1655); Abs. 1 Sätze 1 und 2 geänd. mWv 14.7.2018 durch G v. 10.7.2018 (BGBl. I S. 1116).

3) Nr. **24**.

4) § 29 aufgeh. mWv 22.8.2003 durch G v. 15.8.2003 (BGBl. I S. 1655).

29. Europawahlordnung (EuWO)

Vom 2. Mai 1994[1)]

(BGBl. I S. 957)

FNA 111-5-4

geänd. durch Art. 1 Dritte ÄndVO v. 3.3.1999 (BGBl. I S. 293), Art. 2 VO zur Änd. der BundeswahlgeräteVO und der EuropawahlO v. 20.4.1999 (BGBl. I S. 749), Art. 5 G über die allgemeine und die repräsentative Wahlstatistik bei der Wahl zum Deutschen Bundestag und bei der Wahl der Abgeordneten des Europäischen Parlaments aus der Bundesrepublik Deutschland v. 21.5.1999 (BGBl. I S. 1023), Art. 1 VO zur Änd. der EuropawahlO und der BundeswahlO v. 28.8.2000 (BGBl. I S. 1338), Art. 14 Sechstes Euro-EinführungsG v. 3.12.2001 (BGBl. I S. 3306), Art. 3 Behindertengleichstellungs-EinführungsG v. 27.4.2002 (BGBl. I S. 1467), Art. 1 und 2 Vierte ÄndVO v. 12.12.2003 (BGBl. I S. 2551), Art. 4 G zur Reform des Reisekostenrechts v. 26.5.2005 (BGBl. I S. 1418), Art. 51 G zur Umbenennung des Bundesgrenzschutzes in Bundespolizei v. 21.6. 2005 (BGBl. I S. 1818), Art. 2 ÄndVO v. 27.3.2008 (BGBl. I S. 476), Art. 2 Zweite VO zur Änd. der BundeswahlO und der EuropawahlO v. 3.12.2008 (BGBl. I S. 2378), Art. 2 Abs. 3 G zur Fortentwicklung des Meldewesens v. 3.5.2013 (BGBl. I S. 1084, geänd. durch G v. 20.11.2014, BGBl. I S. 1738), Art. 1 Fünfte ÄndVO v. 16.12.2013 (BGBl. I S. 4335) und Art. 1 Sechste ÄndVO v. 16.5.2018 (BGBl. I S. 570)

Inhaltsübersicht[2)]

---

1) Neubekanntmachung der Europawahlordnung vom 27.7.1988 (BGBl. I S. 1453, 1989 I S. 228) in der seit 20.3.1994 geltenden Fassung.

2) Inhaltsübersicht geänd. mWv 9.3.1999 durch VO v. 3.3.1999 (BGBl. I S. 293); geänd. mWv 1.9.2000 durch VO v. 28.8.2000 (BGBl. I S. 1338); geänd. mWv 1.4.2003 und mWv 19.12.2003 durch Art. 1 VO v. 12.12.2003 (BGBl. I S. 2551); geänd. mWv 1.4.2008 durch VO v. 27.3.2008 (BGBl. I S. 476); geänd. mWv 11.12.2008 durch VO v. 3.12.2008 (BGBl. I S. 2378); geänd. mWv 24.12.2013 durch VO v. 16.12.2013 (BGBl. I S. 4335); geänd. mWv 25.5.2018 durch VO v. 16.5. 2018 (BGBl. I S. 570).

Erster Abschnitt. Wahlorgane

§ 1[1] **Bundeswahlleiter.** (1) [1] Der Bundeswahlleiter und sein Stellvertreter werden auf unbestimmte Zeit ernannt. [2] Das Bundesministerium des Innern, für Bau und Heimat macht die Namen des Bundeswahlleiters und seines Stellvertreters sowie die Anschriften ihrer Dienststellen mit Telekommunikationsanschlüssen öffentlich bekannt.

(2) Der Bundeswahlleiter ist zentrale Stelle für den Informationsaustausch mit anderen Mitgliedstaaten der Europäischen Union über die Wahlteilnahme und die Wahlbewerbung von Deutschen in einem anderen Mitgliedstaat der Europäischen Union und von Unionsbürgern in Deutschland.

---

[1] § 1 Abs. 1 Satz 2, Abs. 2 geänd. mWv 19.12.2003 durch Art. 1 VO v. 12.12.2003 (BGBl. I S. 2551); Abs. 2 geänd. mWv 24.12.2013 durch VO v. 16.12.2013 (BGBl. I S. 4335); Abs. 1 Satz 2 geänd. mWv 25.5.2018 durch VO v. 16.5.2018 (BGBl. I S. 570).

§ 2[1] Landeswahlleiter. [1] Der Landeswahlleiter und sein Stellvertreter werden auf unbestimmte Zeit ernannt. [2] Die ernennende Stelle teilt die Namen des Landeswahlleiters und seines Stellvertreters sowie die Anschriften ihrer Dienststellen mit Telekommunikationsanschlüssen dem Bundeswahlleiter mit und macht sie öffentlich bekannt.

§ 3[2] Kreis- und Stadtwahlleiter. (1) [1] Die Kreis- und Stadtwahlleiter und deren Stellvertreter werden vor jeder Wahl ernannt. [2] Spätestens hat die Ernennung alsbald nach der Bestimmung des Tages der Hauptwahl zu erfolgen. [3] Die ernennende Stelle teilt die Namen und die Anschriften ihrer Dienststellen mit Telekommunikationsanschlüssen dem Landeswahlleiter und dem Bundeswahlleiter mit und macht sie öffentlich bekannt.

(2) Die Kreis- und Stadtwahlleiter und deren Stellvertreter üben ihr Amt auch nach der Hauptwahl, längstens bis zum Ablauf der Wahlperiode, aus.

§ 4[3] Bildung der Wahlausschüsse. (1) [1] Der Bundeswahlleiter, die Landeswahlleiter sowie die Kreis- und Stadtwahlleiter berufen alsbald nach der Bestimmung des Tages der Hauptwahl die Beisitzer der Wahlausschüsse und für jeden Beisitzer einen Stellvertreter. [2] Die Beisitzer der Landeswahlausschüsse sowie der Kreis- und Stadtwahlausschüsse sind aus den Wahlberechtigten des jeweiligen Gebietes zu berufen; sie sollen möglichst am Sitz des Wahlleiters wohnen.

(2) Bei der Auswahl der Beisitzer der Wahlausschüsse sollen in der Regel die Wahlvorschlagsberechtigten in der Reihenfolge der bei der letzten Wahl zum Europäischen Parlament in dem jeweiligen Gebiet errungenen Stimmenzahlen angemessen berücksichtigt und die von ihnen rechtzeitig vorgeschlagenen Wahlberechtigten berufen werden.

(3) [1] Der Bundeswahlleiter beruft zwei Richter des Bundesverwaltungsgerichts, die Landeswahlleiter berufen je zwei Richter des Oberverwaltungsgerichts des Landes und jeweils einen Stellvertreter. [2] Die Berufung erfolgt auf Vorschlag des Gerichtspräsidenten. [3] Die Vorschriften über die Beisitzer der Wahlausschüsse in § 11 Absatz 1 des Bundeswahlgesetzes[4] sowie in den §§ 5 und 10 dieser Verordnung gelten entsprechend.

(4) Die Wahlausschüsse bestehen auch nach der Hauptwahl, längstens bis zum Ablauf der Wahlperiode, fort.

§ 5[5] Tätigkeit der Wahlausschüsse. (1) Die Wahlausschüsse sind ohne Rücksicht auf die Zahl der erschienenen Beisitzer beschlußfähig.

(2) [1] Der Vorsitzende bestimmt Ort und Zeit der Sitzungen. [2] Er lädt die Beisitzer zu den Sitzungen und weist dabei darauf hin, daß der Ausschuß ohne Rücksicht auf die Zahl der erschienenen Beisitzer beschlußfähig ist. [3] Die

---

[1] § 2 Satz 2 geänd. mWv 19.12.2003 durch Art. 1 VO v. 12.12.2003 (BGBl. I S. 2551).

[2] § 3 Abs. 1 Satz 3 geänd. mWv 19.12.2003 durch Art. 1 VO v. 12.12.2003 (BGBl. I S. 2551); Abs. 2 geänd. mWv 11.12.2008 durch VO v. 3.12.2008 (BGBl. I S. 2378).

[3] § 4 Abs. 3 eingef., bish. Abs. 3 wird Abs. 4 mWv 24.12.2013 durch VO v. 16.12.2013 (BGBl. I S. 4335).

[4] Nr. **10**.

[5] § 5 Abs. 2 Satz 3 angef. mWv 24.12.2013 durch VO v. 16.12.2013 (BGBl. I S. 4335).

Beisitzer sollen Gelegenheit erhalten, die zu beratenden Unterlagen vor der Sitzung zur Kenntnis zu nehmen.

(3) Zeit, Ort und Gegenstand der Verhandlungen sind öffentlich bekanntzumachen.

(4) Der Vorsitzende bestellt einen Schriftführer; dieser ist nur stimmberechtigt, wenn er zugleich Beisitzer ist.

(5) Der Vorsitzende weist die Beisitzer und den Schriftführer auf ihre Verpflichtung zur unparteiischen Wahrnehmung ihres Amtes und zur Verschwiegenheit über die ihnen bei ihrer amtlichen Tätigkeit bekanntgewordenen Angelegenheiten hin.

(6) Der Vorsitzende ist befugt, Personen, die die Ruhe und Ordnung stören, aus dem Sitzungsraum zu verweisen.

(7) Über jede Sitzung ist vom Schriftführer eine Niederschrift zu fertigen; sie ist vom Vorsitzenden, von den Beisitzern und vom Schriftführer zu unterzeichnen.

§ 6[1)] Wahlvorsteher und Wahlvorstand. (1) Vor jeder Wahl sind, nach Möglichkeit aus den Wahlberechtigten der Gemeinde, für jeden Wahlbezirk ein Wahlvorsteher und sein Stellvertreter, im Falle des § 39 Abs. 2 mehrere Wahlvorsteher und Stellvertreter zu ernennen.

(2) [1] Die Beisitzer des Wahlvorstandes sollen möglichst aus den Wahlberechtigten der Gemeinde, nach Möglichkeit aus den Wahlberechtigten des Wahlbezirks berufen werden. [2] Der Stellvertreter des Wahlvorstehers ist zugleich Beisitzer des Wahlvorstandes.

(3) [1] Der Wahlvorsteher und sein Stellvertreter werden von der Gemeindebehörde vor Beginn der Wahlhandlung auf ihre Verpflichtung zur unparteiischen Wahrnehmung ihres Amtes und zur Verschwiegenheit über die ihnen bei ihrer amtlichen Tätigkeit bekanntgewordenen Angelegenheiten hingewiesen. [2] Die Mitglieder des Wahlvorstandes dürfen während ihrer Tätigkeit kein auf eine politische Überzeugung hinweisendes Zeichen sichtbar tragen.

(4) [1] Der Wahlvorsteher bestellt aus den Beisitzern den Schriftführer und dessen Stellvertreter. [2] Ist nach § 5 Absatz 3 Satz 1 des Europawahlgesetzes[2)] angeordnet, dass die Beisitzer des Wahlvorstandes von der Gemeindebehörde berufen werden, so kann diese auch den Schriftführer und dessen Stellvertreter bestellen.

(5) Die Gemeindebehörde hat die Mitglieder des Wahlvorstandes vor der Wahl so über ihre Aufgaben zu unterrichten, daß ein ordnungsmäßiger Ablauf der Wahlhandlung sowie der Ermittlung und Feststellung des Wahlergebnisses gesichert ist.

(6) [1] Der Wahlvorstand wird von der Gemeindebehörde oder in ihrem Auftrag vom Wahlvorsteher einberufen. [2] Er tritt am Wahltage rechtzeitig vor Beginn der Wahlzeit im Wahlraum zusammen.

[1)] § 6 Abs. 9 Satz 1 geänd. mWv 11.12.2008 durch VO v. 3.12.2008 (BGBl. I S. 2378); Abs. 4 Satz 2 angef., Abs. 8 Satz 1 geänd., Abs. 9 Satz 1 neu gef. mWv 24.12.2013 durch VO v. 16.12.2013 (BGBl. I S. 4335).

[2)] Nr. **28**.

(7) [1] Der Wahlvorstand sorgt für die ordnungsmäßige Durchführung der Wahl. [2] Der Wahlvorsteher leitet die Tätigkeit des Wahlvorstandes.

(8) [1] Während der Wahlhandlung müssen immer der Wahlvorsteher und der Schriftführer oder ihre Stellvertreter sowie mindestens ein Beisitzer anwesend sein. [2] Bei der Ermittlung und Feststellung des Wahlergebnisses sollen alle Mitglieder des Wahlvorstandes anwesend sein.

(9) [1] Der Wahlvorstand ist beschlussfähig, wenn der Wahlvorsteher und der Schriftführer oder ihre Stellvertreter sowie während der Wahlhandlung mindestens ein Beisitzer, bei der Ermittlung und Feststellung des Wahlergebnisses mindestens drei Beisitzer anwesend sind. [2] Fehlende Beisitzer sind vom Wahlvorsteher durch Wahlberechtigte zu ersetzen, wenn es mit Rücksicht auf die Beschlußfähigkeit des Wahlvorstandes erforderlich ist. [3] Sie sind vom Wahlvorsteher entsprechend Absatz 3 auf ihre Verpflichtung zur unparteiischen Wahrnehmung ihres Amtes und zur Verschwiegenheit über die ihnen bei ihrer amtlichen Tätigkeit bekanntgewordenen Angelegenheiten hinzuweisen.

(10) Bei Bedarf stellt die Gemeindebehörde dem Wahlvorstand die erforderlichen Hilfskräfte zur Verfügung.

§ 7[1)] Briefwahlvorsteher und Briefwahlvorstand. Für die Briefwahlvorsteher und Briefwahlvorstände gilt § 6 entsprechend mit folgenden Maßgaben:

1. Bei der Bildung mehrerer Briefwahlvorstände nach § 5 Abs. 1 des Europawahlgesetzes[2)] für einen Kreis und für eine kreisfreie Stadt sowie bei der Bildung von Briefwahlvorständen nach § 5 Abs. 2 des Europawahlgesetzes für einzelne oder mehrere Gemeinden eines Kreises darf die Zahl der auf einen Briefwahlvorstand entfallenden Wahlbriefe nicht so gering sein, daß erkennbar wird, wie einzelne Wahlberechtigte gewählt haben; auf einen Briefwahlvorstand sollen mindestens 50 Wahlbriefe entfallen.
2. Wieviel Briefwahlvorstände im Falle einer Anordnung nach § 5 Abs. 2 des Europawahlgesetzes zu bilden sind, um das Ergebnis der Briefwahl noch am Wahltage feststellen zu können, entscheidet die Landesregierung oder die von ihr bestimmte Stelle.
3. Wird im Rahmen einer Anordnung nach § 5 Abs. 2 des Europawahlgesetzes für mehrere Gemeinden ein Briefwahlvorstand gebildet, ist eine dieser Gemeinden mit der Durchführung der Briefwahl zu betrauen.
4. Die Mitglieder des Briefwahlvorstandes sind nach Möglichkeit aus Wahlberechtigten zu berufen, die in dem Kreis oder der kreisfreien Stadt wahlberechtigt sind und am Sitz des Kreis- oder Stadtwahlleiters wohnen, bei Bildung von Briefwahlvorständen für einzelne oder für mehrere Gemeinden eines Kreises nach Möglichkeit aus den Wahlberechtigten, die in den jeweiligen Gemeinden wohnen.
5. Der Kreis- oder Stadtwahlleiter macht Ort und Zeit des Zusammentritts des Briefwahlvorstandes öffentlich bekannt, weist den Briefwahlvorsteher und seinen Stellvertreter auf ihre Verpflichtung zur unparteiischen Wahrneh-

---

[1)] § 7 Nr. 1 geänd., Nr. 2 Satz 1 aufgeh., Nr. 2 Satz 2 und Nr. 3 geänd. mWv 11.12.2008 durch VO v. 3.12.2008 (BGBl. I S. 2378); Nr. 6 neu gef. mWv 24.12.2013 durch VO v. 16.12.2013 (BGBl. I S. 4335).

[2)] Nr. **28**.

mung ihrer Aufgaben und zur Verschwiegenheit über die ihnen bei ihrer amtlichen Tätigkeit bekanntgewordenen Angelegenheiten hin, unterrichtet den Briefwahlvorstand über seine Aufgaben und beruft ihn ein; Entsprechendes gilt bei der Einsetzung mehrerer Briefwahlvorstände für einen Kreis und für eine kreisfreie Stadt. Werden Briefwahlvorstände für einzelne oder mehrere Gemeinden eines Kreises gebildet, nimmt die jeweilige oder die nach Nummer 3 betraute Gemeindebehörde diese Aufgaben wahr.

6. Der Briefwahlvorstand ist beschlussfähig, wenn der Wahlvorsteher und der Schriftführer oder ihre Stellvertreter sowie bei der Zulassung oder Zurückweisung der Wahlbriefe nach § 68 Absatz 1 und 2 mindestens ein Beisitzer, bei der Ermittlung und Feststellung des Briefwahlergebnisses nach § 68 Absatz 3 mindestens drei Beisitzer anwesend sind.

§ 8 Beweglicher Wahlvorstand. [1] Für die Stimmabgabe in kleineren Krankenhäusern, kleineren Alten- oder Pflegeheimen, Klöstern, sozialtherapeutischen Anstalten und Justizvollzugsanstalten sollen bei entsprechendem Bedürfnis und soweit möglich bewegliche Wahlvorstände gebildet werden. [2] Der bewegliche Wahlvorstand besteht aus dem Wahlvorsteher des zuständigen Wahlbezirks oder seinem Stellvertreter und zwei Beisitzern des Wahlvorstandes. [3] Die Gemeindebehörde kann jedoch auch den beweglichen Wahlvorstand eines anderen Wahlbezirks der Gemeinde mit der Entgegennahme der Stimmzettel beauftragen.

§ 9[1)] Ehrenämter. Die Übernahme eines Wahlehrenamtes können ablehnen

1. Mitglieder der Bundesregierung oder einer Landesregierung sowie einer mit diesen vergleichbaren Regierung eines der übrigen Mitgliedstaaten der Europäischen Union,
2. Mitglieder des Europäischen Parlaments, des Deutschen Bundestages oder eines Landtages sowie eines Parlaments in den übrigen Mitgliedstaaten der Europäischen Union, das dem Deutschen Bundestag oder einem Landtag vergleichbar ist,
3. Wahlberechtigte, die am Wahltage das 65. Lebensjahr vollendet haben,
4. Wahlberechtigte, die glaubhaft machen, daß ihnen die Fürsorge für ihre Familie die Ausübung des Amtes in besonderer Weise erschwert,
5. Wahlberechtigte, die glaubhaft machen, daß sie aus dringenden beruflichen Gründen oder durch Krankheit oder Behinderung oder aus einem sonstigen wichtigen Grunde gehindert sind, das Amt ordnungsmäßig auszuüben.

§ 10[2)] Auslagenersatz für Inhaber von Wahlämtern, Erfrischungsgeld. (1) Wahlleiter, Beisitzer der Wahlausschüsse und Mitglieder der Wahlvorstände erhalten, wenn sie außerhalb ihres Wahlbezirks tätig werden, Ersatz ihrer notwendigen Fahrkosten in entsprechender Anwendung der §§ 4 und 5 Abs. 1 des Bundesreisekostengesetzes[3)]; wenn sie außerhalb ihres Wohnortes

---

[1)] § 9 Nr. 1, 2 und 5 geänd. mWv 19.12.2003 durch Art. 1 VO v. 12.12.2003 (BGBl. I S. 2551).

[2)] § 10 Abs. 2 geänd. mWv 1.1.2002 durch G v. 3.12.2001 (BGBl. I S. 3306; Abs. 1 geänd. mWv 19.12.2003 durch Art. 1 VO v. 12.12.2003 (BGBl. I S. 2551); Abs. 1 geänd. mWv 1.9.2005 durch G v. 26.5.2005 (BGBl. I S. 1418); Abs. 2 geänd. mWv 11.12.2008 durch VO v. 3.12.2008 (BGBl. I S. 2378); Abs. 2 neu gef. mWv 25.5.2018 durch VO v. 16.5.2018 (BGBl. I S. 570).

[3)] **Sartorius Nr. 235.**

tätig werden, erhalten sie außerdem Tage- und Übernachtungsgelder nach dem Bundesreisekostengesetz.

(2) [1] Den Mitgliedern der Wahlausschüsse kann für die Teilnahme an einer nach § 5 einberufenen Sitzung und den Mitgliedern der Wahlvorstände für den Wahltag ein Erfrischungsgeld von je 35 Euro für den Vorsitzenden und je 25 Euro für die übrigen Mitglieder gewährt werden. [2] Es ist auf ein Tagegeld nach Absatz 1 anzurechnen.

§ 11[1)] Geldbußen. Geldbußen nach § 4 des Europawahlgesetzes[2)] in Verbindung mit § 49a Abs. 1 Nr. 1 des Bundeswahlgesetzes[3)] fließen in die Kasse der Gemeinde, in der der Betroffene in das Wählerverzeichnis einzutragen ist, Geldbußen nach § 4 des Europawahlgesetzes in Verbindung mit § 49a Abs. 1 Nr. 2 des Bundeswahlgesetzes in die Kasse des Bundes.

Zweiter Abschnitt. Vorbereitung der Wahl

Erster Unterabschnitt. Wahlbezirke

§ 12[4)] Allgemeine Wahlbezirke. (1) [1] Gemeinden mit nicht mehr als 2 500 Einwohnern bilden in der Regel einen Wahlbezirk. [2] Größere Gemeinden werden in mehrere Wahlbezirke eingeteilt. [3] Die Gemeindebehörde bestimmt, welche Wahlbezirke zu bilden sind.

(2) [1] Die Wahlbezirke sollen nach den örtlichen Verhältnissen so abgegrenzt werden, dass allen Wahlberechtigten die Teilnahme an der Wahl möglichst erleichtert wird. [2] Kein Wahlbezirk soll mehr als 2 500 Einwohner umfassen. [3] Die Zahl der Wahlberechtigten eines Wahlbezirks darf nicht so gering sein, dass erkennbar wird, wie einzelne Wahlberechtigte gewählt haben.

(3) [1] Die Wahlberechtigten in Gemeinschaftsunterkünften wie Lagern, Unterkünften der Bundeswehr, der Bundespolizei oder der Polizei sollen nach festen Abgrenzungsmerkmalen auf mehrere Wahlbezirke verteilt werden. [2] Entsprechendes gilt für Wahlberechtigte nach § 6 Abs. 1 und 2 des Europawahlgesetzes[2)], wenn sie nach § 16 Abs. 2 Nr. 4 in das Wählerverzeichnis des Bezirksamtes Mitte von Berlin einzutragen sind.

(4) [1] Der Kreiswahlleiter kann kleine Gemeinden und Teile von Gemeinden des gleichen Verwaltungsbezirks zu einem Wahlbezirk vereinigen. [2] Dabei bestimmt er, welche Gemeinde die Wahl durchführt.

§ 13 Sonderwahlbezirke. (1) Für Krankenhäuser, Altenheime, Altenwohnheime, Pflegeheime, Erholungsheime und gleichartige Einrichtungen mit einer größeren Anzahl von Wahlberechtigten, die keinen Wahlraum außerhalb der Einrichtung aufsuchen können, soll die Gemeindebehörde bei entsprechendem Bedürfnis Sonderwahlbezirke zur Stimmabgabe für Wahlscheininhaber bilden.

---

1) § 11 geänd. mWv 11.12.2008 durch VO v. 3.12.2008 (BGBl. I S. 2378).

2) Nr. **28**.

3) Nr. **10**.

4) § 12 Abs. 3 Satz 2 geänd. mWv 19.12.2003 durch Art. 1 VO v. 12.12.2003 (BGBl. I S. 2551); Abs. 3 Satz 1 geänd. mWv 1.7.2005 durch G v. 21.6.2005 (BGBl. I S. 1818); Abs. 3 Satz 2 geänd. mWv 11.12.2008 durch VO v. 3.12.2008 (BGBl. I S. 2378).

(2) Mehrere Einrichtungen können zu einem Sonderwahlbezirk zusammengefaßt werden.

(3) Wird ein Sonderwahlbezirk nicht gebildet, gilt § 8 entsprechend.

Zweiter Unterabschnitt. Wählerverzeichnis

§ 14[1)] Führung des Wählerverzeichnisses. (1) [1] Die Gemeindebehörde legt vor jeder Wahl für jeden allgemeinen Wahlbezirk (§ 12) ein Verzeichnis der Wahlberechtigten nach Familiennamen und Vornamen, Geburtsdatum und Wohnung an. [2] Das Wählerverzeichnis kann auch im automatisierten Verfahren geführt werden.

(2) [1] Das Wählerverzeichnis wird unter fortlaufender Nummer in der Buchstabenfolge der Familiennamen, bei gleichen Familiennamen der Vornamen angelegt. [2] Es kann auch nach Ortsteilen, Straßen und Hausnummern gegliedert werden. [3] Es enthält je eine Spalte für Vermerke über die Stimmabgabe und für Bemerkungen.

(3) Die Gemeindebehörde sorgt dafür, daß die Unterlagen für die Wählerverzeichnisse jederzeit so vollständig vorhanden sind, dass diese vor Wahlen rechtzeitig angelegt werden können.

(4) Besteht ein Wahlbezirk aus mehreren Gemeinden oder Teilen mehrerer Gemeinden, so legt jede Gemeindebehörde das Wählerverzeichnis für ihren Teil des Wahlbezirks an.

§ 15[2)] Eintragung der wahlberechtigten Deutschen in das Wählerverzeichnis. (1) Von Amts wegen sind in das Wählerverzeichnis alle Wahlberechtigten einzutragen, die am 42. Tage vor der Wahl (Stichtag) bei der Meldebehörde gemeldet sind

1. für eine Wohnung, bei mehreren Wohnungen für ihre Hauptwohnung,
2. auf Grund eines Anstellungs-, Heuer- oder Ausbildungsverhältnisses als Kapitän oder Besatzungsmitglied für ein Seeschiff, das nach dem Flaggenrechtsgesetz (in der Fassung der Bekanntmachung vom 4. Juli 1990, BGBl. I S. 1342) in der jeweils geltenden Fassung die Bundesflagge zu führen berechtigt ist (§ 4 des Europawahlgesetzes[3)] in Verbindung mit § 12 Abs. 4 Nr. 1 des Bundeswahlgesetzes[4)]),
3. für ein Binnenschiff, das in einem Schiffsregister in der Bundesrepublik Deutschland eingetragen ist (§ 4 des Europawahlgesetzes in Verbindung mit § 12 Abs. 4 Nr. 2 des Bundeswahlgesetzes),

---

[1)] § 14 Abs. 1 Satz 1 geänd. mWv 19.12.2003 durch Art. 1 VO v. 12.12.2003 (BGBl. I S. 2551).

[2)] § 15 Abs. 2 Nr. 1 Buchst. c geänd., Nr. 2 neu gef., Abs. 3 Satz 1, Abs. 4 und 5 geänd. mWv 19.12.2003 durch Art. 1 VO v. 12.12.2003 (BGBl. I S. 2551); Abs. 1 Nr. 2–4, Abs. 2 Nr. 1 einl. Satzteil und Nr. 2, Abs. 3 Satz 1, Abs. 7 Sätze 1 und 2 geänd. mWv 11.12.2008 durch VO v. 3.12. 2008 (BGBl. I S. 2378); Abs. 6 und Abs. 9 geänd. mWv 1.11.2015 durch G v. 3.5.2013 (BGBl. I S. 1084, geänd. durch G v. 20.11.2014, BGBl. I S. 1738); Abs. 2 Nr. 1 Buchst. d geänd. mWv 24.12.2013 durch VO v. 16.12.2013 (BGBl. I S. 4335); Abs. 1 einl. Satzteil geänd., Abs. 7 Satz 1 geänd., Satz 2 eingef., bish. Sätze 2 und 3 werden Sätze 3 und 4 und neuer Satz 3 geänd. mWv 25.5. 2018 durch VO v. 16.5.2018 (BGBl. I S. 570).

[3)] Nr. **28**.

[4)] Nr. **10**.

4. für eine Justizvollzugsanstalt oder die entsprechende Einrichtung (§ 4 des Europawahlgesetzes in Verbindung mit § 12 Abs. 4 Nr. 3 des Bundeswahlgesetzes).

(2) Auf Antrag sind in das Wählerverzeichnis einzutragen Wahlberechtigte

1. nach § 6 Abs. 1 des Europawahlgesetzes,
   a) (weggefallen)
   b) die ohne eine Wohnung innezuhaben sich im Wahlgebiet sonst gewöhnlich aufhalten,
   c) die in einem der übrigen Mitgliedstaaten der Europäischen Union eine Wohnung innehaben oder sich sonst gewöhnlich aufhalten,
   d) die sich in einer Justizvollzugsanstalt oder entsprechenden Einrichtung befinden und nicht nach Absatz 1 Nr. 4 von Amts wegen in das Wählerverzeichnis einzutragen sind,
2. nach § 6 Abs. 2 des Europawahlgesetzes in Verbindung mit § 12 Abs. 2 Satz 1 des Bundeswahlgesetzes, die nicht nach Absatz 1 Nr. 1 von Amts wegen in das Wählerverzeichnis einzutragen sind.

(3) [1] Verlegt ein Wahlberechtigter, der nach Absatz 1 in das Wählerverzeichnis eingetragen ist, seine Wohnung und meldet er sich vor Beginn der Einsichtsfrist für das Wählerverzeichnis (§ 4 des Europawahlgesetzes in Verbindung mit § 17 Abs. 1 Satz 2 des Bundeswahlgesetzes) bei der Meldebehörde des Zuzugsortes an, so wird er in das Wählerverzeichnis der Gemeinde des Zuzugsortes nur auf Antrag eingetragen. [2] Ein nach Absatz 1 in das Wählerverzeichnis eingetragener Wahlberechtigter, der sich innerhalb derselben Gemeinde für eine Wohnung anmeldet, bleibt in dem Wählerverzeichnis des Wahlbezirks eingetragen, für den er am Stichtag gemeldet war. [3] Der Wahlberechtigte ist bei der Anmeldung über die Regelung in den Sätzen 1 und 2 zu belehren. [4] Erfolgt die Eintragung auf Antrag, benachrichtigt die Gemeindebehörde des Zuzugsortes hiervon unverzüglich die Gemeindebehörde des Fortzugsortes, die den Wahlberechtigten in ihrem Wählerverzeichnis streicht. [5] Wenn im Falle des Satzes 1 bei der Gemeindebehörde des Fortzugsortes eine Mitteilung über den Ausschluß vom Wahlrecht vorliegt oder nachträglich eingeht, benachrichtigt sie hiervon unverzüglich die Gemeindebehörde des Zuzugsortes, die den Wahlberechtigten in ihrem Wählerverzeichnis streicht; der Betroffene ist von der Streichung zu unterrichten.

(4) Für Wahlberechtigte, die am Stichtag nicht für eine Wohnung gemeldet sind und sich vor dem Beginn der Einsichtsfrist für das Wählerverzeichnis bei der Meldebehörde für eine Wohnung anmelden, gilt Absatz 3 Satz 1 und 3 entsprechend.

(5) Bezieht ein Wahlberechtigter, der nach Absatz 1 in das Wählerverzeichnis eingetragen ist, in einer anderen Gemeinde eine weitere Wohnung, die seine Hauptwohnung wird, oder verlegt er seine Hauptwohnung in eine andere Gemeinde, so gilt, wenn er sich vor dem Beginn der Einsichtsfrist für das Wählerverzeichnis bei der Meldebehörde anmeldet, Absatz 3 entsprechend.

(6) Welche von mehreren Wohnungen eines Wahlberechtigten seine Hauptwohnung ist, bestimmt sich nach § 21 Absatz 2 des Bundesmeldegesetzes[1)].

[1)] **Sartorius Nr. 256.**

(7) [1] Bevor eine Person in das Wählerverzeichnis eingetragen wird, ist zu prüfen, ob sie die Wahlrechtsvoraussetzungen des § 6 Absatz 1 des Europawahlgesetzes oder des § 6 Absatz 2 des Europawahlgesetzes in Verbindung mit § 12 Absatz 2 des Bundeswahlgesetzes erfüllt oder ob sie vom Wahlrecht nach § 6a Absatz 1 des Europawahlgesetzes ausgeschlossen ist. [2] Bei Rückkehr einer nach § 6 Absatz 1 Satz 1 Nummer 2 Buchstabe b des Europawahlgesetzes oder nach § 6 Absatz 2 des Europawahlgesetzes in Verbindung mit § 12 Absatz 2 Satz 1 des Bundeswahlgesetzes wahlberechtigten Person in das Wahlgebiet kann die Gemeindebehörde soweit erforderlich die Abgabe einer Versicherung an Eides statt zum Nachweis ihrer Wahlberechtigung entsprechend § 17 Absatz 6 Satz 1 verlangen. [3] Die Definition der Wohnung und die Berechnung der Fristen bestimmen sich nach § 4 des Europawahlgesetzes in Verbindung mit § 12 Absatz 3 bis 5 des Bundeswahlgesetzes. [4] Erfolgt die Eintragung in das Wählerverzeichnis nur auf Antrag, ist außerdem zu prüfen, ob ein frist- und formgerechter Antrag gestellt ist.

(8) [1] Gibt eine Gemeindebehörde einem Eintragungsantrag nicht statt oder streicht sie eine in das Wählerverzeichnis eingetragene Person, hat sie den Betroffenen unverzüglich zu unterrichten. [2] Gegen die Entscheidung kann der Betroffene Einspruch einlegen; er ist auf diese Möglichkeit hinzuweisen. [3] § 21 Abs. 2, 4 und 5 gilt entsprechend. [4] Die Frist für die Zustellung der Entscheidung (§ 21 Abs. 4 Satz 1) und für die Beschwerdeentscheidung (§ 21 Abs. 5 Satz 4) gilt nur, wenn der Einspruch vor dem zwölften Tage vor der Wahl eingelegt worden ist.

(9) Die Gemeindebehörde hat spätestens am Stichtag den Leiter der sich in ihrem Gemeindebezirk befindenden Justizvollzugsanstalt oder der entsprechenden Einrichtung auf Absatz 2 Nr. 1 Buchstabe d und die Notwendigkeit der Unterrichtung der betroffenen Personen hinzuweisen, wenn nach § 27 Absatz 4 des Bundesmeldegesetzes eine Meldepflicht für die sich in den Einrichtungen aufhaltenden Personen nicht besteht.

§ 16[1)] Zuständigkeiten für die Eintragung von wahlberechtigten Deutschen in das Wählerverzeichnis. (1) [1] Zuständig für die Eintragung in das Wählerverzeichnis ist in den Fällen des

1. § 15 Abs. 1 Nr. 1 die für die Wohnung zuständige Gemeinde, bei mehreren Wohnungen die für die Hauptwohnung zuständige Gemeinde,
2. § 15 Abs. 1 Nr. 2 die für den Sitz des Reeders zuständige Gemeinde,
3. § 15 Abs. 1 Nr. 3 die für den Heimatort des Binnenschiffes zuständige Gemeinde,
4. § 15 Abs. 1 Nr. 4 die für die Justizvollzugsanstalt oder die entsprechende Einrichtung zuständige Gemeinde.

(2) Zuständig für die Eintragung in das Wählerverzeichnis ist in den Fällen des

1. (weggefallen)
2. § 15 Abs. 2 Nr. 1 Buchstabe b die Gemeinde, in der der Wahlberechtigte seinen Antrag stellt,

---

1) § 16 Abs. 2 Nr. 3 aufgeh., Abs. 2 Nr. 4 Satz 1 geänd. mWv 19.12.2003 durch Art. 1 VO v. 12.12.2003 (BGBl. I S. 2551).

3. *(aufgehoben)*
4. § 15 Abs. 2 Nr. 1 Buchstabe c und Nr. 2 die Gemeinde in der Bundesrepublik Deutschland, in der der Wahlberechtigte nach seiner Erklärung vor seinem Fortzug aus dem Wahlgebiet zuletzt gemeldet war; sofern der Wahlberechtigte noch nie für eine Wohnung im Wahlgebiet gemeldet war, ist das Bezirksamt Mitte von Berlin zuständig. [2] Satz 1 erster Halbsatz gilt auch für Seeleute, die seit dem Fortzug aus dem Wahlgebiet auf Schiffen unter fremder Flagge fahren, sowie für Binnenschiffer, deren Schiff nicht in einem Schiffsregister in der Bundesrepublik Deutschland eingetragen ist, und für die Angehörigen ihres Hausstandes. [3] Für Seeleute, die von einem Seeschiff, das die Bundesflagge zu führen berechtigt war, abgemustert haben und im Anschluß daran auf einem Seeschiff unter fremder Flagge fahren, ist die Gemeinde am Sitz des ehemaligen Reeders zuständig. [4] Für Binnenschiffer, die zuletzt auf einem in der Bundesrepublik Deutschland im Schiffsregister eingetragenen Binnenschiff gefahren sind und im Anschluß daran auf einem Binnenschiff, das nicht im Schiffsregister in der Bundesrepublik Deutschland eingetragen ist, oder auf einem Seeschiff unter fremder Flagge fahren, ist die Gemeinde nach Absatz 1 Nr. 3 zuständig,
5. § 15 Abs. 2 Nr. 1 Buchstabe d die für die Justizvollzugsanstalt oder die entsprechende Einrichtung zuständige Gemeinde.

(3) Zuständig für die Eintragung in das Wählerverzeichnis ist in den Fällen des

1. § 15 Abs. 3 die Gemeinde des Zuzugsortes,
2. § 15 Abs. 4 die Gemeinde, in der sich der Wahlberechtigte für eine Wohnung, bei mehreren Wohnungen für die Hauptwohnung, gemeldet hat,
3. § 15 Abs. 5 die Gemeinde der neuen Hauptwohnung.

§ 17[1)] Verfahren für die Eintragung von wahlberechtigten Deutschen in das Wählerverzeichnis auf Antrag. (1) [1] Der Antrag auf Eintragung in das Wählerverzeichnis ist schriftlich bis spätestens zum 21. Tage vor der Wahl bei der zuständigen Gemeindebehörde zu stellen. [2] Er muß den Familiennamen, die Vornamen, das Geburtsdatum und die genaue Anschrift des Wahlberechtigten enthalten. [3] Sammelanträge sind, abgesehen von den Fällen des Absatzes 5, zulässig; sie müssen von allen aufgeführten Wahlberechtigten persönlich und handschriftlich unterzeichnet sein. [4] Ein Wahlberechtigter mit Behinderungen kann sich hierbei der Hilfe einer anderen Person bedienen; § 50 gilt entsprechend.

(2) (weggefallen)

(3) [1] Im Fall des § 15 Abs. 2 Nr. 1 Buchstabe b sind Wahlberechtigte bis zum Wahltage im Wählerverzeichnis der Gemeinde zu führen, die nach § 16 Abs. 2 Nr. 2 zuständig ist, auch wenn nach der Antragstellung eine Neu-

---

1) § 17 Abs. 1 Satz 2 geänd., Abs. 4 aufgeh., Abs. 5 Satz 1, Abs. 5a Sätze 1 und 3, Abs. 5b Sätze 1 und 2, Abs. 6 Satz 1 geänd. mWv 19.12.2003 durch Art. 1 VO v. 12.12.2003 (BGBl. I S. 2551); Abs. 6 Satz 1 geänd. mWv 11.12.2008 durch VO v. 3.12.2008 (BGBl. I S. 2378); Abs. 1 Satz 2, Abs. 5 Satz 6, Abs. 5a Satz 2 und Abs. 5b Satz 3 geänd. mWv 24.12.2013 durch VO v. 16.12.2013 (BGBl. I S. 4335); Abs. 1 Satz 4 geänd., Abs. 6 Satz 1 neu gef., Satz 3 geänd. mWv 25.5.2018 durch VO v. 16.5.2018 (BGBl. I S. 570).

anmeldung bei einer anderen Meldebehörde des Wahlgebietes erfolgt. [2] Sie sind bei der Anmeldung entsprechend zu unterrichten.

(4) *(aufgehoben)*

(5) [1] In den Fällen des § 15 Abs. 2 Nr. 1 Buchstabe c und Nr. 2 hat der Wahlberechtigte in seinem Antrag auf Eintragung in das Wählerverzeichnis nach Anlage 2 der Gemeindebehörde gegenüber durch Abgabe einer Versicherung an Eides statt den Nachweis für seine Wahlberechtigung zu erbringen und zu erklären, daß er in keinem anderen Mitgliedstaat der Europäischen Union an der Wahl teilnimmt und in keiner anderen Gemeinde im Wahlgebiet einen Antrag auf Eintragung in das Wählerverzeichnis gestellt hat. [2] Vordrucke und Merkblätter für die Antragstellung können bei den diplomatischen und berufskonsularischen Vertretungen der Bundesrepublik Deutschland im Ausland, beim Bundeswahlleiter sowie bei den Kreis- und Stadtwahlleitern angefordert werden. [3] Bestehen Zweifel an Angaben des Antragstellers, hat die Gemeindebehörde den Sachverhalt unverzüglich aufzuklären. [4] Der Bundeswahlleiter ist von der Eintragung in das Wählerverzeichnis unverzüglich durch Übersendung der Zweitausfertigung des Antrages nach Anlage 2 zu unterrichten. [5] Erhält der Bundeswahlleiter Mitteilungen verschiedener Gemeindebehörden über die Eintragung desselben Antragstellers in das Wählerverzeichnis, so hat er diejenige Gemeindebehörde, deren Unterrichtung über die Eintragung in das Wählerverzeichnis nach der ersten Mitteilung eingeht, unverzüglich von der Eintragung des Wahlberechtigten in das Wählerverzeichnis der zuerst mitteilenden Gemeinde zu benachrichtigen. [6] Die vom Bundeswahlleiter benachrichtigte Gemeindebehörde hat den Wahlberechtigten im Wählerverzeichnis zu streichen und ihn davon zu unterrichten.

(5a) [1] Erhält der Bundeswahlleiter Mitteilungen anderer Mitgliedstaaten der Europäischen Union über die Eintragung eines Deutschen in ein dortiges Wählerverzeichnis, so hat er die Gemeinde, in der der Wahlberechtigte nach seiner Erklärung vor seinem Fortzug zuletzt eine Wohnung innehatte oder sich sonst gewöhnlich aufgehalten hat, unverzüglich hiervon zu unterrichten. [2] Die Gemeindebehörde hat einen Antrag des betreffenden Deutschen auf Eintragung in das Wählerverzeichnis abzulehnen oder ihn aus dem Wählerverzeichnis zu streichen und ihn davon zu unterrichten. [3] Der Bundeswahlleiter vergleicht die nach Satz 1 bei ihm eingehenden Mitteilungen mit den nach Absatz 5 Satz 4 übersandten Zweitausfertigungen sowie den Unterrichtungen nach Absatz 6 Satz 3 und weist die Gemeindebehörde, in deren Wählerverzeichnis der Wahlberechtigte eingetragen ist, auf die Mitteilungen anderer Mitgliedstaaten der Europäischen Union hin; die Gemeindebehörde hat entsprechend Satz 2 zu verfahren.

(5b) [1] Erhält der Bundeswahlleiter Anfragen anderer Mitgliedstaaten der Europäischen Union mit der Bitte, die Angaben eines Deutschen in seiner förmlichen Erklärung bei Stellung des Antrages auf Eintragung in das dortige Wählerverzeichnis zu überprüfen, so hat er diese unverzüglich an die Gemeinde weiterzuleiten, in der der Wahlberechtigte nach seiner Erklärung vor seinem Fortzug zuletzt eine Wohnung innehatte oder sich sonst gewöhnlich aufgehalten hat. [2] Sofern der Wahlberechtigte im Wahlgebiet noch nie eine Wohnung innehatte oder sich sonst gewöhnlich aufgehalten hat, hat der Bundeswahlleiter die Anfragen an das Bezirksamt Mitte von Berlin weiterzuleiten. [3] Die Gemeindebehörde hat die Angaben unverzüglich zu überprüfen und das Ergebnis dem Bundeswahlleiter mitzuteilen, der dieses an die anfragende Stelle des anderen Mitgliedstaates weiterleitet.

(6) [1] Kehrt ein nach § 6 Absatz 1 Satz 1 Nummer 2 Buchstabe b des Europawahlgesetzes[1)] oder nach § 6 Absatz 2 des Europawahlgesetzes in Verbindung mit § 12 Absatz 2 Satz 1 des Bundeswahlgesetzes[2)] Wahlberechtigter in das Wahlgebiet zurück und meldet er sich dort nach dem Stichtag nach § 15 Absatz 1, aber vor Beginn der Einsichtsfrist für das Wählerverzeichnis nach § 4 des Europawahlgesetzes in Verbindung mit § 17 Absatz 1 Satz 2 des Bundeswahlgesetzes für eine Wohnung an, so wird er in das Wählerverzeichnis der Gemeinde des Zuzugsortes nur auf Antrag nach Anlage 1 eingetragen, mit dem er der Gemeindebehörde gegenüber durch Abgabe einer Versicherung an Eides statt den Nachweis für seine Wahlberechtigung erbringt und erklärt, dass er noch keinen anderen Antrag auf Eintragung in das Wählerverzeichnis im Wahlgebiet oder in einem anderen Mitgliedstaat der Europäischen Union gestellt hat. [2] Der Wahlberechtigte ist bei der Anmeldung darüber zu belehren. [3] Die Gemeindebehörde hat den Bundeswahlleiter unverzüglich von der Eintragung eines solchen Wahlberechtigten in das Wählerverzeichnis durch Übersendung der Zweitausfertigung des Antrages nach Anlage 1, auf der die Eintragung in das Wählerverzeichnis vermerkt ist, zu unterrichten. [4] Absatz 5 Satz 5 und 6 gilt entsprechend.

§ 17a[3)] Eintragung der wahlberechtigten Unionsbürger, Zuständigkeiten und Verfahren für die Eintragung in das Wählerverzeichnis.

(1) Nach § 6 Abs. 3 des Europawahlgesetzes[1)] wahlberechtigte Unionsbürger sind auf Antrag in das Wählerverzeichnis einzutragen, sofern sie nicht nach § 17b von Amts wegen eingetragen werden.

(2) [1] Der Antrag auf Eintragung in das Wählerverzeichnis nach Anlage 2A ist schriftlich bis spätestens zum 21. Tage vor der Wahl bei der zuständigen Gemeindebehörde zu stellen. [2] Er muß den Familiennamen, die Vornamen, das Geburtsdatum und den Geburtsort enthalten und persönlich und handschriftlich unterzeichnet sein. [3] Ein Wahlberechtigter mit Behinderungen kann sich hierbei der Hilfe einer anderen Person bedienen; § 50 gilt entsprechend.

(3) Zuständig für die Eintragung in das Wählerverzeichnis ist

1. die für die Wohnung, bei mehreren Wohnungen die für die Hauptwohnung zuständige Gemeinde,
2. in den Fällen des Bestehens eines Anstellungs-, Heuer- oder Ausbildungsvertrages als Kapitän oder Besatzungsmitglied für ein Seeschiff, das nach dem Flaggenrechtsgesetz (in der Fassung der Bekanntmachung vom 4. Juli 1990, BGBl. I S. 1342) in der jeweils geltenden Fassung die Bundesflagge

---

1) Nr. **28**.

2) Nr. **10**.

3) § 17a Abs. 5 Satz 3 neu gef., Satz 5 aufgeh., bish. Sätze 6 und 7 werden Sätze 5 und 6 mWv 9.3. 1999 durch VO v. 3.3.1999 (BGBl. I S. 293); Abs. 1, Abs. 2 Satz 1 geänd., Abs. 5a eingef. mWv 1.9.2000 durch VO v. 28.8.2000 (BGBl. I S. 1338); Abs. 2 Satz 2, Abs. 4 Satz 2 Nr. 6, Satz 3, Abs. 6 Satz 1, Abs. 7 und 8 geänd. mWv 19.12.2003 durch Art. 1 VO v. 12.12.2003 (BGBl. I S. 2551); Abs. 1, 3 Nr. 2, Abs. 5 Satz 1 geänd. mWv 11.12.2008 durch VO v. 3.12.2008 (BGBl. I S. 2378); Abs. 5a geänd. mWv 1.11.2015 durch G v. 3.5.2013 (BGBl. I S. 1084, geänd. durch G v. 20.11.2014, BGBl. I S. 1738); Abs. 2 Satz 2 geänd., Abs. 5 Satz 3 neu gef., Satz 4 geänd., Abs. 6 Satz 1 geänd., Satz 4 angef. mWv 24.12.2013 durch VO v. 16.12.2013 (BGBl. I S. 4335); Abs. 2 Satz 3 und Abs. 9 geänd. mWv 25.5.2018 durch VO v. 16.5.2018 (BGBl. I S. 570).

zu führen berechtigt ist (§ 4 des Europawahlgesetzes in Verbindung mit § 12 Abs. 4 Nr. 1 des Bundeswahlgesetzes[1]), die für den Sitz des Reeders zuständige Gemeinde,

3. für Binnenschiffer eines in einem Schiffsregister in der Bundesrepublik Deutschland eingetragenen Schiffes sowie für die Angehörigen ihres Hausstandes die für den Heimatort des Binnenschiffs zuständige Gemeinde,
4. für im Vollzug gerichtlich angeordneter Freiheitsentziehung befindliche Personen sowie für andere Untergebrachte die für die Justizvollzugsanstalt oder die entsprechende Einrichtung zuständige Gemeinde,
5. im Fall des sonstigen gewöhnlichen Aufenthalts die Gemeinde, in der der Unionsbürger seinen Antrag stellt.

(4) [1] Der Unionsbürger hat in seinem Antrag auf Eintragung in das Wählerverzeichnis der Gemeindebehörde gegenüber durch Abgabe einer Versicherung an Eides statt den Nachweis für seine Wahlberechtigung zu erbringen. [2] Gegenstand der Versicherung an Eides statt ist eine Erklärung

1. über seine Staatsangehörigkeit,
2. über seine Anschriften in der Bundesrepublik Deutschland,
3. über die Gebietskörperschaft oder den Wahlkreis des Herkunfts-Mitgliedstaates, in dessen Wählerverzeichnis er gegebenenfalls zuletzt eingetragen war,
4. daß er sein aktives Wahlrecht nur in der Bundesrepublik Deutschland ausüben wird,
5. daß er im Herkunfts-Mitgliedstaat nicht vom aktiven Wahlrecht ausgeschlossen ist und
6. daß er am Wahltag seit mindestens drei Monaten in der Bundesrepublik Deutschland oder in einem anderen Mitgliedstaat der Europäischen Union ununterbrochen eine Wohnung innegehabt oder sich sonst gewöhnlich aufgehalten hat.

[3] Bedient sich der Antragsteller einer Hilfsperson, so hat diese der Gemeindebehörde gegenüber an Eides statt zu versichern, daß sie den Antrag nach den Angaben des Antragstellers ausgefüllt hat und daß die darin gemachten Angaben nach ihrer Kenntnis der Wahrheit entsprechen. [4] Die Gemeindebehörde kann die Vorlage eines gültigen Identitätsausweises verlangen. [5] Vordrucke und Merkblätter für die Antragstellung werden von der Gemeindebehörde bereitgehalten.

(5) [1] Die Gemeindebehörde hat zu prüfen, ob der Antrag form- und fristgerecht gestellt worden ist, ob die Wahlrechtsvoraussetzungen des § 6 Abs. 3 Nr. 1 und 2 des Europawahlgesetzes erfüllt sind und ob der Unionsbürger nicht vom Wahlrecht gemäß § 6a Abs. 2 Nr. 1 des Europawahlgesetzes ausgeschlossen ist. [2] Ist eine dieser Voraussetzungen nicht erfüllt, hat die Gemeindebehörde den Antrag auf Eintragung in das Wählerverzeichnis abzulehnen. [3] Sind alle in Satz 1 genannten Voraussetzungen erfüllt, übermittelt die Gemeindebehörde dem Bundeswahlleiter eine elektronische Datei in einem den Mitgliedstaaten von der Europäischen Kommission zur Verfügung gestellten Dateiformat mit den darin abgefragten Informationen über den Unionsbürger

---

[1] Nr. **10**.

oder, sofern dies nicht möglich ist, das einheitliche Formular für den Informationsaustausch zwischen den Mitgliedstaaten nach Anlage 2B; der Bundeswahlleiter übermittelt der vom Herkunfts-Mitgliedstaat benannten Stelle eine elektronische Datei in dem von der Europäischen Kommission zur Verfügung gestellten Dateiformat mit den Informationen der Gemeindebehörde oder, sofern dies nicht möglich ist, die Mitteilung der Gemeindebehörde nach Anlage 2B. 4 Bestehen Zweifel an Angaben des Antragstellers, hat die Gemeindebehörde den Sachverhalt unverzüglich aufzuklären; Anfragen an den Herkunfts-Mitgliedstaat sind über den Bundeswahlleiter zu stellen. 5 Teilt der Herkunfts-Mitgliedstaat mit, daß Angaben des Antragstellers unrichtig sind, hat die Gemeindebehörde den Antrag auf Eintragung in das Wählerverzeichnis abzulehnen oder den Unionsbürger aus dem Wählerverzeichnis zu streichen. 6 § 15 Abs. 8 gilt entsprechend.

(5a) Trägt die Gemeindebehörde einen Unionsbürger auf seinen Antrag hin in das Wählerverzeichnis ein, nimmt sie unverzüglich einen Eintrag im Melderegister nach § 3 Absatz 2 Nummer 1 Buchstabe b des Bundesmeldegesetzes[1)] vor.

(6) 1 Verlegt ein wahlberechtigter Unionsbürger nach Stellung des Antrags auf Eintragung in das Wählerverzeichnis seine Wohnung innerhalb der Bundesrepublik Deutschland und meldet er sich vor Beginn der Einsichtsfrist für das Wählerverzeichnis bei der Meldebehörde des Zuzugsortes an, gilt § 15 Absatz 3 entsprechend. 2 Die Gemeindebehörde des Fortzugsortes hat das Verfahren gemäß Absatz 5 durchzuführen und die Gemeindebehörde des Zuzugsortes unverzüglich über das Ergebnis zu unterrichten. 3 Liegen demnach die Voraussetzungen für eine Eintragung in das Wählerverzeichnis nicht vor, hat die Gemeindebehörde des Zuzugsortes den Antrag des Unionsbürgers auf Eintragung in das Wählerverzeichnis abzulehnen oder den Unionsbürger aus dem Wählerverzeichnis zu streichen. 4 § 15 Absatz 8 gilt entsprechend.

(7) Meldet sich ein wahlberechtigter Unionsbürger, der nicht für eine Wohnung gemeldet war, nach Stellung des Antrages auf Eintragung in das Wählverzeichnis vor Beginn der Einsichtsfrist für das Wählerverzeichnis bei der Meldebehörde für eine Wohnung an, gelten Absatz 6 Satz 2 und 3 und § 15 Abs. 3 Satz 1 und 3 entsprechend.

(8) Bezieht ein wahlberechtigter Unionsbürger nach Stellung des Antrags auf Eintragung in das Wählerverzeichnis in einer Gemeinde in der Bundesrepublik Deutschland eine weitere Wohnung, die seine Hauptwohnung wird, oder verlegt er seine Hauptwohnung in eine andere Gemeinde, so gilt, wenn er sich vor Beginn der Einsichtsfrist für das Wählerverzeichnis bei der Meldebehörde anmeldet, Absatz 6 entsprechend.

(9) § 15 Absatz 6, 7 Satz 3 und Absatz 9 gilt entsprechend.

§ 17b[2)] Eintragung von wahlberechtigten Unionsbürgern in das Wählerverzeichnis von Amts wegen. (1) 1 Ist ein wahlberechtigter Unionsbürger auf seinen Antrag hin bei der Wahl vom 13. Juni 1999 oder einer späteren

---

[1)] **Sartorius Nr. 256.**

[2)] § 17b eingef. mWv 1.9.2000 durch VO v. 28.8.2000 (BGBl. I S. 1338); Abs. 2 Satz 5 geänd. mWv 1.11.2015 durch G v. 3.5.2013 (BGBl. I S. 1084, geänd. durch G v. 20.11.2014, BGBl. I S. 1738); Abs. 1 Sätze 1, 2 und 3 geänd. mWv 24.12.2013 durch VO v. 16.12.2013 (BGBl. I S. 4335); Abs. 1 Satz 3 geänd. mWv 25.5.2018 durch VO v. 16.5.2018 (BGBl. I S. 570).

Wahl zum Europäischen Parlament in ein Wählerverzeichnis in der Bundesrepublik Deutschland eingetragen worden, so ist er bei künftigen Wahlen zum Europäischen Parlament von der zuständigen Gemeindebehörde von Amts wegen einzutragen, sofern die Voraussetzungen des § 15 Absatz 1 vorliegen und der Unionsbürger nicht gemäß § 6a Absatz 2 des Europawahlgesetzes[1)] vom Wahlrecht ausgeschlossen ist. [2] Nach einem Wegzug in das Ausland und erneutem Zuzug in die Bundesrepublik Deutschland hat der Unionsbürger erneut einen Antrag nach § 17a Absatz 1 zu stellen. [3] § 15 Absatz 3 bis 6, 7 Satz 3 und Absatz 9 sowie § 17a Absatz 3 Nummer 1 bis 4 und Absatz 5 Satz 3 bis 6 gelten entsprechend.

(2) [1] Der Unionsbürger kann bis spätestens zum 21. Tage vor der Wahl bei der zuständigen Gemeindebehörde schriftlich nach Anlage 2C beantragen, nicht im Wählerverzeichnis geführt zu werden. [2] Ist das Wählerverzeichnis bereits angelegt, nimmt die Gemeindebehörde die Streichung aus dem Wählverzeichnis vor. [3] Ein nicht form- und fristgerecht gestellter Antrag ist von der Gemeindebehörde abzulehnen. [4] Der Antrag nach Satz 1 gilt für alle künftigen Wahlen zum Europäischen Parlament, bis der Unionsbürger wieder einen Antrag nach § 17a Abs. 1 stellt. [5] Die Gemeindebehörde nimmt unverzüglich im Melderegister die Löschung des Eintrages nach § 3 Absatz 2 Nummer 1 Buchstabe b des Bundesmeldegesetzes[2)] vor. [6] § 17a Abs. 2 Satz 2 und 3 und Abs. 4 Satz 5 gelten entsprechend.

§ 18[3)] Benachrichtigung der Wahlberechtigten. (1) [1] Spätestens am Tage vor der Bereithaltung des Wählerverzeichnisses zur Einsichtnahme benachrichtigt die Gemeindebehörde jeden Wahlberechtigten, der in das Wählerverzeichnis eingetragen ist, nach dem Muster der Anlage 3. [2] Die Mitteilung soll enthalten

1. den Familiennamen, die Vornamen und die Wohnung des Wahlberechtigten,
2. die Angabe des Wahlraumes und ob dieser barrierefrei ist,
3. die Angabe der Wahlzeit,
4. die Nummer, unter der der Wahlberechtigte in das Wählerverzeichnis eingetragen ist,
5. die Aufforderung, die Wahlbenachrichtigung zur Wahl mitzubringen und den Personalausweis, Unionsbürger einen gültigen Identitätsausweis, oder einen Reisepaß bereitzuhalten,

5a. die Belehrung, dass nach § 6 Absatz 4 des Europawahlgesetzes[1)] jeder Wahlberechtigte sein Wahlrecht nur einmal und nur persönlich ausüben kann,

6. die Belehrung, daß die Wahlbenachrichtigung einen Wahlschein nicht ersetzt und daher nicht zur Wahl in einem anderen als dem angegebenen Wahlraum berechtigt,

---

[1)] Nr. **28.**

[2)] **Sartorius Nr. 256.**

[3)] § 18 Abs. 1 Satz 1, Satz 2 Nr. 5 geänd., Abs. 4 angef. mWv 19.12.2003 durch Art. 1 VO v. 12.12.2003 (BGBl. I S. 2551); Abs. 1 Satz 2 Nr. 1 und 2 geänd., Nr. 7 eingef., bish. Nr. 7 wird Nr. 8, Abs. 2 geänd. mWv 24.12.2013 durch VO v. 16.12.2013 (BGBl. I S. 4335); Abs. 1 Satz 2 Nr. 5a eingef. mWv 25.5.2018 durch VO v. 16.5.2018 (BGBl. I S. 570).

7. einen Hinweis, wo Wahlberechtigte Informationen über barrierefreie Wahlräume und Hilfsmittel erhalten können,
8. die Belehrung über die Beantragung eines Wahlscheines und über die Übersendung von Briefwahlunterlagen; sie muß mindestens Hinweise darüber enthalten,
   a) daß der Wahlscheinantrag nur auszufüllen ist, wenn der Wahlberechtigte in einem anderen Wahlraum seines Kreises oder seiner kreisfreien Stadt oder durch Briefwahl wählen will,
   b) unter welchen Voraussetzungen ein Wahlschein erteilt wird (§ 24 Abs. 1 und § 26 Abs. 4 Satz 3) und
   c) daß der Wahlschein von einem anderen als dem Wahlberechtigten nur beantragt werden kann, wenn die Berechtigung zur Antragstellung durch Vorlage einer schriftlichen Vollmacht nachgewiesen wird (§ 26 Abs. 3).

[3] Erfolgt die Eintragung eines Wahlberechtigten, der nach § 15 Abs. 2 bis 5 oder nach § 17a Abs. 1 und 4 bis 7 auf Antrag in das Wählerverzeichnis eingetragen wird, nach der Versendung der Benachrichtigungen gemäß Satz 1, hat dessen Benachrichtigung unverzüglich nach der Eintragung zu erfolgen.

(2) Auf der Rückseite der Benachrichtigung nach Absatz 1 ist ein Vordruck für einen Antrag auf Ausstellung eines Wahlscheines mit Briefwahlunterlagen nach dem Muster der Anlage 4 aufzudrucken.

(3) Auf Wahlberechtigte, die nach § 15 Abs. 2 oder § 17a Abs. 1 nur auf Antrag in das Wählerverzeichnis eingetragen werden und bereits einen Wahlschein und Briefwahlunterlagen beantragt haben, finden die Absätze 1 und 2 keine Anwendung.

(4) [1] Stellt ein Landeswahlleiter fest, dass die fristgemäße Benachrichtigung nach Absatz 1 infolge von Naturkatastrophen oder ähnlichen Ereignissen höherer Gewalt gestört ist, bestimmt er, dass sie in dem betroffenen Gebiet später erfolgen kann. [2] Wenn zu besorgen ist, dass die Benachrichtigung nach Absatz 1 nicht bis zum sechsten Tag vor der Wahl erfolgen kann, bestimmt er, dass die Wahlberechtigten in anderer geeigneter Weise über die Angaben nach Absatz 1 Satz 2 Nr. 2, 3, 5 bis 7 zu benachrichtigen sind. [3] Der Landeswahlleiter kann hierzu im Einzelfall ergänzende Regelungen zur Anpassung an die besonderen Verhältnisse treffen. [4] Er macht die Gründe für die Störung, das betroffene Gebiet, die von ihm für den Einzelfall getroffenen Regelungen und die Art der Benachrichtigung in geeigneter Weise bekannt.

§ 19[1)] Bekanntmachung über das Recht auf Einsicht in das Wählerverzeichnis, über die Erteilung von Wahlscheinen und über die Bedingungen und Einzelheiten für die Ausübung des Wahlrechts von Unionsbürgern. (1) Die Gemeindebehörde macht spätestens am 24. Tage vor der Wahl nach dem Muster der Anlage 5 öffentlich bekannt,

[1)] § 19 Abs. 3 Satz 1 Nr. 2 neu gef. mWv 1.9.2000 durch VO v. 28.8.2000 (BGBl. I S. 1338); Überschrift, Abs. 1 Nr. 1 neu gef., Nr. 2 und 3 geänd. mWv 19.12.2003 durch Art. 1 VO v. 12.12. 2003 (BGBl. I S. 2551); Abs. 1 Nr. 1 geänd., Abs. 2 Satz 1 geänd., Satz 2 neu gef. mWv 24.12.2013 durch VO v. 16.12.2013 (BGBl. I S. 4335).

1. von wem, zu welchen Zwecken und unter welchen Voraussetzungen, wo, wie lange und zu welchen Tagesstunden das Wählerverzeichnis eingesehen werden kann und ob der Ort der Einsichtnahme barrierefrei ist,
2. daß bei der Gemeindebehörde innerhalb der Einsichtsfrist schriftlich oder durch Erklärung zur Niederschrift Einspruch gegen das Wählerverzeichnis eingelegt werden kann (§ 21),
3. daß Wahlberechtigten, die in das Wählerverzeichnis eingetragen sind, bis spätestens am Tage vor der Bereithaltung des Wählerverzeichnisses zur Einsichtnahme eine Wahlbenachrichtigung zugeht und daß Wahlberechtigte, die nur auf Antrag in das Wählerverzeichnis eingetragen werden und bereits einen Wahlschein mit Briefwahlunterlagen beantragt haben, keine Wahlbenachrichtigung erhalten,
4. wo, in welcher Zeit und unter welchen Voraussetzungen Wahlscheine beantragt werden können (§§ 24ff.),
5. wie durch Briefwahl gewählt wird (§ 59).

(2) [1] Die diplomatischen Vertretungen der Bundesrepublik Deutschland im Ausland machen unverzüglich nach der Bestimmung des Wahltages öffentlich bekannt,

1. unter welchen Voraussetzungen im Ausland lebende Deutsche an der Wahl zum Europäischen Parlament in der Bundesrepublik Deutschland teilnehmen können,
2. wo, in welcher Form und in welcher Frist dieser Personenkreis, um an der Wahl teilnehmen zu können, die Eintragung in ein Wählerverzeichnis in der Bundesrepublik Deutschland beantragen muß.

[2] Die Bekanntmachung ist nach Anlage 6 von den Botschaften durch mindestens eine deutschsprachige Anzeige in einer überregionalen Tages- oder Wochenzeitung vorzunehmen; zusätzlich kann der Inhalt der Bekanntmachung von den Berufskonsulaten, wenn dies nach den örtlichen Verhältnissen angezeigt ist, durch deutschsprachige Anzeigen in regionalen Tageszeitungen sowie von den Botschaften und Berufskonsulaten im Internet veröffentlicht werden. [3] Kann die Bekanntmachung in begründeten Einzelfällen nicht erfolgen oder erscheint sie nicht gerechtfertigt, so ist sie durch Aushang im Dienstgebäude der Vertretung und, soweit möglich, durch Unterrichtung der einzelnen bekannten Betroffenen vorzunehmen.

(3) [1] Der Bundeswahlleiter und die Kreis- oder Stadtwahlleiter machen unverzüglich nach der Bestimmung des Wahltages öffentlich bekannt,

1. unter welchen Voraussetzungen in der Bundesrepublik Deutschland lebende Unionsbürger an der Wahl zum Europäischen Parlament in der Bundesrepublik Deutschland teilnehmen können,
2. ob, wo, in welcher Form und in welcher Frist der in Nummer 1 bezeichnete Personenkreis die Eintragung in ein Wählerverzeichnis in der Bundesrepublik Deutschland beantragen muss, um an der Wahl teilnehmen zu können.

[2] Die Bekanntmachung ist nach Anlage 6A von dem Bundeswahlleiter unbeschadet der Regelung in § 79 Abs. 1 durch mindestens eine deutschsprachige Anzeige in jeweils einer überregionalen Tages- und Wochenzeitung sowie von den Kreis- oder Stadtwahlleitern durch mindestens eine deutschsprachige Anzeige in einer regionalen Tageszeitung vorzunehmen.

§ 20[1] Einsicht in das Wählerverzeichnis. (1) [1] Die Gemeindebehörde hält das Wählerverzeichnis mindestens am Ort der Gemeindeverwaltung während der allgemeinen Öffnungszeiten zur Einsichtnahme bereit. [2] Wird das Wählerverzeichnis im automatisierten Verfahren geführt, kann die Einsichtnahme durch ein Datensichtgerät ermöglicht werden. [3] Es ist sicherzustellen, daß Bemerkungen (§ 22 Abs. 3) im Klartext gelesen werden können. [4] Das Datensichtgerät darf nur von einem Bediensteten der Gemeindebehörde bedient werden.

(2) *(aufgehoben)*

(3) [1] Innerhalb der Einsichtsfrist ist das Anfertigen von Auszügen aus dem Wählerverzeichnis durch Wahlberechtigte zulässig, soweit dies im Zusammenhang mit der Prüfung des Wahlrechts einzelner bestimmter Personen steht. [2] Die Auszüge dürfen nur für diesen Zweck verwendet und unbeteiligten Dritten nicht zugänglich gemacht werden.

§ 21[2] Einspruch gegen das Wählerverzeichnis und Beschwerde.

(1) Wer das Wählerverzeichnis für unrichtig oder unvollständig hält, kann innerhalb der Einsichtsfrist Einspruch einlegen.

(2) [1] Der Einspruch ist schriftlich oder zur Niederschrift bei der Gemeindebehörde einzulegen. [2] Soweit die behaupteten Tatsachen nicht offenkundig sind, hat der Einspruchsführer die erforderlichen Beweismittel beizubringen.

(3) Will die Gemeindebehörde einem Einspruch gegen die Eintragung eines anderen stattgeben, so hat sie diesem vor der Entscheidung Gelegenheit zur Äußerung zu geben.

(4) [1] Die Gemeindebehörde hat ihre Entscheidung dem Einspruchsführer und dem Betroffenen spätestens am 10. Tage vor der Wahl zuzustellen und auf den zulässigen Rechtsbehelf hinzuweisen. [2] Einem auf Eintragung gerichteten Einspruch gibt die Gemeindebehörde in der Weise statt, daß sie dem Wahlberechtigten nach Berichtigung des Wählerverzeichnisses die Wahlbenachrichtigung zugehen läßt. [3] In den Fällen des § 17 Absatz 5 und 6 sowie des § 17a Absatz 5 Satz 3 unterrichtet sie unverzüglich den Bundeswahlleiter von der Eintragung oder Streichung. [4] In den Fällen des § 17a Absatz 5 Satz 3 informiert der Bundeswahlleiter sodann die vom Herkunfts-Mitgliedstaat benannte Stelle.

(5) [1] Gegen die Entscheidung der Gemeindebehörde kann binnen zwei Tagen nach Zustellung Beschwerde an den Kreiswahlleiter, in kreisfreien Städten an den Stadtwahlleiter eingelegt werden. [2] Die Beschwerde ist schriftlich oder zur Niederschrift bei der Gemeindebehörde einzulegen. [3] Die Gemeindebehörde legt die Beschwerde mit den Vorgängen unverzüglich dem Kreis- oder Stadtwahlleiter vor. [4] Der Kreis- oder Stadtwahlleiter hat über die Beschwerde spätestens am 4. Tage vor der Wahl zu entscheiden. [5] Absatz 3 gilt entsprechend. [6] Die Beschwerdeentscheidung ist den Beteiligten und der Gemeindebehörde bekanntzugeben. [7] Sie ist vorbehaltlich anderer Entscheidung

---

[1] § 20 Überschrift, Abs. 1 Sätze 1 und 2 neu gef., Abs. 2 aufgeh., Abs. 3 Satz 1 geänd. mWv 19.12.2003 durch Art. 1 VO v. 12.12.2003 (BGBl. I S. 2551).

[2] § 21 Abs. 1 geänd. mWv 19.12.2003 durch Art. 1 VO v. 12.12.2003 (BGBl. I S. 2551); Abs. 4 Satz 3 neu gef., Satz 4 und Abs. 5 Satz 8 angef. mWv 24.12.2013 durch VO v. 16.12.2013 (BGBl. I S. 4335).

im Wahlprüfungsverfahren endgültig. [8] Absatz 4 Satz 3 und 4 gilt entsprechend.

§ 22[1)] Berichtigung des Wählerverzeichnisses. (1) [1] Nach Beginn der Einsichtsfrist ist die Eintragung oder Streichung von Personen sowie die Vornahme sonstiger Änderungen im Wählerverzeichnis nur noch auf rechtzeitigen Einspruch zulässig. [2] § 15 Abs. 2 bis 5, § 17 Abs. 5 Satz 6, Abs. 5a Satz 2 und 3 und Abs. 6 Satz 4, § 17a Abs. 1 und 5 bis 8, § 17b sowie § 29 bleiben unberührt.

(2) [1] Ist das Wählerverzeichnis offensichtlich unrichtig oder unvollständig, so kann die Gemeindebehörde den Mangel auch von Amts wegen beheben. [2] Dies gilt nicht für Mängel, die Gegenstand eines Einspruchsverfahrens sind. [3] § 21 Abs. 3 bis 5 gilt entsprechend. [4] Die Frist für die Zustellung der Entscheidung (§ 21 Abs. 4 Satz 1) und für die Beschwerdeentscheidung (§ 21 Abs. 5 Satz 4) gilt nur, wenn die von Amts wegen behebbaren Mängel vor dem zwölften Tage vor der Wahl bekannt werden.

(3) Alle vom Beginn der Einsichtsfrist ab vorgenommenen Änderungen sind in der Spalte „Bemerkungen" zu erläutern und mit Datum und Unterschrift des vollziehenden Bediensteten, im automatisierten Verfahren an Stelle der Unterschrift mit einem Hinweis auf den verantwortlichen Bediensteten zu versehen.

(4) Nach Abschluß des Wählerverzeichnisses können Änderungen mit Ausnahme der in Absatz 2 und in § 46 Abs. 2 vorgesehenen Berichtigungen nicht mehr vorgenommen werden.

§ 23 Abschluß des Wählerverzeichnisses. (1) [1] Das Wählerverzeichnis ist spätestens am Tage vor der Wahl, jedoch nicht früher als am dritten Tage vor der Wahl, durch die Gemeindebehörde abzuschließen. [2] Sie stellt dabei die Zahl der Wahlberechtigten des Wahlbezirks fest. [3] Der Abschluß wird nach dem Muster der Anlage 7 beurkundet. [4] Bei automatisierter Führung des Wählerverzeichnisses ist vor der Beurkundung ein Ausdruck herzustellen.

(2) Wählerverzeichnisse mehrerer Gemeinden oder Gemeindeteile, die zu einem Wahlbezirk vereinigt sind, werden von der Gemeindebehörde, die die Wahl im Wahlbezirk durchführt, zum Wählerverzeichnis des Wahlbezirks verbunden und abgeschlossen.

Dritter Unterabschnitt. Wahlscheine

§ 24[2)] Voraussetzungen für die Erteilung von Wahlscheinen. (1) Ein Wahlberechtigter, der in das Wählerverzeichnis eingetragen ist, erhält auf Antrag einen Wahlschein.

(2) Ein Wahlberechtigter, der nicht in das Wählerverzeichnis eingetragen ist, erhält auf Antrag einen Wahlschein,

---

[1)] § 22 Abs. 1 Satz 2 geänd. mWv 1.9.2000 durch VO v. 28.8.2000 (BGBl. I S. 1338); Abs. 1 Satz 1 und Abs. 3 geänd. mWv 19.12.2003 durch Art. 1 VO v. 12.12.2003 (BGBl. I S. 2551).

[2)] § 24 Abs. 1 Nr. 3 geänd. mWv 19.12.2003 durch Art. 1 VO v. 12.12.2003 (BGBl. I S. 2551); Abs. 1 neu gef. mWv 11.12.2008 durch VO v. 3.12.2008 (BGBl. I S. 2378).

1. wenn er nachweist, daß er ohne sein Verschulden die Antragsfrist nach § 17 Abs. 1 oder § 17a Abs. 2 oder die Einspruchsfrist nach § 21 Abs. 1 versäumt hat,
2. wenn sein Recht auf Teilnahme an der Wahl erst nach Ablauf der Frist nach § 17 Abs. 1, § 17a Abs. 2 oder nach § 21 Abs. 1 entstanden ist,
3. wenn sein Wahlrecht im Einspruchsverfahren festgestellt worden und die Feststellung erst nach Abschluß des Wählerverzeichnisses zur Kenntnis der Gemeindebehörde gelangt ist.

§ 25 Zuständige Behörde, Form des Wahlscheines. Der Wahlschein wird nach dem Muster der Anlage 8 von der Gemeindebehörde erteilt, in deren Wählerverzeichnis der Wahlberechtigte eingetragen ist oder hätte eingetragen werden müssen.

§ 26[1] Wahlscheinanträge. (1) [1] Die Erteilung eines Wahlscheines kann schriftlich oder mündlich bei der Gemeindebehörde beantragt werden. [2] Die Schriftform gilt auch durch Telegramm, Fernschreiben, Telefax, E-Mail oder durch sonstige dokumentierbare elektronische Übermittlung als gewahrt. [3] Eine telefonische Antragstellung ist unzulässig. [4] Ein Wahlberechtigter mit Behinderungen kann sich bei der Antragstellung der Hilfe einer anderen Person bedienen; § 50 gilt entsprechend.

(2) Der Antragsteller muss den Familiennamen, die Vornamen, das Geburtsdatum und seine Wohnanschrift (Straße, Hausnummer, Postleitzahl, Ort) angeben.

(3) Wer den Antrag für einen anderen stellt, muß durch Vorlage einer schriftlichen Vollmacht nachweisen, daß er dazu berechtigt ist.

(4) [1] Wahlscheine können bis zum zweiten Tage vor der Wahl, 18.00 Uhr, beantragt werden. [2] In den Fällen des § 24 Abs. 2 können Wahlscheine noch bis zum Wahltage, 15.00 Uhr, beantragt werden. [3] Gleiches gilt, wenn bei nachgewiesener plötzlicher Erkrankung der Wahlraum nicht oder nur unter nicht zumutbaren Schwierigkeiten aufgesucht werden kann; in diesem Fall hat die Gemeindebehörde vor Erteilung des Wahlscheines den für den Wahlbezirk des Wahlberechtigten zuständigen Wahlvorsteher davon zu unterrichten, der entsprechend § 46 Abs. 2 zu verfahren hat.

(5) Bei wahlberechtigten Deutschen, die nach § 15 Abs. 2 nur auf Antrag in das Wählerverzeichnis eingetragen werden, gilt der Antrag zugleich als Antrag auf Erteilung eines Wahlscheines, es sei denn, der Wahlberechtigte will vor dem Wahlvorstand seines Wahlbezirks wählen.

(6) Verspätet eingegangene schriftliche Anträge sind unbearbeitet mit den dazugehörigen Briefumschlägen zu verpacken und vorläufig aufzubewahren.

---

[1] § 26 Abs. 1 neu gef. mWv 19.12.2003 durch Art. 1 VO v. 12.12.2003 (BGBl. I S. 2551); Abs. 1 Sätze 2 und 3 geänd., Abs. 2 neu gef. mWv 11.12.2008 durch VO v. 3.12.2008 (BGBl. I S. 2378); Abs. 2 geänd. mWv 24.12.2013 durch VO v. 16.12.2013 (BGBl. I S. 4335); Abs. 1 Satz 4 geänd. mWv 25.5.2018 durch VO v. 16.5.2018 (BGBl. I S. 570).

§ 27[1)] Erteilung von Wahlscheinen. (1) Wahlscheine dürfen nicht vor Zulassung der Wahlvorschläge durch den Bundeswahlausschuss nach § 14 Absatz 1 und 4 des Europawahlgesetzes[2)] oder durch das Bundesverfassungsgericht nach § 14 Absatz 4a des Europawahlgesetzes erteilt werden.

(2) [1] Der Wahlschein muß von dem mit der Erteilung beauftragten Bediensteten eigenhändig unterschrieben werden und mit dem Dienstsiegel versehen sein. [2] Das Dienstsiegel kann eingedruckt werden. [3] Wird der Wahlschein mit Hilfe automatischer Einrichtungen erstellt, kann abweichend von Satz 1 die Unterschrift fehlen; statt dessen kann der Name des beauftragten Bediensteten eingedruckt werden.

(3) [1] Dem Wahlschein sind beizufügen

1. ein amtlicher Stimmzettel nach dem Muster der Anlage 22,
2. ein amtlicher Stimmzettelumschlag nach dem Muster der Anlage 9,
3. ein amtlicher Wahlbriefumschlag nach dem Muster der Anlage 10, auf dem die vollständige Anschrift, wohin der Wahlbrief zu übersenden ist (Wahlbriefempfänger gemäß § 59 Absatz 2), sowie die Bezeichnung der Gemeindebehörde, die den Wahlschein ausgestellt hat (Ausgabestelle), und die Wahlscheinnummer oder der Wahlbezirk von der Ausgabestelle voreingetragen sind, und
4. ein Merkblatt für die Briefwahl nach dem Muster der Anlage 11.

[2] Satz 1 gilt nicht in den Fällen des § 28 Absatz 1.

(4) [1] Wahlschein und Briefwahlunterlagen werden dem Wahlberechtigten an seine Wohnanschrift übersandt oder amtlich überbracht, soweit sich aus dem Antrag keine andere Anschrift oder die Abholung der Unterlagen ergibt. [2] Wird die Versendung an eine andere Anschrift in einer Form nach § 26 Absatz 1 Satz 2 beantragt, gehört zur Versendung der Briefwahlunterlagen die gleichzeitige Versendung einer Mitteilung an die Wohnanschrift. [3] Postsendungen sind von der Gemeindebehörde freizumachen. [4] Die Gemeindebehörde übersendet dem Wahlberechtigten Wahlschein und Briefwahlunterlagen mit Luftpost, wenn sich aus seinem Antrag ergibt, dass er aus einem außereuropäischen Gebiet wählen will, oder wenn dieses sonst geboten erscheint.

(5) [1] Holt der Wahlberechtigte persönlich den Wahlschein und die Briefwahlunterlagen bei der Gemeindebehörde ab, so soll ihm Gelegenheit gegeben werden, die Briefwahl an Ort und Stelle auszuüben. [2] Es ist sicherzustellen, dass der Stimmzettel unbeobachtet gekennzeichnet und in den Stimmzettelumschlag gelegt werden kann. [3] An einen anderen als den Wahlberechtigten persönlich dürfenWahlschein und Briefwahlunterlagen nur ausgehändigt werden, wenn die Berechtigung zur Empfangnahme durch Vorlage einer schriftlichen Vollmacht nachgewiesen wird. [4] § 26 Abs. 1 Satz 4 gilt entsprechend. [5] Von der Vollmacht kann nur Gebrauch gemacht werden, wenn die bevoll-

---

1) § 27 Abs. 2 Satz 3 angef. mWv 9.3.1999 durch VO v. 3.3.1999 (BGBl. I S. 293); Abs. 3 Satz 2 geänd., Abs. 4 Satz 2 eingef., bish. Sätze 3 und 4 werden Sätze 4 und 5 mWv 19.12.2003 durch Art. 1 VO v. 12.12.2003 (BGBl. I S. 2551); Abs. 1 geänd., Abs. 3 Satz 1 einl. Satzeil, Nr. 2 geänd., Satz 2 neu gef., Abs. 4 und 5 neu gef., Abs. 7 Satz 1, Abs. 8 Satz 4 geänd. mWv 11.12.2008 durch VO v. 3.12.2008 (BGBl. I S. 2378); Abs. 1 neu gef., Abs. 3 Satz 1 Nr. 3 und Satz 2 geänd., Abs. 4 Satz 2 eingef., bish. Sätze 2 und 3 werden Sätze 3 und 4 mWv 24.12.2013 durch VO v. 16.12.2013 (BGBl. I S. 4335).

2) Nr. **28**.

mächtigte Person nicht mehr als vier Wahlberechtigte vertritt; dies hat sie der Gemeindebehörde vor der Empfangnahme der Unterlagen schriftlich zu versichern. [6] Auf Verlangen hat sich die bevollmächtigte Person auszuweisen.

(6) [1] Über die erteilten Wahlscheine führt die Gemeindebehörde ein Wahlscheinverzeichnis, in dem die Fälle des § 24 Abs. 1 und die des Absatzes 2 getrennt gehalten werden. [2] Das Verzeichnis wird als Liste oder als Sammlung der Durchschriften der Wahlscheine geführt. [3] Auf dem Wahlschein wird die Nummer eingetragen, unter der er im Wahlscheinverzeichnis vermerkt ist, sowie die Nummer, unter der der Wahlberechtigte im Wählerverzeichnis geführt wird, oder der vorgesehene im Wählerverzeichnis geführt wird, oder der vorgesehene Wahlbezirk. [4] Bei nicht in das Wählerverzeichnis eingetragenen Wahlberechtigten wird auf dem Wahlschein vermerkt, daß dessen Erteilung nach § 24 Abs. 2 erfolgt ist und welchem Wahlbezirk der Wahlberechtigte zugeordnet wird. [5] Werden nach Abschluß des Wählerverzeichnisses noch Wahlscheine erteilt, so ist darüber ein besonderes Verzeichnis nach den Sätzen 1 bis 3 zu führen.

(7) [1] Wird einem Wahlberechtigten ein Wahlschein nach § 24 Abs. 2 erteilt, hat die Gemeindebehörde bei Wahlberechtigten nach § 6 Abs. 1 Nr. 2 Buchstabe b des Europawahlgesetzes und nach § 6 Abs. 2 des Europawahlgesetzes in Verbindung mit § 12 Abs. 2 Satz 1 des Bundeswahlgesetzes[1)] unverzüglich den Bundeswahlleiter zu unterrichten. [2] § 17 Abs. 5 Satz 5 und 6 gilt entsprechend.

(8) [1] Wird ein Wahlberechtigter, der bereits einen Wahlschein erhalten hat, im Wählerverzeichnis gestrichen, so ist der Wahlschein für ungültig zu erklären. [2] Die Gemeindebehörde führt darüber ein Verzeichnis, in das der Name des Wahlberechtigten und die Nummer des für ungültig erklärten Wahlscheines aufzunehmen ist; sie hat das Wahlscheinverzeichnis zu berichtigen. [3] Die Gemeindebehörde verständigt den Kreis- oder Stadtwahlleiter, der alle Wahlvorstände des Kreises oder der kreisfreien Stadt über die Ungültigkeit des Wahlscheines unterrichtet. [4] In den Fällen des § 4 des Europawahlgesetzes in Verbindung mit § 39 Abs. 5 des Bundeswahlgesetzes ist im Wahlscheinverzeichnis und im Verzeichnis der für ungültig erklärten Wahlscheine in geeigneter Form zu vermerken, daß die Stimme eines Wählers, der bereits an der Briefwahl teilgenommen hat, nicht ungültig ist.

(9) [1] Nach Abschluß des Wählerverzeichnisses übersendet die Gemeindebehörde, sofern sie nicht selbst oder eine andere Gemeindebehörde für die Durchführung der Briefwahl zuständig ist, dem Kreis- oder Stadtwahlleiter auf schnellstem Wege das Verzeichnis nach Absatz 8 Satz 2 und Nachträge zu diesem Verzeichnis oder eine Mitteilung, daß Wahlscheine nicht für ungültig erklärt worden sind, so rechtzeitig, daß sie dort spätestens am Wahltage vormittags eingehen. [2] Ist eine andere Gemeindebehörde nach § 7 Nr. 3 mit der Durchführung der Briefwahl betraut worden, hat die Gemeindebehörde das Verzeichnis und die Nachträge oder eine Mitteilung entsprechend Satz 1 der beauftragten Gemeindebehörde zu übersenden.

(10) [1] Verlorene Wahlscheine werden nicht ersetzt. [2] Versichert ein Wahlberechtigter glaubhaft, daß ihm der beantragte Wahlschein nicht zugegangen

---

[1)] Nr. **10**.

ist, kann ihm bis zum Tage vor der Wahl, 12.00 Uhr, ein neuer Wahlschein erteilt werden; Absatz 8 Satz 1 bis 3 und Absatz 9 gelten entsprechend.

§ 28[1)] Erteilung von Wahlscheinen an bestimmte Personengruppen.

(1) [1] Die Gemeindebehörde fordert spätestens am achten Tage vor der Wahl von den Leitungen

1. der Einrichtungen, für die ein Sonderwahlbezirk gebildet worden ist (§ 13),
2. der kleineren Krankenhäuser, kleineren Alten- oder Pflegeheime, Klöster, sozialtherapeutischen Anstalten und Justizvollzugsanstalten, für deren Wahlberechtigte die Stimmabgabe vor einem beweglichen Wahlvorstand vorgesehen ist (§§ 8 und 55 bis 57),

ein Verzeichnis der wahlberechtigten Personen aus der Gemeinde, die sich in der Einrichtung befinden oder dort beschäftigt sind und die am Wahltage in der Einrichtung wählen wollen. [2] Sie erteilt diesen Wahlberechtigten Wahlscheine ohne Briefwahlunterlagen und übersendet sie unmittelbar an diese.

(2) Die Gemeindebehörde veranlaßt die Leitungen der Einrichtungen spätestens am 13. Tage vor der Wahl,

1. die wahlberechtigten Personen, die sich in der Einrichtung befinden oder dort beschäftigt sind und die in Wählerverzeichnissen anderer Gemeinden des gleichen Kreises geführt werden, zu verständigen, daß sie in der Einrichtung nur wählen können, wenn sie sich von der Gemeindebehörde, in deren Wählerverzeichnis sie eingetragen sind, einen Wahlschein beschafft haben,
2. die wahlberechtigten Personen, die sich in der Einrichtung befinden oder dort beschäftigt sind und die in Wählerverzeichnissen von Gemeinden anderer Kreise oder anderer kreisfreier Städte geführt werden, zu verständigen, daß sie ihr Wahlrecht nur durch Briefwahl in ihrem Heimatkreis oder in ihrer Heimatstadt ausüben können und sich dafür von der Gemeindebehörde, in deren Wählerverzeichnis sie eingetragen sind, einen Wahlschein mit Briefwahlunterlagen beschaffen müssen.

(3) Die Gemeindebehörde ersucht spätestens am 13. Tage vor der Wahl die Truppenteile, die ihren Standort im Gemeindegebiet haben, die wahlberechtigten Soldaten entsprechend Absatz 2 zu verständigen.

§ 29 Vermerk im Wählerverzeichnis. Hat ein Wahlberechtigter einen Wahlschein erhalten, so wird im Wählerverzeichnis in der Spalte für den Vermerk über die Stimmabgabe „Wahlschein" oder „W" eingetragen.

§ 30 Einspruch gegen die Versagung des Wahlscheines und Beschwerde. [1] Wird die Erteilung eines Wahlscheines versagt, so kann dagegen Einspruch eingelegt werden. [2] § 21 Abs. 2, 4 und 5 gilt entsprechend. [3] Die Frist für die Zustellung der Entscheidung (§ 21 Abs. 4 Satz 1) und für die Beschwerdeentscheidung (§ 21 Abs. 5 Satz 4) gilt nur, wenn der Einspruch vor dem zwölften Tage vor der Wahl eingelegt worden ist.

---

1) § 28 Abs. 1 Satz 2 neu gef. mWv 11.12.2008 durch VO v. 3.12.2008 (BGBl. I S. 2378).

Vierter Unterabschnitt. Wahlvorschläge, Stimmzettel

§ 31[1)] **Aufforderung zur Einreichung von Wahlvorschlägen.**

(1) [1] Nachdem der Wahltag bestimmt ist, fordern die Landeswahlleiter durch öffentliche Bekanntmachung zur möglichst frühzeitigen Einreichung der Wahlvorschläge beim Bundeswahlleiter auf und weisen auf die Voraussetzungen für die Einreichung von Wahlvorschlägen nach § 2 Abs. 1 und § 8 des Europawahlgesetzes[2)] hin. [2] Sie geben bekannt, wo und bis zu welchem Zeitpunkt die Wahlvorschläge eingereicht werden müssen und weisen auf die Bestimmungen über Inhalt und Form der Wahlvorschläge, auf die Zahl der in bestimmten Fällen beizubringenden Unterschriften, Unterlagen und Nachweise sowie auf die mit den Wahlvorschlägen vorzulegenden Erklärungen, Niederschriften und Versicherungen hin (§§ 9 und 11 des Europawahlgesetzes).

(2) Der Bundeswahlleiter macht öffentlich bekannt, wo und in welcher Frist und Form der Ausschluß von der Listenverbindung eines Wahlvorschlagsberechtigten erklärt werden kann (§ 2 Abs. 2 und § 11 Abs. 3 des Europawahlgesetzes).

§ 32[3)] **Inhalt und Form der Wahlvorschläge.** (1) [1] Die Wahlvorschläge sollen nach den Mustern der Anlagen 12 und 13 in zwei Ausfertigungen eingereicht werden. [2] Sie müssen enthalten:

1. als Wahlvorschlag einer Partei den Namen der einreichenden Partei und, sofern sie eine Kurzbezeichnung verwendet, auch diese; die Partei kann den Namen und die Kurzbezeichnung ihres europäischen Zusammenschlusses anfügen;
2. als Wahlvorschlag einer sonstigen politischen Vereinigung den Namen und, sofern sie ein Kennwort verwendet, auch dieses; die Vereinigung kann den Namen und die Kurzbezeichnung ihrer Mitgliedsvereinigung im Wahlgebiet sowie ihres europäischen Zusammenschlusses anfügen;
3. in erkennbarer Reihenfolge die Bewerber und, sofern Ersatzbewerber benannt sind, auch diese mit dem Familiennamen, den Vornamen, dem Beruf oder Stand, dem Geburtsdatum, dem Geburtsort und der Anschrift (Hauptwohnung).

[3] Sie sollen ferner Namen und Anschrift der Vertrauensperson und der stellvertretenden Vertrauensperson enthalten.

(2) [1] Die Liste für ein Land ist von mindestens drei Mitgliedern des Vorstandes des Landesverbandes des Wahlvorschlagsberechtigten, darunter dem Vorsitzenden oder seinem Stellvertreter, persönlich und handschriftlich zu

---

[1)] § 31 Abs. 1 Sätze 1 und 2, Abs. 2 geänd. mWv 11.12.2008 durch VO v. 3.12.2008 (BGBl. I S. 2378); Abs. 1 Satz 1 geänd. mWv 24.12.2013 durch VO v. 16.12.2013 (BGBl. I S. 4335).

[2)] Nr. **28**.

[3)] § 32 Abs. 4 Nr. 2b geänd. mWv 1.4.2003, Abs. 1 Satz 2 Nr. 3, Abs. 2 Sätze 2 und 5, Abs. 3 Nr. 2 Satz 2, Abs. 4 Nr. 1, 2a und 3 geänd. mWv 19.12.2003 durch Art. 1 VO v. 12.12.2003 (BGBl. I S. 2551); Abs. 3 Nr. 1 Satz 1, Abs. 4 Nr. 1 und 3 geänd. mWv 1.4.2008 durch VO v. 27.3. 2008 (BGBl. I S. 476); Abs. 3 einl. Satzteil, Nr. 2 Sätze 3 und 4, Abs. 4 Nr. 1, 2a, 2b und 3 geänd. mWv 11.12.2008 durch VO v. 3.12.2008 (BGBl. I S. 2378); Abs. 1 Satz 2 einl. Satzteil. und Nr. 1 geänd., Nr. 2 neu gef., Nr. 3 geänd., Abs. 3 Nr. 4 geänd., Abs. 4 Nr. 2a und Nr. 4 geänd. mWv 24.12.2013 durch VO v. 16.12.2013 (BGBl. I S. 4335); Abs. 6 Satz 1 geänd. mWv 25.5.2018 durch VO v. 16.5.2018 (BGBl. I S. 570).

unterzeichnen. [2] Hat ein Wahlvorschlagsberechtigter in dem Land keinen Landesverband oder keine einheitliche Landesorganisation, so ist der Wahlvorschlag von den Vorständen der nächstniedrigen Gebietsverbände, die im Bereich des Landes liegen, dem Satz 1 entsprechend zu unterzeichnen. [3] Die Unterschriften des einreichenden Vorstandes genügen, wenn er innerhalb der Einreichungsfrist eine schriftliche, dem Satz 1 entsprechende Vollmacht der anderen beteiligten Vorstände beibringt. [4] Eine gemeinsame Liste für alle Länder ist von dem Vorstand des Bundesverbandes des Wahlvorschlagsberechtigten entsprechend Satz 1 zu unterzeichnen. [5] Hat ein Wahlvorschlagsberechtigter im Wahlgebiet keinen Bundesverband oder keine einheitliche Bundesorganisation, ist der Wahlvorschlag von allen Vorständen der nächstniedrigen Gebietsverbände im Wahlgebiet, oder wenn bei einer sonstigen politischen Vereinigung weder ein Bundesverband noch ein Gebietsverband im Wahlgebiet vorhanden sind, von ihrem obersten Vorstand in einem der übrigen Mitgliedstaaten der Europäischen Union entsprechend den Sätzen 1 und 3 zu unterzeichnen.

(3) Muß ein Wahlvorschlag nach § 9 Abs. 5 des Europawahlgesetzes[1)] von einer bestimmten Mindestzahl von Wahlberechtigten unterzeichnet sein, so sind die Unterschriften auf amtlichen Formblättern nach Anlage 14 unter Beachtung folgender Vorschriften zu erbringen:

1. [1] Die Formblätter werden auf Anforderung für gemeinsame Listen für alle Länder vom Bundeswahlleiter, für Listen für ein Land vom jeweiligen Landeswahlleiter kostenfrei geliefert; sie können auch als Druckvorlage oder elektronisch bereitgestellt werden. [2] Bei der Anforderung ist der Name des Wahlvorschlagsberechtigten und, sofern eine Kurzbezeichnung oder ein Kennwort verwendet wird, auch die Kurzbezeichnung oder das Kennwort anzugeben und zu erklären, für welches Land oder ob der Wahlvorschlag für alle Länder aufgestellt ist. [3] Der zuständige Wahlleiter hat diese Angaben im Kopf der Formblätter zu vermerken.

2. [1] Die Wahlberechtigten, die einen Wahlvorschlag unterstützen, müssen die Erklärung auf dem Formblatt persönlich und handschriftlich unterschreiben. [2] Neben der Unterschrift sind Familienname, Vornamen, Geburtsdatum und Anschrift (Hauptwohnung) des Unterzeichners sowie der Tag der Unterzeichnung anzugeben. [3] Von Wahlberechtigten im Sinne des § 6 Abs. 1 Nr. 2 Buchstabe b und Abs. 2 des Europawahlgesetzes ist auch die letzte Wohnung in der Bundesrepublik Deutschland zu bezeichnen oder anzugeben, daß sie noch nie für eine Wohnung in diesem Gebiet gemeldet waren; der Nachweis für die Wahlberechtigung ist durch Angaben gemäß Anlage 2 und durch Abgabe einer Versicherung an Eides statt zu erbringen. [4] Von Wahlberechtigten im Sinne des § 6 Abs. 3 des Europawahlgesetzes ist der Nachweis für die Wahlberechtigung durch die Abgabe einer Versicherung an Eides Statt gemäß Anlage 14A zu erbringen.

3. [1] Für jeden Unterzeichner ist auf dem Formblatt oder gesondert eine Bescheinigung seiner Gemeindebehörde, bei der er im Wählerverzeichnis einzutragen ist, beizufügen, daß er im Zeitpunkt der Unterzeichnung in dem Land wahlberechtigt ist. [2] Eine gesonderte Bescheinigung des Wahlrechts hat der Wahlvorschlagsberechtigte bei der Einreichung des Wahlvorschlages

---

1) Nr. **28**.

mit der Unterstützungsunterschrift zu verbinden. [3] Wer für einen anderen eine Bescheinigung des Wahlrechts beantragt, muß nachweisen, daß der Betreffende den Wahlvorschlag unterstützt.

4. Ein Wahlberechtigter darf nur einen Wahlvorschlag unterzeichnen; hat jemand mehrere Wahlvorschläge unterzeichnet, so ist seine Unterschrift auf allen weiteren Wahlvorschlägen ungültig.

5. [1] Wahlvorschläge von Parteien und sonstigen politischen Vereinigungen dürfen erst nach Aufstellung der Bewerber und Ersatzbewerber durch eine Mitglieder- oder Vertreterversammlung unterzeichnet werden. [2] Vorher geleistete Unterschriften sind ungültig.

(4) Dem Wahlvorschlag sind beizufügen

1. die Erklärungen der vorgeschlagenen Bewerber und Ersatzbewerber nach dem Muster der Anlage 15, daß sie ihrer Aufstellung zustimmen und für keinen anderen Wahlvorschlag ihre Zustimmung zur Benennung als Bewerber oder Ersatzbewerber gegeben haben oder ob sie ihrer Benennung als Bewerber in einer weiteren Liste für ein Land zugestimmt haben und die Versicherung an Eides Statt, daß sie sich nicht in einem anderen Mitgliedstaat der Europäischen Union zur Wahl bewerben und dass sie nicht Mitglied einer anderen als der den Wahlvorschlag einreichenden Partei oder sonstigen politischen Vereinigung sind; für die Abnahme der Versicherung an Eides statt gilt § 11 Abs. 2 Satz 2 und 3 des Europawahlgesetzes entsprechend,

2. für Deutsche die Bescheinigungen der zuständigen Gemeindebehörden nach dem Muster der Anlage 16, daß die vorgeschlagenen Bewerber und Ersatzbewerber wählbar sind,

2a. für Unionsbürger die in § 11 Abs. 2 Satz 1 Nr. 1b des Europawahlgesetzes vorgeschriebenen Bescheinigungen sowie der zuständigen deutschen Gemeindebehörden nach dem Muster der Anlage 16A,

2b. für Unionsbürger die in § 11 Abs. 2 Satz 1 Nr. 1c des Europawahlgesetzes vorgeschriebenen Versicherungen an Eides Statt nach dem Muster der Anlage 16B,

3. eine Ausfertigung der Niederschrift über die Beschlußfassung der Mitglieder- oder Vertreterversammlung, in der die Bewerber und Ersatzbewerber aufgestellt worden sind und die Reihenfolge der Bewerber auf dem Wahlvorschlag festgelegt worden ist, mit der nach § 11 Abs. 2 Satz 1 Nr. 2 des Europawahlgesetzes vorgeschriebenen Versicherung an Eides Statt; die Niederschrift soll nach den Mustern der Anlagen 17 und 18 gefertigt, die Versicherung an Eides Statt nach dem Muster der Anlage 19 abgegeben werden,

4. die nach Absatz 3 erbrachten Unterschriften nebst Bescheinigungen des Wahlrechts der Unterzeichner, sofern der Wahlvorschlagsberechtigte nicht im Europäischen Parlament, im Deutschen Bundestag oder in einem Landtag seit deren letzter Wahl auf Grund eigener Wahlvorschläge im Wahlgebiet ununterbrochen mit mindestens fünf Abgeordneten vertreten ist,

5. die schriftliche Satzung und das Programm sowie eine Ausfertigung der Niederschrift über die nach demokratischen Grundsätzen durchgeführte Wahl der Mitglieder des Vorstandes, der den Wahlvorschlag nach Absatz 2

zu unterzeichnen hat, mit den Namen und Anschriften der Vorstandsmitglieder, sofern der Wahlvorschlagsberechtigte nicht im Europäischen Parlament, im Deutschen Bundestag oder in einem Landtag seit deren letzter Wahl auf Grund eigener Wahlvorschläge im Wahlgebiet ununterbrochen mit mindestens fünf Abgeordneten vertreten ist.

(5) [1] Die Bescheinigung des Wahlrechts (Absatz 3 Nr. 3), die Bescheinigung der Wählbarkeit (Absatz 4 Nr. 2) und die Bescheinigung der deutschen Gemeindebehörde über den Nichtausschluß von der Wählbarkeit und die Wohnung (Absatz 4 Nr. 2a) sind kostenfrei zu erteilen. [2] Die Gemeindebehörde darf für jeden Wahlberechtigten die Bescheinigung des Wahlrechts nur einmal erteilen; dabei darf sie nicht festhalten, für welchen Wahlvorschlag die erteilte Bescheinigung bestimmt ist.

(6) [1] Für Bewerber und Ersatzbewerber, die keine Wohnung in der Bundesrepublik Deutschland innehaben und sich dort auch sonst nicht gewöhnlich aufhalten, erteilt das Bundesministerium des Innern, für Bau und Heimat die Wählbarkeitsbescheinigung. [2] Sie ist bei der für den Wohnort des Bewerbers oder Ersatzbewerbers zuständigen diplomatischen oder berufskonsularischen Vertretung der Bundesrepublik Deutschland, sonst unmittelbar unter Vorlage der erforderlichen Nachweise zu beantragen.

§ 33[1)] Vorprüfung der Wahlvorschläge. (1) [1] Der Bundeswahlleiter vermerkt auf jedem Wahlvorschlag den Tag und bei Eingang am letzten Tag der Einreichungsfrist außerdem die Uhrzeit des Eingangs und übersendet den Landeswahlleitern sofort je eine Kopie der Listen für das betreffende Land und der gemeinsamen Listen für alle Länder. [2] Der Bundeswahlleiter prüft, ob in einem Wahlvorschlag ein Deutscher als Bewerber oder Ersatzbewerber aufgeführt ist, über den ihm von einem anderen Mitgliedstaat der Europäischen Union mitgeteilt worden ist, daß er sich dort zur Wahl bewirbt. [3] Er prüft unverzüglich, ob die eingegangenen Wahlvorschläge vollständig sind und den Erfordernissen des Europawahlgesetzes und dieser Verordnung entsprechen.

(1a) [1] Ist in einem Wahlvorschlag ein Unionsbürger als Bewerber oder Ersatzbewerber aufgeführt, übermittelt der Bundeswahlleiter die Zweitausfertigung der Versicherung an Eides statt nach Anlage 16B mit den Angaben gemäß § 11 Absatz 2 Satz 1 Nummer 1c des Europawahlgesetzes[2)] unverzüglich an die vom Herkunfts-Mitgliedstaat benannte Stelle. [2] Gehen innerhalb einer Frist von fünf Arbeitstagen keine Informationen des Herkunfts-Mitgliedstaates darüber ein, ob der betreffende Unionsbürger aufgrund einer Einzelfallentscheidung im Sinne von Artikel 6 Absatz 1 der Richtlinie 93/109/EG des Rates vom 6. Dezember 1993 über die Einzelheiten der Ausübung des aktiven und passiven Wahlrechts bei den Wahlen zum Europäischen Parlament für Unionsbürger mit Wohnsitz in einem Mitgliedstaat, deren Staatsangehörigkeit sie nicht besitzen (ABl. L 329 vom 30.12.1993, S. 34), die zuletzt durch die Richtlinie 2013/1/EU (ABl. L 26 vom 26.1.2013, S. 27)

[1)] § 33 Abs. 1 Sätze 2 und 4, Abs. 4 Satz 1 geänd. mWv 19.12.2003 durch Art. 1 VO v. 12.12. 2003 (BGBl. I S. 2551); Abs. 1 Sätze 3 und 4, Abs. 3 Satz 1, Abs. 4 Satz 3 geänd. mWv 11.12.2008 durch VO v. 3.12.2008 (BGBl. I S. 2378); Abs. 1 Satz 1 neu gef., Sätze 2 und 3 geänd., Satz 4 aufgeh., Abs. 1a eingef., Abs. 2 und Abs. 3 Satz 1 geänd., Abs. 4 aufgeh. mWv 24.12.2013 durch VO v. 16.12.2013 (BGBl. I S. 4335).

[2)] Nr. **28**.

geändert worden ist, die Wählbarkeit dort nicht besitzt, so ist der Unionsbürger bis zu einer gegenteiligen Information des Herkunfts-Mitgliedstaates als dort wählbar zu behandeln.

(2) Der Bundeswahlleiter prüft, ob ein auf einem Wahlvorschlag vorgeschlagener Bewerber oder Ersatzbewerber noch auf einem anderen Wahlvorschlag vorgeschlagen worden ist.

(3) 1 Wird der Bundeswahlausschuss nach § 13 Abs. 4 des Europawahlgesetzes im Mängelbeseitigungsverfahren angerufen, hat er über die Verfügung des Bundeswahlleiters unverzüglich zu entscheiden. 2 Der Vertrauensperson des betroffenen Wahlvorschlages ist Gelegenheit zur Äußerung zu geben.

§ 34[1)] Zulassung der Wahlvorschläge. (1) Der Bundeswahlleiter lädt die Vertrauenspersonen der Wahlvorschläge zu der Sitzung, in der über die Zulassung der Wahlvorschläge entschieden wird.

(2) Der Bundeswahlleiter legt dem Bundeswahlausschuss alle eingegangenen Wahlvorschläge vor und berichtet ihm über das Ergebnis der Vorprüfung.

(3) 1 Der Bundeswahlausschuss prüft die eingegangenen Wahlvorschläge und beschließt über ihre Zulassung oder Zurückweisung sowie über die Streichung von Bewerbern und Ersatzbewerbern. 2 Vor einer Entscheidung ist der erschienenen Vertrauensperson des betroffenen Wahlvorschlages Gelegenheit zur Äußerung zu geben.

(4) 1 Der Bundeswahlausschuss stellt die zugelassenen Wahlvorschläge mit den in § 32 Abs. 1 Satz 2 bezeichneten Angaben und mit der maßgebenden Bewerberreihenfolge fest. 2 Geben die Namen mehrerer Wahlvorschlagsberechtigter, deren Kurzbezeichnungen, Kennworte oder Anfügungen in einem Land zu Verwechslungen Anlaß, so fügt der Bundeswahlausschuss einem Wahlvorschlag oder mehreren Wahlvorschlägen eine Unterscheidungsbezeichnung bei.

(5) Der Bundeswahlleiter gibt die Entscheidung des Bundeswahlausschusses in der Sitzung im Anschluß an die Beschlußfassung unter kurzer Angabe der Gründe bekannt und weist auf den zulässigen Rechtsbehelf nach § 14 Absatz 4 und 4a des Europawahlgesetzes[2)] und die hierfür geltende Frist hin.

(6) 1 Die Niederschrift über die Sitzung ist unverzüglich nach dem Muster der Anlage 20 zu fertigen. 2 In der Niederschrift sind die tragenden Gründe darzustellen. 3 Der Niederschrift sind die zugelassenen Wahlvorschläge in der vom Bundeswahlausschuss festgestellten Fassung beizufügen.

(7) Nach der Sitzung übersendet der Bundeswahlleiter den Landeswahlleitern sofort eine Ausfertigung der Niederschrift und ihrer Anlagen.

(8) Der Bundeswahlleiter übermittelt Parteien und sonstigen politischen Vereinigungen, deren Wahlvorschlag ganz oder teilweise zurückgewiesen worden ist, unverzüglich, spätestens am Tag nach der Sitzung des Bundeswahlausschusses, auf schnellstem Wege eine Ausfertigung des sie betreffenden Teils der Niederschrift mit den nach Absatz 5 erforderlichen Hinweisen.

---

1) § 34 Abs. 1, 2 und 3 geänd., Abs. 4 Sätze 1 und 2 und Abs. 5 geänd., Abs. 6 neu gef., Abs. 7 geänd., Abs. 8 neu gef., Abs. 9 aufgeh. mWv 24.12.2013 durch VO v. 16.12.2013 (BGBl. I S. 4335).

2) Nr. **28**.

§ 35[1)] Beschwerde gegen Entscheidungen des Bundeswahlausschusses.

(1) [1] Die Beschwerde gegen eine Entscheidung des Bundeswahlausschusses nach § 14 Absatz 4 des Europawahlgesetzes[2)] ist schriftlich oder zur Niederschrift beim Bundeswahlausschuss einzulegen. [2] Der Bundeswahlleiter hat seine Beschwerde schriftlich beim Bundeswahlausschuss einzulegen. [3] Die Schriftform gilt auch durch Telegramm, Fernschreiben oder Telefax als gewahrt.

(2) [1] Der Bundeswahlausschuss lädt die Beschwerdeführer und die Vertrauenspersonen der betroffenen Wahlvorschläge zu der Sitzung, in der über die Beschwerde entschieden wird. [2] Den Vertrauenspersonen ist Gelegenheit zur Äußerung zu geben.

(3) Der Bundeswahlausschuss gibt seine Entscheidung in der Sitzung im Anschluß an die Beschlußfassung unter kurzer Angabe der Gründe bekannt.

§ 36[3)] Ausschluß von der Verbindung von Wahlvorschlägen. (1) [1] Die Erklärung darüber, daß ein oder mehrere Wahlvorschläge desselben Wahlvorschlagsberechtigten von der Listenverbindung ausgeschlossen sein sollen (§ 11 Abs. 3 des Europawahlgesetzes[2)]), ist gemeinsam von der Vertrauensperson und der stellvertretenden Vertrauensperson des jeweiligen Wahlvorschlages gegenüber dem Bundeswahlleiter nach dem Muster der Anlage 21 abzugeben. [2] Sie muß die Bezeichnung der nicht zu verbindenden Wahlvorschläge unter Angabe des Wahlvorschlagsberechtigten und des Landes enthalten und von der Vertrauensperson und der stellvertretenden Vertrauensperson des jeweiligen Wahlvorschlages persönlich und handschriftlich unterzeichnet sein.

(2) [1] Der Bundeswahlleiter vermerkt auf der Ausschlußerklärung den Tag und bei Eingang am letzten Tage der Erklärungsfrist außerdem die Uhrzeit des Eingangs. [2] Er prüft unverzüglich die eingegangenen Ausschlußerklärungen. [3] Hat der Bundeswahlleiter Bedenken gegen eine Ausschlußerklärung, so teilt er dies der Vertrauensperson und der stellvertretenden Vertrauensperson des Wahlvorschlages mit. [4] § 13 des Europawahlgesetzes gilt entsprechend.

(3) Lehnt der Bundeswahlausschuß einen Ausschluß von der Listenverbindung ab, so teilt der Bundeswahlleiter dies der Vertrauensperson und der stellvertretenden Vertrauensperson des jeweiligen Wahlvorschlages mit.

§ 37[4)] Bekanntmachung der Wahlvorschläge. (1) [1] Der Bundeswahlleiter macht die vom Bundeswahlausschuß zugelassenen Wahlvorschläge öffentlich bekannt und weist darauf hin, welche Listenverbindungen bestehen und welche Wahlvorschläge von einer Listenverbindung ausgeschlossen sind. [2] Die Bekanntmachung enthält für jeden Wahlvorschlag die in § 32 Abs. 1 Satz 2 bezeichneten Angaben, wobei statt des Geburtsdatums nur das Geburtsjahr der

---

[1)] § 35 Abs. 1 Satz 3 geänd. mWv 1.4.2008 durch VO v. 27.3.2008 (BGBl. I S. 476); Überschrift, Abs. 1 Sätze 1 und 2 geänd., Satz 4 aufgeh., Abs. 2 Satz 1 und Abs. 3 geänd. mWv 24.12.2013 durch VO v. 16.12.2013 (BGBl. I S. 4335).

[2)] Nr. **28**.

[3)] § 36 Abs. 1 Satz 1, Abs. 2 Satz 4 geänd. mWv 11.12.2008 durch VO v. 3.12.2008 (BGBl. I S. 2378).

[4)] § 37 Abs. 1 Satz 2 geänd., Sätze 3 und 4 angef. mWv 19.12.2003 durch Art. 1 VO v. 12.12. 2003 (BGBl. I S. 2551); Abs. 2 Satz 1 geänd. mWv 11.12.2008 durch VO v. 3.12.2008 (BGBl. I S. 2378); Abs. 1 Satz 3 geänd. mWv 1.11.2015 durch G v. 3.5.2013 (BGBl. I S. 1084, geänd. durch G v. 20.11.2014, BGBl. I S. 1738); Abs. 1 Satz 1 und Abs. 2 Satz 1 geänd. mWv 24.12.2013 durch VO v. 16.12.2013 (BGBl. I S. 4335).

Bewerber und Ersatzbewerber anzugeben ist, sowie den Hinweis, für welches Land der Wahlvorschlag oder ob er als gemeinsame Liste für alle Länder aufgestellt ist. [3] Weist ein Bewerber bis zum Ablauf der Einreichungsfrist gegenüber dem Bundeswahlleiter nach, dass für ihn im Melderegister ein Sperrvermerk gemäß § 51 Absatz 1 des Bundesmeldegesetzes[1)] eingetragen ist, ist an Stelle seiner Anschrift (Hauptwohnung) eine Erreichbarkeitsanschrift zu verwenden; die Angabe eines Postfachs genügt nicht. [4] Handelt es sich um einen Bewerber in einer Liste für ein Land, unterrichtet der Bundeswahlleiter unverzüglich den zuständigen Landeswahlleiter über die Erreichbarkeitsanschrift.

(2) [1] Der Landeswahlleiter ordnet die durch den Bundeswahlausschuß für das Land zugelassenen Wahlvorschläge in der durch § 15 Abs. 3 des Europawahlgesetzes[2)] bestimmten Reihenfolge unter fortlaufenden Nummern. [2] Er macht die Reihenfolge der Wahlvorschläge öffentlich bekannt und teilt die Reihenfolge dem Bundeswahlleiter sofort mit.

§ 38[3)] Stimmzettel, Umschläge für die Briefwahl. (1) [1] Der Stimmzettel ist mindestens 21×29,7 cm (DIN A4) groß und aus weißem oder weißlichem Papier. [2] Das Papier muss so beschaffen sein, dass nach Kennzeichnung und Faltung durch den Wähler andere Personen nicht erkennen können, wie er gewählt hat. [3] Der Stimmzettel enthält in jedem Land die für dieses Land zugelassenen Wahlvorschläge mit den nach § 15 Absatz 2 des Europawahlgesetzes[2)] vorgeschriebenen Angaben in der Reihenfolge und unter der Nummer ihrer Bekanntmachung durch den Landeswahlleiter und rechts von der Bezeichnung des Wahlvorschlages jeweils einen Kreis für die Kennzeichnung. [4] Zusätzlich kann ein eingetragener Ordens- oder Künstlername (§ 5 Absatz 2 Nummer 12 des Personalausweisgesetzes[4)], § 4 Absatz 1 Nummer 4 des Passgesetzes[5)]) angegeben werden. [5] Jeder Wahlvorschlag erhält ein abgegrenztes Feld. [6] Die Wahlvorschläge sind auf der Vorderseite des Stimmzettels einspaltig in schwarzem Druck untereinander aufzuführen. [7] Ein Muster für den Stimmzettel enthält Anlage 22. [8] Die in dieser Anlage aufgeführten Länderabkürzungen sind bei Bewerbern für gemeinsame Listen für alle Länder zu verwenden. [9] Die Stimmzettel müssen im Wahlbezirk von gleicher Farbe und Beschaffenheit sein.

(2) [1] Zur Verwendung von Stimmzettelschablonen wird die rechte obere Ecke des Stimmzettels gelocht oder abgeschnitten. [2] Muster der Stimmzettel werden unverzüglich nach ihrer Fertigstellung den Blindenvereinen, die ihre

---

[1)] **Sartorius Nr. 256.**

[2)] Nr. **28.**

[3)] § 38 Abs. 1 Satz 8 aufgeh. mWv 1.6.1999 durch G v. 21.5.1999 (BGBl. I S. 1023); Abs. 5 Satz 1 neu gef., bish. Sätze 1 und 2 werden Sätze 2 und 3 mWv 1.5.2002 durch G v. 27.4.2002 (BGBl. I S. 1467); Abs. 1 Satz 2 eingef., bish. Sätze 2–7 werden Sätze 3–8, neuer Satz 3 geänd., Abs. 2 aufgeh., Abs. 5 Satz 2 geänd. mWv 19.12.2003 durch Art. 1 VO v. 12.12.2003 (BGBl. I S. 2551); Überschrift, Abs. 1 Satz 3, Abs. 3, und Abs. 5 Satz 3 geänd. mWv 11.12.2008 durch VO v. 3.12.2008 (BGBl. I S. 2378); Abs. 1 Satz 3 geänd., Satz 4 eingef., bish. Sätze 4–8 werden Sätze 5–9, Abs. 5 Satz 1 eingef., bish. Satz 1 wird Satz 2, bish. Sätze 2 und 3 werden Abs. 6 mWv 24.12.2013 durch VO v. 16.12.2013 (BGBl. I S. 4335); Abs. 2 neu gef., Abs. 4 geänd., Abs. 5 Satz 2 aufgeh. mWv 25.5.2018 durch VO v. 16.5.2018 (BGBl. I S. 570).

[4)] **Sartorius Nr. 255.**

[5)] **Sartorius Nr. 250.**

Bereitschaft zur Herstellung von Stimmzettelschablonen erklärt haben, zur Verfügung gestellt.

(3) Die Stimmzettelumschläge für die Briefwahl sollen 11,4×16,2 cm (DIN C6) groß und blau und nach dem Muster der Anlage 9 beschriftet sein.

(4) Die Wahlbriefumschläge sollen etwa 12×17,6 cm groß und hellrot und nach dem Muster der Anlage 10 beschriftet sein.

(5) Schriftart, Schriftgröße und Kontrast sollen so gewählt werden, dass die Lesbarkeit erleichtert wird.

(6) [1] Der Kreis- oder Stadtwahlleiter weist den Gemeindebehörden die Stimmzettel zur Weitergabe an die Wahlvorsteher zu. [2] Er liefert den Gemeindebehörden die erforderlichen Wahlbriefumschläge und Stimmzettelumschläge für die Briefwahl.

Fünfter Unterabschnitt. Wahlräume, Wahlzeit

§ 39[1)] Wahlräume. (1) [1] Die Gemeindebehörde bestimmt für jeden Wahlbezirk einen Wahlraum. [2] Soweit möglich, stellen die Gemeinden Wahlräume in Gemeindegebäuden zur Verfügung. [3] Die Wahlräume sollen nach den örtlichen Verhältnissen so ausgewählt und eingerichtet werden, dass allen Wahlberechtigten, insbesondere Menschen mit Behinderungen und anderen Menschen mit Mobilitätsbeeinträchtigung, die Teilnahme an der Wahl möglichst erleichtert wird. [4] Die Gemeindebehörden teilen frühzeitig und in geeigneter Weise mit, welche Wahlräume barrierefrei sind.

(2) [1] In größeren Wahlbezirken, in denen sich die Wählerverzeichnisse teilen lassen, kann gleichzeitig in verschiedenen Gebäuden oder in verschiedenen Räumen desselben Gebäudes oder an verschiedenen Tischen des Wahlraumes gewählt werden. [2] Für jeden Wahlraum oder Tisch wird ein Wahlvorstand gebildet. [3] Sind mehrere Wahlvorstände in einem Wahlraum tätig, so bestimmt die Gemeindebehörde, welcher Vorstand für Ruhe und Ordnung im Wahlraum sorgt.

§ 40[2)] Wahlzeit. (1) Die Wahl dauert von 8.00 bis 18.00 Uhr.

(2) Der Landeswahlleiter kann im Einzelfall, wenn besondere Gründe es erfordern, die Wahlzeit mit einem früheren Beginn festsetzen.

§ 41[3)] Wahlbekanntmachung der Gemeindebehörde. (1) [1] Die Gemeindebehörde macht spätestens am sechsten Tage vor der Wahl nach dem Muster der Anlage 23 Beginn und Ende der Wahlzeit sowie die Wahlbezirke und Wahlräume öffentlich bekannt; an Stelle der Aufzählung der Wahlbezirke mit ihrer Abgrenzung und ihren Wahlräumen kann auf die Angaben in der Wahlbenachrichtigung verwiesen werden. [2] Dabei weist die Gemeindebehörde darauf hin,

1. daß der Wähler eine Stimme hat,

[1)] § 39 Abs. 1 Sätze 3 und 4 angef. mWv 1.5.2002 durch G v. 27.4.2002 (BGBl. I S. 1467); Abs. 1 Satz 3 geänd. mWv 19.12.2003 durch Art. 1 VO v. 12.12.2003 (BGBl. I S. 2551); Abs. 1 Satz 3 geänd. mWv 25.5.2018 durch VO v. 16.5.2018 (BGBl. I S. 570).

[2)] § 40 Abs. 1 neu gef. mWv 1.4.2004 durch Art. 2 VO v. 12.12.2003 (BGBl. I S. 2551).

[3)] § 41 Abs. 1 Satz 2 Nr. 5 geänd. mWv 11.12.2008 durch VO v. 3.12.2008 (BGBl. I S. 2378).

2. daß die Stimmzettel amtlich hergestellt und im Wahlraum bereitgehalten werden,
3. welchen Inhalt der Stimmzettel hat und wie er zu kennzeichnen ist,
4. in welcher Weise mit Wahlschein und insbesondere durch Briefwahl gewählt werden kann,
5. daß nach § 6 Abs. 4 des Europawahlgesetzes[1)] jeder Wahlberechtigte sein Wahlrecht nur einmal und nur persönlich ausüben kann,
6. daß nach § 107a Abs. 1 und 3 des Strafgesetzbuches mit Freiheitsstrafe bis zu fünf Jahren oder mit Geldstrafe bestraft wird, wer unbefugt wählt oder sonst ein unrichtiges Ergebnis einer Wahl herbeiführt oder das Ergebnis verfälscht oder eine solche Tat versucht.

(2) [1] Die Wahlbekanntmachung oder ein Auszug aus ihr mit den Nummern 1, 3, 4 und 6 der Anlage 23 ist vor Beginn der Wahlhandlung am oder im Eingang des Gebäudes, in dem sich der Wahlraum befindet, anzubringen. [2] Dem Auszug ist ein Stimmzettel als Muster beizufügen.

Dritter Abschnitt. Wahlhandlung

Erster Unterabschnitt. Allgemeine Bestimmungen

§ 42[2)] Ausstattung des Wahlvorstandes. Die Gemeindebehörde übergibt dem Wahlvorsteher eines jeden Wahlbezirks vor Beginn der Wahlhandlung

1. das abgeschlossene Wählerverzeichnis,
2. das Verzeichnis der eingetragenen Wahlberechtigten, denen nach Abschluß des Wählerverzeichnisses noch Wahlscheine erteilt worden sind,
3. amtliche Stimmzettel in genügender Zahl,
4. Vordruck der Wahlniederschrift,
5. Vordruck der Schnellmeldung,
6. Abdrucke des Europawahlgesetzes[1)], des Bundeswahlgesetzes[3)] und dieser Verordnung, die die Anlagen zu diesen Vorschriften nicht zu enthalten brauchen,
7. Abdruck der Wahlbekanntmachung oder Auszug aus ihr mit den Nummern 1, 3, 4 und 6 der Anlage 23,
8. Verschlußmaterial für die Wahlurne,
9. Verpackungs- und Siegelmaterial zum Verpacken der Stimmzettel und Wahlscheine.

§ 43[4)] Wahlkabinen. (1) [1] In jedem Wahlraum richtet die Gemeindebehörde eine Wahlkabine oder mehrere Wahlkabinen mit Tischen ein, in denen der

---

[1)] Nr. **28**.

[2)] § 42 Nr. 1 und 3 geänd. mWv 19.12.2003 durch Art. 1 VO v. 12.12.2003 (BGBl. I S. 2551); Nr. 9 geänd. mWv 24.12.2013 durch VO v. 16.12.2013 (BGBl. I S. 4335).

[3)] Nr. **10**.

[4)] § 43 Abs. 1 Satz 1 geänd. mWv 19.12.2003 durch Art. 1 VO v. 12.12.2003 (BGBl. I S. 2551); Überschrift, Abs. 1 Sätze 1, 2 und 3 und Abs. 2 geänd. mWv 24.12.2013 durch VO v. 16.12.2013 (BGBl. I S. 4335).

Wähler seinen Stimmzettel unbeobachtet kennzeichnen und falten kann. [2] Die Wahlkabinen müssen vom Tisch des Wahlvorstandes aus überblickt werden können. [3] Als Wahlkabine kann auch ein nur durch den Wahlraum zugänglicher Nebenraum dienen, wenn dessen Eingang vom Tisch des Wahlvorstandes aus überblickt werden kann.

(2) In der Wahlkabine soll ein Schreibstift bereitliegen.

§ 44 Wahlurnen. (1) Die Gemeindebehörde sorgt für die erforderlichen Wahlurnen.

(2) [1] Die Wahlurne muß mit einem Deckel versehen sein. [2] Ihre innere Höhe soll in der Regel 90 cm, der Abstand jeder Wand von der gegenüberliegenden mindestens 35 cm betragen. [3] Im Deckel muß die Wahlurne einen Spalt haben, der nicht weiter als 2 cm sein darf. [4] Sie muß verschließbar sein.

(3) Für die Stimmabgabe in Sonderwahlbezirken und vor einem beweglichen Wahlvorstand können kleinere Wahlurnen verwendet werden.

§ 45 Wahltisch. [1] Der Tisch, an dem der Wahlvorstand Platz nimmt, muß von allen Seiten zugänglich sein. [2] An oder auf diesen Tisch wird die Wahlurne gestellt.

§ 46[1)] Eröffnung der Wahlhandlung. (1) [1] Der Wahlvorsteher eröffnet die Wahlhandlung damit, dass er die anwesenden Beisitzer auf ihre Verpflichtung zur unparteiischen Wahrnehmung ihres Amtes und zur Verschwiegenheit über die ihnen bei ihrer amtlichen Tätigkeit bekanntgewordenen Angelegenheiten hinweist. [2] Er stellt sicher, dass der Hinweis allen Beisitzern vor Aufnahme ihrer Tätigkeit erteilt wird.

(2) [1] Vor Beginn der Stimmabgabe berichtigt der Wahlvorsteher das Wählerverzeichnis nach dem etwa vorliegenden Verzeichnis der nachträglich ausgestellten Wahlscheine (§ 27 Abs. 6), indem er bei den in diesem Verzeichnis aufgeführten Wahlberechtigten in der Spalte für den Stimmabgabevermerk „Wahlschein" oder „W" einträgt. [2] Er berichtigt dementsprechend die Abschlußbescheinigung des Wählerverzeichnisses in der daneben vorgesehenen Spalte und bescheinigt das an der vorgesehenen Stelle. [3] Erhält der Wahlvorsteher später die Mitteilung von der Ausstellung von Wahlscheinen nach § 26 Abs. 4 Satz 3, verfährt er entsprechend den Sätzen 1 und 2.

(3) [1] Der Wahlvorstand überzeugt sich vor Beginn der Stimmabgabe davon, daß die Wahlurne leer ist. [2] Der Wahlvorsteher verschließt die Wahlurne. [3] Sie darf bis zum Schluß der Wahlhandlung nicht mehr geöffnet werden.

§ 47 Öffentlichkeit. Während der Wahlhandlung sowie der Ermittlung und Feststellung des Wahlergebnisses hat jedermann zum Wahlraum Zutritt, soweit das ohne Störung des Wahlgeschäfts möglich ist.

§ 48 Ordnung im Wahlraum. [1] Der Wahlvorstand sorgt für Ruhe und Ordnung im Wahlraum. [2] Er ordnet bei Andrang den Zutritt zum Wahlraum.

---

1) § 46 Abs. 1 geänd., Satz 2 angef. mWv 11.12.2008 durch VO v. 3.12.2008 (BGBl. I S. 2378).

§ 49[1)] Stimmabgabe. (1) [1] Wenn der Wähler den Wahlraum betritt, erhält er einen amtlichen Stimmzettel. [2] Der Wahlvorstand kann anordnen, daß er hierzu seine Wahlbenachrichtigung vorzeigt.

(2) [1] Der Wähler begibt sich in die Wahlkabine, kennzeichnet dort seinen Stimmzettel und faltet ihn dort in der Weise, dass seine Stimmabgabe nicht erkennbar ist. [2] In der Wahlkabine darf nicht fotografiert oder gefilmt werden. [3] Der Wahlvorstand achtet darauf, daß sich immer nur ein Wähler und dieser nur so lange wie notwendig in der Wahlkabine aufhält.

(3) [1] Danach tritt der Wähler an den Tisch des Wahlvorstandes. [2] Auf Verlangen hat er seine Wahlbenachrichtigung abzugeben und, insbesondere wenn er seine Wahlbenachrichtigung nicht vorlegt, sich über seine Person auszuweisen.

(4) [1] Sobald der Schriftführer den Namen des Wählers im Wählerverzeichnis gefunden hat, die Wahlberechtigung festgestellt ist und kein Anlaß zur Zurückweisung des Wählers nach den Absätzen 6 und 7 besteht, gibt der Wahlvorsteher die Wahlurne frei. [2] Der Wähler wirft den gefalteten Stimmzettel in die Wahlurne. [3] Der Schriftführer vermerkt die Stimmabgabe im Wählerverzeichnis in der dafür bestimmten Spalte. [4] Die Mitglieder des Wahlvorstandes sind dabei, wenn nicht die Feststellung der Wahlberechtigung es erfordert, nicht befugt, Angaben zur Person des Wählers so zu verlautbaren, dass sie von sonstigen im Wahlraum Anwesenden zur Kenntnis genommen werden können.

(5) *(aufgehoben)*

(6) [1] Der Wahlvorstand hat einen Wähler zurückzuweisen, der

1. nicht in das Wählerverzeichnis eingetragen ist und keinen Wahlschein besitzt,

1a. sich auf Verlangen des Wahlvorstandes nicht ausweisen kann oder die zur Feststellung der Identität erforderlichen Mitwirkungshandlungen verweigert,

2. keinen Wahlschein vorlegt, obwohl sich im Wählerverzeichnis ein Wahlscheinvermerk (§ 29) befindet, es sei denn, es wird festgestellt, daß er nicht im Wahlscheinverzeichnis eingetragen ist,

3. bereits einen Stimmabgabevermerk im Wählerverzeichnis hat, es sei denn, er weist nach, daß er noch nicht gewählt hat,

4. seinen Stimmzettel außerhalb der Wahlkabine gekennzeichnet oder gefaltet hat,

5. seinen Stimmzettel so gefaltet hat, dass seine Stimmabgabe erkennbar ist, oder ihn mit einem äußerlich sichtbaren, das Wahlgeheimnis offensichtlich gefährdenden Kennzeichen versehen hat,

5a. für den Wahlvorstand erkennbar in der Wahlkabine fotografiert oder gefilmt hat oder

---

[1)] § 49 Abs. 1 Satz 1, Abs. 2 Satz 1, Abs. 4 Satz 2 geänd., Abs. 5 aufgeh., Abs. 6 Satz 1 Nr. 4 und 5 neu gef., Nr. 6 angef., Abs. 8 neu gef. mWv 19.12.2003 durch Art. 1 VO v. 12.12.2003 (BGBl. I S. 2551); Abs. 3 neu gef., Abs. 4 Satz 3 und Abs. 6 Satz 1 Nr. 3 geänd. mWv 11.12.2008 durch VO v. 3.12.2008 (BGBl. I S. 2378); Abs. 2 Sätze 1 und 2 und Abs. 6 Satz 1 Nr. 4 geänd. mWv 24.12. 2013 durch VO v. 16.12.2013 (BGBl. I S. 4335); Abs. 2 Satz 2 eingef., bish. Satz 2 wird Satz 3, Abs. 6 Satz 1 Nr. 1a und 5a eingef., Nr. 4 und 5 geänd. mWv 25.5.2018 durch VO v. 16.5.2018 (BGBl. I S. 570).

6. für den Wahlvorstand erkennbar mehrere oder einen nicht amtlich hergestellten Stimmzettel abgeben oder mit dem Stimmzettel einen weiteren Gegenstand in die Wahlurne werfen will.

2 Ein Wähler, bei dem die Voraussetzungen des Satzes 1 Nr. 1 vorliegen und der im Vertrauen auf die ihm übersandte Benachrichtigung, daß er im Wählerverzeichnis eingetragen ist, keinen Einspruch eingelegt hat, ist gegebenenfalls bei der Zurückweisung darauf hinzuweisen, daß er bei der Gemeindebehörde bis 15.00 Uhr einen Wahlschein beantragen kann.

(7) 1 Glaubt der Wahlvorsteher, das Wahlrecht einer im Wählerverzeichnis eingetragenen Person beanstanden zu müssen oder werden sonst aus der Mitte des Wahlvorstandes Bedenken gegen die Zulassung eines Wählers zur Stimmabgabe erhoben, so beschließt der Wahlvorstand über die Zulassung oder Zurückweisung. 2 Der Beschluß ist in der Wahlniederschrift zu vermerken.

(8) Hat der Wähler seinen Stimmzettel verschrieben oder versehentlich unbrauchbar gemacht oder wird der Wähler nach Absatz 6 Nr. 4 bis 6 zurückgewiesen, so ist ihm auf Verlangen ein neuer Stimmzettel auszuhändigen, nachdem er den alten Stimmzettel im Beisein eines Mitglieds des Wahlvorstandes vernichtet hat.

§ 50[1)] Stimmabgabe von Wählern mit Behinderungen. (1) 1 Ein Wähler, der des Lesens unkundig ist oder wegen einer körperlichen Beeinträchtigung gehindert ist, den Stimmzettel zu kennzeichnen, zu falten oder selbst in die Wahlurne zu werfen, bestimmt eine andere Person, deren Hilfe er sich bei der Stimmabgabe bedienen will, und gibt dies dem Wahlvorstand bekannt. 2 Hilfsperson kann auch ein vom Wähler bestimmtes Mitglied des Wahlvorstandes sein.

(2) 1 Die Hilfeleistung hat sich auf die Erfüllung der Wünsche des Wählers zu beschränken. 2 Die Hilfsperson darf gemeinsam mit dem Wähler die Wahlkabine aufsuchen, soweit das zur Hilfeleistung erforderlich ist.

(3) Die Hilfsperson ist zur Geheimhaltung der Kenntnisse verpflichtet, die sie bei der Hilfeleistung von der Wahl eines anderen erlangt hat.

(4) Ein blinder oder sehbehinderter Wähler kann sich zur Kennzeichnung des Stimmzettels auch einer Stimmzettelschablone bedienen.

§ 51[2)] *(aufgehoben)*

§ 52 Stimmabgabe von Inhabern eines Wahlscheines. 1 Der Inhaber eines Wahlscheines nennt seinen Namen, weist sich aus und übergibt den Wahlschein dem Wahlvorsteher. 2 Dieser prüft den Wahlschein. 3 Entstehen Zweifel über die Gültigkeit des Wahlscheines oder über den rechtmäßigen Besitz, so klärt sie der Wahlvorstand nach Möglichkeit und beschließt über die Zulassung oder Zurückweisung des Inhabers. 4 Der Vorgang ist in der Wahlniederschrift zu vermerken. 5 Der Wahlvorsteher behält den Wahlschein auch im Falle der Zurückweisung ein.

---

1) § 50 Abs. 1 Satz 1 geänd., Abs. 4 angef. mWv 1.5.2002 durch G v. 27.4.2002 (BGBl. I S. 1467); Abs. 1 Satz 1 neu gef. mWv 19.12.2003 durch Art. 1 VO v. 12.12.2003 (BGBl. I S. 2551); Abs. 2 Satz 2 geänd. mWv 24.12.2013 durch VO v. 16.12.2013 (BGBl. I S. 4335); Überschrift geänd. mWv 25.5.2018 durch VO v. 16.5.2018 (BGBl. I S. 570).

2) § 51 aufgeh. mWv 11.12.2008 durch VO v. 3.12.2008 (BGBl. I S. 2378).

§ 53 Schluß der Wahlhandlung. [1] Sobald die Wahlzeit abgelaufen ist, wird dies vom Wahlvorsteher bekanntgegeben. [2] Von da ab dürfen nur noch die Wähler zur Stimmabgabe zugelassen werden, die sich im Wahlraum befinden. [3] Der Zutritt zum Wahlraum ist so lange zu sperren, bis die anwesenden Wähler ihre Stimme abgegeben haben; § 47 ist zu beachten. [4] Sodann erklärt der Wahlvorsteher die Wahlhandlung für geschlossen.

Zweiter Unterabschnitt. Besondere Regelungen

§ 54[1)] Wahl in Sonderwahlbezirken. (1) Zur Stimmabgabe in Sonderwahlbezirken (§ 13) wird jeder in der Einrichtung anwesende Wahlberechtigte zugelassen, der einen für den Kreis oder die kreisfreie Stadt gültigen Wahlschein hat.

(2) Es ist zulässig, für die verschiedenen Teile eines Sonderwahlbezirks verschiedene Personen als Beisitzer des Wahlvorstandes zu bestellen.

(3) [1] Die Gemeindebehörde bestimmt im Einvernehmen mit der Leitung der Einrichtung einen geeigneten Wahlraum. [2] Für die verschiedenen Teile eines Sonderwahlbezirks können verschiedene Wahlräume bestimmt werden. [3] Die Gemeindebehörde richtet den Wahlraum her.

(4) Die Gemeindebehörde bestimmt die Wahlzeit für den Sonderwahlbezirk im Einvernehmen mit der Leitung der Einrichtung im Rahmen der allgemeinen Wahlzeit nach dem tatsächlichen Bedürfnis.

(5) Die Leitung der Einrichtung gibt den Wahlberechtigten den Wahlraum und die Wahlzeit am Tage vor der Wahl bekannt und weist auf die Möglichkeit der Stimmabgabe nach Absatz 6 hin.

(6) [1] Der Wahlvorsteher oder sein Stellvertreter und zwei Beisitzer können sich unter Mitnahme einer verschlossenen Wahlurne und der erforderlichen Stimmzettel auch in die Krankenzimmer und an die Krankenbetten begeben. [2] Dort nehmen sie die Wahlscheine entgegen und verfahren nach den §§ 52 und 49 Abs. 4 bis 8. [3] Dabei muß auch bettlägerigen Wählern Gelegenheit gegeben werden, ihre Stimmzettel unbeobachtet zu kennzeichnen und zu falten. [4] Der Wahlvorsteher oder sein Stellvertreter weist Wähler, die sich bei der Stimmabgabe der Hilfe einer anderen Person bedienen wollen, darauf hin, daß sie auch ein von ihnen bestimmtes Mitglied des Wahlvorstandes als Hilfsperson in Anspruch nehmen können. [5] Nach Schluß der Stimmabgabe sind die verschlossene Wahlurne und die Wahlscheine unverzüglich in den Wahlraum des Sonderwahlbezirks zu bringen. [6] Dort ist die Wahlurne bis zum Schluß der allgemeinen Stimmabgabe unter Aufsicht des Wahlvorstandes verschlossen zu verwahren. [7] Danach wird ihr Inhalt mit dem Inhalt der allgemeinen Wahlurne vermengt und zusammen mit den übrigen Stimmen des Sonderwahlbezirks ausgezählt. [8] Der Vorgang ist in der Wahlniederschrift zu vermerken.

(7) Die Öffentlichkeit der Wahlhandlung sowie der Ermittlung und Feststellung des Wahlergebnisses soll nach Möglichkeit durch die Anwesenheit anderer Wahlberechtigter gewährleistet werden.

(8) Die Leitung der Einrichtung hat bei Kranken mit ansteckenden Krankheiten insbesondere § 30 Abs. 1 des Infektionsschutzgesetzes zu beachten.

[1)] § 54 Abs. 6 Sätze 1 und 3 geänd., Abs. 8 neu gef. mWv 19.12.2003 durch Art. 1 VO v. 12.12. 2003 (BGBl. I S. 2551).

(9) Das Wahlergebnis des Sonderwahlbezirks darf nicht vor Schluß der allgemeinen Wahlzeit ermittelt werden.

(10) Im übrigen gelten die allgemeinen Bestimmungen.

§ 55[1)] Stimmabgabe in kleineren Krankenhäusern und kleineren Alten- oder Pflegeheimen. (1) Die Gemeindebehörde soll bei entsprechendem Bedürfnis und soweit möglich im Benehmen mit der Leitung eines kleineren Krankenhauses oder eines kleineren Alten- oder Pflegeheimes zulassen, daß dort anwesende Wahlberechtigte, die einen für den Kreis oder die kreisfreie Stadt gültigen Wahlschein besitzen, vor einem beweglichen Wahlvorstand (§ 8) wählen.

(2) [1] Die Gemeindebehörde vereinbart mit der Leitung der Einrichtung die Zeit der Stimmabgabe innerhalb der allgemeinen Wahlzeit. [2] Die Leitung der Einrichtung stellt, soweit erforderlich, einen geeigneten Wahlraum bereit. [3] Die Gemeindebehörde richtet ihn her. [4] Die Leitung der Einrichtung gibt den Wahlberechtigten Ort und Zeit der Stimmabgabe bekannt.

(3) [1] Der bewegliche Wahlvorstand begibt sich unter Mitnahme einer verschlossenen Wahlurne und der erforderlichen Stimmzettel in das Krankenhaus oder in das Alten- oder Pflegeheim, nimmt die Wahlscheine entgegen und verfährt nach den §§ 52 und 49 Abs. 4 bis 8. [2] Der Wahlvorsteher oder sein Stellvertreter weist Wähler, die sich bei der Stimmabgabe der Hilfe einer anderen Person bedienen wollen, darauf hin, dass sie auch ein von ihnen bestimmtes Mitglied des Wahlvorstandes als Hilfsperson in Anspruch nehmen können. [3] Nach Schluß der Stimmabgabe sind die verschlossene Wahlurne und die Wahlscheine unverzüglich in den Wahlraum des Wahlbezirks zu bringen. [4] Dort ist die Wahlurne bis zum Schluß der allgemeinen Stimmabgabe unter Aufsicht des Wahlvorstandes verschlossen zu verwahren. [5] Danach wird ihr Inhalt mit dem Inhalt der allgemeinen Wahlurne vermengt und zusammen mit den Stimmen des Wahlbezirks ausgezählt. [6] Der Vorgang ist in der Wahlniederschrift zu vermerken.

(4) [1] § 54 Abs. 6 bis 8 gilt entsprechend. [2] Im übrigen gelten die allgemeinen Bestimmungen.

§ 56 Stimmabgabe in Klöstern. Die Gemeindebehörde soll bei entsprechendem Bedürfnis und soweit möglich im Benehmen mit der Leitung eines Klosters die Stimmabgabe im Kloster entsprechend § 55 regeln.

§ 57 Stimmabgabe in sozialtherapeutischen Anstalten und Justizvollzugsanstalten. (1) In sozialtherapeutischen Anstalten und Justizvollzugsanstalten soll die Gemeindebehörde bei entsprechendem Bedürfnis und soweit möglich Gelegenheit geben, daß die in der Anstalt anwesenden Wahlberechtigten, die einen für den Kreis oder die kreisfreie Stadt gültigen Wahlschein besitzen, in der Anstalt vor einem beweglichen Wahlvorstand (§ 8) wählen.

(2) [1] Die Gemeindebehörde vereinbart mit der Leitung der Anstalt die Zeit der Stimmabgabe innerhalb der allgemeinen Wahlzeit. [2] Die Anstaltsleitung stellt einen Wahlraum bereit. [3] Die Gemeindebehörde richtet ihn her. [4] Die Anstaltsleitung gibt den Wahlberechtigten Ort und Zeit der Stimmabgabe

---

[1)] § 55 Abs. 3 Satz 1 geänd. mWv 19.12.2003 durch Art. 1 VO v. 12.12.2003 (BGBl. I S. 2551).

bekannt und sorgt dafür, daß sie zur Stimmabgabe den Wahlraum aufsuchen können.

(3) [1] § 55 Abs. 3 und § 54 Abs. 6 bis 8 gelten entsprechend. [2] Im übrigen gelten die allgemeinen Bestimmungen.

§ 58 (weggefallen)

§ 59[1)] Briefwahl. (1) [1] Wer durch Briefwahl wählt, kennzeichnet persönlich den Stimmzettel, legt ihn in den amtlichen Stimmzettelumschlag und verschließt diesen, unterzeichnet die auf dem Wahlschein vorgedruckte Versicherung an Eides Statt zur Briefwahl unter Angabe des Tages, steckt den verschlossenen amtlichen Stimmzettelumschlag und den unterschriebenen Wahlschein in den amtlichen Wahlbriefumschlag, verschließt den Wahlbriefumschlag und übersendet den Wahlbrief durch ein Postunternehmen rechtzeitig an die nach Absatz 2 zuständige, auf dem Wahlbriefumschlag angegebene Stelle. [2] Der Wahlbrief kann bei dieser Stelle auch abgegeben werden. [3] Nach Eingang des Wahlbriefes bei der zuständigen Stelle darf er nicht mehr zurückgegeben werden.

(2) [1] Die Wahlbriefe müssen bei dem Kreis- oder Stadtwahlleiter des Kreises oder der kreisfreien Stadt, für den der Wahlschein gültig ist, eingehen. [2] Sind auf Grund einer Anordnung nach § 5 Abs. 2 des Europawahlgesetzes[2)] Briefwahlvorstände für einzelne oder mehrere Gemeinden innerhalb eines Kreises gebildet, müssen die Wahlbriefe bei der Gemeindebehörde eingehen, die die Wahlscheine ausgestellt hat.

(3) [1] Der Stimmzettel ist unbeobachtet zu kennzeichnen und in den Stimmzettelumschlag zu legen; § 49 Abs. 8 gilt entsprechend. [2] Für die Stimmabgabe von Wählern mit Behinderungen gilt § 50 entsprechend. [3] Hat der Wähler den Stimmzettel durch eine Hilfsperson kennzeichnen lassen, so hat diese durch Unterschreiben der Versicherung an Eides Statt zur Briefwahl zu bestätigen, daß sie den Stimmzettel gemäß dem erklärten Willen des Wählers gekennzeichnet hat; die Hilfsperson muss das 16. Lebensjahr vollendet haben.

(4) [1] In Krankenhäusern, Altenheimen, Altenwohnheimen, Pflegeheimen, Erholungsheimen, sozialtherapeutischen Anstalten und Justizvollzugsanstalten sowie Gemeinschaftsunterkünften ist Vorsorge zu treffen, daß der Stimmzettel unbeobachtet gekennzeichnet und in den Stimmzettelumschlag gelegt werden kann. [2] Die Leitung der Einrichtung bestimmt einen geeigneten Raum, veranlaßt dessen Ausstattung und gibt den Wahlberechtigten bekannt, in welcher Zeit der Raum für die Ausübung der Briefwahl zur Verfügung steht. [3] § 49 Abs. 8 gilt entsprechend.

(5) Die Gemeindebehörde weist die Leitungen der Einrichtungen in ihrem Gemeindegebiet spätestens am 13. Tage vor der Wahl auf die Regelung des Absatzes 4 hin.

---

1) § 59 Abs. 1 Satz 1, Abs. 2 Satz 2, Abs. 3 Sätze 1 und 3, Abs. 4 Satz 1 geänd. mWv 11.12.2008 durch VO v. 3.12.2008 (BGBl. I S. 2378); Abs. 1 Satz 1 geänd. mWv 24.12.2013 durch VO v. 16.12.2013 (BGBl. I S. 4335); Abs. 3 Satz 2 geänd. mWv 25.5.2018 durch VO v. 16.5.2018 (BGBl. I S. 570).

2) Nr. **28**.

Vierter Abschnitt. Ermittlung und Feststellung der Wahlergebnisse

§ 60 Ermittlung und Feststellung des Wahlergebnisses im Wahlbezirk. [1] Im Anschluß an die Wahlhandlung ermittelt der Wahlvorstand ohne Unterbrechung das Wahlergebnis im Wahlbezirk. [2] Er stellt fest

1. die Zahl der Wahlberechtigten,
2. die Zahl der Wähler,
3. die Zahlen der gültigen und ungültigen Stimmen,
4. die Zahlen der für die einzelnen Wahlvorschläge abgegebenen gültigen Stimmen.

§ 61[1)] Zählung der Wähler. [1] Vor dem Öffnen der Wahlurne werden alle nicht benutzten Stimmzettel vom Wahltisch entfernt. [2] Sodann werden die Stimmzettel der Wahlurne entnommen, entfaltet und gezählt. [3] Zugleich werden die Zahl der Stimmabgabevermerke im Wählerverzeichnis und die Zahl der eingenommenen Wahlscheine festgestellt. [4] Ergibt sich dabei auch nach wiederholter Zählung keine Übereinstimmung, so ist dies in der Wahlniederschrift zu vermerken und, soweit möglich, zu erläutern.

§ 62[2)] Zählung der Stimmen. (1) [1] Nachdem die Stimmzettel sowie die Stimmabgabevermerke und die Wahlscheine gezählt worden sind, bilden mehrere Beisitzer unter Aufsicht des Wahlvorstehers folgende Stimmzettelstapel, die sie unter Aufsicht behalten:

1. nach Wahlvorschlägen getrennte Stapel mit den Stimmzetteln, auf denen die Stimmen zweifelsfrei gültig für die jeweiligen Wahlvorschläge abgegeben worden sind,
2. einen Stapel mit den ungekennzeichneten Stimmzetteln.

[2] Stimmzettel, die Anlass zu Bedenken geben, werden ausgesondert und von einem vom Wahlvorsteher hierzu bestimmten Beisitzer in Verwahrung genommen.

(2) [1] Die Beisitzer, die die nach Wahlvorschlägen geordneten Stimmzettel (Absatz 1 Satz 1 Nr. 1) unter ihrer Aufsicht haben, übergeben die einzelnen Stapel nacheinander zu einem Teil dem Wahlvorsteher, zum anderen Teil seinem Stellvertreter. [2] Diese prüfen, ob die Kennzeichnung der Stimmzettel eines jeden Stapels gleichlautet und sagen zu jedem Stapel laut an, für welchen Wahlvorschlag die Stimme abgegeben worden ist. [3] Gibt ein Stimmzettel dem Wahlvorsteher oder seinem Stellvertreter Anlaß zu Bedenken, so fügen sie diesen den nach Absatz 1 Satz 2 ausgesonderten Stimmzetteln bei.

(3) [1] Hierauf prüft der Wahlvorsteher die ungekennzeichneten Stimmzettel (Absatz 1 Satz 1 Nr. 2), die ihm hierzu von dem Beisitzer, der sie in Ver-

---

1) § 61 Satz 1 geänd., Satz 2 neu gef. mWv 19.12.2003 durch Art. 1 VO v. 12.12.2003 (BGBl. I S. 2551).

2) § 62 Abs. 1 Einleitungssatz neu gef., Nr. 2 geänd., Satz 2 neu gef., Abs. 2 Satz 3, Abs. 3 Satz 1, Abs. 7 Nr. 2 geänd., Nr. 3 neu gef. mWv 19.12.2003 durch Art. 1 VO v. 12.12.2003 (BGBl. I S. 2551).

wahrung hat, übergeben werden. [2] Der Wahlvorsteher sagt jeweils an, daß die Stimme ungültig ist.

(4) [1] Danach zählen je zwei vom Wahlvorsteher bestimmte Beisitzer nacheinander die nach den Absätzen 2 und 3 geprüften Stimmzettelstapel unter gegenseitiger Kontrolle durch und ermitteln die Zahl der für die einzelnen Wahlvorschläge abgegebenen gültigen Stimmen sowie die Zahl der ungültigen Stimmen. [2] Die Zahlen werden als Zwischensummen in die Wahlniederschrift übertragen.

(5) [1] Zum Schluß entscheidet der Wahlvorstand über die Gültigkeit der Stimmen, die auf den ausgesonderten Stimmzetteln abgegeben worden sind. [2] Der Wahlvorsteher gibt die Entscheidung mündlich bekannt und sagt bei den gültigen Stimmen an, für welchen Wahlvorschlag die Stimme abgegeben worden ist. [3] Er vermerkt auf der Rückseite jedes Stimmzettels, ob und für welchen Wahlvorschlag die Stimme für gültig oder ob sie für ungültig erklärt worden ist und versieht die Stimmzettel mit fortlaufenden Nummern. [4] Die jeweiligen Stimmenzahlen werden als Zwischensummen in die Wahlniederschrift übertragen.

(6) [1] Die nach den Absätzen 4 und 5 ermittelten Zahlen der ungültigen und für die einzelnen Wahlvorschläge abgegebenen Stimmen werden vom Schriftführer in der Wahlniederschrift zusammengezählt. [2] Zwei vom Wahlvorsteher bestimmte Beisitzer überprüfen die Zusammenzählung. [3] Beantragt ein Mitglied des Wahlvorstandes vor der Unterzeichnung der Wahlniederschrift eine erneute Zählung der Stimmen, so ist diese nach den Absätzen 1 bis 5 zu wiederholen. [4] Die Gründe für die erneute Zählung sind in der Wahlniederschrift zu vermerken.

(7) Die vom Wahlvorsteher bestimmten Beisitzer sammeln

1. die Stimmzettel getrennt nach den Wahlvorschlägen, denen die Stimme zugefallen ist,
2. die ungekennzeichneten Stimmzettel,
3. die Stimmzettel, die Anlass zu Bedenken gegeben haben

je für sich und behalten sie unter Aufsicht.

§ 63 Bekanntgabe des Wahlergebnisses. [1] Im Anschluß an die Feststellungen nach § 60 gibt der Wahlvorsteher das Wahlergebnis im Wahlbezirk mit den in dieser Vorschrift bezeichneten Angaben mündlich bekannt. [2] Es darf vor Unterzeichnung der Wahlniederschrift (§ 65 Abs. 1 Satz 2) anderen als den in § 64 genannten Stellen durch die Mitglieder des Wahlvorstandes nicht mitgeteilt werden.

§ 64[1)] Schnellmeldungen, vorläufige Wahlergebnisse. (1) [1] Sobald das Wahlergebnis im Wahlbezirk festgestellt ist, meldet es der Wahlvorsteher dem Kreis- oder Stadtwahlleiter. [2] Ist eine kreisangehörige Gemeinde in mehrere Wahlbezirke eingeteilt, so meldet der Wahlvorsteher das Wahlergebnis seines Wahlbezirks der Gemeindebehörde, die die Wahlergebnisse aller Wahlbezirke der Gemeinde zusammenfaßt und dem Kreiswahlleiter meldet.

---

1) § 64 Abs. 2 Satz 1 geänd., Abs. 7 Sätze 2–4 angef. mWv 19.12.2003 durch Art. 1 VO v. 12.12. 2003 (BGBl. I S. 2551), Abs. 6 Satz 2 angef. mWv 1.4.2004 durch Art. 2 VO v. 12.12.2003 (BGBl. I S. 2551); Abs. 5 geänd. mWv 24.12.2013 durch VO v. 16.12.2013 (BGBl. I S. 4335).

(2) [1] Die Meldung wird auf schnellstem Wege (z.B. telefonisch oder auf sonstigem elektronischen Wege) erstattet. [2] Sie enthält die Zahlen

1. der Wahlberechtigten,
2. der Wähler,
3. der gültigen und ungültigen Stimmen,
4. der für jeden Wahlvorschlag abgegebenen gültigen Stimmen.

(3) [1] Der Kreiswahlleiter ermittelt nach den Schnellmeldungen das vorläufige Wahlergebnis im Kreis. [2] Der Stadtwahlleiter ermittelt nach den Schnellmeldungen das vorläufige Wahlergebnis in der kreisfreien Stadt. [3] Die Kreis- und Stadtwahlleiter teilen unter Einbeziehung der Ergebnisse der Briefwahl (§ 68 Abs. 4) die vorläufigen Wahlergebnisse auf schnellstem Wege dem Landeswahlleiter mit. [4] Der Landeswahlleiter meldet dem Bundeswahlleiter die eingehenden Kreis- und Stadtergebnisse sofort und laufend weiter.

(4) Der Landeswahlleiter ermittelt nach den Schnellmeldungen der Kreis- und Stadtwahlleiter das vorläufige zahlenmäßige Wahlergebnis im Land und meldet es auf schnellstem Wege dem Bundeswahlleiter.

(5) Der Bundeswahlleiter ermittelt nach den Schnellmeldungen der Landeswahlleiter entsprechend § 71 das vorläufige Wahlergebnis im Wahlgebiet.

(6) [1] Die Wahlleiter geben nach Durchführung der ohne Vorliegen der Wahlniederschriften möglichen Überprüfungen die vorläufigen Wahlergebnisse mündlich oder in geeigneter anderer Form bekannt. [2] Der Bundeswahlleiter gibt das vorläufige Wahlergebnis im Wahlgebiet frühestens dann bekannt, wenn die Stimmabgabe in allen Mitgliedstaaten der Europäischen Union beendet ist.

(7) [1] Die Schnellmeldungen der Wahlvorsteher, Gemeindebehörden sowie Kreis- und Stadtwahlleiter werden nach dem Muster der Anlage 24 erstattet. [2] Der Landeswahlleiter kann Anordnungen zur Art und Weise der Übermittlung treffen. [3] Er kann auch anordnen, dass die Wahlergebnisse der Wahlbezirke und der Gemeinden gleichzeitig dem Kreis- oder Stadtwahlleiter und ihm mitzuteilen sind. [4] Die mitgeteilten Ergebnisse darf der Landeswahlleiter erst dann bei der Ermittlung des vorläufigen Wahlergebnisses im Land berücksichtigen, wenn die Mitteilung des Kreis- oder Stadtwahlleiters nach Absatz 3 Satz 3 vorliegt.

§ 65[1)] Wahlniederschrift. (1) [1] Über die Wahlhandlung sowie die Ermittlung und Feststellung des Wahlergebnisses ist vom Schriftführer eine Niederschrift nach dem Muster der Anlage 25 zu fertigen. [2] Die Niederschrift ist von den Mitgliedern des Wahlvorstandes zu genehmigen und zu unterzeichnen. [3] Verweigert ein Mitglied des Wahlvorstandes die Unterschrift, so ist der Grund hierfür in der Wahlniederschrift zu vermerken. [4] Mit ihrer Unterschrift genehmigen die Mitglieder des Wahlvorstandes die Wahlniederschrift. [5] Beschlüsse nach § 49 Abs. 7, § 52 Satz 3 und § 62 Abs. 5 sowie Beschlüsse über Anstände bei der Wahlhandlung oder bei der Ermittlung und Feststellung des Wahlergebnisses sind in der Wahlniederschrift zu vermerken. [6] Der Wahlniederschrift sind beizufügen die Stimmzettel, über die der Wahlvorstand nach

[1)] § 65 Abs. 1 Satz 6 geänd. mWv 19.12.2003 durch Art. 1 VO v. 12.12.2003 (BGBl. I S. 2551).

§ 62 Abs. 5 besonders beschlossen hat sowie die Wahlscheine, über die der Wahlvorstand nach § 52 Satz 3 besonders beschlossen hat.

(2) Der Wahlvorsteher hat die Wahlniederschrift mit den Anlagen unverzüglich der Gemeindebehörde, in kreisfreien Städten dem Stadtwahlleiter zu übergeben.

(3) [1] Die Gemeindebehörde übersendet dem Kreiswahlleiter die Wahlniederschriften ihrer Wahlvorstände mit den Anlagen auf schnellstem Wege. [2] Besteht die Gemeinde aus mehreren Wahlbezirken, so fügt sie eine Zusammenstellung der Wahlergebnisse der einzelnen Wahlbezirke nach dem Muster der Anlage 26 bei.

(4) Wahlvorsteher, Gemeindebehörden sowie Kreis- und Stadtwahlleiter haben sicherzustellen, daß die Wahlniederschriften mit den Anlagen Unbefugten nicht zugänglich sind.

§ 66[1)] Übergabe und Verwahrung der Wahlunterlagen. (1) [1] Hat der Wahlvorstand seine Aufgabe erledigt, so verpackt der Wahlvorsteher je für sich

1. die Stimmzettel, geordnet und gebündelt nach den Stimmen für die einzelnen Wahlvorschläge und nach ungekennzeichneten Stimmzetteln,
2. *(aufgehoben)*
3. die eingenommenen Wahlscheine,

soweit sie nicht der Wahlniederschrift beigefügt sind, versiegelt die einzelnen Pakete, versieht sie mit Inhaltsangabe und übergibt sie der Gemeindebehörde. [2] Bis zur Übergabe an die Gemeindebehörde hat der Wahlvorsteher sicherzustellen, daß die unter Nummer 1 bis 3 aufgeführten Unterlagen Unbefugten nicht zugänglich sind.

(2) [1] Die Gemeindebehörde hat die Pakete zu verwahren, bis die Vernichtung der Wahlunterlagen zugelassen ist (§ 83). [2] Sie hat sicherzustellen, daß die Pakete Unbefugten nicht zugänglich sind.

(3) Der Wahlvorsteher gibt der Gemeindebehörde die ihm nach § 42 zur Verfügung gestellten Unterlagen und Ausstattungsgegenstände sowie die eingenommenen Wahlbenachrichtigungen zurück.

(4) [1] Die Gemeindebehörde hat die in Absatz 1 bezeichneten Unterlagen auf Anforderung dem Kreis- oder Stadtwahlleiter vorzulegen. [2] Werden nur Teile eines Pakets angefordert, so bricht die Gemeindebehörde das Paket in Gegenwart von zwei Zeugen auf, entnimmt ihm den angeforderten Teil und versiegelt das Paket erneut. [3] Über den Vorgang ist eine Niederschrift zu fertigen, die von allen Beteiligten zu unterzeichnen ist.

§ 67[2)] Behandlung der Wahlbriefe, Vorbereitung der Ermittlung und Feststellung des Briefwahlergebnisses. (1) [1] Die für den Eingang der Wahlbriefe zuständige Stelle (§ 59 Abs. 2) sammelt die Wahlbriefe ungeöffnet und hält sie unter Verschluß. [2] Sie vermerkt auf jedem am Wahltage nach

---

1) § 66 Abs. 1 Satz 1 Nr. 2, Abs. 3 Satz 2 aufgeh. mWv 19.12.2003 durch Art. 1 VO v. 12.12. 2003 (BGBl. I S. 2551).

2) § 67 Abs. 2 aufgeh. mWv 1.9.2000 durch VO v. 28.8.2000 (BGBl. I S. 1338); Abs. 5 geänd. mWv 19.12.2003 durch Art. 1 VO v. 12.12.2003 (BGBl. I S. 2551).

Schluß der Wahlzeit eingegangenen Wahlbrief Tag und Uhrzeit des Eingangs, auf den vom nächsten Tag an eingehenden Wahlbriefen nur den Eingangstag.

(2) *(aufgehoben)*

(3) [1] Verspätet eingegangene Wahlbriefe werden von der zuständigen Stelle angenommen, mit den in Absatz 1 vorgeschriebenen Vermerken versehen und ungeöffnet verpackt. [2] Das Paket wird von ihr versiegelt, mit Inhaltsangabe versehen und verwahrt, bis die Vernichtung der Wahlbriefe zugelassen ist (§ 83). [3] Sie hat sicherzustellen, daß das Paket Unbefugten nicht zugänglich ist.

(4) Die zuständige Stelle, in den Fällen der Bildung eines Briefwahlvorstandes für mehrere Gemeinden nach § 7 Nr. 3 die mit der Durchführung der Briefwahl betraute Gemeindebehörde, verteilt die Wahlbriefe auf die einzelnen Briefwahlvorstände, übergibt jedem Briefwahlvorstand das Verzeichnis über die für ungültig erklärten Wahlscheine sowie die Nachträge dazu oder die Mitteilung, daß keine Wahlscheine für ungültig erklärt worden sind (§ 27 Abs. 9), sorgt für die Bereitstellung und Ausstattung des Wahlraumes und stellt dem Briefwahlvorstand etwa notwendige Hilfskräfte zur Verfügung.

(5) Ist für mehrere Gemeinden ein Briefwahlvorstand gebildet, haben die Gemeindebehörden der mit der Durchführung der Briefwahl betrauten Gemeindebehörde alle bis zum Tage vor der Wahl bei ihnen eingegangenen Wahlbriefe bis 12.00 Uhr am Wahltage zuzuleiten und alle anderen noch vor Schluß der Wahlzeit bei ihnen eingegangenen Wahlbriefe auf schnellstem Wege nach Schluß der Wahlzeit zuzuleiten.

§ 68[1)] Zulassung der Wahlbriefe, Ermittlung und Feststellung des Briefwahlergebnisses. (1) [1] Ein vom Briefwahlvorsteher bestimmtes Mitglied des Briefwahlvorstandes öffnet die Wahlbriefe nacheinander und entnimmt ihnen den Wahlschein und den Stimmzettelumschlag. [2] Ist der Wahlschein in einem Verzeichnis für ungültig erklärter Wahlscheine aufgeführt oder werden Bedenken gegen die Gültigkeit des Wahlscheines erhoben, so sind die betroffenen Wahlbriefe samt Inhalt unter Kontrolle des Briefwahlvorstehers auszusondern und später entsprechend Absatz 2 zu behandeln. [3] Die aus den übrigen Wahlbriefen entnommenen Stimmzettelumschläge werden ungeöffnet in die Wahlurne geworfen; die Wahlscheine werden gesammelt.

(2) [1] Werden gegen einen Wahlbrief Bedenken erhoben, so beschließt der Briefwahlvorstand über die Zulassung oder Zurückweisung. [2] Der Wahlbrief ist vom Briefwahlvorstand zurückzuweisen, wenn ein Tatbestand nach § 4 des Europawahlgesetzes[2)] in Verbindung mit § 39 Abs. 4 Satz 1 Nr. 2 bis 8 des Bundeswahlgesetzes[3)] vorliegt. [3] Die Zahl der beanstandeten, der nach besonderer Beschlußfassung zugelassenen und die Zahl der zurückgewiesenen Wahlbriefe sind in der Wahlniederschrift zu vermerken. [4] Die zurückgewiesenen Wahlbriefe sind samt Inhalt auszusondern, mit einem Vermerk über den Zurückweisungsgrund zu versehen, wieder zu verschließen und fortlaufend zu numerieren. [5] Die Einsender zurückgewiesener Wahlbriefe werden nicht als

---

[1)] § 68 Abs. 1 Satz 3 geänd., Abs. 3 und 10 neu gef. mWv 19.12.2003 durch Art. 1 VO v. 12.12. 2003 (BGBl. I S. 2551), Abs. 10 Satz 1 geänd. mWv 1.4.2004 durch Art. 2 VO v. 12.12.2003 (BGBl. I S. 2551); Abs. 1 Sätze 1 und 3, Abs. 2 Sätze 2 und 5, Abs. 3 Sätze 1 und 2, Abs. 4 Satz 2, Abs. 5 Satz 2 Nr. 1 geänd. mWv 11.12.2008 durch VO v. 3.12.2008 (BGBl. I S. 2378).

[2)] Nr. **28**.

[3)] Nr. **10**.

Wähler gezählt; ihre Stimmen gelten als nicht abgegeben (§ 4 des Europawahlgesetzes in Verbindung mit § 39 Abs. 4 Satz 2 des Bundeswahlgesetzes).

(3) [1] Nachdem die Stimmzettelumschläge den Wahlbriefen entnommen und in die Wahlurne geworfen worden sind, jedoch nicht vor Schluss der allgemeinen Wahlzeit, ermittelt und stellt der Briefwahlvorstand das Wahlergebnis mit den in § 60 unter den Nummern 2 bis 4 bezeichneten Angaben fest. [2] Die §§ 61 bis 63 gelten entsprechend mit der Maßgabe, dass die Stimmzettelumschläge zunächst ungeöffnet zu zählen sind und leere Stimmzettelumschläge entsprechend § 62 Abs. 1 Satz 1 Nr. 2, Abs. 3 und 7 Nr. 2 sowie Stimmzettelumschläge, die mehrere Stimmzettel enthalten oder Anlass zu Bedenken geben, entsprechend § 62 Abs. 1 Satz 2, Abs. 5 und 7 Nr. 3 zu behandeln sind.

(4) [1] Sobald das Briefwahlergebnis festgestellt ist, meldet es der Briefwahlvorsteher auf schnellstem Wege dem Kreis- oder Stadtwahlleiter. [2] Sind auf Grund einer Anordnung nach § 5 Abs. 2 des Europawahlgesetzes Briefwahlvorstände für einzelne oder mehrere Gemeinden gebildet worden, meldet der Briefwahlvorsteher das Briefwahlergebnis der für ihn zuständigen Gemeindebehörde, die es in die Schnellmeldung für den Bereich der Gemeinde übernimmt. [3] Die Schnellmeldungen werden nach dem Muster der Anlage 24 erstattet.

(5) [1] Über die Zulassung der Wahlbriefe sowie die Ermittlung und Feststellung des Briefwahlergebnisses ist vom Schriftführer eine Niederschrift nach dem Muster der Anlage 27 zu fertigen. [2] Dieser sind beizufügen

1. die Stimmzettel und Stimmzettelumschläge, über die der Briefwahlvorstand entsprechend § 62 Abs. 5 besonders beschlossen hat,
2. die Wahlbriefe, die der Briefwahlvorstand zurückgewiesen hat,
3. die Wahlscheine, über die der Briefwahlvorstand beschlossen hat, ohne daß die Wahlbriefe zurückgewiesen wurden.

(6) [1] Der Briefwahlvorsteher übergibt die Wahlniederschrift mit den Anlagen unverzüglich dem Kreis- oder Stadtwahlleiter. [2] Sind Briefwahlvorstände für einzelne oder mehrere Gemeinden innerhalb eines Kreises gebildet worden, ist die Wahlniederschrift mit den Anlagen der Gemeindebehörde oder der mit der Durchführung der Briefwahl betrauten Gemeindebehörde zu übergeben. [3] Die zuständige Gemeindebehörde übersendet dem Kreiswahlleiter die Wahlniederschriften der Briefwahlvorstände mit den Anlagen und fügt, soweit erforderlich, Zusammenstellungen der Briefwahlergebnisse nach dem Muster der Anlage 26 bei. [4] § 65 Abs. 4 gilt entsprechend.

(7) [1] Der Briefwahlvorsteher verpackt die Wahlunterlagen entsprechend § 66 Abs. 1 und übergibt sie dem Kreis- oder Stadtwahlleiter, der sie verwahrt, bis ihre Vernichtung zugelassen ist (§ 83). [2] Sind Briefwahlvorstände für einzelne oder mehrere Gemeinden innerhalb eines Kreises gebildet worden, übergibt der Briefwahlvorsteher die Unterlagen der Stelle, die den Briefwahlvorstand einberufen hat. [3] Diese verfährt nach § 66 Abs. 2 bis 4. [4] § 65 Abs. 4 gilt entsprechend.

(8) Im übrigen gelten für die Tätigkeit des Briefwahlvorstandes die für den Wahlvorstand geltenden Bestimmungen entsprechend.

(9) Das Wahlergebnis der Briefwahl wird vom Kreis- oder Stadtwahlleiter in die Schnellmeldung nach § 64 Abs. 3 und in die Zusammenstellung des

endgültigen Wahlergebnisses des Kreises oder der kreisfreien Stadt nach § 69 übernommen.

(10) [1] Stellt der Bundeswahlleiter fest, dass im Wahlgebiet die regelmäßige Beförderung von Wahlbriefen infolge von Naturkatastrophen oder ähnlichen Ereignissen höherer Gewalt gestört war, gelten die dadurch betroffenen Wahlbriefe, die nach Behebung des Ereignisses, spätestens aber am 22. Tag nach der Wahl bei der zuständigen Stelle (§ 59 Abs. 2) eingehen, als rechtzeitig eingegangen, wenn sie ohne die Störung spätestens am Wahltag bis 18.00 Uhr eingegangen wären. [2] Dabei gelten im Wahlgebiet abgesandte Wahlbriefe mit einem Poststempel spätestens vom zweiten Tag vor der Wahl als rechtzeitig eingegangen. [3] Die als rechtzeitig eingegangen geltenden Wahlbriefe sind auf schnellstem Wege dem zuständigen Briefwahlvorstand zur nachträglichen Feststellung des Briefwahlergebnisses zu überweisen, sofern der Kreis- oder Stadtwahlleiter feststellt, dass die nach § 7 Nr. 1 erforderliche Zahl von Wahlbriefen erreicht ist. [4] Wird diese Zahl für einzelne Briefwahlvorstände unterschritten, bestimmt der Kreis- oder Stadtwahlleiter, welchem Briefwahlvorstand des Kreises oder der kreisfreien Stadt die durch das Ereignis betroffenen Wahlbriefe überwiesen werden. [5] Wird die nach § 7 Nr. 1 erforderliche Zahl von Wahlbriefen im Kreis oder in der kreisfreien Stadt unterschritten, bestimmt der Kreis- oder Stadtwahlleiter, welcher Briefwahlvorstand über die Zulassung oder Zurückweisung der Wahlbriefe entscheidet und welcher Briefwahlvorstand des Kreises oder der kreisfreien Stadt über die Gültigkeit der abgegebenen Stimmen entscheidet und die nachträgliche Feststellung des Briefwahlergebnisses trifft. [6] Im Übrigen kann der Landeswahlleiter Regelungen zur Anpassung an die besonderen Verhältnisse im Einzelfall treffen.

§ 69[1)] Ermittlung und Feststellung der Wahlergebnisse im Kreis oder in der kreisfreien Stadt. (1) [1] Der Kreis- oder Stadtwahlleiter prüft die Wahlniederschriften der Wahlvorstände auf Vollständigkeit und Ordnungsmäßigkeit. [2] Er stellt nach den Wahlniederschriften das endgültige Ergebnis der Wahl im Kreis oder in der kreisfreien Stadt nach Wahlvorschlägen wahlbezirksweise und nach Briefwahlvorständen geordnet nach dem Muster der Anlage 26 zusammen. [3] Dabei bildet der Kreiswahlleiter für die Gemeinden Zwischensummen, soweit möglich auch für die Briefwahlergebnisse. [4] Ergeben sich aus der Wahlniederschrift oder aus sonstigen Gründen Bedenken gegen die Ordnungsmäßigkeit des Wahlgeschäfts, so klärt sie der Kreis- oder Stadtwahlleiter soweit wie möglich auf.

(2) [1] Nach Berichterstattung durch den Kreis- oder Stadtwahlleiter ermittelt der Kreis- oder Stadtwahlausschuß das Wahlergebnis im Kreis oder in der kreisfreien Stadt. [2] Er stellt fest

1. die Zahl der Wahlberechtigten,
2. die Zahl der Wähler,
3. die Zahlen der gültigen und ungültigen Stimmen,
4. die Zahlen der für die einzelnen Wahlvorschläge abgegebenen gültigen Stimmen.

[1)] § 69 Abs. 4 Satz 2 geänd. durch Art. 1 VO v. 12.12.2003 (BGBl. I S. 2551); Abs. 2 Satz 3 neu gef. mWv 11.12.2008 durch VO v. 3.12.2008 (BGBl. I S. 2378).

[3] Der Kreis- oder Stadtwahlausschuss ist berechtigt, Feststellungen des Wahlvorstandes zu berichtigen und dabei auch über die Gültigkeit abgegebener Stimmen abweichend zu beschließen. [4] Ungeklärte Bedenken vermerkt er in der Niederschrift.

(3) Im Anschluß an die Feststellung gibt der Kreis- oder Stadtwahlleiter das Wahlergebnis mit den in Absatz 2 Satz 2 bezeichneten Angaben mündlich bekannt.

(4) [1] Die Niederschrift über die Sitzung (§ 5 Abs. 7) ist nach dem Muster der Anlage 28 zu fertigen. [2] Die Niederschrift und die ihr beigefügte Zusammenstellung des Wahlergebnisses nach dem Muster der Anlage 26 sind von allen Mitgliedern des Kreis- oder Stadtwahlausschusses, die an der Verhandlung teilgenommen haben, und von dem Schriftführer zu unterzeichnen.

(5) Der Kreis- oder Stadtwahlleiter übersendet dem Landeswahlleiter und dem Bundeswahlleiter auf schnellstem Wege eine Ausfertigung der Niederschrift des Kreis- oder Stadtwahlausschusses mit der dazugehörigen Zusammenstellung.

§ 70 Ermittlung und Feststellung des Wahlergebnisses im Land.

(1) Der Landeswahlleiter prüft die Wahlniederschriften der Kreis- und Stadtwahlausschüsse und stellt danach die endgültigen Wahlergebnisse in den einzelnen Kreisen und kreisfreien Städten des Landes (§ 69 Abs. 2) nach dem Muster der Anlage 26 zum Wahlergebnis des Landes zusammen.

(2) [1] Nach Berichterstattung durch den Landeswahlleiter ermittelt der Landeswahlausschuß das Wahlergebnis im Land. [2] Er stellt fest

1. die Zahl der Wahlberechtigten,
2. die Zahl der Wähler,
3. die Zahlen der gültigen und ungültigen Stimmen,
4. die Zahlen der für die einzelnen Wahlvorschläge abgegebenen gültigen Stimmen.

[3] Der Landeswahlausschuß ist berechtigt, rechnerische Berichtigungen an den Feststellungen der Wahlvorstände sowie der Kreis- und Stadtwahlausschüsse vorzunehmen.

(3) Im Anschluß an die Feststellung gibt der Landeswahlleiter das Wahlergebnis mit den in Absatz 2 Satz 2 bezeichneten Angaben mündlich bekannt.

(4) [1] Die Niederschrift über die Sitzung (§ 5 Abs. 7) ist nach dem Muster der Anlage 29 zu fertigen. [2] § 69 Abs. 4 Satz 2 gilt entsprechend.

(5) Der Landeswahlleiter übersendet dem Bundeswahlleiter eine Ausfertigung der Niederschrift mit der Feststellung des Wahlergebnisses für das Land sowie eine Zusammenstellung der Wahlergebnisse in den einzelnen Kreisen und kreisfreien Städten des Landes (Absatz 1).

§ 71[1)] Abschließende Ermittlung und Feststellung des Ergebnisses der Wahl im Wahlgebiet. (1) [1] Der Bundeswahlleiter prüft die Wahlniederschrif-

---

1) § 71 Abs. 3 Satz 3 angef. durch Art. 1 VO v. 12.12.2003 (BGBl. I S. 2551); Abs. 1 Sätze 3 und 4, Abs. 2 Satz 2 Nr. 5 geänd. mWv 11.12.2008 durch VO v. 3.12.2008 (BGBl. I S. 2378); Abs. 1 Satz 2 einl. Satzteil und Nr. 1 und Nr. 3 geänd., Abs. 2 Satz 2 Nr. 7 geänd. mWv 24.12.2013 durch VO v. 16.12.2013 (BGBl. I S. 4335).

ten der Landeswahlausschüsse. [2] Er ermitttelt nach den Niederschriften der Landeswahlausschüsse sowie der Kreis- und Stadtwahlausschüsse

1. die Zahlen der auf die Wahlvorschläge jedes Wahlvorschlagsberechtigten entfallenen gültigen Stimmen nach dem Muster der Anlage 26,
2. die Gesamtzahl der im Wahlgebiet abgegebenen gültigen Stimmen sowie
3. den Prozentsatz des Stimmenanteils der Wahlvorschläge der einzelnen Wahlvorschlagsberechtigten im Wahlgebiet an der Gesamtzahl der gültigen Stimmen.

[3] Er berechnet nach Maßgabe des § 2 Abs. 2 bis 7 des Europawahlgesetzes[1)] die Stimmenzahlen der Wahlvorschläge und verteilt die Sitze auf die einzelnen Wahlvorschläge. [4] Entsprechend errechnet er, wie sich die auf eine Listenverbindung entfallenden Sitze auf die beteiligten Listen (§ 2 Abs. 6 des Europawahlgesetzes) des betreffenden Wahlvorschlagsberechtigten verteilen.

(2) [1] Nach Berichterstattung durch den Bundeswahlleiter ermittelt der Bundeswahlausschuß das Gesamtergebnis der Wahl. [2] Er stellt für das Wahlgebiet fest

1. die Zahl der Wahlberechtigten,
2. die Zahl der Wähler,
3. die Zahlen der gültigen und ungültigen Stimmen,
4. die Zahlen der auf die Wahlvorschläge der einzelnen Wahlvorschlagsberechtigten entfallenen gültigen Stimmen,
5. welche Wahlvorschläge nach § 2 Abs. 7 des Europawahlgesetzes
   a) an der Verteilung der Sitze teilnehmen,
   b) bei der Verteilung der Sitze unberücksichtigt bleiben,
6. die Zahl der Sitze, die auf die einzelnen zu berücksichtigenden Wahlvorschläge entfallen,
7. die gewählten Bewerber mit dem Familiennamen, den Vornamen, dem Beruf oder Stand, dem Geburtsjahr, dem Geburtsort und der Anschrift (Hauptwohnung).

[3] Der Bundeswahlausschuß ist berechtigt, rechnerische Berichtigungen an den Feststellungen der Landeswahlausschüsse vorzunehmen.

(3) [1] Im Anschluß an die Ermittlung und Feststellung gibt der Bundeswahlleiter das Wahlergebnis mit den in Absatz 2 Satz 2 Nr. 1 bis 6 bezeichneten Angaben mündlich bekannt. [2] Gleichzeitig weist er darauf hin, daß er die Feststellung nach Absatz 2 Satz 2 Nr. 7 durch Aushang im Sitzungsraum bekanntgibt. [3] Bei einem Nachweis nach § 37 Abs. 1 Satz 3 ist an Stelle der Anschrift (Hauptwohnung) die Erreichbarkeitsanschrift anzugeben.

(4) [1] Die Niederschrift über die Sitzung (§ 5 Abs. 7) ist nach dem Muster der Anlage 30 zu fertigen. [2] § 69 Abs. 4 Satz 2 gilt entsprechend.

(5) Der Bundeswahlleiter teilt den Landeswahlleitern mit, welche Bewerber gewählt sind.

---

1) Nr. **28**.

§ 72[1)] Bekanntmachung der endgültigen Wahlergebnisse. (1) Sobald die Feststellungen aller Wahlausschüsse abgeschlossen sind, machen

1. der Bundeswahlleiter das endgültige Wahlergebnis für das Wahlgebiet mit den in § 71 Absatz 2 Satz 2 Nummer 1 bis 6 bezeichneten Angaben und den Namen der gewählten Bewerber,
2. der Landeswahlleiter das endgültige Wahlergebnis für das Land mit den in § 70 Absatz 2 Satz 2 bezeichneten Angaben

öffentlich bekannt.

(2) [1] Ausfertigungen seiner Bekanntmachung übersendet der Bundeswahlleiter dem Präsidenten des Deutschen Bundestages und den Landeswahlleitern. [2] Der Landeswahlleiter übersendet eine Ausfertigung seiner Bekanntmachung dem Bundeswahlleiter.

§ 73[2)] Benachrichtigung der gewählten Bewerber. (1) [1] Der Bundeswahlleiter benachrichtigt die vom Bundeswahlausschuss für gewählt erklärten Bewerber nach der mündlichen Bekanntgabe des endgültigen Wahlergebnisses und weist sie auf die Vorschriften der §§ 19 und 21 Abs. 1 des Europawahlgesetzes[3)] hin. [2] Bei einer Wiederholungswahl (§ 4 des Europawahlgesetzes in Verbindung mit § 44 des Bundeswahlgesetzes[4)]) benachrichtigt er die Gewählten mittels Zustellung (§ 80 Abs. 1) und weist sie auf die Vorschriften des § 21 Abs. 2 und des § 4 des Europawahlgesetzes in Verbindung mit § 44 Abs. 4 Satz 2 des Bundeswahlgesetzes hin.

(2) [1] Der Bundeswahlleiter benachrichtigt den Präsidenten des Deutschen Bundestages sofort, wenn ein gewählter Bewerber die Wahl abgelehnt hat. [2] Bei einer Wiederholungswahl (§ 4 des Europawahlgesetzes in Verbindung mit § 44 des Bundeswahlgesetzes) teilt er sofort nach Ablauf der Frist des § 4 des Europawahlgesetzes in Verbindung mit § 44 Abs. 4 Satz 2 des Bundeswahlgesetzes mit, an welchen Tagen die Annahmeerklärungen der gewählten Bewerber eingegangen sind und welche Bewerber die Wahl abgelehnt haben. [3] In den Fällen des § 21 Abs. 2 Satz 2 des Europawahlgesetzes teilt er mit, an welchen Tagen die Benachrichtigungen zugestellt worden sind.

§ 74[5)] Überprüfung der Wahl durch die Landeswahlleiter und den Bundeswahlleiter. (1) [1] Die Landeswahlleiter und der Bundeswahlleiter prüfen, ob die Wahl nach den Vorschriften des Europawahlgesetzes, dieser Verordnung und der Bundeswahlgeräteverordnung in der jeweils geltenden Fassung durchgeführt worden ist. [2] Nach dem Ergebnis ihrer Prüfung entscheiden sie, ob Einspruch gegen die Wahl einzulegen ist (§ 26 Abs. 1 des Europawahlgesetzes[3)] in Verbindung mit § 2 Abs. 2 des Wahlprüfungsgesetzes[6)]).

[1)] § 72 Abs. 1 Satz 2 angef. durch Art. 1 VO v. 12.12.2003 (BGBl. I S. 2551); Abs. 1 einl. Satzteil und Nr. 1 und 2 geänd., Satz 2 aufgeh. mWv 24.12.2013 durch VO v. 16.12.2013 (BGBl. I S. 4335).

[2)] § 73 neu gef. mWv 11.12.2008 durch VO v. 3.12.2008 (BGBl. I S. 2378).

[3)] Nr. **28**.

[4)] Nr. **10**.

[5)] § 74 Abs. 1 Satz 1 geänd. mWv 19.12.2003 durch Art. 1 VO v. 12.12.2003 (BGBl. I S. 2551); Abs. 1 Sätze 1 und 2 geänd. mWv 11.12.2008 durch VO v. 3.12.2008 (BGBl. I S. 2378).

[6)] Nr. **12**.

(2) [1] Auf Anforderung haben die Kreis- und Stadtwahlleiter dem Landeswahlleiter und über diesen dem Bundeswahlleiter die bei ihnen und den Gemeinden vorhandenen Wahlunterlagen zu übersenden. [2] Der Bundeswahlleiter kann verlangen, daß ihm die Landeswahlleiter die bei ihnen vorhandenen Wahlunterlagen übersenden.

Fünfter Abschnitt. Nachwahl, Wiederholungswahl, Berufung von Listennachfolgern

§ 75 Nachwahl. (1) [1] Sobald feststeht, daß die Wahl infolge höherer Gewalt oder aus sonstigem Grunde nicht durchgeführt werden kann, sagt der Kreis- oder Stadtwahlleiter die Wahl ab und macht öffentlich bekannt, daß eine Nachwahl stattfinden wird. [2] Er unterrichtet unverzüglich den Landeswahlleiter und dieser den Bundeswahlleiter.

(2) Bei der Nachwahl wird mit den für die Hauptwahl aufgestellten Wählerverzeichnissen, nach den für die Hauptwahl zugelassenen Wahlvorschlägen, in den für die Hauptwahl bestimmten Wahlbezirken und Wahlräumen sowie vor den für die Hauptwahl gebildeten Wahlvorständen gewählt.

(3) [1] Bei der Nachwahl behalten die für die Hauptwahl erteilten Wahlscheine Gültigkeit. [2] Neue Wahlscheine dürfen nur von den Gemeinden des Gebietes, in dem die Nachwahl stattfindet, erteilt werden.

(4) Der Landeswahlleiter kann im Einzelfall Regelungen zur Anpassung an besondere Verhältnisse treffen.

(5) Der Landeswahlleiter macht den Tag der Nachwahl öffentlich bekannt.

§ 76[1)] Wiederholungswahl. (1) Das Wahlverfahren ist nur insoweit zu erneuern, als das nach der Entscheidung im Wahlprüfungsverfahren erforderlich ist.

(2) [1] Wird die Wahl nur in einzelnen Wahlbezirken wiederholt, so darf die Abgrenzung dieser Wahlbezirke nicht geändert werden. [2] Auch sonst soll die Wahl möglichst in denselben Wahlbezirken wie bei der Hauptwahl wiederholt werden. [3] Wahlvorstände können neu gebildet und Wahlräume neu bestimmt werden.

(3) Findet die Wiederholungswahl infolge von Unregelmäßigkeiten bei der Aufstellung und Behandlung von Wählerverzeichnissen statt, so ist in den betroffenen Wahlbezirken das Verfahren der Aufstellung, Einsichtnahme, Berichtigung und des Abschlusses des Wählerverzeichnisses neu durchzuführen, sofern sich aus der Wahlprüfungsentscheidung keine Einschränkungen ergeben.

(4) [1] Wähler, die seit der Hauptwahl ihr Wahlrecht verloren haben, sind im Wählerverzeichnis zu streichen. [2] Wird die Wahl vor Ablauf von sechs Monaten nach der Hauptwahl nur in einzelnen Wahlbezirken wiederholt, so können Wahlberechtigte, denen für die Hauptwahl ein Wahlschein erteilt wurde, nur dann an der Wahl teilnehmen, wenn sie ihren Wahlschein in den Wahlbezirken abgegeben haben, für die die Wahl wiederholt wird.

[1)] § 76 Abs. 3 geänd. mWv 19.12.2003 durch Art. 1 VO v. 12.12.2003 (BGBl. I S. 2551).

(5) [1] Wahlscheine dürfen nur von Gemeinden in dem Gebiet, in dem die Wiederholungswahl stattfindet, erteilt werden. [2] Wird die Wahl vor Ablauf von sechs Monaten nach der Hauptwahl nur in einzelnen Wahlbezirken wiederholt, so erhalten Personen, die bei der Hauptwahl in diesen Wahlbezirken mit Wahlschein gewählt haben, auf Antrag ihren Wahlschein mit Gültigkeitsvermerk für die Wiederholungswahl zurück, wenn sie inzwischen aus dem Gebiet der Wiederholungswahl verzogen sind.

(6) Wahlvorschläge können nur geändert werden, wenn sich dies aus der Wahlprüfungsentscheidung ergibt.

(7) Der Landeswahlleiter kann im Rahmen der Wahlprüfungsentscheidung Regelungen zur Anpassung des Wiederholungswahlverfahrens an besondere Verhältnisse treffen.

§ 77[1)] Berufung von Listennachfolgern. (1) [1] Liegen die Voraussetzungen für eine Listennachfolge vor, so benachrichtigt der Bundeswahlleiter den nächsten Listenbewerber mittels Zustellung (§ 80 Abs. 1) und weist ihn auf die Vorschrift des § 21 Abs. 2 des Europawahlgesetzes[2)] hin. [2] Er fordert ihn auf, ihm innerhalb einer Woche schriftlich zu erklären, ob er die Nachfolge annimmt, und an Eides statt zu versichern, dass er nicht aus der die Liste einreichenden Partei oder sonstigen politischen Vereinigung ausgeschieden oder Mitglied einer anderen Partei oder sonstigen politischen Vereinigung geworden ist. [3] Für die Abnahme der Versicherung an Eides statt gilt § 11 Abs. 2 Satz 2 und 3 des Europawahlgesetzes entsprechend.

(2) [1] Der Bundeswahlleiter stellt fest, wer als Listennachfolger in das Europäische Parlament eintritt, und teilt dem Präsidenten des Deutschen Bundestages den Familiennamen, die Vornamen, den Beruf oder Stand, das Geburtsjahr, den Geburtsort und die Anschrift (Hauptwohnung) des Listennachfolgers sowie den Tag, an dem seine Aufnahmeerklärung eingegangen ist, sofort mit. [2] Im Falle des § 21 Abs. 2 Satz 2 des Europawahlgesetzes teilt der Bundeswahlleiter mit, an welchem Tage die Benachrichtigung zugestellt worden ist und wann der Listennachfolger die Mitgliedschaft im Europäischen Parlament erwirbt.

(3) [1] Der Bundeswahlleiter macht entsprechend § 72 Absatz 1 Nummer 1 öffentlich bekannt, welcher Bewerber in das Europäische Parlament eingetreten ist und zu welchem Zeitpunkt er die Mitgliedschaft im Europäischen Parlament erworben hat, und übersendet eine Abschrift der Bekanntmachung an den Präsidenten des Deutschen Bundestages. [2] Der Präsident des Deutschen Bundestages unterrichtet unverzüglich den Präsidenten des Europäischen Parlaments über die Listennachfolge.

---

1) § 77 Abs. 2 Satz 2 eingef., bish. Satz 2 wird Satz 3 mWv 19.12.2003 durch Art. 1 VO v. 12.12. 2003 (BGBl. I S. 2551); Abs. 1 eingef., bish. Abs. 1 und 2 werden Abs. 2 und 3 und Abs. 2 Satz 2 geänd. mWv 1.4.2008 durch VO v. 27.3.2008 (BGBl. I S. 476); Abs. 1 Sätze 1 und 3, Abs. 2 Satz 2 geänd. mWv 11.12.2008 durch VO v. 3.12.2008 (BGBl. I S. 2378); Abs. 3 Satz 2 geänd. mWv 1.11. 2015 durch G v. 3.5.2013 (BGBl. I S. 1084, geänd. durch G v. 20.11.2014, BGBl. I S. 1738); Abs. 2 Satz 1 und Abs. 3 Satz 1 geänd., Satz 2 aufgeh., bish. Satz 3 wird Satz 2, Abs. 4 angef. mWv 24.12. 2013 durch VO v. 16.12.2013 (BGBl. I S. 4335).

2) Nr. **28**.

(4) [1]Ein nicht gewählter Bewerber oder Ersatzbewerber verliert seine Anwartschaft als Listennachfolger, wenn er dem Bundeswahlleiter schriftlich seine Ablehnung erklärt. [2]Die Ablehnung kann nicht widerrufen werden.

Sechster Abschnitt. Übergangs- und Schlußbestimmungen

§ 78[1)] Datenschutzrechtliche Spezialregelungen. (1) Das Recht auf Auskunft über die im Wählerverzeichnis enthaltenen personenbezogenen Daten nach Artikel 15 Absatz 1 und das Recht auf Erhalt einer Kopie nach Artikel 15 Absatz 3 der Verordnung (EU) 2016/679[2)] des Europäischen Parlaments und des Rates vom 27. April 2016 zum Schutz natürlicher Personen bei der Verarbeitung personenbezogener Daten, zum freien Datenverkehr und zur Aufhebung der Richtlinie 95/46/EG (Datenschutz-Grundverordnung) (ABl. L 119 vom 4.5.2016, S. 1; L 314 vom 22.11.2016, S. 72) werden dadurch gewährleistet, dass die betroffene Person unter den Voraussetzungen des § 4 des Europawahlgesetzes[3)] in Verbindung mit § 17 des Bundeswahlgesetzes[4)] und § 20 dieser Verordnung Einsicht in das Wählerverzeichnis nehmen sowie unter den Voraussetzungen des § 20 Absatz 3 Auszüge aus dem Wählerverzeichnis anfertigen kann.

(2) [1]Hinsichtlich der im Wählerverzeichnis enthaltenen personenbezogenen Daten werden das Recht auf Berichtigung nach Artikel 16 und das Recht auf Einschränkung der Verarbeitung nach Artikel 18 der Verordnung (EU) 2016/679 nach Maßgabe des § 15 Absatz 8 und des § 21 ausgeübt. [2]Hinsichtlich der in Wahlvorschlägen enthaltenen personenbezogenen Daten werden das Recht auf Berichtigung nach Artikel 16 und das Recht auf Einschränkung der Verarbeitung nach Artikel 18 der Verordnung (EU) 2016/679 im Zeitraum vom Ablauf der Frist für die Einreichung der Wahlvorschläge bis zum Ablauf des Wahltages nach Maßgabe des § 13 des Europawahlgesetzes ausgeübt.

(3) Die Information der betroffenen Person im Sinne von Artikel 13 der Verordnung (EU) 2016/679 über die für die Führung des Wählerverzeichnisses und für die Erteilung eines Wahlscheins verarbeiteten personenbezogenen Daten erfolgt durch die Bekanntmachung nach § 19.

§ 78a[5)] Prüfung der Wählbarkeit deutscher Bewerber in anderen Mitgliedstaaten. (1) [1]Wird dem Bundeswahlleiter von einem anderen Mitgliedstaat der Europäischen Union mitgeteilt, dass sich ein deutscher Staatsangehöriger dort zur Wahl bewirbt, holt er unverzüglich ein Führungszeugnis über diesen nach § 31 Absatz 1 des Bundeszentralregistergesetzes ein und leitet die Mitteilung des anderen Mitgliedstaates ebenfalls unverzüglich unter Hinweis auf die in Absatz 2 Satz 1 genannte Frist zur Prüfung seiner Wählbarkeit an die zuständige Gemeindebehörde weiter. [2]Zuständig ist die Gemeindebehörde derjenigen Gemeinde, der die in der Mitteilung angegebene letzte Anschrift des deutschen Staatsangehörigen in Deutschland zuzuordnen ist. [3]Die Ge-

---

1) § 78 neu gef. mWv 25.5.2018 durch VO v. 16.5.2018 (BGBl. I S. 570).
2) **Sartorius Nr. 246.**
3) Nr. **28**.
4) Nr. **10**.
5) § 78a neu gef. mWv 24.12.2013 durch VO v. 16.12.2013 (BGBl. I S. 4335).

meindebehörde unterrichtet den Bundeswahlleiter innerhalb der Frist über das Ergebnis der Prüfung und teilt ihm gegebenenfalls das Gericht, das Datum und das Aktenzeichen der Entscheidung mit, aus der sich ein Ausschluss von der Wählbarkeit ergibt.

(2) [1] Der Bundeswahlleiter übermittelt dem anderen Mitgliedstaat innerhalb von fünf Arbeitstagen nach Eingang der Mitteilung des Mitgliedstaates, wenn möglich, in kürzerer Frist die Information darüber, ob der deutsche Staatsangehörige in Deutschland von der Wählbarkeit ausgeschlossen ist, sowie im Falle eines bestehenden Ausschlusses von der Wählbarkeit die in Absatz 1 Satz 3 genannten Informationen. [2] Er übermittelt dem Mitgliedstaat die Informationen nach Satz 1 unverzüglich, wenn sie ihm erst nach Ablauf der in Satz 1 genannten Frist vorliegen.

§ 79[1)] Öffentliche Bekanntmachungen. (1) Die nach dem Europawahlgesetz und dieser Verordnung vorgeschriebenen öffentlichen Bekanntmachungen erfolgen durch das Bundesministerium des Innern, für Bau und Heimat im Bundesanzeiger, den Bundeswahlleiter im Bundesanzeiger, die Landeswahlleiter im Staatsanzeiger oder Ministerial- oder Amtsblatt der Landesregierung oder des Innenministeriums, die Kreis- oder Stadtwahlleiter in den Amtsblättern oder Zeitungen, die allgemein für Bekanntmachungen der Kreise oder kreisfreien Städte bestimmt sind, die Gemeindebehörden in ortsüblicher Weise.

(2) Für die öffentliche Bekanntmachung nach § 5 Abs. 3 genügt Aushang am oder im Eingang des Sitzungsgebäudes mit dem Hinweis, daß jedermann Zutritt zu der Sitzung hat.

(3) [1] Der Inhalt der nach dem Europawahlgesetz und dieser Verordnung vorgeschriebenen öffentlichen Bekanntmachungen kann zusätzlich im Internet veröffentlicht werden. [2] Dabei sind die Unversehrtheit, Vollständigkeit und Ursprungszuordnung der Veröffentlichung nach aktuellem Stand der Technik zu gewährleisten. [3] Statt einer Anschrift ist nur der Wohnort anzugeben. [4] Personenbezogene Daten in Internetveröffentlichungen von öffentlichen Bekanntmachungen nach § 37 sind spätestens sechs Monate nach Bekanntgabe des endgültigen Wahlergebnisses, von öffentlichen Bekanntmachungen nach § 72 Absatz 1 und § 77 Absatz 3 spätestens sechs Monate nach dem Ende der Wahlperiode zu löschen.

§ 80[2)] Zustellungen, Versicherungen an Eides Statt. (1) Für Zustellungen gilt das Verwaltungszustellungsgesetz[3)] des Bundes in der jeweils geltenden Fassung.

(2) Für die Abnahme der nach § 15 Absatz 7 Satz 2, § 17 Absatz 5 Satz 1 und Absatz 6 Satz 1, § 17a Absatz 4 und § 32 Absatz 3 Nummer 2 abzugebenden Versicherung an Eides statt ist die jeweilige Gemeindebehörde zuständig.

[1)] § 79 Abs. 1 geänd. mWv 11.12.2008 durch VO v. 3.12.2008 (BGBl. I S. 2378); Abs. 3 angef. mWv 24.12.2013 durch VO v. 16.12.2013 (BGBl. I S. 4335); Abs. 1 geänd. mWv 25.5.2018 durch VO v. 16.5.2018 (BGBl. I S. 570).

[2)] § 80 Abs. 2 neu gef. mWv 25.5.2018 durch VO v. 16.5.2018 (BGBl. I S. 570).

[3)] **Sartorius Nr. 110.**

§ 81[1)] Beschaffung von Stimmzetteln und Vordrucken. (1) Der Kreis- oder Stadtwahlleiter beschafft

1. die Wahlscheinvordrucke (Anlage 8), soweit nicht die Gemeindebehörde diese im Benehmen mit dem Kreis- oder Stadtwahlleiter beschafft,
2. die Stimmzettelumschläge für die Briefwahl (Anlage 9),
3. die Wahlbriefumschläge (Anlage 10, wenn nur an seinem Sitz das Briefwahlergebnis festzustellen ist, und
4. die Merkblätter für die Briefwahl (Anlage 11),

soweit nicht der Landeswahlleiter die Beschaffung übernimmt.

(2) Der Landeswahlleiter beschafft

1. *(aufgehoben)*
2. *(aufgehoben)*
3. die Vordrucke für die Einreichung einer Liste für ein Land (Anlage 12),
4. die Formblätter für die Unterstützungsunterschriften für Listen für ein Land (Anlage 14),

4a. die Vordrucke für die Versicherung an Eides Statt für Unionsbürger zum Nachweis der Wahlberechtigung für eine Unterstützungsunterschrift für Listen für ein Land (Anlage 14A),

5. die Vordrucke für die Zustimmungserklärungen der vorgeschlagenen Bewerber[2)] (Anlage 15),
6. die Vordrucke für die Bescheinigung der Wählbarkeit der vorgeschlagenen Bewerber (Anlage 16),

6a. die Vordrucke für die Bescheinigung der Innehabung einer Wohnung und des Nichtausschlusses von der Wählbarkeit für Unionsbürger (Anlage 16A),

6b. die Vordrucke für die Versicherung an Eides Statt gemäß § 11 Abs. 2 Satz 1 Nr. 1c des Europawahlgesetzes[3)] (Anlage 16B),

7. die Vordrucke für die Niederschrift über die Aufstellung der Bewerber für die Liste für ein Land (Anlage 17),
8. die Vordrucke für die Versicherung an Eides Statt zur Bewerberaufstellung (Anlage 19) und
9. die Stimmzettel (Anlage 22).

(2a) [1] Der Landeswahlleiter kann zur Kosteneinsparung den Druck oder den Versand der Wahlbenachrichtigung oder beides nach § 18 Abs. 1 Satz 1 ganz

---

[1)] § 81 Abs. 3 Nr. 2b eingef. mWv 9.3.1999 durch VO v. 3.3.1999 (BGBl. I S. 293); Abs. 3 Nr. 2c eingef. mWv 1.9.2000 durch VO v. 28.8.2000 (BGBl. I S. 1338); Abs. 2 Nr. 6b und Abs. 3 Nr. 6b neu gef. mWv 1.4.2003, Abs. 1 Nr. 1 neu gef., Abs. 2 Nr. 2 aufgeh., Abs. 2a eingef., Nr. 6c geänd. mWv 19.12.2003 durch Art. 1 VO v. 12.12.2003 (BGBl. I S. 2551); Abs. 1 geänd. und Abs. 5 angef. mWv 1.4.2008 durch VO v. 27.3.2008 (BGBl. I S. 476); Abs. 1 Nr. 2 neu gef., Nr. 3 geänd., Nr. 4 angef., Abs. 2 Nr. 1 aufgeh., Nr. 6b geänd., Abs. 3 Nr. 2, 2a und 6b geänd. mWv 11.12.2008 durch VO v. 3.12.2008 (BGBl. I S. 2378); Abs. 3 Nr. 6c aufgeh. mWv 24.12.2013 durch VO v. 16.12.2013 (BGBl. I S. 4335); Abs. 5 geänd. mWv 25.5.2018 durch VO v. 16.5.2018 (BGBl. I S. 570).

[2)] **Amtl. Anm.:** Gemäß Artikel 1 Nr. 37 Buchstabe a Doppelbuchstabe bb der Verordnung vom 15. März 1994 (BGBl. I S. 544) werden am 13. Juni 1994 nach dem Wort „Bewerber“ die Wörter „mit den Versicherungen an Eides Statt zum Ausschluß der mehrfachen Wahlbewerbung“ eingefügt.

[3)] Nr. **28**.

oder teilweise übernehmen. [2]Die Gemeindebehörden übermitteln dem Landeswahlleiter oder der von ihm benannten Stelle rechtzeitig die hierfür benötigten Daten und Unterlagen.

(3) Der Bundeswahlleiter beschafft

1. (weggefallen)
2. die Anträge und Merkblätter für die Ausübung des Wahlrechts durch Wahlberechtigte nach § 6 Abs. 1 Nr. 2b und Abs. 2 des Europawahlgesetzes (Anlage 2),

2a. die Anträge und Merkblätter für die Ausübung des Wahlrechts durch Wahlberechtigte nach § 6 Abs. 3 des Europawahlgesetzes (Anlage 2A),

2b. die einheitlichen Formulare für den Informationsaustausch zwischen den Mitgliedstaaten (Anlage 2B,

2c. die Anträge und Merkblätter für die Anträge nach § 17b Abs. 2, nicht im Wählerverzeichnis geführt zu werden (Anlage 2C),

3. die Vordrucke für die Einreichung einer gemeinsamen Liste für alle Länder (Anlage 13),
4. die Formblätter für die Unterstützungsunterschriften für gemeinsame Listen für alle Länder (Anlage 14),

4a. die Vordrucke für die Versicherungen an Eides Statt für Unionsbürger zum Nachweis der Wahlberechtigung für die Unterstützungsunterschriften für gemeinsame Listen für alle Länder (Anlage 14A),

5. die Vordrucke für die Zustimmungserklärungen der vorgeschlagenen Bewerber[1] (Anlage 15),
6. die Vordrucke für die Bescheinigung der Wählbarkeit der vorgeschlagenen Bewerber (Anlage 16),

6a. die Vordrucke für die Bescheinigung der Innehabung einer Wohnung und des Nichtausschlusses von der Wählbarkeit für Unionsbürger (Anlage 16A),

6b. die Vordrucke für die Versicherung an Eides Statt gemäß § 11 Abs. 2 Satz 1 Nr. 1c des Europawahlgesetzes (Anlage 16B),

6c. *(aufgehoben)*

7. die Vordrucke für die Niederschrift über die Aufstellung der Bewerber für die gemeinsame Liste für alle Länder (Anlage 18),
8. die Vordrucke für die Versicherung an Eides Statt zur Bewerberaufstellung (Anlage 19) und
9. die Vordrucke für eine Erklärung über den Ausschluß von der Verbindung von Wahlvorschlägen (Anlage 21).

(4) Die Gemeindebehörde beschafft die für die Wahlbezirke und Gemeinden erforderlichen Vordrucke, soweit nicht der Bundes-, Landes-, Kreis- oder Stadtwahlleiter die Lieferung übernimmt.

---

[1] **Amtl. Anm.:** Gemäß Artikel 1 Nr. 37 Buchstabe b Doppelbuchstabe dd der Verordnung vom 15. März 1994 (BGBl. I S. 544) werden am 13. Juni 1994 nach dem Wort „Bewerber" die Wörter „mit den Versicherungen an Eides Statt zum Ausschluß der mehrfachen Wahlbewerbung" eingefügt.

(5) Die Beschaffung der Vordrucke und Formblätter nach den Anlagen 1, 2, 2A bis 2C, 5, 6A, 7, 8, 12 bis 16B, 17 bis 21, 23 bis 25 und 27 bis 30 kann auch durch elektronische Bereitstellung erfolgen.

§ 82 Sicherung der Wahlunterlagen. (1) Die Wählerverzeichnisse, die Wahlscheinverzeichnisse, die Verzeichnisse nach § 27 Abs. 8 Satz 2 und § 28 Abs. 1, die Formblätter mit Unterstützungsunterschriften für Wahlvorschläge sowie eingenommene Wahlbenachrichtigungen sind so zu verwahren, daß sie gegen Einsichtnahme durch Unbefugte geschützt sind.

(2) [1] Auskünfte aus Wählerverzeichnissen, Wahlscheinverzeichnissen und Verzeichnissen nach § 27 Abs. 8 Satz 2 und § 28 Abs. 1 dürfen nur Behörden, Gerichten und sonstigen amtlichen Stellen des Wahlgebiets und nur dann erteilt werden, wenn sie für den Empfänger im Zusammenhang mit der Wahl erforderlich sind. [2] Ein solcher Anlaß liegt insbesondere bei Verdacht von Wahlstraftaten, bei Wahlprüfungsangelegenheiten und bei wahlstatistischen Arbeiten vor.

(3) Mitglieder von Wahlorganen, Amtsträger und für den öffentlichen Dienst besonders Verpflichtete dürfen Auskünfte über Unterstützungsunterschriften für Wahlvorschläge nur Behörden, Gerichten und sonstigen amtlichen Stellen des Wahlgebiets und nur dann erteilen, wenn die Auskunft zur Durchführung der Wahl oder eines Wahlprüfungsverfahrens oder zur Aufklärung des Verdachts einer Wahlstraftat erforderlich ist.

§ 83[1)] Vernichtung von Wahlunterlagen. (1) Die eingenommenen Wahlbenachrichtigungen sind unverzüglich zu vernichten.

(2) Wählerverzeichnisse, Wahlscheinverzeichnisse, Verzeichnisse nach § 27 Abs. 8 Satz 2 und § 28 Abs. 1 sowie Formblätter mit Unterstützungsunterschriften für Wahlvorschläge sind nach Ablauf von sechs Monaten seit der Wahl zu vernichten, wenn nicht der Bundeswahlleiter mit Rücksicht auf ein schwebendes Wahlprüfungsverfahren etwas anderes anordnet oder sie für die Strafverfolgungsbehörde zur Ermittlung einer Wahlstraftat von Bedeutung sein können.

(3) [1] Die übrigen Wahlunterlagen können 60 Tage vor der Wahl des neuen Europäischen Parlaments vernichtet werden. [2] Der Landeswahlleiter kann zulassen, dass die Unterlagen früher vernichtet werden, soweit sie nicht für ein schwebendes Wahlprüfungsverfahren oder für die Strafverfolgungsbehörde zur Ermittlung einer Wahlstraftat von Bedeutung sein können.

§ 84[2)] *(aufgehoben)*

§ 85 Stadtstaatklausel. In den Ländern Berlin, Bremen und Hamburg bestimmt der Senat, welche Stellen die Aufgaben wahrnehmen, die im Gesetz und in dieser Verordnung der Gemeindebehörde übertragen sind.

[1)] § 83 Abs. 1 Satz 1 neu gef. mWv 19.12.2003 durch Art. 1 VO v. 12.12.2003 (BGBl. I S. 2551); Abs. 1 Satz 1 und Abs. 2 aufgeh., bish. Abs. 3 wird Abs. 2, Abs. 3 angef. mWv 24.12.2013 durch VO v. 16.12.2013 (BGBl. I S. 4335).

[2)] § 84 aufgeh. mWv 24.4.1999 durch VO v. 20.4.1999 (BGBl. I S. 749).

§ 86[1)] Nachweis des Nichtausschlusses von der Wählbarkeit. [1] Zum Nachweis des Nichtausschlusses von der Wählbarkeit haben nach § 6 Absatz 3 des Europawahlgesetzes[2)] wahlberechtigte Unionsbürger sowie Deutsche, die keine Wohnung in der Bundesrepublik Deutschland innehaben und sich dort auch sonst nicht gewöhnlich aufhalten und sich in Deutschland zur Wahl bewerben wollen (§ 32 Absatz 6), ein Führungszeugnis gemäß § 30 Absatz 5 des Bundeszentralregistergesetzes zu beantragen. [2] Wird das Führungszeugnis auf Antrag eines Unionsbürgers ausgestellt, ist es unmittelbar an die zuständige Gemeindebehörde zu übersenden; erfolgt die Ausstellung des Führungszeugnisses auf Antrag eines Deutschen, ist das Führungszeugnis unmittelbar an das Bundesministerium des Innern, für Bau und Heimat zu übersenden.

§ 87[3)] Übergangsregelung. (1) [1] Anträge von Unionsbürgern gemäß § 17a, die zur Eintragung in das Wählerverzeichnis geführt haben, dürfen entgegen § 83 nicht vernichtet werden; sie sind gesondert aufzubewahren. [2] Anhand dieser Anträge nimmt die Gemeindebehörde unverzüglich für jeden betroffenen Unionsbürger einen Eintrag nach § 3 Absatz 2 Nummer 1 Buchstabe b des Bundesmeldegesetzes[4)] vor. [3] Danach ist mit den Anträgen gemäß § 83 zu verfahren. [4] Ist der Unionsbürger aus der Wohnung in der Gemeinde, in der er in das Wählerverzeichnis eingetragen wurde, ausgezogen, so unterrichtet die bisher zuständige und jede wegen eines weiteren Umzugs zuständige Meldebehörde die Meldebehörde der neuen Wohnung zum Zwecke der Vornahme eines Eintrages nach § 3 Absatz 2 Nummer 1 Buchstabe b des Bundesmeldegesetzes über die Eintragung in das Wählerverzeichnis. [5] Satz 4 gilt entsprechend, wenn die bisherige alleinige Wohnung oder die bisherige Hauptwohnung zur Nebenwohnung geworden ist.

(2) Der Informationsaustausch zwischen den Mitgliedstaaten nach § 17a Absatz 5 Satz 3 soll gemäß den Empfehlungen der Kommission der Europäischen Union erfolgen.

§ 88 (Inkrafttreten, Außerkrafttreten)

Anlagen

(hier nicht wiedergegeben)

---

1) § 86 Satz 1 geänd. mWv 19.12.2003 durch Art. 1 VO v. 12.12.2003 (BGBl. I S. 2551); Satz 1 geänd. mWv 11.12.2008 durch VO v. 3.12.2008 (BGBl. I S. 2378); Satz 1 neu gef. mWv 24.12.2013 durch VO v. 16.12.2013 (BGBl. I S. 4335); Satz 2 geänd. mWv 25.5.2018 durch VO v. 16.5.2018 (BGBl. I S. 570).

2) Nr. **28**.

3) § 87 neu gef. mWv 9.3.1999 durch VO v. 3.3.1999 (BGBl. I S. 293); Abs. 1 Sätze 2–5 angef. mWv 1.9.2000 durch VO v. 28.8.2000 (BGBl. I S. 1338); Abs. 2 Satz 1 geänd. mWv 19.12.2003 durch Art. 1 VO v. 12.12.2003 (BGBl. I S. 2551); Abs. 1 Sätze 2 und 4 geänd. mWv 1.11.2015 durch G v. 3.5.2013 (BGBl. I S. 1084, geänd. durch G v. 20.11.2014, BGBl. I S. 1738); Abs. 2 Satz 1 geänd., Satz 2 aufgeh. mWv 24.12.2013 durch VO v. 16.12.2013 (BGBl. I S. 4335).

4) **Sartorius Nr. 256.**

30. Gesetz über die Rechtsverhältnisse der Mitglieder des Europäischen Parlaments aus der Bundesrepublik Deutschland (Europaabgeordnetengesetz – EuAbgG)[1)] [2)]

Vom 6. April 1979
(BGBl. I S. 413)

FNA 111–6

geänd. durch Art. II ÄndG des AbgG und des EuAbgG v. 22.9.1980 (BGBl. I S. 1752), Art. 2 Zweites ÄndG des AbgG und des EuAbgG v. 22.12.1983 (BGBl. I S. 1513), Art. 2 Drittes ÄndG des AbgG und des EuAbgG v. 11.3.1985 (BGBl. I S. 540), Art. 2 Viertes ÄndG des AbgG und des EuAbgG v. 30.7.1985 (BGBl. I S. 1623), Art. 2 Fünftes ÄndG des AbgG und des EuAbgG v. 18.11. 1986 (BGBl. I S. 2039), Art. 2 Achtes ÄndG des AbgG und Sechstes ÄndG des EuAbgG v. 23.7. 1987 (BGBl. I S. 1674), Art. 2 Neuntes ÄndG des AbgG und Siebtes ÄndG des EuAbgG v. 25.7. 1988 (BGBl. I S. 1081), Art. 1 Achtes ÄndG des EuAbgG v. 15.8.1989 (BGBl. I S. 1598), Art. 2 Zehntes ÄndG des AbgG und Neuntes ÄndG des EuAbgG v. 18.12.1989 (BGBl. I S. 2209), Art. 2 Elftes ÄndG des AbgG, Zehntes ÄndG des EuAbgG und ÄndG des EStG v. 18.12.1989 (BGBl. I S. 2210), Art. 2 Zwölftes ÄndG des AbgG und Elftes ÄndG des EuAbgG v. 14.11.1990 (BGBl. I S. 2466), Art. 2 13. ÄndG des AbgG und Zwölftes ÄndG des EuAbgG v. 7.1.1992 (BGBl. I S. 2), Art. 2 15. ÄndG des AbgG und 13. ÄndG des EuAbgG v. 22.4.1993 (BGBl. I S. 462), Art. 5 EisenbahnneuordnungsG v. 27.12.1993 (BGBl. I S. 2378), Art. 23 Pflege-VersicherungsG v. 26.5. 1994 (BGBl. I S. 1014), Art. 2 17. ÄndG des AbgG und 14. ÄndG des EuAbgG v. 4.11.1994 (BGBl. I S. 3346), Art. 3 G zur Neuregelung der Rechtsstellung der Abgeordneten v. 15.12.1995 (BGBl. I S. 1718), Art. 5 G zum Inkraftsetzen der 2. Stufe der Pflegeversicherung v. 31.5.1996 (BGBl. I S. 718), Art. 2 20. ÄndG des AbgG und 17. ÄndG des EuAbgG v. 19.6.1996 (BGBl. I S. 843), Art. 3 21. ÄndG des AbgG und 18. ÄndG des EuAbgG v. 20.7.2000 (BGBl. I S. 1037), Art. 3 Viertes ÄndG zum EuWG und 19. ÄndG des EUAbgG v. 15.8.2003 (BGBl. I S. 1655), Art. 2 24. ÄndG des AbgG und 20. ÄndG des EuAbgG v. 25.3.2004 (BGBl. I S. 459), Art. 2 25. ÄndG des AbgG und 21. ÄndG des EuAbgG v. 21.12.2004 (BGBl. I S. 3590), Art. 2 27. ÄndG des AbgG v. 22.12.2007 (BGBl. I S. 3212), Art. 4 G zur Änd. des Wahl- und Abgeordnetenrechts v. 17.3.2008 (BGBl. I S. 394), Art. 1 22. ÄndG des EuAbgG und 28. ÄndG des AbgG v. 23.10.2008 (BGBl. I S. 2020) und Art. 2 30. ÄndG des AbgG und 23. ÄndG des EuAbgG v. 11.7.2014 (BGBl. I S. 906)

Der Bundestag hat mit Zustimmung des Bundesrates das folgende Gesetz beschlossen:

Erster Abschnitt. Mandatsbewerbung und Mandatsausübung

§ 1[3)] **Anwendungsbereich.** Dieses Gesetz gilt für Bewerber um ein Mandat für das Europäische Parlament in der Bundesrepublik Deutschland und für Mitglieder des Europäischen Parlaments, die in der Bundesrepublik Deutschland gewählt worden sind, soweit nicht die Vorschriften des Abgeordnetenstatuts des Europäischen Parlaments Anwendung finden.

[1)] Änderungen vor dem 1.1.1999 sind nicht in Fußnoten nachgewiesen.

[2)] Siehe hierzu ua die Bek. über die Höhe der Kostenpauschale gemäß § 12 Abs. 2 Satz 2 AbgeordnetenG v. 15.10.2013 (BAnz AT 13.11.2013 B1).

[3)] § 1 geänd. mWv 14.7.2009 durch G v. 23.10.2008 (BGBl. I S. 2020).

§ 2 Freies Mandat. Die Mitglieder des Europäischen Parlaments sind an Aufträge und Weisungen nicht gebunden und nur ihrem Gewissen unterworfen.

§ 3[1] Schutz der Mandatsbewerber und der Mandatsausübung.

(1) Niemand darf gehindert werden, sich um ein Mandat im Europäischen Parlament zu bewerben, es zu erwerben, anzunehmen oder auszuüben.

(2) Benachteiligungen am Arbeitsplatz im Zusammenhang mit der Bewerbung um ein Mandat sowie dem Erwerb, der Annahme und Ausübung eines Mandats sind unzulässig.

(3) [1] Eine Kündigung oder Entlassung wegen des Erwerbs, der Annahme oder Ausübung des Mandats ist unzulässig. [2] Im übrigen ist eine Kündigung nur aus wichtigem Grunde zulässig. [3] Der Kündigungsschutz beginnt mit der Aufstellung des Bewerbers durch das dafür zuständige Organ des Wahlvorschlagsberechtigten. [4] Er gilt ein Jahr nach Beendigung des Mandats fort.

§ 4 Wahlvorbereitungsurlaub, Berufs- und Betriebszeiten. (1) [1] Einem Bewerber um ein Mandat im Europäischen Parlament ist zur Vorbereitung seiner Wahl innerhalb der letzten zwei Monate vor dem Wahltag auf Antrag Urlaub von bis zu zwei Monaten zu gewähren. [2] Ein Anspruch auf Fortzahlung der Bezüge besteht für die Dauer der Beurlaubung nicht.

(2) § 4 des Abgeordnetengesetzes[2] gilt entsprechend.

§ 5[3] Indemnität und Immunität. [1] Die Indemnität und Immunität der Mitglieder des Europäischen Parlaments bestimmt sich nach den Artikeln 9 und 10 des Protokolls über die Vorrechte und Befreiungen der Europäischen Gemeinschaften im Anhang zum Vertrag zur Einsetzung eines gemeinsamen Rates und einer gemeinsamen Kommission der Europäischen Gemeinschaften vom 8. April 1965 (BGBl. 1965 II S. 1453, 1482). [2] Dabei richtet sich der Umfang der Indemnität nach den Bestimmungen des Grundgesetzes[4].

§ 6 Zeugnisverweigerungsrecht. [1] Die Mitglieder des Europäischen Parlaments sind berechtigt, über Personen, die ihnen in ihrer Eigenschaft als Mitglieder oder denen sie in dieser Eigenschaft Tatsachen anvertraut haben, sowie über diese Tatsachen selbst das Zeugnis zu verweigern. [2] Soweit dieses Zeugnisverweigerungsrecht reicht, ist die Beschlagnahme von Schriftstücken unzulässig.

---

[1] § 3 Abs. 1, 2 und Abs. 3 Satz 1 geänd. mWv 21.3.2008 durch G v. 17.3.2008 (BGBl. I S. 394).
[2] Nr. **23**.
[3] § 5 Abs. 1 geänd., Abs. 2 aufgeh. mWv 22.8.2003 durch G v. 15.8.2003 (BGBl. I S. 1655).
[4] Nr. **1**.

Zweiter Abschnitt. Unvereinbarkeiten, Angehörige des öffentlichen Dienstes

§ 7[1)] Unvereinbarkeit von Ämtern, Funktionen und Mandaten mit der Mitgliedschaft im Europäischen Parlament. [1] Die in § 22 Abs. 2 Nr. 7 bis 15 des Europawahlgesetzes[2)] aufgeführten Ämter, Funktionen und Mandate sind mit der Mitgliedschaft im Europäischen Parlament unvereinbar. [2] Ihr Inhaber erwirbt die Mitgliedschaft im Europäischen Parlament nach seiner Wahl nur, wenn er spätestens bis zur Eröffnung der ersten Sitzung des Europäischen Parlaments nach der Wahl oder in den Fällen des § 21 Abs. 2 des Europawahlgesetzes bis zur Annahmeerklärung gegenüber dem Bundeswahlleiter aus diesem Amt, dieser Funktion oder diesem Mandat ausscheidet.

§ 8 Angehörige des öffentlichen Dienstes. (1) Die Absätze 2 und 3 gelten für die Angehörigen des öffentlichen Dienstes des Bundes, der Länder, der Gemeinden und anderer Körperschaften, Anstalten und Stiftungen des öffentlichen Rechts und ihrer Verbände mit Ausnahme der öffentlich-rechtlichen Religionsgesellschaften und ihrer Verbände.

(2) Stimmt ein Beamter, Richter, Berufssoldat, Soldat auf Zeit oder Arbeitnehmer seiner Aufstellung als Bewerber für die Wahl zum Europäischen Parlament zu, ist ihm auf Antrag innerhalb der letzten zwei Monate vor dem Wahltag der zur Vorbereitung seiner Wahl erforderliche Urlaub unter Wegfall der Besoldung oder des Arbeitsentgelts zu gewähren.

(3) Die §§ 5 bis 9 und 36 Abs. 1 und 2 des Abgeordnetengesetzes[3)], § 36 Abs. 2 des Deutschen Richtergesetzes, § 25 des Soldatengesetzes, soweit er die Wahl zum Deutschen Bundestag betrifft, und die auf Grund des § 10 des Abgeordnetengesetzes erlassenen Gesetze sind entsprechend anzuwenden.

Dritter Abschnitt. Leistungen an die Mitglieder des Europäischen Parlaments, an ehemalige Mitglieder und ihre Hinterbliebenen

§ 9[4)] Entschädigung. Ein Mitglied des Europäischen Parlaments, das sich nach Artikel 25 Abs. 1 des Abgeordnetenstatuts[3)] des Europäischen Parlaments für die Anwendung dieses Gesetzes entscheidet, erhält eine monatliche Entschädigung gemäß § 11 Abs. 1, 3 und 4 des Abgeordnetengesetzes.

§ 10[5)] Freifahrtberechtigung und Erstattung von Fahrkosten. [1] Ein Mitglied des Europäischen Parlaments hat das Recht auf freie Benutzung aller Verkehrsmittel der Deutschen Bahn AG. [2] Benutzt es in Ausübung des Mandats innerhalb des Bundesgebietes Flugzeuge, Schlafwagen oder sonstige schienen-

---

1) § 7 neu gef. mWv 28.12.2004 durch G v. 21.12.2004 (BGBl. I S. 3590).

2) Nr. **28**.

3) Nr. **23**.

4) § 9 geänd. mWv 22.8.2003 durch G v. 15.8.2003 (BGBl. I S. 1655); geänd. mWv 14.7.2009 durch G v. 23.10.2008 (BGBl. I S. 2020); geänd. mWv 16.7.2014 durch G v. 11.7.2014 (BGBl. I S. 906).

5) § 10 Satz 1 geänd. mWv 22.8.2003 durch G v. 15.8.2003 (BGBl. I S. 1655); Satz 2 geänd., Satz 3 eingef., bish. Satz 3 wird Satz 4 mWv 14.7.2009 durch G v. 23.10.2008 (BGBl. I S. 2020).

gebundene Beförderungsmittel außerhalb des öffentlichen Personennahverkehrs, so werden die Kosten gegen Nachweis erstattet. [3] Dies gilt nicht, soweit ein Anspruch auf Erstattung von Fahrkosten durch das Europäische Parlament besteht. [4] § 16 Abs. 2 des Abgeordnetengesetzes[1)] gilt entsprechend.

§ 10a Inanspruchnahme von Leistungen des Deutschen Bundestages. [1] Ein Mitglied des Europäischen Parlaments erhält zur Abgeltung seiner durch das Mandat veranlaßten Aufwendungen eine Aufwandsentschädigung. [2] Sie umfaßt die Mitbenutzung eines Büroraumes am Sitz des Bundestages, die Benutzung von Verkehrsmitteln gemäß § 10, die Benutzung der Dienstfahrzeuge und der Fernmeldeanlagen des Bundestages sowie sonstige Sach- und Dienstleistungen des Bundestages nach Maßgabe der Ausführungsbestimmungen des Ältestenrates.

§ 10b[2)] Leistungen an ehemalige Mitglieder des Europäischen Parlaments und ihre Hinterbliebenen. [1] Die Vorschriften des Fünften Abschnitts und § 32 Abs. 4 bis 8, §§ 35, 35a, 35b, 35c, 37 und 38 Abs. 1 des Abgeordnetengesetzes[1)] finden auf vor dem Inkrafttreten des Abgeordnetenstatuts des Europäischen Parlaments ausgeschiedene Mitglieder des Europäischen Parlaments sowie auf Mitglieder des Europäischen Parlaments, die sich nach Artikel 25 Abs. 1 des Abgeordnetenstatuts des Europäischen Parlaments für die Anwendung dieses Gesetzes entscheiden, und ihre Hinterbliebenen mit den Maßgaben Anwendung, daß

1. in dem Fall, daß Leistungen aus der Unfallversicherung des Europäischen Parlaments in Anspruch genommen werden, der Versorgungsanspruch nach diesem Gesetz bis zur Höhe der Versicherungsleistung ruht,
2. die Versorgung solange ruht, bis die Versicherungsleistung aus der Lebensversicherung oder sonstige vergleichbare Leistungen des Europäischen Parlaments erreicht sind,
3. § 22 Abs. 2 Nr. 3 des Europawahlgesetzes[3)] an die Stelle des § 15 Abs. 2 Nr. 2 des Bundeswahlgesetzes[4)] tritt.

[2] Zeiten der Mitgliedschaft im Europäischen Parlament gelten als Zeiten der Mitgliedschaft im Bundestag. [3] Versorgungsansprüche nach diesem Gesetz ruhen neben einer Abgeordnetenentschädigung nach § 11 des Abgeordnetengesetzes. [4] § 29 Abs. 3 bis 9 des Abgeordnetengesetzes findet entsprechende Anwendung.

§ 11[5)] Zuschuss zu den Kosten in Krankheits-, Pflege- und Geburtsfällen. [1] Die Vorschriften des Sechsten Abschnitts des Abgeordnetengesetzes[1)] finden auf vor Inkrafttreten des Abgeordnetenstatuts des Europäischen Parlaments ausgeschiedene Mitglieder des Europäischen Parlaments und ihre

---

[1)] Nr. **23**.

[2)] § 10b Satz 1 einl. Satzteil geänd. mWv 1.1.2008 durch G v. 22.12.2007 (BGBl. I S. 3212); Satz 1 geänd. mWv 14.7.2009 durch G v. 23.10.2008 (BGBl. I S. 2020); Satz 1 geänd. mWv 16.7. 2014 durch G v. 11.7.2014 (BGBl. I S. 906).

[3)] Nr. **28**.

[4)] Nr. **10**.

[5)] § 11 Überschr. neu gef. mWv 1.4.2004 durch G v. 25.3.2004 (BGBl. I S. 459); Satz 1 geänd., Satz 2 angef. mWv 14.7.2009 durch G v. 23.10.2008 (BGBl. I S. 2020); Satz 2 neu gef. mWv 16.7. 2014 durch G v. 11.7.2014 (BGBl. I S. 906).

Hinterbliebenen Anwendung. ² § 28 des Abgeordnetengesetzes findet auf Mitglieder des Europäischen Parlaments entsprechende Anwendung.

§ 12[1] **Beginn und Ende der Ansprüche, Zahlungsvorschriften.**

(1) Die in den §§ 9 bis 11 geregelten Ansprüche entstehen mit dem Tag der Feststellung des Bundeswahlausschusses (§ 18 Abs. 4 des Europawahlgesetzes[2]) oder der Annahme des Mandats.

(2) ¹ Die Entschädigung nach § 9 wird monatlich im voraus gezahlt. ² Ist nur ein Teil zu leisten, so wird für jeden Kalendertag ein Dreißigstel gezahlt.

(3) ¹ Ausgeschiedene Mitglieder erhalten die Entschädigung nach § 9 bis zum Ende des Monats, in dem sie ausgeschieden sind. ² Die Rechte nach § 10 erlöschen 14 Tage nach Ausscheiden aus dem Europäischen Parlament.

(4) Die Bestimmung des § 31 des Abgeordnetengesetzes[3] findet sinngemäß Anwendung auf Leistungen nach diesem Gesetz.

Vierter Abschnitt. Anrechnung beim Zusammentreffen mehrerer Bezüge aus öffentlichen Kassen

§ 13[4] **Anrechnung.** (1) Die Entschädigung nach diesem Gesetz ruht, sofern das Abgeordnetengesetz[3] des Bundes oder eines Landes keine anderweitige Regelung getroffen hat,

1. neben einer Abgeordnetenentschädigung, die nach dem Abgeordnetengesetz eines Landes gewährt wird, bis zur Höhe dieser Abgeordnetenentschädigung,
2. neben einer Versorgung, die nach dem Abgeordnetengesetz des Bundes oder eines Landes gewährt wird, bis zur Höhe dieser Versorgung,
3. neben einer Versorgung als Abgeordneter, die nach den einschlägigen Gesetzen der übrigen Mitgliedstaaten der Europäischen Union gewährt wird, bis zur Höhe dieser Versorgung.

(2)[5] § 29 Abs. 1, 2, 6, 7 und 9 des Abgeordnetengesetzes gilt entsprechend mit der Maßgabe, daß als Bezüge beziehungsweise Versorgungsbezüge aus einem Amtsverhältnis oder aus einer Verwendung im öffentlichen Dienst auch die Bezüge und Versorgungsbezüge eines anderen Mitgliedstaates der Europäischen Union gelten, die auf Grund eines vergleichbaren Amtsverhältnisses oder einer entsprechenden Verwendung im öffentlichen Dienst gewährt werden.

---

[1] § 12 Abs. 4 neu gef. mWv 26.7.2000 durch G v. 20.7.2000 (BGBl. I S. 1037); Abs. 1 geänd. mWv 28.12.2004 durch G v. 21.12.2004 (BGBl. I S. 3590); Abs. 1 geänd. mWv 21.3.2008 durch G v. 17.3.2008 (BGBl. I S. 394); Abs. 4 neu gef. mWv 16.7.2014 durch G v. 11.7.2014 (BGBl. I S. 906).

[2] Nr. **28**.

[3] Nr. **23**.

[4] § 13 Abs. 1 Nr. 1 geänd., Nr. 3 aufgeh., bish. Nr. 4 wird Nr. 3 mWv 22.8.2003 durch G v. 15.8.2003 (BGBl. I S. 1655); Abs. 3 neu gef. mWv 14.7.2009 durch G v. 23.10.2008 (BGBl. I S. 2020); Abs. 3 Satz 3 neu gef. mWv 16.7.2014 durch G v. 11.7.2014 (BGBl. I S. 906).

[5] Bei der Anwendung des Europaabgeordnetengesetzes (Nr. **30**) gilt § 25b Abs. 5 AbgG (Nr. **23**) ab dem Tag der ersten Sitzung des 7. Europäischen Parlaments entsprechend, siehe Art. 3 Abs. 2 des G v. 21.12.2004 (BGBl. I S. 3590).

(3) [1] Treffen Entschädigung, Übergangsgeld, Ruhegehalt und Versorgung für Hinterbliebene nach dem Abgeordnetenstatut des Europäischen Parlaments mit auf Bundesrecht beruhenden anderen Bezügen aus öffentlichen Kassen zusammen, so gelten die Anrechnungs- und Ruhensbestimmungen des Abgeordnetengesetzes (§ 29) sinngemäß. [2] Dabei tritt an die Stelle des Ruhens oder der Kürzung der Bezüge nach dem Abgeordnetenstatut des Europäischen Parlaments ein Ruhen oder eine Kürzung der Bezüge aus anderen öffentlichen Kassen in jeweils entsprechender Höhe. [3] Ferner ruhen Bezüge nach diesem Gesetz neben Bezügen nach dem Abgeordnetenstatut des Europäischen Parlaments in Höhe des Betrages, um den diese Bezüge die Höchstversorgungsbezüge nach dem Abgeordnetengesetz übersteigen.

Fünfter Abschnitt.[1] *(aufgehoben)*

Die Bundesregierung hat dem vorstehenden Gesetz die nach Artikel 113 des Grundgesetzes[2] erforderliche Zustimmung erteilt.

---

[1] Fünfter Abschnitt aufgeh. mWv 14.7.2009 durch G v. 23.10.2008 (BGBl. I S. 2020).
[2] Nr. **1**.

31. Gesetz über die Konvention zum Schutze der Menschenrechte und Grundfreiheiten[1]

Vom 7. August 1952
(BGBl. II S. 685, ber. S. 953)
FNB 184-1

Der Bundestag hat das folgende Gesetz beschlossen:

Art. I [Zustimmung] Der in Rom am 4. November 1950 von den Regierungen der Mitgliedstaaten des Europarates unterzeichneten Konvention zum Schutze der Menschenrechte und Grundfreiheiten wird zugestimmt.

Art. II [Veröffentlichung; Anerkennungen] (1) Die Konvention wird nachstehend mit Gesetzeskraft veröffentlicht.

(2) Die Bundesregierung wird ermächtigt, die Zuständigkeit der Kommission für Menschenrechte nach Artikel 25 der Konvention[2] anzuerkennen.

(3) Die Bundesregierung wird ermächtigt, die Gerichtsbarkeit des Europäischen Gerichtshofes für Menschenrechte nach Artikel 46 der Konvention in allen die Auslegung und Anwendung dieser Konvention betreffenden Angelegenheiten als obligatorisch anzuerkennen.

(4) Der Tag, an dem das Abkommen gemäß seinem Artikel 66 in Kraft tritt, ist im Bundesgesetzblatt bekanntzugeben.[3]

Art. III [Geltungsbereich der Konvention] Die Konvention gilt im gesamten Geltungsbereich des Grundgesetzes[4].

Art. IV [Inkrafttreten] Dieses Gesetz tritt am Tage nach seiner Verkündung[5] in Kraft.

---

[1] Verfahrensordnung hierzu siehe BGBl. 1977 II S. 1277.
[2] Nr. **32**.
[3] Die Konvention ist gemäß Bekanntmachung vom 15.12.1953 (BGBl. 1954 II S. 14) für die Bundesrepublik am 3.9.1953 in Kraft getreten; danach gilt für die Bundesrepublik der Vorbehalt, dass Art. 7 Abs. 2 der Konvention nur in den Grenzen von Art. 103 Abs. 2 GG (Nr. **1**) angewendet wird.
[4] Nr. **1**.
[5] Verkündet am 22.8.1952.

31. Gesetz über die Konvention zum Schutze der Menschenrechte und Grundfreiheiten[1]

Vom [illegible]

(BGBl. II S. 685 [illegible])

FNA [illegible]

Der Bundestag hat das folgende Gesetz beschlossen:

Art. I [Zustimmung] [illegible] November 1950 von den Regierungen der Mitgliedstaaten des Europarates unterzeichneten Konvention zum Schutze der Menschenrechte und Grundfreiheiten wird zugestimmt.

Art. II [Veröffentlichung; Anerkennungen] (1) Die Konvention wird nachstehend mit Gesetzeskraft veröffentlicht.

(2) Die Bundesregierung wird ermächtigt, die Zuständigkeit der Kommission [illegible] Artikel 25 der Konvention[2] anzuerkennen.

(3) Die Bundesregierung wird ermächtigt, die Gerichtsbarkeit des Europäischen Gerichtshofes für Menschenrechte nach Artikel 46 der Konvention in allen die Auslegung und Anwendung dieser Konvention betreffenden Angelegenheiten als obligatorisch anzuerkennen.

(4) [illegible] an dem die Konvention gemäß ihrem Artikel 66 in Kraft tritt, ist im Bundesgesetzblatt bekanntzugeben.[3]

Art. III [Geltungsbereich der Konvention] Diese Konvention gilt im gesamten Geltungsbereich des Grundgesetzes.[4]

Art. IV [Inkrafttreten] Dieses Gesetz tritt am Tage nach seiner Verkündung in Kraft.

---

[1] [illegible] 1952 [illegible]

[2] [illegible] 1953 [illegible] Bundesrepublik [illegible] Konvention [illegible] Art. 25 [illegible]

[3] [illegible]

[4] [illegible]

32. Konvention zum Schutz der Menschenrechte und Grundfreiheiten

In der Fassung der Bekanntmachung vom 22. Oktober 2010[1] [2] [3]
(BGBl. II S. 1198)[4]

geänd. durch 15. EMRK-Protokoll[5] v. 24.6.2013 (BGBl. 2014 II S. 1034)

(Übersetzung)

Die Unterzeichnerregierungen, Mitglieder des Europarats –

in Anbetracht der Allgemeinen Erklärung der Menschenrechte, die am 10. Dezember 1948 von der Generalversammlung der Vereinten Nationen verkündet worden ist;

in der Erwägung, dass diese Erklärung bezweckt, die universelle und wirksame Anerkennung und Einhaltung der in ihr aufgeführten Rechte zu gewährleisten;

in der Erwägung, dass es das Ziel des Europarats ist, eine engere Verbindung zwischen seinen Mitgliedern herzustellen, und dass eines der Mittel zur Erreichung dieses Zieles die Wahrung und Fortentwicklung der Menschenrechte und Grundfreiheiten ist;

in Bekräftigung ihres tiefen Glaubens an diese Grundfreiheiten, welche die Grundlage von Gerechtigkeit und Frieden in der Welt bilden und die am besten durch eine wahrhaft demokratische politische Ordnung sowie durch ein gemeinsames Verständnis und eine gemeinsame Achtung der diesen Grundfreiheiten zugrunde liegenden Menschenrechte gesichert werden;

entschlossen, als Regierungen europäischer Staaten, die vom gleichen Geist beseelt sind und ein gemeinsames Erbe an politischen Überlieferungen, Idealen, Achtung der Freiheit und Rechtsstaatlichkeit besitzen, die ersten Schritte auf dem Weg zu einer kollektiven Garantie bestimmter in der Allgemeinen Erklärung aufgeführter Rechte zu unternehmen ***[Fassung bis Inkrafttreten des Protokolls Nr. 15: –]***

---

[1] Neubekanntmachung der Europäischen Menschenrechtskonvention v. 4.11.1950 (BGBl. 1952 II S. 685, ber. S. 953) nach Art. 2 G v. 21.2.2006 (BGBl. II S. 138) in einer sprachlich überarbeiteten deutschen Übersetzung in der ab 1.6.2010 geltenden Fassung.

[2] Der Geltungsbereich der Konvention ist in der nichtamtlichen Anlage wiedergegeben (Stand: 29.12.2015).

[3] Vorbehalte und Erklärungen zu dieser Konvention sind in englischer und französischer Sprache auf der Webseite des Europarats unter www.conventions.coe.int einsehbar. Gleiches gilt für die ggf. gemäß Konvention zu benennenden Zentralen Behörden oder Kontaktstellen.

[4] Internationale Quelle: UNTS Bd. 213 S. 221.

[5] Die Bundesrepublik Deutschland hat dem Protokoll Nr. 15 zur Konvention zum Schutz der Menschenrechte und Grundfreiheiten zugestimmt, vgl. G v. 2.12.2014 (BGBl. II S. 1034). Der Tag des Inkrafttretens ist noch im Bundesgesetzblatt bekannt zu geben.

Die Änderungen treten gem. Art. 7 des Protokolls **am ersten Tag des Monats in Kraft, der auf einen Zeitabschnitt von drei Monaten nach dem Tag folgt, an dem alle Hohen Vertragsparteien der Konvention nach Artikel 6 ihre Zustimmung ausgedrückt haben, durch das Protokoll gebunden zu sein**.

[Fassung ab Inkrafttreten des Protokolls Nr. 15:]

in Bekräftigung dessen, dass es nach dem Grundsatz der Subsidiarität in erster Linie Aufgabe der Hohen Vertragsparteien ist, die Achtung der in dieser Konvention und den Protokollen dazu bestimmten Rechte und Freiheiten zu gewährleisten, und dass sie dabei über einen Ermessensspielraum verfügen, welcher der Kontrolle des durch diese Konvention errichteten Europäischen Gerichtshofs für Menschenrechte untersteht –[1)]

haben Folgendes vereinbart:

Art. 1 Verpflichtung zur Achtung der Menschenrechte. Die Hohen Vertragsparteien sichern allen ihrer Hoheitsgewalt unterstehenden Personen die in Abschnitt I bestimmten Rechte und Freiheiten zu.

Abschnitt I. Rechte und Freiheiten

Art. 2 Recht auf Leben. (1) [1] Das Recht jedes Menschen auf Leben wird gesetzlich geschützt. [2] Niemand darf absichtlich getötet werden, außer durch Vollstreckung eines Todesurteils, das ein Gericht wegen eines Verbrechens verhängt hat, für das die Todesstrafe gesetzlich vorgesehen ist.

(2) Eine Tötung wird nicht als Verletzung dieses Artikels betrachtet, wenn sie durch eine Gewaltanwendung verursacht wird, die unbedingt erforderlich ist, um

a) jemanden gegen rechtswidrige Gewalt zu verteidigen;

b) jemanden rechtmäßig festzunehmen oder jemanden, dem die Freiheit rechtmäßig entzogen ist, an der Flucht zu hindern;

c) einen Aufruhr oder Aufstand rechtmäßig niederzuschlagen.

Art. 3 Verbot der Folter. Niemand darf der Folter oder unmenschlicher oder erniedrigender Behandlung oder Strafe unterworfen werden.

Art. 4 Verbot der Sklaverei und der Zwangsarbeit. (1) Niemand darf in Sklaverei oder Leibeigenschaft gehalten werden.

(2) Niemand darf gezwungen werden, Zwangs- oder Pflichtarbeit zu verrichten.

(3) Nicht als Zwangs- oder Pflichtarbeit im Sinne dieses Artikels gilt:

a) eine Arbeit, die üblicherweise von einer Person verlangt wird, der unter den Voraussetzungen des Artikels 5 die Freiheit entzogen oder die bedingt entlassen worden ist;

b) eine Dienstleistung militärischer Art oder eine Dienstleistung, die an die Stelle des im Rahmen der Wehrpflicht zu leistenden Dienstes tritt, in Ländern, wo die Dienstverweigerung aus Gewissensgründen anerkannt ist;

c) eine Dienstleistung, die verlangt wird, wenn Notstände oder Katastrophen das Leben oder das Wohl der Gemeinschaft bedrohen;

d) eine Arbeit oder Dienstleistung, die zu den üblichen Bürgerpflichten gehört.

[1)] Präambel geänd. durch Prot. v. 24.6.2013 (BGBl. 2014 II S. 1034, 1035).

Art. 5 Recht auf Freiheit und Sicherheit. (1) [1] Jede Person hat das Recht auf Freiheit und Sicherheit. [2] Die Freiheit darf nur in den folgenden Fällen und nur auf die gesetzlich vorgeschriebene Weise entzogen werden:

a) rechtmäßige Freiheitsentziehung[1)] nach Verurteilung durch ein zuständiges Gericht;

b) rechtmäßige Festnahme oder Freiheitsentziehung[1)] wegen Nichtbefolgung einer rechtmäßigen gerichtlichen Anordnung oder zur Erzwingung der Erfüllung einer gesetzlichen Verpflichtung;

c) rechtmäßige Festnahme oder Freiheitsentziehung[1)] zur Vorführung vor die zuständige Gerichtsbehörde, wenn hinreichender Verdacht besteht, dass die betreffende Person eine Straftat begangen hat, oder wenn begründeter Anlass zu der Annahme besteht, dass es notwendig ist, sie an der Begehung einer Straftat oder an der Flucht nach Begehung einer solchen zu hindern;

d) rechtmäßige Freiheitsentziehung[1)] bei Minderjährigen zum Zweck überwachter Erziehung oder zur Vorführung vor die zuständige Behörde;

e) rechtmäßige Freiheitsentziehung[1)] mit dem Ziel, eine Verbreitung ansteckender Krankheiten zu verhindern, sowie bei psychisch Kranken, Alkohol- oder Rauschgiftsüchtigen und Landstreichern;

f) rechtmäßige Festnahme oder Freiheitsentziehung[1)] zur Verhinderung der unerlaubten Einreise sowie bei Personen, gegen die ein Ausweisungs- oder Auslieferungsverfahren im Gange ist.

(2) Jeder festgenommenen Person muss innerhalb möglichst kurzer Frist in einer ihr verständlichen Sprache mitgeteilt werden, welches die Gründe für ihre Festnahme sind und welche Beschuldigungen gegen sie erhoben werden.

(3) [1] Jede Person, die nach Absatz 1 Buchstabe c von Festnahme oder Freiheitsentziehung[2)] betroffen ist, muss unverzüglich einem Richter oder einer anderen gesetzlich zur Wahrnehmung richterlicher Aufgaben ermächtigten Person vorgeführt werden; sie hat Anspruch auf ein Urteil innerhalb angemessener Frist oder auf Entlassung während des Verfahrens. [2] Die Entlassung kann von der Leistung einer Sicherheit für das Erscheinen vor Gericht abhängig gemacht werden.

(4) Jede Person, die festgenommen oder der die Freiheit entzogen ist, hat das Recht zu beantragen, dass ein Gericht innerhalb kurzer Frist über die Rechtmäßigkeit der Freiheitsentziehung[3)] entscheidet und ihre Entlassung anordnet, wenn die Freiheitsentziehung[4)] nicht rechtmäßig ist.

(5) Jede Person, die unter Verletzung dieses Artikels von Festnahme oder Freiheitsentziehung[2)] betroffen ist, hat Anspruch auf Schadensersatz.

Art. 6 Recht auf ein faires Verfahren. (1) [1] Jede Person hat ein Recht darauf, dass über Streitigkeiten in Bezug auf ihre zivilrechtlichen Ansprüche und Verpflichtungen oder über eine gegen sie erhobene strafrechtliche Anklage von einem unabhängigen und unparteiischen, auf Gesetz beruhenden Gericht in einem fairen Verfahren, öffentlich und innerhalb angemessener

---

1) Österreich und Schweiz: rechtmäßiger Freiheitsentzug.
2) Österreich und Schweiz: Freiheitsentzug.
3) Österreich und Schweiz: des Freiheitsentzuges.
4) Österreich und Schweiz: der Freiheitsentzug.

Frist verhandelt wird. [2] Das Urteil muss öffentlich verkündet werden; Presse und Öffentlichkeit können jedoch während des ganzen oder eines Teiles des Verfahrens ausgeschlossen werden, wenn dies im Interesse der Moral, der öffentlichen Ordnung oder der nationalen Sicherheit in einer demokratischen Gesellschaft liegt, wenn die Interessen von Jugendlichen oder der Schutz des Privatlebens der Prozessparteien es verlangen oder – soweit das Gericht es für unbedingt erforderlich hält – wenn unter besonderen Umständen eine öffentliche Verhandlung die Interessen der Rechtspflege beeinträchtigen würde.

(2) Jede Person, die einer Straftat angeklagt ist, gilt bis zum gesetzlichen Beweis ihrer Schuld als unschuldig.

(3) Jede angeklagte Person hat mindestens[1)] folgende Rechte:

a) innerhalb möglichst kurzer Frist in einer ihr verständlichen Sprache in allen Einzelheiten über Art und Grund der gegen sie erhobenen Beschuldigung unterrichtet zu werden;

b) ausreichende Zeit und Gelegenheit zur Vorbereitung ihrer Verteidigung zu haben;

c) sich selbst zu verteidigen, sich durch einen Verteidiger ihrer Wahl verteidigen zu lassen oder, falls ihr die Mittel zur Bezahlung fehlen, unentgeltlich den Beistand eines Verteidigers zu erhalten, wenn dies im Interesse der Rechtspflege erforderlich ist;

d) Fragen an Belastungszeugen zu stellen oder stellen zu lassen und die Ladung und Vernehmung von Entlastungszeugen unter denselben Bedingungen zu erwirken, wie sie für Belastungszeugen gelten;

e) unentgeltliche Unterstützung durch einen Dolmetscher zu erhalten, wenn sie die Verhandlungssprache des Gerichts nicht versteht oder spricht.

Art. 7 Keine Strafe ohne Gesetz. (1) [1] Niemand darf wegen einer Handlung oder Unterlassung verurteilt werden, die zur Zeit ihrer Begehung nach innerstaatlichem oder internationalem Recht nicht strafbar war. [2] Es darf auch keine schwerere als die zur Zeit der Begehung angedrohte Strafe verhängt werden.

(2)[2)] Dieser Artikel schließt nicht aus, dass jemand wegen einer Handlung oder Unterlassung verurteilt oder bestraft wird, die zur Zeit ihrer Begehung nach den von den zivilisierten Völkern anerkannten allgemeinen Rechtsgrundsätzen strafbar war.

Art. 8 Recht auf Achtung des Privat- und Familienlebens. (1) Jede Person hat das Recht auf Achtung ihres Privat- und Familienlebens, ihrer Wohnung und ihrer Korrespondenz.

(2) Eine Behörde darf in die Ausübung dieses Rechts nur eingreifen, soweit der Eingriff gesetzlich vorgesehen und in einer demokratischen Gesellschaft notwendig ist für die nationale oder öffentliche Sicherheit, für das wirtschaft-

---

[1)] Der Wortlaut der englischen Fassung ist: „minimum rights"; in der franz. Sprachfassung heißt es: „notamment".

[2)] Bezüglich Art. 7 Abs. 2 hat die Bundesregierung mit Zustimmung des Bundestages und des Bundesrates den nach Art. 57 der Konvention zulässigen Vorbehalt gemacht, dass auf jeden Fall die Grenzen von Art. 103 Abs. 2 GG gewahrt werden, siehe hierzu die Bek. v. 15.12.1953 (BGBl. 1954 II S. 14).

liche Wohl des Landes, zur Aufrechterhaltung der Ordnung, zur Verhütung von Straftaten, zum Schutz der Gesundheit oder der Moral oder zum Schutz der Rechte und Freiheiten anderer.

Art. 9 Gedanken-, Gewissens- und Religionsfreiheit. (1) Jede Person hat das Recht auf Gedanken-, Gewissens- und Religionsfreiheit; dieses Recht umfasst die Freiheit, seine Religion oder Weltanschauung zu wechseln, und die Freiheit, seine Religion oder Weltanschauung einzeln oder gemeinsam mit anderen öffentlich oder privat durch Gottesdienst, Unterricht oder Praktizieren von Bräuchen und Riten zu bekennen.

(2) Die Freiheit, seine Religion oder Weltanschauung zu bekennen, darf nur Einschränkungen unterworfen werden, die gesetzlich vorgesehen und in einer demokratischen Gesellschaft notwendig sind für die öffentliche Sicherheit, zum Schutz der öffentlichen Ordnung, Gesundheit oder Moral oder zum Schutz der Rechte und Freiheiten anderer.

Art. 10 Freiheit der Meinungsäußerung. (1) [1]Jede Person hat das Recht auf freie Meinungsäußerung. [2]Dieses Recht schließt die Meinungsfreiheit und die Freiheit ein, Informationen und Ideen ohne behördliche Eingriffe und ohne Rücksicht auf Staatsgrenzen zu empfangen und weiterzugeben. [3]Dieser Artikel hindert die Staaten nicht, für Hörfunk-[1)], Fernseh- oder Kinounternehmen eine Genehmigung vorzuschreiben.

(2) Die Ausübung dieser Freiheiten ist mit Pflichten und Verantwortung verbunden; sie kann daher Formvorschriften, Bedingungen, Einschränkungen oder Strafdrohungen unterworfen werden, die gesetzlich vorgesehen und in einer demokratischen Gesellschaft notwendig sind für die nationale Sicherheit, die territoriale Unversehrtheit oder die öffentliche Sicherheit, zur Aufrechterhaltung der Ordnung oder zur Verhütung von Straftaten, zum Schutz der Gesundheit oder der Moral, zum Schutz des guten Rufes oder der Rechte anderer, zur Verhinderung der Verbreitung vertraulicher Informationen oder zur Wahrung der Autorität und der Unparteilichkeit der Rechtsprechung.

Art. 11 Versammlungs- und Vereinigungsfreiheit. (1) Jede Person hat das Recht, sich frei und friedlich mit anderen zu versammeln und sich frei mit anderen zusammenzuschließen; dazu gehört auch das Recht, zum Schutz seiner Interessen Gewerkschaften zu gründen und Gewerkschaften beizutreten.

(2) [1]Die Ausübung dieser Rechte darf nur Einschränkungen unterworfen werden, die gesetzlich vorgesehen und in einer demokratischen Gesellschaft notwendig sind für die nationale oder öffentliche Sicherheit, zur Aufrechterhaltung der Ordnung oder zur Verhütung von Straftaten, zum Schutz der Gesundheit oder der Moral oder zum Schutz der Rechte und Freiheiten anderer. [2]Dieser Artikel steht rechtmäßigen Einschränkungen der Ausübung dieser Rechte für Angehörige der Streitkräfte, der Polizei oder der Staatsverwaltung nicht entgegen.

Art. 12 Recht auf Eheschließung. Männer und Frauen im heiratsfähigen Alter haben das Recht, nach den innerstaatlichen Gesetzen, welche die Aus-

---

[1)] Schweiz und Liechtenstein: Radio.

übung dieses Rechts regeln, eine Ehe einzugehen und eine Familie zu gründen.

Art. 13 Recht auf wirksame Beschwerde. Jede Person, die in ihren in dieser Konvention anerkannten Rechten oder Freiheiten verletzt worden ist, hat das Recht, bei einer innerstaatlichen Instanz eine wirksame Beschwerde zu erheben, auch wenn die Verletzung von Personen begangen worden ist, die in amtlicher Eigenschaft gehandelt haben.

Art. 14 Diskriminierungsverbot. Der Genuss der in dieser Konvention anerkannten Rechte und Freiheiten ist ohne Diskriminierung insbesondere wegen des Geschlechts, der Rasse, der Hautfarbe, der Sprache, der Religion, der politischen oder sonstigen Anschauung, der nationalen oder sozialen Herkunft, der Zugehörigkeit zu einer nationalen Minderheit, des Vermögens, der Geburt oder eines sonstigen Status zu gewährleisten.

Art. 15 Abweichen im Notstandsfall. (1) Wird das Leben der Nation durch Krieg oder einen anderen öffentlichen Notstand bedroht, so kann jede Hohe Vertragspartei Maßnahmen treffen, die von den in dieser Konvention vorgesehenen Verpflichtungen abweichen, jedoch nur, soweit es die Lage unbedingt erfordert und wenn die Maßnahmen nicht in Widerspruch zu den sonstigen völkerrechtlichen Verpflichtungen der Vertragspartei stehen.

(2) Aufgrund des Absatzes 1 darf von Artikel 2 nur bei Todesfällen infolge rechtmäßiger Kriegshandlungen und von Artikel 3, Artikel 4 Absatz 1 und Artikel 7 in keinem Fall abgewichen werden.

(3) [1] Jede Hohe Vertragspartei, die dieses Recht auf Abweichung ausübt, unterrichtet den Generalsekretär des Europarats umfassend über die getroffenen Maßnahmen und deren Gründe. [2] Sie unterrichtet den Generalsekretär des Europarats auch über den Zeitpunkt, zu dem diese Maßnahmen außer Kraft getreten sind und die Konvention wieder volle Anwendung findet.

Art. 16 Beschränkungen der politischen Tätigkeit ausländischer Personen. Die Artikel 10, 11 und 14 sind nicht so auszulegen, als untersagten sie den Hohen Vertragsparteien, die politische Tätigkeit ausländischer Personen zu beschränken.

Art. 17 Verbot des Missbrauchs der Rechte. Diese Konvention ist nicht so auszulegen, als begründe sie für einen Staat, eine Gruppe oder eine Person das Recht, eine Tätigkeit auszuüben oder eine Handlung vorzunehmen, die darauf abzielt, die in der Konvention festgelegten Rechte und Freiheiten abzuschaffen oder sie stärker einzuschränken, als es in der Konvention vorgesehen ist.

Art. 18 Begrenzung der Rechtseinschränkungen. Die nach dieser Konvention zulässigen Einschränkungen der genannten Rechte und Freiheiten dürfen nur zu den vorgesehenen Zwecken erfolgen.

Abschnitt II. Europäischer Gerichtshof für Menschenrechte

Art. 19 Errichtung des Gerichtshofs. [1] Um die Einhaltung der Verpflichtungen sicherzustellen, welche die Hohen Vertragsparteien in dieser Konvention und den Protokollen dazu übernommen haben, wird ein Europäischer Gerichtshof für Menschenrechte, im Folgenden als „Gerichtshof" bezeichnet, errichtet. [2] Er nimmt seine Aufgaben als ständiger Gerichtshof wahr.

Art. 20 Zahl der Richter. Die Zahl der Richter des Gerichtshofs entspricht derjenigen der Hohen Vertragsparteien.

Art. 21[1)] Voraussetzungen für das Amt. (1) Die Richter müssen hohes sittliches Ansehen genießen und entweder die für die Ausübung hoher richterlicher Ämter erforderlichen Voraussetzungen erfüllen oder Rechtsgelehrte von anerkanntem Ruf sein.

[Abs. 2 ab Inkrafttreten des Protokolls Nr. 15:]

(2)[2)] Die Kandidaten dürfen zu dem Zeitpunkt, zu dem die Liste von drei Kandidaten nach Artikel 22 bei der Parlamentarischen Versammlung eingehen soll, das 65. Lebensjahr nicht vollendet haben.

(2)***[ab Inkrafttreten des Protokolls Nr. 15: (3)]*** Die Richter gehören dem Gerichtshof in ihrer persönlichen Eigenschaft an.

(3)***[ab Inkrafttreten des Protokolls Nr. 15: (4)]*** Während ihrer Amtszeit dürfen die Richter keine Tätigkeit ausüben, die mit ihrer Unabhängigkeit, ihrer Unparteilichkeit oder mit den Erfordernissen der Vollzeitbeschäftigung in diesem Amt unvereinbar ist; alle Fragen, die sich aus der Anwendung dieses Absatzes ergeben, werden vom Gerichtshof entschieden.

Art. 22 Wahl der Richter. Die Richter werden von der Parlamentarischen Versammlung für jede Hohe Vertragspartei mit der Mehrheit der abgegebenen Stimmen aus einer Liste von drei Kandidaten gewählt, die von der Hohen Vertragspartei vorgeschlagen werden.

Art. 23[3)] Amtszeit und Entlassung. (1) [1] Die Richter werden für neun Jahre gewählt. [2] Ihre Wiederwahl ist nicht zulässig.

[Abs. 2 bis Inkrafttreten des Protokolls Nr. 15:]

(2) Die Amtszeit der Richter endet mit Vollendung des 70. Lebensjahrs.

[1)] Art. 21 Abs. 2 eingef., bish. Abs. 2 und 3 werden Abs. 3 und 4 durch Prot. v. 24.6.2013 (BGBl. 2014 II S. 1034, 1035).

[2)] Gem. Art. 8 Abs. 1 des 15. EMRK-Protokolls v. 24.6.2013 (BGBl. 2014 II S. 1034, 1035) gelten die Änderungen in Art. 21 nur für Kandidaten auf Listen, die nach dem Inkrafttreten dieses Protokolls der Parlamentarischen Versammlung gemäß Art. 22 der Konvention vorgelegt werden.

[3)] Art. 23 Abs. 2 aufgeh., bish. Abs.3 und 4 werden Abs. 2 und 3 durch Prot. v. 24.6.2013 (BGBl. 2014 II S. 1034, 1035).

(3) *[ab Inkrafttreten des Protokolls Nr. 15: (2)*[1]*]* [1] Die Richter bleiben bis zum Amtsantritt ihrer Nachfolger im Amt. [2] Sie bleiben jedoch in den Rechtssachen tätig, mit denen sie bereits befasst sind.

(4) *[ab Inkrafttreten des Protokolls Nr. 15: (3)*[1]*]* Ein Richter kann nur entlassen werden, wenn die anderen Richter mit Zweidrittelmehrheit entscheiden, dass er die erforderlichen Voraussetzungen nicht mehr erfüllt.

Art. 24 Kanzlei und Berichterstatter. (1) Der Gerichtshof hat eine Kanzlei, deren Aufgaben und Organisation in der Verfahrensordnung des Gerichtshofs festgelegt werden.

(2) [1] Wenn der Gerichtshof in Einzelrichterbesetzung tagt, wird er von Berichterstattern unterstützt, die ihre Aufgaben unter der Aufsicht des Präsidenten des Gerichtshofs ausüben. [2] Sie gehören der Kanzlei des Gerichtshofs an.

Art. 25 Plenum des Gerichtshofs. Das Plenum des Gerichtshofs

a) wählt seinen Präsidenten und einen oder zwei Vizepräsidenten für drei Jahre; ihre Wiederwahl ist zulässig;
b) bildet Kammern für einen bestimmten Zeitraum;
c) wählt die Präsidenten der Kammern des Gerichtshofs; ihre Wiederwahl ist zulässig;
d) beschließt die Verfahrensordnung des Gerichtshofs;
e) wählt den Kanzler und einen oder mehrere stellvertretende Kanzler;
f) stellt Anträge nach Artikel 26 Absatz 2.

Art. 26 Einzelrichterbesetzung, Ausschüsse, Kammern und Große Kammer. (1) [1] Zur Prüfung der Rechtssachen, die bei ihm anhängig gemacht werden, tagt der Gerichtshof in Einzelrichterbesetzung, in Ausschüssen mit drei Richtern, in Kammern mit sieben Richtern und in einer Großen Kammer mit siebzehn Richtern. [2] Die Kammern des Gerichtshofs bilden die Ausschüsse für einen bestimmten Zeitraum.

(2) Auf Antrag des Plenums des Gerichtshofs kann die Anzahl der Richter je Kammer für einen bestimmten Zeitraum durch einstimmigen Beschluss des Ministerkomitees auf fünf herabgesetzt werden.

(3) Ein Richter, der als Einzelrichter tagt, prüft keine Beschwerde gegen die Hohe Vertragspartei, für die er gewählt worden ist.

(4) [1] Der Kammer und der Großen Kammer gehört von Amts wegen der für eine als Partei beteiligte Hohe Vertragspartei gewählte Richter an. [2] Wenn ein solcher nicht vorhanden ist oder er an den Sitzungen nicht teilnehmen kann, nimmt eine Person in der Eigenschaft eines Richters an den Sitzungen teil, die der Präsident des Gerichtshofs aus einer Liste auswählt, welche ihm die betreffende Vertragspartei vorab unterbreitet hat.

---

[1] Gem. Art. 8 Abs. 1 des 15. EMRK-Protokolls v. 24.6.2013 (BGBl. 2014 II S. 1034, 1035) gelten die Änderungen in Art. 23 nur für Kandidaten auf Listen, die nach dem Inkrafttreten dieses Protokolls der Parlamentarischen Versammlung gemäß Art. 22 der Konvention vorgelegt werden.

(5) [1] Der Großen Kammer gehören ferner der Präsident des Gerichtshofs, die Vizepräsidenten, die Präsidenten der Kammern und andere nach der Verfahrensordnung des Gerichtshofs ausgewählte Richter an. [2] Wird eine Rechtssache nach Artikel 43 an die Große Kammer verwiesen, so dürfen Richter der Kammer, die das Urteil gefällt hat, der Großen Kammer nicht angehören; das gilt nicht für den Präsidenten der Kammer und den Richter, welcher in der Kammer für die als Partei beteiligte Hohe Vertragspartei mitgewirkt hat.

Art. 27 Befugnisse des Einzelrichters. (1) Ein Einzelrichter kann eine nach Artikel 34 erhobene Beschwerde für unzulässig erklären oder im Register streichen, wenn eine solche Entscheidung ohne weitere Prüfung getroffen werden kann.

(2) Die Entscheidung ist endgültig.

(3) Erklärt der Einzelrichter eine Beschwerde nicht für unzulässig und streicht er sie auch nicht im Register des Gerichtshofs, so übermittelt er sie zur weiteren Prüfung an einen Ausschuss oder eine Kammer.

Art. 28 Befugnisse der Ausschüsse. (1) Ein Ausschuss, der mit einer nach Artikel 34 erhobenen Beschwerde befasst wird, kann diese durch einstimmigen Beschluss

a) für unzulässig erklären oder im Register streichen, wenn eine solche Entscheidung ohne weitere Prüfung getroffen werden kann; oder

b) für zulässig erklären und zugleich ein Urteil über die Begründetheit fällen, sofern die der Rechtssache zugrunde liegende Frage der Auslegung oder Anwendung dieser Konvention oder der Protokolle dazu Gegenstand einer gefestigten Rechtsprechung des Gerichtshofs ist.

(2) Die Entscheidungen und Urteile nach Absatz 1 sind endgültig.

(3) Ist der für die als Partei beteiligte Hohe Vertragspartei gewählte Richter nicht Mitglied des Ausschusses, so kann er von Letzterem jederzeit während des Verfahrens eingeladen werden, den Sitz eines Mitglieds im Ausschuss einzunehmen; der Ausschuss hat dabei alle erheblichen Umstände einschließlich der Frage, ob diese Vertragspartei der Anwendung des Verfahrens nach Absatz 1 Buchstabe b entgegengetreten ist, zu berücksichtigen.

Art. 29 Entscheidungen der Kammern über die Zulässigkeit und Begründetheit. (1) [1] Ergeht weder eine Entscheidung nach Artikel 27 oder 28 noch ein Urteil nach Artikel 28, so entscheidet eine Kammer über die Zulässigkeit und Begründetheit der nach Artikel 34 erhobenen Beschwerden. [2] Die Entscheidung über die Zulässigkeit kann gesondert ergehen.

(2) [1] Eine Kammer entscheidet über die Zulässigkeit und Begründetheit der nach Artikel 33 erhobenen Staatenbeschwerden. [2] Die Entscheidung über die Zulässigkeit ergeht gesondert, sofern der Gerichtshof in Ausnahmefällen nicht anders entscheidet.

Art. 30[1)2)] Abgabe der Rechtssache an die Große Kammer. Wirft eine bei einer Kammer anhängige Rechtssache eine schwerwiegende Frage der Auslegung dieser Konvention oder der Protokolle dazu auf oder kann die Entscheidung einer ihr vorliegenden Frage zu einer Abweichung von einem früheren Urteil des Gerichtshofs führen, so kann die Kammer diese Sache jederzeit, bevor sie ihr Urteil gefällt hat, an die Große Kammer abgeben ***[Fassung bis Inkrafttreten des Protokolls Nr. 15:*** , sofern nicht eine Partei widerspricht***]***.

Art. 31 Befugnisse der Großen Kammer. Die Große Kammer

a) entscheidet über nach Artikel 33 oder Artikel 34 erhobene Beschwerden, wenn eine Kammer die Rechtssache nach Artikel 30 an sie abgegeben hat oder wenn die Sache nach Artikel 43 an sie verwiesen worden ist,

b) entscheidet über Fragen, mit denen der Gerichtshof durch das Ministerkomitee nach Artikel 46 Absatz 4 befasst wird, und

c) behandelt Anträge nach Artikel 47 auf Erstattung von Gutachten.

Art. 32 Zuständigkeit des Gerichtshofs. (1) Die Zuständigkeit des Gerichtshofs umfasst alle die Auslegung und Anwendung dieser Konvention und der Protokolle dazu betreffenden Angelegenheiten, mit denen er nach den Artikeln 33, 34, 46 und 47 befasst wird.

(2) Besteht Streit über die Zuständigkeit des Gerichtshofs, so entscheidet der Gerichtshof.

Art. 33 Staatenbeschwerden. Jede Hohe Vertragspartei kann den Gerichtshof wegen jeder behaupteten Verletzung dieser Konvention und der Protokolle dazu durch eine andere Hohe Vertragspartei anrufen.

Art. 34 Individualbeschwerden. [1] Der Gerichtshof kann von jeder natürlichen Person, nichtstaatlichen Organisation oder Personengruppe, die behauptet, durch eine der Hohen Vertragsparteien in einem der in dieser Konvention oder den Protokollen dazu anerkannten Rechte verletzt zu sein, mit einer Beschwerde befasst werden. [2] Die Hohen Vertragsparteien verpflichten sich, die wirksame Ausübung dieses Rechts nicht zu behindern.

Art. 35[3)] Zulässigkeitsvoraussetzungen. (1)[4)] Der Gerichtshof kann sich mit einer Angelegenheit erst nach Erschöpfung aller innerstaatlichen Rechts-

---

[1)] Gem. Art. 8 Abs. 2 des 15. EMRK-Protokolls v. 24.6.2013 (BGBl. 2014 II S. 1034, 1035) gilt die Änderung nicht für anhängige Rechtssachen, bei denen eine der Parteien vor dem Inkrafttreten dieses Protokolls dem Vorschlag einer Kammer des Gerichtshofs widersprochen hat, die Rechtssache an die Große Kammer abzugeben.

[2)] Art. 30 geänd. durch Prot. v. 24.6.2013 (BGBl. 2014 II S. 1034, 1035).

[3)] Art. 35 Abs. 1 und Abs. 3 Buchst. b geänd. durch Prot. v. 24.6.2013 (BGBl. 2014 II S. 1034, 1035).

[4)] Gem. Art. 8 Abs. 3 des 15. EMRK-Protokolls v. 24.6.2013 (BGBl. 2014 II S. 1034, 1035) tritt diese Änderung nach Ablauf eines Zeitabschnitts von sechs Monaten nach dem Inkrafttreten dieses Protokolls in Kraft. Die Änderung gilt nicht für Beschwerden, bei denen die endgültige Entscheidung im Sinne des Art. 35 Abs. 1 der Konvention vor dem Inkrafttreten des Art. 4 dieses Protokolls ergangen ist.

behelfe[1] in Übereinstimmung mit den allgemein anerkannten Grundsätzen des Völkerrechts und nur innerhalb einer Frist von ***[Fassung bis Inkrafttreten des Protokolls Nr. 15:*** sechs***]*** ***[Fassung ab Inkrafttreten des Protokolls Nr. 15:*** *vier****]*** Monaten nach der endgültigen innerstaatlichen Entscheidung befassen.

(2) Der Gerichtshof befasst sich nicht mit einer nach Artikel 34 erhobenen Individualbeschwerde, die

a) anonym ist oder

b) im Wesentlichen mit einer schon vorher vom Gerichtshof geprüften Beschwerde übereinstimmt oder schon einer anderen internationalen Untersuchungs- oder Vergleichsinstanz unterbreitet worden ist und keine neuen Tatsachen enthält.

(3) Der Gerichtshof erklärt eine nach Artikel 34 erhobene Individualbeschwerde für unzulässig,

a) wenn er sie für unvereinbar mit dieser Konvention oder den Protokollen dazu, für offensichtlich unbegründet oder für missbräuchlich hält oder

b)[2] wenn er der Ansicht ist, dass dem Beschwerdeführer kein erheblicher Nachteil entstanden ist, es sei denn, die Achtung der Menschenrechte, wie sie in dieser Konvention und den Protokollen dazu anerkannt sind, erfordert eine Prüfung der Begründetheit der Beschwerde ***[Fassung bis Inkrafttreten des Protokolls Nr. 15:*** , und vorausgesetzt, es wird aus diesem Grund nicht eine Rechtssache zurückgewiesen, die noch von keinem innerstaatlichen Gericht gebührend geprüft worden ist***]***.

(4) [1] Der Gerichtshof weist eine Beschwerde zurück, die er nach diesem Artikel für unzulässig hält. [2] Er kann dies in jedem Stadium des Verfahrens tun.

Art. 36 Beteiligung Dritter. (1) In allen bei einer Kammer oder der Großen Kammer anhängigen Rechtssachen ist die Hohe Vertragspartei, deren Staatsangehörigkeit der Beschwerdeführer besitzt, berechtigt, schriftliche Stellungnahmen abzugeben und an den mündlichen Verhandlungen teilzunehmen.

(2) Im Interesse der Rechtspflege kann der Präsident des Gerichtshofs jeder Hohen Vertragspartei, die in dem Verfahren nicht Partei ist, oder jeder betroffenen Person, die nicht Beschwerdeführer ist, Gelegenheit geben, schriftlich Stellung zu nehmen oder an den mündlichen Verhandlungen teilzunehmen.

(3) In allen bei einer Kammer oder der Großen Kammer anhängigen Rechtssachen kann der Kommissar für Menschenrechte des Europarats schriftliche Stellungnahmen abgeben und an den mündlichen Verhandlungen teilnehmen.

Art. 37 Streichung von Beschwerden. (1) [1] Der Gerichtshof kann jederzeit während des Verfahrens entscheiden, eine Beschwerde in seinem Register zu streichen, wenn die Umstände Grund zur Annahme geben, dass

---

[1] Vorbehalt Österreichs, „Rechtsmittel" zu setzen.

[2] Gem. Art. 8 Abs. 3 des 15. EMRK-Protokolls v. 24.6.2013 (BGBl. 2014 II S. 1034, 1035) tritt diese Änderung nach Ablauf eines Zeitabschnitts von sechs Monaten nach dem Inkrafttreten dieses Protokolls in Kraft. Die Änderung gilt nicht für Beschwerden, bei denen die endgültige Entscheidung im Sinne des Art. 35 Abs. 1 der Konvention vor dem Inkrafttreten des Art. 4 dieses Protokolls ergangen ist.

a) der Beschwerdeführer seine Beschwerde nicht weiterzuverfolgen beabsichtigt;

b) die Streitigkeit einer Lösung zugeführt worden ist oder

c) eine weitere Prüfung der Beschwerde aus anderen vom Gerichtshof festgestellten Gründen nicht gerechtfertigt ist.

[2] Der Gerichtshof setzt jedoch die Prüfung der Beschwerde fort, wenn die Achtung der Menschenrechte, wie sie in dieser Konvention und den Protokollen dazu anerkannt sind, dies erfordert.

(2) Der Gerichtshof kann die Wiedereintragung einer Beschwerde in sein Register anordnen, wenn er dies den Umständen nach für gerechtfertigt hält.

Art. 38 Prüfung der Rechtssache. Der Gerichtshof prüft die Rechtssache mit den Vertretern der Parteien und nimmt, falls erforderlich, Ermittlungen vor; die betreffenden Hohen Vertragsparteien haben alle zur wirksamen Durchführung der Ermittlungen erforderlichen Erleichterungen zu gewähren.

Art. 39 Gütliche Einigung. (1) Der Gerichtshof kann sich jederzeit während des Verfahrens zur Verfügung der Parteien halten mit dem Ziel, eine gütliche Einigung auf der Grundlage der Achtung der Menschenrechte, wie sie in dieser Konvention und den Protokollen dazu anerkannt sind, zu erreichen.

(2) Das Verfahren nach Absatz 1 ist vertraulich.

(3) Im Fall einer gütlichen Einigung streicht der Gerichtshof durch eine Entscheidung, die sich auf eine kurze Angabe des Sachverhalts und der erzielten Lösung beschränkt, die Rechtssache in seinem Register.

(4) Diese Entscheidung ist dem Ministerkomitee zuzuleiten; dieses überwacht die Durchführung der gütlichen Einigung, wie sie in der Entscheidung festgehalten wird.

Art. 40 Öffentliche Verhandlung und Akteneinsicht. (1) Die Verhandlung ist öffentlich, soweit nicht der Gerichtshof auf Grund besonderer Umstände anders entscheidet.

(2) Die beim Kanzler verwahrten Schriftstücke sind der Öffentlichkeit zugänglich, soweit nicht der Präsident des Gerichtshofs anders entscheidet.

Art. 41 Gerechte Entschädigung. Stellt der Gerichtshof fest, dass diese Konvention oder die Protokolle dazu verletzt worden sind, und gestattet das innerstaatliche Recht der Hohen Vertragspartei nur eine unvollkommene Wiedergutmachung für die Folgen dieser Verletzung, so spricht der Gerichtshof der verletzten Partei eine gerechte Entschädigung zu, wenn dies notwendig ist.

Art. 42 Urteile der Kammern. Urteile der Kammern werden nach Maßgabe des Artikels 44 Absatz 2 endgültig.

Art. 43 Verweisung an die Große Kammer. (1) Innerhalb von drei Monaten nach dem Datum des Urteils der Kammer kann jede Partei in Ausnahmefällen die Verweisung der Rechtssache an die Große Kammer beantragen.

(2) Ein Ausschuss von fünf Richtern der Großen Kammer nimmt den Antrag an, wenn die Rechtssache eine schwerwiegende Frage der Auslegung oder Anwendung dieser Konvention oder der Protokolle dazu oder eine schwerwiegende Frage von allgemeiner Bedeutung aufwirft.

(3) Nimmt der Ausschuss den Antrag an, so entscheidet die Große Kammer die Sache durch Urteil.

Art. 44 Endgültige Urteile. (1) Das Urteil der Großen Kammer ist endgültig.

(2) Das Urteil einer Kammer wird endgültig,

a) wenn die Parteien erklären, dass sie die Verweisung der Rechtssache an die Große Kammer nicht beantragen werden;

b) drei Monate nach dem Datum des Urteils, wenn nicht die Verweisung der Rechtssache an die Große Kammer beantragt worden ist; oder

c) wenn der Ausschuss der Großen Kammer den Antrag auf Verweisung nach Artikel 43 abgelehnt hat.

(3) Das endgültige Urteil wird veröffentlicht.

Art. 45 Begründung der Urteile und Entscheidungen. (1) Urteile sowie Entscheidungen, mit denen Beschwerden für zulässig oder für unzulässig erklärt werden, werden begründet.

(2) Bringt ein Urteil ganz oder teilweise nicht die übereinstimmende Meinung der Richter zum Ausdruck, so ist jeder Richter berechtigt, seine abweichende Meinung darzulegen.

Art. 46 Verbindlichkeit und Durchführung[1)] der Urteile. (1) Die Hohen Vertragsparteien verpflichten sich, in allen Rechtssachen, in denen sie Partei sind, das endgültige Urteil des Gerichtshofs zu befolgen.

(2) Das endgültige Urteil des Gerichtshofs ist dem Ministerkomitee zuzuleiten; dieses überwacht seine Durchführung.

(3) [1] Wird die Überwachung der Durchführung eines endgültigen Urteils nach Auffassung des Ministerkomitees durch eine Frage betreffend die Auslegung dieses Urteils behindert, so kann das Ministerkomitee den Gerichtshof anrufen, damit er über diese Auslegungsfrage entscheidet. [2] Der Beschluss des Ministerkomitees, den Gerichtshof anzurufen, bedarf der Zweidrittelmehrheit der Stimmen der zur Teilnahme an den Sitzungen des Komitees berechtigten Mitglieder.

(4) Weigert sich eine Hohe Vertragspartei nach Auffassung des Ministerkomitees, in einer Rechtssache, in der sie Partei ist, ein endgültiges Urteil des Gerichtshofs zu befolgen, so kann das Ministerkomitee, nachdem es die betreffende Partei gemahnt hat, durch einen mit Zweidrittelmehrheit der Stimmen der zur Teilnahme an den Sitzungen des Komitees berechtigten Mitglieder gefassten Beschluss den Gerichtshof mit der Frage befassen, ob diese Partei ihrer Verpflichtung nach Absatz 1 nachgekommen ist.

---

1) Schweiz: Vollzug.

(5) [1] Stellt der Gerichtshof eine Verletzung des Absatzes 1 fest, so weist er die Rechtssache zur Prüfung der zu treffenden Maßnahmen an das Ministerkomitee zurück. [2] Stellt der Gerichtshof fest, dass keine Verletzung des Absatzes 1 vorliegt, so weist er die Rechtssache an das Ministerkomitee zurück; dieses beschließt die Einstellung seiner Prüfung.

Art. 47 Gutachten. (1) Der Gerichtshof kann auf Antrag des Ministerkomitees Gutachten über Rechtsfragen erstatten, welche die Auslegung dieser Konvention und der Protokolle dazu betreffen.

(2) Diese Gutachten dürfen keine Fragen zum Gegenstand haben, die sich auf den Inhalt oder das Ausmaß der in Abschnitt I dieser Konvention und in den Protokollen dazu anerkannten Rechte und Freiheiten beziehen, noch andere Fragen, über die der Gerichtshof oder das Ministerkomitee auf Grund eines nach dieser Konvention eingeleiteten Verfahrens zu entscheiden haben könnte.

(3) Der Beschluss des Ministerkomitees, ein Gutachten beim Gerichtshof zu beantragen, bedarf der Mehrheit der Stimmen der zur Teilnahme an den Sitzungen des Komitees berechtigten Mitglieder.

Art. 48 Gutachterliche Zuständigkeit des Gerichtshofs. Der Gerichtshof entscheidet, ob ein vom Ministerkomitee gestellter Antrag auf Erstattung eines Gutachtens in seine Zuständigkeit nach Artikel 47 fällt.

Art. 49 Begründung der Gutachten. (1) Die Gutachten des Gerichtshofs werden begründet.

(2) Bringt das Gutachten ganz oder teilweise nicht die übereinstimmende Meinung der Richter zum Ausdruck, so ist jeder Richter berechtigt, seine abweichende Meinung darzulegen.

(3) Die Gutachten des Gerichtshofs werden dem Ministerkomitee übermittelt.

Art. 50 Kosten des Gerichtshofs. Die Kosten des Gerichtshofs werden vom Europarat getragen.

Art. 51 Vorrechte[1)] und Immunitäten der Richter. Die Richter genießen bei der Ausübung ihres Amtes die Vorrechte[1)] und Immunitäten, die in Artikel 40 der Satzung des Europarats und den auf Grund jenes Artikels geschlossenen Übereinkünften vorgesehen sind.

Abschnitt III. Verschiedene Bestimmungen

Art. 52 Anfragen des Generalsekretärs. Auf Anfrage des Generalsekretärs des Europarats erläutert jede Hohe Vertragspartei, auf welche Weise die wirksame Anwendung aller Bestimmungen dieser Konvention in ihrem innerstaatlichen Recht gewährleistet wird.

---

1) Österreich und Schweiz: Privilegien.

Art. 53 Wahrung anerkannter Menschenrechte. Diese Konvention ist nicht so auszulegen, als beschränke oder beeinträchtige sie Menschenrechte und Grundfreiheiten, die in den Gesetzen einer Hohen Vertragspartei oder in einer anderen Übereinkunft, deren Vertragspartei sie ist, anerkannt werden.

Art. 54 Befugnisse des Ministerkomitees. Diese Konvention berührt nicht die dem Ministerkomitee durch die Satzung des Europarats übertragenen Befugnisse.

Art. 55 Ausschluss anderer Verfahren zur Streitbeilegung. Die Hohen Vertragsparteien kommen überein, dass sie sich vorbehaltlich besonderer Vereinbarungen nicht auf die zwischen ihnen geltenden Verträge, sonstigen Übereinkünfte oder Erklärungen berufen werden, um eine Streitigkeit über die Auslegung oder Anwendung dieser Konvention einem anderen als dem in der Konvention vorgesehenen Beschwerdeverfahren zur Beilegung zu unterstellen.

Art. 56 Räumlicher Geltungsbereich. (1) Jeder Staat kann bei der Ratifikation oder jederzeit danach durch eine an den Generalsekretär des Europarats gerichtete Notifikation erklären, dass diese Konvention vorbehaltlich des Absatzes 4 auf alle oder einzelne Hoheitsgebiete Anwendung findet, für deren internationale Beziehungen er verantwortlich ist.[1)]

(2) Die Konvention findet auf jedes in der Erklärung bezeichnete Hoheitsgebiet ab dem dreißigsten Tag nach Eingang der Notifikation beim Generalsekretär des Europarats Anwendung.

(3) In den genannten Hoheitsgebieten wird diese Konvention unter Berücksichtigung der örtlichen Notwendigkeiten angewendet.

(4) Jeder Staat, der eine Erklärung nach Absatz 1 abgegeben hat, kann jederzeit danach für eines oder mehrere der in der Erklärung bezeichneten Hoheitsgebiete erklären, dass er die Zuständigkeit des Gerichtshofs für die Entgegennahme von Beschwerden von natürlichen Personen, nichtstaatlichen Organisationen oder Personengruppen nach Artikel 34 anerkennt.

Art. 57 Vorbehalte. (1) [1]Jeder Staat kann bei der Unterzeichnung dieser Konvention oder bei der Hinterlegung seiner Ratifikationsurkunde einen Vorbehalt zu einzelnen Bestimmungen der Konvention anbringen, soweit ein zu dieser Zeit in seinem Hoheitsgebiet geltendes Gesetz mit der betreffenden Bestimmung nicht übereinstimmt.[2)] [2]Vorbehalte allgemeiner Art sind nach diesem Artikel nicht zulässig.

(2) Jeder nach diesem Artikel angebrachte Vorbehalt muss mit einer kurzen Darstellung des betreffenden Gesetzes verbunden sein.

[1)] Die Konvention findet Anwendung auf folgende Gebiete, für deren internationale Beziehungen Vertragsstaaten verantwortlich sind (vgl. BGBl. 1966 II S. 773; 1970 II S. 1016): Surinam und Niederländische Antillen auf Grund einer Erklärung der niederländischen Regierung mWv 31.12. 1955 (unter Ausschluss des Art. 6 Abs. 3 Buchst. c); Grönland auf Grund einer Erklärung der dänischen Regierung mWv 3.9.1953; die sog. abhängigen Gebiete Großbritanniens auf Grund einer Erklärung der britischen Regierung v. 3.4.1984 (BGBl. II S. 564).

[2)] Zum Vorbehalt der Bundesrepublik Deutschland v. 5.12.1952 siehe Fußnote zu Art. 7 Abs. 2.

Art. 58 Kündigung. (1) Eine Hohe Vertragspartei kann diese Konvention frühestens fünf Jahre nach dem Tag, an dem sie Vertragspartei geworden ist, unter Einhaltung einer Kündigungsfrist von sechs Monaten durch eine an den Generalsekretär des Europarats gerichtete Notifikation kündigen; dieser unterrichtet die anderen Hohen Vertragsparteien.

(2) Die Kündigung befreit die Hohe Vertragspartei nicht von ihren Verpflichtungen aus dieser Konvention in Bezug auf Handlungen, die sie vor dem Wirksamwerden der Kündigung vorgenommen hat und die möglicherweise eine Verletzung dieser Verpflichtungen darstellen.

(3) Mit derselben Maßgabe scheidet eine Hohe Vertragspartei, deren Mitgliedschaft im Europarat endet, als Vertragspartei dieser Konvention aus.

(4) Die Konvention kann in Bezug auf jedes Hoheitsgebiet, auf das sie durch eine Erklärung nach Artikel 56 anwendbar geworden ist, nach den Absätzen 1 bis 3 gekündigt werden.

Art. 59 Unterzeichnung und Ratifikation. (1) [1] Diese Konvention liegt für die Mitglieder des Europarats zur Unterzeichnung auf. [2] Sie bedarf der Ratifikation. [3] Die Ratifikationsurkunden werden beim Generalsekretär des Europarats hinterlegt.

(2) Die Europäische Union kann dieser Konvention beitreten.

(3) Diese Konvention tritt nach Hinterlegung von zehn Ratifikationsurkunden in Kraft.

(4) Für jeden Unterzeichner, der die Konvention später ratifiziert, tritt sie mit der Hinterlegung seiner Ratifikationsurkunde in Kraft.[1)]

(5) [1] Der Generalsekretär des Europarats notifiziert allen Mitgliedern des Europarats das Inkrafttreten der Konvention, die Namen der Hohen Vertragsparteien, die sie ratifiziert haben, und jede spätere Hinterlegung einer Ratifikationsurkunde.

Geschehen zu Rom am 4. November 1950 in englischer und französischer Sprache, wobei jeder Wortlaut gleichermaßen verbindlich[2)] ist, in einer Urschrift, die im Archiv des Europarats hinterlegt wird. Der Generalsekretär übermittelt allen Unterzeichnern beglaubigte Abschriften.[3)]

Nichtamtliche Anlage: Geltungsbereich[4)]

Vertragsparteien	in Kraft am	BGBl. Jahrgang		Seite
Albanien	2.10.1996	1997	II	1738
Andorra	22. 1.1996	1997	II	733
Armenien	26. 4.2002	2003	II	1575
Aserbaidschan	15. 4.2002	2003	II	1575

[1)] Inkrafttreten für die Bundesrepublik Deutschland am 3.9.1953 gem. Bek. v. 15.12.1953 (BGBl. 1954 II S. 14).

[2)] Österreich: authentisch.

[3)] Die Verkündungsformel ist in der Neubekanntmachung amtlich nicht mehr enthalten.

[4)] Stand: 29.12.2015.

Vertragsparteien	in Kraft am	BGBl. Jahrgang		Seite
Belgien	14. 6.1955	1955	II	832
Bosnien und Herzegowina	12. 7.2002	2003	II	1575
Bulgarien	7. 9.1992	1993	II	808
Dänemark	3. 9.1953	1954	II	14
Deutschland	3. 9.1953	1954	II	14
Estland	16. 4.1996	1997	II	733
Finnland	10. 5.1990	1990	II	806
Frankreich	3. 5.1974	1975	II	1346
Georgien	20. 5.1999	2003	II	1575
Griechenland	28.11.1974	1975	II	1144
Irland	3. 9.1953	1954	II	14
Island	3. 9.1953	1954	II	14
Italien	26.10.1955	1955	II	942
Kroatien	5.11.1997	1998	II	898
Lettland	27. 6.1997	1998	II	898
Liechtenstein	8. 9.1982	1983	II	628
Litauen	20. 6.1995	1997	II	733
Luxemburg	3. 9.1953	1954	II	14
Malta	23. 1.1967	1967	II	2051
Mazedonien, ehem. jugoslawische Republik	10. 4.1997	1997	II	1738
Moldau, Republik	12. 9.1997	1998	II	898
Monaco	30.11.2005	2009	II	358
Montenegro	6. 6.2006	2009	II	358
Niederlande	31. 8.1954	1954	II	1044
Norwegen	3. 9.1953	1954	II	14
Österreich	3. 9.1958	1959	II	107
Polen	19. 1.1993	1993	II	808
Portugal	9.11.1978	1979	II	1040
Rumänien	20. 6.1994	1994	II	3623
Russische Föderation	5. 5.1998	1998	II	2932
San Marino	22. 3.1989	1989	II	619
Schweden	3. 9.1953	1954	II	14
Schweiz	28.11.1974	1975	II	910
Serbien	3. 3.2004	2005	II	87
Slowakei	1. 1.1993	1994	II	352
Slowenien	28. 6.1994	1994	II	3623
Spanien	4.10.1979	1986	II	78
Tschechische Republik	1. 1.1993	1994	II	352
Türkei	18. 5.1954	1954	II	719
Ukraine	11. 9.1997	2015	II	1619
Ungarn	5.11.1992	1993	II	808
Vereinigtes Königreich	3. 9.1953	1954	II	14
Zypern	6.10.1962	1968	II	847

32a. Zusatzprotokoll zur Konvention zum Schutz der Menschenrechte und Grundfreiheiten

In der Fassung der Bekanntmachung vom 22. Oktober 2010[1)]
(BGBl. II S. 1198, 1218)

(Übersetzung)

Die Unterzeichnerregierungen, Mitglieder des Europarats –

entschlossen, Maßnahmen zur kollektiven Gewährleistung gewisser Rechte und Freiheiten zu treffen, die in Abschnitt I der am 4. November 1950 in Rom unterzeichneten Konvention zum Schutz der Menschenrechte und Grundfreiheiten (im Folgenden als „Konvention" bezeichnet) noch nicht enthalten sind –

haben Folgendes vereinbart:

Art. 1 Schutz des Eigentums. [1] Jede natürliche oder juristische Person hat das Recht auf Achtung ihres Eigentums. [2] Niemandem darf sein Eigentum entzogen werden, es sei denn, dass das öffentliche Interesse es verlangt, und nur unter den durch Gesetz und durch die allgemeinen Grundsätze des Völkerrechts vorgesehenen Bedingungen.

Absatz 1 beeinträchtigt jedoch nicht das Recht des Staates, diejenigen Gesetze anzuwenden, die er für die Regelung der Benutzung des Eigentums im Einklang mit dem Allgemeininteresse oder zur Sicherung der Zahlung der Steuern oder sonstigen Abgaben oder von Geldstrafen für erforderlich hält.

Art. 2 Recht auf Bildung. [1] Niemandem darf das Recht auf Bildung verwehrt werden. [2] Der Staat hat bei Ausübung der von ihm auf dem Gebiet der Erziehung und des Unterrichts übernommenen Aufgaben das Recht der Eltern zu achten, die Erziehung und den Unterricht entsprechend ihren eigenen religiösen und weltanschaulichen Überzeugungen sicherzustellen.

Art. 3 Recht auf freie Wahlen. Die Hohen Vertragsparteien verpflichten sich, in angemessenen Zeitabständen freie und geheime Wahlen unter Bedingungen abzuhalten, welche die freie Äußerung der Meinung des Volkes bei der Wahl der gesetzgebenden Körperschaften gewährleisten.

Art. 4 Räumlicher Geltungsbereich. Jede Hohe Vertragspartei kann im Zeitpunkt der Unterzeichnung oder Ratifikation dieses Protokolls oder zu jedem späteren Zeitpunkt an den Generalsekretär des Europarats eine Erklärung darüber richten, in welchem Umfang sie sich zur Anwendung dieses Protokolls auf die in der Erklärung angegebenen Hoheitsgebiete verpflichtet, für deren internationale Beziehungen sie verantwortlich ist.

[1)] Neubekanntmachung des Zusatzprotokolls v. 20.3.1952 (BGBl. 1956 II S. 1879, 1880) in einer sprachlich überarbeiteten deutschen Übersetzung in der ab 1.6.2010 geltenden Fassung.

Jede Hohe Vertragspartei, die eine Erklärung nach Absatz 1 abgegeben hat, kann jederzeit eine weitere Erklärung abgeben, die den Inhalt einer früheren Erklärung ändert oder die Anwendung der Bestimmungen dieses Protokolls auf irgendein Hoheitsgebiet beendet.

Eine nach diesem Artikel abgegebene Erklärung gilt als eine Erklärung im Sinne des Artikels 56 Absatz 1 der Konvention[1]).

Art. 5 Verhältnis zur Konvention. Die Hohen Vertragsparteien betrachten die Artikel 1, 2, 3 und 4 dieses Protokolls als Zusatzartikel zur Konvention; alle Bestimmungen der Konvention[1]) sind dementsprechend anzuwenden.

Art. 6 Unterzeichnung und Ratifikation. [1] Dieses Protokoll liegt für die Mitglieder des Europarats, die Unterzeichner der Konvention[1]) sind, zur Unterzeichnung auf; es wird gleichzeitig mit der Konvention oder zu einem späteren Zeitpunkt ratifiziert. [2] Es tritt nach Hinterlegung von zehn Ratifikationsurkunden in Kraft. [3] Für jeden Unterzeichner, der das Protokoll später ratifiziert, tritt es mit der Hinterlegung seiner Ratifikationsurkunde in Kraft.[2])

Die Ratifikationsurkunden werden beim Generalsekretär des Europarats hinterlegt, der allen Mitgliedern die Namen derjenigen Staaten, die das Protokoll ratifiziert haben, notifiziert.

Geschehen zu Paris am 20. März 1952 in englischer und französischer Sprache, wobei jeder Wortlaut gleichermaßen verbindlich ist, in einer Urschrift, die im Archiv des Europarats hinterlegt wird. Der Generalsekretär übermittelt allen Unterzeichnerregierungen beglaubigte Abschriften.

---

[1]) Nr. **32**.

[2]) Inkrafttreten für die Bundesrepublik Deutschland gemäß Bek. v. 13.4.1957 (BGBl. I S. 226) am 13.2.1957. Zum weiteren Geltungsbereich vgl. BGBl. II Fundstellennachweis B, abgeschlossen am 31. 12. jeden Jahres.

32b. Protokoll Nr. 4 zur Konvention zum Schutz der Menschenrechte und Grundfreiheiten, durch das gewisse Rechte und Freiheiten gewährleistet werden, die nicht bereits in der Konvention oder im ersten Zusatzprotokoll enthalten sind

In der Fassung der Bekanntmachung vom 22. Oktober 2010[1]
(BGBl. II S. 1198, 1220)

(Übersetzung)

Die Unterzeichnerregierungen, Mitglieder des Europarats –

entschlossen, Maßnahmen zur kollektiven Gewährleistung gewisser Rechte und Freiheiten zu treffen, die in Abschnitt I der am 4. November 1950 in Rom unterzeichneten Konvention zum Schutz der Menschenrechte und Grundfreiheiten[2] (im Folgenden als „Konvention" bezeichnet) und in den Artikeln 1 bis 3 des am 20. März 1952 in Paris unterzeichneten ersten Zusatzprotokolls zur Konvention[3] noch nicht enthalten sind –

haben Folgendes vereinbart:

Art. 1 Verbot der Freiheitsentziehung wegen Schulden. Niemandem darf die Freiheit allein deshalb entzogen werden, weil er nicht in der Lage ist, eine vertragliche Verpflichtung zu erfüllen.

Art. 2 Freizügigkeit. (1) Jede Person, die sich rechtmäßig im Hoheitsgebiet eines Staates aufhält, hat das Recht, sich dort frei zu bewegen und ihren Wohnsitz frei zu wählen.

(2) Jeder Person steht es frei, jedes Land, einschließlich des eigenen, zu verlassen.

(3) Die Ausübung dieser Rechte darf nur Einschränkungen unterworfen werden, die gesetzlich vorgesehen und in einer demokratischen Gesellschaft notwendig sind für die nationale oder öffentliche Sicherheit, zur Aufrechterhaltung der öffentlichen Ordnung, zur Verhütung von Straftaten, zum Schutz der Gesundheit oder der Moral oder zum Schutz der Rechte und Freiheiten anderer.

(4) Die in Absatz 1 anerkannten Rechte können ferner für bestimmte Gebiete Einschränkungen unterworfen werden, die gesetzlich vorgesehen und in einer demokratischen Gesellschaft durch das öffentliche Interesse gerechtfertigt sind.

---

[1] Neubekanntmachung des Protokolls Nr. 4 v. 16.9.1963 (BGBl. 1968 II S. 422, 423) in einer sprachlich überarbeiteten deutschen Übersetzung in der ab 1.6.2010 geltenden Fassung.

[2] Nr. **32**.

[3] Nr. **32a**.

Art. 3 Verbot der Ausweisung eigener Staatsangehöriger. (1) Niemand darf durch eine Einzel- oder Kollektivmaßnahme aus dem Hoheitsgebiet des Staates ausgewiesen werden, dessen Angehöriger er ist.

(2) Niemandem darf das Recht entzogen werden, in das Hoheitsgebiet des Staates einzureisen, dessen Angehöriger er ist.

Art. 4 Verbot der Kollektivausweisung ausländischer Personen. Kollektivausweisungen ausländischer Personen sind nicht zulässig.

Art. 5 Räumlicher Geltungsbereich. (1) Jede Hohe Vertragspartei kann im Zeitpunkt der Unterzeichnung oder Ratifikation dieses Protokolls oder zu jedem späteren Zeitpunkt an den Generalsekretär des Europarats eine Erklärung darüber richten, in welchem Umfang sie sich zur Anwendung dieses Protkolls auf die in der Erklärung angegebenen Hoheitsgebiete verpflichtet, für deren internationale Beziehungen sie verantwortlich ist.

(2) Jede Hohe Vertragspartei, die eine Erklärung nach Absatz 1 abgegeben hat, kann jederzeit eine weitere Erklärung abgeben, die den Inhalt einer früheren Erklärung ändert oder die Anwendung der Bestimmungen dieses Protokolls auf irgendein Hoheitsgebiet beendet.

(3) Eine nach diesem Artikel abgegebene Erklärung gilt als eine Erklärung im Sinne des Artikels 56 Absatz 1 der Konvention[1)].

(4) Das Hoheitsgebiet eines Staates, auf das dieses Protokoll aufgrund der Ratifikation oder Annahme durch diesen Staat Anwendung findet, und jedes Hoheitsgebiet, auf welches das Protokoll aufgrund einer von diesem Staat nach diesem Artikel abgegebenen Erklärung Anwendung findet, werden als getrennte Hoheitsgebiete betrachtet, soweit die Artikel 2 und 3 auf das Hoheitsgebiet eines Staates Bezug nehmen.

(5) Jeder Staat, der eine Erklärung nach Absatz 1 oder 2 abgegeben hat, kann jederzeit danach für eines oder mehrere der in der Erklärung bezeichneten Hoheitsgebiete erklären, dass er die Zuständigkeit des Gerichtshofs, Beschwerden von natürlichen Personen, nichtstaatlichen Organisationen oder Personengruppen nach Artikel 34 der Konvention entgegenzunehmen, für die Artikel 1 bis 4 dieses Protokolls insgesamt oder für einzelne dieser Artikel annimmt.

Art. 6 Verhältnis zur Konvention.[1)] Die Hohen Vertragsparteien betrachten die Artikel 1 bis 5 dieses Protokolls als Zusatzartikel zur Konvention; alle Bestimmungen der Konvention sind dementsprechend anzuwenden.

Art. 7 Unterzeichnung und Ratifikation. (1) [1] Dieses Protokoll liegt für die Mitglieder des Europarats, die Unterzeichner der Konvention[1)] sind, zur Unterzeichnung auf; es wird gleichzeitig mit der Konvention oder zu einem späteren Zeitpunkt ratifiziert. [2] Es tritt nach Hinterlegung von fünf Ratifikationsurkunden in Kraft. [3] Für jeden Unterzeichner, der das Protokoll später ratifiziert, tritt es mit der Hinterlegung der Ratifikationsurkunde in Kraft.[2)]

[1)] Nr. **32**.

[2)] Inkrafttreten für die Bundesrepublik Deutschland gemäß Bek. v. 18.11.1968 (BGBl. II S. 1109) am 1.6.1968. Zum weiteren Geltungsbereich vgl. BGBl. II Fundstellennachweis B, abgeschlossen am 31. 12. jeden Jahres.

(2) Die Ratifikationsurkunden werden beim Generalsekretär des Europarats hinterlegt, der allen Mitgliedern die Namen derjenigen Staaten, die das Protokoll ratifiziert haben, notifiziert.

Zu Urkund dessen haben die hierzu gehörig befugten Unterzeichneten dieses Protokoll unterschrieben.
Geschehen zu Straßburg am 16. September 1963 in englischer und französischer Sprache, wobei jeder Wortlaut gleichermaßen verbindlich ist, in einer Urschrift, die im Archiv des Europarats hinterlegt wird. Der Generalsekretär übermittelt allen Unterzeichnerstaaten beglaubigte Abschriften.

32c. Protokoll Nr. 6 zur Konvention zum Schutz der Menschenrechte und Grundfreiheiten über die Abschaffung der Todesstrafe

In der Fassung der Bekanntmachung vom 22. Oktober 2010[1)]
(BGBl. II S. 1198, 1223)

(Übersetzung)

Die Mitgliedstaaten des Europarats, die dieses Protokoll zu der am 4. November 1950 in Rom unterzeichneten Konvention zum Schutz der Menschenrechte und Grundfreiheiten[2)] (im Folgenden als „Konvention" bezeichnet) unterzeichnen –

in der Erwägung, dass die in verschiedenen Mitgliedstaaten des Europarats eingetretene Entwicklung eine allgemeine Tendenz zugunsten der Abschaffung der Todesstrafe zum Ausdruck bringt –

haben Folgendes vereinbart:

Art. 1 Abschaffung der Todesstrafe. [1] Die Todesstrafe ist abgeschafft. [2] Niemand darf zu dieser Strafe verurteilt oder hingerichtet werden.

Art. 2 Todesstrafe in Kriegszeiten. [1] Ein Staat kann in seinem Recht die Todesstrafe für Taten vorsehen, die in Kriegszeiten oder bei unmittelbarer Kriegsgefahr begangen werden; diese Strafe darf nur in den Fällen, die im Recht vorgesehen sind, und in Übereinstimmung mit dessen Bestimmungen angewendet werden. [2] Der Staat übermittelt dem Generalsekretär des Europarats die einschlägigen Rechtsvorschriften.

Art. 3 Verbot des Abweichens. Von diesem Protokoll darf nicht nach Artikel 15 der Konvention[2)] abgewichen werden.

Art. 4 Verbot von Vorbehalten. Vorbehalte nach Artikel 57 der Konvention[2)] zu Bestimmungen dieses Protokolls sind nicht zulässig.

Art. 5 Räumlicher Geltungsbereich. (1) Jeder Staat kann bei der Unterzeichnung oder bei der Hinterlegung seiner Ratifikations-, Annahme- oder Genehmigungsurkunde einzelne oder mehrere Hoheitsgebiete bezeichnen, auf die dieses Protokoll Anwendung findet.

(2) [1] Jeder Staat kann jederzeit danach durch eine an den Generalsekretär des Europarats gerichtete Erklärung die Anwendung dieses Protokolls auf jedes weitere in der Erklärung bezeichnete Hoheitsgebiet erstrecken. [2] Das Protokoll tritt für dieses Hoheitsgebiet am ersten Tag des Monats in Kraft, der auf den Eingang der Erklärung beim Generalsekretär folgt.

[1)] Neubekanntmachung des Protokolls Nr. 6 v. 28.4.1983 (BGBl. 1988 II S. 662, 663) in einer sprachlich überarbeiteten deutschen Übersetzung in der ab 1.6.2010 geltenden Fassung.

[2)] Nr. 32.

(3) [1] Jede nach den Absätzen 1 und 2 abgegebene Erklärung kann in Bezug auf jedes darin bezeichnete Hoheitsgebiet durch eine an den Generalsekretär gerichtete Notifikation zurückgenommen werden. [2] Die Rücknahme wird am ersten Tag des Monats wirksam, der auf den Eingang der Notifikation beim Generalsekretär folgt.

Art. 6 Verhältnis zur Konvention.[1)] Die Vertragsstaaten betrachten die Artikel 1 bis 5 dieses Protokolls als Zusatzartikel zur Konvention; alle Bestimmungen der Konvention sind dementsprechend anzuwenden.

Art. 7 Unterzeichnung und Ratifikation. [1] Dieses Protokoll liegt für die Mitgliedstaaten des Europarats, welche die Konvention[1)] unterzeichnet haben, zur Unterzeichnung auf. [2] Es bedarf der Ratifikation, Annahme oder Genehmigung. [3] Ein Mitgliedstaat des Europarats kann dieses Protokoll nur ratifizieren, annehmen oder genehmigen, wenn er die Konvention gleichzeitig ratifiziert oder sie früher ratifiziert hat. [4] Die Ratifikations-, Annahme- oder Genehmigungsurkunden werden beim Generalsekretär des Europarats hinterlegt.

Art. 8 Inkrafttreten. (1) Dieses Protokoll tritt am ersten Tag des Monats in Kraft, der auf den Tag folgt, an dem fünf Mitgliedstaaten des Europarats nach Artikel 7 ihre Zustimmung ausgedrückt haben, durch das Protokoll gebunden zu sein.

(2) Für jeden Mitgliedstaat, der später seine Zustimmung ausdrückt, durch das Protokoll gebunden zu sein, tritt es am ersten Tag des Monats in Kraft, der auf die Hinterlegung der Ratifikations-, Annahme- oder Genehmigungsurkunde folgt.[2)]

Art. 9 Aufgaben des Verwahrers. Der Generalsekretär des Europarats notifiziert den Mitgliedstaaten des Rates

a) jede Unterzeichnung;

b) jede Hinterlegung einer Ratifikations-, Annahme- oder Genehmigungsurkunde;

c) jeden Zeitpunkt des Inkrafttretens dieses Protokolls nach den Artikeln 5 und 8;

d) jede andere Handlung, Notifikation oder Mitteilung im Zusammenhang mit diesem Protokoll.

Zu Urkund dessen haben die hierzu gehörig befugten Unterzeichneten dieses Protokoll unterschrieben.

Geschehen zu Straßburg am 28. April 1983 in englischer und französischer Sprache, wobei jeder Wortlaut gleichermaßen verbindlich[3)] ist, in einer Urschrift, die im Archiv des Europarats hinterlegt wird. Der Generalsekretär des Europarats übermittelt allen Mitgliedstaaten des Europarats beglaubigte Abschriften.

---

1) Nr. **32**.

2) Inkrafttreten für die Bundesrepublik Deutschland gemäß Bek. v. 27.9.1989 (BGBl. II S. 814) am 1.8.1989. Zum weiteren Geltungsbereich vgl. BGBl. II Fundstellennachweis B, abgeschlossen am 31. 12. jeden Jahres.

3) Österreich: authentisch.

32d. Protokoll Nr. 7 zur Konvention zum Schutze der Menschenrechte und Grundfreiheiten[1]

Vom 22. November 1984
(ÖBGBl. 1988 II S. 628)

geänd. durch Art. 2 Abs. 7 Elftes EMRK-Protokoll[2] v. 11.5.1994 (BGBl. 1995 II S. 578, 579)

(Übersetzung)

Die Mitgliedstaaten des Europarates, die dieses Protokoll unterzeichnen,

entschlossen, weitere Maßnahmen zur kollektiven Gewährleistung gewisser Rechte und Freiheiten durch die am 4. November 1950 in Rom unterzeichnete Konvention zum Schutze der Menschenrechte und Grundfreiheiten[1] (im Folgenden als „Konvention[1]" bezeichnet) zu treffen,

haben Folgendes vereinbart:

Art. 1[3] **Verfahrensrechtliche Schutzvorschriften in bezug auf die Ausweisung von Ausländern.** (1) Ein Ausländer, der seinen rechtmäßigen Aufenthalt im Hoheitsgebiet eines Staates hat, darf aus diesem nur aufgrund einer rechtmäßig ergangenen Entscheidung ausgewiesen werden; ihm muß gestattet werden,

a) Gründe vorzubringen, die gegen seine Ausweisung sprechen,

b) seinen Fall prüfen zu lassen und

c) sich zu diesem Zweck vor der zuständigen Behörde oder von einer oder mehreren von dieser Behörde bestimmten Personen vertreten zu lassen.

(2) Ein Ausländer kann vor Ausübung der in Abs. 1 Lit. a, b und c genannten Rechte ausgewiesen werden, wenn die Ausweisung im Interesse der öffentlichen Ordnung erforderlich ist oder aus Gründen der nationalen Sicherheit erfolgt.

Art. 2[3] **Rechtsmittel in Strafsachen.** (1) [1] Wer von einem Gericht wegen einer strafbaren Handlung verurteilt worden ist, hat das Recht, das Urteil von einem übergeordneten Gericht nachprüfen zu lassen. [2] Die Ausübung dieses Rechts, einschließlich der Gründe, aus denen es ausgeübt werden kann, richtet sich nach dem Gesetz.

(2) Ausnahmen von diesem Recht sind für strafbare Handlungen geringfügiger Art, wie sie durch Gesetz näher bestimmt sind, oder in Fällen möglich, in denen das Verfahren gegen eine Person in erster Instanz vor dem obersten Gericht stattgefunden hat oder in denen sie nach einem gegen ihren Freispruch eingelegten Rechtsmittel verurteilt worden ist.

---

[1] Nr. **32**.
[2] Inkrafttreten gemäß Bek. v. 12.2.2001 (BGBl. II S. 231) am 1.11.1998.
[3] Überschrift eingef. mWv 1.11.1998 durch Protokoll v. 11.5.1994 (BGBl. II 1995 S. 578, 579).

Art. 3[1] **Recht auf Entschädigung bei Fehlurteilen.** Ist jemand wegen einer strafbaren Handlung rechtskräftig verurteilt und ist das Urteil später aufgehoben oder der Verurteilte begnadigt worden, weil eine neue oder eine neu bekannt gewordene Tatsache schlüssig beweist, daß ein Fehlurteil vorlag, so ist derjenige, der aufgrund eines solchen Urteils eine Strafe verbüßt hat, entsprechend dem Gesetz oder der Übung des betreffenden Staates zu entschädigen, sofern nicht nachgewiesen wird, daß das nicht rechtzeitige Bekanntwerden der betreffenden Tatsache ganz oder teilweise ihm zuzuschreiben ist.

Art. 4[1] **Recht, wegen derselben Sache nicht zweimal vor Gericht gestellt oder bestraft zu werden.** (1) Niemand darf wegen einer Straftat, wegen der er bereits nach dem Gesetz und dem Strafverfahrensrecht eines Staates rechtskräftig verurteilt oder freigesprochen worden ist, in einem Strafverfahren desselben Staates erneut vor Gericht gestellt oder bestraft werden.

(2) Abs. 1 schließt die Wiederaufnahme des Verfahrens nach dem Gesetz und dem Strafverfahrensrecht des betreffenden Staates nicht aus, falls neue oder neu bekannt gewordene Tatsachen vorliegen oder das vorausgegangene Verfahren schwere, den Ausgang des Verfahrens berührende Mängel aufweist.

(3) Dieser Artikel darf nicht nach Art. 15 der Konvention[2] außer Kraft gesetzt werden.

Art. 5[1] **Gleichberechtigung der Ehegatten.** [1] Ehegatten haben untereinander und in ihren Beziehungen zu ihren Kindern gleiche Rechte und Pflichten privatrechtlicher Art hinsichtlich der Eheschließung, während der Ehe und bei Auflösung der Ehe. [2] Dieser Artikel verwehrt es den Staaten nicht, die im Interesse der Kinder notwendigen Maßnahmen zu treffen.

Art. 6[3] **Räumlicher Geltungsbereich.** (1) Jeder Staat kann bei der Unterzeichnung oder bei der Hinterlegung seiner Ratifikations-, Annahme- oder Genehmigungsurkunde einzelne oder mehrere Hoheitsgebiete bezeichnen, auf die dieses Protokoll Anwendung findet, und erklären, in welchem Umfang er sich zur Anwendung dieses Protokolls auf diese Hoheitsgebiete verpflichtet.

(2) [1] Jeder Staat kann jederzeit danach durch eine an den Generalsekretär des Europarates gerichtete Erklärung die Anwendung dieses Protokoll auf jedes weitere in der Erklärung bezeichnete Hoheitsgebiet erstrecken. [2] Das Protokoll tritt für dieses Hoheitsgebiet am ersten Tag des Monats in Kraft, der auf einen Zeitabschnitt von zwei Monaten nach Eingang der Erklärung beim Generalsekretär folgt.

(3) [1] Jede nach den Abs. 1 und 2 abgegebene Erklärung kann in bezug auf jedes darin bezeichnete Hoheitsgebiet durch eine an den Generalsekretär gerichtete Notifikation zurückgenommen oder geändert werden. [2] Die Rücknahme oder Änderung wird am ersten Tag des Monats wirksam, der auf einen Zeitabschnitt von zwei Monaten nach Eingang der Notifikation beim Generalsekretär folgt.

---

[1] Überschrift eingef. mWv 1.11.1998 durch Protokoll v. 11.5.1994 (BGBl. II 1995 S. 578, 579).

[2] Nr. **32**.

[3] Art. 6 Abs. 4 geänd., Überschrift und Abs. 6 eingef. mWv 1.11.1998 durch Protokoll v. 11.5. 1994 (BGBl. II 1995 S. 578, 579).

(4) Eine nach diesem Artikel abgegebene Erklärung gilt als eine Erklärung im Sinne des Art. 56 Abs. 1 der Konvention[1].

(5) Das Hoheitsgebiet eines Staates, auf das dieses Protokoll aufgrund der Ratifikation, Annahme oder Genehmigung durch diesen Staat Anwendung findet, und jedes Hoheitsgebiet, auf welches das Protokoll aufgrund einer von diesem Staat nach diesem Artikel abgegebenen Erklärung Anwendung findet, können als getrennte Hoheitsgebiete betrachtet werden, soweit Art. 1 auf das Hoheitsgebiet eines Staates Bezug nimmt.

(6) Jeder Staat, der eine Erklärung nach Absatz 1 oder 2 abgegeben hat, kann jederzeit danach für eines oder mehrere der in der Erklärung bezeichneten Hoheitsgebiete erklären, daß er die Zuständigkeit des Gerichtshofs, Beschwerden von natürlichen Personen, nichtstaatlichen Organisationen oder Personengruppen nach Artikel 34 der Konvention entgegenzunehmen, für die Artikel 1 bis 5 dieses Protokolls[2] annimmt.

Art. 7[3] **Verhältnis zur Konvention.**[1] Die Vertragsstaaten betrachten die Art. 1 bis 6 dieses Protokolls[2] als Zusatzartikel zur Konvention; alle Bestimmungen der Konvention sind dementsprechend anzuwenden.

Art. 8[4] **Unterzeichnung und Ratifikation.** [1] Dieses Protokoll liegt für die Mitgliedstaaten des Europarates, welche die Konvention[1] unterzeichnet haben, zur Unterzeichnung auf. [2] Es bedarf der Ratifikation, Annahme oder Genehmigung. Ein Mitgliedstaat des Europarates kann dieses Protokoll nicht ratifizieren, annehmen oder genehmigen, ohne die Konvention früher ratifiziert zu haben oder sie gleichzeitig zu ratifizieren. [3] Die Ratifikations-, Annahme- oder Genehmigungsurkunden werden beim Generalsekretär des Europarates hinterlegt.

Art. 9[4] **Inkrafttreten.** (1) Dieses Protokoll tritt am ersten Tag des Monates in Kraft, der auf einen Zeitabschnitt von zwei Monaten nach dem Tag folgt, an dem sieben Mitgliedstaaten des Europarates nach Art. 8 ihre Zustimmung ausgedrückt haben, durch das Protokoll gebunden zu sein.[5]

(2) Für jeden Mitgliedstaat, der später seine Zustimmung ausdrückt, durch das Protokoll gebunden zu sein, tritt es am ersten Tag des Monates in Kraft, der auf einen Zeitabschnitt von zwei Monaten nach Hinterlegung der Ratifikations-, Annahme- oder Genehmigungsurkunde folgt.

Art. 10[4] **Aufgaben des Verwahrers.** Der Generalsekretär des Europarats notifiziert allen Mitgliedstaaten des Europarates:

a) jede Unterzeichnung;

b) jede Hinterlegung einer Ratifikations-, Annahme- oder Genehmigungsurkunde;

---

[1] Nr. **32**.

[2] Nr. **32d**.

[3] Art. 7 Abs. 2 aufgeh. mWv 1.11.1998 durch Protokoll v. 11.5.1994 (BGBl. II 1995 S. 578, 579).

[4] Überschrift eingef. mWv 1.11.1998 durch Protokoll v. 11.5.1994 (BGBl. II 1995 S. 578, 579).

[5] Das Protokoll ist am 1.11.1988 in Kraft getreten. Die Bundesrepublik Deutschland hat das Protokoll bislang nicht ratifiziert.

c) jeden Zeitpunkt des Inkrafttretens dieses Protokolls nach den Art. 6 und 9;

d) jede andere Handlung, Notifikation oder Erklärung im Zusammenhang mit diesem Protokoll.

Zu Urkund dessen haben die hiezu gehörig befugten Unterzeichneten dieses Protokoll unterschrieben.

Geschehen zu Straßburg am 22. November 1984 in englischer und französischer Sprache, wobei jeder Wortlaut gleichermaßen verbindlich[1] ist, in einer Urschrift, die im Archiv des Europarates hinterlegt wird. Der Generalsekretär des Europarats übermittelt allen Unterzeichnerstaaten des Europarates beglaubigte Abschriften.

Erklärungen. *(hier nicht wiedergeben)*

[1] Österreich: authentisch.

32e. Protokoll Nr. 13 zur Konvention zum Schutz der Menschenrechte und Grundfreiheiten über die vollständige Abschaffung der Todesstrafe

In der Fassung der Bekanntmachung vom 22. Oktober 2010[1]
(BGBl. II S. 1198, 1226)

(Übersetzung)

Die Mitgliedstaaten des Europarats, die dieses Protokoll unterzeichnen,

in der Überzeugung, dass in einer demokratischen Gesellschaft das Recht jedes Menschen auf Leben einen Grundwert darstellt und die Abschaffung der Todesstrafe für den Schutz dieses Rechts und für die volle Anerkennung der allen Menschen innewohnenden Würde von wesentlicher Bedeutung ist;

in dem Wunsch, den Schutz des Rechts auf Leben, der durch die am 4. November 1950 in Rom unterzeichnete Konvention zum Schutz der Menschenrechte und Grundfreiheiten[2] (im Folgenden als „Konvention[2]" bezeichnet) gewährleistet wird, zu stärken;

in Anbetracht dessen, dass das Protokoll Nr. 6 zur Konvention über die Abschaffung der Todesstrafe[3], das am 28. April 1983 in Straßburg unterzeichnet wurde, die Todesstrafe nicht für Taten ausschließt, die in Kriegszeiten oder bei unmittelbarer Kriegsgefahr begangen werden;

entschlossen, den letzten Schritt zu tun, um die Todesstrafe vollständig abzuschaffen,

haben Folgendes vereinbart:

Art. 1 Abschaffung der Todesstrafe. [1] Die Todesstrafe ist abgeschafft. [2] Niemand darf zu dieser Strafe verurteilt oder hingerichtet werden.

Art. 2 Verbot des Abweichens. Von diesem Protokoll darf nicht nach Artikel 15 der Konvention[2] abgewichen werden.

Art. 3 Verbot von Vorbehalten. Vorbehalte nach Artikel 57 der Konvention[2] zu diesem Protokoll sind nicht zulässig.

Art. 4 Räumlicher Geltungsbereich. (1) Jeder Staat kann bei der Unterzeichnung oder bei der Hinterlegung der Ratifikations-, Annahme- oder Genehmigungsurkunde einzelne oder mehrere Hoheitsgebiete bezeichnen, auf die dieses Protokoll Anwendung findet.

---

[1] Neubekanntmachung des Protokolls Nr. 13 v. 3.5.2002 (BGBl. 2004 II S. 982, 983) in einer sprachlich überarbeiteten deutschen Übersetzung in der ab 1.6.2010 geltenden Fassung.

[2] Nr. **32**.

[3] Nr. **32c**.

(2) [1] Jeder Staat kann jederzeit danach durch eine an den Generalsekretär des Europarats gerichtete Erklärung die Anwendung dieses Protokolls auf jedes weitere in der Erklärung bezeichnete Hoheitsgebiet erstrecken. [2] Das Protokoll tritt für dieses Hoheitsgebiet am ersten Tag des Monats in Kraft, der auf einen Zeitabschnitt von drei Monaten nach Eingang der Erklärung beim Generalsekretär folgt.

(3) [1] Jede nach den Absätzen 1 und 2 abgegebene Erklärung kann in Bezug auf jedes darin bezeichnete Hoheitsgebiet durch eine an den Generalsekretär gerichtete Notifikation zurückgenommen oder geändert werden. [2] Die Rücknahme oder Änderung wird am ersten Tag des Monats wirksam, der auf einen Zeitabschnitt von drei Monaten nach Eingang der Notifikation beim Generalsekretär folgt.

Art. 5 Verhältnis zur Konvention.[1)] Die Vertragsstaaten betrachten die Artikel 1 bis 4 dieses Protokolls als Zusatzartikel zur Konvention; alle Bestimmungen der Konvention sind dementsprechend anzuwenden.

Art. 6 Unterzeichnung und Ratifikation. [1] Dieses Protokoll liegt für die Mitgliedstaaten des Europarats, welche die Konvention[1)] unterzeichnet haben, zur Unterzeichnung auf. [2] Es bedarf der Ratifikation, Annahme oder Genehmigung. [3] Ein Mitgliedstaat des Europarats kann dieses Protokoll nur ratifizieren, annehmen oder genehmigen, wenn er die Konvention gleichzeitig ratifiziert oder bereits zu einem früheren Zeitpunkt ratifiziert hat. [4] Die Ratifikations-, Annahme- oder Genehmigungsurkunden werden beim Generalsekretär des Europarats hinterlegt.

Art. 7 Inkrafttreten. (1) Dieses Protokoll tritt am ersten Tag des Monats in Kraft, der auf einen Zeitabschnitt von drei Monaten nach dem Tag folgt, an dem zehn Mitgliedstaaten des Europarats nach Artikel 6 ihre Zustimmung ausgedrückt haben, durch das Protokoll gebunden zu sein.

(2) Für jeden Mitgliedstaat, der später seine Zustimmung ausdrückt, durch dieses Protokoll gebunden zu sein, tritt es am ersten Tag des Monats in Kraft, der auf einen Zeitabschnitt von drei Monaten nach der Hinterlegung der Ratifikations-, Annahme- oder Genehmigungsurkunde folgt.[2)]

Art. 8 Aufgaben des Verwahrers. Der Generalsekretär des Europarats notifiziert allen Mitgliedstaaten des Europarats

a) jede Unterzeichnung;

b) jede Hinterlegung einer Ratifikations-, Annahme- oder Genehmigungsurkunde;

c) jeden Zeitpunkt des Inkrafttretens dieses Protokolls nach Artikel 4 und 7;

[1)] Nr. **32**.

[2)] Inkrafttreten für die Bundesrepublik Deutschland gemäß Bek. v. 23.11.2004 (BGBl. II S. 1722) am 1.2.2005. Zum weiteren Geltungsbereich vgl. BGBl. II Fundstellennachweis B, abgeschlossen am 31. 12. jeden Jahres.

Zum Inkrafttreten des Protokolls in den anderen Vertragsstaaten vgl. die **Bek. über den Geltungsbereich des Protokolls Nr. 13 zur Konvention zum Schutz der Menschenrechte und Grundfreiheiten über die vollständige Abschaffung der Todesstrafe** v. 26.5.2014 (BGBl. II S. 435).

d) jede andere Handlung, Notifikation oder Mitteilung im Zusammenhang mit diesem Protokoll.

Zu Urkund dessen haben die hierzu gehörig befugten Unterzeichneten dieses Protokoll unterschrieben.

Geschehen zu Wilna am 3. Mai 2002 in englischer und französischer Sprache, wobei jeder Wortlaut gleichermaßen verbindlich ist, in einer Urschrift, die im Archiv des Europarats hinterlegt wird.

Der Generalsekretär des Europarats übermittelt allen Mitgliedstaaten des Europarats beglaubigte Abschriften.

33. Verfahrensordnung des Europäischen Gerichtshofs für Menschenrechte

In der Fassung der Bekanntmachung vom 27. Juli 2006
(BGBl. II S. 693)

(Übersetzung)

Inhaltsverzeichnis

Der Europäische Gerichtshof für Menschenrechte –

gestützt auf die Konvention zum Schutz der Menschenrechte und Grundfreiheiten[1] und deren Protokolle–

erlässt die folgende Verfahrensordnung:

---

[1] Nr. **32**.

Art. 1 Begriffsbestimmungen. Für die Zwecke dieser Verfahrensordnung bezeichnet, wenn sich aus dem Zusammenhang nichts anderes ergibt,

a) „Konvention“ die Konvention zum Schutz der Menschenrechte und Grundfreiheiten[1] und deren Protokolle;

b) „Plenum“ den Europäischen Gerichtshof für Menschenrechte in Plenarsitzung;

c) „Große Kammer“ die Große Kammer mit 17 Richtern, die nach Artikel 27 Absatz 1 der Konvention gebildet wird;

d) „Sektion“ eine Kammer, die vom Plenum nach Artikel 26 Buchstabe b der Konvention für einen bestimmten Zeitraum gebildet wird, und „Sektionspräsident“ den Richter, der vom Plenum nach Artikel 26 Buchstabe c der Konvention der Konvention zum Präsidenten dieser Sektion gewählt wird;

e) „Kammer“ eine Kammer mit sieben Richtern, die nach Artikel 27 Absatz 1 der Konvention gebildet wird, und „Kammerpräsident“ den Richter, der in einer solchen „Kammer“ den Vorsitz führt;

f) „Komitee“ einen Ausschuss mit drei Richtern, der nach Artikel 27 Absatz 1 der Konvention gebildet wird;

g) „Gerichtshof“ gleichermaßen das Plenum, die Große Kammer, eine Sektion, eine Kammer, ein Komitee oder den in Artikel 43 Absatz 2 der Konvention erwähnten Ausschuss von fünf Richtern;

h) „Richter ad hoc“ jede Person, die nicht gewählter Richter ist und die von einer Vertragspartei nach Artikel 27 Absatz 2 der Konvention als Mitglied der Großen Kammer oder einer Kammer benannt wird;

i) „Richter“ die Richter, die von der Parlamentarischen Versammlung des Europarats gewählt werden, und die Richter ad hoc;

j) „Bericht erstattender Richter“ einen Richter, der mit den in den Artikeln 48 und 49 vorgesehenen Aufgaben betraut ist;

k) „Delegierter“ einen Richter, den die Kammer zum Mitglied einer Delegation ernennt, und „Delegationsleiter“ den Delegierten, den die Kammer zum Leiter ihrer Delegation ernennt;

l) „Delegation“ ein Organ, das sich zusammensetzt aus Delegierten, Angehörigen der Kanzlei und jeder anderen Person, welche die Kammer zur Unterstützung der Delegation ernennt;

m) „Kanzler“ je nach Zusammenhang den Kanzler des Gerichtshofs oder den Kanzler einer Sektion;

n) „Partei“ und „Parteien“
   – die Beschwerde führenden oder die beschwerdegegnerischen Vertragsparteien;
   – den Beschwerdeführer (natürliche Person, nichtstaatliche Organisation oder Personengruppe), der den Gerichtshof nach Artikel 34 der Konvention anruft;

o) „Drittbeteiligter“ jede Vertragspartei oder jede betroffene Person, die nach Artikel 36 Absätze 1 und 2 der Konvention von ihrem Recht Ge-

[1] Nr. **32**.

brauch macht oder der Gelegenheit gegeben wird, schriftlich Stellung zu nehmen oder an einer mündlichen Verhandlung teilzunehmen;

p) „mündliche Verhandlung" und „mündliche Verhandlungen" die mündlichen Verfahren, welche die Zulässigkeit und/oder die Begründetheit einer Beschwerde zum Gegenstand haben oder in Zusammenhang mit einem Antrag auf Wiederaufnahme des Verfahrens, auf Auslegung eines Urteils oder auf Erstattung eines Gutachtens durchgeführt werden;

q) „Ministerkomitee" das Ministerkomitee des Europarats;

r) „früherer Gerichtshof" und „Kommission" den Europäischen Gerichtshof und die Europäische Kommission für Menschenrechte nach dem früheren Artikel 19 der Konvention.

Titel I. Organisation und Arbeitsweise des Gerichtshofs

Kapitel I. Die Richter

Art. 2 Berechnung der Amtszeit. (1) [1] Die Amtszeit eines gewählten Richters wird vom Zeitpunkt seiner Wahl an gerechnet. [2] Wird jedoch ein Richter nach Ablauf seiner Amtszeit wiedergewählt oder wird er an Stelle eines Richters gewählt, dessen Amtszeit abgelaufen ist oder abläuft, so wird seine Amtszeit vom Zeitpunkt des Ablaufs der betreffenden Amtszeit an gerechnet.

(2) Wird ein Richter an Stelle eines Richters gewählt, dessen Amtszeit noch nicht abgelaufen ist, so übt er sein Amt nach Artikel 23 Absatz 5 der Konvention für die restliche Amtszeit seines Vorgängers aus.

(3) Ein gewählter Richter bleibt nach Artikel 23 Absatz 7 der Konvention[1)] im Amt, bis sein Nachfolger den Eid geleistet oder die Erklärung abgegeben hat, die in Artikel 3 dieser Verfahrensordnung vorgesehen sind.

Art. 3 Eid oder feierliche Erklärung. (1) Jeder gewählte Richter hat vor Aufnahme seiner Tätigkeit in der ersten Sitzung des Plenums, an der er nach seiner Wahl teilnimmt, oder nötigenfalls vor dem Präsidenten des Gerichtshofs folgenden Eid zu leisten oder folgende feierliche Erklärung abzugeben: „Ich schwöre," – oder „Ich erkläre feierlich," – „dass ich mein Amt als Richter ehrenhaft, unabhängig und unparteiisch ausüben und das Beratungsgeheimnis wahren werde."

(2) Hierüber wird ein Protokoll aufgenommen.

Art. 4 Unvereinbarkeit. [1] Nach Artikel 21 Absatz 3 der Konvention[1)] dürfen die Richter während ihrer Amtszeit keine politische, administrative oder berufliche Tätigkeit ausüben, die mit ihrer Unabhängigkeit und Unparteilichkeit oder mit den Erfordernissen der Vollzeitbeschäftigung in diesem Amt unvereinbar ist. [2] Jeder Richter hat dem Präsidenten des Gerichtshofs jede Nebentätigkeit anzuzeigen. [3] Bei Meinungsverschiedenheit zwischen dem Präsidenten und dem betroffenen Richter entscheidet das Plenum alle sich stellenden Fragen.

[1)] Nr. **32**.

Art. 5 Rangordnung. (1) Die gewählten Richter folgen im Rang dem Präsidenten und den Vizepräsidenten des Gerichtshofs sowie den Sektionspräsidenten; untereinander bestimmt sich ihr Rang nach dem Tag ihrer Wahl; im Fall der Wiederwahl, auch wenn diese nicht unmittelbar erfolgt, wird die Dauer der früheren Amtsausübung als gewählter Richter berücksichtigt.

(2) [1] Der Rang der Vizepräsidenten des Gerichtshofs, die am selben Tag in dieses Amt gewählt werden, richtet sich nach der Dauer ihrer Amtsausübung als Richter. [2] Bei gleicher Dauer bestimmt sich ihr Rang nach dem Lebensalter. [3] Die gleiche Regelung gilt für die Sektionspräsidenten.

(3) Der Rang der am selben Tag gewählten Richter richtet sich nach ihrem Lebensalter.

(4) Die Richter ad hoc folgen im Rang den gewählten Richtern; untereinander bestimmt sich ihr Rang nach dem Lebensalter.

Art. 6 Rücktritt. [1] Die Rücktrittserklärung eines Richters wird an den Präsidenten des Gerichtshofs gerichtet, der sie an den Generalsekretär des Europarats weiterleitet. [2] Vorbehaltlich des Artikels 24 Absatz 4 am Ende und des Artikels 26 Absatz 3 wird durch den Rücktritt der Sitz des Richters frei.

Art. 7 Entlassung. [1] Ein Richter kann nur entlassen werden, wenn die anderen Richter im Plenum mit der Mehrheit von zwei Dritteln der im Amt befindlichen gewählten Richter beschließen, dass er die erforderlichen Voraussetzungen nicht mehr erfüllt. [2] Der betroffene Richter ist zuvor vom Plenum anzuhören. [3] Jeder Richter kann das Amtsenthebungsverfahren in Gang setzen.

Kapitel II. Präsidialämter des Gerichtshofs und Rolle des Präsidiums

Art. 8 Wahl des Präsidenten und der Vizepräsidenten des Gerichtshofs sowie der Präsidenten und Vizepräsidenten der Sektionen.

(1) Das Plenum wählt seinen Präsidenten, seine beiden Vizepräsidenten und die Sektionspräsidenten für eine Amtszeit von drei Jahren, die sich jedoch nicht über ihre Amtszeit als Richter hinaus erstrecken kann.

(2) Ebenso wählt jede Sektion für eine Amtszeit von drei Jahren einen Vizepräsidenten, der den Sektionspräsidenten im Verhinderungsfall ersetzt.

(3) [1] Ein nach Absatz 1 oder 2 gewählter Richter kann in ein gleichrangiges Amt nur einmal wiedergewählt werden. [2] Diese Begrenzung der Zahl der Amtszeiten steht der einmaligen Wiederwahl eines Richters, der am Tag des Inkrafttretens[1)] dieser Änderung des Artikels 8 ein in den Absätzen 1 und 2 beschriebenes Amt innehat, in ein gleichrangiges Amt nicht entgegen.

(4) Die Präsidenten und die Vizepräsidenten führen ihre Geschäfte bis zur Wahl ihrer Nachfolger weiter.

(5) [1] Die in diesem Artikel vorgesehenen Wahlen finden in geheimer Abstimmung statt; stimmberechtigt sind nur die anwesenden gewählten Richter. [2] Erreicht kein Bewerber die absolute Mehrheit der anwesenden gewählten Richter, so finden ein oder mehrere weitere Wahlgänge statt, bis ein Kandidat

[1)] **Amtl. Anm.:** 1. Dezember 2005

die absolute Mehrheit erreicht hat. [3] Nach jedem Wahlgang scheidet der Bewerber aus, der die wenigsten Stimmen erhalten hat. [4] Erhalten mehrere Bewerber die wenigsten Stimmen, so scheidet nur der nach Artikel 5 rangjüngste Bewerber aus. [5] Bei Stimmengleichheit zwischen zwei Bewerbern im letzten Wahlgang wird dem nach Artikel 5 rangälteren Richter der Vorzug gegeben.

Art. 9 Aufgaben des Präsidenten des Gerichtshofs. (1) [1] Der Präsident leitet Arbeit und Verwaltung des Gerichtshofs. [2] Er vertritt den Gerichtshof und nimmt insbesondere dessen Beziehungen zu den Dienststellen des Europarats wahr.

(2) Er hat den Vorsitz in den Sitzungen des Plenums, der Großen Kammer und des Ausschusses von fünf Richtern.

(3) An der Prüfung der Rechtssachen, die von den Kammern behandelt werden, nimmt der Präsident nicht teil, es sei denn, er ist der für die betroffene Vertragspartei gewählte Richter.

Art. 9A Rolle des Präsidiums. (1)

a) Der Gerichtshof hat ein Präsidium, bestehend aus dem Präsidenten und den Vizepräsidenten des Gerichtshofs sowie den Sektionspräsidenten. Ist ein Vizepräsident oder ein Sektionspräsident verhindert, an einer Sitzung des Präsidiums teilzunehmen, so wird er durch den Vizepräsidenten der Sektion vertreten, andernfalls durch das Mitglied der Sektion, das ihm in der Rangordnung nach Artikel 5 unmittelbar folgt.

b) Das Präsidium kann jedes andere Mitglied des Gerichtshofs oder jede andere Person, deren Anwesenheit es für erforderlich hält, zu seinen Sitzungen laden.

(2) Das Präsidium wird vom Kanzler und von den Stellvertretenden Kanzlern unterstützt.

(3) [1] Aufgabe des Präsidiums ist die Unterstützung des Präsidenten bei der Erfüllung seiner Aufgabe, Arbeit und Verwaltung des Gerichtshofs zu leiten. [2] Zu diesem Zweck kann der Präsident das Präsidium mit jeder Verwaltungs- oder außergerichtlichen Angelegenheit befassen, die in seinen Zuständigkeitsbereich fällt.

(4) Das Präsidium erleichtert ferner die Abstimmung zwischen den Sektionen des Gerichtshofs.

(5) Der Präsident kann das Präsidium konsultieren, bevor er nach Artikel 32 Verfahrensanordnungen praktischer Natur erlässt oder die nach Artikel 17 Absatz 4 vom Kanzler vorbereitete allgemeine Weisung genehmigt.

(6) [1] Das Präsidium kann dem Plenum zu jeder Frage Bericht erstatten. [2] Es kann dem Plenum ferner Vorschläge unterbreiten.

(7) [1] Über jede Sitzung des Präsidiums wird ein Protokoll in den beiden Amtssprachen des Gerichtshofs aufgenommen und an die Richter verteilt. [2] Der Sekretär des Präsidiums wird vom Kanzler im Einvernehmen mit dem Präsidenten bestimmt.

Art. 10 Aufgaben der Vizepräsidenten des Gerichtshofs. [1] Die Vizepräsidenten des Gerichtshofs unterstützen den Präsidenten des Gerichtshofs.

[2] Sie vertreten ihn, wenn er verhindert oder das Amt des Präsidenten nicht besetzt ist oder wenn er darum ersucht. [3] Die Vizepräsidenten sind auch als Sektionspräsidenten tätig.

Art. 11 Vertretung des Präsidenten und der Vizepräsidenten des Gerichtshofs. Sind der Präsident und die Vizepräsidenten des Gerichtshofs gleichzeitig verhindert oder sind ihre Ämter gleichzeitig nicht besetzt, so werden die Amtspflichten des Präsidenten von einem der Sektionspräsidenten oder, falls keiner von ihnen verfügbar ist, von einem anderen gewählten Richter entsprechend der in Artikel 5 festgelegten Rangordnung wahrgenommen.

Art. 12 Präsidenten der Sektionen und Kammern. [1] Die Sektionspräsidenten haben den Vorsitz in den Sitzungen der Sektion und der Kammern, deren Mitglieder sie sind, und leiten die Arbeit der Sektion. [2] Die Vizepräsidenten der Sektionen vertreten sie im Verhinderungsfall oder wenn das Amt des Sektionspräsidenten nicht besetzt ist oder auf dessen Ersuchen hin. [3] Andernfalls vertreten die Richter der Sektion und der Kammern den Sektionspräsidenten entsprechend der in Artikel 5 festgelegten Rangordnung.

Art. 13 Ausschluss vom Vorsitz. Die Richter des Gerichtshofs sind vom Vorsitz in Rechtssachen ausgeschlossen, in denen eine Vertragspartei, deren Staatsangehörige sie sind oder für die sie gewählt wurden, Partei ist, oder an denen sie als nach Artikel 29 Absatz 1 Buchstabe a oder Artikel 30 Absatz 1 benannte Richter mitwirken.

Art. 14 Ausgewogene Vertretung der Geschlechter. Bei den nach diesem und dem folgenden Kapitel vorzunehmenden Ernennungen verfolgt der Gerichtshof eine Politik, die auf eine ausgewogene Vertretung der Geschlechter gerichtet ist.

Kapitel III. Die Kanzlei

Art. 15 Wahl des Kanzlers. (1) [1] Das Plenum wählt den Kanzler des Gerichtshofs. [2] Die Bewerber müssen hohes sittliches Ansehen genießen und über die juristischen, administrativen und sprachlichen Kenntnisse sowie die Erfahrung verfügen, die zur Ausübung dieser Tätigkeit erforderlich sind.

(2) [1] Der Kanzler wird für eine Amtszeit von fünf Jahren gewählt und kann wiedergewählt werden. [2] Er kann seines Amtes nur enthoben werden, wenn die Richter in Plenarsitzung mit der Mehrheit von zwei Dritteln der im Amt befindlichen gewählten Richter beschließen, dass er die erforderlichen Voraussetzungen nicht mehr erfüllt. [3] Er ist zuvor vom Plenum anzuhören. [4] Jeder Richter kann das Amtsenthebungsverfahren in Gang setzen.

(3) [1] Die in diesem Artikel vorgesehenen Wahlen finden in geheimer Abstimmung statt; stimmberechtigt sind nur die anwesenden gewählten Richter. [2] Erreicht kein Bewerber die absolute Mehrheit der anwesenden gewählten Richter, so findet zwischen den beiden Bewerbern, die die meisten Stimmen erhalten haben, eine Stichwahl statt. [3] Bei Stimmengleichheit wird, sofern vorhanden, der Bewerberin der Vorzug gegeben, sonst der älteren Person.

(4) [1] Vor Aufnahme seiner Tätigkeit hat der Kanzler vor dem Plenum oder nötigenfalls vor dem Präsidenten des Gerichtshofs folgenden Eid zu leisten oder folgende feierliche Erklärung abzugeben:
„Ich schwöre," – oder „Ich erkläre feierlich," – „dass ich meine Aufgaben als Kanzler des Europäischen Gerichtshofs für Menschenrechte mit größter Pflichttreue, Verschwiegenheit und Gewissenhaftigkeit erfüllen werde."
[2] Hierüber wird ein Protokoll aufgenommen.

Art. 16 Wahl der Stellvertretenden Kanzler. (1) [1] Das Plenum wählt außerdem zwei Stellvertretende Kanzler unter den Voraussetzungen, nach dem Verfahren und für die Amtszeit, die in Artikel 15 vorgeschrieben sind. [2] Das für die Amtsenthebung des Kanzlers vorgesehene Verfahren findet auch für die Amtsenthebung der Stellvertretenden Kanzler Anwendung. [3] Der Gerichtshof hört in beiden Fällen zuvor den Kanzler an.

(2) [1] Vor Aufnahme ihrer Tätigkeit haben die Stellvertretenden Kanzler vor dem Plenum oder nötigenfalls vor dem Präsidenten des Gerichtshofs entsprechend den für den Kanzler geltenden Vorschriften einen Eid zu leisten oder eine feierliche Erklärung abzugeben. [2] Hierüber wird ein Protokoll aufgenommen.

Art. 17 Aufgaben des Kanzlers. (1) [1] Der Kanzler unterstützt den Gerichtshof bei der Erfüllung seiner Aufgaben. [2] Er trägt die Verantwortung für Organisation und Tätigkeit der Kanzlei, wobei er dem Präsidenten des Gerichtshofs untersteht.

(2) Der Kanzler bewahrt das Archiv des Gerichtshofs; die beim Gerichtshof aus- und eingehende Korrespondenz und die Zustellungen betreffend die beim Gerichtshof anhängigen oder anhängig zu machenden Rechtssachen werden über ihn geleitet.

(3) Soweit es mit der ihm durch sein Amt auferlegten Schweigepflicht vereinbar ist, erteilt der Kanzler Auskunft auf Anfragen über die Tätigkeit des Gerichtshofs, insbesondere gegenüber der Presse.

(4) Die Arbeit der Kanzlei wird durch eine vom Kanzler vorbereitete und vom Präsidenten des Gerichtshofs genehmigte allgemeine Weisung geregelt.

Art. 18 Organisation der Kanzlei. (1) Die Kanzlei besteht aus ebenso vielen Sektionskanzleien wie der Gerichtshof Sektionen bildet, sowie aus den Stellen, die erforderlich sind, um die vom Gerichtshof benötigten rechtlichen und administrativen Dienstleistungen zu erbringen.

(2) [1] Der Sektionskanzler unterstützt die Sektion bei der Erfüllung ihrer Aufgaben. [2] Dabei kann ihm ein Stellvertretender Sektionskanzler zur Seite stehen.

(3) Mit Ausnahme des Kanzlers und der Stellvertretenden Kanzler werden die Kanzleibediensteten einschließlich der wissenschaftlichen Mitarbeiter mit Zustimmung des Präsidenten des Gerichtshofs oder des auf dessen Anweisung handelnden Kanzlers vom Generalsekretär des Europarats eingestellt.

Kapitel IV. Die Arbeitsweise des Gerichtshofs

Art. 19 Sitz des Gerichtshofs. (1) [1] Der Gerichtshof hat seinen Sitz in Straßburg, dem Sitz des Europarats. [2] Der Gerichtshof kann jedoch, wenn er es für zweckmäßig hält, seine Tätigkeit an einem anderen Ort im Hoheitsgebiet der Mitgliedstaaten des Europarats ausüben.

(2) Der Gerichtshof kann in jedem Stadium der Prüfung einer Beschwerde beschließen, dass es notwendig ist, selbst oder durch eines oder mehrere seiner Mitglieder an einem anderen Ort eine Untersuchung vorzunehmen oder jede andere Aufgabe zu erledigen.

Art. 20 Sitzungen des Plenums. (1) [1] Der Präsident beruft den Gerichtshof zu einer Plenarsitzung ein, sobald es die dem Gerichtshof nach der Konvention und dieser Verfahrensordnung obliegenden Aufgaben erfordern. [2] Der Präsident beruft eine Plenarsitzung ein, wenn mindestens ein Drittel der Mitglieder des Gerichtshofs es verlangt, jedenfalls aber einmal im Jahr zur Erörterung von Verwaltungsfragen.

(2) Für die Beschlussfähigkeit des Plenums ist die Anwesenheit von mindestens zwei Dritteln der im Amt befindlichen gewählten Richter erforderlich.

(3) Wird die für die Beschlussfähigkeit erforderliche Zahl nicht erreicht, so vertagt der Präsident die Sitzung.

Art. 21 Andere Sitzungen des Gerichtshofs. (1) [1] Die Große Kammer, die Kammern und die Komitees tagen ständig. [2] Der Gerichtshof legt jedoch jedes Jahr auf Vorschlag seines Präsidenten Sitzungsperioden fest.

(2) In dringenden Fällen kann der Präsident die Große Kammer und die Kammern auch außerhalb dieser Sitzungsperioden einberufen.

Art. 22 Beratungen. (1) [1] Der Gerichtshof berät in nichtöffentlicher Sitzung. [2] Seine Beratungen bleiben geheim.

(2) [1] Nur die Richter nehmen an den Beratungen teil. [2] Der Kanzler oder die als sein Vertreter bestimmte Person sowie diejenigen weiteren Kanzleibediensteten und Dolmetscher, deren Hilfe für erforderlich erachtet wird, sind bei den Beratungen anwesend. [3] Die Zulassung anderer Personen bedarf einer besonderen Entscheidung des Gerichtshofs.

(3) Vor jeder Abstimmung über eine Frage, die dem Gerichtshof vorgelegt wird, fordert der Präsident die Richter auf, ihre Meinung zu äußern.

Art. 23 Abstimmungen. (1) [1] Die Entscheidungen des Gerichtshofs werden von den anwesenden Richtern mit Stimmenmehrheit getroffen. [2] Bei Stimmengleichheit wird erneut abgestimmt, und liegt weiterhin Stimmengleichheit vor, so gibt die Stimme des Präsidenten den Ausschlag. [3] Dieser Absatz gilt, soweit diese Verfahrensordnung nichts anderes bestimmt.

(2) [1] Die Entscheidungen und Urteile der Großen Kammer und der Kammern werden von den jeweils tagenden Richtern mit Stimmenmehrheit getroffen. [2] Bei den Schlussabstimmungen über Zulässigkeit und Begründetheit einer Beschwerde sind Enthaltungen nicht zulässig.

(3) [1] In der Regel erfolgen die Abstimmungen durch Handzeichen. [2] Der Präsident kann eine namentliche Abstimmung durchführen, und zwar in umgekehrter Reihenfolge der Rangordnung.

(4) Jede Frage, über die abzustimmen ist, wird genau formuliert.

Art. 23A Entscheidung durch stillschweigende Zustimmung. [1] Hat der Gerichtshof außerhalb einer angesetzten Sitzung über eine Verfahrensfrage oder eine andere Frage zu entscheiden, so kann der Präsident anordnen, dass den Richtern die Entscheidung im Entwurf zuzuleiten und für ihre Stellungnahme eine Frist zu setzen ist. [2] Erheben die Richter keine Einwände, so gilt der Vorschlag nach Ablauf der Frist als angenommen.

Kapitel V. Zusammensetzung des Gerichtshofs

Art. 24 Zusammensetzung der Großen Kammer. (1) Die Große Kammer besteht aus 17 Richtern und mindestens drei Ersatzrichtern.

(2)

a) Der Großen Kammer gehören der Präsident und die Vizepräsidenten des Gerichtshofs sowie die Sektionspräsidenten an. Ist ein Vizepräsident des Gerichtshofs oder ein Sektionspräsident an der Teilnahme an einer Sitzung der Großen Kammer verhindert, so wird er durch den Vizepräsidenten der betreffenden Sektion vertreten.

b) Der für die betroffene Vertragspartei gewählte Richter oder gegebenenfalls der nach Artikel 29 oder Artikel 30 benannte Richter gehört der Großen Kammer nach Artikel 27 Absätze 2 und 3 der Konvention[1)] von Amts wegen an.

c) In Rechtssachen, die nach Artikel 30 der Konvention an die Große Kammer abgegeben werden, gehören der Großen Kammer auch die Mitglieder der Kammer an, welche die Sache abgegeben hat.

d) In Rechtssachen, die nach Artikel 43 der Konvention an die Große Kammer verwiesen werden, gehört der Großen Kammer kein Richter an, der an den Beratungen der ursprünglich befassten Kammer über die Zulässigkeit oder Begründetheit der Rechtssache teilgenommen hat, mit Ausnahme des Präsidenten jener Kammer und des Richters, der ihr für die betroffene Vertragspartei angehörte.

e) Die Richter und Ersatzrichter, welche die Große Kammer jeweils in einer ihr vorgelegten Rechtssache vervollständigen sollen, werden aus dem Kreis der verbleibenden Richter vom Präsidenten des Gerichtshofs im Beisein des Kanzlers durch das Los bestimmt. Die Einzelheiten des Losverfahrens werden unter gebührender Berücksichtigung der Notwendigkeit einer geographisch ausgewogenen Zusammensetzung, die den unterschiedlichen Rechtssystemen der Vertragsparteien Rechnung trägt, vom Plenum festgelegt.

f) Bei der Prüfung eines Antrags auf Erstattung eines Gutachtens nach Artikel 47 der Konvention wird die Große Kammer nach Absatz 2 Buchstaben a und e gebildet.

---

1) Nr. **32**.

(3) Sind Richter verhindert, so werden sie durch Ersatzrichter vertreten, die in der Reihenfolge nach Absatz 2 Buchstabe e bestimmt werden.

(4) [1] Die so bestimmten Richter und Ersatzrichter bleiben für die Prüfung der Rechtssache Mitglieder der Großen Kammer, bis das Verfahren abgeschlossen ist. [2] Sie setzen ihre Tätigkeit in einer Rechtssache auch nach Ablauf ihrer Amtszeit fort, wenn sie an der Prüfung der Begründetheit teilgenommen haben. [3] Diese Bestimmungen gelten auch für das Verfahren zur Erstattung von Gutachten.

(5)

a) Der Ausschuss von fünf Richtern der Großen Kammer, der einen nach Artikel 43 der Konvention vorgelegten Antrag zu prüfen hat, besteht aus
   - dem Präsidenten des Gerichtshofs; ist der Präsident des Gerichtshofs verhindert, so wird er durch den rangälteren Vizepräsidenten des Gerichtshofs vertreten;
   - zwei Sektionspräsidenten, die im Rotationsverfahren bestimmt werden; ist ein so bestimmter Sektionspräsident verhindert, so wird er durch den Vizepräsidenten der Sektion vertreten;
   - zwei Richtern, die im Rotationsverfahren aus dem Kreis der Richter bestimmt werden, die von den verbleibenden Sektionen zur Mitwirkung im Ausschuss für sechs Monate gewählt wurden;
   - mindestens zwei Ersatzrichtern, die im Rotationsverfahren aus dem Kreis der Richter bestimmt werden, die von den Sektionen zur Mitwirkung im Ausschuss für sechs Monate gewählt wurden.

b) Prüft der Ausschuss einen Antrag auf Verweisung, so gehört ihm kein Richter an, der an der Prüfung der Zulässigkeit oder der Begründetheit der betreffenden Rechtssache teilgenommen hat.

c) Ein Richter, der für eine von einem Antrag auf Verweisung betroffene Vertragspartei gewählt wurde oder Staatsangehöriger einer solchen ist, kann nicht Mitglied des Ausschusses sein, wenn der Ausschuss diesen Antrag prüft. Ein gewählter Richter, der von der betroffenen Vertragspartei nach Artikel 29 oder 30 benannt worden ist, ist von der Prüfung eines solchen Antrags ebenfalls ausgeschlossen.

d) Ist ein Mitglied des Ausschusses aus einem unter Buchstabe b oder c genannten Grund verhindert, so wird es durch einen Ersatzrichter vertreten, der im Rotationsverfahren aus dem Kreis der Richter bestimmt wird, die von den Sektionen zur Mitwirkung im Ausschuss für sechs Monate gewählt wurden.

Art. 25 Bildung der Sektionen. (1) [1] Die in Artikel 26 Buchstabe b der Konvention[1)] vorgesehenen Kammern (in dieser Verfahrensordnung als „Sektionen" bezeichnet) werden auf Vorschlag des Präsidenten vom Plenum gebildet, und zwar für drei Jahre, von der Wahl der in Artikel 8 dieser Verfahrensordnung genannten Inhaber der Präsidialämter an gerechnet. [2] Es werden mindestens vier Sektionen gebildet.

(2) [1] Jeder Richter ist Mitglied einer Sektion. [2] Die Zusammensetzung der Sektionen soll sowohl in geographischer Hinsicht als auch in Bezug auf die

---

1) Nr. **32**.

Vertretung der Geschlechter ausgewogen sein und den unterschiedlichen Rechtssystemen der Vertragsparteien Rechnung tragen.

(3) Scheidet ein Richter vor Ablauf des Zeitabschnitts, für den die Sektion gebildet wurde, aus dem Gerichtshof aus, so wird er durch seinen Nachfolger beim Gerichtshof als Mitglied der Sektion ersetzt.

(4) Wenn es die Umstände erfordern, kann der Präsident des Gerichtshofs ausnahmsweise die Zusammensetzung der Sektionen ändern.

(5) Auf Vorschlag des Präsidenten kann das Plenum eine zusätzliche Sektion bilden.

Art. 26 Bildung der Kammern. (1) Die Kammern mit sieben Richtern, die in Artikel 27 Absatz 1 der Konvention[1)] für die Prüfung der beim Gerichtshof anhängig gemachten Rechtssachen vorgesehen sind, werden wie folgt aus den Sektionen gebildet:

a) Der Kammer gehören vorbehaltlich des Absatzes 2 sowie des Artikels 28 Absatz 4, letzter Satz, für jede Rechtssache der Sektionspräsident und der für eine betroffene Vertragspartei gewählte Richter an. Ist der Letztere nicht Mitglied der Sektion, der die Beschwerde nach Artikel 51 oder 52 dieser Verfahrensordnung zugeteilt wurde, so gehört er der Kammer nach Artikel 27 Absatz 2 der Konvention von Amts wegen an. Ist dieser Richter verhindert oder befangen, so findet Artikel 29 dieser Verfahrensordnung Anwendung.

b) Die anderen Mitglieder der Kammer werden vom Sektionspräsidenten im Rotationsverfahren aus dem Kreis der Mitglieder der Sektion bestimmt.

c) Die Mitglieder der Sektion, die nicht auf diese Weise bestimmt wurden, sind in der betreffenden Rechtssache Ersatzrichter.

(2) [1] Der für eine betroffene Vertragspartei gewählte Richter oder gegebenenfalls der nach Artikel 29 oder 30 benannte gewählte Richter oder Richter ad hoc kann vom Kammerpräsidenten von der Teilnahme an Sitzungen, die der Vorbereitung oder Verfahrensfragen gewidmet sind, befreit werden. [2] Für die Zwecke solcher Sitzungen wird vermutet, die betroffene Vertragspartei habe nach Artikel 29 Absatz 1 an Stelle dieses Richters den ersten Ersatzrichter benannt.

(3) Auch nach Ende ihrer Amtszeit bleiben die Richter in den Rechtssachen tätig, in denen sie an der Prüfung der Begründetheit teilgenommen haben.

Art. 27 Komitees. (1) [1] Nach Artikel 27 Absatz 1 der Konvention[1)] werden Komitees aus drei derselben Sektion angehörenden Richtern gebildet. [2] Die Zahl der Komitees wird vom Präsidenten des Gerichtshofs nach Anhörung der Sektionspräsidenten bestimmt.

(2) Die Komitees werden im Rotationsverfahren aus dem Kreis der Mitglieder jeder Sektion mit Ausnahme ihres Präsidenten für zwölf Monate gebildet.

(3) Sektionsmitglieder, die nicht Mitglieder eines Komitees sind, können berufen werden, verhinderte Mitglieder zu ersetzen.

[1)] Nr. **32**.

(4) Den Vorsitz im Komitee führt jeweils das innerhalb der Sektion rangälteste Mitglied.

Art. 28 Verhinderung, Ablehnung, Freistellung. (1) Jeder Richter, der verhindert ist, an Sitzungen teilzunehmen, zu denen er einberufen wurde, hat dies umgehend dem Kammerpräsidenten mitzuteilen.

(2) Ein Richter darf an der Prüfung einer Rechtssache nicht teilnehmen,

a) wenn er an der Rechtssache ein persönliches Interesse hat, zum Beispiel wegen einer ehelichen, elterlichen oder sonstigen engen verwandtschaftlichen, persönlichen oder beruflichen Beziehung oder eines Unterordnungsverhältnisses zu einer der Parteien;

b) wenn er an der Rechtssache vorher mitgewirkt hat, sei es als Prozessbevollmächtigter, Rechtsbeistand oder Berater einer Partei oder einer an der Sache interessierten Person, sei es als Mitglied eines anderen Gerichts oder einer Untersuchungskommission auf nationaler oder internationaler Ebene oder in anderer Eigenschaft;

c) wenn er als Richter ad hoc oder als ehemaliger gewählter Richter, der nach Artikel 26 Absatz 3 weiter tätig ist, eine politische oder administrative Tätigkeit oder eine mit seiner Unabhängigkeit und Unparteilichkeit unvereinbare berufliche Tätigkeit aufnimmt;

d) wenn er über die Medien, schriftlich, durch öffentliches Handeln oder in anderer Weise in der Öffentlichkeit Ansichten geäußert hat, die objektiv geeignet sind, seine Unparteilichkeit zu beeinträchtigen;

e) wenn aus einem anderen Grund berechtigte Zweifel an seiner Unabhängigkeit oder Unparteilichkeit bestehen.

(3) Ist ein Richter aus einem der genannten Gründe befangen, so teilt er dies dem Kammerpräsidenten mit; dieser stellt ihn von der Teilnahme an der Rechtssache frei.

(4) [1] Hat der betroffene Richter oder der Kammerpräsident Zweifel, ob einer der in Absatz 2 genannten Ablehnungsgründe vorliegt, so entscheidet die Kammer. [2] Nach Anhörung des betroffenen Richters berät die Kammer und stimmt ab; dabei ist der betroffene Richter nicht anwesend. [3] Für die Zwecke der Beratungen und der Abstimmung der Kammer über diese Frage wird er durch den ersten Ersatzrichter der Kammer vertreten. [4] Dasselbe gilt, wenn der Richter der Kammer für eine betroffene Vertragspartei angehört. [5] In diesem Fall wird vermutet, die betroffene Vertragspartei habe für die Mitwirkung in der Kammer an seiner Stelle nach Artikel 29 Absatz 1 den ersten Ersatzrichter benannt.

(5) Die Absätze 1 bis 4 gelten auch für die Mitwirkung eines Richters in einem Komitee; in diesem Fall ist die nach Absatz 1 oder 3 vorgeschriebene Mitteilung an den Sektionspräsidenten zu richten.

Art. 29 Richter ad hoc. (1)

a) Wenn der für eine betroffene Vertragspartei gewählte Richter verhindert, befangen oder freigestellt ist oder wenn es einen solchen Richter nicht gibt, fordert der Kammerpräsident diese Partei auf, ihm binnen 30 Tagen mitzuteilen, ob sie entweder einen anderen gewählten Richter oder einen Richter ad hoc für die Mitwirkung als Richter an dem Verfahren benennen will; in diesem Fall fordert er sie auf, gleichzeitig den Namen der Person anzugeben, die sie benennt.

b) Die gleiche Regelung gilt, wenn die benannte Person verhindert oder befangen ist.

c) Ein Richter ad hoc muss die in Artikel 21 Absatz 1 der Konvention[1)] vorgeschriebenen Voraussetzungen erfüllen, darf in der betreffenden Rechtssache nicht aus einem der in Artikel 28 dieser Verfahrensordnung genannten Gründe verhindert sein und muss in der Lage sein, den in Absatz 5 vorgesehenen Erfordernissen in Bezug auf Verfügbarkeit und Anwesenheit zu entsprechen.

(2) [1] Antwortet die betroffene Vertragspartei nicht innerhalb von 30 Tagen oder bis zum Ablauf einer vom Kammerpräsidenten gewährten Verlängerung dieser Frist, so gilt dies als Verzicht auf dieses Benennungsrecht. [2] Benennt die betroffene Vertragspartei zweimal als Richter ad hoc Personen, die nach Feststellung der Kammer die Voraussetzungen nach Absatz 1 Buchstabe c nicht erfüllen, so gilt dies ebenfalls als Verzicht auf das Benennungsrecht.

(3) [1] Der Kammerpräsident kann beschließen, die betroffene Vertragspartei zu einer Benennung nach Absatz 1 Buchstabe a erst dann aufzufordern, wenn ihr die Beschwerde nach Artikel 54 Absatz 2 zur Kenntnis gebracht wird. [2] In diesem Fall wird angenommen, die betroffene Vertragspartei habe, bis sie eine Benennung vornimmt, an Stelle des gewählten Richters den ersten Ersatzrichter benannt.

(4) [1] Zu Beginn der ersten Sitzung in der betreffenden Rechtssache nach seiner Benennung leistet der Richter ad hoc den Eid oder gibt die feierliche Erklärung ab, die in Artikel 3 vorgesehen sind. [2] Hierüber wird ein Protokoll aufgenommen.

(5) Richter ad hoc müssen sich zur Verfügung des Gerichtshofs halten und vorbehaltlich des Artikels 26 Absatz 2 an den Sitzungen der Kammer teilnehmen.

Art. 30 Interessengemeinschaft. (1) [1] Haben zwei oder mehr Beschwerde führende oder beschwerdegegnerische Vertragsparteien ein gemeinsames Interesse, so kann der Kammerpräsident sie auffordern, sich untereinander über die Benennung nur eines der für sie gewählten Richter als Richter der Interessengemeinschaft zu verständigen; dieser wird von Amts wegen zum Kammermitglied berufen. [2] Kommt eine Einigung nicht zustande, so bestimmt der Präsident den Richter der Interessengemeinschaft aus der Zahl der von diesen Parteien vorgeschlagenen Richter durch das Los.

(2) Der Kammerpräsident kann beschließen, die betroffenen Vertragsparteien zu einer Benennung nach Absatz 1 erst dann aufzufordern, wenn die Beschwerde den beschwerdegegnerischen Vertragsparteien nach Artikel 54 Absatz 2 zur Kenntnis gebracht worden ist.

(3) Besteht Streit über das Vorliegen einer Interessengemeinschaft oder über eine damit zusammenhängende Frage, so entscheidet die Kammer, nötigenfalls nach Einholung schriftlicher Stellungnahmen der betroffenen Vertragsparteien.

[1)] Nr. **32**.

Titel II. Das Verfahren

Kapitel I. Allgemeine Vorschriften

Art. 31 Möglichkeit von Abweichungen im Einzelfall. Der Gerichtshof kann im Einzelfall bei der Prüfung einer Rechtssache von den Vorschriften dieses Titels abweichen; wenn es angezeigt ist, hört er zuvor die Parteien an.

Art. 32 Verfahrensanordnungen. Der Präsident des Gerichtshofs kann Verfahrensanordnungen praktischer Natur erlassen, insbesondere hinsichtlich des Erscheinens zu mündlichen Verhandlungen und der Einreichung von Schriftsätzen oder sonstigen Unterlagen.

Art. 33 Öffentlichkeit der Unterlagen. (1) Alle bei der Kanzlei von den Parteien oder Drittbeteiligten im Zusammenhang mit einer Beschwerde eingereichten Unterlagen mit Ausnahme derjenigen, die im Rahmen von Verhandlungen über eine gütliche Einigung nach Artikel 62 vorgelegt werden, sind der Öffentlichkeit nach den vom Kanzler bestimmten Regelungen zugänglich, soweit nicht der Kammerpräsident aus den in Absatz 2 genannten Gründen anders entscheidet, sei es von Amts wegen, sei es auf Antrag einer Partei oder einer anderen betroffenen Person.

(2) Der Zugang der Öffentlichkeit zu Unterlagen oder Teilen davon kann eingeschränkt werden, wenn dies im Interesse der Moral, der öffentlichen Ordnung oder der nationalen Sicherheit in einer demokratischen Gesellschaft liegt, wenn die Interessen von Jugendlichen oder der Schutz des Privatlebens der Parteien es verlangen oder – soweit der Kammerpräsident es für unbedingt erforderlich hält – wenn unter besonderen Umständen die Öffentlichkeit von Unterlagen die Interessen der Rechtspflege beeinträchtigen würde.

(3) Anträge auf Vertraulichkeit nach Absatz 1 sind zu begründen; dabei ist anzugeben, ob sämtliche Unterlagen oder nur ein Teil davon der Öffentlichkeit nicht zugänglich sein sollen.

(4) [1] Entscheidungen und Urteile einer Kammer sind der Öffentlichkeit zugänglich. [2] Der Gerichtshof macht der Öffentlichkeit in regelmäßigen Abständen allgemeine Informationen über Entscheidungen zugänglich, die von den Komitees nach Artikel 53 Absatz 2 getroffen wurden.

Art. 34 Gebrauch der Sprachen. (1) Die Amtssprachen des Gerichtshofs sind Englisch und Französisch.

(2) [1] Wird eine Beschwerde nach Artikel 34 der Konvention[1)] erhoben, so erfolgen, solange diese Beschwerde noch keiner Vertragspartei nach dieser Verfahrensordnung zur Kenntnis gebracht worden ist, die Kommunikation mit dem Beschwerdeführer oder seinem Vertreter sowie die mündlichen und schriftlichen Stellungnahmen des Beschwerdeführers oder seines Vertreters, soweit nicht in einer der Amtssprachen des Gerichtshofs, in einer der Amtssprachen der Vertragsparteien. [2] Wird nach Maßgabe dieser Verfahrensordnung eine Vertragspartei über eine Beschwerde informiert oder eine Beschwerde ihr zur Kenntnis gebracht, so sind ihr die Beschwerde und alle

---

[1)] Nr. **32**.

beigefügten Unterlagen in der Sprache zu übermitteln, in der sie vom Beschwerdeführer bei der Kanzlei eingereicht wurden.

(3)

a) Die Kommunikation mit dem Beschwerdeführer oder seinem Vertreter sowie die mündlichen und schriftlichen Stellungnahmen des Beschwerdeführers oder seines Vertreters in Bezug auf eine mündliche Verhandlung oder nachdem einer Vertragspartei die Beschwerde zur Kenntnis gebracht worden ist, erfolgen in einer der Amtssprachen des Gerichtshofs, wenn nicht der Kammerpräsident den weiteren Gebrauch der Amtssprache einer Vertragspartei erlaubt.

b) Wird diese Erlaubnis erteilt, so trifft der Kanzler die notwendigen Vorkehrungen dafür, dass die mündlichen und schriftlichen Stellungnahmen des Beschwerdeführers ganz oder teilweise ins Englische oder Französische gedolmetscht beziehungsweise übersetzt werden, soweit dies nach Auffassung des Kammerpräsidenten im Interesse einer ordnungsgemäßen Durchführung des Verfahrens ist.

c) Ausnahmsweise kann der Kammerpräsident die Erteilung der Erlaubnis davon abhängig machen, dass der Beschwerdeführer die dadurch entstehenden Kosten ganz oder teilweise trägt.

d) Wenn der Kammerpräsident nichts anderes bestimmt, gilt eine Entscheidung nach diesem Absatz auch für alle späteren Verfahrensabschnitte, einschließlich derer, die durch Anträge auf Verweisung der Rechtssache an die Große Kammer oder durch Anträge auf Auslegung des Urteils oder Wiederaufnahme des Verfahrens nach Artikel 73, 79 beziehungsweise 80 ausgelöst werden.

(4)

a) Die Kommunikation mit einer Vertragspartei, die in der Rechtssache Partei ist, sowie die mündlichen und schriftlichen Stellungnahmen einer solchen Vertragspartei erfolgen in einer der Amtssprachen des Gerichtshofs. Der Kammerpräsident kann der betreffenden Vertragspartei den Gebrauch einer ihrer Amtssprachen für mündliche und schriftliche Stellungnahmen erlauben.

b) Wird diese Erlaubnis erteilt, so hat die ersuchende Vertragspartei

   i) innerhalb einer vom Kammerpräsidenten zu bestimmenden Frist eine Übersetzung ihrer schriftlichen Stellungnahmen in einer der Amtssprachen des Gerichtshofs einzureichen. Reicht diese Vertragspartei innerhalb dieser Frist die Übersetzung nicht ein, so kann der Kanzler auf Kosten der ersuchenden Vertragspartei die notwendigen Vorkehrungen für diese Übersetzung treffen;

   ii) die Kosten für das Dolmetschen ihrer mündlichen Stellungnahmen ins Englische oder Französische zu tragen. Der Kanzler ist dafür verantwortlich, die notwendigen Vorkehrungen für das Dolmetschen zu treffen.

c) Der Kammerpräsident kann anordnen, dass eine Vertragspartei, die in der Rechtssache Partei ist, innerhalb einer bestimmten Frist eine englische oder französische Übersetzung oder Zusammenfassung aller oder bestimmter Anlagen zu ihren schriftlichen Stellungnahmen oder anderer einschlägiger Unterlagen oder von Auszügen daraus vorzulegen hat.

d) In Bezug auf die Beteiligung Dritter nach Artikel 44 dieser Verfahrensordnung und den Gebrauch einer Sprache, die nicht eine der Amtssprachen ist, durch Drittbeteiligte sind die Buchstaben a bis c entsprechend anzuwenden.

(5) Der Kammerpräsident kann die beschwerdegegnerische Vertragspartei auffordern, eine Übersetzung ihrer schriftlichen Stellungnahmen in einer ihrer Amtssprachen vorzulegen, um dem Beschwerdeführer das Verständnis dieser Stellungnahmen zu erleichtern.

(6) [1] Zeugen, Sachverständige und andere Personen, die vor dem Gerichtshof auftreten, können sich ihrer eigenen Sprache bedienen, wenn sie keine der beiden Amtssprachen hinreichend beherrschen. [2] In diesem Fall trifft der Kanzler die notwendigen Vorkehrungen für die mündliche und schriftliche Übersetzung.

Art. 35 Vertretung der Vertragsparteien. Die Vertragsparteien werden durch Prozessbevollmächtigte vertreten, die zu ihrer Unterstützung Rechtsbeistände oder Berater hinzuziehen können.

Art. 36 Vertretung der Beschwerdeführer. (1) Die in Artikel 34 der Konvention[1)] genannten natürlichen Personen, nichtstaatlichen Organisationen und Personengruppen können eine Beschwerde zunächst selbst oder durch einen Vertreter einreichen.

(2) Sobald der beschwerdegegnerischen Vertragspartei die Beschwerde nach Artikel 54 Absatz 2 Buchstabe b zugestellt ist, muss der Beschwerdeführer nach Absatz 4 vertreten sein, wenn der Kammerpräsident nichts anderes bestimmt.

(3) Auf diese Weise muss der Beschwerdeführer in jeder von der Kammer beschlossenen mündlichen Verhandlung vertreten sein, wenn der Kammerpräsident ihm nicht ausnahmsweise erlaubt, seine Interessen selbst zu vertreten, falls erforderlich mit Unterstützung eines Rechtsbeistands oder einer anderen zugelassenen Person.

(4)

a) Der nach den Absätzen 2 und 3 im Namen des Beschwerdeführers handelnde Vertreter muss ein in einer Vertragspartei zugelassener Rechtsbeistand mit Wohnsitz im Hoheitsgebiet einer Vertragspartei sein oder aber eine andere Person, die der Kammerpräsident zulässt.

b) Unter außergewöhnlichen Umständen kann der Kammerpräsident, wenn er der Meinung ist, dass die Umstände oder das Verhalten des Rechtsbeistands oder der anderen Person, die nach dem vorangehenden Buchstaben bestellt wurden, es rechtfertigen, zu jedem Zeitpunkt des Verfahrens bestimmen, dass der Rechtsbeistand oder diese Person den Beschwerdeführer nicht mehr vertreten oder unterstützen darf und dieser einen anderen Vertreter suchen muss.

(5)

a) Der Rechtsbeistand oder der andere zugelassene Vertreter des Beschwerdeführers oder der Beschwerdeführer selbst, der darum ersucht, seine Interes-

[1)] Nr. **32**.

sen selbst vertreten zu dürfen, muss, auch wenn ihm eine Erlaubnis nach Buchstabe b erteilt wird, eine der Amtssprachen des Gerichtshofs hinreichend verstehen.

b) Verfügt der Betreffende nicht über hinreichende Kenntnisse, um sich in einer der Amtssprachen des Gerichtshofs auszudrücken, so kann ihm der Kammerpräsident nach Artikel 34 Absatz 3 den Gebrauch einer der Amtssprachen der Vertragsstaaten erlauben.

Art. 37 Mitteilungen, Zustellungen, Ladungen. (1) Mitteilungen und Zustellungen an die Prozessbevollmächtigten oder die Rechtsbeistände der Parteien gelten als an die Parteien gerichtet.

(2) Hält der Gerichtshof für eine Mitteilung, Zustellung oder Ladung, die an eine andere Person als die Prozessbevollmächtigten oder Rechtsbeistände der Parteien gerichtet ist, die Mitwirkung der Regierung des Staates für erforderlich, in dessen Hoheitsgebiet die Mitteilung, Zustellung oder Ladung Wirkung entfalten soll, so wendet sich der Präsident des Gerichtshofs unmittelbar an diese Regierung, um die notwendige Unterstützung zu erhalten.

Art. 38 Schriftsätze. (1) [1] Schriftsätze und andere Unterlagen können nur innerhalb der Frist eingereicht werden, die je nach Fall vom Kammerpräsidenten oder vom Berichterstatter nach Maßgabe dieser Verfahrensordnung hierfür bestimmt wird. [2] Schriftsätze und andere Unterlagen, die nach Ablauf dieser Frist oder unter Missachtung einer nach Artikel 32 ergangenen Verfahrensanordnung eingereicht werden, finden keinen Eingang in die Verfahrensakten, wenn der Kammerpräsident nichts anderes bestimmt.

(2) Für die Berechnung der in Absatz 1 genannten Frist ist das belegte Datum der Absendung des Schriftstücks oder, falls ein solches Datum fehlt, das Datum des Eingangs bei der Kanzlei maßgebend.

Art. 38A Prüfung von Verfahrensfragen. Von der Kammer zu entscheidende Verfahrensfragen werden gleichzeitig mit der Prüfung der Rechtssache beraten, wenn der Kammerpräsident nichts anderes bestimmt.

Art. 39 Vorläufige Maßnahmen. (1) Die Kammer oder gegebenenfalls ihr Präsident kann auf Antrag einer Partei oder jeder anderen betroffenen Person sowie von Amts wegen gegenüber den Parteien vorläufige Maßnahmen bezeichnen, die im Interesse der Parteien oder eines ordnungsgemäßen Verfahrensablaufs ergriffen werden sollten.

(2) Das Ministerkomitee ist darüber zu informieren.

(3) Die Kammer kann von den Parteien Informationen zu Fragen der Durchführung der vorläufigen Maßnahmen anfordern, die sie bezeichnet hat.

Art. 40 Dringliche Mitteilung über eine Beschwerde. In dringenden Fällen kann der Kanzler vorbehaltlich anderer verfahrensrechtlicher Maßnahmen mit Erlaubnis des Kammerpräsidenten eine betroffene Vertragspartei durch jedes verfügbare Mittel über die Erhebung einer Beschwerde informieren und ihr zusammenfassende Angaben über deren Gegenstand machen.

Art. 41 Reihenfolge bei der Behandlung der Beschwerden. [1] Beschwerden werden in der Reihenfolge behandelt, in der sie für die Prüfung reif sind. [2] Die Kammer oder ihr Präsident kann jedoch beschließen, eine bestimmte Beschwerde vorrangig zu behandeln.

Art. 42 (bisheriger Artikel 43) **Verbindung und gleichzeitige Prüfung von Beschwerden.** (1) Die Kammer kann auf Antrag der Parteien oder von Amts wegen die Verbindung mehrerer Beschwerden anordnen.

(2) Der Kammerpräsident kann unbeschadet der Entscheidung der Kammer über die Verbindung der Beschwerden nach Anhörung der Parteien die gleichzeitige Prüfung von Beschwerden anordnen, die derselben Kammer zugeteilt werden.

Art. 43 (bisheriger Artikel 44) **Streichung und Wiedereintragung im Register.** (1) Der Gerichtshof kann jederzeit während des Verfahrens entscheiden, eine Beschwerde nach Artikel 37 der Konvention in seinem Register zu streichen.

(2) Teilt eine Beschwerde führende Vertragspartei dem Kanzler ihre Absicht mit, ihre Beschwerde nicht weiterzuverfolgen, so kann die Kammer diese Beschwerde nach Artikel 37 der Konvention[1)] im Register streichen, wenn die andere betroffene Vertragspartei oder die anderen betroffenen Vertragsparteien mit der Nichtweiterverfolgung einverstanden sind.

(3) [1] Die Entscheidung, eine für zulässig erklärte Beschwerde im Register zu streichen, ergeht in Form eines Urteils. [2] Der Kammerpräsident übermittelt dieses Urteil, sobald es endgültig ist, dem Ministerkomitee, damit dieses nach Artikel 46 Absatz 2 der Konvention die Erfüllung von Verpflichtungen überwachen kann, die gegebenenfalls zur Bedingung für die Nichtweiterverfolgung der Beschwerde, die gütliche Einigung oder die Beilegung der Streitigkeit gemacht worden sind.

(4) [1] Wird eine Beschwerde im Register gestrichen, so befindet der Gerichtshof über die Kostenfrage. [2] Ergeht die Kostenentscheidung im Rahmen einer Entscheidung, mit der eine nicht für zulässig erklärte Beschwerde im Register gestrichen wird, so übermittelt der Kammerpräsident die Entscheidung dem Ministerkomitee.

(5) Der Gerichtshof kann die Wiedereintragung einer Beschwerde in das Register beschließen, wenn er dies wegen außergewöhnlicher Umstände für gerechtfertigt hält.

Art. 44 Beteiligung Dritter. (1)

a) Wird eine nach Artikel 34 der Konvention[1)] erhobene Beschwerde der beschwerdegegnerischen Vertragspartei nach Artikel 54 Absatz 2 Buchstabe b zur Kenntnis gebracht, so übermittelt der Kanzler gleichzeitig eine Kopie der Beschwerde jeder anderen Vertragspartei, deren Staatsangehörigkeit ein Beschwerdeführer besitzt. Ebenso unterrichtet er diese Vertragsparteien über eine Entscheidung, in dieser Rechtssache eine mündliche Verhandlung durchzuführen.

[1)] Nr. **32**.

b) Möchte eine Vertragspartei von ihrem Recht auf schriftliche Stellungnahme oder auf Teilnahme an mündlichen Verhandlungen nach Artikel 36 Absatz 1 der Konvention Gebrauch machen, so hat sie dies dem Kanzler spätestens zwölf Wochen nach der Übermittlung oder Unterrichtung nach Buchstabe a schriftlich anzuzeigen. Der Kammerpräsident kann ausnahmsweise eine andere Frist bestimmen.

(2)

a) Ist eine Beschwerde der beschwerdegegnerischen Vertragspartei nach Artikel 51 Absatz 1 oder Artikel 54 Absatz 2 Buchstabe b zur Kenntnis gebracht worden, so kann der Kammerpräsident im Interesse der Rechtspflege, wie in Artikel 36 Absatz 2 der Konvention vorgesehen, jede Vertragspartei, die in dem Verfahren nicht Partei ist, oder jede betroffene Person, die nicht Beschwerdeführer ist, auffordern oder ermächtigen, schriftlich Stellung zu nehmen oder, falls außergewöhnliche Umstände vorliegen, an der mündlichen Verhandlung teilzunehmen.

b) Anträge auf eine solche Ermächtigung müssen mit einer gebührenden Begründung versehen und spätestens zwölf Wochen, nachdem die Beschwerde der beschwerdegegnerischen Vertragspartei zur Kenntnis gebracht worden ist, schriftlich nach Artikel 34 Absatz 4 in einer der Amtssprachen eingereicht werden. Der Kammerpräsident kann ausnahmsweise eine andere Frist bestimmen.

(3)

a) In Rechtssachen, die von der Großen Kammer zu prüfen sind, beginnen die in den Absätzen 1 und 2 bestimmten Fristen mit der Zustellung der Entscheidung der Kammer, die Rechtssache nach Artikel 72 Absatz 1 an die Große Kammer abzugeben, oder der Entscheidung des Ausschusses der Großen Kammer nach Artikel 73 Absatz 2, den Antrag einer Partei auf Verweisung der Rechtssache an die Große Kammer anzunehmen, an die Parteien.

b) Die in diesem Artikel bestimmten Fristen können vom Kammerpräsidenten ausnahmsweise verlängert werden, wenn hinreichende Gründe angeführt werden.

(4) [1] Die Aufforderung oder Ermächtigung nach Absatz 2 Buchstabe a ist auch hinsichtlich der Beachtung von Fristen an die vom Kammerpräsidenten festgelegten Bedingungen geknüpft. [2] Werden diese Bedingungen nicht eingehalten, so kann der Präsident beschließen, die Stellungnahmen nicht in die Verfahrensakten aufzunehmen oder die Teilnahme an der mündlichen Verhandlung zu beschränken, soweit er dies für angebracht hält.

(5) [1] Schriftliche Stellungnahmen nach diesem Artikel müssen nach Artikel 34 Absatz 4 in einer der Amtssprachen abgefasst sein. [2] Der Kanzler übermittelt die Stellungnahmen den Parteien; diese können unter Einhaltung der vom Kammerpräsidenten bestimmten Bedingungen, einschließlich der Fristen, schriftlich oder gegebenenfalls in der mündlichen Verhandlung darauf erwidern.

Art. 44A Pflicht zur Zusammenarbeit mit dem Gerichtshof. [1] Die Parteien sind verpflichtet, bei der Durchführung des Verfahrens mit dem Gerichtshof in vollem Umfang zusammenzuarbeiten und insbesondere alle Maßnahmen, soweit sie in ihrer Macht stehen, zu treffen, die der Gerichtshof für eine geordnete Rechtspflege für erforderlich hält. [2] Diese Verpflichtung gilt erforderlichenfalls auch für eine Vertragspartei, die in dem Verfahren nicht Partei ist.

Art. 44B Nichtbefolgung einer Anordnung des Gerichtshofs. Befolgt eine Partei eine Anordnung des Gerichtshofs in Bezug auf die Durchführung des Verfahrens nicht, so kann der Kammerpräsident alle Maßnahmen treffen, die er für angebracht hält.

Art. 44C Fehlende Mitwirkung. (1) Bringt eine Partei vom Gerichtshof erbetene Beweise oder Informationen nicht bei oder gibt sie sachdienliche Informationen nicht von sich aus weiter oder lässt sie es in anderer Weise an einer Mitwirkung in dem Verfahren fehlen, so kann der Gerichtshof daraus die ihm angebracht erscheinenden Schlüsse ziehen.

(2) Unterlässt oder verweigert eine beschwerdegegnerische Vertragspartei in dem Verfahren die Mitwirkung, so ist dies für sich genommen kein Grund für die Kammer, die Prüfung der Beschwerde einzustellen.

Art. 44D Unangemessene Stellungnahmen einer Partei. Gibt der Vertreter einer Partei missbräuchliche, leichtfertige, schikanöse, irreführende oder weitschweifige Stellungnahmen ab, so kann der Kammerpräsident unbeschadet des Artikels 35 Absatz 3 der Konvention[1)] diesen Vertreter von dem Verfahren ausschließen, die Annahme der Stellungnahmen ganz oder teilweise verweigern oder eine andere ihm angebracht erscheinende Anordnung treffen.

Art. 44E Nichtweiterverfolgung einer Beschwerde. Beabsichtigt eine Beschwerde führende Vertragspartei oder ein Individualbeschwerdeführer nicht, die Beschwerde weiterzuverfolgen, so kann die Kammer im Einklang mit Artikel 37 Absatz 1 Buchstabe a der Konvention[1)] die Beschwerde nach Artikel 43 dieser Verfahrensordnung im Register streichen.

Kapitel II. Die Einleitung des Verfahrens

Art. 45 Unterschriften. (1) Beschwerden nach Artikel 33 oder 34 der Konvention[1)] müssen schriftlich eingereicht und vom Beschwerdeführer oder seinem Vertreter unterzeichnet werden.

(2) [1] Wird eine Beschwerde von einer nichtstaatlichen Organisation oder einer Personengruppe eingereicht, so ist sie von den zur Vertretung dieser Organisation oder Gruppe berechtigten Personen zu unterzeichnen. [2] Die zuständige Kammer oder das zuständige Komitee entscheidet über Fragen zur Berechtigung der Unterzeichner.

(3) Wird ein Beschwerdeführer nach Artikel 36 vertreten, so ist von seinem Vertreter oder seinen Vertretern eine schriftliche Vollmacht vorzulegen.

Art. 46 Inhalt einer Staatenbeschwerde. Jede Vertragspartei, die dem Gerichtshof eine Rechtssache nach Artikel 33 der Konvention[1)] vorlegen

---

[1)] Nr. **32**.

will, reicht bei der Kanzlei eine Beschwerde ein, die folgende Angaben enthält:

a) den Namen der Vertragspartei, gegen die sich die Beschwerde richtet;

b) eine Darstellung des Sachverhalts;

c) eine Darstellung der behaupteten Verletzungen der Konvention mit Begründung;

d) eine Darstellung betreffend die Erfüllung der Zulässigkeitskriterien nach Artikel 35 Absatz 1 der Konvention (Erschöpfung der innerstaatlichen Rechtsbehelfe und Einhaltung der Sechs-Monats-Frist);

e) den Gegenstand der Beschwerde sowie gegebenenfalls allgemeine Angaben zu Ansprüchen auf eine gerechte Entschädigung nach Artikel 41 der Konvention zugunsten der angeblich verletzten Partei oder Parteien;

f) den Namen und die Adresse der zu(m) Prozessbevollmächtigten bestimmten Person oder Personen;

beizufügen sind

g) Kopien aller einschlägigen Unterlagen, insbesondere der gerichtlichen oder sonstigen Entscheidungen, die sich auf den Gegenstand der Beschwerde beziehen.

Art. 47 Inhalt einer Individualbeschwerde. (1) [1] Beschwerden nach Artikel 34 der Konvention[1)] sind unter Verwendung des von der Kanzlei zur Verfügung gestellten Formulars einzureichen, wenn der Präsident der zuständigen Sektion nichts anderes bestimmt. [2] Das Formular enthält

a) den Namen, das Geburtsdatum, die Staatsangehörigkeit, das Geschlecht, den Beruf und die Adresse des Beschwerdeführers;

b) gegebenenfalls den Namen, den Beruf und die Adresse seines Vertreters;

c) die Vertragspartei oder Vertragsparteien, gegen die sich die Beschwerde richtet;

d) eine kurze Darstellung des Sachverhalts;

e) eine kurze Darstellung der behaupteten Verletzungen der Konvention mit Begründung;

f) eine kurze Darstellung betreffend die Erfüllung der Zulässigkeitskriterien nach Artikel 35 Absatz 1 der Konvention durch den Beschwerdeführer (Erschöpfung der innerstaatlichen Rechtsbehelfe und Einhaltung der Sechs-Monats-Frist);

g) den Gegenstand der Beschwerde;

beizufügen sind

h) Kopien aller einschlägigen Unterlagen, insbesondere der gerichtlichen oder sonstigen Entscheidungen, die sich auf den Gegenstand der Beschwerde beziehen.

(2) Der Beschwerdeführer hat ferner

a) alle Unterlagen, insbesondere die in Absatz 1 Buchstabe h genannten Unterlagen und Entscheidungen beizubringen, die die Feststellung erlauben, dass die Zulässigkeitskriterien nach Artikel 35 Absatz 1 der Konvention

---

1) Nr. **32**.

erfüllt sind (Erschöpfung der innerstaatlichen Rechtsbehelfe und Einhaltung der Sechs-Monats-Frist);

b) mitzuteilen, ob er seinen Fall einer anderen internationalen Untersuchungs- oder Beschwerdeinstanz vorgelegt hat.

(3) [1] Ein Beschwerdeführer, der nicht wünscht, dass seine Identität offen gelegt wird, hat dies mitzuteilen und die Gründe darzulegen, die eine Abweichung von der gewöhnlichen Regel rechtfertigen, nach der das Verfahren vor dem Gerichtshof öffentlich ist. [2] Der Kammerpräsident kann dem Beschwerdeführer in außergewöhnlichen, gebührend begründeten Fällen erlauben, anonym zu bleiben.

(4) Die Nichteinhaltung der Verpflichtungen nach den Absätzen 1 und 2 kann dazu führen, dass die Beschwerde vom Gerichtshof nicht geprüft wird.

(5) [1] Als Datum der Beschwerdeerhebung ist in der Regel das Datum der ersten Mitteilung des Beschwerdeführers anzusehen, in welcher der Gegenstand der Beschwerde – sei es auch nur zusammenfassend – dargelegt wird. [2] Der Gerichtshof kann jedoch entscheiden, dass ein anderes Datum gilt, wenn er dies für gerechtfertigt hält.

(6) Der Beschwerdeführer hat den Gerichtshof über jede Änderung seiner Adresse und jeden für die Prüfung seiner Beschwerde erheblichen Umstand zu informieren.

Kapitel III. Die Bericht erstattenden Richter

Art. 48 Staatenbeschwerden. (1) Bei einer Anrufung des Gerichtshofs nach Artikel 33 der Konvention[1)] benennt die zur Prüfung der Beschwerde gebildete Kammer nach Eingang der Schriftsätze der betroffenen Vertragsparteien eines oder mehrere ihrer Mitglieder als Bericht erstattende Richter und beauftragt diese, einen Bericht über die Zulässigkeit vorzulegen.

(2) Der oder die Bericht erstattenden Richter legen der Kammer die Berichte, Textentwürfe und anderen Unterlagen vor, die der Kammer und ihrem Präsidenten bei der Erfüllung ihrer Aufgaben nützlich sein können.

Art. 49 Individualbeschwerden. (1) Wird schon aus dem vom Beschwerdeführer vorgelegten Material hinreichend deutlich, dass die Beschwerde unzulässig ist oder im Register gestrichen werden sollte, so wird die Beschwerde von einem Komitee geprüft, sofern nicht ein besonderer Grund dagegen spricht.

(2) Wird der Gerichtshof nach Artikel 34 der Konvention[1)] mit einer Beschwerde befasst und erscheint ihre Prüfung durch eine Kammer gerechtfertigt, so benennt der Präsident der Sektion, der die Beschwerde zugewiesen wird, einen Richter, der die Beschwerde als Bericht erstattender Richter prüfen soll.

(3) Im Rahmen seiner Prüfung

a) kann der Bericht erstattende Richter die Parteien ersuchen, innerhalb einer bestimmten Frist Auskünfte bezüglich des Sachverhalts zu erteilen und

---

[1)] Nr. **32**.

Unterlagen oder anderes Material vorzulegen, soweit er dies für zweckdienlich hält;

b) entscheidet der Bericht erstattende Richter, ob die Beschwerde von einem Komitee oder einer Kammer geprüft wird, wobei der Sektionspräsident die Prüfung durch eine Kammer anordnen kann;

c) legt der Bericht erstattende Richter die Berichte, Textentwürfe und anderen Unterlagen vor, die der Kammer oder ihrem Präsidenten bei der Erfüllung ihrer Aufgaben nützlich sein können.

Art. 50 Verfahren vor der Großen Kammer. Wird eine Rechtssache nach Artikel 30 oder 43 der Konvention[1] an die Große Kammer verwiesen, so bestellt der Präsident der Großen Kammer eines, bei einer Staatenbeschwerde eines oder mehrere ihrer Mitglieder als Bericht erstattende Richter.

Kapitel IV. Das Verfahren bei der Prüfung der Zulässigkeit

Staatenbeschwerden

Art. 51 Zuweisung von Beschwerden und anschließendes Verfahren.

(1) Wird eine Beschwerde nach Artikel 33 der Konvention[1] erhoben, so bringt sie der Präsident des Gerichtshofs umgehend der beschwerdegegnerischen Vertragspartei zur Kenntnis und weist sie einer der Sektionen zu.

(2) [1] Die für die Beschwerde führende und die beschwerdegegnerische Vertragspartei gewählten Richter gehören der für die Prüfung der Rechtssache gebildeten Kammer nach Artikel 26 Absatz 1 Buchstabe a von Amts wegen an. [2] Wird die Beschwerde von mehreren Vertragsparteien erhoben oder werden von mehreren Vertragsparteien erhobene Beschwerden gleichen Gegenstands nach Artikel 42 verbunden, so findet Artikel 30 Anwendung.

(3) [1] Sobald die Rechtssache einer Sektion zugewiesen ist, bildet der Sektionspräsident nach Artikel 26 Absatz 1 die Kammer und fordert die beschwerdegegnerische Vertragspartei auf, ihren Schriftsatz zur Zulässigkeit der Beschwerde vorzulegen. [2] Der Kanzler übermittelt den Schriftsatz der Beschwerde führenden Vertragspartei; diese kann darauf schriftlich erwidern.

(4) Vor der Entscheidung über die Zulässigkeit der Beschwerde kann die Kammer oder ihr Präsident beschließen, die Parteien zur Abgabe weiterer schriftlicher Stellungnahmen aufzufordern.

(5) Eine mündliche Verhandlung über die Zulässigkeit findet statt, wenn eine oder mehrere der betroffenen Vertragsparteien es beantragen oder wenn es die Kammer von Amts wegen beschließt.

(6) Der Kammerpräsident hört die Parteien an, bevor er das schriftliche und gegebenenfalls das mündliche Verfahren bestimmt.

Individualbeschwerden

Art. 52 Zuweisung einer Beschwerde an eine Sektion. (1) Der Präsident des Gerichtshofs weist jede nach Artikel 34 der Konvention[1] erhobene

[1] Nr. **32**.

Beschwerde einer Sektion zu; er achtet dabei auf eine gerechte Verteilung der Arbeitslast auf die Sektionen.

(2) Der Präsident der betroffenen Sektion bildet nach Artikel 26 Absatz 1 dieser Verfahrensordnung die in Artikel 27 Absatz 1 der Konvention vorgesehene Kammer mit sieben Richtern.

(3) Bis die Kammer nach Absatz 2 gebildet ist, werden die Befugnisse, die diese Verfahrensordnung dem Kammerpräsidenten überträgt, vom Sektionspräsidenten ausgeübt.

Art. 53 Verfahren vor einem Komitee. (1) Ist der für eine beschwerdegegnerische Vertragspartei gewählte Richter nicht Mitglied des Komitees, so kann er gebeten werden, an dessen Beratungen teilzunehmen.

(2) [1] Nach Artikel 28 der Konvention[1)] kann das Komitee durch einstimmigen Beschluss eine Beschwerde für unzulässig erklären oder im Register streichen, wenn eine solche Entscheidung ohne weitere Prüfung getroffen werden kann. [2] Die Entscheidung ist endgültig. [3] Sie wird dem Beschwerdeführer brieflich zur Kenntnis gebracht.

(3) Trifft das Komitee keine Entscheidung nach Absatz 2, so übermittelt es die Beschwerde der Kammer, die nach Artikel 52 Absatz 2 zur Prüfung der Rechtssache gebildet wurde.

Art. 54 Verfahren vor einer Kammer. (1) Die Kammer kann die Beschwerde sofort für unzulässig erklären oder im Register streichen.

(2) Andernfalls kann die Kammer oder ihr Präsident

a) die Parteien ersuchen, Auskünfte bezüglich des Sachverhalts zu erteilen und Unterlagen oder anderes Material vorzulegen, welche die Kammer oder ihr Präsident für zweckdienlich hält;

b) der beschwerdegegnerischen Vertragspartei die Beschwerde zur Kenntnis bringen und diese auffordern, schriftlich Stellung zu nehmen, und nach Eingang der Stellungnahme den Beschwerdeführer auffordern, darauf zu erwidern;

c) die Parteien auffordern, weitere schriftliche Stellungnahmen abzugeben.

(3) [1] Bevor die Kammer über die Zulässigkeit entscheidet, kann sie auf Antrag einer Partei oder von Amts wegen beschließen, eine mündliche Verhandlung durchzuführen, wenn sie der Auffassung ist, dass dies zur Erfüllung ihrer Aufgaben nach der Konvention erforderlich ist. [2] In diesem Fall werden die Parteien auch aufgefordert, sich zur Begründetheit der Beschwerde zu äußern, wenn die Kammer nicht ausnahmsweise etwas anderes bestimmt.

Art. 54A Gemeinsame Prüfung der Zulässigkeit und Begründetheit.

(1) [1] Wenn die Kammer der beschwerdegegnerischen Vertragspartei die Beschwerde nach Artikel 54 Absatz 2 Buchstabe b zur Kenntnis bringt, kann sie nach Artikel 29 Absatz 3 der Konvention[1)] auch beschließen, die Zulässigkeit und Begründetheit gleichzeitig zu prüfen. [2] In diesem Fall werden die Parteien aufgefordert, sich in ihren Stellungnahmen auch zur Frage einer gerechten Entschädigung zu äußern und gegebenenfalls Vorschläge für eine

[1)] Nr. **32**.

gütliche Einigung zu unterbreiten. [3] Die Voraussetzungen nach den Artikeln 60 und 62 gelten entsprechend.

(2) Erzielen die Parteien keine gütliche Einigung und auch keine andere Lösung und ist die Kammer in Anbetracht der Stellungnahmen der Parteien überzeugt, dass die Rechtssache zulässig und für eine Entscheidung über die Begründetheit reif ist, so fällt sie sofort ein Urteil, das die Entscheidung der Kammer über die Zulässigkeit umfasst.

(3) Soweit die Kammer dies für angebracht hält, kann sie nach Unterrichtung der Parteien sofort ein Urteil fällen, das die Entscheidung über die Zulässigkeit umfasst, ohne zuvor das Verfahren nach Absatz 1 durchzuführen.

Staatenbeschwerden und Individualbeschwerden

Art. 55 Einreden der Unzulässigkeit. Einreden der Unzulässigkeit müssen, soweit ihre Natur und die Umstände es zulassen, von der beschwerdegegnerischen Vertragspartei in ihren nach Artikel 51 oder 54 abgegebenen schriftlichen oder mündlichen Stellungnahmen zur Zulässigkeit der Beschwerde vorgebracht werden.

Art. 56 Entscheidung der Kammer. (1) In der Entscheidung der Kammer ist anzugeben, ob sie einstimmig oder durch Mehrheitsbeschluss getroffen wurde; sie ist gleichzeitig oder später zu begründen.

(2) [1] Der Kanzler teilt die Entscheidung der Kammer dem Beschwerdeführer mit. [2] Sie wird auch der oder den betroffenen Vertragspartei(en) und jedem Drittbeteiligten mitgeteilt, soweit diesen zuvor die Beschwerde nach dieser Verfahrensordnung zur Kenntnis gebracht wurde.

Art. 57 Sprache der Entscheidung. (1) Der Gerichtshof erlässt seine Kammerentscheidungen in englischer oder französischer Sprache, wenn er nicht beschließt, eine Entscheidung in beiden Amtssprachen zu erlassen.

(2) Die in Artikel 78 vorgesehene Veröffentlichung der Entscheidungen in der amtlichen Sammlung des Gerichtshofs erfolgt in beiden Amtssprachen des Gerichtshofs.

Kapitel V. Das Verfahren nach Zulassung der Beschwerde

Art. 58 Staatenbeschwerden. (1) [1] Sobald die Kammer eine nach Artikel 33 der Konvention[1)] erhobene Beschwerde zugelassen hat, bestimmt der Kammerpräsident nach Anhörung der betroffenen Vertragsparteien die Fristen für die Einreichung der schriftlichen Stellungnahmen zur Begründetheit und für die Vorlage zusätzlicher Beweismittel. [2] Der Präsident kann jedoch mit Einverständnis der betroffenen Vertragsparteien auf die Durchführung eines schriftlichen Verfahrens verzichten.

(2) [1] Eine mündliche Verhandlung über die Begründetheit findet statt, wenn eine oder mehrere der betroffenen Vertragsparteien dies beantragen oder wenn die Kammer es von Amts wegen beschließt. [2] Der Kammerpräsident bestimmt das Verfahren.

[1)] Nr. **32**.

Art. 59 Individualbeschwerden. (1) Sobald eine nach Artikel 34 der Konvention[1)] erhobene Beschwerde für zulässig erklärt ist, kann die Kammer oder ihr Präsident die Parteien auffordern, weitere Beweismittel oder schriftliche Stellungnahmen vorzulegen.

(2) Soweit nicht anders entschieden, wird jeder Partei für ihre Stellungnahme dieselbe Frist eingeräumt.

(3) Die Kammer kann auf Antrag einer Partei oder von Amts wegen beschließen, eine mündliche Verhandlung über die Begründetheit durchzuführen, wenn sie der Auffassung ist, dass dies zur Erfüllung ihrer Aufgaben nach der Konvention erforderlich ist.

(4) Der Kammerpräsident bestimmt gegebenenfalls das schriftliche und das mündliche Verfahren.

Art. 60 Ansprüche auf gerechte Entschädigung. (1) Ein Beschwerdeführer, der will, dass ihm der Gerichtshof nach Artikel 41 der Konvention[1)] eine gerechte Entschädigung zuspricht, falls er eine Verletzung seiner Rechte aus der Konvention feststellt, muss einen entsprechenden Anspruch ausdrücklich geltend machen.

(2) Soweit der Kammerpräsident nicht etwas anderes anordnet, muss der Beschwerdeführer innerhalb der Frist, die für seine Stellungnahme zur Begründetheit bestimmt wurde, alle Ansprüche unter Beifügung einschlägiger Belege beziffert und nach Rubriken geordnet geltend machen.

(3) Erfüllt der Beschwerdeführer die in den Absätzen 1 und 2 genannten Anforderungen nicht, so kann die Kammer die Ansprüche ganz oder teilweise zurückweisen.

(4) Die Ansprüche des Beschwerdeführers werden der beschwerdegegnerischen Regierung zur Stellungnahme übermittelt.

Art. 61 *(aufgehoben)*

Art. 62 Gütliche Einigung. (1) [1] Sobald eine Beschwerde für zulässig erklärt ist, nimmt der Kanzler nach den Weisungen der Kammer oder ihres Präsidenten nach Artikel 38 Absatz 1 Buchstabe b der Konvention[1)] Kontakt mit den Parteien auf, um eine gütliche Einigung zu erzielen. [2] Die Kammer trifft alle geeigneten Maßnahmen, um eine solche Einigung zu erleichtern.

(2) [1] Die im Hinblick auf eine gütliche Einigung geführten Verhandlungen sind nach Artikel 38 Absatz 2 der Konvention vertraulich und erfolgen unbeschadet der Stellungnahmen der Parteien im streitigen Verfahren. [2] Im Rahmen dieser Verhandlungen geäußerte schriftliche oder mündliche Mitteilungen, Angebote oder Eingeständnisse dürfen im streitigen Verfahren nicht erwähnt oder geltend gemacht werden.

(3) Erfährt die Kammer durch den Kanzler, dass die Parteien eine gütliche Einigung erreicht haben, so streicht sie die Rechtssache nach Artikel 43 Absatz 3 im Register, nachdem sie sich vergewissert hat, dass diese Einigung auf der Grundlage der Achtung der Menschenrechte getroffen wurde, wie sie in der Konvention und ihren Protokollen anerkannt sind.

[1)] Nr. **32**.

(4) Auf das Verfahren nach Artikel 54A sind die Absätze 2 und 3 entsprechend anzuwenden.

Kapitel VI. Die mündliche Verhandlung

Art. 63 Öffentlichkeit der mündlichen Verhandlung. (1) Die mündliche Verhandlung ist öffentlich, soweit nicht die Kammer nach Absatz 2 aufgrund besonderer Umstände anders entscheidet, sei es von Amts wegen, sei es auf Antrag einer Partei oder einer anderen betroffenen Person.

(2) Presse und Öffentlichkeit können während der ganzen oder eines Teiles einer mündlichen Verhandlung ausgeschlossen werden, wenn dies im Interesse der Moral, der öffentlichen Ordnung oder der nationalen Sicherheit in einer demokratischen Gesellschaft liegt, wenn die Interessen von Jugendlichen oder der Schutz des Privatlebens der Prozessparteien es verlangen oder – soweit die Kammer es für unbedingt erforderlich hält – wenn unter besonderen Umständen eine öffentliche Verhandlung die Interessen der Rechtspflege beeinträchtigen würde.

(3) Anträge auf Ausschluss der Öffentlichkeit nach Absatz 1 sind zu begründen; dabei ist anzugeben, ob dies für die mündliche Verhandlung insgesamt oder teilweise gelten soll.

Art. 64 Leitung der mündlichen Verhandlung. (1) Der Kammerpräsident organisiert und leitet die mündliche Verhandlung und bestimmt die Reihenfolge, in der den vor der Kammer auftretenden Personen das Wort erteilt wird.

(2) Jeder Richter kann jeder vor der Kammer auftretenden Person Fragen stellen.

Art. 65 Nichterscheinen. Erscheint eine Partei oder eine andere Person, die erscheinen sollte, nicht oder weigert sie sich zu erscheinen, so kann die Kammer die mündliche Verhandlung gleichwohl durchführen, wenn ihr dies mit einer geordneten Rechtspflege vereinbar erscheint.

Art. 66–69 *(aufgehoben)*

Art. 70 Verhandlungsprotokoll. (1) [1] Wenn der Kammerpräsident dies anordnet, wird über die mündliche Verhandlung unter der verantwortlichen Leitung des Kanzlers ein Protokoll angefertigt. [2] Das Protokoll enthält

a) die Zusammensetzung der Kammer;
b) die Liste der erschienenen Personen;
c) den Wortlaut der abgegebenen Stellungnahmen, gestellten Fragen und erhaltenen Antworten;
d) den Wortlaut aller während der Verhandlung verkündeten Entscheidungen.

(2) Ist das Protokoll insgesamt oder teilweise nicht in einer der Amtssprachen abgefasst, so sorgt der Kanzler für die Übersetzung in eine der Amtssprachen.

(3) [1] Die Vertreter der Parteien erhalten eine Kopie des Protokolls, um dieses berichtigen zu können, wobei sie Sinn und Tragweite des in der

Verhandlung Gesagten nicht ändern dürfen; die Berichtigung wird vom Kanzler oder Kammerpräsidenten überprüft. [2] Der Kanzler bestimmt auf Anweisung des Kammerpräsidenten die Frist für die Berichtigung.

(4) Nach dieser Berichtigung wird das Protokoll vom Kammerpräsidenten und vom Kanzler unterzeichnet und ist dann für seinen Inhalt beweiskräftig.

Kapitel VII. Das Verfahren vor der Großen Kammer

Art. 71 Anwendbarkeit der Verfahrensvorschriften. (1) Auf das Verfahren vor der Großen Kammer sind die für die Kammern geltenden Vorschriften entsprechend anzuwenden.

(2) Die Befugnisse, die einer Kammer nach den Artikeln 54 Absatz 3 und 59 Absatz 3 in Bezug auf die Durchführung einer mündlichen Verhandlung übertragen sind, können in Verfahren vor der Großen Kammer auch vom Präsidenten der Großen Kammer ausgeübt werden.

Art. 72 Abgabe der Rechtssache an die Große Kammer. (1) [1] Wirft eine bei einer Kammer anhängige Rechtssache eine schwerwiegende Frage der Auslegung der Konvention oder ihrer Protokolle auf oder kann die Entscheidung einer ihr vorliegenden Frage zu einer Abweichung von einem früheren Urteil des Gerichtshofs führen, so kann die Kammer diese Sache nach Artikel 30 der Konvention[1)] jederzeit, bevor sie ihr Urteil gefällt hat, an die Große Kammer abgeben, wenn nicht eine Partei nach Absatz 2 widerspricht. [2] Die Entscheidung, die Sache abzugeben, braucht nicht begründet zu werden.

(2) [1] Der Kanzler teilt den Parteien die Absicht der Kammer mit, die Rechtssache abzugeben. [2] Die Parteien haben danach einen Monat Zeit, um der Kanzlei schriftlich ihren gebührend begründeten Einspruch zu unterbreiten. [3] Ein Einspruch, der diese Voraussetzungen nicht erfüllt, wird von der Kammer als unwirksam angesehen.

Art. 73 Verweisung an die Große Kammer auf Antrag einer Partei.

(1) Nach Artikel 43 der Konvention[1)] kann jede Partei in Ausnahmefällen innerhalb von drei Monaten nach dem Datum der Verkündung des Urteils einer Kammer bei der Kanzlei schriftlich einen Antrag auf Verweisung der Rechtssache an die Große Kammer stellen; sie hat dabei die schwerwiegende Frage der Auslegung oder Anwendung der Konvention oder ihrer Protokolle oder die schwerwiegende Frage von allgemeiner Bedeutung darzulegen, die ihrer Meinung nach eine Prüfung durch die Große Kammer rechtfertigt.

(2) [1] Ein nach Artikel 24 Absatz 5 gebildeter Ausschuss von fünf Richtern der Großen Kammer prüft den Antrag ausschließlich auf der Grundlage der Akten. [2] Er nimmt den Antrag nur an, wenn er der Auffassung ist, der Fall werfe eine solche Frage auf. [3] Die Entscheidung, den Antrag abzulehnen, braucht nicht begründet zu werden.

(3) Nimmt der Ausschuss den Antrag an, so entscheidet die Große Kammer durch Urteil.

[1)] Nr. **32**.

Kapitel VIII. Die Urteile

Art. 74 Inhalt des Urteils. (1) Urteile nach den Artikeln 42 und 44 der Konvention[1)] enthalten

a) die Namen des Präsidenten und der anderen Richter, aus denen sich die Kammer zusammensetzt, sowie den Namen des Kanzlers oder des Stellvertretenden Kanzlers;

b) den Tag, an dem es gefällt, und den Tag, an dem es verkündet wird;

c) die Bezeichnung der Parteien;

d) die Namen der Prozessbevollmächtigten, Rechtsbeistände und Berater der Parteien;

e) die Darstellung des Prozessverlaufs;

f) den Sachverhalt;

g) eine Zusammenfassung des Vorbringens der Parteien;

h) die Entscheidungsgründe;

i) den Urteilstenor;

j) gegebenenfalls die Kostenentscheidung;

k) die Zahl der Richter, die die Mehrheit gebildet haben;

l) gegebenenfalls die Angabe, welche Sprachfassung maßgebend ist.

(2) Jeder Richter, der an der Prüfung der Rechtssache mitgewirkt hat, ist berechtigt, dem Urteil entweder eine Darlegung seiner zustimmenden oder abweichenden persönlichen Meinung oder die bloße Feststellung seines abweichenden Votums beizufügen.

Art. 75 Entscheidung über eine gerechte Entschädigung. (1) Stellt die Kammer eine Verletzung der Konvention oder ihrer Protokolle fest, so entscheidet sie im selben Urteil über die Anwendung des Artikel 41 der Konvention[1)], wenn ein entsprechender Anspruch nach Artikel 60 ausdrücklich geltend gemacht wurde und die Frage spruchreif ist; andernfalls behält sich die Kammer die Beurteilung der Frage ganz oder teilweise vor und bestimmt das weitere Verfahren.

(2) [1] Bei der Entscheidung über die Anwendung des Artikels 41 der Konvention tagt die Kammer möglichst in der gleichen Besetzung wie bei der Prüfung der Begründetheit. [2] Ist dies nicht möglich, so ergänzt oder bildet der Präsident des Gerichtshofs die Kammer durch das Los.

(3) Spricht die Kammer eine gerechte Entschädigung nach Artikel 41 der Konvention zu, so kann sie beschließen, dass die zugesprochenen Beträge zu verzinsen sind, wenn die Zahlung nicht innerhalb der Frist erfolgt, die sie setzt.

(4) Wird der Gerichtshof davon unterrichtet, dass zwischen der in ihren Rechten verletzten Partei und der verantwortlichen Vertragspartei eine Einigung erzielt worden ist, so prüft er, ob die Einigung billig ist, und streicht bejahendenfalls die Rechtssache nach Artikel 43 Absatz 3 im Register.

[1)] Nr. 32.

Art. 76 Sprache des Urteils. (1) Der Gerichtshof erlässt seine Urteile in englischer oder französischer Sprache, wenn er nicht beschließt, ein Urteil in beiden Amtssprachen zu erlassen.

(2) Die in Artikel 78 vorgesehene Veröffentlichung der Urteile in der amtlichen Sammlung des Gerichtshofs erfolgt in beiden Amtssprachen des Gerichtshofs.

Art. 77 Unterzeichnung, Verkündung und Zustellung des Urteils. (1) Das Urteil wird vom Kammerpräsidenten und vom Kanzler unterzeichnet.

(2) [1] Es kann vom Kammerpräsidenten oder einem von ihm beauftragten anderen Richter in öffentlicher Sitzung verkündet werden. [2] Den Prozessbevollmächtigten und Vertretern der Parteien wird der Termin der Verkündung rechtzeitig mitgeteilt. [3] Andernfalls gilt die Übermittlung nach Absatz 3 als Verkündung.

(3) [1] Das Urteil wird dem Ministerkomitee zugeleitet. [2] Der Kanzler übermittelt den Parteien, dem Generalsekretär des Europarats, den Drittbeteiligten und allen anderen unmittelbar betroffenen Personen eine beglaubigte Kopie. [3] Das ordnungsgemäß unterzeichnete und gesiegelte Original wird im Archiv des Gerichtshofs verwahrt.

Art. 78 Veröffentlichung der Urteile und anderer Schriftstücke. [1] Nach Artikel 44 Absatz 3 der Konvention[1)] werden die endgültigen Urteile des Gerichtshofs unter der Verantwortung des Kanzlers in geeigneter Form veröffentlicht. [2] Der Kanzler ist außerdem für die Herausgabe der amtlichen Sammlung zuständig, die ausgewählte Urteile und Entscheidungen sowie sonstige Schriftstücke enthält, deren Veröffentlichung der Präsident des Gerichtshofs für zweckmäßig hält.

Art. 79 Antrag auf Auslegung des Urteils. (1) Jede Partei kann die Auslegung eines Urteils innerhalb eines Jahres nach der Verkündung beantragen.

(2) [1] Der Antrag ist bei der Kanzlei einzureichen. [2] Der Teil des Urteilstenors, dessen Auslegung begehrt wird, ist darin genau anzugeben.

(3) [1] Die ursprüngliche Kammer kann selbständig beschließen, den Antrag abzuweisen, wenn kein Grund eine Prüfung rechtfertigt. [2] Ist es nicht möglich, die ursprüngliche Kammer zusammenzusetzen, so bildet oder ergänzt der Präsident des Gerichtshofs die Kammer durch das Los.

(4) [1] Weist die Kammer den Antrag nicht ab, so übermittelt ihn der Kanzler den anderen betroffenen Parteien und gibt ihnen Gelegenheit, innerhalb der vom Kammerpräsidenten bestimmten Frist schriftlich Stellung zu nehmen. [2] Der Kammerpräsident bestimmt auch den Termin der mündlichen Verhandlung, wenn die Kammer beschließt, eine solche durchzuführen. [3] Die Kammer entscheidet durch Urteil.

Art. 80 Antrag auf Wiederaufnahme des Verfahrens. (1) Wird eine Tatsache bekannt, die geeignet gewesen wäre, einen maßgeblichen Einfluss auf den Ausgang einer bereits entschiedenen Rechtssache auszuüben, so kann

---

[1)] Nr. **32**.

eine Partei, wenn diese Tatsache zum Zeitpunkt des Urteils dem Gerichtshof unbekannt war und der Partei nach menschlichem Ermessen nicht bekannt sein konnte, innerhalb von sechs Monaten, nachdem sie von der Tatsache Kenntnis erhalten hat, beim Gerichtshof die Wiederaufnahme des Verfahrens beantragen.

(2) [1] Der Antrag muss das Urteil bezeichnen, auf das sich der Wiederaufnahmeantrag bezieht, und die Angaben enthalten, aus denen sich ergibt, dass die Voraussetzungen nach Absatz 1 erfüllt sind. [2] Dem Antrag ist eine Kopie aller zur Begründung dienenden Unterlagen beizufügen. [3] Der Antrag und die Unterlagen sind bei der Kanzlei einzureichen.

(3) [1] Die ursprüngliche Kammer kann selbständig beschließen, den Antrag abzuweisen, wenn kein Grund eine Prüfung rechtfertigt. [2] Ist es nicht möglich, die ursprüngliche Kammer zusammenzusetzen, so bildet oder ergänzt der Präsident des Gerichtshofs die Kammer durch das Los.

(4) [1] Weist die Kammer den Antrag nicht ab, so übermittelt ihn der Kanzler den anderen betroffenen Parteien und gibt ihnen Gelegenheit, innerhalb der vom Kammerpräsidenten bestimmten Frist schriftlich Stellung zu nehmen. [2] Der Kammerpräsident bestimmt auch den Termin der mündlichen Verhandlung, wenn die Kammer beschließt, eine solche durchzuführen. [3] Die Kammer entscheidet durch Urteil.

Art. 81 Berichtigung von Fehlern in Entscheidungen und Urteilen. Unbeschadet der Bestimmungen über die Wiederaufnahme des Verfahrens und die Wiedereintragung von Beschwerden im Register kann der Gerichtshof Schreib- oder Rechenfehler sowie offensichtliche Unrichtigkeiten von Amts wegen oder wenn eine Partei dies innerhalb eines Monats nach Verkündung der Entscheidung oder des Urteils beantragt, korrigieren.

Kapitel IX. Gutachten

Art. 82 [Erstattung von Gutachten] [1] Im Verfahren zur Erstattung von Gutachten wendet der Gerichtshof neben den Artikeln 47, 48 und 49 der Konvention[1)] die folgenden Bestimmungen an. [2] Er wendet ferner die übrigen Bestimmungen dieser Verfahrensordnung an, soweit er dies für angebracht hält.

Art. 83 [Antrag auf Erstattung] [1] Der Antrag auf Erstattung eines Gutachtens ist beim Kanzler einzureichen. [2] Er muss die Frage, zu der das Gutachten des Gerichtshofs angefordert wird, vollständig und genau bezeichnen; ferner sind anzugeben

a) der Tag, an dem das Ministerkomitee den Beschluss nach Artikel 47 Absatz 3 der Konvention[1)] gefasst hat;

b) Name und Adresse der Personen, die vom Ministerkomitee benannt worden sind, um dem Gerichtshof alle benötigten Erläuterungen zu geben.

[3] Dem Antrag sind alle Unterlagen beizufügen, die zur Klärung der Frage dienen können.

[1)] Nr. **32**.

Art. 84 [Weiterleitung des Antrags] (1) Nach Eingang des Antrags übermittelt der Kanzler allen Mitgliedern des Gerichtshofs eine Kopie des Antrags sowie der beigefügten Unterlagen.

(2) Er teilt den Vertragsparteien mit, dass sie zu dem Antrag schriftlich Stellung nehmen können.

Art. 85 [Fristen] (1) Der Präsident des Gerichtshofs bestimmt die Fristen für die Einreichung der schriftlichen Stellungnahmen oder sonstigen Unterlagen.

(2) [1] Die schriftlichen Stellungnahmen oder sonstigen Unterlagen sind beim Kanzler einzureichen. [2] Der Kanzler übermittelt allen Mitgliedern des Gerichtshofs, dem Ministerkomitee und jeder Vertragspartei eine Kopie.

Art. 86 [Erläuterung der Stellungnahmen] Nach Abschluss des schriftlichen Verfahrens entscheidet der Präsident des Gerichtshofs, ob den Vertragsparteien, die schriftlich Stellung genommen haben, Gelegenheit gegeben werden soll, ihre Stellungnahmen in einer zu diesem Zweck anberaumten mündlichen Verhandlung zu erläutern.

Art. 87 [Bildung einer Großen Kammer] (1) Für die Behandlung des Antrags auf Erstattung eines Gutachtens wird eine Große Kammer gebildet.

(2) Ist die Große Kammer der Auffassung, dass der Antrag nicht in ihre Zuständigkeit nach Artikel 47 der Konvention[1)] fällt, so stellt sie dies in einer begründeten Entscheidung fest.

Art. 88 [Abstimmung] (1) [1] Begründete Entscheidungen und Gutachten werden von der Großen Kammer mit Stimmenmehrheit beschlossen. [2] Die Zahl der Richter, welche die Mehrheit gebildet haben, ist darin anzugeben.

(2) Jeder Richter kann, wenn er dies wünscht, der begründeten Entscheidung oder dem Gutachten des Gerichtshofs entweder eine Darlegung seiner zustimmenden oder abweichenden persönlichen Meinung oder die bloße Feststellung seines abweichenden Votums beifügen.

Art. 89 [Verkündung] [1] Die begründete Entscheidung oder das Gutachten kann in öffentlicher Sitzung vom Präsidenten der Großen Kammer oder von einem von ihm beauftragten anderen Richter in einer der beiden Amtssprachen verlesen werden, nachdem das Ministerkomitee und alle Vertragsparteien benachrichtigt worden sind. [2] Andernfalls gilt die Übermittlung nach Artikel 90 als Verkündung des Gutachtens oder der begründeten Entscheidung.

Art. 90 [Unterzeichnung; Urschrift] [1] Das Gutachten oder jede begründete Entscheidung wird vom Präsidenten der Großen Kammer und vom Kanzler unterzeichnet. [2] Die ordnungsgemäß unterzeichnete und gesiegelte Urschrift wird im Archiv des Gerichtshofs verwahrt. [3] Der Kanzler übermittelt dem Ministerkomitee, den Vertragsparteien und dem Generalsekretär des Europarats eine beglaubigte Kopie.

---

1) Nr. **32**.

Kapitel X. Prozesskostenhilfe

Art. 91 [Gewährung] (1) Der Kammerpräsident kann einem Beschwerdeführer, der eine Beschwerde nach Artikel 34 der Konvention[1] erhoben hat, auf dessen Antrag oder von Amts wegen für die Verfolgung seiner Sache Prozesskostenhilfe bewilligen, nachdem die beschwerdegegnerische Vertragspartei nach Artikel 54 Absatz 2 Buchstabe b dieser Verfahrensordnung zur Zulässigkeit der Beschwerde Stellung genommen hat oder die Frist hierfür abgelaufen ist.

(2) Wird einem Beschwerdeführer für die Verfolgung seiner Sache vor der Kammer Prozesskostenhilfe bewilligt, so gilt die Bewilligung vorbehaltlich des Artikels 96 im Verfahren vor der Großen Kammer weiter.

Art. 92 [Voraussetzungen] Prozesskostenhilfe kann nur bewilligt werden, wenn der Kammerpräsident feststellt,

a) dass die Bewilligung dieser Hilfe für die ordnungsgemäße Prüfung der Rechtssache vor der Kammer notwendig ist;

b) dass der Beschwerdeführer nicht über ausreichende finanzielle Mittel verfügt, um die anfallenden Kosten ganz oder teilweise zu begleichen.

Art. 93 [Finanzielle Mittel des Beschwerdeführers] (1) [1] Um festzustellen, ob der Beschwerdeführer über ausreichende finanzielle Mittel verfügt, um die anfallenden Kosten ganz oder teilweise zu begleichen, wird er aufgefordert, ein Erklärungsformular auszufüllen, aus dem sein Einkommen, sein Kapitalvermögen und seine finanziellen Verpflichtungen gegenüber Unterhaltsberechtigten sowie alle sonstigen finanziellen Verpflichtungen hervorgehen. [2] Diese Erklärung muss von der oder den zuständigen innerstaatlichen Behörde(n) bestätigt sein.

(2) Die betroffene Vertragspartei wird aufgefordert, schriftlich Stellung zu nehmen.

(3) [1] Nach Eingang der in den Absätzen 1 und 2 genannten Unterlagen entscheidet der Kammerpräsident, ob Prozesskostenhilfe bewilligt oder abgelehnt wird. [2] Der Kanzler informiert die betroffenen Parteien.

Art. 94 [Honorare für Rechtsbeistand] (1) [1] Honorare dürfen nur einem Rechtsbeistand oder einer anderen nach Artikel 36 Absatz 4 bestellten Person gezahlt werden. [2] Gegebenenfalls können auch mehreren Vertretern Honorare gezahlt werden.

(2) Die Prozesskostenhilfe kann außer den Honoraren auch die Fahrt- und Aufenthaltskosten sowie andere notwendige Auslagen umfassen, die dem Beschwerdeführer oder der zu seinem Vertreter bestellten Person entstehen.

Art. 95 [Höhe der Kosten] Nach Bewilligung der Prozesskostenhilfe bestimmt der Kanzler

a) die Höhe der Honorare entsprechend den geltenden Tarifen;

b) den Betrag der zu zahlenden Kosten.

---

[1] Nr. **32**.

Art. 96 [Rücknahme der Bewilligung] Der Kammerpräsident kann die Bewilligung der Prozesskostenhilfe jederzeit rückgängig machen oder ändern, wenn er feststellt, dass die Voraussetzungen nach Artikel 92 nicht mehr erfüllt sind.

Titel III. Übergangsbestimmungen

Art. 97, 98 *(aufgehoben)*

Art. 99 Verhältnis zwischen Gerichtshof und Kommission. (1) In Rechtssachen, die dem Gerichtshof nach Artikel 5 Absätze 4 und 5 des Protokolls Nr. 11 zur Konvention vorgelegt werden, kann der Gerichtshof die Kommission bitten, eines oder mehrere ihrer Mitglieder für die Teilnahme an der Prüfung der Rechtssache vor dem Gerichtshof zu entsenden.

(2) In Rechtssachen nach Absatz 1 berücksichtigt der Gerichtshof den von der Kommission nach dem früheren Artikel 31 der Konvention[1] angenommenen Bericht.

(3) Wenn der Kammerpräsident nichts anderes bestimmt, sorgt der Kanzler so bald wie möglich nach der Anrufung des Gerichtshofs für die Veröffentlichung des Berichts.

(4) Im Übrigen bleibt in Rechtssachen, die dem Gerichtshof nach Artikel 5 Absätze 2 bis 5 des Protokolls Nr. 11 vorliegen, die Verfahrensakte der Kommission, einschließlich aller Schriftsätze und Stellungnahmen, vertraulich, wenn der Kammerpräsident nichts anderes bestimmt.

(5) In Rechtssachen, in denen die Kommission Beweise erhoben hat, aber nicht in der Lage war, einen Bericht nach dem früheren Artikel 31 der Konvention anzunehmen, berücksichtigt der Gerichtshof die Protokolle und Unterlagen sowie die Meinungen, welche die Kommissionsbeauftragten im Anschluss an die Beweiserhebung geäußert haben.

Art. 100 Verfahren vor einer Kammer und der Großen Kammer.

(1) Wird eine Rechtssache dem Gerichtshof nach Artikel 5 Absatz 4 des Protokolls Nr. 11 zur Konvention vorgelegt, so entscheidet ein nach Artikel 24 Absatz 6[2] dieser Verfahrensordnung gebildeter Ausschuss der Großen Kammer, ob der Fall von einer Kammer oder von der Großen Kammer geprüft wird; der Ausschuss entscheidet ausschließlich auf der Grundlage der Akten.

(2) Wird die Rechtssache von einer Kammer entschieden, so ist ihr Urteil nach Artikel 5 Absatz 4 des Protokolls Nr. 11 endgültig, und Artikel 73 dieser Verfahrensordnung findet keine Anwendung.

(3) Rechtssachen, die dem Gerichtshof nach Artikel 5 Absatz 5 des Protokolls Nr. 11 übertragen sind, werden der Großen Kammer vom Präsidenten des Gerichtshofs vorgelegt.

(4) Bei jeder Rechtssache, die der Großen Kammer nach Artikel 5 Absatz 5 des Protokolls Nr. 11 vorliegt, wird die Große Kammer durch Richter

---

[1] Nr. **32**.

[2] **Amtl. Anm.:** Alte, vor dem 8. Dezember 2000 geltende Fassung

einer der in Artikel 24 Absatz 3 dieser Verfahrensordnung bezeichneten Gruppen ergänzt, die im Rotationsverfahren bestimmt werden; beide Gruppen werden abwechselnd herangezogen.

Art. 101 Bewilligung der Prozesskostenhilfe. Ist einem Beschwerdeführer in Rechtssachen, die dem Gerichtshof nach Artikel 5 Absätze 2 bis 5 des Protokolls Nr. 11 zur Konvention vorliegen, im Verfahren vor der Kommission oder dem früheren Gerichtshof Prozesskostenhilfe bewilligt worden, so gilt die Bewilligung im Verfahren vor dem Gerichtshof weiter; Artikel 96 dieser Verfahrensordnung bleibt vorbehalten.

Art. 102 Antrag auf Wiederaufnahme des Verfahrens. (1) Anträge einer Partei auf Wiederaufnahme eines Verfahrens des früheren Gerichtshofs werden vom Präsidenten des Gerichtshofs je nach Fall nach Artikel 51 oder 52 einer Sektion zugewiesen.

(2) Ungeachtet des Artikels 80 Absatz 3 bildet der Präsident der betroffenen Sektion für die Behandlung des Antrags eine neue Kammer.

(3) Dieser Kammer gehören von Amts wegen folgende Mitglieder an:

a) der Sektionspräsident

sowie, unabhängig davon, ob sie der betroffenen Sektion angehören,

b) der für die betroffene Vertragspartei gewählte Richter oder, wenn dieser verhindert ist, ein Richter, der nach Artikel 29 benannt wird;

c) die Mitglieder des Gerichtshofs, die der ursprünglichen Kammer des früheren Gerichtshofs, die das Urteil gefällt hat, angehört haben.

(4)

a) Der Sektionspräsident bestimmt die übrigen Mitglieder der Kammer aus dem Kreis der Mitglieder der betroffenen Sektion durch das Los.

b) Die Mitglieder der Sektion, die nicht auf diese Weise bestimmt wurden, tagen als Ersatzrichter.

Titel IV. Schlussbestimmungen

Art. 103 Änderung oder Aussetzung der Anwendung von Bestimmungen. (1) [1] Änderungen von Bestimmungen dieser Verfahrensordnung können von der Mehrheit der in Plenarsitzung tagenden Richter auf vorherigen Vorschlag hin angenommen werden. [2] Der schriftliche Änderungsvorschlag muss dem Kanzler spätestens einen Monat vor der Sitzung zugehen, in der er geprüft werden soll. [3] Erhält der Kanzler einen solchen Vorschlag, so setzt er so bald wie möglich alle Mitglieder des Gerichtshofs davon in Kenntnis.

(2) [1] Die Anwendung von Bestimmungen, welche die interne Arbeitsweise des Gerichtshofs betreffen, kann auf Vorschlag eines Richters sofort ausgesetzt werden, vorausgesetzt, dass die betroffene Kammer den Vorschlag einstimmig annimmt. [2] Die Aussetzung ist nur für den konkreten Fall wirksam, für den sie vorgeschlagen wurde.

Art. 104 Inkrafttreten der Verfahrensordnung. Diese Verfahrensordnung tritt am 1. November 1998 in Kraft.

[illegible] der in Artikel [illegible] dieser Verfahrensordnung bezeichneten [illegible] bestimmt werden [illegible] abweichende [illegible] zu zeigen.

Art. 101 Bewilligung der Prozesskostenhilfe. [illegible] einem Beschwerdeführer [illegible] nach Artikel [illegible] des Protokolls Nr. [illegible] im Verfahren vor der Kommission [illegible] Prozesskostenhilfe bewilligt wird [illegible] Bewilligung [illegible] dem Gerichtshof [illegible] Artikel [illegible] dieser Verfahrensordnung [illegible].

Art. 102 Antrag auf Wiederaufnahme des Verfahrens. (1) Anträge [illegible] auf Wiederaufnahme eines Verfahrens des früheren Gerichtshofs [illegible] werden vom [illegible] nach Artikel 51 oder 52 [illegible] zugewiesen.

(2) [illegible] Artikel 80 Absatz 3 bildet der Präsident der [illegible] Sektion für die Behandlung des Antrags eine neue Kammer.

(3) [illegible] Kammer gehören von Amts wegen folgende Mitglieder an:

a) der Sektionspräsident [illegible]

sowie [illegible] durch das Los bestimmten Sektionsmitglieder [illegible]

b) der für die betreffende Vertragspartei gewählte Richter oder [illegible] ein Richter, der nach Artikel 29 ernannt wird;

c) die Mitglieder des Gerichtshofs, die der ursprünglichen Kammer des früheren Gerichtshofs [illegible] angehört haben.

(4) [illegible]

a) Die übrigen Mitglieder [illegible] der Kammer aus dem Kreis der Mitglieder der betreffenden Sektion durch das Los.

b) Die Mitglieder der Sektion, die nicht auf diese Weise [illegible] werden, [illegible]

Titel IV Schlussbestimmungen

Art. 103 Änderung oder Aussetzung der Anwendung von Bestimmungen. (1) Änderungen von Bestimmungen dieser Verfahrensordnung können [illegible] angenommen werden. [illegible] Abänderung [illegible]

(2) Die Anwendung von Bestimmungen, welche die interne Arbeitsweise des Gerichtshofs betreffen, kann auf Vorschlag eines Richters sofort ausgesetzt werden [illegible]

Art. 104 Inkrafttreten der Verfahrensordnung. Die Verfahrensordnung [illegible] 1998 in Kraft.

34. Vertrag über die Europäische Union idF des Vertrags von Lissabon[1)]

13. Dezember 2007[2)]

(ABl. Nr. C 306 S. 1, ber. ABl. 2008 Nr. C 111 S. 56, ABl. 2009 Nr. C 290 S. 1, ABl. 2011 Nr. C 378 S. 3)

Celex-Nr. 1 1992 M

geänd. durch Art. 1 Amsterdamer Vertrag v. 2.10.1997 (ABl. Nr. C 340 S. 1), Art. 1 Vertrag von Nizza v. 26.2.2001 (ABl. Nr. C 80 S. 1, ber. ABl. Nr. C 96 S. 27), Art. 12 EU-Beitrittsakte 2003 v. 16.4.2003 (ABl. Nr. L 236 S. 33), Art. 10 Abs. 2, 3, Art. 18 Abs. 3 EU-Beitrittsakte 2005 v. 25.4. 2005 (ABl. Nr. L 157 S. 203), Art. 1 Vertrag von Lissabon v. 13.12.2007 (ABl. Nr. C 306 S. 1, ber. ABl. 2008 Nr. C 111 S. 56 u. ABl. 2009 Nr. C 290 S. 1) und Art. 13, 14 Abs. 1 EU-Beitrittsakte 2013 v. 9.12.2011 (ABl. 2012 Nr. L 112 S. 21)

Nichtamtliche Inhaltsübersicht

---

1) Die Artikelfolge und Verweise/Bezugnahmen auf Vorschriften des AEUV sind gemäß Art. 5 des Vertrags von Lissabon iVm den Übereinstimmungstabellen an die neue Nummerierung angepasst worden.

2) Konsolidierte Fassung des Vertrags über die Europäische Union v. 7.2.1992 (ABl. Nr. C 191 S. 1). Die Bundesrepublik Deutschland hat dem Vertrag mit G v. 28.12.1992 (BGBl. II S. 1251) zugestimmt. Inkrafttreten gemäß Bek. v. 19.10.1993 (BGBl. II S. 1947) am **1.11.1993**. Die durch den Amsterdamer Vertrag konsolidierte Fassung des Vertrages trat am 1.5.1999 in Kraft, siehe Bek. v. 6.4.1999 (BGBl. II S. 296); in seiner durch den Vertrag von Nizza geänderten Fassung ist er am 1.2.2003 in Kraft getreten, siehe Bek. v. 20.8.2003 (BGBl. II S. 1477); in seiner durch die EUBeitrittsakte 2003 geänderten Fassung ist er am 1.5.2004 in Kraft getreten, siehe Bek. v. 28.6.2004 (BGBl. II S. 1102); in seiner durch die EU-Beitrittsakte 2005 geänderten Fassung ist er am 1.1.2007 in Kraft getreten, siehe Bek. v. 26.1.2007 (BGBl. II S. 127); in seiner durch den Vertrag von Lissabon geänderten Fassung ist er am 1.12.2009 in Kraft getreten, siehe Bek. v. 13.11.2009 (BGBl. II S. 1223).

SEINE MAJESTÄT DER KÖNIG DER BELGIER,
IHRE MAJESTÄT DIE KÖNIGIN VON DÄNEMARK,
DER PRÄSIDENT DER BUNDESREPUBLIK DEUTSCHLAND,
DER PRÄSIDENT DER GRIECHISCHEN REPUBLIK,
SEINE MAJESTÄT DER KÖNIG VON SPANIEN,
DER PRÄSIDENT DER FRANZÖSISCHEN REPUBLIK,

DER PRÄSIDENT IRLANDS,
DER PRÄSIDENT DER ITALIENISCHEN REPUBLIK,
SEINE KÖNIGLICHE HOHEIT DER GROSSHERZOG VON LUXEMBURG,
IHRE MAJESTÄT DIE KÖNIGIN DER NIEDERLANDE,
DER PRÄSIDENT DER PORTUGIESISCHEN REPUBLIK,
IHRE MAJESTÄT DIE KÖNIGIN DES VEREINIGTEN KÖNIGREICHS GROSSBRITANNIEN UND NORDIRLAND,[1)]

ENTSCHLOSSEN, den mit der Gründung der Europäischen Gemeinschaften eingeleiteten Prozeß der europäischen Integration auf eine neue Stufe zu heben,

SCHÖPFEND aus dem kulturellen, religiösen und humanistischen Erbe Europas, aus dem sich die unverletzlichen und unveräußerlichen Rechte des Menschen sowie Freiheit, Demokratie, Gleichheit und Rechtsstaatlichkeit als universelle Werte entwickelt haben,

EINGEDENK der historischen Bedeutung der Überwindung der Teilung des europäischen Kontinents und der Notwendigkeit, feste Grundlagen für die Gestalt des zukünftigen Europas zu schaffen,

IN BESTÄTIGUNG ihres Bekenntnisses zu den Grundsätzen der Freiheit, der Demokratie und der Achtung der Menschenrechte und Grundfreiheiten und der Rechtsstaatlichkeit,

IN BESTÄTIGUNG der Bedeutung, die sie den sozialen Grundrechten beimessen, wie sie in der am 18. Oktober 1961 in Turin unterzeichneten Europäischen Sozialcharta und in der Gemeinschaftscharta der sozialen Grundrechte der Arbeitnehmer von 1989 festgelegt sind,

IN DEM WUNSCH, die Solidarität zwischen ihren Völkern unter Achtung ihrer Geschichte, ihrer Kultur und ihrer Traditionen zu stärken,

IN DEM WUNSCH, Demokratie und Effizienz in der Arbeit der Organe weiter zu stärken, damit diese in die Lage versetzt werden, die ihnen übertragenen Aufgaben in einem einheitlichen institutionellen Rahmen besser wahrzunehmen,

ENTSCHLOSSEN, die Stärkung und die Konvergenz ihrer Volkswirtschaften herbeizuführen und eine Wirtschafts- und Währungsunion zu errichten, die im Einklang mit diesem Vertrag und dem Vertrag über die Arbeitsweise der Europäischen Union[2)] eine einheitliche, stabile Währung einschließt,

IN DEM FESTEN WILLEN, im Rahmen der Verwirklichung des Binnenmarkts sowie der Stärkung des Zusammenhalts und des Umweltschutzes den wirtschaftlichen und sozialen Fortschritt ihrer Völker unter Berücksichtigung des Grundsatzes der nachhaltigen Entwicklung zu fördern und Politiken zu verfolgen, die gewährleisten, dass Fortschritte bei der wirtschaftlichen Integration mit parallelen Fortschritten auf anderen Gebieten einhergehen,

ENTSCHLOSSEN, eine gemeinsame Unionsbürgerschaft für die Staatsangehörigen ihrer Länder einzuführen,

---

[1)] **Amtl. Anm.:** Seit dem ursprünglichen Vertragsschluss sind Mitgliedstaaten der Europäischen Union geworden: *[**Red. Anm.:** die Republik Kroatien mWv 1.7.2013,]* die Republik Bulgarien, die Tschechische Republik, die Republik Estland, die Republik Zypern, die Republik Lettland, die Republik Litauen, die Republik Ungarn, die Republik Malta, die Republik Österreich, die Republik Polen, Rumänien, die Republik Slowenien, die Slowakische Republik, die Republik Finnland und das Königreich Schweden.

[2)] Nr. **35**.

ENTSCHLOSSEN, eine Gemeinsame Außen- und Sicherheitspolitik zu verfolgen, wozu nach Maßgabe des Artikels 42 auch die schrittweise Festlegung einer gemeinsamen Verteidigungspolitik gehört, die zu einer gemeinsamen Verteidigung führen könnte, und so die Identität und Unabhängigkeit Europas zu stärken, um Frieden, Sicherheit und Fortschritt in Europa und in der Welt zu fördern,

ENTSCHLOSSEN, die Freizügigkeit unter gleichzeitiger Gewährleistung der Sicherheit ihrer Bürger durch den Aufbau eines Raums der Freiheit, der Sicherheit und des Rechts nach Maßgabe der Bestimmungen dieses Vertrags und des Vertrags über die Arbeitsweise der Europäischen Union[1] zu fördern,

ENTSCHLOSSEN, den Prozeß der Schaffung einer immer engeren Union der Völker Europas, in der die Entscheidungen entsprechend dem Subsidiaritätsprinzip möglichst bürgernah getroffen werden, weiterzuführen,

IM HINBLICK auf weitere Schritte, die getan werden müssen, um die europäische Integration voranzutreiben,

HABEN BESCHLOSSEN, eine Europäische Union zu gründen; sie haben zu diesem Zweck zu ihren Bevollmächtigten ernannt:

SEINE MAJESTÄT DER KÖNIG DER BELGIER:
Mark EYSKENS,
Minister für auswärtige Angelegenheiten;
Philippe MAYSTADT,
Minister der Finanzen;

IHRE MAJESTÄT DIE KÖNIGIN VON DÄNEMARK:
Uffe ELLEMANN-JENSEN,
Minister für auswärtige Angelegenheiten;
Anders FOGH RASMUSSEN,
Minister für Wirtschaft;

DER PRÄSIDENT DER BUNDESREPUBLIK DEUTSCHLAND:
Hans-Dietrich GENSCHER,
Bundesminister des Auswärtigen;
Theodor WAIGEL,
Bundesminister der Finanzen;

DER PRÄSIDENT DER GRIECHISCHEN REPUBLIK:
Antonios SAMARAS,
Minister für auswärtige Angelegenheiten;
Efthymios CHRISTODOULOU,
Minister für Wirtschaft;

SEINE MAJESTÄT DER KÖNIG VON SPANIEN:
Francisco FERNÁNDEZ ORDÓÑEZ,
Minister für auswärtige Angelegenheiten;
Carlos SOLCHAGA CATALÁN,
Minister für Wirtschaft und Finanzen;

DER PRÄSIDENT DER FRANZÖSISCHEN REPUBLIK:
Roland DUMAS,
Minister für auswärtige Angelegenheiten;
Pierre BEREGOVOY,
Minister für Wirtschaft, Finanzen und Haushalt;

---

[1] Nr. **35**.

DER PRÄSIDENT IRLANDS:
Gerard COLLINS,
Minister für auswärtige Angelegenheiten;
Bertie AHERN,
Minister der Finanzen;
DER PRÄSIDENT DER ITALIENISCHEN REPUBLIK:
Giannni DE MICHELIS,
Minister für auswärtige Angelegenheiten;
Guido CARLI,
Schatzminister;
SEINE KÖNIGLICHE HOHEIT DER GROSSHERZOG VON LUXEMBURG:
Jacques F. POOS,
Vizepremierminister,
Minister für auswärtige Angelegenheiten;
Jean-Claude JUNCKER,
Minister der Finanzen;
IHRE MAJESTÄT DIE KÖNIGIN DER NIEDERLANDE:
Hans VAN DEN BRÖK,
Minister für auswärtige Angelegenheiten;
Willem KOK,
Minister der Finanzen;
DER PRÄSIDENT DER PORTUGIESISCHEN REPUBLIK:
Joao de Deus PINHEIRO,
Minister für auswärtige Angelegenheiten;
Jorge BRAGA de MACEDO,
Minister der Finanzen;
IHRE MAJESTÄT DIE KÖNIGIN DES VEREINIGTEN KÖNIGREICHS GROSSBRITANNIEN UND NORDIRLAND:
Rt. Hon. Douglas HURD,
Minister für auswärtige Angelegenheiten und Commonwealth-Fragen;
Hon. Francis MAUDE,
Financial Secretary im Schatzamt;
DIESE SIND nach Austausch ihrer als gut und gehörig befundenen Vollmachten wie folgt ÜBEREINGEKOMMEN:

Titel I. Gemeinsame Bestimmungen

Art. 1 [Gründung der Europäischen Union; Grundlagen] Durch diesen Vertrag gründen die Hohen Vertragsparteien untereinander eine EUROPÄISCHE UNION (im Folgenden „Union"), der die Mitgliedstaaten Zuständigkeiten zur Verwirklichung ihrer gemeinsamen Ziele übertragen.

Dieser Vertrag stellt eine neue Stufe bei der Verwirklichung einer immer engeren Union der Völker Europas dar, in der die Entscheidungen möglichst offen und möglichst bürgernah getroffen werden.

[1] Grundlage der Union sind dieser Vertrag und der Vertrag über die Arbeitsweise der Europäischen Union[1)] (im Folgenden „Verträge"). [2] Beide Ver-

[1)] Nr. **35**.

träge sind rechtlich gleichrangig. [3] Die Union tritt an die Stelle der Europäischen Gemeinschaft, deren Rechtsnachfolgerin sie ist.

Art. 2 [Grundlegende Werte] [1] Die Werte, auf die sich die Union gründet, sind die Achtung der Menschenwürde, Freiheit, Demokratie, Gleichheit, Rechtsstaatlichkeit und die Wahrung der Menschenrechte einschließlich der Rechte der Personen, die Minderheiten angehören. [2] Diese Werte sind allen Mitgliedstaaten in einer Gesellschaft gemeinsam, die sich durch Pluralismus, Nichtdiskriminierung, Toleranz, Gerechtigkeit, Solidarität und die Gleichheit von Frauen und Männern auszeichnet.

Art. 3 [Ziel der Union] (1) Ziel der Union ist es, den Frieden, ihre Werte und das Wohlergehen ihrer Völker zu fördern.

(2) Die Union bietet ihren Bürgerinnen und Bürgern einen Raum der Freiheit, der Sicherheit und des Rechts ohne Binnengrenzen, in dem – in Verbindung mit geeigneten Maßnahmen in Bezug auf die Kontrollen an den Außengrenzen, das Asyl, die Einwanderung sowie die Verhütung und Bekämpfung der Kriminalität – der freie Personenverkehr gewährleistet ist.

(3) [1] Die Union errichtet einen Binnenmarkt. [2] Sie wirkt auf die nachhaltige Entwicklung Europas auf der Grundlage eines ausgewogenen Wirtschaftswachstums und von Preisstabilität, eine in hohem Maße wettbewerbsfähige soziale Marktwirtschaft, die auf Vollbeschäftigung und sozialen Fortschritt abzielt, sowie ein hohes Maß an Umweltschutz und Verbesserung der Umweltqualität hin. [3] Sie fördert den wissenschaftlichen und technischen Fortschritt.

Sie bekämpft soziale Ausgrenzung und Diskriminierungen und fördert soziale Gerechtigkeit und sozialen Schutz, die Gleichstellung von Frauen und Männern, die Solidarität zwischen den Generationen und den Schutz der Rechte des Kindes.

Sie fördert den wirtschaftlichen, sozialen und territorialen Zusammenhalt und die Solidarität zwischen den Mitgliedstaaten.

Sie wahrt den Reichtum ihrer kulturellen und sprachlichen Vielfalt und sorgt für den Schutz und die Entwicklung des kulturellen Erbes Europas.

(4) Die Union errichtet eine Wirtschafts- und Währungsunion, deren Währung der Euro ist.

(5) [1] In ihren Beziehungen zur übrigen Welt schützt und fördert die Union ihre Werte und Interessen und trägt zum Schutz ihrer Bürgerinnen und Bürger bei. [2] Sie leistet einen Beitrag zu Frieden, Sicherheit, globaler nachhaltiger Entwicklung, Solidarität und gegenseitiger Achtung unter den Völkern, zu freiem und gerechtem Handel, zur Beseitigung der Armut und zum Schutz der Menschenrechte, insbesondere der Rechte des Kindes, sowie zur strikten Einhaltung und Weiterentwicklung des Völkerrechts, insbesondere zur Wahrung der Grundsätze der Charta der Vereinten Nationen.

(6) Die Union verfolgt ihre Ziele mit geeigneten Mitteln entsprechend den Zuständigkeiten, die ihr in den Verträgen übertragen sind.

Art. 4 [Zuständigkeiten der Union] (1) Alle der Union nicht in den Verträgen übertragenen Zuständigkeiten verbleiben gemäß Artikel 5 bei den Mitgliedstaaten.

(2) [1] Die Union achtet die Gleichheit der Mitgliedstaaten vor den Verträgen und ihre jeweilige nationale Identität, die in ihren grundlegenden politischen und verfassungsmäßigen Strukturen einschließlich der regionalen und lokalen Selbstverwaltung zum Ausdruck kommt. [2] Sie achtet die grundlegenden Funktionen des Staates, insbesondere die Wahrung der territorialen Unversehrtheit, die Aufrechterhaltung der öffentlichen Ordnung und den Schutz der nationalen Sicherheit. [3] Insbesondere die nationale Sicherheit fällt weiterhin in die alleinige Verantwortung der einzelnen Mitgliedstaaten.

(3) Nach dem Grundsatz der loyalen Zusammenarbeit achten und unterstützen sich die Union und die Mitgliedstaaten gegenseitig bei der Erfüllung der Aufgaben, die sich aus den Verträgen ergeben.

Die Mitgliedstaaten ergreifen alle geeigneten Maßnahmen allgemeiner oder besonderer Art zur Erfüllung der Verpflichtungen, die sich aus den Verträgen oder den Handlungen der Organe der Union ergeben.

Die Mitgliedstaaten unterstützen die Union bei der Erfüllung ihrer Aufgabe und unterlassen alle Maßnahmen, die die Verwirklichung der Ziele der Union gefährden könnten.

Art. 5 [Subsidiaritäts- und Verhältnismäßigkeitsgrundsatz] (1) [1] Für die Abgrenzung der Zuständigkeiten der Union gilt der Grundsatz der begrenzten Einzelermächtigung. [2] Für die Ausübung der Zuständigkeiten der Union gelten die Grundsätze der Subsidiarität und der Verhältnismäßigkeit.

(2) [1] Nach dem Grundsatz der begrenzten Einzelermächtigung wird die Union nur innerhalb der Grenzen der Zuständigkeiten tätig, die die Mitgliedstaaten ihr in den Verträgen zur Verwirklichung der darin niedergelegten Ziele übertragen haben. [2] Alle der Union nicht in den Verträgen übertragenen Zuständigkeiten verbleiben bei den Mitgliedstaaten.

(3) Nach dem Subsidiaritätsprinzip wird die Union in den Bereichen, die nicht in ihre ausschließliche Zuständigkeit fallen, nur tätig, sofern und soweit die Ziele der in Betracht gezogenen Maßnahmen von den Mitgliedstaaten weder auf zentraler noch auf regionaler oder lokaler Ebene ausreichend verwirklicht werden können, sondern vielmehr wegen ihres Umfangs oder ihrer Wirkungen auf Unionsebene besser zu verwirklichen sind.

[1] Die Organe der Union wenden das Subsidiaritätsprinzip nach dem Protokoll über die Anwendung der Grundsätze der Subsidiarität und der Verhältnismäßigkeit an. [2] Die nationalen Parlamente achten auf die Einhaltung des Subsidiaritätsprinzips nach dem in jenem Protokoll vorgesehenen Verfahren.

(4) Nach dem Grundsatz der Verhältnismäßigkeit gehen die Maßnahmen der Union inhaltlich wie formal nicht über das zur Erreichung der Ziele der Verträge erforderliche Maß hinaus.

Die Organe der Union wenden den Grundsatz der Verhältnismäßigkeit nach dem Protokoll über die Anwendung der Grundsätze der Subsidiarität und der Verhältnismäßigkeit an.

Art. 6 [Grundrechte-Charta und EMRK] (1) Die Union erkennt die Rechte, Freiheiten und Grundsätze an, die in der Charta der Grundrechte der Europäischen Union vom 7. Dezember 2000 in der am 12. Dezember 2007 in Straßburg angepassten Fassung niedergelegt sind; die Charta der Grundrechte und die Verträge sind rechtlich gleichrangig.

Durch die Bestimmungen der Charta werden die in den Verträgen festgelegten Zuständigkeiten der Union in keiner Weise erweitert.

Die in der Charta niedergelegten Rechte, Freiheiten und Grundsätze werden gemäß den allgemeinen Bestimmungen des Titels VII der Charta, der ihre Auslegung und Anwendung regelt, und unter gebührender Berücksichtigung der in der Charta angeführten Erläuterungen, in denen die Quellen dieser Bestimmungen angegeben sind, ausgelegt.

(2) [1] Die Union tritt der Europäischen Konvention zum Schutz der Menschenrechte und Grundfreiheiten[1)] bei. [2] Dieser Beitritt ändert nicht die in den Verträgen festgelegten Zuständigkeiten der Union.

(3) Die Grundrechte, wie sie in der Europäischen Konvention zum Schutz der Menschenrechte und Grundfreiheiten gewährleistet sind und wie sie sich aus den gemeinsamen Verfassungsüberlieferungen der Mitgliedstaaten ergeben, sind als allgemeine Grundsätze Teil des Unionsrechts.

Art. 7 [Verletzung fundamentaler Grundsätze durch einen Mitgliedstaat] (1) [1] Auf begründeten Vorschlag eines Drittels der Mitgliedstaaten, des Europäischen Parlaments oder der Europäischen Kommission kann der Rat mit der Mehrheit von vier Fünfteln seiner Mitglieder nach Zustimmung des Europäischen Parlaments feststellen, dass die eindeutige Gefahr einer schwerwiegenden Verletzung der in Artikel 2 genannten Werte durch einen Mitgliedstaat besteht. [2] Der Rat hört, bevor er eine solche Feststellung trifft, den betroffenen Mitgliedstaat und kann Empfehlungen an ihn richten, die er nach demselben Verfahren beschließt.

Der Rat überprüft regelmäßig, ob die Gründe, die zu dieser Feststellung geführt haben, noch zutreffen.

(2) Auf Vorschlag eines Drittels der Mitgliedstaaten oder der Europäischen Kommission und nach Zustimmung des Europäischen Parlaments kann der Europäische Rat einstimmig feststellen, dass eine schwerwiegende und anhaltende Verletzung der in Artikel 2 genannten Werte durch einen Mitgliedstaat vorliegt, nachdem er den betroffenen Mitgliedstaat zu einer Stellungnahme aufgefordert hat.

(3) [1] Wurde die Feststellung nach Absatz 2 getroffen, so kann der Rat mit qualifizierter Mehrheit beschließen, bestimmte Rechte auszusetzen, die sich aus der Anwendung der Verträge auf den betroffenen Mitgliedstaat herleiten, einschließlich der Stimmrechte des Vertreters der Regierung dieses Mitgliedstaats im Rat. [2] Dabei berücksichtigt er die möglichen Auswirkungen einer solchen Aussetzung auf die Rechte und Pflichten natürlicher und juristischer Personen.

Die sich aus den Verträgen ergebenden Verpflichtungen des betroffenen Mitgliedstaats sind für diesen auf jeden Fall weiterhin verbindlich.

(4) Der Rat kann zu einem späteren Zeitpunkt mit qualifizierter Mehrheit beschließen, nach Absatz 3 getroffene Maßnahmen abzuändern oder aufzuheben, wenn in der Lage, die zur Verhängung dieser Maßnahmen geführt hat, Änderungen eingetreten sind.

[1)] Nr. **32**.

(5) Die Abstimmungsmodalitäten, die für die Zwecke dieses Artikels für das Europäische Parlament, den Europäischen Rat und den Rat gelten, sind in Artikel 354 des Vertrags über die Arbeitsweise der Europäischen Union[1]) festgelegt.

Art. 8 [Nachbarschaftspolitik] (1) Die Union entwickelt besondere Beziehungen zu den Ländern in ihrer Nachbarschaft, um einen Raum des Wohlstands und der guten Nachbarschaft zu schaffen, der auf den Werten der Union aufbaut und sich durch enge, friedliche Beziehungen auf der Grundlage der Zusammenarbeit auszeichnet.

(2) [1] Für die Zwecke des Absatzes 1 kann die Union spezielle Übereinkünfte mit den betreffenden Ländern schließen. [2] Diese Übereinkünfte können gegenseitige Rechte und Pflichten umfassen und die Möglichkeit zu gemeinsamem Vorgehen eröffnen. [3] Zur Durchführung der Übereinkünfte finden regelmäßige Konsultationen statt.

Titel II. Bestimmungen über die demokratischen Grundsätze

Art. 9 [Gleichheitsgrundsatz; Unionsbürgerschaft] [1] Die Union achtet in ihrem gesamten Handeln den Grundsatz der Gleichheit ihrer Bürgerinnen und Bürger, denen ein gleiches Maß an Aufmerksamkeit seitens der Organe, Einrichtungen und sonstigen Stellen der Union zuteil wird. [2] Unionsbürger ist, wer die Staatsangehörigkeit eines Mitgliedstaats besitzt. [3] Die Unionsbürgerschaft tritt zur nationalen Staatsbürgerschaft hinzu, ersetzt sie aber nicht.

Art. 10 [Demokratische Grundsätze] (1) Die Arbeitsweise der Union beruht auf der repräsentativen Demokratie.

(2) Die Bürgerinnen und Bürger sind auf Unionsebene unmittelbar im Europäischen Parlament vertreten.

Die Mitgliedstaaten werden im Europäischen Rat von ihrem jeweiligen Staats- oder Regierungschef und im Rat von ihrer jeweiligen Regierung vertreten, die ihrerseits in demokratischer Weise gegenüber ihrem nationalen Parlament oder gegenüber ihren Bürgerinnen und Bürgern Rechenschaft ablegen müssen.

(3) [1] Alle Bürgerinnen und Bürger haben das Recht, am demokratischen Leben der Union teilzunehmen. [2] Die Entscheidungen werden so offen und bürgernah wie möglich getroffen.

(4) Politische Parteien auf europäischer Ebene tragen zur Herausbildung eines europäischen politischen Bewusstseins und zum Ausdruck des Willens der Bürgerinnen und Bürger der Union bei.

Art. 11 [Bürgerbeteiligung] (1) Die Organe geben den Bürgerinnen und Bürgern und den repräsentativen Verbänden in geeigneter Weise die Möglichkeit, ihre Ansichten in allen Bereichen des Handelns der Union öffentlich bekannt zu geben und auszutauschen.

---

[1]) Nr. **35**.

(2) Die Organe pflegen einen offenen, transparenten und regelmäßigen Dialog mit den repräsentativen Verbänden und der Zivilgesellschaft.

(3) Um die Kohärenz und die Transparenz des Handelns der Union zu gewährleisten, führt die Europäische Kommission umfangreiche Anhörungen der Betroffenen durch.

(4) Unionsbürgerinnen und Unionsbürger, deren Anzahl mindestens eine Million betragen und bei denen es sich um Staatsangehörige einer erheblichen Anzahl von Mitgliedstaaten handeln muss, können die Initiative ergreifen und die Europäische Kommission auffordern, im Rahmen ihrer Befugnisse geeignete Vorschläge zu Themen zu unterbreiten, zu denen es nach Ansicht jener Bürgerinnen und Bürger eines Rechtsakts der Union bedarf, um die Verträge umzusetzen.

Die Verfahren und Bedingungen, die für eine solche Bürgerinitiative gelten, werden nach Artikel 24 Absatz 1 des Vertrags über die Arbeitsweise der Europäischen Union[1)] festgelegt.

Art. 12 [Beteiligung der nationalen Parlamente] Die nationalen Parlamente tragen aktiv zur guten Arbeitsweise der Union bei, indem sie

a) von den Organen der Union unterrichtet werden und ihnen die Entwürfe von Gesetzgebungsakten der Union gemäß dem Protokoll über die Rolle der nationalen Parlamente in der Europäischen Union zugeleitet werden;

b) dafür sorgen, dass der Grundsatz der Subsidiarität gemäß den in dem Protokoll über die Anwendung der Grundsätze der Subsidiarität und der Verhältnismäßigkeit vorgesehenen Verfahren beachtet wird;

c) sich im Rahmen des Raums der Freiheit, der Sicherheit und des Rechts an den Mechanismen zur Bewertung der Durchführung der Unionspolitiken in diesem Bereich nach Artikel 70 des Vertrags über die Arbeitsweise der Europäischen Union[1)] beteiligen und in die politische Kontrolle von Europol und die Bewertung der Tätigkeit von Eurojust nach den Artikeln 88 und 85 des genannten Vertrags einbezogen werden;

d) sich an den Verfahren zur Änderung der Verträge nach Artikel 48 dieses Vertrags beteiligen;

e) über Anträge auf Beitritt zur Union nach Artikel 49 dieses Vertrags unterrichtet werden;

f) sich an der interparlamentarischen Zusammenarbeit zwischen den nationalen Parlamenten und mit dem Europäischen Parlament gemäß dem Protokoll über die Rolle der nationalen Parlamente in der Europäischen Union beteiligen.

Titel III. Bestimmungen über die Organe

Art. 13 [Organe der Union] (1) Die Union verfügt über einen institutionellen Rahmen, der zum Zweck hat, ihren Werten Geltung zu verschaffen, ihre Ziele zu verfolgen, ihren Interessen, denen ihrer Bürgerinnen und

---

[1)] Nr. **35**.

Bürger und denen der Mitgliedstaaten zu dienen sowie die Kohärenz, Effizienz und Kontinuität ihrer Politik und ihrer Maßnahmen sicherzustellen.

Die Organe der Union sind

- das Europäische Parlament,
- der Europäische Rat,
- der Rat,
- die Europäische Kommission (im Folgenden „Kommission"),
- der Gerichtshof der Europäischen Union,
- die Europäische Zentralbank,
- der Rechnungshof.

(2) [1] Jedes Organ handelt nach Maßgabe der ihm in den Verträgen zugewiesenen Befugnisse nach den Verfahren, Bedingungen und Zielen, die in den Verträgen festgelegt sind. [2] Die Organe arbeiten loyal zusammen.

(3) Die Bestimmungen über die Europäische Zentralbank und den Rechnungshof sowie die detaillierten Bestimmungen über die übrigen Organe sind im Vertrag über die Arbeitsweise der Europäischen Union[1)] enthalten.

(4) Das Europäische Parlament, der Rat und die Kommission werden von einem Wirtschafts- und Sozialausschuss sowie einem Ausschuss der Regionen unterstützt, die beratende Aufgaben wahrnehmen.

Art. 14[2)] [Europäisches Parlament] (1) [1] Das Europäische Parlament wird gemeinsam mit dem Rat als Gesetzgeber tätig und übt gemeinsam mit ihm die Haushaltsbefugnisse aus. [2] Es erfüllt Aufgaben der politischen Kontrolle und Beratungsfunktionen nach Maßgabe der Verträge. [3] Es wählt den Präsidenten der Kommission.

(2) [1] Das Europäische Parlament setzt sich aus Vertretern der Unionsbürgerinnen und Unionsbürger zusammen. [2] Ihre Anzahl darf 750 nicht überschreiten, zuzüglich des Präsidenten. [3] Die Bürgerinnen und Bürger sind im Europäischen Parlament degressiv proportional, mindestens jedoch mit sechs Mitgliedern je Mitgliedstaat vertreten. [4] Kein Mitgliedstaat erhält mehr als 96 Sitze.

Der Europäische Rat erlässt einstimmig auf Initiative des Europäischen Parlaments und mit dessen Zustimmung einen Beschluss über die Zusammensetzung des Europäischen Parlaments, in dem die in Unterabsatz 1 genannten Grundsätze gewahrt sind.

(3) Die Mitglieder des Europäischen Parlaments werden in allgemeiner, unmittelbarer, freier und geheimer Wahl für eine Amtszeit von fünf Jahren gewählt.

(4) Das Europäische Parlament wählt aus seiner Mitte seinen Präsidenten und sein Präsidium.

[1)] Nr. **35**.

[2)] Art. 19 der EU-Beitrittsakte 2013 v. 9.12.2011 (ABl. 2012 Nr. L 112 S. 21) regelt abweichend zu diesem Artikel die kroatische Wahl zum Europäischen Parlament und dessen Anzahl an kroatischen Sitzen.

Art. 15 [Europäischer Rat] (1) [1] Der Europäische Rat gibt der Union die für ihre Entwicklung erforderlichen Impulse und legt die allgemeinen politischen Zielvorstellungen und Prioritäten hierfür fest. [2] Er wird nicht gesetzgeberisch tätig.

(2) [1] Der Europäische Rat setzt sich zusammen aus den Staats- und Regierungschefs der Mitgliedstaaten sowie dem Präsidenten des Europäischen Rates und dem Präsidenten der Kommission. [2] Der Hohe Vertreter der Union für Außen- und Sicherheitspolitik nimmt an seinen Arbeiten teil.

(3) [1] Der Europäische Rat tritt zweimal pro Halbjahr zusammen; er wird von seinem Präsidenten einberufen. [2] Wenn es die Tagesordnung erfordert, können die Mitglieder des Europäischen Rates beschließen, sich jeweils von einem Minister oder – im Fall des Präsidenten der Kommission – von einem Mitglied der Kommission unterstützen zu lassen. [3] Wenn es die Lage erfordert, beruft der Präsident eine außerordentliche Tagung des Europäischen Rates ein.

(4) Soweit in den Verträgen nichts anderes festgelegt ist, entscheidet der Europäische Rat im Konsens.

(5) [1] Der Europäische Rat wählt seinen Präsidenten mit qualifizierter Mehrheit für eine Amtszeit von zweieinhalb Jahren; der Präsident kann einmal wiedergewählt werden. [2] Im Falle einer Verhinderung oder einer schweren Verfehlung kann der Europäische Rat ihn im Wege des gleichen Verfahrens von seinem Amt entbinden.

(6) Der Präsident des Europäischen Rates

a) führt den Vorsitz bei den Arbeiten des Europäischen Rates und gibt ihnen Impulse,

b) sorgt in Zusammenarbeit mit dem Präsidenten der Kommission auf der Grundlage der Arbeiten des Rates „Allgemeine Angelegenheiten" für die Vorbereitung und Kontinuität der Arbeiten des Europäischen Rates,

c) wirkt darauf hin, dass Zusammenhalt und Konsens im Europäischen Rat gefördert werden,

d) legt dem Europäischen Parlament im Anschluss an jede Tagung des Europäischen Rates einen Bericht vor.

Der Präsident des Europäischen Rates nimmt auf seiner Ebene und in seiner Eigenschaft, unbeschadet der Befugnisse des Hohen Vertreters der Union für Außen- und Sicherheitspolitik, die Außenvertretung der Union in Angelegenheiten der Gemeinsamen Außen- und Sicherheitspolitik wahr.

Der Präsident des Europäischen Rates darf kein einzelstaatliches Amt ausüben.

Art. 16 [Rat] (1) [1] Der Rat wird gemeinsam mit dem Europäischen Parlament als Gesetzgeber tätig und übt gemeinsam mit ihm die Haushaltsbefugnisse aus. [2] Zu seinen Aufgaben gehört die Festlegung der Politik und die Koordinierung nach Maßgabe der Verträge.

(2) Der Rat besteht aus je einem Vertreter jedes Mitgliedstaats auf Ministerebene, der befugt ist, für die Regierung des von ihm vertretenen Mitgliedstaats verbindlich zu handeln und das Stimmrecht auszuüben.

(3) Soweit in den Verträgen nichts anderes festgelegt ist, beschließt der Rat mit qualifizierter Mehrheit.

(4) Ab dem 1. November 2014 gilt als qualifizierte Mehrheit eine Mehrheit von mindestens 55 % der Mitglieder des Rates, gebildet aus mindestens 15 Mitgliedern, sofern die von diesen vertretenen Mitgliedstaaten zusammen mindestens 65 % der Bevölkerung der Union ausmachen.[1)]

Für eine Sperrminorität sind mindestens vier Mitglieder des Rates erforderlich, andernfalls gilt die qualifizierte Mehrheit als erreicht.

Die übrigen Modalitäten für die Abstimmung mit qualifizierter Mehrheit sind in Artikel 238 Absatz 2 des Vertrags über die Arbeitsweise der Europäischen Union[2)] festgelegt.

(5) Die Übergangsbestimmungen für die Definition der qualifizierten Mehrheit, die bis zum 31. Oktober 2014 gelten, sowie die Übergangsbestimmungen, die zwischen dem 1. November 2014 und dem 31. März 2017 gelten, sind im Protokoll über die Übergangsbestimmungen festgelegt.

(6) Der Rat tagt in verschiedenen Zusammensetzungen; die Liste dieser Zusammensetzungen wird nach Artikel 236 des Vertrags über die Arbeitsweise der Europäischen Union angenommen.

[1] Als Rat „Allgemeine Angelegenheiten" sorgt er für die Kohärenz der Arbeiten des Rates in seinen verschiedenen Zusammensetzungen. [2] In Verbindung mit dem Präsidenten des Europäischen Rates und mit der Kommission bereitet er die Tagungen des Europäischen Rates vor und sorgt für das weitere Vorgehen.

Als Rat „Auswärtige Angelegenheiten" gestaltet er das auswärtige Handeln der Union entsprechend den strategischen Vorgaben des Europäischen Rates und sorgt für die Kohärenz des Handelns der Union.

(7) Ein Ausschuss der Ständigen Vertreter der Regierungen der Mitgliedstaaten ist für die Vorbereitung der Arbeiten des Rates verantwortlich.

(8) [1] Der Rat tagt öffentlich, wenn er über Entwürfe zu Gesetzgebungsakten berät und abstimmt. [2] Zu diesem Zweck wird jede Ratstagung in zwei Teile unterteilt, von denen der eine den Beratungen über die Gesetzgebungsakte der Union und der andere den nicht die Gesetzgebung betreffenden Tätigkeiten gewidmet ist.

(9) Der Vorsitz im Rat in allen seinen Zusammensetzungen mit Ausnahme des Rates „Auswärtige Angelegenheiten" wird von den Vertretern der Mitgliedstaaten im Rat unter Bedingungen, die gemäß Artikel 236 des Vertrags über die Arbeitsweise der Europäischen Union festgelegt werden, nach einem System der gleichberechtigten Rotation wahrgenommen.

Art. 17 [Kommission] (1) [1] Die Kommission fördert die allgemeinen Interessen der Union und ergreift geeignete Initiativen zu diesem Zweck. [2] Sie sorgt für die Anwendung der Verträge sowie der von den Organen kraft der Verträge erlassenen Maßnahmen. [3] Sie überwacht die Anwendung des Unionsrechts unter der Kontrolle des Gerichtshofs der Europäischen Union. [4] Sie führt den Haushaltsplan aus und verwaltet die Programme. [5] Sie übt nach

[1)] Näheres siehe hierzu im Beschluss 2009/857/EG v. 13.12.2007 (ABl. 2009 Nr. L 314 S. 73).
[2)] Nr. **35**.

Maßgabe der Verträge Koordinierungs-, Exekutiv- und Verwaltungsfunktionen aus. [6] Außer in der Gemeinsamen Außen- und Sicherheitspolitik und den übrigen in den Verträgen vorgesehenen Fällen nimmt sie die Vertretung der Union nach außen wahr. [7] Sie leitet die jährliche und die mehrjährige Programmplanung der Union mit dem Ziel ein, interinstitutionelle Vereinbarungen zu erreichen.

(2) [1] Soweit in den Verträgen nichts anderes festgelegt ist, darf ein Gesetzgebungsakt der Union nur auf Vorschlag der Kommission erlassen werden. [2] Andere Rechtsakte werden auf der Grundlage eines Kommissionsvorschlags erlassen, wenn dies in den Verträgen vorgesehen ist.

(3) Die Amtszeit der Kommission beträgt fünf Jahre.

Die Mitglieder der Kommission werden aufgrund ihrer allgemeinen Befähigung und ihres Einsatzes für Europa unter Persönlichkeiten ausgewählt, die volle Gewähr für ihre Unabhängigkeit bieten.

[1] Die Kommission übt ihre Tätigkeit in voller Unabhängigkeit aus. [2] Die Mitglieder der Kommission dürfen unbeschadet des Artikels 18 Absatz 2 Weisungen von einer Regierung, einem Organ, einer Einrichtung oder jeder anderen Stelle weder einholen noch entgegennehmen. [3] Sie enthalten sich jeder Handlung, die mit ihrem Amt oder der Erfüllung ihrer Aufgaben unvereinbar ist.

(4) Die Kommission, die zwischen dem Zeitpunkt des Inkrafttretens des Vertrags von Lissabon und dem 31. Oktober 2014 ernannt wird, besteht einschließlich ihres Präsidenten und des Hohen Vertreters der Union für Außen- und Sicherheitspolitik, der einer der Vizepräsidenten der Kommission ist, aus je einem Staatsangehörigen jedes Mitgliedstaats.

(5) Ab dem 1. November 2014 besteht die Kommission, einschließlich ihres Präsidenten und des Hohen Vertreters der Union für Außen- und Sicherheitspolitik, aus einer Anzahl von Mitgliedern, die zwei Dritteln der Zahl der Mitgliedstaaten entspricht, sofern der Europäische Rat nicht einstimmig eine Änderung dieser Anzahl beschließt.

[1] Die Mitglieder der Kommission werden unter den Staatsangehörigen der Mitgliedstaaten in einem System der strikt gleichberechtigten Rotation zwischen den Mitgliedstaaten so ausgewählt, dass das demografische und geografische Spektrum der Gesamtheit der Mitgliedstaaten zum Ausdruck kommt. [2] Dieses System wird vom Europäischen Rat nach Artikel 244 des Vertrags über die Arbeitsweise der Europäischen Union[1)] einstimmig festgelegt.

(6) Der Präsident der Kommission

a) legt die Leitlinien fest, nach denen die Kommission ihre Aufgaben ausübt,

b) beschließt über die interne Organisation der Kommission, um die Kohärenz, die Effizienz und das Kollegialitätsprinzip im Rahmen ihrer Tätigkeit sicherzustellen,

c) ernennt, mit Ausnahme des Hohen Vertreters der Union für Außen- und Sicherheitspolitik, die Vizepräsidenten aus dem Kreis der Mitglieder der Kommission.

---

1) Nr. **35**.

[1] Ein Mitglied der Kommission legt sein Amt nieder, wenn es vom Präsidenten dazu aufgefordert wird. [2] Der Hohe Vertreter der Union für Außen- und Sicherheitspolitik legt sein Amt nach dem Verfahren des Artikels 18 Absatz 1 nieder, wenn er vom Präsidenten dazu aufgefordert wird.

(7) [1] Der Europäische Rat schlägt dem Europäischen Parlament nach entsprechenden Konsultationen mit qualifizierter Mehrheit einen Kandidaten für das Amt des Präsidenten der Kommission vor; dabei berücksichtigt er das Ergebnis der Wahlen zum Europäischen Parlament. [2] Das Europäische Parlament wählt diesen Kandidaten mit der Mehrheit seiner Mitglieder. [3] Erhält dieser Kandidat nicht die Mehrheit, so schlägt der Europäische Rat dem Europäischen Parlament innerhalb eines Monats mit qualifizierter Mehrheit einen neuen Kandidaten vor, für dessen Wahl das Europäische Parlament dasselbe Verfahren anwendet.

[1] Der Rat nimmt, im Einvernehmen mit dem gewählten Präsidenten, die Liste der anderen Persönlichkeiten an, die er als Mitglieder der Kommission vorschlägt. [2] Diese werden auf der Grundlage der Vorschläge der Mitgliedstaaten entsprechend den Kriterien nach Absatz 3 Unterabsatz 2 und Absatz 5 Unterabsatz 2 ausgewählt.

[1] Der Präsident, der Hohe Vertreter der Union für Außen- und Sicherheitspolitik und die übrigen Mitglieder der Kommission stellen sich als Kollegium einem Zustimmungsvotum des Europäischen Parlaments. [2] Auf der Grundlage dieser Zustimmung wird die Kommission vom Europäischen Rat mit qualifizierter Mehrheit ernannt.

(8) [1] Die Kommission ist als Kollegium dem Europäischen Parlament verantwortlich. [2] Das Europäische Parlament kann nach Artikel 234 des Vertrags über die Arbeitsweise der Europäischen Union einen Misstrauensantrag gegen die Kommission annehmen. [3] Wird ein solcher Antrag angenommen, so müssen die Mitglieder der Kommission geschlossen ihr Amt niederlegen, und der Hohe Vertreter der Union für Außen- und Sicherheitspolitik muss sein im Rahmen der Kommission ausgeübtes Amt niederlegen.

Art. 18 [Hoher Vertreter für Außen- und Sicherheitspolitik] (1) [1] Der Europäische Rat ernennt mit qualifizierter Mehrheit und mit Zustimmung des Präsidenten der Kommission den Hohen Vertreter der Union für Außen- und Sicherheitspolitik. [2] Der Europäische Rat kann die Amtszeit des Hohen Vertreters nach dem gleichen Verfahren beenden.

(2) [1] Der Hohe Vertreter leitet die Gemeinsame Außen- und Sicherheitspolitik der Union. [2] Er trägt durch seine Vorschläge zur Festlegung dieser Politik bei und führt sie im Auftrag des Rates durch. [3] Er handelt ebenso im Bereich der Gemeinsamen Sicherheits- und Verteidigungspolitik.

(3) Der Hohe Vertreter führt den Vorsitz im Rat „Auswärtige Angelegenheiten".

(4) [1] Der Hohe Vertreter ist einer der Vizepräsidenten der Kommission. [2] Er sorgt für die Kohärenz des auswärtigen Handelns der Union. [3] Er ist innerhalb der Kommission mit deren Zuständigkeiten im Bereich der Außenbeziehungen und mit der Koordinierung der übrigen Aspekte des auswärtigen Handelns der Union betraut. [4] Bei der Wahrnehmung dieser Zuständigkeiten in der Kommission und ausschließlich im Hinblick auf diese Zuständigkeiten

unterliegt der Hohe Vertreter den Verfahren, die für die Arbeitsweise der Kommission gelten, soweit dies mit den Absätzen 2 und 3 vereinbar ist.

Art. 19 [Europäischer Gerichtshof] (1) [1] Der Gerichtshof der Europäischen Union umfasst den Gerichtshof, das Gericht und Fachgerichte. [2] Er sichert die Wahrung des Rechts bei der Auslegung und Anwendung der Verträge.

Die Mitgliedstaaten schaffen die erforderlichen Rechtsbehelfe, damit ein wirksamer Rechtsschutz in den vom Unionsrecht erfassten Bereichen gewährleistet ist.

(2) [1] Der Gerichtshof besteht aus einem Richter je Mitgliedstaat. [2] Er wird von Generalanwälten unterstützt.

Das Gericht besteht aus mindestens einem Richter je Mitgliedstaat.

[1] Als Richter und Generalanwälte des Gerichtshofs und als Richter des Gerichts sind Persönlichkeiten auszuwählen, die jede Gewähr für Unabhängigkeit bieten und die Voraussetzungen der Artikel 253 und 254 des Vertrags über die Arbeitsweise der Europäischen Union[1)] erfüllen. [2] Sie werden von den Regierungen der Mitgliedstaaten im gegenseitigen Einvernehmen für eine Amtszeit von sechs Jahren ernannt. [3] Die Wiederernennung ausscheidender Richter und Generalanwälte ist zulässig.

(3) Der Gerichtshof der Europäischen Union entscheidet nach Maßgabe der Verträge

a) über Klagen eines Mitgliedstaats, eines Organs oder natürlicher oder juristischer Personen;

b) im Wege der Vorabentscheidung auf Antrag der einzelstaatlichen Gerichte über die Auslegung des Unionsrechts oder über die Gültigkeit der Handlungen der Organe;

c) in allen anderen in den Verträgen vorgesehenen Fällen.

Titel IV. Bestimmungen über eine Verstärkte Zusammenarbeit

Art. 20 [Verstärkte Zusammenarbeit] (1) Die Mitgliedstaaten, die untereinander eine Verstärkte Zusammenarbeit im Rahmen der nicht ausschließlichen Zuständigkeiten der Union begründen wollen, können, in den Grenzen und nach Maßgabe dieses Artikels und der Artikel 326 bis 334 des Vertrags über die Arbeitsweise der Europäischen Union[1)], die Organe der Union in Anspruch nehmen und diese Zuständigkeiten unter Anwendung der einschlägigen Bestimmungen der Verträge ausüben.

[1] Eine Verstärkte Zusammenarbeit ist darauf ausgerichtet, die Verwirklichung der Ziele der Union zu fördern, ihre Interessen zu schützen und ihren Integrationsprozess zu stärken. [2] Sie steht allen Mitgliedstaaten nach Artikel 328 des Vertrags über die Arbeitsweise der Europäischen Union jederzeit offen.

(2) [1] Der Beschluss über die Ermächtigung zu einer Verstärkten Zusammenarbeit wird vom Rat als letztes Mittel erlassen, wenn dieser feststellt, dass

---

[1)] Nr. 35.

die mit dieser Zusammenarbeit angestrebten Ziele von der Union in ihrer Gesamtheit nicht innerhalb eines vertretbaren Zeitraums verwirklicht werden können, und sofern an der Zusammenarbeit mindestens neun Mitgliedstaaten beteiligt sind. [2] Der Rat beschließt nach dem in Artikel 329 des Vertrags über die Arbeitsweise der Europäischen Union vorgesehenen Verfahren.

(3) [1] Alle Mitglieder des Rates können an dessen Beratungen teilnehmen, aber nur die Mitglieder des Rates, die die an der Verstärkten Zusammenarbeit beteiligten Mitgliedstaaten vertreten, nehmen an der Abstimmung teil. [2] Die Abstimmungsmodalitäten sind in Artikel 330 des Vertrags über die Arbeitsweise der Europäischen Union vorgesehen.

(4) [1] An die im Rahmen einer Verstärkten Zusammenarbeit erlassenen Rechtsakte sind nur die an dieser Zusammenarbeit beteiligten Mitgliedstaaten gebunden. [2] Sie gelten nicht als Besitzstand, der von beitrittswilligen Staaten angenommen werden muss.

Titel V. Allgemeine Bestimmungen über das auswärtige Handeln der Union und besondere Bestimmungen über die gemeinsame Außen- und Sicherheitspolitik

Kapitel 1. Allgemeine Bestimmungen über das auswärtige Handeln der Union

Art. 21 [Grundsätze europäischer Außenpolitik] (1) Die Union lässt sich bei ihrem Handeln auf internationaler Ebene von den Grundsätzen leiten, die für ihre eigene Entstehung, Entwicklung und Erweiterung maßgebend waren und denen sie auch weltweit zu stärkerer Geltung verhelfen will: Demokratie, Rechtsstaatlichkeit, die universelle Gültigkeit und Unteilbarkeit der Menschenrechte und Grundfreiheiten, die Achtung der Menschenwürde, der Grundsatz der Gleichheit und der Grundsatz der Solidarität sowie die Achtung der Grundsätze der Charta der Vereinten Nationen und des Völkerrechts.

[1] Die Union strebt an, die Beziehungen zu Drittländern und zu regionalen oder weltweiten internationalen Organisationen, die die in Unterabsatz 1 aufgeführten Grundsätze teilen, auszubauen und Partnerschaften mit ihnen aufzubauen. [2] Sie setzt sich insbesondere im Rahmen der Vereinten Nationen für multilaterale Lösungen bei gemeinsamen Problemen ein.

(2) Die Union legt die gemeinsame Politik sowie Maßnahmen fest, führt diese durch und setzt sich für ein hohes Maß an Zusammenarbeit auf allen Gebieten der internationalen Beziehungen ein, um

a) ihre Werte, ihre grundlegenden Interessen, ihre Sicherheit, ihre Unabhängigkeit und ihre Unversehrtheit zu wahren;
b) Demokratie, Rechtsstaatlichkeit, die Menschenrechte und die Grundsätze des Völkerrechts zu festigen und zu fördern;
c) nach Maßgabe der Ziele und Grundsätze der Charta der Vereinten Nationen sowie der Prinzipien der Schlussakte von Helsinki und der Ziele der Charta von Paris, einschließlich derjenigen, die die Außengrenzen betreffen, den Frieden zu erhalten, Konflikte zu verhüten und die internationale Sicherheit zu stärken;

d) die nachhaltige Entwicklung in Bezug auf Wirtschaft, Gesellschaft und Umwelt in den Entwicklungsländern zu fördern mit dem vorrangigen Ziel, die Armut zu beseitigen;

e) die Integration aller Länder in die Weltwirtschaft zu fördern, unter anderem auch durch den schrittweisen Abbau internationaler Handelshemmnisse;

f) zur Entwicklung von internationalen Maßnahmen zur Erhaltung und Verbesserung der Qualität der Umwelt und der nachhaltigen Bewirtschaftung der weltweiten natürlichen Ressourcen beizutragen, um eine nachhaltige Entwicklung sicherzustellen;

g) den Völkern, Ländern und Regionen, die von Naturkatastrophen oder von vom Menschen verursachten Katastrophen betroffen sind, zu helfen; und

h) eine Weltordnung zu fördern, die auf einer verstärkten multilateralen Zusammenarbeit und einer verantwortungsvollen Weltordnungspolitik beruht.

(3) Die Union wahrt bei der Ausarbeitung und Umsetzung ihres auswärtigen Handelns in den verschiedenen unter diesen Titel und den Fünften Teil des Vertrags über die Arbeitsweise der Europäischen Union[1)] fallenden Bereichen sowie der externen Aspekte der übrigen Politikbereiche die in den Absätzen 1 und 2 genannten Grundsätze und Ziele.

[1] Die Union achtet auf die Kohärenz zwischen den einzelnen Bereichen ihres auswärtigen Handelns sowie zwischen diesen und ihren übrigen Politikbereichen. [2] Der Rat und die Kommission, die vom Hohen Vertreter der Union für Außen- und Sicherheitspolitik unterstützt werden, stellen diese Kohärenz sicher und arbeiten zu diesem Zweck zusammen.

Art. 22 [Strategische Interessen und Ziele] (1) Auf der Grundlage der in Artikel 21 aufgeführten Grundsätze und Ziele legt der Europäische Rat die strategischen Interessen und Ziele der Union fest.

[1] Die Beschlüsse des Europäischen Rates über die strategischen Interessen und Ziele der Union erstrecken sich auf die Gemeinsame Außen- und Sicherheitspolitik sowie auf andere Bereiche des auswärtigen Handelns der Union. [2] Sie können die Beziehungen der Union zu einem Land oder einer Region betreffen oder aber ein bestimmtes Thema zum Gegenstand haben. [3] Sie enthalten Bestimmungen zu ihrer Geltungsdauer und zu den von der Union und den Mitgliedstaaten bereitzustellenden Mitteln.

[1] Der Europäische Rat beschließt einstimmig auf Empfehlung des Rates, die dieser nach den für den jeweiligen Bereich vorgesehenen Regelungen abgibt. [2] Die Beschlüsse des Europäischen Rates werden nach Maßgabe der in den Verträgen vorgesehenen Verfahren durchgeführt.

(2) Der Hohe Vertreter der Union für Außen- und Sicherheitspolitik und die Kommission können dem Rat gemeinsame Vorschläge vorlegen, wobei der Hohe Vertreter für den Bereich der Gemeinsamen Außen- und Sicherheitspolitik und die Kommission für die anderen Bereiche des auswärtigen Handelns zuständig ist.

[1)] Nr. **35**.

Kapitel 2. Besondere Bestimmungen über die Gemeinsame Außen- und Sicherheitspolitik

Abschnitt 1. Gemeinsame Bestimmungen

Art. 23 [Grundsätze europäischer Außenpolitik; Verweis] Das Handeln der Union auf internationaler Ebene im Rahmen dieses Kapitels beruht auf den Grundsätzen des Kapitel 1, verfolgt die darin genannten Ziele und steht mit den allgemeinen Bestimmungen jenes Kapitels im Einklang.

Art. 24 [Zuständigkeit; Verfahren; Pflichten der Mitgliedstaaten]

(1) Die Zuständigkeit der Union in der Gemeinsamen Außen- und Sicherheitspolitik erstreckt sich auf alle Bereiche der Außenpolitik sowie auf sämtliche Fragen im Zusammenhang mit der Sicherheit der Union, einschließlich der schrittweisen Festlegung einer gemeinsamen Verteidigungspolitik, die zu einer gemeinsamen Verteidigung führen kann.

[1] Für die Gemeinsame Außen- und Sicherheitspolitik gelten besondere Bestimmungen und Verfahren. [2] Sie wird vom Europäischen Rat und vom Rat einstimmig festgelegt und durchgeführt, soweit in den Verträgen nichts anderes vorgesehen ist. [3] Der Erlass von Gesetzgebungsakten ist ausgeschlossen. [4] Die Gemeinsame Außen- und Sicherheitspolitik wird vom Hohen Vertreter der Union für Außen- und Sicherheitspolitik und von den Mitgliedstaaten gemäß den Verträgen durchgeführt. [5] Die spezifische Rolle des Europäischen Parlaments und der Kommission in diesem Bereich ist in den Verträgen festgelegt. [6] Der Gerichtshof der Europäischen Union ist in Bezug auf diese Bestimmungen nicht zuständig; hiervon ausgenommen ist die Kontrolle der Einhaltung des Artikels 40 dieses Vertrags und die Überwachung der Rechtmäßigkeit bestimmter Beschlüsse nach Artikel 275 Absatz 2 des Vertrags über die Arbeitsweise der Europäischen Union[1)].

(2) Die Union verfolgt, bestimmt und verwirklicht im Rahmen der Grundsätze und Ziele ihres auswärtigen Handelns eine Gemeinsame Außen- und Sicherheitspolitik, die auf einer Entwicklung der gegenseitigen politischen Solidarität der Mitgliedstaaten, der Ermittlung der Fragen von allgemeiner Bedeutung und der Erreichung einer immer stärkeren Konvergenz des Handelns der Mitgliedstaaten beruht.

(3) Die Mitgliedstaaten unterstützen die Außen- und Sicherheitspolitik der Union aktiv und vorbehaltlos im Geiste der Loyalität und der gegenseitigen Solidarität und achten das Handeln der Union in diesem Bereich.

[1] Die Mitgliedstaaten arbeiten zusammen, um ihre gegenseitige politische Solidarität zu stärken und weiterzuentwickeln. [2] Sie enthalten sich jeder Handlung, die den Interessen der Union zuwiderläuft oder ihrer Wirksamkeit als kohärente Kraft in den internationalen Beziehungen schaden könnte.

Der Rat und der Hohe Vertreter tragen für die Einhaltung dieser Grundsätze Sorge.

Art. 25 [Handlungsformen] Die Union verfolgt ihre Gemeinsame Außen- und Sicherheitspolitik, indem sie

a) die allgemeinen Leitlinien bestimmt,

---

1) Nr. **35**.

b) Beschlüsse erlässt zur Festlegung
   i) der von der Union durchzuführenden Aktionen,
   ii) der von der Union einzunehmenden Standpunkte,
   iii) der Einzelheiten der Durchführung der unter den Ziffern i und ii genannten Beschlüsse,

und

c) die systematische Zusammenarbeit der Mitgliedstaaten bei der Führung ihrer Politik ausbaut.

Art. 26 [Ziele und allgemeine Leitlinien] (1) [1] Der Europäische Rat bestimmt die strategischen Interessen der Union und legt die Ziele und die allgemeinen Leitlinien der Gemeinsamen Außen- und Sicherheitspolitik fest, und zwar auch bei Fragen mit verteidigungspolitischen Bezügen. [2] Er erlässt die erforderlichen Beschlüsse.

Wenn eine internationale Entwicklung es erfordert, beruft der Präsident des Europäischen Rates eine außerordentliche Tagung des Europäischen Rates ein, um die strategischen Vorgaben für die Politik der Union angesichts dieser Entwicklung festzulegen.

(2) Der Rat gestaltet die Gemeinsame Außen- und Sicherheitspolitik und fasst die für die Festlegung und Durchführung dieser Politik erforderlichen Beschlüsse auf der Grundlage der vom Europäischen Rat festgelegten allgemeinen Leitlinien und strategischen Vorgaben.

Der Rat und der Hohe Vertreter der Union für Außen- und Sicherheitspolitik tragen für ein einheitliches, kohärentes und wirksames Vorgehen der Union Sorge.

(3) Die Gemeinsame Außen- und Sicherheitspolitik wird vom Hohen Vertreter und von den Mitgliedstaaten mit einzelstaatlichen Mitteln und den Mitteln der Union durchgeführt.

Art. 27 [Kompetenzen des Hohen Vertreters; Europäischer Auswärtiger Dienst] (1) Der Hohe Vertreter der Union für Außen- und Sicherheitspolitik, der im Rat „Auswärtige Angelegenheiten" den Vorsitz führt, trägt durch seine Vorschläge zur Festlegung der Gemeinsamen Außen- und Sicherheitspolitik bei und stellt sicher, dass die vom Europäischen Rat und vom Rat erlassenen Beschlüsse durchgeführt werden.

(2) [1] Der Hohe Vertreter vertritt die Union in den Bereichen der Gemeinsamen Außen- und Sicherheitspolitik. [2] Er führt im Namen der Union den politischen Dialog mit Dritten und vertritt den Standpunkt der Union in internationalen Organisationen und auf internationalen Konferenzen.

(3) [1] Bei der Erfüllung seines Auftrags stützt sich der Hohe Vertreter auf einen Europäischen Auswärtigen Dienst. [2] Dieser Dienst arbeitet mit den diplomatischen Diensten der Mitgliedstaaten zusammen und umfasst Beamte aus den einschlägigen Abteilungen des Generalsekretariats des Rates und der Kommission sowie abgeordnetes Personal der nationalen diplomatischen Dienste. [3] Die Organisation und die Arbeitsweise des Europäischen Auswärtigen Dienstes werden durch einen Beschluss des Rates festgelegt. [4] Der Rat beschließt auf Vorschlag des Hohen Vertreters nach Anhörung des Europäischen Parlaments und nach Zustimmung der Kommission.

Art. 28 [Operatives Vorgehen der Union] (1) [1] Verlangt eine internationale Situation ein operatives Vorgehen der Union, so erlässt der Rat die erforderlichen Beschlüsse. [2] In den Beschlüssen sind ihre Ziele, ihr Umfang, die der Union zur Verfügung zu stellenden Mittel sowie die Bedingungen und erforderlichenfalls der Zeitraum für ihre Durchführung festgelegt.

Tritt eine Änderung der Umstände mit erheblichen Auswirkungen auf eine Angelegenheit ein, die Gegenstand eines solchen Beschlusses ist, so überprüft der Rat die Grundsätze und Ziele dieses Beschlusses und erläßt die erforderlichen Beschlüsse.

(2) Die Beschlüsse nach Absatz 1 sind für die Mitgliedstaaten bei ihren Stellungnahmen und ihrem Vorgehen bindend.

(3) [1] Jede einzelstaatliche Stellungnahme oder Maßnahme, die im Rahmen eines Beschlusses nach Absatz 1 geplant ist, wird von dem betreffenden Mitgliedstaat so rechtzeitig mitgeteilt, daß erforderlichenfalls eine vorherige Abstimmung im Rat stattfinden kann. [2] Die Pflicht zur vorherigen Unterrichtung gilt nicht für Maßnahmen, die eine bloße praktische Umsetzung der Beschlüsse des Rates auf einzelstaatlicher Ebene darstellen.

(4) [1] Bei zwingender Notwendigkeit aufgrund der Entwicklung der Lage, und falls eine Überprüfung des Beschlusses des Rates nach Absatz 1 nicht stattfindet, können die Mitgliedstaaten unter Berücksichtigung der allgemeinen Ziele des genannten Beschlusses die erforderlichen Sofortmaßnahmen ergreifen. [2] Der betreffende Mitgliedstaat unterrichtet den Rat sofort über derartige Maßnahmen.

(5) [1] Ein Mitgliedstaat befaßt den Rat, wenn sich bei der Durchführung eines Beschlusses nach diesem Artikel größere Schwierigkeiten ergeben; der Rat berät darüber und sucht nach angemessenen Lösungen. [2] Diese dürfen nicht im Widerspruch zu den Zielen des Beschlusses nach Absatz 1 stehen oder seiner Wirksamkeit schaden.

Art. 29 [Standpunkte der Union] [1] Der Rat erlässt Beschlüsse, in denen der Standpunkt der Union zu einer bestimmten Frage geographischer oder thematischer Art bestimmt wird. [2] Die Mitgliedstaaten tragen dafür Sorge, daß ihre einzelstaatliche Politik mit den Standpunkten der Union in Einklang steht.

Art. 30 [Initiativ- und Vorschlagsrecht; Eilentscheidungen] (1) Jeder Mitgliedstaat, der Hohe Vertreter der Union für Außen- und Sicherheitspolitik oder der Hohe Vertreter mit Unterstützung der Kommission kann den Rat mit einer Frage der Gemeinsamen Außen- und Sicherheitspolitik befassen und ihm Initiativen beziehungsweise Vorschläge unterbreiten.

(2) In den Fällen, in denen eine rasche Entscheidung notwendig ist, beruft der Hohe Vertreter von sich aus oder auf Antrag eines Mitgliedstaats innerhalb von 48 Stunden, bei absoluter Notwendigkeit in kürzerer Zeit, eine außerordentliche Tagung des Rates ein.

Art. 31 [Verfahren der Beschlussfassung] (1) [1] Beschlüsse nach diesem Kapitel werden vom Europäischen Rat und vom Rat einstimmig gefasst, soweit in diesem Kapitel nichts anderes festgelegt ist. [2] Der Erlass von Gesetzgebungsakten ist ausgeschlossen.

[1] Bei einer Stimmenthaltung kann jedes Ratsmitglied zu seiner Enthaltung eine förmliche Erklärung im Sinne dieses Unterabsatzes abgeben. [2] In diesem Fall ist es nicht verpflichtet, den Beschluß durchzuführen, akzeptiert jedoch, daß der Beschluß für die Union bindend ist. [3] Im Geiste gegenseitiger Solidarität unterläßt der betreffende Mitgliedstaat alles, was dem auf diesem Beschluß beruhenden Vorgehen der Union zuwiderlaufen oder es behindern könnte, und die anderen Mitgliedstaaten respektieren seinen Standpunkt. [4] Vertreten die Mitglieder des Rates, die bei ihrer Stimmenthaltung eine solche Erklärung abgeben, mindestens ein Drittel der Mitgliedstaaten, die mindestens ein Drittel der Unionsbevölkerung ausmachen, so wird der Beschluss nicht erlassen.

(2) Abweichend von Absatz 1 beschließt der Rat mit qualifizierter Mehrheit, wenn er

- auf der Grundlage eines Beschlusses des Europäischen Rates über die strategischen Interessen und Ziele der Union nach Artikel 22 Absatz 1 einen Beschluss erlässt, mit dem eine Aktion oder ein Standpunkt der Union festgelegt wird;
- auf einen Vorschlag hin, den ihm der Hohe Vertreter der Union für Außen- und Sicherheitspolitik auf spezielles Ersuchen des Europäischen Rates unterbreitet hat, das auf dessen eigene Initiative oder auf eine Initiative des Hohen Vertreters zurückgeht, einen Beschluss erlässt, mit dem eine Aktion oder ein Standpunkt der Union festgelegt wird;
- einen Beschluss zur Durchführung eines Beschlusses, mit dem eine Aktion oder ein Standpunkt der Union festgelegt wird, erlässt,
- nach Artikel 33 einen Sonderbeauftragten ernennt.

[1] Erklärt ein Mitglied des Rates, daß es aus wesentlichen Gründen der nationalen Politik, die es auch nennen muß, die Absicht hat, einen mit qualifizierter Mehrheit zu fassenden Beschluß abzulehnen, so erfolgt keine Abstimmung. [2] Der Hohe Vertreter bemüht sich in engem Benehmen mit dem betroffenen Mitgliedstaat um eine für diesen Mitgliedstaat annehmbare Lösung. [3] Gelingt dies nicht, so kann der Rat mit qualifizierter Mehrheit veranlassen, dass die Frage im Hinblick auf einen einstimmigen Beschluss an den Europäischen Rat verwiesen wird.

(3) Der Europäische Rat kann einstimmig einen Beschluss erlassen, in dem vorgesehen ist, dass der Rat in anderen als den in Absatz 2 genannten Fällen mit qualifizierter Mehrheit beschließt.

(4) Die Absätze 2 und 3 gelten nicht für Beschlüsse mit militärischen oder verteidigungspolitischen Bezügen.

(5) In Verfahrensfragen beschließt der Rat mit der Mehrheit seiner Mitglieder.

Art. 32 [Zusammenarbeit der Mitgliedstaaten im Rat] [1] Die Mitgliedstaaten stimmen sich im Europäischen Rat und im Rat zu jeder außen- und sicherheitspolitischen Frage von allgemeiner Bedeutung ab, um ein gemeinsames Vorgehen festzulegen. [2] Bevor ein Mitgliedstaat in einer Weise, die die Interessen der Union berühren könnte, auf internationaler Ebene tätig wird oder eine Verpflichtung eingeht, konsultiert er die anderen Mitgliedstaaten im Europäischen Rat oder im Rat. [3] Die Mitgliedstaaten gewährleisten durch konvergentes Handeln, dass die Union ihre Interessen und ihre Werte auf internationaler Ebene geltend machen kann. [4] Die Mitgliedstaaten sind untereinander solidarisch.

Hat der Europäische Rat oder der Rat ein gemeinsames Vorgehen der Union im Sinne des Absatzes 1 festgelegt, so koordinieren der Hohe Vertreter der Union für Außen- und Sicherheitspolitik und die Minister für auswärtige Angelegenheiten der Mitgliedstaaten ihre Tätigkeiten im Rat.

Die diplomatischen Vertretungen der Mitgliedstaaten und die Delegationen der Union in Drittländern und bei internationalen Organisationen arbeiten zusammen und tragen zur Festlegung und Durchführung des gemeinsamen Vorgehens bei.

Art. 33 [Sonderbeauftragter] [1] Der Rat kann auf Vorschlag des Hohen Vertreters der Union für Außen- und Sicherheitspolitik einen Sonderbeauftragten für besondere politische Fragen ernennen. [2] Der Sonderbeauftragte übt sein Mandat unter der Verantwortung des Hohen Vertreters aus.

Art. 34 [Koordiniertes Auftreten auf internationaler Ebene; Unterrichtungspflicht der Sicherheitsratsmitglieder] (1) [1] Die Mitgliedstaaten koordinieren ihr Handeln in internationalen Organisationen und auf internationalen Konferenzen. [2] Sie treten dort für die Standpunkte der Union ein. [3] Der Hohe Vertreter der Union für Außen- und Sicherheitspolitik trägt für die Organisation dieser Koordinierung Sorge.

In den internationalen Organisationen und auf internationalen Konferenzen, bei denen nicht alle Mitgliedstaaten vertreten sind, setzen sich die dort vertretenen Mitgliedstaaten für die Standpunkte der Union ein.

(2) Nach Artikel 24 Absatz 3 unterrichten die Mitgliedstaaten, die in internationalen Organisationen oder auf internationalen Konferenzen vertreten sind, die dort nicht vertretenen Mitgliedstaaten und den Hohen Vertreter laufend über alle Fragen von gemeinsamem Interesse.

[1] Die Mitgliedstaaten, die auch Mitglieder des Sicherheitsrats der Vereinten Nationen sind, stimmen sich ab und unterrichten die übrigen Mitgliedstaaten sowie den Hohen Vertreter in vollem Umfang. [2] Die Mitgliedstaaten, die Mitglieder des Sicherheitsrats sind, setzen sich bei der Wahrnehmung ihrer Aufgaben unbeschadet ihrer Verantwortlichkeiten aufgrund der Charta der Vereinten Nationen für die Standpunkte und Interessen der Union ein.

Wenn die Union einen Standpunkt zu einem Thema festgelegt hat, das auf der Tagesordnung des Sicherheitsrats der Vereinten Nationen steht, beantragen die dort vertretenen Mitgliedstaaten, dass der Hohe Vertreter gebeten wird, den Standpunkt der Union vorzutragen.

Art. 35 [Abgestimmtes Verhalten auf diplomatischer und konsularischer Ebene] Die diplomatischen und konsularischen Vertretungen der Mitgliedstaaten und die Delegationen der Union in dritten Ländern und auf internationalen Konferenzen sowie ihre Vertretungen bei internationalen Organisationen stimmen sich ab, um die Einhaltung und Durchführung der nach diesem Kapitel erlassenen Beschlüsse, mit denen Standpunkte und Aktionen der Union festgelegt werden, zu gewährleisten.

Sie intensivieren ihre Zusammenarbeit durch Informationsaustausch und gemeinsame Bewertungen.

Sie tragen zur Verwirklichung des in Artikel 20 Absatz 2 Buchstabe c des Vertrags über die Arbeitsweise der Europäischen Union[1)] genannten Rechts der Unionsbürgerinnen und Unionsbürger auf Schutz im Hoheitsgebiet von Drittländern und zur Durchführung der nach Artikel 23 des genannten Vertrags erlassenen Maßnahmen bei.

Art. 36 [Beteiligung des Europäischen Parlaments] [1] Der Hohe Vertreter der Union für Außen- und Sicherheitspolitik hört das Europäische Parlament regelmäßig zu den wichtigsten Aspekten und den grundlegenden Weichenstellungen der Gemeinsamen Außen- und Sicherheitspolitik und der Gemeinsamen Sicherheits- und Verteidigungspolitik und unterrichtet es über die Entwicklung der Politik in diesen Bereichen. [2] Er achtet darauf, dass die Auffassungen des Europäischen Parlaments gebührend berücksichtigt werden. [3] Die Sonderbeauftragten können zur Unterrichtung des Europäischen Parlaments mit herangezogen werden.

[1] Das Europäische Parlament kann Anfragen oder Empfehlungen an den Rat und den Hohen Vertreter richten. [2] Zweimal jährlich führt es eine Aussprache über die Fortschritte bei der Durchführung der Gemeinsamen Außen- und Sicherheitspolitik, einschließlich der Gemeinsamen Sicherheits- und Verteidigungspolitik.

Art. 37 [Übereinkünfte mit dritten Staaten und internationalen Organisationen] Die Union kann in den unter dieses Kapitel fallenden Bereichen Übereinkünfte mit einem oder mehreren Staaten oder internationalen Organisationen schließen.

Art. 38 [Politisches und Sicherheitspoltisches Komitee] [1] Unbeschadet des Artikels 240 des Vertrags über die Arbeitsweise der Europäischen Union[1)] verfolgt ein Politisches und Sicherheitspolitisches Komitee die internationale Lage in den Bereichen der Gemeinsamen Außen- und Sicherheitspolitik und trägt auf Ersuchen des Rates, des Hohen Vertreters der Union für Außen- und Sicherheitspolitik oder von sich aus durch an den Rat gerichtete Stellungnahmen zur Festlegung der Politiken bei. [2] Ferner überwacht es die Durchführung vereinbarter Politiken; dies gilt unbeschadet der Zuständigkeiten des Hohen Vertreters.

Im Rahmen dieses Kapitels nimmt das Politische und Sicherheitspolitische Komitee unter der Verantwortung des Rates und des Hohen Vertreters die politische Kontrolle und strategische Leitung von Krisenbewältigungsoperationen im Sinne des Artikels 43 wahr.

Der Rat kann das Komitee für den Zweck und die Dauer einer Operation zur Krisenbewältigung, die vom Rat festgelegt werden, ermächtigen, geeignete Beschlüsse hinsichtlich der politischen Kontrolle und strategischen Leitung der Operation zu fassen.

[1)] Nr. **35**.

Art. 39 [Datenschutz] [1] Gemäß Artikel 16 des Vertrags über die Arbeitsweise der Europäischen Union[1)] und abweichend von Absatz 2 des genannten Artikels erlässt der Rat einen Beschluss zur Festlegung von Vorschriften über den Schutz natürlicher Personen bei der Verarbeitung personenbezogener Daten durch die Mitgliedstaaten im Rahmen der Ausübung von Tätigkeiten, die in den Anwendungsbereich dieses Kapitels fallen, und über den freien Datenverkehr. [2] Die Einhaltung dieser Vorschriften wird von unabhängigen Behörden überwacht.

Art. 40 [Kompetenzabgrenzung] Die Durchführung der Gemeinsamen Außen- und Sicherheitspolitik lässt die Anwendung der Verfahren und den jeweiligen Umfang der Befugnisse der Organe, die in den Verträgen für die Ausübung der in den Artikeln 3 bis 6 des Vertrags über die Arbeitsweise der Europäischen Union[1)] aufgeführten Zuständigkeiten der Union vorgesehen sind, unberührt.

Ebenso lässt die Durchführung der Politik nach den genannten Artikeln die Anwendung der Verfahren und den jeweiligen Umfang der Befugnisse der Organe, die in den Verträgen für die Ausübung der Zuständigkeiten der Union nach diesem Kapitel vorgesehen sind, unberührt.

Art. 41 [Finanzierung] (1) Die Verwaltungsausgaben, die den Organen aus der Durchführung dieses Kapitels entstehen, gehen zu Lasten des Haushalts der Union.

(2) Die operativen Ausgaben im Zusammenhang mit der Durchführung dieses Kapitels gehen ebenfalls zu Lasten des Haushalts der Union, mit Ausnahme der Ausgaben aufgrund von Maßnahmen mit militärischen oder verteidigungspolitischen Bezügen und von Fällen, in denen der Rat einstimmig etwas anderes beschließt.

[1] In Fällen, in denen die Ausgaben nicht zu Lasten des Haushalts der Union gehen, gehen sie nach dem Bruttosozialprodukt-Schlüssel zu Lasten der Mitgliedstaaten, sofern der Rat nicht einstimmig etwas anderes beschließt. [2] Die Mitgliedstaaten, deren Vertreter im Rat eine förmliche Erklärung nach Artikel 31 Absatz 1 Unterabsatz 2 abgegeben haben, sind nicht verpflichtet, zur Finanzierung von Ausgaben für Maßnahmen mit militärischen oder verteidigungspolitischen Bezügen beizutragen.

(3) [1] Der Rat erlässt einen Beschluss zur Festlegung besonderer Verfahren, um den schnellen Zugriff auf die Haushaltsmittel der Union zu gewährleisten, die für die Sofortfinanzierung von Initiativen im Rahmen der Gemeinsamen Außen- und Sicherheitspolitik, insbesondere von Tätigkeiten zur Vorbereitung einer Mission nach Artikel 42 Absatz 1 und Artikel 43 bestimmt sind. [2] Er beschließt nach Anhörung des Europäischen Parlaments.

Die Tätigkeiten zur Vorbereitung der in Artikel 42 Absatz 1 und in Artikel 43 genannten Missionen, die nicht zulasten des Haushalts der Union gehen, werden aus einem aus Beiträgen der Mitgliedstaaten gebildeten Anschubfonds finanziert.

[1)] Nr. **35**.

Der Rat erlässt mit qualifizierter Mehrheit auf Vorschlag des Hohen Vertreters der Union für Außen- und Sicherheitspolitik die Beschlüsse über

a) die Einzelheiten für die Bildung und die Finanzierung des Anschubfonds, insbesondere die Höhe der Mittelzuweisungen für den Fonds;

b) die Einzelheiten für die Verwaltung des Anschubfonds;

c) die Einzelheiten für die Finanzkontrolle.

[1] Kann die geplante Mission nach Artikel 42 Absatz 1 und Artikel 43 nicht aus dem Haushalt der Union finanziert werden, so ermächtigt der Rat den Hohen Vertreter zur Inanspruchnahme dieses Fonds. [2] Der Hohe Vertreter erstattet dem Rat Bericht über die Erfüllung dieses Mandats.

Abschnitt 2. Bestimmungen über die Gemeinsame Sicherheits- und Verteidigungspolitik

Art. 42 [Gemeinsame Verteidigungspolitik; Europäische Verteidigungsagentur; Beistandsklausel] (1) [1] Die Gemeinsame Sicherheits- und Verteidigungspolitik ist integraler Bestandteil der Gemeinsamen Außen- und Sicherheitspolitik. [2] Sie sichert der Union eine auf zivile und militärische Mittel gestützte Operationsfähigkeit. [3] Auf diese kann die Union bei Missionen außerhalb der Union zur Friedenssicherung, Konfliktverhütung und Stärkung der internationalen Sicherheit in Übereinstimmung mit den Grundsätzen der Charta der Vereinten Nationen zurückgreifen. [4] Sie erfüllt diese Aufgaben mit Hilfe der Fähigkeiten, die von den Mitgliedstaaten bereitgestellt werden.

(2) [1] Die Gemeinsame Sicherheits- und Verteidigungspolitik umfasst die schrittweise Festlegung einer gemeinsamen Verteidigungspolitik der Union. [2] Diese führt zu einer gemeinsamen Verteidigung, sobald der Europäische Rat dies einstimmig beschlossen hat. [3] Er empfiehlt in diesem Fall den Mitgliedstaaten, einen Beschluss in diesem Sinne im Einklang mit ihren verfassungsrechtlichen Vorschriften zu erlassen.

Die Politik der Union nach diesem Abschnitt berührt nicht den besonderen Charakter der Sicherheits- und Verteidigungspolitik bestimmter Mitgliedstaaten; sie achtet die Verpflichtungen einiger Mitgliedstaaten, die ihre gemeinsame Verteidigung in der Nordatlantikvertrags-Organisation (NATO) verwirklicht sehen, aus dem Nordatlantikvertrag und ist vereinbar mit der in jenem Rahmen festgelegten gemeinsamen Sicherheits- und Verteidigungspolitik.

(3) [1] Die Mitgliedstaaten stellen der Union für die Umsetzung der Gemeinsamen Sicherheits- und Verteidigungspolitik zivile und militärische Fähigkeiten als Beitrag zur Verwirklichung der vom Rat festgelegten Ziele zur Verfügung. [2] Die Mitgliedstaaten, die zusammen multinationale Streitkräfte aufstellen, können diese auch für die Gemeinsame Sicherheits- und Verteidigungspolitik zur Verfügung stellen.

[1] Die Mitgliedstaaten verpflichten sich, ihre militärischen Fähigkeiten schrittweise zu verbessern. [2] Die Agentur für die Bereiche Entwicklung der Verteidigungsfähigkeiten, Forschung, Beschaffung und Rüstung (im Folgenden „Europäische Verteidigungsagentur") ermittelt den operativen Bedarf und fördert Maßnahmen zur Bedarfsdeckung, trägt zur Ermittlung von Maßnahmen zur Stärkung der industriellen und technologischen Basis des Ver-

teidigungssektors bei und führt diese Maßnahmen gegebenenfalls durch, beteiligt sich an der Festlegung einer europäischen Politik im Bereich der Fähigkeiten und der Rüstung und unterstützt den Rat bei der Beurteilung der Verbesserung der militärischen Fähigkeiten.

(4) [1] Beschlüsse zur Gemeinsamen Sicherheits- und Verteidigungspolitik, einschließlich der Beschlüsse über die Einleitung einer Mission nach diesem Artikel, werden vom Rat einstimmig auf Vorschlag des Hohen Vertreters der Union für Außen- und Sicherheitspolitik oder auf Initiative eines Mitgliedstaats erlassen. [2] Der Hohe Vertreter kann gegebenenfalls gemeinsam mit der Kommission den Rückgriff auf einzelstaatliche Mittel sowie auf Instrumente der Union vorschlagen.

(5) [1] Der Rat kann zur Wahrung der Werte der Union und im Dienste ihrer Interessen eine Gruppe von Mitgliedstaaten mit der Durchführung einer Mission im Rahmen der Union beauftragen. [2] Die Durchführung einer solchen Mission fällt unter Artikel 44.

(6) [1] Die Mitgliedstaaten, die anspruchsvollere Kriterien in Bezug auf die militärischen Fähigkeiten erfüllen und die im Hinblick auf Missionen mit höchsten Anforderungen untereinander weiter gehende Verpflichtungen eingegangen sind, begründen eine Ständige Strukturierte Zusammenarbeit im Rahmen der Union. [2] Diese Zusammenarbeit erfolgt nach Maßgabe von Artikel 46. [3] Sie berührt nicht die Bestimmungen des Artikels 43.

(7) [1] Im Falle eines bewaffneten Angriffs auf das Hoheitsgebiet eines Mitgliedstaats schulden die anderen Mitgliedstaaten ihm alle in ihrer Macht stehende Hilfe und Unterstützung, im Einklang mit Artikel 51 der Charta der Vereinten Nationen. [2] Dies lässt den besonderen Charakter der Sicherheits- und Verteidigungspolitik bestimmter Mitgliedstaaten unberührt.

Die Verpflichtungen und die Zusammenarbeit in diesem Bereich bleiben im Einklang mit den im Rahmen der Nordatlantikvertrags-Organisation eingegangenen Verpflichtungen, die für die ihr angehörenden Staaten weiterhin das Fundament ihrer kollektiven Verteidigung und das Instrument für deren Verwirklichung ist.

Art. 43 [Missionen der GSVP] (1) [1] Die in Artikel 42 Absatz 1 vorgesehenen Missionen, bei deren Durchführung die Union auf zivile und militärische Mittel zurückgreifen kann, umfassen gemeinsame Abrüstungsmaßnahmen, humanitäre Aufgaben und Rettungseinsätze, Aufgaben der militärischen Beratung und Unterstützung, Aufgaben der Konfliktverhütung und der Erhaltung des Friedens sowie Kampfeinsätze im Rahmen der Krisenbewältigung einschließlich Frieden schaffender Maßnahmen und Operationen zur Stabilisierung der Lage nach Konflikten. [2] Mit allen diesen Missionen kann zur Bekämpfung des Terrorismus beigetragen werden, unter anderem auch durch die Unterstützung für Drittländer bei der Bekämpfung des Terrorismus in ihrem Hoheitsgebiet.

(2) [1] Der Rat erlässt die Beschlüsse über Missionen nach Absatz 1; in den Beschlüssen sind Ziel und Umfang der Missionen sowie die für sie geltenden allgemeinen Durchführungsbestimmungen festgelegt. [2] Der Hohe Vertreter der Union für Außen- und Sicherheitspolitik sorgt unter Aufsicht des Rates und in engem und ständigem Benehmen mit dem Politischen und Sicher-

heitspolitischen Komitee für die Koordinierung der zivilen und militärischen Aspekte dieser Missionen.

Art. 44 [Missionsübertragung] (1) [1] Im Rahmen der nach Artikel 43 erlassenen Beschlüsse kann der Rat die Durchführung einer Mission einer Gruppe von Mitgliedstaaten übertragen, die dies wünschen und über die für eine derartige Mission erforderlichen Fähigkeiten verfügen. [2] Die betreffenden Mitgliedstaaten vereinbaren in Absprache mit dem Hohen Vertreter der Union für Außen- und Sicherheitspolitik untereinander die Ausführung der Mission.

(2) [1] Die an der Durchführung der Mission teilnehmenden Mitgliedstaaten unterrichten den Rat von sich aus oder auf Antrag eines anderen Mitgliedstaats regelmäßig über den Stand der Mission. [2] Die teilnehmenden Mitgliedstaaten befassen den Rat sofort, wenn sich aus der Durchführung der Mission schwerwiegende Konsequenzen ergeben oder das Ziel der Mission, ihr Umfang oder die für sie geltenden Regelungen, wie sie in den in Absatz 1 genannten Beschlüssen festgelegt sind, geändert werden müssen. [3] Der Rat erlässt in diesen Fällen die erforderlichen Beschlüsse.

Art. 45 [Aufgabe der Europäischen Verteidigungsagentur] (1) Aufgabe der in Artikel 42 Absatz 3 genannten, dem Rat unterstellten Europäischen Verteidigungsagentur ist es,

a) bei der Ermittlung der Ziele im Bereich der militärischen Fähigkeiten der Mitgliedstaaten und der Beurteilung, ob die von den Mitgliedstaaten in Bezug auf diese Fähigkeiten eingegangenen Verpflichtungen erfüllt wurden, mitzuwirken;

b) auf eine Harmonisierung des operativen Bedarfs sowie die Festlegung effizienter und kompatibler Beschaffungsverfahren hinzuwirken;

c) multilaterale Projekte zur Erfüllung der Ziele im Bereich der militärischen Fähigkeiten vorzuschlagen und für die Koordinierung der von den Mitgliedstaaten durchgeführten Programme sowie die Verwaltung spezifischer Kooperationsprogramme zu sorgen;

d) die Forschung auf dem Gebiet der Verteidigungstechnologie zu unterstützen, gemeinsame Forschungsaktivitäten sowie Studien zu technischen Lösungen, die dem künftigen operativen Bedarf gerecht werden, zu koordinieren und zu planen;

e) dazu beizutragen, dass zweckdienliche Maßnahmen zur Stärkung der industriellen und technologischen Basis des Verteidigungssektors und für einen wirkungsvolleren Einsatz der Verteidigungsausgaben ermittelt werden, und diese Maßnahmen gegebenenfalls durchzuführen.

(2) [1] Alle Mitgliedstaaten können auf Wunsch an der Arbeit der Europäischen Verteidigungsagentur teilnehmen. [2] Der Rat erlässt mit qualifizierter Mehrheit einen Beschluss, in dem die Rechtsstellung, der Sitz und die Funktionsweise der Agentur festgelegt werden. [3] Dieser Beschluss trägt dem Umfang der effektiven Beteiligung an den Tätigkeiten der Agentur Rechnung. [4] Innerhalb der Agentur werden spezielle Gruppen gebildet, in denen Mitgliedstaaten zusammenkommen, die gemeinsame Projekte durchführen. [5] Die Agentur versieht ihre Aufgaben erforderlichenfalls in Verbindung mit der Kommission.

Art. 46 [Ständige Strukturierte Zusammenarbeit] (1) Die Mitgliedstaaten, die sich an der Ständigen Strukturierten Zusammenarbeit im Sinne des Artikels 42 Absatz 6 beteiligen möchten und hinsichtlich der militärischen Fähigkeiten die Kriterien erfüllen und die Verpflichtungen eingehen, die in dem Protokoll über die Ständige Strukturierte Zusammenarbeit enthalten sind, teilen dem Rat und dem Hohen Vertreter der Union für Außen- und Sicherheitspolitik ihre Absicht mit.

(2) [1] Der Rat erlässt binnen drei Monaten nach der in Absatz 1 genannten Mitteilung einen Beschluss über die Begründung der Ständigen Strukturierten Zusammenarbeit und über die Liste der daran teilnehmenden Mitgliedstaaten. [2] Der Rat beschließt nach Anhörung des Hohen Vertreters mit qualifizierter Mehrheit.

(3) Jeder Mitgliedstaat, der sich zu einem späteren Zeitpunkt an der Ständigen Strukturierten Zusammenarbeit beteiligen möchte, teilt dem Rat und dem Hohen Vertreter seine Absicht mit.

[1] Der Rat erlässt einen Beschluss, in dem die Teilnahme des betreffenden Mitgliedstaats, der die Kriterien und Verpflichtungen nach den Artikeln 1 und 2 des Protokolls über die Ständige Strukturierte Zusammenarbeit erfüllt beziehungsweise eingeht, bestätigt wird. [2] Der Rat beschließt mit qualifizierter Mehrheit nach Anhörung des Hohen Vertreters. [3] Nur die Mitglieder des Rates, die die teilnehmenden Mitgliedstaaten vertreten, sind stimmberechtigt.

Die qualifizierte Mehrheit bestimmt sich nach Artikel 238 Absatz 3 Buchstabe a des Vertrags über die Arbeitsweise der Europäischen Union[1)].

(4) Erfüllt ein teilnehmender Mitgliedstaat die Kriterien nach den Artikeln 1 und 2 des Protokolls über die Ständige Strukturierte Zusammenarbeit nicht mehr oder kann er den darin genannten Verpflichtungen nicht mehr nachkommen, so kann der Rat einen Beschluss erlassen, durch den die Teilnahme dieses Staates ausgesetzt wird.

[1] Der Rat beschließt mit qualifizierter Mehrheit. [2] Nur die Mitglieder des Rates, die die teilnehmenden Mitgliedstaaten mit Ausnahme des betroffenen Mitgliedstaats vertreten, sind stimmberechtigt.

Die qualifizierte Mehrheit bestimmt sich nach Artikel 238 Absatz 3 Buchstabe a des Vertrags über die Arbeitsweise der Europäischen Union.

(5) Wünscht ein teilnehmender Mitgliedstaat, von der Ständigen Strukturierten Zusammenarbeit Abstand zu nehmen, so teilt er seine Entscheidung dem Rat mit, der zur Kenntnis nimmt, dass die Teilnahme des betreffenden Mitgliedstaats beendet ist.

(6) [1] Mit Ausnahme der Beschlüsse nach den Absätzen 2 bis 5 erlässt der Rat die Beschlüsse und Empfehlungen im Rahmen der Ständigen Strukturierten Zusammenarbeit einstimmig. [2] Für die Zwecke dieses Absatzes bezieht sich die Einstimmigkeit allein auf die Stimmen der Vertreter der an der Zusammenarbeit teilnehmenden Mitgliedstaaten.

[1)] Nr. **35**.

Titel VI. Schlußbestimmungen

Art. 47 [Rechtspersönlichkeit der Union] Die Union besitzt Rechtspersönlichkeit.

Art. 48 [Vertragsänderung] (1) [1] Die Verträge können gemäß dem ordentlichen Änderungsverfahren geändert werden. [2] Sie können ebenfalls nach vereinfachten Änderungsverfahren geändert werden.

Ordentliches Änderungsverfahren

(2) [1] Die Regierung jedes Mitgliedstaats, das Europäische Parlament oder die Kommission kann dem Rat Entwürfe zur Änderung der Verträge vorlegen. [2] Diese Entwürfe können unter anderem eine Ausdehnung oder Verringerung der der Union in den Verträgen übertragenen Zuständigkeiten zum Ziel haben. [3] Diese Entwürfe werden vom Rat dem Europäischen Rat übermittelt und den nationalen Parlamenten zur Kenntnis gebracht.

(3) [1] Beschließt der Europäische Rat nach Anhörung des Europäischen Parlaments und der Kommission mit einfacher Mehrheit die Prüfung der vorgeschlagenen Änderungen, so beruft der Präsident des Europäischen Rates einen Konvent von Vertretern der nationalen Parlamente, der Staats- und Regierungschefs der Mitgliedstaaten, des Europäischen Parlaments und der Kommission ein. [2] Bei institutionellen Änderungen im Währungsbereich wird auch die Europäische Zentralbank gehört. [3] Der Konvent prüft die Änderungsentwürfe und nimmt im Konsensverfahren eine Empfehlung an, die an eine Konferenz der Vertreter der Regierungen der Mitgliedstaaten nach Absatz 4 gerichtet ist.

[1] Der Europäische Rat kann mit einfacher Mehrheit nach Zustimmung des Europäischen Parlaments beschließen, keinen Konvent einzuberufen, wenn seine Einberufung aufgrund des Umfangs der geplanten Änderungen nicht gerechtfertigt ist. [2] In diesem Fall legt der Europäische Rat das Mandat für eine Konferenz der Vertreter der Regierungen der Mitgliedstaaten fest.

(4) Eine Konferenz der Vertreter der Regierungen der Mitgliedstaaten wird vom Präsidenten des Rates einberufen, um die an den Verträgen vorzunehmenden Änderungen zu vereinbaren.

Die Änderungen treten in Kraft, nachdem sie von allen Mitgliedstaaten nach Maßgabe ihrer verfassungsrechtlichen Vorschriften ratifiziert worden sind.

(5) Haben nach Ablauf von zwei Jahren nach der Unterzeichnung eines Vertrags zur Änderung der Verträge vier Fünftel der Mitgliedstaaten den genannten Vertrag ratifiziert und sind in einem Mitgliedstaat oder mehreren Mitgliedstaaten Schwierigkeiten bei der Ratifikation aufgetreten, so befasst sich der Europäische Rat mit der Frage.

Vereinfachte Änderungsverfahren

(6) Die Regierung jedes Mitgliedstaats, das Europäische Parlament oder die Kommission kann dem Europäischen Rat Entwürfe zur Änderung aller oder eines Teils der Bestimmungen des Dritten Teils des Vertrags über die Arbeits-

weise der Europäischen Union[1)] über die internen Politikbereiche der Union vorlegen.

[1] Der Europäische Rat kann einen Beschluss zur Änderung aller oder eines Teils der Bestimmungen des Dritten Teils des Vertrags über die Arbeitsweise der Europäischen Union erlassen. [2] Der Europäische Rat beschließt einstimmig nach Anhörung des Europäischen Parlaments und der Kommission sowie, bei institutionellen Änderungen im Währungsbereich, der Europäischen Zentralbank. [3] Dieser Beschluss tritt erst nach Zustimmung der Mitgliedstaaten im Einklang mit ihren jeweiligen verfassungsrechtlichen Vorschriften in Kraft.

Der Beschluss nach Unterabsatz 2 darf nicht zu einer Ausdehnung der der Union im Rahmen der Verträge übertragenen Zuständigkeiten führen.

(7) [1] In Fällen, in denen der Rat nach Maßgabe des Vertrags über die Arbeitsweise der Europäischen Union oder des Titels V dieses Vertrags in einem Bereich oder in einem bestimmten Fall einstimmig beschließt, kann der Europäische Rat einen Beschluss erlassen, wonach der Rat in diesem Bereich oder in diesem Fall mit qualifizierter Mehrheit beschließen kann. [2] Dieser Unterabsatz gilt nicht für Beschlüsse mit militärischen oder verteidigungspolitischen Bezügen.

In Fällen, in denen nach Maßgabe des Vertrags über die Arbeitsweise der Europäischen Union Gesetzgebungsakte vom Rat gemäß einem besonderen Gesetzgebungsverfahren erlassen werden müssen, kann der Europäische Rat einen Beschluss erlassen, wonach die Gesetzgebungsakte gemäß dem ordentlichen Gesetzgebungsverfahren erlassen werden können.

[1] Jede vom Europäischen Rat auf der Grundlage von Unterabsatz 1 oder Unterabsatz 2 ergriffene Initiative wird den nationalen Parlamenten übermittelt. [2] Wird dieser Vorschlag innerhalb von sechs Monaten nach der Übermittlung von einem nationalen Parlament abgelehnt, so wird der Beschluss nach Unterabsatz 1 oder Unterabsatz 2 nicht erlassen. [3] Wird die Initiative nicht abgelehnt, so kann der Europäische Rat den Beschluss erlassen.

Der Europäische Rat erlässt die Beschlüsse nach den Unterabsätzen 1 oder 2 einstimmig nach Zustimmung des Europäischen Parlaments, das mit der Mehrheit seiner Mitglieder beschließt.

Art. 49 [Beitritt zur Union] [1] Jeder Europäische Staat, der die in Artikel 2 genannten Werte achtet und sich für ihre Förderung einsetzt, kann beantragen, Mitglied der Union zu werden. [2] Das Europäische Parlament und die nationalen Parlamente werden über diesen Antrag unterrichtet. [3] Der antragstellende Staat richtet seinen Antrag an den Rat; dieser beschließt einstimmig nach Anhörung der Kommission und nach Zustimmung des Europäischen Parlaments, das mit der Mehrheit seiner Mitglieder beschließt. [4] Die vom Europäischen Rat vereinbarten Kriterien werden berücksichtigt.

[1] Die Aufnahmebedingungen und die durch eine Aufnahme erforderlich werdenden Anpassungen der Verträge, auf denen die Union beruht, werden durch ein Abkommen zwischen den Mitgliedstaaten und dem antragstellenden Staat geregelt. [2] Das Abkommen bedarf der Ratifikation durch alle Vertragsstaaten gemäß ihren verfassungsrechtlichen Vorschriften.

[1)] Nr. **35**.

Art. 50 [Austritt aus der Union] (1) Jeder Mitgliedstaat kann im Einklang mit seinen verfassungsrechtlichen Vorschriften beschließen, aus der Union auszutreten.

(2) [1] Ein Mitgliedstaat, der auszutreten beschließt, teilt dem Europäischen Rat seine Absicht mit. [2] Auf der Grundlage der Leitlinien des Europäischen Rates handelt die Union mit diesem Staat ein Abkommen über die Einzelheiten des Austritts aus und schließt das Abkommen, wobei der Rahmen für die künftigen Beziehungen dieses Staates zur Union berücksichtigt wird. [3] Das Abkommen wird nach Artikel 218 Absatz 3 des Vertrags über die Arbeitsweise der Europäischen Union[1)] ausgehandelt. [4] Es wird vom Rat im Namen der Union geschlossen; der Rat beschließt mit qualifizierter Mehrheit nach Zustimmung des Europäischen Parlaments.

(3) Die Verträge finden auf den betroffenen Staat ab dem Tag des Inkrafttretens des Austrittsabkommens oder andernfalls zwei Jahre nach der in Absatz 2 genannten Mitteilung keine Anwendung mehr, es sei denn, der Europäische Rat beschließt im Einvernehmen mit dem betroffenen Mitgliedstaat einstimmig, diese Frist zu verlängern.

(4) Für die Zwecke der Absätze 2 und 3 nimmt das Mitglied des Europäischen Rates und des Rates, das den austretenden Mitgliedstaat vertritt, weder an den diesen Mitgliedstaat betreffenden Beratungen noch an der entsprechenden Beschlussfassung des Europäischen Rates oder des Rates teil.

Die qualifizierte Mehrheit bestimmt sich nach Artikel 238 Absatz 3 Buchstabe b des Vertrags über die Arbeitsweise der Europäischen Union.

(5) Ein Staat, der aus der Union ausgetreten ist und erneut Mitglied werden möchte, muss dies nach dem Verfahren des Artikels 49 beantragen.

Art. 51 [Protokolle, Anhänge] Die Protokolle und Anhänge der Verträge sind Bestandteil der Verträge.

Art. 52[2)] [Geltungsbereich] (1) Die Verträge gelten für das Königreich Belgien, die Republik Bulgarien, die Tschechische Republik, das Königreich Dänemark, die Bundesrepublik Deutschland, die Republik Estland, Irland, die Hellenische Republik, das Königreich Spanien, die Französische Republik, die Republik Kroatien, die Italienische Republik, die Republik Zypern, die Republik Lettland, die Republik Litauen, das Großherzogtum Luxemburg, die Republik Ungarn, die Republik Malta, das Königreich der Niederlande, die Republik Österreich, die Republik Polen, die Portugiesische Republik, Rumänien, die Republik Slowenien, die Slowakische Republik, die Republik Finnland, das Königreich Schweden und das Vereinigte Königreich Großbritannien und Nordirland.

(2) Der räumliche Geltungsbereich der Verträge wird in Artikel 355 des Vertrags über die Arbeitsweise der Europäischen Union[1)] im Einzelnen angegeben.

Art. 53 [Unbefristete Geltung] Dieser Vertrag gilt auf unbegrenzte Zeit.

[1)] Nr. **35**.

[2)] Art. 52 Abs. 1 neu gef. mWv 1.7.2013 durch Akte v. 9.12.2011 (ABl. 2012 Nr. L 112 S. 21).

Art. 54 [Ratifikation] (1) [1]Dieser Vertrag bedarf der Ratifikation durch die Hohen Vertragsparteien gemäß ihren verfassungsrechtlichen Vorschriften. [2]Die Ratifikationsurkunden werden bei der Regierung der Italienischen Republik hinterlegt.

(2) Dieser Vertrag tritt am 1. Januar 1993 in Kraft, sofern alle Ratifikationsurkunden hinterlegt worden sind, oder andernfalls am ersten Tag des auf die Hinterlegung der letzten Ratifikationsurkunde folgenden Monats.

Art. 55[1)] [Verbindlicher Wortlaut; Hinterlegung] (1) Dieser Vertrag ist in einer Urschrift in bulgarischer, dänischer, deutscher, englischer, estnischer, finnischer, französischer, griechischer, irischer, italienischer, kroatischer, lettischer, litauischer, maltesischer, niederländischer, polnischer, portugiesischer, rumänischer, schwedischer, slowakischer, slowenischer, spanischer, tschechischer und ungarischer Sprache abgefasst, wobei jeder Wortlaut gleichermaßen verbindlich ist; er wird im Archiv der Regierung der Italienischen Republik hinterlegt; diese übermittelt der Regierung jedes anderen Unterzeichnerstaats eine beglaubigte Abschrift.

(2) [1]Dieser Vertrag kann ferner in jede andere von den Mitgliedstaaten bestimmte Sprache übersetzt werden, sofern diese Sprache nach der Verfassungsordnung des jeweiligen Mitgliedstaats in dessen gesamtem Hoheitsgebiet oder in Teilen davon Amtssprache ist. [2]Die betreffenden Mitgliedstaaten stellen eine beglaubigte Abschrift dieser Übersetzungen zur Verfügung, die in den Archiven des Rates hinterlegt wird.

ZU URKUND DESSEN haben die unterzeichneten Bevollmächtigten ihre Unterschriften unter diesen Vertrag gesetzt.
GESCHEHEN zu Maastricht am siebten Februar neunzehnhundertzweiundneunzig.

Mark EYSKENS,	Philippe MAYSTADT
Uffe ELLEMANN-JENSEN	Anders FOGH RASMUSSEN
Hans-Dietrich GENSCHER	Theodor WAIGEL
Antonios SAMARAS	Efthymios CHRISTODOULOU
Francisco FERNÁNDEZ ORDÓÑEZ	Carlos SOLCHAGA CATALÁN
Roland DUMAS	Pierre BEREGOVOY
Gerard COLLINS	Bertie AHERN
Giannni DE MICHELIS	Guido CARLI
Jacques F. POOS	Jean-Claude JUNCKER
Hans VAN DEN BROEK	Willem KOK
João de Deus PINHEIRO	Jorge BRAGA de MACEDO
Douglas HURD	Francis MAUDE

1) Art. 55 Abs. 1 neu gef. mWv 1.7.2013 durch Akte v. 9.12.2011 (ABl. 2012 Nr. L 112 S. 21).

Art. 54 [Ratifikation] (1) Dieser Vertrag bedarf der Ratifikation durch die Hohen Vertragsparteien gemäß ihren verfassungsrechtlichen Vorschriften. Die Ratifikationsurkunden werden bei der Regierung der Italienischen Republik hinterlegt.

(2) Dieser Vertrag tritt am 1. Januar 1993 in Kraft, sofern alle Ratifikationsurkunden hinterlegt worden sind, oder andernfalls am ersten Tag des auf die Hinterlegung der letzten Ratifikationsurkunde folgenden Monats.

Art. 55[1] [Verbindlicher Wortlaut; Hinterlegung] (1) Dieser Vertrag ist in einer Urschrift in bulgarischer, dänischer, deutscher, englischer, estnischer, finnischer, französischer, griechischer, irischer, italienischer, kroatischer, lettischer, litauischer, maltesischer, niederländischer, polnischer, portugiesischer, rumänischer, schwedischer, slowakischer, slowenischer, spanischer, tschechischer und ungarischer Sprache abgefasst, wobei jeder Wortlaut gleichermaßen verbindlich ist; er wird im Archiv der Regierung der Italienischen Republik hinterlegt; diese übermittelt der Regierung jedes anderen Unterzeichnerstaats eine beglaubigte Abschrift.

(2) Dieser Vertrag kann ferner in jede andere von den Mitgliedstaaten bestimmte Sprache übersetzt werden, sofern diese Sprache nach der Verfassungsordnung des jeweiligen Mitgliedstaats in dessen gesamtem Hoheitsgebiet oder in Teilen davon Amtssprache ist. Die betreffenden Mitgliedstaaten stellen eine beglaubigte Abschrift dieser Übersetzungen zur Verfügung, die in den Archiven des Rates hinterlegt wird.

ZU URKUND DESSEN haben die unterzeichneten Bevollmächtigten ihre Unterschriften unter diesen Vertrag gesetzt.

GESCHEHEN zu Maastricht am siebten Februar neunzehnhundertzweiundneunzig.

Mark EYSKENS	Philippe MAYSTADT
Uffe ELLEMANN-JENSEN	Anders FOGH RASMUSSEN
Hans-Dietrich GENSCHER	Theodor WAIGEL
Antonios SAMARAS	Efthymios CHRISTODOULOU
Francisco FERNÁNDEZ ORDÓÑEZ	Carlos SOLCHAGA CATALÁN
Roland DUMAS	Pierre BÉRÉGOVOY
Gerard COLLINS	Bertie AHERN
Gianni DE MICHELIS	Guido CARLI
Jacques F. POOS	Jean-Claude JUNCKER
Hans VAN DEN BROEK	Willem KOK
João de Deus PINHEIRO	Jorge BRAGA de MACEDO
Douglas HURD	Francis MAUDE

[1] Art. 55 Abs. 1 neu gef. mWv 1.7.2013 durch Akte v. 9.12.2011 (ABl. 2012 L 112 S. 21).

35. Vertrag über die Arbeitsweise der Europäischen Union[1)2)3)]

In der Fassung der Bekanntmachung vom 9. Mai 2008[4)] (ABl. Nr. C 115 S. 47)

Celex-Nr. 1 1957 E

zuletzt geänd. durch Art. 2, Art. 6 Amsterdamer Vertrag v. 2.10.1997 (ABl. Nr. C 340 S. 1), Art. 2 Nizza-Vertrag v. 26.2.2001 (ABl. Nr. C 80 S. 1, ber. ABl. Nr. C 96 S. 27), Art. 4 Nr. 1 EU-Erweiterungs-Protokoll v. 26.2.2001 (ABl. Nr. C 80 S. 49, geänd. ABl. 2003 Nr. L 236 S. 33), EU-Beitrittsakte 2003 v. 16.4.2003 (ABl. Nr. L 236 S. 33), Art. 1 Protokoll Nr. 3 zur EU-Beitrittsakte 2003 v. 16.4.2003 (ABl. Nr. L 236 S. 940), Art. 9, 10, 12, 13, 16, 17, 18 Abs. 1 EU-Beitrittsakte 2005 v. 25.4.2005 (ABl. Nr. L 157 S. 203), Art. 2 Vertrag von Lissabon v. 13.12.2007 (ABl. Nr. C 306 S. 1, ber. ABl. 2008 Nr. C 111 S. 56, ABl. 2009 Nr. C 290 S. 1, ABl. 2016 Nr. L 150 S. 1), Art. 2 ÄndBeschl. 2010/718/EU v. 29.10.2010 (ABl. Nr. L 325 S. 4), Art. 1 ÄndBeschl. 2011/199/EU v. 25.3.2011 (ABl. Nr. L 91 S. 1), Art. 12 EU-Beitrittsakte 2013 v. 9.12.2011 (ABl. 2012 Nr. L 112 S. 21) und Art. 2 ÄndBeschl. 2012/419/EU v. 11.7.2012 (ABl. Nr. L 204 S. 131)

Nichtamtliche Inhaltsübersicht

---

1) Vertragsparteien sind Belgien, Bulgarien, Dänemark, Deutschland, Estland, Finnland, Frankreich, Griechenland, Großbritannien, Irland, Italien, Kroatien, Lettland, Litauen, Luxemburg, Malta, die Niederlande, Österreich, Polen, Portugal, Rumänien, Schweden, Slowakei, Slowenien, Spanien, Tschechien, Ungarn und Zypern.

2) Die Artikelfolge und Verweise/Bezugnahmen auf Vorschriften des EUV sind gemäß Art. 5 des Vertrags von Lissabon iVm den Übereinstimmungstabellen zum EUV bzw. AEUV an die neue Nummerierung angepasst worden.

3) Zu den Assoziationsregelungen und sonstigen Vereinbarungen und Vorschriften, die sich auf den EU-Arbeitsweisevertrag beziehen, vgl. den jährlich zum 31. 12. abgeschlossenen Fundstellennachweis B der geltenden völkerrechtlichen Vereinbarungen der Bundesrepublik Deutschland unter dem Datum 25.3.1957.

4) Konsolidierte Fassung des Vertrags zur Gründung der Europäischen Gemeinschaft v. 25.3.1957 (BGBl. II S. 766). Die Bundesrepublik Deutschland hat dem Vertrag von Lissabon mit G. v. 8.10.2008 (BGBl. II S. 1038) zugestimmt; Inkrafttreten am 1.12.2009, siehe Bek. v. 13.11.2009 (BGBl. II S. 1223).

Zweiter Teil. Nichtdiskriminierung und Unionsbürgerschaft

Dritter Teil. Die internen Politiken und Maßnahmen der Union

Titel I. Der Binnenmarkt

Titel II. Der freie Warenverkehr

Kapitel 1. Die Zollunion

Kapitel 2. Die Zusammenarbeit im Zollwesen

Kapitel 3. Verbot von mengenmäßigen Beschränkungen zwischen den Mitgliedstaaten

Titel III. Die Landwirtschaft und die Fischerei

Titel IV. Die Freizügigkeit, der freie Dienstleistungs- und Kapitalverkehr

Kapitel 1. Die Arbeitskräfte

Kapitel 2. Das Niederlassungsrecht

Art.

Abschnitt 2. Annahmeverfahren und sonstige Vorschriften

Kapitel 3. Die beratenden Einrichtungen der Union

Abschnitt 1. Der Wirtschafts- und Sozialausschuss

Abschnitt 2. Der Ausschuss der Regionen

Kapitel 4. Die Europäische Investitionsbank

Titel II. Finanzvorschriften

Kapitel 1. Die Eigenmittel der Union

Kapitel 2. Der mehrjährige Finanzrahmen

Kapitel 3. Der Jahreshaushaltsplan der Union

Kapitel 4. Ausführung des Hauhaltsplans und Entlastung

Kapitel 5. Gemeinsame Bestimmungen

Kapitel 6. Betrugsbekämpfung

Titel III. Verstärkte Zusammenarbeit

Präambel

SEINE MAJESTÄT DER KÖNIG DER BELGIER, DER PRÄSIDENT DER BUNDESREPUBLIK DEUTSCHLAND, DER PRÄSIDENT DER FRANZÖSISCHEN REPUBLIK, DER PRÄSIDENT DER ITALIENISCHEN REPUBLIK, IHRE KÖNIGLICHE HOHEIT DIE GROSSHERZOGIN VON LUXEMBURG, IHRE MAJESTÄT DIE KÖNIGIN DER NIEDERLANDE[1],

---

[1] **Amtl. Anm.**: Seit dem ursprünglichen Vertragsschluss sind Mitgliedstaaten der Europäischen Union geworden ***[Red. Anm.:** Stand: 1.12.2009]*: die Republik Bulgarien, die Tschechische Republik, das Königreich Dänemark, die Republik Estland, die Hellenische Republik, das Königreich Spanien, Irland, die Republik Zypern, die Republik Lettland, die Republik Litauen, die Republik Ungarn, die Republik Malta, die Republik Österreich, die Republik Polen, die Portugiesische Republik, Rumänien, die Republik Slowenien, die Slowakische Republik, die Republik Finnland, das Königreich Schweden und das Vereinigte Königreich Großbritannien und Nordirland.

IN DEM FESTEN WILLEN, die Grundlagen für einen immer engeren Zusammenschluss der europäischen Völker zu schaffen,
ENTSCHLOSSEN, durch gemeinsames Handeln den wirtschaftlichen und sozialen Fortschritt ihrer Staaten zu sichern, indem sie die Europa trennenden Schranken beseitigen,
IN DEM VORSATZ, die stetige Besserung der Lebens- und Beschäftigungsbedingungen ihrer Völker als wesentliches Ziel anzustreben,
IN DER ERKENNTNIS, dass zur Beseitigung der bestehenden Hindernisse ein einverständliches Vorgehen erforderlich ist, um eine beständige Wirtschaftsausweitung, einen ausgewogenen Handelsverkehr und einen redlichen Wettbewerb zu gewährleisten,
IN DEM BESTREBEN, ihre Volkswirtschaften zu einigen und deren harmonische Entwicklung zu fördern, indem sie den Abstand zwischen einzelnen Gebieten und den Rückstand weniger begünstigter Gebiete verringern,
IN DEM WUNSCH, durch eine gemeinsame Handelspolitik zur fortschreitenden Beseitigung der Beschränkungen im zwischenstaatlichen Wirtschaftsverkehr beizutragen,
IN DER ABSICHT, die Verbundenheit Europas mit den überseeischen Ländern zu bekräftigen, und in dem Wunsch, entsprechend den Grundsätzen der Satzung der Vereinten Nationen den Wohlstand der überseeischen Länder zu fördern,
ENTSCHLOSSEN, durch diesen Zusammenschluss ihrer Wirtschaftskräfte Frieden und Freiheit zu wahren und zu festigen, und mit der Aufforderung an die anderen Völker Europas, die sich zu dem gleichen hohen Ziel bekennen, sich diesen Bestrebungen anzuschließen,
ENTSCHLOSSEN, durch umfassenden Zugang zur Bildung und durch ständige Weiterbildung auf einen möglichst hohen Wissensstand ihrer Völker hinzuwirken,
HABEN zu diesem Zweck zu ihren Bevollmächtigten ERNANNT:
(Aufzählung der Bevollmächtigten nicht wiedergegeben)

DIESE SIND nach Austausch ihrer als gut und gehörig befundenen Vollmachten wie folgt übereingekommen:

Erster Teil. Grundsätze

Art. 1 [Regelungsbereich] (1) Dieser Vertrag regelt die Arbeitsweise der Union und legt die Bereiche, die Abgrenzung und die Einzelheiten der Ausübung ihrer Zuständigkeiten fest.

(2) [1] Dieser Vertrag und der Vertrag über die Europäische Union[1)] bilden die Verträge, auf die sich die Union gründet. [2] Diese beiden Verträge, die rechtlich gleichrangig sind, werden als „die Verträge" bezeichnet.

Titel I. Arten und Bereiche der Zuständigkeit der Union

Art. 2 [Arten von Zuständigkeiten] (1) Übertragen die Verträge der Union für einen bestimmten Bereich eine ausschließliche Zuständigkeit, so kann

1) Nr. **34**.

nur die Union gesetzgeberisch tätig werden und verbindliche Rechtsakte erlassen; die Mitgliedstaaten dürfen in einem solchen Fall nur tätig werden, wenn sie von der Union hierzu ermächtigt werden, oder um Rechtsakte der Union durchzuführen.

(2) [1] Übertragen die Verträge der Union für einen bestimmten Bereich eine mit den Mitgliedstaaten geteilte Zuständigkeit, so können die Union und die Mitgliedstaaten in diesem Bereich gesetzgeberisch tätig werden und verbindliche Rechtsakte erlassen. [2] Die Mitgliedstaaten nehmen ihre Zuständigkeit wahr, sofern und soweit die Union ihre Zuständigkeit nicht ausgeübt hat. [3] Die Mitgliedstaaten nehmen ihre Zuständigkeit erneut wahr, sofern und soweit die Union entschieden hat, ihre Zuständigkeit nicht mehr auszuüben.

(3) Die Mitgliedstaaten koordinieren ihre Wirtschafts- und Beschäftigungspolitik im Rahmen von Regelungen nach Maßgabe dieses Vertrags, für deren Festlegung die Union zuständig ist.

(4) Die Union ist nach Maßgabe des Vertrags über die Europäische Union[1)] dafür zuständig, eine gemeinsame Außen- und Sicherheitspolitik einschließlich der schrittweisen Festlegung einer gemeinsamen Verteidigungspolitik zu erarbeiten und zu verwirklichen.

(5) In bestimmten Bereichen ist die Union nach Maßgabe der Verträge dafür zuständig, Maßnahmen zur Unterstützung, Koordinierung oder Ergänzung der Maßnahmen der Mitgliedstaaten durchzuführen, ohne dass dadurch die Zuständigkeit der Union für diese Bereiche an die Stelle der Zuständigkeit der Mitgliedstaaten tritt.

Die verbindlichen Rechtsakte der Union, die aufgrund der diese Bereiche betreffenden Bestimmungen der Verträge erlassen werden, dürfen keine Harmonisierung der Rechtsvorschriften der Mitgliedstaaten beinhalten.

(6) Der Umfang der Zuständigkeiten der Union und die Einzelheiten ihrer Ausübung ergeben sich aus den Bestimmungen der Verträge zu den einzelnen Bereichen.

Art. 3 [Ausschließliche Zuständigkeiten] (1) Die Union hat ausschließliche Zuständigkeit in folgenden Bereichen:

a) Zollunion,

b) Festlegung der für das Funktionieren des Binnenmarkts erforderlichen Wettbewerbsregeln,

c) Währungspolitik für die Mitgliedstaaten, deren Währung der Euro ist,

d) Erhaltung der biologischen Meeresschätze im Rahmen der gemeinsamen Fischereipolitik,

e) gemeinsame Handelspolitik.

(2) Die Union hat ferner die ausschließliche Zuständigkeit für den Abschluss internationaler Übereinkünfte, wenn der Abschluss einer solchen Übereinkunft in einem Gesetzgebungsakt der Union vorgesehen ist, wenn er notwendig ist, damit sie ihre interne Zuständigkeit ausüben kann, oder soweit er gemeinsame Regeln beeinträchtigen oder deren Tragweite verändern könnte.

[1)] Nr. **34**.

Art. 4 [Geteilte Zuständigkeiten] (1) Die Union teilt ihre Zuständigkeit mit den Mitgliedstaaten, wenn ihr die Verträge außerhalb der in den Artikeln 3 und 6 genannten Bereiche eine Zuständigkeit übertragen.

(2) Die von der Union mit den Mitgliedstaaten geteilte Zuständigkeit erstreckt sich auf die folgenden Hauptbereiche:

a) Binnenmarkt,

b) Sozialpolitik hinsichtlich der in diesem Vertrag genannten Aspekte,

c) wirtschaftlicher, sozialer und territorialer Zusammenhalt,

d) Landwirtschaft und Fischerei, ausgenommen die Erhaltung der biologischen Meeresschätze,

e) Umwelt,

f) Verbraucherschutz,

g) Verkehr,

h) transeuropäische Netze,

i) Energie,

j) Raum der Freiheit, der Sicherheit und des Rechts,

k) gemeinsame Sicherheitsanliegen im Bereich der öffentlichen Gesundheit hinsichtlich der in diesem Vertrag genannten Aspekte.

(3) In den Bereichen Forschung, technologische Entwicklung und Raumfahrt erstreckt sich die Zuständigkeit der Union darauf, Maßnahmen zu treffen, insbesondere Programme zu erstellen und durchzuführen, ohne dass die Ausübung dieser Zuständigkeit die Mitgliedstaaten hindert, ihre Zuständigkeit auszuüben.

(4) In den Bereichen Entwicklungszusammenarbeit und humanitäre Hilfe erstreckt sich die Zuständigkeit der Union darauf, Maßnahmen zu treffen und eine gemeinsame Politik zu verfolgen, ohne dass die Ausübung dieser Zuständigkeit die Mitgliedstaaten hindert, ihre Zuständigkeit auszuüben.

Art. 5 [Koordinierung der Wirtschafts-, Beschäftigungs- und Sozialpolitik] (1) [1] Die Mitgliedstaaten koordinieren ihre Wirtschaftspolitik innerhalb der Union. [2] Zu diesem Zweck erlässt der Rat Maßnahmen; insbesondere beschließt er die Grundzüge dieser Politik.

Für die Mitgliedstaaten, deren Währung der Euro ist, gelten besondere Regelungen.

(2) Die Union trifft Maßnahmen zur Koordinierung der Beschäftigungspolitik der Mitgliedstaaten, insbesondere durch die Festlegung von Leitlinien für diese Politik.

(3) Die Union kann Initiativen zur Koordinierung der Sozialpolitik der Mitgliedstaaten ergreifen.

Art. 6 [Unterstützungs-, Koordinierungs- und Ergänzungsmaßnahmen] [1] Die Union ist für die Durchführung von Maßnahmen zur Unterstützung, Koordinierung oder Ergänzung der Maßnahmen der Mitgliedstaaten zuständig. [2] Diese Maßnahmen mit europäischer Zielsetzung können in folgenden Bereichen getroffen werden:

a) Schutz und Verbesserung der menschlichen Gesundheit,

b) Industrie,
c) Kultur,
d) Tourismus,
e) allgemeine und berufliche Bildung, Jugend und Sport,
f) Katastrophenschutz,
g) Verwaltungszusammenarbeit.

Titel II. Allgemein geltende Bestimmungen

Art. 7 [Kohärenzprinzip] Die Union achtet auf die Kohärenz zwischen ihrer Politik und ihren Maßnahmen in den verschiedenen Bereichen und trägt dabei unter Einhaltung des Grundsatzes der begrenzten Einzelermächtigung ihren Zielen in ihrer Gesamtheit Rechnung.

Art. 8 [Gleichstellung; Querschnittsklausel] Bei allen ihren Tätigkeiten wirkt die Union darauf hin, Ungleichheiten zu beseitigen und die Gleichstellung von Männern und Frauen zu fördern.

Art. 9 [Sozialer Schutz; Querschnittsklausel] Bei der Festlegung und Durchführung ihrer Politik und ihrer Maßnahmen trägt die Union den Erfordernissen im Zusammenhang mit der Förderung eines hohen Beschäftigungsniveaus, mit der Gewährleistung eines angemessenen sozialen Schutzes, mit der Bekämpfung der sozialen Ausgrenzung sowie mit einem hohen Niveau der allgemeinen und beruflichen Bildung und des Gesundheitsschutzes Rechnung.

Art. 10 [Bekämpfung von Diskriminierungen; Querschnittsklausel] Bei der Festlegung und Durchführung ihrer Politik und ihrer Maßnahmen zielt die Union darauf ab, Diskriminierungen aus Gründen des Geschlechts, der Rasse, der ethnischen Herkunft, der Religion oder der Weltanschauung, einer Behinderung, des Alters oder der sexuellen Ausrichtung zu bekämpfen.

Art. 11 [Umweltschutz; Querschnittsklausel] Die Erfordernisse des Umweltschutzes müssen bei der Festlegung und Durchführung der Unionspolitiken und -maßnahmen insbesondere zur Förderung einer nachhaltigen Entwicklung einbezogen werden.

Art. 12 [Verbraucherschutz; Querschnittsklausel] Den Erfordernissen des Verbraucherschutzes wird bei der Festlegung und Durchführung der anderen Unionspolitiken und -maßnahmen Rechnung getragen.

Art. 13 [Tierschutz; Querschnittsklausel] Bei der Festlegung und Durchführung der Politik der Union in den Bereichen Landwirtschaft, Fischerei, Verkehr, Binnenmarkt, Forschung, technologische Entwicklung und Raumfahrt tragen die Union und die Mitgliedstaaten den Erfordernissen des Wohlergehens der Tiere als fühlende Wesen in vollem Umfang Rechnung; sie berücksichtigen hierbei die Rechts- und Verwaltungsvorschriften und die Gepflogenheiten der Mitgliedstaaten insbesondere in Bezug auf religiöse Riten, kulturelle Traditionen und das regionale Erbe.

Art. 14 [Dienste von allgemeinem wirtschaftlichem Interesse] [1] Unbeschadet des Artikels 4 des Vertrags über die Europäische Union[1)] und der Artikel 93, 106 und 107 dieses Vertrags und in Anbetracht des Stellenwerts, den Dienste von allgemeinem wirtschaftlichen Interesse innerhalb der gemeinsamen Werte der Union einnehmen, sowie ihrer Bedeutung bei der Förderung des sozialen und territorialen Zusammmenhalts tragen die Union und die Mitgliedstaaten im Rahmen ihrer jeweiligen Befugnisse im Anwendungsbereich der Verträge dafür Sorge, dass die Grundsätze und Bedingungen, insbesondere jene wirtschaftlicher und finanzieller Art, für das Funktionieren dieser Dienste so gestaltet sind, dass diese ihren Aufgaben nachkommen können. [2] Diese Grundsätze und Bedingungen werden vom Europäischen Parlament und vom Rat durch Verordnungen gemäß dem ordentlichen Gesetzgebungsverfahren festgelegt, unbeschadet der Zuständigkeit der Mitgliedstaaten, diese Dienste im Einklang mit den Verträgen zur Verfügung zu stellen, in Auftrag zu geben und zu finanzieren.

Art. 15 [Grundsatz der Offenheit] (1) Um eine verantwortungsvolle Verwaltung zu fördern und die Beteiligung der Zivilgesellschaft sicherzustellen, handeln die Organe, Einrichtungen und sonstigen Stellen der Union unter weitestgehender Beachtung des Grundsatzes der Offenheit.

(2) Das Europäische Parlament tagt öffentlich; dies gilt auch für den Rat, wenn er über Entwürfe zu Gesetzgebungsakten berät oder abstimmt.

(3) Jeder Unionsbürger sowie jede natürliche oder juristische Person mit Wohnsitz oder satzungsgemäßem Sitz in einem Mitgliedstaat hat das Recht auf Zugang zu Dokumenten der Organe, Einrichtungen und sonstigen Stellen der Union, unabhängig von der Form der für diese Dokumente verwendeten Träger, vorbehaltlich der Grundsätze und Bedingungen, die nach diesem Absatz festzulegen sind.

Die allgemeinen Grundsätze und die aufgrund öffentlicher oder privater Interessen geltenden Einschränkungen für die Ausübung dieses Rechts auf Zugang zu Dokumenten werden vom Europäischen Parlament und vom Rat durch Verordnungen gemäß dem ordentlichen Gesetzgebungsverfahren festgelegt.

Die Organe, Einrichtungen und sonstigen Stellen gewährleisten die Transparenz ihrer Tätigkeit und legen im Einklang mit gemäß den in Unterabsatz 2 genannten Verordnungen in ihrer Geschäftsordnung Sonderbestimmungen hinsichtlich des Zugangs zu ihren Dokumenten fest.

Dieser Absatz gilt für den Gerichtshof der Europäischen Union, die Europäische Zentralbank und die Europäische Investitionsbank nur dann, wenn sie Verwaltungsaufgaben wahrnehmen.

Das Europäische Parlament und der Rat sorgen dafür, dass die Dokumente, die die Gesetzgebungsverfahren betreffen, nach Maßgabe der in Unterabsatz 2 genannten Verordnungen öffentlich zugänglich gemacht werden.

Art. 16 [Datenschutz] (1) Jede Person hat das Recht auf Schutz der sie betreffenden personenbezogenen Daten.

[1)] Nr. 34.

(2) [1] Das Europäische Parlament und der Rat erlassen gemäß dem ordentlichen Gesetzgebungsverfahren Vorschriften über den Schutz natürlicher Personen bei der Verarbeitung personenbezogener Daten durch die Organe, Einrichtungen und sonstigen Stellen der Union sowie durch die Mitgliedstaaten im Rahmen der Ausübung von Tätigkeiten, die in den Anwendungsbereich des Unionsrechts fallen, und über den freien Datenverkehr. [2] Die Einhaltung dieser Vorschriften wird von unabhängigen Behörden überwacht.

Die auf der Grundlage dieses Artikels erlassenen Vorschriften lassen die spezifischen Bestimmungen des Artikels 39 des Vertrags über die Europäische Union[1)] unberührt.

Art. 17 [Religiöse und weltanschauliche Gemeinschaften] (1) Die Union achtet den Status, den Kirchen und religiöse Vereinigungen oder Gemeinschaften in den Mitgliedstaaten nach deren Rechtsvorschriften genießen, und beeinträchtigt ihn nicht.

(2) Die Union achtet in gleicher Weise den Status, den weltanschauliche Gemeinschaften nach den einzelstaatlichen Rechtsvorschriften genießen.

(3) Die Union pflegt mit diesen Kirchen und Gemeinschaften in Anerkennung ihrer Identität und ihres besonderen Beitrags einen offenen, transparenten und regelmäßigen Dialog.

Zweiter Teil. Nichtdiskriminierung und Unionsbürgerschaft

Art. 18 [Diskriminierungsverbot] Unbeschadet besonderer Bestimmungen der Verträge ist in ihrem Anwendungsbereich jede Diskriminierung aus Gründen der Staatsangehörigkeit verboten.

Das Europäische Parlament und der Rat können gemäß dem ordentlichen Gesetzgebungsverfahren Regelungen für das Verbot solcher Diskriminierungen treffen.

Art. 19 [Antidiskriminierungsmaßnahmen] (1) Unbeschadet der sonstigen Bestimmungen der Verträge kann der Rat im Rahmen der durch die Verträge auf die Union übertragenen Zuständigkeiten gemäß einem besonderen Gesetzgebungsverfahren und nach Zustimmung des Europäischen Parlaments einstimmig geeignete Vorkehrungen treffen, um Diskriminierungen aus Gründen des Geschlechts, der Rasse, der ethnischen Herkunft, der Religion oder der Weltanschauung, einer Behinderung, des Alters oder der sexuellen Ausrichtung zu bekämpfen.

(2) Abweichend von Absatz 1 können das Europäische Parlament und der Rat gemäß dem ordentlichen Gesetzgebungsverfahren die Grundprinzipien für Fördermaßnahmen der Union unter Ausschluss jeglicher Harmonisierung der Rechts- und Verwaltungsvorschriften der Mitgliedstaaten zur Unterstützung der Maßnahmen festlegen, die die Mitgliedstaaten treffen, um zur Verwirklichung der in Absatz 1 genannten Ziele beizutragen.

[1)] Nr. **34**.

Art. 20 [Unionsbürgerschaft] (1) [1] Es wird eine Unionsbürgerschaft eingeführt. [2] Unionsbürger ist, wer die Staatsangehörigkeit eines Mitgliedstaats besitzt. [3] Die Unionsbürgerschaft tritt zur nationalen Staatsbürgerschaft hinzu, ersetzt sie aber nicht.

(2) [1] Die Unionsbürgerinnen und Unionsbürger haben die in den Verträgen vorgesehenen Rechte und Pflichten. [2] Sie haben unter anderem

a) das Recht, sich im Hoheitsgebiet der Mitgliedstaaten frei zu bewegen und aufzuhalten;

b) in dem Mitgliedstaat, in dem sie ihren Wohnsitz haben, das aktive und passive Wahlrecht bei den Wahlen zum Europäischen Parlament und bei den Kommunalwahlen, wobei für sie dieselben Bedingungen gelten wie für die Angehörigen des betreffenden Mitgliedstaats;

c) im Hoheitsgebiet eines Drittlands, in dem der Mitgliedstaat, dessen Staatsangehörigkeit sie besitzen, nicht vertreten ist, Recht auf Schutz durch die diplomatischen und konsularischen Behörden eines jeden Mitgliedstaats unter denselben Bedingungen wie Staatsangehörige dieses Staates;

d) das Recht, Petitionen an das Europäische Parlament zu richten und sich an den Europäischen Bürgerbeauftragten zu wenden, sowie das Recht, sich in einer der Sprachen der Verträge an die Organe und die beratenden Einrichtungen der Union zu wenden und eine Antwort in derselben Sprache zu erhalten.

[3] Diese Rechte werden unter den Bedingungen und innerhalb der Grenzen ausgeübt, die in den Verträgen und durch die in Anwendung der Verträge erlassenen Maßnahmen festgelegt sind.

Art. 21 [Freizügigkeit] (1) Jeder Unionsbürger hat das Recht, sich im Hoheitsgebiet der Mitgliedstaaten vorbehaltlich der in den Verträgen und in den Durchführungsvorschriften vorgesehenen Beschränkungen und Bedingungen frei zu bewegen und aufzuhalten.

(2) Erscheint zur Erreichung dieses Ziels ein Tätigwerden der Union erforderlich und sehen die Verträge hierfür keine Befugnisse vor, so können das Europäische Parlament und der Rat gemäß dem ordentlichen Gesetzgebungsverfahren Vorschriften erlassen, mit denen die Ausübung der Rechte nach Absatz 1 erleichtert wird.

(3) [1] Zu den gleichen wie den in Absatz 1 genannten Zwecken kann der Rat, sofern die Verträge hierfür keine Befugnisse vorsehen, gemäß einem besonderen Gesetzgebungsverfahren Maßnahmen erlassen, die die soziale Sicherheit oder den sozialen Schutz betreffen. [2] Der Rat beschließt einstimmig nach Anhörung des Europäischen Parlaments.

Art. 22 [Wahlrecht] (1) [1] Jeder Unionsbürger mit Wohnsitz in einem Mitgliedstaat, dessen Staatsangehörigkeit er nicht besitzt, hat in dem Mitgliedstaat, in dem er seinen Wohnsitz hat, das aktive und passive Wahlrecht bei Kommunalwahlen, wobei für ihn dieselben Bedingungen gelten wie für die Angehörigen des betreffenden Mitgliedstaats. [2] Dieses Recht wird vorbehaltlich der Einzelheiten ausgeübt, die vom Rat einstimmig gemäß einem besonderen Gesetzgebungsverfahren und nach Anhörung des Europäischen Parlaments festgelegt werden; in diesen können Ausnahmeregelungen vorgesehen werden, wenn dies aufgrund besonderer Probleme eines Mitgliedstaats gerechtfertigt ist.

(2) [1] Unbeschadet des Artikels 223 Absatz 1 und der Bestimmungen zu dessen Durchführung besitzt jeder Unionsbürger mit Wohnsitz in einem Mitgliedstaat, dessen Staatsangehörigkeit er nicht besitzt, in dem Mitgliedstaat, in dem er seinen Wohnsitz hat, das aktive und passive Wahlrecht bei den Wahlen zum Europäischen Parlament, wobei für ihn dieselben Bedingungen gelten wie für die Angehörigen des betreffenden Mitgliedstaats. [2] Dieses Recht wird vorbehaltlich der Einzelheiten ausgeübt, die vom Rat einstimmig gemäß einem besonderen Gesetzgebungsverfahren und nach Anhörung des Europäischen Parlaments festgelegt werden; in diesen können Ausnahmeregelungen vorgesehen werden, wenn dies aufgrund besonderer Probleme eines Mitgliedstaats gerechtfertigt ist.

Art. 23 [Diplomatischer und konsularischer Schutz] [1] Jeder Unionsbürger genießt im Hoheitsgebiet eines dritten Landes, in dem der Mitgliedstaat, dessen Staatsangehörigkeit er besitzt, nicht vertreten ist, den diplomatischen und konsularischen Schutz eines jeden Mitgliedstaats unter denselben Bedingungen wie Staatsangehörige dieses Staates. [2] Die Mitgliedstaaten treffen die notwendigen Vorkehrungen und leiten die für diesen Schutz erforderlichen internationalen Verhandlungen ein.

Der Rat kann gemäß einem besonderen Gesetzgebungsverfahren und nach Anhörung des Europäischen Parlaments Richtlinien zur Festlegung der notwendigen Koordinierungs- und Kooperationsmaßnahmen zur Erleichterung dieses Schutzes erlassen.

Art. 24 [Petitionsrecht] Die Bestimmungen über die Verfahren und Bedingungen, die für eine Bürgerinitiative im Sinne des Artikels 11 des Vertrags über die Europäische Union[1)] gelten, einschließlich der Mindestzahl der Mitgliedstaaten, aus denen die Bürgerinnen und Bürger, die diese Initiative ergreifen, kommen müssen, werden vom Europäischen Parlament und vom Rat gemäß dem ordentlichen Gesetzgebungsverfahren durch Verordnungen festgelegt.

Jeder Unionsbürger besitzt das Petitionsrecht beim Europäischen Parlament nach Artikel 227.

Jeder Unionsbürger kann sich an den nach Artikel 228 eingesetzten Bürgerbeauftragten wenden.

Jeder Unionsbürger kann sich schriftlich in einer der in Artikel 55 Absatz 1 des Vertrags über die Europäische Union genannten Sprachen an jedes Organ oder an jede Einrichtung wenden, die in dem vorliegenden Artikel oder in Artikel 13 des genannten Vertrags genannt sind, und eine Antwort in derselben Sprache erhalten.[2)]

Art. 25 [Fortentwicklung der Unionsbürgerschaft] [1] Die Kommission erstattet dem Europäischen Parlament, dem Rat und dem Wirtschafts- und

---

1) Nr. **34**.

2) Vgl. zu dieser Vorschrift auch die Erklärung Nr. 4 zur Schlussakte v. 16.2.2001 (ABl. Nr. C 80 S. 70) der Konferenz von Nizza.

Sozialausschuss alle drei Jahre über die Anwendung dieses Teils Bericht. [2] In dem Bericht wird der Fortentwicklung der Union Rechnung getragen.

[1] Auf dieser Grundlage kann der Rat unbeschadet der anderen Bestimmungen der Verträge zur Ergänzung der in Artikel 20 Absatz 2 aufgeführten Rechte einstimmig gemäß einem besonderen Gesetzgebungsverfahren nach Zustimmung des Europäischen Parlaments Bestimmungen erlassen. [2] Diese Bestimmungen treten nach Zustimmung der Mitgliedstaaten im Einklang mit ihren jeweiligen verfassungsrechtlichen Vorschriften in Kraft.

Dritter Teil. Die internen Politiken und Maßnahmen der Union

Titel I. Der Binnenmarkt

Art. 26 [Verwirklichung des Binnenmarkts] (1) Die Union erlässt die erforderlichen Maßnahmen, um nach Maßgabe der einschlägigen Bestimmungen der Verträge den Binnenmarkt zu verwirklichen beziehungsweise dessen Funktionieren zu gewährleisten.

(2) Der Binnenmarkt umfasst einen Raum ohne Binnengrenzen, in dem der freie Verkehr von Waren, Personen, Dienstleistungen und Kapital gemäß den Bestimmungen der Verträge gewährleistet ist.

(3) Der Rat legt auf Vorschlag der Kommission die Leitlinien und Bedingungen fest, die erforderlich sind, um in allen betroffenen Sektoren einen ausgewogenen Fortschritt zu gewährleisten.

Art. 27 [Ausnahmeregelungen] Bei der Formulierung ihrer Vorschläge zur Verwirklichung der Ziele des Artikels 26 berücksichtigt die Kommission den Umfang der Anstrengungen, die einigen Volkswirtschaften mit unterschiedlichem Entwicklungsstand für die Errichtung des Binnenmarkts abverlangt werden, und kann geeignete Bestimmungen vorschlagen.

Erhalten diese Bestimmungen die Form von Ausnahmeregelungen, so müssen sie vorübergehender Art sein und dürfen das Funktionieren des Binnenmarkts so wenig wie möglich stören.

Titel II. Der freie Warenverkehr

Art. 28 [Zollunion] (1) Die Union umfasst eine Zollunion, die sich auf den gesamten Warenaustausch erstreckt; sie umfasst das Verbot, zwischen den Mitgliedstaaten Ein- und Ausfuhrzölle und Abgaben gleicher Wirkung zu erheben, sowie die Einführung eines Gemeinsamen Zolltarifs gegenüber dritten Ländern.

(2) Artikel 30 und Kapitel 3 dieses Titels gelten für die aus den Mitgliedstaaten stammenden Waren sowie für diejenigen Waren aus dritten Ländern, die sich in den Mitgliedstaaten im freien Verkehr befinden.

Art. 29 [Freier Verkehr von Waren aus dritten Ländern] Als im freien Verkehr eines Mitgliedstaats befindlich gelten diejenigen Waren aus dritten Ländern, für die in dem betreffenden Mitgliedstaat die Einfuhrförmlichkeiten erfüllt sowie die vorgeschriebenen Zölle und Abgaben gleicher Wirkung erhoben und nicht ganz oder teilweise rückvergütet worden sind.

Kapitel 1. Die Zollunion

Art. 30 [Verbot von Zöllen] [1] Ein- und Ausfuhrzölle oder Abgaben gleicher Wirkung sind zwischen den Mitgliedstaaten verboten. [2] Dieses Verbot gilt auch für Finanzzölle.

Art. 31 [Gemeinsame Zolltarif] Der Rat legt die Sätze des Gemeinsamen Zolltarifs auf Vorschlag der Kommission fest.

Art. 32 [Zielsetzung der Kommissionsaufgaben] Bei der Ausübung der ihr aufgrund dieses Kapitels übertragenen Aufgaben geht die Kommission von folgenden Gesichtspunkten aus:

a) der Notwendigkeit, den Handelsverkehr zwischen den Mitgliedstaaten und dritten Ländern zu fördern;

b) der Entwicklung der Wettbewerbsbedingungen innerhalb der Union, soweit diese Entwicklung zu einer Zunahme der Wettbewerbsfähigkeit der Unternehmen führt;

c) dem Versorgungsbedarf der Union an Rohstoffen und Halbfertigwaren; hierbei achtet die Kommission darauf, zwischen den Mitgliedstaaten die Wettbewerbsbedingungen für Fertigwaren nicht zu verfälschen;

d) der Notwendigkeit, ernsthafte Störungen im Wirtschaftsleben der Mitgliedstaaten zu vermeiden und eine rationelle Entwicklung der Erzeugung sowie eine Ausweitung des Verbrauchs innerhalb der Union zu gewährleisten.

Kapitel 2. Die Zusammenarbeit im Zollwesen

Art. 33 [Ausbau der Zusammenarbeit] Das Europäische Parlament und der Rat treffen im Rahmen des Geltungsbereichs der Verträge gemäß dem ordentlichen Gesetzgebungsverfahrens Maßnahmen zum Ausbau der Zusammenarbeit im Zollwesen zwischen den Mitgliedstaaten sowie zwischen den Mitgliedstaaten und der Kommission.

Kapitel 3. Verbot von mengenmäßigen Beschränkungen zwischen den Mitgliedstaaten

Art. 34 [Verbot von Einfuhrbeschränkungen] Mengenmäßige Einfuhrbeschränkungen sowie alle Maßnahmen gleicher Wirkung sind zwischen den Mitgliedstaaten verboten.

Art. 35 [Verbot von Ausfuhrbeschränkungen] Mengenmäßige Ausfuhrbeschränkungen sowie alle Maßnahmen gleicher Wirkung sind zwischen den Mitgliedstaaten verboten.

Art. 36 [Ausnahmen] [1] Die Bestimmungen der Artikel 34 und 35 stehen Einfuhr-, Ausfuhr- und Durchfuhrverboten oder -beschränkungen nicht entgegen, die aus Gründen der öffentlichen Sittlichkeit, Ordnung und Sicherheit, zum Schutze der Gesundheit und des Lebens von Menschen, Tieren oder Pflanzen, des nationalen Kulturguts von künstlerischem, geschichtlichem oder archäologischem Wert oder des gewerblichen und kommerziellen Eigentums gerechtfertigt sind. [2] Diese Verbote oder Beschränkungen dürfen jedoch weder ein Mittel zur willkürlichen Diskriminierung noch eine verschleierte Beschränkung des Handels zwischen den Mitgliedstaaten darstellen.

Art. 37 [Staatliche Handelsmonopole] (1) Die Mitgliedstaaten formen ihre staatlichen Handelsmonopole derart um, dass jede Diskriminierung in den Versorgungs- und Absatzbedingungen zwischen den Angehörigen der Mitgliedstaaten ausgeschlossen ist.

[1] Dieser Artikel gilt für alle Einrichtungen, durch die ein Mitgliedstaat unmittelbar oder mittelbar die Einfuhr oder die Ausfuhr zwischen den Mitgliedstaaten rechtlich oder tatsächlich kontrolliert, lenkt oder merklich beeinflusst. [2] Er gilt auch für die von einem Staat auf andere Rechtsträger übertragenen Monopole.

(2) Die Mitgliedstaaten unterlassen jede neue Maßnahme, die den in Absatz 1 genannten Grundsätzen widerspricht oder die Tragweite der Artikel über das Verbot von Zöllen und mengenmäßigen Beschränkungen zwischen den Mitgliedstaaten einengt.

(3) Ist mit einem staatlichen Handelsmonopol eine Regelung zur Erleichterung des Absatzes oder der Verwertung landwirtschaftlicher Erzeugnisse verbunden, so sollen bei der Anwendung dieses Artikels gleichwertige Sicherheiten für die Beschäftigung und Lebenshaltung der betreffenden Erzeuger gewährleistet werden.

Titel III. Die Landwirtschaft und die Fischerei

Art. 38 [Binnenmarkt und Landwirtschaft] (1) Die Union legt eine gemeinsame Agrar- und Fischereipolitik fest und führt sie durch.

[1] Der Binnenmarkt umfasst auch die Landwirtschaft, die Fischerei und den Handel mit landwirtschaftlichen Erzeugnissen. [2] Unter landwirtschaftlichen Erzeugnissen sind die Erzeugnisse des Bodens, der Viehzucht und der Fischerei sowie die mit diesen in unmittelbarem Zusammenhang stehenden Erzeugnisse der ersten Verarbeitungsstufe zu verstehen. [3] Die Bezugnahmen auf die gemeinsame Agrarpolitik oder auf die Landwirtschaft und die Verwendung des Wortes „landwirtschaftlich" sind in dem Sinne zu verstehen, dass damit unter Berücksichtigung der besonderen Merkmale des Fischereisektors auch die Fischerei gemeint ist.

(2) Die Vorschriften für die Errichtung oder das Funktionieren des Binnenmarkts finden auf die landwirtschaftlichen Erzeugnisse Anwendung, soweit in den Artikeln 39 bis 44 nicht etwas anderes bestimmt ist.

(3) Die Erzeugnisse, für welche die Artikel 39 bis 44 gelten, sind in Anhang I aufgeführt.

(4) Mit dem Funktionieren und der Entwicklung des Binnenmarkts für landwirtschaftliche Erzeugnisse muss die Gestaltung einer gemeinsamen Agrarpolitik Hand in Hand gehen.

Art. 39 [Ziel gemeinsamer Agrarpolitik] (1) Ziel der gemeinsamen Agrarpolitik ist es,

a) die Produktivität der Landwirtschaft durch Förderung des technischen Fortschritts, Rationalisierung der landwirtschaftlichen Erzeugung und den bestmöglichen Einsatz der Produktionsfaktoren, insbesondere der Arbeitskräfte, zu steigern;

b) auf diese Weise der landwirtschaftlichen Bevölkerung, insbesondere durch Erhöhung des Pro-Kopf-Einkommens der in der Landwirtschaft tätigen Personen, eine angemessene Lebenshaltung zu gewährleisten;

c) die Märkte zu stabilisieren;

d) die Versorgung sicherzustellen;

e) für die Belieferung der Verbraucher zu angemessenen Preisen Sorge zu tragen.

(2) Bei der Gestaltung der gemeinsamen Agrarpolitik und der hierfür anzuwendenden besonderen Methoden ist Folgendes zu berücksichtigen:

a) die besondere Eigenart der landwirtschaftlichen Tätigkeit, die sich aus dem sozialen Aufbau der Landwirtschaft und den strukturellen und naturbedingten Unterschieden der verschiedenen landwirtschaftlichen Gebiete ergibt;

b) die Notwendigkeit, die geeigneten Anpassungen stufenweise durchzuführen;

c) die Tatsache, dass die Landwirtschaft in den Mitgliedstaaten einen mit der gesamten Volkswirtschaft eng verflochtenen Wirtschaftsbereich darstellt.

Art. 40 [Gemeinsame Marktorganisation] (1) Um die Ziele des Artikels 39 zu erreichen, wird eine gemeinsame Organisation der Agrarmärkte geschaffen.

Diese besteht je nach Erzeugnis aus einer der folgenden Organisationsformen:

a) gemeinsame Wettbewerbsregeln,

b) bindende Koordinierung der verschiedenen einzelstaatlichen Marktordnungen,

c) eine Europäische Marktordnung.

(2) Die nach Absatz 1 gestaltete gemeinsame Organisation kann alle zur Durchführung des Artikels 39 erforderlichen Maßnahmen einschließen, insbesondere Preisregelungen, Beihilfen für die Erzeugung und die Verteilung der verschiedenen Erzeugnisse, Einlagerungs- und Ausgleichsmaßnahmen, gemeinsame Einrichtungen zur Stabilisierung der Ein- oder Ausfuhr.

Die gemeinsame Organisation hat sich auf die Verfolgung der Ziele des Artikels 39 zu beschränken und jede Diskriminierung zwischen Erzeugern oder Verbrauchern innerhalb der Union auszuschließen.

Eine etwaige gemeinsame Preispolitik muss auf gemeinsamen Grundsätzen und einheitlichen Berechnungsmethoden beruhen.

(3) Um der in Absatz 1 genannten gemeinsamen Organisation die Erreichung ihrer Ziele zu ermöglichen, können ein oder mehrere Ausrichtungs- oder Garantiefonds für die Landwirtschaft geschaffen werden.

Art. 41 [Maßnahmen im Rahmen einer gemeinsamen Agrarpolitik] Um die Ziele des Artikels 39 zu erreichen, können im Rahmen der gemeinsamen Agrarpolitik folgende Maßnahmen vorgesehen werden:

a) eine wirksame Koordinierung der Bestrebungen auf dem Gebiet der Berufsausbildung, der Forschung und der Verbreitung landwirtschaftlicher Fachkenntnisse; hierbei können Vorhaben oder Einrichtungen gemeinsam finanziert werden;

b) gemeinsame Maßnahmen zur Förderung des Verbrauchs bestimmter Erzeugnisse.

Art. 42 [Anwendung der Wettbewerbs- und Beihilferegeln] Das Kapitel über die Wettbewerbsregeln findet auf die Produktion landwirtschaftlicher Erzeugnisse und den Handel mit diesen nur insoweit Anwendung, als das Europäische Parlament und der Rat dies unter Berücksichtigung der Ziele des Artikels 39 im Rahmen des Artikels 43 Absatz 2 und gemäß dem dort vorgesehenen Verfahren bestimmt.

Der Rat kann auf Vorschlag der Kommission genehmigen, dass Beihilfen gewährt werden

a) zum Schutz von Betrieben, die durch strukturelle oder naturgegebene Bedingungen benachteiligt sind, oder

b) im Rahmen wirtschaftlicher Entwicklungsprogramme.

Art. 43 [Rechtsetzung, Kompetenzen und Verfahren] (1) Die Kommission legt zur Gestaltung und Durchführung der gemeinsamen Agrarpolitik Vorschläge vor, welche unter anderem die Ablösung der einzelstaatlichen Marktordnungen durch eine der in Artikel 40 Absatz 1 vorgesehenen gemeinsamen Organisationsformen sowie die Durchführung der in diesem Titel bezeichneten Maßnahmen vorsehen.

Diese Vorschläge müssen dem inneren Zusammenhang der in diesem Titel aufgeführten landwirtschaftlichen Fragen Rechnung tragen.

(2) Das Europäische Parlament und der Rat legen gemäß dem ordentlichen Gesetzgebungsverfahren und nach Anhörung des Wirtschafts- und Sozialausschusses die gemeinsame Organisation der Agrarmärkte nach Artikel 40 Absatz 1 sowie die anderen Bestimmungen fest, die für die Verwirklichung der Ziele der gemeinsamen Agrar- und Fischereipolitik notwendig sind.

(3) Der Rat erlässt auf Vorschlag der Kommission die Maßnahmen zur Festsetzung der Preise, der Abschöpfungen, der Beihilfen und der mengenmäßigen Beschränkungen sowie zur Festsetzung und Aufteilung der Fangmöglichkeiten in der Fischerei.

(4) Die einzelstaatlichen Marktordnungen können nach Maßgabe des Absatzes 2 durch die in Artikel 40 Absatz 1 vorgesehene gemeinsame Organisation ersetzt werden,

a) wenn sie den Mitgliedstaaten, die sich gegen diese Maßnahme ausgesprochen haben und eine eigene Marktordnung für die in Betracht kommende Erzeugung besitzen, gleichwertige Sicherheiten für die Beschäftigung und Lebenshaltung der betreffenden Erzeuger bietet; hierbei sind die im Zeitablauf möglichen Anpassungen und erforderlichen Spezialisierungen zu berücksichtigen, und

b) wenn die gemeinsame Organisation für den Handelsverkehr innerhalb der Union Bedingungen sicherstellt, die denen eines Binnenmarkts entsprechen.

(5) Wird eine gemeinsame Organisation für bestimmte Rohstoffe geschaffen, bevor eine gemeinsame Organisation für die entsprechenden weiterverarbeiteten Erzeugnisse besteht, so können die betreffenden Rohstoffe aus Ländern außerhalb der Union eingeführt werden, wenn sie für weiterverarbeitete Erzeugnisse verwendet werden, die zur Ausfuhr nach dritten Ländern bestimmt sind.

Art. 44 [Ausgleichsabgaben] Besteht in einem Mitgliedstaat für ein Erzeugnis eine innerstaatliche Marktordnung oder Regelung gleicher Wirkung und wird dadurch eine gleichartige Erzeugung in einem anderen Mitgliedstaat in ihrer Wettbewerbslage beeinträchtigt, so erheben die Mitgliedstaaten bei der Einfuhr des betreffenden Erzeugnisses aus dem Mitgliedstaat, in dem die genannte Marktordnung oder Regelung besteht, eine Ausgleichsabgabe, es sei denn, dass dieser Mitgliedstaat eine Ausgleichsabgabe bei der Ausfuhr erhebt.

Die Kommission setzt diese Abgaben in der zur Wiederherstellung des Gleichgewichts erforderlichen Höhe fest; sie kann auch andere Maßnahmen genehmigen, deren Bedingungen und Einzelheiten sie festlegt.

Titel IV. Die Freizügigkeit, der freie Dienstleistungs- und Kapitalverkehr

Kapitel 1. Die Arbeitskräfte

Art. 45 [Freizügigkeit der Arbeitnehmer] (1) Innerhalb der Union ist die Freizügigkeit der Arbeitnehmer gewährleistet.

(2) Sie umfasst die Abschaffung jeder auf der Staatsangehörigkeit beruhenden unterschiedlichen Behandlung der Arbeitnehmer der Mitgliedstaaten in Bezug auf Beschäftigung, Entlohnung und sonstige Arbeitsbedingungen.

(3) Sie gibt – vorbehaltlich der aus Gründen der öffentlichen Ordnung, Sicherheit und Gesundheit gerechtfertigten Beschränkungen – den Arbeitnehmern das Recht,

a) sich um tatsächlich angebotene Stellen zu bewerben;

b) sich zu diesem Zweck im Hoheitsgebiet der Mitgliedstaaten frei zu bewegen;

c) sich in einem Mitgliedstaat aufzuhalten, um dort nach den für die Arbeitnehmer dieses Staates geltenden Rechts- und Verwaltungsvorschriften eine Beschäftigung auszuüben;

d) nach Beendigung einer Beschäftigung im Hoheitsgebiet eines Mitgliedstaats unter Bedingungen zu verbleiben, welche die Kommission durch Verordnungen festlegt.

(4) Dieser Artikel findet keine Anwendung auf die Beschäftigung in der öffentlichen Verwaltung.

Art. 46 [Maßnahmen zur Herstellung der Freizügigkeit] Das Europäische Parlament und der Rat treffen gemäß dem ordentlichen Gesetzgebungsverfahren und nach Anhörung des Wirtschafts- und Sozialausschusses durch Richtlinien oder Verordnungen alle erforderlichen Maßnahmen, um die

Freizügigkeit der Arbeitnehmer im Sinne des Artikels 45 herzustellen, insbesondere

a) durch Sicherstellung einer engen Zusammenarbeit zwischen den einzelstaatlichen Arbeitsverwaltungen;
b) durch die Beseitigung der Verwaltungsverfahren und -praktiken sowie der für den Zugang zu verfügbaren Arbeitsplätzen vorgeschriebenen Fristen, die sich aus innerstaatlichen Rechtsvorschriften oder vorher zwischen den Mitgliedstaaten geschlossenen Übereinkünften ergeben und deren Beibehaltung die Herstellung der Freizügigkeit der Arbeitnehmer hindert;
c) durch die Beseitigung aller Fristen und sonstigen Beschränkungen, die in innerstaatlichen Rechtsvorschriften oder vorher zwischen den Mitgliedstaaten geschlossenen Übereinkünften vorgesehen sind und die den Arbeitnehmern der anderen Mitgliedstaaten für die freie Wahl des Arbeitsplatzes andere Bedingungen als den inländischen Arbeitnehmern auferlegen;
d) durch die Schaffung geeigneter Verfahren für die Zusammenführung und den Ausgleich von Angebot und Nachfrage auf dem Arbeitsmarkt zu Bedingungen, die eine ernstliche Gefährdung der Lebenshaltung und des Beschäftigungsstands in einzelnen Gebieten und Industrien ausschließen.

Art. 47 [Austausch junger Arbeitskräfte] Die Mitgliedstaaten fördern den Austausch junger Arbeitskräfte im Rahmen eines gemeinsamen Programms.

Art. 48 [Sicherstellung der Ansprüche und Leistungen auf dem Gebiet der sozialen Sicherheit] Das Europäische Parlament und der Rat beschließen gemäß dem ordentlichen Gesetzgebungsverfahren die auf dem Gebiet der sozialen Sicherheit für die Herstellung der Freizügigkeit der Arbeitnehmer notwendigen Maßnahmen; zu diesem Zweck führen sie insbesondere ein System ein, das zu- und abwandernden Arbeitnehmern und Selbstständigen sowie deren anspruchsberechtigten Angehörigen Folgendes sichert:

a) die Zusammenrechnung aller nach den verschiedenen innerstaatlichen Rechtsvorschriften berücksichtigten Zeiten für den Erwerb und die Aufrechterhaltung des Leistungsanspruchs sowie für die Berechnung der Leistungen;
b) die Zahlung der Leistungen an Personen, die in den Hoheitsgebieten der Mitgliedstaaten wohnen.

[1] Erklärt ein Mitglied des Rates, dass ein Entwurf eines Gesetzgebungsakts nach Absatz 1 wichtige Aspekte seines Systems der sozialen Sicherheit, insbesondere dessen Geltungsbereich, Kosten oder Finanzstruktur, verletzen oder dessen finanzielles Gleichgewicht beeinträchtigen würde, so kann es beantragen, dass der Europäische Rat befasst wird. [2] In diesem Fall wird das ordentliche Gesetzgebungsverfahren ausgesetzt. [3] Nach einer Aussprache geht der Europäische Rat binnen vier Monaten nach Aussetzung des Verfahrens wie folgt vor:

a) er verweist den Entwurf an den Rat zurück, wodurch die Aussetzung des ordentlichen Gesetzgebungsverfahrens beendet wird, oder

b) er sieht von einem Tätigwerden ab, oder aber er ersucht die Kommission um Vorlage eines neuen Vorschlags; in diesem Fall gilt der ursprünglich vorgeschlagene Rechtsakt als nicht erlassen.

Kapitel 2. Das Niederlassungsrecht

Art. 49 [Niederlassungsfreiheit] [1] Die Beschränkungen der freien Niederlassung von Staatsangehörigen eines Mitgliedstaats im Hoheitsgebiet eines anderen Mitgliedstaats sind nach Maßgabe der folgenden Bestimmungen verboten. [2] Das Gleiche gilt für Beschränkungen der Gründung von Agenturen, Zweigniederlassungen oder Tochtergesellschaften durch Angehörige eines Mitgliedstaats, die im Hoheitsgebiet eines Mitgliedstaats ansässig sind.

Vorbehaltlich des Kapitels über den Kapitalverkehr umfasst die Niederlassungsfreiheit die Aufnahme und Ausübung selbstständiger Erwerbstätigkeiten sowie die Gründung und Leitung von Unternehmen, insbesondere von Gesellschaften im Sinne des Artikels 54 Absatz 2, nach den Bestimmungen des Aufnahmestaats für seine eigenen Angehörigen.

Art. 50 [Maßnahmen zur Verwirklichung der Niederlassungsfreiheit]

(1) Das Europäische Parlament und der Rat erlassen gemäß dem ordentlichen Gesetzgebungsverfahren und nach Anhörung des Wirtschafts- und Sozialausschusses Richtlinien zur Verwirklichung der Niederlassungsfreiheit für eine bestimmte Tätigkeit.

(2) Das Europäische Parlament, der Rat und die Kommission erfüllen die Aufgaben, die ihnen aufgrund der obigen Bestimmungen übertragen sind, indem sie insbesondere

a) im Allgemeinen diejenigen Tätigkeiten mit Vorrang behandeln, bei denen die Niederlassungsfreiheit die Entwicklung der Produktion und des Handels in besonderer Weise fördert;

b) eine enge Zusammenarbeit zwischen den zuständigen Verwaltungen der Mitgliedstaaten sicherstellen, um sich über die besondere Lage auf den verschiedenen Tätigkeitsgebieten innerhalb der Union zu unterrichten;

c) die aus innerstaatlichen Rechtsvorschriften oder vorher zwischen den Mitgliedstaaten geschlossenen Übereinkünften abgeleiteten Verwaltungsverfahren und -praktiken ausschalten, deren Beibehaltung der Niederlassungsfreiheit entgegensteht;

d) dafür Sorge tragen, dass Arbeitnehmer eines Mitgliedstaats, die im Hoheitsgebiet eines anderen Mitgliedstaats beschäftigt sind, dort verbleiben und eine selbstständige Tätigkeit unter denselben Voraussetzungen ausüben können, die sie erfüllen müssten, wenn sie in diesen Staat erst zu dem Zeitpunkt einreisen würden, in dem sie diese Tätigkeit aufzunehmen beabsichtigen;

e) den Erwerb und die Nutzung von Grundbesitz im Hoheitsgebiet eines Mitgliedstaats durch Angehörige eines anderen Mitgliedstaats ermöglichen, soweit hierdurch die Grundsätze des Artikels 39 Absatz 2 nicht beeinträchtigt werden;

f) veranlassen, dass bei jedem in Betracht kommenden Wirtschaftszweig die Beschränkungen der Niederlassungsfreiheit in Bezug auf die Voraussetzungen für die Errichtung von Agenturen, Zweigniederlassungen und Tochtergesellschaften im Hoheitsgebiet eines Mitgliedstaats sowie für den Eintritt des Personals der Hauptniederlassung in ihre Leitungs- oder Überwachungsorgane schrittweise aufgehoben werden;

g) soweit erforderlich, die Schutzbestimmungen koordinieren, die in den Mitgliedstaaten den Gesellschaften im Sinne des Artikels 54 Absatz 2 im Interesse der Gesellschafter sowie Dritter vorgeschrieben sind, um diese Bestimmungen gleichwertig zu gestalten;

h) sicherstellen, dass die Bedingungen für die Niederlassung nicht durch Beihilfen der Mitgliedstaaten verfälscht werden.

Art. 51 [Ausübung öffentlicher Gewalt] Auf Tätigkeiten, die in einem Mitgliedstaat dauernd oder zeitweise mit der Ausübung öffentlicher Gewalt verbunden sind, findet dieses Kapitel in dem betreffenden Mitgliedstaat keine Anwendung.

Das Europäische Parlament und der Rat können gemäß dem ordentlichen Gesetzgebungsverfahren beschließen, dass dieses Kapitel auf bestimmte Tätigkeiten keine Anwendung findet.

Art. 52 [Öffentliche Ordnung; Sicherheit; Gesundheit] (1) Dieses Kapitel und die aufgrund desselben getroffenen Maßnahmen beeinträchtigen nicht die Anwendbarkeit der Rechts- und Verwaltungsvorschriften, die eine Sonderregelung für Ausländer vorsehen und aus Gründen der öffentlichen Ordnung, Sicherheit oder Gesundheit gerechtfertigt sind.

(2) Das Europäische Parlament und der Rat erlassen gemäß dem ordentlichen Gesetzgebungsverfahren Richtlinien für die Koordinierung der genannten Vorschriften.

Art. 53 [Gegenseitige Anerkennung von Diplomen; Koordinierungsrechtsetzung] (1) Um die Aufnahme und Ausübung selbstständiger Tätigkeiten zu erleichtern, erlassen das Europäische Parlament und der Rat gemäß dem ordentlichen Gesetzgebungsverfahren Richtlinien für die gegenseitige Anerkennung der Diplome, Prüfungszeugnisse und sonstigen Befähigungsnachweise sowie für die Koordinierung der Rechts- und Verwaltungsvorschriften der Mitgliedstaaten über die Aufnahme und Ausübung selbstständiger Tätigkeiten.

(2) Die schrittweise Aufhebung der Beschränkungen für die ärztlichen, arztähnlichen und pharmazeutischen Berufe setzt die Koordinierung der Bedingungen für die Ausübung dieser Berufe in den einzelnen Mitgliedstaaten voraus.

Art. 54 [Gleichstellung der Gesellschaften] Für die Anwendung dieses Kapitels stehen die nach den Rechtsvorschriften eines Mitgliedstaats gegründeten Gesellschaften, die ihren satzungsmäßigen Sitz, ihre Hauptverwaltung oder ihre Hauptniederlassung innerhalb der Union haben, den natürlichen Personen gleich, die Angehörige der Mitgliedstaaten sind.

Als Gesellschaften gelten die Gesellschaften des bürgerlichen Rechts und des Handelsrechts einschließlich der Genossenschaften und die sonstigen juristischen Personen des öffentlichen und privaten Rechts mit Ausnahme derjenigen, die keinen Erwerbszweck verfolgen.

Art. 55 [Diskriminierungsverbot bei Kapitalbeteiligungen] Unbeschadet der sonstigen Bestimmungen der Verträge stellen die Mitgliedstaaten die Staatsangehörigen der anderen Mitgliedstaaten hinsichtlich ihrer Beteiligung am Kapital von Gesellschaften im Sinne des Artikels 54 den eigenen Staatsangehörigen gleich.

Kapitel 3. Dienstleistungen

Art. 56 [Dienstleistungsfreiheit] Die Beschränkungen des freien Dienstleistungsverkehrs innerhalb der Union für Angehörige der Mitgliedstaaten, die in einem anderen Mitgliedstaat als demjenigen des Leistungsempfängers ansässig sind, sind nach Maßgabe der folgenden Bestimmungen verboten.

Das Europäische Parlament und der Rat können gemäß dem ordentlichen Gesetzgebungsverfahren beschließen, dass dieses Kapitel auch auf Erbringer von Dienstleistungen Anwendung findet, welche die Staatsangehörigkeit eines dritten Landes besitzen und innerhalb der Union ansässig sind.

Art. 57 [Dienstleistungen] Dienstleistungen im Sinne der Verträge sind Leistungen, die in der Regel gegen Entgelt erbracht werden, soweit sie nicht den Vorschriften über den freien Waren- und Kapitalverkehr und über die Freizügigkeit der Personen unterliegen.

Als Dienstleistungen gelten insbesondere:

a) gewerbliche Tätigkeiten,

b) kaufmännische Tätigkeiten,

c) handwerkliche Tätigkeiten,

d) freiberufliche Tätigkeiten.

Unbeschadet des Kapitels über die Niederlassungsfreiheit kann der Leistende zwecks Erbringung seiner Leistungen seine Tätigkeit vorübergehend in dem Mitgliedstaat ausüben, in dem die Leistung erbracht wird, und zwar unter den Voraussetzungen, welche dieser Mitgliedstaat für seine eigenen Angehörigen vorschreibt.

Art. 58 [Verkehrsdienstleistungen; Kapitalverkehr] (1) Für den freien Dienstleistungsverkehr auf dem Gebiet des Verkehrs gelten die Bestimmungen des Titels über den Verkehr.

(2) Die Liberalisierung der mit dem Kapitalverkehr verbundenen Dienstleistungen der Banken und Versicherungen wird im Einklang mit der Liberalisierung des Kapitalverkehrs durchgeführt.

Art. 59 [Liberalisierungsmaßnahmen] (1) Das Europäische Parlament und der Rat erlassen gemäß dem ordentlichen Gesetzgebungsverfahren und nach Anhörung des Wirtschafts- und Sozialausschusses Richtlinien zur Liberalisierung einer bestimmten Dienstleistung.

(2) Bei den in Absatz 1 genannten Richtlinien sind im Allgemeinen mit Vorrang diejenigen Dienstleistungen zu berücksichtigen, welche die Produktionskosten unmittelbar beeinflussen oder deren Liberalisierung zur Förderung des Warenverkehrs beiträgt.

Art. 60 [Weitergehende Liberalisierung] Die Mitgliedstaaten bemühen sich, über das Ausmaß der Liberalisierung der Dienstleistungen, zu dem sie aufgrund der Richtlinien gemäß Artikel 59 Absatz 1 verpflichtet sind, hinauszugehen, falls ihre wirtschaftliche Gesamtlage und die Lage des betreffenden Wirtschaftszweigs dies zulassen.

Die Kommission richtet entsprechende Empfehlungen an die betreffenden Staaten.

Art. 61 [Übergangsregelung] Solange die Beschränkungen des freien Dienstleistungsverkehrs nicht aufgehoben sind, wendet sie jeder Mitgliedstaat ohne Unterscheidung nach Staatsangehörigkeit oder Aufenthaltsort auf alle in Artikel 56 Absatz 1 bezeichneten Erbringer von Dienstleistungen an.

Art. 62 [Entsprechende Anwendung von Vorschriften des Niederlassungsrechts] Die Bestimmungen der Artikel 51 bis 54 finden auf das in diesem Kapitel geregelte Sachgebiet Anwendung.

Kapitel 4. Der Kapital- und Zahlungsverkehr

Art. 63 [Freier Kapital- und Zahlungsverkehr] (1) Im Rahmen der Bestimmungen dieses Kapitels sind alle Beschränkungen des Kapitalverkehrs zwischen den Mitgliedstaaten sowie zwischen den Mitgliedstaaten und dritten Ländern verboten.

(2) Im Rahmen der Bestimmungen dieses Kapitels sind alle Beschränkungen des Zahlungsverkehrs zwischen den Mitgliedstaaten sowie zwischen den Mitgliedstaaten und dritten Ländern verboten.

Art. 64[1)] [Ausnahmen im Kapitalverkehr mit Drittstaaten] (1) [1] Artikel 63 berührt nicht die Anwendung derjenigen Beschränkungen auf dritte Länder, die am 31. Dezember 1993 aufgrund einzelstaatlicher Rechtsvorschriften oder aufgrund von Rechtsvorschriften der Union für den Kapitalverkehr mit dritten Ländern im Zusammenhang mit Direktinvestitionen einschließlich Anlagen in Immobilien, mit der Niederlassung, der Erbringung von Finanzdienstleistungen oder der Zulassung von Wertpapieren zu den Kapitalmärkten bestehen. [2] Für in Bulgarien, Estland und Ungarn bestehende Beschränkungen nach innerstaatlichem Recht ist der maßgebliche Zeitpunkt der 31. Dezember 1999. [3] Für in Kroatien nach innerstaatlichem Recht bestehende Beschränkungen ist der maßgebliche Zeitpunkt der 31. Dezember 2002.

(2) Unbeschadet der anderen Kapitel der Verträge sowie ihrer Bemühungen um eine möglichst weit gehende Verwirklichung des Zieles eines freien Kapitalverkehrs zwischen den Mitgliedstaaten und dritten Ländern beschließen das Europäische Parlament und der Rat gemäß dem ordentlichen Gesetzgebungsverfahren Maßnahmen für den Kapitalverkehr mit dritten Ländern im Zusammenhang mit Direktinvestitionen einschließlich Anlagen in Immobilien, mit der Niederlassung, der Erbringung von Finanzdienstleistungen oder der Zulassung von Wertpapieren zu den Kapitalmärkten.

[1)] Art. 64 Abs. 1 Satz 3 angef. mWv 1.7.2013 durch Akte v. 9.12.2011 (ABl. 2012 Nr. L 112 S. 21).

(3) Abweichend von Absatz 2 kann nur der Rat gemäß einem besonderen Gesetzgebungsverfahren und nach Anhörung des Europäischen Parlaments Maßnahmen einstimmig beschließen, die im Rahmen des Unionsrechts für die Liberalisierung des Kapitalverkehrs mit Drittländern einen Rückschritt darstellen.

Art. 65 [Nationale Beschränkungen] (1) Artikel 63 berührt nicht das Recht der Mitgliedstaaten,

a) die einschlägigen Vorschriften ihres Steuerrechts anzuwenden, die Steuerpflichtige mit unterschiedlichem Wohnort oder Kapitalanlageort unterschiedlich behandeln,

b) die unerlässlichen Maßnahmen zu treffen, um Zuwiderhandlungen gegen innerstaatliche Rechts- und Verwaltungsvorschriften, insbesondere auf dem Gebiet des Steuerrechts und der Aufsicht über Finanzinstitute, zu verhindern, sowie Meldeverfahren für den Kapitalverkehr zwecks administrativer oder statistischer Information vorzusehen oder Maßnahmen zu ergreifen, die aus Gründen der öffentlichen Ordnung oder Sicherheit gerechtfertigt sind.

(2) Dieses Kapitel berührt nicht die Anwendbarkeit von Beschränkungen des Niederlassungsrechts, die mit den Verträgen vereinbar sind.

(3) Die in den Absätzen 1 und 2 genannten Maßnahmen und Verfahren dürfen weder ein Mittel zur willkürlichen Diskriminierung noch eine verschleierte Beschränkung des freien Kapital- und Zahlungsverkehrs im Sinne des Artikels 63 darstellen.

(4) [1] Sind keine Maßnahmen nach Artikel 64 Absatz 3 erlassen worden, so kann die Kommission oder, wenn diese binnen drei Monaten nach der Vorlage eines entsprechenden Antrags des betreffenden Mitgliedstaats keinen Beschluss erlassen hat, der Rat einen Beschluss erlassen, mit dem festgelegt wird, dass die von einem Mitgliedstaat in Bezug auf ein oder mehrere Drittländer getroffenen restriktiven steuerlichen Maßnahmen insofern als mit den Verträgen vereinbar anzusehen sind, als sie durch eines der Ziele der Union gerechtfertigt und mit dem ordnungsgemäßen Funktionieren des Binnenmarkts vereinbar sind. [2] Der Rat beschließt einstimmig auf Antrag eines Mitgliedstaats.

Art. 66 [Kurzfristige Schutzmaßnahmen] Falls Kapitalbewegungen nach oder aus dritten Ländern unter außergewöhnlichen Umständen das Funktionieren der Wirtschafts- und Währungsunion schwerwiegend stören oder zu stören drohen, kann der Rat auf Vorschlag der Kommission und nach Anhörung der Europäischen Zentralbank gegenüber dritten Ländern Schutzmaßnahmen mit einer Geltungsdauer von höchstens sechs Monaten treffen, wenn diese unbedingt erforderlich sind.

Titel V. Der Raum der Freiheit, der Sicherheit und des Rechts

Kapitel 1. Allgemeine Bestimmungen

Art. 67 [Grundsätze] (1) Die Union bildet einen Raum der Freiheit, der Sicherheit und des Rechts, in dem die Grundrechte und die verschiedenen Rechtsordnungen und -traditionen der Mitgliedstaaten geachtet werden.

(2) [1] Sie stellt sicher, dass Personen an den Binnengrenzen nicht kontrolliert werden, und entwickelt eine gemeinsame Politik in den Bereichen Asyl, Einwanderung und Kontrollen an den Außengrenzen, die sich auf die Solidarität der Mitgliedstaaten gründet und gegenüber Drittstaatsangehörigen angemessen ist. [2] Für die Zwecke dieses Titels werden Staatenlose den Drittstaatsangehörigen gleichgestellt.

(3) Die Union wirkt darauf hin, durch Maßnahmen zur Verhütung und Bekämpfung von Kriminalität sowie von Rassismus und Fremdenfeindlichkeit, zur Koordinierung und Zusammenarbeit von Polizeibehörden und Organen der Strafrechtspflege und den anderen zuständigen Behörden sowie durch die gegenseitige Anerkennung strafrechtlicher Entscheidungen und erforderlichenfalls durch die Angleichung der strafrechtlichen Rechtsvorschriften ein hohes Maß an Sicherheit zu gewährleisten.

(4) Die Union erleichtert den Zugang zum Recht, insbesondere durch den Grundsatz der gegenseitigen Anerkennung gerichtlicher und außergerichtlicher Entscheidungen in Zivilsachen.

Art. 68 [Strategische Leitlinien] Der Europäische Rat legt die strategischen Leitlinien für die gesetzgeberische und operative Programmplanung im Raum der Freiheit, der Sicherheit und des Rechts fest.

Art. 69 [Achtung des Subsidiaritätsprinzips] Die nationalen Parlamente tragen bei Gesetzgebungsvorschlägen und -initiativen, die im Rahmen der Kapitel 4 und 5 vorgelegt werden, Sorge für die Achtung des Subsidiaritätsprinzips nach Maßgabe des Protokolls über die Anwendung der Grundsätze der Subsidiarität und der Verhältnismäßigkeit.

Art. 70 [Kontrollsystem für nationale Durchführungsmaßnahmen] [1] Unbeschadet der Artikel 258, 259 und 260 kann der Rat auf Vorschlag der Kommission Maßnahmen erlassen, mit denen Einzelheiten festgelegt werden, nach denen die Mitgliedstaaten in Zusammenarbeit mit der Kommission eine objektive und unparteiische Bewertung der Durchführung der unter diesen Titel fallenden Unionspolitik durch die Behörden der Mitgliedstaaten vornehmen, insbesondere um die umfassende Anwendung des Grundsatzes der gegenseitigen Anerkennung zu fördern. [2] Das Europäische Parlament und die nationalen Parlamente werden vom Inhalt und den Ergebnissen dieser Bewertung unterrichtet.

Art. 71 [Ständiger Ausschuss „Innere Sicherheit"] [1] Im Rat wird ein ständiger Ausschuss eingesetzt, um sicherzustellen, dass innerhalb der Union die operative Zusammenarbeit im Bereich der inneren Sicherheit gefördert und verstärkt wird. [2] Er fördert unbeschadet des Artikels 240 die Koordinierung der Maßnahmen der zuständigen Behörden der Mitgliedstaaten. [3] Die Vertreter der betroffenen Einrichtungen und sonstigen Stellen der Union können an den Arbeiten des Ausschusses beteiligt werden. [4] Das Europäische Parlament und die nationalen Parlamente werden über die Arbeiten des Ausschusses auf dem Laufenden gehalten.

Art. 72 [Nationale Zuständigkeiten] Dieser Titel berührt nicht die Wahrnehmung der Zuständigkeiten der Mitgliedstaaten für die Aufrechterhaltung der öffentlichen Ordnung und den Schutz der inneren Sicherheit.

Art. 73 [Zusammenarbeit der Mitgliedstaaten] Es steht den Mitgliedstaaten frei, untereinander und in eigener Verantwortung Formen der Zusammenarbeit und Koordinierung zwischen den zuständigen Dienststellen ihrer für den Schutz der nationalen Sicherheit verantwortlichen Verwaltungen einzurichten, die sie für geeignet halten.

Art. 74 [Maßnahmen zur Verwaltungszusammenarbeit] [1] Der Rat erlässt Maßnahmen, um die Verwaltungszusammenarbeit zwischen den zuständigen Dienststellen der Mitgliedstaaten in den Bereichen dieses Titels sowie die Zusammenarbeit zwischen diesen Dienststellen und der Kommission zu gewährleisten. [2] Dabei beschließt er auf Vorschlag der Kommission vorbehaltlich des Artikels 76 und nach Anhörung des Europäischen Parlaments.

Art. 75 [Maßnahmen gegen Terrorismusfinanzierung] Sofern dies notwendig ist, um die Ziele des Artikels 67 in Bezug auf die Verhütung und Bekämpfung von Terrorismus und damit verbundener Aktivitäten zu verwirklichen, schaffen das Europäische Parlament und der Rat gemäß dem ordentlichen Gesetzgebungsverfahren durch Verordnungen einen Rahmen für Verwaltungsmaßnahmen in Bezug auf Kapitalbewegungen und Zahlungen, wozu das Einfrieren von Geldern, finanziellen Vermögenswerten oder wirtschaftlichen Erträgen gehören kann, deren Eigentümer oder Besitzer natürliche oder juristische Personen, Gruppierungen oder nichtstaatliche Einheiten sind.

Der Rat erlässt auf Vorschlag der Kommission Maßnahmen zur Umsetzung des in Absatz 1 genannten Rahmens.

In den Rechtsakten nach diesem Artikel müssen die erforderlichen Bestimmungen über den Rechtsschutz vorgesehen sein.

Art. 76 [Initiativrecht] Die in den Kapiteln 4 und 5 genannten Rechtsakte sowie die in Artikel 74 genannten Maßnahmen, mit denen die Verwaltungszusammenarbeit in den Bereichen der genannten Kapitel gewährleistet wird, werden wie folgt erlassen:

a) auf Vorschlag der Kommission oder

b) auf Initiative eines Viertels der Mitgliedstaaten.

Kapitel 2. Politik im Bereich Grenzkontrollen, Asyl und Einwanderung

Art. 77 [Grenzschutzpolitik] (1) Die Union entwickelt eine Politik, mit der

a) sichergestellt werden soll, dass Personen unabhängig von ihrer Staatsangehörigkeit beim Überschreiten der Binnengrenzen nicht kontrolliert werden;

b) die Personenkontrolle und die wirksame Überwachung des Grenzübertritts an den Außengrenzen sichergestellt werden soll;

c) schrittweise ein integriertes Grenzschutzsystem an den Außengrenzen eingeführt werden soll.

(2) Für die Zwecke des Absatzes 1 erlassen das Europäische Parlament und der Rat gemäß dem ordentlichen Gesetzgebungsverfahren Maßnahmen, die folgende Bereiche betreffen:

a) die gemeinsame Politik in Bezug auf Visa und andere kurzfristige Aufenthaltstitel;

b) die Kontrollen, denen Personen beim Überschreiten der Außengrenzen unterzogen werden;

c) die Voraussetzungen, unter denen sich Drittstaatsangehörige innerhalb der Union während eines kurzen Zeitraums frei bewegen können;

d) alle Maßnahmen, die für die schrittweise Einführung eines integrierten Grenzschutzsystems an den Außengrenzen erforderlich sind;

e) die Abschaffung der Kontrolle von Personen gleich welcher Staatsangehörigkeit beim Überschreiten der Binnengrenzen.

(3) [1] Erscheint zur Erleichterung der Ausübung des in Artikel 20 Absatz 2 Buchstabe a genannten Rechts ein Tätigwerden der Union erforderlich, so kann der Rat gemäß einem besonderen Gesetzgebungsverfahren Bestimmungen betreffend Pässe, Personalausweise, Aufenthaltstitel oder diesen gleichgestellte Dokumente erlassen, sofern die Verträge hierfür anderweitig keine Befugnisse vorsehen. [2] Der Rat beschließt einstimmig nach Anhörung des Europäischen Parlaments.

(4) Dieser Artikel berührt nicht die Zuständigkeit der Mitgliedstaaten für die geografische Festlegung ihrer Grenzen nach dem Völkerrecht.

Art. 78 [Asylpolitik] (1) [1] Die Union entwickelt eine gemeinsame Politik im Bereich Asyl, subsidiärer Schutz und vorübergehender Schutz, mit der jedem Drittstaatsangehörigen, der internationalen Schutz benötigt, ein angemessener Status angeboten und die Einhaltung des Grundsatzes der Nicht-Zurückweisung gewährleistet werden soll. [2] Diese Politik muss mit dem Genfer Abkommen vom 28. Juli 1951 und dem Protokoll vom 31. Januar 1967 über die Rechtsstellung der Flüchtlinge sowie den anderen einschlägigen Verträgen im Einklang stehen.

(2) Für die Zwecke des Absatzes 1 erlassen das Europäische Parlament und der Rat gemäß dem ordentlichen Gesetzgebungsverfahren Maßnahmen in Bezug auf ein gemeinsames europäisches Asylsystem, das Folgendes umfasst:

a) einen in der ganzen Union gültigen einheitlichen Asylstatus für Drittstaatsangehörige;

b) einen einheitlichen subsidiären Schutzstatus für Drittstaatsangehörige, die keinen europäischen Asylstatus erhalten, aber internationalen Schutz benötigen;

c) eine gemeinsame Regelung für den vorübergehenden Schutz von Vertriebenen im Falle eines Massenzustroms;

d) gemeinsame Verfahren für die Gewährung und den Entzug des einheitlichen Asylstatus beziehungsweise des subsidiären Schutzstatus;

e) Kriterien und Verfahren zur Bestimmung des Mitgliedstaats, der für die Prüfung eines Antrags auf Asyl oder subsidiären Schutz zuständig ist;

f) Normen über die Aufnahmebedingungen von Personen, die Asyl oder subsidiären Schutz beantragen;

g) Partnerschaft und Zusammenarbeit mit Drittländern zur Steuerung des Zustroms von Personen, die Asyl oder subsidiären beziehungsweise vorübergehenden Schutz beantragen.

(3) [1] Befinden sich ein oder mehrere Mitgliedstaaten aufgrund eines plötzlichen Zustroms von Drittstaatsangehörigen in einer Notlage, so kann der Rat auf Vorschlag der Kommission vorläufige Maßnahmen zugunsten der betreffenden Mitgliedstaaten erlassen. [2] Er beschließt nach Anhörung des Europäischen Parlaments.

Art. 79 [Einwanderungspolitik] (1) Die Union entwickelt eine gemeinsame Einwanderungspolitik, die in allen Phasen eine wirksame Steuerung der Migrationsströme, eine angemessene Behandlung von Drittstaatsangehörigen, die sich rechtmäßig in einem Mitgliedstaat aufhalten, sowie die Verhütung und verstärkte Bekämpfung von illegaler Einwanderung und Menschenhandel gewährleisten soll.

(2) Für die Zwecke des Absatzes 1 erlassen das Europäische Parlament und der Rat gemäß dem ordentlichen Gesetzgebungsverfahren Maßnahmen in folgenden Bereichen:

a) Einreise- und Aufenthaltsvoraussetzungen sowie Normen für die Erteilung von Visa und Aufenthaltstiteln für einen langfristigen Aufenthalt, einschließlich solcher zur Familienzusammenführung, durch die Mitgliedstaaten;

b) Festlegung der Rechte von Drittstaatsangehörigen, die sich rechtmäßig in einem Mitgliedstaat aufhalten, einschließlich der Bedingungen, unter denen sie sich in den anderen Mitgliedstaaten frei bewegen und aufhalten dürfen;

c) illegale Einwanderung und illegaler Aufenthalt, einschließlich Abschiebung und Rückführung solcher Personen, die sich illegal in einem Mitgliedstaat aufhalten;

d) Bekämpfung des Menschenhandels, insbesondere des Handels mit Frauen und Kindern.

(3) Die Union kann mit Drittländern Übereinkünfte über eine Rückübernahme von Drittstaatsangehörigen in ihr Ursprungs- oder Herkunftsland schließen, die die Voraussetzungen für die Einreise in das Hoheitsgebiet eines der Mitgliedstaaten oder die Anwesenheit oder den Aufenthalt in diesem Gebiet nicht oder nicht mehr erfüllen.

(4) Das Europäische Parlament und der Rat können gemäß dem ordentlichen Gesetzgebungsverfahren unter Ausschluss jeglicher Harmonisierung der Rechtsvorschriften der Mitgliedstaaten Maßnahmen festlegen, mit denen die Bemühungen der Mitgliedstaaten um die Integration der sich rechtmäßig in ihrem Hoheitsgebiet aufhaltenden Drittstaatsangehörigen gefördert und unterstützt werden.

(5) Dieser Artikel berührt nicht das Recht der Mitgliedstaaten, festzulegen, wie viele Drittstaatsangehörige aus Drittländern in ihr Hoheitsgebiet einreisen dürfen, um dort als Arbeitnehmer oder Selbstständige Arbeit zu suchen.

Art. 80 [Grundsatz der Solidarität] [1] Für die unter dieses Kapitel fallende Politik der Union und ihre Umsetzung gilt der Grundsatz der Solidarität und der gerechten Aufteilung der Verantwortlichkeiten unter den Mitgliedstaaten, einschließlich in finanzieller Hinsicht. [2] Die aufgrund dieses Kapitels erlassenen Rechtsakte der Union enthalten, immer wenn dies erforderlich ist, entsprechende Maßnahmen für die Anwendung dieses Grundsatzes.

Kapitel 3. Justizielle Zusammenarbeit in Zivilsachen

Art. 81 [Justizielle Zusammenarbeit in Zivilsachen] (1) [1] Die Union entwickelt eine justizielle Zusammenarbeit in Zivilsachen mit grenzüberschreitendem Bezug, die auf dem Grundsatz der gegenseitigen Anerkennung gerichtlicher und außergerichtlicher Entscheidungen beruht. [2] Diese Zusammenarbeit kann den Erlass von Maßnahmen zur Angleichung der Rechtsvorschriften der Mitgliedstaaten umfassen.

(2) Für die Zwecke des Absatzes 1 erlassen das Europäische Parlament und der Rat, insbesondere wenn dies für das reibungslose Funktionieren des Binnenmarkts erforderlich ist, gemäß dem ordentlichen Gesetzgebungsverfahren Maßnahmen, die Folgendes sicherstellen sollen:

a) die gegenseitige Anerkennung und die Vollstreckung gerichtlicher und außergerichtlicher Entscheidungen zwischen den Mitgliedstaaten;

b) die grenzüberschreitende Zustellung gerichtlicher und außergerichtlicher Schriftstücke;

c) die Vereinbarkeit der in den Mitgliedstaaten geltenden Kollisionsnormen und Vorschriften zur Vermeidung von Kompetenzkonflikten;

d) die Zusammenarbeit bei der Erhebung von Beweismitteln;

e) einen effektiven Zugang zum Recht;

f) die Beseitigung von Hindernissen für die reibungslose Abwicklung von Zivilverfahren, erforderlichenfalls durch Förderung der Vereinbarkeit der in den Mitgliedstaaten geltenden zivilrechtlichen Verfahrensvorschriften;

g) die Entwicklung von alternativen Methoden für die Beilegung von Streitigkeiten;

h) die Förderung der Weiterbildung von Richtern und Justizbediensteten.

(3) [1] Abweichend von Absatz 2 werden Maßnahmen zum Familienrecht mit grenzüberschreitendem Bezug vom Rat gemäß einem besonderen Gesetzgebungsverfahren festgelegt. [2] Dieser beschließt einstimmig nach Anhörung des Europäischen Parlaments.

[1] Der Rat kann auf Vorschlag der Kommission einen Beschluss erlassen, durch den die Aspekte des Familienrechts mit grenzüberschreitendem Bezug bestimmt werden, die Gegenstand von Rechtsakten sein können, die gemäß dem ordentlichen Gesetzgebungsverfahren erlassen werden. [2] Der Rat beschließt einstimmig nach Anhörung des Europäischen Parlaments.

[1] Der in Unterabsatz 2 genannte Vorschlag wird den nationalen Parlamenten übermittelt. [2] Wird dieser Vorschlag innerhalb von sechs Monaten nach der Übermittlung von einem nationalen Parlament abgelehnt, so wird der Beschluss nicht erlassen. [3] Wird der Vorschlag nicht abgelehnt, so kann der Rat den Beschluss erlassen.

Kapitel 4. Justizielle Zusammenarbeit in Strafsachen

Art. 82 [Grundsatz der gegenseitigen Anerkennung; Mindestvorschriften] (1) Die justizielle Zusammenarbeit in Strafsachen in der Union beruht auf dem Grundsatz der gegenseitigen Anerkennung gerichtlicher Urteile und Entscheidungen und umfasst die Angleichung der Rechtsvorschriften der Mitgliedstaaten in den in Absatz 2 und in Artikel 83 genannten Bereichen.

Das Europäische Parlament und der Rat erlassen gemäß dem ordentlichen Gesetzgebungsverfahren Maßnahmen, um

a) Regeln und Verfahren festzulegen, mit denen die Anerkennung aller Arten von Urteilen und gerichtlichen Entscheidungen in der gesamten Union sichergestellt wird;

b) Kompetenzkonflikte zwischen den Mitgliedstaaten zu verhindern und beizulegen;

c) die Weiterbildung von Richtern und Staatsanwälten sowie Justizbediensteten zu fördern;

d) die Zusammenarbeit zwischen den Justizbehörden oder entsprechenden Behörden der Mitgliedstaaten im Rahmen der Strafverfolgung sowie des Vollzugs und der Vollstreckung von Entscheidungen zu erleichtern.

(2) [1] Soweit dies zur Erleichterung der gegenseitigen Anerkennung gerichtlicher Urteile und Entscheidungen und der polizeilichen und justiziellen Zusammenarbeit in Strafsachen mit grenzüberschreitender Dimension erforderlich ist, können das Europäische Parlament und der Rat gemäß dem ordentlichen Gesetzgebungsverfahren durch Richtlinien Mindestvorschriften festlegen. [2] Bei diesen Mindestvorschriften werden die Unterschiede zwischen den Rechtsordnungen und -traditionen der Mitgliedstaaten berücksichtigt.

Die Vorschriften betreffen Folgendes:

a) die Zulässigkeit von Beweismitteln auf gegenseitiger Basis zwischen den Mitgliedstaaten;

b) die Rechte des Einzelnen im Strafverfahren;

c) die Rechte der Opfer von Straftaten;

d) sonstige spezifische Aspekte des Strafverfahrens, die zuvor vom Rat durch Beschluss bestimmt worden sind; dieser Beschluss wird vom Rat einstimmig nach Zustimmung des Europäischen Parlaments erlassen.

Der Erlass von Mindestvorschriften nach diesem Absatz hindert die Mitgliedstaaten nicht daran, ein höheres Schutzniveau für den Einzelnen beizubehalten oder einzuführen.

(3) [1] Ist ein Mitglied des Rates der Auffassung, dass ein Entwurf einer Richtlinie nach Absatz 2 grundlegende Aspekte seiner Strafrechtsordnung berühren würde, so kann es beantragen, dass der Europäische Rat befasst wird. [2] In diesem Fall wird das ordentliche Gesetzgebungsverfahren ausgesetzt. [3] Nach einer Aussprache verweist der Europäische Rat im Falle eines Einvernehmens den Entwurf binnen vier Monaten nach Aussetzung des Verfahrens an den Rat zurück, wodurch die Aussetzung des ordentlichen Gesetzgebungsverfahrens beendet wird.

[1] Sofern kein Einvernehmen erzielt wird, mindestens neun Mitgliedstaaten aber eine Verstärkte Zusammenarbeit auf der Grundlage des betreffenden

Entwurfs einer Richtlinie begründen möchten, teilen diese Mitgliedstaaten dies binnen derselben Frist dem Europäischen Parlament, dem Rat und der Kommission mit. [2] In diesem Fall gilt die Ermächtigung zu einer Verstärkten Zusammenarbeit nach Artikel 20 Absatz 2 des Vertrags über die Europäische Union[1)] und Artikel 329 Absatz 1 dieses Vertrags als erteilt, und die Bestimmungen über die Verstärkte Zusammenarbeit finden Anwendung.

Art. 83 [Straftaten mit grenzüberschreitender Dimension] (1) Das Europäische Parlament und der Rat können gemäß dem ordentlichen Gesetzgebungsverfahren durch Richtlinien Mindestvorschriften zur Festlegung von Straftaten und Strafen in Bereichen besonders schwerer Kriminalität festlegen, die aufgrund der Art oder der Auswirkungen der Straftaten oder aufgrund einer besonderen Notwendigkeit, sie auf einer gemeinsamen Grundlage zu bekämpfen, eine grenzüberschreitende Dimension haben.

Derartige Kriminalitätsbereiche sind: Terrorismus, Menschenhandel und sexuelle Ausbeutung von Frauen und Kindern, illegaler Drogenhandel, illegaler Waffenhandel, Geldwäsche, Korruption, Fälschung von Zahlungsmitteln, Computerkriminalität und organisierte Kriminalität.

[1] Je nach Entwicklung der Kriminalität kann der Rat einen Beschluss erlassen, in dem andere Kriminalitätsbereiche bestimmt werden, die die Kriterien dieses Absatzes erfüllen. [2] Er beschließt einstimmig nach Zustimmung des Europäischen Parlaments.

(2) [1] Erweist sich die Angleichung der strafrechtlichen Rechtsvorschriften der Mitgliedstaaten als unerlässlich für die wirksame Durchführung der Politik der Union auf einem Gebiet, auf dem Harmonisierungsmaßnahmen erfolgt sind, so können durch Richtlinien Mindestvorschriften für die Festlegung von Straftaten und Strafen auf dem betreffenden Gebiet festgelegt werden. [2] Diese Richtlinien werden unbeschadet des Artikels 76 gemäß dem gleichen ordentlichen oder besonderen Gesetzgebungsverfahren wie die betreffenden Harmonisierungsmaßnahmen erlassen.

(3) [1] Ist ein Mitglied des Rates der Auffassung, dass der Entwurf einer Richtlinie nach den Absätzen 1 oder 2 grundlegende Aspekte seiner Strafrechtsordnung berühren würde, so kann es beantragen, dass der Europäische Rat befasst wird. [2] In diesem Fall wird das ordentliche Gesetzgebungsverfahren ausgesetzt. [3] Nach einer Aussprache verweist der Europäische Rat im Falle eines Einvernehmens den Entwurf binnen vier Monaten nach Aussetzung des Verfahrens an den Rat zurück, wodurch die Aussetzung des ordentlichen Gesetzgebungsverfahrens beendet wird.

[1] Sofern kein Einvernehmen erzielt wird, mindestens neun Mitgliedstaaten aber eine Verstärkte Zusammenarbeit auf der Grundlage des betreffenden Entwurfs einer Richtlinie begründen möchten, teilen diese Mitgliedstaaten dies binnen derselben Frist dem Europäischen Parlament, dem Rat und der Kommission mit. [2] In diesem Fall gilt die Ermächtigung zu einer Verstärkten Zusammenarbeit nach Artikel 20 Absatz 2 des Vertrags über die Europäische Union[1)] und Artikel 329 Absatz 1 dieses Vertrags als erteilt, und die Bestimmungen über die Verstärkte Zusammenarbeit finden Anwendung.

[1)] Nr. **34**.

Art. 84 [Kriminalprävention] Das Europäische Parlament und der Rat können gemäß dem ordentlichen Gesetzgebungsverfahren unter Ausschluss jeglicher Harmonisierung der Rechtsvorschriften der Mitgliedstaaten Maßnahmen festlegen, um das Vorgehen der Mitgliedstaaten im Bereich der Kriminalprävention zu fördern und zu unterstützen.

Art. 85 [Eurojust] (1) Eurojust hat den Auftrag, die Koordinierung und Zusammenarbeit zwischen den nationalen Behörden zu unterstützen und zu verstärken, die für die Ermittlung und Verfolgung von schwerer Kriminalität zuständig sind, wenn zwei oder mehr Mitgliedstaaten betroffen sind oder eine Verfolgung auf gemeinsamer Grundlage erforderlich ist; Eurojust stützt sich dabei auf die von den Behörden der Mitgliedstaaten und von Europol durchgeführten Operationen und gelieferten Informationen.

[1] Zu diesem Zweck legen das Europäische Parlament und der Rat gemäß dem ordentlichen Gesetzgebungsverfahren durch Verordnungen den Aufbau, die Arbeitsweise, den Tätigkeitsbereich und die Aufgaben von Eurojust fest. [2] Zu diesen Aufgaben kann Folgendes gehören:

a) Einleitung von strafrechtlichen Ermittlungsmaßnahmen sowie Vorschläge zur Einleitung von strafrechtlichen Verfolgungsmaßnahmen, die von den zuständigen nationalen Behörden durchgeführt werden, insbesondere bei Straftaten zum Nachteil der finanziellen Interessen der Union;

b) Koordinierung der unter Buchstabe a genannten Ermittlungs- und Verfolgungsmaßnahmen;

c) Verstärkung der justiziellen Zusammenarbeit, unter anderem auch durch die Beilegung von Kompetenzkonflikten und eine enge Zusammenarbeit mit dem Europäischen Justiziellen Netz.

Durch diese Verordnungen werden ferner die Einzelheiten für die Beteiligung des Europäischen Parlaments und der nationalen Parlamente an der Bewertung der Tätigkeit von Eurojust festgelegt.

(2) Im Rahmen der Strafverfolgungsmaßnahmen nach Absatz 1 werden die förmlichen Prozesshandlungen unbeschadet des Artikels 86 durch die zuständigen einzelstaatlichen Bediensteten vorgenommen.

Art. 86 [Europäische Staatsanwaltschaft] (1) [1] Zur Bekämpfung von Straftaten zum Nachteil der finanziellen Interessen der Union kann der Rat gemäß einem besonderen Gesetzgebungsverfahren durch Verordnungen ausgehend von Eurojust eine Europäische Staatsanwaltschaft einsetzen. [2] Der Rat beschließt einstimmig nach Zustimmung des Europäischen Parlaments.

[1] Sofern keine Einstimmigkeit besteht, kann eine Gruppe von mindestens neun Mitgliedstaaten beantragen, dass der Europäische Rat mit dem Entwurf einer Verordnung befasst wird. [2] In diesem Fall wird das Verfahren im Rat ausgesetzt. [3] Nach einer Aussprache verweist der Europäische Rat im Falle eines Einvernehmens den Entwurf binnen vier Monaten nach Aussetzung des Verfahrens an den Rat zur Annahme zurück.

[1] Sofern kein Einvernehmen erzielt wird, mindestens neun Mitgliedstaaten aber eine Verstärkte Zusammenarbeit auf der Grundlage des betreffenden Entwurfs einer Verordnung begründen möchten, teilen diese Mitgliedstaaten dies binnen derselben Frist dem Europäischen Parlament, dem Rat und der Kommission mit. [2] In diesem Fall gilt die Ermächtigung zu einer Verstärkten

Zusammenarbeit nach Artikel 20 Absatz 2 des Vertrags über die Europäische Union[1)] und Artikel 329 Absatz 1 dieses Vertrags als erteilt, und die Bestimmungen über die Verstärkte Zusammenarbeit finden Anwendung.

(2) [1] Die Europäische Staatsanwaltschaft ist, gegebenenfalls in Verbindung mit Europol, zuständig für die strafrechtliche Untersuchung und Verfolgung sowie die Anklageerhebung in Bezug auf Personen, die als Täter oder Teilnehmer Straftaten zum Nachteil der finanziellen Interessen der Union begangen haben, die in der Verordnung nach Absatz 1 festgelegt sind. [2] Die Europäische Staatsanwaltschaft nimmt bei diesen Straftaten vor den zuständigen Gerichten der Mitgliedstaaten die Aufgaben der Staatsanwaltschaft wahr.

(3) Die in Absatz 1 genannte Verordnung legt die Satzung der Europäischen Staatsanwaltschaft, die Einzelheiten für die Erfüllung ihrer Aufgaben, die für ihre Tätigkeit geltenden Verfahrensvorschriften sowie die Regeln für die Zulässigkeit von Beweismitteln und für die gerichtliche Kontrolle der von der Europäischen Staatsanwaltschaft bei der Erfüllung ihrer Aufgaben vorgenommenen Prozesshandlungen fest.

(4) [1] Der Europäische Rat kann gleichzeitig mit der Annahme der Verordnung oder im Anschluss daran einen Beschluss zur Änderung des Absatzes 1 mit dem Ziel einer Ausdehnung der Befugnisse der Europäischen Staatsanwaltschaft auf die Bekämpfung der schweren Kriminalität mit grenzüberschreitender Dimension und zur entsprechenden Änderung des Absatzes 2 hinsichtlich Personen, die als Täter oder Teilnehmer schwere, mehr als einen Mitgliedstaat betreffende Straftaten begangen haben, erlassen. [2] Der Europäische Rat beschließt einstimmig nach Zustimmung des Europäischen Parlaments und nach Anhörung der Kommission.

Kapitel 5. Polizeiliche Zusammenarbeit

Art. 87 [Polizeiliche Zusammenarbeit] (1) Die Union entwickelt eine polizeiliche Zusammenarbeit zwischen allen zuständigen Behörden der Mitgliedstaaten, einschließlich der Polizei, des Zolls und anderer auf die Verhütung oder die Aufdeckung von Straftaten sowie entsprechende Ermittlungen spezialisierter Strafverfolgungsbehörden.

(2) Für die Zwecke des Absatzes 1 können das Europäische Parlament und der Rat gemäß dem ordentlichen Gesetzgebungsverfahren Maßnahmen erlassen, die Folgendes betreffen:

a) Einholen, Speichern, Verarbeiten, Analysieren und Austauschen sachdienlicher Informationen;
b) Unterstützung bei der Aus- und Weiterbildung von Personal sowie Zusammenarbeit in Bezug auf den Austausch von Personal, die Ausrüstungsgegenstände und die kriminaltechnische Forschung;
c) gemeinsame Ermittlungstechniken zur Aufdeckung schwerwiegender Formen der organisierten Kriminalität.

(3) [1] Der Rat kann gemäß einem besonderen Gesetzgebungsverfahren Maßnahmen erlassen, die die operative Zusammenarbeit zwischen den in diesem Artikel genannten Behörden betreffen. [2] Der Rat beschließt einstimmig nach Anhörung des Europäischen Parlaments.

[1)] Nr. **34**.

[1] Sofern keine Einstimmigkeit besteht, kann eine Gruppe von mindestens neun Mitgliedstaaten beantragen, dass der Europäische Rat mit dem Entwurf von Maßnahmen befasst wird. [2] In diesem Fall wird das Verfahren im Rat ausgesetzt. [3] Nach einer Aussprache verweist der Europäische Rat im Falle eines Einvernehmens den Entwurf binnen vier Monaten nach Aussetzung des Verfahrens an den Rat zur Annahme zurück.

[1] Sofern kein Einvernehmen erzielt wird, mindestens neun Mitgliedstaaten aber eine Verstärkte Zusammenarbeit auf der Grundlage des betreffenden Entwurfs von Maßnahmen begründen möchten, teilen diese Mitgliedstaaten dies binnen derselben Frist dem Europäischen Parlament, dem Rat und der Kommission mit. [2] In diesem Fall gilt die Ermächtigung zu einer Verstärkten Zusammenarbeit nach Artikel 20 Absatz 2 des Vertrags über die Europäische Union[1)] und Artikel 329 Absatz 1 dieses Vertrags als erteilt, und die Bestimmungen über die Verstärkte Zusammenarbeit finden Anwendung.

Das besondere Verfahren nach den Unterabsätzen 2 und 3 gilt nicht für Rechtsakte, die eine Weiterentwicklung des Schengen-Besitzstands darstellen.

Art. 88 [Europol] (1) Europol hat den Auftrag, die Tätigkeit der Polizeibehörden und der anderen Strafverfolgungsbehörden der Mitgliedstaaten sowie deren gegenseitige Zusammenarbeit bei der Verhütung und Bekämpfung der zwei oder mehr Mitgliedstaaten betreffenden schweren Kriminalität, des Terrorismus und der Kriminalitätsformen, die ein gemeinsames Interesse verletzen, das Gegenstand einer Politik der Union ist, zu unterstützen und zu verstärken.

(2) [1] Das Europäische Parlament und der Rat legen gemäß dem ordentlichen Gesetzgebungsverfahren durch Verordnungen den Aufbau, die Arbeitsweise, den Tätigkeitsbereich und die Aufgaben von Europol fest. [2] Zu diesen Aufgaben kann Folgendes gehören:

a) Einholen, Speichern, Verarbeiten, Analysieren und Austauschen von Informationen, die insbesondere von den Behörden der Mitgliedstaaten oder Drittländern beziehungsweise Stellen außerhalb der Union übermittelt werden;

b) Koordinierung, Organisation und Durchführung von Ermittlungen und von operativen Maßnahmen, die gemeinsam mit den zuständigen Behörden der Mitgliedstaaten oder im Rahmen gemeinsamer Ermittlungsgruppen durchgeführt werden, gegebenenfalls in Verbindung mit Eurojust.

Durch diese Verordnungen werden ferner die Einzelheiten für die Kontrolle der Tätigkeiten von Europol durch das Europäische Parlament festgelegt; an dieser Kontrolle werden die nationalen Parlamente beteiligt.

(3) [1] Europol darf operative Maßnahmen nur in Verbindung und in Absprache mit den Behörden des Mitgliedstaats oder der Mitgliedstaaten ergreifen, deren Hoheitsgebiet betroffen ist. [2] Die Anwendung von Zwangsmaßnahmen bleibt ausschließlich den zuständigen einzelstaatlichen Behörden vorbehalten.

[1)] Nr. **34**.

Art. 89 [Grenzüberschreitende Behördentätigkeit] [1] Der Rat legt gemäß einem besonderen Gesetzgebungsverfahren fest, unter welchen Bedingungen und innerhalb welcher Grenzen die in den Artikeln 82 und 87 genannten zuständigen Behörden der Mitgliedstaaten im Hoheitsgebiet eines anderen Mitgliedstaats in Verbindung und in Absprache mit dessen Behörden tätig werden dürfen. [2] Der Rat beschließt einstimmig nach Anhörung des Europäischen Parlaments.

Titel VI. Der Verkehr

Art. 90 [Gemeinsame Verkehrspolitik] Auf dem in diesem Titel geregelten Sachgebiet werden die Ziele der Verträge im Rahmen einer gemeinsamen Verkehrspolitik verfolgt.

Art. 91 [Erlass von zweckdienlichen Maßnahmen] (1) Zur Durchführung des Artikels 90 werden das Europäische Parlament und der Rat unter Berücksichtigung der Besonderheiten des Verkehrs gemäß dem ordentlichen Gesetzgebungsverfahren und nach Anhörung des Wirtschafts- und Sozialausschusses sowie des Ausschusses der Regionen

a) für den internationalen Verkehr aus oder nach dem Hoheitsgebiet eines Mitgliedstaats oder für den Durchgangsverkehr durch das Hoheitsgebiet eines oder mehrerer Mitgliedstaaten gemeinsame Regeln aufstellen;
b) für die Zulassung von Verkehrsunternehmern zum Verkehr innerhalb eines Mitgliedstaats, in dem sie nicht ansässig sind, die Bedingungen festlegen;
c) Maßnahmen zur Verbesserung der Verkehrssicherheit erlassen;
d) alle sonstigen zweckdienlichen Vorschriften erlassen.

(2) Beim Erlass von Maßnahmen nach Absatz 1 wird den Fällen Rechnung getragen, in denen die Anwendung den Lebensstandard und die Beschäftigungslage in bestimmten Regionen sowie den Betrieb der Verkehrseinrichtungen ernstlich beeinträchtigen könnte.

Art. 92 [Stillhalteverpflichtung] Bis zum Erlass der in Artikel 91 Absatz 1 genannten Vorschriften darf ein Mitgliedstaat die verschiedenen, am 1. Januar 1958 oder, im Falle später beigetretener Staaten, zum Zeitpunkt ihres Beitritts auf diesem Gebiet geltenden Vorschriften in ihren unmittelbaren oder mittelbaren Auswirkungen auf die Verkehrsunternehmer anderer Mitgliedstaaten im Vergleich zu den inländischen Verkehrsunternehmern nicht ungünstiger gestalten, es sei denn, dass der Rat einstimmig eine Maßnahme billigt, die eine Ausnahmeregelung gewährt.

Art. 93 [Ausnahmen vom Beihilfeverbot] Mit den Verträgen vereinbar sind Beihilfen, die den Erfordernissen der Koordinierung des Verkehrs oder der Abgeltung bestimmter, mit dem Begriff des öffentlichen Dienstes zusammenhängender Leistungen entsprechen.

Art. 94 [Berücksichtigung der wirtschaftlichen Lage der Verkehrsunternehmer] Jede Maßnahme auf dem Gebiet der Beförderungsentgelte und -bedingungen, die im Rahmen der Verträge getroffen wird, hat der wirtschaftlichen Lage der Verkehrsunternehmer Rechnung zu tragen.

Art. 95 [Beseitigung von Diskriminierungen] (1) Im Verkehr innerhalb der Union sind Diskriminierungen verboten, die darin bestehen, dass ein Verkehrsunternehmer in denselben Verkehrsverbindungen für die gleichen Güter je nach ihrem Herkunfts- oder Bestimmungsland unterschiedliche Frachten und Beförderungsbedingungen anwendet.

(2) Absatz 1 schließt sonstige Maßnahmen nicht aus, die das Europäische Parlament und der Rat gemäß Artikel 91 Absatz 1 treffen können.

(3) Der Rat trifft auf Vorschlag der Kommission und nach Anhörung des Europäischen Parlaments und des Wirtschafts- und Sozialausschusses eine Regelung zur Durchführung des Absatzes 1.

Er kann insbesondere die erforderlichen Vorschriften erlassen, um es den Organen der Union zu ermöglichen, für die Beachtung des Absatzes 1 Sorge zu tragen, und um den Verkehrsnutzern die Vorteile dieser Bestimmung voll zukommen zu lassen.

(4) Die Kommission prüft von sich aus oder auf Antrag eines Mitgliedstaats die Diskriminierungsfälle des Absatzes 1 und erlässt nach Beratung mit jedem in Betracht kommenden Mitgliedstaat die erforderlichen Beschlüsse im Rahmen der gemäß Absatz 3 getroffenen Regelung.

Art. 96 [Verbot von Unterstützungsmaßnahmen, Ausnahmen] (1) Im Verkehr innerhalb der Union sind die von einem Mitgliedstaat auferlegten Frachten und Beförderungsbedingungen verboten, die in irgendeiner Weise der Unterstützung oder dem Schutz eines oder mehrerer bestimmter Unternehmen oder Industrien dienen, es sei denn, dass die Kommission die Genehmigung hierzu erteilt.

(2) Die Kommission prüft von sich aus oder auf Antrag eines Mitgliedstaats die in Absatz 1 bezeichneten Frachten und Beförderungsbedingungen; hierbei berücksichtigt sie insbesondere sowohl die Erfordernisse einer angemessenen Standortpolitik, die Bedürfnisse der unterentwickelten Gebiete und die Probleme der durch politische Umstände schwer betroffenen Gebiete als auch die Auswirkungen dieser Frachten und Beförderungsbedingungen auf den Wettbewerb zwischen den Verkehrsarten.

Die Kommission erlässt die erforderlichen Beschlüsse nach Beratung mit jedem in Betracht kommenden Mitgliedstaat.

(3) Das in Absatz 1 genannte Verbot trifft nicht die Wettbewerbstarife.

Art. 97 [Abgaben und Gebühren bei Grenzübergang] Die Abgaben oder Gebühren, die ein Verkehrsunternehmer neben den Frachten beim Grenzübergang in Rechnung stellt, dürfen unter Berücksichtigung der hierdurch tatsächlich verursachten Kosten eine angemessene Höhe nicht übersteigen.

Die Mitgliedstaaten werden bemüht sein, diese Kosten schrittweise zu verringern.

Die Kommission kann zur Durchführung dieses Artikels Empfehlungen an die Mitgliedstaaten richten.

Art. 98 [Teilungsbedingte Ausnahmen für gewisse deutsche Gebiete] [1] Die Bestimmungen dieses Titels stehen Maßnahmen in der Bundesrepublik Deutschland nicht entgegen, soweit sie erforderlich sind, um die wirtschaftlichen Nachteile auszugleichen, die der Wirtschaft bestimmter, von der Teilung Deutschlands betroffener Gebiete der Bundesrepublik aus dieser Teilung entstehen. [2] Der Rat kann fünf Jahre nach dem Inkrafttreten des Vertrags von Lissabon auf Vorschlag der Kommission einen Beschluss erlassen, mit dem dieser Artikel aufgehoben wird.

Art. 99 [Beratender Ausschuss] [1] Bei der Kommission wird ein beratender Ausschuss gebildet; er besteht aus Sachverständigen, die von den Regierungen der Mitgliedstaaten ernannt werden. [2] Die Kommission hört den Ausschuss je nach Bedarf in Verkehrsfragen an.

Art. 100 [Betroffene Verkehrsmittel] (1) Dieser Titel gilt für die Beförderungen im Eisenbahn-, Straßen- und Binnenschiffsverkehr.

(2) [1] Das Europäische Parlament und der Rat können gemäß dem ordentlichen Gesetzgebungsverfahren geeignete Vorschriften für die Seeschifffahrt und die Luftfahrt erlassen. [2] Sie beschließen nach Anhörung des Wirtschafts- und Sozialausschusses und des Ausschusses der Regionen.

Titel VII. Gemeinsame Regeln betreffend Wettbewerb, Steuerfragen und Angleichung der Rechtsvorschriften

Kapitel 1. Wettbewerbsregeln

Abschnitt 1. Vorschriften für Unternehmen

Art. 101 [Kartellverbot][1)] (1) Mit dem Binnenmarkt unvereinbar und verboten sind alle Vereinbarungen zwischen Unternehmen, Beschlüsse von Unternehmensvereinigungen und aufeinander abgestimmte Verhaltensweisen, welche den Handel zwischen Mitgliedstaaten zu beeinträchtigen geeignet sind und eine Verhinderung, Einschränkung oder Verfälschung des Wettbewerbs innerhalb des Binnenmarkts bezwecken oder bewirken, insbesondere

a) die unmittelbare oder mittelbare Festsetzung der An- oder Verkaufspreise oder sonstiger Geschäftsbedingungen;
b) die Einschränkung oder Kontrolle der Erzeugung, des Absatzes, der technischen Entwicklung oder der Investitionen;
c) die Aufteilung der Märkte oder Versorgungsquellen;
d) die Anwendung unterschiedlicher Bedingungen bei gleichwertigen Leistungen gegenüber Handelspartnern, wodurch diese im Wettbewerb benachteiligt werden;
e) die an den Abschluss von Verträgen geknüpfte Bedingung, dass die Vertragspartner zusätzliche Leistungen annehmen, die weder sachlich noch nach Handelsbrauch in Beziehung zum Vertragsgegenstand stehen.

(2) Die nach diesem Artikel verbotenen Vereinbarungen oder Beschlüsse sind nichtig.

[1)] Siehe ua die Leitlinien zur Anwendung von Artikel 101 des Vertrags über die Arbeitsweise der Europäischen Union auf Technologietransfer-Vereinbarungen v. 28.3.2014 (ABl. Nr. C 89 S. 3).

(3) Die Bestimmungen des Absatzes 1 können für nicht anwendbar erklärt werden auf

- Vereinbarungen oder Gruppen von Vereinbarungen zwischen Unternehmen,
- Beschlüsse oder Gruppen von Beschlüssen von Unternehmensvereinigungen,
- aufeinander abgestimmte Verhaltensweisen oder Gruppen von solchen,

die unter angemessener Beteiligung der Verbraucher an dem entstehenden Gewinn zur Verbesserung der Warenerzeugung oder -verteilung oder zur Förderung des technischen oder wirtschaftlichen Fortschritts beitragen, ohne dass den beteiligten Unternehmen

a) Beschränkungen auferlegt werden, die für die Verwirklichung dieser Ziele nicht unerlässlich sind, oder
b) Möglichkeiten eröffnet werden, für einen wesentlichen Teil der betreffenden Waren den Wettbewerb auszuschalten.

Art. 102 [Missbrauch einer marktbeherrschenden Stellung] Mit dem Binnenmarkt unvereinbar und verboten ist die missbräuchliche Ausnutzung einer beherrschenden Stellung auf dem Binnenmarkt oder auf einem wesentlichen Teil desselben durch ein oder mehrere Unternehmen, soweit dies dazu führen kann, den Handel zwischen Mitgliedstaaten zu beeinträchtigen.

Dieser Missbrauch kann insbesondere in Folgendem bestehen:

a) der unmittelbaren oder mittelbaren Erzwingung von unangemessenen Einkaufs- oder Verkaufspreisen oder sonstigen Geschäftsbedingungen;
b) der Einschränkung der Erzeugung, des Absatzes oder der technischen Entwicklung zum Schaden der Verbraucher;
c) der Anwendung unterschiedlicher Bedingungen bei gleichwertigen Leistungen gegenüber Handelspartnern, wodurch diese im Wettbewerb benachteiligt werden;
d) der an den Abschluss von Verträgen geknüpften Bedingung, dass die Vertragspartner zusätzliche Leistungen annehmen, die weder sachlich noch nach Handelsbrauch in Beziehung zum Vertragsgegenstand stehen.

Art. 103 [Erlass von Verordnungen und Richtlinien] (1) Die zweckdienlichen Verordnungen oder Richtlinien zur Verwirklichung der in den Artikeln 101 und 102 niedergelegten Grundsätze werden vom Rat auf Vorschlag der Kommission und nach Anhörung des Europäischen Parlaments beschlossen.

(2) Die in Absatz 1 vorgesehenen Vorschriften bezwecken insbesondere,

a) die Beachtung der in Artikel 101 Absatz 1 und Artikel 102 genannten Verbote durch die Einführung von Geldbußen und Zwangsgeldern zu gewährleisten;
b) die Einzelheiten der Anwendung des Artikels 101 Absatz 3 festzulegen; dabei ist dem Erfordernis einer wirksamen Überwachung bei möglichst einfacher Verwaltungskontrolle Rechnung zu tragen;
c) gegebenenfalls den Anwendungsbereich der Artikel 101 und 102 für die einzelnen Wirtschaftszweige näher zu bestimmen;

d) die Aufgaben der Kommission und des Gerichtshofs der Europäischen Union bei der Anwendung der in diesem Absatz vorgesehenen Vorschriften gegeneinander abzugrenzen;

e) das Verhältnis zwischen den innerstaatlichen Rechtsvorschriften einerseits und den in diesem Abschnitt enthaltenen oder aufgrund dieses Artikels getroffenen Bestimmungen andererseits festzulegen.

Art. 104 [Übergangsbestimmung] Bis zum Inkrafttreten der gemäß Artikel 103 erlassenen Vorschriften entscheiden die Behörden der Mitgliedstaaten im Einklang mit ihren eigenen Rechtsvorschriften und den Bestimmungen der Artikel 101, insbesondere Absatz 3, und 102 über die Zulässigkeit von Vereinbarungen, Beschlüssen und aufeinander abgestimmten Verhaltensweisen sowie über die missbräuchliche Ausnutzung einer beherrschenden Stellung auf dem Binnenmarkt.

Art. 105 [Wettbewerbsaufsicht] (1) [1] Unbeschadet des Artikels 104 achtet die Kommission auf die Verwirklichung der in den Artikeln 101 und 102 niedergelegten Grundsätze. [2] Sie untersucht auf Antrag eines Mitgliedstaats oder von Amts wegen in Verbindung mit den zuständigen Behörden der Mitgliedstaaten, die ihr Amtshilfe zu leisten haben, die Fälle, in denen Zuwiderhandlungen gegen diese Grundsätze vermutet werden. [3] Stellt sie eine Zuwiderhandlung fest, so schlägt sie geeignete Mittel vor, um diese abzustellen.

(2) [1] Wird die Zuwiderhandlung nicht abgestellt, so trifft die Kommission in einem mit Gründen versehenen Beschluss die Feststellung, dass eine derartige Zuwiderhandlung vorliegt. [2] Sie kann den Beschluss veröffentlichen und die Mitgliedstaaten ermächtigen, die erforderlichen Abhilfemaßnahmen zu treffen, deren Bedingungen und Einzelheiten sie festlegt.

(3) Die Kommission kann Verordnungen zu den Gruppen von Vereinbarungen erlassen, zu denen der Rat nach Artikel 103 Absatz 2 Buchstabe b eine Verordnung oder Richtlinie erlassen hat.

Art. 106 [Öffentliche Unternehmen; Dienstleistungen von allgemeinem wirtschaftlichem Interesse] (1) Die Mitgliedstaaten werden in Bezug auf öffentliche Unternehmen und auf Unternehmen, denen sie besondere oder ausschließliche Rechte gewähren, keine den Verträgen und insbesondere den Artikeln 18 und 101 bis 109 widersprechende Maßnahmen treffen oder beibehalten.

(2) [1] Für Unternehmen, die mit Dienstleistungen von allgemeinem wirtschaftlichem Interesse betraut sind oder den Charakter eines Finanzmonopols haben, gelten die Vorschriften der Verträge, insbesondere die Wettbewerbsregeln, soweit die Anwendung dieser Vorschriften nicht die Erfüllung der ihnen übertragenen besonderen Aufgabe rechtlich oder tatsächlich verhindert. [2] Die Entwicklung des Handelsverkehrs darf nicht in einem Ausmaß beeinträchtigt werden, das dem Interesse der Union zuwiderläuft.

(3) Die Kommission achtet auf die Anwendung dieses Artikels und richtet erforderlichenfalls geeignete Richtlinien oder Beschlüsse an die Mitgliedstaaten.

Abschnitt 2. Staatliche Beihilfen

Art. 107 [Beihilfeverbot; Ausnahmen] (1) Soweit in den Verträgen nicht etwas anderes bestimmt ist, sind staatliche oder aus staatlichen Mitteln gewährte Beihilfen gleich welcher Art, die durch die Begünstigung bestimmter Unternehmen oder Produktionszweige den Wettbewerb verfälschen oder zu verfälschen drohen, mit dem Binnenmarkt unvereinbar, soweit sie den Handel zwischen Mitgliedstaaten beeinträchtigen.

(2) Mit dem Binnenmarkt vereinbar sind:

a) Beihilfen sozialer Art an einzelne Verbraucher, wenn sie ohne Diskriminierung nach der Herkunft der Waren gewährt werden;

b) Beihilfen zur Beseitigung von Schäden, die durch Naturkatastrophen oder sonstige außergewöhnliche Ereignisse entstanden sind;

c) Beihilfen für die Wirtschaft bestimmter, durch die Teilung Deutschlands betroffener Gebiete der Bundesrepublik Deutschland, soweit sie zum Ausgleich der durch die Teilung verursachten wirtschaftlichen Nachteile erforderlich sind. Der Rat kann fünf Jahre nach dem Inkrafttreten des Vertrags von Lissabon auf Vorschlag der Kommission einen Beschluss erlassen, mit dem dieser Buchstabe aufgehoben wird.

(3) Als mit dem Binnenmarkt vereinbar können angesehen werden:

a) Beihilfen zur Förderung der wirtschaftlichen Entwicklung von Gebieten, in denen die Lebenshaltung außergewöhnlich niedrig ist oder eine erhebliche Unterbeschäftigung herrscht, sowie der in Artikel 349 genannten Gebiete unter Berücksichtigung ihrer strukturellen, wirtschaftlichen und sozialen Lage;

b) Beihilfen zur Förderung wichtiger Vorhaben von gemeinsamem europäischem Interesse oder zur Behebung einer beträchtlichen Störung im Wirtschaftsleben eines Mitgliedstaats;

c) Beihilfen zur Förderung der Entwicklung gewisser Wirtschaftszweige oder Wirtschaftsgebiete, soweit sie die Handelsbedingungen nicht in einer Weise verändern, die dem gemeinsamen Interesse zuwiderläuft;

d) Beihilfen zur Förderung der Kultur und der Erhaltung des kulturellen Erbes, soweit sie die Handels- und Wettbewerbsbedingungen in der Union nicht in einem Maß beeinträchtigen, das dem gemeinsamen Interesse zuwiderläuft;

e) sonstige Arten von Beihilfen, die der Rat durch einen Beschluss auf Vorschlag der Kommission bestimmt.

Art. 108 [Beihilfeaufsicht] (1) [1] Die Kommission überprüft fortlaufend in Zusammenarbeit mit den Mitgliedstaaten die in diesen bestehenden Beihilferegelungen. [2] Sie schlägt ihnen die zweckdienlichen Maßnahmen vor, welche die fortschreitende Entwicklung und das Funktionieren des Binnenmarkts erfordern.

(2) Stellt die Kommission fest, nachdem sie den Beteiligten eine Frist zur Äußerung gesetzt hat, dass eine von einem Staat oder aus staatlichen Mitteln gewährte Beihilfe mit dem Binnenmarkt nach Artikel 107 unvereinbar ist oder dass sie missbräuchlich angewandt wird, so beschließt sie, dass der betreffende Staat sie binnen einer von ihr bestimmten Frist aufzuheben oder umzugestalten hat.

Kommt der betreffende Staat diesem Beschluss innerhalb der festgesetzten Frist nicht nach, so kann die Kommission oder jeder betroffene Staat in Abweichung von den Artikeln 258 und 259 den Gerichtshof der Europäischen Union unmittelbar anrufen.

[1] Der Rat kann einstimmig auf Antrag eines Mitgliedstaats beschließen, dass eine von diesem Staat gewährte oder geplante Beihilfe in Abweichung von Artikel 107 oder von den nach Artikel 109 erlassenen Verordnungen als mit dem Binnenmarkt vereinbar gilt, wenn außergewöhnliche Umstände einen solchen Beschluss rechtfertigen. [2] Hat die Kommission bezüglich dieser Beihilfe das in Unterabsatz 1 dieses Absatzes vorgesehene Verfahren bereits eingeleitet, so bewirkt der Antrag des betreffenden Staates an den Rat die Aussetzung dieses Verfahrens, bis der Rat sich geäußert hat.

Äußert sich der Rat nicht binnen drei Monaten nach Antragstellung, so beschließt die Kommission.

(3) [1] Die Kommission wird von jeder beabsichtigten Einführung oder Umgestaltung von Beihilfen so rechtzeitig unterrichtet, dass sie sich dazu äußern kann. [2] Ist sie der Auffassung, dass ein derartiges Vorhaben nach Artikel 107 mit dem Binnenmarkt unvereinbar ist, so leitet sie unverzüglich das in Absatz 2 vorgesehene Verfahren ein. [3] Der betreffende Mitgliedstaat darf die beabsichtigte Maßnahme nicht durchführen, bevor die Kommission einen abschließenden Beschluss erlassen hat.

(4) Die Kommission kann Verordnungen zu den Arten von staatlichen Beihilfen erlassen, für die der Rat nach Artikel 109 festgelegt hat, dass sie von dem Verfahren nach Absatz 3 ausgenommen werden können.

Art. 109 [Erlass von Durchführungsverordnungen] Der Rat kann auf Vorschlag der Kommission und nach Anhörung des Europäischen Parlaments alle zweckdienlichen Durchführungsverordnungen zu den Artikeln 107 und 108 erlassen und insbesondere die Bedingungen für die Anwendung des Artikels 108 Absatz 3 sowie diejenigen Arten von Beihilfen festlegen, die von diesem Verfahren ausgenommen sind.

Kapitel 2. Steuerliche Vorschriften

Art. 110 [Diskriminierungs- und Protektionsverbot] Die Mitgliedstaaten erheben auf Waren aus anderen Mitgliedstaaten weder unmittelbar noch mittelbar höhere inländische Abgaben gleich welcher Art, als gleichartige inländische Waren unmittelbar oder mittelbar zu tragen haben.

Die Mitgliedstaaten erheben auf Waren aus anderen Mitgliedstaaten keine inländischen Abgaben, die geeignet sind, andere Produktionen mittelbar zu schützen.

Art. 111 [Privilegierungsverbot für Rückvergütungen] Werden Waren in das Hoheitsgebiet eines Mitgliedstaats ausgeführt, so darf die Rückvergütung für inländische Abgaben nicht höher sein als die auf die ausgeführten Waren mittelbar oder unmittelbar erhobenen inländischen Abgaben.

Art. 112 [Kompensationsverbot unter Genehmigungsvorbehalt] Für Abgaben außer Umsatzsteuern, Verbrauchsabgaben und sonstigen indirekten Steuern sind Entlastungen und Rückvergütungen bei der Ausfuhr nach anderen Mitgliedstaaten sowie Ausgleichsabgaben bei der Einfuhr aus den Mitgliedstaaten nur zulässig, soweit der Rat sie vorher auf Vorschlag der Kommission für eine begrenzte Frist genehmigt hat.

Art. 113 [Harmonisierung der indirekten Steuern] Der Rat erlässt gemäß einem besonderen Gesetzgebungsverfahren und nach Anhörung des Europäischen Parlaments und des Wirtschafts- und Sozialausschusses einstimmig die Bestimmungen zur Harmonisierung der Rechtsvorschriften über die Umsatzsteuern, die Verbrauchsabgaben und sonstige indirekte Steuern, soweit diese Harmonisierung für die Errichtung und das Funktionieren des Binnenmarkts und die Vermeidung von Wettbewerbsverzerrungen notwendig ist.

Kapitel 3. Angleichung der Rechtsvorschriften

Art. 114 [Rechtsangleichung im Binnenmarkt] (1) [1] Soweit in den Verträgen nichts anderes bestimmt ist, gilt für die Verwirklichung der Ziele des Artikels 26 die nachstehende Regelung. [2] Das Europäische Parlament und der Rat erlassen gemäß dem ordentlichen Gesetzgebungsverfahren und nach Anhörung des Wirtschafts- und Sozialausschusses die Maßnahmen zur Angleichung der Rechts- und Verwaltungsvorschriften der Mitgliedstaaten, welche die Errichtung und das Funktionieren des Binnenmarkts zum Gegenstand haben.

(2) Absatz 1 gilt nicht für die Bestimmungen über die Steuern, die Bestimmungen über die Freizügigkeit und die Bestimmungen über die Rechte und Interessen der Arbeitnehmer.

(3) [1] Die Kommission geht in ihren Vorschlägen nach Absatz 1 in den Bereichen Gesundheit, Sicherheit, Umweltschutz und Verbraucherschutz von einem hohen Schutzniveau aus und berücksichtigt dabei insbesondere alle auf wissenschaftliche Ergebnisse gestützten neuen Entwicklungen. [2] Im Rahmen ihrer jeweiligen Befugnisse streben das Europäische Parlament und der Rat dieses Ziel ebenfalls an.

(4) Hält es ein Mitgliedstaat nach dem Erlass einer Harmonisierungsmaßnahme durch das Europäische Parlament und den Rat beziehungsweise durch den Rat oder die Kommission für erforderlich, einzelstaatliche Bestimmungen beizubehalten, die durch wichtige Erfordernisse im Sinne des Artikels 36 oder in Bezug auf den Schutz der Arbeitsumwelt oder den Umweltschutz gerechtfertigt sind, so teilt er diese Bestimmungen sowie die Gründe für ihre Beibehaltung der Kommission mit.

(5) Unbeschadet des Absatzes 4 teilt ferner ein Mitgliedstaat, der es nach dem Erlass einer Harmonisierungsmaßnahme durch das Europäische Parlament und den Rat beziehungsweise durch den Rat oder die Kommission für erforderlich hält, auf neue wissenschaftliche Erkenntnisse gestützte einzelstaatliche Bestimmungen zum Schutz der Umwelt oder der Arbeitsumwelt aufgrund eines spezifischen Problems für diesen Mitgliedstaat, das sich nach dem Erlass der Harmonisierungsmaßnahme ergibt, einzuführen, die in Aussicht genommenen Bestimmungen sowie die Gründe für ihre Einführung der Kommission mit.

(6) Die Kommission beschließt binnen sechs Monaten nach den Mitteilungen nach den Absätzen 4 und 5, die betreffenden einzelstaatlichen Bestimmungen zu billigen oder abzulehnen, nachdem sie geprüft hat, ob sie ein

Mittel zur willkürlichen Diskriminierung und eine verschleierte Beschränkung des Handels zwischen den Mitgliedstaaten darstellen und ob sie das Funktionieren des Binnenmarkts behindern.

Erlässt die Kommission innerhalb dieses Zeitraums keinen Beschluss, so gelten die in den Absätzen 4 und 5 genannten einzelstaatlichen Bestimmungen als gebilligt.

Die Kommission kann, sofern dies aufgrund des schwierigen Sachverhalts gerechtfertigt ist und keine Gefahr für die menschliche Gesundheit besteht, dem betreffenden Mitgliedstaat mitteilen, dass der in diesem Absatz genannte Zeitraum gegebenenfalls um einen weiteren Zeitraum von bis zu sechs Monaten verlängert wird.

(7) Wird es einem Mitgliedstaat nach Absatz 6 gestattet, von der Harmonisierungsmaßnahme abweichende einzelstaatliche Bestimmungen beizubehalten oder einzuführen, so prüft die Kommission unverzüglich, ob sie eine Anpassung dieser Maßnahme vorschlägt.

(8) Wirft ein Mitgliedstaat in einem Bereich, der zuvor bereits Gegenstand von Harmonisierungsmaßnahmen war, ein spezielles Gesundheitsproblem auf, so teilt er dies der Kommission mit, die dann umgehend prüft, ob sie dem Rat entsprechende Maßnahmen vorschlägt.

(9) In Abweichung von dem Verfahren der Artikel 258 und 259 kann die Kommission oder ein Mitgliedstaat den Gerichtshof der Europäischen Union unmittelbar anrufen, wenn die Kommission oder der Staat der Auffassung ist, dass ein anderer Mitgliedstaat die in diesem Artikel vorgesehenen Befugnisse missbraucht.

(10) Die vorgenannten Harmonisierungsmaßnahmen sind in geeigneten Fällen mit einer Schutzklausel verbunden, welche die Mitgliedstaaten ermächtigt, aus einem oder mehreren der in Artikel 36 genannten nichtwirtschaftlichen Gründe vorläufige Maßnahmen zu treffen, die einem Kontrollverfahren der Union unterliegen.

Art. 115 [Nationales Recht mit unmittelbarer Auswirkung auf den Binnenmarkt; Rechtsangleichung] Unbeschadet des Artikels 114 erlässt der Rat gemäß einem besonderen Gesetzgebungsverfahren einstimmig und nach Anhörung des Europäischen Parlaments und des Wirtschafts- und Sozialausschusses Richtlinien für die Angleichung derjenigen Rechts- und Verwaltungsvorschriften der Mitgliedstaaten, die sich unmittelbar auf die Errichtung oder das Funktionieren des Binnenmarkts auswirken.

Art. 116 [Behandlung bestehender wettbewerbsverzerrender Vorschriften] Stellt die Kommission fest, dass vorhandene Unterschiede in den Rechts- und Verwaltungsvorschriften der Mitgliedstaaten die Wettbewerbsbedingungen auf dem Binnenmarkt verfälschen und dadurch eine Verzerrung hervorrufen, die zu beseitigen ist, so tritt sie mit den betreffenden Mitgliedstaaten in Beratungen ein.

[1] Führen diese Beratungen nicht zur Beseitigung dieser Verzerrung, so erlassen das Europäische Parlament und der Rat gemäß dem ordentlichen Gesetzgebungsverfahren die erforderlichen Richtlinien. [2] Es können alle sonstigen in den Verträgen vorgesehenen zweckdienlichen Maßnahmen erlassen werden.

Art. 117 [Behandlung geplanter wettbewerbsverzerrender Vorschriften] (1) [1] Ist zu befürchten, dass der Erlass oder die Änderung einer Rechts- oder Verwaltungsvorschrift eine Verzerrung im Sinne des Artikels 116 verursacht, so setzt sich der Mitgliedstaat, der diese Maßnahmen beabsichtigt, mit der Kommission ins Benehmen. [2] Diese empfiehlt nach Beratung mit den Mitgliedstaaten den beteiligten Staaten die zur Vermeidung dieser Verzerrung geeigneten Maßnahmen.

(2) [1] Kommt der Staat, der innerstaatliche Vorschriften erlassen oder ändern will, der an ihn gerichteten Empfehlung der Kommission nicht nach, so kann nicht gemäß Artikel 116 verlangt werden, dass die anderen Mitgliedstaaten ihre innerstaatlichen Vorschriften ändern, um die Verzerrung zu beseitigen. [2] Verursacht ein Mitgliedstaat, der die Empfehlung der Kommission außer acht lässt, eine Verzerrung lediglich zu seinem eigenen Nachteil, so findet Artikel 116 keine Anwendung.

Art. 118 [Schutz des geistigen Eigentums] Im Rahmen der Verwirklichung oder des Funktionierens des Binnenmarkts erlassen das Europäische Parlament und der Rat gemäß dem ordentlichen Gesetzgebungsverfahren Maßnahmen zur Schaffung europäischer Rechtstitel über einen einheitlichen Schutz der Rechte des geistigen Eigentums in der Union sowie zur Einführung von zentralisierten Zulassungs-, Koordinierungs- und Kontrollregelungen auf Unionsebene.

[1] Der Rat legt gemäß einem besonderen Gesetzgebungsverfahren durch Verordnungen die Sprachenregelungen für die europäischen Rechtstitel fest. [2] Der Rat beschließt einstimmig nach Anhörung des Europäischen Parlaments.

Titel VIII. Die Wirtschafts- und Währungspolitik

Art. 119 [Europäische Wirtschaftsverfassung; Grundsätze] (1) Die Tätigkeit der Mitgliedstaaten und der Union im Sinne des Artikels 3 des Vertrags über die Europäische Union[1)] umfasst nach Maßgabe der Verträge die Einführung einer Wirtschaftspolitik, die auf einer engen Koordinierung der Wirtschaftspolitik der Mitgliedstaaten, dem Binnenmarkt und der Festlegung gemeinsamer Ziele beruht und dem Grundsatz einer offenen Marktwirtschaft mit freiem Wettbewerb verpflichtet ist.

(2) Parallel dazu umfasst diese Tätigkeit nach Maßgabe der Verträge und der darin vorgesehenen Verfahren eine einheitliche Währung, den Euro, sowie die Festlegung und Durchführung einer einheitlichen Geld- sowie Wechselkurspolitik, die beide vorrangig das Ziel der Preisstabilität verfolgen und unbeschadet dieses Zieles die allgemeine Wirtschaftspolitik in der Union unter Beachtung des Grundsatzes einer offenen Marktwirtschaft mit freiem Wettbewerb unterstützen sollen.

(3) Diese Tätigkeit der Mitgliedstaaten und der Union setzt die Einhaltung der folgenden richtungsweisenden Grundsätze voraus: stabile Preise, gesunde

---

1) Nr. **34**.

öffentliche Finanzen und monetäre Rahmenbedingungen sowie eine tragfähige[1][2] Zahlungsbilanz.

Kapitel 1. Die Wirtschaftspolitik

Art. 120 [Marktwirtschaftliche Ausrichtung] [1] Die Mitgliedstaaten richten ihre Wirtschaftspolitik so aus, dass sie im Rahmen der in Artikel 121 Absatz 2 genannten Grundzüge zur Verwirklichung der Ziele der Union im Sinne des Artikels 3 des Vertrags über die Europäische Union[3] beitragen. [2] Die Mitgliedstaaten und die Union handeln im Einklang mit dem Grundsatz einer offenen Marktwirtschaft mit freiem Wettbewerb, wodurch ein effizienter Einsatz der Ressourcen gefördert wird, und halten sich dabei an die in Artikel 119 genannten Grundsätze.

Art. 121 [Koordinierung der Wirtschaftspolitik] (1) Die Mitgliedstaaten betrachten ihre Wirtschaftspolitik als eine Angelegenheit von gemeinsamem Interesse und koordinieren sie im Rat nach Maßgabe des Artikels 120.

(2) Der Rat erstellt auf Empfehlung der Kommission einen Entwurf für die Grundzüge der Wirtschaftspolitik der Mitgliedstaaten und der Union und erstattet dem Europäischen Rat hierüber Bericht.

Der Europäische Rat erörtert auf der Grundlage dieses Berichtes des Rates eine Schlussfolgerung zu den Grundzügen der Wirtschaftspolitik der Mitgliedstaaten und der Union.

[1] Auf der Grundlage dieser Schlussfolgerung verabschiedet der Rat eine Empfehlung, in der diese Grundzüge dargelegt werden. [2] Der Rat unterrichtet das Europäische Parlament über seine Empfehlung.

(3) Um eine engere Koordinierung der Wirtschaftspolitik und eine dauerhafte Konvergenz der Wirtschaftsleistungen der Mitgliedstaaten zu gewährleisten, überwacht der Rat anhand von Berichten der Kommission die wirtschaftliche Entwicklung in jedem Mitgliedstaat und in der Union sowie die Vereinbarkeit der Wirtschaftspolitik mit den in Absatz 2 genannten Grundzügen und nimmt in regelmäßigen Abständen eine Gesamtbewertung vor.

Zum Zwecke dieser multilateralen Überwachung übermitteln die Mitgliedstaaten der Kommission Angaben zu wichtigen einzelstaatlichen Maßnahmen auf dem Gebiet ihrer Wirtschaftspolitik sowie weitere von ihnen für erforderlich erachtete Angaben.

(4) [1] Wird im Rahmen des Verfahrens nach Absatz 3 festgestellt, dass die Wirtschaftspolitik eines Mitgliedstaats nicht mit den in Absatz 2 genannten Grundzügen vereinbar ist oder das ordnungsgemäße Funktionieren der Wirtschafts- und Währungsunion zu gefährden droht, so kann die Kommission eine Verwarnung an den betreffenden Mitgliedstaat richten. [2] Der Rat kann auf Empfehlung der Kommission die erforderlichen Empfehlungen an den betreffenden Mitgliedstaat richten. [3] Der Rat kann auf Vorschlag der Kommission beschließen, seine Empfehlungen zu veröffentlichen.

---

[1] Ber. durch Prot. v. 2.12.2011 (ABl. Nr. C 378 S. 3).

[2] Authentische deutsche Fassung des in Maastricht am 7. Februar 1992 unterzeichneten Vertrags über die Europäische Union (BGBl. 1992 II S. 1251, 1253) berichtigt durch Bek. v. 16.10.2014 (BGBl. II S. 864).

[3] Nr. **34**.

Der Rat beschließt im Rahmen dieses Absatzes ohne Berücksichtigung der Stimme des den betreffenden Mitgliedstaat vertretenden Mitglieds des Rates.

Die qualifizierte Mehrheit der übrigen Mitglieder des Rates bestimmt sich nach Artikel 238 Absatz 3 Buchstabe a.

(5) [1] Der Präsident des Rates und die Kommission erstatten dem Europäischen Parlament über die Ergebnisse der multilateralen Überwachung Bericht. [2] Der Präsident des Rates kann ersucht werden, vor dem zuständigen Ausschuss des Europäischen Parlaments zu erscheinen, wenn der Rat seine Empfehlungen veröffentlicht hat.

(6) Das Europäische Parlament und der Rat können gemäß dem ordentlichen Gesetzgebungsverfahren durch Verordnungen die Einzelheiten des Verfahrens der multilateralen Überwachung im Sinne der Absätze 3 und 4 festlegen.

Art. 122[1)] **[Gravierende Schwierigkeiten]** (1) Der Rat kann auf Vorschlag der Kommission unbeschadet der sonstigen in den Verträgen vorgesehenen Verfahren im Geiste der Solidarität zwischen den Mitgliedstaaten über die der Wirtschaftslage angemessenen Maßnahmen beschließen, insbesondere falls gravierende Schwierigkeiten in der Versorgung mit bestimmten Waren, vor allem im Energiebereich, auftreten.

(2) [1] Ist ein Mitgliedstaat aufgrund von Naturkatastrophen oder außergewöhnlichen Ereignissen, die sich seiner Kontrolle entziehen, von Schwierigkeiten betroffen oder von gravierenden Schwierigkeiten ernstlich bedroht, so kann der Rat auf Vorschlag der Kommission beschließen, dem betreffenden Mitgliedstaat unter bestimmten Bedingungen einen finanziellen Beistand der Union zu gewähren. [2] Der Präsident des Rates unterrichtet das Europäische Parlament über den Beschluss.

Art. 123 [Verbot von Kreditfazilitäten für öffentliche Einrichtungen] (1) Überziehungs- oder andere Kreditfazilitäten bei der Europäischen Zentralbank oder den Zentralbanken der Mitgliedstaaten (im Folgenden als „nationale Zentralbanken“ bezeichnet) für Organe, Einrichtungen oder sonstige Stellen der Union, Zentralregierungen, regionale oder lokale Gebietskörperschaften oder andere öffentlich-rechtliche Körperschaften, sonstige Einrichtungen des öffentlichen Rechts oder öffentliche Unternehmen der Mitgliedstaaten sind ebenso verboten wie der unmittelbare Erwerb von Schuldtiteln von diesen durch die Europäische Zentralbank oder die nationalen Zentralbanken.

(2) Die Bestimmungen des Absatzes 1 gelten nicht für Kreditinstitute in öffentlichem Eigentum; diese werden von der jeweiligen nationalen Zentralbank und der Europäischen Zentralbank, was die Bereitstellung von Zentralbankgeld betrifft, wie private Kreditinstitute behandelt.

Art. 124 [Verbot bevorrechtigten Zugangs zu Finanzinstituten für öffentliche Einrichtungen] Maßnahmen, die nicht aus aufsichtsrechtlichen Gründen getroffen werden und einen bevorrechtigten Zugang der Organe,

---

1) Vgl. zu dieser Vorschrift auch die Erklärung Nr. 6 zur Schlussakte v. 16.2.2001 (ABl. Nr. C 80 S. 70) der Konferenz von Nizza.

Einrichtungen oder sonstigen Stellen der Union, der Zentralregierungen, der regionalen oder lokalen Gebietskörperschaften oder anderen öffentlich-rechtlichen Körperschaften, sonstiger Einrichtungen des öffentlichen Rechts oder öffentlicher Unternehmen der Mitgliedstaaten zu den Finanzinstituten schaffen, sind verboten.

Art. 125 [Haftungsausschlüsse] (1) [1] Die Union haftet nicht für die Verbindlichkeiten der Zentralregierungen, der regionalen oder lokalen Gebietskörperschaften oder anderen öffentlich–rechtlichen Körperschaften, sonstiger Einrichtungen des öffentlichen Rechts oder öffentlicher Unternehmen von Mitgliedstaaten und tritt nicht für derartige Verbindlichkeiten ein; dies gilt unbeschadet der gegenseitigen finanziellen Garantien für die gemeinsame Durchführung eines bestimmten Vorhabens. [2] Ein Mitgliedstaat haftet nicht für die Verbindlichkeiten der Zentralregierungen, der regionalen oder lokalen Gebietskörperschaften oder anderen öffentlich–rechtlichen Körperschaften, sonstiger Einrichtungen des öffentlichen Rechts oder öffentlicher Unternehmen eines anderen Mitgliedstaats und tritt nicht für derartige Verbindlichkeiten ein; dies gilt unbeschadet der gegenseitigen finanziellen Garantien für die gemeinsame Durchführung eines bestimmten Vorhabens.

(2) Der Rat kann erforderlichenfalls auf Vorschlag der Kommission und nach Anhörung des Europäischen Parlaments die Definitionen für die Anwendung der in den Artikeln 123 und 124 sowie in diesem Artikel vorgesehenen Verbote näher bestimmen.

Art. 126 [Vermeidung übermäßiger Defizite; Haushaltsdisziplin]

(1) Die Mitgliedstaaten vermeiden übermäßige öffentliche Defizite.

(2) [1] Die Kommission überwacht die Entwicklung der Haushaltslage und der Höhe des öffentlichen Schuldenstands in den Mitgliedstaaten im Hinblick auf die Feststellung schwerwiegender Fehler. [2] Insbesondere prüft sie die Einhaltung der Haushaltsdisziplin anhand von zwei Kriterien, nämlich daran,

a) ob das Verhältnis des geplanten oder tatsächlichen öffentlichen Defizits zum Bruttoinlandsprodukt einen bestimmten Referenzwert überschreitet, es sei denn, dass
   - entweder das Verhältnis erheblich und laufend zurückgegangen ist und einen Wert in der Nähe des Referenzwerts erreicht hat
   - oder der Referenzwert nur ausnahmsweise und vorübergehend überschritten wird und das Verhältnis in der Nähe des Referenzwerts bleibt,

b) ob das Verhältnis des öffentlichen Schuldenstands zum Bruttoinlandsprodukt einen bestimmten Referenzwert überschreitet, es sei denn, dass das Verhältnis hinreichend rückläufig ist und sich rasch genug dem Referenzwert nähert.

[3] Die Referenzwerte werden in einem den Verträgen beigefügten Protokoll über das Verfahren bei einem übermäßigen Defizit im Einzelnen festgelegt.

(3) [1] Erfüllt ein Mitgliedstaat keines oder nur eines dieser Kriterien, so erstellt die Kommission einen Bericht. [2] In diesem Bericht wird berücksichtigt, ob das öffentliche Defizit die öffentlichen Ausgaben für Investitionen übertrifft; berücksichtigt werden ferner alle sonstigen einschlägigen Faktoren,

einschließlich der mittelfristigen Wirtschafts- und Haushaltslage des Mitgliedstaats.

Die Kommission kann ferner einen Bericht erstellen, wenn sie ungeachtet der Erfüllung der Kriterien der Auffassung ist, dass in einem Mitgliedstaat die Gefahr eines übermäßigen Defizits besteht.

(4) Der Wirtschafts- und Finanzausschuss gibt eine Stellungnahme zu dem Bericht der Kommission ab.

(5) Ist die Kommission der Auffassung, dass in einem Mitgliedstaat ein übermäßiges Defizit besteht oder sich ergeben könnte, so legt sie dem betreffenden Mitgliedstaat eine Stellungnahme vor und unterrichtet den Rat.

(6) Der Rat beschließt auf Vorschlag der Kommission und unter Berücksichtigung der Bemerkungen, die der betreffende Mitgliedstaat gegebenenfalls abzugeben wünscht, nach Prüfung der Gesamtlage, ob ein übermäßiges Defizit besteht.

(7) [1] Stellt der Rat nach Absatz 6 ein übermäßiges Defizit fest, so richtet er auf Empfehlung der Kommission unverzüglich Empfehlungen an den betreffenden Mitgliedstaat mit dem Ziel, dieser Lage innerhalb einer bestimmten Frist abzuhelfen. [2] Vorbehaltlich des Absatzes 8 werden diese Empfehlungen nicht veröffentlicht.

(8) Stellt der Rat fest, dass seine Empfehlungen innerhalb der gesetzten Frist keine wirksamen Maßnahmen ausgelöst haben, so kann er seine Empfehlungen veröffentlichen.

(9) Falls ein Mitgliedstaat den Empfehlungen des Rates weiterhin nicht Folge leistet, kann der Rat beschließen, den Mitgliedstaat mit der Maßgabe in Verzug zu setzen, innerhalb einer bestimmten Frist Maßnahmen für den nach Auffassung des Rates zur Sanierung erforderlichen Defizitabbau zu treffen.

Der Rat kann in diesem Fall den betreffenden Mitgliedstaat ersuchen, nach einem konkreten Zeitplan Berichte vorzulegen, um die Anpassungsbemühungen des Mitgliedstaats überprüfen zu können.

(10) Das Recht auf Klageerhebung nach den Artikeln 258 und 259 kann im Rahmen der Absätze 1 bis 9 dieses Artikels nicht ausgeübt werden.

(11) Solange ein Mitgliedstaat einen Beschluss nach Absatz 9 nicht befolgt, kann der Rat beschließen, eine oder mehrere der nachstehenden Maßnahmen anzuwenden oder gegebenenfalls zu verschärfen, nämlich

- von dem betreffenden Mitgliedstaat verlangen, vor der Emission von Schuldverschreibungen und sonstigen Wertpapieren vom Rat näher zu bezeichnende zusätzliche Angaben zu veröffentlichen,
- die Europäische Investitionsbank ersuchen, ihre Darlehenspolitik gegenüber dem Mitgliedstaat zu überprüfen,
- von dem Mitgliedstaat verlangen, eine unverzinsliche Einlage in angemessener Höhe bei der Union zu hinterlegen, bis das übermäßige Defizit nach Ansicht des Rates korrigiert worden ist,
- Geldbußen in angemessener Höhe verhängen.

Der Präsident des Rates unterrichtet das Europäische Parlament von den Beschlüssen.

(12) [1] Der Rat hebt einige oder sämtliche Beschlüsse oder Empfehlungen nach den Absätzen 6 bis 9 und 11 so weit auf, wie das übermäßige Defizit in

dem betreffenden Mitgliedstaat nach Ansicht des Rates korrigiert worden ist. [2] Hat der Rat zuvor Empfehlungen veröffentlicht, so stellt er, sobald der Beschluss nach Absatz 8 aufgehoben worden ist, in einer öffentlichen Erklärung fest, dass in dem betreffenden Mitgliedstaat kein übermäßiges Defizit mehr besteht.

(13) Die Beschlussfassung und die Empfehlungen des Rates nach den Absätzen 8, 9, 11 und 12 erfolgen auf Empfehlung der Kommission.

Erlässt der Rat Maßnahmen nach den Absätzen 6 bis 9 sowie den Absätzen 11 und 12, so beschließt er ohne Berücksichtigung der Stimme des den betreffenden Mitgliedstaat vertretenden Mitglieds des Rates.

Die qualifizierte Mehrheit der übrigen Mitglieder des Rates bestimmt sich nach Artikel 238 Absatz 3 Buchstabe a.

(14) Weitere Bestimmungen über die Durchführung des in diesem Artikel beschriebenen Verfahrens sind in dem den Verträgen beigefügten Protokoll über das Verfahren bei einem übermäßigen Defizit enthalten.

Der Rat verabschiedet gemäß einem besonderen Gesetzgebungsverfahren einstimmig und nach Anhörung des Europäischen Parlaments sowie der Europäischen Zentralbank die geeigneten Bestimmungen, die sodann das genannte Protokoll ablösen.

Der Rat beschließt vorbehaltlich der sonstigen Bestimmungen dieses Absatzes auf Vorschlag der Kommission und nach Anhörung des Europäischen Parlaments nähere Einzelheiten und Begriffsbestimmungen für die Durchführung des genannten Protokolls.

Kapitel 2. Die Währungspolitik

Art. 127 [Ziele und Aufgaben des ESZB] (1) [1] Das vorrangige Ziel des Europäischen Systems der Zentralbanken (im Folgenden „ESZB") ist es, die Preisstabilität zu gewährleisten. [2] Soweit dies ohne Beeinträchtigung des Zieles der Preisstabilität möglich ist, unterstützt das ESZB die allgemeine Wirtschaftspolitik in der Union, um zur Verwirklichung der in Artikel 3 des Vertrags über die Europäische Union[1)] festgelegten Ziele der Union beizutragen. [3] Das ESZB handelt im Einklang mit dem Grundsatz einer offenen Marktwirtschaft mit freiem Wettbewerb, wodurch ein effizienter Einsatz der Ressourcen gefördert wird, und hält sich dabei an die in Artikel 119 genannten Grundsätze.

(2) Die grundlegenden Aufgaben des ESZB bestehen darin,
- die Geldpolitik der Union festzulegen und auszuführen,
- Devisengeschäfte im Einklang mit Artikel 219 durchzuführen,
- die offiziellen Währungsreserven der Mitgliedstaaten zu halten und zu verwalten,
- das reibungslose Funktionieren der Zahlungssysteme zu fördern.

(3) Absatz 2 dritter Gedankenstrich berührt nicht die Haltung und Verwaltung von Arbeitsguthaben in Fremdwährungen durch die Regierungen der Mitgliedstaaten.

---

1) Nr. **34**.

(4) Die Europäische Zentralbank wird gehört

- zu allen Vorschlägen für Rechtsakte der Union im Zuständigkeitsbereich der Europäischen Zentralbank,
- von den nationalen Behörden zu allen Entwürfen für Rechtsvorschriften im Zuständigkeitsbereich der Europäischen Zentralbank, und zwar innerhalb der Grenzen und unter den Bedingungen, die der Rat nach dem Verfahren des Artikels 129 Absatz 4 festlegt.

Die Europäischen Zentralbank kann gegenüber den zuständigen Organen, Einrichtungen und sonstigen Stellen der Union und gegenüber den nationalen Behörden Stellungnahmen zu in ihren Zuständigkeitsbereich fallenden Fragen abgeben.

(5) Das ESZB trägt zur reibungslosen Durchführung der von den zuständigen Behörden auf dem Gebiet der Aufsicht über die Kreditinstitute und der Stabilität des Finanzsystems ergriffenen Maßnahmen bei.

(6) Der Rat kann einstimmig durch Verordnungen gemäß einem besonderen Gesetzgebungsverfahren und nach Anhörung des Europäischen Parlaments und der Europäischen Zentralbank besondere Aufgaben im Zusammenhang mit der Aufsicht über Kreditinstitute und sonstige Finanzinstitute mit Ausnahme von Versicherungsunternehmen der Europäischen Zentralbank übertragen.

Art. 128 [Ausgabe von Banknoten und Münzen] (1) [1] Die Europäische Zentralbank hat das ausschließliche Recht, die Ausgabe von Euro-Banknoten innerhalb der Union zu genehmigen. [2] Die Europäische Zentralbank und die nationalen Zentralbanken sind zur Ausgabe dieser Banknoten berechtigt. [3] Die von der Europäischen Zentralbank und den nationalen Zentralbanken ausgegebenen Banknoten sind die einzigen Banknoten, die in der Union als gesetzliches Zahlungsmittel gelten.

(2) [1] Die Mitgliedstaaten haben das Recht zur Ausgabe von Euro-Münzen, wobei der Umfang dieser Ausgabe der Genehmigung durch die Europäische Zentralbank bedarf. [2] Der Rat kann auf Vorschlag der Kommission und nach Anhörung des Europäischen Parlaments und der Europäischen Zentralbank Maßnahmen erlassen, um die Stückelung und die technischen Merkmale aller für den Umlauf bestimmten Münzen so weit zu harmonisieren, wie dies für deren reibungslosen Umlauf innerhalb der Union erforderlich ist.

Art. 129 [Struktur des ESZB; Satzung] (1) Das ESZB wird von den Beschlussorganen der Europäischen Zentralbank, nämlich dem Rat der Europäischen Zentralbank und dem Direktorium, geleitet.

(2) Die Satzung des Europäischen Systems der Zentralbanken und der Europäischen Zentralbank (im Folgenden „Satzung des ESZB und der EZB“) ist in einem den Verträgen beigefügten Protokoll festgelegt.

(3) [1] Das Europäische Parlament und der Rat können die Artikel 5.1, 5.2, 5.3, 17, 18, 19.1, 22, 23, 24, 26, 32.2, 32.3, 32.4, 32.6, 33.1 Buchstabe a und 36 der Satzung des ESZB und der EZB gemäß dem ordentlichen Gesetzgebungsverfahren ändern. [2] Sie beschließen entweder auf Empfehlung der Europäischen Zentralbank nach Anhörung der Kommission oder auf Empfehlung der Kommission nach Anhörung der Europäischen Zentralbank.

(4) Der Rat erlässt entweder auf Vorschlag der Kommission und nach Anhörung des Europäischen Parlaments und der Europäischen Zentralbank oder auf Empfehlung der Europäischen Zentralbank und nach Anhörung des Europäischen Parlaments und der Kommission die in den Artikeln 4, 5.4, 19.2, 20, 28.1, 29.2, 30.4 und 34.3 der Satzung des ESZB und der EZB genannten Bestimmungen.

Art. 130 [Unabhängigkeit von EZB und nationalen Zentralbanken] [1] Bei der Wahrnehmung der ihnen durch die Verträge und die Satzung des ESZB und der EZB übertragenen Befugnisse, Aufgaben und Pflichten darf weder die Europäische Zentralbank noch eine nationale Zentralbank noch ein Mitglied ihrer Beschlussorgane Weisungen von Organen, Einrichtungen oder sonstigen Stellen der Union, Regierungen der Mitgliedstaaten oder anderen Stellen einholen oder entgegennehmen. [2] Die Organe, Einrichtungen oder sonstigen Stellen der Union sowie die Regierungen der Mitgliedstaaten verpflichten sich, diesen Grundsatz zu beachten und nicht zu versuchen, die Mitglieder der Beschlussorgane der Europäischen Zentralbank oder der nationalen Zentralbanken bei der Wahrnehmung ihrer Aufgaben zu beeinflussen.

Art. 131 [Anpassungspflicht der Mitgliedstaaten] Jeder Mitgliedstaat stellt sicher, dass seine innerstaatlichen Rechtsvorschriften einschließlich der Satzung seiner nationalen Zentralbank mit den Verträgen sowie mit der Satzung des ESZB und der EZB im Einklang stehen.

Art. 132 [Rechtsakte] (1) Zur Erfüllung der dem ESZB übertragenen Aufgaben werden von der Europäischen Zentralbank gemäß den Verträgen und unter den in der Satzung des ESZB und der EZB vorgesehenen Bedingungen

– Verordnungen erlassen, insoweit dies für die Erfüllung der in Artikel 3.1 erster Gedankenstrich, Artikel 19.1, Artikel 22 oder Artikel 25.2 der Satzung des ESZB und der EZB festgelegten Aufgaben erforderlich ist; sie erlässt Verordnungen ferner in den Fällen, die in den Rechtsakten des Rates nach Artikel 129 Absatz 4 vorgesehen werden,
– Beschlüsse erlassen, die zur Erfüllung der dem ESZB nach den Verträgen und der Satzung des ESZB und der EZB übertragenen Aufgaben erforderlich sind,
– Empfehlungen und Stellungnahmen abgegeben.

(2) Die Europäische Zentralbank kann die Veröffentlichung ihrer Beschlüsse, Empfehlungen und Stellungnahmen beschließen.

(3) Innerhalb der Grenzen und unter den Bedingungen, die der Rat nach dem Verfahren des Artikels 129 Absatz 4 festlegt, ist die Europäische Zentralbank befugt, Unternehmen bei Nichteinhaltung der Verpflichtungen, die sich aus ihren Verordnungen und Beschlüssen ergeben, mit Geldbußen oder in regelmäßigen Abständen zu zahlenden Zwangsgeldern zu belegen.

Art. 133 [Rechtsakte betreffend den Euro] [1] Unbeschadet der Befugnisse der Europäischen Zentralbank erlassen das Europäische Parlament und der Rat gemäß dem ordentlichen Gesetzgebungsverfahren die Maßnahmen, die für die Verwendung des Euro als einheitliche Währung erforderlich sind. [2] Diese Maßnahmen werden nach Anhörung der Europäischen Zentralbank erlassen.

Kapitel 3. Institutionelle Bestimmungen

Art. 134 [Wirtschafts- und Finanzausschuss] (1) Um die Koordinierung der Politiken der Mitgliedstaaten in dem für das Funktionieren des Binnenmarkts erforderlichen Umfang zu fördern, wird ein Wirtschafts- und Finanzausschuss eingesetzt.

(2) Der Wirtschafts- und Finanzausschuss hat die Aufgabe,

- auf Ersuchen des Rates oder der Kommission oder von sich aus Stellungnahmen an diese Organe abzugeben;
- die Wirtschafts- und Finanzlage der Mitgliedstaaten und der Union zu beobachten und dem Rat und der Kommission regelmäßig darüber Bericht zu erstatten, insbesondere über die finanziellen Beziehungen zu dritten Ländern und internationalen Einrichtungen;
- unbeschadet des Artikels 240 an der Vorbereitung der in Artikel 66, Artikel 75, Artikel 121 Absätze 2, 3, 4 und 6, Artikel 122, Artikel 124, Artikel 125, Artikel 126, Artikel 127 Absatz 6, Artikel 128 Absatz 2, Artikel 129 Absätze 3 und 4, Artikel 138, Artikel 140 Absätze 2 und 3, Artikel 143, Artikel 144 Absätze 2 und 3 und Artikel 219 genannten Arbeiten des Rates mitzuwirken und die sonstigen ihm vom Rat übertragenen Beratungsaufgaben und vorbereitenden Arbeiten auszuführen;
- mindestens einmal jährlich die Lage hinsichtlich des Kapitalverkehrs und der Freiheit des Zahlungsverkehrs, wie sie sich aus der Anwendung der Verträge und der Maßnahmen des Rates ergeben, zu prüfen; die Prüfung erstreckt sich auf alle Maßnahmen im Zusammenhang mit dem Kapital- und Zahlungsverkehr; der Ausschuss erstattet der Kommission und dem Rat Bericht über das Ergebnis dieser Prüfung.

Jeder Mitgliedstaat sowie die Kommission und die Europäische Zentralbank ernennen jeweils höchstens zwei Mitglieder des Ausschusses.

(3) [1] Der Rat legt auf Vorschlag der Kommission und nach Anhörung der Europäische Zentralbank und des in diesem Artikel genannten Ausschusses im Einzelnen fest, wie sich der Wirtschafts- und Finanzausschuss zusammensetzt. [2] Der Präsident des Rates unterrichtet das Europäische Parlament über diesen Beschluss.

(4) Sofern und solange es Mitgliedstaaten gibt, für die eine Ausnahmeregelung nach Artikel 139 gilt, hat der Ausschuss zusätzlich zu den in Absatz 2 beschriebenen Aufgaben die Währungs- und Finanzlage sowie den allgemeinen Zahlungsverkehr der betreffenden Mitgliedstaaten zu beobachten und dem Rat und der Kommission regelmäßig darüber Bericht zu erstatten.

Art. 135 [Empfehlungen und Vorschläge der Kommission] [1] Bei Fragen, die in den Geltungsbereich von Artikel 121 Absatz 4, Artikel 126 mit Ausnahme von Absatz 14, Artikel 138, Artikel 140 Absatz 1, Artikel 140 Absatz 2 Unterabsatz 1, Artikel 140 Absatz 3 und Artikel 219 fallen, kann der Rat oder ein Mitgliedstaat die Kommission ersuchen, je nach Zweckmäßigkeit eine Empfehlung oder einen Vorschlag zu unterbreiten. [2] Die

Kommission prüft dieses Ersuchen und unterbreitet dem Rat umgehend ihre Schlussfolgerungen.

Kapitel 4. Besondere Bestimmungen für die Mitgliedstaaten, deren Währung der Euro ist

Art. 136[1)] [Haushaltsdisziplin; Grundzüge der Wirtschaftspolitik]

(1) Im Hinblick auf das reibungslose Funktionieren der Wirtschafts- und Währungsunion erlässt der Rat für die Mitgliedstaaten, deren Währung der Euro ist, Maßnahmen nach den einschlägigen Bestimmungen der Verträge und dem entsprechenden Verfahren unter den in den Artikeln 121 und 126 genannten Verfahren, mit Ausnahme des in Artikel 126 Absatz 14 genannten Verfahrens, um

a) die Koordinierung und Überwachung ihrer Haushaltsdisziplin zu verstärken,

b) für diese Staaten Grundzüge der Wirtschaftspolitik auszuarbeiten, wobei darauf zu achten ist, dass diese mit den für die gesamte Union angenommenen Grundzügen der Wirtschaftspolitik vereinbar sind, und ihre Einhaltung zu überwachen.

(2) Bei den in Absatz 1 genannten Maßnahmen sind nur die Mitglieder des Rates stimmberechtigt, die die Mitgliedstaaten vertreten, deren Währung der Euro ist.

Die qualifizierte Mehrheit dieser Mitglieder bestimmt sich nach Artikel 238 Absatz 3 Buchstabe a.

(3) [1] Die Mitgliedstaaten, deren Währung der Euro ist, können einen Stabilitätsmechanismus einrichten, der aktiviert wird, wenn dies unabdingbar ist, um die Stabilität des Euro-Währungsgebiets insgesamt zu wahren. [2] Die Gewährung aller erforderlichen Finanzhilfen im Rahmen des Mechanismus wird strengen Auflagen unterliegen.

Art. 137 [Tagungen der Euro-Gruppe] Die Einzelheiten für die Tagungen der Minister der Mitgliedstaaten, deren Währung der Euro ist, sind in dem Protokoll betreffend die Euro-Gruppe festgelegt.

Art. 138 [Euro im internationalen Währungssystem] (1) [1] Zur Gewährleistung der Stellung des Euro im internationalen Währungssystem erlässt der Rat auf Vorschlag der Kommission einen Beschluss zur Festlegung der innerhalb der zuständigen internationalen Einrichtungen und Konferenzen im Finanzbereich einzunehmenden gemeinsamen Standpunkte zu den Fragen, die von besonderer Bedeutung für die Wirtschafts- und Währungsunion sind. [2] Der Rat beschließt nach Anhörung der Europäischen Zentralbank.

(2) [1] Der Rat kann auf Vorschlag der Kommission geeignete Maßnahmen mit dem Ziel erlassen, eine einheitliche Vertretung bei den internationalen

---

1) Art. 136 Abs. 3 angef. mWv 1.5.2013 durch Beschl. v. 25.3.2011 (ABl. Nr. L 91 S. 1).
Siehe hierzu auch:
– die **Bekanntmachung über den Geltungsbereich des Beschlusses des Europäischen Rates vom 25. März 2011 zur Änderung des Artikels 136 des Vertrags über die Arbeitsweise der Europäischen Union hinsichtlich eines Stabilitätsmechanismus für die Mitgliedstaaten, deren Währung der Euro ist** v. 5.12.2013 (BGBl. II S. 1647).

Einrichtungen und Konferenzen im Finanzbereich sicherzustellen. [2] Der Rat beschließt nach Anhörung der Europäischen Zentralbank.

(3) Bei den in den Absätzen 1 und 2 genannten Maßnahmen sind nur die Mitglieder des Rates stimmberechtigt, die die Mitgliedstaaten vertreten, deren Währung der Euro ist.

Die qualifizierte Mehrheit dieser Mitglieder bestimmt sich nach Artikel 238 Absatz 3 Buchstabe a.

Kapitel 5. Übergangsbestimmungen

Art. 139 [Mitgliedstaaten mit Ausnahmeregelung] (1) Die Mitgliedstaaten, für die der Rat nicht beschlossen hat, dass sie die erforderlichen Voraussetzungen für die Einführung des Euro erfüllen, werden im Folgenden als „Mitgliedstaaten, für die eine Ausnahmeregelung gilt" oder „Mitgliedstaaten mit Ausnahmeregelung" bezeichnet.

(2) Auf die Mitgliedstaaten, für die eine Ausnahmeregelung gilt, finden die im Folgenden aufgeführten Bestimmungen der Verträge keine Anwendung:

a) Annahme der das Euro-Währungsgebiet generell betreffenden Teile der Grundzüge der Wirtschaftspolitik (Artikel 121 Absatz 2);

b) Zwangsmittel zum Abbau eines übermäßigen Defizits (Artikel 126 Absätze 9 und 11);

c) Ziele und Aufgaben des ESZB (Artikel 127 Absätze 1, 2, 3 und 5);

d) Ausgabe des Euro (Artikel 128);

e) Rechtsakte der Europäischen Zentralbank (Artikel 132);

f) Maßnahmen bezüglich der Verwendung des Euro (Artikel 133);

g) Währungsvereinbarungen und andere Maßnahmen bezüglich der Wechselkurspolitik (Artikel 219);

h) Ernennung der Mitglieder des Direktoriums der Europäischen Zentralbank (Artikel 283 Absatz 2);

i) Beschlüsse zur Festlegung der innerhalb der zuständigen internationalen Einrichtungen und Konferenzen im Finanzbereich einzunehmenden gemeinsamen Standpunkte zu den Fragen, die von besonderer Bedeutung für die Wirtschafts- und Währungsunion sind (Artikel 138 Absatz 1);

j) Maßnahmen zur Sicherstellung einer einheitlichen Vertretung bei den internationalen Einrichtungen und Konferenzen im Finanzbereich (Artikel 138 Absatz 2).

Somit sind „Mitgliedstaaten" im Sinne der in den Buchstaben a bis j genannten Artikel die Mitgliedstaaten, deren Währung der Euro ist.

(3) Die Mitgliedstaaten, für die eine Ausnahmeregelung gilt, und deren nationale Zentralbanken sind nach Kapitel IX der Satzung des ESZB und der EZB von den Rechten und Pflichten im Rahmen des ESZB ausgeschlossen.

(4) Das Stimmrecht der Mitglieder des Rates, die Mitgliedstaaten mit Ausnahmeregelung vertreten, ruht beim Erlass von Maßnahmen nach den in Absatz 2 genannten Artikeln durch den Rat sowie bei

a) Empfehlungen an die Mitgliedstaaten, deren Währung der Euro ist, im Rahmen der multilateralen Überwachung, einschließlich Empfehlungen zu den Stabilitätsprogrammen und Verwarnungen (Artikel 121 Absatz 4);

b) Maßnahmen bei übermäßigem Defizit von Mitgliedstaaten, deren Währung der Euro ist (Artikel 126 Absätze 6, 7, 8, 12 und 13).

Die qualifizierte Mehrheit der übrigen Mitglieder des Rates bestimmt sich nach Artikel 238 Absatz 3 Buchstabe a.

Art. 140 [Konvergenzbericht] (1) [1] Mindestens einmal alle zwei Jahre oder auf Antrag eines Mitgliedstaats, für den eine Ausnahmeregelung gilt, berichten die Kommission und die Europäische Zentralbank dem Rat, inwieweit die Mitgliedstaaten, für die eine Ausnahmeregelung gilt, bei der Verwirklichung der Wirtschafts- und Währungsunion ihren Verpflichtungen bereits nachgekommen sind. [2] In ihren Berichten wird auch die Frage geprüft, inwieweit die innerstaatlichen Rechtsvorschriften jedes einzelnen dieser Mitgliedstaaten einschließlich der Satzung der jeweiligen nationalen Zentralbank mit Artikel 130 und Artikel 131 sowie der Satzung des ESZB und der EZB vereinbar sind. [3] Ferner wird darin geprüft, ob ein hoher Grad an dauerhafter Konvergenz erreicht ist; Maßstab hierfür ist, ob die einzelnen Mitgliedstaaten folgende Kriterien erfüllen:

– Erreichung eines hohen Grades an Preisstabilität, ersichtlich aus einer Inflationsrate, die der Inflationsrate jener – höchstens drei – Mitgliedstaaten nahe kommt, die auf dem Gebiet der Preisstabilität das beste Ergebnis erzielt haben;
– eine auf Dauer tragbare Finanzlage der öffentlichen Hand, ersichtlich aus einer öffentlichen Haushaltslage ohne übermäßiges Defizit im Sinne des Artikels 126 Absatz 6;
– Einhaltung der normalen Bandbreiten des Wechselkursmechanismus des Europäischen Währungssystems seit mindestens zwei Jahren ohne Abwertung gegenüber dem Euro;
– Dauerhaftigkeit der von dem Mitgliedstaat mit Ausnahmeregelung erreichten Konvergenz und seiner Teilnahme am Wechselkursmechanismus, die im Niveau der langfristigen Zinssätze zum Ausdruck kommt.

[1] Die vier Kriterien in diesem Absatz sowie die jeweils erforderliche Dauer ihrer Einhaltung sind in einem den Verträgen beigefügten Protokoll näher festgelegt. [2] Die Berichte der Kommission und der Europäischen Zentralbank berücksichtigen auch die Ergebnisse bei der Integration der Märkte, den Stand und die Entwicklung der Leistungsbilanzen, die Entwicklung bei den Lohnstückkosten und andere Preisindizes.

(2) Der Rat beschließt nach Anhörung des Europäischen Parlaments und nach Aussprache im Europäischen Rat auf Vorschlag der Kommission, welche der Mitgliedstaaten, für die eine Ausnahmeregelung gilt, die auf den Kriterien des Absatzes 1 beruhenden Voraussetzungen erfüllen, und hebt die Ausnahmeregelungen der betreffenden Mitgliedstaaten auf.

Der Rat beschließt auf Empfehlung einer qualifizierten Mehrheit derjenigen seiner Mitglieder, die Mitgliedstaaten vertreten, deren Währung der Euro ist. Diese Mitglieder beschließen innerhalb von sechs Monaten nach Eingang des Vorschlags der Kommission beim Rat.

Die in Unterabsatz 2 genannte qualifizierte Mehrheit dieser Mitglieder bestimmt sich nach Artikel 238 Absatz 3 Buchstabe a.

(3) Wird nach dem Verfahren des Absatzes 2 beschlossen, eine Ausnahmeregelung aufzuheben, so legt der Rat aufgrund eines einstimmigen Beschlusses der Mitgliedstaaten, deren Währung der Euro ist, und des betreffenden Mitgliedstaats auf Vorschlag der Kommission und nach Anhörung der Europäischen Zentralbank den Kurs, zu dem dessen Währung durch den Euro ersetzt wird, unwiderruflich fest und ergreift die sonstigen erforderlichen Maßnahmen zur Einführung des Euro als einheitliche Währung in dem betreffenden Mitgliedstaat.

Art. 141 [Erweiterter Rat der EZB] (1) Sofern und solange es Mitgliedstaaten gibt, für die eine Ausnahmeregelung gilt, wird unbeschadet des Artikels 129 Absatz 1 der in Artikel 44 der Satzung des ESZB und der EZB bezeichnete Erweiterte Rat der Europäischen Zentralbank als drittes Beschlussorgan der Europäischen Zentralbank errichtet.

(2) Sofern und solange es Mitgliedstaaten gibt, für die eine Ausnahmeregelung gilt, ist es die Aufgabe der Europäischen Zentralbank, in Bezug auf diese Mitgliedstaaten

- die Zusammenarbeit zwischen den nationalen Zentralbanken zu verstärken;
- die Koordinierung der Geldpolitiken der Mitgliedstaaten mit dem Ziel zu verstärken, die Preisstabilität aufrechtzuerhalten;
- das Funktionieren des Wechselkursmechanismus zu überwachen;
- Konsultationen zu Fragen durchzuführen, die in die Zuständigkeit der nationalen Zentralbanken fallen und die Stabilität der Finanzinstitute und -märkte berühren;
- die seinerzeitigen Aufgaben des Europäischen Fonds für währungspolitische Zusammenarbeit, die zuvor vom Europäischen Währungsinstitut übernommen worden waren, wahrzunehmen.

Art. 142 [Wechselkurspolitik] [1] Jeder Mitgliedstaat, für den eine Ausnahmeregelung gilt, behandelt seine Wechselkurspolitik als eine Angelegenheit von gemeinsamem Interesse. [2] Er berücksichtigt dabei die Erfahrungen, die bei der Zusammenarbeit im Rahmen des Wechselkursmechanismus gesammelt worden sind.

Art. 143 [Zahlungsbilanzschwierigkeiten] (1) [1] Ist ein Mitgliedstaat, für den eine Ausnahmeregelung gilt, hinsichtlich seiner Zahlungsbilanz von Schwierigkeiten betroffen oder ernstlich bedroht, die sich entweder aus einem Ungleichgewicht seiner Gesamtzahlungsbilanz oder aus der Art der ihm zur Verfügung stehenden Devisen ergeben, und sind diese Schwierigkeiten geeignet, insbesondere das Funktionieren des Binnenmarkts oder die Verwirklichung der gemeinsamen Handelspolitik zu gefährden, so prüft die Kommission unverzüglich die Lage dieses Staates sowie die Maßnahmen, die er getroffen hat oder unter Einsatz aller ihm zur Verfügung stehenden Mittel nach den Verträgen treffen kann. [2] Die Kommission gibt die Maßnahmen an, die sie dem betreffenden Mitgliedsstaat empfiehlt.

Erweisen sich die von einem Mitgliedstaat mit Ausnahmeregelung ergriffenen und die von der Kommission angeregten Maßnahmen als unzureichend, die aufgetretenen oder drohenden Schwierigkeiten zu beheben, so empfiehlt die Kommission dem Rat nach Anhörung des Wirtschafts- und Finanzausschusses einen gegenseitigen Beistand und die dafür geeigneten Methoden.

Die Kommission unterrichtet den Rat regelmäßig über die Lage und ihre Entwicklung.

(2) [1] Der Rat gewährt den gegenseitigen Beistand; er erlässt Richtlinien oder Beschlüsse, welche die Bedingungen und Einzelheiten hierfür festlegen. [2] Der gegenseitige Beistand kann insbesondere erfolgen

a) durch ein abgestimmtes Vorgehen bei anderen internationalen Organisationen, an die sich die Mitgliedstaaten, für die eine Ausnahmeregelung gilt, wenden können;

b) durch Maßnahmen, die notwendig sind, um Verlagerungen von Handelsströmen zu vermeiden, falls der in Schwierigkeiten befindliche Mitgliedstaat mit Ausnahmeregelung mengenmäßige Beschränkungen gegenüber dritten Ländern beibehält oder wieder einführt;

c) durch Bereitstellung von Krediten in begrenzter Höhe seitens anderer Mitgliedstaaten; hierzu ist ihr Einverständnis erforderlich.

(3) Stimmt der Rat dem von der Kommission empfohlenen gegenseitigen Beistand nicht zu oder sind der gewährte Beistand und die getroffenen Maßnahmen unzureichend, so ermächtigt die Kommission den in Schwierigkeiten befindlichen Mitgliedstaat mit Ausnahmeregelung, Schutzmaßnahmen zu treffen, deren Bedingungen und Einzelheiten sie festlegt.

Der Rat kann diese Ermächtigung aufheben und die Bedingungen und Einzelheiten ändern.

Art. 144 [Plötzliche Zahlungsbilanzkrise; Schutzmaßnahmen]

(1) [1] Gerät ein Mitgliedstaat, für den eine Ausnahmeregelung gilt, in eine plötzliche Zahlungsbilanzkrise und wird ein Beschluss im Sinne des Artikels 143 Absatz 2 nicht unverzüglich getroffen, so kann der betreffende Staat vorsorglich die erforderlichen Schutzmaßnahmen ergreifen. [2] Sie dürfen nur ein Mindestmaß an Störungen im Funktionieren des Binnenmarkts hervorrufen und nicht über das zur Behebung der plötzlich aufgetretenen Schwierigkeiten unbedingt erforderliche Ausmaß hinausgehen.

(2) [1] Die Kommission und die anderen Mitgliedstaaten werden über die Schutzmaßnahmen spätestens bei deren Inkrafttreten unterrichtet. [2] Die Kommission kann dem Rat den gegenseitigen Beistand nach Artikel 143 empfehlen.

(3) Auf Empfehlung der Kommission und nach Anhörung des Wirtschafts- und Finanzausschusses kann der Rat beschließen, dass der betreffende Mitgliedstaat diese Schutzmaßnahmen zu ändern, auszusetzen oder aufzuheben hat.

Titel IX. Beschäftigung

Art. 145 [Koordinierte Beschäftigungsstrategie] Die Mitgliedstaaten und die Union arbeiten nach diesem Titel auf die Entwicklung einer koordinierten Beschäftigungsstrategie und insbesondere auf die Förderung der Qualifizierung, Ausbildung und Anpassungsfähigkeit der Arbeitnehmer sowie der Fähigkeit der Arbeitsmärkte hin, auf die Erfordernisse des wirtschaftlichen

Wandels zu reagieren, um die Ziele des Artikels 3 des Vertrags über die Europäische Union[1] zu erreichen.

Art. 146 [Abgestimmte Beschäftigungspolitik der Mitgliedstaaten]

(1) Die Mitgliedstaaten tragen durch ihre Beschäftigungspolitik im Einklang mit den nach Artikel 121 Absatz 2 verabschiedeten Grundzügen der Wirtschaftspolitik der Mitgliedstaaten und der Union zur Erreichung der in Artikel 145 genannten Ziele bei.

(2) Die Mitgliedstaaten betrachten die Förderung der Beschäftigung als Angelegenheit von gemeinsamem Interesse und stimmen ihre diesbezüglichen Tätigkeiten nach Maßgabe des Artikels 148 im Rat aufeinander ab, wobei die einzelstaatlichen Gepflogenheiten in Bezug auf die Verantwortung der Sozialpartner berücksichtigt werden.

Art. 147 [Hohes Beschäftigungsniveau] (1) [1] Die Union trägt zu einem hohen Beschäftigungsniveau bei, indem sie die Zusammenarbeit zwischen den Mitgliedstaaten fördert und deren Maßnahmen in diesem Bereich unterstützt und erforderlichenfalls ergänzt. [2] Hierbei wird die Zuständigkeit der Mitgliedstaaten beachtet.

(2) Das Ziel eines hohen Beschäftigungsniveaus wird bei der Festlegung und Durchführung der Unionspolitiken und -maßnahmen berücksichtigt.

Art. 148 [Beschäftigungspolitische Leitlinien] (1) Anhand eines gemeinsamen Jahresberichts des Rates und der Kommission prüft der Europäische Rat jährlich die Beschäftigungslage in der Union und nimmt hierzu Schlussfolgerungen an.

(2) [1] Anhand der Schlussfolgerungen des Europäischen Rates legt der Rat auf Vorschlag der Kommission und nach Anhörung des Europäischen Parlaments, des Wirtschafts- und Sozialausschusses, des Ausschusses der Regionen und des in Artikel 150 genannten Beschäftigungsausschusses jährlich Leitlinien fest, welche die Mitgliedstaaten in ihrer Beschäftigungspolitik berücksichtigen. [2] Diese Leitlinien müssen mit den nach Artikel 121 Absatz 2 verabschiedeten Grundzügen in Einklang stehen.

(3) Jeder Mitgliedstaat übermittelt dem Rat und der Kommission jährlich einen Bericht über die wichtigsten Maßnahmen, die er zur Durchführung seiner Beschäftigungspolitik im Lichte der beschäftigungspolitischen Leitlinien nach Absatz 2 getroffen hat.

(4) [1] Anhand der in Absatz 3 genannten Berichte und nach Stellungnahme des Beschäftigungsausschusses unterzieht der Rat die Durchführung der Beschäftigungspolitik der Mitgliedstaaten im Lichte der beschäftigungspolitischen Leitlinien jährlich einer Prüfung. [2] Der Rat kann dabei auf Empfehlung der Kommission Empfehlungen an die Mitgliedstaaten richten, wenn er dies aufgrund der Ergebnisse dieser Prüfung für angebracht hält.

(5) Auf der Grundlage der Ergebnisse der genannten Prüfung erstellen der Rat und die Kommission einen gemeinsamen Jahresbericht für den Europäischen Rat über die Beschäftigungslage in der Union und über die Umsetzung der beschäftigungspolitischen Leitlinien.

---

[1] Nr. **34**.

Art. 149 [Anreizmaßnahmen zur Förderung der Zusammenarbeit] Das Europäische Parlament und der Rat kann gemäß dem ordentlichen Gesetzgebungsverfahren und nach Anhörung des Wirtschafts- und Sozialausschusses sowie des Ausschusses der Regionen Anreizmaßnahmen zur Förderung der Zusammenarbeit zwischen den Mitgliedstaaten und zur Unterstützung ihrer Beschäftigungsmaßnahmen durch Initiativen beschließen, die darauf abzielen, den Austausch von Informationen und bewährten Verfahren zu entwickeln, vergleichende Analysen und Gutachten bereitzustellen sowie innovative Ansätze zu fördern und Erfahrungen zu bewerten, und zwar insbesondere durch den Rückgriff auf Pilotvorhaben.

Diese Maßnahmen schließen keinerlei Harmonisierung der Rechts- und Verwaltungsvorschriften der Mitgliedstaaten ein.

Art. 150 [Beschäftigungsausschuss] [1] Der Rat, der mit einfacher Mehrheit beschließt, setzt nach Anhörung des Europäischen Parlaments einen Beschäftigungsausschuss mit beratender Funktion zur Förderung der Koordinierung der Beschäftigungs- und Arbeitsmarktpolitik ein. [2] Der Ausschuss hat folgende Aufgaben:

– Er verfolgt die Beschäftigungslage und die Beschäftigungspolitik in den Mitgliedstaaten und der Union;
– er gibt unbeschadet des Artikels 240 auf Ersuchen des Rates oder der Kommission oder von sich aus Stellungnahmen ab und trägt zur Vorbereitung der in Artikel 148 genannten Beratungen des Rates bei.

Bei der Erfüllung seines Auftrags hört der Ausschuss die Sozialpartner.

Jeder Mitgliedstaat und die Kommission entsenden zwei Mitglieder in den Ausschuss.

Titel X. Sozialpolitik

Art. 151 [Ziele und Mittel abgestimmter und gemeinsamer Sozialpolitik] Die Union und die Mitgliedstaaten verfolgen eingedenk der sozialen Grundrechte, wie sie in der am 18. Oktober 1961 in Turin unterzeichneten Europäischen Sozialcharta und in der Gemeinschaftscharta der sozialen Grundrechte der Arbeitnehmer von 1989 festgelegt sind, folgende Ziele: die Förderung der Beschäftigung, die Verbesserung der Lebens- und Arbeitsbedingungen, um dadurch auf dem Wege des Fortschritts ihre Angleichung zu ermöglichen, einen angemessenen sozialen Schutz, den sozialen Dialog, die Entwicklung des Arbeitskräftepotenzials im Hinblick auf ein dauerhaft hohes Beschäftigungsniveau und die Bekämpfung von Ausgrenzungen.

Zu diesem Zweck führen die Union und die Mitgliedstaaten Maßnahmen durch, die der Vielfalt der einzelstaatlichen Gepflogenheiten, insbesondere in den vertraglichen Beziehungen, sowie der Notwendigkeit, die Wettbewerbsfähigkeit der Wirtschaft der Union zu erhalten, Rechnung tragen.

Sie sind der Auffassung, dass sich eine solche Entwicklung sowohl aus dem eine Abstimmung der Sozialordnungen begünstigenden Wirken des Binnenmarkts als auch aus den in den Verträgen vorgesehenen Verfahren sowie aus der Angleichung ihrer Rechts- und Verwaltungsvorschriften ergeben wird.

Art. 152 [Rolle der Sozialpartner; Sozialer Dialog; Sozialgipfel] [1] Die Union anerkennt und fördert die Rolle der Sozialpartner auf Ebene der Union unter Berücksichtigung der Unterschiedlichkeit der nationalen Systeme. [2] Sie fördert den sozialen Dialog und achtet dabei die Autonomie der Sozialpartner.

Der Dreigliedrige Sozialgipfel für Wachstum und Beschäftigung trägt zum sozialen Dialog bei.

Art. 153 [Unionskompetenzen] (1) Zur Verwirklichung der Ziele des Artikels 151 unterstützt und ergänzt die Union die Tätigkeit der Mitgliedstaaten auf folgenden Gebieten:

a) Verbesserung insbesondere der Arbeitsumwelt zum Schutz der Gesundheit und der Sicherheit der Arbeitnehmer,

b) Arbeitsbedingungen,

c) soziale Sicherheit und sozialer Schutz der Arbeitnehmer,

d) Schutz der Arbeitnehmer bei Beendigung des Arbeitsvertrags,

e) Unterrichtung und Anhörung der Arbeitnehmer,

f) Vertretung und kollektive Wahrnehmung der Arbeitnehmer- und Arbeitgeberinteressen, einschließlich der Mitbestimmung, vorbehaltlich des Absatzes 5,

g) Beschäftigungsbedingungen der Staatsangehörigen dritter Länder, die sich rechtmäßig im Gebiet der Union aufhalten,

h) berufliche Eingliederung der aus dem Arbeitsmarkt ausgegrenzten Personen, unbeschadet des Artikels 166,

i) Chancengleichheit von Männern und Frauen auf dem Arbeitsmarkt und Gleichbehandlung am Arbeitsplatz,

j) Bekämpfung der sozialen Ausgrenzung,

k) Modernisierung der Systeme des sozialen Schutzes, unbeschadet des Buchstabens c.

(2) Zu diesem Zweck können das Europäische Parlament und der Rat

a) unter Ausschluss jeglicher Harmonisierung der Rechts- und Verwaltungsvorschriften der Mitgliedstaaten Maßnahmen annehmen, die dazu bestimmt sind, die Zusammenarbeit zwischen den Mitgliedstaaten durch Initiativen zu fördern, die die Verbesserung des Wissensstands, die Entwicklung des Austauschs von Informationen und bewährten Verfahren, die Förderung innovativer Ansätze und die Bewertung von Erfahrungen zum Ziel haben;

b) in den in Absatz 1 Buchstaben a bis i genannten Bereichen unter Berücksichtigung der in den einzelnen Mitgliedstaaten bestehenden Bedingungen und technischen Regelungen durch Richtlinien Mindestvorschriften erlassen, die schrittweise anzuwenden sind. Diese Richtlinien sollen keine verwaltungsmäßigen, finanziellen oder rechtlichen Auflagen vorschreiben, die der Gründung und Entwicklung von kleinen und mittleren Unternehmen entgegenstehen.

Das Europäische Parlament und der Rat beschließen gemäß dem ordentliche Gesetzgebungsverfahren nach Anhörung des Wirtschafts- und Sozialausschusses und des Ausschusses der Regionen.

In den in Absatz 1 Buchstaben c, d, f und g genannten Bereichen beschließt der Rat einstimmig gemäß einem besonderen Gesetzgebungsverfahren nach Anhörung des Europäischen Parlaments und der genannten Ausschüsse.

Der Rat kann einstimmig auf Vorschlag der Kommission nach Anhörung des Europäischen Parlaments beschließen, dass das ordentlichen Gesetzgebungsverfahren auf Absatz 1 Buchstaben d, f und g angewandt wird.

(3) Ein Mitgliedstaat kann den Sozialpartnern auf deren gemeinsamen Antrag die Durchführung von aufgrund des Absatzes 2 angenommenen Richtlinien oder gegebenenfalls die Durchführung eines nach Artikel 155 erlassenen Beschlusses des Rates übertragen.

In diesem Fall vergewissert sich der Mitgliedstaat, dass die Sozialpartner spätestens zu dem Zeitpunkt, zu dem eine Richtlinie umgesetzt oder ein Beschluss durchgeführt sein muss, im Wege einer Vereinbarung die erforderlichen Vorkehrungen getroffen haben; dabei hat der Mitgliedstaat alle erforderlichen Maßnahmen zu treffen, um jederzeit gewährleisten zu können, dass die durch diese Richtlinie oder diesen Beschluss vorgeschriebenen Ergebnisse erzielt werden.

(4) Die aufgrund dieses Artikels erlassenen Bestimmungen

– berühren nicht die anerkannte Befugnis der Mitgliedstaaten, die Grundprinzipien ihres Systems der sozialen Sicherheit festzulegen, und dürfen das finanzielle Gleichgewicht dieser Systeme nicht erheblich beeinträchtigen;
– hindern die Mitgliedstaaten nicht daran, strengere Schutzmaßnahmen beizubehalten oder zu treffen, die mit den Verträgen vereinbar sind.

(5) Dieser Artikel gilt nicht für das Arbeitsentgelt, das Koalitionsrecht, das Streikrecht sowie das Aussperrungsrecht.

Art. 154 [Anhörung der Sozialpartner] (1) Die Kommission hat die Aufgabe, die Anhörung der Sozialpartner auf Unionsebene zu fördern, und erlässt alle zweckdienlichen Maßnahmen, um den Dialog zwischen den Sozialpartnern zu erleichtern, wobei sie für Ausgewogenheit bei der Unterstützung der Parteien sorgt.

(2) Zu diesem Zweck hört die Kommission vor Unterbreitung von Vorschlägen im Bereich der Sozialpolitik die Sozialpartner zu der Frage, wie eine Unionsaktion gegebenenfalls ausgerichtet werden sollte.

(3) [1] Hält die Kommission nach dieser Anhörung eine Unionsmaßnahme für zweckmäßig, so hört sie die Sozialpartner zum Inhalt des in Aussicht genommenen Vorschlags. [2] Die Sozialpartner übermitteln der Kommission eine Stellungnahme oder gegebenenfalls eine Empfehlung.

(4) [1] Bei den Anhörungen nach den Absätzen 2 und 3 können die Sozialpartner der Kommission mitteilen, dass sie den Prozess nach Artikel 155 in Gang setzen wollen. [2] Die Dauer dieses Prozesses darf höchstens neun Monate betragen, sofern die betroffenen Sozialpartner und die Kommission nicht gemeinsam eine Verlängerung beschließen.

Art. 155 [Dialog zwischen den Sozialpartnern] (1) Der Dialog zwischen den Sozialpartnern auf Unionsebene kann, falls sie es wünschen, zur Herstellung vertraglicher Beziehungen einschließlich des Abschlusses von Vereinbarungen führen.

(2) [1] Die Durchführung der auf Unionsebene geschlossenen Vereinbarungen erfolgt entweder nach den jeweiligen Verfahren und Gepflogenheiten der Sozialpartner und der Mitgliedstaaten oder – in den durch Artikel 153 erfassten Bereichen – auf gemeinsamen Antrag der Unterzeichnerparteien durch einen Beschluss des Rates auf Vorschlag der Kommission. [2] Das Europäische Parlament wird unterrichtet.

Der Rat beschließt einstimmig, sofern die betreffende Vereinbarung eine oder mehrere Bestimmungen betreffend einen der Bereiche enthält, für die nach Artikel 153 Absatz 2 Einstimmigkeit erforderlich ist.

Art. 156 [Fördermaßnahmen der Kommission] Unbeschadet der sonstigen Bestimmungen der Verträge fördert die Kommission im Hinblick auf die Erreichung der Ziele des Artikels 151 die Zusammenarbeit zwischen den Mitgliedstaaten und erleichtert die Abstimmung ihres Vorgehens in allen unter dieses Kapitel fallenden Bereichen der Sozialpolitik, insbesondere auf dem Gebiet

– der Beschäftigung,
– des Arbeitsrechts und der Arbeitsbedingungen,
– der beruflichen Ausbildung und Fortbildung,
– der sozialen Sicherheit,
– der Verhütung von Berufsunfällen und Berufskrankheiten,
– des Gesundheitsschutzes bei der Arbeit,
– des Koalitionsrechts und der Kollektivverhandlungen zwischen Arbeitgebern und Arbeitnehmern.

[1] Zu diesem Zweck wird die Kommission in enger Verbindung mit den Mitgliedstaaten durch Untersuchungen, Stellungnahmen und die Durchführung von Konsultationen in Bezug auf innerstaatlich oder in den internationalen Organisationen zu behandelnde Fragen tätig, und zwar insbesondere im Wege von Initiativen, die darauf abzielen, Leitlinien und Indikatoren festzulegen, den Austausch bewährter Verfahren durchzuführen und die erforderlichen Elemente für eine regelmäßige Überwachung und Bewertung auszuarbeiten. [2] Das Europäische Parlament wird in vollem Umfang unterrichtet.

Vor Abgabe der in diesem Artikel vorgesehenen Stellungnahmen hört die Kommission den Wirtschafts- und Sozialausschuss.

Art. 157 [Gleichstellung von Mann und Frau im Erwerbsleben]

(1) Jeder Mitgliedstaat stellt die Anwendung des Grundsatzes des gleichen Entgelts für Männer und Frauen bei gleicher oder gleichwertiger Arbeit sicher.

(2) Unter „Entgelt" im Sinne dieses Artikels sind die üblichen Grund- oder Mindestlöhne und -gehälter sowie alle sonstigen Vergütungen zu verstehen, die der Arbeitgeber aufgrund des Dienstverhältnisses dem Arbeitnehmer unmittelbar oder mittelbar in bar oder in Sachleistungen zahlt.

Gleichheit des Arbeitsentgelts ohne Diskriminierung aufgrund des Geschlechts bedeutet,

a) dass das Entgelt für eine gleiche nach Akkord bezahlte Arbeit aufgrund der gleichen Maßeinheit festgesetzt wird,

b) dass für eine nach Zeit bezahlte Arbeit das Entgelt bei gleichem Arbeitsplatz gleich ist.

(3) Das Europäische Parlament und der Rat beschließen gemäß dem ordentlichen Gesetzgebungsverfahren und nach Anhörung des Wirtschafts- und Sozialausschusses Maßnahmen zur Gewährleistung der Anwendung des Grundsatzes der Chancengleichheit und der Gleichbehandlung von Männern und Frauen in Arbeits- und Beschäftigungsfragen, einschließlich des Grundsatzes des gleichen Entgelts bei gleicher oder gleichwertiger Arbeit.

(4) Im Hinblick auf die effektive Gewährleistung der vollen Gleichstellung von Männern und Frauen im Arbeitsleben hindert der Grundsatz der Gleichbehandlung die Mitgliedstaaten nicht daran, zur Erleichterung der Berufstätigkeit des unterrepräsentierten Geschlechts oder zur Verhinderung bzw. zum Ausgleich von Benachteiligungen in der beruflichen Laufbahn spezifische Vergünstigungen beizubehalten oder zu beschließen.

Art. 158 [Bezahlte Freizeit] Die Mitgliedstaaten sind bestrebt, die bestehende Gleichwertigkeit der Ordnungen über die bezahlte Freizeit beizubehalten.

Art. 159 [Bericht zur sozialen und demografischen Lage] [1] Die Kommission erstellt jährlich einen Bericht über den Stand der Verwirklichung der in Artikel 151 genannten Ziele sowie über die demografische Lage in der Union. [2] Sie übermittelt diesen Bericht dem Europäischen Parlament, dem Rat und dem Wirtschafts- und Sozialausschuss.

Art. 160 [Ausschuss für Sozialschutz] [1] Der Rat, der mit einfacher Mehrheit beschließt, setzt nach Anhörung des Europäischen Parlaments einen Ausschuss für Sozialschutz mit beratender Aufgabe ein, um die Zusammenarbeit im Bereich des sozialen Schutzes zwischen den Mitgliedstaaten und mit der Kommission zu fördern. [2] Der Ausschuss hat folgende Aufgaben:

- Er verfolgt die soziale Lage und die Entwicklung der Politiken im Bereich des sozialen Schutzes in den Mitgliedstaaten und der Union;
- er fördert den Austausch von Informationen, Erfahrungen und bewährten Verfahren zwischen den Mitgliedstaaten und mit der Kommission;
- unbeschadet des Artikels 240 arbeitet er auf Ersuchen des Rates oder der Kommission oder von sich aus in seinem Zuständigkeitsbereich Berichte aus, gibt Stellungnahmen ab oder wird auf andere Weise tätig.

Bei der Erfüllung seines Auftrags stellt der Ausschuss geeignete Kontakte zu den Sozialpartnern her.

Jeder Mitgliedstaat und die Kommission ernennen zwei Mitglieder des Ausschusses.

Art. 161 [Jahresbericht der Kommission] Der Jahresbericht der Kommission an das Europäische Parlament hat stets ein besonderes Kapitel über die Entwicklung der sozialen Lage in der Union zu enthalten.

Das Europäische Parlament kann die Kommission auffordern, Berichte über besondere, die soziale Lage betreffende Fragen auszuarbeiten.

Titel XI. Der Europäische Sozialfonds

Art. 162 [Errichtung und Ziel des Europäischen Sozialfonds] Um die Beschäftigungsmöglichkeiten der Arbeitskräfte im Binnenmarkt zu verbessern und damit zur Hebung der Lebenshaltung beizutragen, wird nach Maßgabe der folgenden Bestimmungen ein Europäischer Sozialfonds errichtet, dessen Ziel es ist, innerhalb der Union die berufliche Verwendbarkeit und die örtliche und berufliche Mobilität der Arbeitskräfte zu fördern sowie die Anpassung an die industriellen Wandlungsprozesse und an Veränderungen der Produktionssysteme insbesondere durch berufliche Bildung und Umschulung zu erleichtern.

Art. 163 [Verwaltung des Fonds] Die Verwaltung des Fonds obliegt der Kommission.

Die Kommission wird hierbei von einem Ausschuss unterstützt, der aus Vertretern der Regierungen sowie der Arbeitgeber- und der Arbeitnehmerverbände besteht; den Vorsitz führt ein Mitglied der Kommission.

Art. 164 [Durchführungsverordnungen] Das Europäische Parlament und der Rat erlassen gemäß dem ordentlichen Gesetzgebungsverfahren und nach Anhörung des Wirtschafts- und Sozialausschusses sowie des Ausschusses der Regionen die den Europäischen Sozialfonds betreffenden Durchführungsverordnungen.

Titel XII. Allgemeine und berufliche Bildung, Jugend und Sport

Art. 165 [Beitrag der Union; Ziele] (1) Die Union trägt zur Entwicklung einer qualitativ hoch stehenden Bildung dadurch bei, dass sie die Zusammenarbeit zwischen den Mitgliedstaaten fördert und die Tätigkeit der Mitgliedstaaten unter strikter Beachtung der Verantwortung der Mitgliedstaaten für die Lehrinhalte und die Gestaltung des Bildungssystems sowie der Vielfalt ihrer Kulturen und Sprachen erforderlichenfalls unterstützt und ergänzt.

Die Union trägt zur Förderung der europäischen Dimension des Sports bei und berücksichtigt dabei dessen besondere Merkmale, dessen auf freiwilligem Engagement basierende Strukturen sowie dessen soziale und pädagogische Funktion.

(2) Die Tätigkeit der Union hat folgende Ziele:

– Entwicklung der europäischen Dimension im Bildungswesen, insbesondere durch Erlernen und Verbreitung der Sprachen der Mitgliedstaaten;
– Förderung der Mobilität von Lernenden und Lehrenden, auch durch die Förderung der akademischen Anerkennung der Diplome und Studienzeiten;
– Förderung der Zusammenarbeit zwischen den Bildungseinrichtungen;
– Ausbau des Informations- und Erfahrungsaustauschs über gemeinsame Probleme im Rahmen der Bildungssysteme der Mitgliedstaaten;
– Förderung des Ausbaus des Jugendaustauschs und des Austauschs sozialpädagogischer Betreuer und verstärkte Beteiligung der Jugendlichen am demokratischen Leben in Europa;

– Förderung der Entwicklung der Fernlehre;

– Entwicklung der europäischen Dimension des Sports durch Förderung der Fairness und der Offenheit von Sportwettkämpfen und der Zusammenarbeit zwischen den für den Sport verantwortlichen Organisationen sowie durch den Schutz der körperlichen und seelischen Unversehrtheit der Sportler, insbesondere der jüngeren Sportler.

(3) Die Union und die Mitgliedstaaten fördern die Zusammenarbeit mit dritten Ländern und den für den Bildungsbereich und den Sport zuständigen internationalen Organisationen, insbesondere dem Europarat.

(4) Als Beitrag zur Verwirklichung der Ziele dieses Artikels

– erlassen das Europäische Parlament und der Rat gemäß dem ordentlichen Gesetzgebungsverfahren und nach Anhörung des Wirtschafts- und Sozialausschusses und des Ausschusses der Regionen Fördermaßnahmen unter Ausschluss jeglicher Harmonisierung der Rechts- und Verwaltungsvorschriften der Mitgliedstaaten;

– erlässt der Rat auf Vorschlag der Kommission Empfehlungen.

Art. 166 [Berufliche Bildung; Ziele] (1) Die Union führt eine Politik der beruflichen Bildung, welche die Maßnahmen der Mitgliedstaaten unter strikter Beachtung der Verantwortung der Mitgliedstaaten für Inhalt und Gestaltung der beruflichen Bildung unterstützt und ergänzt.

(2) Die Tätigkeit der Union hat folgende Ziele:

– Erleichterung der Anpassung an die industriellen Wandlungsprozesse, insbesondere durch berufliche Bildung und Umschulung;

– Verbesserung der beruflichen Erstausbildung und Weiterbildung zur Erleichterung der beruflichen Eingliederung und Wiedereingliederung in den Arbeitsmarkt;

– Erleichterung der Aufnahme einer beruflichen Bildung sowie Förderung der Mobilität der Ausbilder und der in beruflicher Bildung befindlichen Personen, insbesondere der Jugendlichen;

– Förderung der Zusammenarbeit in Fragen der beruflichen Bildung zwischen Unterrichtsanstalten und Unternehmen;

– Ausbau des Informations- und Erfahrungsaustauschs über gemeinsame Probleme im Rahmen der Berufsbildungssysteme der Mitgliedstaaten.

(3) Die Union und die Mitgliedstaaten fördern die Zusammenarbeit mit dritten Ländern und den für die berufliche Bildung zuständigen internationalen Organisationen.

(4) Das Europäische Parlament und der Rat erlassen gemäß dem ordentlichen Gesetzgebungsverfahren und nach Anhörung des Wirtschafts- und Sozialausschusses sowie des Ausschusses der Regionen Maßnahmen, die zur Verwirklichung der Ziele dieses Artikels beitragen, unter Ausschluss jeglicher Harmonisierung der Rechts- und Verwaltungsvorschriften der Mitgliedstaaten, und der Rat erlässt auf Vorschlag der Kommission Empfehlungen.

Titel XIII. Kultur

Art. 167 [Beitrag der Union unter Wahrung und Förderung der Kulturvielfalt] (1) Die Union leistet einen Beitrag zur Entfaltung der Kulturen der Mitgliedstaaten unter Wahrung ihrer nationalen und regionalen Vielfalt sowie gleichzeitiger Hervorhebung des gemeinsamen kulturellen Erbes.

(2) Die Union fördert durch ihre Tätigkeit die Zusammenarbeit zwischen den Mitgliedstaaten und unterstützt und ergänzt erforderlichenfalls deren Tätigkeit in folgenden Bereichen:
- Verbesserung der Kenntnis und Verbreitung der Kultur und Geschichte der europäischen Völker,
- Erhaltung und Schutz des kulturellen Erbes von europäischer Bedeutung,
- nichtkommerzieller Kulturaustausch,
- künstlerisches und literarisches Schaffen, einschließlich im audiovisuellen Bereich.

(3) Die Union und die Mitgliedstaaten fördern die Zusammenarbeit mit dritten Ländern und den für den Kulturbereich zuständigen internationalen Organisationen, insbesondere mit dem Europarat.

(4) Die Union trägt bei ihrer Tätigkeit aufgrund anderer Bestimmungen der Verträge den kulturellen Aspekten Rechnung, insbesondere zur Wahrung und Förderung der Vielfalt ihrer Kulturen.

(5) Als Beitrag zur Verwirklichung der Ziele dieses Artikels
- erlassen das Europäische Parlament und der Rat gemäß dem ordentlichen Gesetzgebungsverfahren und nach Anhörung des Ausschusses der Regionen Fördermaßnahmen unter Ausschluss jeglicher Harmonisierung der Rechts- und Verwaltungsvorschriften der Mitgliedstaaten.
- erlässt der Rat auf Vorschlag der Kommission Empfehlungen.

Titel XIV. Gesundheitswesen

Art. 168 [Beitrag der Union zur Sicherstellung eines hohen Gesundheitsschutzniveaus] (1) Bei der Festlegung und Durchführung aller Unionspolitiken und -maßnahmen wird ein hohes Gesundheitsschutzniveau sichergestellt.

[1] Die Tätigkeit der Union ergänzt die Politik der Mitgliedstaaten und ist auf die Verbesserung der Gesundheit der Bevölkerung, die Verhütung von Humankrankheiten und die Beseitigung von Ursachen für die Gefährdung der körperlichen und geistigen Gesundheit gerichtet. [2] Sie umfasst die Bekämpfung der weit verbreiteten schweren Krankheiten, wobei die Erforschung der Ursachen, der Übertragung und der Verhütung dieser Krankheiten sowie Gesundheitsinformation und -erziehung gefördert werden; außerdem umfasst sie die Beobachtung, frühzeitige Meldung und Bekämpfung schwerwiegender grenzüberschreitender Gesundheitsgefahren.

Die Union ergänzt die Maßnahmen der Mitgliedstaaten zur Verringerung drogenkonsumbedingter Gesundheitsschäden einschließlich der Informations- und Vorbeugungsmaßnahmen.

(2) [1] Die Union fördert die Zusammenarbeit zwischen den Mitgliedstaaten in den in diesem Artikel genannten Bereichen und unterstützt erforderlichen-

falls deren Tätigkeit. [2] Sie fördert insbesondere die Zusammenarbeit zwischen den Mitgliedstaaten, die darauf abzielt, die Komplementarität ihrer Gesundheitsdienste in den Grenzgebieten zu verbessern.

[1] Die Mitgliedstaaten koordinieren untereinander im Benehmen mit der Kommission ihre Politiken und Programme in den in Absatz 1 genannten Bereichen. [2] Die Kommission kann in enger Verbindung mit den Mitgliedstaaten alle Initiativen ergreifen, die dieser Koordinierung förderlich sind, insbesondere Initiativen, die darauf abzielen, Leitlinien und Indikatoren festzulegen, den Austausch bewährter Verfahren durchzuführen und die erforderlichen Elemente für eine regelmäßige Überwachung und Bewertung auszuarbeiten. [3] Das Europäische Parlament wird in vollem Umfang unterrichtet.

(3) Die Union und die Mitgliedstaaten fördern die Zusammenarbeit mit dritten Ländern und den für das Gesundheitswesen zuständigen internationalen Organisationen.

(4) Abweichend von Artikel 2 Absatz 5 und Artikel 6 Buchstabe a tragen das Europäische Parlament und der Rat nach Artikel 4 Absatz 2 Buchstabe k gemäß dem ordentlichen Gesetzgebungsverfahren und nach Anhörung des Wirtschafts- und Sozialausschusses sowie des Ausschusses der Regionen mit folgenden Maßnahmen zur Verwirklichung der Ziele dieses Artikels bei, um den gemeinsamen Sicherheitsanliegen Rechnung zu tragen:

a) Maßnahmen zur Festlegung hoher Qualitäts- und Sicherheitsstandards für Organe und Substanzen menschlichen Ursprungs sowie für Blut und Blutderivate; diese Maßnahmen hindern die Mitgliedstaaten nicht daran, strengere Schutzmaßnahmen beizubehalten oder einzuführen;

b) Maßnahmen in den Bereichen Veterinärwesen und Pflanzenschutz, die unmittelbar den Schutz der Gesundheit der Bevölkerung zum Ziel haben;

c) Maßnahmen zur Festlegung hoher Qualitäts- und Sicherheitsstandards für Arzneimittel und Medizinprodukte.

(5) Das Europäische Parlament und der Rat können unter Ausschluss jeglicher Harmonisierung der Rechtsvorschriften der Mitgliedstaaten gemäß dem ordentlichen Gesetzgebungsverfahren und nach Anhörung des Wirtschafts- und Sozialausschusses und des Ausschusses der Regionen auch Fördermaßnahmen zum Schutz und zur Verbesserung der menschlichen Gesundheit sowie insbesondere zur Bekämpfung der weit verbreiteten schweren grenzüberschreitenden Krankheiten, Maßnahmen zur Beobachtung, frühzeitigen Meldung und Bekämpfung schwerwiegender grenzüberschreitender Gesundheitsgefahren sowie Maßnahmen, die unmittelbar den Schutz der Gesundheit der Bevölkerung vor Tabakkonsum und Alkoholmissbrauch zum Ziel haben, erlassen.

(6) Der Rat kann ferner auf Vorschlag der Kommission für die in diesem Artikel genannten Zwecke Empfehlungen erlassen.

(7) [1] Bei der Tätigkeit der Union wird die Verantwortung der Mitgliedstaaten für die Festlegung ihrer Gesundheitspolitik sowie für die Organisation des Gesundheitswesens und die medizinische Versorgung gewahrt. [2] Die Verantwortung der Mitgliedstaaten umfasst die Verwaltung des Gesundheitswesens und der medizinischen Versorgung sowie die Zuweisung der dafür bereitgestellten Mittel. [3] Die Maßnahmen nach Absatz 4 Buchstabe a lassen

die einzelstaatlichen Regelungen über die Spende oder die medizinische Verwendung von Organen und Blut unberührt.

Titel XV. Verbraucherschutz

Art. 169 [Beitrag der Union; Mindeststandards] (1) Zur Förderung der Interessen der Verbraucher und zur Gewährleistung eines hohen Verbraucherschutzniveaus leistet die Union einen Beitrag zum Schutz der Gesundheit, der Sicherheit und der wirtschaftlichen Interessen der Verbraucher sowie zur Förderung ihres Rechtes auf Information, Erziehung und Bildung von Vereinigungen zur Wahrung ihrer Interessen.

(2) Die Union leistet einen Beitrag zur Erreichung der in Absatz 1 genannten Ziele durch

a) Maßnahmen, die sie im Rahmen der Verwirklichung des Binnenmarkts nach Artikel 114 erlässt;

b) Maßnahmen zur Unterstützung, Ergänzung und Überwachung der Politik der Mitgliedstaaten.

(3) Das Europäische Parlament und der Rat beschließen gemäß dem ordentlichen Gesetzgebungsverfahren und nach Anhörung des Wirtschafts- und Sozialausschusses die Maßnahmen nach Absatz 2 Buchstabe b.

(4) [1] Die nach Absatz 3 beschlossenen Maßnahmen hindern die einzelnen Mitgliedstaaten nicht daran, strengere Schutzmaßnahmen beizubehalten oder zu ergreifen. [2] Diese Maßnahmen müssen mit den Verträgen vereinbar sein. [3] Sie werden der Kommission mitgeteilt.

Titel XVI. Transeuropäische Netze

Art. 170 [Beitrag zum Auf- und Ausbau] (1) Um einen Beitrag zur Verwirklichung der Ziele der Artikel 26 und 174 zu leisten und den Bürgern der Union, den Wirtschaftsbeteiligten sowie den regionalen und lokalen Gebietskörperschaften in vollem Umfang die Vorteile zugute kommen zu lassen, die sich aus der Schaffung eines Raumes ohne Binnengrenzen ergeben, trägt die Union zum Auf- und Ausbau transeuropäischer Netze in den Bereichen der Verkehrs-, Telekommunikations- und Energieinfrastruktur bei.

(2) [1] Die Tätigkeit der Union zielt im Rahmen eines Systems offener und wettbewerbsorientierter Märkte auf die Förderung des Verbunds und der Interoperabilität der einzelstaatlichen Netze sowie des Zugangs zu diesen Netzen ab. [2] Sie trägt insbesondere der Notwendigkeit Rechnung, insulare, eingeschlossene und am Rande gelegene Gebiete mit den zentralen Gebieten der Union zu verbinden.

Art. 171 [Handlungsinstrumente der Union] (1) Zur Erreichung der Ziele des Artikels 170 geht die Union wie folgt vor:

– Sie stellt eine Reihe von Leitlinien auf, in denen die Ziele, die Prioritäten und die Grundzüge der im Bereich der transeuropäischen Netze in Betracht gezogenen Aktionen erfasst werden; in diesen Leitlinien werden Vorhaben von gemeinsamem Interesse ausgewiesen;

– sie führt jede Aktion durch, die sich gegebenenfalls als notwendig erweist, um die Interoperabilität der Netze zu gewährleisten, insbesondere im Bereich der Harmonisierung der technischen Normen;
– sie kann von den Mitgliedstaaten unterstützte Vorhaben von gemeinsamem Interesse, die im Rahmen der Leitlinien gemäß dem ersten Gedankenstrich ausgewiesen sind, insbesondere in Form von Durchführbarkeitsstudien, Anleihebürgschaften oder Zinszuschüssen unterstützen; die Union kann auch über den nach Artikel 177 errichteten Kohäsionsfonds zu spezifischen Verkehrsinfrastrukturvorhaben in den Mitgliedstaaten finanziell beitragen.

Die Union berücksichtigt bei ihren Maßnahmen die potentielle wirtschaftliche Lebensfähigkeit der Vorhaben.

(2) [1] Die Mitgliedstaaten koordinieren untereinander in Verbindung mit der Kommission die einzelstaatlichen Politiken, die sich erheblich auf die Verwirklichung der Ziele des Artikels 170 auswirken können. [2] Die Kommission kann in enger Zusammenarbeit mit den Mitgliedstaaten alle Initiativen ergreifen, die dieser Koordinierung förderlich sind.

(3) Die Union kann beschließen, mit dritten Ländern zur Förderung von Vorhaben von gemeinsamem Interesse sowie zur Sicherstellung der Interoperabilität der Netze zusammenzuarbeiten.

Art. 172 [Beschlussfassung] Die Leitlinien und die übrigen Maßnahmen nach Artikel 171 Absatz 1 werden vom Europäischen Parlament und vom Rat gemäß dem ordentlichen Gesetzgebungsverfahren und nach Anhörung des Wirtschafts- und Sozialausschusses und des Ausschusses der Regionen festgelegt.

Leitlinien und Vorhaben von gemeinsamem Interesse, die das Hoheitsgebiet eines Mitgliedstaats betreffen, bedürfen der Billigung des betroffenen Mitgliedstaats.

Titel XVII. Industrie

Art. 173 [Förderung der Wettbewerbsfähigkeit; Subventionsverbot]

(1) Die Union und die Mitgliedstaaten sorgen dafür, dass die notwendigen Voraussetzungen für die Wettbewerbsfähigkeit der Industrie der Union gewährleistet sind.

Zu diesem Zweck zielt ihre Tätigkeit entsprechend einem System offener und wettbewerbsorientierter Märkte auf Folgendes ab:
– Erleichterung der Anpassung der Industrie an die strukturellen Veränderungen;
– Förderung eines für die Initiative und Weiterentwicklung der Unternehmen in der gesamten Union, insbesondere der kleinen und mittleren Unternehmen, günstigen Umfelds;
– Förderung eines für die Zusammenarbeit zwischen Unternehmen günstigen Umfelds;
– Förderung einer besseren Nutzung des industriellen Potenzials der Politik in den Bereichen Innovation, Forschung und technologische Entwicklung.

(2) [1] Die Mitgliedstaaten konsultieren einander in Verbindung mit der Kommission und koordinieren, soweit erforderlich, ihre Maßnahmen. [2] Die

Kommission kann alle Initiativen ergreifen, die dieser Koordinierung förderlich sind, insbesondere Initiativen, die darauf abzielen, Leitlinien und Indikatoren festzulegen, den Austausch bewährter Verfahren durchzuführen und die erforderlichen Elemente für eine regelmäßige Überwachung und Bewertung auszuarbeiten. [3] Das Europäische Parlament wird in vollem Umfang unterrichtet.

(3) [1] Die Union trägt durch die Politik und die Maßnahmen, die sie aufgrund anderer Bestimmungen der Verträge durchführt, zur Erreichung der Ziele des Absatzes 1 bei. [2] Das Europäische Parlament und der Rat können unter Ausschluss jeglicher Harmonisierung der Rechtsvorschriften der Mitgliedstaaten gemäß dem ordentlichen Gesetzgebungsverfahren und nach Anhörung des Wirtschafts- und Sozialausschusses spezifische Maßnahmen zur Unterstützung der in den Mitgliedstaaten durchgeführten Maßnahmen im Hinblick auf die Verwirklichung der Ziele des Absatzes 1 beschließen.

Dieser Titel bietet keine Grundlage dafür, dass die Union irgendeine Maßnahme einführt, die zu Wettbewerbsverzerrungen führen könnte oder steuerliche Vorschriften oder Bestimmungen betreffend die Rechte und Interessen der Arbeitnehmer enthält.

Titel XVIII. Wirtschaftlicher, sozialer und territorialer Zusammenhalt

Art. 174 [Ziele der Strukturpolitik] Die Union entwickelt und verfolgt weiterhin ihre Politik zur Stärkung ihres wirtschaftlichen, sozialen und territorialen Zusammenhalts, um eine harmonische Entwicklung der Union als Ganzes zu fördern.

Die Union setzt sich insbesondere zum Ziel, die Unterschiede im Entwicklungsstand der verschiedenen Regionen und den Rückstand der am stärksten benachteiligten Gebiete zu verringern.

Unter den betreffenden Gebieten gilt besondere Aufmerksamkeit den ländlichen Gebieten, den vom industriellen Wandel betroffenen Gebieten und den Gebieten mit schweren und dauerhaften natürlichen oder demografischen Nachteilen, wie den nördlichsten Regionen mit sehr geringer Bevölkerungsdichte sowie den Insel-, Grenz- und Bergregionen.

Art. 175 [Rolle der Strukturfonds; Aktionen außerhalb der Fonds] [1] Die Mitgliedstaaten führen und koordinieren ihre Wirtschaftspolitik in der Weise, dass auch die in Artikel 174 genannten Ziele erreicht werden. [2] Die Festlegung und Durchführung der Politiken und Aktionen der Union sowie die Errichtung des Binnenmarkts berücksichtigen die Ziele des Artikels 174 und tragen zu deren Verwirklichung bei. [3] Die Union unterstützt auch diese Bemühungen durch die Politik, die sie mit Hilfe der Strukturfonds (Europäischer Ausrichtungs- und Garantiefonds für die Landwirtschaft – Abteilung Ausrichtung, Europäischer Sozialfonds, Europäischer Fonds für regionale Entwicklung), der Europäischen Investitionsbank und der sonstigen vorhandenen Finanzierungsinstrumente führt.

[1] Die Kommission erstattet dem Europäischen Parlament, dem Rat, dem Wirtschafts- und Sozialausschuss und dem Ausschuss der Regionen alle drei Jahre Bericht über die Fortschritte bei der Verwirklichung des wirtschaftli-

chen, sozialen und territorialen Zusammenhalts und über die Art und Weise, in der die in diesem Artikel vorgesehenen Mittel hierzu beigetragen haben. [2] Diesem Bericht werden erforderlichenfalls entsprechende Vorschläge beigefügt.

Falls sich spezifische Aktionen außerhalb der Fonds und unbeschadet der im Rahmen der anderen Politiken der Union beschlossenen Maßnahmen als erforderlich erweisen, so können sie vom Europäischen Parlament und vom Rat gemäß dem ordentlichen Gesetzgebungsverfahren nach Anhörung des Wirtschafts- und Sozialausschusses und des Ausschusses der Regionen beschlossen werden.

Art. 176 [Europäischer Regionalfonds] Aufgabe des Europäischen Fonds für regionale Entwicklung ist es, durch Beteiligung an der Entwicklung und an der strukturellen Anpassung der rückständigen Gebiete und an der Umstellung der Industriegebiete mit rückläufiger Entwicklung zum Ausgleich der wichtigsten regionalen Ungleichgewichte in der Union beizutragen.

Art. 177 [Strukturfonds; Kohäsionsfonds][1)] [1] Unbeschadet des Artikels 178 legen das Europäische Parlament und der Rat durch Verordnungen gemäß dem ordentlichen Gesetzgebungsverfahren und nach Anhörung des Wirtschafts- und Sozialausschusses und des Ausschusses der Regionen die Aufgaben, die vorrangigen Ziele und die Organisation der Strukturfonds fest, was ihre Neuordnung einschließen kann. [2] Nach demselben Verfahren werden ferner die für die Fonds geltenden allgemeinen Regeln sowie die Bestimmungen festgelegt, die zur Gewährleistung einer wirksamen Arbeitsweise und zur Koordinierung der Fonds sowohl untereinander als auch mit den anderen vorhandenen Finanzierungsinstrumenten erforderlich sind.

Ein nach demselben Verfahren errichteter Kohäsionsfonds trägt zu Vorhaben in den Bereichen Umwelt und transeuropäische Netze auf dem Gebiet der Verkehrsinfrastruktur finanziell bei.

Art. 178 [Durchführungsverordnungen] Die den Europäischen Fonds für regionale Entwicklung betreffenden Durchführungsverordnungen werden vom Europäischen Parlament und vom Rat gemäß dem ordentlichen Gesetzgebungsverfahren und nach Anhörung des Wirtschafts- und Sozialausschusses sowie des Ausschusses der Regionen gefasst.

Für den Europäischen Ausrichtungs- und Garantiefonds für die Landwirtschaft, Abteilung Ausrichtung, und den Europäischen Sozialfonds sind die Artikel 43 bzw. 164 weiterhin anwendbar.

Titel XIX. Forschung, technologische Entwicklung und Raumfahrt

Art. 179 [Europäischer Raum der Forschung] (1) Die Union hat zum Ziel, ihre wissenschaftlichen und technologischen Grundlagen dadurch zu stärken, dass ein europäischer Raum der Forschung geschaffen wird, in dem

---

1) Vgl. zu dieser Vorschrift auch die von der Konferenz von Nizza zur Kenntnis genommenen Erklärungen Nr. 2 und Nr. 3 der Schlussakte v. 16.2.2001 (ABl. Nr. C 80 S. 70) verschiedener Mitgliedstaaten.

Freizügigkeit für Forscher herrscht und wissenschaftliche Erkenntnisse und Technologien frei ausgetauscht werden, die Entwicklung ihrer Wettbewerbsfähigkeit einschließlich der ihrer Industrie zu fördern sowie alle Forschungsmaßnahmen zu unterstützen, die aufgrund anderer Kapitel der Verträge für erforderlich gehalten werden.

(2) In diesem Sinne unterstützt sie in der gesamten Union die Unternehmen – einschließlich der kleinen und mittleren Unternehmen –, die Forschungszentren und die Hochschulen bei ihren Bemühungen auf dem Gebiet der Forschung und technologischen Entwicklung von hoher Qualität; sie fördert ihre Zusammenarbeitsbestrebungen, damit vor allem die Forscher ungehindert über die Grenzen hinweg zusammenarbeiten und die Unternehmen die Möglichkeiten des Binnenmarkts in vollem Umfang nutzen können, und zwar insbesondere durch Öffnen des einzelstaatlichen öffentlichen Auftragswesens, Festlegung gemeinsamer Normen und Beseitigung der dieser Zusammenarbeit entgegenstehenden rechtlichen und steuerlichen Hindernisse.

(3) Alle Maßnahmen der Union aufgrund der Verträge auf dem Gebiet der Forschung und der technologischen Entwicklung, einschließlich der Demonstrationsvorhaben, werden nach Maßgabe dieses Titels beschlossen und durchgeführt.

Art. 180 [Ergänzende Unionsmaßnahmen] Zur Erreichung dieser Ziele trifft die Union folgende Maßnahmen, welche die in den Mitgliedstaaten durchgeführten Aktionen ergänzen:

a) Durchführung von Programmen für Forschung, technologische Entwicklung und Demonstration unter Förderung der Zusammenarbeit mit und zwischen Unternehmen, Forschungszentren und Hochschulen;

b) Förderung der Zusammenarbeit mit dritten Ländern und internationalen Organisationen auf dem Gebiet der Forschung der Union, technologischen Entwicklung und Demonstration;

c) Verbreitung und Auswertung der Ergebnisse der Tätigkeiten auf dem Gebiet der Forschung der Union, technologischen Entwicklung und Demonstration;

d) Förderung der Ausbildung und der Mobilität der Forscher aus der Union.

Art. 181 [Koordinierung; Rolle der Kommission] (1) Die Union und die Mitgliedstaaten koordinieren ihre Tätigkeiten auf dem Gebiet der Forschung und der technologischen Entwicklung, um die Kohärenz der einzelstaatlichen Politiken und der Politik der Union sicherzustellen.

(2) [1] Die Kommission kann in enger Zusammenarbeit mit den Mitgliedstaaten alle Initiativen ergreifen, die der Koordinierung nach Absatz 1 förderlich sind, insbesondere Initiativen, die darauf abzielen, Leitlinien und Indikatoren festzulegen, den Austausch bewährter Verfahren durchzuführen und die erforderlichen Elemente für eine regelmäßige Überwachung und Bewertung auszuarbeiten. [2] Das Europäische Parlament wird in vollem Umfang unterrichtet.

Art. 182 [Mehrjähriges Rahmenprogramm; spezifische Programme]

(1) Das Europäische Parlament und der Rat stellen gemäß dem ordentlichen Gesetzgebungsverfahren und nach Anhörung des Wirtschafts- und Sozialausschusses ein mehrjähriges Rahmenprogramm auf, in dem alle Aktionen der Union zusammengefasst werden.

In dem Rahmenprogramm werden

- die wissenschaftlichen und technologischen Ziele, die mit den Maßnahmen nach Artikel 180 erreicht werden sollen, sowie die jeweiligen Prioritäten festgelegt;
- die Grundzüge dieser Maßnahmen angegeben;
- der Gesamthöchstbetrag und die Einzelheiten der finanziellen Beteiligung der Union am Rahmenprogramm sowie die jeweiligen Anteile der vorgesehenen Maßnahmen festgelegt.

(2) Das Rahmenprogramm wird je nach Entwicklung der Lage angepasst oder ergänzt.

(3) [1] Die Durchführung des Rahmenprogramms erfolgt durch spezifische Programme, die innerhalb einer jeden Aktion entwickelt werden. [2] In jedem spezifischen Programm werden die Einzelheiten seiner Durchführung, seine Laufzeit und die für notwendig erachteten Mittel festgelegt. [3] Die Summe der in den spezifischen Programmen für notwendig erachteten Beträge darf den für das Rahmenprogramm und für jede Aktion festgesetzten Gesamthöchstbetrag nicht überschreiten.

(4) Die spezifischen Programme werden vom Rat gemäß einem besonderen Gesetzgebungsverfahren nach Anhörung des Europäischen Parlaments und des Wirtschafts- und Sozialausschusses beschlossen.

(5) Ergänzend zu den in dem mehrjährigen Rahmenprogramm vorgesehenen Aktionen erlassen das Europäische Parlament und der Rat gemäß dem ordentlichen Gesetzgebungsverfahren und nach Anhörung des Wirtschafts- und Sozialausschusses die Maßnahmen, die für die Verwirklichung des Europäischen Raums der Forschung notwendig sind.

Art. 183 [Durchführung des Rahmenprogramms] Zur Durchführung des mehrjährigen Rahmenprogramms legt die Union Folgendes fest:

- die Regeln für die Beteiligung der Unternehmen, der Forschungszentren und der Hochschulen;
- die Regeln für die Verbreitung der Forschungsergebnisse.

Art. 184 [Zusatzprogramme] Bei der Durchführung des mehrjährigen Rahmenprogramms können Zusatzprogramme beschlossen werden, an denen nur bestimmte Mitgliedstaaten teilnehmen, die sie vorbehaltlich einer etwaigen Beteiligung der Union auch finanzieren.

Die Union legt die Regeln für die Zusatzprogramme fest, insbesondere hinsichtlich der Verbreitung der Kenntnisse und des Zugangs anderer Mitgliedstaaten.

Art. 185 [Beteiligung der Union] Die Union kann im Einvernehmen mit den betreffenden Mitgliedstaaten bei der Durchführung des mehrjährigen Rahmenprogramms eine Beteiligung an Forschungs- und Entwicklungsprogrammen mehrerer Mitgliedstaaten, einschließlich der Beteiligung an den zu ihrer Durchführung geschaffenen Strukturen, vorsehen.

Art. 186 [Zusammenarbeit mit Drittländern; Abkommen] Die Union kann bei der Durchführung des mehrjährigen Rahmenprogramms eine Zusammenarbeit auf dem Gebiet der Forschung, technologischen Entwicklung und Demonstration mit dritten Ländern oder internationalen Organisationen vorsehen.

Die Einzelheiten dieser Zusammenarbeit können Gegenstand von Abkommen zwischen der Union und den betreffenden dritten Parteien sein.

Art. 187 [Gründung gemeinsamer Unternehmen] Die Union kann gemeinsame Unternehmen gründen oder andere Strukturen schaffen, die für die ordnungsgemäße Durchführung der Programme für Forschung, technologische Entwicklung und Demonstration der Union erforderlich sind.

Art. 188 [Beschlussfassung] Der Rat legt auf Vorschlag der Kommission und nach Anhörung des Europäischen Parlaments und des Wirtschafts- und Sozialausschusses die in Artikel 187 vorgesehenen Bestimmungen fest.

[1] Das Europäische Parlament und der Rat legen gemäß dem ordentlichen Gesetzgebungsverfahren und nach Anhörung des Wirtschafts- und Sozialausschusses die in den Artikeln 183, 184 und 185 vorgesehenen Bestimmungen fest. [2] Für die Verabschiedung der Zusatzprogramme ist die Zustimmung der daran beteiligten Mitgliedstaaten erforderlich.

Art. 189 [Europäische Raumfahrtpolitik] (1) [1] Zur Förderung des wissenschaftlichen und technischen Fortschritts, der Wettbewerbsfähigkeit der Industrie und der Durchführung ihrer Politik arbeitet die Union eine europäische Raumfahrtpolitik aus. [2] Sie kann zu diesem Zweck gemeinsame Initiativen fördern, die Forschung und technologische Entwicklung unterstützen und die Anstrengungen zur Erforschung und Nutzung des Weltraums koordinieren.

(2) Als Beitrag zur Erreichung der Ziele des Absatzes 1 werden vom Europäischen Parlament und vom Rat unter Ausschluss jeglicher Harmonisierung der Rechtsvorschriften der Mitgliedstaaten gemäß dem ordentlichen Gesetzgebungsverfahren die notwendigen Maßnahmen erlassen, was in Form eines europäischen Raumfahrtprogramms geschehen kann.

(3) Die Union stellt die zweckdienlichen Verbindungen zur Europäischen Weltraumorganisation her.

(4) Dieser Artikel gilt unbeschadet der sonstigen Bestimmungen dieses Titels.

Art. 190 [Jährlicher Forschungsbericht] [1] Zu Beginn jedes Jahres unterbreitet die Kommission dem Europäischen Parlament und dem Rat einen Bericht. [2] Dieser Bericht erstreckt sich insbesondere auf die Tätigkeiten auf dem Gebiet der Forschung und technologischen Entwicklung und der Verbreitung der Ergebnisse dieser Tätigkeiten während des Vorjahrs sowie auf das Arbeitsprogramm des laufenden Jahres.

Titel XX. Umwelt

Art. 191 [Umweltpolitische Ziele; Schutzmaßnahmen; Internationale Zusammenarbeit] (1) Die Umweltpolitik der Union trägt zur Verfolgung der nachstehenden Ziele bei:

- Erhaltung und Schutz der Umwelt sowie Verbesserung ihrer Qualität;
- Schutz der menschlichen Gesundheit;
- umsichtige und rationelle Verwendung der natürlichen Ressourcen;
- Förderung von Maßnahmen auf internationaler Ebene zur Bewältigung regionaler oder globaler Umweltprobleme und insbesondere zur Bekämpfung des Klimawandels.

(2) [1] Die Umweltpolitik der Union zielt unter Berücksichtigung der unterschiedlichen Gegebenheiten in den einzelnen Regionen der Union auf ein hohes Schutzniveau ab. [2] Sie beruht auf den Grundsätzen der Vorsorge und Vorbeugung, auf dem Grundsatz, Umweltbeeinträchtigungen mit Vorrang an ihrem Ursprung zu bekämpfen, sowie auf dem Verursacherprinzip.

Im Hinblick hierauf umfassen die den Erfordernissen des Umweltschutzes entsprechenden Harmonisierungsmaßnahmen gegebenenfalls eine Schutzklausel, mit der die Mitgliedstaaten ermächtigt werden, aus nicht wirtschaftlich bedingten umweltpolitischen Gründen vorläufige Maßnahmen zu treffen, die einem Kontrollverfahren der Union unterliegen.

(3) Bei der Erarbeitung ihrer Umweltpolitik berücksichtigt die Union

- die verfügbaren wissenschaftlichen und technischen Daten;
- die Umweltbedingungen in den einzelnen Regionen der Union;
- die Vorteile und die Belastung aufgrund des Tätigwerdens bzw. eines Nichttätigwerdens;
- die wirtschaftliche und soziale Entwicklung der Union insgesamt sowie die ausgewogene Entwicklung ihrer Regionen.

(4) [1] Die Union und die Mitgliedstaaten arbeiten im Rahmen ihrer jeweiligen Befugnisse mit dritten Ländern und den zuständigen internationalen Organisationen zusammen. [2] Die Einzelheiten der Zusammenarbeit der Union können Gegenstand vom Abkommen zwischen dieser und den betreffenden dritten Parteien sein.

Unterabsatz 1 berührt nicht die Zuständigkeit der Mitgliedstaaten, in internationalen Gremien zu verhandeln und internationale Abkommen zu schließen.

Art. 192[1)] [Beschlussfassung; Finanzierung; Verursacherprinzip]

(1) Das Europäische Parlament und der Rat beschließen gemäß dem ordentlichen Gesetzgebungsverfahren und nach Anhörung des Wirtschafts- und Sozialausschusses sowie des Ausschusses der Regionen über das Tätigwerden der Union zur Erreichung der in Artikel 191 genannten Ziele.

(2) Abweichend von dem Beschlussverfahren des Absatzes 1 und unbeschadet des Artikels 114 erlässt der Rat gemäß einem besonderen Gesetzgebungs-

[1)] Vgl. zu dieser Vorschrift auch die Erklärung Nr. 9 zur Schlussakte v. 16.2.2001 (ABl. Nr. C 80 S. 70) der Konferenz von Nizza.

verfahren nach Anhörung des Europäischen Parlaments, des Wirtschafts- und Sozialausschusses sowie des Ausschusses der Regionen einstimmig

a) Vorschriften überwiegend steuerlicher Art;

b) Maßnahmen, die
   - die Raumordnung berühren,
   - die mengenmäßige Bewirtschaftung der Wasserressourcen berühren oder die Verfügbarkeit dieser Ressourcen mittelbar oder unmittelbar betreffen,
   - die Bodennutzung mit Ausnahme der Abfallbewirtschaftung berühren;

c) Maßnahmen, welche die Wahl eines Mitgliedstaats zwischen verschiedenen Energiequellen und die allgemeine Struktur seiner Energieversorgung erheblich berühren.

Der Rat kann auf Vorschlag der Kommission und nach Anhörung des Europäischen Parlaments, des Wirtschafts- und Sozialausschusses und des Ausschusses der Regionen einstimmig festlegen, dass für die in Unterabsatz 1 genannten Bereiche das ordentliche Gesetzgebungsverfahren gilt.

(3) Das Europäische Parlament und der Rat beschließen gemäß dem ordentlichen Gesetzgebungsverfahren und nach Anhörung des Wirtschafts- und Sozialausschusses sowie des Ausschusses der Regionen allgemeine Aktionsprogramme, in denen die vorrangigen Ziele festgelegt werden.

Die zur Durchführung dieser Programme erforderlichen Maßnahmen werden, je nach Fall, nach dem in Absatz 1 beziehungsweise Absatz 2 vorgesehenen Verfahren erlassen.

(4) Unbeschadet bestimmter Maßnahmen der Union tragen die Mitgliedstaaten für die Finanzierung und Durchführung der Umweltpolitik Sorge.

(5) Sofern eine Maßnahme nach Absatz 1 mit unverhältnismäßig hohen Kosten für die Behörden eines Mitgliedstaats verbunden ist, werden darin unbeschadet des Verursacherprinzips geeignete Bestimmungen in folgender Form vorgesehen:

- vorübergehende Ausnahmeregelungen und/oder
- eine finanzielle Unterstützung aus dem nach Artikel 177 errichteten Kohäsionsfonds.

Art. 193 [Schutzmaßnahmen der Mitgliedstaaten] [1] Die Schutzmaßnahmen, die aufgrund des Artikels 192 getroffen werden, hindern die einzelnen Mitgliedstaaten nicht daran, verstärkte Schutzmaßnahmen beizubehalten oder zu ergreifen. [2] Die betreffenden Maßnahmen müssen mit den Verträgen vereinbar sein. [3] Sie werden der Kommission notifiziert.

Titel XXI. Energie

Art. 194 [Europäische Energiepolitik; Ziele und Maßnahmen]

(1) Die Energiepolitik der Union verfolgt im Geiste der Solidarität zwischen den Mitgliedstaaten im Rahmen der Verwirklichung oder des Funktionierens des Binnenmarkts und unter Berücksichtigung der Notwendigkeit der Erhaltung und Verbesserung der Umwelt folgende Ziele:

a) Sicherstellung des Funktionierens des Energiemarkts;

b) Gewährleistung der Energieversorgungssicherheit in der Union;

c) Förderung der Energieeffizienz und von Energieeinsparungen sowie Entwicklung neuer und erneuerbarer Energiequellen und

d) Förderung der Interkonnektion der Energienetze.

(2) [1] Unbeschadet der Anwendung anderer Bestimmungen der Verträge erlassen das Europäische Parlament und der Rat gemäß dem ordentlichen Gesetzgebungsverfahren die Maßnahmen, die erforderlich sind, um die Ziele nach Absatz 1 zu verwirklichen. [2] Der Erlass dieser Maßnahmen erfolgt nach Anhörung des Wirtschafts- und Sozialausschusses und des Ausschusses der Regionen.

Diese Maßnahmen berühren unbeschadet des Artikels 192 Absatz 2 Buchstabe c nicht das Recht eines Mitgliedstaats, die Bedingungen für die Nutzung seiner Energieressourcen, seine Wahl zwischen verschiedenen Energiequellen und die allgemeine Struktur seiner Energieversorgung zu bestimmen.

(3) Abweichend von Absatz 2 erlässt der Rat die darin genannten Maßnahmen gemäß einem besonderen Gesetzgebungsverfahren einstimmig nach Anhörung des Europäischen Parlaments, wenn sie überwiegend steuerlicher Art sind.

Titel XXII. Tourismus

Art. 195 [Maßnahmen im Tourismussektor] (1) Die Union ergänzt die Maßnahmen der Mitgliedstaaten im Tourismussektor, insbesondere durch die Förderung der Wettbewerbsfähigkeit der Unternehmen der Union in diesem Sektor.

Die Union verfolgt zu diesem Zweck mit ihrer Tätigkeit das Ziel,

a) die Schaffung eines günstigen Umfelds für die Entwicklung der Unternehmen in diesem Sektor anzuregen;

b) die Zusammenarbeit zwischen den Mitgliedstaaten insbesondere durch den Austausch bewährter Praktiken zu unterstützen.

(2) Das Europäische Parlament und der Rat erlassen unter Ausschluss jeglicher Harmonisierung der Rechtsvorschriften der Mitgliedstaaten gemäß dem ordentlichen Gesetzgebungsverfahren die spezifischen Maßnahmen zur Ergänzung der Maßnahmen, die die Mitgliedstaaten zur Verwirklichung der in diesem Artikel genannten Ziele durchführen.

Titel XXIII. Katastrophenschutz

Art. 196 [Förderung der Zusammenarbeit in Mitgliedstaaten]

(1) Die Union fördert die Zusammenarbeit zwischen den Mitgliedstaaten, um die Systeme zur Verhütung von Naturkatastrophen oder von vom Menschen verursachten Katastrophen und zum Schutz vor solchen Katastrophen wirksamer zu gestalten.

Die Tätigkeit der Union hat folgende Ziele:

a) Unterstützung und Ergänzung der Tätigkeit der Mitgliedstaaten auf nationaler, regionaler und kommunaler Ebene im Hinblick auf die Risikoprävention, auf die Ausbildung der in den Mitgliedstaaten am Katastrophenschutz Beteiligten und auf Einsätze im Falle von Naturkatastrophen oder von vom Menschen verursachten Katastrophen in der Union;

b) Förderung einer schnellen und effizienten Zusammenarbeit in der Union zwischen den einzelstaatlichen Katastrophenschutzstellen;

c) Verbesserung der Kohärenz der Katastrophenschutzmaßnahmen auf internationaler Ebene.

(2) Das Europäische Parlament und der Rat erlassen unter Ausschluss jeglicher Harmonisierung der Rechtsvorschriften der Mitgliedstaaten gemäß dem ordentlichen Gesetzgebungsverfahren die erforderlichen Maßnahmen zur Verfolgung der Ziele des Absatzes 1.

Titel XXIV. Verwaltungszusammenarbeit

Art. 197 [Effektive Durchführung des Unionsrechts] (1) Die für das ordnungsgemäße Funktionieren der Union entscheidende effektive Durchführung des Unionsrechts durch die Mitgliedstaaten ist als Frage von gemeinsamem Interesse anzusehen.

(2) [1] Die Union kann die Mitgliedstaaten in ihren Bemühungen um eine Verbesserung der Fähigkeit ihrer Verwaltung zur Durchführung des Unionsrechts unterstützen. [2] Dies kann insbesondere die Erleichterung des Austauschs von Informationen und von Beamten sowie die Unterstützung von Aus- und Weiterbildungsprogrammen beinhalten. [3] Die Mitgliedstaaten müssen diese Unterstützung nicht in Anspruch nehmen. [4] Das Europäische Parlament und der Rat erlassen die erforderlichen Maßnahmen unter Ausschluss jeglicher Harmonisierung der Rechtsvorschriften der Mitgliedstaaten durch Verordnungen gemäß dem ordentlichen Gesetzgebungsverfahren.

(3) [1] Dieser Artikel berührt weder die Verpflichtung der Mitgliedstaaten, das Unionsrecht durchzuführen, noch die Befugnisse und Pflichten der Kommission. [2] Er berührt auch nicht die übrigen Bestimmungen der Verträge, in denen eine Verwaltungszusammenarbeit unter den Mitgliedstaaten sowie zwischen diesen und der Union vorgesehen ist.

Vierter Teil. Die Assoziierung der überseeischen Länder und Hoheitsgebiete

Art. 198 [Ziele der Assoziierung] [1] Die Mitgliedstaaten kommen überein, die außereuropäischen Länder und Hoheitsgebiete, die mit Dänemark, Frankreich, den Niederlanden und dem Vereinigten Königreich besondere Beziehungen unterhalten, der Union zu assoziieren. [2] Diese Länder und Hoheitsgebiete, im Folgenden als „Länder und Hoheitsgebiete" bezeichnet, sind in Anhang II aufgeführt.

Ziel der Assoziierung ist die Förderung der wirtschaftlichen und sozialen Entwicklung der Länder und Hoheitsgebiete und die Herstellung enger Wirtschaftsbeziehungen zwischen ihnen und der gesamten Union.

Entsprechend den in der Präambel dieses Vertrags aufgestellten Grundsätzen soll die Assoziierung in erster Linie den Interessen der Einwohner dieser Länder und Hoheitsgebiete dienen und ihren Wohlstand fördern, um sie der von ihnen erstrebten wirtschaftlichen, sozialen und kulturellen Entwicklung entgegenzuführen.

Art. 199 [Zwecke der Assoziierung] Mit der Assoziierung werden folgende Zwecke verfolgt:

1. Die Mitgliedstaaten wenden auf ihren Handelsverkehr mit den Ländern und Hoheitsgebieten das System an, das sie aufgrund der Verträge untereinander anwenden.
2. Jedes Land oder Hoheitsgebiet wendet auf seinen Handelsverkehr mit den Mitgliedstaaten und den anderen Ländern und Hoheitsgebieten das System an, das es auf den europäischen Staat anwendet, mit dem es besondere Beziehungen unterhält.
3. Die Mitgliedstaaten beteiligen sich an den Investitionen, welche die fortschreitende Entwicklung dieser Länder und Hoheitsgebiete erfordert.
4. Bei Ausschreibungen und Lieferungen für Investitionen, die von der Union finanziert werden, steht die Beteiligung zu gleichen Bedingungen allen natürlichen und juristischen Personen offen, welche die Staatsangehörigkeit der Mitgliedstaaten oder der Länder oder Hoheitsgebiete besitzen.
5. Soweit aufgrund des Artikels 203 nicht Sonderregelungen getroffen werden, gelten zwischen den Mitgliedstaaten und den Ländern und Hoheitsgebieten für das Niederlassungsrecht ihrer Staatsangehörigen und Gesellschaften die Bestimmungen und Verfahrensregeln des Kapitels Niederlassungsfreiheit, und zwar unter Ausschluss jeder Diskriminierung.

Art. 200 [Verbot von Zöllen; Ausnahmen] (1) Zölle bei der Einfuhr von Waren aus den Ländern und Hoheitsgebieten in die Mitgliedstaaten sind verboten; dies geschieht nach Maßgabe des in den Verträgen vorgesehenen Verbots von Zöllen zwischen den Mitgliedstaaten.

(2) In jedem Land und Hoheitsgebiet sind Zölle bei der Einfuhr von Waren aus den Mitgliedstaaten und den anderen Ländern und Hoheitsgebieten nach Maßgabe des Artikels 30 verboten.

(3) Die Länder und Hoheitsgebiete können jedoch Zölle erheben, die den Erfordernissen ihrer Entwicklung und Industrialisierung entsprechen oder als Finanzzölle der Finanzierung ihres Haushalts dienen.

Die in Unterabsatz 1 genannten Zölle dürfen nicht höher sein als diejenigen, die für die Einfuhr von Waren aus dem Mitgliedstaat gelten, mit dem das entsprechende Land oder Hoheitsgebiet besondere Beziehungen unterhält.

(4) Absatz 2 gilt nicht für die Länder und Hoheitsgebiete, die aufgrund besonderer internationaler Verpflichtungen bereits einen nichtdiskriminierenden Zolltarif anwenden.

(5) Die Festlegung oder Änderung der Zollsätze für Waren, die in die Länder und Hoheitsgebiete eingeführt werden, darf weder rechtlich noch tatsächlich zu einer mittelbaren oder unmittelbaren Diskriminierung zwischen den Einfuhren aus den einzelnen Mitgliedstaaten führen.

Art. 201 [Abhilfe bei nachteiliger Verkehrsverlagerung] Ist die Höhe der Zollsätze, die bei der Einfuhr in ein Land oder Hoheitsgebiet für Waren aus einem dritten Land gelten, bei Anwendung des Artikels 200 Absatz 1 geeignet, Verkehrsverlagerungen zum Nachteil eines Mitgliedstaats hervorzurufen, so kann dieser die Kommission ersuchen, den anderen Mitgliedstaaten die erforderlichen Abhilfemaßnahmen vorzuschlagen.

Art. 202 [Regelung der Freizügigkeit der Arbeitskräfte] Vorbehaltlich der Bestimmungen über die Volksgesundheit und die öffentliche Sicherheit und Ordnung werden für die Freizügigkeit der Arbeitskräfte aus den Ländern und Hoheitsgebieten in den Mitgliedstaaten und der Arbeitskräfte aus den Mitgliedstaaten in den Ländern und Hoheitsgebieten Rechtsakte nach Artikel 203 erlassen.

Art. 203 [Durchführungsgesetzgebung] [1] Der Rat erlässt einstimmig auf Vorschlag der Kommission und aufgrund der im Rahmen der Assoziierung der Länder und Hoheitsgebiete an die Union erzielten Ergebnisse und der Grundsätze der Verträge die Bestimmungen über die Einzelheiten und das Verfahren für die Assoziierung der Länder und Hoheitsgebiete an die Union. [2] Werden diese Bestimmungen vom Rat gemäß einem besonderen Gesetzgebungsverfahren angenommen, so beschließt er einstimmig auf Vorschlag der Kommission nach Anhörung des Europäischen Parlaments.

Art. 204 [Anwendung auf Grönland] Die Artikel 198 bis 203 sind auf Grönland anwendbar, vorbehaltlich der spezifischen Bestimmungen für Grönland in dem Protokoll über die Sonderregelung für Grönland im Anhang zu den Verträgen.

Fünfter Teil. Das auswärtige Handeln der Union

Titel I. Allgemeine Bestimmungen über das auswärtige Handeln der Union

Art. 205 [Handlungsgrundsätze auf internationaler Ebene] Das Handeln der Union auf internationaler Ebene im Rahmen dieses Teils wird von den Grundsätzen bestimmt, von den Zielen geleitet und an den allgemeinen Bestimmungen ausgerichtet, die in Titel V Kapitel 1 des Vertrags über die Europäische Union[1)] niedergelegt sind.

Titel II. Gemeinsame Handelspolitik

Art. 206 [Ziele der Handelspolitik] Durch die Schaffung einer Zollunion nach den Artikeln 28 bis 32 trägt die Union im gemeinsamen Interesse zur harmonischen Entwicklung des Welthandels, zur schrittweisen Beseitigung der Beschränkungen im internationalen Handelsverkehr und bei den ausländischen Direktinvestitionen sowie zum Abbau der Zollschranken und anderer Schranken bei.

Art. 207 [Grundsätze der gemeinsamen Handelspolitik] (1) [1] Die gemeinsame Handelspolitik wird nach einheitlichen Grundsätzen gestaltet; dies gilt insbesondere für die Änderung von Zollsätzen, für den Abschluss von Zoll- und Handelsabkommen, die den Handel mit Waren und Dienstleistungen betreffen, und für die Handelsaspekte des geistigen Eigentums, die ausländischen Direktinvestitionen, die Vereinheitlichung der Liberalisierungsmaßnahmen, die Ausfuhrpolitik sowie die handelspolitischen Schutzmaßnah-

1) Nr. **34**.

men, zum Beispiel im Fall von Dumping und Subventionen. [2] Die gemeinsame Handelspolitik wird im Rahmen der Grundsätze und Ziele des auswärtigen Handelns der Union gestaltet.

(2) Das Europäische Parlament und der Rat erlassen durch Verordnungen gemäß dem ordentlichen Gesetzgebungsverfahren die Maßnahmen, mit denen der Rahmen für die Umsetzung der gemeinsamen Handelspolitik bestimmt wird.

(3) Sind mit einem oder mehreren Drittländern oder internationalen Organisationen Abkommen auszuhandeln und zu schließen, so findet Artikel 218 vorbehaltlich der besonderen Bestimmungen dieses Artikels Anwendung.

[1] Die Kommission legt dem Rat Empfehlungen vor; dieser ermächtigt die Kommission zur Aufnahme der erforderlichen Verhandlungen. [2] Der Rat und die Kommission haben dafür Sorge zu tragen, dass die ausgehandelten Abkommen mit der internen Politik und den internen Vorschriften der Union vereinbar sind.

[1] Die Kommission führt diese Verhandlungen im Benehmen mit einem zu ihrer Unterstützung vom Rat bestellten Sonderausschuss und nach Maßgabe der Richtlinien, die ihr der Rat erteilen kann. [2] Die Kommission erstattet dem Sonderausschuss sowie dem Europäischen Parlament regelmäßig Bericht über den Stand der Verhandlungen.

(4) Über die Aushandlung und den Abschluss der in Absatz 3 genannten Abkommen beschließt der Rat mit qualifizierter Mehrheit.

Über die Aushandlung und den Abschluss eines Abkommens über den Dienstleistungsverkehr, über Handelsaspekte des geistigen Eigentums oder über ausländische Direktinvestitionen beschließt der Rat einstimmig, wenn das betreffende Abkommen Bestimmungen enthält, bei denen für die Annahme interner Vorschriften Einstimmigkeit erforderlich ist.

Der Rat beschließt ebenfalls einstimmig über die Aushandlung und den Abschluss von Abkommen in den folgenden Bereichen:

a) Handel mit kulturellen und audiovisuellen Dienstleistungen, wenn diese Abkommen die kulturelle und sprachliche Vielfalt in der Union beeinträchtigen könnten;
b) Handel mit Dienstleistungen des Sozial-, des Bildungs- und des Gesundheitssektors, wenn diese Abkommen die einzelstaatliche Organisation dieser Dienstleistungen ernsthaft stören und die Verantwortlichkeit der Mitgliedstaaten für ihre Erbringung beeinträchtigen könnten.

(5) Für die Aushandlung und den Abschluss von internationalen Abkommen im Bereich des Verkehrs gelten der Dritte Teil Titel VI sowie Artikel 218.

(6) Die Ausübung der durch diesen Artikel übertragenen Zuständigkeiten im Bereich der gemeinsamen Handelspolitik hat keine Auswirkungen auf die Abgrenzung der Zuständigkeiten zwischen der Union und den Mitgliedstaaten und führt nicht zu einer Harmonisierung der Rechtsvorschriften der Mitgliedstaaten, soweit eine solche Harmonisierung in den Verträgen ausgeschlossen wird.

Titel III. Zusammenarbeit mit Drittländern und humanitäre Hilfe

Kapitel 1. Entwicklungszusammenarbeit

Art. 208 [Beitrag der Union; Ziel] (1) [1] Die Politik der Union auf dem Gebiet der Entwicklungszusammenarbeit wird im Rahmen der Grundsätze und Ziele des auswärtigen Handelns der Union durchgeführt. [2] Die Politik der Union und die Politik der Mitgliedstaaten auf dem Gebiet der Entwicklungszusammenarbeit ergänzen und verstärken sich gegenseitig.

[1] Hauptziel der Unionspolitik in diesem Bereich ist die Bekämpfung und auf längere Sicht die Beseitigung der Armut. [2] Bei der Durchführung politischer Maßnahmen, die sich auf die Entwicklungsländer auswirken können, trägt die Union den Zielen der Entwicklungszusammenarbeit Rechnung.

(2) Die Union und die Mitgliedstaaten kommen den im Rahmen der Vereinten Nationen und anderer zuständiger internationaler Organisationen gegebenen Zusagen nach und berücksichtigen die in diesem Rahmen gebilligten Zielsetzungen.

Art. 209 [Mehrjahres- und thematische Programme; Vertragsschlusskompetenz; Rolle der EIB] (1) Das Europäische Parlament und der Rat erlassen gemäß dem ordentlichen Gesetzgebungsverfahren die zur Durchführung der Politik im Bereich der Entwicklungszusammenarbeit erforderlichen Maßnahmen; diese Maßnahmen können Mehrjahresprogramme für die Zusammenarbeit mit Entwicklungsländern oder thematische Programme betreffen.

(2) Die Union kann mit Drittländern und den zuständigen internationalen Organisationen alle Übereinkünfte schließen, die zur Verwirklichung der Ziele des Artikels 21 des Vertrags über die Europäische Union[1] und des Artikels 208 dieses Vertrags beitragen.

Unterabsatz 1 berührt nicht die Zuständigkeit der Mitgliedstaaten, in internationalen Gremien zu verhandeln und Übereinkünfte zu schließen.

(3) Die Europäische Investitionsbank trägt nach Maßgabe ihrer Satzung zur Durchführung der Maßnahmen im Sinne des Absatzes 1 bei.

Art. 210 [Koordinierung] (1) [1] Die Union und die Mitgliedstaaten koordinieren ihre Politik auf dem Gebiet der Entwicklungszusammenarbeit und stimmen ihre Hilfsprogramme aufeinander ab, auch in internationalen Organisationen und auf internationalen Konferenzen, damit ihre Maßnahmen einander besser ergänzen und wirksamer sind. [2] Sie können gemeinsame Maßnahmen ergreifen. [3] Die Mitgliedstaaten tragen erforderlichenfalls zur Durchführung der Hilfsprogramme der Union bei.

(2) Die Kommission kann alle Initiativen ergreifen, die der in Absatz 1 genannten Koordinierung förderlich sind.

Art. 211 [Internationale Zusammenarbeit] Die Union und die Mitgliedstaaten arbeiten im Rahmen ihrer jeweiligen Befugnisse mit dritten Ländern und den zuständigen internationalen Organisationen zusammen.

---

[1] Nr. **34**.

Kapitel 2. Wirtschaftliche, finanzielle und technische Zusammenarbeit mit Drittländern

Art. 212[1)] [Grundsätze der Zusammenarbeit mit Nicht-Entwicklungsländern] (1) [1] Unbeschadet der übrigen Bestimmungen der Verträge, insbesondere der Artikel 208 bis 211, führt die Union mit Drittländern, die keine Entwicklungsländer sind, Maßnahmen der wirtschaftlichen, finanziellen und technischen Zusammenarbeit durch, die auch Unterstützung, insbesondere im finanziellen Bereich, einschließen. [2] Diese Maßnahmen stehen mit der Entwicklungspolitik der Union im Einklang und werden im Rahmen der Grundsätze und Ziele ihres auswärtigen Handelns durchgeführt. [3] Die Maßnahmen der Union und die Maßnahmen der Mitgliedstaaten ergänzen und verstärken sich gegenseitig.

(2) Das Europäische Parlament und der Rat erlassen gemäß dem ordentlichen Gesetzgebungsverfahren die zur Durchführung des Absatzes 1 erforderlichen Maßnahmen.

(3) [1] Die Union und die Mitgliedstaaten arbeiten im Rahmen ihrer jeweiligen Zuständigkeiten mit Drittländern und den zuständigen internationalen Organisationen zusammen. [2] Die Einzelheiten der Zusammenarbeit der Union können in Abkommen zwischen dieser und den betreffenden dritten Parteien geregelt werden.

Unterabsatz 1 berührt nicht die Zuständigkeit der Mitgliedstaaten, in internationalen Gremien zu verhandeln und internationale Abkommen zu schließen.

Art. 213 [Finanzielle Hilfe für Drittländer] Ist es aufgrund der Lage in einem Drittland notwendig, dass die Union umgehend finanzielle Hilfe leistet, so erlässt der Rat auf Vorschlag der Kommission die erforderlichen Beschlüsse.

Kapitel 3. Humanitäre Hilfe

Art. 214 [Maßnahmen; Europäisches Freiwilligenkorps] (1) [1] Den Rahmen für die Maßnahmen der Union im Bereich der humanitären Hilfe bilden die Grundsätze und Ziele des auswärtigen Handelns der Union. [2] Die Maßnahmen dienen dazu, Einwohnern von Drittländern, die von Naturkatastrophen oder von vom Menschen verursachten Katastrophen betroffen sind, gezielt Hilfe, Rettung und Schutz zu bringen, damit die aus diesen Notständen resultierenden humanitären Bedürfnisse gedeckt werden können. [3] Die Maßnahmen der Union und die Maßnahmen der Mitgliedstaaten ergänzen und verstärken sich gegenseitig.

(2) Die Maßnahmen der humanitären Hilfe werden im Einklang mit den Grundsätzen des Völkerrechts sowie den Grundsätzen der Unparteilichkeit, der Neutralität und der Nichtdiskriminierung durchgeführt.

(3) Das Europäische Parlament und der Rat legen gemäß dem ordentlichen Gesetzgebungsverfahren die Maßnahmen zur Festlegung des Rahmens fest, innerhalb dessen die Maßnahmen der humanitären Hilfe der Union durchgeführt werden.

---

1) Vgl. zu dieser Vorschrift auch die Erklärung Nr. 10 zur Schlussakte v. 16.2.2001 (ABl. Nr. C 80 S. 70) der Konferenz von Nizza.

(4) Die Union kann mit Drittländern und den zuständigen internationalen Organisationen alle Übereinkünfte schließen, die zur Verwirklichung der Ziele des Absatzes 1 und des Artikels 21 des Vertrags über die Europäische Union[1)] beitragen.

Unterabsatz 1 berührt nicht die Zuständigkeit der Mitgliedstaaten, in internationalen Gremien zu verhandeln und Übereinkünfte zu schließen.

(5) [1] Als Rahmen für gemeinsame Beiträge der jungen Europäer zu den Maßnahmen der humanitären Hilfe der Union wird ein Europäisches Freiwilligenkorps für humanitäre Hilfe geschaffen. [2] Das Europäische Parlament und der Rat legen gemäß dem ordentlichen Gesetzgebungsverfahren durch Verordnungen die Rechtsstellung und die Einzelheiten der Arbeitsweise des Korps fest.

(6) Die Kommission kann alle Initiativen ergreifen, die der Koordinierung zwischen den Maßnahmen der Union und denen der Mitgliedstaaten förderlich sind, damit die Programme der Union und der Mitgliedstaaten im Bereich der humanitären Hilfe wirksamer sind und einander besser ergänzen.

(7) Die Union trägt dafür Sorge, dass ihre Maßnahmen der humanitären Hilfe mit den Maßnahmen der internationalen Organisationen und Einrichtungen, insbesondere derer, die zum System der Vereinten Nationen gehören, abgestimmt werden und im Einklang mit ihnen stehen.

Titel IV. Restriktive Maßnahmen

Art. 215 [Wirtschaftsembargo; Beschlussfassung; Rechtsschutz]

(1) [1] Sieht ein nach Titel V Kapitel 2 des Vertrags über die Europäische Union[1)] erlassener Beschluss die Aussetzung, Einschränkung oder vollständige Einstellung der Wirtschafts- und Finanzbeziehungen zu einem oder mehreren Drittländern vor, so erlässt der Rat die erforderlichen Maßnahmen mit qualifizierter Mehrheit auf gemeinsamen Vorschlag des Hohen Vertreters der Union für Außen- und Sicherheitspolitik und der Kommission. [2] Er unterrichtet hierüber das Europäische Parlament.

(2) Sieht ein nach Titel V Kapitel 2 des Vertrags über die Europäische Union erlassener Beschluss dies vor, so kann der Rat nach dem Verfahren des Absatzes 1 restriktive Maßnahmen gegen natürliche oder juristische Personen sowie Gruppierungen oder nichtstaatliche Einheiten erlassen.

(3) In den Rechtsakten nach diesem Artikel müssen die erforderlichen Bestimmungen über den Rechtsschutz vorgesehen sein.

Titel V. Internationale Übereinkünfte

Art. 216 [Vertragsschlusskompetenz] (1) Die Union kann mit einem oder mehreren Drittländern oder einer oder mehreren internationalen Organisationen eine Übereinkunft schließen, wenn dies in den Verträgen vorgesehen ist oder wenn der Abschluss einer Übereinkunft im Rahmen der Politik der Union entweder zur Verwirklichung eines der in den Verträgen festgesetzten Ziele erforderlich oder in einem verbindlichen Rechtsakt der Uni-

---

[1)] Nr. **34**.

on vorgesehen ist oder aber gemeinsame Vorschriften beeinträchtigen oder deren Anwendungsbereich ändern könnte.

(2) Die von der Union geschlossenen Übereinkünfte binden die Organe der Union und die Mitgliedstaaten.

Art. 217 [Assoziierungsabkommen] Die Union kann mit einem oder mehreren Drittländern oder einer oder mehrerer internationaler Organisationen Abkommen schließen, die eine Assoziierung mit gegenseitigen Rechten und Pflichten, gemeinsamem Vorgehen und besonderen Verfahren herstellen.

Art. 218 [Vertragsschlussverfahren; Gutachten des EuGH] (1) Unbeschadet der besonderen Bestimmungen des Artikels 207 werden Übereinkünfte zwischen der Union und Drittländern oder internationalen Organisationen nach dem im Folgenden beschriebenen Verfahren ausgehandelt und geschlossen.

(2) Der Rat erteilt eine Ermächtigung zur Aufnahme von Verhandlungen, legt Verhandlungsrichtlinien fest, genehmigt die Unterzeichnung und schließt die Übereinkünfte.

(3) Die Kommission oder, wenn sich die geplante Übereinkunft ausschließlich oder hauptsächlich auf die Gemeinsame Außen- und Sicherheitspolitik bezieht, der Hohe Vertreter der Union für Außen- und Sicherheitspolitik legt dem Rat Empfehlungen vor; dieser erlässt einen Beschluss über die Ermächtigung zur Aufnahme von Verhandlungen und über die Benennung, je nach dem Gegenstand der geplanten Übereinkunft, des Verhandlungsführers oder des Leiters des Verhandlungsteams der Union.

(4) Der Rat kann dem Verhandlungsführer Richtlinien erteilen und einen Sonderausschuss bestellen; die Verhandlungen sind im Benehmen mit diesem Ausschuss zu führen.

(5) Der Rat erlässt auf Vorschlag des Verhandlungsführers einen Beschluss, mit dem die Unterzeichnung der Übereinkunft und gegebenenfalls deren vorläufige Anwendung vor dem Inkrafttreten genehmigt werden.

(6) Der Rat erlässt auf Vorschlag des Verhandlungsführers einen Beschluss über den Abschluss der Übereinkunft.

Mit Ausnahme der Übereinkünfte, die ausschließlich die Gemeinsame Außen- und Sicherheitspolitik betreffen, erlässt der Rat den Beschluss über den Abschluss der Übereinkunft

a) nach Zustimmung des Europäischen Parlaments in folgenden Fällen:
   - i) Assoziierungsabkommen;
   - ii) Übereinkunft über den Beitritt der Union zur Europäischen Konvention zum Schutz der Menschenrechte und Grundfreiheiten[1]);
   - iii) Übereinkünfte, die durch die Einführung von Zusammenarbeitsverfahren einen besonderen institutionellen Rahmen schaffen;
   - iv) Übereinkünfte mit erheblichen finanziellen Folgen für die Union;

[1]) Nr. **32**.

v) Übereinkünfte in Bereichen, für die entweder das ordentliche Gesetzgebungsverfahren oder, wenn die Zustimmung des Europäischen Parlaments erforderlich ist, das besondere Gesetzgebungsverfahren gilt.

Das Europäische Parlament und der Rat können in dringenden Fällen eine Frist für die Zustimmung vereinbaren.

b) nach Anhörung des Europäischen Parlaments in den übrigen Fällen. Das Europäische Parlament gibt seine Stellungnahme innerhalb einer Frist ab, die der Rat entsprechend der Dringlichkeit festlegen kann. Ergeht innerhalb dieser Frist keine Stellungnahme, so kann der Rat einen Beschluss fassen.

(7) [1] Abweichend von den Absätzen 5, 6 und 9 kann der Rat den Verhandlungsführer bei Abschluss einer Übereinkunft ermächtigen, im Namen der Union Änderungen der Übereinkunft zu billigen, wenn die Übereinkunft vorsieht, dass diese Änderungen im Wege eines vereinfachten Verfahrens oder durch ein durch die Übereinkunft eingesetztes Gremium anzunehmen sind. [2] Der Rat kann diese Ermächtigung gegebenenfalls mit besonderen Bedingungen verbinden.

(8) Der Rat beschließt während des gesamten Verfahrens mit qualifizierter Mehrheit.

[1] Er beschließt jedoch einstimmig, wenn die Übereinkunft einen Bereich betrifft, in dem für den Erlass eines Rechtsakts der Union Einstimmigkeit erforderlich ist, sowie bei Assoziierungsabkommen und Übereinkünften nach Artikel 212 mit beitrittswilligen Staaten. [2] Auch über die Übereinkunft über den Beitritt der Union zur Europäischen Konvention zum Schutz der Menschenrechte und Grundfreiheiten beschließt der Rat einstimmig; der Beschluss zum Abschluss dieser Übereinkunft tritt in Kraft, nachdem die Mitgliedstaaten im Einklang mit ihren jeweiligen verfassungsrechtlichen Vorschriften zugestimmt haben.

(9) Der Rat erlässt auf Vorschlag der Kommission oder des Hohen Vertreters der Union für Außen- und Sicherheitspolitik einen Beschluss über die Aussetzung der Anwendung einer Übereinkunft und zur Festlegung der Standpunkte, die im Namen der Union in einem durch eine Übereinkunft eingesetzten Gremium zu vertreten sind, sofern dieses Gremium rechtswirksame Akte, mit Ausnahme von Rechtsakten zur Ergänzung oder Änderung des institutionellen Rahmens der betreffenden Übereinkunft, zu erlassen hat.

(10) Das Europäische Parlament wird in allen Phasen des Verfahrens unverzüglich und umfassend unterrichtet.

(11) [1] Ein Mitgliedstaat, das Europäische Parlament, der Rat oder die Kommission können ein Gutachten des Gerichtshofs über die Vereinbarkeit einer geplanten Übereinkunft mit den Verträgen einholen. [2] Ist das Gutachten des Gerichtshofs ablehnend, so kann die geplante Übereinkunft nur in Kraft treten, wenn sie oder die Verträge geändert werden.

Art. 219[1)] [Wechselkursfestlegung nach außen; Internationale Vereinbarungen] (1) [1] Abweichend von Artikel 218 kann der Rat entweder auf Empfehlung der Europäischen Zentralbank oder auf Empfehlung der Kom-

[1)] Vgl. zu dieser Vorschrift auch die Erklärung Nr. 7 zur Schlussakte v. 16.2.2001 (ABl. Nr. C 80 S. 70) der Konferenz von Nizza.

mission und nach Anhörung der Europäischen Zentralbank in dem Bemühen, zu einem mit dem Ziel der Preisstabilität im Einklang stehenden Konsens zu gelangen, förmliche Vereinbarungen über ein Wechselkurssystem für den Euro gegenüber den Währungen von Drittstaaten treffen. [2]Der Rat beschließt nach dem Verfahren des Absatzes 3 einstimmig nach Anhörung des Europäischen Parlaments.

[1]Der Rat kann entweder auf Empfehlung der Europäischen Zentralbank oder auf Empfehlung der Kommission und nach Anhörung der Europäischen Zentralbank in dem Bemühen, zu einem mit dem Ziel der Preisstabilität im Einklang stehenden Konsens zu gelangen, die Euro-Leitkurse innerhalb des Wechselkurssystems festlegen, ändern oder aufgeben. [2]Der Präsident des Rates unterrichtet das Europäische Parlament von der Festlegung, Änderung oder Aufgabe der Euro-Leitkurse.

(2) [1]Besteht gegenüber einer oder mehreren Währungen von Drittstaaten kein Wechselkurssystem nach Absatz 1, so kann der Rat entweder auf Empfehlung der Kommission und nach Anhörung der Europäischen Zentralbank oder auf Empfehlung der Europäischen Zentralbank allgemeine Orientierungen für die Wechselkurspolitik gegenüber diesen Währungen aufstellen. [2]Diese allgemeinen Orientierungen dürfen das vorrangige Ziel des ESZB, die Preisstabilität zu gewährleisten, nicht beeinträchtigen.

(3) [1]Wenn von der Union mit einem oder mehreren Drittstaaten oder internationalen Organisationen Vereinbarungen im Zusammenhang mit Währungsfragen oder Devisenregelungen auszuhandeln sind, beschließt der Rat abweichend von Artikel 218 auf Empfehlung der Kommission und nach Anhörung der Europäischen Zentralbank die Modalitäten für die Aushandlung und den Abschluss solcher Vereinbarungen. [2]Mit diesen Modalitäten wird gewährleistet, dass die Union einen einheitlichen Standpunkt vertritt. [3]Die Kommission wird an den Verhandlungen in vollem Umfang beteiligt.

(4) Die Mitgliedstaaten haben das Recht, unbeschadet der Unionszuständigkeit und der Unionsvereinbarungen über die Wirtschafts- und Währungsunion in internationalen Gremien Verhandlungen zu führen und internationale Vereinbarungen zu treffen.

Titel VI. Beziehungen der Union zu internationalen Organisationen und Drittländern sowie Delegationen der Union

Art. 220 [Beziehungen zu internationalen Organisationen] (1) Die Union betreibt jede zweckdienliche Zusammenarbeit mit den Organen der Vereinten Nationen und ihrer Sonderorganisationen, dem Europarat, der Organisation für Sicherheit und Zusammenarbeit in Europa und der Organisation für wirtschaftliche Zusammenarbeit und Entwicklung.

Die Union unterhält ferner, soweit zweckdienlich, Beziehungen zu anderen internationalen Organisationen.

(2) Die Durchführung dieses Artikels obliegt dem Hohen Vertreter der Union für Außen- und Sicherheitspolitik und der Kommission.

Art. 221 [Vertretung der Union in Drittländern] (1) Die Delegationen der Union in Drittländern und bei internationalen Organisationen sorgen für die Vertretung der Union.

(2) [1] Die Delegationen der Union unterstehen der Leitung des Hohen Vertreters der Union für Außen- und Sicherheitspolitik. [2] Sie werden in enger Zusammenarbeit mit den diplomatischen und konsularischen Vertretungen der Mitgliedstaaten tätig.

Titel VII. Solidaritätsklausel

Art. 222 [Gegenseitige Unterstützung bei Terroranschlägen und Katastrophen] (1) [1] Die Union und ihre Mitgliedstaaten handeln gemeinsam im Geiste der Solidarität, wenn ein Mitgliedstaat von einem Terroranschlag, einer Naturkatastrophe oder einer vom Menschen verursachten Katastrophe betroffen ist. [2] Die Union mobilisiert alle ihr zur Verfügung stehenden Mittel, einschließlich der ihr von den Mitgliedstaaten bereitgestellten militärischen Mittel, um

a) – terroristische Bedrohungen im Hoheitsgebiet von Mitgliedstaaten abzuwenden;

– die demokratischen Institutionen und die Zivilbevölkerung vor etwaigen Terroranschlägen zu schützen;

– im Falle eines Terroranschlags einen Mitgliedstaat auf Ersuchen seiner politischen Organe innerhalb seines Hoheitsgebiets zu unterstützen;

b) im Falle einer Naturkatastrophe oder einer vom Menschen verursachten Katastrophe einen Mitgliedstaat auf Ersuchen seiner politischen Organe innerhalb seines Hoheitsgebiets zu unterstützen.

(2) [1] Ist ein Mitgliedstaat von einem Terroranschlag, einer Naturkatastrophe oder einer vom Menschen verursachten Katastrophe betroffen, so leisten die anderen Mitgliedstaaten ihm auf Ersuchen seiner politischen Organe Unterstützung. [2] Zu diesem Zweck sprechen die Mitgliedstaaten sich im Rat ab.

(3) [1] Die Einzelheiten für die Anwendung dieser Solidaritätsklausel durch die Union werden durch einen Beschluss festgelegt, den der Rat aufgrund eines gemeinsamen Vorschlags der Kommission und des Hohen Vertreters der Union für Außen- und Sicherheitspolitik erlässt. [2] Hat dieser Beschluss Auswirkungen im Bereich der Verteidigung, so beschließt der Rat nach Artikel 31 Absatz 1 des Vertrags über die Europäische Union[1)]. [3] Das Europäische Parlament wird darüber unterrichtet.

Für die Zwecke dieses Absatzes unterstützen den Rat unbeschadet des Artikels 240 das Politische und Sicherheitspolitische Komitee, das sich hierbei auf die im Rahmen der Gemeinsamen Sicherheits- und Verteidigungspolitik entwickelten Strukturen stützt, sowie der Ausschuss nach Artikel 71, die dem Rat gegebenenfalls gemeinsame Stellungnahmen vorlegen.

(4) Damit die Union und ihre Mitgliedstaaten auf effiziente Weise tätig werden können, nimmt der Europäische Rat regelmäßig eine Einschätzung der Bedrohungen vor, denen die Union ausgesetzt ist.

[1)] Nr. **34**.

Sechster Teil. Institutionelle Bestimmungen und Finanzvorschriften

Titel I. Vorschriften über die Organe

Kapitel 1.[1] Die Organe

Abschnitt 1. Das Europäische Parlament

Art. 223 [Einheitliches Wahlverfahren; Abgeordneten-Statut] (1) Das Europäische Parlament erstellt einen Entwurf der erforderlichen Bestimmungen für die allgemeine unmittelbare Wahl seiner Mitglieder nach einem einheitlichen Verfahren in allen Mitgliedstaaten oder im Einklang mit den allen Mitgliedstaaten gemeinsamen Grundsätzen.

[1] Der Rat erlässt die erforderlichen Bestimmungen einstimmig gemäß einem besonderen Gesetzgebungsverfahren und nach Zustimmung des Europäischen Parlaments, die mit der Mehrheit seiner Mitglieder erteilt wird. [2] Diese Bestimmungen treten nach Zustimmung der Mitgliedstaaten im Einklang mit ihren jeweiligen verfassungsrechtlichen Vorschriften in Kraft.

(2) [1] Das Europäische Parlament legt aus eigener Initiative gemäß einem besonderen Gesetzgebungsverfahren durch Verordnungen nach Anhörung der Kommission und mit Zustimmung des Rates die Regelungen und allgemeinen Bedingungen für die Wahrnehmung der Aufgaben seiner Mitglieder fest. [2] Alle Vorschriften und Bedingungen, die die Steuerregelung für die Mitglieder oder ehemaligen Mitglieder betreffen, sind vom Rat einstimmig festzulegen.

Art. 224[2] [Politische Parteien] Das Europäische Parlament und der Rat legen gemäß dem ordentlichen Gesetzgebungsverfahren durch Verordnungen die Regelung für die politischen Parteien auf europäischer Ebene nach Artikel 10 Absatz 4 des Vertrags über die Europäische Union[3] und insbesondere die Vorschriften über ihre Finanzierung fest.

Art. 225 [Indirektes Initiativrecht] [1] Das Europäische Parlament kann mit der Mehrheit seiner Mitglieder die Kommission auffordern, geeignete Vorschläge zu Fragen zu unterbreiten, die nach seiner Auffassung die Ausarbeitung eines Unionsakts zur Durchführung der Verträge erfordern. [2] Legt die Kommission keinen Vorschlag vor, so teilt sie dem Europäischen Parlament die Gründe dafür mit.

Art. 226 [Untersuchungsausschuss] Das Europäische Parlament kann bei der Erfüllung seiner Aufgaben auf Antrag eines Viertels seiner Mitglieder die Einsetzung eines nichtständigen Untersuchungsausschusses beschließen, der unbeschadet der Befugnisse, die anderen Organen oder Einrichtungen durch die Verträge übertragen sind, behauptete Verstöße gegen das Unionsrecht

---

[1] Vgl. zu diesem Kapitel auch die „Erklärung zur Erweiterung der Europäischen Union" (Erklärung Nr. 20) zur Schlussakte v. 16.2.2001 (ABl. Nr. C 80 S. 70) der Konferenz von Nizza.

[2] Vgl. zu dieser Vorschrift auch die Erklärung Nr. 11 zur Schlussakte v. 16.2.2001 (ABl. Nr. C 80 S. 70) der Konferenz von Nizza.

[3] Nr. **34**.

oder Missstände bei der Anwendung desselben prüft; dies gilt nicht, wenn ein Gericht mit den behaupteten Sachverhalten befasst ist, solange das Gerichtsverfahren nicht abgeschlossen ist.

Mit der Vorlage seines Berichtes hört der nichtständige Untersuchungsausschuss auf zu bestehen.

Die Einzelheiten der Ausübung des Untersuchungsrechts werden vom Europäischen Parlament festgelegt, das aus eigener Initiative gemäß einem besonderen Gesetzgebungsverfahren durch Verordnungen nach Zustimmung des Rates und der Kommission beschließt.

Art. 227 [Petitionsrecht] Jeder Bürger der Union sowie jede natürliche oder juristische Person mit Wohnort oder satzungsmäßigem Sitz in einem Mitgliedstaat kann allein oder zusammen mit anderen Bürgern oder Personen in Angelegenheiten, die in die Tätigkeitsbereiche der Union fallen und die ihn oder sie unmittelbar betreffen, eine Petition an das Europäische Parlament richten.

Art. 228 [Bürgerbeauftragter] (1) [1] Ein vom Europäischen Parlament gewählter Europäischer Bürgerbeauftragter ist befugt, Beschwerden von jedem Bürger der Union oder von jeder natürlichen oder juristischen Person mit Wohnort oder satzungsmäßigem Sitz in einem Mitgliedstaat über Missstände bei der Tätigkeit der Organe, Einrichtungen oder sonstige Stellen der Union, mit Ausnahme des Gerichtshofs der Europäischen Union in Ausübung seiner Rechtsprechungsbefugnisse, entgegenzunehmen. [2] Er untersucht diese Beschwerden und erstattet darüber Bericht.

[1] Der Bürgerbeauftragte führt im Rahmen seines Auftrags von sich aus oder aufgrund von Beschwerden, die ihm unmittelbar oder über ein Mitglied des Europäischen Parlaments zugehen, Untersuchungen durch, die er für gerechtfertigt hält; dies gilt nicht, wenn die behaupteten Sachverhalte Gegenstand eines Gerichtsverfahrens sind oder waren. [2] Hat der Bürgerbeauftragte einen Missstand festgestellt, so befasst er das betreffende Organ, die betreffende Einrichtung oder sonstige Stelle, das bzw. die über eine Frist von drei Monaten verfügt, um ihm seine bzw. ihre Stellungnahme zu übermitteln. [3] Der Bürgerbeauftragte legt anschließend dem Europäischen Parlament und dem betreffenden Organ, der betreffenden Einrichtung oder sonstigen Stelle einen Bericht vor. [4] Der Beschwerdeführer wird über das Ergebnis dieser Untersuchungen unterrichtet.

Der Bürgerbeauftragte legt dem Europäischen Parlament jährlich einen Bericht über die Ergebnisse seiner Untersuchungen vor.

(2) [1] Der Bürgerbeauftragte wird nach jeder Wahl des Europäischen Parlaments für die Dauer der Wahlperiode gewählt. [2] Wiederwahl ist zulässig.

Der Bürgerbeauftragte kann auf Antrag des Europäischen Parlaments vom Gerichtshof seines Amtes enthoben werden, wenn er die Voraussetzungen für die Ausübung seines Amtes nicht mehr erfüllt oder eine schwere Verfehlung begangen hat.

(3) [1] Der Bürgerbeauftragte übt sein Amt in völliger Unabhängigkeit aus. [2] Er darf bei der Erfüllung seiner Pflichten von keiner Regierung, keinem Organ, keiner Einrichtung oder sonstigen Stelle Weisungen einholen oder

entgegennehmen. [3] Der Bürgerbeauftragte darf während seiner Amtszeit keine andere entgeltliche oder unentgeltliche Berufstätigkeit ausüben.

(4) Das Europäische Parlament legt aus eigener Initiative gemäß einem besonderen Gesetzgebungsverfahren durch Verordnungen nach Stellungnahme der Kommission und nach Zustimmung des Rates die Regelungen und allgemeinen Bedingungen für die Ausübung der Aufgaben des Bürgerbeauftragten fest.

Art. 229 [Ordentliche und außerordentliche Sitzungsperiode] [1] Das Europäische Parlament hält jährlich eine Sitzungsperiode ab. [2] Es tritt, ohne dass es einer Einberufung bedarf, am zweiten Dienstag des Monats März zusammen.

Das Europäische Parlament kann auf Antrag der Mehrheit seiner Mitglieder sowie auf Antrag des Rates oder der Kommission zu einer außerordentlichen Sitzungsperiode zusammentreten.

Art. 230 [Anhörungsrecht von Kommission; Rat und Europäischem Rat] Die Kommission kann an allen Sitzungen des Europäischen Parlaments teilnehmen und wird auf ihren Antrag gehört.

Die Kommission antwortet mündlich oder schriftlich auf die ihr vom Europäischen Parlament oder von dessen Mitgliedern gestellten Fragen.

Der Europäische Rat und der Rat werden vom Europäischen Parlament nach Maßgabe der Geschäftsordnung des Europäischen Rates und der Geschäftsordnung des Rates gehört.

Art. 231 [Abstimmung; Beschlussfähigkeit] Soweit die Verträge nicht etwas anderes bestimmen, beschließt das Europäische Parlament mit der Mehrheit der abgegebenen Stimmen.

Die Geschäftsordnung legt die Beschlussfähigkeit fest.

Art. 232 [Geschäftsordnung; Verhandlungsniederschriften] Das Europäische Parlament gibt sich seine Geschäftsordnung; hierzu sind die Stimmen der Mehrheit seiner Mitglieder erforderlich.

Die Verhandlungsniederschriften des Europäischen Parlaments werden nach Maßgabe der Verträge und seiner Geschäftsordnung veröffentlicht.

Art. 233 [Jährlicher Gesamtbericht] Das Europäische Parlament erörtert in öffentlicher Sitzung den jährlichen Gesamtbericht, der ihm von der Kommission vorgelegt wird.

Art. 234 [Misstrauensantrag gegen die Kommission] Wird wegen der Tätigkeit der Kommission ein Misstrauensantrag eingebracht, so darf das Europäische Parlament nicht vor Ablauf von drei Tagen nach seiner Einbringung und nur in offener Abstimmung darüber entscheiden.

[1] Wird der Misstrauensantrag mit der Mehrheit von zwei Dritteln der abgegebenen Stimmen und mit der Mehrheit der Mitglieder des Europäischen Parlaments angenommen, so legen die Mitglieder der Kommission geschlossen ihr Amt nieder, und der Hohe Vertreter der Union für Außen- und Sicherheitspolitik legt sein im Rahmen der Kommission ausgeübtes Amt

nieder. [2] Sie bleiben im Amt und führen die laufenden Geschäfte bis zu ihrer Ersetzung nach Artikel 17 des Vertrags über die Europäische Union[1)] weiter. [3] In diesem Fall endet die Amtszeit der zu ihrer Ersetzung ernannten Mitglieder der Kommission zu dem Zeitpunkt, zu dem die Amtszeit der Mitglieder der Kommission, die ihr Amt geschlossen niederlegen mussten, geendet hätte.

Abschnitt 2. Der Europäische Rat

Art. 235 [Verfahrensfragen; Geschäftsordnung] (1) Jedes Mitglied des Europäischen Rates kann sich das Stimmrecht höchstens eines anderen Mitglieds übertragen lassen.

[1] Beschließt der Europäische Rat mit qualifizierter Mehrheit, so gelten für ihn Artikel 16 Absatz 4 des Vertrags über die Europäische Union[1)] und Artikel 238 Absatz 2 dieses Vertrags. [2] An Abstimmungen im Europäischen Rat nehmen dessen Präsident und der Präsident der Kommission nicht teil.

Die Stimmenthaltung von anwesenden oder vertretenen Mitgliedern steht dem Zustandekommen von Beschlüssen des Europäischen Rates, zu denen Einstimmigkeit erforderlich ist, nicht entgegen.

(2) Der Präsident des Europäischen Parlaments kann vom Europäischen Rat gehört werden.

(3) Der Europäische Rat beschließt mit einfacher Mehrheit über Verfahrensfragen sowie über den Erlass seiner Geschäftsordnung.

(4) Der Europäische Rat wird vom Generalsekretariat des Rates unterstützt.

Art. 236 [Beschlüsse zur Zusammensetzung und Vorsitz des Rates] Der Europäische Rat erlässt mit qualifizierter Mehrheit

a) einen Beschluss zur Festlegung der Zusammensetzungen des Rates, mit Ausnahme des Rates „Allgemeine Angelegenheiten" und des Rates „Auswärtige Angelegenheiten" nach Artikel 16 Absatz 6 des Vertrags über die Europäische Union[1)];
b) einen Beschluss nach Artikel 16 Absatz 9 des Vertrags über die Europäische Union zur Festlegung des Vorsitzes im Rat in allen seinen Zusammensetzungen mit Ausnahme des Rates „Auswärtige Angelegenheiten".

Abschnitt 3.[2)] Der Rat

Art. 237 [Einberufung] Der Rat wird von seinem Präsidenten aus eigenem Entschluss oder auf Antrag eines seiner Mitglieder oder der Kommission einberufen.

[1)] Nr. **34**.

[2)] Siehe auch Art. 5 EUV (Nr. **34**). Beachte ferner den Beschluss (93/591/EU, Euratom, EGKS, EG) des Rates über seine Bezeichnung im Anschluss an das Inkrafttreten des Vertrags über die Europäische Union v. 8.11.1993 (ABl. Nr. L 281 S. 18, ber. ABl. Nr. L 285 S. 41): „Der Rat wird nunmehr ‚Rat der Europäischen Union' genannt und als solcher insbesondere in den von ihm erlassenen Rechtsakten, einschließlich derjenigen im Rahmen der Titel V und VI des Vertrags über die Europäische Union, bezeichnet; desgleichen werden die politischen Erklärungen, die der Rat im Rahmen der gemeinsamen Außen- und Sicherheitspolitik annimmt, im Namen der ‚Europäischen Union' abgegeben."

Art. 238 [Beschlussfassung; Mehrheiten] (1) Ist zu einem Beschluss des Rates die einfache Mehrheit erforderlich, so beschließt der Rat mit der Mehrheit seiner Mitglieder.

(2) Beschließt der Rat nicht auf Vorschlag der Kommission oder des Hohen Vertreters der Union für Außen- und Sicherheitspolitik, so gilt ab dem 1. November 2014 abweichend von Artikel 16 Absatz 4 des Vertrags über die Europäische Union[1] und vorbehaltlich der Vorschriften des Protokolls über die Übergangsbestimmungen als qualifizierte Mehrheit eine Mehrheit von mindestens 72 % der Mitglieder des Rates, sofern die von ihnen vertretenen Mitgliedstaaten zusammen mindestens 65 % der Bevölkerung der Union ausmachen.[2]

(3) In den Fällen, in denen in Anwendung der Verträge nicht alle Mitglieder des Rates stimmberechtigt sind, gilt ab dem 1. November 2014 vorbehaltlich der Vorschriften des Protokolls über die Übergangsbestimmungen für die qualifizierte Mehrheit Folgendes:

a) Als qualifizierte Mehrheit gilt eine Mehrheit von mindestens 55 % derjenigen Mitglieder des Rates, die die beteiligten Mitgliedstaaten vertreten, sofern die von ihnen vertretenen Mitgliedstaaten zusammen mindestens 65 % der Bevölkerung der beteiligten Mitgliedstaaten ausmachen.
Für eine Sperrminorität bedarf es mindestens der Mindestzahl von Mitgliedern des Rates, die zusammen mehr als 35 % der Bevölkerung der beteiligten Mitgliedstaaten vertreten, zuzüglich eines Mitglieds; andernfalls gilt die qualifizierte Mehrheit als erreicht.

b) Beschließt der Rat nicht auf Vorschlag der Kommission oder des Hohen Vertreters der Union für Außen- und Sicherheitspolitik, so gilt abweichend von Buchstabe a als qualifizierte Mehrheit eine Mehrheit von mindestens 72 % derjenigen Mitglieder des Rates, die die beteiligten Mitgliedstaaten vertreten, sofern die von ihnen vertretenen Mitgliedstaaten zusammen mindestens 65 % der Bevölkerung der beteiligten Mitgliedstaaten ausmachen.

(4) Die Stimmenthaltung von anwesenden oder vertretenen Mitgliedern steht dem Zustandekommen von Beschlüssen des Rates, zu denen Einstimmigkeit erforderlich ist, nicht entgegen.

Art. 239 [Stimmrechtsübertragung] Jedes Mitglied kann sich das Stimmrecht höchstens eines anderen Mitglieds übertragen lassen.

Art. 240 [Ausschuss der Ständigen Vertreter; Generalsekretariat; Geschäftsordnung] (1) [1] Ein Ausschuss, der sich aus den Ständigen Vertretern der Regierungen der Mitgliedstaaten zusammensetzt, trägt die Verantwortung, die Arbeiten des Rates vorzubereiten und die ihm vom Rat übertragenen Aufträge auszuführen. [2] Der Ausschuss kann in Fällen, die in der Geschäftsordnung des Rates vorgesehen sind, Verfahrensbeschlüsse fassen.

(2) Der Rat wird von einem Generalsekretariat unterstützt, das einem vom Rat ernannten Generalsekretär untersteht.

Der Rat beschließt mit einfacher Mehrheit über die Organisation des Generalsekretariats.

---

[1] Nr. **34**.
[2] Näheres siehe hierzu im Beschluss 2009/857/EG v. 13.12.2007 (ABl. 2009 Nr. L 314 S. 73).

(3) Der Rat beschließt mit einfacher Mehrheit über Verfahrensfragen sowie über den Erlass seiner Geschäftsordnung.

Art. 241 [Indirektes Initiativrecht] [1] Der Rat, der mit einfacher Mehrheit beschließt, kann die Kommission auffordern, die nach seiner Ansicht zur Verwirklichung der gemeinsamen Ziele geeigneten Untersuchungen vorzunehmen und ihm entsprechende Vorschläge zu unterbreiten. [2] Legt die Kommission keinen Vorschlag vor, so teilt sie dem Rat die Gründe dafür mit.

Art. 242 [Regelung der Rechtsstellung der Ausschüsse] Der Rat, der mit einfacher Mehrheit beschließt, regelt nach Anhörung der Kommission die rechtliche Stellung der in den Verträgen vorgesehenen Ausschüsse.

Art. 243 [Festsetzung von Gehältern und Vergütungen] [1] Der Rat setzt die Gehälter, Vergütungen und Ruhegehälter für den Präsidenten des Europäischen Rates, den Präsidenten der Kommission, den Hohen Vertreter der Union für Außen- und Sicherheitspolitik, die Mitglieder der Kommission, die Präsidenten, die Mitglieder und die Kanzler des Gerichtshofs der Europäischen Union sowie den Generalsekretär des Rates fest. [2] Er setzt ebenfalls alle als Entgelt gezahlten Vergütungen fest.

Abschnitt 4. Die Kommission

Art. 244 [Rotationsprinzip] Gemäß Artikel 17 Absatz 5 des Vertrags über die Europäische Union[1)] werden die Kommissionsmitglieder in einem vom Europäischen Rat einstimmig festgelegten System der Rotation ausgewählt, das auf folgenden Grundsätzen beruht:

a) Die Mitgliedstaaten werden bei der Festlegung der Reihenfolge und der Dauer der Amtszeiten ihrer Staatsangehörigen in der Kommission vollkommen gleich behandelt; demzufolge kann die Gesamtzahl der Mandate, welche Staatsangehörige zweier beliebiger Mitgliedstaaten innehaben, niemals um mehr als eines voneinander abweichen.

b) Vorbehaltlich des Buchstabens a ist jede der aufeinander folgenden Kommissionen so zusammengesetzt, dass das demografische und geografische Spektrum der Gesamtheit der Mitgliedstaaten auf zufrieden stellende Weise zum Ausdruck kommt.

Art. 245 [Amtspflichten der Kommissare; Amtsenthebung] [1] Die Mitglieder der Kommission haben jede Handlung zu unterlassen, die mit ihren Aufgaben unvereinbar ist. [2] Die Mitgliedstaaten achten ihre Unabhängigkeit und versuchen nicht, sie bei der Erfüllung ihrer Aufgaben zu beeinflussen.

[1] Die Mitglieder der Kommission dürfen während ihrer Amtszeit keine andere entgeltliche oder unentgeltliche Berufstätigkeit ausüben. [2] Bei der Aufnahme ihrer Tätigkeit übernehmen sie die feierliche Verpflichtung, während der Ausübung und nach Ablauf ihrer Amtstätigkeit die sich aus ihrem Amt ergebenden Pflichten zu erfüllen, insbesondere die Pflicht, bei der Annahme gewisser Tätigkeiten oder Vorteile nach Ablauf dieser Tätigkeit ehrenhaft und zurückhaltend zu sein. [3] Werden diese Pflichten verletzt, so kann der

---

1) Nr. **34**.

Gerichtshof auf Antrag des Rates, der mit einfacher Mehrheit beschließt, oder der Kommission das Mitglied je nach Lage des Falles gemäß Artikel 247 seines Amtes entheben oder ihm seine Ruhegehaltsansprüche oder andere an ihrer Stelle gewährte Vergünstigungen aberkennen.

Art. 246 [Neubesetzung während der Amtszeit] Abgesehen von den regelmäßigen Neubesetzungen und von Todesfällen endet das Amt eines Mitglieds der Kommission durch Rücktritt oder Amtsenthebung.

Für ein zurückgetretenes, seines Amtes enthobenes oder verstorbenes Mitglied wird für die verbleibende Amtszeit vom Rat mit Zustimmung des Präsidenten der Kommission nach Anhörung des Europäischen Parlaments und nach den Anforderungen des Artikels 17 Absatz 3 Unterabsatz 2 des Vertrags über die Europäische Union[1] ein neues Mitglied derselben Staatsangehörigkeit ernannt.

Der Rat kann auf Vorschlag des Präsidenten der Kommission einstimmig beschließen, dass ein ausscheidendes Mitglied der Kommission für die verbleibende Amtszeit nicht ersetzt werden muss, insbesondere wenn es sich um eine kurze Zeitspanne handelt.

[1] Bei Rücktritt, Amtsenthebung oder Tod des Präsidenten wird für die verbleibende Amtszeit ein Nachfolger ernannt. [2] Für die Ersetzung findet das Verfahren des Artikels 17 Absatz 7 Unterabsatz 1 des Vertrags über die Europäische Union Anwendung.

Bei Rücktritt, Amtsenthebung oder Tod des Hohen Vertreters der Union für die Außen- und Sicherheitspolitik wird für die verbleibende Amtszeit nach Artikel 18 Absatz 1 des Vertrags über die Europäische Union ein Nachfolger ernannt.

Bei Rücktritt aller Mitglieder der Kommission bleiben diese bis zur Neubesetzung ihres Sitzes nach Artikel 17 des Vertrags über die Europäische Union für die verbleibende Amtszeit im Amt und führen die laufenden Geschäfte weiter.

Art. 247 [Amtsenthebung] Jedes Mitglied der Kommission, das die Voraussetzungen für die Ausübung seines Amtes nicht mehr erfüllt oder eine schwere Verfehlung begangen hat, kann auf Antrag des Rates, der mit einfacher Mehrheit beschließt, oder der Kommission durch den Gerichtshof seines Amtes enthoben werden.

Art. 248 [Zuständigkeitsaufteilung durch den Präsidenten] [1] Die Zuständigkeiten der Kommission werden unbeschadet des Artikels 18 Absatz 4 des Vertrags über die Europäische Union[1] von ihrem Präsidenten nach Artikel 17 Absatz 6 des genannten Vertrags gegliedert und zwischen ihren Mitgliedern aufgeteilt. [2] Der Präsident kann diese Zuständigkeitsverteilung im Laufe der Amtszeit ändern. [3] Die Mitglieder der Kommission üben die ihnen vom Präsidenten übertragenen Aufgaben unter dessen Leitung aus.

Art. 249 [Geschäftsordnung; Jährlicher Gesamtbericht] (1) [1] Die Kommission gibt sich eine Geschäftsordnung, um ihr ordnungsgemäßes Ar-

---

[1] Nr. **34**.

beiten und das ihrer Dienststellen zu gewährleisten. [2] Sie sorgt für die Veröffentlichung dieser Geschäftsordnung.

(2) Die Kommission veröffentlicht jährlich, und zwar spätestens einen Monat vor Beginn der Sitzungsperiode des Europäischen Parlaments, einen Gesamtbericht über die Tätigkeit der Union.

Art. 250 [Beschlussfassung] Die Beschlüsse der Kommission werden mit der Mehrheit ihrer Mitglieder gefasst.

Die Beschlussfähigkeit wird in ihrer Geschäftsordnung festgelegt.

Abschnitt 5. Der Gerichtshof der Europäischen Union

Art. 251 [Spruchkörper des Gerichtshofs] Der Gerichtshof tagt in Kammern oder als Große Kammer entsprechend den hierfür in der Satzung des Gerichtshofs der Europäischen Union vorgesehenen Regeln.

Wenn die Satzung es vorsieht, kann der Gerichtshof auch als Plenum tagen.

Art. 252 [Generalanwälte] [1] Der Gerichtshof wird von acht Generalanwälten unterstützt. [2] Auf Antrag des Gerichtshofs kann der Rat einstimmig die Zahl der Generalanwälte erhöhen.

Der Generalanwalt hat öffentlich in völliger Unparteilichkeit und Unabhängigkeit begründete Schlussanträge zu den Rechtssachen zu stellen, in denen nach der Satzung des Gerichtshofs der Europäischen Union seine Mitwirkung erforderlich ist.

Art. 253 [Ernennung der Richter, Generalanwälte und des Kanzlers; Amtsdauer; Verfahrensordnung] Zu Richtern und Generalanwälten des Gerichtshofs sind Persönlichkeiten auszuwählen, die jede Gewähr für Unabhängigkeit bieten und in ihrem Staat die für die höchsten richterlichen Ämter erforderlichen Voraussetzungen erfüllen oder Juristen von anerkannt hervorragender Befähigung sind; sie werden von den Regierungen der Mitgliedstaaten im gegenseitigen Einvernehmen nach Anhörung des in Artikel 255 vorgesehenen Ausschusses auf sechs Jahre ernannt.

Alle drei Jahre findet nach Maßgabe der Satzung des Gerichtshofs der Europäischen Union eine teilweise Neubesetzung der Stellen der Richter und Generalanwälte statt.

[1] Die Richter wählen aus ihrer Mitte den Präsidenten des Gerichtshofs für die Dauer von drei Jahren. [2] Wiederwahl ist zulässig.

Die Wiederernennung ausscheidender Richter und Generalanwälte ist zulässig.

Der Gerichtshof ernennt seinen Kanzler und bestimmt dessen Stellung.

[1] Der Gerichtshof erlässt seine Verfahrensordnung. [2] Sie bedarf der Genehmigung des Rates.

Art. 254 [Zusammensetzung des Gerichts; Verfahrensordnung] [1] Die Zahl der Richter des Gerichts wird in der Satzung des Gerichtshofs der Europäischen Union festgelegt. [2] In der Satzung kann vorgesehen werden, dass das Gericht von Generalanwälten unterstützt wird.

[1] Zu Mitgliedern des Gerichts sind Personen auszuwählen, die jede Gewähr für Unabhängigkeit bieten und über die Befähigung zur Ausübung hoher richterlicher Tätigkeiten verfügen. [2] Sie werden von den Regierungen der Mitgliedstaaten im gegenseitigen Einvernehmen nach Anhörung des in Artikel 255 vorgesehenen Ausschusses für sechs Jahre ernannt. [3] Alle drei Jahre wird das Gericht teilweise neu besetzt. [4] Die Wiederernennung ausscheidender Mitglieder ist zulässig.

[1] Die Richter wählen aus ihrer Mitte den Präsidenten des Gerichts für die Dauer von drei Jahren. [2] Wiederwahl ist zulässig.

Das Gericht ernennt seinen Kanzler und bestimmt dessen Stellung.

[1] Das Gericht erlässt seine Verfahrensordnung im Einvernehmen mit dem Gerichtshof. [2] Sie bedarf der Genehmigung des Rates.

Soweit die Satzung des Gerichtshofs der Europäischen Union nichts anderes vorsieht, finden die den Gerichtshof betreffenden Bestimmungen der Verträge auf das Gericht Anwendung.

Art. 255 [Ausschuss „Bewerberprüfung"] Es wird ein Ausschuss eingerichtet, der die Aufgabe hat, vor einer Ernennung durch die Regierungen der Mitgliedstaaten nach den Artikeln 253 und 254 eine Stellungnahme zur Eignung der Bewerber für die Ausübung des Amts eines Richters oder Generalanwalts beim Gerichtshof oder beim Gericht abzugeben.

[1] Der Ausschuss setzt sich aus sieben Persönlichkeiten zusammen, die aus dem Kreis ehemaliger Mitglieder des Gerichtshofs und des Gerichts, der Mitglieder der höchsten einzelstaatlichen Gerichte und der Juristen von anerkannt hervorragender Befähigung ausgewählt werden, von denen einer vom Europäischen Parlament vorgeschlagen wird. [2] Der Rat erlässt einen Beschluss zur Festlegung der Vorschriften für die Arbeitsweise und einen Beschluss zur Ernennung der Mitglieder dieses Ausschusses. [3] Er beschließt auf Initiative des Präsidenten des Gerichtshofs.

Art. 256[1)] [Gericht, Zuständigkeiten; Rechtszug; Verweisung in Grundsatzfragen] (1) [1] Das Gericht ist für Entscheidungen im ersten Rechtszug über die in den Artikeln 263, 265, 268, 270 und 272 genannten Klagen zuständig, mit Ausnahme derjenigen Klagen, die einem nach Artikel 257 gebildeten Fachgericht übertragen werden, und der Klagen, die gemäß der Satzung dem Gerichtshof vorbehalten sind. [2] In der Satzung kann vorgesehen werden, dass das Gericht für andere Kategorien von Klagen zuständig ist.

Gegen die Entscheidungen des Gerichts aufgrund dieses Absatzes kann nach Maßgabe der Bedingungen und innerhalb der Grenzen, die in der Satzung vorgesehen sind, beim Gerichtshof ein auf Rechtsfragen beschränktes Rechtsmittel eingelegt werden.

(2) Das Gericht ist für Entscheidungen über Rechtsmittel gegen die Entscheidungen der Fachgerichte zuständig.

Die Entscheidungen des Gerichts aufgrund dieses Absatzes können nach Maßgabe der Bedingungen und innerhalb der Grenzen, die in der Satzung

---

[1)] Vgl. zu dieser Vorschrift auch die Erklärungen Nr. 12, 13, 14 und 15 zur Schlussakte v. 16.2. 2001 (ABl. Nr. C 80 S. 70) der Konferenz von Nizza.

vorgesehen sind, in Ausnahmefällen vom Gerichtshof überprüft werden, wenn die ernste Gefahr besteht, dass die Einheit oder Kohärenz des Unionsrechts berührt wird.

(3) Das Gericht ist in besonderen in der Satzung festgelegten Sachgebieten für Vorabentscheidungen nach Artikel 267 zuständig.

Wenn das Gericht der Auffassung ist, dass eine Rechtssache eine Grundsatzentscheidung erfordert, die die Einheit oder die Kohärenz des Unionsrechts berühren könnte, kann es die Rechtssache zur Entscheidung an den Gerichtshof verweisen.

Die Entscheidungen des Gerichts über Anträge auf Vorabentscheidung können nach Maßgabe der Bedingungen und innerhalb der Grenzen, die in der Satzung vorgesehen sind, in Ausnahmefällen vom Gerichtshof überprüft werden, wenn die ernste Gefahr besteht, dass die Einheit oder die Kohärenz des Unionsrechts berührt wird.

Art. 257 [Fachgerichte] [1] Das Europäische Parlament und der Rat können gemäß dem ordentlichen Gesetzgebungsverfahren dem Gericht beigeordnete Fachgerichte bilden, die für Entscheidungen im ersten Rechtszug über bestimmte Kategorien von Klagen zuständig sind, die auf besonderen Sachgebieten erhoben werden. [2] Das Europäische Parlament und der Rat beschließen durch Verordnungen entweder auf Vorschlag der Kommission nach Anhörung des Gerichtshofs oder auf Antrag des Gerichtshofs nach Anhörung der Kommission.

In der Verordnung über die Bildung eines Fachgerichts werden die Regeln für die Zusammensetzung dieses Gerichts und der ihm übertragene Zuständigkeitsbereich festgelegt.

Gegen die Entscheidungen der Fachgerichte kann vor dem Gericht ein auf Rechtsfragen beschränktes Rechtsmittel oder, wenn die Verordnung über die Bildung des Fachgerichts dies vorsieht, ein auch Sachfragen betreffendes Rechtsmittel eingelegt werden.

[1] Zu Mitgliedern der Fachgerichte sind Personen auszuwählen, die jede Gewähr für Unabhängigkeit bieten und über die Befähigung zur Ausübung richterlicher Tätigkeiten verfügen. [2] Sie werden einstimmig vom Rat ernannt.

[1] Die Fachgerichte erlassen ihre Verfahrensordnung im Einvernehmen mit dem Gerichtshof. [2] Diese Verfahrensordnung bedarf der Genehmigung des Rates.

[1] Soweit die Verordnung über die Bildung der Fachgerichte nichts anderes vorsieht, finden die den Gerichtshof der Europäischen Union betreffenden Bestimmungen der Verträge und die Satzung des Gerichtshofs der Europäischen Union auf die Fachgerichte Anwendung. [2] Titel I und Artikel 64 der Satzung gelten auf jeden Fall für die Fachgerichte.

Art. 258 [Vertragsverletzungsverfahren] Hat nach Auffassung der Kommission ein Mitgliedstaat gegen eine Verpflichtung aus den Verträgen verstoßen, so gibt sie eine mit Gründen versehene Stellungnahme hierzu ab; sie hat dem Staat zuvor Gelegenheit zur Äußerung zu geben.

Kommt der Staat dieser Stellungnahme innerhalb der von der Kommission gesetzten Frist nicht nach, so kann die Kommission den Gerichtshof der Europäischen Union anrufen.

Art. 259 [Vertragsverletzungsverfahren; Anrufung durch einen Mitgliedstaat] Jeder Mitgliedstaat kann den Gerichtshof der Europäischen Union anrufen, wenn er der Auffassung ist, dass ein anderer Mitgliedstaat gegen eine Verpflichtung aus den Verträgen verstoßen hat.

Bevor ein Mitgliedstaat wegen einer angeblichen Verletzung der Verpflichtungen aus den Verträgen gegen einen anderen Staat Klage erhebt, muss er die Kommission damit befassen.

Die Kommission erlässt eine mit Gründen versehene Stellungnahme; sie gibt den beteiligten Staaten zuvor Gelegenheit zu schriftlicher und mündlicher Äußerung in einem kontradiktorischen Verfahren.

Gibt die Kommission binnen drei Monaten nach dem Zeitpunkt, in dem ein entsprechender Antrag gestellt wurde, keine Stellungnahme ab, so kann ungeachtet des Fehlens der Stellungnahme vor dem Gerichtshof geklagt werden.

Art. 260 [Wirkung und Durchsetzung von Urteilen; Zwangsgeld]

(1) Stellt der Gerichtshof der Europäischen Union fest, dass ein Mitgliedstaat gegen eine Verpflichtung aus den Verträgen verstoßen hat, so hat dieser Staat die Maßnahmen zu ergreifen, die sich aus dem Urteil des Gerichtshofs ergeben.

(2) [1] Hat der betreffende Mitgliedstaat die Maßnahmen, die sich aus dem Urteil des Gerichtshofs ergeben, nach Auffassung der Kommission nicht getroffen, so kann die Kommission den Gerichtshof anrufen, nachdem sie diesem Staat zuvor Gelegenheit zur Äußerung gegeben hat. [2] Hierbei benennt sie die Höhe des von dem betreffenden Mitgliedstaat zu zahlenden Pauschalbetrags oder Zwangsgelds, die sie den Umständen nach für angemessen hält.

Stellt der Gerichtshof fest, dass der betreffende Mitgliedstaat seinem Urteil nicht nachgekommen ist, so kann er die Zahlung eines Pauschalbetrags oder Zwangsgelds verhängen.

Dieses Verfahren lässt den Artikel 259 unberührt.

(3) Erhebt die Kommission beim Gerichtshof Klage nach Artikel 258, weil sie der Auffassung ist, dass der betreffende Mitgliedstaat gegen seine Verpflichtung verstoßen hat, Maßnahmen zur Umsetzung einer gemäß einem Gesetzgebungsverfahren erlassenen Richtlinie mitzuteilen, so kann sie, wenn sie dies für zweckmäßig hält, die Höhe des von dem betreffenden Mitgliedstaat zu zahlenden Pauschalbetrags oder Zwangsgelds benennen, die sie den Umständen nach für angemessen hält.

[1] Stellt der Gerichtshof einen Verstoß fest, so kann er gegen den betreffenden Mitgliedstaat die Zahlung eines Pauschalbetrags oder eines Zwangsgelds bis zur Höhe des von der Kommission genannten Betrags verhängen. [2] Die Zahlungsverpflichtung gilt ab dem vom Gerichtshof in seinem Urteil festgelegten Zeitpunkt.

Art. 261 [Ermessensnachprüfung; Zwangsmaßnahmen] Aufgrund der Verträge vom Europäischen Parlament und vom Rat gemeinsam sowie vom Rat erlassene Verordnungen können hinsichtlich der darin vorgesehenen Zwangsmaßnahmen dem Gerichtshof der Europäischen Union eine Zuständigkeit übertragen, welche die Befugnis zu unbeschränkter Ermessensnachprüfung und zur Änderung oder Verhängung solcher Maßnahmen umfasst.

Art. 262[1)] [Rechtsstreitigkeiten im Bereich des geistigen Eigentums] [1] Unbeschadet der sonstigen Bestimmungen der Verträge kann der Rat gemäß einem besonderen Gesetzgebungsverfahren nach Anhörung des Europäischen Parlaments einstimmig Bestimmungen erlassen, mit denen dem Gerichtshof der Europäischen Union in dem vom Rat festgelegten Umfang die Zuständigkeit übertragen wird, über Rechtsstreitigkeiten im Zusammenhang mit der Anwendung von aufgrund der Verträge erlassenen Rechtsakten, mit denen europäische Rechtstitel für das geistige Eigentum geschaffen werden, zu entscheiden. [2] Diese Bestimmungen treten nach Zustimmung der Mitgliedstaaten im Einklang mit ihren jeweiligen verfassungsrechtlichen Vorschriften in Kraft.

Art. 263 [Nichtigkeitsklage] [1] Der Gerichtshof der Europäischen Union überwacht die Rechtmäßigkeit der Gesetzgebungsakte sowie der Handlungen des Rates, der Kommission und der Europäischen Zentralbank, soweit es sich nicht um Empfehlungen oder Stellungnahmen handelt, und der Handlungen des Europäischen Parlaments und des Europäischen Rates mit Rechtswirkung gegenüber Dritten. [2] Er überwacht ebenfalls die Rechtmäßigkeit der Handlungen der Einrichtungen oder sonstigen Stellen der Union mit Rechtswirkung gegenüber Dritten.

Zu diesem Zweck ist der Gerichtshof der Europäischen Union für Klagen zuständig, die ein Mitgliedstaat, das Europäische Parlament, der Rat oder die Kommission wegen Unzuständigkeit, Verletzung wesentlicher Formvorschriften, Verletzung der Verträge oder einer bei seiner Durchführung anzuwendenden Rechtsnorm oder wegen Ermessensmissbrauchs erhebt.

Der Gerichtshof der Europäischen Union ist unter den gleichen Voraussetzungen zuständig für Klagen des Rechnungshofs, der Europäischen Zentralbank und des Ausschusses der Regionen, die auf die Wahrung ihrer Rechte abzielen.

Jede natürliche oder juristische Person kann unter den Bedingungen nach den Absätzen 1 und 2 gegen die an sie gerichteten oder sie unmittelbar und individuell betreffenden Handlungen sowie gegen Rechtsakte mit Verordnungscharakter, die sie unmittelbar betreffen und keine Durchführungsmaßnahmen nach sich ziehen, Klage erheben.

In den Rechtsakten zur Gründung von Einrichtungen und sonstigen Stellen der Union können besondere Bedingungen und Einzelheiten für die Erhebung von Klagen von natürlichen oder juristischen Personen gegen Handlungen dieser Einrichtungen und sonstigen Stellen vorgesehen werden, die eine Rechtswirkung gegenüber diesen Personen haben.

[1)] Vgl. zu dieser Vorschrift auch die Erklärung Nr. 17 zur Schlussakte v. 16.2.2001 (ABl. Nr. C 80 S. 70) der Konferenz von Nizza.

Die in diesem Artikel vorgesehenen Klagen sind binnen zwei Monaten zu erheben; diese Frist läuft je nach Lage des Falles von der Bekanntgabe der betreffenden Handlung, ihrer Mitteilung an den Kläger oder in Ermangelung dessen von dem Zeitpunkt an, zu dem der Kläger von dieser Handlung Kenntnis erlangt hat.

Art. 264 [Nichtigkeitsklage; Urteilswirkung] Ist die Klage begründet, so erklärt der Gerichtshof der Europäischen Union die angefochtene Handlung für nichtig.

Erklärt der Gerichtshof eine Handlung für nichtig, so bezeichnet er, falls er dies für notwendig hält, diejenigen ihrer Wirkungen, die als fortgeltend zu betrachten sind.

Art. 265 [Untätigkeitsklage] [1] Unterlässt es das Europäische Parlament, der Europäische Rat, der Rat, die Kommission oder die Europäische Zentralbank unter Verletzung der Verträge, einen Beschluss zu fassen, so können die Mitgliedstaaten und die anderen Organe der Union beim Gerichtshof der Europäischen Union Klage auf Feststellung dieser Vertragsverletzung erheben. [2] Dieser Artikel gilt entsprechend für die Einrichtungen und sonstigen Stellen der Union, die es unterlassen, tätig zu werden.

[1] Diese Klage ist nur zulässig, wenn das in Frage stehende Organ, die in Frage stehende Einrichtung oder sonstige Stelle zuvor aufgefordert worden ist, tätig zu werden. [2] Hat es bzw. sie binnen zwei Monaten nach dieser Aufforderung nicht Stellung genommen, so kann die Klage innerhalb einer weiteren Frist von zwei Monaten erhoben werden.

Jede natürliche oder juristische Person kann nach Maßgabe der Absätze 1 und 2 vor dem Gerichtshof Beschwerde darüber führen, dass ein Organ oder eine Einrichtung oder sonstige Stelle der Union es unterlassen hat, einen anderen Akt als eine Empfehlung oder eine Stellungnahme an sie zu richten.

Art. 266 [Verpflichtung aus dem Urteil] Die Organe, Einrichtungen oder sonstigen Stellen, denen das für nichtig erklärte Handeln zur Last fällt oder deren Untätigkeit als vertragswidrig erklärt worden ist, haben die sich aus dem Urteil des Gerichtshofs der Europäischen Union ergebenden Maßnahmen zu ergreifen.

Diese Verpflichtung besteht unbeschadet der Verpflichtungen, die sich aus der Anwendung des Artikels 340 Absatz 2 ergeben.

Art. 267 [Vorabentscheidungsverfahren] Der Gerichtshof der Europäischen Union entscheidet im Wege der Vorabentscheidung

a) über die Auslegung der Verträge,

b) über die Gültigkeit und die Auslegung der Handlungen der Organe, Einrichtungen oder sonstigen Stellen der Union.

Wird eine derartige Frage einem Gericht eines Mitgliedstaats gestellt und hält dieses Gericht eine Entscheidung darüber zum Erlass seines Urteils für erforderlich, so kann es diese Frage dem Gerichtshof zur Entscheidung vorlegen.

Wird eine derartige Frage in einem schwebenden Verfahren bei einem einzelstaatlichen Gericht gestellt, dessen Entscheidungen selbst nicht mehr mit Rechtsmitteln des innerstaatlichen Rechts angefochten werden können, so ist dieses Gericht zur Anrufung des Gerichtshofs verpflichtet.

Wird eine derartige Frage in einem schwebenden Verfahren, das eine inhaftierte Person betrifft, bei einem einzelstaatlichen Gericht gestellt, so entscheidet der Gerichtshof innerhalb kürzester Zeit.

Art. 268 [Schadenersatzklage] Der Gerichtshof der Europäischen Union ist für Streitsachen über den in Artikel 340 Absätze 2 und 3 vorgesehenen Schadensersatz zuständig.

Art. 269 [Eingeschränkte Zuständigkeit bei Suspendierung von Mitgliedschaftsrechten] Der Gerichtshof ist für Entscheidungen über die Rechtmäßigkeit eines nach Artikel 7 des Vertrags über die Europäische Union[1)] erlassenen Rechtsakts des Europäischen Rates oder des Rates nur auf Antrag des von einer Feststellung des Europäischen Rates oder des Rates betroffenen Mitgliedstaats und lediglich im Hinblick auf die Einhaltung der in dem genannten Artikel vorgesehenen Verfahrensbestimmungen zuständig.

[1] Der Antrag muss binnen eines Monats nach der jeweiligen Feststellung gestellt werden. [2] Der Gerichtshof entscheidet binnen eines Monats nach Antragstellung.

Art. 270 [Dienstrechtliche Streitigkeiten] Der Gerichtshof der Europäischen Union ist für alle Streitsachen zwischen der Union und deren Bediensteten innerhalb der Grenzen und nach Maßgabe der Bedingungen zuständig, die im Statut der Beamten der Union und in den Beschäftigungsbedingungen für die sonstigen Bediensteten der Union festgelegt sind.

Art. 271 [Zuständigkeit für gewisse Streitigkeiten betreffend EIB und EZB] Der Gerichtshof der Europäischen Union ist nach Maßgabe der folgenden Bestimmungen zuständig in Streitsachen über

a) die Erfüllung der Verpflichtungen der Mitgliedstaaten aus der Satzung der Europäischen Investitionsbank. Der Verwaltungsrat der Bank besitzt hierbei die der Kommission in Artikel 258 übertragenen Befugnisse;

b) die Beschlüsse des Rates der Gouverneure der Europäischen Investitionsbank. Jeder Mitgliedstaat, die Kommission und der Verwaltungsrat der Bank können hierzu nach Maßgabe des Artikels 263 Klage erheben;

c) die Beschlüsse des Verwaltungsrats der Europäischen Investitionsbank. Diese können nach Maßgabe des Artikels 263 nur von Mitgliedstaaten oder der Kommission und lediglich wegen Verletzung der Formvorschriften des Artikels 19 Absatz 2 und Absätze 5 bis 7 der Satzung der Investitionsbank angefochten werden;

d) die Erfüllung der sich aus den Verträgen und der Satzung des ESZB und der EZB ergebenden Verpflichtungen durch die nationalen Zentralbanken. Der Rat der Gouverneure der Europäischen Zentralbank besitzt hierbei gegenüber den nationalen Zentralbanken die Befugnisse, die der Kommission in Artikel 258 gegenüber den Mitgliedstaaten eingeräumt werden. Stellt der Gerichtshof der Europäischen Union fest, dass eine nationale

---

[1)] Nr. **34**.

Zentralbank gegen eine Verpflichtung aus den Verträgen verstoßen hat, so hat diese Bank die Maßnahmen zu ergreifen, die sich aus dem Urteil des Gerichtshofs ergeben.

Art. 272 [Zuständigkeit aufgrund einer Schiedsklausel] Der Gerichtshof der Europäischen Union ist für Entscheidungen aufgrund einer Schiedsklausel zuständig, die in einem von der Union oder für ihre Rechnung abgeschlossenen öffentlich-rechtlichen oder privatrechtlichen Vertrag enthalten ist.

Art. 273 [Zuständigkeit aufgrund eines Schiedsvertrags] Der Gerichtshof ist für jede mit dem Gegenstand der Verträge in Zusammenhang stehende Streitigkeit zwischen Mitgliedstaaten zuständig, wenn diese bei ihm aufgrund eines Schiedsvertrags anhängig gemacht wird.

Art. 274 [Zuständigkeit einzelstaatlicher Gerichte] Soweit keine Zuständigkeit des Gerichtshofs der Europäischen Union aufgrund der Verträge besteht, sind Streitsachen, bei denen die Union Partei ist, der Zuständigkeit der einzelstaatlichen Gerichte nicht entzogen.

Art. 275 [Unzuständigkeit in der Außen- und Sicherheitspolitik; Ausnahmen] Der Gerichtshof der Europäischen Union ist nicht zuständig für die Bestimmungen hinsichtlich der Gemeinsamen Außen- und Sicherheitspolitik und für die auf der Grundlage dieser Bestimmungen erlassenen Rechtsakte.

Der Gerichtshof ist jedoch zuständig für die Kontrolle der Einhaltung von Artikel 40 des Vertrags über die Europäische Union[1] und für die unter den Voraussetzungen des Artikels 263 Absatz 4 dieses Vertrags erhobenen Klagen im Zusammenhang mit der Überwachung der Rechtmäßigkeit von Beschlüssen über restriktive Maßnahmen gegenüber natürlichen oder juristischen Personen, die der Rat auf der Grundlage von Titel V Kapitel 2 des Vertrags über die Europäische Union erlassen hat.

Art. 276 [Unzuständigkeit für mitgliedstaatliche Polizeimaßnahmen] Bei der Ausübung seiner Befugnisse im Rahmen der Bestimmungen des Dritten Teils Titel V Kapitel 4 und 5 über den Raum der Freiheit, der Sicherheit und des Rechts ist der Gerichtshof der Europäischen Union nicht zuständig für die Überprüfung der Gültigkeit oder Verhältnismäßigkeit von Maßnahmen der Polizei oder anderer Strafverfolgungsbehörden eines Mitgliedstaats oder der Wahrnehmung der Zuständigkeiten der Mitgliedstaaten für die Aufrechterhaltung der öffentlichen Ordnung und den Schutz der inneren Sicherheit.

Art. 277 [Inzidente Normenkontrolle] Ungeachtet des Ablaufs der in Artikel 263 Absatz 6 genannten Frist kann jede Partei in einem Rechtsstreit, bei dem die Rechtmäßigkeit eines von einem Organ, einer Einrichtung oder einer sonstigen Stelle der Union erlassenen Rechtsakts mit allgemeiner Geltung angefochten wird, vor dem Gerichtshof der Europäischen Union die

---

[1] Nr. **34**.

Unanwendbarkeit dieses Rechtsakts aus den in Artikel 263 Absatz 2 genannten Gründen geltend machen.

Art. 278 [Keine aufschiebende Wirkung; Aussetzung] [1] Klagen bei dem Gerichtshof der Europäischen Union haben keine aufschiebende Wirkung. [2] Der Gerichtshof kann jedoch, wenn er dies den Umständen nach für nötig hält, die Durchführung der angefochtenen Handlung aussetzen.

Art. 279 [Einstweilige Anordnungen] Der Gerichtshof der Europäischen Union kann in den bei ihm anhängigen Sachen die erforderlichen einstweiligen Anordnungen treffen.

Art. 280 [Vollstreckbarkeit der Urteile] Die Urteile des Gerichtshofs der Europäischen Union sind gemäß Artikel 299 vollstreckbar.

Art. 281 [Satzung] Die Satzung des Gerichtshofs der Europäischen Union wird in einem besonderen Protokoll festgelegt.

[1] Das Europäische Parlament und der Rat können gemäß dem ordentlichen Gesetzgebungsverfahren die Satzung mit Ausnahme ihres Titels I und ihres Artikels 64 ändern. [2] Das Europäische Parlament und der Rat beschließen entweder auf Antrag des Gerichtshofs nach Anhörung der Kommission oder auf Vorschlag der Kommission nach Anhörung des Gerichtshofs.

Abschnitt 6. Die Europäische Zentralbank

Art. 282 [Aufgaben und Maßnahmen; Rechtspersönlichkeit; Unabhängigkeit; Anhörungsrecht] (1) [1] Die Europäische Zentralbank und die nationalen Zentralbanken bilden das Europäische System der Zentralbanken (ESZB). [2] Die Europäische Zentralbank und die nationalen Zentralbanken der Mitgliedstaaten, deren Währung der Euro ist, bilden das Eurosystem und betreiben die Währungspolitik der Union.

(2) [1] Das ESZB wird von den Beschlussorganen der Europäischen Zentralbank geleitet. [2] Sein vorrangiges Ziel ist es, die Preisstabilität zu gewährleisten. [3] Unbeschadet dieses Zieles unterstützt es die allgemeine Wirtschaftspolitik in der Union, um zur Verwirklichung ihrer Ziele beizutragen.

(3) [1] Die Europäische Zentralbank besitzt Rechtspersönlichkeit. [2] Sie allein ist befugt, die Ausgabe des Euro zu genehmigen. [3] Sie ist in der Ausübung ihrer Befugnisse und der Verwaltung ihrer Mittel unabhängig. [4] Die Organe, Einrichtungen oder sonstigen Stellen der Union sowie die Regierungen der Mitgliedstaaten achten diese Unabhängigkeit.

(4) [1] Die Europäische Zentralbank erlässt die für die Erfüllung ihrer Aufgaben erforderlichen Maßnahmen nach den Artikeln 127 bis 133 und Artikel 138 und nach Maßgabe der Satzung des ESZB und der EZB. [2] Nach diesen Artikeln behalten die Mitgliedstaaten, deren Währung nicht der Euro ist, sowie deren Zentralbanken ihre Zuständigkeiten im Währungsbereich.

(5) Die Europäische Zentralbank wird in den Bereichen, auf die sich ihre Befugnisse erstrecken, zu allen Entwürfen für Rechtsakte der Union sowie zu allen Entwürfen für Rechtsvorschriften auf einzelstaatlicher Ebene gehört und kann Stellungnahmen abgeben.

Art. 283 [Organstruktur] (1) Der Rat der Europäischen Zentralbank besteht aus den Mitgliedern des Direktoriums der Europäischen Zentralbank und den Präsidenten der nationalen Zentralbanken der Mitgliedstaaten, deren Währung der Euro ist.

(2) Das Direktorium besteht aus dem Präsidenten, dem Vizepräsidenten und vier weiteren Mitgliedern.

Der Präsident, der Vizepräsident und die weiteren Mitglieder des Direktoriums werden vom Europäischen Rat auf Empfehlung des Rates, der hierzu das Europäische Parlament und den Rat der Europäischen Zentralbank anhört, aus dem Kreis der in Währungs- oder Bankfragen anerkannten und erfahrenen Persönlichkeiten mit qualifizierter Mehrheit ausgewählt und ernannt.

Ihre Amtszeit beträgt acht Jahre; Wiederernennung ist nicht zulässig.

Nur Staatsangehörige der Mitgliedstaaten können Mitglieder des Direktoriums werden.

Art. 284 [Teilnahmerechte; Jahresbericht] (1) [1] Der Präsident des Rates und ein Mitglied der Kommission können ohne Stimmrecht an den Sitzungen des Rates der Europäischen Zentralbank teilnehmen. [2] Der Präsident des Rates kann dem Rat der Europäischen Zentralbank einen Antrag zur Beratung vorlegen.

(2) Der Präsident der Europäischen Zentralbank wird zur Teilnahme an den Tagungen des Rates eingeladen, wenn dieser Fragen im Zusammenhang mit den Zielen und Aufgaben des ESZB erörtert.

(3) [1] Die Europäische Zentralbank unterbreitet dem Europäischen Parlament, dem Rat und der Kommission sowie auch dem Europäischen Rat einen Jahresbericht über die Tätigkeit des ESZB und die Geld- und Währungspolitik im vergangenen und im laufenden Jahr. [2] Der Präsident der Europäischen Zentralbank legt den Bericht dem Rat und dem Europäischen Parlament vor, das auf dieser Grundlage eine allgemeine Aussprache durchführen kann.

Der Präsident der Europäischen Zentralbank und die anderen Mitglieder des Direktoriums können auf Ersuchen des Europäischen Parlaments oder auf ihre Initiative hin von den zuständigen Ausschüssen des Europäischen Parlaments gehört werden.

Abschnitt 7.[1] Der Rechnungshof

Art. 285 [Aufgabe; Zusammensetzung] Der Rechnungshof nimmt die Rechnungsprüfung der Union wahr.

[1] Der Rechnungshof besteht aus einem Staatsangehörigen je Mitgliedstaat. [2] Seine Mitglieder üben ihre Aufgaben in voller Unabhängigkeit zum allgemeinen Wohl der Union aus.

Art. 286 [Anforderungen an die Mitglieder; Ernennung und Ausscheiden aus dem Amt] (1) [1] Zu Mitgliedern des Rechnungshofs sind Persönlichkeiten auszuwählen, die in ihren Staaten Rechnungsprüfungsorga-

---

[1] Vgl. zu diesem Abschnitt auch die Erklärung Nr. 18 der Schlussakte v. 16.2.2001 (ABl. Nr. C 80 S. 70) der Konferenz von Nizza.

nen angehören oder angehört haben oder die für dieses Amt besonders geeignet sind. [2] Sie müssen jede Gewähr für Unabhängigkeit bieten.

(2) [1] Die Mitglieder des Rechnungshofs werden auf sechs Jahre ernannt. [2] Der Rat nimmt die gemäß den Vorschlägen der einzelnen Mitgliedstaaten erstellte Liste der Mitglieder nach Anhörung des Europäischen Parlaments an. [3] Die Wiederernennung der Mitglieder des Rechnungshofs ist zulässig.

[1] Sie wählen aus ihrer Mitte den Präsidenten des Rechnungshofs für drei Jahre. [2] Wiederwahl ist zulässig.

(3) [1] Die Mitglieder des Rechnungshofs dürfen bei der Erfüllung ihrer Pflichten Anweisungen von einer Regierung oder einer anderen Stelle weder anfordern noch entgegennehmen. [2] Sie haben jede Handlung zu unterlassen, die mit ihren Aufgaben unvereinbar ist.

(4) [1] Die Mitglieder des Rechnungshofs dürfen während ihrer Amtszeit keine andere entgeltliche oder unentgeltliche Berufstätigkeit ausüben. [2] Bei der Aufnahme ihrer Tätigkeit übernehmen sie die feierliche Verpflichtung, während der Ausübung und nach Ablauf ihrer Amtstätigkeit die sich aus ihrem Amt ergebenden Pflichten zu erfüllen, insbesondere die Pflicht, bei der Annahme gewisser Tätigkeiten oder Vorteile nach Ablauf dieser Tätigkeit ehrenhaft und zurückhaltend zu sein.

(5) Abgesehen von regelmäßigen Neubesetzungen und von Todesfällen endet das Amt eines Mitglieds des Rechnungshofs durch Rücktritt oder durch Amtsenthebung durch den Gerichtshof gemäß Absatz 6.

Für das ausscheidende Mitglied wird für die verbleibende Amtszeit ein Nachfolger ernannt.

Außer im Fall der Amtsenthebung bleiben die Mitglieder des Rechnungshofs bis zu Neubesetzung ihres Sitzes im Amt.

(6) Ein Mitglied des Rechnungshofs kann nur dann seines Amtes enthoben oder seiner Ruhegehaltsansprüche oder anderer an ihrer Stelle gewährter Vergünstigungen für verlustig erklärt werden, wenn der Gerichtshof auf Antrag des Rechnungshofs feststellt, dass es nicht mehr die erforderlichen Voraussetzungen erfüllt oder den sich aus seinem Amt ergebenden Verpflichtungen nicht mehr nachkommt.

(7) [1] Der Rat setzt die Beschäftigungsbedingungen für den Präsidenten und die Mitglieder des Rechnungshofs fest, insbesondere die Gehälter, Vergütungen und Ruhegehälter. [2] Er setzt alle sonstigen als Entgelt gezahlten Vergütungen fest.

(8) Die für die Richter des Gerichtshofs der Europäischen Union geltenden Bestimmungen des Protokolls über die Vorrechte und Befreiungen der Europäischen Union gelten auch für die Mitglieder des Rechnungshofs.

Art. 287 [Rechnungsprüfung] (1) [1] Der Rechnungshof prüft die Rechnung über alle Einnahmen und Ausgaben der Union. [2] Er prüft ebenfalls die Rechnung über alle Einnahmen und Ausgaben jeder von der Union geschaffenen Einrichtung oder sonstigen Stelle, soweit der Gründungsakt dies nicht ausschließt.

[1] Der Rechnungshof legt dem Europäischen Parlament und dem Rat eine Erklärung über die Zuverlässigkeit der Rechnungsführung sowie die Rechtmäßigkeit und Ordnungsmäßigkeit der zugrunde liegenden Vorgänge vor, die

im *Amtsblatt der Europäischen Union* veröffentlicht wird. [2]Diese Erklärung kann durch spezifische Beurteilungen zu allen größeren Tätigkeitsbereichen der Union ergänzt werden.

(2) [1]Der Rechnungshof prüft die Rechtmäßigkeit und Ordnungsmäßigkeit der Einnahmen und Ausgaben und überzeugt sich von der Wirtschaftlichkeit der Haushaltsführung. [2]Dabei berichtet er insbesondere über alle Fälle von Unregelmäßigkeiten.

Die Prüfung der Einnahmen erfolgt anhand der Feststellungen und der Zahlungen der Einnahmen an die Union.

Die Prüfung der Ausgaben erfolgt anhand der Mittelbindungen und der Zahlungen.

Diese Prüfungen können vor Abschluss der Rechnung des betreffenden Haushaltsjahrs durchgeführt werden.

(3) [1]Die Prüfung wird anhand der Rechnungsunterlagen und erforderlichenfalls an Ort und Stelle bei den anderen Organen der Union, in den Räumlichkeiten der Einrichtungen oder sonstigen Stellen, die Einnahmen oder Ausgaben für Rechnung der Union verwalten, sowie der natürlichen und juristischen Personen, die Zahlungen aus dem Haushalt erhalten, und in den Mitgliedstaaten durchgeführt. [2]Die Prüfung in den Mitgliedstaaten erfolgt in Verbindung mit den einzelstaatlichen Rechnungsprüfungsorganen oder, wenn diese nicht über die erforderliche Zuständigkeit verfügen, mit den zuständigen einzelstaatlichen Dienststellen. [3]Der Rechnungshof und die einzelstaatlichen Rechnungsprüfungsorgane arbeiten unter Wahrung ihrer Unabhängigkeit vertrauensvoll zusammen. [4]Diese Organe oder Dienststellen teilen dem Rechnungshof mit, ob sie an der Prüfung teilzunehmen beabsichtigen.

Die anderen Organe der Union, die Einrichtungen oder sonstigen Stellen, die Einnahmen oder Ausgaben für Rechnung der Union verwalten, die natürlichen oder juristischen Personen, die Zahlungen aus dem Haushalt erhalten, und die einzelstaatlichen Rechnungsprüfungsorgane oder, wenn diese nicht über die erforderliche Zuständigkeit verfügen, die zuständigen einzelstaatlichen Dienststellen übermitteln dem Rechnungshof auf dessen Antrag die für die Erfüllung seiner Aufgabe erforderlichen Unterlagen oder Informationen.

[1]Die Rechte des Rechnungshofs auf Zugang zu Informationen der Europäischen Investitionsbank im Zusammenhang mit deren Tätigkeit bei der Verwaltung von Einnahmen und Ausgaben der Union werden in einer Vereinbarung zwischen dem Rechnungshof, der Bank und der Kommission geregelt. [2]Der Rechnungshof hat auch dann Recht auf Zugang zu den Informationen, die für die Prüfung der von der Bank verwalteten Einnahmen und Ausgaben der Union erforderlich sind, wenn eine entsprechende Vereinbarung nicht besteht.

(4) [1]Der Rechnungshof erstattet nach Abschluss eines jeden Haushaltsjahrs einen Jahresbericht. [2]Dieser Bericht wird den anderen Organen der Union vorgelegt und im *Amtsblatt der Europäischen Union* zusammen mit den Antworten dieser Organe auf die Bemerkungen des Rechnungshofs veröffentlicht.

Der Rechnungshof kann ferner jederzeit seine Bemerkungen zu besonderen Fragen vorlegen, insbesondere in Form von Sonderberichten, und auf Antrag eines der anderen Organe der Union Stellungnahmen abgeben.

[1] Er nimmt seine jährlichen Berichte, Sonderberichte oder Stellungnahmen mit der Mehrheit seiner Mitglieder an. [2] Er kann jedoch für die Annahme bestimmter Arten von Berichten oder Stellungnahmen nach Maßgabe seiner Geschäftsordnung Kammern bilden.

Er unterstützt das Europäische Parlament und den Rat bei der Kontrolle der Ausführung des Haushaltsplans.

[1] Der Rechnungshof gibt sich eine Geschäftsordnung. [2] Diese bedarf der Genehmigung des Rates.

Kapitel 2. Rechtsakte der Union, Annahmeverfahren und sonstige Vorschriften

Abschnitt 1. Die Rechtsakte der Union

Art. 288 [Rechtsakte; Katalog] Für die Ausübung der Zuständigkeiten der Union nehmen die Organe Verordnungen, Richtlinien, Beschlüsse, Empfehlungen und Stellungnahmen an.

[1] Die Verordnung hat allgemeine Geltung. [2] Sie ist in allen ihren Teilen verbindlich und gilt unmittelbar in jedem Mitgliedstaat.

Die Richtlinie ist für jeden Mitgliedstaat, an den sie gerichtet wird, hinsichtlich des zu erreichenden Ziels verbindlich, überlässt jedoch den innerstaatlichen Stellen die Wahl der Form und der Mittel.

[1] Beschlüsse sind in allen ihren Teilen verbindlich. [2] Sind sie an bestimmte Adressaten gerichtet, so sind sie nur für diese verbindlich.

Die Empfehlungen und Stellungnahmen sind nicht verbindlich.

Art. 289 [Ordentliches und besonderes Gesetzgebungsverfahren; Initiativrecht in besonderen Fällen] (1) [1] Das ordentliche Gesetzgebungsverfahren besteht in der gemeinsamen Annahme einer Verordnung, einer Richtlinie oder eines Beschlusses durch das Europäische Parlament und den Rat auf Vorschlag der Kommission. [2] Dieses Verfahren ist in Artikel 294 festgelegt.

(2) In bestimmten, in den Verträgen vorgesehenen Fällen erfolgt als besonderes Gesetzgebungsverfahren die Annahme einer Verordnung, einer Richtlinie oder eines Beschlusses durch das Europäische Parlament mit Beteiligung des Rates oder durch den Rat mit Beteiligung des Europäischen Parlaments.

(3) Rechtsakte, die gemäß einem Gesetzgebungsverfahren angenommen werden, sind Gesetzgebungsakte.

(4) In bestimmten, in den Verträgen vorgesehenen Fällen können Gesetzgebungsakte auf Initiative einer Gruppe von Mitgliedstaaten oder des Europäischen Parlaments, auf Empfehlung der Europäischen Zentralbank oder auf Antrag des Gerichtshofs oder der Europäischen Investitionsbank erlassen werden.

Art. 290 [Delegation von Rechtsetzungsbefugnissen auf die Kommission] (1) In Gesetzgebungsakten kann der Kommission die Befugnis übertragen werden, Rechtsakte ohne Gesetzescharakter mit allgemeiner Geltung zur Ergänzung oder Änderung bestimmter nicht wesentlicher Vorschriften des betreffenden Gesetzgebungsaktes zu erlassen.

[1] In den betreffenden Gesetzgebungsakten werden Ziele, Inhalt, Geltungsbereich und Dauer der Befugnisübertragung ausdrücklich festgelegt. [2] Die wesentlichen Aspekte eines Bereichs sind dem Gesetzgebungsakt vorbehalten und eine Befugnisübertragung ist für sie deshalb ausgeschlossen.

(2) Die Bedingungen, unter denen die Übertragung erfolgt, werden in Gesetzgebungsakten ausdrücklich festgelegt, wobei folgende Möglichkeiten bestehen:

a) Das Europäische Parlament oder der Rat kann beschließen, die Übertragung zu widerrufen.
b) Der delegierte Rechtsakt kann nur in Kraft treten, wenn das Europäische Parlament oder der Rat innerhalb der im Gesetzgebungsakt festgelegten Frist keine Einwände erhebt.

Für die Zwecke der Buchstaben a und b beschließt das Europäische Parlament mit der Mehrheit seiner Mitglieder und der Rat mit qualifizierter Mehrheit.

(3) In den Titel der delegierten Rechtsakte wird das Wort „delegiert" eingefügt.

Art. 291 [Durchführungsrechtsakte] (1) Die Mitgliedstaaten ergreifen alle zur Durchführung der verbindlichen Rechtsakte der Union erforderlichen Maßnahmen nach innerstaatlichem Recht.

(2) Bedarf es einheitlicher Bedingungen für die Durchführung der verbindlichen Rechtsakte der Union, so werden mit diesen Rechtsakten der Kommission oder, in entsprechend begründeten Sonderfällen und in den in den Artikeln 24 und 26 des Vertrags über die Europäische Union[1)] vorgesehenen Fällen, dem Rat Durchführungsbefugnisse übertragen.

(3) Für die Zwecke des Absatzes 2 legen das Europäische Parlament und der Rat gemäß dem ordentlichen Gesetzgebungsverfahren durch Verordnungen im Voraus allgemeine Regeln und Grundsätze fest, nach denen die Mitgliedstaaten die Wahrnehmung der Durchführungsbefugnisse durch die Kommission kontrollieren.

(4) In den Titel der Durchführungsrechtsakte wird der Wortteil „Durchführungs-" eingefügt.

Art. 292 [Rechtsgrundlage für Empfehlungen] [1] Der Rat gibt Empfehlungen ab. [2] Er beschließt auf Vorschlag der Kommission in allen Fällen, in denen er nach Maßgabe der Verträge Rechtsakte auf Vorschlag der Kommission erlässt. [3] In den Bereichen, in denen für den Erlass eines Rechtsakts der Union Einstimmigkeit vorgesehen ist, beschließt er einstimmig. [4] Die Kommission und, in bestimmten in den Verträgen vorgesehenen Fällen, die Europäische Zentralbank geben Empfehlungen ab.

[1)] Nr. 34.

Abschnitt 2. Annahmeverfahren und sonstige Vorschriften

Art. 293 [Kommissionsvorschlag; Änderungsrecht] (1) Wird der Rat aufgrund der Verträge auf Vorschlag der Kommission tätig, so kann er diesen Vorschlag nur einstimmig abändern; dies gilt nicht in den Fällen nach Artikel 294 Absätze 10 und 13, nach Artikel 310, Artikel 312, Artikel 314 und nach Artikel 315 Absatz 2.

(2) Solange ein Beschluss des Rates nicht ergangen ist, kann die Kommission ihren Vorschlag jederzeit im Verlauf der Verfahren zur Annahme eines Rechtsakts der Union ändern.

Art. 294 [Ordentliches Gesetzgebungsverfahren] (1) Wird in den Verträgen hinsichtlich der Annahme eines Rechtsakts auf das ordentliche Gesetzgebungsverfahren Bezug genommen, so gilt das nachstehende Verfahren.

(2) Die Kommission unterbreitet dem Europäischen Parlament und dem Rat einen Vorschlag.

Erste Lesung

(3) Das Europäische Parlament legt seinen Standpunkt in erster Lesung fest und übermittelt ihn dem Rat.

(4) Billigt der Rat den Standpunkt des Europäischen Parlaments, so ist der betreffende Rechtsakt in der Fassung des Standpunkts des Europäischen Parlaments erlassen.

(5) Billigt der Rat den Standpunkt des Europäischen Parlaments nicht, so legt er seinen Standpunkt in erster Lesung fest und übermittelt ihn dem Europäischen Parlament.

(6) [1] Der Rat unterrichtet das Europäische Parlament in allen Einzelheiten über die Gründe, aus denen er seinen Standpunkt in erster Lesung festgelegt hat. [2] Die Kommission unterrichtet das Europäische Parlament in vollem Umfang über ihren Standpunkt.

Zweite Lesung

(7) Hat das Europäische Parlament binnen drei Monaten nach der Übermittlung

a) den Standpunkt des Rates in erster Lesung gebilligt oder sich nicht geäußert, so gilt der betreffende Rechtsakt als in der Fassung des Standpunkts des Rates erlassen;

b) den Standpunkt des Rates in erster Lesung mit der Mehrheit seiner Mitglieder abgelehnt, so gilt der vorgeschlagene Rechtsakt als nicht erlassen;

c) mit der Mehrheit seiner Mitglieder Abänderungen an dem Standpunkt des Rates in erster Lesung vorgeschlagen, so wird die abgeänderte Fassung dem Rat und der Kommission zugeleitet; die Kommission gibt eine Stellungnahme zu diesen Abänderungen ab.

(8) Hat der Rat binnen drei Monaten nach Eingang der Abänderungen des Europäischen Parlaments mit qualifizierter Mehrheit

a) alle diese Abänderungen gebilligt, so gilt der betreffende Rechtsakt als erlassen;

b) nicht alle Abänderungen gebilligt, so beruft der Präsident des Rates im Einvernehmen mit dem Präsidenten des Europäischen Parlaments binnen sechs Wochen den Vermittlungsausschuss ein.

(9) Über Abänderungen, zu denen die Kommission eine ablehnende Stellungnahme abgegeben hat, beschließt der Rat einstimmig.

Vermittlung

(10) Der Vermittlungsausschuss, der aus den Mitgliedern des Rates oder deren Vertretern und ebenso vielen das Europäische Parlament vertretenden Mitgliedern besteht, hat die Aufgabe, mit der qualifizierten Mehrheit der Mitglieder des Rates oder deren Vertretern und der Mehrheit der das Europäische Parlament vertretenden Mitglieder binnen sechs Wochen nach seiner Einberufung eine Einigung auf der Grundlage der Standpunkte des Europäischen Parlaments und des Rates in zweiter Lesung zu erzielen.

(11) Die Kommission nimmt an den Arbeiten des Vermittlungsausschusses teil und ergreift alle erforderlichen Initiativen, um auf eine Annäherung der Standpunkte des Europäischen Parlaments und des Rates hinzuwirken.

(12) Billigt der Vermittlungsausschuss binnen sechs Wochen nach seiner Einberufung keinen gemeinsamen Entwurf, so gilt der vorgeschlagene Rechtsakt als nicht erlassen.

Dritte Lesung

(13) [1] Billigt der Vermittlungsausschuss innerhalb dieser Frist einen gemeinsamen Entwurf, so verfügen das Europäische Parlament und der Rat ab dieser Billigung über eine Frist von sechs Wochen, um den betreffenden Rechtsakt entsprechend diesem Entwurf zu erlassen, wobei im Europäischen Parlament die Mehrheit der abgegebenen Stimmen und im Rat die qualifizierte Mehrheit erforderlich ist. [2] Andernfalls gilt der vorgeschlagene Rechtsakt als nicht erlassen.

(14) Die in diesem Artikel genannten Fristen von drei Monaten beziehungsweise sechs Wochen werden auf Initiative des Europäischen Parlaments oder des Rates um höchstens einen Monat beziehungsweise zwei Wochen verlängert.

Besondere Bestimmungen

(15) Wird in den in den Verträgen vorgesehenen Fällen ein Gesetzgebungsakt auf Initiative einer Gruppe von Mitgliedstaaten, auf Empfehlung der Europäischen Zentralbank oder auf Antrag des Gerichtshofs im ordentlichen Gesetzgebungsverfahren erlassen, so finden Absatz 2, Absatz 6 Satz 2 und Absatz 9 keine Anwendung.

[1] In diesen Fällen übermitteln das Europäische Parlament und der Rat der Kommission den Entwurf des Rechtsakts sowie ihre jeweiligen Standpunkte in erster und zweiter Lesung. [2] Das Europäische Parlament oder der Rat kann die Kommission während des gesamten Verfahrens um eine Stellungnahme bitten, die die Kommission auch von sich aus abgeben kann. [3] Sie kann auch nach Maßgabe des Absatzes 11 an dem Vermittlungsausschuss teilnehmen, sofern sie dies für erforderlich hält.

Art. 295 [Interinstitutionelle Vereinbarungen] [1] Das Europäische Parlament, der Rat und die Kommission beraten sich und regeln einvernehmlich die Einzelheiten ihrer Zusammenarbeit. [2] Dazu können sie unter Wahrung der Verträge interinstitutionelle Vereinbarungen schließen, die auch bindenden Charakter haben können.

Art. 296 [Wahl der Handlungsform; Begründung] Wird die Art des zu erlassenden Rechtsakts von den Verträgen nicht vorgegeben, so entscheiden die Organe darüber von Fall zu Fall unter Einhaltung der geltenden Verfahren und des Grundsatzes der Verhältnismäßigkeit.

Die Rechtsakte sind mit einer Begründung zu versehen und nehmen auf die in den Verträgen vorgesehenen Vorschläge, Initiativen, Empfehlungen, Anträge oder Stellungnahmen Bezug.

Werden das Europäische Parlament und der Rat mit dem Entwurf eines Gesetzgebungsakts befasst, so nehmen sie keine Rechtsakte an, die gemäß dem für den betreffenden Bereich geltenden Gesetzgebungsverfahren nicht vorgesehen sind.

Art. 297 [Unterzeichnung; Veröffentlichung; Inkrafttreten] (1) Gesetzgebungsakte, die gemäß dem ordentlichen Gesetzgebungsverfahren erlassen wurden, werden vom Präsidenten des Europäischen Parlaments und vom Präsidenten des Rates unterzeichnet.

Gesetzgebungsakte, die gemäß einem besonderen Gesetzgebungsverfahren erlassen wurden, werden vom Präsidenten des Organs unterzeichnet, das sie erlassen hat.

[1] Die Gesetzgebungsakte werden im *Amtsblatt der Europäischen Union* veröffentlicht. [2] Sie treten zu dem durch sie festgelegten Zeitpunkt oder anderenfalls am zwanzigsten Tag nach ihrer Veröffentlichung in Kraft.

(2) Rechtsakte ohne Gesetzescharakter, die als Verordnung, Richtlinie oder Beschluss, der an keinen bestimmten Adressaten gerichtet ist, erlassen wurden, werden vom Präsidenten des Organs unterzeichnet, das sie erlassen hat.

[1] Verordnungen, Richtlinien, die an alle Mitgliedstaaten gerichtet sind, sowie Beschlüsse, die an keinen bestimmten Adressaten gerichtet sind, werden im *Amtsblatt der Europäischen Union* veröffentlicht. [2] Sie treten zu dem durch sie festgelegten Zeitpunkt oder anderenfalls am zwanzigsten Tag nach ihrer Veröffentlichung in Kraft.

Die anderen Richtlinien sowie die Beschlüsse, die an einen bestimmten Adressaten gerichtet sind, werden denjenigen, für die sie bestimmt sind, bekannt gegeben und durch diese Bekanntgabe wirksam.

Art. 298 [Europäische Verwaltung] (1) Zur Ausübung ihrer Aufgaben stützen sich die Organe, Einrichtungen oder sonstigen Stellen der Union auf eine offene, effiziente und unabhängige europäische Verwaltung.

(2) Die Bestimmungen zu diesem Zweck werden unter Beachtung des Statuts und der Beschäftigungsbedingungen nach Artikel 336 vom Europäischen Parlament und vom Rat gemäß dem ordentlichen Gesetzgebungsverfahren durch Verordnungen erlassen.

Art. 299 [Entscheidungen als vollstreckbare Titel; Zwangsvollstreckung] Die Rechtsakte des Rates, der Kommission oder der Europäischen

Zentralbank, die eine Zahlung auferlegen, sind vollstreckbare Titel; dies gilt nicht gegenüber Staaten.

[1] Die Zwangsvollstreckung erfolgt nach den Vorschriften des Zivilprozessrechts des Staates, in dessen Hoheitsgebiet sie stattfindet. [2] Die Vollstreckungsklausel wird nach einer Prüfung, die sich lediglich auf die Echtheit des Titels erstrecken darf, von der staatlichen Behörde erteilt, welche die Regierung jedes Mitgliedstaats zu diesem Zweck bestimmt und der Kommission und dem Gerichtshof der Europäischen Union benennt.

Sind diese Formvorschriften auf Antrag der die Vollstreckung betreibenden Partei erfüllt, so kann diese die Zwangsvollstreckung nach innerstaatlichem Recht betreiben, indem sie die zuständige Stelle unmittelbar anruft.

[1] Die Zwangsvollstreckung kann nur durch eine Entscheidung des Gerichtshofs der Europäischen Union ausgesetzt werden. [2] Für die Prüfung der Ordnungsmäßigkeit der Vollstreckungsmaßnahmen sind jedoch die einzelstaatlichen Rechtsprechungsorgane zuständig.

Kapitel 3. Die beratenden Einrichtungen der Union

Art. 300 [Wirtschafts- und Sozialausschuss; Ausschuss der Regionen] (1) Das Europäische Parlament, der Rat und die Kommission werden von einem Wirtschafts- und Sozialausschuss sowie einem Ausschuss der Regionen unterstützt, die beratende Aufgaben wahrnehmen.

(2) Der Wirtschafts- und Sozialausschuss setzt sich zusammen aus Vertretern der Organisationen der Arbeitgeber und der Arbeitnehmer sowie anderen Vertretern der Zivilgesellschaft, insbesondere aus dem sozialen und wirtschaftlichen, dem staatsbürgerlichen, dem beruflichen und dem kulturellen Bereich.

(3) Der Ausschuss der Regionen setzt sich zusammen aus Vertretern der regionalen und lokalen Gebietskörperschaften, die entweder ein auf Wahlen beruhendes Mandat in einer regionalen oder lokalen Gebietskörperschaft innehaben oder gegenüber einer gewählten Versammlung politisch verantwortlich sind.

(4) [1] Die Mitglieder des Wirtschafts- und Sozialausschusses und des Ausschusses der Regionen sind an keine Weisungen gebunden. [2] Sie üben ihre Tätigkeit in voller Unabhängigkeit zum allgemeinen Wohl der Union aus.

(5) [1] Die Vorschriften der Absätze 2 und 3 über die Art der Zusammensetzung dieser Ausschüsse werden in regelmäßigen Abständen vom Rat überprüft, um der wirtschaftlichen, sozialen und demografischen Entwicklung in der Union Rechnung zu tragen. [2] Der Rat erlässt auf Vorschlag der Kommission Beschlüsse zu diesem Zweck.

Abschnitt 1. Der Wirtschafts- und Sozialausschuss

Art. 301 [Zusammensetzung] Der Wirtschafts- und Sozialausschuss hat höchstens dreihundertfünfzig Mitglieder.

Der Rat erlässt einstimmig auf Vorschlag der Kommission einen Beschluss über die Zusammensetzung des Ausschusses.

Der Rat setzt die Vergütungen für die Mitglieder des Ausschusses fest.

Art. 302 [Ernennung der Mitglieder] (1) [1] Die Mitglieder des Ausschusses werden für fünf Jahre ernannt. [2] Der Rat nimmt die gemäß den Vorschlägen der einzelnen Mitgliedstaaten erstellte Liste der Mitglieder an. [3] Die Wiederernennung der Mitglieder des Ausschusses ist zulässig.

(2) [1] Der Rat beschließt nach Anhörung der Kommission. [2] Er kann die Meinung der maßgeblichen europäischen Organisationen der verschiedenen Zweige des Wirtschafts- und Soziallebens und der Zivilgesellschaft einholen, die von der Tätigkeit der Union betroffen sind.

Art. 303 [Präsident; Präsidium; Geschäftsordnung; Einberufung] Der Ausschuss wählt aus seiner Mitte seinen Präsidenten und sein Präsidium auf zweieinhalb Jahre.

Er gibt sich eine Geschäftsordnung.

[1] Der Ausschuss wird von seinem Präsidenten auf Antrag des Europäischen Parlaments, des Rates oder der Kommission einberufen. [2] Er kann auch von sich aus zusammentreten.

Art. 304 [Anhörungsrechte] [1] Der Ausschuss wird vom Europäischen Parlament, vom Rat oder der Kommission in den in den Verträgen vorgesehenen Fällen gehört. [2] Er kann von diesen Organen in allen Fällen gehört werden, in denen diese es für zweckmäßig erachten. [3] Er kann von sich aus eine Stellungnahme in den Fällen abgeben, in denen er dies für zweckmäßig erachtet.

[1] Wenn das Europäische Parlament, der Rat oder die Kommission es für notwendig erachten, setzen sie dem Ausschuss für die Vorlage seiner Stellungnahme eine Frist; diese beträgt mindestens einen Monat, vom Eingang der Mitteilung beim Präsidenten des Ausschusses an gerechnet. [2] Nach Ablauf der Frist kann das Fehlen einer Stellungnahme unberücksichtigt bleiben.

Die Stellungnahmen des Ausschusses sowie ein Bericht über die Beratungen werden dem Europäischen Parlament, dem Rat und der Kommission übermittelt.

Abschnitt 2. Der Ausschuss der Regionen

Art. 305 [Zusammensetzung; Auswahl und Ernennung der Mitglieder] Der Ausschuss der Regionen hat höchstens dreihundertfünfzig Mitglieder.

Der Rat erlässt einstimmig auf Vorschlag der Kommission einen Beschluss über die Zusammensetzung des Ausschusses.

[1] Die Mitglieder des Ausschusses sowie eine gleiche Anzahl von Stellvertretern werden auf fünf Jahre ernannt. [2] Wiederernennung ist zulässig. [3] Der Rat nimmt die gemäß den Vorschlägen der einzelnen Mitgliedstaaten erstellte Liste der Mitglieder und Stellvertreter an. [4] Die Amtszeit der Mitglieder des Ausschusses endet automatisch bei Ablauf des in Artikel 300 Absatz 3 genannten Mandats, aufgrund dessen sie vorgeschlagen wurden; für die verbleibende Amtszeit wird nach demselben Verfahren ein Nachfolger ernannt. [5] Ein Mitglied des Ausschusses darf nicht gleichzeitig Mitglied des Europäischen Parlaments sein.

Art. 306 [Präsidium; Geschäftsordnung; Einberufung] Der Ausschuss der Regionen wählt aus seiner Mitte seinen Präsidenten und sein Präsidium auf zweieinhalb Jahre.

Er gibt sich eine Geschäftsordnung.

[1] Der Ausschuss wird von seinem Präsidenten auf Antrag des Europäischen Parlaments, des Rates oder der Kommission einberufen. [2] Er kann auch von sich aus zusammentreten.

Art. 307 [Anhörungsrechte] Der Ausschuss der Regionen wird vom Europäischen Parlament, vom Rat oder von der Kommission in den in den Verträgen vorgesehenen Fällen und in allen anderen Fällen gehört, in denen eines dieser Organe dies für zweckmäßig erachtet, insbesondere in Fällen, welche die grenzüberschreitende Zusammenarbeit betreffen.

[1] Wenn das Europäische Parlament, der Rat oder die Kommission es für notwendig erachten, setzen sie dem Ausschuss für die Vorlage seiner Stellungnahme eine Frist; diese beträgt mindestens einen Monat, vom Eingang der diesbezüglichen Mitteilung beim Präsidenten des Ausschusses an gerechnet. [2] Nach Ablauf der Frist kann das Fehlen einer Stellungnahme unberücksichtigt bleiben.

[1] Wird der Wirtschafts- und Sozialausschuss nach Artikel 304 gehört, so wird der Ausschuss der Regionen vom Europäischen Parlament, vom Rat oder von der Kommission über dieses Ersuchen um Stellungnahme unterrichtet. [2] Der Ausschuss der Regionen kann, wenn er der Auffassung ist, dass spezifische regionale Interessen berührt werden, eine entsprechende Stellungnahme abgeben.

Er kann, wenn er dies für zweckdienlich erachtet, von sich aus eine Stellungnahme abgeben.

Die Stellungnahme des Ausschusses sowie ein Bericht über die Beratungen werden dem Europäischen Parlament, Rat und der Kommission übermittelt.

Kapitel 4. Die Europäische Investitionsbank

Art. 308 [Rechtspersönlichkeit; Mitglieder; Satzung] Die Europäische Investitionsbank besitzt Rechtspersönlichkeit.

Mitglieder der Europäischen Investitionsbank sind die Mitgliedstaaten.

[1] Die Satzung der Europäischen Investitionsbank ist den Verträgen als Protokoll beigefügt. [2] Der Rat kann auf Antrag der Europäischen Investitionsbank und nach Anhörung des Europäischen Parlaments und der Kommission oder auf Vorschlag der Kommission und nach Anhörung des Europäischen Parlaments und der Europäischen Investitionsbank die Satzung der Bank einstimmig gemäß einem besonderen Gesetzgebungsverfahren ändern.

Art. 309 [Aufgabe der EIB] [1] Aufgabe der Europäischen Investitionsbank ist es, zu einer ausgewogenen und reibungslosen Entwicklung des Binnenmarkts im Interesse der Union beizutragen; hierbei bedient sie sich des Kapitalmarkts, sowie ihrer eigenen Mittel. [2] In diesem Sinne erleichtert sie ohne Verfolgung eines Erwerbszwecks durch Gewährung von Darlehen und Bürgschaften die Finanzierung der nachstehend bezeichneten Vorhaben in allen Wirtschaftszweigen:

a) Vorhaben zur Erschließung der weniger entwickelten Gebiete;

b) Vorhaben zur Modernisierung oder Umstellung von Unternehmen oder zur Schaffung neuer Arbeitsmöglichkeiten, die sich aus der Errichtung oder dem Funktionieren des Binnenmarkts ergeben und wegen ihres Umfangs oder ihrer Art mit den in den einzelnen Mitgliedstaaten vorhandenen Mitteln nicht vollständig finanziert werden können;

c) Vorhaben von gemeinsamem Interesse für mehrere Mitgliedstaaten, die wegen ihres Umfangs oder ihrer Art mit den in den einzelnen Mitgliedstaaten vorhandenen Mitteln nicht vollständig finanziert werden können.

In Erfüllung ihrer Aufgabe erleichtert die Bank die Finanzierung von Investitionsprogrammen in Verbindung mit der Unterstützung aus den Strukturfonds und anderen Finanzierungsinstrumenten der Union.

Titel II. Finanzvorschriften

Art. 310 [Haushaltsplan; Grundsätze; Haushaltsdisziplin; Betrugsbekämpfung] (1) Alle Einnahmen und Ausgaben der Union werden für jedes Haushaltsjahr veranschlagt und in den Haushaltsplan eingesetzt.

Der jährliche Haushaltsplan der Union wird vom Europäischen Parlament und vom Rat nach Maßgabe des Artikels 314 aufgestellt.

Der Haushaltsplan ist in Einnahmen und Ausgaben auszugleichen.

(2) Die in den Haushaltsplan eingesetzten Ausgaben werden für ein Haushaltsjahr entsprechend der Verordnung nach Artikel 322 bewilligt.

(3) Die Ausführung der in den Haushaltsplan eingesetzten Ausgaben setzt den Erlass eines verbindlichen Rechtsakts der Union voraus, mit dem die Maßnahme der Union und die Ausführung der entsprechenden Ausgabe entsprechend der Verordnung nach Artikel 322 eine Rechtsgrundlage erhalten, soweit nicht diese Verordnung Ausnahmen vorsieht.

(4) Um die Haushaltsdisziplin sicherzustellen, erlässt die Union keine Rechtsakte, die erhebliche Auswirkungen auf den Haushaltsplan haben könnten, ohne die Gewähr zu bieten, dass die mit diesen Rechtsakten verbundenen Ausgaben im Rahmen der Eigenmittel der Union und unter Einhaltung des mehrjährigen Finanzrahmens nach Artikel 312 finanziert werden können.

(5) [1] Der Haushaltsplan wird entsprechend dem Grundsatz der Wirtschaftlichkeit der Haushaltsführung ausgeführt. [2] Die Mitgliedstaaten arbeiten mit der Union zusammen, um sicherzustellen, dass die in den Haushaltsplan eingesetzten Mittel nach diesem Grundsatz verwendet werden.

(6) Die Union und die Mitgliedstaaten bekämpfen nach Artikel 325 Betrügereien und sonstige gegen die finanziellen Interessen der Union gerichtete rechtswidrige Handlungen.

Kapitel 1. Die Eigenmittel der Union

Art. 311 [Finanzierung aus Eigenmitteln; Eigenmittelbeschluss] Die Union stattet sich mit den erforderlichen Mitteln aus, um ihre Ziele erreichen und ihre Politik durchführen zu können.

Der Haushalt wird unbeschadet der sonstigen Einnahmen vollständig aus Eigenmitteln finanziert.

[1]Der Rat erlässt gemäß einem besonderen Gesetzgebungsverfahren einstimmig und nach Anhörung des Europäischen Parlaments einen Beschluss, mit dem die Bestimmungen über das System der Eigenmittel der Union festgelegt werden. [2]Darin können neue Kategorien von Eigenmitteln eingeführt oder bestehende Kategorien abgeschafft werden. [3]Dieser Beschluss tritt erst nach Zustimmung der Mitgliedstaaten im Einklang mit ihren jeweiligen verfassungsrechtlichen Vorschriften in Kraft.

[1]Der Rat legt gemäß einem besonderen Gesetzgebungsverfahren durch Verordnungen Durchführungsmaßnahmen zu dem System der Eigenmittel der Union fest, sofern dies in dem nach Absatz 3 erlassenen Beschluss vorgesehen ist. [2]Der Rat beschließt nach Zustimmung des Europäischen Parlaments.

Kapitel 2. Der mehrjährige Finanzrahmen

Art. 312 [Mehrjähriger Finanzrahmen] (1) Mit dem mehrjährigen Finanzrahmen soll sichergestellt werden, dass die Ausgaben der Union innerhalb der Grenzen ihrer Eigenmittel eine geordnete Entwicklung nehmen.

Er wird für einen Zeitraum von mindestens fünf Jahren aufgestellt.

Bei der Aufstellung des jährlichen Haushaltsplans der Union ist der mehrjährige Finanzrahmen einzuhalten.

(2) [1]Der Rat erlässt gemäß einem besonderen Gesetzgebungsverfahren eine Verordnung zur Festlegung des mehrjährigen Finanzrahmens. [2]Er beschließt einstimmig nach Zustimmung des Europäischen Parlaments, die mit der Mehrheit seiner Mitglieder erteilt wird.

Der Europäische Rat kann einstimmig einen Beschluss fassen, wonach der Rat mit qualifizierter Mehrheit beschließen kann, wenn er die in Unterabsatz 1 genannte Verordnung erlässt.

(3) [1]In dem Finanzrahmen werden die jährlichen Obergrenzen der Mittel für Verpflichtungen je Ausgabenkategorie und die jährliche Obergrenze der Mittel für Zahlungen festgelegt. [2]Die Ausgabenkategorien, von denen es nur wenige geben darf, entsprechen den Haupttätigkeitsbereichen der Union.

Der Finanzrahmen enthält auch alle sonstigen für den reibungslosen Ablauf des jährlichen Haushaltsverfahrens sachdienlichen Bestimmungen.

(4) Hat der Rat bis zum Ablauf des vorangegangenen Finanzrahmens keine Verordnung zur Aufstellung eines neuen Finanzrahmens erlassen, so werden die Obergrenzen und sonstigen Bestimmungen des letzten Jahres des vorangegangenen Finanzrahmens bis zum Erlass dieses Rechtsakts fortgeschrieben.

(5) Das Europäische Parlament, der Rat und die Kommission treffen während des gesamten Verfahrens zur Annahme des Finanzrahmens alle erforderlichen Maßnahmen, um den Erlass des Rechtsakts zu erleichtern.

Kapitel 3. Der Jahreshaushaltsplan der Union

Art. 313 [Haushaltsjahr] Das Haushaltsjahr beginnt am 1. Januar und endet am 31. Dezember.

Art. 314 [Jahreshaushaltsplan; Verfahren zur Annahme] Das Europäische Parlament und der Rat legen den Jahreshaushaltsplan der Union im

Rahmen eines besonderen Gesetzgebungsverfahrens nach den folgenden Bestimmungen fest:

(1) [1] Jedes Organ, mit Ausnahme der Europäischen Zentralbank, stellt vor dem 1. Juli einen Haushaltsvoranschlag für seine Ausgaben für das folgende Haushaltsjahr auf. [2] Die Kommission fasst diese Voranschläge in einem Entwurf für den Haushaltsplan zusammen, der abweichende Voranschläge enthalten kann.

Dieser Entwurf umfasst den Ansatz der Einnahmen und den Ansatz der Ausgaben.

(2) Die Kommission legt dem Europäischen Parlament und dem Rat spätestens am 1. September des Jahres, das dem entsprechenden Haushaltsjahr vorausgeht, einen Vorschlag mit dem Entwurf des Haushaltsplans vor.

Die Kommission kann den Entwurf des Haushaltsplans während des laufenden Verfahrens bis zur Einberufung des in Absatz 5 genannten Vermittlungsausschusses ändern.

(3) [1] Der Rat legt seinen Standpunkt zu dem Entwurf des Haushaltsplans fest und leitet ihn spätestens am 1. Oktober des Jahres, das dem entsprechenden Haushaltsjahr vorausgeht, dem Europäischen Parlament zu. [2] Er unterrichtet das Europäische Parlament in vollem Umfang über die Gründe, aus denen er seinen Standpunkt festgelegt hat.

(4) Hat das Europäische Parlament binnen 42 Tagen nach der Übermittlung

a) den Standpunkt des Rates gebilligt, so ist der Haushaltsplan erlassen;

b) keinen Beschluss gefasst, so gilt der Haushaltsplan als erlassen;

c) mit der Mehrheit seiner Mitglieder Abänderungen angenommen, so wird die abgeänderte Fassung des Entwurfs dem Rat und der Kommission zugeleitet. Der Präsident des Europäischen Parlaments beruft im Einvernehmen mit dem Präsidenten des Rates umgehend den Vermittlungsausschuss ein. Der Vermittlungsausschuss tritt jedoch nicht zusammen, wenn der Rat dem Europäischen Parlament binnen zehn Tagen nach der Übermittlung des geänderten Entwurfs mitteilt, dass er alle seine Abänderungen billigt.

(5) Der Vermittlungsausschuss, der aus den Mitgliedern des Rates oder deren Vertretern und ebenso vielen das Europäische Parlament vertretenden Mitgliedern besteht, hat die Aufgabe, binnen 21 Tagen nach seiner Einberufung auf der Grundlage der Standpunkte des Europäischen Parlaments und des Rates mit der qualifizierten Mehrheit der Mitglieder des Rates oder deren Vertretern und der Mehrheit der das Europäische Parlament vertretenden Mitglieder eine Einigung über einen gemeinsamen Entwurf zu erzielen.

Die Kommission nimmt an den Arbeiten des Vermittlungsausschusses teil und ergreift alle erforderlichen Initiativen, um eine Annäherung der Standpunkte des Europäischen Parlaments und des Rates zu bewirken.

(6) Einigt sich der Vermittlungsausschuss innerhalb der in Absatz 5 genannten Frist von 21 Tagen auf einen gemeinsamen Entwurf, so verfügen das Europäische Parlament und der Rat ab dieser Einigung über eine Frist von 14 Tagen, um den gemeinsamen Entwurf zu billigen.

(7) Wenn innerhalb der in Absatz 6 genannten Frist von 14 Tagen

a) der gemeinsame Entwurf sowohl vom Europäischen Parlament als auch vom Rat gebilligt wird oder beide keinen Beschluss fassen oder eines dieser Organe den gemeinsamen Entwurf billigt, während das andere Organ keinen Beschluss fasst, so gilt der Haushaltsplan als entsprechend dem gemeinsamen Entwurf endgültig erlassen, oder

b) der gemeinsame Entwurf sowohl vom Europäischen Parlament mit der Mehrheit seiner Mitglieder als auch vom Rat abgelehnt wird oder eines dieser Organe den gemeinsamen Entwurf ablehnt, während das andere Organ keinen Beschluss fasst, so legt die Kommission einen neuen Entwurf für den Haushaltsplan vor, oder

c) der gemeinsame Entwurf vom Europäischen Parlament mit der Mehrheit seiner Mitglieder abgelehnt wird, während er vom Rat gebilligt wird, so legt die Kommission einen neuen Entwurf für den Haushaltsplan vor, oder

d) der gemeinsame Entwurf vom Europäischen Parlament gebilligt wird, während er vom Rat abgelehnt wird, so kann das Europäische Parlament binnen 14 Tagen ab dem Tag der Ablehnung durch den Rat mit der Mehrheit seiner Mitglieder und drei Fünfteln der abgegebenen Stimmen beschließen, alle oder einige der in Absatz 4 Buchstabe c genannten Abänderungen zu bestätigen. Wird eine Abänderung des Europäischen Parlaments nicht bestätigt, so wird der im Vermittlungsausschuss vereinbarte Standpunkt zu dem Haushaltsposten, der Gegenstand der Abänderung ist, übernommen. Der Haushaltsplan gilt als auf dieser Grundlage endgültig erlassen.

(8) Einigt sich der Vermittlungsausschuss nicht binnen der in Absatz 5 genannten Frist von 21 Tagen auf einen gemeinsamen Entwurf, so legt die Kommission einen neuen Entwurf für den Haushaltsplan vor.

(9) Nach Abschluss des Verfahrens dieses Artikels stellt der Präsident des Europäischen Parlaments fest, dass der Haushaltsplan endgültig erlassen ist.

(10) Jedes Organ übt die ihm aufgrund dieses Artikels zufallenden Befugnisse unter Wahrung der Verträge und der Rechtsakte aus, die auf der Grundlage der Verträge insbesondere im Bereich der Eigenmittel der Union und des Gleichgewichts von Einnahmen und Ausgaben erlassen wurden.

Art. 315 [Nothaushalt] Ist zu Beginn eines Haushaltsjahres der Haushaltsplan noch nicht endgültig erlassen, so können nach der gemäß Artikel 322 festgelegten Haushaltsordnung für jedes Kapitel monatliche Ausgaben bis zur Höhe eines Zwölftels der im betreffenden Kapitel des Haushaltsplans des vorangegangenen Haushaltsjahres eingesetzten Mittel vorgenommen werden, die jedoch ein Zwölftel der Mittelansätze des gleichen Kapitels des Haushaltsplanentwurfs nicht überschreiten dürfen.

[1] Der Rat kann auf Vorschlag der Kommission unter Beachtung der sonstigen Bestimmungen des Absatzes 1 entsprechend der nach Artikel 322 erlassenen Verordnung Ausgaben genehmigen, die über dieses Zwölftel hinausgehen. [2] Er leitet seinen Beschluss unverzüglich dem Europäischen Parlament zu.

In dem Beschluss nach Absatz 2 werden unter Beachtung der in Artikel 311 genannten Rechtsakte die zur Durchführung dieses Artikels erforderlichen Maßnahmen betreffend die Mittel vorgesehen.

Der Beschluss tritt 30 Tage nach seinem Erlass in Kraft, sofern das Europäische Parlament nicht innerhalb dieser Frist mit der Mehrheit seiner Mitglieder beschließt, diese Ausgaben zu kürzen.

Art. 316 [Übertragbarkeit; Spezialität] Nach Maßgabe der aufgrund des Artikels 322 erlassenen Vorschriften dürfen die nicht für Personalausgaben vorgesehenen Mittel, die bis zum Ende der Durchführungszeit eines Haushaltsplans nicht verbraucht worden sind, lediglich auf das nächste Haushaltsjahr übertragen werden.

Die vorgesehenen Mittel werden nach Kapiteln gegliedert, in denen die Ausgaben nach Art oder Bestimmung zusammengefasst sind; die Kapitel werden nach der gemäß Artikel 322 festgelegten Haushaltsordnung unterteilt.

Die Ausgaben des Europäischen Parlaments, des Europäischen Rates und des Rates, der Kommission sowie des Gerichtshofs der Europäischen Union werden unbeschadet einer besonderen Regelung für bestimmte gemeinsame Ausgaben in gesonderten Teilen des Haushaltsplans aufgeführt.

Kapitel 4. Ausführung des Hauhaltsplans und Entlastung

Art. 317 [Vollzug des Haushaltsplans] [1] Die Kommission führt den Haushaltsplan zusammen mit den Mitgliedstaaten gemäß der nach Artikel 322 festgelegten Haushaltsordnung in eigener Verantwortung und im Rahmen der zugewiesenen Mittel entsprechend dem Grundsatz der Wirtschaftlichkeit der Haushaltsführung aus. [2] Die Mitgliedstaaten arbeiten mit der Kommission zusammen, um sicherzustellen, dass die Mittel nach dem Grundsatz der Wirtschaftlichkeit der Haushaltsführung verwendet werden.

[1] In der Haushaltsordnung sind die Kontroll- und Wirtschaftsprüfungspflichten der Mitgliedstaaten bei der Ausführung des Haushaltsplans sowie die damit verbundenen Verantwortlichkeiten geregelt. [2] Darin sind ferner die Verantwortlichkeiten und die besonderen Einzelheiten geregelt, nach denen jedes Organ an der Vornahme seiner Ausgaben beteiligt ist.

Die Kommission kann nach der gemäß Artikel 322 festgelegten Haushaltsordnung Mittel von Kapitel zu Kapitel oder von Untergliederung zu Untergliederung übertragen.

Art. 318 [Rechnungslegung] [1] Die Kommission legt dem Europäischen Parlament und dem Rat jährlich die Rechnung des abgelaufenen Haushaltsjahres für die Rechnungsvorgänge des Haushaltsplans vor. [2] Sie übermittelt ihnen ferner eine Übersicht über das Vermögen und die Schulden der Union.

Die Kommission legt dem Europäischen Parlament und dem Rat ferner einen Evaluierungsbericht zu den Finanzen der Union vor, der sich auf die Ergebnisse stützt, die insbesondere in Bezug auf die Vorgaben erzielt wurden, die vom Europäischen Parlament und vom Rat nach Artikel 319 erteilt wurden.

Art. 319 [Entlastung der Kommission] (1) [1] Auf Empfehlung des Rates erteilt das Europäische Parlament der Kommission Entlastung zur Ausführung des Haushaltsplans. [2] Zu diesem Zweck prüft es nach dem Rat die Rechnung, die Übersicht und den Evaluierungsbericht nach Artikel 318 sowie den Jahresbericht des Rechnungshofs zusammen mit den Antworten der kontrollierten Organe auf dessen Bemerkungen, die in Artikel 287 Absatz 1 Unterabsatz 2 genannte Zuverlässigkeitserklärung und die einschlägigen Sonderberichte des Rechnungshofs.

(2) [1] Das Europäische Parlament kann vor der Entlastung der Kommission sowie auch zu anderen Zwecken im Zusammenhang mit der Ausübung ihrer Haushaltsbefugnisse die Kommission auffordern, Auskunft über die Vornahme der Ausgaben oder die Arbeitsweise der Finanzkontrollsysteme zu erteilen. [2] Die Kommission legt dem Europäischen Parlament auf dessen Ersuchen alle notwendigen Informationen vor.

(3) Die Kommission trifft alle zweckdienlichen Maßnahmen, um den Bemerkungen in den Entlastungsbeschlüssen und anderen Bemerkungen des Europäischen Parlaments zur Vornahme der Ausgaben sowie den Erläuterungen, die den Entlastungsempfehlungen des Rates beigefügt sind, nachzukommen.

[1] Auf Ersuchen des Europäischen Parlaments oder des Rates erstattet die Kommission Bericht über die Maßnahmen, die aufgrund dieser Bemerkungen und Erläuterungen getroffen wurden, insbesondere über die Weisungen, die den für die Ausführung des Haushaltsplans zuständigen Dienststellen erteilt worden sind. [2] Diese Berichte sind auch dem Rechnungshof zuzuleiten.

Kapitel 5. Gemeinsame Bestimmungen

Art. 320 [Rechnungseinheit Euro] Der mehrjährige Finanzrahmen und der Jahreshaushaltsplan werden in Euro aufgestellt.

Art. 321 [Transferleistungen; Kommunikation auf dem Finanzsektor] [1] Die Kommission kann vorbehaltlich der Unterrichtung der zuständigen Behörden der betreffenden Mitgliedstaaten ihre Guthaben in der Währung eines dieser Staaten in die Währung eines anderen Mitgliedstaats transferieren, soweit dies erforderlich ist, um diese Guthaben für die in den Verträgen vorgesehenen Zwecke zu verwenden. [2] Besitzt die Kommission verfügbare oder flüssige Guthaben in der benötigten Währung, so vermeidet sie soweit möglich derartige Transferierungen.

[1] Die Kommission verkehrt mit jedem Mitgliedstaat über die von diesem bezeichnete Behörde. [2] Bei der Durchführung ihrer Finanzgeschäfte nimmt sie die Notenbank des betreffenden Mitgliedstaats oder ein anderes von diesem genehmigtes Finanzinstitut in Anspruch.

Art. 322 [Haushaltsvorschriften] (1) Das Europäische Parlament und der Rat erlassen gemäß dem ordentlichen Gesetzgebungsverfahren durch Verordnungen nach Anhörung des Rechnungshofs

a) die Haushaltsvorschriften, in denen insbesondere die Aufstellung und Ausführung des Haushaltsplans sowie die Rechnungslegung und Rechnungsprüfung im Einzelnen geregelt werden;

b) die Vorschriften, die die Kontrolle der Verantwortung der Finanzakteure und insbesondere der Anweisungsbefugten und der Rechnungsführer regeln.

(2) Der Rat legt auf Vorschlag der Kommission und nach Anhörung des Europäischen Parlaments und des Rechnungshofs die Einzelheiten und das Verfahren fest, nach denen die Haushaltseinnahmen, die in der Regelung über die Eigenmittel der Union vorgesehen sind, der Kommission zur Verfügung gestellt werden, sowie die Maßnahmen, die zu treffen sind, um gegebenenfalls die erforderlichen Kassenmittel bereitzustellen.

Art. 323 [Sicherung der Finanzmittel] Das Europäische Parlament, der Rat und die Kommission stellen sicher, dass der Union die Finanzmittel zur Verfügung stehen, die es ihr ermöglichen, ihren rechtlichen Verpflichtungen gegenüber Dritten nachzukommen.

Art. 324 [Konsultationen der am Haushaltsverfahren beteiligten Organe] [1] Auf Initiative der Kommission werden im Rahmen der nach diesem Titel vorgesehenen Haushaltsverfahren regelmäßige Treffen der Präsidenten des Europäischen Parlaments, des Rates und der Kommission einberufen. [2] Diese treffen alle erforderlichen Maßnahmen, um die Abstimmung und Annäherung der Standpunkte der Organe, denen sie vorstehen, zu fördern und so die Durchführung dieses Titels zu erleichtern.

Kapitel 6. Betrugsbekämpfung

Art. 325 [Schutz der finanziellen Interessen der Union] (1) Die Union und die Mitgliedstaaten bekämpfen Betrügereien und sonstige gegen die finanziellen Interessen der Union gerichtete rechtswidrige Handlungen mit Maßnahmen nach diesem Artikel, die abschreckend sind und in den Mitgliedstaaten sowie in den Organen, Einrichtungen und sonstigen Stellen der Union einen effektiven Schutz bewirken.

(2) Zur Bekämpfung von Betrügereien, die sich gegen die finanziellen Interessen der Union richten, ergreifen die Mitgliedstaaten die gleichen Maßnahmen, die sie auch zur Bekämpfung von Betrügereien ergreifen, die sich gegen ihre eigenen finanziellen Interessen richten.

(3) [1] Die Mitgliedstaaten koordinieren unbeschadet der sonstigen Bestimmungen der Verträge ihre Tätigkeit zum Schutz der finanziellen Interessen der Union vor Betrügereien. [2] Sie sorgen zu diesem Zweck zusammen mit der Kommission für eine enge, regelmäßige Zusammenarbeit zwischen den zuständigen Behörden.

(4) Zur Gewährleistung eines effektiven und gleichwertigen Schutzes in den Mitgliedstaaten sowie in den Organen, Einrichtungen und sonstigen Stellen der Union beschließen das Europäische Parlament und der Rat gemäß dem ordentlichen Gesetzgebungsverfahren nach Anhörung des Rechnungshofs die erforderlichen Maßnahmen zur Verhütung und Bekämpfung von Betrügereien, die sich gegen die finanziellen Interessen der Union richten.

(5) Die Kommission legt in Zusammenarbeit mit den Mitgliedstaaten dem Europäischen Parlament und dem Rat jährlich einen Bericht über die Maßnahmen vor, die zur Durchführung dieses Artikels getroffen wurden.

Titel III. Verstärkte Zusammenarbeit

Art. 326 [Grundsätze] Eine Verstärkte Zusammenarbeit achtet die Verträge und das Recht der Union.

[1] Sie darf weder den Binnenmarkt noch den wirtschaftlichen, sozialen und territorialen Zusammenhalt beeinträchtigen. [2] Sie darf für den Handel zwischen den Mitgliedstaaten weder ein Hindernis noch eine Diskriminierung darstellen noch darf sie zu Verzerrungen des Wettbewerbs zwischen den Mitgliedstaaten führen.

Art. 327 [Nichtbeteiligte Mitgliedstaaten] [1] Eine Verstärkte Zusammenarbeit achtet die Zuständigkeiten, Rechte und Pflichten der nicht an der Zusammenarbeit beteiligten Mitgliedstaaten. [2] Diese stehen der Durchführung der Verstärkten Zusammenarbeit durch die daran beteiligten Mitgliedstaaten nicht im Wege.

Art. 328 [Offenheit für weitere Mitgliedstaaten] (1) [1] Bei ihrer Begründung steht eine Verstärkte Zusammenarbeit allen Mitgliedstaaten offen, sofern sie die in dem hierzu ermächtigenden Beschluss gegebenenfalls festgelegten Teilnahmevoraussetzungen erfüllen. [2] Dies gilt auch zu jedem anderen Zeitpunkt, sofern sie neben den genannten Voraussetzungen auch die in diesem Rahmen bereits erlassenen Rechtsakte beachten.

Die Kommission und die an einer Verstärkten Zusammenarbeit teilnehmenden Mitgliedstaaten tragen dafür Sorge, dass die Teilnahme möglichst vieler Mitgliedstaaten gefördert wird.

(2) Die Kommission und gegebenenfalls der Hohe Vertreter der Union für die Außen- und Sicherheitspolitik unterrichten das Europäische Parlament und den Rat regelmäßig über die Entwicklung einer Verstärkten Zusammenarbeit.

Art. 329 [Ermächtigungsverfahren] (1) [1] Die Mitgliedstaaten, die in einem der Bereiche der Verträge – mit Ausnahme der Bereiche, für die die Union die ausschließliche Zuständigkeit besitzt, und der Gemeinsamen Außen- und Sicherheitspolitik – untereinander eine Verstärkte Zusammenarbeit begründen möchten, richten einen Antrag an die Kommission, in dem der Anwendungsbereich und die Ziele aufgeführt werden, die mit der beabsichtigten Verstärkten Zusammenarbeit angestrebt werden. [2] Die Kommission kann dem Rat einen entsprechenden Vorschlag vorlegen. [3] Legt die Kommission keinen Vorschlag vor, so teilt sie den betroffenen Mitgliedstaaten ihre Gründe dafür mit.

Die Ermächtigung zur Einleitung einer Verstärkten Zusammenarbeit nach Unterabsatz 1 wird vom Rat auf Vorschlag der Kommission und nach Zustimmung des Europäischen Parlaments erteilt.

(2) [1] Der Antrag der Mitgliedstaaten, die untereinander im Rahmen der Gemeinsamen Außen- und Sicherheitspolitik eine Verstärkte Zusammenarbeit begründen möchten, wird an den Rat gerichtet. [2] Er wird dem Hohen Vertreter der Union für die Außen- und Sicherheitspolitik, der zur Kohärenz der beabsichtigten Verstärkten Zusammenarbeit mit der Gemeinsamen Außen- und Sicherheitspolitik der Union Stellung nimmt, sowie der Kommission übermittelt, die insbesondere zur Kohärenz der beabsichtigten Verstärk-

ten Zusammenarbeit mit der Politik der Union in anderen Bereichen Stellung nimmt. [3] Der Antrag wird ferner dem Europäischen Parlament zur Unterrichtung übermittelt.

Die Ermächtigung zur Einleitung einer Verstärkten Zusammenarbeit wird mit einem Beschluss des Rates erteilt, der einstimmig beschließt.

Art. 330 [Beratungen; Stimmberechtigung] Alle Mitglieder des Rates können an dessen Beratungen teilnehmen, aber nur die Mitglieder des Rates, die die an der Verstärkten Zusammenarbeit beteiligten Mitgliedstaaten vertreten, sind stimmberechtigt.

Die Einstimmigkeit bezieht sich allein auf die Stimmen der Vertreter der an der Verstärkten Zusammenarbeit beteiligten Mitgliedstaaten.

Die qualifizierte Mehrheit bestimmt sich nach Artikel 238 Absatz 3.

Art. 331 [Beitritt weiterer Staaten] (1) Jeder Mitgliedstaat, der sich einer bestehenden Verstärkten Zusammenarbeit in einem der in Artikel 329 Absatz 1 genannten Bereiche anschließen will, teilt dem Rat und der Kommission seine Absicht mit.

[1] Die Kommission bestätigt binnen vier Monaten nach Eingang der Mitteilung die Beteiligung des betreffenden Mitgliedstaats. [2] Dabei stellt sie gegebenenfalls fest, dass die Beteiligungsvoraussetzungen erfüllt sind, und erlässt die notwendigen Übergangsmaßnahmen zur Anwendung der im Rahmen der Verstärkten Zusammenarbeit bereits erlassenen Rechtsakte.

[1] Ist die Kommission jedoch der Auffassung, dass die Beteiligungsvoraussetzungen nicht erfüllt sind, so gibt sie an, welche Bestimmungen zur Erfüllung dieser Voraussetzungen erlassen werden müssen, und legt eine Frist für die erneute Prüfung des Antrags fest. [2] Nach Ablauf dieser Frist prüft sie den Antrag erneut nach dem in Unterabsatz 2 vorgesehenen Verfahren. [3] Ist die Kommission der Auffassung, dass die Beteiligungsvoraussetzungen weiterhin nicht erfüllt sind, so kann der betreffende Mitgliedstaat mit dieser Frage den Rat befassen, der über den Antrag befindet. [4] Der Rat beschließt nach Artikel 330. [5] Er kann außerdem auf Vorschlag der Kommission die in Unterabsatz 2 genannten Übergangsmaßnahmen erlassen.

(2) Jeder Mitgliedstaat, der an einer bestehenden Verstärkten Zusammenarbeit im Rahmen der Gemeinsamen Außen- und Sicherheitspolitik teilnehmen möchte, teilt dem Rat, dem Hohen Vertreter der Union für die Außen- und Sicherheitspolitik und der Kommission seine Absicht mit.

[1] Der Rat bestätigt die Teilnahme des betreffenden Mitgliedstaats nach Anhörung des Hohen Vertreters der Union für die Außen- und Sicherheitspolitik und gegebenenfalls nach der Feststellung, dass die Teilnahmevoraussetzungen erfüllt sind. [2] Der Rat kann auf Vorschlag des Hohen Vertreters ferner die notwendigen Übergangsmaßnahmen zur Anwendung der im Rahmen der Verstärkten Zusammenarbeit bereits erlassenen Rechtsakte treffen. [3] Ist der Rat jedoch der Auffassung, dass die Teilnahmevoraussetzungen nicht erfüllt sind, so gibt er an, welche Schritte zur Erfüllung dieser Voraussetzungen notwendig sind, und legt eine Frist für die erneute Prüfung des Antrags auf Teilnahme fest.

Für die Zwecke dieses Absatzes beschließt der Rat einstimmig nach Artikel 330.

Art. 332 [Budgetlast] Die sich aus der Durchführung einer Verstärkten Zusammenarbeit ergebenden Ausgaben, mit Ausnahme der Verwaltungskosten der Organe, werden von den beteiligten Mitgliedstaaten getragen, sofern der Rat nicht nach Anhörung des Europäischen Parlaments durch einstimmigen Beschluss sämtlicher Mitglieder des Rates etwas anderes beschließt.

Art. 333 [Abstimmungsregeln] (1) Wenn nach einer Bestimmung der Verträge, die im Rahmen einer Verstärkten Zusammenarbeit angewendet werden könnte, der Rat einstimmig beschließen muss, kann der Rat nach Artikel 330 einstimmig einen Beschluss dahin gehend erlassen, dass er mit qualifizierter Mehrheit beschließt.

(2) [1] Wenn nach einer Bestimmung der Verträge, die im Rahmen einer Verstärkten Zusammenarbeit angewendet werden könnte, Rechtsakte vom Rat gemäß einem besonderen Gesetzgebungsverfahren erlassen werden müssen, kann der Rat nach Artikel 330 einstimmig einen Beschluss dahin gehend erlassen, dass er gemäß dem ordentlichen Gesetzgebungsverfahren beschließt. [2] Der Rat beschließt nach Anhörung des Europäischen Parlaments.

(3) Die Absätze 1 und 2 gelten nicht für Beschlüsse mit militärischen oder verteidigungspolitischen Bezügen.

Art. 334 [Wahrung der Kohärenz] Der Rat und die Kommission stellen sicher, dass die im Rahmen einer Verstärkten Zusammenarbeit durchgeführten Maßnahmen untereinander und mit der Politik der Union im Einklang stehen, und arbeiten entsprechend zusammen.

Siebter Teil. Allgemeine und Schlussbestimmungen

Art. 335 [Rechts- und Geschäftsfähigkeit der Union] [1] Die Union besitzt in jedem Mitgliedstaat die weitestgehende Rechts- und Geschäftsfähigkeit, die juristischen Personen nach dessen Rechtsvorschriften zuerkannt ist; sie kann insbesondere bewegliches und unbewegliches Vermögen erwerben und veräußern sowie vor Gericht stehen. [2] Zu diesem Zweck wird sie von der Kommission vertreten. [3] In Fragen, die das Funktionieren der einzelnen Organe betreffen, wird die Union hingegen aufgrund von deren Verwaltungsautonomie von dem betreffenden Organ vertreten.

Art. 336 [Beamtenstatut; Beschäftigungsbedingungen] Das Europäische Parlament und der Rat erlassen gemäß dem ordentlichen Gesetzgebungsverfahren durch Verordnungen nach Anhörung der anderen betroffenen Organe das Statut der Beamten der Europäischen Union und die Beschäftigungsbedingungen für die sonstigen Bediensteten der Union.

Art. 337 [Auskunfts- und Nachprüfungsrecht der Kommission] Zur Erfüllung der ihr übertragenen Aufgaben kann die Kommission alle erforderlichen Auskünfte einholen und alle erforderlichen Nachprüfungen vornehmen; der Rahmen und die nähere Maßgabe hierfür werden vom Rat, der mit einfacher Mehrheit beschließt, gemäß den Bestimmungen der Verträge festgelegt.

Art. 338 [Unionsstatistiken] (1) Unbeschadet des Artikels 5 des Protokolls über die Satzung des Europäischen Systems der Zentralbanken und der Europäischen Zentralbank beschließen das Europäische Parlament und der Rat gemäß dem ordentlichen Gesetzgebungsverfahren Maßnahmen für die Erstellung von Statistiken, wenn dies für die Durchführung der Tätigkeiten der Union erforderlich ist.

(2) Die Erstellung der Unionsstatistiken erfolgt unter Wahrung der Unparteilichkeit, der Zuverlässigkeit, der Objektivität, der wissenschaftlichen Unabhängigkeit, der Kostenwirksamkeit und der statistischen Geheimhaltung; der Wirtschaft dürfen dadurch keine übermäßigen Belastungen entstehen.

Art. 339 [Geheimhaltungspflicht] Die Mitglieder der Organe der Union, die Mitglieder der Ausschüsse sowie die Beamten und sonstigen Bediensteten der Union sind verpflichtet, auch nach Beendigung ihrer Amtstätigkeit Auskünfte, die ihrem Wesen nach unter das Berufsgeheimnis fallen, nicht preiszugeben; dies gilt insbesondere für Auskünfte über Unternehmen sowie deren Geschäftsbeziehungen oder Kostenelemente.

Art. 340 [Amtshaftung der Union] Die vertragliche Haftung der Union bestimmt sich nach dem Recht, das auf den betreffenden Vertrag anzuwenden ist.

Im Bereich der außervertraglichen Haftung ersetzt die Union den durch ihre Organe oder Bediensteten in Ausübung ihrer Amtstätigkeit verursachten Schaden nach den allgemeinen Rechtsgrundsätzen, die den Rechtsordnungen der Mitgliedstaaten gemeinsam sind.

Abweichend von Absatz 2 ersetzt die Europäische Zentralbank den durch sie oder ihre Bediensteten in Ausübung ihrer Amtstätigkeit verursachten Schaden nach den allgemeinen Rechtsgrundsätzen, die den Rechtsordnungen der Mitgliedstaaten gemeinsam sind.

Die persönliche Haftung der Bediensteten gegenüber der Union bestimmt sich nach den Vorschriften ihres Statuts oder der für sie geltenden Beschäftigungsbedingungen.

Art. 341[1] **[Sitz der Organe der Union]** Der Sitz der Organe der Union wird im Einvernehmen zwischen den Regierungen der Mitgliedstaaten bestimmt.

Art. 342 [Sprachenfrage] Die Regelung der Sprachenfrage für die Organe der Union wird unbeschadet der Satzung des Gerichtshofs der Europäischen Union vom Rat einstimmig durch Verordnungen getroffen.

Art. 343 [Vorrechte und Befreiungen der Union] [1] Die Union genießt im Hoheitsgebiet der Mitgliedstaaten die zur Erfüllung ihrer Aufgabe erforderlichen Vorrechte und Befreiungen nach Maßgabe des Protokolls vom 8. April 1965 über die Vorrechte und Befreiungen der Europäischen Union. [2] Dasselbe gilt für die Europäische Zentralbank und die Europäische Investitionsbank.

---

[1] Siehe hierzu das Europolsitz-Protokoll v. 2.10.1997 (ABl. Nr. C 340 S. 112), geänd. durch Protokoll v. 13.12.2007 (ABl. Nr. C 306 S. 165).

Art. 344 [Exklusivität der unionsrechtlichen Streitbeilegungsmechanismen] Die Mitgliedstaaten verpflichten sich, Streitigkeiten über die Auslegung oder Anwendung der Verträge nicht anders als hierin vorgesehen zu regeln.

Art. 345 [Eigentumsordnung] Die Verträge lassen die Eigentumsordnung in den verschiedenen Mitgliedstaaten unberührt.

Art. 346 [Ausnahme bei wesentlichen Sicherheitsinteressen; Rüstungsgüter] (1) Die Vorschriften der Verträge stehen folgenden Bestimmungen nicht entgegen:

a) Ein Mitgliedstaat ist nicht verpflichtet, Auskünfte zu erteilen, deren Preisgabe seines Erachtens seinen wesentlichen Sicherheitsinteressen widerspricht;

b) jeder Mitgliedstaat kann die Maßnahmen ergreifen, die seines Erachtens für die Wahrung seiner wesentlichen Sicherheitsinteressen erforderlich sind, soweit sie die Erzeugung von Waffen, Munition und Kriegsmaterial oder den Handel damit betreffen; diese Maßnahmen dürfen auf dem Binnenmarkt die Wettbewerbsbedingungen hinsichtlich der nicht eigens für militärische Zwecke bestimmten Waren nicht beeinträchtigen.

(2) Der Rat kann die von ihm am 15. April 1958 festgelegte Liste der Waren, auf die Absatz 1 Buchstabe b Anwendung findet, einstimmig auf Vorschlag der Kommission ändern.

Art. 347 [Notstandsvorbehalt] Die Mitgliedstaaten setzen sich miteinander ins Benehmen, um durch gemeinsames Vorgehen zu verhindern, dass das Funktionieren des Binnenmarkts durch Maßnahmen beeinträchtigt wird, die ein Mitgliedstaat bei einer schwerwiegenden innerstaatlichen Störung der öffentlichen Ordnung, im Kriegsfall, bei einer ernsten, eine Kriegsgefahr darstellenden internationalen Spannung oder in Erfüllung der Verpflichtungen trifft, die er im Hinblick auf die Aufrechterhaltung des Friedens und der internationalen Sicherheit übernommen hat.

Art. 348 [Anpassungsmaßnahmen; besonderes Vertragsverletzungsverfahren] Werden auf dem Binnenmarkt die Wettbewerbsbedingungen durch Maßnahmen aufgrund der Artikel 346 und 347 verfälscht, so prüft die Kommission gemeinsam mit dem beteiligten Staat, wie diese Maßnahmen den Vorschriften der Verträge angepasst werden können.

[1] In Abweichung von dem in den Artikeln 258 und 259 vorgesehenen Verfahren kann die Kommission oder ein Mitgliedstaat den Gerichtshof unmittelbar anrufen, wenn die Kommission oder der Staat der Auffassung ist, dass ein anderer Mitgliedstaat die in den Artikeln 346 und 347 vorgesehenen Befugnisse missbraucht. [2] Der Gerichtshof entscheidet unter Ausschluss der Öffentlichkeit.

Art. 349[1)] [Sonderregelungen für bestimmte außereuropäische Territorien der Mitgliedstaaten] [1] Unter Berücksichtigung der strukturbe-

---

[1)] Art. 349 Abs. 1 Satz 1 geänd. mWv 1.1.2012 durch Beschl. v. 29.10.2010 (ABl. Nr. L 325 S. 4); Abs. 1 Satz 1 geänd. mWv 1.1.2014 durch Beschl. v. 11.7.2012 (ABl. Nr. L 204 S. 131).

dingten sozialen und wirtschaftlichen Lage von Guadeloupe, Französisch-Guayana, Martinique, Mayotte, Réunion und Saint-Martin, der Azoren, Madeiras und der Kanarischen Inseln, die durch die Faktoren Abgelegenheit, Insellage, geringe Größe, schwierige Relief- und Klimabedingungen und wirtschaftliche Abhängigkeit von einigen wenigen Erzeugnissen erschwert wird, die als ständige Gegebenheiten und durch ihr Zusammenwirken die Entwicklung schwer beeinträchtigen, beschließt der Rat auf Vorschlag der Kommission nach Anhörung des Europäischen Parlaments spezifische Maßnahmen, die insbesondere darauf abzielen, die Bedingungen für die Anwendung der Verträge auf die genannten Gebiete, einschließlich gemeinsamer Politiken, festzulegen. [2] Werden die betreffenden spezifischen Maßnahmen vom Rat gemäß einem besonderen Gesetzgebungsverfahren erlassen, so beschließt er ebenfalls auf Vorschlag der Kommission und nach Anhörung des Europäischen Parlaments.

Die Maßnahmen nach Absatz 1 betreffen insbesondere die Zoll- und Handelspolitik, Steuerpolitik, Freizonen, Agrar- und Fischereipolitik, die Bedingungen für die Versorgung mit Rohstoffen und grundlegenden Verbrauchsgütern, staatliche Beihilfen sowie die Bedingungen für den Zugang zu den Strukturfonds und zu den horizontalen Unionsprogrammen.

Der Rat beschließt die in Absatz 1 genannten Maßnahmen unter Berücksichtigung der besonderen Merkmale und Zwänge der Gebiete in äußerster Randlage, ohne dabei die Integrität und Kohärenz der Rechtsordnung der Union, die auch den Binnenmarkt und die gemeinsamen Politiken umfasst, auszuhöhlen.

Art. 350 [Benelux-Union] Die Verträge stehen dem Bestehen und der Durchführung der regionalen Zusammenschlüsse zwischen Belgien und Luxemburg sowie zwischen Belgien, Luxemburg und den Niederlanden nicht entgegen, soweit die Ziele dieser Zusammenschlüsse durch Anwendung der Verträge nicht erreicht sind.

Art. 351 [Frühere Abkommen der Mitgliedstaaten] Die Rechte und Pflichten aus Übereinkünften, die vor dem 1. Januar 1958 oder, im Falle später beigetretener Staaten, vor dem Zeitpunkt ihres Beitritts zwischen einem oder mehreren Mitgliedstaaten einerseits und einem oder mehreren dritten Ländern andererseits geschlossen wurden, werden durch die Verträge nicht berührt.

[1] Soweit diese Übereinkünfte mit den Verträgen nicht vereinbar sind, wenden der oder die betreffenden Mitgliedstaaten alle geeigneten Mittel an, um die festgestellten Unvereinbarkeiten zu beheben. [2] Erforderlichenfalls leisten die Mitgliedstaaten zu diesem Zweck einander Hilfe; sie nehmen gegebenenfalls eine gemeinsame Haltung ein.

Bei Anwendung der in Absatz 1 bezeichneten Übereinkünfte tragen die Mitgliedstaaten dem Umstand Rechnung, dass die in den Verträgen von jedem Mitgliedstaat gewährten Vorteile Bestandteil der Errichtung der Union sind und daher in untrennbarem Zusammenhang stehen mit der Schaffung gemeinsamer Organe, der Übertragung von Zuständigkeiten auf diese und der Gewährung der gleichen Vorteile durch alle anderen Mitgliedstaaten.

Art. 352 [Kompetenzergänzungsklausel] (1) [1] Erscheint ein Tätigwerden der Union im Rahmen der in den Verträgen festgelegten Politikbereiche erforderlich, um eines der Ziele der Verträge zu verwirklichen, und sind in den Verträgen die hierfür erforderlichen Befugnisse nicht vorgesehen, so erlässt der Rat einstimmig auf Vorschlag der Kommission und nach Zustimmung des Europäischen Parlaments die geeigneten Vorschriften. [2] Werden diese Vorschriften vom Rat gemäß einem besonderen Gesetzgebungsverfahren erlassen, so beschließt er ebenfalls einstimmig auf Vorschlag der Kommission und nach Zustimmung des Europäischen Parlaments.

(2) Die Kommission macht die nationalen Parlamente im Rahmen des Verfahrens zur Kontrolle der Einhaltung des Subsidiaritätsprinzips nach Artikel 5 Absatz 3 des Vertrags über die Europäische Union[1)] auf die Vorschläge aufmerksam, die sich auf diesen Artikel stützen.

(3) Die auf diesem Artikel beruhenden Maßnahmen dürfen keine Harmonisierung der Rechtsvorschriften der Mitgliedstaaten in den Fällen beinhalten, in denen die Verträge eine solche Harmonisierung ausschließen.

(4) Dieser Artikel kann nicht als Grundlage für die Verwirklichung von Zielen der Gemeinsamen Außen- und Sicherheitspolitik dienen, und Rechtsakte, die nach diesem Artikel erlassen werden, müssen innerhalb der in Artikel 40 Absatz 2 des Vertrags über die Europäische Union festgelegten Grenzen bleiben.

Art. 353 [Änderung der Einstimmigkeit] Artikel 48 Absatz 7 des Vertrags über die Europäische Union[1)] findet keine Anwendung auf die folgenden Artikel:
- Artikel 311 Absätze 3 und 4,
- Artikel 312 Absatz 2 Unterabsatz 1,
- Artikel 352 und
- Artikel 354.

Art. 354 [Stimmrechtsaussetzung] [1] Für die Zwecke des Artikels 7 des Vertrags über die Europäische Union[1)] über die Aussetzung bestimmter mit der Zugehörigkeit zur Union verbundener Rechte ist das Mitglied des Europäischen Rates oder des Rates, das den betroffenen Mitgliedstaat vertritt, nicht stimmberechtigt und der betreffende Mitgliedstaat wird bei der Berechnung des Drittels oder der vier Fünftel der Mitgliedstaaten nach den Absätzen 1 und 2 des genannten Artikels nicht berücksichtigt. [2] Die Stimmenthaltung von anwesenden oder vertretenen Mitgliedern steht dem Erlass von Beschlüssen nach Absatz 2 des genannten Artikels nicht entgegen.

Für den Erlass von Beschlüssen nach Artikel 7 Absätze 3 und 4 des Vertrags über die Europäische Union bestimmt sich die qualifizierte Mehrheit nach Artikel 238 Absatz 3 Buchstabe b dieses Vertrags.

Beschließt der Rat nach dem Erlass eines Beschlusses über die Aussetzung der Stimmrechte nach Artikel 7 Absatz 3 des Vertrags über die Europäische Union auf der Grundlage einer Bestimmung der Verträge mit qualifizierter Mehrheit, so bestimmt sich die qualifizierte Mehrheit hierfür nach Arti-

[1)] Nr. **34**.

kel 238 Absatz 3 Buchstabe b dieses Vertrags oder, wenn der Rat auf Vorschlag der Kommission oder des Hohen Vertreters der Union für die Außen- und Sicherheitspolitik handelt, nach Artikel 238 Absatz 3 Buchstabe a.

Für die Zwecke des Artikels 7 des Vertrags über die Europäische Union beschließt das Europäische Parlament mit der Mehrheit von zwei Dritteln der abgegebenen Stimmen und mit der Mehrheit seiner Mitglieder.

Art. 355[1] [Geltungsbereich der Verträge; Sonderfälle] Zusätzlich zu den Bestimmungen des Artikels 52 des Vertrags über die Europäische Union[2] über den räumlichen Geltungsbereich der Verträge gelten folgende Bestimmungen:

(1) Die Verträge gelten nach Artikel 349 für Guadeloupe, Französisch-Guayana, Martinique, Mayotte, Réunion, Saint-Martin, die Azoren, Madeira und die Kanarischen Inseln.

(2) Für die in Anhang II aufgeführten überseeischen Länder und Hoheitsgebiete gilt das besondere Assoziierungssystem, das im Vierten Teil festgelegt ist.

Die Verträge finden keine Anwendung auf die überseeischen Länder und Hoheitsgebiete, die besondere Beziehungen zum Vereinigten Königreich Großbritannien und Nordirland unterhalten und die in dem genannten Anhang nicht aufgeführt sind.

(3) Die Verträge finden auf die europäischen Hoheitsgebiete Anwendung, deren auswärtige Beziehungen ein Mitgliedstaat wahrnimmt.

(4) Die Verträge finden entsprechend den Bestimmungen des Protokolls Nr. 2 zur Akte über die Bedingungen des Beitritts der Republik Österreich, der Republik Finnland und des Königsreichs Schweden auf die Ålandinseln Anwendung.

(5) Abweichend von Artikel 52 des Vertrags über die Europäische Union und von den Absätzen 1 bis 4 dieses Artikels gilt:

a) Die Verträge finden auf die Färöer keine Anwendung.

b) Die Verträge finden auf die Hoheitszonen des Vereinigten Königreichs auf Zypern, Akrotiri und Dhekelia, nur insoweit Anwendung, als dies erforderlich ist, um die Anwendung der Regelungen des Protokolls über die Hoheitszonen des Vereinigten Königreichs Großbritannien und Nordirland in Zypern, das der Akte über die Bedingungen des Beitritts der Tschechischen Republik, der Republik Estland, der Republik Zypern, der Republik Lettland, der Republik Litauen, der Republik Ungarn, der Republik Malta, der Republik Polen, der Republik Slowenien und der Slowakischen Republik zur Europäischen Union beigefügt ist, nach Maßgabe jenes Protokolls sicherzustellen.

c) Die Verträge finden auf die Kanalinseln und die Insel Man nur insoweit Anwendung, als dies erforderlich ist, um die Anwendung der Regelung sicherzustellen, die in dem am 22. Januar 1972 unterzeichneten Vertrag über den Beitritt neuer Mitgliedstaaten zur Europäischen Wirtschafts-

---

[1] Art. 355 Abs. 1 geänd. mWv 1.1.2012 durch Beschl. v. 29.10.2010 (ABl. Nr. L 325 S. 4); Abs. 1 geänd. mWv 1.1.2014 durch Beschl. v. 11.7.2012 (ABl. Nr. L 204 S. 131).

[2] Nr. **34**.

gemeinschaft und zur Europäischen Atomgemeinschaft für diese Inseln vorgesehen ist.

(6) [1] Der Europäische Rat kann auf Initiative des betroffenen Mitgliedstaats einen Beschluss zur Änderung des Status eines in den Absätzen 1 und 2 genannten dänischen, französischen oder niederländischen Landes oder Hoheitsgebiets gegenüber der Union erlassen. [2] Der Europäische Rat beschließt einstimmig nach Anhörung der Kommission.

Art. 356 [Geltungsdauer] Dieser Vertrag gilt auf unbegrenzte Zeit.

Art. 357 [Ratifizierung und Inkrafttreten] [1] Dieser Vertrag bedarf der Ratifizierung durch die Hohen Vertragsparteien gemäß ihren verfassungsrechtlichen Vorschriften. [2] Die Ratifikationsurkunden werden bei der Regierung der Italienischen Republik hinterlegt.

[1] Dieser Vertrag tritt am ersten Tag des auf die Hinterlegung der letzten Ratifikationsurkunde folgenden Monats in Kraft. [2] Findet diese Hinterlegung weniger als fünfzehn Tage vor Beginn des folgenden Monats statt, so tritt der Vertrag am ersten Tag des zweiten Monats nach dieser Hinterlegung in Kraft.

Art. 358 [Verbindlicher Wortlaut; Hinterlegung] Die Bestimmungen des Artikels 55 des Vertrags über die Europäische Union sind auf diesen Vertrag anwendbar.

ZU URKUND DESSEN haben die unterzeichnenden Bevollmächtigten ihre Unterschriften unter diesen Vertrag gesetzt.
Geschehen zu Rom am fünfundzwanzigsten März neunzehnhundertsiebenundfünfzig.
(Aufzählung der Unterzeichner nicht wiedergegeben)

Anhänge

Anhang I. Listen zu Artikel 38 des Vertrags

–1– Nummer des Brüsseler Zolltarifschemas	–2– Warenbezeichnung
Kapitel 1	Lebende Tiere
Kapitel 2	Fleisch und genießbarer Schlachtabfall
Kapitel 3	Fische, Krebstiere und Weichtiere
Kapitel 4	Milch und Milcherzeugnisse, Vogeleier; natürlicher Honig
Kapitel 5	
05.04	Därme, Blasen und Mägen von anderen Tieren als Fischen, ganz oder geteilt
05.15	Waren tierischen Ursprungs, anderweit weder genannt noch inbegriffen; nicht lebende Tiere des Kapitels 1 oder 3, ungenießbar
Kapitel 6	Lebende Pflanzen und Waren des Blumenhandels
Kapitel 7	Gemüse, Pflanzen, Wurzeln und Knollen, die zu Ernährungszwecken verwendet werden
Kapitel 8	Genießbare Früchte, Schalen von Zitrusfrüchten oder von Melonen
Kapitel 9	Kaffee, Tee und Gewürze, ausgenommen Mate (Position 09.03)

–1– Nummer des Brüsseler Zolltarifschemas	–2– Warenbezeichnung
Kapitel 10	Getreide
Kapitel 11	Müllereierzeugnisse, Malz; Stärke; Kleber, Inullin
Kapitel 12	Ölsaaten und ölhaltige Früchte; verschiedene Samen und Früchte; Pflanzen zum Gewerbe- oder Heilgebrauch, Stroh und Futter
Kapitel 13	
ex 13.03	Pektin
Kapitel 15	
15.01	Schweineschmalz; Geflügelfett, ausgepreßt oder ausgeschmolzen
15.02	Talg von Rindern, Schafen oder Ziegen, roh oder ausgeschmolzen, einschließlich Premier Jus
15.03	Schmalzstearin; Oleostearin; Schmalzöl, Oleomargarine und Talgöl, weder emulgiert, vermischt noch anders verarbeitet
15.04	Fette und Öle von Fischen oder Meeressäugetieren, auch raffiniert
15.07	Fette pflanzliche Öle, flüssig oder fest, roh, gereinigt oder raffiniert
15.12	Tierische und pflanzliche Fette und Öle, gehärtete, auch raffiniert, jedoch nicht weiter verarbeitet
15.13	Margarine, Kunstspeisefett und andere genießbare verarbeitete Fette
15.17	Rückstände aus der Verarbeitung von Fettstoffen oder von tierischen oder pflanzlichen Wachsen
Kapitel 16	Zubereitungen von Fleisch, Fischen, Krebstieren und Weichtieren
Kapitel 17	
17.01	Rüben- und Rohrzucker
17.02	Andere Zucker; Sirupe; Kunsthonig, auch mit natürlichem Honig vermischt; Zucker und Melassen, karamellisiert
17.03	Melassen, auch entfärbt
17.05*)	Zucker, Sirupe und Melassen, aromatisiert und gefärbt (einschließlich Vanille- und Vanillinzucker), ausgenommen Fruchtsäfte mit beliebigem Zusatz von Zucker
Kapitel 18	
18.01	Kakaobohnen, auch Bruch, roh oder geröstet
18.02	Kakaoschalen, Kakaohäutchen und anderer Kakaoabfall
Kapitel 20	Zubereitungen von Gemüse, Küchenkräutern, Früchten und anderen Pflanzen oder Pflanzenteilen
Kapitel 22	
22.04	Traubenmost, teilweise vergoren, auch ohne Alkohol stummgemacht
22.05	Wein aus frischen Weintrauben; mit Alkohol stummgemachter Most aus frischen Weintrauben
22.07	Apfelwein, Birnenwein, Met und andere gegorene Getränke
ex 22.08*) ex 22.09*)	Ätylalkohol und Sprit, vergällt und unvergällt mit einem beliebigen Ätylalkoholgehalt, hergestellt aus landwirtschaftlichen Erzeugnissen, die in Anhang I aufgeführt sind (ausgenommen Brandwein, Likör und andere alkoholische Getränke, zusammengesetzte alkoholische Zubereitungen – Essenzen – zur Herstellung von Getränken)
ex 22.10*)	Speiseessig
Kapitel 23	Rückstände und Abfälle der Lebensmittelindustrie; zubereitetes Futter
Kapitel 24	
24.01	Tabak, unverarbeitet; Tabakabfälle
Kapitel 45	
45.01	Naturkork, unbearbeitet, und Korkabfälle; Korkschrot, Korkmehl
Kapitel 54	
54.01	Flachs, roh, geröstet, geschwungen, gehechelt oder anders bearbeitet, jedoch nicht versponnen; Werg und Abfälle (einschließlich Reißspinnstoff)

–1– Nummer des Brüsseler Zolltarifschemas	–2– Warenbezeichnung
Kapitel 57	
57.01	Hanf (Cannabis sativa), roh, geröstet, geschwungen, gehechelt oder anders bearbeitet, jedoch nicht versponnen; Werg und Abfälle (einschließlich Reißspinnstoff)

*) **Amtl. Anm.:** Position eingefügt gemäß Artikel 1 der Verordnung Nr. 7a des Rates der Europäischen Wirtschaftsgemeinschaft vom 18.12.1959 (ABl. 7 vom 30.1.1961, S. 71/61).

Anhang II.[1] Überseeische Länder und Hoheitsgebiete, auf welche der vierte Teil des Vertrags Anwendung findet

- Grönland,
- Neukaledonien und Nebengebiete,
- Französisch–Polynesien,
- Französische Süd- und Antarktisgebiete,
- Wallis und Futuna,
- St. Pierre und Miquelon,
- Saint-Barthélemy,
- Aruba,
- Niederländische Antillen:
  - Bonaire,
  - Curacao,
  - Saba,
  - Sint Eustatius,
  - Sint Maarten,
- Anguilla,
- Kaimaninseln,
- Falklandinseln,
- Südgeorgien und südliche Sandwichinseln,
- Montserrat,
- Pitcairn,
- St. Helena und Nebengebiete,
- Britisches Territorium im Indischen Ozean,
- Turks- und Caicosinseln,
- Britische Jungferninseln,
- Bermuda.

[1] Anh. II geänd. mWv 1.1.2012 durch Beschl. v. 29.10.2010 (ABl. Nr. L 325 S. 4); geänd. mWv 1.1.2014 durch Beschl. v. 11.7.2012 (ABl. Nr. L 204 S. 131).

[illegible]

Anhang II. [illegible] Länder und Hoheitsgebiete, auf welche der Vierte Teil [illegible] Anwendung findet

[illegible]

36. Charta der Grundrechte der Europäischen Union[1)]

(2007/C 303/01)

Vom 12. Dezember 2007[2)]
(ABl. Nr. C 303 S. 1)
Celex-Nr. 1 2007 P/TXT

Präambel

Die Völker Europas sind entschlossen, auf der Grundlage gemeinsamer Werte eine friedliche Zukunft zu teilen, indem sie sich zu einer immer engeren Union verbinden.

[1] In dem Bewusstsein ihres geistig-religiösen und sittlichen Erbes gründet sich die Union auf die unteilbaren und universellen Werte der Würde des Menschen, der Freiheit, der Gleichheit und der Solidarität. [2] Sie beruht auf den Grundsätzen der Demokratie und der Rechtsstaatlichkeit. [3] Sie stellt den Menschen in den Mittelpunkt ihres Handelns, indem sie die Unionsbürgerschaft und einen Raum der Freiheit, der Sicherheit und des Rechts begründet.

[1] Die Union trägt zur Erhaltung und zur Entwicklung dieser gemeinsamen Werte unter Achtung der Vielfalt der Kulturen und Traditionen der Völker Europas sowie der nationalen Identität der Mitgliedstaaten und der Organisation ihrer staatlichen Gewalt auf nationaler, regionaler und lokaler Ebene bei. [2] Sie ist bestrebt, eine ausgewogene und nachhaltige Entwicklung zu fördern und stellt den freien Personen-, Dienstleistungs-, Waren- und Kapitalverkehr sowie die Niederlassungsfreiheit sicher.

Zu diesem Zweck ist es notwendig, angesichts der Weiterentwicklung der Gesellschaft, des sozialen Fortschritts und der wissenschaftlichen und technologischen Entwicklungen den Schutz der Grundrechte zu stärken, indem sie in einer Charta sichtbarer gemacht werden.

[1] Diese Charta bekräftigt unter Achtung der Zuständigkeiten und Aufgaben der Union und des Subsidiaritätsprinzips die Rechte, die sich vor allem aus den gemeinsamen Verfassungstraditionen und den gemeinsamen internationalen Verpflichtungen der Mitgliedstaaten, aus der Europäischen Konvention zum Schutz der Menschenrechte und Grundfreiheiten[3)], aus den von der Union und dem Europarat beschlossenen Sozialchartas sowie aus der Rechtsprechung des Gerichtshofs der Europäischen Union und des Europäischen Gerichtshofs für Menschenrechte ergeben. [2] In diesem Zusammenhang erfolgt die Auslegung der Charta durch die Gerichte der Union und der Mitgliedstaaten unter gebührender Berücksichtigung der Erläuterungen, die unter der Leitung des Präsidiums des Konvents zur Ausarbeitung der Charta formuliert und unter der Verantwortung des Präsidiums des Europäischen Konvents aktualisiert wurden.

---

1) Verweise/Bezugnahmen auf Vorschriften des AEUV bzw. EUV sind gemäß Art. 5 des Vertrags von Lissabon iVm den Übereinstimmungstabellen an die neue Nummerierung angepasst worden.

2) Der hier wiedergegebene Wortlaut übernimmt mit Anpassungen die am 7.12.2000 proklamierte Charta. Inkrafttreten am 1.12.2009, siehe die Bek. v. 13.11.2009 (BGBl. II S. 1223).

3) Nr. **32**.

Die Ausübung dieser Rechte ist mit Verantwortung und mit Pflichten sowohl gegenüber den Mitmenschen als auch gegenüber der menschlichen Gemeinschaft und den künftigen Generationen verbunden.

Daher erkennt die Union die nachstehend aufgeführten Rechte, Freiheiten und Grundsätze an.

Titel I. Würde des Menschen

Art. 1 Würde des Menschen. [1] Die Würde des Menschen ist unantastbar. [2] Sie ist zu achten und zu schützen.

Art. 2 Recht auf Leben. (1) Jeder Mensch hat das Recht auf Leben.

(2) Niemand darf zur Todesstrafe verurteilt oder hingerichtet werden.

Art. 3 Recht auf Unversehrtheit. (1) Jeder Mensch hat das Recht auf körperliche und geistige Unversehrtheit.

(2) Im Rahmen der Medizin und der Biologie muss insbesondere Folgendes beachtet werden:

a) die freie Einwilligung des Betroffenen nach vorheriger Aufklärung entsprechend den gesetzlich festgelegten Einzelheiten,

b) das Verbot eugenischer Praktiken, insbesondere derjenigen, welche die Selektion von Menschen zum Ziel haben,

c) das Verbot, den menschlichen Körper und Teile davon als solche zur Erzielung von Gewinnen zu nutzen,

d) das Verbot des reproduktiven Klonens von Menschen.

Art. 4 Verbot der Folter und unmenschlicher oder erniedrigender Strafe oder Behandlung. Niemand darf der Folter oder unmenschlicher oder erniedrigender Strafe oder Behandlung unterworfen werden.

Art. 5 Verbot der Sklaverei und der Zwangsarbeit. (1) Niemand darf in Sklaverei oder Leibeigenschaft gehalten werden.

(2) Niemand darf gezwungen werden, Zwangs- oder Pflichtarbeit zu verrichten.

(3) Menschenhandel ist verboten.

Titel II. Freiheiten

Art. 6 Recht auf Freiheit und Sicherheit. Jeder Mensch hat das Recht auf Freiheit und Sicherheit.

Art. 7 Achtung des Privat- und Familienlebens. Jede Person hat das Recht auf Achtung ihres Privat- und Familienlebens, ihrer Wohnung sowie ihrer Kommunikation.

Art. 8 Schutz personenbezogener Daten. (1) Jede Person hat das Recht auf Schutz der sie betreffenden personenbezogenen Daten.

(2) [1] Diese Daten dürfen nur nach Treu und Glauben für festgelegte Zwecke und mit Einwilligung der betroffenen Person oder auf einer sonstigen gesetzlich geregelten legitimen Grundlage verarbeitet werden. [2] Jede Person hat das Recht, Auskunft über die sie betreffenden erhobenen Daten zu erhalten und die Berichtigung der Daten zu erwirken.

(3) Die Einhaltung dieser Vorschriften wird von einer unabhängigen Stelle überwacht.

Art. 9 Recht, eine Ehe einzugehen und eine Familie zu gründen. Das Recht, eine Ehe einzugehen, und das Recht, eine Familie zu gründen, werden nach den einzelstaatlichen Gesetzen gewährleistet, welche die Ausübung dieser Rechte regeln.

Art. 10 Gedanken-, Gewissens- und Religionsfreiheit. (1) [1] Jede Person hat das Recht auf Gedanken-, Gewissens- und Religionsfreiheit. [2] Dieses Recht umfasst die Freiheit, die Religion oder Weltanschauung zu wechseln, und die Freiheit, seine Religion oder Weltanschauung einzeln oder gemeinsam mit anderen öffentlich oder privat durch Gottesdienst, Unterricht, Bräuche und Riten zu bekennen.

(2) Das Recht auf Wehrdienstverweigerung aus Gewissensgründen wird nach den einzelstaatlichen Gesetzen anerkannt, welche die Ausübung dieses Rechts regeln.

Art. 11 Freiheit der Meinungsäußerung und Informationsfreiheit.

(1) [1] Jede Person hat das Recht auf freie Meinungsäußerung. [2] Dieses Recht schließt die Meinungsfreiheit und die Freiheit ein, Informationen und Ideen ohne behördliche Eingriffe und ohne Rücksicht auf Staatsgrenzen zu empfangen und weiterzugeben.

(2) Die Freiheit der Medien und ihre Pluralität werden geachtet.

Art. 12 Versammlungs- und Vereinigungsfreiheit. (1) Jede Person hat das Recht, sich insbesondere im politischen, gewerkschaftlichen und zivilgesellschaftlichen Bereich auf allen Ebenen frei und friedlich mit anderen zu versammeln und frei mit anderen zusammenzuschließen, was das Recht jeder Person umfasst, zum Schutz ihrer Interessen Gewerkschaften zu gründen und Gewerkschaften beizutreten.

(2) Politische Parteien auf der Ebene der Union tragen dazu bei, den politischen Willen der Unionsbürgerinnen und Unionsbürger zum Ausdruck zu bringen.

Art. 13 Freiheit der Kunst und der Wissenschaft. [1] Kunst und Forschung sind frei. [2] Die akademische Freiheit wird geachtet.

Art. 14 Recht auf Bildung. (1) Jede Person hat das Recht auf Bildung sowie auf Zugang zur beruflichen Ausbildung und Weiterbildung.

(2) Dieses Recht umfasst die Möglichkeit, unentgeltlich am Pflichtschulunterricht teilzunehmen.

(3) Die Freiheit zur Gründung von Lehranstalten unter Achtung der demokratischen Grundsätze sowie das Recht der Eltern, die Erziehung und den Unterricht ihrer Kinder entsprechend ihren eigenen religiösen, weltanschaulichen und erzieherischen Überzeugungen sicherzustellen, werden nach den einzelstaatlichen Gesetzen geachtet, welche ihre Ausübung regeln.

Art. 15 Berufsfreiheit und Recht zu arbeiten. (1) Jede Person hat das Recht, zu arbeiten und einen frei gewählten oder angenommenen Beruf auszuüben.

(2) Alle Unionsbürgerinnen und Unionsbürger haben die Freiheit, in jedem Mitgliedstaat Arbeit zu suchen, zu arbeiten, sich niederzulassen oder Dienstleistungen zu erbringen.

(3) Die Staatsangehörigen dritter Länder, die im Hoheitsgebiet der Mitgliedstaaten arbeiten dürfen, haben Anspruch auf Arbeitsbedingungen, die denen der Unionsbürgerinnen und Unionsbürger entsprechen.

Art. 16 Unternehmerische Freiheit. Die unternehmerische Freiheit wird nach dem Unionsrecht und den einzelstaatlichen Rechtsvorschriften und Gepflogenheiten anerkannt.

Art. 17 Eigentumsrecht. (1) [1]Jede Person hat das Recht, ihr rechtmäßig erworbenes Eigentum zu besitzen, zu nutzen, darüber zu verfügen und es zu vererben. [2]Niemandem darf sein Eigentum entzogen werden, es sei denn aus Gründen des öffentlichen Interesses in den Fällen und unter den Bedingungen, die in einem Gesetz vorgesehen sind, sowie gegen eine rechtzeitige angemessene Entschädigung für den Verlust des Eigentums. [3]Die Nutzung des Eigentums kann gesetzlich geregelt werden, soweit dies für das Wohl der Allgemeinheit erforderlich ist.

(2) Geistiges Eigentum wird geschützt.

Art. 18 Asylrecht. Das Recht auf Asyl wird nach Maßgabe des Genfer Abkommens vom 28. Juli 1951 und des Protokolls vom 31. Januar 1967 über die Rechtsstellung der Flüchtlinge sowie nach Maßgabe des Vertrags über die Europäische Union[1)] und des Vertrags über die Arbeitsweise der Europäischen Union[2)] (im Folgenden „die Verträge“) gewährleistet.

Art. 19 Schutz bei Abschiebung, Ausweisung und Auslieferung.

(1) Kollektivausweisungen sind nicht zulässig.

(2) Niemand darf in einen Staat abgeschoben oder ausgewiesen oder an einen Staat ausgeliefert werden, in dem für sie oder ihn das ernsthafte Risiko der Todesstrafe, der Folter oder einer anderen unmenschlichen oder erniedrigenden Strafe oder Behandlung besteht.

[1)] Nr. **34**.
[2)] Nr. **35**.

Titel III. Gleichheit

Art. 20 Gleichheit vor dem Gesetz. Alle Personen sind vor dem Gesetz gleich.

Art. 21 Nichtdiskriminierung. (1) Diskriminierungen insbesondere wegen des Geschlechts, der Rasse, der Hautfarbe, der ethnischen oder sozialen Herkunft, der genetischen Merkmale, der Sprache, der Religion oder der Weltanschauung, der politischen oder sonstigen Anschauung, der Zugehörigkeit zu einer nationalen Minderheit, des Vermögens, der Geburt, einer Behinderung, des Alters oder der sexuellen Ausrichtung sind verboten.

(2) Unbeschadet besonderer Bestimmungen der Verträge ist in ihrem Anwendungsbereich jede Diskriminierung aus Gründen der Staatsangehörigkeit verboten.

Art. 22 Vielfalt der Kulturen, Religionen und Sprachen. Die Union achtet die Vielfalt der Kulturen, Religionen und Sprachen.

Art. 23 Gleichheit von Frauen und Männern. Die Gleichheit von Frauen und Männern ist in allen Bereichen, einschließlich der Beschäftigung, der Arbeit und des Arbeitsentgelts, sicherzustellen.

Der Grundsatz der Gleichheit steht der Beibehaltung oder der Einführung spezifischer Vergünstigungen für das unterrepräsentierte Geschlecht nicht entgegen.

Art. 24 Rechte des Kindes. (1) [1] Kinder haben Anspruch auf den Schutz und die Fürsorge, die für ihr Wohlergehen notwendig sind. [2] Sie können ihre Meinung frei äußern. [3] Ihre Meinung wird in den Angelegenheiten, die sie betreffen, in einer ihrem Alter und ihrem Reifegrad entsprechenden Weise berücksichtigt.

(2) Bei allen Kinder betreffenden Maßnahmen öffentlicher Stellen oder privater Einrichtungen muss das Wohl des Kindes eine vorrangige Erwägung sein.

(3) Jedes Kind hat Anspruch auf regelmäßige persönliche Beziehungen und direkte Kontakte zu beiden Elternteilen, es sei denn, dies steht seinem Wohl entgegen.

Art. 25 Rechte älterer Menschen. Die Union anerkennt und achtet das Recht älterer Menschen auf ein würdiges und unabhängiges Leben und auf Teilnahme am sozialen und kulturellen Leben.

Art. 26 Integration von Menschen mit Behinderung. Die Union anerkennt und achtet den Anspruch von Menschen mit Behinderung auf Maßnahmen zur Gewährleistung ihrer Eigenständigkeit, ihrer sozialen und beruflichen Eingliederung und ihrer Teilnahme am Leben der Gemeinschaft.

Titel IV. Solidarität

Art. 27 Recht auf Unterrichtung und Anhörung der Arbeitnehmerinnen und Arbeitnehmer im Unternehmen. Für die Arbeitnehmerinnen und Arbeitnehmer oder ihre Vertreter muss auf den geeigneten Ebenen eine rechtzeitige Unterrichtung und Anhörung in den Fällen und unter den Voraussetzungen gewährleistet sein, die nach dem Unionsrecht und den einzelstaatlichen Rechtsvorschriften und Gepflogenheiten vorgesehen sind.

Art. 28 Recht auf Kollektivverhandlungen und Kollektivmaßnahmen. Die Arbeitnehmerinnen und Arbeitnehmer sowie die Arbeitgeberinnen und Arbeitgeber oder ihre jeweiligen Organisationen haben nach dem Unionsrecht und den einzelstaatlichen Rechtsvorschriften und Gepflogenheiten das Recht, Tarifverträge auf den geeigneten Ebenen auszuhandeln und zu schließen sowie bei Interessenkonflikten kollektive Maßnahmen zur Verteidigung ihrer Interessen, einschließlich Streiks, zu ergreifen.

Art. 29 Recht auf Zugang zu einem Arbeitsvermittlungsdienst. Jeder Mensch hat das Recht auf Zugang zu einem unentgeltlichen Arbeitsvermittlungsdienst.

Art. 30 Schutz bei ungerechtfertigter Entlassung. Jede Arbeitnehmerin und jeder Arbeitnehmer hat nach dem Unionsrecht und den einzelstaatlichen Rechtsvorschriften und Gepflogenheiten Anspruch auf Schutz vor ungerechtfertigter Entlassung.

Art. 31 Gerechte und angemessene Arbeitsbedingungen. (1) Jede Arbeitnehmerin und jeder Arbeitnehmer hat das Recht auf gesunde, sichere und würdige Arbeitsbedingungen.

(2) Jede Arbeitnehmerin und jeder Arbeitnehmer hat das Recht auf eine Begrenzung der Höchstarbeitszeit, auf tägliche und wöchentliche Ruhezeiten sowie auf bezahlten Jahresurlaub.

Art. 32 Verbot der Kinderarbeit und Schutz der Jugendlichen am Arbeitsplatz. [1]Kinderarbeit ist verboten. [2]Unbeschadet günstigerer Vorschriften für Jugendliche und abgesehen von begrenzten Ausnahmen darf das Mindestalter für den Eintritt in das Arbeitsleben das Alter, in dem die Schulpflicht endet, nicht unterschreiten.

Zur Arbeit zugelassene Jugendliche müssen ihrem Alter angepasste Arbeitsbedingungen erhalten und vor wirtschaftlicher Ausbeutung und vor jeder Arbeit geschützt werden, die ihre Sicherheit, ihre Gesundheit, ihre körperliche, geistige, sittliche oder soziale Entwicklung beeinträchtigen oder ihre Erziehung gefährden könnte.

Art. 33 Familien- und Berufsleben. (1) Der rechtliche, wirtschaftliche und soziale Schutz der Familie wird gewährleistet.

(2) Um Familien- und Berufsleben miteinander in Einklang bringen zu können, hat jeder Mensch das Recht auf Schutz vor Entlassung aus einem mit der Mutterschaft zusammenhängenden Grund sowie den Anspruch auf einen

bezahlten Mutterschaftsurlaub und auf einen Elternurlaub nach der Geburt oder Adoption eines Kindes.

Art. 34 Soziale Sicherheit und soziale Unterstützung. (1) Die Union anerkennt und achtet das Recht auf Zugang zu den Leistungen der sozialen Sicherheit und zu den sozialen Diensten, die in Fällen wie Mutterschaft, Krankheit, Arbeitsunfall, Pflegebedürftigkeit oder im Alter sowie bei Verlust des Arbeitsplatzes Schutz gewährleisten, nach Maßgabe des Unionsrechts und der einzelstaatlichen Rechtsvorschriften und Gepflogenheiten.

(2) Jeder Mensch, der in der Union seinen rechtmäßigen Wohnsitz hat und seinen Aufenthalt rechtmäßig wechselt, hat Anspruch auf die Leistungen der sozialen Sicherheit und die sozialen Vergünstigungen nach dem Unionsrecht und den einzelstaatlichen Rechtsvorschriften und Gepflogenheiten.

(3) Um die soziale Ausgrenzung und die Armut zu bekämpfen, anerkennt und achtet die Union das Recht auf eine soziale Unterstützung und eine Unterstützung für die Wohnung, die allen, die nicht über ausreichende Mittel verfügen, ein menschenwürdiges Dasein sicherstellen sollen, nach Maßgabe des Unionsrechts und der einzelstaatlichen Rechtsvorschriften und Gepflogenheiten.

Art. 35 Gesundheitsschutz. [1] Jeder Mensch hat das Recht auf Zugang zur Gesundheitsvorsorge und auf ärztliche Versorgung nach Maßgabe der einzelstaatlichen Rechtsvorschriften und Gepflogenheiten. [2] Bei der Festlegung und Durchführung der Politik und Maßnahmen der Union in allen Bereichen wird ein hohes Gesundheitsschutzniveau sichergestellt.

Art. 36 Zugang zu Dienstleistungen von allgemeinem wirtschaftlichen Interesse. Die Union anerkennt und achtet den Zugang zu Dienstleistungen von allgemeinem wirtschaftlichen Interesse, wie er durch die einzelstaatlichen Rechtsvorschriften und Gepflogenheiten im Einklang mit den Verträgen geregelt ist, um den sozialen und territorialen Zusammenhalt der Union zu fördern.

Art. 37 Umweltschutz. Ein hohes Umweltschutzniveau und die Verbesserung der Umweltqualität müssen in die Politik der Union einbezogen und nach dem Grundsatz der nachhaltigen Entwicklung sichergestellt werden.

Art. 38 Verbraucherschutz. Die Politik der Union stellt ein hohes Verbraucherschutzniveau sicher.

Titel V. Bürgerrechte

Art. 39 Aktives und passives Wahlrecht bei den Wahlen zum Europäischen Parlament. (1) Die Unionsbürgerinnen und Unionsbürger besitzen in dem Mitgliedstaat, in dem sie ihren Wohnsitz haben, das aktive und passive Wahlrecht bei den Wahlen zum Europäischen Parlament unter denselben Bedingungen wie die Angehörigen des betreffenden Mitgliedstaats.

(2) Die Mitglieder des Europäischen Parlaments werden in allgemeiner, unmittelbarer, freier und geheimer Wahl gewählt.

Art. 40 Aktives und passives Wahlrecht bei den Kommunalwahlen. Die Unionsbürgerinnen und Unionsbürger besitzen in dem Mitgliedstaat, in dem sie ihren Wohnsitz haben, das aktive und passive Wahlrecht bei Kommunalwahlen unter denselben Bedingungen wie die Angehörigen des betreffenden Mitgliedstaats.

Art. 41 Recht auf eine gute Verwaltung. (1) Jede Person hat ein Recht darauf, dass ihre Angelegenheiten von den Organen, Einrichtungen und sonstigen Stellen der Union unparteiisch, gerecht und innerhalb einer angemessenen Frist behandelt werden.

(2) Dieses Recht umfasst insbesondere

a) das Recht jeder Person, gehört zu werden, bevor ihr gegenüber eine für sie nachteilige individuelle Maßnahme getroffen wird,

b) das Recht jeder Person auf Zugang zu den sie betreffenden Akten unter Wahrung des berechtigten Interesses der Vertraulichkeit sowie des Berufs- und Geschäftsgeheimnisses,

c) die Verpflichtung der Verwaltung, ihre Entscheidungen zu begründen.

(3) Jede Person hat Anspruch darauf, dass die Union den durch ihre Organe oder Bediensteten in Ausübung ihrer Amtstätigkeit verursachten Schaden nach den allgemeinen Rechtsgrundsätzen ersetzt, die den Rechtsordnungen der Mitgliedstaaten gemeinsam sind.

(4) Jede Person kann sich in einer der Sprachen der Verträge an die Organe der Union wenden und muss eine Antwort in derselben Sprache erhalten.

Art. 42 Recht auf Zugang zu Dokumenten. Die Unionsbürgerinnen und Unionsbürger sowie jede natürliche oder juristische Person mit Wohnsitz oder satzungsmäßigem Sitz in einem Mitgliedstaat haben das Recht auf Zugang zu den Dokumenten der Organe, Einrichtungen und sonstigen Stellen der Union, unabhängig von der Form der für diese Dokumente verwendeten Träger.

Art. 43 Der Europäische Bürgerbeauftragte. Die Unionsbürgerinnen und Unionsbürger sowie jede natürliche oder juristische Person mit Wohnsitz oder satzungsmäßigem Sitz in einem Mitgliedstaat haben das Recht, den Europäischen Bürgerbeauftragten im Falle von Missständen bei der Tätigkeit der Organe, Einrichtungen und sonstigen Stellen der Union, mit Ausnahme des Gerichtshofs der Europäischen Union in Ausübung seiner Rechtsprechungsbefugnisse, zu befassen.

Art. 44 Petitionsrecht. Die Unionsbürgerinnen und Unionsbürger sowie jede natürliche oder juristische Person mit Wohnsitz oder satzungsmäßigem Sitz in einem Mitgliedstaat haben das Recht, eine Petition an das Europäische Parlament zu richten.

Art. 45 Freizügigkeit und Aufenthaltsfreiheit. (1) Die Unionsbürgerinnen und Unionsbürger haben das Recht, sich im Hoheitsgebiet der Mitgliedstaaten frei zu bewegen und aufzuhalten.

(2) Staatsangehörigen von Drittländern, die sich rechtmäßig im Hoheitsgebiet eines Mitgliedstaats aufhalten, kann nach Maßgabe der Verträge Freizügigkeit und Aufenthaltsfreiheit gewährt werden.

Art. 46 Diplomatischer und konsularischer Schutz. Die Unionsbürgerinnen und Unionsbürger genießen im Hoheitsgebiet eines Drittlands, in dem der Mitgliedstaat, dessen Staatsangehörigkeit sie besitzen, nicht vertreten ist, den Schutz durch die diplomatischen und konsularischen Behörden eines jeden Mitgliedstaats unter denselben Bedingungen wie Staatsangehörige dieses Staates.

Titel VI. Justizielle Rechte

Art. 47 Recht auf einen wirksamen Rechtsbehelf und ein unparteiisches Gericht. Jede Person, deren durch das Recht der Union garantierte Rechte oder Freiheiten verletzt worden sind, hat das Recht, nach Maßgabe der in diesem Artikel vorgesehenen Bedingungen bei einem Gericht einen wirksamen Rechtsbehelf einzulegen.

[1] Jede Person hat ein Recht darauf, dass ihre Sache von einem unabhängigen, unparteiischen und zuvor durch Gesetz errichteten Gericht in einem fairen Verfahren, öffentlich und innerhalb angemessener Frist verhandelt wird. [2] Jede Person kann sich beraten, verteidigen und vertreten lassen.

Personen, die nicht über ausreichende Mittel verfügen, wird Prozesskostenhilfe bewilligt, soweit diese Hilfe erforderlich ist, um den Zugang zu den Gerichten wirksam zu gewährleisten.

Art. 48 Unschuldsvermutung und Verteidigungsrechte. (1) Jeder Angeklagte gilt bis zum rechtsförmlich erbrachten Beweis seiner Schuld als unschuldig.

(2) Jedem Angeklagten wird die Achtung der Verteidigungsrechte gewährleistet.

Art. 49 Grundsätze der Gesetzmäßigkeit und der Verhältnismäßigkeit im Zusammenhang mit Straftaten und Strafen. (1) [1] Niemand darf wegen einer Handlung oder Unterlassung verurteilt werden, die zur Zeit ihrer Begehung nach innerstaatlichem oder internationalem Recht nicht strafbar war. [2] Es darf auch keine schwerere Strafe als die zur Zeit der Begehung angedrohte Strafe verhängt werden. [3] Wird nach Begehung einer Straftat durch Gesetz eine mildere Strafe eingeführt, so ist diese zu verhängen.

(2) Dieser Artikel schließt nicht aus, dass eine Person wegen einer Handlung oder Unterlassung verurteilt oder bestraft wird, die zur Zeit ihrer Begehung nach den allgemeinen, von der Gesamtheit der Nationen anerkannten Grundsätzen strafbar war.

(3) Das Strafmaß darf zur Straftat nicht unverhältnismäßig sein.

Art. 50 Recht, wegen derselben Straftat nicht zweimal strafrechtlich verfolgt oder bestraft zu werden. Niemand darf wegen einer Straftat, derentwegen er bereits in der Union nach dem Gesetz rechtskräftig verurteilt oder freigesprochen worden ist, in einem Strafverfahren erneut verfolgt oder bestraft werden.

Titel VII. Allgemeine Bestimmungen über die Auslegung und Anwendung der Charta

Art. 51 Anwendungsbereich. (1) [1] Diese Charta gilt für die Organe, Einrichtungen und sonstigen Stellen der Union unter Wahrung des Subsidiaritätsprinzips und für die Mitgliedstaaten ausschließlich bei der Durchführung des Rechts der Union. [2] Dementsprechend achten sie die Rechte, halten sie sich an die Grundsätze und fördern sie deren Anwendung entsprechend ihren jeweiligen Zuständigkeiten und unter Achtung der Grenzen der Zuständigkeiten, die der Union in den Verträgen übertragen werden.

(2) Diese Charta dehnt den Geltungsbereich des Unionsrechts nicht über die Zuständigkeiten der Union hinaus aus und begründet weder neue Zuständigkeiten noch neue Aufgaben für die Union, noch ändert sie die in den Verträgen festgelegten Zuständigkeiten und Aufgaben.

Art. 52 Tragweite und Auslegung der Rechte und Grundsätze.

(1) [1] Jede Einschränkung der Ausübung der in dieser Charta anerkannten Rechte und Freiheiten muss gesetzlich vorgesehen sein und den Wesensgehalt dieser Rechte und Freiheiten achten. [2] Unter Wahrung des Grundsatzes der Verhältnismäßigkeit dürfen Einschränkungen nur vorgenommen werden, wenn sie erforderlich sind und den von der Union anerkannten dem Gemeinwohl dienenden Zielsetzungen oder den Erfordernissen des Schutzes der Rechte und Freiheiten anderer tatsächlich entsprechen.

(2) Die Ausübung der durch diese Charta anerkannten Rechte, die in den Verträgen geregelt sind, erfolgt im Rahmen der in den Verträgen festgelegten Bedingungen und Grenzen.

(3) [1] Soweit diese Charta Rechte enthält, die den durch die Europäische Konvention zum Schutz der Menschenrechte und Grundfreiheiten garantierten Rechten entsprechen, haben sie die gleiche Bedeutung und Tragweite, wie sie ihnen in der genannten Konvention verliehen wird. [2] Diese Bestimmung steht dem nicht entgegen, dass das Recht der Union einen weiter gehenden Schutz gewährt.

(4) Soweit in dieser Charta Grundrechte anerkannt werden, wie sie sich aus den gemeinsamen Verfassungsüberlieferungen der Mitgliedstaaten ergeben, werden sie im Einklang mit diesen Überlieferungen ausgelegt.

(5) [1] Die Bestimmungen dieser Charta, in denen Grundsätze festgelegt sind, können durch Akte der Gesetzgebung und der Ausführung der Organe, Einrichtungen und sonstigen Stellen der Union sowie durch Akte der Mitgliedstaaten zur Durchführung des Rechts der Union in Ausübung ihrer jeweiligen Zuständigkeiten umgesetzt werden. [2] Sie können vor Gericht nur bei der Auslegung dieser Akte und bei Entscheidungen über deren Rechtmäßigkeit herangezogen werden.

(6) Den einzelstaatlichen Rechtsvorschriften und Gepflogenheiten ist, wie es in dieser Charta bestimmt ist, in vollem Umfang Rechnung zu tragen.

(7) Die Erläuterungen, die als Anleitung für die Auslegung dieser Charta verfasst wurden, sind von den Gerichten der Union und der Mitgliedstaaten gebührend zu berücksichtigen.

Art. 53 Schutzniveau. Keine Bestimmung dieser Charta ist als eine Einschränkung oder Verletzung der Menschenrechte und Grundfreiheiten auszulegen, die in dem jeweiligen Anwendungsbereich durch das Recht der Union und das Völkerrecht sowie durch die internationalen Übereinkünfte, bei denen die Union oder alle Mitgliedstaaten Vertragsparteien sind, darunter insbesondere die Europäische Konvention zum Schutz der Menschenrechte und Grundfreiheiten, sowie durch die Verfassungen der Mitgliedstaaten anerkannt werden.

Art. 54 Verbot des Missbrauchs der Rechte. Keine Bestimmung dieser Charta ist so auszulegen, als begründe sie das Recht, eine Tätigkeit auszuüben oder eine Handlung vorzunehmen, die darauf abzielt, die in der Charta anerkannten Rechte und Freiheiten abzuschaffen oder sie stärker einzuschränken, als dies in der Charta vorgesehen ist.

Der vorstehende Wortlaut übernimmt mit Anpassungen die am 7. Dezember 2000 proklamierte Charta und ersetzt sie ab dem Zeitpunkt des Inkrafttretens[1] des Vertrags von Lissabon.
Geschehen zu Strassburg am zwölften Dezember zweitausendsieben.[2]

Erläuterungen[3] zur Charta der Grundrechte

Die nachstehenden Erläuterungen wurden ursprünglich unter der Verantwortung des Präsidiums des Konvents, der die Charta der Grundrechte der Europäischen Union ausgearbeitet hat, formuliert. Sie wurden unter der Verantwortung des Präsidiums des Europäischen Konvents aufgrund der von diesem Konvent vorgenommenen Anpassungen des Wortlauts der Charta (insbesondere der Artikel 51 und 52) und der Fortentwicklung des Unionsrechts aktualisiert. Diese Erläuterungen haben als solche keinen rechtlichen Status, stellen jedoch eine nützliche Interpretationshilfe dar, die dazu dient, die Bestimmungen der Charta zu verdeutlichen.

Titel I – Würde des Menschen

Erläuterung zu Artikel 1 – Würde des Menschen

Die Würde des Menschen ist nicht nur ein Grundrecht an sich, sondern bildet das eigentliche Fundament der Grundrechte. Die Allgemeine Erklärung der Menschenrechte von 1948 verankert die Menschenwürde in ihrer Präambel:

---

[1] Die Bundesrepublik Deutschland hat mWv 15.10.2008 durch G v. 8.1.2008 (BGBl. II S. 1038) dem Vertrag von Lissabon zugestimmt; Inkrafttreten am 1.12.2009, siehe die Bek. v. 13.11.2009 (BGBl. II S. 1223).

[2] Es folgen die Unterschriften der Präsidenten des Europäischen Parlaments, des Rats der Europäischen Union und der Kommission der Europäischen Gemeinschaften.

[3] **Amtl. Anm.:** Die Verweise auf die Artikelnummerierung der Verträge wurden auf den neuesten Stand gebracht und einige Fehler wurden berichtigt.

„... da die Anerkennung der allen Mitgliedern der menschlichen Familie innewohnenden Würde und ihrer gleichen und unveräußerlichen Rechte die Grundlage der Freiheit, der Gerechtigkeit und des Friedens in der Welt bildet." In seinem Urteil vom 9. Oktober 2001 in der Rechtssache C-377/98, Niederlande gegen Europäisches Parlament und Rat, Slg. 2001, I-7079, Randnrn. 70-77 bestätigte der Gerichtshof, dass das Grundrecht auf Menschenwürde Teil des Unionsrechts ist.
Daraus ergibt sich insbesondere, dass keines der in dieser Charta festgelegten Rechte dazu verwendet werden darf, die Würde eines anderen Menschen zu verletzen, und dass die Würde des Menschen zum Wesensgehalt der in dieser Charta festgelegten Rechte gehört. Sie darf daher auch bei Einschränkungen eines Rechtes nicht angetastet werden.

Erläuterung zu Artikel 2 – Recht auf Leben

1. Absatz 1 dieses Artikels basiert auf Artikel 2 Absatz 1 Satz 1 der Europäischen Menschenrechtskonvention (EMRK)[1], der wie folgt lautet:

   „1. Das Recht jedes Menschen auf Leben wird gesetzlich geschützt ...".

2. Satz 2 der genannten Vorschrift, der die Todesstrafe zum Gegenstand hatte, ist durch das Inkrafttreten des Protokolls Nr. 6 zur EMRK[2] hinfällig geworden, dessen Artikel 1 wie folgt lautet:
   „[1] Die Todesstrafe ist abgeschafft. [2] Niemand darf zu dieser Strafe verurteilt oder hingerichtet werden."
   Auf dieser Vorschrift beruht Artikel 2 Absatz 2 der Charta.

3. Die Bestimmungen des Artikels 2 der Charta entsprechen den Bestimmungen der genannten Artikel der EMRK[1] und des Zusatzprotokolls[3]. Sie haben nach Artikel 52 Absatz 3 der Charta die gleiche Bedeutung und Tragweite. So müssen die in der EMRK enthaltenen „Negativdefinitionen" auch als Teil der Charta betrachtet werden:

   a) Artikel 2 Absatz 2 EMRK[1]:
   „Eine Tötung wird nicht als Verletzung dieses Artikels betrachtet, wenn sie durch eine Gewaltanwendung verursacht wird, die unbedingt erforderlich ist, um

      a) jemanden gegen rechtswidrige Gewalt zu verteidigen;

      b) jemanden rechtmäßig festzunehmen oder jemanden, dem die Freiheit rechtmäßig entzogen ist, an der Flucht zu hindern;

      c) einen Aufruhr oder Aufstand rechtmäßig niederzuschlagen".

   b) Artikel 2 des Protokolls Nr. 6 zur EMRK[2]:
   „Ein Staat kann in seinem Recht die Todesstrafe für Taten vorsehen, die in Kriegszeiten oder bei unmittelbarer Kriegsgefahr begangen werden; diese Strafe darf nur in den Fällen, die im Recht vorgesehen sind, und in Übereinstimmung mit dessen Bestimmungen angewendet werden ...".

---

[1] Nr. **32**.
[2] Nr. **32c**.
[3] Nr. **32a**.

Erläuterung zu Artikel 3 – Recht auf Unversehrtheit

1. In seinem Urteil vom 9. Oktober 2001 in der Rechtssache C-377/98, Niederlande gegen Europäisches Parlament und Rat, Slg. 2001, I-7079, Randnrn. 70, 78, 79 und 80, bestätigte der Gerichtshof, dass das Grundrecht auf Unversehrtheit Teil des Unionsrechts ist und im Bereich der Medizin und der Biologie die freie Einwilligung des Spenders und des Empfängers nach vorheriger Aufklärung umfasst.
2. Die Grundsätze des Artikels 3 der Charta sind bereits in dem im Rahmen des Europarates angenommenen Übereinkommen über Menschenrechte und Biomedizin (STE 164 und Zusatzprotokoll STE 168) enthalten. Die Charta will von diesen Bestimmungen nicht abweichen und verbietet daher lediglich das reproduktive Klonen. Die anderen Formen des Klonens werden von der Charta weder gestattet noch verboten. Sie hindert den Gesetzgeber also keineswegs daran, auch die anderen Formen des Klonens zu verbieten.
3. Durch den Hinweis auf eugenische Praktiken, insbesondere diejenigen, welche die Selektion von Menschen zum Ziel haben, soll die Möglichkeit erfasst werden, dass Selektionsprogramme organisiert und durchgeführt werden, die beispielsweise Sterilisierungskampagnen, erzwungene Schwangerschaften, die Pflicht, den Ehepartner in der gleichen Volksgruppe zu wählen, usw. umfassen; derartige Handlungen werden in dem am 17. Juli 1998 in Rom verabschiedeten Statut des Internationalen Strafgerichtshofs (siehe Artikel 7 Absatz 1 Buchstabe g) als internationale Verbrechen betrachtet.

Erläuterung zu Artikel 4 – Verbot der Folter und unmenschlicher oder erniedrigender Strafe oder Behandlung

Das Recht nach Artikel 4 entspricht dem Recht, das durch den gleich lautenden Artikel 3 EMRK[1] garantiert ist: „Niemand darf der Folter oder unmenschlicher oder erniedrigender Strafe oder Behandlung unterworfen werden.“ Nach Artikel 52 Absatz 3 der Charta hat Artikel 4 also die gleiche Bedeutung und Tragweite wie Artikel 3 EMRK[1].

Erläuterung zu Artikel 5 – Verbot der Sklaverei und der Zwangsarbeit

1. Das Recht nach Artikel 5 Absätze 1 und 2 entspricht dem gleich lautenden Artikel 4 Absätze 1 und 2 EMRK[1]. Nach Artikel 52 Absatz 3 der Charta hat dieses Recht also die gleiche Bedeutung und Tragweite wie Artikel 4 EMRK[1]. Daraus folgt:
   - Eine legitime Einschränkung des Rechts nach Absatz 1 kann es nicht geben.
   - In Absatz 2 müssen in Bezug auf die Begriffe „Zwangs- oder Pflichtarbeit“ die „negativen“ Definitionen nach Artikel 4 Absatz 3 EMRK[1] berücksichtigt werden:

---

[1] Nr. **32**.

„Nicht als Zwangs- oder Pflichtarbeit im Sinne dieses Artikels gilt

a) eine Arbeit, die üblicherweise von einer Person verlangt wird, der unter den Voraussetzungen des Artikels 5 die Freiheit entzogen oder die bedingt entlassen worden ist;

b) eine Dienstleistung militärischer Art oder eine Dienstleistung, die an die Stelle des im Rahmen der Wehrpflicht zu leistenden Dienstes tritt, in Ländern, wo die Dienstverweigerung aus Gewissensgründen anerkannt ist;

c) eine Dienstleistung, die verlangt wird, wenn Notstände oder Katastrophen das Leben oder das Wohl der Gemeinschaft bedrohen;

d) eine Arbeit oder Dienstleistung, die zu den üblichen Bürgerpflichten gehört."

2. Absatz 3 ergibt sich unmittelbar aus der Menschenwürde und trägt neueren Entwicklungen auf dem Gebiet der organisierten Kriminalität wie der Schleuserkriminalität oder der organisierten sexuellen Ausbeutung Rechnung. Das Europol-Übereinkommen enthält im Anhang folgende Definition, die den Menschenhandel zum Zwecke der sexuellen Ausbeutung betrifft: „Menschenhandel: tatsächliche und rechtswidrige Unterwerfung einer Person unter den Willen anderer Personen mittels Gewalt, Drohung oder Täuschung oder unter Ausnutzung eines Abhängigkeitsverhältnisses insbesondere mit folgendem Ziel: Ausbeutung der Prostitution, Ausbeutung von Minderjährigen, sexuelle Gewalt gegenüber Minderjährigen oder Handel im Zusammenhang mit Kindesaussetzung." Kapitel VI des Schengener Durchführungsübereinkommens, das in den Besitzstand der Union integriert worden ist und an dem sich das Vereinigte Königreich und Irland beteiligen, enthält in Artikel 27 Absatz 1 folgende auf die Schleuseraktivitäten zielende Bestimmung: „Die Vertragsparteien verpflichten sich, angemessene Sanktionen gegen jede Person vorzusehen, die zu Erwerbszwecken einem Drittausländer hilft oder zu helfen versucht, in das Hoheitsgebiet einer der Vertragsparteien unter Verletzung ihrer Rechtsvorschriften in Bezug auf die Einreise und den Aufenthalt von Drittausländern einzureisen oder sich dort aufzuhalten." Am 19. Juli 2002 nahm der Rat einen Rahmenbeschluss zur Bekämpfung des Menschenhandels (ABl. L 203 vom 1.8.2002, S. 1) an; in Artikel 1 dieses Rahmenbeschlusses sind die Handlungen im Zusammenhang mit dem Menschenhandel zum Zwecke der Ausbeutung von Arbeitskräften oder der sexuellen Ausbeutung näher bestimmt, die die Mitgliedstaaten aufgrund des genannten Rahmenbeschlusses unter Strafe stellen müssen.

Titel II – Freiheiten

Erläuterung zu Artikel 6 – Recht auf Freiheit und Sicherheit

Die Rechte nach Artikel 6 entsprechen den Rechten, die durch Artikel 5 EMRK[1] garantiert sind, denen sie nach Artikel 52 Absatz 3 der Charta an Bedeutung und Tragweite gleichkommen. Die Einschränkungen, die legitim an diesen Rechten vorgenommen werden können, dürfen daher nicht über die Einschränkungen hinausgehen, die im Rahmen des wie folgt lautenden Artikels 5 EMRK zulässig sind:

---

[1] Nr. **32**.

„1. Jeder Mensch hat das Recht auf Freiheit und Sicherheit. Die Freiheit darf nur in den folgenden Fällen und nur auf die gesetzlich vorgeschriebene Weise entzogen werden:

a) rechtmäßige Freiheitsentziehung nach Verurteilung durch ein zuständiges Gericht;

b) rechtmäßige Festnahme oder Freiheitsentziehung wegen Nichtbefolgung einer rechtmäßigen gerichtlichen Anordnung oder zur Erzwingung der Erfüllung einer gesetzlichen Verpflichtung;

c) rechtmäßige Festnahme oder Freiheitsentziehung zur Vorführung vor die zuständige Gerichtsbehörde, wenn hinreichender Verdacht besteht, dass die betreffende Person eine Straftat begangen hat, oder wenn begründeter Anlass zu der Annahme besteht, dass es notwendig ist, sie an der Begehung einer Straftat oder an der Flucht nach Begehung einer solchen zu hindern;

d) rechtmäßige Freiheitsentziehung bei Minderjährigen zum Zweck überwachter Erziehung oder zur Vorführung vor die zuständige Behörde;

e) rechtmäßige Freiheitsentziehung mit dem Ziel, eine Verbreitung ansteckender Krankheiten zu verhindern, sowie bei psychisch Kranken, Alkohol- oder Rauschgiftsüchtigen und Landstreichern;

f) rechtmäßige Festnahme oder Freiheitsentziehung zur Verhinderung der unerlaubten Einreise sowie bei Personen, gegen die ein Ausweisungs- oder Auslieferungsverfahren im Gange ist.

2. Jeder festgenommenen Person muss unverzüglich in einer ihr verständlichen Sprache mitgeteilt werden, welches die Gründe für ihre Festnahme sind und welche Beschuldigungen gegen sie erhoben werden.

3. Jede Person, die nach Absatz 1 Buchstabe c von Festnahme oder Freiheitsentziehung betroffen ist, muss unverzüglich einem Richter oder einer anderen gesetzlich zur Wahrnehmung richterlicher Aufgaben ermächtigten Person vorgeführt werden; sie hat Anspruch auf ein Urteil innerhalb angemessener Frist oder auf Entlassung während des Verfahrens. Die Entlassung kann von der Leistung einer Sicherheit für das Erscheinen vor Gericht abhängig gemacht werden.

4. Jede Person, die festgenommen oder der die Freiheit entzogen ist, hat das Recht, zu beantragen, dass ein Gericht innerhalb kurzer Frist über die Rechtmäßigkeit der Freiheitsentziehung entscheidet und ihre Entlassung anordnet, wenn die Freiheitsentziehung nicht rechtmäßig ist.

5. Jede Person, die unter Verletzung dieses Artikels von Festnahme oder Freiheitsentziehung betroffen ist, hat Anspruch auf Schadensersatz."

Die Rechte nach Artikel 6 müssen insbesondere dann geachtet werden, wenn das Europäische Parlament und der Rat Gesetzgebungsakte im Bereich der justiziellen Zusammenarbeit in Strafsachen auf der Grundlage der Artikel 82, 83 und 85 des Vertrags über die Arbeitsweise der Europäischen Union[1], insbesondere zur Festlegung gemeinsamer Mindestvorschriften über die Tatbestandsmerkmale strafbarer Handlungen und die Strafen sowie über bestimmte Aspekte des Verfahrensrechts erlassen.

---

[1] Nr. **35**.

Erläuterung zu Artikel 7 – Achtung des Privat- und Familienlebens

Die Rechte nach Artikel 7 entsprechen den Rechten, die durch Artikel 8 EMRK[1] garantiert sind. Um der technischen Entwicklung Rechnung zu tragen, wurde der Begriff „Korrespondenz" durch „Kommunikation" ersetzt. Nach Artikel 52 Absatz 3 haben diese Rechte die gleiche Bedeutung und Tragweite wie die Rechte aus dem entsprechenden Artikel der EMRK[1]. Ihre möglichen legitimen Einschränkungen sind daher diejenigen, die der genannte Artikel 8 gestattet:

„1. Jede Person hat das Recht auf Achtung ihres Privat- und Familienlebens, ihrer Wohnung und ihrer Korrespondenz.

2. Eine Behörde darf in die Ausübung dieses Rechts nur eingreifen, soweit der Eingriff gesetzlich vorgesehen und in einer demokratischen Gesellschaft notwendig ist für die nationale oder öffentliche Sicherheit, für das wirtschaftliche Wohl des Landes, zur Aufrechterhaltung der Ordnung, zur Verhütung von Straftaten, zum Schutz der Gesundheit oder der Moral oder zum Schutz der Rechte und Freiheiten anderer."

Erläuterung zu Artikel 8 – Schutz personenbezogener Daten

Dieser Artikel stützte sich auf Artikel 286 des Vertrags zur Gründung der Europäischen Gemeinschaft und auf die Richtlinie 95/46/EG des Europäischen Parlaments und des Rates zum Schutz natürlicher Personen bei der Verarbeitung personenbezogener Daten und zum freien Datenverkehr (ABl. L 281 vom 23.11.1995, S. 31) sowie auf Artikel 8 EMRK[1] und das Übereinkommen des Europarates vom 28. Januar 1981 zum Schutz des Menschen bei der automatischen Verarbeitung personenbezogener Daten, das von allen Mitgliedstaaten ratifiziert wurde. Artikel 286 EGV wird nunmehr durch Artikel 16 des Vertrags über die Arbeitsweise der Europäischen Union[2] und Artikel 39 des Vertrags über die Europäische Union[3] ersetzt. Es wird ferner auf die Verordnung (EG) Nr. 45/2001 des Europäischen Parlaments und des Rates zum Schutz natürlicher Personen bei der Verarbeitung personenbezogener Daten durch die Organe und Einrichtungen der Gemeinschaft und zum freien Datenverkehr (ABl. L 8 vom 12.1.2001 S. 1) verwiesen. Die genannte Richtlinie und Verordnung enthalten Bedingungen und Beschränkungen für die Wahrnehmung des Rechts auf den Schutz personenbezogener Daten.

Erläuterung zu Artikel 9 – Recht, eine Ehe einzugehen und eine Familie zu gründen

Dieser Artikel stützt sich auf Artikel 12 EMRK[1], der wie folgt lautet: „Männer und Frauen im heiratsfähigen Alter haben das Recht, nach den innerstaatlichen Gesetzen, welche die Ausübung dieses Rechts regeln, eine Ehe einzugehen und eine Familie zu gründen." Die Formulierung dieses Rechts wurde zeitgemäßer gestaltet, um Fälle zu erfassen, in denen nach den einzelstaatlichen Rechtsvorschriften andere Formen als die Heirat zur Gründung einer Familie anerkannt werden. Durch diesen Artikel wird es weder untersagt noch vorgeschrieben, Verbindungen von Menschen gleichen Geschlechts

---

[1] Nr. **32**.
[2] Nr. **35**.
[3] Nr. **34**.

den Status der Ehe zu verleihen. Dieses Recht ist also dem von der EMRK vorgesehenen Recht ähnlich, es kann jedoch eine größere Tragweite haben, wenn die einzelstaatlichen Rechtsvorschriften dies vorsehen.

Erläuterung zu Artikel 10 – Gedanken-, Gewissens- und Religionsfreiheit
Das in Absatz 1 garantierte Recht entspricht dem Recht, das durch Artikel 9 EMRK[1)] garantiert ist, und hat nach Artikel 52 Absatz 3 der Charta die gleiche Bedeutung und die gleiche Tragweite wie dieses. Bei Einschränkungen muss daher Artikel 9 Absatz 2 EMRK[1)] gewahrt werden, der wie folgt lautet: „Die Freiheit, seine Religion oder Weltanschauung zu bekennen, darf nur Einschränkungen unterworfen werden, die gesetzlich vorgesehen und in einer demokratischen Gesellschaft notwendig sind für die öffentliche Sicherheit, zum Schutz der öffentlichen Ordnung, Gesundheit oder Moral oder zum Schutz der Rechte und Freiheiten anderer."
Das in Absatz 2 garantierte Recht entspricht den einzelstaatlichen Verfassungstraditionen und der Entwicklung der einzelstaatlichen Gesetzgebungen in diesem Punkt.

Erläuterung zu Artikel 11 – Freiheit der Meinungsäußerung und Informationsfreiheit

1. Artikel 11 entspricht Artikel 10 EMRK[1)], der wie folgt lautet:

   „1. Jede Person hat das Recht auf freie Meinungsäußerung. Dieses Recht schließt die Meinungsfreiheit und die Freiheit ein, Informationen und Ideen ohne behördliche Eingriffe und ohne Rücksicht auf Staatsgrenzen zu empfangen und weiterzugeben. Dieser Artikel hindert die Staaten nicht, für Hörfunk-, Fernseh- oder Kinounternehmen eine Genehmigung vorzuschreiben.

   2. Die Ausübung dieser Freiheiten ist mit Pflichten und Verantwortung verbunden; sie kann daher Formvorschriften, Bedingungen, Einschränkungen oder Strafdrohungen unterworfen werden, die gesetzlich vorgesehen und in einer demokratischen Gesellschaft notwendig sind für die nationale Sicherheit, die territoriale Unversehrtheit oder die öffentliche Sicherheit, zur Aufrechterhaltung der Ordnung oder zur Verhütung von Straftaten, zum Schutz der Gesundheit oder der Moral, zum Schutz des guten Rufes oder der Rechte anderer, zur Verhinderung der Verbreitung vertraulicher Informationen oder zur Wahrung der Autorität und der Unparteilichkeit der Rechtsprechung."

   Nach Artikel 52 Absatz 3 der Charta hat dieses Recht die gleiche Bedeutung und Tragweite wie das durch die EMRK garantierte Recht. Die möglichen Einschränkungen dieses Rechts dürfen also nicht über die in Artikel 10 Absatz 2 vorgesehenen Einschränkungen hinausgehen, allerdings unbeschadet der Beschränkungen, die die Möglichkeit der Mitgliedstaaten, Genehmigungsregelungen nach Artikel 10 Absatz 1 Satz 3 der EMRK[1)] einzuführen, durch das Wettbewerbsrecht der Union erfahren kann.

2. Absatz 2 dieses Artikels erläutert die Auswirkungen von Absatz 1 hinsichtlich der Freiheit der Medien. Er stützt sich insbesondere auf die Rechtsprechung des Gerichtshofs bezüglich des Fernsehens, insbesondere in der

---

[1)] Nr. **32**.

Rechtssache C-288/89 (Urteil vom 25. Juli 1991, Stichting Collectieve Antennevoorziening Gouda u.a.; Slg. 1991, I-4007), und auf das Protokoll über den öffentlich-rechtlichen Rundfunk in den Mitgliedstaaten, das dem EGV und nunmehr den Verträgen beigefügt ist, sowie auf die Richtlinie 89/552/EWG des Rates (siehe insbesondere Erwägungsgrund 17).

Erläuterung zu Artikel 12 – Versammlungs- und Vereinigungsfreiheit

1. Absatz 1 dieses Artikels entspricht Artikel 11 EMRK[1], der wie folgt lautet:

   „1. Jede Person hat das Recht, sich frei und friedlich mit anderen zu versammeln und sich frei mit anderen zusammenzuschließen; dazu gehört auch das Recht, zum Schutz seiner Interessen Gewerkschaften zu gründen und Gewerkschaften beizutreten.

   2. Die Ausübung dieser Rechte darf nur Einschränkungen unterworfen werden, die gesetzlich vorgesehen und in einer demokratischen Gesellschaft notwendig sind für die nationale oder öffentliche Sicherheit, zur Aufrechterhaltung der Ordnung oder zur Verhütung von Straftaten, zum Schutz der Gesundheit oder der Moral oder zum Schutz der Rechte und Freiheiten anderer. Dieser Artikel steht rechtmäßigen Einschränkungen der Ausübung dieser Rechte für Angehörige der Streitkräfte, der Polizei oder der Staatsverwaltung nicht entgegen."

   Die Bestimmungen des Absatzes 1 dieses Artikels 12 haben die gleiche Bedeutung wie die Bestimmungen der EMRK; sie haben jedoch eine größere Tragweite, weil sie auf alle Ebenen, auch auf die europäische Ebene, Anwendung finden können. Nach Artikel 52 Absatz 3 der Charta dürfen die Einschränkungen dieses Rechts nicht über die Einschränkungen hinausgehen, die als mögliche rechtmäßige Einschränkungen im Sinne von Artikel 11 Absatz 2 EMRK[1] gelten.

2. Dieses Recht stützt sich auch auf Artikel 11 der Gemeinschaftscharta der sozialen Grundrechte der Arbeitnehmer.

3. Absatz 2 dieses Artikels entspricht Artikel 10 Absatz 4 des Vertrags über die Europäische Union[2].

Erläuterung zu Artikel 13 – Freiheit der Kunst und der Wissenschaft

Dieses Recht leitet sich in erster Linie aus der Gedankenfreiheit und der Freiheit der Meinungsäußerung ab. Seine Ausübung erfolgt unter Wahrung von Artikel 1, und es kann den durch Artikel 10 EMRK[1] gestatteten Einschränkungen unterworfen werden.

Erläuterung zu Artikel 14 – Recht auf Bildung

1. Dieser Artikel lehnt sich sowohl an die gemeinsamen verfassungsrechtlichen Traditionen der Mitgliedstaaten als auch an Artikel 2 des Zusatzprotokolls zur EMRK[3] an, der folgenden Wortlaut hat:

   „Niemandem darf das Recht auf Bildung verwehrt werden. Der Staat hat bei Ausübung der von ihm auf dem Gebiete der Erziehung und des Unterrichts übernommenen Aufgaben das Recht der Eltern zu achten, die

[1] Nr. **32**.
[2] Nr. **34**.
[3] Nr. **32a**.

Erziehung und den Unterricht entsprechend ihren eigenen religiösen und weltanschaulichen Überzeugungen sicherzustellen."
Es wurde für zweckmäßig erachtet, diesen Artikel auf den Zugang zur beruflichen Aus- und Weiterbildung auszudehnen (siehe Nummer 15 der Gemeinschaftscharta der sozialen Grundrechte der Arbeitnehmer sowie Artikel 10 der Europäischen Sozialcharta) und den Grundsatz der Unentgeltlichkeit des Pflichtschulunterrichts einzufügen. In seiner hier vorliegenden Fassung besagt dieser Grundsatz lediglich, dass in Bezug auf den Pflichtschulunterricht jedes Kind die Möglichkeit haben muss, eine schulische Einrichtung zu besuchen, die unentgeltlichen Unterricht erteilt. Er besagt nicht, dass alle – und insbesondere auch die privaten – schulischen Einrichtungen, die den betreffenden Unterricht oder berufliche Ausbildung und Weiterbildung anbieten, dies unentgeltlich tun müssen. Ebenso wenig verbietet er, dass bestimmte besondere Unterrichtsformen entgeltlich sein können, sofern der Staat Maßnahmen zur Gewährung eines finanziellen Ausgleichs trifft. Soweit die Charta für die Union gilt, bedeutet das, dass die Union im Rahmen ihrer bildungspolitischen Maßnahmen die Unentgeltlichkeit des Pflichtunterrichts achten muss, doch es erwachsen ihr daraus selbstverständlich keine neuen Zuständigkeiten. Was das Recht der Eltern anbelangt, so ist dieses in Verbindung mit Artikel 24 auszulegen.

2. Die Freiheit zur Gründung von öffentlichen oder privaten Lehranstalten wird als einer der Aspekte der unternehmerischen Freiheit garantiert, ihre Ausübung ist jedoch durch die Achtung der demokratischen Grundsätze eingeschränkt und erfolgt entsprechend den in den einzelstaatlichen Rechtsvorschriften festgelegten Einzelheiten.

Erläuterung zu Artikel 15 – Berufsfreiheit und Recht zu arbeiten

Die in Artikel 15 Absatz 1 festgeschriebene Berufsfreiheit ist in der Rechtsprechung des Gerichtshofs anerkannt (siehe u.a. die Urteile vom 14. Mai 1974, Rechtssache 4/73, Nold, Slg. 1974, 491, Randnrn. 12-14; vom 13. Dezember 1979, Rechtssache 44/79, Hauer, Slg. 1979, 3727; vom 8. Oktober 1986, Rechtssache 234/85, Keller, Slg. 1986, 2897, Randnr. 8).
Dieser Absatz lehnt sich ferner an Artikel 1 Absatz 2 der am 18. Oktober 1961 unterzeichneten und von allen Mitgliedstaaten ratifizierten Europäischen Sozialcharta und an Nummer 4 der Gemeinschaftscharta der sozialen Grundrechte der Arbeitnehmer vom 9. Dezember 1989 an. Der Ausdruck „Arbeitsbedingungen" ist im Sinne des Artikels 156 des Vertrags über die Arbeitsweise der Europäischen Union [1] zu verstehen.
In Absatz 2 wurden die drei Freiheiten aufgenommen, die durch die Artikel 26 und 45, 49 und 56 des Vertrags über die Arbeitsweise der Europäischen Union garantiert sind, d.h. die Freizügigkeit der Arbeitnehmer, die Niederlassungsfreiheit und der freie Dienstleistungsverkehr.
Absatz 3 stützt sich auf Artikel 153 Absatz 1 Buchstabe g des Vertrags über die Arbeitsweise der Europäischen Union sowie auf Artikel 19 Absatz 4 der am 18. Oktober 1961 unterzeichneten und von allen Mitgliedstaaten ratifizierten Europäischen Sozialcharta. Somit findet Artikel 52 Absatz 2 der Charta Anwendung. Die Frage der Anheuerung von Seeleuten, die Staatsangehörige von Drittstaaten sind, in der Besatzung von Schiffen unter der

[1] Nr. **35**.

Flagge eines Mitgliedstaats der Union wird durch das Unionsrecht und die einzelstaatlichen Rechtsvorschriften und Gepflogenheiten geregelt.

Erläuterung zu Artikel 16 – Unternehmerische Freiheit

Dieser Artikel stützt sich auf die Rechtsprechung des Gerichtshofs, der die Freiheit, eine Wirtschafts- oder Geschäftstätigkeit auszuüben, (siehe die Urteile vom 14. Mai 1974, Rechtssache 4/73, Nold, Slg. 1974, 491, Randnr. 14; und vom 27. September 1979, Rechtssache 230/78, SpA Eridania und andere, Slg. 1979, 2749, Randnrn. 20 und 31) und die Vertragsfreiheit (siehe u.a. die Urteile „Sukkerfabriken Nykoebing", Rechtssache 151/78, Slg. 1979, 1, Randnr. 19; und vom 5. Oktober 1999, Rechtssache C-240/97, Spanien gegen Kommission, Slg. 1999, I-6571, Randnr. 99) anerkannt hat, sowie auf Artikel 119 Absätze 1 und 3 des Vertrags über die Arbeitsweise der Europäischen Union[1], in dem der freie Wettbewerb anerkannt wird. Dieses Recht wird natürlich unter Einhaltung des Unionsrechts und der einzelstaatlichen Rechtsvorschriften ausgeübt. Es kann nach Artikel 52 Absatz 1 der Charta beschränkt werden.

Erläuterung zu Artikel 17 – Eigentumsrecht

Dieser Artikel entspricht Artikel 1 des Zusatzprotokolls zur EMRK[2]:

„Jede natürliche oder juristische Person hat das Recht auf Achtung ihres Eigentums. Niemandem darf sein Eigentum entzogen werden, es sei denn, dass das öffentliche Interesse es verlangt, und nur unter den durch Gesetz und durch die allgemeinen Grundsätze des Völkerrechts vorgesehenen Bedingungen.

Absatz 1 beeinträchtigt jedoch nicht das Recht des Staates, diejenigen Gesetze anzuwenden, die er für die Regelung der Benutzung des Eigentums im Einklang mit dem allgemeinen Interesse oder zur Sicherung der Zahlung der Steuern oder sonstigen Abgaben oder von Geldstrafen für erforderlich hält."

Es handelt sich um ein gemeinsames Grundrecht aller einzelstaatlichen Verfassungen. Es wurde mehrfach durch die Rechtsprechung des Gerichtshofs – zum ersten Mal in dem Urteil Hauer (13. Dezember 1979, Slg. 1979, 3727) – bekräftigt. Die Formulierung wurde zeitgemäßer gestaltet, doch hat dieses Recht nach Artikel 52 Absatz 3 die gleiche Bedeutung und die gleiche Tragweite wie das in der EMRK[3] garantierte Recht, wobei nicht über die in der EMRK[3] vorgesehenen Einschränkungen hinausgegangen werden darf.

Der Schutz des geistigen Eigentums ist zwar ein Aspekt des Eigentumsrechts, er wird jedoch aufgrund seiner zunehmenden Bedeutung und aufgrund des abgeleiteten Gemeinschaftsrechts in Absatz 2 ausdrücklich aufgeführt. Das geistige Eigentum umfasst neben dem literarischen und dem künstlerischen Eigentum unter anderem das Patent- und Markenrecht sowie die verwandten Schutzrechte. Die in Absatz 1 vorgesehenen Garantien gelten sinngemäß für das geistige Eigentum.

---

[1] Nr. **35**.
[2] Nr. **32a**.
[3] Nr. **32**.

Erläuterung zu Artikel 18 – Asylrecht

Der Wortlaut des Artikels stützte sich auf Artikel 63 EGV, der nunmehr durch Artikel 78 des Vertrags über die Arbeitsweise der Europäischen Union[1] ersetzt wurde und der die Union zur Einhaltung der Genfer Flüchtlingskonvention verpflichtet. Es sei auf die den Verträgen beigefügten Protokolle über das Vereinigte Königreich und Irland sowie Dänemark verwiesen, um zu bestimmen, inwieweit diese Mitgliedstaaten das diesbezügliche Unionsrecht anwenden und inwieweit dieser Artikel auf sie Anwendung findet. Dieser Artikel berücksichtigt das den Verträgen beigefügte Protokoll über die Gewährung von Asyl.

Erläuterung zu Artikel 19 – Schutz bei Abschiebung, Ausweisung und Auslieferung

Absatz 1 dieses Artikels hat hinsichtlich der Kollektivausweisungen die gleiche Bedeutung und Tragweite wie Artikel 4 des Zusatzprotokolls Nr. 4 zur EMRK[2]. Hiermit soll gewährleistet werden, dass jeder Beschluss gesondert geprüft wird und dass nicht beschlossen werden kann, alle Menschen, die die Staatsangehörigkeit eines bestimmten Staates besitzen, mit einer einzigen Maßnahme auszuweisen (siehe auch Artikel 13 des Internationalen Pakts über bürgerliche und politische Rechte).
Mit Absatz 2 wird die einschlägige Rechtsprechung des Europäischen Gerichtshofs für Menschenrechte zu Artikel 3 EMRK[3] (siehe Ahmed gegen Österreich, Urteil vom 17. Dezember 1996, Slg. EGMR 1996, VI-2206 und Soering, Urteil vom 7. Juli 1989) übernommen.

Titel III – Gleichheit

Erläuterung zu Artikel 20 – Gleichheit vor dem Gesetz

Dieser Artikel entspricht dem allgemeinen Rechtsprinzip, das in allen europäischen Verfassungen verankert ist und das der Gerichtshof als ein Grundprinzip des Gemeinschaftsrechts angesehen hat (Urteil vom 13. November 1984, Rechtssache 283/83, Racke, Slg. 1984, 3791, Urteil vom 17. April 1997, Rechtssache C-15/95, EARL, Slg. 1997, I-1961 und Urteil vom 13. April 2000, Rechtssache C-292/97, Karlsson, Slg. 2000, 2737).

Erläuterung zu Artikel 21 – Nichtdiskriminierung

Absatz 1 lehnt sich an Artikel 13 EGV, der nun durch Artikel 19 des Vertrags über die Arbeitsweise der Europäischen Union[1] ersetzt wurde, und Artikel 14 EMRK[3] sowie an Artikel 11 des Übereinkommens über Menschenrechte und Biomedizin in Bezug auf das genetische Erbe an. Soweit er mit Artikel 14 EMRK[3] zusammenfällt, findet er nach diesem Artikel Anwendung.
Absatz 1 und Artikel 19 des Vertrags über die Arbeitsweise der Europäischen Union, der einen anderen Anwendungsbereich hat und einen anderen Zweck verfolgt, stehen nicht in Widerspruch zueinander und sind nicht unvereinbar miteinander: In Artikel 19 wird der Union die Zuständigkeit übertragen, Gesetzgebungsakte - unter anderem auch betreffend die Harmonisierung der

---

[1] Nr. **35**.
[2] Nr. **32b**.
[3] Nr. **32**.

Rechtsvorschriften der Mitgliedstaaten - zur Bekämpfung bestimmter Formen der Diskriminierung, die in diesem Artikel erschöpfend aufgezählt sind, zu erlassen. Diese Rechtsvorschriften können Maßnahmen der Behörden der Mitgliedstaaten (sowie die Beziehungen zwischen Privatpersonen) in jedem Bereich innerhalb der Grenzen der Zuständigkeiten der Union umfassen. In Absatz 1 des Artikels 21 hingegen wird weder eine Zuständigkeit zum Erlass von Antidiskriminierungsgesetzen in diesen Bereichen des Handelns von Mitgliedstaaten oder Privatpersonen geschaffen noch ein umfassendes Diskriminierungsverbot in diesen Bereichen festgelegt. Vielmehr behandelt er die Diskriminierung seitens der Organe und Einrichtungen der Union im Rahmen der Ausübung der ihr nach den Verträgen zugewiesenen Zuständigkeiten und seitens der Mitgliedstaaten im Rahmen der Umsetzung des Unionsrechts. Mit Absatz 1 wird daher weder der Umfang der nach Artikel 19 zugewiesenen Zuständigkeiten noch die Auslegung dieses Artikels geändert.
Absatz 2 entspricht Artikel 18 Absatz 1 des Vertrags über die Arbeitsweise der Europäischen Union und findet entsprechend Anwendung.

Erläuterung zu Artikel 22 – Vielfalt der Kulturen, Religionen und Sprachen

Dieser Artikel stützte sich auf Artikel 6 des Vertrags über die Europäische Union und auf Artikel 151 Absätze 1 und 4 EGV in Bezug auf die Kultur, der nunmehr durch Artikel 167 Absätze 1 und 4 des Vertrags über die Arbeitsweise der Europäischen Union[1] ersetzt wurde. Die Achtung der kulturellen und sprachlichen Vielfalt ist nunmehr auch in Artikel 3 Absatz 3 des Vertrags über die Europäische Union[2] verankert. Der vorliegende Artikel lehnt sich ebenfalls an die Erklärung Nr. 11 zur Schlussakte des Vertrags von Amsterdam betreffend den Status der Kirchen und weltanschauliche Gemeinschaften an, deren Inhalt nunmehr in Artikel 17 des Vertrags über die Arbeitsweise der Europäischen Union aufgenommen wurde.

Erläuterung zu Artikel 23 – Gleichheit von Frauen und Männern

Absatz 1 dieses Artikels stützte sich auf Artikel 2 und Artikel 3 Absatz 2 EGV, die nunmehr durch Artikel 3 des Vertrags über die Europäische Union[2] und Artikel 8 des Vertrags über die Arbeitsweise der Europäischen Union[1] ersetzt wurden und die die Union auf das Ziel der Förderung der Gleichstellung von Männern und Frauen verpflichten, sowie auf Artikel 157 Absatz 1 des Vertrags über die Arbeitsweise der Europäischen Union. Er lehnt sich an Artikel 20 der revidierten Europäischen Sozialcharta vom 3. Mai 1996 und an Nummer 16 der Gemeinschaftscharta der Arbeitnehmerrechte an.
Er stützt sich auch auf Artikel 157 Absatz 3 des Vertrags über die Arbeitsweise der Europäischen Union und auf Artikel 2 Absatz 4 der Richtlinie 76/207/EWG des Rates zur Verwirklichung des Grundsatzes der Gleichbehandlung von Männern und Frauen hinsichtlich des Zugangs zur Beschäftigung, zur Berufsbildung und zum beruflichen Aufstieg sowie in Bezug auf die Arbeitsbedingungen.
Absatz 2 übernimmt in einer kürzeren Formulierung Artikel 157 Absatz 4 des Vertrags über die Arbeitsweise der Europäischen Union, wonach der Grundsatz der Gleichbehandlung der Beibehaltung oder der Einführung

---

[1] Nr. **35**.
[2] Nr. **34**.

spezifischer Vergünstigungen zur Erleichterung der Berufstätigkeit des unterrepräsentierten Geschlechts oder zur Verhinderung oder zum Ausgleich von Benachteiligungen in der beruflichen Laufbahn nicht entgegensteht. Nach Artikel 52 Absatz 2 ändert dieser Absatz nicht Artikel 157 Absatz 4.

Erläuterung zu Artikel 24 – Rechte des Kindes

Dieser Artikel stützt sich auf das am 20. November 1989 unterzeichnete und von allen Mitgliedstaaten ratifizierte Übereinkommen von New York über die Rechte des Kindes, insbesondere auf die Artikel 3, 9, 12 und 13 dieses Übereinkommens.

Mit Absatz 3 wird der Umstand berücksichtigt, dass als Teil der Errichtung des Raums der Freiheit, der Sicherheit und des Rechts die Gesetzgebung der Union in Bereichen des Zivilrechts mit grenzüberschreitenden Bezügen – für die in Artikel 81 des Vertrags über die Arbeitsweise der Europäischen Union[1] die entsprechende Zuständigkeit vorgesehen ist – insbesondere auch das Umgangsrecht umfassen kann, mit dem sichergestellt wird, dass Kinder regelmäßige persönliche Beziehungen und direkte Kontakte zu beiden Elternteilen unterhalten können.

Erläuterung zu Artikel 25 – Rechte älterer Menschen

Dieser Artikel lehnt sich an Artikel 23 der revidierten Europäischen Sozialcharta und an die Artikel 24 und 25 der Gemeinschaftscharta der sozialen Grundrechte der Arbeitnehmer an. Die Teilnahme am sozialen und kulturellen Leben umfasst natürlich auch die Teilnahme am politischen Leben.

Erläuterung zu Artikel 26 – Integration von Menschen mit Behinderung

Der in diesem Artikel aufgeführte Grundsatz stützt sich auf Artikel 15 der Europäischen Sozialcharta und lehnt sich ferner an Nummer 26 der Gemeinschaftscharta der sozialen Grundrechte der Arbeitnehmer an.

Titel IV – Solidarität

Erläuterung zu Artikel 27 – Recht auf Unterrichtung und Anhörung der Arbeitnehmerinnen und Arbeitnehmer im Unternehmen

Dieser Artikel ist in der revidierten Europäischen Sozialcharta (Artikel 21) und in der Gemeinschaftscharta der sozialen Grundrechte der Arbeitnehmer (Nummern 17 und 18) enthalten. Er gilt unter den im Unionsrecht und in den Rechtsvorschriften der Mitgliedstaaten vorgesehenen Bedingungen. Die Bezugnahme auf die geeigneten Ebenen verweist auf die nach dem Unionsrecht und den einzelstaatlichen Rechtsvorschriften vorgesehenen Ebenen, was die europäische Ebene einschließen kann, wenn die Rechtsvorschriften der Union dies vorsehen. Die Union verfügt diesbezüglich über einen beachtlichen Besitzstand: die Artikel 154 und 155 des Vertrags über die Arbeitsweise der Europäischen Union[1], die Richtlinien 2002/14/EG (allgemeiner Rahmen für die Unterrichtung und Anhörung der Arbeitnehmer in der Europäischen Gemeinschaft), 98/59/EG (Massenentlassungen), 2001/23/EG (Übergang von Unternehmen) und 94/45/EG (Europäischer Betriebsrat).

---

[1] Nr. **35**.

Erläuterung zu Artikel 28 – Recht auf Kollektivverhandlungen und Kollektivmaßnahmen

Dieser Artikel stützt sich auf Artikel 6 der Europäischen Sozialcharta sowie auf die Gemeinschaftscharta der sozialen Grundrechte der Arbeitnehmer (Nummern 12 bis 14). Das Recht auf kollektive Maßnahmen wurde vom Europäischen Gerichtshof für Menschenrechte als einer der Bestandteile des gewerkschaftlichen Vereinigungsrechts anerkannt, das durch Artikel 11 EMRK[1] festgeschrieben ist. Was die geeigneten Ebenen betrifft, auf denen die Tarifverhandlungen stattfinden können, so wird auf die Erläuterung zum vorhergehenden Artikel verwiesen. Die Modalitäten und Grenzen für die Durchführung von Kollektivmaßnahmen, darunter auch Streiks, werden durch die einzelstaatlichen Rechtsvorschriften und Gepflogenheiten geregelt; dies gilt auch für die Frage, ob diese Maßnahmen in mehreren Mitgliedstaaten parallel durchgeführt werden können.

Erläuterung zu Artikel 29 – Recht auf Zugang zu einem Arbeitsvermittlungsdienst

Dieser Artikel stützt sich auf Artikel 1 Absatz 3 der Europäischen Sozialcharta sowie auf Nummer 13 der Gemeinschaftscharta der sozialen Grundrechte der Arbeitnehmer.

Erläuterung zu Artikel 30 – Schutz bei ungerechtfertigter Entlassung

Dieser Artikel lehnt sich an Artikel 24 der revidierten Sozialcharta an. Siehe auch die Richtlinien 2001/23/EG über die Wahrung von Ansprüchen der Arbeitnehmer beim Übergang von Unternehmen und 80/987/EWG über den Schutz der Arbeitnehmer bei Zahlungsunfähigkeit des Arbeitgebers, geändert durch die Richtlinie 2002/74/EG.

Erläuterung zu Artikel 31 – Gerechte und angemessene Arbeitsbedingungen

1. Absatz 1 dieses Artikels stützt sich auf die Richtlinie 89/391/EWG über die Durchführung von Maßnahmen zur Verbesserung der Sicherheit und des Gesundheitsschutzes der Arbeitnehmer am Arbeitsplatz. Er lehnt sich ferner an Artikel 3 der Sozialcharta und Nummer 19 der Gemeinschaftscharta der Arbeitnehmerrechte sowie hinsichtlich des Rechts auf Würde am Arbeitsplatz an Artikel 26 der revidierten Sozialcharta an. Der Ausdruck „Arbeitsbedingungen" ist im Sinne des Artikels 156 des Vertrags über die Arbeitsweise der Europäischen Union[2] zu verstehen.
2. Absatz 2 stützt sich auf die Richtlinie 93/104/EG über bestimmte Aspekte der Arbeitszeitgestaltung sowie auf Artikel 2 der Europäischen Sozialcharta und auf Nummer 8 der Gemeinschaftscharta der Arbeitnehmerrechte.

Erläuterung zu Artikel 32 – Verbot der Kinderarbeit und Schutz der Jugendlichen am Arbeitsplatz

Dieser Artikel stützt sich auf die Richtlinie 94/33/EG über den Jugendarbeitsschutz sowie auf Artikel 7 der Europäischen Sozialcharta und auf die Nummern 20 bis 23 der Gemeinschaftscharta der sozialen Grundrechte der Arbeitnehmer.

---

[1] Nr. **32**.
[2] Nr. **35**.

Erläuterung zu Artikel 33 – Familien- und Berufsleben

Artikel 33 Absatz 1 stützt sich auf Artikel 16 der Europäischen Sozialcharta. Absatz 2 lehnt sich an die Richtlinie 92/85/EWG über die Durchführung von Maßnahmen zur Verbesserung der Sicherheit und des Gesundheitsschutzes von schwangeren Arbeitnehmerinnen, Wöchnerinnen und stillenden Arbeitnehmerinnen am Arbeitsplatz und an die Richtlinie 96/34/EG zu der von UNICE, CEEP und EGB geschlossenen Rahmenvereinbarung über Elternurlaub an. Er stützt sich ferner auf Artikel 8 (Mutterschutz) der Europäischen Sozialcharta und lehnt sich an Artikel 27 (Recht der Arbeitnehmer mit Familienpflichten auf Chancengleichheit und Gleichbehandlung) der revidierten Sozialcharta an. Der Begriff „Mutterschaft" deckt den Zeitraum von der Zeugung bis zum Stillen des Kindes ab.

Erläuterung zu Artikel 34 – Soziale Sicherheit und soziale Unterstützung

Der in Artikel 34 Absatz 1 aufgeführte Grundsatz stützt sich auf die Artikel 153 und 156 des Vertrags über die Arbeitsweise der Europäischen Union[1] sowie auf Artikel 12 der Europäischen Sozialcharta und auf Nummer 10 der Gemeinschaftscharta der Arbeitnehmerrechte. Er ist von der Union zu wahren, wenn sie im Rahmen ihrer Zuständigkeiten nach den Artikeln 153 und 156 des Vertrags über die Arbeitsweise der Europäischen Union tätig wird. Durch den Hinweis auf die sozialen Dienste sollen die Fälle erfasst werden, in denen derartige Dienste eingerichtet wurden, um bestimmte Leistungen sicherzustellen; dies bedeutet aber keineswegs, dass solche Dienste eingerichtet werden müssen, wo sie nicht bestehen. Der Begriff „Mutterschaft" ist im Sinne des vorangehenden Artikels zu verstehen.

Absatz 2 stützt sich auf Artikel 12 Absatz 4 und Artikel 13 Absatz 4 der Europäischen Sozialcharta sowie auf Nummer 2 der Gemeinschaftscharta der sozialen Grundrechte der Arbeitnehmer und spiegelt die Regeln wider, die sich aus den Verordnungen (EWG) Nr. 1408/71 und (EWG) Nr. 1612/68 ergeben.

Absatz 3 lehnt sich an Artikel 13 der Europäischen Sozialcharta und die Artikel 30 und 31 der revidierten Sozialcharta sowie an Nummer 10 der Gemeinschaftscharta an. Er ist von der Union im Rahmen der Politiken zu wahren, die auf Artikel 153 des Vertrags über die Arbeitsweise der Europäischen Union beruhen.

Erläuterung zu Artikel 35 – Gesundheitsschutz

Die in diesem Artikel enthaltenen Grundsätze stützen sich auf Artikel 152 EGV, der nunmehr durch Artikel 168 des Vertrags über die Arbeitsweise der Europäischen Union[1] ersetzt wurde, sowie auf die Artikel 11 und 13 der Europäischen Sozialcharta. Satz 2 entspricht Artikel 168 Absatz 1.

Erläuterung zu Artikel 36 – Zugang zu Dienstleistungen von allgemeinem wirtschaftlichen Interesse

Dieser Artikel steht vollauf im Einklang mit Artikel 14 des Vertrags über die Arbeitsweise der Europäischen Union[1] und begründet kein neues Recht. Er stellt lediglich den Grundsatz auf, dass die Union den Zugang zu den Dienstleistungen von allgemeinem wirtschaftlichen Interesse nach den einzelstaatlichen Bestimmungen achtet, sofern diese mit dem Unionsrecht vereinbar sind.

---

[1] Nr. **35**.

Erläuterung zu Artikel 37 – Umweltschutz

Die in diesem Artikel enthaltenen Grundsätze stützten sich auf die Artikel 2, 6 und 174 EGV, die nunmehr durch Artikel 3 Absatz 3 des Vertrags über die Europäische Union[1] sowie die Artikel 11 und 191 des Vertrags über die Arbeitsweise der Europäischen Union[2] ersetzt wurden.
Er lehnt sich auch an die Verfassungsbestimmungen einiger Mitgliedstaaten an.

Erläuterung zu Artikel 38 – Verbraucherschutz

Der in diesem Artikel enthaltene Grundsatz stützt sich auf Artikel 169 des Vertrags über die Arbeitsweise der Europäischen Union[2].

Titel V – Bürgerrechte

Erläuterung zu Artikel 39 – Aktives und passives Wahlrecht bei den Wahlen zum Europäischen Parlament

Artikel 39 findet nach Artikel 52 Absatz 2 der Charta im Rahmen der in den Verträgen festgelegten Bedingungen Anwendung. Absatz 1 des Artikels 39 entspricht dem Recht, das durch Artikel 20 Absatz 2 des Vertrags über die Arbeitsweise der Europäischen Union[2] garantiert ist (siehe auch die Rechtsgrundlage in Artikel 22 des Vertrags über die Arbeitsweise der Europäischen Union für die Festlegung der Einzelheiten für die Ausübung dieses Rechts), und Absatz 2 dieses Artikels entspricht Artikel 14 Absatz 3 des Vertrags über die Europäische Union[1]. Artikel 39 Absatz 2 gibt die Grundprinzipien für die Durchführung von Wahlen in einem demokratischen System wieder.

Erläuterung zu Artikel 40 – Aktives und passives Wahlrecht bei den Kommunalwahlen

Dieser Artikel entspricht dem Recht, das durch Artikel 20 Absatz 2 des Vertrags über die Arbeitsweise der Europäischen Union[2] garantiert ist (siehe auch die Rechtsgrundlage in Artikel 22 des Vertrags über die Arbeitsweise der Europäischen Union für die Festlegung der Einzelheiten für die Ausübung dieses Rechts). Nach Artikel 52 Absatz 2 findet es im Rahmen der in diesen beiden Artikeln der Verträge festgelegten Bedingungen Anwendung.

Erläuterung zu Artikel 41 – Recht auf eine gute Verwaltung

Artikel 41 ist auf das Bestehen der Union als eine Rechtsgemeinschaft gestützt, deren charakteristische Merkmale sich durch die Rechtsprechung entwickelt haben, die unter anderem eine gute Verwaltung als allgemeinen Rechtsgrundsatz festgeschrieben hat (siehe u.a. das Urteil des Gerichtshofs vom 31. März 1992 (Rechtssache C-255/90 P, Burban, Slg. 1992, I-2253) sowie die Urteile des Gerichts erster Instanz vom 18. September 1995 (Rechtssache T-167/94, Nölle, Slg. 1995, II-2589) und vom 9. Juli 1999 (Rechtssache T-231/97, New Europe Consulting und andere, Slg. 1999, II-2403). Dieses Recht in der in den ersten beiden Absätzen dargestellten Form ergibt sich aus der Rechtsprechung (Urteile des Gerichtshofs vom 15. Oktober 1987 (Rechtssache 222/86, Heylens, Slg. 1987, 4097, Randnr. 15), vom 18. Oktober 1989 (Rechtssache 374/87, Orkem, Slg. 1989, 3283) und

---

[1] Nr. **34**.
[2] Nr. **35**.

vom 21. November 1991 (Rechtssache C-269/90, TU München, Slg. 1991, I-5469) sowie die Urteile des Gerichts erster Instanz vom 6. Dezember 1994 (Rechtssache T-450/93, Lisrestal, Slg. 1994, II-1177) und vom 18. September 1995 (Rechtssache T-167/94, Nölle, Slg. 1995, II-2589)) und - bezüglich der Pflicht zur Begründung - aus Artikel 296 des Vertrags über die Arbeitsweise der Europäischen Union[1], siehe ferner die Rechtsgrundlage in Artikel 298 des Vertrags über die Arbeitsweise der Europäischen Union für die Annahme gesetzlicher Bestimmungen im Interesse einer offenen, effizienten und unabhängigen europäischen Verwaltung.
In Absatz 3 ist das nunmehr durch Artikel 349 des Vertrags über die Arbeitsweise der Europäischen Union garantierte Recht aufgeführt. In Absatz 4 ist das nunmehr durch Artikel 20 Absatz 2 Buchstabe d und Artikel 25 des Vertrags über die Arbeitsweise der Europäischen Union garantierte Recht aufgeführt. Nach Artikel 52 Absatz 2 finden diese Rechte im Rahmen der in den Verträgen festgelegten Bedingungen und Grenzen Anwendung.
Das Recht auf einen wirksamen Rechtsbehelf, das hierbei eine wichtige Rolle spielt, wird durch Artikel 47 der Charta gewährleistet.

Erläuterung zu Artikel 42 – Recht auf Zugang zu Dokumenten

Das in diesem Artikel garantierte Recht wurde aus Artikel 255 EGV, auf dessen Grundlage in der Folge die Verordnung (EG) Nr. 1049/2001 angenommen wurde, übernommen. Der Europäische Konvent hat dieses Recht auf Dokumente der Organe, Einrichtungen, Ämter und Agenturen der Union im Allgemeinen ausgeweitet, ungeachtet ihrer Form (siehe Artikel 15 Absatz 3 des Vertrags über die Arbeitsweise der Europäischen Union[1]). Nach Artikel 52 Absatz 2 der Charta wird das Recht auf Zugang zu Dokumenten im Rahmen der in Artikel 15 Absatz 3 des Vertrags über die Arbeitsweise der Europäischen Union[1] festgelegten Bedingungen und Grenzen ausgeübt.

Erläuterung zu Artikel 43 – Der Europäische Bürgerbeauftragte

Das in diesem Artikel garantierte Recht ist das Recht, das durch die Artikel 20 und 228 des Vertrags über die Arbeitsweise der Europäischen Union[1] garantiert ist. Nach Artikel 52 Absatz 2 findet es im Rahmen der in diesen beiden Artikeln festgelegten Bedingungen Anwendung.

Erläuterung zu Artikel 44 – Petitionsrecht

Das in diesem Artikel garantierte Recht ist das Recht, das durch die Artikel 20 und 227 des Vertrags über die Arbeitsweise der Europäischen Union[1] garantiert ist. Nach Artikel 52 Absatz 2 findet es im Rahmen der in diesen beiden Artikeln festgelegten Bedingungen Anwendung.

Erläuterung zu Artikel 45 – Freizügigkeit und Aufenthaltsfreiheit

Das in Absatz 1 garantierte Recht ist das Recht, das durch Artikel 20 Absatz 2 Buchstabe a des Vertrags über die Arbeitsweise der Europäischen Union[1] garantiert ist (vgl. auch die Rechtsgrundlage in Artikel 21 und das Urteil des Gerichtshofs vom 17. September 2002, Rechtssache C-413/99, Baumbast, Slg. 2002, I-709). Nach Artikel 52 Absatz 2 findet es im Rahmen der in den Verträgen festgelegten Bedingungen und Grenzen Anwendung.

---

[1] Nr. **35**.

Absatz 2 erinnert an die der Union durch die Artikel 77, 78 und 79 des Vertrags über die Arbeitsweise der Europäischen Union[1] erteilte Zuständigkeit. Daraus folgt, dass die Gewährung dieses Rechts von der Ausübung dieser Zuständigkeit durch die Organe abhängt.

Erläuterung zu Artikel 46 – Diplomatischer und konsularischer Schutz

Das in diesem Artikel garantierte Recht ist das Recht, das durch Artikel 20 des Vertrags über die Arbeitsweise der Europäischen Union[1] garantiert ist (siehe auch die Rechtsgrundlage in Artikel 23 des Vertrags). Nach Artikel 52 Absatz 2 findet es im Rahmen der in diesen Artikeln festgelegten Bedingungen Anwendung.

Titel VI – Justizielle Rechte

Erläuterung zu Artikel 47 – Recht auf einen wirksamen Rechtsbehelf und ein unparteiisches Gericht

Absatz 1 stützt sich auf Artikel 13 EMRK[2]:

„Jede Person, die in ihren in dieser Konvention anerkannten Rechten oder Freiheiten verletzt worden ist, hat das Recht, bei einer innerstaatlichen Instanz eine wirksame Beschwerde zu erheben, auch wenn die Verletzung von Personen begangen worden ist, die in amtlicher Eigenschaft gehandelt haben."

Im Unionsrecht wird jedoch ein umfassenderer Schutz gewährt, da ein Recht auf einen wirksamen Rechtsbehelf bei einem Gericht garantiert wird. Der Gerichtshof hat dieses Recht in seinem Urteil vom 15. Mai 1986 als allgemeinen Grundsatz des Unionsrechts festgeschrieben (Rechtssache 222/84, Johnston, Slg. 1986, 1651); siehe auch die Urteile vom 15. Oktober 1987 (Rechtssache 222/86, Heylens, Slg. 1987, 4097) und vom 3. Dezember 1992 (Rechtssache C-97/91, Borelli, Slg. 1992, I-6313). Nach Auffassung des Gerichtshofs gilt dieser allgemeine Grundsatz des Unionsrechts auch für die Mitgliedstaaten, wenn sie das Unionsrecht anwenden. Die Übernahme dieser Rechtsprechung des Gerichtshofs in die Charta zielte nicht darauf ab, das in den Verträgen vorgesehene Rechtsschutzsystem und insbesondere nicht die Bestimmungen über die Zulässigkeit direkter Klagen beim Gerichtshof der Europäischen Union zu ändern. Der Europäische Konvent hat sich mit dem System des gerichtlichen Rechtsschutzes der Union, einschließlich der Zulässigkeitsvorschriften, befasst und hat es mit einigen Änderungen, die in die Artikel 251 bis 281 des Vertrags über die Arbeitsweise der Europäischen Union[1] und insbesondere in Artikel 263 Absatz 4 eingeflossen sind, bestätigt.

Artikel 47 gilt gegenüber den Organen der Union und den Mitgliedstaaten, wenn diese das Unionsrecht anwenden, und zwar für sämtliche durch das Unionsrecht garantierte Rechte.

Absatz 2 entspricht Artikel 6 Absatz 1 EMRK[2], der wie folgt lautet:

„Jede Person hat ein Recht darauf, dass über Streitigkeiten in Bezug auf ihre zivilrechtlichen Ansprüche und Verpflichtungen oder über eine gegen sie erhobene strafrechtliche Anklage von einem unabhängigen und unparteiischen, auf Gesetz beruhenden Gericht in einem fairen Verfahren, öffentlich und innerhalb angemessener Frist verhandelt wird. Das Urteil muss

[1] Nr. **35**.
[2] Nr. **32**.

öffentlich verkündet werden; Presse und Öffentlichkeit können jedoch während des ganzen oder eines Teiles des Verfahrens ausgeschlossen werden, wenn dies im Interesse der Moral, der öffentlichen Ordnung oder der nationalen Sicherheit in einer demokratischen Gesellschaft liegt, wenn die Interessen von Jugendlichen oder der Schutz des Privatlebens der Prozessparteien es verlangen oder - soweit das Gericht es für unbedingt erforderlich hält - wenn unter besonderen Umständen eine öffentliche Verhandlung die Interessen der Rechtspflege beeinträchtigen würde."

Im Unionsrecht gilt das Recht auf ein Gerichtsverfahren nicht nur für Streitigkeiten im Zusammenhang mit zivilrechtlichen Ansprüchen und Verpflichtungen. Dies ist eine der Folgen der Tatsache, dass die Union eine Rechtsgemeinschaft ist, wie der Gerichtshof in der Rechtssache 294/83, „Les Verts" gegen Europäisches Parlament (Urteil vom 23. April 1986, Slg. 1986, 1339) festgestellt hat. Mit Ausnahme ihres Anwendungsbereichs gelten die Garantien der EMRK jedoch in der Union entsprechend.

In Bezug auf Absatz 3 sei darauf hingewiesen, dass nach der Rechtsprechung des Europäischen Gerichtshofs für Menschenrechte eine Prozesskostenhilfe zu gewähren ist, wenn mangels einer solchen Hilfe die Einlegung eines wirksamen Rechtsbehelfs nicht gewährleistet wäre (EGMR, Urteil vom 9.10.1979, Airey, Serie A, Band 32, S. 11). Es gibt auch ein Prozesskostenhilfesystem für die beim Gerichtshof der Europäischen Union anhängigen Rechtssachen.

Erläuterung zu Artikel 48 – Unschuldsvermutung und Verteidigungsrechte

Artikel 48 entspricht Artikel 6 Absätze 2 und 3 EMRK[1]), der wie folgt lautet:

„2. Jede Person, die einer Straftat angeklagt ist, gilt bis zum gesetzlichen Beweis ihrer Schuld als unschuldig.

3. Jede angeklagte Person hat mindestens folgende Rechte:

a) innerhalb möglichst kurzer Frist in einer ihr verständlichen Sprache in allen Einzelheiten über Art und Grund der gegen sie erhobenen Beschuldigung unterrichtet zu werden;

b) ausreichende Zeit und Gelegenheit zur Vorbereitung ihrer Verteidigung zu haben;

c) sich selbst zu verteidigen, sich durch einen Verteidiger ihrer Wahl verteidigen zu lassen oder, falls ihr die Mittel zur Bezahlung fehlen, unentgeltlich den Beistand eines Verteidigers zu erhalten, wenn dies im Interesse der Rechtspflege erforderlich ist;

d) Fragen an Belastungszeugen zu stellen oder stellen zu lassen und die Ladung und Vernehmung von Entlastungszeugen unter denselben Bedingungen zu erwirken, wie sie für Belastungszeugen gelten;

e) unentgeltliche Unterstützung durch einen Dolmetscher zu erhalten, wenn sie die Verhandlungssprache des Gerichts nicht versteht oder spricht."

Nach Artikel 52 Absatz 3 hat dieses Recht dieselbe Bedeutung und dieselbe Tragweite wie das durch die EMRK garantierte Recht.

---

[1]) Nr. **32**.

Erläuterung zu Artikel 49 – Grundsätze der Gesetzmäßigkeit und der Verhältnismäßigkeit im Zusammenhang mit Straftaten und Strafen

In diesen Artikel ist die klassische Regel des Verbots der Rückwirkung von Gesetzen und Strafen in Strafsachen aufgenommen worden. Hinzugefügt wurde die in zahlreichen Mitgliedstaaten geltende und in Artikel 15 des Internationalen Paktes über bürgerliche und politische Rechte enthaltene Regel der Rückwirkung von milderen Strafrechtsvorschriften.

Artikel 7 EMRK[1] lautet wie folgt:

„1. Niemand darf wegen einer Handlung oder Unterlassung verurteilt werden, die zur Zeit ihrer Begehung nach innerstaatlichem oder internationalem Recht nicht strafbar war. Es darf auch keine schwerere Strafe als die zur Zeit der Begehung angedrohte Strafe verhängt werden.

2. Dieser Artikel schließt nicht aus, dass jemand wegen einer Handlung oder Unterlassung verurteilt oder bestraft wird, die zur Zeit ihrer Begehung nach den von den zivilisierten Völkern anerkannten allgemeinen Rechtsgrundsätzen strafbar war."

Es wurde lediglich in Absatz 2 das Wort „zivilisierten" gestrichen; der Sinn dieses Absatzes, der insbesondere auf die Verbrechen gegen die Menschlichkeit zielt, wird dadurch in keiner Weise verändert. Entsprechend Artikel 52 Absatz 3 hat daher das garantierte Recht dieselbe Bedeutung und dieselbe Tragweite wie das von der EMRK garantierte Recht.

In Absatz 3 wurde der allgemeine Grundsatz der Verhältnismäßigkeit von Straftat und Strafmaß aufgenommen, der durch die gemeinsamen verfassungsrechtlichen Traditionen der Mitgliedstaaten und die Rechtsprechung des Gerichtshofs der Gemeinschaften festgeschrieben worden ist.

Erläuterung zu Artikel 50 – Recht, wegen derselben Straftat nicht zweimal strafrechtlich verfolgt oder bestraft zu werden

Artikel 4 des Protokolls Nr. 7 zur EMRK[2] lautet wie folgt:

„1. Niemand darf wegen einer Straftat, wegen der er bereits nach dem Gesetz und dem Strafverfahrensrecht eines Staates rechtskräftig verurteilt oder freigesprochen worden ist, in einem Strafverfahren desselben Staates erneut verfolgt oder bestraft werden.

2. Absatz 1 schließt die Wiederaufnahme des Verfahrens nach dem Gesetz und dem Strafverfahrensrecht des betreffenden Staates nicht aus, falls neue oder neu bekannt gewordene Tatsachen vorliegen oder das vorausgegangene Verfahren schwere, den Ausgang des Verfahrens berührende Mängel aufweist.

3. Von diesem Artikel darf nicht nach Artikel 15 der Konvention[1] abgewichen werden."

Die Regel „ne bis in idem" wird im Unionsrecht angewandt (siehe in der umfangreichen Rechtsprechung Urteil vom 5. Mai 1966, Rechtssachen 18/65 und 35/65, Gutmann gegen Kommission, Slg. 1966, 150, und in jüngerer Zeit Urteil des Gerichts erster Instanz vom 20. April 1999, verbundene Rechtssachen T-305/94 und andere, Limburgse Vinyl Maatschappij NV gegen Kommission, Slg. 1999, II-931). Es ist darauf hinzuweisen, dass die Regel

---

1) Nr. **32**.
2) Nr. **32d**.

des Verbots der Doppelbestrafung sich auf gleichartige Sanktionen, in diesem Fall durch ein Strafgericht verhängte Strafen, bezieht.
Nach Artikel 50 findet die Regel „ne bis in idem" nicht nur innerhalb der Gerichtsbarkeit eines Staates, sondern auch zwischen den Gerichtsbarkeiten mehrerer Mitgliedstaaten Anwendung. Dies entspricht dem Rechtsbesitzstand der Union; siehe die Artikel 54 bis 58 des Schengener Durchführungsübereinkommens und Urteil des Gerichtshofes vom 11. Februar 2003, Rechtssache C-187/01 Gözütok (Slg. 2003, I-1345), Artikel 7 des Übereinkommens über den Schutz der finanziellen Interessen der Europäischen Gemeinschaften sowie Artikel 10 des Übereinkommens über die Bekämpfung der Bestechung. Die klar eingegrenzten Ausnahmen, in denen die Mitgliedstaaten nach diesen Übereinkommen von der Regel „ne bis in idem" abweichen können, sind von der horizontalen Klausel des Artikels 52 Absatz 1 über die Einschränkungen abgedeckt. Was die in Artikel 4 des Protokolls Nr. 7[1] bezeichneten Fälle betrifft, nämlich die Anwendung des Grundsatzes in ein und demselben Mitgliedstaat, so hat das garantierte Recht dieselbe Bedeutung und dieselbe Tragweite wie das entsprechende Recht der EMRK.

Titel VII – Allgemeine Bestimmungen über die Auslegung und Anwendung der Charta

Erläuterung zu Artikel 51 – Anwendungsbereich

Mit Artikel 51 soll der Anwendungsbereich der Charta festgelegt werden. Es soll klar zum Ausdruck gebracht werden, dass die Charta zuerst auf die Organe und Einrichtungen der Union Anwendung findet, und zwar unter Beachtung des Grundsatzes der Subsidiarität. Bei dieser Bestimmung hielt man sich an Artikel 6 Absatz 2 des Vertrags über die Europäische Union[2], wonach die Union die Grundrechte zu achten hat, wie auch an das Mandat des Europäischen Rates (Köln). Der Begriff „Organe" ist in den Verträgen festgelegt. Der Ausdruck „Einrichtungen und sonstigen Stellen" wird in den Verträgen üblicherweise als Bezeichnung für alle durch die Verträge oder durch sekundäre Rechtsakte geschaffenen Einrichtungen verwendet (siehe beispielsweise Artikel 15 oder 16 des Vertrags über die Arbeitsweise der Europäischen Union[3]).
Was die Mitgliedstaaten betrifft, so ist der Rechtsprechung des Gerichtshofs eindeutig zu entnehmen, dass die Verpflichtung zur Einhaltung der im Rahmen der Union definierten Grundrechte für die Mitgliedstaaten nur dann gilt, wenn sie im Anwendungsbereich des Unionsrechts handeln (Urteil vom 13. Juli 1989, Rechtssache 5/88, Wachauf, Slg. 1989, 2609, Urteil vom 18. Juni 1991, Rechtssache C-260/89, ERT, Slg. 1991, I-2925, Urteil vom 18. Dezember 1997, Rechtssache C-309/96, Annibaldi, Slg. 1997, I-7493). Der Gerichtshof hat diese Rechtsprechung kürzlich wie folgt bestätigt: „Die Mitgliedstaaten müssen bei der Durchführung der gemeinschaftsrechtlichen Regelungen aber auch die Erfordernisse des Grundrechtschutzes in der Gemeinschaftsrechtsordnung beachten." (Urteil vom 13. April 2000, Rechtssache C-292/97, Slg. 2000, I-2737, Randnr. 37). Diese in der Charta verankerte Regel gilt natürlich sowohl für die zentralen Behörden als auch für

---

[1] Nr. **32d**.
[2] Nr. **34**.
[3] Nr. **35**.

die regionalen oder lokalen Stellen sowie für die öffentlichen Einrichtungen, wenn sie das Unionsrecht anwenden.

Absatz 2, zusammen mit Absatz 1 Satz 2, bestätigt, dass die Charta nicht eine Erweiterung der Zuständigkeiten und Aufgaben bewirken darf, die der Union durch die Verträge zugewiesen sind. Es geht darum, explizit darzulegen, was sich logischerweise aus dem Subsidiaritätsprinzip und dem Umstand ergibt, dass die Union nur über die ihr eigens zugewiesenen Befugnisse verfügt. Die Grundrechte, wie sie in der Union garantiert werden, werden nur im Rahmen dieser von den Verträgen bestimmten Zuständigkeiten wirksam. Folglich kann sich für die Organe der Union nur nach Maßgabe dieser Befugnisse eine Verpflichtung nach Absatz 1 Satz 2 zur Förderung der in der Charta festgelegten Grundsätze ergeben.

Absatz 2 bestätigt auch, dass die Charta sich nicht dahin gehend auswirken darf, dass der Geltungsbereich des Unionsrechts über die in den Verträgen festgelegten Zuständigkeiten der Union hinaus ausgedehnt wird. Der Gerichtshof hat diese Regel bereits in Bezug auf die als Teil des Unionsrechts anerkannten Grundrechte aufgestellt (Urteil vom 17. Februar 1998, Rechtssache C-249/96, Grant, Slg. 1998, I-621, Randnr. 45). Im Einklang mit dieser Regel versteht es sich von selbst, dass der Verweis auf die Charta in Artikel 6 des Vertrags über die Europäische Union[1] nicht dahin gehend verstanden werden kann, dass sie für sich genommen den als „Durchführung des Rechts der Union" betrachteten Aktionsrahmen der Mitgliedstaaten (im Sinne von Absatz 1 und der vorstehend genannten Rechtsprechung) ausdehnt.

Erläuterung zu Artikel 52 – Tragweite und Auslegung der Rechte und Grundsätze

Mit Artikel 52 sollen die Tragweite der Rechte und Grundsätze der Charta und Regeln für ihre Auslegung festgelegt werden. Absatz 1 enthält die allgemeine Einschränkungsregelung. Die verwendete Formulierung lehnt sich an die Rechtsprechung des Gerichtshofes an, die wie folgt lautet: „Nach gefestigter Rechtsprechung kann jedoch die Ausübung dieser Rechte, insbesondere im Rahmen einer gemeinsamen Marktorganisation, Beschränkungen unterworfen werden, sofern diese tatsächlich dem Gemeinwohl dienenden Zielen der Gemeinschaft entsprechen und nicht einen im Hinblick auf den verfolgten Zweck unverhältnismäßigen, nicht tragbaren Eingriff darstellen, der diese Rechte in ihrem Wesensgehalt antastet" (Urteil vom 13. April 2000, Rechtssache C-292/97, Randnr. 45). Die Bezugnahme auf das von der Union anerkannte Gemeinwohl erstreckt sich nicht nur auf die in Artikel 3 des Vertrags über die Europäische Union[1] aufgeführten Ziele, sondern auch auf andere Interessen, die durch besondere Bestimmungen der Verträge wie Artikel 4 Absatz 1 des Vertrags über die Europäische Union, Artikel 35 Absatz 3 des Vertrags über die Arbeitsweise der Europäischen Union[2] und die Artikel 36 und 346 dieses Vertrags geschützt werden.

Absatz 2 bezieht sich auf Rechte, die bereits ausdrücklich im Vertrag zur Gründung der Europäischen Gemeinschaft garantiert waren und in der Charta anerkannt wurden und die nun in den Verträgen zu finden sind (insbesondere die Rechte aus der Unionsbürgerschaft). Er verdeutlicht, dass diese Rechte weiterhin den Bedingungen und Grenzen unterliegen, die für das Unions-

---

[1] Nr. **34**.
[2] Nr. **35**.

recht, auf dem sie beruhen, gelten und die in den Verträgen festgelegt sind. Mit der Charta wird die Regelung hinsichtlich der durch den EG-Vertrag gewährten und in die Verträge übernommenen Rechte nicht geändert.
Mit Absatz 3 soll die notwendige Kohärenz zwischen der Charta und der EMRK[1] geschaffen werden, indem die Regel aufgestellt wird, dass in dieser Charta enthaltene Rechte, die den durch die EMRK garantierten Rechten entsprechen, die gleiche Bedeutung und Tragweite, einschließlich der zugelassenen Einschränkungen, besitzen, wie sie ihnen in der EMRK verliehen werden. Daraus ergibt sich insbesondere, dass der Gesetzgeber bei der Festlegung von Einschränkungen dieser Rechte die gleichen Normen einhalten muss, die in der ausführlichen Regelung der Einschränkungen in der EMRK vorgesehen sind, die damit auch für die von diesem Absatz erfassten Rechte gelten, ohne dass dadurch die Eigenständigkeit des Unionsrechts und des Gerichtshofs der Europäischen Union berührt wird.
Die Bezugnahme auf die EMRK erstreckt sich sowohl auf die Konvention als auch auf ihre Protokolle. Die Bedeutung und Tragweite der garantierten Rechte werden nicht nur durch den Wortlaut dieser Vertragswerke, sondern auch durch die Rechtsprechung des Europäischen Gerichtshofs für Menschenrechte und durch den Gerichtshof der Europäischen Union bestimmt. Mit dem letzten Satz des Absatzes soll der Union die Möglichkeit gegeben werden, für einen weiter gehenden Schutz zu sorgen. Auf jeden Fall darf der durch die Charta gewährleistete Schutz niemals geringer als der durch die EMRK gewährte Schutz sein.
Die Charta berührt nicht die den Mitgliedstaaten offen stehende Möglichkeit, von Artikel 15 EMRK[1] Gebrauch zu machen, der im Falle eines Krieges oder eines anderen öffentlichen Notstands, der das Leben der Nation bedroht, eine Abweichung von den in der EMRK vorgesehenen Rechten erlaubt, wenn sie nach ihren in Artikel 4 Absatz 1 des Vertrags über die Europäische Union[2] und in den Artikeln 72 und 347 des Vertrags über die Arbeitsweise der Europäischen Union[3] anerkannten Verantwortlichkeiten Maßnahmen im Bereich der nationalen Verteidigung im Kriegsfalle oder im Bereich der Aufrechterhaltung der öffentlichen Ordnung treffen.
Die Rechte, bei denen derzeit – ohne die Weiterentwicklung des Rechts, der Gesetzgebung und der Verträge auszuschließen – davon ausgegangen werden kann, dass sie Rechten aus der EMRK im Sinne dieses Absatzes entsprechen, sind nachstehend aufgeführt. Nicht aufgeführt sind die Rechte, die zu den Rechten aus der EMRK hinzukommen.

1. Artikel der Charta, die dieselbe Bedeutung und Tragweite wie die entsprechenden Artikel der Europäischen Menschenrechtskonvention[1] haben:
   - Artikel 2 entspricht Artikel 2 EMRK[1];
   - Artikel 4 entspricht Artikel 3 EMRK[1];
   - Artikel 5 Absätze 1 und 2 entsprechen Artikel 4 EMRK[1];
   - Artikel 6 entspricht Artikel 5 EMRK[1];
   - Artikel 7 entspricht Artikel 8 EMRK[1];
   - Artikel 10 Absatz 1 entspricht Artikel 9 EMRK[1];

---

[1] Nr. **32**.
[2] Nr. **34**.
[3] Nr. **35**.

– Artikel 11 entspricht Artikel 10 EMRK[1] unbeschadet der Einschränkungen, mit denen das Unionsrecht das Recht der Mitgliedstaaten auf Einführung der in Artikel 10 Absatz 1 dritter Satz EMRK[1] genannten Genehmigungsverfahren eingrenzen kann;
– Artikel 17 entspricht Artikel 1 des Zusatzprotokolls zur EMRK[2];
– Artikel 19 Absatz 1 entspricht Artikel 4 des Protokolls Nr. 4 zur EMRK[3];
– Artikel 19 Absatz 2 entspricht Artikel 3 EMRK[1] in der Auslegung durch den Europäischen Gerichtshof für Menschenrechte;
– Artikel 48 entspricht Artikel 6 Absätze 2 und 3 EMRK[1];
– Artikel 49 Absatz 1 (mit Ausnahme des letzten Satzes) und Absatz 2 entsprechen Artikel 7 EMRK[1].

2. Artikel, die dieselbe Bedeutung haben wie die entsprechenden Artikel der EMRK, deren Tragweite aber umfassender ist:
– Artikel 9 deckt Artikel 12 EMRK[1] ab, aber sein Anwendungsbereich kann auf andere Formen der Eheschließung ausgedehnt werden, wenn die einzelstaatlichen Rechtsvorschriften diese vorsehen;
– Artikel 12 Absatz 1 entspricht Artikel 11 EMRK[1], aber sein Anwendungsbereich ist auf die Ebene der Union ausgedehnt worden;
– Artikel 14 Absatz 1 entspricht Artikel 2 des Zusatzprotokolls zur EMRK[2], aber sein Anwendungsbereich ist auf den Zugang zur beruflichen Ausbildung und Weiterbildung ausgedehnt worden;
– Artikel 14 Absatz 3 entspricht Artikel 2 des Zusatzprotokolls zur EMRK[2], was die Rechte der Eltern betrifft;
– Artikel 47 Absätze 2 und 3 entsprechen Artikel 6 Absatz 1 EMRK[1], aber die Beschränkung auf Streitigkeiten in Bezug auf zivilrechtliche Ansprüche und Verpflichtungen oder strafrechtliche Anklagen kommt nicht zum Tragen, wenn es um das Recht der Union und dessen Anwendung geht;
– Artikel 50 entspricht Artikel 4 des Protokolls Nr. 7 zur EMRK[4], aber seine Tragweite ist auf die Ebene der Europäischen Union ausgedehnt worden und er gilt zwischen den Gerichten der Mitgliedstaaten;
– schließlich können die Unionsbürgerinnen und -bürger im Anwendungsbereich des Unionsrechts wegen des Verbots jeglicher Diskriminierung aufgrund der Nationalität nicht als Ausländer angesehen werden. Die in Artikel 16 EMRK[1] vorgesehenen Beschränkungen der Rechte ausländischer Personen finden daher in diesem Rahmen auf die Unionsbürgerinnen und -bürger keine Anwendung.

Die Auslegungsregel in Absatz 4 beruht auf dem Wortlaut des Artikels 6 Absatz 3 des Vertrags über die Europäische Union[5] und trägt dem Ansatz des Gerichtshofs hinsichtlich der gemeinsamen Verfassungsüberlieferungen gebührend Rechnung (z.B. Urteil vom 13. Dezember 1979, Rechtssache 44/

---

1) Nr. **32**.
2) Nr. **32a**.
3) Nr. **32b**.
4) Nr. **32d**.
5) Nr. **34**.

79, Hauer, Slg. 1979, 3727; Urteil vom 18. Mai 1982, Rechtssache 155/79, AM&S, Slg. 1982, 1575). Anstatt einem restriktiven Ansatz eines „kleinsten gemeinsamen Nenners" zu folgen, sind die Charta-Rechte dieser Regel zufolge so auszulegen, dass sie ein hohes Schutzniveau bieten, das dem Unionsrecht angemessen ist und mit den gemeinsamen Verfassungsüberlieferungen im Einklang steht.

In Absatz 5 wird die Unterscheidung zwischen „Rechten" und „Grundsätzen" in der Charta näher bestimmt. Dieser Unterscheidung zufolge sind subjektive Rechte zu beachten, während Grundsätze einzuhalten sind (Artikel 51 Absatz 1). Grundsätze können durch Rechtsakte oder Durchführungsvorschriften (die von der Union im Einklang mit ihren Zuständigkeiten erlassen werden, von den Mitgliedstaaten aber nur dann, wenn sie Unionsrecht umsetzen) umgesetzt werden; sie erhalten demzufolge nur dann Bedeutung für die Gerichte, wenn solche Rechtsakte ausgelegt oder überprüft werden. Sie begründen jedoch keine direkten Ansprüche auf den Erlass positiver Maßnahmen durch die Organe der Union oder die Behörden den Mitgliedstaaten; dies steht sowohl mit der Rechtsprechung des Gerichtshofs (vgl. insbesondere die Rechtsprechung über das „Vorsorgeprinzip" in Artikel 191 Absatz 2 des Vertrags über die Arbeitsweise der Europäischen Union[1]: Urteil des Gerichts erster Instanz vom 11. September 2002, Rechtssache T-13/99, Pfizer gegen Rat, mit zahlreichen Nachweisen aus der älteren Rechtsprechung, sowie eine Reihe von Urteilen zu Artikel 33 (ex-39) über die Grundsätze des Agrarrechts, z.B. Urteil des Gerichtshofs in der Rechtssache 265/85, Van den Bergh, Slg. 1987, 1155, Prüfung des Grundsatzes der Marktstabilisierung und des Vertrauensschutzes) als auch mit dem Ansatz der Verfassungsordnungen der Mitgliedstaaten zu „Grundsätzen", insbesondere im Bereich des Sozialrechts, in Einklang. Zu den in der Charta anerkannten Grundsätzen gehören beispielsweise die Artikel 25, 26 und 37. In einigen Fällen kann ein Charta-Artikel sowohl Elemente eines Rechts als auch eines Grundsatzes enthalten, beispielsweise Artikel 23, 33 und 34.

Absatz 6 bezieht sich auf die verschiedenen Artikel in der Charta, in denen im Sinne der Subsidiarität auf die einzelstaatlichen Rechtsvorschriften und Gepflogenheiten verwiesen wird.

Erläuterung zu Artikel 53 – Schutzniveau

Der Zweck dieser Bestimmung ist die Aufrechterhaltung des durch das Recht der Union, das Recht der Mitgliedstaaten und das Völkerrecht in seinem jeweiligen Anwendungsbereich gegenwärtig gewährleisteten Schutzniveaus. Aufgrund ihrer Bedeutung findet die EMRK Erwähnung.

Erläuterung zu Artikel 54 – Verbot des Missbrauchs der Rechte

Dieser Artikel entspricht Artikel 17 EMRK[2]:

„Diese Konvention ist nicht so auszulegen, als begründe sie für einen Staat, eine Gruppe oder eine Person das Recht, eine Tätigkeit auszuüben oder eine Handlung vorzunehmen, die darauf abzielt, die in der Konvention festgelegten Rechte und Freiheiten abzuschaffen oder sie stärker einzuschränken, als es in der Konvention vorgesehen ist."

---

[1] Nr. **35**.
[2] Nr. **32**.

79, Hauer, Slg. 1979, 3727; Urteil vom 18. Mai 1982, Rechtssache 155/79, AM&S, Slg. 1982, 1575). Anstatt einem restriktiven Ansatz eines „kleinsten gemeinsamen Nenners" zu folgen, sind die Charta-Rechte dieser Regel zufolge so auszulegen, dass sie ein hohes Schutzniveau bieten, das dem Unionsrecht angemessen ist und mit den gemeinsamen Verfassungsüberlieferungen im Einklang steht.

In Absatz 5 wird die Unterscheidung zwischen „Rechten" und „Grundsätzen" in der Charta näher bestimmt. Dieser Unterscheidung zufolge sind subjektive Rechte zu beachten, während Grundsätze einzuhalten sind (Artikel 51 Absatz 1). Grundsätze können durch Rechtsakte oder Durchführungsvorschriften (die von der Union im Einklang mit ihren Zuständigkeiten erlassen werden, von den Mitgliedstaaten aber nur dann, wenn sie Unionsrecht umsetzen) umgesetzt werden; sie erhalten demzufolge nur dann Bedeutung für die Gerichte, wenn solche Rechtsakte ausgelegt oder überprüft werden. Sie begründen jedoch keine direkten Ansprüche auf den Erlass positiver Maßnahmen durch die Organe der Union oder die Behörden der Mitgliedstaaten; dies steht sowohl mit der Rechtsprechung des Gerichtshofs (vgl. insbesondere die Rechtsprechung über das „Vorsorgeprinzip" in Artikel 191 Absatz 2 des Vertrags über die Arbeitsweise der Europäischen Union: Urteil des Gerichts erster Instanz vom 11. September 2002, Rechtssache T-13/99, Pfizer gegen Rat, mit zahlreichen Nachweisen aus der früheren Rechtsprechung, sowie eine Reihe von Urteilen zu Artikel 33 (ex-39) über die Grundsätze des Agrarrechts, z. B. Urteil des Gerichtshofs in der Rechtssache 265/85, Van den Bergh, Slg. 1987, 1155: Prüfung des Grundsatzes der Marktstabilisierung und des Vertrauensschutzes) als auch mit dem Ansatz der Verfassungsordnungen der Mitgliedstaaten zu „Grundsätzen", insbesondere im Bereich des Sozialrechts, in Einklang. Zu den in der Charta anerkannten Grundsätzen gehören beispielsweise die Artikel 25, 26 und 37. In einigen Fällen kann ein Charta-Artikel sowohl Elemente eines Rechts als auch eines Grundsatzes enthalten, beispielsweise Artikel 23, 33 und 34.

Absatz 6 bezieht sich auf die verschiedenen Artikel der Charta, in denen im Sinne der Subsidiarität auf die einzelstaatlichen Rechtsvorschriften und Gepflogenheiten verwiesen wird.

Erläuterung zu Artikel 53 – Schutzniveau

Das Ziel dieser Bestimmung ist die Aufrechterhaltung des durch das Recht der Union, das Recht der Mitgliedstaaten und das Völkerrecht in seinem jeweiligen Anwendungsbereich gegenwärtig gewährleisteten Schutzniveaus. Aufgrund ihrer Bedeutung findet die EMRK Erwähnung.

Erläuterung zu Artikel 54 – Verbot des Missbrauchs der Rechte

Dieser Artikel entspricht Artikel 17 EMRK:

„Diese Konvention ist nicht so auszulegen, als begründe sie für einen Staat, eine Gruppe oder eine Person das Recht, eine Tätigkeit auszuüben oder eine Handlung vorzunehmen, die darauf abzielt, die in der Konvention festgelegten Rechte und Freiheiten abzuschaffen oder sie stärker einzuschränken, als es in der Konvention vorgesehen ist."

Sachregister

Magere Zahlen ohne Zusatz verweisen auf die Artikel des Grundgesetzes; fette Zahlen bezeichnen die Nummern der im Anschluss an das GG abgedruckten Texte; magere Zahlen hinter den fettgedruckten verweisen auf Paragraphen, Artikel oder Ziffern der betreffenden Bestimmungen.